D1749986

Staatshandbuch

Baden-Württemberg
Ausgabe 2021

Staatshandbuch

Die Bundesrepublik
Deutschland

Herausgeber

Geschäftsführendes Präsidialmitglied des Deutschen Landkreistages Prof. Dr. Hans-Günter Henneke

Hauptgeschäftsführer des Deutschen Industrie- und Handelskammertages Dr. Martin Wansleben

Carl Heymanns Verlag 2022

Staatshandbuch

Die Bundesrepublik
Deutschland

Baden-Württemberg

Handbuch der Landes- und Kommunalverwaltung
mit Aufgabenbeschreibungen und Adressen

Ausgabe 2021

Redaktionsschluss: Oktober 2021

Schriftleitung
Martina Ostarek

Carl Heymanns Verlag 2022

Bibliographische Information der Deutschen Nationalbibliothek:
Die Deutsche Nationalbibliothek verzeichnet diese Publikation in der Deutschen Nationalbibliographie; detaillierte bibliografische Daten sind im Internet über http://dnb.d-nb.de abrufbar.

ISBN: 978-3-452-29784-6
ISSN: 1860-3580

Anschrift der Schriftleitung:

Schriftleitung Staatshandbuch
Die Bundesrepublik Deutschland
Wolters Kluwer Deutschland GmbH
Wolters-Kluwer-Straße 1
50354 Hürth

Tel.: 02233/3760-70 90

Fax: 02233/3760-1 70 90

E-Mail: martina.ostarek@wolterskluwer.com

http://www.wolterskluwer.de
Alle Rechte vorbehalten.
© 2022 Wolters Kluwer Deutschland GmbH, Wolters-Kluwer-Straße 1, 50354 Hürth.

Das Werk einschließlich aller seiner Teile ist urheberrechtlich geschützt. Jede Verwertung außerhalb der engen Grenzen des Urheberrechtsgesetzes ist ohne Zustimmung des Verlages unzulässig und strafbar. Das gilt insbesondere für Vervielfältigungen, Übersetzungen, Mikroverfilmungen und die Einspeicherung und Verarbeitung in elektronischen Systemen.

Verlag und Autor übernehmen keine Haftung für inhaltliche oder drucktechnische Fehler.

Umschlagskonzeption: Martina Busch, Grafikdesign, Homburg Kirrberg

Druck und Weiterverarbeitung: Wydawnictwo Diecezjalne i Drukarnia w Sandomierzu, Sandomierz, Polen

Gedruckt auf säurefreiem, alterungsbeständigem und chlorfreiem Papier.

INHALTSÜBERSICHT

Stichwortverzeichnis	389
Namenverzeichnis	401
Gemeindeverzeichnis	444
Abkürzungsverzeichnis	452

Baden-Württemberg 1

a   Parlamentarische Körperschaften 1

Landtag von Baden-Württemberg 1
1. Wahlergebnis zum 17. Landtag von Baden-Württemberg 1
2. Mitglieder des Landtags 2
3. Präsidium des Landtags 6
4. Fraktionen des Landtags 7
5. Ausschüsse des Landtags 7
6. Verwaltung beim Landtag 9
7. Der Landesbeauftragte für den Datenschutz und Informationsfreiheit Baden-Württemberg 9
8. Landeszentrale für politische Bildung 10

b   **Regierung und Landesbehörden des Landes Baden-Württemberg** 11

I   Staatsministerium Baden-Württemberg (StM) 13
1. Verfassungsgerichtshof 14
2. Vertretung des Landes Baden-Württemberg beim Bund 14
3. Landesanstalt für Kommunikation Baden-Württemberg 15
4. Führungsakademie Baden-Württemberg 15
5. Südwestrundfunk (SWR) 15
6. Deutschlandradio 16
7. Zweites Deutsches Fernsehen 17

II   Ministerium des Innern, für Digitalisierung und Kommunen Baden-Württemberg 18
1. Regierungspräsidien 19

1.1 Regierungspräsidium Stuttgart 20
1.1.1 Stadtkreise 22
1.1.2 Landkreise und Gemeinden 22
1.1.3 Staatliche Schulämter 22
1.1.4 Kommunale Verwaltungsschule für den mittleren Verwaltungsdienst 23
1.2 Regierungspräsidium Karlsruhe 23
1.2.1 Stadtkreise 25
1.2.2 Landkreise und Gemeinden 25
1.2.3 Staatliche Schulämter 25
1.2.4 Kommunale Verwaltungsschule für den mittleren Verwaltungsdienst 25
1.3 Regierungspräsidium Freiburg 25
1.3.1 Stadtkreise 27
1.3.2 Landkreise und Gemeinden 27
1.3.3 Staatliche Schulämter 27
1.4 Regierungspräsidium Tübingen 27
1.4.1 Stadtkreise 29
1.4.2 Landkreise und Gemeinden 29
1.4.3 Staatliche Schulämter 29
1.4.4 Kommunale Verwaltungsschule für den mittleren Verwaltungsdienst 30
2. Landesfeuerwehrschule Baden-Württemberg 30
3. Kommunale Verwaltungsschulen für den mittleren Verwaltungsdienst 30
4. Landratsämter 30
5. Polizei 32
5.1 Regionale Polizeipräsidien 34
5.2 Polizeipräsidium Einsatz 34
5.3 Landeskriminalamt Baden-Württemberg 36
5.4 Präsidium Technik, Logistik, Service der Polizei 36
5.5 Hochschule für Polizei Baden-Württemberg 37
6. Logistikzentrum Baden-Württemberg 37
7. BITBW (IT Baden-Württemberg) 38
8. Landesamt für Verfassungsschutz Baden-Württemberg 38
9. Institut für Volkskunde der Deutschen des östlichen Europa 38
10. Institut für donauschwäbische Geschichte und Landeskunde 38
11. Haus der Heimat des Landes Baden-Württemberg 38
12. Komm.ONE 39
13. Gemeindeprüfungsanstalt Baden-Württemberg 39
14. Kommunaler Versorgungsverband Baden-Württemberg 39

15	Badischer Gemeinde-Versicherungs-Verband (BGV)	40	5	Sozialtherapeutische Anstalt Baden-Württemberg	56	
16	Kommunalverband für Jugend und Soziales Baden-Württemberg	40	6	Hochschule für Rechtspflege Schwetzingen	56	
17	Zweckverband Landeswasserversorgung	40	7	Notarakademie Baden-Württemberg	56	
18	Zweckverband Bodensee-Wasserversorgung	40	8	Bildungszentrum Justizvollzug Baden-Württemberg	56	
19	Zweckverband Oberschwäbische Elektrizitätswerke (OEW)	40	9	Zentrale Stelle der Landesjustizverwaltungen zur Aufklärung nationalsozialistischer Verbrechen	56	
20	Sparkassenverband Baden-Württemberg	40	10	Rechtsanwaltskammern	56	
21	Landesbank Baden-Württemberg	41	11	Notarkammer Baden-Württemberg	57	
			12	Badischer Landesverband für soziale Rechtspflege	57	
III	**Ministerium für Kultus, Jugend und Sport Baden-Württemberg (KM)**	41				
1	Schulen	42	V	**Ministerium für Finanzen Baden-Württemberg (MF)**	58	
1.1	Grundschulen	42	1	Statistisches Landesamt Baden-Württemberg	59	
1.2	Werkrealschulen und Hauptschulen	42	2	Steuerverwaltung, Vermögens- und Hochbauverwaltung	60	
1.3	Realschulen	43	2.1	Oberfinanzdirektion Karlsruhe	61	
1.4	Gymnasien	43	2.1.1	Finanzämter	62	
1.5	Gemeinschaftsschulen	43	2.1.2	Finanzämter mit Betriebsprüfungsstellen	68	
1.6	Berufsschulen	44	2.1.3	Finanzämter mit Steuerfahndungsstellen	69	
1.7	Berufsfachschulen	44	2.2	Landesbetrieb Bundesbau Baden-Württemberg	69	
1.8	Berufskollegs	44	2.2.1	Staatliche Hochbauämter	69	
1.9	Berufsoberschulen	44	2.3	Landesbetrieb Vermögen und Bau Baden-Württemberg	70	
1.10	Fachschulen	45	2.3.1	Staatliche Schlösser und Gärten Baden-Württemberg (SSG)	70	
1.11	Sonderpädagogische Bildungs- und Beratungszentren	45	2.3.2	Ämter für Vermögen und Bau sowie Universitätsbauamt	71	
2	Staatliche Schulämter	45	3	Landesamt für Besoldung und Versorgung Baden-Württemberg	72	
3	Lehrerausbildung und Lehrerfortbildung	46	4	Wilhelma	73	
3.1	Institut für Bildungsanalysen (IBBW)	46	5	Staatliche Münzen Baden-Württemberg	74	
3.2	Zentrum für Schulqualität und Lehrerbildung Baden-Württemberg (ZSL)	47	6	Staatsweingut Meersburg	74	
3.2.1	Außenstellen des ZSL	47	7	Staatlicher Verpachtungsbetrieb	74	
3.2.2	Regionalstellen des ZSL	48	8	Baden-Württembergische Wertpapierbörse	74	
4	Landesmedienzentrum Baden-Württemberg	51	9	Steuerberaterkammern	74	
5	Schulbauernhof Niederstetten-Pfitzingen	52	10	Versorgungswerk der Steuerberater in Baden-Württemberg	75	
6	Schulstiftung Baden-Württemberg	52	11	BKV-Bäder- und Kurverwaltung Baden-Württemberg	75	
IV	**Ministerium für Justiz und für Migration Baden-Württemberg (JuM)**	52	12	Landeskreditbank Baden-Württemberg – Förderbank (L-Bank)	76	
1	Gerichte und Staatsanwaltschaften	53				
2	Justizvollzugsanstalten	54				
3	Jugendarrestanstalten	55				
4	Justizvollzugskrankenhaus	56				

13	Landesbank Baden-Württemberg	76	12	Chemische und Veterinäruntersuchungsämter	95
14	Hafenverwaltung Kehl	77	12.1	Chemisches und Veterinäruntersuchungsamt Stuttgart	95
VI	**Ministerium für Wirtschaft, Arbeit und Tourismus Baden-Württemberg (WM)**	77	12.2	Chemisches und Veterinäruntersuchungsamt Karlsruhe	95
1	Landesbetrieb Eich- und Beschusswesen Baden-Württemberg	79	12.2.1	Weinkontrolleure	95
2	Handwerkskammern	80	12.3	Chemisches und Veterinäruntersuchungsamt Freiburg	96
3	Industrie- und Handelskammern	83	12.3.1	Weinkontrolleure	96
4	Ingenieurkammer Baden-Württemberg	85	12.4	Chemisches und Veterinäruntersuchungsamt Sigmaringen	96
5	Architektenkammer Baden-Württemberg	85	13	Staatliches Tierärztliches Untersuchungsamt Aulendorf – Diagnostikzentrum –	96
6	Kommunales, Stiftungen, Sparkassenwesen und Tariftreue	86	14	Forstverwaltung	96
			14.1	Forstliches Ausbildungszentrum Mattenhof	97
VII	**Ministerium für Ernährung, Ländlichen Raum und Verbraucherschutz Baden-Württemberg (MLR)**	87	14.2	Forstliches Bildungszentrum Karlsruhe	97
1	Landwirtschaftliche Bezirksverwaltung	88	14.3	Forstliches Bildungszentrum Königsbronn	97
1.1	Untere Landwirtschaftsbehörden	88	14.4	Forstliche Versuchs- und Forschungsanstalt Baden-Württemberg	97
1.2	Staatliche Fachschulen für Landwirtschaft/Fachschulen für Landwirtschaft	88	15	Tierseuchenkasse Baden-Württemberg	98
2	Landesanstalt für Landwirtschaft, Ernährung und Ländlichen Raum	89	16	Landestierärztekammer Baden-Württemberg	98
3	Vermessungsverwaltung	90	17	Verband der Teilnehmergemeinschaften Baden-Württemberg	98
3.1	Landesamt für Geoinformation und Landesentwicklung Baden-Württemberg (LGL)	90	**VIII**	**Ministerium für Umwelt, Klima und Energiewirtschaft Baden-Württemberg (UM)**	99
3.1.1	Untere Vermessungsbehörden	91	1	Naturschutz und Landschaftspflege	100
3.1.2	Untere Flurbereinigungsbehörden	91	1.1	Naturschutzbeauftragte	101
4	Landwirtschaftliches Technologiezentrum Augustenberg (LTZ)	91	1.2	Nationalpark Schwarzwald	101
5	Staatliches Weinbauinstitut Freiburg	92	2	Landesanstalt für Umwelt Baden-Württemberg (LUBW)	101
6	Staatliche Lehr- und Versuchsanstalt für Wein- und Obstbau Weinsberg	93	3	Stiftung Naturschutzfonds Baden-Württemberg	102
7	Staatliche Lehr- und Versuchsanstalt für Gartenbau Heidelberg	93	4	Sonderabfallagentur Baden-Württemberg GmbH(SAA)	102
8	Staatsschule für Gartenbau Stuttgart-Hohenheim	93	5	Sonderabfall-Deponiegesellschaft Baden-Württemberg mbH(SAD)	102
9	Haupt- und Landgestüt Marbach	94			
10	Landwirtschaftliches Zentrum für Rinderhaltung, Grünlandwirtschaft, Milchwirtschaft, Wild und Fischerei Baden-Württemberg (LAZBW)	94	**IX**	**Ministerium für Soziales, Gesundheit und Integration**	102
			1	Grundsicherung und Wohlfahrtspflege	103
11	Bildungs- und Wissenszentrum Boxberg – Schweinehaltung, Schweinezucht (Landesanstalt für Schweinezucht – LSZ)	94	2	Jugendhilfe	104
			3	Öffentlicher Gesundheitsdienst	104
			3.1	Gesundheitsämter	104

3.2	Landesgesundheitsamt	104	4.5	Archäologisches Landesmuseum Baden-Württemberg ... 117
3.3	Medizinaluntersuchungsämter	105		
4	Zentralstelle der Länder für Gesundheitsschutz bei Arzneimitteln und Medizinprodukten (ZLG)	105	4.6	Badisches Landesmuseum ... 117
			4.7	Staatliches Museum für Naturkunde Karlsruhe ... 118
5	Deutsche Rentenversicherung Baden-Württemberg	106	4.8	Staatliche Kunsthalle Karlsruhe ... 118
			4.9	Staatsgalerie Stuttgart ... 118
6	Heilberufskammern	106	4.10	Staatliche Kunsthalle Baden-Baden ... 118
7	Kassenärztliche Vereinigung Baden-Württemberg	107	5	Staatstheater ... 118
			5.1	Badisches Staatstheater Karlsruhe ... 118
8	Kassenzahnärztliche Vereinigung Baden-Württemberg	107	5.2	Württembergische Staatstheater Stuttgart ... 119
9	AOK Baden-Württemberg	108	6	Hochschulen des Landes Baden-Württemberg ... 119
10	BKK Landesverband Süd	108		
11	Medizinischer Dienst Baden-Württemberg	108	6.1	Außeruniversitäre Einrichtung des Landes Baden-Württemberg ... 120
12	Berufsständische Versorgungswerke	108	6.1.1	Karlsruher Institut für Technologie (KIT) ... 120
12.1	Baden-Württembergische Versorgungsanstalt für Ärzte, Zahnärzte und Tierärzte	108	6.2	Universitäten ... 121
			6.2.1	Albert-Ludwigs-Universität Freiburg ... 121
12.2	Bayerische Apothekerversorgung	109	6.2.2	Ruprecht-Karls-Universität Heidelberg ... 122
13	Zentren für Psychiatrie	109		
14	Sozialversicherung für Landwirtschaft, Forsten und Gartenbau (SVLFG)	110	6.2.3	Universität Hohenheim ... 122
			6.2.4	Universität Konstanz ... 122
15	Unfallkasse Baden-Württemberg	110	6.2.5	Universität Mannheim ... 123
16	Berufsgenossenschaft der Bauwirtschaft	111	6.2.6	Universität Stuttgart ... 123
			6.2.7	Eberhard-Karls-Universität Tübingen ... 124
17	Stadt- und Landkreise für bestimmte Bereiche des Zweiten Buches Sozialgesetzbuch sowie über die Arbeitsgemeinschaften und die sogenannten Optionskreise nach dem Zweiten Buch Sozialgesetzbuch	111	6.2.8	Universität Ulm ... 124
			6.3	Staatliche Hochschulen ... 125
			6.3.1	Hochschule Aalen ... 125
			6.3.2	Hochschule Albstadt-Sigmaringen ... 125
			6.3.3	Hochschule Biberach ... 125
			6.3.4	Hochschule Esslingen ... 126
			6.3.5	Hochschule Furtwangen ... 126
X	**Ministerium für Wissenschaft, Forschung und Kunst Baden-Württemberg (MWK)**	111	6.3.6	Hochschule Heilbronn ... 126
			6.3.7	Hochschule Karlsruhe ... 127
1	Landesarchiv Baden-Württemberg	112	6.3.8	Hochschule für öffentliche Verwaltung Kehl ... 127
2	Bibliotheks- und Büchereiwesen	114		
2.1	Staatliche Bibliotheken	114	6.3.9	Hochschule Konstanz Technik, Wirtschaft und Gestaltung ... 128
2.2	Bibliotheksservice-Zentrum Baden-Württemberg (BSZ)	114	6.3.10	Hochschule für öffentliche Verwaltung und Finanzen Ludwigsburg ... 128
3	Kommission für geschichtliche Landeskunde in Baden-Württemberg	115	6.3.11	Hochschule Mannheim ... 128
			6.3.12	Hochschule für Wirtschaft und Umwelt Nürtingen-Geislingen ... 129
4	Staatliche Museen und Landessammlungen	115	6.3.13	Hochschule Offenburg ... 129
			6.3.14	Hochschule Pforzheim ... 130
4.1	Haus der Geschichte Baden-Württemberg	115	6.3.15	Hochschule Ravensburg-Weingarten ... 130
4.2	Staatliches Museum für Naturkunde Stuttgart	116	6.3.16	Hochschule Reutlingen ... 131
4.3	Landesmuseum Württemberg	116		
4.4	Linden-Museum Stuttgart	117		

6.3.17	Hochschule für Forstwirtschaft Rottenburg	131	6.6.8	Staatliche Akademie der Bildenden Künste Stuttgart 138
6.3.18	Hochschule für Gestaltung Schwäbisch Gmünd	131	6.7	Akademien nach dem Akademiengesetz 138
6.3.19	Hochschule für Technik Stuttgart	131	6.7.1	Filmakademie Baden-Württemberg GmbH 138
6.3.20	Hochschule der Medien Stuttgart	132	6.7.2	Popakademie Baden-Württemberg GmbH 138
6.3.21	Hochschule Ulm	132	6.7.3	Akademie für Darstellende Kunst Baden-Württemberg 139
6.4	Pädagogische Hochschulen	133	7	Studierendenwerke 139
6.4.1	Pädagogische Hochschule Freiburg	133	8	Sondervermögen Studienfonds in der Verwaltung des Ministeriums für Wissenschaft, Forschung und Kunst Baden-Württemberg 141
6.4.2	Pädagogische Hochschule Heidelberg	133		
6.4.3	Pädagogische Hochschule Karlsruhe	133	9	Deutsches Krebsforschungszentrum (DKFZ) 141
6.4.4	Pädagogische Hochschule Ludwigsburg	134	10	TECHNOSEUM 141
6.4.5	Pädagogische Hochschule Schwäbisch Gmünd	134	11	Akademie Schloss Solitude 142
6.4.6	Pädagogische Hochschule Weingarten	134	12	ZKM / Zentrum für Kunst und Medien Karlsruhe 142
6.5	Duale Hochschulen des Landes Baden-Württemberg	134	13	Heidelberger Akademie der Wissenschaften 142
6.5.1	Duale Hochschule Baden-Württemberg Stuttgart	134	14	Zentralinstitut für Seelische Gesundheit 142
6.5.2	Duale Hochschule Baden-Württemberg Heidenheim	135	15	Leibniz-Institut für Sonnenphysik (KIS) 143
6.5.3	Duale Hochschule Baden-Württemberg Heilbronn	135	16	Stiftung Evaluationsagentur Baden-Württemberg 143
6.5.4	Duale Hochschule Baden-Württemberg Karlsruhe	135	17	Hochschule für Jüdische Studien Heidelberg 143
6.5.5	Duale Hochschule Baden-Württemberg Lörrach	135	18	Universitätskliniken 143
6.5.6	Duale Hochschule Baden-Württemberg Mannheim	135	18.1	Universitätsklinikum Freiburg 144
6.5.7	Duale Hochschule Baden-Württemberg Mosbach	136	18.2	Universitätsklinikum Heidelberg 144
			18.3	Universitätsklinikum Tübingen 144
6.5.8	Duale Hochschule Baden-Württemberg Ravensburg	136	18.4	Universitätsklinikum Ulm 144
6.5.9	Duale Hochschule Baden-Württemberg Villingen-Schwenningen	136	**XI**	**Ministerium für Verkehr Baden-Württemberg (VM)** 145
6.6	Kunsthochschulen und Akademien im Künstlerischen Bereich	136	**XII**	**Ministerium für Landesentwicklung und Wohnen Baden-Württemberg (LW)** 146
6.6.1	Hochschule für Musik Freiburg	136		
6.6.2	Staatliche Hochschule für Musik und Darstellende Kunst Mannheim	137	**XIII**	**Rechnungshof Baden-Württemberg** 147
6.6.3	Staatliche Hochschule für Gestaltung Karlsruhe	137	1	Staatliche Rechnungsprüfungsämter 148
6.6.4	Hochschule für Musik Karlsruhe	137	**c**	**Organe der Rechtspflege** 148
6.6.5	Staatliche Hochschule für Musik Trossingen	137		
6.6.6	Staatliche Hochschule für Musik und Darstellende Kunst Stuttgart	137	**I**	**Verfassungsgerichtshof für das Land Baden-Württemberg** 157
6.6.7	Staatliche Akademie der Bildenden Künste Karlsruhe	138		

II	Gerichte der ordentlichen Gerichtsbarkeit............	157	1.2	Landkreis Esslingen................	201
	Oberlandesgerichte................	157	1.3	Landkreis Göppingen...............	208
	Landgerichte.......................	157	1.4	Landkreis Ludwigsburg............	213
	Amtsgerichte.......................	159	1.5	Landkreis Rems-Murr-Kreis.......	220
	Generalstaatsanwaltschaften.....	177	1.6	Landkreis Heilbronn................	225
	Staatsanwaltschaften...............	177	1.7	Landkreis Hohenlohekreis.........	231
			1.8	Landkreis Schwäbisch Hall........	234
			1.9	Landkreis Main-Tauber-Kreis.....	238
III	Gerichte der allgemeinen Verwaltungsgerichtsbarkeit..............	179	1.10	Landkreis Heidenheim.............	242
			1.11	Landkreis Ostalbkreis..............	245
	Verwaltungsgerichtshof Baden-Württemberg............................	179	2	Regierungsbezirk Karlsruhe.......	251
			2.1	Landkreis Karlsruhe................	251
	Verwaltungsgerichte...............	179	2.2	Landkreis Rastatt...................	256
			2.3	Landkreis Neckar-Odenwald-Kreis	260
IV	Gerichte der Sozialgerichtsbarkeit............	180	2.4	Landkreis Rhein-Neckar-Kreis....	264
			2.5	Landkreis Calw.....................	273
	Landessozialgericht Baden-Württemberg............................	180	2.6	Landkreis Enzkreis.................	277
			2.7	Landkreis Freudenstadt............	281
	Sozialgerichte......................	180	3	Regierungsbezirk Freiburg........	284
			3.1	Landkreis Breisgau-Hochschwarzwald..................	284
V	Gericht der Finanzgerichtsbarkeit............	181			
			3.2	Landkreis Emmendingen..........	291
	Finanzgericht Baden-Württemberg......	181	3.3	Landkreis Ortenaukreis............	295
			3.4	Landkreis Rottweil.................	302
VI	Gerichte der Arbeitsgerichtsbarkeit............	181	3.5	Landkreis Schwarzwald-Baar-Kreis	306
			3.6	Landkreis Tuttlingen...............	309
	Landesarbeitsgericht Baden-Württemberg............................	181	3.7	Landkreis Konstanz................	314
			3.8	Landkreis Lörrach..................	318
	Arbeitsgerichte.....................	181	3.9	Landkreis Waldshut................	323
			4	Regierungsbezirk Tübingen.......	329
			4.1	Landkreis Reutlingen..............	329
d	Stadtkreise, Landkreise, Gemeinden und sonstige Einrichtungen........	183	4.2	Landkreis Tübingen................	333
			4.3	Landkreis Zollernalbkreis.........	335
			4.4	Landkreis Alb-Donau-Kreis.......	340
I	Die Stadtkreise.....................	191	4.5	Landkreis Biberach................	345
1	Regierungsbezirk Stuttgart........	191	4.6	Landkreis Bodenseekreis..........	351
1.1	Stadtkreis Stuttgart................	191	4.7	Landkreis Ravensburg.............	355
1.2	Stadtkreis Heilbronn...............	192	4.8	Landkreis Sigmaringen............	361
2	Regierungsbezirk Karlsruhe.......	192			
2.1	Stadtkreis Baden-Baden...........	192			
2.2	Stadtkreis Karlsruhe...............	193	III	Kommunalverband für Jugend und Soziales.........................	365
2.3	Stadtkreis Heidelberg..............	193			
2.4	Stadt Mannheim....................	194			
2.5	Stadtkreis Pforzheim...............	194			
3	Regierungsbezirk Freiburg........	195	IV	Nachbarschaftsverbände..........	366
3.1	Stadtkreis Freiburg im Breisgau..	195			
4	Regierungsbezirk Tübingen.......	195	V	Regionalverbände..................	367
4.1	Stadtkreis Ulm.....................	195			
II	Die Landkreise, kreisangehörigen Gemeinden und Verwaltungsgemeinschaften......................	196	VI	Verwaltungs- und Wirtschaftsakademien...........................	368
1	Regierungsbezirk Stuttgart........	196			
1.1	Landkreis Böblingen...............	196	VII	Kommunale Spitzenverbände....	369

e	Kirchen und Religionsgemeinschaften in Baden-Württemberg................. 370		6.1	Max Rubner-Institut – Bundesforschungsinstitut für Ernährung und Lebensmittel (MRI)................. 378
I	Evangelische Landeskirche................. 370		7	Bundesministerium für Arbeit und Soziales (BMAS)................. 378
II	Römisch-Katholische Kirche................. 370		7.1	Regionaldirektion Baden-Württemberg der Bundesagentur für Arbeit................. 378
			7.1.1	Agenturen für Arbeit................. 378
III	Weitere Kirchen und Religionsgemeinschaften................. 371		7.2	ZAV Künstlervermittlung Stuttgart....... 380
			7.3	Hochschule der Bundesagentur für Arbeit (HdBA)................. 380
f	Bundeseinrichtungen................. 372		7.4	Berufsgenossenschaften – Körperschaften des öffentlichen Rechts –........ 380
I	Bundestag, Bundesrat, Bundespräsidialamt, Bundeskanzleramt............ 372		8	Bundesministerium für Verkehr und digitale Infrastruktur (BMVI)................. 380
1	Der Deutsche Bundestag................. 372		8.1	Generaldirektion Wasserstraßen und Schifffahrt (GDWS)................. 380
2	Der Bundesrat (BR)................. 373		8.1.1	Wasser- und Schifffahrtsämter................. 381
3	Bundespräsidialamt (BPrA)................. 374		8.2	Bundesanstalt für Wasserbau (BAW)................. 381
4	Bundeskanzleramt (BK)................. 374		8.3	Luftfahrt-Bundesamt (LBA)................. 381
4.1	Stiftung Reichspräsident-Friedrich-Ebert-Gedenkstätte (StRFEG)................. 374		8.4	Bundesamt für Güterverkehr (BAG)................. 381
4.2	Stiftung Bundespräsident-Theodor-Heuss-Haus (StBTHH)................. 374		8.5	Eisenbahn-Bundesamt (EBA)................. 381
			9	Bundesministerium der Verteidigung (BMVg)................. 381
II	Bundesministerien und Bundeseinrichtungen in Baden-Württemberg................. 375		9.1	Militärische Organisation................. 382
			9.1.1	Deutsch-Französische Brigade (Müllheim)................. 382
1	Auswärtiges Amt (AA)................. 375		9.1.2	Kommando Streitkräftebasis................. 382
2	Bundesministerium des Innern, für Bau und Heimat................. 375		9.1.3	Kommando Sanitätsdienst der Bundeswehr................. 382
2.1	Bundesamt für Migration und Flüchtlinge (BAMF)................. 375		9.2	Zivile Organisation................. 382
2.2	Bundesanstalt Technisches Hilfswerk (THW)................. 375		9.2.1	Bundesamt für Infrastruktur, Umweltschutz und Dienstleistungen der Bundeswehr................. 382
3	Bundesministerium der Justiz und Verbraucherschutz (BMJV)................. 375		9.2.2	Bildungszentrum der Bundeswehr......... 382
3.1	Rechtsanwaltskammer beim Bundesgerichtshof................. 375		10	Bundesministerium für Familie, Senioren, Frauen und Jugend (BMFSFJ)......... 383
4	Bundesministerium der Finanzen (BMF)................. 375		11	Bundesministerium für Gesundheit (BMG)................. 383
4.1	Generalzolldirektion................. 376		12	Bundesministerium für Umwelt, Naturschutz und nukleare Sicherheit (BMUB)................. 383
4.1.1	Hauptzollämter................. 376			
4.2	Bundesanstalt für Immobilienaufgaben (BImA)................. 377		13	Bundesministerium für wirtschaftliche Zusammenarbeit und Entwicklung (BMZ)................. 383
4.3	Versorgungsanstalt des Bundes und der Länder (VBL)................. 377		14	Bundesministerium für Bildung und Forschung (BMBF)................. 383
5	Bundesministerium für Wirtschaft und Energie (BMWi)................. 377		14.1	Deutsches Krebsforschungszentrum (DKFZ)................. 384
5.1	Bundesnetzagentur für Elektrizität, Gas, Telekommunikation, Post und Eisenbahnen................. 378		15	Bundesrechnungshof (BRH)................. 384
6	Bundesministerium für Ernährung und Landwirtschaft (BMEL)................. 378			

g	Diplomatische Missionen und Konsularische Vertretungen	384
h	Einrichtungen der EU in Baden-Württemberg	388

Baden-Württemberg

Einwohner: 11 103 043
Fläche: 35 751,46 qkm

a Parlamentarische Körperschaften

Landtag von Baden-Württemberg

70173 Stuttgart, Konrad-Adenauer-Str. 3, Haus des Landtags; Tel. (07 11) 20 63-0; Fax (07 11) 20 63-2 99; E-Mail: post@landtag-bw.de; http://www.landtag-bw.de

Beginn der 17. Legislaturperiode: 1. Mai 2021
Ende der 17. Legislaturperiode: 30. April 2026

Staatsrechtliche Grundlage und Aufgabenkreis:
Landesverfassung vom 11. November 1953 (GBl. S. 173), zuletzt geändert durch Gesetz vom 26. Mai 2020 (GBl. S. 305).
Der Landtag ist die gewählte Vertretung des Volkes. Der Landtag übt die gesetzgebende Gewalt aus und überwacht die Ausübung der vollziehenden Gewalt nach Maßgabe dieser Verfassung. Die Abgeordneten sind Vertreter des ganzen Volkes. Sie sind nicht an Aufträge und Weisungen gebunden und nur ihrem Gewissen unterworfen.
Die Abgeordneten werden nach einem Verfahren gewählt, das die Persönlichkeitswahl mit den Grundsätzen der Verhältniswahl verbindet.
Die Wahlperiode des Landtags dauert fünf Jahre. Sie beginnt mit dem Ablauf der Wahlperiode des alten Landtags, nach einer Auflösung des Landtags mit dem Tage der Neuwahl.
Die Neuwahl muss vor Ablauf der Wahlperiode, im Falle der Auflösung des Landtags binnen sechzig Tagen stattfinden.
Der Landtag tritt spätestens am sechzehnten Tage nach Beginn der Wahlperiode zusammen. Die erste Sitzung wird vom Alterspräsidenten einberufen und geleitet.
Der Landtag bestimmt den Schluss und den Wiederbeginn seiner Sitzungen. Der Präsident kann den Landtag früher einberufen. Er ist dazu verpflichtet, wenn ein Viertel der Mitglieder des Landtags oder die Regierung es verlangt.
Der Landtag wählt seinen Präsidenten und dessen Stellvertreter, die zusammen mit weiteren Mitgliedern das Präsidium bilden, sowie die Schriftführer. Der Landtag gibt sich eine Geschäftsordnung, die nur mit einer Mehrheit von zwei Dritteln der anwesenden Abgeordneten geändert werden kann.
Der Landtag verhandelt öffentlich. Die Öffentlichkeit wird ausgeschlossen, wenn der Landtag es auf Antrag von zehn Abgeordneten oder eines Mitglieds der Regierung mit einer Mehrheit von zwei Dritteln der anwesenden Abgeordneten beschließt. Über den Antrag wird in nichtöffentlicher Sitzung entschieden.
Der Landtag beschließt mit der Mehrheit der abgegebenen Stimmen, sofern die Verfassung nichts anderes bestimmt. Für die vom Landtag vorzunehmenden Wahlen kann die Geschäftsordnung Ausnahmen zulassen. Der Landtag gilt als beschlussfähig, solange nicht auf Antrag eines seiner Mitglieder vom Präsidenten festgestellt wird, dass weniger als die Hälfte der Abgeordneten anwesend sind.
Der Landtag kann sich auf Antrag eines Viertels seiner Mitglieder vor Ablauf seiner Wahlperiode durch eigenen Beschluss, der der Zustimmung von zwei Dritteln seiner Mitglieder bedarf, selbst auflösen. Zwischen Antrag und Abstimmung müssen mindestens drei Tage liegen. Der Landtag ist ferner aufgelöst, wenn die Auflösung von zehn vom Hundert der Wahlberechtigten verlangt wird und bei einer binnen sechs Wochen vorzunehmenden Volksabstimmung die Mehrheit der Stimmberechtigten diesem Verlangen beitritt.
Gesetzesvorlagen werden von der Regierung, von Abgeordneten oder vom Volk durch Volksantrag oder Volksbegehren eingebracht.

1 Wahlergebnis zum 17. Landtag von Baden-Württemberg

Stimmen- und Prozentangaben beziehen sich auf die für die Stimmverteilung maßgeblichen Zweitstimmen.
Weitere Informationen erhalten Sie beim Statistischen Landesamt Baden-Württemberg, 70199 Stuttgart, Böblinger Str. 68; Tel. (07 11) 6 41-0; Fax (07 11) 6 41-24 40.

Wahlbeteiligung:

	Stimmen	Prozent
Wahlberechtigte	7 671 039	100
Abgegebene Stimmen	4 894 500	63,8
Gültige Stimmen	4 859 651	99,3

Stimmverteilung:

	Stimmen	Prozent
GRÜNE	1 586 192	32,6
CDU	1 168 975	24,1
SPD	535 489	11,0
FDP/DVP	508 429	10,5
AfD	473 485	9,7
LINKE	173 317	3,6
FW	146 259	3,0
Sonstige	267 505	5,5

Sitzverteilung:
Anzahl der Sitze insgesamt: 154
Verteilung der Mandate auf die Parteien:

Partei	Sitze
GRÜNE	58
CDU	42
SPD	19
FDP/DVP	18
AfD	17

2 Mitglieder des Landtags

– 17. Legislaturperiode –

Alle Abgeordneten sind zu erreichen unter der Anschrift des Landtags von Baden-Württemberg:
70173 Stuttgart, Konrad-Adenauer-Str. 3; Tel. (07 11) 20 63-0; Fax (07 11) 20 63-2 99;
http://www.landtag-bw.de/Abgeordnete/

Vorbemerkung:
In den nachstehenden Angaben wird folgende Abkürzung verwendet:
Wahlkreis = Wkr

Aras, Mutherem (GRÜNE)
Wkr 1 Stuttgart I
70173 Stuttgart, Konrad-Adenauer-Str. 3

Aschhoff, Dr. Susanne (GRÜNE)
Wkr 35 Mannheim I
68307 Mannheim, Danziger Baumgang 90

Balzer, Dr. Rainer (AfD)
Wkr 29 Bruchsal
70173 Stuttgart, Konrad-Adenauer-Str. 3

Baron, Anton (AfD)
Wkr 21 Hohenlohe
70173 Stuttgart, Konrad-Adenauer-Str. 3

Bauer, Theresia (GRÜNE)
Wkr 34, Heidelberg
70173 Stuttgart, Konrad-Adenauer-Str. 3

Baumann, Dr. Andre (GRÜNE)
Wkr 40 Schwetzingen
68723 Schwetzingen, Schlossstr. 4

Bay, Susanne (GRÜNE)
Wkr 18 Heilbronn
70173 Stuttgart, Konrad-Adenauer-Str. 3

Becker, Dr. Alexander (CDU)
Wkr 32 Rastatt
70173 Stuttgart, Konrad-Adenauer-Str. 3

Behrens, Hans-Peter (GRÜNE)
Wkr 33 Baden-Baden
70173 Stuttgart, Konrad-Adenauer-Str. 3

Binder, Sascha (SPD)
Wkr 11 Geislingen
73312 Geislingen, Hohenstaufenstr. 29

Birnstock, Dennis (FDP)
Wkr 09 Nürtingen
70173 Stuttgart, Konrad-Adenauer-Str. 3

Blenke, Thomas (CDU)
Wkr 43 Calw
75391 Gechingen, Bergwaldstr. 40

Bogner-Unden, Andrea (GRÜNE)
Wkr 70 Sigmaringen
88639 Wald, Aichgasserstr. 6

Bonath, Frank (FDP)
Wkr 54 Villingen-Schwenningen
78052 Villingen-Schwenningen, Max-Planck-Str. 11

Born, Daniel (SPD)
Wkr 40 Schwetzingen
68766 Hockenheim, Schwetzinger Straße 10

Boser, Sandra (GRÜNE)
Wkr 50 Lahr
70173 Stuttgart, Konrad-Adenauer-Str. 3

Brauer, Stephen (FDP/DVP)
Wkr 22 Schwäbisch Hall
74564 Crailsheim, Roßfelder Str. 65/5

Braun, Martina (GRÜNE)
Wkr 54 Villingen-Schwenningen
70173 Stuttgart, Konrad-Adenauer-Str. 3

Bückner, Tim (CDU)
Wkr 25 Schwäbisch Gmünd
73453 Abtsgmünd, Burren 2

Burger, Klaus (CDU)
Wkr 70 Sigmaringen
72488 Sigmaringen, Karlstr. 28

Cataltepe, Ayla (GRÜNE)
Wkr 10 Göppingen
70173 Stuttgart, Konrad-Adenauer-Str. 3

Cuny, Sebastian (SPD)
Wkr 39 Weinheim
69198 Schriesheim, Ellwanger Str. 12

Deuschle, Andreas (CDU)
Wkr 7 Esslingen
73728 Esslingen, Bahnhofstraße 27

Dörflinger, Thomas (CDU)
Wkr 66 Biberach
88400 Biberach, Braithweg 27

Eisenhut, Bernhard (AfD)
Wkr 57 Singen
70173 Stuttgart, Konrad-Adenauer-Str. 3

Epple, Konrad (CDU)
Wkr 13 Vaihingen
70173 Stuttgart, Konrad-Adenauer-Str. 3

Erikli, Nese (GRÜNE)
Wkr 56 Konstanz
70173 Stuttgart, Konrad-Adenauer-Str. 3

Evers, Daniela (GRÜNE)
Wkr 46 Freiburg I
79100 Freiburg, Rehlingstr. 16 A

Freiherr von Eyb, Arnulf (CDU)
Wkr 21 Hohenloe
74677 Dörzbach, Schloss 2

Fink, Nicolas (SPD)
Wkr
73728 Esslingen, Katharinenstr. 21

Fischer, Rudi (FDP/DVP)
Wkr 61 Hechingen-Münsingen
72555 Metzingen, Bei der Ziegelhütte 3

Frey, Josef (GRÜNE)
Wkr 58 Lörrach
70173 Stuttgart, Konrad-Adenauer-Str. 3

Fulst-Blei, Dr. Stefan (SPD)
Wkr 35 Mannheim I
68305 Mannheim, Carl-Reuther-Straße 1

Gehring, Christian (CDU)
Wkr 16 Schorndorf
73614 Schorndorf, Gmünder Str. 65

Gentges, Marion (CDU)
Wkr 50 Lahr
77933 Lahr, Friedrichstr. 5

Gericke, Silke (GRÜNE)
Wkr 12 Ludwigsburg
71638 Ludwigsburg, Arsenalstr. 4

Gögel, Bernd (AfD)
Wkr 44 Enz
70173 Stuttgart, Konrad-Adenauer-Str. 3

Goll, Julia (FDP/DVP)
Wkr 15 Waiblingen
70173 Stuttgart, Konrad-Adenauer-Str. 3

Goßner, Hans-Jürgen (AfD)
Wkr 10 Göppingen
70173 Stuttgart, Konrad-Adenauer-Str. 3

Grath, Martin (GRÜNE)
Wkr 24 Heidenheim
89520 Heidenheim, Schnaitheimer Straße 40

Grimmer, Dr. Bernd (AfD)
Wkr 42 Pforzheim
70173 Stuttgart, Konrad-Adenauer-Str. 3

Gruber, Gernot (SPD)
Wkr 17 Backnang
71522 Backnang, Burgplatz 8

Haag, Friedrich (FDP)
Wkr 02 Stuttgart II
70173 Stuttgart, Konrad-Adenauer-Str. 3

Häffner, Petra (GRÜNE)
Wkr 16 Schorndorf
70173 Stuttgart, Konrad-Adenauer-Str. 3

Hagel, Manuel (CDU)
Wkr 65 Ehingen
70173 Stuttgart, Konrad-Adenauer-Str. 3

Hahn, Martin (GRÜNE)
Wkr 67 Bodensee
70173 Stuttgart, Konrad-Adenauer-Str. 3

Hailfinger, Manuel (CDU)
Wkr 61 Hechingen-Münsingen
70173 Stuttgart, Konrad-Adenauer-Str. 3

Hartmann-Müller, Sabine (CDU)
Wkr
70173 Stuttgart, Konrad-Adenauer-Str. 3

Haser, Raimund (CDU)
Wkr 68 Wangen
70173 Stuttgart, Konrad-Adenauer-Str. 3

Hauk, Peter (CDU)
Wkr 38 Neckar-Odenwald
70173 Stuttgart, Konrad-Adenauer-Str. 3

Häusler, Martina (GRÜNE)
Wkr 25 Schwäbisch Gmünd
70173 Stuttgart, Konrad-Adenauer-Str. 3

Haußmann, Jochen (FDP/DVP)
Wkr 16 Schorndorf
71384 Weinstadt, Werkstr. 24

Heitlinger, Georg (FDP)
Wkr 19 Eppingen
70173 Stuttgart, Konrad-Adenauer-Str. 3

Hellstern, Dr. Uwe (AfD)
Wkr 45 Freudenstadt
70173 Stuttgart, Konrad-Adenauer-Str. 3

Hentschel, Thomas (GRÜNE)
Wkr 32 Rastatt
76437 Rastatt, Rossigstr. 2

Herkens, Felix (GRÜNE)
Wkr 42 Pforzheim
75177 Pforzheim, Hohenstaufenstr. 11

Hermann, Winfried (GRÜNE)
Wkr 2 Stuttgart II
70173 Stuttgart, Konrad-Adenauer-Str. 3

Hildenbrand, Oliver (GRÜNE)
Wkr 03 Stuttgart III
70173 Stuttgart, Konrad-Adenauer-Str. 3

Hockenberger, Ulli (CDU)
Wkr 29 Bruchsal
68794 Oberhausen-Rheinhausen, Händelweg 1

Hoffmann, Jonas (SPD)
Wkr 58 Lörrach
79539 Lörrach, Tumringer Str. 226

Hoffmeister-Kraut, Dr. Nicole (CDU)
Wkr 63 Balingen
70173 Stuttgart, Konrad-Adenauer-Str. 3

Hoher, Klaus (FDP/DVP)
Wkr 67 Bodensee
70173 Stuttgart, Konrad-Adenauer-Str. 3

Holmberg, Cindy (GRÜNE)
Wkr 61 Hechingen-Münsingen
70173 **Stuttgart**, Konrad-Adenauer-Str. 3

Hörner, Hans-Peter (AfD)
Wkr 63 Balingen
70173 **Stuttgart**, Konrad-Adenauer-Str. 3

Huber, Isabell Sibylle (CDU)
Wkr 20 Neckarsulm
74072 **Heilbronn**, Badstraße 14

Joukov-Schwelling, Michael (GRÜNE)
Wkr 64 Ulm
89073 **Ulm**, Bockgasse 2

Jung, Dr. Christian (FDP)
Wkr 30 Bretten
70173 **Stuttgart**, Konrad-Adenauer-Str. 3

Karrais, Daniel (FDP/DVP)
Wkr 53 Rottweil
78628 **Rottweil**, Hochbrücktorstraße 14

Katzenstein, Hermann (GRÜNE)
Wkr 41 Sinsheim
69151 **Neckargemünd**, Hauptstraße 20

Kenner, Andreas (SPD)
Wkr 8 Kirchheim
73230 **Kirchheim unter Teck**, Schuhstraße 4

Kern, Catherine (GRÜNE)
Wkr 21 Hohenloe
74613 **Öhringen**, Freiherr-vom-Stein-Str. 9

Kern, Dr. Timm (FDP/DVP)
Wkr 45 Freudenstadt
72160 **Horb am Neckar**, Bahnhofplatz 1

Klauß, Miguel (AfD)
Wkr 43 Calw
70173 **Stuttgart**, Konrad-Adenauer-Str. 3

Kliche-Behnke, Dr. Dorothea (SPD)
Wkr 62 Tübingen
72072 **Tübingen**, Karlstr. 3

Klos, Rüdiger (AfD)
Wkr 55 Tuttlingen-Donaueschingen
70173 **Stuttgart**, Konrad-Adenauer-Str. 3

Knopf, Norbert (GRÜNE)
Wkr 37 Wiesloch
68789 **St. Leon-Rot**, Am Breitenweg 30 A

Köhler, Erwin (GRÜNE)
Wkr 19 Eppingen
70173 **Stuttgart**, Konrad-Adenauer-Str. 3

Krebs, Petra (GRÜNE)
Wkr 68 Wangen
88239 **Wangen im Allgäu**, Ravensburger Str. 40

Kretschmann, Winfried (GRÜNE)
Wkr 9 Nürtingen
70184 **Stuttgart**, Richard-Wagner-Str. 15

Kurtz, Sabine (CDU)
Wkr 6 Leonberg
70173 **Stuttgart**, Konrad-Adenauer-Str. 3

Lede Abal, Daniel Andreas (GRÜNE)
Wkr 62 Tübingen
72072 **Tübingen**, Poststr. 2-4

Leidig, Dr. Ute Angelika (GRÜNE)
Wkr 27 Karlsruhe I
76131 **Karlsruhe**, Huttenstr. 21

Lindenschmid, Daniel (AfD)
Wkr 17 Backnang
70173 **Stuttgart**, Konrad-Adenauer-Str. 3

Lindlohr, Andrea (GRÜNE)
Wkr 7 Esslingen
70173 **Stuttgart**, Konrad-Adenauer-Str. 3

Löffler, Dr. Reinhard (CDU)
Wkr 03 Stuttgart III
70197 **Stuttgart**, Reinsburgstr. 171

Lorek, Siegfried (CDU)
Wkr 15 Waiblingen
70173 **Stuttgart**, Konrad-Adenauer-Str. 3

Lucha, Manfred (GRÜNE)
Wkr 69 Ravensburg
70173 **Stuttgart**, Konrad-Adenauer-Str. 3

Mack, Winfried (CDU)
Wkr 26 Aalen
70173 **Stuttgart**, Konrad-Adenauer-Str. 3

Marwein, Thomas (GRÜNE)
Wkr 51 Offenbach
70713 **Stuttgart**, Konrad-Adenauer-Str. 3

Mayr, Ansgar (CDU)
Wkr 30 Bretten
70173 **Stuttgart**, Konrad-Adenauer-Str. 3

Mettenleiter, Bernd (GRÜNE)
Wkr 52 Kehl
70173 **Stuttgart**, Konrad-Adenauer-Str. 3

Miller, Matthias (CDU)
Wkr 05 Böblingen
70173 **Stuttgart**, Konrad-Adenauer-Str. 3

Nentwich, Ralf (GRÜNE)
Wkr 17 Backnang
70173 **Stuttgart**, Konrad-Adenauer-Str. 3

Neumann-Martin, Christine (CDU)
Wkr 31 Ettlingen
70173 **Stuttgart**, Konrad-Adenauer-Str. 3

Niemann, Jutta (GRÜNE)
Wkr 22 Schwäbisch Hall
70713 **Stuttgart**, Konrad-Adenauer-Str. 3

Nüßle, Niklas (GRÜNE)
Wkr 59 Waldshut
79793 **Wutöschingen**, Auerstr. 2

Olschowski, Petra (GRÜNE)
Wkr 04 Stuttgart IV
70372 Stuttgart-Bad Cannstatt, Erbsenbrunnengasse 7

Pfau-Weller, Dr. Natalie (CDU)
Wkr 08 Kirchheim
73230 Kirchheim Teck, Alleenstr. 18

Pix, Reinhold (GRÜNE)
Wkr 48 Breisgau
70713 Stuttgart, Konrad-Adenauer-Str. 3

Podeswa, Dr. Rainer (AfD)
Wkr 19 Eppingen
74072 Heilbronn, Am Wollhaus 1

Poreski, Thomas (GRÜNE)
Wkr 60 Reutlingen
70713 Stuttgart, Konrad-Adenauer-Str. 3

Preusch, Dr. Michael (CDU)
Wkr 19 Eppingen
70173 Stuttgart, Konrad-Adenauer-Str. 3

Ranger, Klaus (SPD)
Wkr 20 Neckarsulm
74072 Heilbronn, Wilhelmstr. 3

Rapp, Dr. Patrick (CDU)
Wkr 48 Breisgau
79189 Bad Krozingen, Graserweg 1

Razavi, Nicole (CDU)
Wkr 11 Geislingen
73084 Salach, Wilhelmstr. 7

Reinhart, Prof. Dr. Wolfgang (CDU)
Wkr 23 Main-Tauber
70713 Stuttgart, Konrad-Adenauer-Str. 3

Reith, Niko (FDP)
Wkr 55 Tuttlingen-Donaueschingen
78166 Donaueschingen, Zeppelinstr. 16

Rivoir, Martin (SPD)
Wkr 64 Ulm
89077 Ulm, Söflinger Str. 145

Röderer, Jan-Peter (SPD)
Wkr 41 Sinsheim
70173 Stuttgart, Konrad-Adenauer-Str. 3

Rolland, Gabi (SPD)
Wkr 47 Freiburg II
79100 Freiburg, Merzhauser Str. 4

Rösler, Dr. Markus (GRÜNE)
Wkr 13 Vaihingen
70173 Stuttgart, Konrad-Adenauer-Str. 3

Rülke, Dr. Hans-Ulrich (FDP/DVP)
Wkr 42 Pforzheim
75172 Pforzheim, Zerrennerstr. 26

Rupp, Ruben (AfD)
Wkr 25 Schwäbisch Gmünd
70173 Stuttgart, Konrad-Adenauer-Str. 3

Saebel, Barbara (GRÜNE)
Wkr 31 Ettlingen
70713 Stuttgart, Konrad-Adenauer-Str. 3

Saint-Cast, Nadyne (GRÜNE)
Wkr 47 Freiburg II
70173 Stuttgart, Konrad-Adenauer-Str. 3

Salomon, Alexander (GRÜNE)
Wkr 28 Karlsruhe II
70713 Stuttgart, Konrad-Adenauer-Str. 3

Sänze, Emil (AfD)
Wkr 53 Rottweil
70713 Stuttgart, Konrad-Adenauer-Str. 3

Schebesta, Volker (CDU)
Wkr 51 Offenburg
77652 Offenburg, Waltersweierweg 5 b

Scheerer, Hans Dieter (FDP)
Wkr 06 Leonberg
71263 Weil der Stadt, Josef-Beyerle-Str. 11

Schindele, Katrin (CDU)
Wkr 45 Freudenstadt
70173 Stuttgart, Konrad-Adenauer-Str. 3

Schoch, Alexander (GRÜNE)
Wkr 49 Emmendingen
79312 Emmendingen, Theodor-Ludwig-Str. 24-26

Schuler, August (CDU)
Wkr 69 Ravensburg
88250 Weingarten, Bahnhofstr. 8

Schütte, Dr. Albrecht (CDU)
Wkr 41 Sinsheim
70713 Stuttgart, Konrad-Adenauer-Str. 3

Schwarz, Andrea (GRÜNE)
Wkr 30 Bretten
75015 Bretten, Melanchtonstr. 36

Schwarz, Andreas (GRÜNE)
Wkr 8 Kirchheim
70713 Stuttgart, Konrad-Adenauer-Str. 3

Schweickert, Prof. Dr. Erik (FDP/DVP)
Wkr 44 Enz
70713 Stuttgart, Konrad-Adenauer-Str. 3

Schweizer, Sarah (CDU)
Wkr 10 Göppingen
70173 Stuttgart, Konrad-Adenauer-Str. 3

Sckerl, Hans-Ulrich (GRÜNE)
Wkr 39 Weinheim
69469 Weinheim, Hauptstr. 23

Seemann, Stefanie (GRÜNE)
Wkr 44 Enz
70173 Stuttgart, Konrad-Adenauer-Str. 3

Seimer, Peter (GRÜNE)
Wkr 06 Leonberg
70173 Stuttgart, Konrad-Adenauer-Str. 3

Sperling, Swantje (GRÜNE)
Wkr 15 Waiblingen
70173 Stuttgart, Konrad-Adenauer-Str. 3

Staab, Christiane (CDU)
Wkr 37 Wiesloch
69190 Walldorf, Rheinstr. 21

Stächele, Willi (CDU)
Wkr 52 Kehl
70713 Stuttgart, Konrad-Adenauer-Str. 3

Stein, Udo (AfD)
Wkr 22 Schwäbisch Hall
70713 Stuttgart, Konrad-Adenauer-Str. 3

Steinhülb-Joos, Katrin (SPD)
Wkr 04 Stuttgart IV
70173 Stuttgart, Konrad-Adenauer-Str. 3

Steyer, Joachim (AfD)
Wkr 61 Hechingen-Münsingen
70173 Stuttgart, Konrad-Adenauer-Str. 3

Stoch, Andreas (SPD)
Wkr 24 Heidenheim
89518 Heidenheim, Bergstr. 8

Storz, Hans-Peter (SPD)
Wkr 57 Singen
78224 Singen, Ekkehardstr. 12

Sturm, Andreas (CDU)
Wkr 40 Schwetzingen
68809 Neulußheim, Bürgermeister-Ewald-Butz-Str.

Teufel, Stefan (CDU)
Wkr 53 Rottweil
78628 Zimmern ob Rottweil, Bahnhof 1

Tok, Tayfun (GRÜNE)
Wkr 14 Bietigheim-Bissingen
70173 Stuttgart, Konrad-Adenauer-Str. 3

Trauschel, Alena (FDP)
Wkr 31 Ettlingen
70173 Stuttgart, Konrad-Adenauer-Str. 3

Vogt, Tobias (CDU)
Wkr 14 Bietigheim-Bissingen
74321 Bietigheim-Bissingen, Pleidelsheimer Str. 13

Wahl, Florian (SPD)
Wkr 05 Böblingen
71032 Böblingen, Sindelfinger Str. 8

Wald, Tobias (CDU)
Wkr 33 Baden-Baden
76532 Baden-Baden, Ooser Bahnhofstraße 23

Waldbüßer, Armin (GRÜNE)
Wkr 20 Neckarsulm
74182 Obersulm, Hauptstr. 3

Walker, Thekla (GRÜNE)
Wkr 5 Böblingen
70713 Stuttgart, Konrad-Adenauer-Str. 3

Weber, Jonas (SPD)
Wkr 32 Rastatt
70713 Stuttgart, Konrad-Adenauer-Str. 3

Wehinger, Dorothea (GRÜNE)
Wkr 57 Singen
78224 Singen, Ekkehardstr. 68

Weinmann, Nico (FDP/DVP)
Wkr 18 Heilbronn
74080 Heilbronn, Heidelberger Str. 90 B

Weirauch, Dr. Boris (SPD)
Wkr 36 Mannheim II
68259 Mannheim, Jahnstraße 4

Wolf, Guido (CDU)
Wkr 55 Tuttlingen-Donaueschingen
78532 Tuttlingen, Bahnhofstr. 124

Wolle, Carola (AfD)
Wkr 20 Neckarsulm
70713 Stuttgart, Konrad-Adenauer-Str. 3

Zimmer, Elke (GRÜNE)
Wkr 36 Mannheim II
70713 Stuttgart, Konrad-Adenauer-Str. 3

3 Präsidium des Landtags

Zusammensetzung und Aufgabenkreis:
Das **Präsidium** ist das Steuerungsgremium für den Ablauf der Parlamentsarbeit. Ihm gehören neben dem Präsidenten und seinen Stellvertretern auch die Spitzen der Fraktionen an. Im Präsidium wird der Ablauf der Plenarsitzungen abgesprochen, ihm obliegt die Aufstellung des Arbeits- und Terminplanes des Landtags; dieses Gremium berät ferner über Angelegenheiten, die für die Stellung des Parlaments und für seine Arbeit von grundsätzlicher Bedeutung sind. In den parlamentarischen Angelegenheiten entscheidet das Präsidium in der Regel einvernehmlich und nicht durch Mehrheitsbeschluss. Des Weiteren unterstützt das Präsidium den Präsidenten bei den Aufgaben der Parlamentsverwaltung. Das Präsidium stellt auch den Entwurf des Haushaltsplanes für den Bereich des Parlaments auf. Für die Ernennung und Entlassung der Beamten des Landtags bedarf der Präsident des Einvernehmens des Präsidiums.
Von diesem Leitungsgremium ist der Sitzungsvorstand in den Plenarsitzungen des Landtags zu unterscheiden, der sich zusammensetzt aus dem jeweils amtierenden Präsidenten und zwei Schriftführern. Der Landtag hat zu diesem Zweck 27 Abgeordnete als Schriftführer gewählt.
Präsidentin des Landtags: Muhterem Aras (GRÜNE)
Stellvertretende Präsidenten: Prof. Dr. Wolfgang Reinhart (CDU); Daniel Born (SPD)
Weitere Mitglieder des Präsidiums: Andrea Bogner-Unden (GRÜNE); Tim Bückner (CDU); Ayla Cataltepe (GRÜNE); Sebastian Cuny (SPD); Daniela Evers (GRÜNE); Christian Gehring (CDU); Hans-Jürgen Goßner (AfD); Friedrich

Haag (FDP); Martina Häusler (GRÜNE); Georg Heitlinger (FDP); Jonas Hoffmann (SPD); Hans-Peter Hörner (AfD); Norbert Knopf (GRÜNE); Bernd Mettenleiter (GRÜNE); Ralf Nentwich (GRÜNE); Dr. Natalie Pfau-Weller (CDU); Klaus Ranger (SPD); Niko Reith (FDP); Jan-Peter Röderer (SPD); Ruben Rupp (AfD); Nadyne Saint-Cast (GRÜNE); Katrin Schindele (CDU); Sarah Schweizer (CDU); Joachim Steyer (AfD); Andreas Sturm (CDU); Alena Trauschel (FDP); Armin Waldbüßer (GRÜNE)

Die **Schriftführer** unterstützen den Präsidenten bei der Leitung der Plenarsitzungen. Sie führen insbesondere die Rednerliste, nehmen den Namensaufruf vor, sammeln und zählen die Stimmen. In den Landtagssitzungen bilden der amtierende Präsident und zwei Schriftführer den Sitzungsvorstand.

4 Fraktionen des Landtags

Aufgabenkreis:

Die Fraktionen sind die politischen Gliederungen des Parlaments, in denen die Abgeordneten derselben Partei zusammengeschlossen sind. In den Fraktionen formiert sich die politische Haltung der Abgeordneten einer Partei zu den im Plenum und in den Ausschüssen anstehenden Entscheidungen und Debatten, aus den Fraktionen geht ein großer Teil der politischen Initiative für die Parlamentsarbeit hervor. Der Landtag hat die Rechtsstellung und die Finanzierung der Fraktionen durch ein besonderes Fraktionsgesetz, das am 1. Januar 1995 in Kraft getreten ist, geregelt.

Auch in organisatorischer Hinsicht sind die Parlamentsfraktionen wichtige Einheiten, ohne die das Parlament nicht arbeitsfähig wäre. Die Planung und Steuerung der Parlamentsarbeit beruht weithin auf Absprachen unter den Parlamentsfraktionen. Auch der Ablauf der Debatten im Plenum ist in weitgehendem Maße nach Fraktionen geordnet, z.B. wenn das Wort dem Redner dort für eine Fraktion oder im Rahmen des Redezeitkontingents seiner Fraktion erteilt wird. Äußerlich wird die Gliederung in Fraktionen in der Sitzordnung des Plenums sichtbar (dabei ist die Einordnung der Fraktionen in „rechts" und „links" traditionell vom Präsidium her gesehen). Die Fraktionen haben das Vorschlagsrecht oder Benennungsrecht bei einer Vielzahl von Personalentscheidungen wie z.B. für die Besetzung der Landtagsausschüsse, für den Vorsitz in den Ausschüssen, für die Wahl des Präsidenten und der Vizepräsidenten und anderes mehr. Sie sind selbstständig initiativberechtigt, d.h. sie können Gesetzentwürfe und andere Anträge einbringen, die vom Fraktionsvorsitzenden namens der Fraktion unterzeichnet sind.

Für die verschiedenen Sachgebiete der Landespolitik haben die Fraktionen Arbeitskreise gebildet, die vor allem Initiativen der Fraktionen vorbereiten und die Beratungen der Ausschüsse begleiten.

Fraktion Bündnis 90/Die Grünen
Mitglieder: 58
Vorsitzender: Andreas Schwarz
Stellv. Vorsitzende: Susanne Bay; Cindy Holmberg; Petra Krebs; Oliver Hildenbrand; Daniel Andreas Lede Abal
Parlamentarischer Geschäftsführer: Hans-Ulrich Sckerl

Fraktion der Christlich-Demokratischen Union (CDU)
Mitglieder: 42
Vorsitzender: Manuel Hagel
Stellvertretende Vorsitzende: Andreas Deuschle; Thomas Blenke; Thomas Dörflinger; Christine Neumann-Martin; Stefan Teufel
Fraktionsgeschäftsführer: Micha Waldherr

Fraktion der Sozialdemokratischen Partei Deutschlands (SPD)
Mitglieder: 19
Vorsitzender: Andreas Stoch
Stellv. Vorsitzende: Sascha Binder; Nicole Fink; Dr. Stefan Fulst-Blei; Dr. Dorothea Kliche-Behnke; Gabi Rolland; Nicole Matthöfer
Fraktionsgeschäftsführerin: Nicole Matthöfer

Fraktion Freie Demokratische Partei/Demokratische Volkspartei (FDP/DVP)
Mitglieder: 18
Vorsitzender: Dr. Hans-Ulrich Rülke
Stellv. Vorsitzende: Jochen Haußmann (zugleich Parlamentarischer Geschäftsführer); Nico Weinmann; Julia Goll; Dr. Timm Kern
Fraktionsgeschäftsführer: Dr. Christian Greiff

Fraktion der Alternative für Deutschland (AfD)
Mitglieder: 17
Vorsitzender: Bernd Gögel
Stellv. Vorsitzende: Dr. Rainer Balzer; Dr. Rainer Podeswa; Ruben Rupp; Udo Stein; Carola Wolle
Parlamentarischer Geschäftsführer: Anton Baron

5 Ausschüsse des Landtags

Aufgabenkreis:

Die Parlamentsausschüsse haben die Aufgabe, die Beschlüsse des Plenums vorzubereiten. Sie sind der Ort für eine gründliche und detaillierte Beratung unter den Experten der Fraktionen. Im Interesse der Effektivität der Ausschussarbeit führen die Landtagsausschüsse ihre Beratungen in nichtöffentlicher Sitzung durch. Zu ihrer Information können die Ausschüsse öffentliche oder nichtöffentliche Anhörungen zu einem ihnen überwiesenen Beratungsgegenstand durchführen, in welchen Sachverständige, Vertreter der interessierten Kreise oder Sprecher der von einer Vorlage Betroffenen zu Wort kommen. Dieses in den Vereinigten Staaten gebräuchliche Mittel des öffentlichen Hearings hat sich in der deutschen Parlamentspraxis immer mehr eingebürgert.

Die Ausschüsse haben das Recht, durch Mehrheitsbeschluss auch öffentlich zu tagen. Die Geschäftsordnung des baden-württembergischen Landtags gibt auch gewisse Möglichkeiten, bestimmte Debatten vom Plenum in eine öffentliche Ausschusssitzung zu verlagern (z.B. Besprechung Großer Anfragen, Beratung von Fraktionsanträgen).

Die Landtagsausschüsse befassen sich nur mit Angelegenheiten, die ihnen – in der Regel vom Plenum – im Einzelfall überwiesen worden sind. Sie besitzen also keinen originären Zuständigkeitsbereich, in welchem sie selbstständig Initiativen entfalten und von sich aus Fragen aufgreifen können (Selbstbefassungsrecht). Die Ausschüsse handeln auch nicht nach außen, sondern sie sind Organe der Entscheidungsvorbereitung für das Plenum. Eine Ausnahme bilden z.B. bestimmte gesetzlich festgelegte Mitwirkungsrechte des zuständigen Ausschusses beim Haushaltsvollzug. Es gibt daneben Ausschüsse, die unter bestimmten Voraussetzungen an die Stelle des Gesamtlandtags treten können: der Ständige Ausschuss, der als „Zwischenparlament" nach Ablauf der Wahlperiode oder nach einer vorzeitigen Landtagsauflösung bis zum Zusammentritt des neuen Landtags die Rechte des Parlaments gegenüber der Regierung wahrt (während der Wahlperiode hat der Ständige Ausschuss die Aufgaben eines Fachausschusses für Verfassungs-, Rechts- und Medienfragen); ferner das für den Notstandsfall (Art. 62 der Verfassung) gebildete, aus 18 Abgeordneten bestehende Notparlament. Ein Landtagsausschuss mit verselbstständigten Aufgaben ist auch das Gremium nach Art. 10 Grundgesetz, dem die parlamentarische Kontrolle der Regierung bei Maßnahmen der Post- und Telefonüberwachung nach dem Gesetz zu Art. 10 GG obliegt. Der Landtag hat elf ständige Fachausschüsse gebildet sowie den Petitionsausschuss, dem Ministerium der Justiz und für Europa stehen zwei Ausschüsse gegenüber. Dabei wurde von dem Grundsatz ausgegangen, dass jedem Fachministerium im Landtag ein Ausschuss gegenübersteht, der als Gesprächspartner und „Kontrolleur" des betreffenden Ministeriums besteht. Die Ausschüsse haben 21 Mitglieder. Dem Innenausschuss und dem Europaausschuss gehört je ein fraktionsloser Abgeordneter beratend ohne Stimmrecht an. In den Ausschüssen sind jeweils alle fünf Fraktionen vertreten, und zwar entsprechend ihrer Stärke im Landtag, so dass sich die Mehrheitsverhältnisse des Plenums auf der Ausschussebene widerspiegeln. So ist gewährleistet, dass alle Fraktionen bereits in den vorbereitenden Beratungen der Ausschüsse zur Geltung kommen und dass die Ausschussempfehlungen in der Regel im Plenum des Landtags bestätigt werden. Für diese proportionale Aufteilung der Ausschusssitze auf die Fraktionen gibt es unterschiedliche Berechnungsverfahren. Im Landtag Baden-Württemberg gilt das Höchstzahlverfahren nach SainteLaguë/Schepers (§ 17 a Geschäftsordnung des Landtags).

Ständiger Ausschuss
(21 Mitglieder: GRÜNE 8, CDU 6, SPD 3, FDP/DVP 3, AfD 2)

Vorsitzender: Guido Wolf CDU
Stellv. Vorsitzender: Ruben Rupp AfD

Ausschuss des Inneren, für Digitalisierung und Kommunen
(Innenausschuss)
(21 Mitglieder: GRÜNE 8, CDU 6, SPD 3, FDP/DVP 3, AfD 2)
Vorsitzender: Ulli Hockenberger CDU
Stellv. Vorsitzende: Andrea Schwarz GRÜNE

Ausschuss für Finanzen
(Finanzausschuss)
(21 Mitglieder: GRÜNE 8, CDU 6, SPD 3, FDP/DVP 3, AfD 2)
Vorsitzender: Martin Rivoir SPD
Stellv. Vorsitzende: Sarah Schweizer CDU

Ausschuss für Kultus, Jugend und Sport
(Bildungsausschuss)
(21 Mitglieder: GRÜNE 8, CDU 6, SPD 3, FDP/DVP 3, AfD 2)
Vorsitzende: Petra Häffner GRÜNE
Stellv. Vorsitzende: Katrin Steinhülb-Joos SPD

Ausschuss für Wissenschaft, Forschung und Kunst
(Wissenschaftsausschuss)
(21 Mitglieder: GRÜNE 8, CDU 6, SPD 3, FDP/DVP 3, AfD 2)
Vorsitzende: Nese Erikli GRÜNE
Stellv. Vorsitzender: Dr. Rainer Balzer AfD

Ausschuss für Umwelt, Klima und Energiewirtschaft
(Umwelt- und Energieausschuss)
(21 Mitglieder: GRÜNE 8, CDU 6, SPD 3, FDP/DVP 3, AfD 2)
Vorsitzender: Daniel Karrais FDP/DVP
Stellv. Vorsitzender: Alexander Schoch GRÜNE

Ausschuss für Wirtschaft, Arbeit und Tourismus
(Wirtschaftsausschuss)
(21 Mitglieder: GRÜNE 8, CDU 6, SPD 3, FDP/DVP 3, AfD 2)
Vorsitzender: Prof. Dr. Erik Schweickert FDP/DVP
Stellv. Vorsitzende: Katrin Schindele CDU

Ausschuss für Soziales, Gesundheit und Integration
(Sozial- und Integrationsausschuss)
(21 Mitglieder: GRÜNE 8, CDU 6, SPD 3, FDP/DVP 3, AfD 2)
Vorsitzender: Florian Wahl SPD
Stellv. Vorsitzende: Dorothea Wehinger GRÜNE

Ausschuss für Verkehr
(Verkehrsausschuss)
(21 Mitglieder: GRÜNE 8, CDU 6, SPD 3, FDP/DVP 3, AfD 2)
Vorsitzender: Rüdiger Klos AfD
Stellv. Vorsitzender: August Schuler CDU

Ausschuss für Ernährung, Ländlichen Raum und Verbraucherschutz (Landwirtschaftsausschuss)
(21 Mitglieder: GRÜNE 8, CDU 6, SPD 3, FDP/ DVP 3, AfD 2)
Vorsitzender: Martin Hahn GRÜNE
Stellv. Vorsitzender: Klaus Hoher FDP/DVP

Ausschuss für Landesentwicklung und Wohnen
(21 Mitglieder: GRÜNE 8, CDU 6, SPD 3, FDP/ DVP 3, AfD 2)
Vorsitzende: Christiane Staab CDU
Stellv. Vorsitzender: Dr. Christian Jung FDP/DVP

Ausschuss für Europa und Internationales (Europaausschuss)
(21 Mitglieder: GRÜNE 8, CDU 6, SPD 3, FDP/ DVP 3, AfD 2)
Vorsitzender: Willi Stächele CDU
Stellv. Vorsitzende: Andrea Bogner-Unden GRÜNE

Petitionsausschuss
(21 Mitglieder: GRÜNE 8, CDU 6, SPD 3, FDP/ DVP 3, AfD 2)
Vorsitzender: Thomas Marwein GRÜNE
Stellv. Vorsitzender: Andreas Kenner SPD

Wahlprüfungsausschuss
(7 Mitglieder: GRÜNE 2, CDU 2, AfD 1, SPD 1, FDP/DVP 1)
Vorsitzender: Daniel Lindenschmid AfD
Stellv. Vorsitzender: Michael Joukov-Schwelling GRÜNE

Parlamentarisches Kontrollgremium
(10 Mitglieder: GRÜNE 4, CDU 3, AfD 1, SPD 1, FDP/DVP 1)
Vorsitzender: Hans-Ulrich Sckerl GRÜNE
Stellv. Vorsitzender: Thomas Blenke CDU

Ausschuss nach Artikel 62 der Verfassung (Notparlament)
(21 Mitglieder: GRÜNE 8, CDU 6, SPD 3, FDP/ DVP 3, AfD 2)
Vorsitzender: NN
Stellv. Vorsitzender: NN

6 Verwaltung beim Landtag

70173 Stuttgart, Konrad-Adenauer-Str. 3, Haus des Landtags; Tel. (07 11) 20 63-0; Fax (07 11) 20 63-2 99; E-Mail: post@landtag-bw.de; https://www.landtag-bw.de

Präsidentin: Muhterem Aras
Vizepräsident: Daniel Born
Direktor: NN

Ref D/1: **Besucherdienst, Protokoll, Politische Bildung für Schulen, Kinder, Jugendliche und Erwachsene** Christina Arndt, Tel. -2 85
Pressestelle, Öffentlichkeitsarbeit Reiners, Tel. -22 69

Büro der Präsidentin, Planung, Grundsatz, Reden Martin Ruolff, Tel. -21 99
Stabsstelle Veranstaltungsmanagement Klaus Kehl, Tel. -2 40
Informationssicherheitsbeauftragter Dr. Rolf Häcker, Tel. -22 00
Digitales Parlament NN

Abt I Parlamentsdienst
Leiter: Andreas Finkenbeiner, MinDirig, Tel. (07 11) 20 63-2 07, 2 05

Ref I/1: **Europäische Angelegenheiten, Petitionen** Hönle, Tel. -2 08
Ref I/2: **Juristischer Dienst** NN
Ref I/3: **Plenar- und Ausschussdienst, Drucksachenstelle** Margit Ehninger, Tel. -2 19
Ref I/4: **Stenografischer Dienst** Dieter Grünert, Tel. -3 36
Ref I/5: **Angelegenheiten der Abgeordneten, Mitarbeiterentschädigung** Moltzen, Tel. -5 71

Abt II Verwaltung
Leiter: Dr. Tilo Traub, MinDirig, Tel. (07 11) 20 63-5 85, 5 81

Ref 1: **Haushalt** Dieter Ostermann, Tel. -5 87
Ref 2: **Personal** Dr. Bauer, Tel. -22 71
Ref 3: **Informations- und Kommunikationstechnik** NN
Ref 4: **Gebäudemanagement, Organisation** Sabrina Fröhlich, Tel. -5 63
Ref 5: **Schriftgutmanagement, Archivierung, Dokumentation, Bibliothek** Ulrich Kicherer, Tel. -2 01

Beim Landtag eingerichtet:

7 Der Landesbeauftragte für den Datenschutz und Informationsfreiheit Baden-Württemberg

70173 Stuttgart, Lautenschlagerstr. 20; Tel. (07 11) 61 55 41-0; Fax (07 11) 61 55 41-15;
E-Mail: poststelle@lfdi.bwl.de;
http://www.baden-wuerttemberg.datenschutz.de

Staatsrechtliche Grundlage und Aufgabenkreis:
Landesdatenschutzgesetz in der Fassung vom 12. Juni 2018 (GBl. S. 173), zuletzt geändert durch Artikel 3 des Gesetzes vom 18. Dezember 2018 (GBl. S. 1549, 1551), geregelt.
Auf Vorschlag der Landesregierung wählt der Landtag mit der Mehrheit seiner Mitglieder den Landesbeauftragten für den Datenschutz. Er ist in Ausübung des Amtes unabhängig und nur dem Gesetz unterworfen.
Aufgabe des Landesbeauftragten für den Datenschutz ist die Kontrolle von Behörden und sonstigen öffentlichen Stellen des Landes, der Gemeinden und Gemeindeverbände sowie von nichtöffentlichen Stel-

len mit Sitz in Baden-Württemberg bei der Verarbeitung personenbezogener Daten sowie die Beratung der Landesregierung und der Ministerien in Fragen des Datenschutzes.
Seit dem 30. Dezember 2015 sind ihm zudem die Aufgaben des Landesbeauftragten für die Informationsfreiheit nach § 12 des Landesinformationsfreiheitsgesetzes (LIFG) vom 17. Dezember 2015 (GBl. S. 1201) übertragen. In dieser Funktion kontrolliert er bei öffentlichen Stellen die Einhaltung der Vorschriften des LIFG und berät antragsberechtigte, betroffene Personen und informationspflichtige Stellen über ihre Rechte und Pflichten nach diesem Gesetz.
Landesbeauftragter für den Datenschutz: Dr. Stefan Brink

8 Landeszentrale für politische Bildung

70173 Stuttgart, Lautenschlagerstr. 20; Tel. (07 11) 16 40 99-0; Fax (07 11) 16 40 99-77;
E-Mail: lpb@lpb-bw.de; http://www.lpb-bw.de

Staatsrechtliche Grundlage und Aufgabenkreis:
Bekanntmachung des Präsidenten des Landtags von Baden-Württemberg über die Errichtung einer Landeszentrale für politische Bildung vom 20. März 2013. Die Landeszentrale für politische Bildung wird als nicht rechtsfähige Anstalt des öffentlichen Rechts im Geschäftsbereich des Landtags von Baden-Württemberg errichtet. Sie hat ihren Sitz in Stuttgart.
Die Landeszentrale hat die Aufgabe, die politische Bildung in Baden-Württemberg auf überparteilicher Grundlage zu fördern und zu vertiefen. Sie dient hierbei der Festigung und Verbreitung des Gedankengutes der freiheitlich-demokratischen Ordnung.
Zur Erfüllung ihrer Aufgabe hat die Landeszentrale insbesondere auf die Zusammenarbeit der mit der Förderung der politischen Bildung befaßten staatlichen Stellen hinzuwirken, die Zusammenarbeit der gesellschaftlichen Träger der politischen Bildung zu fördern, Tagungen, Lehrgänge und Seminare zu veranstalten, auf denen Themen der politischen Bildung unter Mitwirkung von Politikern und Wissenschaftlern erörtert werden, die Arbeit der staatlichen und gesellschaftlichen Träger der politischen Bildung durch Publikationen, Bücher und Filme zu unterstützen, innerhalb ihres Aufgabenbereichs praktische Erfahrungen und wissenschaftliche Erkenntnisse zu sammeln und für die politische Bildung bereitzustellen.

Direktion
Direktor: Lothar Frick, Tel. -60
Stellv. Direktorin: Sibylle Thelen, Tel. -30
Referenten des Direktors: Sabina Wilhelm, Tel. -62 ; Tobias Rieger, Tel. -7 13
Stabsstelle Kommunikation und Marketing: Heiko Buczinski (Stabsstellenleiter), Tel. -63 ; Daniel Henrich, Tel. -64 ; Klaudia Saupe, Tel. -49

Abt 1 Zentraler Service
Leiter: Kai-Uwe Hecht, Tel. (07 11) 16 40 99-10

Haushalt und Controlling Sabrina Gogel, Tel. -12
Personal Tamara Mürter, Tel. -55
Organisation und Innerer Dienst Philipp Eger, Tel. -7 25
Information und Kommunikation Wolfgang Herterich, Tel. -14 ; Philipp Eger, Tel. -7 25
Querschnittsaufgaben Philipp Eger, Tel. -7 25
Tageszentrum Haus auf der Alb, Bad Urach Nina Deiß, Tel. (0 71 25) 1 52-1 13

Abt 2 Haus auf der Alb
72574 Bad Urach, Hanner Steige 1; Tel. (0 71 25) 1 52-0; Fax (0 71 25) 1 52-1 00
Leiterin: Claudia Möller, Tel. (0 71 25) 1 52-1 35
Nachhaltigkeit Claudia Möller, Tel. -1 35
Schule und Bildung Martina Siegel-Ginzinger, Tel. -1 48
Integration und Migration Monika Selmeci, Tel. -1 40
Europa und Internationales Thomas Schinkel, Tel. -1 47 ; Tengiz Dalalishvili, Tel. -1 26
Servicestelle Friedensbildung Dr. Julia Hagen, Tel. -1 35

Abt 3 Demokratisches Engagement
Leiterin: Dr. Katrin Hammerstein, Tel. (07 11) 16 40 99-57
Gedenkstättenarbeit Dr. Katrin Hammerstein, Tel. -57
Politische Landeskunde Dr. Iris Häuser, Tel. -20
Schülerwettbewerb des Landtags Monika Greiner, Tel. -25
Frauen und Politik Beate Dörr, Tel. -29 ; Sabine Keitel, Tel. -32
Jugend und Politik Angelika Barth, Tel. -22 ; Christiane Franz, Tel. -23 ; Johannes Ulbrich, Tel. -7 02
Freiwilliges Ökologisches Jahr Steffen Vogel, Tel. -35

Abt 4 Medien und Methoden
Leiter: Karl-Ulrich Templ, Tel. (07 11) 16 40 99-40
Internetredaktion Prof. Dr. Reinhold Weber, Tel. -40
Redaktion Bürger & Staat/„Landeskundliche Reihe" Dr. Maike Hausen, Tel. -44
Redaktion „Politik & Unterricht" Robby Geyer, Tel. -42
Redaktion „Deutschland & Europa" Ralf Engel, Tel. -43
Redaktion Unterrichtsmedien Michael Lebisch, Tel. -47
E-Learning Sabine Keitel, Tel. -32
Medienpädagogik Bianca Braun, Tel. -53
Abt 5 Regionale Arbeit

Außenstelle Freiburg
79098 Freiburg, Bertoldstr. 55; Tel. (07 61) 2 07 73-0; Fax (07 61) 2 07 73-99
Leiter: Prof. Dr. Michael Wehner, Tel. -77 ; Thomas Waldvogel, Tel. -33

Außenstelle Heidelberg
69117 **Heidelberg**, Plöck 22; Tel. (0 62 21) 60 78-0;
Fax (0 62 21) 60 78-22
Leiter: Regina Bossert, Tel. -14 ; Lukas Müller,
Tel. -13

Außenstelle Tübingen (im Aufbau)
72574 **Bad Urach**, Hanner Steige 1; Tel. (0 71 25) 1
52-1 49; Fax (0 71 25) 1 52-1 45
Leiterin: Anja Meitner, Tel. 1 34

**Politische Tage für Schülerinnen und Schüler
Veranstaltungen für den Schulbereich**
Regierungsbezirk Stuttgart: Thomas Franke, Tel. -83
Regierungsbezirk Tübingen: Anja Meitner (Bad Urach),
Tel. (0 71 25) 1 52-1 34

b Regierung und Landesbehörden des Landes Baden-Württemberg

Nach Art. 45 Abs. 2 der Verfassung des Landes Baden-Württemberg vom 11. November 1953 (GBl. S. 173) mit den zwischenzeitlich ergangenen Änderungen und Ergänzungen besteht die Regierung aus dem Ministerpräsidenten und den Ministern. Der Regierung können als weitere Mitglieder Staatssekretäre und ehrenamtliche Staatsräte angehören, denen der Landtag Stimmrecht verleihen kann.
Der Ministerpräsident wird nach Art. 46 der Verfassung vom Landtag mit der Mehrheit seiner Mitglieder gewählt. Der Ministerpräsident beruft und entlässt die übrigen Mitglieder der Regierung und bestellt seinen Stellvertreter. Er führt den Vorsitz in der Regierung und leitet ihre Geschäfte.
Die Regierung bedarf zur Amtsübernahme der Bestätigung durch den Landtag. Die Berufung eines Mitglieds der Regierung nach der Bestätigung bedarf ebenfalls der Zustimmung des Landtags.
Die Abberufung der Regierung durch den Landtag ist nur im Weg des konstruktiven Misstrauensvotums, d.h. durch die Bildung einer neuen Regierung möglich (Art. 54 der Landesverfassung). Die Amtsdauer der Regierung endet mit dem Zusammentritt eines neuen Landtags. Die Amtsdauer sämtlicher Mitglieder der Regierung ist von der des Ministerpräsidenten abhängig. Die Mitglieder der Regierung können jederzeit zurücktreten (Art. 55 der Landesverfassung). Der Landtag kann mit einer Zweidrittelmehrheit vom Ministerpräsidenten die Entlassung eines Mitglieds der Regierung erzwingen (Art. 56 der Landesverfassung).
Die Regierung übt die vollziehende Gewalt aus (Art. 45 Abs. 1 der Landesverfassung).
Durch die Verfassung werden ihr folgende Zuständigkeiten übertragen:
– das Recht der Gesetzesinitiative (Art. 49 Abs. 2 und 59 Abs. 1 der Landesverfassung),
– die Zustimmung zum Abschluss von Staatsverträgen (Art. 50 der Landesverfassung),
– das Recht, gegen Gesetzesbeschlüsse des Landtags zusammen mit einer Minderheit des Landtags das Volk anzurufen (Art. 60 der Landesverfassung),
– die Zustimmung zu Beschlüssen des Landtags, die über den Rahmen der im Haushaltsplan vorgesehenen Ausgaben hinausgehen (Art. 82 der Landesverfassung),
– das Recht, die Einberufung des Landtags zu verlangen (Art. 30 Abs. 4 der Landesverfassung),
– der Erlass von Verwaltungsvorschriften und – auf Grund gesetzlicher Ermächtigung – von Rechtsverordnungen (Art. 61 der Landesverfassung),
– die Einrichtung der staatlichen Behörden im Einzelnen (Art. 70 Abs. 2 der Landesverfassung),

- die Zustimmung zur Übertragung des Gnadenrechts durch den Ministerpräsidenten (Art. 52 Abs. 1 der Landesverfassung),
- die Entscheidung über die Stimmabgabe des Landes im Bundesrat, über Angelegenheiten, in denen ein Gesetz dies vorschreibt, über Meinungsverschiedenheiten, die den Geschäftsbereich mehrerer Ministerien berühren, und über Fragen von grundsätzlicher oder weittragender Bedeutung (Art. 49 Abs. 2 der Landesverfassung).

Im Gesetz über die Rechtsverhältnisse der Mitglieder der Regierung vom 20. August 1991 (GBl. S. 533, berichtigt S. 611) sind dann noch weiterhin die Rechtsverhältnisse der Regierungsmitglieder geregelt.

a) Landesregierung:
Ministerpräsident: Winfried Kretschmann, MdL
Stellvertreter des Ministerpräsidenten und Minister des Inneren, für Digitalisierung und Kommunen: Thomas Strobl
Minister für Finanzen: Dr. Danyal Bayaz
Ministerin für Kultus, Jugend und Sport: Theresa Schopper
Ministerin für Wissenschaft, Forschung und Kunst: Theresia Bauer, MdL
Ministerin für Umwelt, Klima und Energiewirtschaft: Thekla Walker, MdL
Ministerin für Wirtschaft, Arbeit und Tourismus: Dr. Nicole Hoffmeister-Kraut, MdL
Minister für Soziales, Gesundheit und Integration: Manfred Lucha, MdL
Minister für Ernährung, Ländlichen Raum und Verbraucherschutz: Peter Hauk, MdL
Ministerin der Justiz und für Migration: Marion Gentges, MdL
Minister für Verkehr: Winfried Hermann, MdL
Ministerin für Landesentwicklung und Wohnen: Nicole Razavi, MdL
Staatsrätin mit Stimmrecht in der Regierung: Barbara Bosch (Staatsrätin für Zivilgesellschaft und Bürgerbeteiligung)

Politische Staatssekretäre:
Staatssekretärin im Ministerium für Finanzen: Dr. Gisela Splett
Staatssekretär im Ministerium für Kultus, Jugend und Sport: Volker Schebesta, MdL
Staatssekretärin im Ministerium für Wissenschaft, Forschung und Kunst: Petra Olschowski
Staatssekretär im Ministerium für Umwelt, Klima und Energiewirtschaft: Dr. Andre Baumann
Staatssekretär im Ministerium für Wirtschaft, Arbeit und Tourismus: Dr. Patrick Rapp, MdL
Staatssekretärin im Ministerium für Soziales, Gesundheit und Integration: Dr. Ute Angelika Leidig, MdL
Staatssekretärin im Ministerium für Ernährung, Ländlichen Raum und Verbraucherschutz: Sabine Kurtz, MdL
Staatssekretärin im Ministerium für Landesentwicklung und Wohnen: Andrea Lindlohr, MdL
Staatsminister im Staatsministerium und Chef der Staatskanzlei: Dr. Florian Stegmann

Beamtete Staatssekretäre im Ministerium des Inneren, für Digitalisierung und Kommunen: Julian Würtenberger; Wilfried Klenk

I Staatsministerium Baden-Württemberg (StM)

70184 Stuttgart, Richard-Wagner-Str. 15; Tel. (07 11) 21 53-0; Fax (07 11) 21 53-3 40; E-Mail: poststelle@stm.bwl.de; http://www.stm-bw.de

Aufgabenkreis:
Nach Art. 49 der Verfassung des Landes Baden-Württemberg bestimmt der Ministerpräsident die Richtlinien der Politik und trägt dafür die Verantwortung. Er führt den Vorsitz in der Regierung und leitet ihre Geschäfte. Er vertritt das Land nach außen. Er ernennt die Richter und Beamten des Landes, soweit dieses Recht nicht durch Gesetz auf andere Behörden übertragen wird. Ferner übt er das Gnadenrecht aus, soweit er es nicht mit Zustimmung der Regierung auf andere Behörden überträgt.
Zum Geschäftsbereich des Staatsministeriums gehören u.a. folgende Aufgaben:
- Grundsätzliche Fragen der Verfassung sowie des Staatsgebiets und seiner Einteilung;
- Unterstützung des Ministerpräsidenten bei der Bestimmung der Richtlinien der Politik; strategisches Controlling im Rahmen des Landescontrollings;
- Verkehr mit dem Landtag;
- Vorbereitung und Auswertung der Regierungstätigkeit;
- Koordinierung der Planungen und der planungsrelevanten Statistik des Landes;
- Öffentlichkeitsarbeit der Landesregierung, Werbe- und Sympathiekampagne des Landes;
- allgemeine Fragen der Staatsverwaltung und des Aufgabenkreises der Behörden; ressortübergreifende Koordination im Kontext der Verwaltungsmodernisierung;
- Führungsakademie des Landes Baden-Württemberg, Beamtenernennungen, soweit der Ministerpräsident zuständig ist, und die damit zusammenhängenden grundsätzlichen Fragen;
- Gnadensachen, soweit der Ministerpräsident zuständig ist;
- Protokollangelegenheiten, Konsulatswesen;
- Medienpolitik, Medienrecht, Rundfunkwesen;
- Angelegenheiten der Gedenkstätten, Erinnerungskultur, soweit nicht ein anderes Ressort oder die Landeszentrale für politische Bildung zuständig ist;
- Verfassungsgerichtshof;
- Gesetzblatt;
- Stabsstelle der Staatsrätin für Zivilgesellschaft und Bürgerbeteiligung;
- Vertrag des Landes Baden-Württemberg mit dem Verband Deutscher Sinti und Roma, Landesverband Baden-Württemberg e.V..
Bundes- und internationale Angelegenheiten:
- Allgemeine Beziehungen zum Bund und zu den anderen Ländern;
- Fragen in Bezug auf die Europäische Union;
- Vertretung des Landes beim Bund;
- Vertretung des Landes bei der Europäischen Union;
- Internationale Zusammenarbeit;
- Grenzüberschreitende Zusammenarbeit;
- Entwicklungszusammenarbeit.

Ministerpräsident: Winfried Kretschmann, MdL
Staatsrätin für Zivilgesellschaft und Bürgerbeteiligung: Barbara Bosch
Staatsminister und Chef der Staatskanzlei: Dr. Florian Stegmann
Regierungssprecher: Arne Braun
Staatssekretär und Vertreter des Landes bei der Europäischen Union: Florian Hassler
Staatssekretär für Medienpolitik und Bevollmächtigter des Landes beim Bund: Rudi Hoogvliet
Antisemitismusbeauftragter der Landesregierung: Dr. Michael Blume
Normenkontrollrat Baden-Württemberg: Dr. Gisela Meister-Scheufelen

Abt I Zentrale Verwaltung, Ressortkoordination FM, IM, JuM
Leiterin: Annegret Breitenbücher, MinDirigentin

Ref 11: **Finanzpolitik und Haushalt**
Ref 12: **Personalangelegenheiten, Öffentliches Dienstrecht; Rechtsaufsicht Führungsakademie**
Ref 13: **Organisation**
Ref 14: **Innenpolitik, Verfassung und Kommunalwesen, Katastrophenschutz und Krisenmanagement, Angelegenheiten der Streitkräfte**
Ref 15: **IuK, Gebäudemanagement**
Ref 16: **Justiz und Recht, Vergabeprüfung, Bürokratieabbau, Gesetzblatt, Gnadensachen**
Ref 17: **Geschäftsstelle Normenkontrollrat**

Abt II Pressestelle der Landesregierung, Sprecher der Landesregierung
Leiter: Arne Braun

Ref 21: **Stellvertretender Sprecher der Landesregierung, Beiträge und Grußworte, Öffentlichkeitsarbeit, Bürgeranfragen, Pressearbeit, Kunst und Kultur im StM**
Ref 22: **Regierungspressekonferenzen, Themenplanung, Medienauswertung**
Ref 23: **Landesmarketing, Veranstaltungen**
Ref 24: **Online-Kommunikation, Internet**

Abt III Ressortkoordination, WM, SM, VM, MLR, UM, MWK, MLW, Strategiedialoge, InnoLab BW
Leiter: Stephan Ertner

Ref 31: **Wirtschaft, Arbeit und Wohnungsbau, Infrastruktur, Digitalisierung, E-Government**

Ref 32: Soziales, Gesundheit und Forum Gesundheitsstandort
Ref 33: Verkehr, zukunftsorientierte Mobilitätskonzepte, Elektromobilität, Strategiedialog Automobilwirtschaft (SDA)
Ref 34: Ländlicher Raum, Verbraucherschutz, Tourismus, Naturschutz, Umwelt, Klima, Energiewirtschaft, Strategiedialog zur Zukunft der Landwirtschaft (Gesellschaftsvertrag)
Ref 35: Wissenschaft, Forschung und Kunst, Erinnerungskultur
Ref 36: Landesentwicklung und Wohnen, Strategiedialog Bezahlbares Wohnen und innovatives Bauen (SDB)
Innovationslabor Baden-Württemberg (InnoLab BW)

Abt IV Grundsatz, Ressortkoordination KM
Leiter: Tilo Berner, MinDirig

Ref 41: Grundsatz und Strategie
Ref 42: Regierungsplanung, Landtagsangelegenheiten
Ref 43: Reden
Ref 44: Kirchen, Nichtchristliche Religionen, Migration und Integration
Ref 45: Zivilgesellschaft und Bürgerbeteiligung und Ehrenamt
Ref 46: Bekämpfung Antisemitismus, Projekte Nordirak, Wertefragen, Minderheiten, Geschäftsstelle Antisemitismusbeauftragter
Ref 47: Bildungspolitik, Kultur und Sport

Abt V Internationales, Bundesangelegenheiten, Protokoll, Entwicklungspolitik, Medienpolitik
Leiterin: Karin Scheiffele, MinDirigentin

Ref 51: Internationale Angelegenheiten
Ref 52: Protokoll und Ordensangelegenheiten
Ref 53: Entwicklungszusammenarbeit, Afrika
Ref 54: Medienpolitik, Medienrecht, Rundfunkwesen
Ref 55: Bundesrat, Ministerpräsidentenkonferenz, Föderale Fragen, Bund-Länder-Finanzbeziehungen

Abt VI Europapolitik, Landesvertretung Brüssel, Grenzüberschreitende Zusammenarbeit
Leiterin: Dr. Alexandra Zoller, MinDirigentin

Ref 61: Europapolitik und Grundsatzfragen Europa, Ausschuss der Regionen
Ref 62: Europafähigkeit und Europaöffentlichkeitsarbeit
Ref 63: Grenzüberschreitende und interregionale Zusammenarbeit, EU-Strategie für den Donauraum/Alpenraum, Vier Motoren, Frankreich
Ref 64: Allgemeine Verwaltung, Veranstaltungen
Ref 65: Europapolitische Interessenvertretung

Zum Geschäftsbereich des Staatsministeriums gehören:

1 Verfassungsgerichtshof

Staatsrechtliche Grundlage, Gliederung und Aufgabenkreis:
Der Verfassungsgerichtshof entscheidet insbesondere über die Auslegung der Verfassung und über die Vereinbarkeit von Landesrecht mit der Verfassung. Nähere Angaben hierzu im Abschnitt c „Organe der Rechtspflege", Seiten 148 und 157.

2 Vertretung des Landes Baden-Württemberg beim Bund

10785 Berlin, Tiergartenstr. 15; Tel. (0 30) 2 54 56-0; Fax (0 30) 2 54 56-4 99;
E-Mail: poststelle@lvtberlin.bwl.de;
http://www.stm-bw.de/berlin

Bevollmächtigter des Landes Baden-Württemberg beim Bund: Rudi Hoogvliet, StSekr
Dienststellenleitung: Andreas Schulze, Tel. -2 00

Ref 11: Veranstaltungen (Veranstaltungen, Gastronomie, Gästehaus, Protokoll) Ulrich Aierstock, Tel. -1 30
Ref 12: Verwaltung (Personal, Haushalt, Controlling, Organisation, Innere Dienste, Informations- und Kommunikationstechnik, Gebäudemanagement) Ralf Widmann, Tel. -1 50
Ref 13: Internationales und Europa (Botschaften, Außen- und Sicherheitspolitik, Ständige Vertragskommission, Justiziariat) Bader, Tel. -5 11
Ref 14: Besucherdienst (Organisation Besuchergruppenbetreuung, Besuchergerechte Kommunikation des Markenkerns der Vertretung, Informationen über Baden-Württemberg) Ulrich Rapp, Tel. -5 10
Ref 15: Bundesrat (Bundesrat, Vermittlungsausschuss) Bernd Langer, Tel. -2 32
Ref 16: Grundsatz, strategische Kommunikation, Presse (Grundsatz, Grundsatzfragen Föderalismus, Social Media, Internetpräsenz, Strategische Kommunikation) Elke Redemann-Paul, Tel. -1 05
Ref 17: Bundespolitik (Koordinierung Beauftragte, bundespolitische Information der Landesregierung, Bundestag) Tobias Rohrberg, Tel. -2 33

Beauftragte der Ministerien:

Inneres, Digitalisierung und Kommunen NN, Tel. -2 60
Finanzen Heito Aderhold, Tel. -2 55
Kultus, Jugend und Sport NN, Tel. -1 25
Wissenschaft, Forschung und Kunst Baur, Tel. -2 50
Umwelt, Klima und Energiewirtschaft Justus Koch, Tel. -4 12
Wirtschaft, Arbeit und Tourismus Kopf, Tel. -2 40

Soziales und Integration Roland Otte, Tel. -2 90
Gesundheit und Familie Markus Häring, Tel. -2 25
Ernährung, Ländlicher Raum und Verbraucherschutz Julia Keßler, Tel. -2 80
Justiz und Migration NN, Tel. -2 65
Verkehr Dr. Sabine Krüger, Tel. -2 85

Der Rechtsaufsicht des Staatsministeriums Baden-Württemberg unterstehen:

3 Landesanstalt für Kommunikation Baden-Württemberg

– Anstalt des öffentlichen Rechts –

70178 Stuttgart, Reinsburgstr. 27; Tel. (07 11) 6 69 91-0; Fax (07 11) 6 69 91-11; E-Mail: info@lfk.de; http://www.lfk.de

Rechtliche Grundlage und Aufgabenkreis:
Grundlage für die Arbeit der Landesanstalt für Kommunikation (LFK) ist das baden-württembergische Landesmediengesetz (LMedienG) in der Neufassung vom 19. Juli 1999. Die LFK ist für die Zulassung und Aufsicht privater Rundfunkveranstalter und Telemedien zuständig. Daneben hat sie nach dem Landesmediengesetz eine Vielzahl weiterer Aufgaben, wie z.B.
– das Erstellen eines Nutzungsplans für die drahtlosen Frequenzen und die Kabelnetze,
– Medienforschung und Medienpädagogik,
– Planung von neuen Rundfunkverbreitungsgebieten und Untersuchung der technischen Voraussetzungen,
– Förderung der technischen Infrastruktur für den privaten Rundfunk,
– Förderung nichtkommerzieller Veranstalter,
– Durchführung von Pilotprojekten, Förderung der Aus- und Fortbildung im Rundfunkbereich.

Präsident: Dr. Wolfgang Kreißig

4 Führungsakademie Baden-Württemberg

– Anstalt des öffentlichen Rechts –

76133 Karlsruhe, Hans-Thoma-Str. 1; Tel. (07 21) 9 26-66 10;
E-Mail: poststelle@fuehrungsakademie.bwl.de;
https://www.diefuehrungsakademie.de

Rechtsgrundlage und Aufgabenkreis:
Gesetz zur Neuorganisation der Führungsakademie des Landes Baden-Württemberg vom 6. Februar 2001 (GBl. vom 23. Februar 2001, S. 114).
Die Führungsakademie dient der beruflichen Qualifizierung des öffentlichen Dienstes im Rahmen einer integrierten und zukunftsbezogenen Organisations- und Personalentwicklung. Insbesondere beschäftigt sie sich mit

– der Entwicklung und Fortschreibung von Konzepten zur Organisations- und Personalentwicklung, der Zertifizierung und der Vermittlung von Qualifizierungsangeboten sowie dem Qualifizierungscontrolling,
– der Ausbildung des Führungsnachwuchses,
– der Führungskräfte- und Mitarbeiterentwicklung,
– der Beratung der Landesverwaltung in den o.g. Bereichen, der modellhaften Erprobung innovativer Verwaltungslösungen sowie der Durchführung von weiteren Maßnahmen der Organisations- und Personalentwicklung.

Die Führungsakademie kann alle Geschäfte und Einrichtungen betreiben, die im Zusammenhang mit der Erfüllung der o.g. Aufgaben stehen. Sie kann weitere Aufgaben übernehmen, sofern diese in einem Zusammenhang mit ihren o.g. Aufgaben stehen; das Staatsministerium wird ermächtigt, im Benehmen mit der betroffenen Führungsakademie und im Einvernehmen mit dem Innenministerium und dem Finanzministerium durch Rechtsverordnung solche Aufgaben auf die Führungsakademie zu übertragen.

Die Führungsakademie arbeitet mit anderen Einrichtungen zusammen, wenn dies zweckmäßig ist und die Zielsetzungen der Führungsakademie unterstützt. Sie kann unter diesen Voraussetzungen insbesondere mit den Hochschulen, Berufsakademien und mit Einrichtungen der Fort- und Weiterbildung kooperieren.

Zur Erfüllung ihrer Aufgaben kann sich die Führungsakademie Dritter bedienen.

Präsident: NN
Generalsekretärin: Dr. Jutta Lang

Rechtsaufsicht der Länder der Bundesrepublik Deutschland in zweijährigem Wechsel:

5 Südwestrundfunk (SWR)

– Anstalt des öffentlichen Rechts –

Funkhaus Stuttgart
70190 Stuttgart, Neckarstr. 230; Tel. (07 11) 9 29-0; Fax (07 11) 9 29-1 13 00

Funkhaus Baden-Baden
76522 Baden-Baden, Hans-Bredow Str. und

Funkhaus Mainz
55122 Mainz, Am Fort Gonsenheim 139;
http://www.swr.de

Staatsrechtliche Grundlage und Aufgabenkreis:
Staatsvertrag über den Südwestrundfunk (SWR) vom 31. Mai 1997 (GBl. BW 1997, S. 297 ff.; GVBl. RP 1997, S. 260 ff.);
Satzung des Südwestrundfunks vom 20. April 1998 (StAnz BW 1998 Nr. 24, S. 54 ff.; StAnz RP 1998 Nr. 21, S. 882 ff.).

Die infolge der Fusion von SDR und SWF zum 1. Januar 1998 neu gegründete öffentlich-rechtliche Rundfunkanstalt Südwestrundfunk (SWR) ist als gemeinnützige rechtsfähige Anstalt des öffentlichen

Rechts zur Veranstaltung von Rundfunk in den Ländern Baden-Württemberg und Rheinland-Pfalz errichtet.
Der SWR hat dabei einen objektiven und umfassenden Überblick über das internationale, europäische, bundesweite sowie landes- und regionenbezogene Geschehen in allen wesentlichen Lebensbereichen zu geben.
Die Sendungen des SWR sollen die landsmannschaftliche, wirtschaftliche, geschichtliche, kulturelle und gesellschaftliche Vielfalt in den beiden Ländern widerspiegeln.
Der SWR unterhält zwei Landessender in Mainz und in Stuttgart.
Intendant: Prof. Dr. Kai Gniffke
Landessenderdirektorin Baden-Württemberg: Stefanie Schneider
Landessenderdirektorin Rheinland-Pfalz: Dr. Simone Schelberg
Vorsitzender des Rundfunkrats: Dr. Adolf Weiland
Vorsitzender des Verwaltungsrates: Hans-Albert Stechl
Juristische Direktorinnen: Dr. Alexandra Köth; Dr. Katrin Neukamm
Chef Innovationsmanagement und Digitale Transformation: Thomas Dauser
Verwaltungsdirektor: Jan Büttner
Direktor für Technik und Produktion: Michael Eberhard
Programmdirektor Information, Sport, Fiktion, Service und Unterhaltung: Clemens Bratzler
Programmdirektorin Kultur, Wissen, Junge Formate: Anke Mai

SWR Studio Freiburg
79102 Freiburg, Kartäuserstr. 45; Tel. (07 61) 38 08-0

SWR Studio Friedrichshafen
88045 Friedrichshafen, Karlstr. 15; Tel. (0 75 41) 37 46-0

SWR Studio Heilbronn
74072 Heilbronn, Allee 40 (Shopping-Haus); Tel. (0 71 31) 6 11-0; Fax (0 71 31) 62 01 41

SWR Studio Karlsruhe
76133 Karlsruhe, Kriegsstr. 166-170; Tel. (07 21) 1 76-0

SWR Studio Mannheim-Ludwigshafen
68165 Mannheim, Wilhelm-Varnholt-Allee 5; Tel. (06 21) 41 04-0

SWR Studio Stuttgart
70190 Stuttgart, Neckarstr. 230; Tel. (07 11) 92 91 24 65

SWR Studio Tübingen
72074 Tübingen, Matthias-Koch-Weg 7; Tel. (0 70 71) 2 09-0; Fax (0 70 71) 3 82 04

SWR Studio Ulm
89073 Ulm, Bahnhofstr. 10; Tel. (07 31) 18 99-0

SWR Studio Berlin
10117 Berlin, Wilhelmstr. 67 a im ARD-Hauptstadtstudio; Tel. (0 30) 22 88-0; SWR Fernsehen BW (0 30) 22 88-28 51; RP (0 30) 22 88-28 50; SWR-Hörfunk (0 30) 22 88-37 01; Fax (0 30) 22 88-37 09

6 Deutschlandradio

– **Körperschaft des öffentlichen Rechts** –

Deutschlandfunk
50968 Köln, Raderberggürtel 40; Tel. (02 21) 3 45-0; E-Mail: presse@deutschlandradio.de; http://www.deutschlandfunk.de

Deutschlandradio Kultur
10825 Berlin, Hans-Rosenthal-Platz; Tel. (0 30) 85 03-0; E-Mail: presse@deutschlandradio.de; http://www.deutschlandradiokultur.de

DRadio Wissen
50968 Köln, Raderberggürtel 40; Tel. (02 21) 3 45-0; E-Mail: presse@deutschlandradio.de; http://www.dradiowissen.de

Aufgabenkreis:
Am 17. Juni 1993 unterzeichneten der Bundesinnenminister und die Ministerpräsidenten der Länder in Berlin die Staatsverträge zur Gründung des Deutschlandradios. Nach der Ratifizierung durch die Landesparlamente traten sie am 1. Januar 1994 in Kraft.
Das Deutschlandradio entstand aus der Zusammenführung von Deutschlandfunk, RIAS Berlin und Deutschlandsender Kultur. Das Informationsprogramm Deutschlandfunk und das Kulturprogramm Deutschlandfunk Kultur (früher DeutschlandRadio Berlin, Deutschlandfunk Kultur) gingen am 1. Januar 1994 auf Sendung. Am 18. Januar 2010 nahm Deutschlandfunk Nova (damals DRadio Wissen) als drittes Vollprogramm seinen Betrieb auf. Das Deutschlandfunk Nova wird – so die gesetzliche Vorgabe – ausschließlich digital verbreitet (DAB, Internet, digitales Kabel und digitaler Satellit). Alle drei Programme sind werbefrei.
Aufsichtsgremien sind der Hörfunkrat, in dem zahlreiche Vertreter gesellschaftlicher Gruppen vertreten sind, und der Verwaltungsrat. Über die ordnungsgemäße Durchführung der Bestimmungen des Deutschlandradio-Staatsvertrages und des Rundfunkstaatsvertrags wachen die Landesregierungen im zweijährigen Wechsel (§ 31 Deutschlandradio-Staatsvertrag).
Die Programme des nationalen Hörfunks sollen vor allem die Zusammengehörigkeit im vereinten Deutschland fördern sowie der gesamtgesellschaftlichen Integration in Frieden und Freiheit und der Verständigung unter den Völkern dienen.
Intendant: Stefan Raue
Vorsitzender des Verwaltungsrates: Tom Buhrow
Vorsitzender des Hörfunkrates: Frank Schildt
Programmdirektor: Andreas-Peter Weber
Verwaltungs- und Betriebsdirektor: Rainer Kampmann

Hauptstadt-Studio Berlin
10117 Berlin, Schiffbauerdamm 40; Tel. (0 30) 85 03-0
Leiter: Stephan Detjen

7 Zweites Deutsches Fernsehen
– Anstalt des öffentlichen Rechts –

55100 Mainz, ZDF-Str. 1; Tel. (0 61 31) 70-0; Fax (0 61 31) 70-1 21 70;
E-Mail: info@zdf.de, zuschauerservice@zdf.de;
http://www.zdf.de

Rechtsgrundlagen und Aufgabenkreis:
Das Zweite Deutsche Fernsehen hat nach Maßgabe von § 28 Abs. 3 Medienstaatsvertrag in der Fassung vom 7. November 2020 die Aufgabe, als gemeinnützige Anstalt des öffentlichen Rechts das Fernsehvollprogramm Zweites Deutsches Fernsehen (ZDF) zu veranstalten. Darüber hinaus ist das ZDF ermächtigt, zwei Programme als Zusatzangebote nach Maßgabe der als Anlage zum Medienstaatsvertrag beigefügten Konzepte zu veranstalten: ZDF info und ZDFneo. Zusammen mit den in der ARD zusammengeschlossenen Landesrundfunkanstalten veranstaltet das ZDF das Vollprogramm 3sat mit kulturellem Schwerpunkt unter Beteiligung von ORF und SRG, den Ereignis- und Dokumentationskanal PHOENIX und den Kinderkanal Ki.Ka. Zudem ist das ZDF an dem europäischen Kulturkanal ARTE beteiligt. Schließlich bieten die in der ARD zusammengeschlossenen Landesrundfunkanstalten und das ZDF gemeinsam ein Jugendangebot an, das unter dem Namen funk präsentiert wird und ausschließlich über das Internet Verbreitung findet.

Das ZDF hat in seinen Angeboten und Programmen einen umfassenden Überblick über das internationale, europäische, nationale und regionale Geschehen in allen wesentlichen Lebensbereichen zu geben. Es soll hierdurch die internationale Verständigung, die europäische Integration und den gesellschaftlichen Zusammenhalt in Bund und Ländern fördern. Seine Angebote und Programme haben der Information, Bildung, Beratung und Unterhaltung zu dienen. Es hat Beiträge insbesondere zur Kultur anzubieten.

Das ZDF hat in seinen Angeboten und Sendungen die Würde des Menschen zu achten und zu schützen. Es soll dazu beitragen, die Achtung vor Leben, Freiheit und körperlicher Unversehrtheit, vor Glauben und Meinung anderer zu stärken. Die sittlichen und religiösen Überzeugungen der Bevölkerung sind zu achten. Die Angebote und Sendungen sollen dabei vor allem die Zusammengehörigkeit im vereinten Deutschland fördern sowie der gesamtgesellschaftlichen Integration in Frieden und Freiheit und der Verständigung unter den Völkern dienen und auf ein diskriminierungsfreies Miteinander hinwirken.

Gemäß § 31 ZDF-Staatsvertrag wachen die Landesregierungen im Wege der Rechtsaufsicht über die ordnungsgemäße Durchführung der Bestimmungen des ZDF-Staatsvertrages, des Medienstaatsvertrages und über die Beachtung der allgemeinen Rechtsvorschriften. Sie üben diese Befugnis durch jeweils eine Landesregierung in zweijährigem Wechsel aus.
Intendant: Dr. Thomas Bellut
Vorsitzende des Fernsehrates: Marlehn Thieme
Vorsitzende des Verwaltungsrates: Malu Dreyer
Kommunikation: Alexander Stock, Tel. (0 61 31) 70-1 21 10

Landesstudio Baden-Württemberg
70174 Stuttgart, Herdweg 63; Tel. (07 11) 22 92 80; Fax (07 11) 2 29 28 52;
E-Mail: ls_baden-wuerttemberg@zdf.de;
http://www.zdf.de
Studioleiterin: Eva Schiller

II Ministerium des Innern, für Digitalisierung und Kommunen Baden-Württemberg

70173 Stuttgart, Willy-Brandt-Str. 41; Tel. (07 11) 2 31-4; Fax (07 11) 2 31-50 00;
E-Mail: poststelle@im.bwl.de;
http://www.innenministerium.baden-wuerttemberg.de/

Aufgabenkreis:
Zum Geschäftsbereich des Ministeriums des Innern, für Digitalisierung und Kommunen gehören alle Geschäfte der Staatsverwaltung, für die nicht ein anderes Ministerium zuständig ist, insbesondere:
- Verfassung, Staatsgebiet und Landesgrenzen, Wahlen und Abstimmungen;
- allgemeines Verwaltungsrecht, Datenschutz;
- Verwaltungsreform und Behördenorganisation;
- allgemeines Beamtenrecht (ohne Besoldungs- und Versorgungsrecht), Disziplinarrecht, Personalwesen für den allgemeinen Verwaltungsdienst einschließlich Ausbildung, ressortübergreifende Aufgaben der fachübergreifenden Fortbildung für die Landesverwaltung;
- Grundsatzfragen sowie Koordinierung von Planung und Einsatz der Informations- und Kommunikationstechnik in der Landesverwaltung;
- Personenstandswesen, Auswanderung;
- Öffentliche Sicherheit und Ordnung;
- Verfassungsschutz;
- Katastrophenschutz, Rettungsdienst, Notfallvorsorge, Zivile Verteidigung und Angelegenheiten der Streitkräfte (ohne Verteidigungslasten und Liegenschaftsfragen);
- Kommunalwesen;
- Sparkassenwesen;
- Feuerwehrwesen;
- Angelegenheiten der Vertriebenen, Lastenausgleich;
- Wappenrecht;
- Staatsangehörigkeitsrecht;
- Grundsatz- und Querschnittsfragen sowie Steuerung der Digitalisierung im Land (inklusive Teilbereich digitale Infrastruktur/Mobilfunk), E- und M-Government, IT-Konsolidierung und IT-Neuausrichtung der Landesverwaltung;
- Heimattage.

Publikationsorgan: Gemeinsames Amtsblatt des Ministeriums des Innern, für Digitalisierung und Kommunen, des Ministeriums für Finanzen, des Ministeriums für Wissenschaft, Forschung und Kunst, des Ministeriums für Umwelt, Klima und Energiewirtschaft, des Ministeriums für Wirtschaft, Arbeit und Tourismus, des Ministeriums für Soziales, Gesundheit und Integration, des Ministeriums für Ernährung, Ländlichen Raum und Verbraucherschutz, des Ministeriums für Verkehr sowie der Regierungspräsidien des Landes Baden-Württemberg. Das Amtsblatt ist zum Preis von jährlich 134,– EUR (Stand: 2021) vom Verlag zu beziehen. Einzelnummern können ebenfalls vom Verlag bezogen werden. *Herausgeber und Verlag:* Staatsanzeiger für Baden-Württemberg GmbH, 70038 Stuttgart, Postfach 10 43 63 (http://www.staatsanzeiger.de).

Minister des Innern, für Digitalisierung und Kommunen und Stellvertretender Ministerpräsident: Thomas Strobl
Leiterin Ministerbüro: Cathrin Wenger-Ammann, Tel. -30 03
Persönliche Referentin: Melanie Hönicke, Tel. -30 04
Büro des Stv. Ministerpräsidenten in Berlin: Oliver Rolle, Tel. (0 30) 2 54 56-5 00
Staatssekretär: Wilfried Klenk, MdL
Persönliche Referentin: Sandra Dickel, Tel. -30 09
Staatssekretär: Julian Würtenberger, Tel. -30 10
Persönlicher Referent: Welsch, Tel. -30 12
Beauftragte für Chancengleichheit: Rühle, Tel. -30 14
Informationssicherheitsbeauftragter: Sascha Proch, Tel. -35 52
Behördlicher Datenschutzbeauftragter: Klöpfer, Tel. -32 57
Beauftragter der Landesregierung für Informationstechnologie: Stefan Krebs, Tel. -52 00
Koordinierungsstelle CIO: Daniela Sauter, Tel. -52 03

Leitungsstab
Leiter: Philipp Karl Zinkgräf, Tel. (07 11) 2 31-30 20
Abteilungsbezogene Koordinierung Christina Volz, Tel. -30 24
Grundsatz und Planung NN

Büro für Kommunikation und Öffentlichkeitsarbeit
Leiterin und Stellvertretende Pressesprecherin der Landesregierung: Nadia El Almi, Tel. -30 30
Pressestelle Andreas Mair am Tinkhof, Tel. -30 33

Stabsstelle Tax Compliance und Steuer Gassner, Tel. -54 60

Abt 1 Personal, Finanzen, Organisation, Dienstrecht
Leiter: Dr. Reinhard Klee, MinDirig, Tel. (07 11) 2 31-31 00

Ref 11: **Personalrecht, Ausbildung** Dr. Simone Kontusch, Tel. -31 10
Ref 12: **Personal – Strategische Planung, höherer Dienst, Fortbildung** Andreas Mathäs, Tel. -31 20
Ref 13: **Personal – gehobener und mittlerer Dienst, Stellen, Tarifrecht** Fridolin Hansmann, Tel. -31 30
Ref 14: **Finanzen, Controlling, Steuern** Dr. Arndt Möser, Tel. -31 40
Ref 15: **Organisation** Straile, Tel. -31 50

Abt 2 Verfassung, Kommunales, Recht
Leiter: Volker Jochimsen, MinDirig, Tel. (07 11) 2 31-32 00

Ref 21: **Verfassung, Parlamentswahlen, Recht** Cornelia Nesch, Tel. -32 10

Ref 22: **Kommunales Verfassungsrecht und Dienstrecht** Gerd Armbruster, Tel. -32 20
Ref 23: **Kommunalwirtschaft und Kommunalfinanzen** Dr. Sibylle Müller, Tel. -32 30
Ref 24: **Sparkassenwesen** Dr. Michael Pope, Tel. -32 40
Ref 25: **Datenschutz, Informationsfreiheitsgesetz, Personenstandsrecht und andere Rechtsgebiete** Peter Poymann, Tel. -32 50

Abt 3 Landespolizeipräsidium
Leiterin: Dr. Hinz, LPolPräsidentin, Tel. (07 11) 2 31-33 00
Stabsstelle Öffentlichkeitsarbeit der Polizei und Koordinierung Reusch, Tel. -53 10

Inspekteur der Polizei
A. Renner, Tel. (07 11) 2 31-33 10

Ref 31: **Einsatz, Lagezentrum, Verkehr** Feigl, Tel. -39 20
Ref 32: **Kriminalitätsbekämpfung, Prävention, Kriminologie**
Gemeinsame Zentralstelle Kommunale Kriminalprävention (KKP) Lautensack, Tel. -39 81
Ref 33: **Personal- und Organisationsmanagement** Dietrich Moser von Filseck, Tel. -39 10
Ref 34: **Haushaltsmanagement, Technik und Liegenschaften** Holger Scholz, Tel. -33 40
Ref 35: **Recht, Grundsatz und Europäische Angelegenheiten** Frank, Tel. -33 61

Abt 4 Kultur und Geschichte der Deutschen im östlichen Europa, Verfassungsschutz, Glücksspielrecht, Staatsangehörigkeitsrecht
Leiter: Schütze, MinDirig, Tel. (07 11) 2 31-30 18

Ref 41: **Kultur und Geschichte der Deutschen im östlichen Europa, Querschittsaufgaben der Abteilung** Dr. Christiane Meis, Tel. -34 10
Ref 42: **Verfassungsschutz, Öffentliches Vereinsrecht** Dr. Stefan Schnöckel, Tel. -34 40
Ref 43: **Glücksspielrecht, Melderecht** Barbara Cremer, Tel. -32 60
Ref 44: **Staatsangehörigkeitsrecht** Evangelia Hüfner, Tel. -34 60

Abt 5 IT, E-Government, Verwaltungsmodernisierung
Leiter: Rommel, MinDirig, Tel. (07 11) 2 31-35 00

Ref 51: **IT-Koordination** Dr. Albert Hermann, Tel. -35 10
Ref 52: **E-Government, Open Government, Verwaltungsmodernisierung** Dr. Michael Zügel, Tel. -35 20
Ref 53: **IT-Recht, Vergabewesen, Verwaltungsstruktur** Klaus Zimmer, Tel. -35 30
Ref 54: **IT-Leitstelle, Landeseinheitliche E-Akte** Dr. Daniela Oellers, Tel. -35 70

Ref 55: **IT-Sicherheit** Jochen Wellhäußer, Tel. -35 50

Abt 6 Bevölkerungsschutz und Krisenmanagement
Leiter: Prof. Hermann Schröder, MinDirig, Tel. (07 11) 2 31-54 00

Ref 61: **Technik und Haushalt** Gerhard Niebling, Tel. -54 10
Ref 62: **Feuerwehr und Brandschutz** Egelhaaf, Tel. -54 20
Ref 63: **Rettungsdienst** Astrid Rumler, Tel. -54 30
Ref 64: **Katastrophenschutz** Stefan Gläser, Tel. -54 40
Ref 65: **Krisenmanagement** Michael Willms, Tel. -54 50

Abt 7 Digitalisierung
Leiter: Eberhard Wurster, Tel. (07 11) 2 31-37 00

Ref 71: **Haushalt und Recht** Cornelia Hahn, Tel. -37 10
Ref 72: **Digitalisierungsstrategie und Cybersicherheit** Matthias Pröfrock, Tel. -37 20
Ref 73: **Digitale Infrastruktur** Holocher, Tel. -37 40

Beiräte, deren sich der Innenminister bei Durchführung seiner Aufgaben bedient:

Landesfeuerwehrbeirat
gemäß § 25 des Feuerwehrgesetzes in der Fassung vom 2. März 2010 (GBl. S. 333), das zuletzt durch Artikel 12 des Gesetzes vom 21. Mai 2019 (GBl. S. 161, 185) geändert worden ist.

Landesausschuss für den Rettungsdienst
gemäß § 4 Rettungsdienstgesetz in der Fassung vom 8. Februar 2010 (GBl. S. 285), das zuletzt durch Artikel 10 des Gesetzes vom 12. Juni 2018 (GBl. S. 173, 187) geändert worden ist.

Landesbeirat für den Katastrophenschutz
gemäß § 8 Landeskatastrophenschutzgesetz in der Fassung vom 22. November 1999 (GBl. S. 625), das zuletzt durch Artikel 3 des Gesetzes vom 17. Dezember 2015 (GBl. S. 1184, 1186) geändert worden ist.

Der Dienstaufsicht des Ministeriums des Innern, für Digitalisierung und Kommunen unterstehen:

1 Regierungspräsidien

Staatsrechtliche Grundlage und Aufgabenkreis:
Nach dem Landesverwaltungsgesetz – LVG – ist das Landesgebiet in die Regierungsbezirke Stuttgart, Karlsruhe, Freiburg und Tübingen eingeteilt. Für jeden Regierungsbezirk besteht ein Regierungspräsidium.

Die Regierungspräsidien sind nach § 10 LVG allgemeine Verwaltungsbehörden. Sie sind für die Aufgaben zuständig, die ihnen, den höheren Verwaltungsbehörden oder entsprechenden Behörden durch Gesetz oder Rechtsverordnung zugewiesen sind. Dies gilt nicht für Aufgaben, die zur Zuständigkeit einer höheren Sonderbehörde gehören oder auf Grund gesetzlicher Ermächtigung den unteren Verwaltungsbehörden oder besonderen Verwaltungsbehörden übertragen sind (§ 13 LVG).

Die Regierungspräsidien unterstehen der Dienstaufsicht des Ministeriums des Innern, für Digitalisierung und Kommunen und der Fachaufsicht der zuständigen Ministerien.

Für die Bediensteten der Regierungspräsidien mit Ausnahme der Bediensteten des schulpädagogischen Dienstes sowie der Bediensteten der Abteilung Forstdirektion obliegen dem Ministerium des Innern, für Digitalisierung und Kommunen die den Ministerien zugewiesenen Aufgaben auf dem Gebiet der Personalangelegenheiten (§ 14 LVG). Die Regierungspräsidien führen die Fachaufsicht über Landratsämter und im Rahmen ihrer Zuständigkeit über die Stadtkreise, Große Kreisstädte und die Verwaltungsgemeinschaften als untere Verwaltungsbehörden sowie die Dienstaufsicht über die Landratsämter (§§ 20, 21 LVG).

Die Regierungspräsidien üben die Fachaufsicht aus über:
- 35 Landratsämter (staatliche untere Verwaltungsbehörden),
- 9 Stadtkreise (als untere Verwaltungsbehörde)
- 94 Große Kreisstädte und die Verwaltungsgemeinschaften (als untere Verwaltungsbehörden).

Die Regierungspräsidien üben die Dienst- und Fachaufsicht aus über:
- das Staatliche Tierärztliche Untersuchungsamt – Aulendorf-Diagnostikzentrum,
- 4 Chemische und Veterinäruntersuchungsämter in Stuttgart, Karlsruhe, Freiburg und Sigmaringen.

Die Regierungspräsidien üben die Rechtsaufsicht aus über folgende Körperschaften, Anstalten und Stiftungen des öffentlichen Rechts:
- 9 Regionalverbände,
- 5 Nachbarschaftsverbände,
- Verband Region Stuttgart,
- 35 Landkreise,
- 9 Stadtkreise,
- 94 Große Kreisstädte,
- Zweckverbände und Stiftungen, soweit sie nicht von den Landratsämtern beaufsichtigt werden,
- 51 Sparkassen.

1.1 Regierungspräsidium Stuttgart

70565 Stuttgart, Ruppmannstr. 21; Tel. (07 11) 9 04-0; Fax (07 11) 9 04-1 11 90;
E-Mail: poststelle@rps.bwl.de;
http://www.rp-stuttgart.de

Regierungsbezirk:

Einwohner: 4 154 223
Fläche: 10 557,57 qkm
2 Stadtkreise: Stuttgart und Heilbronn
3 Regionalverbände: Verband Region Stuttgart, Franken und Ostwürttemberg
11 Landkreise: Böblingen, Esslingen, Göppingen, Heidenheim, Heilbronn, Hohenlohekreis (Sitz Künzelsau), Ludwigsburg, Main-Tauber-Kreis (Sitz Tauberbischofsheim), Ostalbkreis (Sitz Aalen), Rems-Murr-Kreis (Sitz Waiblingen), Schwäbisch Hall
38 Große Kreisstädte: Aalen, Backnang, Bad Mergentheim, Bad Rappenau, Bietigheim-Bissingen, Böblingen, Crailsheim, Ditzingen, Eislingen/Fils, Ellwangen (Jagst), Eppingen, Filderstadt, Esslingen am Neckar, Fellbach, Geislingen an der Steige, Giengen an der Brenz, Göppingen, Heidenheim an der Brenz, Herrenberg, Kirchheim unter Teck, Kornwestheim, Leinfelden-Echterdingen, Leonberg, Ludwigsburg, Neckarsulm, Nürtingen, Öhringen, Ostfildern, Remseck am Neckar, Schorndorf, Schwäbisch Gmünd, Schwäbisch Hall, Sindelfingen, Vaihingen an der Enz, Waiblingen, Weinstadt, Wertheim, Winnenden

Regierungspräsident: Wolfgang Reimer
Regierungsvizepräsidentin: Sigrun von Strauch
Beauftragte für Chancengleichheit: Yasmin Nuseibeh-Böckmann
Wirtschaftsbeauftragter: Helmut Jahnke
Leitende Fachkraft für Arbeitssicherheit: Anja Ritz
Regionaler Sonderstab gefährliche Ausländer: Dr. Christine Rex

Koordinierungs- und Pressestelle
Leiterin: Oliver Scherer, Tel. -1 00 12
Bürgerreferentin Melin Güler, Tel. -1 01 00
Persönlicher Referent Andreas Drung, Tel. -1 00 04
Pressesprecherin Stefanie Paprotka, Tel. -1 00 20

Abt 1 Steuerung, Verwaltung und Bevölkerungsschutz
Leiterin: Sigrun von Strauch, RVPräsidentin, Tel. (07 11) 9 04-1 00 10

Ref 11.1: **Organisation, Information und Kommunikation** Anna Zaoralek, Tel. -1 15 18
Ref 11.2: **Fortbildung, Gebäudemanagement, Zentrale Fahrbereitschaft** Carmen Mattheis
Ref 12: **Personal** Angela Berger-Schmidt, Tel. -1 12 00
Ref 13: **Haushalt, Controlling** Michael Hofmann, Tel. -1 13 00
Ref 14: **Kommunales, Stiftungen, Sparkassenwesen und Tariftreue** Michael Hagmann, Tel. -1 14 00
Ref 15.1: **Staatsangehörigkeitsrecht, Ausländerrecht** Hannah Kreuzinger, Tel. -1 15 00
Ref 15.2: **Flüchtlingsaufnahme, Integrationsförderung** Thomas Deines, Tel. -1 15 25

Ref 16: **Polizeirecht, Feuerwehr, Katastrophenschutz, Rettungsdienst, KMBD** Timo Benten, Tel. -1 16 00

Abt 2 Wirtschaft und Infrastruktur
Leiterin: Gertrud Bühler, AbtPräsidentin, Tel. (07 11) 9 04-1 20 00

Ref 21: **Raumordnung, Baurecht, Denkmalschutz** Philipp Leber, Tel. -1 21 00
Ref 22: **Stadtsanierung, Gewerberecht, Preisrecht** Sabine Reiser, Tel. -1 22 00
Ref 23: **Kulturelle und soziale Infrastruktur, Krankenhausfinanzierung, Fachstelle für das öffentliche Bibliothekswesen** Axel Wörner, Tel. -1 23 00
Ref 24: **Recht, Planfeststellung** Dr. Andel Danner, Tel. -1 24 00
Ref 25: **Patent- und Markenzentrum / Design Center Baden-Württemberg** Helmut Jahnke, Tel. -1 23-26 07
Ref 26: **Landesamt für Ausbildungsförderung** Barbara Reisch, Tel. -1 26 00

Abt 3 Landwirtschaft, Ländlicher Raum, Veterinär- und Lebensmittelwesen
Leiter: Dr. Kurt Mezger, AbtPräs, Tel. (07 11) 9 04-1 30 00

Ref 31: **Recht und Verwaltung, Bildung** Alfred Frey, Tel. -1 31 00
Ref 32: **Betriebswirtschaft, Agrarförderung und Strukturentwicklung** Frank Schied, Tel. -1 32 00
Ref 33: **Pflanzliche und tierische Erzeugung** Bernhard Ritz, Tel. -1 33 00
Ref 34: **Markt und Ernährung, Futtermittelüberwachung** Maria Reinhardt, Tel. -1 34 00
Ref 35: **Veterinärwesen, Lebensmittelüberwachung** Dr. Roman Herzog, Tel. -1 35 00

Abt 4 Mobilität, Verkehr, Straßen
Leiter: Stefan Heß, AbtPräs, Tel. (07 11) 9 04-1 40 00

Ref 41: **Recht und Verwaltung, Grunderwerb** Nina Homoth, Tel. -1 41 00
Ref 42: **Steuerung und Baufinanzen** Hermann Klyeisen, Tel. -1 42 00
Ref 43: **Ingenieurbau** Christian Schwarz, Tel. -1 43 00
Ref 44: **Straßenplanung** Thomas Walz, Tel. -1 44 00
Ref 45: **Regionales Mobilitätsmanagement** Reinhold Frenzl, Tel. -1 45 00
Ref 46.1: **Verkehr** Kyra Ihrig, Tel. -1 46 00
Ref 46.2: **Luftverkehr und Luftsicherheit** Robert Hamm, Tel. -1 46 75
Ref 47.1: **Baureferat Nord** Dieter Maierhöfer, Tel. (0 71 31) 64-3 73 00
Ref 47.2: **Baureferat Ost** Heiko Engelhard, Tel. (0 79 61) 81-6 00
Ref 47.3: **Baureferat Süd** Michael Dätsch, Tel. (0 71 61) 6 57-2 29

Ref 47.4: **Baureferat West** Andreas Klein, Tel. -1 47 00

Abt 5 Umwelt
Leiter: Rudolf Uricher, AbtPräs, Tel. (07 11) 9 04-1 50 00

Ref 51: **Recht und Verwaltung** Sylvia Wappler, Tel. -1 51 00
Ref 52: **Gewässer und Boden** Benjamin Heemeier, Tel. -1 52 00
Ref 53.1: **Gewässer I. Ordnung, Hochwasserschutz und Gewässerökologie, Gebiet Süd** Eva de Haas, Tel. -1 53 00
Ref 53.2: **Gewässer I. Ordnung, Hochwasserschutz und Gewässerökologie, Gebiet Nord** Markus Moser, Tel. -1 53 12
Ref 54.1: **Industrie/Schwerpunkt Luftreinhaltung** Frank Obermüller, Tel. -1 54 00
Ref 54.2: **Industrie/Kommunen, Schwerpunkt Kreislaufwirtschaft** Walter Machata, Tel. -1 54 18
Ref 54.3: **Industrie/Kommunen, Schwerpunkt Abwasser** Karola Krauter, Tel. -1 54 38
Ref 54.4: **Industrie/Schwerpunkt Arbeitsschutz** Achim Maxion, Tel. -1 54 57
Ref 54.5: **Industrie/Schwerpunkt Anlagensicherheit** Heidrun Paetzolt-Schmidt, Tel. -1 54 60
Ref 54.6: **Strahlenschutz** Thomas Hauer, Tel. -1 59 60
Ref 55: **Naturschutz – Recht** Roland Baumann, Tel. -1 55 00
Ref 56: **Naturschutz und Landschaftspflege** Ulrike Möck, Tel. -1 56 00

Abt 7 Schule und Bildung
Leiterin: Claudia Rugart, AbtPräsidentin, Tel. (07 11) 9 04-1 17 00

Ref 71: **Rechts- und Verwaltungsangelegenheiten der Schulen, Angelegenheiten nach dem Landesdisziplinargesetz** Dr. Simon Hahn, Tel. -1 71 00
Ref 72: **Personal- und Verwaltungsangelegenheiten der Lehrkräfte** Dr. Holger Bauknecht, Tel. -1 72 00
Ref 73: **Lehrereinstellung und Bedarfsplanung** Nikola Soric, Tel. -1 73 00
Ref 74: **Grund-, Werkreal-, Haupt-, Real- und Gemeinschaftsschulen, Sonderpädagogische Bildungs- und Beratungszentren** Matthias Kaiser, Tel. -1 74 00
Ref 75: **Allgemein bildende Gymnasien** Dr. Thomas Hölz, Tel. -1 75 00
Ref 76: **Berufliche Schulen** Martin Sabelhaus, Tel. -1 76 00
Landeslehrerprüfungsamt, Außenstelle des Kultusministeriums beim Regierungspräsidium Stuttgart Rolf Springmann, Tel. -1 78 00

Abt 8 Landesamt für Denkmalpflege
Leiter: Prof. Dr. Claus Wolf, AbtPräs, Tel. (07 11) 9 04-4 51 00

Ref 81: **Recht und Verwaltung** Andreas-Michael Hall, Tel. -4 51 50
Ref 82: **Denkmalfachliche Vermittlung** Beate Hertlein, Tel. (0 70 71) 7 57-24 59
Ref 83.1: **Bau- und Kunstdenkmalpflege: Inventarisation** Dr. Martin Hahn, Tel. -4 51 83
Ref 83.2: **Bau- und Kunstdenkmalpflege: Praktische Bau- und Kunstdenkmalpflege** Dr. Ulrike Plate, Tel. -4 52 26
Ref 83.3: **Bau- und Kunstdenkmalpflege: Spezialgebiete** Dr. Claudia Mohn, Tel. -4 53 02
Ref 84.1: **Archäologische Denkmalpflege: Zentrale Dienste und Denkmalforschung** Prof. Dr. Dirk L. Krausse, Tel. -4 55 02
Ref 84.2: **Archäologische Denkmalpflege: Operative Archäologie** Dr. Jörg Bofinger, Tel. -4 51 46

Abt 9 Landesgesundheitsamt
Leiter: Dr. Gottfried Roller, Tel. (07 11) 9 04-3 90 00

Ref 91: **Recht und Verwaltung, Grundsatzangelegenheiten, Qualitätsmanagement** Henriette Haager, Tel. -3 91 00
Ref 92: **Gesundheitsschutz und Epidemiologie** Stefan Brockmann, Tel. -3 95 00
Ref 93: **Hygiene und Infektionsschutz** Prof. Dr. Silke Fischer, Tel. -3 93 01
Ref 94: **Gesundheitsförderung, Prävention, Gesundheitsberichterstattung, Gesundheitsplanung** Prof. Dr. Michael Böhme, Tel. -3 94 03
Ref 95: **Landesprüfungsamt für Medizin und Pharmazie, Approbationswesen** Dr. Clemens Homoth-Kuhs, Tel. -3 92 00
Ref 96: **Arbeitsmedizin, Staatlicher gewerbeärztlicher Dienst** Prof. Dr. Ute Vogt, Tel. -3 96 00
Ref 97: **Digitalisierung ÖGD** Dr. Bertram Geisel, Tel. -3 97 00

Abt 10 Landesversorgungsamt
Leiterin: Dr. Claudia Stöckle, Tel. (07 11) 9 04-1 10 00

Ref 101: **Recht und Verwaltung** Hans-Jörg Schweinlin, Tel. -1 10 10
Ref 102: **Ärztliche und pharmazeutische Angelegenheiten** Dr. Andrea Dreisigacker, Tel. -1 10 09
Ref 103: **Verfahren nach dem Sozialgerichtsgesetz** Dr. Nadine Hopf, Tel. -1 10 30
Ref 104: **Versorgungsärztlicher Dienst** Dr. Stefanie Franke, Tel. -1 10 56
Task Force Infektionsschutzgesetz Ines Hübsch, Tel. -1 11 08

Das Regierungspräsidium Stuttgart hat folgende Außenstellen:

Außenstelle Heilbronn
74072 Heilbronn, Rollwagstr. 16; Tel. (0 71 31) 64-3 72 00; Fax (0 71 31) 64-3 72 01
Abteilungen 4, 5 und 10

Außenstelle Ellwangen
73479 Ellwangen, Marktplatz 3; Tel. (0 79 61) 81-6 01; Fax (0 79 61) 81-6 11
Abteilungen 4 und 5

Außenstelle Göppingen
73033 Göppingen, Willi-Bleicher-Str. 3; Tel. (0 71 61) 6 57-0; Fax (0 71 61) 6 57-1 99
Abteilungen 4 und 5

Zum Regierungspräsidium Stuttgart gehören folgende Bauleitungen

Schwäbisch Hall
74523 Schwäbisch Hall, Steinbacher Str. 23; Tel. (07 91) 7 52-0; Fax (07 91) 7 52-50 00
Referat 47.2 Baureferat Ost

Bad Mergentheim
97980 Bad Mergentheim, Wachbacher Str. 1; Tel. (0 79 31) 5 35-0; Fax (0 79 31) 5 35-2 90
Referat 47.1 Baureferat Nord

Der Rechts- und Fachaufsicht des Regierungspräsidiums Stuttgart unterstehen:

1.1.1 Stadtkreise

im Regierungsbezirk Stuttgart

Oberste Fachaufsicht: Ministerium des Innern, für Digitalisierung und Kommunen
Nähere Angaben hierzu siehe Abschnitt d I „Die Stadtkreise", S. 191.

1.1.2 Landkreise und Gemeinden

im Regierungsbezirk Stuttgart

Oberste Fachaufsicht: Ministerium des Innern, für Digitalisierung und Kommunen
Aufgabenkreis: Siehe S. 30.
Nähere Angaben hierzu siehe Abschnitt d II „Die Landkreise", S. 196.

Der Dienst- und Fachaufsicht des Regierungspräsidiums Stuttgart unterstehen:

1.1.3 Staatliche Schulämter

Fachaufsicht: Ministerium für Kultus, Jugend und Sport
Aufgabenkreis: Siehe S. 45.

Staatliches Schulamt Backnang
71522 Backnang, Spinnerei 48; Tel. (0 71 91) 34 54-0; Fax (0 71 91) 34 54-1 60;
E-Mail: poststelle@ssa-bk.kv.bwl.de;
http://www.schulamt-backnang.de
Amtleiterin: Sabine Hagenmüller-Gehring, LtdSchulADirektorin

Staatliches Schulamt Böblingen
71034 Böblingen, Charles-Lindbergh-Str. 11; Tel. (0 70 31) 2 05 95-0 ; Fax (0 70 31) 2 05 95-11;

E-Mail: poststelle@ssa-bb.kv.bwl.de;
http://www.schulamt-boeblingen.de
Amtleiterin: Angela Huber

Staatliches Schulamt Göppingen
73033 Göppingen, Burgstr. 14-16; Tel. (0 71 61) 63-15 00; Fax (0 71 61) 63-15 75;
E-Mail: poststelle@ssa-gp.kv.bwl.de;
http://www.schulamt-goeppingen.de
Amtleiter: Jörg Hofrichter

Staatliches Schulamt Heilbronn
74072 Heilbronn, Rollwagstr. 14; Tel. (0 71 31) 64-3 77 00; Fax (0 71 31) 64-3 77 20;
E-Mail: poststelle@ssa-hn.kv.bwl.de;
http://www.schulamt-heilbronn.de
Amtleiter: Markus Wenz

Staatliches Schulamt Künzelsau
74653 Künzelsau, Oberamteistr. 21; Tel. (0 79 40) 9 30 79-0; Fax (0 79 40) 9 30 79-66;
E-Mail: poststelle@ssa-kuen.kv.bwl.de;
http://www.schulamt-kuenzelsau.de
Amtleiterin: Bettina Hey, LtdSchulADirektorin

Staatliches Schulamt Nürtingen
72622 Nürtingen, Marktstr. 12; Tel. (0 70 22) 2 62 99-0; Fax (0 70 22) 2 62 99-11;
E-Mail: poststelle@ssa-nt.kv.bwl.de;
http://www.schulamt-nuertingen.de
Amtleiterin: Dr. Corina Schimitzek, LtdSchulADirektorin

Staatliches Schulamt Ludwigsburg
71640 Ludwigsburg, Mömpelgardstr. 26; Tel. (0 71 41) 99 00-0; Fax (0 71 41) 99 00-2 51;
E-Mail: poststelle@ssa-lb.kv.bwl.de;
http://www.schulamt-ludwigsburg.de
Amtleiterin: Sabine Conrad, LtdSchulADirektorin

Staatliches Schulamt Stuttgart
70193 Stuttgart, Bebelstr. 48; Tel. (07 11) 63 76-2 00; Fax (07 11) 63 76-2 51;
E-Mail: poststelle@ssa-s.kv.bwl.de;
http://www.schulamt-stuttgart.de
Amtleiter: Thomas Schenk, LtdSchulADir

1.1.4 Kommunale Verwaltungsschule für den mittleren Verwaltungsdienst

im Landratsamt Esslingen

73726 Esslingen am Neckar, Pulverwiesen 11; Tel. (07 11) 39 02-0; Fax (07 11) 39 02-5 80 30;
E-Mail: lra@lra-es.de;
http://www.landkreis-esslingen.de
Oberste Fachaufsicht: Ministerium des Innern, für Digitalisierung und Kommunen
Aufgabenkreis: Siehe S. 30.
Komm. Leiterin: Rebecca Lung

1.2 Regierungspräsidium Karlsruhe

76131 Karlsruhe, Schlossplatz 1-3; Tel. (07 21) 9 26-0 (Staatszentrale); Fax (07 21) 9 26-62 11;
E-Mail: poststelle@rpk.bwl.de;
http://www.rp-karlsruhe.de

Regierungsbezirk:

Einwohner: 2 810 854
Fläche: 691 760 ha
3 Regionalverbände: Rhein-Neckar, Mittlerer Oberrhein und Nordschwarzwald
5 Stadtkreise: Baden-Baden, Heidelberg, Karlsruhe, Mannheim und Pforzheim
7 Landkreise: Calw, Enzkreis, Freudenstadt, Karlsruhe, Neckar-Odenwald-Kreis, Rastatt und Rhein-Neckar-Kreis
21 Große Kreisstädte: Bruchsal, Bühl, Ettlingen, Freudenstadt, Gaggenau, Hockenheim, Horb am Neckar, Mosbach, Mühlacker, Nagold, Rastatt, Rheinstetten, Sinsheim, Weinheim, Wiesloch, Calw, Bretten, Leimen, Schwetzingen, Stutensee, Waghäusel
Regierungspräsidentin: Sylvia M. Felder
Regierungsvizepräsidentin: Gabriela Mühlstädt-Grimm
Pressesprecherin: Irene Feilhauer

Abt 1 Steuerung, Verwaltung und Bevölkerungsschutz
Leiter: Gabriela Mühlstädt-Grimm, RVPräsidentin, Tel. (07 21) 9 26-21 04

Ref 11: **Organisation, Information und Kommunikation** Michael Flick, Tel. -62 16
Ref 12: **Personal** Matthias Lange, Tel. -62 13
Ref 13: **Haushalt, Controlling** Thomas Weimer, Tel. -62 31
Ref 14: **Kommunales, Stiftungen und Sparkassenwesen** Tillmann Schwarz, Tel. -21 52
Ref 15: **Vergabekammer** Ulrich Pelzer-Müller, Tel. -40 49
Ref 16: **Polizeirecht, Feuerwehr, Katastrophenschutz, Rettungsdienst** Ralf Klotz, Tel. -32 92
Ref 17: **Recht, Planfeststellung** Anke Beck, Tel. -77 14

Abt 2 Wirtschaft, Raumordnung, Bau-, Denkmal- und Gesundheitswesen
Leiter: Peter Zeisberger, AbtPräs, Tel. (07 21) 9 26-74 96

Ref 21: **Raumordnung, Baurecht, Denkmalschutz** Matthias Burkard, Tel. -75 15
Ref 22: **Stadtsanierung, Wirtschaftsförderung, Gewerberecht, Preisrecht** Stefani Frank, Tel. -75 02
Ref 23: **Kulturelle und soziale Infrastruktur, Krankenhausfinanzierung, Fachstelle für das öffentliche Bibliothekswesen** Annette Fehr, Tel. -79 99
Ref 25: **Ärztliche und pharmazeutische Angelegenheiten** Uwe Hempelmann, Tel. -76 42
Ref 27: **Grenzüberschreitende Zusammenarbeit und Europa** Sabine Gaudin, Tel. -74 25

Abt 3 Landwirtschaft, Ländlicher Raum, Veterinär- und Lebensmittelwesen
Leiter: Dr. Ulrich Kraft, AbtPräs, Tel. (07 21) 9 26-37 07

Ref 31: **Recht und Verwaltung, Bildung** Annette Löffelholz-Würz, Tel. -37 08
Ref 32: **Betriebswirtschaft, Agrarförderung und Strukturentwicklung** Friedrich Pelgen, Tel. -37 15
Ref 33: **Pflanzliche und tierische Erzeugung** Patrick Schreieck, Tel. -27 60
Ref 34: **Markt und Ernährung, Futtermittelüberwachung** Jutta Schulz, Tel. -37 13
Ref 35: **Veterinärwesen, Lebensmittelüberwachung** Dr. Peter Reith, Tel. -37 02

Abt 4 Mobilität, Verkehr, Straßen
Leiter: Jürgen Skarke, AbtPräs, Tel. (07 21) 9 26-33 52

Ref 41: **Recht und Verwaltung, Grunderwerb** Jürgen Scherm, Tel. -34 03
Ref 42: **Steuerung und Baufinanzen** Harald Protz, Tel. -34 05
Ref 43: **Ingenieurbau** Walter Katzik, Tel. -64 38
Ref 44: **Straßenplanung** Axel Speer, Tel. -34 17
Ref 45: **Regionales Mobilitätsmanagement** Kai Zumkeller, Tel. -32 83
Ref 46: **Verkehr** Bettina Rupp, Tel. -26 30
Ref 47.1: **Baureferat Nord** Bernd Braun, Tel. (0 62 21) 13 75-1 15
Ref 47.2: **Baureferat Mitte** Jürgen Genthner, Tel. -27 41
Ref 47.3: **Baureferat Süd** Michael Lumpp, Tel. -34 00

Abt 5 Umwelt
Leiterin: Susanne Diebold, AbtPräsidentin, Tel. (07 21) 9 26-76 01

Ref 51: **Recht und Verwaltung** Dr. Thorsten Reinhardt, Tel. -75 69
Ref 52: **Gewässer und Boden** Bernd Haller, Tel. -74 71
Ref 53.1: **Gewässer I. Ordnung, Hochwasserschutz und Gewässerökologie, Planung und Bau** Peter Schneider, Tel. -76 01
Ref 53.2: **Gewässer I. Ordnung, Hochwasserschutz und Gewässerökologie, Betrieb und Unterhaltung, Integriertes Rheinprogramm** Armin Stelzer, Tel. -76 01
Ref 54.1: **Industrie, Schwerpunkt Luftreinhaltung Stabsstelle PFC, Stabsstelle Kompetenzzentrum Energie** Dr. Birge Kubala, Tel. -74 38
Ref 54.2: **Industrie/Kommunen, Schwerpunkt Kreislaufwirtschaft** Markus Schüller, Tel. -74 53
Ref 54.3: **Industrie/Kommunen, Schwerpunkt Abwasser** Markus Ziegler, Tel. -74 71
Ref 54.4: **Industrie, Schwerpunkt Arbeitsschutz** Dr. Anna-Catharina Burckhardt, Tel. -74 54
Ref 54.5: **Strahlenschutz** Brigitte Hahn, Tel. -84 19

Ref 55: **Naturschutz Recht** Tobias Korta, Tel. -43 51
Ref 56: **Naturschutz und Landschaftspflege** Daniel Raddatz, Tel. -43 51

Abt 7 Schule und Bildung
Leiterin: Anja Bauer, AbtPräsidentin, Tel. (07 21) 9 26-44 00

Ref 71: **Rechts- und Verwaltungsangelegenheiten der Schulen, Angelegenheiten nach dem Landesdisziplinargesetz** Markus Thomas, Tel. -44 10
Ref 72: **Personal- und Verwaltungsangelegenheiten der Lehrkräfte** Dr. Martin Steffens, Tel. -44 70
Ref 73: **Lehrereinstellung und Bedarfsplanung** Werner Litschauer, Tel. -44 72
Ref 74: **Grund-, Werkreal-, Haupt-, Real- und Gemeinschaftsschulen, Sonderpädagogische Bildungs- und Beratungszentren** Ulrike Wolf, Tel. -44 75
Ref 75: **Allgemein bildende Gymnasien** Dagmar Ruder-Aichelin, Tel. -44 44
Ref 76: **Berufliche Schulen** Katrin Höninger, Tel. -42 19
Landeslehrerprüfungsamt – Außenstelle des Kultusministeriums beim Regierungspräsidium Karlsruhe Hannelore Zimmer-Kraft, Tel. -45 00

Abt 8 Asylrecht, Ausländer, Rückkehrmanagement, Spätaussiedler, Zentrale Bußgeldstelle, Lotterie- und Glücksspielrecht
Leiter: Manfred Garhöfer, AbtPräs, Tel. (07 21) 9 26-70 00

Ref 81: **Asylrecht** Sven König, Tel. -86 01
Ref 82: **Staatsangehörigkeits- und Personenstandsrecht, Eingliederung, Spätaussiedler und Ausländerrecht** Carolin Gottwald, Tel. -87 10
Ref 83: **Ausweisung** Wolfgang Schilling, Tel. -70 54
Ref 84: **Abschiebungshaft** NN, Tel. (0 72 31) 3 83-1 11
Ref 85: **Zentrale Bußgeldstelle** Karl-Heinz Klenk, Tel. -73 00
Ref 86: **Lotterie- und Glücksspielrecht** Alexander Ellinghaus, Tel. -87 00
Ref 87: **Integriertes Rückkehrmanagement** Matthias Leitold, Tel. -86 67
Ref 88: **Organisation, Haushalt, Zentrale Dienste** Alexander Ellinghaus, Tel. -70 29

Abt 9 Flüchtlingsangelegenheiten, landesweite Steuerung, Aufnahme, Unterbringung, Verteilung
Leiter: Dr. Jochen Zühlcke, AbtPräs, Tel. (07 21) 82 48 29-3 00

Ref 91: **Personal, Organisation, Haushalt, Recht, Beschaffung** Marion Sauer, Tel. -3 40
Ref 92: **Landesweite Steuerungsaufgaben, Höhere Aufnahmebehörde** Dr. Markus Eisenbarth, Tel. -3 10

Ref 93: **Ankunftszentrum, Aufnahme, Ausländerbehörde** Markus Rothfuß, Tel. -3 30
Ref 94: **Erstaufnahmeeinrichtungen, Betrieb und Unterbringung** Carolin Speckmann, Tel. -3 05

Der Rechts- und Fachaufsicht des Regierungspräsidiums in Karlsruhe unterstehen:

1.2.1 Stadtkreise

im Regierungsbezirk Karlsruhe

Oberste Fachaufsicht: Ministerium des Innern, für Digitalisierung und Kommunen
Nähere Angaben hierzu siehe Abschnitt d I „Die Stadtkreise", S. 192.

1.2.2 Landkreise und Gemeinden

im Regierungsbezirk Karlsruhe

Oberste Fachaufsicht: Ministerium des Innern, für Digitalisierung und Kommunen
Nähere Angaben hierzu siehe Abschnitt d II „Die Landkreise", S. 196.

Der Dienst- und Fachaufsicht des Regierungspräsidiums in Karlsruhe unterstehen:

1.2.3 Staatliche Schulämter

Fachaufsicht: Ministerium für Kultus, Jugend und Sport
Aufgabenkreis: Siehe S. 45.

Staatliches Schulamt Karlsruhe
76133 Karlsruhe, Ritterstr. 16-20; Tel. (07 21) 60 56 10-10; Fax (07 21) 60 56 10-9 70;
E-Mail: poststelle@ssa-ka.kv.bwl.de;
http://www.schulamt-karlsruhe.de
Amtsleiter: Dr. Rüdiger Stein

Staatliches Schulamt Mannheim
68165 Mannheim, Augustaanlage 67; Tel. (06 21) 2 92-41 41; Fax (06 21) 2 92-41 44;
E-Mail: poststelle@ssa-ma.kv.bwl.de;
http://www.schulaemter-bw.de
Amtsleiter: Hartwig Weik

Staatliches Schulamt Pforzheim
75172 Pforzheim, Maximilianstr. 46; Tel. (0 72 31) 60 57-4 00; Fax (0 72 31) 60 57-4 40;
E-Mail: poststelle@ssa-pf.kv.bwl.de;
http://www.schulamt-pforzheim.de
Amtsleiter: Volker Traub

Staatliches Schulamt Rastatt
76437 Rastatt, Ludwigring 7; Tel. (0 72 22) 91 69-0; Fax (0 72 22) 91 69-1 99;
E-Mail: poststelle@ssa-ra.kv.bwl.de;
http://www.schulamt-rastatt.de
Amtsleiter: Wolfgang Held, LtdSchulADir

1.2.4 Kommunale Verwaltungsschule für den mittleren Verwaltungsdienst

in den Regierungsbezirken Karlsruhe und Freiburg

76133 Karlsruhe, Hoffstr. 1 b; Tel. (07 21) 98 44 60; Fax (07 21) 84 38 72;
E-Mail: zentrale@verwaltungsschule-bw.de;
http://www.verwaltungsschule-bw.de
Oberste Fachaufsicht: Ministerium des Innern, für Digitalisierung und Kommunen

Leiter: Bernhard Böser, Dir

1.3 Regierungspräsidium Freiburg

79114 Freiburg, Bissierstr. 7; Tel. (07 61) 2 08-0; Fax (07 61) 2 08-39 42 00;
E-Mail: poststelle@rpf.bwl.de;
http://www.rp-freiburg.de

Regierungsbezirk:

Einwohner: 2 276 924
Fläche: 9 357,01 qkm
3 Regionalverbände: Südlicher Oberrhein, Schwarzwald-Baar-Heuberg und Hochrhein-Bodensee
1 Stadtkreis: Freiburg im Breisgau
9 Landkreise: Breisgau-Hochschwarzwald, Emmendingen, Konstanz, Lörrach, Ortenaukreis, Rottweil, Schwarzwald-Baar-Kreis, Tuttlingen und Waldshut
19 Große Kreisstädte: Achern, Donaueschingen, Emmendingen, Kehl, Konstanz, Lahr/Schwarzwald, Lörrach, Oberkirch, Offenburg, Radolfzell am Bodensee, Rheinfelden (Baden), Rottweil, Schramberg, Singen (Hohentwiel), Tuttlingen, Villingen-Schwenningen, Waldkirch, Waldshut-Tiengen, Weil am Rhein
Regierungspräsidentin: Bärbel Schäfer
Regierungsvizepräsident: Klemens Ficht
Leiterin der Koordinierungsstelle: Laura Scholz
Persönlicher Referent des Regierungspräsidenten: Florian Kopp, Tel. -10 04
Pressereferentin: Heike Spannagel, Tel. -10 38
Stabsstelle für grenzüberschreitende Zusammenarbeit und europäische Angelegenheiten (SGZE): Dr. Klaus Schüle, Tel. -10 51
Stabsstelle für Controlling: NN, Tel. -48 63
Geschäftsstelle Biosphärengebiet Schwarzwald (BiospG): Walter Kemkes, Tel. (0 76 73) 88 94 02-43 83
Regionaler Sonderstab gefährliche Ausländer: Markus Lenz, Tel. -23 39
Datenschutzbeauftragter: Hermann Ringhof, Tel. -10 47
Ltd. Fachkraft für Arbeitssicherheit und Brandschutzbeauftragter: Thomas Dufner, Tel. -48 11
Psychologische Beratung und Coaching – Beauftragte für Suchtfragen: Dr. Christel Laug, Tel. -48 51

Abt 1 Steuerung, Verwaltung und Bevölkerungsschutz
Leiter: Klemens Ficht, RVPräs, Tel. (07 61) 2 08-10 02

Ref 11: **Organisation, Information und Kommunikation** Manfred Weiss, Tel. -48 24
Ref 12: **Personal** Jürgen Eisele, Tel. -10 65
Ref 13: **Haushalt** Dörle, Tel. -48 75
Ref 14: **Kommunales, Stiftungen und Sparkassenwesen** Birgit Meyer, Tel. -10 49
Ref 15.1: **Staatsangehörigkeitsrecht, Ausländerrecht** Renate Meier-Kleisle, Tel. -20 43
Ref 15.2: **Flüchtlingsaufnahme** Dr. Peter Kramer, Tel. -23 68
Ref 16: **Polizeirecht, Feuerwehr, Katastrophenschutz, Rettungsdienst** Tina Schlick, Tel. -49 02

Abt 2 Wirtschaft, Raumordnung, Bau-, Denkmal- und Gesundheitswesen
Leiter: Dr. Johannes Dreier, AbtPräs, Tel. (07 61) 2 08-46 33

Ref 21: **Raumordnung, Baurecht, Denkmalschutz** Manuel Winterhalter-Stocker, Tel. -46 82
Ref 22: **Stadtsanierung, Wirtschaftsförderung, Gewerberecht, Preisrecht** Jutta Pollich, Tel. -46 74
Ref 23: **Kulturelle und soziale Infrastruktur, Krankenhausfinanzierung, Fachstelle für das öffentliche Bibliothekswesen** Oliver Morlock, Tel. -46 18
Ref 24: **Recht, Planfeststellung** Dieter Kowohl, Tel. -10 70
Ref 25: **Ärztliche und pharmazeutische Angelegenheiten** Dr. Schöffler, Tel. -46 53

Abt 3 Landwirtschaft, Ländlicher Raum, Veterinär- und Lebensmittelwesen
Leiter: Michael Krumm, AbtPräs, Tel. (07 61) 2 08-12 82

Ref 31: **Recht und Verwaltung, Bildung** Peter Brecht, Tel. -12 62
Ref 32: **Betriebswirtschaft, Agrarförderung und Strukturentwicklung** Judith Bothe, Tel. -12 35
Ref 33: **Pflanzliche und tierische Erzeugung** Klaus Mastel, Tel. -13 05
Ref 34: **Markt und Ernährung, Futtermittelüberwachung** Markus Ragg, Tel. -12 34
Ref 35: **Veterinärwesen, Lebensmittelüberwachung** Dr. Matthias Gellert, Tel. -12 22

Abt 4 Mobilität, Verkehr, Straßen
Leiter: Kleemann, LtdBauDir, Tel. (07 61) 2 08-44 76

Ref 41: **Recht und Verwaltung, Grunderwerb** Heidi Götz, Tel. -44 05
Ref 42: **Steuerung und Baufinanzen** Markus Zink, Tel. -44 64
Ref 43: **Ingenieurbau** Leo Andlauer, Tel. -22 33
Ref 44: **Straßenplanung** Klumpp, Tel. -44 95
Ref 45: **Regionales Mobilitätsmanagement** Heckersbruch, Tel. -45 01
Ref 46: **Verkehr** Katharina Sutor, Tel. -47 08
Ref 47.1: **Baureferat Nord** Kunz, Tel. -22 72
Ref 47.2: **Baureferat Ost** NN, Tel. (07 71) 89 66-28 50
Ref 47.3: **Baureferat Süd** Dieter Bollinger, Tel. (0 77 31) 88 09-68 09

Abt 5 Umwelt
Leiterin: Elke Höpfner-Toussaint, AbtPräsidentin, Tel. (07 61) 2 08-42 74

Ref 51: **Recht und Verwaltung** Holger Steenhof, Tel. -42 62
Ref 52: **Gewässer und Boden** Ott, Tel. -43 34
Ref 53.1: **Gewässer I. Ordnung, Hochwasserschutz und Gewässerökologie, Planung und Bau** Michael Ortlieb, Tel. -42 46
Ref 53.2: **Gewässer I. Ordnung, Hochwasserschutz und Gewässerökologie, Betrieb und Unterhaltung** Wolfgang Migenda, Tel. -42 01
Ref 53.3: **Integriertes Rheinprogramm** Harald Klumpp, Tel. -43 08
Ref 54.1: **Industrie, Schwerpunkt Luftreinhaltung** Dr. Herbert Swarowsky, Tel. -20 94
Ref 54.2: **Industrie / Kommunen Schwerpunkt Kreislaufwirtschaft** Rafael Bakaus, Tel. -21 18
Ref 54.3: **Industrie / Kommunen Schwerpunkt Abwasser** Dr. Dieter Kaltenmeier, Tel. -21 37
Ref 54.4: **Industrie / Schwerpunkt Arbeitsschutz** Eser, Tel. -42 09
Ref 54.5: **Strahlenschutz** Vogt, Tel. -21 80
Ref 55: **Naturschutz, Recht** Petra Holz, Tel. -42 33
Ref 56: **Naturschutz und Landschaftspflege** Dr. Kretzschmar, Tel. -41 33
Ref 57: **Wasserstraßen** Hartmut Scherer, Tel. -42 77

Abt 7 Schule und Bildung
Leiter: Thomas Hecht, Tel. (07 61) 2 08-62 20

Ref 71: **Rechts- und Verwaltungsangelegenheiten der Schulen, Angelegenheiten nach dem Landesdisziplinargesetz** Andreas Milsch, Tel. -61 98
Ref 72: **Personal- und Verwaltungsangelegenheiten der Lehrkräfte** Michael Moser, Tel. -61 87
Ref 73: **Lehrereinstellung und Bedarfsplanung** Siegfried Binninger, Tel. -62 68
Ref 74: **Grund-, Werkreal-, Haupt-, Real- und Gemeinschaftsschulen, Sozialpädagogische Bildungs- und Beratungszentren** Ingrid Fritz-Wölpert, Tel. -60 65
Ref 75: **Allgemein bildende Gymnasien** Bengel, Tel. -62 81
Ref 76: **Berufliche Schulen** Martin Müller, Tel. -61 21
Landeslehrerprüfungsamt Außenstelle des Kultusministeriums beim Regierungspräsidium Freiburg Stein, Tel. -62 33

Abt 8 Forstdirektion
Leiterin: Dr. Anja Peck, AbtPräsidentin, Tel. (07 61) 2 08-14 00

Ref 81: **Forstrecht und Bildung** Jörg Wetzel, Tel. -14 43
Ref 82: **Forstliche Förderung** Matthias Wurster, Tel. -14 61
Ref 83: **Waldpolitik und Körperschaftsforstdirektion** Butz, Tel. -14 09
Ref 84: **Waldnaturschutz, Biodiversität und Waldbau** Wicht-Lückge, Tel. -14 57
Ref 85: **Forsteinrichtung und Forstliche Geoinformation** Johannes Beck, Tel. -14 30

Abt 9 Landesamt für Geologie, Rohstoffe und Bergbau
79104 Freiburg, Albertstr. 5
Leiter: Prof. Dr. Jörg-Detleff Eckhardt, Tel. (07 61) 2 08-30 66

Ref 91: **Geowissenschaftliches Landesservicezentrum** Günter Sokol, Tel. -30 60
Ref 92: **Landesgeologie** Dr. Matthias Franz, Tel. -31 01
Ref 93: **Landesbodenkunde** Dr. Wolfgang Fleck, Tel. -31 30
Ref 94: **Landeshydrogeologie und -geothermie** Dr. Geyer, Tel. -30 91
Ref 95: **Landesingenieurgeologie** Dr. Clemens Ruch, Tel. -32 85
Ref 96: **Landesrohstoffgeologie** Birgit Kimmig, Tel. -32 44
Ref 97: **Landesbergdirektion** Axel Brasse, Tel. -30 64
Ref 98: **Landeserdbebendienst** Dr. Stefan Stange, Tel. -30 80

Der Rechts- und Fachaufsicht des Regierungspräsidiums Freiburg unterstehen:

1.3.1 Stadtkreise

im Regierungsbezirk Freiburg

Oberste Fachaufsicht: Ministerium des Innern, für Digitalisierung und Kommunen
Nähere Angaben hierzu siehe Abschnitt d I „Die Stadtkreise", S. 191.

1.3.2 Landkreise und Gemeinden

im Regierungsbezirk Freiburg

Oberste Fachaufsicht: Ministerium des Innern, für Digitalisierung und Kommunen
Nähere Angaben hierzu siehe Abschnitt d II „Die Landkreise", S. 196.

Der Dienst- und Fachaufsicht des Regierungspräsidiums in Freiburg unterstellt:

1.3.3 Staatliche Schulämter

Fachaufsicht: Ministerium für Kultus, Jugend und Sport
Aufgabenkreis: Siehe S. 45.

Staatliches Schulamt Donaueschingen
78166 Donaueschingen, Irmastr. 7-9; Tel. (07 71) 8 96 70-0; Fax (07 71) 8 96 70-19;
E-Mail: poststelle@ssa-ds.kv.bwl.de;
http://www.schulamt-donaueschingen.de
Amtleiterin: Sabine Rösner, LtdSchulADirektorin

Staatliches Schulamt Freiburg
79100 Freiburg, Oltmannsstr. 22; Tel. (07 61) 59 52 49-0; Fax (07 61) 59 52 49-5 99;
E-Mail: poststelle@ssa-fr.kv.bwl.de;
http://www.schulamt-freiburg.de
Amtleiter: Dr. Werner Nagel, LtdSchulADir

Staatliches Schulamt Konstanz
78467 Konstanz, Am Seerhein 6; Tel. (0 75 31) 8 02 01-0; Fax (0 75 31) 8 02 01-39;
E-Mail: poststelle@ssa-kn.kv.bwl.de;
http://www.schulamt-konstanz.de
Amtleiterin: Bettina Armbruster

Staatliches Schulamt Lörrach
79539 Lörrach, Am Alten Markt 2; Tel. (0 76 21) 9 14 19-0; Fax (0 76 21) 9 14 19-1;
E-Mail: poststelle@ssa-loe.kv.bwl.de;
http://www.schulamt-loerrach.de
Amtleiter: Dr. Hans-Joachim Friedemann

Staatliches Schulamt Offenburg
77652 Offenburg, Maria-und-Georg-Dietrich-Str. 2; Tel. (07 81) 12 03 01 00; Fax (07 81) 12 03 01 49;
E-Mail: poststelle@ssa-og.kv.bwl.de;
http://www.schulamt-offenburg.de
Amtleiterin: Gabriele Weinrich, LtdSchulADirektorin

1.4 Regierungspräsidium Tübingen

72072 Tübingen, Konrad-Adenauer-Str. 20; Tel. (0 70 71) 7 57-0; Fax (0 70 71) 7 57-31 90;
E-Mail: poststelle@rpt.bwl.de;
http://www.rp-tuebingen.de

Regierungsbezirk:

Einwohner: 1 855 499
Fläche: 885 200 ha
3 Regionalverbände: Neckar-Alb, Donau-Iller und Bodensee-Oberschwaben
1 Stadtkreis: Ulm
8 Landkreise: Alb-Donau-Kreis, Biberach, Bodenseekreis, Ravensburg, Reutlingen, Sigmaringen, Tübingen, Zollernalbkreis
16 Große Kreisstädte: Albstadt, Balingen, Biberach an der Riß, Ehingen (Donau), Friedrichshafen, Laupheim, Leutkirch im Allgäu, Metzingen, Mössingen, Ravensburg, Reutlingen, Rottenburg am Neckar, Tü-

bingen, Überlingen, Wangen im Allgäu und Weingarten
Regierungspräsident: Klaus Tappeser
Regierungsvizepräsident: Dr. Utz Remlinger
Koordinierungs- und Pressestelle: Dirk Abel, Tel. -30 05
Persönlicher Referent: Matthias Aßfalg, Tel. -30 08
Beauftragter für Qualitätsmanagement: Robert Wehner, Tel. -30 72
Stabsstelle für Arbeitssicherheit: Thomas Thormann, Tel. -31 59
Stabsstelle Grenzüberschreitende Zusammenarbeit: Miriam Reich, Tel. -17 76 15
Beauftragter für Datenschutz: Marko Wedemeyer, Tel. -32 52
Beauftragte für Chancengleichheit: Sabine Mecke, Tel. -30 74

Abt 1 Steuerung, Verwaltung und Bevölkerungsschutz
Leiter: Dr. Utz Remlinger, RVPräs, Tel. (0 70 71) 7 57-30 13

Ref 11: **Organisation, Information und Kommunikation** Gerlinde Baur, Tel. -31 15
Ref 12: **Personal** Margit von Zworowsky, Tel. -31 12
Ref 13: **Haushalt, Controlling** Patricia Kremmler, Tel. -31 68
Ref 14: **Kommunales, Stiftungen und Sparkassenwesen** Dr. Michael Fischer, Tel. -37 09
Ref 15.1: **Staatsangehörigkeitsrecht, Ausländerrecht** Dr. Steffen Fink, Tel. -38 34
Ref 15.2: **Flüchtlingsaufnahme** Frank Maier, Tel. (0 70 71) 96 55-1 20
Ref 16: **Polizeirecht, Feuerwehr, Katastrophenschutz, Rettungsdienst** Dr. Daniel Hahn, Tel. -30 20
Regionaler Sonderstab Gefährliche Ausländer Dr. Stefan Grauer, Tel. -17 75 35

Abt 2 Wirtschaft, Raumordnung, Bau-, Denkmal- und Gesundheitswesen
Leiterin: Petra Stark, Tel. (0 70 71) 7 57-32 42

Ref 21: **Raumordnung, Baurecht, Denkmalschutz** Axel Bernhard, Tel. -32 38
Ref 22: **Stadtsanierung, Wirtschaftsförderung, Gewerberecht, Preisrecht** Martin Weng, Tel. -32 80
Ref 23: **Kulturelle und soziale Infrastruktur, Krankenhausfinanzierung, Fachstelle für das öffentliche Bibliothekswesen** Dr. Oliver Knörr, Tel. -38
Ref 24: **Recht, Planfeststellung** Rainer Prußeit, Tel. -36 55
Ref 25: **Ärztliche Angelegenheiten und Medizinprodukte** Dr. Gundi Schickle-Reim, Tel. -32 87
Ref 26: **Pharmazeutische Angelegenheiten, Leitstelle Arzneimittelüberwachung Baden-Württemberg** Dr. Michael Schmidt, Tel. -32 60
Ref 27: **Landesstelle für Bautechnik** Dr. Stefan Brendler, Tel. -54 55

Task Force Corona-Entschädigungen Martin Weng, Tel. -32 80

Abt 3 Landwirtschaft, Ländlicher Raum, Veterinär- und Lebensmittelwesen
Leiterin: Anita Schmitt, Tel. (0 70 71) 7 57-33 20

Ref 31: **Recht und Verwaltung, Bildung** Gerd Schnell, Tel. -33 22
Ref 32: **Betriebswirtschaft, Agrarförderung und Strukturentwicklung** Anita Schmitt, Tel. -33 34
Ref 33: **Pflanzliche und tierische Erzeugung** Michael Bilger, Tel. -33 50
Ref 34: **Markt und Ernährung, Futtermittelüberwachung** Hans-Ulrich Glück, Tel. -33 60
Ref 35: **Veterinärwesen, Lebensmittelüberwachung** NN
Stabsstelle Tiergesundheit, Tierschutz und Verbraucherschutz Dr. Sven Wittenberg, Tel. -35 17

Abt 4 Mobilität, Verkehr, Straßen
Leiter: Rainer Hölz, Tel. (0 70 71) 7 57-34 04

Ref 41: **Recht und Verwaltung, Grunderwerb** Martin Hackenberg, Tel. -34 06
Ref 42: **Steuerung und Baufinanzen** Bertram Menner, Tel. -36 17
Ref 43: **Ingenieurbau** Dirk Matuschowitz, Tel. -34 54
Ref 44: **Straßenplanung** Michael Kittelberger, Tel. -34 48
Ref 45: **Regionales Mobilitätsmanagement** Matthias Kühnel, Tel. -36 24
Ref 46: **Verkehr** Eva Schöpf, Tel. -34 13
Ref 47.1: **Straßenbau Nord** Gunther Junginger, Tel. (0 71 21) 3 47-2 00
Ref 47.2: **Straßenbau Mitte** Hartmut Geiger, Tel. (0 73 91) 5 08-5 10
Ref 47.3: **Straßenbau Süd** Kristian Siebert, Tel. (07 51) 8 06-18 01

Abt 5 Umwelt
Leiter: Dietmar Enkel, AbtPräs, Tel. (0 70 71) 7 57-37 19

Ref 51: **Recht und Verwaltung** Andrea Bär, Tel. -17 78 69
Ref 52: **Gewässer und Boden** Hans-Martin Waldner, Tel. -35 43
Ref 53.1: **Gewässer I. Ordnung, Hochwasserschutz und Gewässerökologie Donau-Iller** Andreas Stegmaier, Tel. (0 73 71) 1 87-3 45
Ref 53.2: **Gewässer I. Ordnung, Hochwasserschutz und Gewässerökologie Neckar-Bodensee** Lothar Heissel, Tel. -35 27
Ref 54.1: **Industrie, Schwerpunkt Luftreinhaltung** Ute Maier, Tel. -38 67
Ref 54.2: **Industrie / Kommunen, Schwerpunkt Kreislaufwirtschaft** Alexander Wolny, Tel. -35 19
Ref 54.3: **Industrie / Kommunen, Schwerpunkt Abwasser** Erich Mittermayr, Tel. -17 76 35

Ref 54.4: **Industrie und Gewerbe, Schwerpunkt Arbeitsschutz, Zentrale Stelle für die Vollzugsunterstützung** Dr. Andrea Ungermann, Tel. -52 85
Ref 54.5: **Strahlenschutz** Dr. Thomas Weimer, Tel. -17 78 41
Ref 55: **Naturschutz, Recht** NN
Ref 56: **Naturschutz und Landschaftspflege** Stefan Schwab, Tel. -53 02
Ref 57: **Gentechnikaufsicht** Axel Nägele, Tel. -52 32
Ref 58: **Biosphärengebiet Schwäbische Alb** Achim Nagel, Tel. (0 73 81) 93 29 38-24

Abt 7 Schule und Bildung
Leiterin: Dr. Susanne Pacher, AbtPräsidentin, Tel. (0 70 71) 7 57-20 58

Ref 71: **Rechts- und Verwaltungsangelegenheiten der Schulen, Angelegenheiten der Lehrerbildungseinrichtungen, Disziplinarangelegenheiten** Werner Schenk, Tel. -20 55
Ref 72: **Personal- und Verwaltungsangelegenheiten der Lehrkräfte** Martin Frank, Tel. -20 77
Ref 73: **Lehrereinstellung und Bedarfsplanung** Rainer Vogelwaid, Tel. -21 62
Ref 74: **Grund-, Werkreal-, Haupt-, Real- und Gemeinschaftsschulen, Sonderpädagogische Bildungs- und Beratungszentren** Hartmut Nill, Tel. -21 03
Ref 75: **Allgemein bildende Gymnasien** Ellen Butzko-Willke, Tel. -21 30
Ref 76: **Berufliche Schulen** Dominik Kugler, Tel. -20 23
Landeslehrerprüfungsamt: Außenstelle des Kultusministeriums beim Regierungspräsidiums Tübingen Stefan Walz, Tel. -21 16

Abt 9 Mobilitätszentrale Baden-Württemberg
Leiter: Marcel Zembrot, AbtPräs, Tel. (07 11) 89 10-2 00

Ref 91: **Bildung und Wissen** Florian Kraschinski, Tel. -3 73
Ref 92: **Fachdienste und Straßenbetrieb** Dr. Bernd Pfeifle, Tel. -2 10
Ref 93: **IT-Management** Thomas Voit, Tel. -3 00
Ref 94: **Verkehrsmanagement** Dr. Anne Benner, Tel. -1 00
Ref 95: **Vernetzte Mobilität** Michael Trees, Tel. -2 60

Abt 10 Eich- und Beschusswesen
Leiter: Uwe Alle, AbtPräs, Tel. (07 11) 40 71-2 43

Ref 101: **Finanzen, Kostenrechnung und zentraler Service** Bruno Plesch, Tel. -2 51
Ref 102: **Metrologie und Eichtechnik** Steffen Kircher, Tel. -2 30
Ref 103: **Recht, Markt- und Verwendungsüberwachung** Dr. Wolfgang Kieninger, Tel. -2 41
Ref 104: **Strategie, QM, PR, und IuK** Gerald-Josef Wagner, Tel. -2 48
Ref 105.1: **Eichtechnischer Vollzug, Zentrum Ost** Peter Schönleber, Tel. (0 74 31) 9 22-20
Ref 105.2: **Eichtechnischer Vollzug, Zentrum Mitte** Adrian Bacher, Tel. (07 11) 95 79 61-10
Ref 105.3: **Eichtechnischer Vollzug, Zentrum West** Michael Pernus, Tel. (07 61) 1 20 26-12
Ref 106: **Beschussamt Ulm** Manfred Tonnier, Tel. (07 31) 9 68 51-20

Abt 11 Marktüberwachung
Leiter: Peter Goossens, AbtPräs, Tel. (0 70 71) 7 57-54 21

Ref 111: **Recht und Verwaltung** Andreas Wiedmann, Tel. -54 09
Ref 112: **Produktsicherheit Investitionsgüter, ortsbewegliche Druckgeräte** Stephan Czarnecki, Tel. -54 38
Ref 113: **Produktsicherheit Verbraucherprodukte, Medizinprodukte im Handel** Uwe Vorberg, Tel. (07 21) 9 26-79 39
Ref 114: **Chemikaliensicherheit** Dr. Martin Kaimer, Tel. -54 17
Ref 115: **Energieverbrauchsrelevante Produkte, Bauprodukte im Hoch-, Tief- und Straßenbau** NN
Servicestelle Stoffliche Marktüberwachung Stefanie Greiselis-Bailer, Tel. (07 11) 9 04-1 57 04

Der Rechts- und Fachaufsicht des Regierungspräsidiums Tübingen unterstehen:

1.4.1 Stadtkreise

im Regierungsbezirk Tübingen

Oberste Fachaufsicht: Ministerium des Innern, für Digitalisierung und Kommunen
Nähere Angaben hierzu siehe Abschnitt d I „Die Stadtkreise", S. 191.

1.4.2 Landkreise und Gemeinden

im Regierungsbezirk Tübingen

Oberste Fachaufsicht: Ministerium des Innern, für Digitalisierung und Kommunen
Nähere Angaben hierzu siehe Abschnitt d II „Die Landkreise", S. 196.

Der Dienst- und Fachaufsicht des Regierungspräsidiums in Tübingen unterstehen:

1.4.3 Staatliche Schulämter

Fachaufsicht: Ministerium für Kultus, Jugend und Sport
Aufgabenkreis: Siehe S. 45.

Staatliches Schulamt Albstadt
72458 Albstadt, Lautlinger Str. 147-149; Tel. (0 74 31) 93 92-0; Fax (0 74 31) 93 92-1 60;

E-Mail: poststelle@ssa-als.kv.bwl.de;
http://www.schulamt-albstadt.de
Amtleiter: Gernot Schultheiß, LtdSchulADir

Staatliches Schulamt Biberach
88400 Biberach, Erlenweg 2/1; Tel. (0 73 51) 50 95-0; Fax (0 73 51) 50 95-1 95;
E-Mail: poststelle@ssa-bc.kv.bwl.de;
http://www.schulamt-biberach.de
Amtleiter: Achim Schwarz, LtdSchulADir

Staatliches Schulamt Markdorf
88677 Markdorf, Am Stadtgraben 25; Tel. (0 75 44) 50 97-0; Fax (0 75 44) 50 97-1 92;
E-Mail: poststelle@ssa-mak.kv.bwl.de;
http://www.schulamt-markdorf.de
Amtleiterin: Carmen Huber

Staatliches Schulamt Tübingen
72072 Tübingen, Uhlandstr. 15; Tel. (0 70 71) 9 99 02-1 00; E-Mail: poststelle@ssa-tue.kv.bwl.de;
http://www.schulamt-tuebingen.de
Amtleiter: Roland Hocker, LtdSchulADir

1.4.4 Kommunale Verwaltungsschule für den mittleren Verwaltungsdienst

im Regierungsbezirk Tübingen

72336 Balingen, Hirschbergstr. 29; Tel. (0 74 33) 92 11 01;
E-Mail: verwaltungsschule.md@zollernalbkreis.de
Oberste Fachaufsicht: Ministerium des Innern, für Digitalisierung und Kommunen

Leiter: Karl Wolf

Der Dienst- und Fachaufsicht des Innenministers unterstehen:

2 Landesfeuerwehrschule Baden-Württemberg

76646 Bruchsal, Wendelrot 10; Tel. (0 72 51) 93 30; Fax (0 72 51) 93 39 33;
E-Mail: poststelle@fws.bwl.de;
http://www.lfs-bw.de

Aufgabenkreis:
Ausbildungsstätte des Landes für die Feuerwehren mit internatsmäßiger Unterbringung der Lehrgangsteilnehmer mit angegliederter Akademie für Gefahrenabwehr.
Leiter: Dipl.-Ing. Frieder Lieb, BrandDir

3 Kommunale Verwaltungsschulen für den mittleren Verwaltungsdienst

Rechtliche Grundlage und Aufgabenkreis:
Nach § 19 der Ausbildungs- und Prüfungsordnung für den mittleren Verwaltungsdienst vom 3. September 2013 (GBl. S. 278), die durch Artikel 7 des Gesetzes vom 1. Dezember 2015 (GBl. S. 1047, 1053)

geändert worden ist, besuchen die Sekretäranwärterinnen und -anwärter im letzten Jahr des Vorbereitungsdienstes sechs Monate eine kommunale Verwaltungsschule. Es wurden drei Verwaltungsschulen eingerichtet. Die Verwaltungsschulen befinden sich in Esslingen, Karlsruhe und Balingen. Der Unterricht wird in der Regel in Klassen mit 20 bis 30 Personen durchgeführt.
Nähere Angaben hierzu siehe unter Regierungspräsidien, S. 20, 23, 25, 27.

4 Landratsämter

Staatsrechtliche Grundlage und Aufgabenkreis:
Die Landratsämter sind Verwaltungsbehörden des Landkreises und untere Verwaltungsbehörden. Als untere Verwaltungsbehörde ist das Landratsamt Staatsbehörde (vgl. § 15 des Landesverwaltungsgesetzes und § 1 Abs. 3 der Landkreisordnung). Die den Landratsämtern als untere Verwaltungsbehörden zugewiesenen staatlichen Aufgaben sind Geschäfte aus den Bereichen des Ministeriums des Innern, für Digitalisierung und Kommunen, des Ministeriums für Wirtschaft, Arbeit und Tourismus, des Ministeriums für Soziales, Gesundheit und Integration, des Ministeriums für Ernährung, Ländlichen Raum und Verbraucherschutz, des Ministeriums für Umwelt, Klima und Energiewirtschaft sowie des Ministeriums für Verkehr.
Das Landratsamt ist u.a. Kreispolizeibehörde, Kommunalaufsichtsbehörde, untere Ausländerbehörde, untere Baurechtsbehörde, untere Wasserbehörde, untere Straßenverkehrsbehörde, untere Gesundheitsbehörde, untere Naturschutzbehörde, untere Denkmalschutzbehörde, untere Eingliederungs-/Aufnahmebehörde, Versicherungsamt, Amt für Verteidigungslasten. Das Sonderbehörden-Eingliederungsgesetz von 1995 und das Verwaltungsstruktur-Reformgesetz 2005 haben den Stadt- und Landkreisen als unteren Verwaltungsbehörden fachtechnische Aufgaben aus den Aufgabenbereichen Wasserwirtschaft, Bodenschutz, Forst, Landwirtschaft, Straßenbau, Vermessung, Flurneuordnung, Lebensmittelüberwachung und Gewerbeaufsicht übertragen. Außerdem ist das Kreisjagdamt Teil der unteren Verwaltungsbehörde.
Aus dem Geschäftskreis der Landratsämter als untere Verwaltungsbehörde werden folgende Aufgaben hervorgehoben:

Staatsangehörigkeitswesen
Durchführung der Verfahren zur Einbürgerung, Entlassung und Verzicht; Ausstellung von Staatsangehörigkeitsausweisen;

Personenstandswesen, Namensrecht
Aufsicht über die Standesbeamten, Entscheidung über Anträge auf Änderung von Vor- oder Familiennamen (§ 2 ZustVONamÄndG);

Kriegsgräberfürsorge
Prüfung der Gräberlisten und der Kostenanforderungen, Genehmigung zur Verlegung von Kriegsgräbern;

Polizeiwesen
als Kreispolizeibehörde: Dienst- und Fachaufsicht über die Ortspolizeibehörden (Gemeinden ohne die Großen Kreisstädte);
Fachaufsicht über die Polizeidienststellen (§ 73 Abs. 1 Satz 2 PolG);
Erlass von Kreispolizeiverordnungen;
Durchführung des Versammlungsgesetzes;
Schutz der Sonn- und Feiertage; Versammlungen und Veranstaltungen nach § 7 Abs. 2 FTG sowie Tanzlustbarkeiten nach § 11 FTG, soweit nicht die Gemeinden zuständig sind;
Überwachung des Verkehrs mit Waffen, Munition und Sprengstoffen, Ausstellung von Waffenscheinen, Munitionserwerbsscheinen und Waffenbesitzkarten, Handelserlaubnis für Waffen;

Katastrophenschutz, Feuerwehr, Schornsteinfeger
Erstellung von Katastrophenschutz-Einsatzplänen, Koordinierung der Tätigkeit der beim Katastrophenschutz mitwirkenden Organisationen; Einsatzleitung; Feuerwehren, Feuerwehrleitstellen, Aufsicht über die Feuerwehren, Schornsteinfegerwesen: Bestellung der Bezirksschornsteinfegermeister und deren Aufsicht;

Zivile Verteidigung
Aufrechterhaltung der Staats- und Regierungsfunktionen; Zivilschutz; Versorgung; Unterstützung der Streitkräfte;

Wahlen
Mitwirkung bei den Europa-, Bundestags- und Landtagswahlen (im Verband Region Stuttgart auch bei der Wahl der Regionalversammlung), Volksbegehren, Volksabstimmungen, Überwachung der Gemeindewahlen und -abstimmungen soweit die Landratsämter Rechtsaufsichtsbehörde sind; Wahlprüfung und Entscheidung über Beschwerden im Wahlanfechtungsverfahren bei Gemeindewahlen soweit die Landratsämter Rechtsaufsichtsbehörde sind;

Kommunalwesen
Die Zuständigkeit als Rechtsaufsichtsbehörde über die kreisangehörigen Gemeinden ohne die Großen Kreisstädte umfasst das Informations- und Beanstandungsrecht, das Anordnungsrecht und das Recht der Ersatzvornahme, die Genehmigung von Kreditaufnahmen, Gewährschaften, Bürgschaften und Veräußerung von Grundstücken unter Wert, die überörtliche Prüfung der Haushalts-, Kassen- und Rechnungsführung bei Gemeinden unter 4 000 Einwohnern;
Aufsicht über Zweckverbände, selbstständige Kommunalanstalten und öffentliche örtliche Stiftungen;
Mitwirkung auf dem Gebiet des kommunalen Beamten-, Besoldungs- und Disziplinarrechts;
Entscheidung über Widersprüche gegen Kommunalabgaben der Gemeinden (ohne Große Kreisstädte);

Beamtenrecht
Mitwirkung bei der Ausbildung des Nachwuchses für den höheren Verwaltungsdienst (Referendare);
Mitwirkung bei der Zulassung und Ausbildung des Nachwuchses für den gehobenen und den mittleren Verwaltungsdienst;

Baurecht und Brandschutz
Verfügungen in baurechtlichen Verfahren, insbesondere Baugenehmigungen, soweit nicht Gemeinden und Verwaltungsgemeinschaften zuständig sind;
Genehmigung von Bauleitplänen;
Handhabung des Brandschutzes (Brandverhütungsschau);

Wohnungswesen, Wohnungsbauförderung

Zuwanderung und Eingliederung
Ausländerrecht, Vertriebenenrecht; als untere Eingliederungs-/Aufnahmebehörde: Unterbringung und Koordinierung der Eingliederung von Spätaussiedlern, Unterbringung von Asylbewerbern;

Wasserrecht und Gewässerschutz, Bodenschutzrecht und Bodenschutz, Umweltschutz, Immissionsschutz, Überwachung der Abfallbeseitigung
Als untere Wasserbehörde Aufsicht über die Benutzung der Gewässer, Durchführung von Wasserrechtsverfahren;
Genehmigung von Bauten in und an Gewässern;
Fachtechnische Aufgaben in den Bereichen Wasserwirtschaft und Boden;

Forst und Landwirtschaft
Vermessung und Flurneuordnung

Gesundheitswesen
Anordnung von Schutzmaßnahmen zur Bekämpfung übertragbarer Krankheiten, Unterbringung von Geisteskranken in Anstalten, Hebammenwesen, Erlaubnis für Naturheilpraktiker, Überwachung des Verkehrs mit Lebensmitteln, Arzneimitteln und Giften; Bestattungswesen; als untere Gesundheitsbehörde (Gesundheitsamt) Zuständigkeiten nach dem Gesundheitsdienstgesetz;

Veterinärwesen
Tierseuchenbekämpfung, Tierschutz, Fleisch- und Geflügelfleischhygieneüberwachung (mit der neuen Aufgabe der Schlachttier- und Fleischuntersuchung), Lebensmittelüberwachung, Überwachung des Verkehrs mit Tierarzneimitteln;

Ehrungen
Mitwirkung bei der Verleihung des Verdienstordens der Bundesrepublik Deutschland und der Verdienstmedaille des Landes Baden-Württemberg, bei der Ehrung von Ehe- und Altersjubilaren sowie von Arbeitsjubilaren und bei Auszeichnungen für die Rettung von Menschen aus Lebensgefahr; Ausstellung von Ersatzurkunden nach dem Gesetz über Titel, Orden und Ehrenzeichen vom 26. Juli 1957 (BGBl. I S. 844);

Gaststättenwesen
Erteilung und Entzug von Konzessionen;

Gewerberecht

Gewerbeaufsicht: Genehmigung und Untersagung von Gewerbebetrieben in den gesetzlich bestimmten Fällen, Ausstellung von Legitimationskarten und Reisegewerbekarten; Entscheidungen nach der Handwerksordnung;
Preisrecht und **Preisüberwachung**

Erteilung und Einziehung von **Fischereischeinen**;

Überwachung der **Vatertierhaltung**;

Mitwirkung bei **Pflanzenschutz** und **Schädlingsbekämpfung**;

Ausnahmebewilligung von den Bestimmungen über den **Arbeitszeitschutz**;

Genehmigung und Untersagung der **Lagerung brennbarer Flüssigkeiten**.

Nach § 3 des Denkmalschutzgesetzes ist das Landratsamt **untere Denkmalschutzbehörde**.

Das Landratsamt ist auch **untere Naturschutzbehörde**. Ihre Aufgabe ist nach dem Naturschutzgesetz der Schutz und die Pflege der Natur, Naturdenkmale und ihre Umgebung, Naturschutzgebiete und sonstigen Landschaftsteile in der freien Natur. Die unteren Naturschutzbehörden werden vom Naturschutzbeauftragten beraten (vgl. S. 101).

Beim Landratsamt ist das **Kreisjagdamt** errichtet, das die Aufgaben der unteren Jagdbehörde nach dem Jagd- und Wildtiermanagementgesetz wahrnimmt. Es besteht aus dem Landrat als Vorsitzendem, einem staatlichen Forstbeamten und aus je einem Vertreter der Landwirtschaft, der Jagdgenossenschaften, der Gemeinden und der Jäger.

Im Bereich des Regierungsbezirks Tübingen übt das **Landratsamt Bodenseekreis** und im Bereich des Regierungsbezirks Freiburg das **Landratsamt Konstanz** die **schifffahrtspolizeilichen Aufgaben** der unteren Verwaltungsbehörde aus.

Zur Beratung und Mitwirkung in bau- und brandschutztechnischen Angelegenheiten sind vom Landkreis (Landratsamt) als technische Sachverständige Bausachverständige **(Kreisbaumeister)** bestellt, die auch für die Durchführung der Brandverhütungsschau zuständig sind. Für die Bearbeitung der feuerwehrtechnischen Angelegenheiten sind von den Landkreisen **Kreisbrandmeister** bestellt (§ 23 Abs. 1 und § 24 des Feuerwehrgesetzes).

Als **Leiter der unteren Verwaltungsbehörde** ist der Landrat für die ordnungsgemäße Erledigung der Geschäfte verantwortlich und unterliegt insoweit den Weisungen des Regierungspräsidiums als Fachaufsichts- und als Dienstaufsichtsbehörde. Für das Landratsamt als Verwaltungsbehörde des Landkreises ist das Regierungspräsidium zugleich Rechtsaufsichtsbehörde und obere Rechtsaufsichtsbehörde, das Ministerium des Innern, für Digitalisierung und Kommunen oberste Rechtsaufsichtsbehörde.

Die für die Aufgaben der unteren Verwaltungsbehörde erforderlichen Beamten des höheren Dienstes und vergleichbare Beschäftigte werden vom Land, die übrigen Beamten und Beschäftigten vom Landkreis gestellt. Der Sachaufwand des Landratsamts als untere Verwaltungsbehörde wird im Wesentlichen vom Landkreis getragen. Für die Wahrnehmung der Aufgaben der unteren Verwaltungsbehörde und sonstiger Pflichtaufgaben erhält der Landkreis vom Land eine pauschale Zuweisung nach § 11 des Finanzausgleichsgesetzes sowie sämtliche Einnahmen aus Gebühren u.a. der unteren Verwaltungsbehörde.

Kommunale Pflichtaufgaben nach Weisung, die das Landratsamt als kommunale Behörde ausführt:
Durchführung des Unterhaltssicherungsgesetzes;
Durchführung des Wohngeldgesetzes;
Durchführung des Lastenausgleichsgesetzes u.a.;
Durchführung des Bundesausbildungsförderungsgesetzes;
Durchführung des Unterhaltsvorschussgesetzes 1979.
Weitere nähere Angaben siehe im Abschnitt d II „Die Landkreise", S. 196.

5 Polizei

Staatsrechtliche Grundlage:
Polizeigesetz (PolG) in der Fassung vom 6. Oktober 2020 (GBl. S. 735, berichtigt S. 1092; Verordnung des Innenministeriums zur Durchführung des Polizeigesetzes (DVO PolG) vom 16. September 1994 (GBl. S. 567), zuletzt geändert durch Artikel 3 des Gesetzes vom 6. Oktober 2020 (GBl. S. 735, 785).
Organisation der Polizei:
Die Organisation der Polizei umfasst die Polizeibehörden und den Polizeivollzugsdienst mit seinen Beamten (Polizeibeamte).

Arten der Polizeibehörden
Allgemeine Polizeibehörden sind
– die obersten Landespolizeibehörden,
– die Landespolizeibehörden,
– die Kreispolizeibehörden,
– die Ortspolizeibehörden.
Besondere Polizeibehörden sind alle anderen Polizeibehörden.

Allgemeine Polizeibehörden
Oberste Landespolizeibehörden sind die zuständigen Ministerien. Landespolizeibehörden sind die Regierungspräsidien.
Kreispolizeibehörden sind die unteren Verwaltungsbehörden.
Ortspolizeibehörden sind die Gemeinden. Die den Gemeinden hiernach übertragenen Aufgaben sind Pflichtaufgaben nach Weisung.
Die Kreistage, die Gemeinderäte und die Verbandsversammlungen oder die gemeinsamen Ausschüsse von Verwaltungsgemeinschaften nach § 17 des Landesverwaltungsgesetzes wirken nach Maßgabe des Polizeigesetzes mit.

Dienstaufsicht
Es führen die Dienstaufsicht über
- die Landespolizeibehörden: das Ministerium des Innern, für Digitalisierung und Kommunen,
- die Kreispolizeibehörden: die Regierungspräsidien und das Ministerium des Innern, für Digitalisierung und Kommunen,
- die Ortspolizeibehörden
  - in den Stadtkreisen und in den Großen Kreisstädten: die Regierungspräsidien und das Ministerium des Innern, für Digitalisierung und Kommunen,
  - im Übrigen: die Landratsämter, die Regierungspräsidien und das Ministerium des Innern, für Digitalisierung und Kommunen.

Das Ministerium des Innern, für Digitalisierung und Kommunen führt die Aufsicht jeweils im Benehmen mit dem fachlich zuständigen Ministerium.

Fachaufsicht
Es führen die Fachaufsicht über
- die Landespolizeibehörden: die zuständigen Ministerien,
- die Kreispolizeibehörden: die Regierungspräsidien und die zuständigen Ministerien,
- die Ortspolizeibehörden
  - in den Stadtkreisen und in den Großen Kreisstädten: die Regierungspräsidien und die zuständigen Ministerien,
  - im Übrigen: die Landratsämter, die Regierungspräsidien und die zuständigen Ministerien.

Allgemeine sachliche Zuständigkeit
Die sachliche Zuständigkeit der Polizeibehörden wird von dem fachlich zuständigen Ministerium im Einvernehmen mit dem Ministerium des Innern, für Digitalisierung und Kommunen bestimmt. Soweit nichts anderes bestimmt ist, sind die Ortspolizeibehörden sachlich zuständig.

Das fachlich zuständige Ministerium kann im Einvernehmen mit dem Ministerium des Innern, für Digitalisierung und Kommunen bestimmen, dass Aufgaben der Ortspolizeibehörden durch Verwaltungsgemeinschaften erfüllt werden.

Örtliche Zuständigkeit
Die Zuständigkeit der Polizeibehörden beschränkt sich auf ihren Dienstbezirk. Örtlich zuständig ist die Polizeibehörde, in deren Dienstbezirk eine polizeiliche Aufgabe wahrzunehmen ist.

Polizeidienststellen und Einrichtungen für den Polizeivollzugsdienst
Das Land unterhält für den Polizeivollzugsdienst folgende Polizeidienststellen:
- die regionalen Polizeipräsidien,
- das Polizeipräsidium Einsatz,
- das Landeskriminalamt, nähere Angaben siehe S. 36.

Das Land unterhält für den Polizeivollzugsdienst folgende Einrichtungen:
- die Hochschule für Polizei Baden-Württemberg,
- das Präsidium Technik, Logistik, Service der Polizei.

Dienstaufsicht
Die Dienstaufsicht über die Polizeidienststellen sowie das Präsidium Technik, Logistik, Service der Polizei führt das Ministerium des Innern, für Digitalisierung und Kommunen.

Fachaufsicht
Die Fachaufsicht über die Polizeidienststellen sowie das Präsidium Technik, Logistik, Service der Polizei führt das Ministerium des Innern, für Digitalisierung und Kommunen. Nimmt der Polizeivollzugsdienst Aufgaben nach § 60 Absatz 2 oder 4 oder auf Weisung der Polizeibehörden wahr, führen die Kreispolizeibehörden, die Regierungspräsidien und die fachlich jeweils zuständigen Ministerien die Fachaufsicht. Das Landeskriminalamt führt die Fachaufsicht über die kriminalpolizeiliche Tätigkeit unbeschadet der Befugnisse der übrigen zur Fachaufsicht zuständigen Stellen.

Örtliche Zuständigkeit
Die Polizeidienststellen sind im ganzen Landesgebiet zuständig. Sie sollen in der Regel jedoch nur in ihrem Dienstbezirk tätig werden.

Dienstbezirke
Dienstbezirke der regionalen Polizeipräsidien sind für das Polizeipräsidium
- Aalen: die Landkreise Ostalbkreis, Rems-Murr-Kreis und Schwäbisch Hall;
- Freiburg: die Landkreise Breisgau-Hochschwarzwald, Emmendingen, Lörrach und Waldshut sowie der Stadtkreis Freiburg;
- Heilbronn: die Landkreise Heilbronn, Hohenlohekreis, Main-Tauber-Kreis, Neckar-Odenwald-Kreis sowie der Stadtkreis Heilbronn;
- Karlsruhe: die Landkreise Calw, Enzkreis und Karlsruhe sowie die Stadtkreise Karlsruhe und Pforzheim;
- Konstanz: die Landkreise Bodenseekreis, Konstanz, Ravensburg und Sigmaringen;
- Ludwigsburg: die Landkreise Böblingen und Ludwigsburg;
- Mannheim: der Landkreis Rhein-Neckar-Kreis sowie die Stadtkreise Heidelberg und Mannheim;
- Offenburg: die Landkreise Ortenaukreis und Rastatt sowie der Stadtkreis Baden-Baden;
- Reutlingen: die Landkreise Esslingen, Reutlingen und Tübingen;
- Stuttgart: der Stadtkreis Stuttgart;
- Tuttlingen: die Landkreise Freudenstadt, Rottweil, Schwarzwald-Baar-Kreis, Tuttlingen und Zollernalbkreis;
- Ulm: die Landkreise Alb-Donau-Kreis, Biberach, Göppingen und Heidenheim sowie der Stadtkreis Ulm.

Dienstbezirk des Landeskriminalamts und des Polizeipräsidiums Einsatz ist das Landesgebiet.

Soweit Vollzugsaufgaben die Dienstbezirke mehrerer Polizeidienststellen berühren und zweckmäßig nur einheitlich wahrgenommen werden sollen, insbesondere auf den Bundesautobahnen, kann das Ministerium des Innern, für Digitalisierung und Kommunen die Dienstbezirke abweichend von den Absätzen 1 und 2 bestimmen.

5.1 Regionale Polizeipräsidien

Aufgabenkreis:
Dem Ministerium des Innern, für Digitalisierung und Kommunen nachgeordnet sind zwölf regionale Polizeipräsidien (PP) unter Leitung eines Polizeipräsidenten. Jedes Polizeipräsidium ist für die Betreuung eines oder mehrerer Land- bzw. Stadtkreise verantwortlich.

Polizeipräsidium Aalen
73431 Aalen, Böhmerwaldstr. 20; Tel. (0 73 61) 5 80-0; Fax (0 73 61) 5 80-1 35;
E-Mail: aalen.pp@polizei.bwl.de; https://ppaalen.polizei-bw.de
Dienstbezirk: Ostalbkreis, Rems-Murr-Kreis und Landkreis Schwäbisch Hall

Polizeipräsidium Freiburg
79114 Freiburg, Bissierstr. 1; Tel. (07 61) 8 82-0; Fax (07 61) 8 82-12 59;
E-Mail: freiburg.pp@polizei.bwl.de; https://ppfreiburg.polizei-bw.de
Dienstbezirk: Stadtkreis Freiburg, Landkreise Breisgau-Hochschwarzwald, Emmendingen, Lörrach und Waldshut-Tiengen

Polizeipräsidium Heilbronn
74076 Heilbronn, Karlstr. 108; Tel. (0 71 31) 1 04-9; Fax (0 71 31) 1 04-60 20 50;
E-Mail: heilbronn.pp@polizei.bwl.de; https://ppheilbronn.polizei-bw.de
Dienstbezirk: Hohenlohekreis, Main-Tauber-Kreis, Neckar-Odenwald-Kreis, Stadtkreis Heilbronn und Landkreis Heilbronn

Polizeipräsidium Karlsruhe
76131 Karlsruhe, Durlacher Allee 31-33; Tel. (07 21) 6 66-0; Fax (07 21) 6 66-31 99;
E-Mail: karlsruhe.pp@polizei.bwl.de; https://ppkarlsruhe.polizei-bw.de
Dienstbezirk: Stadtkreis Karlsruhe, Landkreis Karlsruhe

Polizeipräsidium Konstanz
78467 Konstanz, Benediktinerplatz 3; Tel. (0 75 31) 9 95-0; Fax (0 75 31) 9 95-33 90;
E-Mail: konstanz.pp@polizei.bwl.de; https://ppkonstanz.polizei-bw.de
Dienstbezirk: Landkreise Konstanz, Tuttlingen, Schwarzwald-Baar-Kreis, Rottweil

Polizeipräsidium Ludwigsburg
71638 Ludwigsburg, Friedrich-Ebert-Str. 30; Tel. (0 71 41) 18-9; Fax (0 71 41) 18-50 69;
E-Mail: ludwigsburg.pp@polizei.bwl.de; https://ppludwigsburg.polizei-bw.de
Dienstbezirk: Landkreise Böblingen und Ludwigsburg

Polizeipräsidium Mannheim
68161 Mannheim, L 6, 1; Tel. (06 21) 1 74-0; Fax (06 21) 1 74-21 85;
E-Mail: mannheim.pp@polizei.bwl.de; https://ppmannheim.polizei-bw.de
Dienstbezirk: Stadtkreise Mannheim und Heidelberg sowie der Rhein-Neckar-Kreis

Polizeipräsidium Offenburg
77654 Offenburg, Prinz-Eugen-Str. 78; Tel. (07 81) 21-0; Fax (07 81) 21-14 90;
E-Mail: offenburg.pp@polizei.bwl.de; https://ppoffenburg.polizei-bw.de
Dienstbezirk: Stadtkreis Baden-Baden, Ortenaukreis und Landkreis Rastatt

Polizeipräsidium Pforzheim
75172 Pforzheim, Bahnhofstr. 13; Tel. (0 72 31) 1 86-0; Fax (0 72 31) 1 86-10 50;
E-Mail: pforzheim.pp@polizei.bwl.de; https://pppforzheim.polizei-bw.de
Dienstbezirk: Landkreise Calw und Freudenstadt, den Enzkreis sowie den Stadtkreis Pforzheim

Polizeipräsidium Ravensburg
88212 Ravensburg, Gartenstr. 97; Tel. (07 51) 8 03-0; Fax (07 51) 8 03-20 90;
E-Mail: ravensburg.pp@polizei.bwl.de; https://ppravensburg.polizei-bw.de
Dienstbezirk: Bodenseekreis sowie die Landkreise Ravensburg und Sigmaringen

Polizeipräsidium Reutlingen
72764 Reutlingen, Bismarckstr. 60; Tel. (0 71 21) 9 42-0; Fax (0 71 21) 9 42-54 09;
E-Mail: reutlingen.pp@polizei.bwl.de; https://ppreutlingen.polizei-bw.de
Dienstbezirk: Landkreise Esslingen, Reutlingen, Tübingen und Zollernalbkreis

Polizeipräsidium Stuttgart
70191 Stuttgart, Hahnemannstr. 1; Tel. (07 11) 89 90-0; Fax (07 11) 89 90-21 89;
E-Mail: stuttgart.pp@polizei.bwl.de; https://ppstuttgart.polizei-bw.de
Dienstbezirk: Landeshauptstadt Stuttgart

Polizeipräsidium Ulm
89073 Ulm, Münsterplatz 47; Tel. (07 31) 1 88-0; Fax (07 31) 1 88-25 09;
E-Mail: ulm.pp@polizei.bwl.de; https://ppulm.polizei-bw.de
Dienstbezirk: Stadtkreis Ulm, Alb-Donau-Kreis, Landkreise Biberach, Göppingen und Heidenheim

5.2 Polizeipräsidium Einsatz

73037 Göppingen, Heininger Str. 100; Tel. (0 71 61) 6 16-0; Fax (0 71 61) 6 16-33 39;
E-Mail: goeppingen.ppeinsatz@polizei.bwl.de; https://ppeinsatz.polizei-bw.de

Aufgabenkreis:
Das Polizeipräsidium Einsatz ist eines von drei Spezialpräsidien der Polizei Baden-Württemberg und hat seinen Dienstsitz in der Hohenstaufenstadt Göppingen.
- Zur Leitung gehören die Verwaltung und ein Führungs- und Einsatzstab, mit einem rund um die Uhr arbeitenden Führungs- und Lagezentrum.
- Die Bereitschaftspolizeidirektionen finden Sie in Göppingen und Bruchsal. Deren Einheiten (Taktische Einsatzeinheiten, Beweissicherungs- und Festnahmeeinheiten sowie Technische Einsatzeinheiten) werden zur Bewältigung größerer polizeilicher Lagen eingesetzt. Zu den Bereitschaftspolizeidirektionen gehört je eine Reiterstaffel – eine in Stuttgart und eine in Mannheim.
- Die Wasserschutzpolizeidirektion sorgt für die Sicherheit auf den Wasserstraßen Rhein und Neckar und auf dem Bodensee. Die Rettung in Not geratener Boots- oder Schiffsführer, die Aufklärung von Gewässerverunreinigungen, die Bearbeitung von Schiffsunfällen sowie der Einsatz von Polizeitauchern gehören u. a. zum Aufgabengebiet. Der Dienstsitz ist in Bruchsal.
- Das Spezialeinsatzkommando Baden-Württemberg (SEK BW), die Mobilen Einsatzkommandos (MEK), ein Technikzentrum sowie der Personenschutz operieren unter dem Dach der Direktion Spezialeinheiten, die in Göppingen angesiedelt ist. Während das SEK BW und die MEKs die Schwerkriminalität bekämpfen, ist der Personenschutz für die Sicherheit besonders gefährdeter Repräsentanten aus Politik und Justiz zuständig.
- Die Polizeihubschrauberstaffel sorgt mit ihren Hubschraubern für die Einsatzunterstützung aus der Luft. Die Hubschrauberstaffel hat ihren Hauptsitz am Landesflughafen Stuttgart und betreibt eine Außenstelle am Baden-Airpark in Rheinmünster-Söllingen.
- Im Trainings- und Kompetenzzentrum Polizeihundeführer in Göppingen wurden die bisherigen Diensthundeführerschulen zusammengefasst. Hier werden sowohl die Hundeführerinnen und -führer als auch die Polizeihunde für ihre Aufgaben ausgebildet und trainiert.

Dem Polizeipräsidium Einsatz nachgeordnet:

Bereitschaftspolizeidirektion Bruchsal
76646 Bruchsal, Dittmannswiesen 64; Tel. (0 72 51) 7 03-0; Fax (0 72 51) 7 03-41 99;
E-Mail: bruchsal.bpd@polizei.bwl.de

Bereitschaftspolizeidirektion Göppingen
73037 Göppingen, Heininger Str. 100; Tel. (0 71 61) 6 16-0; Fax (0 71 61) 6 16-26 00;
E-Mail: goeppingen.bpd@polizei.bwl.de

mit

Polizeireiterstaffel Göppingen
73760 Ostfildern, Neumühle 3; Tel. (07 11) 4 58 91-0

Direktion Spezialeinheiten
73037 Göppingen, Heininger Str. 100; Tel. (0 71 61) 6 16-0; E-Mail: goeppingen.dse@polizei.bwl.de

Polizeihubschrauberstaffel Stuttgart
70629 Stuttgart, Flughafen, Luftfrachtzentrum;
Tel. (07 11) 9 46 90-0;
E-Mail: stuttgart.phst@polizei.bwl.de

mit

Außenstelle Rheinmünster-Söllingen
77836 Rheinmünster, Baden-Airpark Gebäude C 401;
Tel. (0 72 29) 30 77 61

Wasserschutzpolizeidirektion
76646 Bruchsal, Dittmannswiesen 64; Tel. (0 72 51) 7 03-0; Fax (0 72 51) 7 03-60 99;
E-Mail: bruchsal.wspd@polizei.bwl.de; https://ppeinsatz.polizei.bw.de

mit

Wasserschutzpolizeistation Friedrichshafen
88045 Friedrichshafen, Seestr. 7; Tel. (0 75 41) 28 93-0; E-Mail: friedrichshafen.wspst@polizei.bwl.de

Wasserschutzpolizeistation Überlingen
88662 Überlingen, Hafenstr. 18; Tel. (0 75 51) 9 49 59-0; E-Mail: ueberlingen.wspst@polizei.bwl.de

Wasserschutzpolizeistation Konstanz
78467 Konstanz, Strommeyersdorfstr. 7; Tel. (0 75 31) 59 02-0; E-Mail: konstanz.wspst@polizei.bwl.de

Wasserschutzpolizeistation Stuttgart
70329 Stuttgart, Am Mittelkai 62; Tel. (07 11) 21 80 50-10; E-Mail: stuttgart.wspst@polizei.bwl.de

Wasserschutzpolizeistation Kehl
77694 Kehl, Hafenstr. 21; Tel. (0 78 51) 94 49-0;
E-Mail: kehl.wspst@polizei.bwl.de

Wasserschutzpolizeistation Mannheim
68159 Mannheim, Werfthallenstr. 41; Tel. (06 21) 16 87-0; E-Mail: mannheim.wspst@polizei.bwl.de

Wasserschutzpolizeistation Heidelberg
69115 Heidelberg, Vangerowstr. 10; Tel. (0 62 21) 1 37 48-3; E-Mail: heidelberg.wspst@polizei.bwl.de

Wasserschutzpolizeistation Karlsruhe
76189 Karlsruhe, Nordbeckenstr. 19; Tel. (07 21) 5 97 15-0; E-Mail: karlsruhe.wspst@polizei.bwl.de

Wasserschutzpolizeistation Fachdienst Gefahrgut
76189 Karlsruhe, Am Ölhafen, Hafengebäude;
Tel. (07 21) 56 73 11;
E-Mail: karlsruhe.wspst.fdgg@polizei.bwl.de

Wasserschutzpolizeistation Heilbronn
74078 Heilbronn, Im Neckargarten 5; Tel. (0 71 31) 92 18-0; E-Mail: heilbronn.wspst@polizei.bwl.de

5.3 Landeskriminalamt Baden-Württemberg

70372 Stuttgart, Taubenheimstr. 85; Tel. (07 11) 54 01-0; Fax (07 11) 54 01-33 55;
E-Mail: stuttgart.lka@polizei.bwl.de; https://lka.polizei-bw.de

Aufgabenkreis:
Polizeigesetz (PolG) in der Fassung vom 6. Oktober 2020 (GBl. S. 735, berichtigt S. 1092; Verordnung des Innenministeriums zur Durchführung des Polizeigesetzes (DVO PolG) vom 16. September 1994 (GBl. S. 567), zuletzt geändert durch Artikel 3 des Gesetzes vom 6. Oktober 2020 (GBl. S. 735, 785).
Dem Landeskriminalamt ist als zentrale Dienststelle der Kriminalpolizei dem Ministerium des Innern, für Digitalisierung und Kommunen unmittelbar nachgeordnet und führt die Fachaufsicht über die kriminalpolizeiliche Tätigkeit unbeschadet der Befugnisse der übrigen zur Fachaufsicht zuständigen Stellen. Der Dienstbezirk des Landeskriminalamtes ist das Landesgebiet.
Das Landeskriminalamt obliegt die fachliche Leitung und Beaufsichtigung der polizeilichen Kriminalitätsbekämpfung. Das Landeskriminalamt hat als Zentralstelle insbesondere Nachrichten und Unterlagen für die vorbeugende Bekämpfung von Straftaten und die Strafverfolgung zu sammeln, auszuwerten und die Polizeidienststellen über die Ergebnisse und über Zusammenhänge von Straftaten zu unterrichten, praxisbezogene Forschung in besonderen Bereichen der polizeilichen Kriminalitätsbekämpfung zu betreiben und kriminalistische Methoden zu entwickeln, kriminaltechnische, kriminalwissenschaftliche und erkennungsdienstliche Einrichtungen zu unterhalten, Untersuchungen durchzuführen und Gutachten zu erstatten, die in der polizeilichen Kriminalitätsbekämpfung tätigen Beamten fachlich fortzubilden sowie die polizeiliche Zusammenarbeit mit dem Ausland zu koordinieren und den Rechtshilfeverkehr mit dem Ausland für die Polizeidienststellen des Landes abzuwickeln.
Das Landeskriminalamt ist zuständig für die polizeilichen Aufgaben auf dem Gebiet der Strafverfolgung bei Wirtschafts-, Umwelt-, Korruptions- und Amtsdelikten, bei der Bekämpfung von Kernenergie- und Strahlungsverbrechen, bei der Bekämpfung von Cyberkriminalität, bei Staatsschutzdelikten und in Fällen von besonderer Bedeutung nach dem Gesetz über den Verkehr mit Betäubungsmitteln, des unerlaubten Handels mit Schusswaffen und Munition sowie der Bekämpfung der Organisierten Kriminalität einschließlich der Geldwäsche, soweit weitreichende Ermittlungen erforderlich sind.
Andere Straftaten und Ordnungswidrigkeiten verfolgt das Landeskriminalamt, wenn dies im Einzelfall vom Ministerium des Innern, für Digitalisierung und Kommunen angeordnet wird oder das Bundeskriminalamt gemäß § 7 des Gesetzes über die Einrichtung eines Bundeskriminalpolizeiamtes (Bundeskriminalamtes) dem Land die polizeilichen Aufgaben auf dem Gebiet der Strafverfolgung zuweist und das Ministerium des Innern, für Digitalisierung und Kommunen keine andere Polizeidienststelle für zuständig erklärt. Das Landeskriminalamt kann die Verfolgung von Straftaten und Ordnungswidrigkeiten übernehmen, wenn zur Aufnahme und Sicherung des Tatbestandes die Verwendung besonderer technischer Hilfsmittel erforderlich ist, die Durchführung weitreichender Ermittlungen in Betracht kommt, es sich um Straftaten oder Ordnungswidrigkeiten auf besonderen Sachgebieten handelt, zu deren Bearbeitung besondere Erfahrungen oder Kenntnisse erforderlich sind (z.B. auf dem Gebiet der Wirtschaftskriminalität) oder eine Landespolizeidirektion darum nachsucht.

Stab

Zentrale Dienste

Kriminaltechnisches Institut (KTI)

Wirtschafts- und Umweltkriminalität

Organisierte Kriminalität (OK) und Rauschgiftkriminalität

Cybercrime und Digitale Spuren

Staatsschutz

Einsatz- und Ermittlungsunterstützung

5.4 Präsidium Technik, Logistik, Service der Polizei

70372 Stuttgart, Nauheimerstr. 99-100; Tel. (07 11) 23 02-0; Fax (07 11) 23 02-81 99;
E-Mail: stuttgart.ptls@polizei.bwl.de; https://pptls.polizei-bw.de

Aufgabenkreis:
Mit dem Präsidium Technik, Logistik, Service der Polizei (PTLS Pol) wurde im Zuge der Polizeistrukturreform im Jahr 2014 eine zentrale Dienstleistungs- und Serviceeinrichtung für die Polizei in Baden-Württemberg geschaffen.
Die Aufgaben des Präsidiums umfassen insbesondere
- den landesweiten technischen Bedarf zu planen, zu standardisieren und zu steuern sowie zentrale Beschaffungen durchzuführen;
- für alle Polizeidienststellen und Einrichtungen für den Polizeivollzugsdienst sowie in besonderen Einsatzlagen die technische Unterstützung zu gewährleisten;
- Maßnahmen zur Gewährleistung der Informationssicherheit zu koordinieren, umzusetzen und zu überwachen;
- Gremienarbeit auf Bundes- und Landesebene sowie die Arbeits- und Projektgruppenarbeit einschließlich der Sicherheitsforschung im Rahmen der Zuständigkeit zu gewährleisten;

- die Aufgaben des polizeiärztlichen Dienstes und der Arbeitssicherheit zu koordinieren und zu steuern;
- das Landespolizeiorchester zu führen und die Auftritte zu koordinieren.

Das PTLS Pol ist so zentral wie möglich und so dezentral wie nötig gegliedert. Das bedeutet, um eine bestmögliche Versorgung aller Polizeidienststellen des Landes gewährleisten zu können, verfügt das PTLS Pol über fünf regionale Technikstandorte (Stuttgart, Karlsruhe, Umkirch, Göppingen und Hechingen) sowie über fünf Außenstellen des Polizeiärztlichen Dienstes (Stuttgart, Biberach, Lahr, Böblingen und Karlsruhe).

Insgesamt sind beim PTLS Pol derzeit rund 880 Mitarbeiterinnen und Mitarbeiter beschäftigt. Das Personal setzt sich aus Beschäftigten des Polizeivollzugs- und Verwaltungsdienstes sowie aus dem Tarifbereich zusammen.

5.5 Hochschule für Polizei Baden-Württemberg

78054 Villingen-Schwenningen, Sturmbühlstr. 250; Tel. (0 77 20) 3 09-0; Fax (0 77 20) 3 09-31 79; E-Mail: villingen-schwenningen.hfp@polizei.bwl.de; http://www.hfpol-bw.de

Präsident: Martin Schatz
Prorektorin: Prof. Dr. Judith Hauer
Vizepräsident: Josef Veser

Aufgabenkreis:
In der Hochschule der Polizei Baden-Württemberg sind der akademische Bildungsbetrieb, die Wahrnehmung und Aufgaben der Aus- und Fortbildung, des Einsatztrainings, des Führungstrainings, der polizeilichen Auslandseinsätze und der Personalgewinnung unter einem Dach gebündelt.
Die Hochschule mit den Instituten Fortbildung, Ausbildung und Training sowie Management und Personalgewinnung umfasst einen Personalkörper einschließlich Studierenden und Beamtinnen/Beamten in Ausbildung von über 6.000 Personen. Die Kapazität für das Studium wird am Campus Villingen-Schwenningen derzeit auf bis zu 1.700 Studienplätzen erweitert. Hier sind derzeit 76 hauptamtliche Dozenten in vier Fakultäten (Einsatz- und Führungswissenschaften, Kriminalwissenschaften, Rechtswissenschaften und Sozialwissenschaften).
Den Studierenden werden in anwendungsbezogener Lehre die wissenschaftlichen Erkenntnisse und Methoden sowie die berufspraktischen Fähigkeiten und Kenntnisse vermittelt, die zur Erfüllung der Aufgaben des gehobenen Dienstes der Schutz- und Kriminalpolizei erforderlich sind.
Neben der Ausbildung des gehobenen Polizeivollzugsdienstes des Landes Baden-Württemberg absolvieren auch Aufstiegsbeamte für den höheren Polizeivollzugsdienst hier ihr erstes Studienjahr im Rahmen des Studienganges Öffentliche Verwaltung – Polizeimanagement; die weiteren Studienjahre werden an der Deutschen Hochschule der Polizei in Münster absolviert.

Weitere Aufgabenschwerpunkte bilden Forschung, Aus- und Weiterbildung der Polizeibeschäftigten des Landes Baden-Württemberg sowie Aufgaben der Personalgewinnung. Die Hochschule für Polizei Baden-Württemberg wurde im Jahr 1979 unter dem Namen Fachhochschule Villingen-Schwenningen gegründet und ist damit die älteste Einrichtung dieser Art in Deutschland. Im Zuge der allgemeinen Umbenennung aller Fachhochschulen in Baden-Württemberg in „Hochschule" wurde auch hier die Bezeichnung von Fachhochschule Villingen-Schwenningen – Hochschule für Polizei abgeändert. Im Rahmen der Polizeistrukturreform erhielt sie schließlich die Bezeichnung „Hochschule für Polizei Baden-Württemberg". Im Gegensatz zu anderen Hochschulen stellt sie keine Körperschaft des öffentlichen Rechts dar; sie hat keine eigene Rechtsfähigkeit. Ferner führt auch nicht das Wissenschaftsministerium sondern das Ministerium des Innern, für Digitalisierung und Kommunen die Aufsicht.

Fakultät I – Einsatz- und Führungswissenschaften
Dekanin: Andrea Merkle, LtdKrimDirektorin

Fakultät II – Kriminalwissenschaften
Dekan: Jochen Schröder, LtdKrimDir

Fakultät III – Rechtswissenschaften
Dekan: Prof. Dr. Christoph Trurnit

Fakultät IV – Sozialwissenschaften
Dekan: Prof. Dr. Knut Latscha

6 Logistikzentrum Baden-Württemberg

71254 Ditzingen, Dornierstr. 19; Tel. (0 71 56) 93 80-0; Fax (0 71 56) 93 80-1 11; E-Mail: poststelle@lzbw.bwl.de; http://www.lzbw.de

Staatsrechtliche Grundlage und Aufgabenkreis:
Gemäß der Verwaltungsvorschrift des Innenministeriums vom 23. März 2005, Az.: 3-1147.0/51, GABl. Nr. 7 vom 27. April 2005, S. 507, hat das LZBW die Aufgabe, die Polizei, den Justizvollzugsdienst, sowie Behörden und sonstige öffentliche Stellen des Landes Baden-Württemberg zentral mit Dienst- und Schutzkleidung sowie mit sonstigen Ausrüstungsgegenständen zu beliefern. Das LZBW kann auch für öffentliche Stellen des Bundes oder anderer Bundesländer als Dienstleister auf dem Gebiet der Beschaffung, Logistik und Vergabe tätig werden. Bei der Warenbeschaffung und dem Vertrieb an die Abnehmer/Kunden arbeitet das LZBW nach betriebswirtschaftlichen Gesichtspunkten in der Form eines Versandhauses.
Das LZBW ist ein Landesbetrieb nach § 26 Landeshaushaltsordnung (LHO).
Gemäß der Beschaffungsanordnung (BAO) vom 17. Dezember 2007 (GABl. S. 14 ff.) ist das LZBW die ressortübergreifende gemeinsame Beschaffungsstelle

des Landes und tätigt für alle Dienststellen des Landes die gemeinsame Beschaffung aller Güter und Leistungen entsprechend der BAO in der jeweils geltenden Fassung.
Im LZBW bestehen eine Geschäftsführung und ein Verwaltungsrat.
Geschäftsführer: Andreas Müller

7 BITBW (IT Baden-Württemberg)

– Landesoberbehörde–

70469 Stuttgart, Krailenshaldenstr. 44; Tel. (07 11) 89 10-40; Fax (07 11) 89 10-9 76 96;
E-Mail: poststelle@bitbw.bwl.de;
http://www.bitbw.de

8 Landesamt für Verfassungsschutz Baden-Württemberg

70372 Stuttgart, Taubenheimstr. 85 A; Tel. (07 11) 95 44-00; Fax (07 11) 95 44-4 44;
E-Mail: info@lfvbw.bwl.de;
http://www.verfassungsschutz-bw.de

Staatsrechtliche Grundlage und Aufgabenkreis:
Gesetz über den Verfassungsschutz in Baden-Württemberg vom 5. Dezember 2005.
Zu seinen Aufgaben gehören die Sammlung und Auswertung von Auskünften, Nachrichten und sonstigen Unterlagen über verfassungsfeindliche Bestrebungen und sicherheitsgefährdende oder geheimdienstliche Tätigkeiten. Exekutive und polizeiliche Befugnisse stehen ihm dabei nicht zu. Das Landesamt erfüllt seinen gesetzlichen Auftrag in Zusammenarbeit mit dem Bundesamt für Verfassungsschutz und den Verfassungsschutzbehörden der anderen Länder.
Präsidentin: Beate Bube

9 Institut für Volkskunde der Deutschen des östlichen Europa

79100 Freiburg, Goethestr. 63; Tel. (07 61) 7 04 43-0; Fax (07 61) 7 04 43-16;
E-Mail: poststelle@ivde.bwl.de;
http://www.ivdebw.de

Staatsrechtliche Grundlage und Aufgabenkreis:
Das Institut für Volkskunde der Deutschen des östlichen Europa wurde 1950 von Dr. Johannes Künzig (1897-1982) als Forschungsstelle für die Volkskunde der Heimatvertriebenen gegründet. Seit 1964 untersteht es dem Ministerium des Innern, für Digitalisierung und Kommunen des Landes Baden-Württemberg. Das Institut dokumentiert und analysiert die historische und gegenwärtige Popular- und Alltagskultur der Deutschen in und aus Ost-, Ostmittel- und Südosteuropa. Über die Arbeit mit den umfangreichen, laufend ergänzten Material- und Archivbeständen des Hauses hinaus werden Methoden der empirischen Feldforschung angewandt. Forschungsschwerpunkte sind: Erzähl-, Lied-, Biographie-, Migrations- und Integrationsforschung, interethnische Beziehungen, Erinnerungskultur sowie Wissenschaftsgeschichte der „ostdeutschen Volkskunde". Die Erkenntnisinteressen des IVDE haben sich in den 1990er Jahren konsequent von der ursprünglichen Vertriebenenvolkskunde zu modernen Fragestellungen hin entwickelt. Neben seinen traditionellen, aus den Archivbeständen resultierenden historischen Forschungsaufgaben widmet sich das Institut heute verstärkt der Analyse kultureller Phänomene im Zusammenhang mit der europäischen Integration (z. B. Städtepartnerschaften). Nicht zuletzt im Hinblick auf die EU-Osterweiterung unterhält das Institut Beziehungen zu verschiedenen wissenschaftlichen Einrichtungen vor allem in Polen, der Tschechischen Republik und in Ungarn.
Leiter: Prof. Dr. Werner Mezger

10 Institut für donauschwäbische Geschichte und Landeskunde

72074 Tübingen, Mohlstr. 18; Tel. (0 70 71) 99 92-5 00; Fax (0 70 71) 99 92-5 01;
E-Mail: poststelle@idgl.bwl.de; https://idglbw.de

Aufgabenkreis:
Das Institut für donauschwäbische Geschichte und Landeskunde wurde am 1. Juli 1987 als eine dem Ministerium des Innern, für Digitalisierung und Kommunen Baden-Württemberg unmittelbar nachgeordnete Forschungseinrichtung in Tübingen gegründet. Es hat die Aufgabe, die Geschichte, Landeskunde, Kultur und die Dialekte der deutschen Siedlungsgebiete in Südosteuropa sowie die zeitgeschichtlichen Fragen von Flucht, Vertreibung und Eingliederung der deutschen Heimatvertriebenen wissenschaftlich zu erforschen, zu dokumentieren und öffentlichkeitswirksam zu verbreiten.
Das Institut wird von einem wissenschaftlichen Beirat beraten. Die außeruniversitäre Forschungseinrichtung ist durch eine Kooperationsvereinbarung mit der Universität Tübingen verbunden und ist mit Forschungseinrichtungen in Südosteuropa gut vernetzt.
Leiter: Prof. Dr. Reinhard Johler
Geschäftsführer: Dr. habil. Mathias Beer

11 Haus der Heimat des Landes Baden-Württemberg

– Nichtrechtsfähige Anstalt des öffentlichen Rechts –

70176 Stuttgart, Schlossstr. 92; Tel. (07 11) 6 69 51-0; Fax (07 11) 6 69 51-49;
E-Mail: poststelle@hdh.bwl.de; https://www.hdhbw.de

Staatsrechtliche Grundlage und Aufgabenkreis:
Bekanntmachung der Landesregierung vom 30. März 1976 (GBl. S. 446), geändert durch Bekanntmachung vom 22. September 1986 (GBl. S. 354).
Das „Haus der Heimat des Landes Baden-Württemberg" ist eine nachgeordnete Dienststelle des Ministeriums des Innern, für Digitalisierung und Kommunen. Es vermittelt im Rahmen des § 96 des Bundesvertriebenengesetzes (BVFG) die Kultur und Geschichte der Deutschen im östlichen Europa. Zum Veranstaltungsangebot gehören Ausstellungen, Lesungen, Vorträge, Konzerte und Autorengespräche. Eine zentrale Zielgruppe des Hauses sind Schüler und Jugendliche. Jährlich führt das Haus der Heimat den Schülerwettbewerb „Nachbarn im Osten" durch, es veranstaltet Workshops für Schulklassen und bietet Studienreisen für Lehrkräfte an. Die Spezial-Bibliothek mit etwa 25.000 Medieneinheiten ist der Öffentlichkeit zugänglich. Das Haus der Heimat ist zudem für den Donauschwäbischen bzw. den Russlanddeutschen Kulturpreis des Landes Baden-Württemberg zuständig und wirkt bei der Förderung der Kulturarbeit nach § 96 BVFG durch Gewährung von Zuwendungen mit.
Leiterin: Dr. Christine Absmeier

Der Rechtsaufsicht des Ministeriums des Innern, für Digitalisierung und Kommunen unterstehen die nachfolgenden Körperschaften und Anstalten des öffentlichen Rechts:

12 Komm.ONE

– Anstalt des öffentlichen Rechts –

70469 Stuttgart, Krailenshaldenstr. 44; Tel. (07 11) 81 08-20; Fax (07 11) 81 08-4 00 01; E-Mail: info@komm.one; https://www.komm.one

Aufgabenkreis:
Die Komm.ONE sichert die digitale Souveränität. Als Anstalt des öffentlichen Rechts in gemeinsamer Trägerschaft des Landes und der Kommunen in Baden-Württemberg berät und begleitet die Komm.ONE ihre Kunden auf dem Weg in eine zunehmend technologiebasierte Zukunft.
Sie beschafft, entwickelt und betreibt Verfahren der automatisierten Datenverarbeitung für kommunale Körperschaften, deren Zusammenschlüsse und deren Unternehmen im Land Baden-Württemberg im Rahmen ihres gesetzlichen Auftrags.
Vorstandsvorsitzender: William Schmitt
Vorstandsmitglied: Andreas Pelzner

13 Gemeindeprüfungsanstalt Baden-Württemberg

– Anstalt des öffentlichen Rechts –

76133 Karlsruhe, Hoffstr. 1a; Tel. (07 21) 8 50 05-0; Fax (07 21) 8 50 05-1 20;
E-Mail: poststelle@gpabw.de; http://www.gpabw.de

Aufgabenkreis:
Überörtliche Prüfung der Haushalts- und Wirtschaftsprüfung sowie der Bauausgaben bei
– Gemeinden und Städten mit mehr als 4 000 Einwohnern und den Landkreisen,
– den Eigenbetrieben und selbständigen Kommunalanstalten dieser Kommunen,
– den Gemeindeverwaltungsverbänden, Zweckverbänden und kommunalen Stiftungen dieser Kommunen,
– beim Kommunalverband für Jugend und Soziales,
– beim Kommunalen Versorgungsverband Baden-Württemberg,
– beim Verband Region Stuttgart, dem Verband Rhein-Neckar und den Regional- und Nachbarschaftsverbänden

sowie – aufgrund eines besonderen Prüfungsrechts – bei Unternehmen und Einrichtungen dieser Kommunen in Privatrechtsform.
Vorsitzender des Verwaltungsrats: Thomas Nowitzki, Bgm
Präsidentin: Monika Berndt-Eberle

14 Kommunaler Versorgungsverband Baden-Württemberg

– Körperschaft des öffentlichen Rechts –

76131 Karlsruhe, Ludwig-Erhard-Allee 19; Tel. (07 21) 59 85-0; Fax (07 21) 59 85-4 44;
E-Mail: info@kvbw.de; http://www.kvbw.de

Rechtsgrundlage und Aufgabenkreis:
Gesetz über den Kommunalen Versorgungsverband Baden-Württemberg in der Fassung vom 16. April 1996, zuletzt geändert durch Artikel 7 des Gesetzes vom 6. März 2018 (GBl. S. 65).
Die Hauptaufgabe des KVBW ist die Gewährung von Versorgungsbezügen nach beamtenrechtlichen Vorschriften an seine Angehörigen (Beamte und unter bestimmten Voraussetzungen auch Angestellte der Mitglieder). Der KVBW gleicht somit die Lasten aus, die seinen Mitgliedern (Gemeinden, Landkreise, öffentlich-rechtliche Sparkassen, Krankenkassen u.a.) durch die Versorgung von Beschäftigten entstehen. Weitere Pflichtaufgaben sind die Gewährung von Beihilfe in Geburts-, Krankheits-, Pflege- und Todesfällen an die Versorgungsempfänger. Zudem ist er für die Nachentrichtung der Beiträge zur gesetzlichen Rentenversicherung für ausscheidende Angehörige, Beamte auf Widerruf oder im Vorbereitungsdienst und für vergleichbare dienstordnungsmäßige Angestellte zuständig. Zusätzlich bietet der KVBW mit dem Geschäftsfeld Kommunaler Personalservice (KPS) Dienstleistungen im Bereich Bezüge- und Entgeltabrechnung, Reisekostenabrechnung sowie Kindergeldangelegenheiten an. Dem KVBW ist die

Zusatzversorgungskasse (ZVK) als rechtlich unselbständige Einrichtung angeschlossen. Die ZVK gewährt den Beschäftigten ihrer Mitglieder die tarif- bzw. arbeitsvertraglich zugesagte Betriebsrente.
Vorsitzender des Verwaltungsrats: Gerhard Bauer, Ldrt
Direktor: Frank Reimold

Zweigstelle Stuttgart
70191 Stuttgart, Birkenwaldstr. 145; Tel. (07 11) 25 83-0; Fax (07 11) 25 83-2 00

15 Badischer Gemeinde-Versicherungs-Verband (BGV)

– Körperschaft des öffentlichen Rechts –

76131 Karlsruhe, Durlacher Allee 56; Tel. (07 21) 6 60-0; Fax (07 21) 6 60-16 88;
E-Mail: service@bgv.de; http://www.bgv.de

Rechtsgrundlage und Aufgabenkreis:
Der BGV wurde im Jahre 1923 als kommunale Selbsthilfeeinrichtung von acht badischen Städten gegründet. Er ist Körperschaft des öffentlichen Rechts nach § 31 des Gesetzes über kommunale Zusammenarbeit (GKZ) vom 16. September 1974 (GBl. S. 408). Sein Geschäftsgebiet umfasst die ehemaligen Regierungsbezirke Nord- und Südbaden in ihren Grenzen vom 31. Dezember 1972. Heute bilden insgesamt 690 Mitglieder die Geschäftsgrundlage des BGV. Darunter sind alle badischen Städte und Gemeinden, Landkreise, die von ihnen gebildeten Zweckverbände und Gemeindeverwaltungsverbände sowie die zugehörigen Eigenbetriebe. Diese bestimmen seine Aufgaben sowie Art und Umfang des Versicherungsschutzes. Der BGV bietet zusammen mit seiner Tochtergesellschaft, der BGV-Versicherung AG, deutschlandweit günstigen Versicherungsschutz in allen Sparten der Schaden- und Unfallversicherung. Darüber hinaus werden Bausparverträge sowie Kranken- und Lebensversicherungsverträge vermittelt. Zu den Kunden zählen kommunale Unternehmen in Privatrechtsform, das gesamte sonstige institutionelle Geschäft, Mitarbeiter des öffentlichen Dienstes, Privatpersonen sowie mittelständische Betriebe.
Die Badische Rechtsschutzversicherung AG rundet das umfangreiche Angebot der Versicherungsgruppe BGV / Badische Versicherungen für alle Kundengruppen ab.
Vorstand: Prof. Edgar Bohn, Geschäftsleitender Direktor und Vors.; Raimund Herrmann, Dir und stellv. Vors.; Dr. Moritz Finkelnburg, Dir
Vorsitzender des Verwaltungsrats: Michael Kessler, Ldrt

16 Kommunalverband für Jugend und Soziales Baden-Württemberg

– Körperschaft des öffentlichen Rechts –

Siehe hierzu nähere Angaben noch im Abschnitt d III auf S. 365.

17 Zweckverband Landeswasserversorgung

– Körperschaft des öffentlichen Rechts –

70182 Stuttgart, Schützenstr. 4; Tel. (07 11) 21 75-0; E-Mail: lw@lw-online.de; http://www.lw-online.de

Aufgabenkreis:
Fernwasserversorgungsunternehmen, das 106 Verbandsmitglieder (Städte, Gemeinden und Zweckverbände) mit ca. 3,0 Mio. Einwohnern beliefert.
Verbandsvorsitzender: Matthias Wittlinger, Bgm
Technischer Geschäftsführer: Prof. Dr. Ing. Frieder Haakh
Kaufmännischer Geschäftsführer: Oliver Simonek

18 Zweckverband Bodensee-Wasserversorgung

– Körperschaft des öffentlichen Rechts –

70563 Stuttgart, Hauptstr. 163; Tel. (07 11) 9 73-0; Fax (07 11) 9 73-20 30;
E-Mail: info@bodensee-wasserversorgung.de; http://www.bodensee-wasserversorgung.de

Aufgabenkreis:
Kommunaler Zweckverband mit 183 Mitgliedsgemeinden und Verbänden. Versorgung von ca. 320 Städten und Gemeinden mit rund 4,0 Millionen Einwohnern.
Verbandsvorsitzender: Dr. Jürgen Zieger, OBgm
Kaufmännischer Geschäftsführer: Dipl.-Kfm. Michael Stäbler
Technischer Geschäftsführer: Dipl.-Geol. Christoph Jeromin

19 Zweckverband Oberschwäbische Elektrizitätswerke (OEW)

– Körperschaft des öffentlichen Rechts –

88212 Ravensburg, Friedenstr. 6; Tel. (07 51) 85-92 40; Fax (07 51) 85-92 06;
E-Mail: info@oew-energie.de; http://www.oew-energie.de

Vorsitzender: Lothar Wölfle, Landrat
Geschäftsführerin: Barbara Endriss

20 Sparkassenverband Baden-Württemberg

– Körperschaft des öffentlichen Rechts –

70173 Stuttgart, Am Hauptbahnhof 2; Tel. (07 11) 1 27-70 01; Fax (07 11) 1 27-7 79 14;
E-Mail: kontakt@sv-bw.de; http://www.sv-bw.de

Rechtsgrundlage und Aufgabenkreis:
Rechtsgrundlage sind die §§ 35 bis 39 des Sparkassengesetzes für Baden-Württemberg in der Fassung vom 15. Dezember 2015 (GBl. S. 1157). Seine Aufgaben sind Förderung des Sparkassenwesens, Bera-

tung der Rechtsaufsichtsbehörden der Sparkassen, Unterhaltung einer Prüfungsstelle und der Baden-Württembergischen Sparkassenakademie.
VerbandsAmtsleiter: Peter Schneider, Präs
Verbandsgeschäftsführer: Dr. Joachim Herrmann

21 Landesbank Baden-Württemberg
– Anstalt des öffentlichen Rechts –

Wegen der gemeinsamen Rechtsaufsicht mit dem Finanzministerium wird auf S. 76 verwiesen.

III Ministerium für Kultus, Jugend und Sport Baden-Württemberg (KM)

70173 Stuttgart, Thouretstr. 6 (Postquartier); Tel. (07 11) 2 79-0; Fax (07 11) 2 79-28 10; E-Mail: poststelle@km.kv.bwl.de; http://www.km-bw.de

Aufgabenkreis:
Die Aufgaben sind in der Bekanntmachung der Landesregierung über die Abgrenzung der Geschäftsbereiche der Ministerien vom 24. Juli 2001 (GBl. S. 590), zuletzt geändert durch die Bekanntmachung der Landesregierung vom 15. Juli 2021 (GBl. S. 606) festgelegt:
– Schulische Bildung und Erziehung, insbesondere
  – allgemein bildende Schulen;
  – berufliche Schulen;
  – Elementarerziehung;
  – Privatschulwesen;
  – Lehrerausbildung in der 2. Phase, Pädagogische Fachseminare, Lehrerfortbildung;
  – Ausbildungs- und Prüfungsordnungen für die Lehrerausbildung und Durchführung der Lehramtsprüfungen (Staatsexamen) sowie Rahmenvorgaben mit Mindestanforderungen für die Ausgestaltung der BA/MA-Studiengänge im Lehramt;
  – Bildungsforschung;
  – Bildungsinformation und Bildungsberatung;
  – Fernunterricht;
  – überregionale und internationale kulturelle Angelegenheiten;
– Kleinkindbetreuung, Kindergärten und vorschulische Bildung;
– mit der schulischen Bildung, Erziehung und Bildungsberatung zusammenhängende Jugendfragen;
– Angelegenheiten des Sports, Wandern;
– Weiterbildung;
– Beziehungen des Staates zu den Kirchen und sonstigen Religionsgemeinschaften, Staatsleistungen, Kirchensteuerrecht;
– sonstige Angelegenheiten im Bereich von Kultus, Jugend und Sport, soweit nicht ein anderes Ministerium zuständig ist.

Publikationsorgan: Das Amtsblatt „Kultus und Unterricht", Ausgabe A, kann zum Jahres-Abonnementpreis von 73,65 EUR, Einzelheft zum Preis von 4,10 EUR, jeweils zuzüglich Versandkosten bezogen werden. „Kultus und Unterricht" erscheint monatlich, Sonderausgaben nach Bedarf, im Neckar-Verlag GmbH, 78008 Villingen-Schwenningen, Postfach 1820.
Ministerin für Kultus, Jugend und Sport: Theresa Schopper
Staatssekretär: Volker Schebesta
Staatssekretärin: Sandra Boser
Ministerialdirektor: Daniel Hager-Mann

Zentralstelle
Presse, Öffentlichkeitsarbeit
Stabsstelle: Lehrkräftegewinnung, Unterrichtsversorgung, digitale Bildungsplattform
Stabsstelle: Steuerung ZSL und IBBW
Stabsstelle: Religionsangelegenheiten, Staatskirchenrecht

Geschäftsstelle Lernen mit Rückenwind
Beauftragte für Chancengleichheit
Infomationssicherheitsbeauftragter der Kultusverwaltung (Ressort-CISO)
Behördlicher Datenschutzbeauftragter

Abt 1 Haushalt, Recht, Personal, Organisation
Ref 11: Haushalt, Controlling
Ref 12: Übergreifende Rechtsangelegenheiten, Privatschulen
Ref 13: Strategische Personalentwicklung, Personalangelegenheiten des Ministeriums, Leitungsfunktionen im nachgeordneten Bereich, schulische Funktionsstellen
Ref 14: Personalangelegenheiten Lehrkräfte, Beamten- und Tarifrecht
Ref 15: Personalangelegenheiten ZSL, IBBW, FFB und LMZ
Ref 16: Organisation, IT-Leitstelle, Innerer Dienst, IT-Infrastruktur
Ref 17: Arbeitsschutz und Betriebliche Gesundheitsförderung

Abt 2 Schulorganisation, schulartübergreifende Bildungsaufgaben, Sport
Ref 21: Rechts- und Verwaltungsangelegenheiten der Lehrerausbildung, Landeslehrerprüfungsamt, schulische Querschnittsthemen
Ref 22: Sport, Sportförderung, kulturelle Angelegenheiten
Ref 23: Digitalisierung, Medienbildung
Ref 24: Schulorganisation, Schulbauförderung, Finanzbeziehungen Land - Kommunen
Ref 25: Europa, überregionale, internationale Angelegenheiten

Abt 3 Allgemein bildende Schulen, Elementarbildung
Ref 31: Recht und Verwaltung, Grundsatzangelegenheiten allgemein bildender Schulen
Ref 32: Grundschulen, Frühkindliche Bildung und Erziehung
Ref 33: Hauptschulen, Werkrealschulen, Ganztagesschulen
Ref 34: Realschulen
Ref 35: Gemeinschaftsschulen
Ref 36: Sonderpädagogische Bildungs- und Beratungszentren, Inklusion
Ref 37: Allgemein bildende Gymnasien, Institute zur Erlangung der Hochschulreife

Abt 4 Berufliche Schulen, Jugend, Weiterbildung

Ref 41: Recht und Verwaltung, Grundsatzangelegenheiten beruflicher Schulen
Ref 42: Berufsschulen
Ref 43: Berufskollegs
Ref 44: Berufliche Gymnasien
Ref 45: Weiterbildung
Ref 46: Jugend

Zum Geschäftsbereich des Ministeriums für Kultus, Jugend und Sport gehören:

1 Schulen

1.1 Grundschulen

Aufgabenkreis:
Die Grundschule ist die gemeinsame Grundstufe des Schulwesens. Sie vermittelt Grundkenntnisse und Grundfertigkeiten. Ihr besonderer Auftrag ist gekennzeichnet durch die allmähliche Hinführung der Schüler von den spielerischen Formen zu den schulischen Formen des Lernens und Arbeitens. Dazu gehören die Entfaltung der verschiedenen Begabungen der Schüler in einem gemeinsamen Bildungsgang, die Einübung von Verhaltensweisen für das Zusammenleben sowie die Förderung der Kräfte des eigenen Gestaltens und des schöpferischen Ausdrucks. Die Grundschule umfasst vier Schuljahre.
Grundschulförderklassen
Für Kinder, die vom Schulbesuch zurückstellt werden, sollen Förderklassen eingerichtet werden. Sie haben die Aufgabe, die zurückgestellten Kinder auf den Besuch der Grundschule vorzubereiten.
Die Förderklassen werden an Grundschulen geführt. Der Schulleiter der Grundschule ist zugleich Leiter der Förderklasse. Für die Einrichtung gilt § 30 entsprechend.
Für den Besuch der Grundschulförderklasse kann durch Rechtsverordnung eine Gebühr erhoben werden. Das Kultusministerium hat hiervon keinen Gebrauch gemacht.

1.2 Werkrealschulen und Hauptschulen

Aufgabenkreis:
Die Werkrealschule vermittelt eine grundlegende und eine erweiterte allgemeine Bildung, die sich an lebensnahen Sachverhalten und Aufgabenstellungen orientiert. Sie fördert in besonderem Maße praktische Begabungen, Neigungen und Leistungen und stärkt die Schüler in ihrer Persönlichkeitsentwicklung. Sie ermöglicht den Schülern entsprechend ihrer Leistungsfähigkeit und ihren Neigungen eine individuelle Schwerpunktbildung insbesondere für die berufliche Orientierung. Sie schafft die Grundlage für eine Berufsausbildung und für weiterführende, insbesondere berufsbezogene schulische Bildungsgänge.
Die Werkrealschule baut auf der Grundschule auf und umfasst sechs Schuljahre. Sie schließt mit einem Abschlussverfahren ab und vermittelt nach fünf oder

sechs Schuljahren einen Hauptschulabschluss oder nach sechs Schuljahren einen dem Realschulabschluss gleichwertigen Bildungsstand. Das Führen eines sechsten Schuljahres setzt voraus, dass eine Mindestschülerzahl erreicht wird; sie wird vom Kultusministerium durch Verwaltungsvorschrift festgelegt. Das sechste Schuljahr kann auch an zentralen Werkrealschulen angeboten werden. Soweit Schulen das sechste Schuljahr nicht anbieten und auch nicht mit einer das sechste Schuljahr anbietenden Schule nach Satz 1 kooperieren, führen sie die Schulartbezeichnung „Hauptschule".

Für Schüler, deren Hauptschulabschluss gefährdet ist, kann im Anschluss an Klasse 8 ein zweijähriger Bildungsgang geführt werden, in dem Klasse 9 der Werkrealschule und das Berufsvorbereitungsjahr (Schulgesetz § 10 Absatz 5) verbunden sind.

1.3 Realschulen

Aufgabenkreis:
Die Realschule vermittelt vorrangig eine erweiterte allgemeine, aber auch eine grundlegende Bildung, die sich an lebensnahen Sachverhalten und Aufgabenstellungen orientiert. Soweit sie eine erweiterte allgemeine Bildung vermittelt, führt dies zu deren theoretischer Durchdringung und Zusammenschau. Sie schafft die Grundlage für eine Berufsausbildung und für weiterführende, insbesondere berufsbezogene schulische Bildungsgänge.
Die Realschule baut in der Normalform auf der Grundschule auf und umfasst fünf oder sechs Schuljahre; in der Aufbauform baut sie auf dem dritten Schuljahr der Sekundarstufe I auf.
Sie führt am Ende des sechsten Schuljahrs zum Realschulabschluss oder am Ende des fünften Schuljahrs zum Hauptschulabschluss.

1.4 Gymnasien

Aufgabenkreis:
Das Gymnasium führt auf direktem Weg zum Abitur und vermittelt Schülern mit entsprechenden Begabungen und Bildungsabsichten eine breite und vertiefte Allgemeinbildung, die zur Studierfähigkeit führt und über unmittelbar verwertbares Wissen hinausgeht. Es fördert insbesondere die Fähigkeiten, theoretische Erkenntnisse nachzuvollziehen, schwierige Sachverhalte geistig zu durchdringen sowie vielschichtige Zusammenhänge zu durchschauen, zu ordnen und verständlich vortragen und darstellen zu können.
Das Gymnasium in seinen verschiedenen Typen baut
– in der Normalform auf der Grundschule auf und umfasst acht Schuljahre;
– in der Aufbauform
  – auf der 6. bzw. 7. Klasse der Hauptschule und der Werkrealschule auf und umfasst sieben bzw. sechs Schuljahre,
  – auf der 10. Klasse der Realschule auf und umfasst drei Schuljahre.
– In die erste Aufbauform können auch Schüler einer entsprechenden Klasse des Gymnasiums oder der Realschule, in die zweite Aufbauform auch Schüler nach Versetzung in die Klasse 10 des Gymnasiums oder mit Fachschulreife oder einem gleichwertigen Bildungsstand zugelassen werden.

An insgesamt 44 ausgewählten allgemein bildenden Gymnasien wird seit dem Schuljahr 2012/2013 im Schulversuch ein alternativer neunjähriger Bildungsgang zum Abitur angeboten.
Das Gymnasium kann auch berufsorientierte Bildungsinhalte vermitteln und zu berufsbezogenen Bildungsgängen hinführen; die Typen der beruflichen Gymnasien können zusätzlich zu berufsqualifizierenden Abschlüssen hinführen.
Ein nicht ausgebautes Gymnasium führt die Bezeichnung Progymnasium.

1.5 Gemeinschaftsschulen

Aufgabenkreis:
Die Gemeinschaftsschule ist eine leistungsstarke und sozial gerechte Schule, die sich sowohl am Leistungsprinzip als auch am Prinzip der Chancengerechtigkeit orientiert. Sie ist eine Schule mit inklusivem Bildungsangebot, in der Schüler mit und ohne Behinderungen gemeinsam lernen und in ihren Begabungen gefördert werden.
An der Gemeinschaftsschule werden die Bildungsstandards der Hauptschule, der Realschule und des Gymnasiums angeboten.
An der Gemeinschaftsschule können nach Klasse 9 oder 10 der Hauptschulabschluss, nach Klasse 10 der Realschulabschluss und, sofern eine Sekundarstufe II eingerichtet ist, das Abitur nach Klassenstufe 13 erreicht werden.
Die Schüler werden bestmöglich nach ihren individuellen Voraussetzungen, Fähigkeiten und Interessen gefördert. Dazu bietet die Gemeinschaftsschule eine anregende Lernumgebung an, in der voneinander und miteinander zielorientiert und in zunehmendem Maße eigenverantwortlich gelernt wird.
Es werden schülerzentrierte Unterrichtsmethoden wie individuelles und kooperatives Lernen eingesetzt, aber auch traditionelle Unterrichtsformen werden angewandt.
Darüber hinaus findet eine Orientierung an der Berufs- und Lebenswelt statt, und der enge Kontakt mit den Eltern wird zum Wohl der Kinder regelmäßig gepflegt.
Den Kern der Gemeinschaftsschule bildet die Sekundarstufe I (Klassenstufen 5-10). In allen Fällen, in denen eine Grundschule zur Gemeinschaftsschule gehören soll, bildet diese Grundschule die Primarstufe der Gemeinschaftsschule (Klassenstufen 1-4). Die

Gemeinschaftsschule kann eine Sekundarstufe II (Klassenstufen 11 bis 13) anbieten, wenn auf der Grundlage der Schülerzahl in Klassenstufe 9 die Mindestschülerzahl von 60 Schülern langfristig für die Klassenstufe 11 der Gemeinschaftsschule prognostiziert wird. Eine Gemeinschaftsschule ist in den Klassenstufen 5-10 verpflichtende Ganztagsschule. Das bedeutet, dass an 3 oder 4 Tagen der Woche ein Ganztagesbetrieb mit rhythmisiertem pädagogischem Angebot über 8 Zeitstunden gewährleistet sein muss. Schule und Schulträger entscheiden frei darüber, ob sie den Ganztagsbetrieb an 3 oder an 4 Tagen anbieten.

1.6 Berufsschulen

Aufgabenkreis:
Die Berufsausbildung im dualen System findet an zwei Lernorten statt, an denen der gemeinsame Bildungsauftrag verwirklicht wird: Im Betrieb und in der Berufsschule. Während der Betrieb vornehmlich die praktische Ausbildung übernimmt, hat die Berufsschule die Aufgabe, den Schülerinnen und Schülern den Erwerb berufsbezogener und berufsübergreifender Kompetenzen unter besonderer Berücksichtigung der Anforderungen der Berufsausbildung zu ermöglichen. Sie befähigt damit zur Ausübung eines Berufes und zur Mitgestaltung der Arbeitswelt und Gesellschaft in sozialer, ökonomischer und ökologischer Verantwortung. Dabei richtet die Berufsschule in der ganz überwiegenden Zahl der Ausbildungsberufe ihren Unterricht an einer handlungsorientierten Didaktik und Methodik aus, die durch die Lernfeldkonzeption abgebildet wird, das heißt im Rahmen von in sich abgeschlossenen Themenbereichen, die an Handlungsabläufen aus der betrieblichen Praxis orientiert sind.
Grundsätzlich besteht für Jugendliche bis zum 18. Lebensjahr eine Berufsschulpflicht, wenn sie ihre Vollzeitschulpflicht erfüllt haben und keine weiterführende allgemeinbildende oder berufliche Schule besuchen. Hierdurch sollen die Bildungschancen für alle jungen Menschen bis zur Volljährigkeit gewährleistet werden. Bei einer Berufsausbildung im dualen System gilt die Berufsschulpflicht für die gesamte Zeit der Ausbildung, auch über das 18. Lebensjahr hinaus.
Die Berufsschule wird in den Typen der gewerblichen, kaufmännischen, hauswirtschaftlich-pflegerisch-sozialpädagogischen oder landwirtschaftlichen Berufsschule geführt. Die Berufsschule findet in der Regel an ein bis zwei Tagen pro Woche statt, möglich ist aber auch Blockunterricht (wochenweise). Die Anmeldung bei der zuständigen Berufsschule nimmt normalerweise der Ausbildungsbetrieb vor.
Bei Schülern mit Hochschulreife kann anstelle der Vermittlung allgemeiner Bildungsinhalte eine zusätzliche Vermittlung fachtheoretischer Kenntnisse treten. Die Berufsschule kann durch Zusatzprogramme den Erwerb weiterer Berechtigungen ermöglichen.
Die Ausbildungsdauer beträgt – je nach Ausbildungsberuf – zwei bis dreieinhalb Jahre. Unter bestimmten Voraussetzungen (etwa Abitur, sehr guten Leistungen oder bei einer Umschulung für Erwachsene) kann die Ausbildungszeit verkürzt werden.
Die Berufsschule wird für Jugendliche, die zu Beginn der Berufsschulpflicht ein Berufsausbildungsverhältnis nicht nachweisen, als einjährige Vollzeitschule zur beruflichen Vorbereitung geführt.

1.7 Berufsfachschulen

Aufgabenkreis:
Die Berufsfachschule vermittelt je nach Dauer eine berufliche Grundbildung, eine berufliche Vorbereitung oder einen Berufsabschluss und fördert die allgemeine Bildung; in Verbindung mit einer erweiterten allgemeinen Bildung kann sie zur Prüfung der Fachschulreife führen. Die Berufsfachschule kann durch Zusatzprogramme den Erwerb weiterer Berechtigungen ermöglichen. Sie wird in der Regel als Vollzeitschule geführt und umfasst mindestens ein Schuljahr; sie kann im pflegerischen Bereich in Kooperation mit betrieblichen Ausbildungsstätten auch in Teilzeitunterricht geführt werden.

1.8 Berufskollegs

Aufgabenkreis:
Das Berufskolleg baut auf der Fachschulreife, dem Realschulabschluss, einem gleichwertigen Bildungsstand oder der Klasse 9 des Gymnasiums im achtjährigen Bildungsgang auf; einzelne Bildungsgänge können auf der Hochschulreife aufbauen. Es vermittelt in ein bis drei Jahren eine berufliche Qualifikation. Bei mindestens zweijähriger Dauer kann es integrativ oder durch zusätzlichen Unterricht und eine Zusatzprüfung zur Fachhochschulreife führen. Nach abgeschlossener Berufsausbildung oder einer entsprechenden beruflichen Qualifikation kann die Fachhochschulreife auch in einem einjährigen Bildungsgang erworben werden. Das Berufskolleg wird in der Regel als Vollzeitschule geführt; es kann in einzelnen Typen in Kooperation mit betrieblichen Ausbildungsstätten auch in Teilzeitunterricht durchgeführt werden.

1.9 Berufsoberschulen

Aufgabenkreis:
Die Berufsoberschule baut auf der Berufsschule und auf einer praktischen Berufsausbildung oder Berufsausübung auf und vermittelt auf der Grundlage des erworbenen Fachwissens vor allem eine weitergehende allgemeine Bildung. Sie gliedert sich in Mittelstufe (Berufsaufbauschule) und Oberstufe. Die Berufsaufbauschule umfasst mindestens ein Schuljahr und führt zur Fachschulreife. Die Oberstufe umfasst mindestens zwei Schuljahre und führt zur fachgebundenen oder allgemeinen Hochschulreife.

1.10 Fachschulen

Aufgabenkreis:
Die Fachschule hat die Aufgabe, nach abgeschlossener Berufsausbildung und praktischer Bewährung oder nach einer geeigneten beruflichen Tätigkeit eine weitergehende fachliche Ausbildung im Beruf zu vermitteln. Die Ausbildung kann in aufeinander aufbauenden Ausbildungsabschnitten durchgeführt werden. Der Besuch der Fachschule dauert, wenn sie als Vollzeitschule geführt wird, in der Regel ein Jahr bzw. 2 Jahre, bei Abend- oder Wochenendunterricht entsprechend länger. Die Fachschule kann auch den Erwerb weiterer schulischer Berechtigungen ermöglichen.

1.11 Sonderpädagogische Bildungs- und Beratungszentren

Aufgabenkreis:
Für die schulische Bildung von Kindern und Jugendlichen mit Behinderung und einem Anspruch auf ein sonderpädagogisches Bildungsangebot besteht mit der Änderung des Schulgesetzes 2015 für die Eltern eine Wahlmöglichkeit, ob ihr Kind ein inklusives Bildungsangebot an einer allgemeinen Schule besucht oder ein sonderpädagogisches Bildungs- und Beratungszentrum.
Diese Gesetzesänderung unterstreicht, dass eine am Wohl des einzelnen Kindes orientierte vorschulische und schulische Bildung immer mehrere organisatorische Wege kennt.
Wenn eine Behinderung, Beeinträchtigung, Benachteiligung oder chronische Erkrankung Lebensbedingungen erschwert und erhebliche Entwicklungs- und Lernprobleme auftreten, kann sonderpädagogische Unterstützung nötig sein.
Es gibt sonderpädagogische Hilfen in allgemeinen Kindertageseinrichtungen und allgemeinen Schulen oder sonderpädagogische Bildung in Schulkindergärten, allgemeinen Schulen und sonderpädagogischen Bildungs- und Beratungszentren. Sonderpädagogische Beratung, Unterstützung und sonderpädagogische Bildungsangebote basieren auf einer individuellen Lern- und Entwicklungsbegleitung (ILEB), um den Voraussetzungen des einzelnen Kindes bzw. Jugendlichen gerecht zu werden.
Sonderpädagogische Diagnostik hilft herauszufinden, welchen Beitrag die schulische Bildung für ein höheres Maß an Aktivität und Teilhabe leisten kann und muss. Dabei gilt es sicherzustellen, dass die an der frühkindlichen Bildung und Unterstützung des Kindes oder Jugendlichen beteiligten Personen gemeinsam mit den Eltern den für das Kind besten Bildungsweg suchen.
Die sonderpädagogische Beratung, Unterstützung und Bildung findet in den allgemeinen Schulen statt, soweit die Schülerin bzw. der Schüler mit Anspruch auf ein sonderpädagogisches Bildungsangebot kein sonderpädagogisches Bildungs-und Beratungszentrum besucht. Die sonderpädagogischen Bildungs- und Beratungszentren unterstützen die allgemeinen Schulen bedarfsgerecht bei der sonderpädagogischen Beratung, Unterstützung und Bildung.
Sonderpädagogische Bildungs- und Beratungszentren werden in Baden-Württemberg mit folgenden Förderschwerpunkten vorgehalten:
– Lernen,
– Sprache,
– emotionale und soziale Entwicklung,
– Sehen,
– Hören,
– geistige Entwicklung,
– körperliche und motorische Entwicklung,
– Schüler in längerer Krankenhausbehandlung.

In den sonderpädagogischen Bildungs- und Beratungszentren können grundsätzlich alle Bildungsabschlüsse der allgemeinen Schulen erreicht werden. Soweit der Unterstützungsbedarf es erforderlich macht, sind auch eigenständige spezifische Schulabschlüsse vorgesehen (Bildungsgang mit dem Förderschwerpunkt Lernen, Bildungsgang mit dem Förderschwerpunkt geistige Entwicklung). Selbstverständlich ist ein Wechsel von einem sonderpädagogischen Bildungs- und Beratungszentren in eine allgemeine Schule und umgekehrt möglich.

2 Staatliche Schulämter

Aufgabenkreis:
Die 21 unteren Schulaufsichtsbehörden (Staatliche Schulämter) sind für die Aufsicht über die Grund-, Werkreal-, Haupt-, Real-, Gemeinschaftsschulen sowie Sonderpädagogische Bildungs- und Beratungszentren im jeweiligen Schulamtsbezirk zuständig mit Ausnahme der Sonderpädagogischen Bildungs- und Beratungszentren mit Heim.
Aufgaben der unteren Schulaufsichtsbehörden
Die Schulaufsicht umfasst, soweit hierfür nicht bereits die obere oder die oberste Schulaufsichtsbehörde auf Grund gesetzlicher Regelung zuständig ist, die Rechts-, Personal- und Verwaltungsangelegenheiten der betreffenden Lehrkräfte, die Schüler-, Eltern- und Prüfungsangelegenheiten sowie die allgemeinen Schulangelegenheiten der oben genannten Schulen.
Zur Zuständigkeit der unteren Schulaufsichtsbehörden gehört insbesondere auch die Aufsicht in fachbezogenen Angelegenheiten, wie beispielsweise Fremdsprachen in der Grundschule, fächerübergreifender Unterricht, die Mitwirkung bei Bildungsplanangelegenheiten, Schulplanungen, die Betreuung der Schulversuche und Schulmodelle, schulorganisatorische Maßnahmen sowie die Förderung der Schulentwicklung. Bei allen unteren Schulaufsichtsbehörden ist jeweils eine „Regionale Arbeitsstelle Kooperation" sowie eine „Regionale Arbeitsstelle Frühkindliche Bildung und Frühförderung" eingerichtet.
Die Staatlichen Schulämter Donaueschingen, Freiburg, Lörrach, Konstanz und Offenburg sind dem Regierungspräsidium Freiburg unterstellt.

Die Staatlichen Schulämter Karlsruhe, Mannheim, Pforzheim und Rastatt sind dem Regierungspräsidium Karlsruhe unterstellt.
Die Staatlichen Schulämter Backnang, Böblingen, Göppingen, Heilbronn, Künzelsau, Ludwigsburg, Nürtingen und Stuttgart sind dem Regierungspräsidium Stuttgart unterstellt.
Die Staatlichen Schulämter Albstadt, Biberach, Markdorf und Tübingen sind dem Regierungspräsidium Tübingen unterstellt.
Nähere Angaben hierzu siehe unter Regierungspräsidien auf S. 20, 23, 25, 27.

3 Lehrerausbildung und Lehrerfortbildung

Aufgabenkreis:
Im Rahmen des neuen Qualitätskonzepts für das Bildungssystem Baden-Württembergs wurden mit Wirkung vom 1. März 2019 das Zentrum für Schulqualität und Lehrerbildung (ZSL) und das Institut für Bildungsanalysen Baden-Württemberg (IBBW) formal errichtet.
Das Landesinstitut für Schulentwicklung wurde aufgelöst.
Die Standorte der bisherigen Landesakademie für Fortbildung und Personalentwicklung an Schulen sowie die bisherige Akademie Schloss Rotenfels und das bisherige Landesinstitut für Schulsport, Schulkunst und Schulmusik (LIS) werden als Außenstellen des ZSL geführt.

3.1 Institut für Bildungsanalysen (IBBW)

– Anstalt des öffentlichen Rechts –

70191 Stuttgart, Heilbronner Str. 172; Tel. (07 11) 66 42-0; Fax (07 11) 66 42-50 99;
E-Mail: poststelle@ibbw.kv.bwl.de;
http://www.ibbw-bw.de

Staatsrechtliche Grundlage und Aufgabenkreis:
Im Institut für Bildungsanalysen Baden-Württemberg (IBBW) wird ein strategisches Bildungsmonitoring aufgebaut, das eine datengestützte Qualitätsentwicklung vom Kultusministerium bis hin zu den Schulen unterstützen soll. Das IBBW ist als nicht-rechtsfähige Anstalt öffentlichen Rechts errichtet. Es hat seinen Sitz in Stuttgart, in den Räumlichkeiten des ehemaligen Landesinstituts für Schulentwicklung.
Zu den Kernaufgaben des IBBW gehören:
– statistische Erhebungen und Auswertungen;
– die Entwicklung von Konzepten, Aufgaben und Instrumenten zur Diagnose und Förderung von Kompetenzen sowie zu zentralen Prüfungen;
– die aufgabenbezogene bzw. systematische und wissenschaftsbasierte Erfassung, Auswertung und adressatengerechte Aufbereitung von steuerungsrelevanten Daten wie Bildungsindikatoren und Trends auf unterschiedlichen Ebenen;
– die Entwicklung von Konzepten und Instrumenten zur Evaluation der Unterrichts- und Schulqualität und die Durchführung von Evaluationen;
– die Entwicklung, Begleitung und Evaluation von Konzepten, beispielsweise zu bildungspolitischen Reformvorhaben, auf der Grundlage der empirischen Bildungsforschung;
– die Unterstützung des ZSL bei der evidenzbasierten Entwicklung von Standards, die Forschungskooperation und der Wissenschaftstransfer.

Leiter: Dr. Günter Klein, Dir

Querschnittsreferat: **Verwaltung, Öffentlichkeitsarbeit, Innerer Dienst** Klaus Bebion, Tel. -51 00

Abt 1 Statistik, IT-Verfahren
Leiterin: Dr. Anja Mayer, Tel. (07 11) 66 42-10 00

Ref 11: **Statistische Erhebungen und Auswertungen** Jörg Glutsch, Tel. -11 00
Ref 12: **Lehrkräfte-Personalmanagement Verwaltungsverfahren, Internet/Intranet** Dr. Sandra Fogl, Tel. -12 00
Ref 13: **Pädagogische Verfahren, Bildungsserver und Geoinformationssysteme** Wiebke Freese, Tel. -13 00
SCS: **Service Center Schulverwaltung** Bärbel Winkler

Abt 2 Kompetenzmessung
Leiter: Manfred Siefert, Tel. (07 11) 66 42-20 00

Ref 21: **Diagnoseverfahren** Sonja Wagner, Tel. -21 00
Ref 22: **Zentrale Prüfungen und Aufgabenentwicklung: Allgemeinbildende Schulen** Dr. Benjamin Thiede, Tel. -22 00
Ref 23: **Zentrale Prüfungen: Berufliche Schulen** Wolfgang Griesinger, Tel. -23 00

Abt 3 Systemanalysen, Bildungsberichterstattung
Leiter: Dr. Andreas Jetter, Tel. (07 11) 66 42-30 00

Ref 31: **Datenanalyse** Dr. Ulrike Rangel, Tel. -31 00
Ref 32: **Systemmonitoring und Schulleistungsstudien** Daniela Krämer, Tel. -32 00
Ref 33: **Evaluation** Sabine Kimmler-Schad, Tel. -33 00

Abt 4 Empirische Bildungsforschung
Leiter: Prof. Dr. Benjamin Fauth, Tel. (07 11) 66 42-40 00

Ref 41: **Systementwicklung** Dr. Stephan Blank, Tel. -41 00
Ref 42: **Begleitforschung, Forschungskooperation** Dr. Evelin Ruth-Herbein, Tel. -42 00

Ref 43: Entwicklung von Standards, Wissenschaftstransfer Dr. Alexandra Dehmel, Tel. -43 00

3.2 Zentrum für Schulqualität und Lehrerbildung Baden-Württemberg (ZSL)

70469 Stuttgart, Heilbronner Str. 314; Tel. (07 11) 2 18 59-0; Fax (07 11) 2 18 59-7 00; E-Mail: poststelle@zsl.kv.bwl.de; https://zsl-bw.de

Aufgabenkreis:
Das Zentrum für Schulqualität und Lehrerbildung (ZSL) ist als Landesoberbehörde errichtet.
Das ZSL bildet den Rahmen für ein wissenschaftsbasiertes, zentralgesteuertes und auf Unterrichtsqualität fokussiertes Ausbildungs-, Fortbildungs- und Unterstützungssystem für die allgemein bildenden und beruflichen Schulen. Lehreraus- und -fortbildung werden systematisch miteinander verknüpft und somit gestärkt.
Kernaufgaben des ZSL sind:
– die Personalentwicklung und die Führungskräftequalifizierung;
– die Konzeptentwicklung sowie Steuerung der Durchführung und Qualitätssicherung für die Aus- und Fortbildung zu pädagogischen Querschnittsthemen sowie für die fächer- und schulartspezifische Lehreraus- und -fortbildung;
– die Konzeption von unterrichtsbezogenen Unterstützungsangeboten;
– die Bildungsplanarbeit und Schulbuchzulassung;
– internationale Kooperationsprojekte in der Lehrerbildung;
– die Entwicklung, dezentrale Bereitstellung und Qualitätssicherung von Beratungsangeboten, beispielsweise im Bereich der Schullaufbahn, beruflichen Orientierung, zusätzlichen Förderbedarfe und speziellen Begabungen, schulpsychologischen Dienste, der Prävention und der Qualitätsentwicklung von allgemein bildenden und beruflichen Schulen.
Leiter: Dr. Thomas Riecke-Baulecke

Abt 1 Zentrale Dienste
Leiterin: Karin Zirenner

Ref 11: **Organisation, IT** Lars Barteit
Ref 12: **Haushalt und Controlling** Ralf Petersen
Ref 13: **Recht, Öffentlichkeitsarbeit, Publikationen** Volker Gehlhaar
Ref 14: **Personal** Thomas Lohmiller

Abt 2 Grundsatz Aus- und Fortbildung, Pädagogische Querschnittsthemen
Leiter: Dr. Klaus Teichmann

Ref 21: **Bedarf und Planung Ausbildung** Sandra Brenner
Ref 22: **Bedarf und Planung Fortbildung** Thomas Biber

Ref 23: **Personalentwicklung, Führungskräftequalifizierung** Margit Maunz
Ref 24: **Fächer- und schulartenübergreifende Themen (Aus- und Fortbildung)** Irmgard Mühlhuber

Abt 3 Allgemein bildende Schulen
Leiter: Michael Kilper

Ref 31: **Aus- und Fortbildung: Grundschulen** Philipp Steinle
Ref 32: **Aus- und Fortbildung: Sekundarstufe I (RS, HWRS, GMS), Fachlehrkräfte für musischtechnische Fächer** Elke Schnaithmann
Ref 33: **Aus- und Fortbildung: Allgemein bildende Gymnasien** Anja Schneider-Heer
Ref 34: **Aus- und Fortbildung: Sonderpädagogik Fachlehrkraft Sonderpädagogik, Technische Lehrkraft Sonderpädagogik** Thomas Stöppler
Ref 35: **Bildungsplanarbeit allgemein bildende Schulen, Schulbuchzulassung** Dr. Magdalena Steiner

Abt 4 Berufliche Schulen
Leiter: Frank Körner

Ref 41: **Ausbildung (Wissenschaftliche Lehrämter an beruflichen Schulen, Technische Lehrkräfte an beruflichen Schulen)** Susanne Kugler
Ref 42: **Fortbildung** Birgit Otte
Ref 43: **Bildungsplanarbeit berufliche Teilzeitschulen** Dr. Tanja Drössel
Ref 44: **Bildungsplanarbeit berufliche Vollzeitschulen** Torben Würth
Ref 45: **Internationale Kooperationsprojekte in der Lehrerbildung für berufliche und allgemein bildende Schulen** Matthias Kurrle

Abt 5 Beratung
Leiter: Günter Weng

Ref 51: **Bedarf und Planung, Berufliche Orientierung** Sien-Lie Saleh (komm.)
Ref 52: **Schulpsychologische Dienste, Schullaufbahn, Krisennachsorge** Dr. Andreas Rapp
Ref 53: **Zusätzliche Förderbedarfe, Spezielle Begabungen, Sonderpädagogische Dienste, Inklusionsberatung** Dr. Anke Leuthold-Zürcher
Ref 54: **Schulentwicklung, Qualitätsmanagement, Gesundheitsförderung, Prävention** Dr. Rüdiger Arnscheid

3.2.1 Außenstellen des ZSL

Zentrum für Schulqualität und Lehrerbildung (ZSL)
Außenstelle Bad Wildbad
75323 Bad Wildbad, Baetznerstr. 92; Tel. (0 70 81) 92 59-0; Fax (0 70 81) 92 59-10; E-Mail: poststelle.wildbad@zsl.kv.bwl.de; https://lehrerfortbildung-bw.de
Leiterin: Carmen Mattheis
Verwaltungsleiter: Oliver Höfle

Zentrum für Schulqualität und Lehrerbildung (ZSL)
Außenstelle Comburg
74523 Schwäbisch Hall, Comburg 5; Tel. (07 91) 9 30 20-0; Fax (07 91) 9 30 20-30;
E-Mail: poststelle.comburg@zsl.kv.bwl.de; https://lehrerfortbildung-bw.de
Verwaltungsleiterin: Martina Schlüter

Zentrum für Schulqualität und Lehrerbildung (ZSL)
Außenstelle Esslingen
73730 Esslingen, Steinbeisstr. 1; Tel. (07 11) 93 07 01-0; Fax (07 11) 93 07 01-10;
E-Mail: poststelle.esslingen@zsl.kv.bwl.de; https://lehrerfortbildung-bw.de
Verwaltungsleiter: Jürgen Günter

Zentrum für Schulqualität und Lehrerbildung (ZSL)
Außenstelle Ludwigsburg
71634 Ludwigsburg, Reuteallee 40; Tel. (0 71 41) 1 40-6 23; Fax (0 71 41) 1 40-6 39;
E-Mail: poststelle.ludwigsburg@zsl.kv.bwl.de; http://www.lis-in-bw.de
Leiter: Thomas Gundelfinger (komm.)
Verwaltungsleiter: Herbert Mayer

Zentrum für Schulqualität und Lehrerbildung (ZSL)
Außenstelle Schloss Rotenfels
76571 Gaggenau-Bad Rotenfels, Badstr. 1a; Tel. (0 72 25) 97 99-0; Fax (0 72 25) 97 99 30;
E-Mail: poststelle.rotenfels@zsl.kv.bwl.de;
http://www.akademie-rotenfels.de
Direktorin: Katharina Beckmann

3.2.2 Regionalstellen des ZSL

Zentrum für Schulqualität und Lehrerbildung (ZSL)
Regionalstelle Freiburg
79111 Freiburg, Munzingerstr. 1; Tel. (07 61) 5 95 54-0; E-Mail: poststelle@zsl-rs-fr.kv.bwl.de
Leiterin: Silke Donnermeyer-Weisser
Zuständigkeitsbereich: Landkreise Breisgau-Hochschwarzwald, Emmendingen, Konstanz, Lörrach, Ortenaukreis, Rottweil, Schwarzwald-Baar-Kreis, Tuttlingen, Waldshut sowie Stadtkreis Freiburg
Seminare für Ausbildung und Fortbildung der Lehrkräfte im Zuständigkeitsbereich der Regionalstelle Freiburg:

Seminar für Ausbildung und Fortbildung der Lehrkräfte Freiburg (Berufliche Schulen)
79111 Freiburg, Rieselfeldallee 1; Tel. (07 61) 2 18 64-0; Fax (07 61) 2 18 64-20;
E-Mail: poststelle@seminar-bs-fr.kv.bwl.de;
http://www.bs.seminar-freiburg.de
Leiter: Tilman Horlacher

Seminar für Ausbildung und Fortbildung der Lehrkräfte Freiburg (Gymnasium und Sonderpädagogik)
79100 Freiburg, Oltmannsstr. 22; Tel. (07 61) 59 52 49-1 10; Fax (07 61) 59 52 49-1 11;
E-Mail: poststelle@seminar-gymsop-fr.kv.bwl.de;
http://www.gym.seminar-freiburg.de
Leiter: Prof. Reinhard Schmitt-Hartmann

Seminar für Ausbildung und Fortbildung der Lehrkräfte Freiburg (WHRS)
79098 Freiburg, Eisenbahnstr. 58-62; Tel. (07 61) 8 85 30-0; Fax (07 61) 8 85 30-30;
E-Mail: poststelle@seminar-whrs-fr.kv.bwl.de;
http://www.whrs.seminar-freiburg.de
Leiterin: Amanda Kanstinger, Direktorin

Seminar für Ausbildung und Fortbildung der Lehrkräfte Lörrach (Grundschule)
79541 Lörrach, Industriestr. 2; Tel. (0 76 21) 1 67 98-0; Fax (0 76 21) 1 67 98-13;
E-Mail: poststelle@seminar-gs-loe.kv.bwl.de;
http://www.seminar-loerrach.de
Leiter: Xaver Anders

Seminar für Ausbildung und Fortbildung der Lehrkräfte Offenburg (Grundschule)
77654 Offenburg, Weingartenstr. 34 c; Tel. (07 81) 92 38 93-0; Fax (07 81) 92 38 93-9;
E-Mail: poststelle@seminar-gs-og.kv.bwl.de;
http://www.seminar-offenburg.de
Leiterin: Nicole Kränkel-Schwarz

Seminar für Ausbildung und Fortbildung der Lehrkräfte Rottweil (Grund-, Werkreal-, Haupt- und Realschule)
78628 Rottweil, Kameralamtsgasse 8; Tel. (07 41) 2 43-25 01; Fax (07 41) 2 43-25 17;
E-Mail: poststelle@gwhrs-seminar-rw.kv.bwl.de;
http://www.gwhrs.seminar-rottweil.de
Leiterin: Eva Rucktäschel, Direktorin

Seminar für Ausbildung und Fortbildung der Lehrkräfte Rottweil (Gymnasium)
78628 Rottweil, Königstr. 31; Tel. (07 41) 2 43-25 90 bis 25 94; Fax (07 41) 2 43-25 96;
E-Mail: poststelle@seminar-gym-rw.kv.bwl.de;
http://www.gym.seminar-rottweil.de
Leiterin: Prof. Maria Berger-Senn

Zentrum für Schulqualität und Lehrerbildung (ZSL)
Regionalstelle Karlsruhe
76185 Karlsruhe, Benzstr. 1; Tel. (07 21) 9 11 66-0; E-Mail: poststelle@zsl-rs-ka.kv.bwl.de
Leiterin: Dr. Jessica Phillipp
Zuständigkeitsbereich: Stadtkreise Baden-Baden, Karlsruhe, Pforzheim; Landkreise Calw, Enzkreis, Freudenstadt, Karlsruhe, Rastatt

Seminare für Ausbildung und Fortbildung der Lehrkräfte im Zuständigkeitsbereich der Regionalstelle Karlsruhe:

Seminar für Ausbildung und Fortbildung der Lehrkräfte Freudenstadt (Grundschule)
72250 Freudenstadt, Carl-Benz-Str. 5; Tel. (0 74 41) 8 60 51-10; Fax (0 74 41) 8 60 51-29;
E-Mail: poststelle@seminar-gs-fds.kv.bwl.de;
http://www.seminar-freudenstadt.de
Leiter: Holger Birnbäuer

Seminar für Ausbildung und Fortbildung der Lehrkräfte Karlsruhe (Berufliche Schulen)
76133 Karlsruhe, Kaiserallee 11; Tel. (07 21) 6 05 91-2 00; Fax (07 21) 6 05 91-2 99;
E-Mail: poststelle@seminar-bs-ka.kv.bwl.de;
http://www.bs.seminar-karlsruhe.de
Leiterin: Prof. Susanne Thimet, Direktorin

Seminar für Ausbildung und Fortbildung der Lehrkräfte Karlsruhe (Gymnasium)
76133 Karlsruhe, Jahnstr. 4; Tel. (07 21) 9 25-57 00; Fax (07 21) 9 25-57 03;
E-Mail: poststelle@seminar-gym-ka.kv.bwl.de;
http://www.gym.seminar-karlsruhe.de
Leiter: Prof. Jörg Reinmuth

Seminar für Ausbildung und Fortbildung der Lehrkräfte Karlsruhe (Pädagogisches Fachseminar und Fachseminar für Sonderpädagogik)
76187 Karlsruhe, Hertzstr. 16, Geb. 06.40; Tel. (07 21) 6 08-4 46 54; Fax (07 21) 6 08-4 46 57;
E-Mail: poststelle@fachseminar-ka.kv.bwl.de;
http://www.pfs.seminar-karlsruhe.de
Komm. Leiter: Roland Rädle

Staatliches Seminar für Didaktik und Lehrerbildung Karlsruhe (WHRS)
76133 Karlsruhe, Kaiserallee 11; Tel. (07 21) 6 05 91-4 00; Fax (07 21) 6 05 91-4 99;
E-Mail: poststelle@seminar-whrs-ka.kv.bwl.de;
http://www.whrs.seminar-karlsruhe.de
Komm. Leiter: Andreas Haller

Seminar für Ausbildung und Fortbildung der Lehrkräfte Pforzheim (Grundschule)
75172 Pforzheim, Bahnhofstr. 24; Tel. (0 72 31) 12 97-6 00; Fax (0 72 31) 12 97-6 99;
E-Mail: poststelle@seminar-gs-pf.kv.bwl.de;
http://www.seminar-pforzheim.de
Leiter: Gerhard Sutor

Zentrum für Schulqualität und Lehrerbildung (ZSL)
Regionalstelle Mannheim
68165 Mannheim, Augustaanlage 67; Tel. (06 21) 7 61 50-0; E-Mail: poststelle@zsl-rs-ma.kv.bwl.de
Leiterin: Elke Dörflinger
Zuständigkeitsbereich: Stadtkreise Heidelberg, Mannheim, Neckar-Odenwald-Kreis, Rhein-Neckar-Kreis

Seminare für Ausbildung und Fortbildung der Lehrkräfte im Zuständigkeitsbereich der Regionalstelle Mannheim:

Seminar für Ausbildung und Fortbildung der Lehrkräfte Heidelberg (Gymnasium und Sonderpädagogik)
69120 Heidelberg, Quinckestr. 69; Tel. (0 62 21) 1 37 16-30 (Gymnasien), 1 37 16-60 (Sonderpädagogik); Fax (0 62 21) 1 37 16-40 (Gymnasien), 1 37 16-73 (Sonderpädagogik);
E-Mail: direktion@seminar-heidelberg.de;
http://www.gym.seminar-heidelberg.de
Leiter: Prof. Dr. Gunther Jeske (Gymnasium)
Leiterin: Dr. Anja Theisel (Sonderpädagogik)

Seminar für Ausbildung und Fortbildung der Lehrkräfte Mannheim (Grund-, Werkreal-, Haupt- und Realschule)
68165 Mannheim, Augustaanlage 12; Tel. (06 21) 2 92-45 29; Fax (06 21) 2 92-45 97;
E-Mail: poststelle@seminar-gwhrs-ma.kv.bwl.de;
http://www.seminar-mannheim.de
Leiterin: Andrea Riegler

Zentrum für Schulqualität und Lehrerbildung (ZSL)
Regionalstelle Schwäbisch Gmünd
73529 Schwäbisch Gmünd, Marie-Curie-Str. 19;
Tel. (0 71 71) 79 60-1;
E-Mail: poststelle@zsl-rs-gd.kv.bwl.de
Leiter: Renzo Costantino
Zuständigkeitsbereich: Landkreise Göppingen, Heidenheim, Heilbronn, Hohenlohekreis, Main-Tauber-Kreis, Ostalbkreis, Rems-Murr-Kreis, Schwäbisch Hall sowie Stadtkreis Heilbronn
Seminare für Ausbildung und Fortbildung der Lehrkräfte im Zuständigkeitsbereich der Regionalstelle Schwäbisch Gmünd:

Seminar für Ausbildung und Fortbildung der Lehrkräfte Bad Mergentheim (Grundschule)
97980 Bad Mergentheim, Joh.-Hammer-Str. 24;
Tel. (0 79 31) 97 45-0; Fax (0 79 31) 97 45-30;
E-Mail: poststelle@seminar-gs-mgh.kv.bwl.de;
http://www.seminar-mergentheim.de
Leiterin: Susanne Doll

Seminar für Ausbildung und Fortbildung der Lehrkräfte Heilbronn (Grundschule)
74074 Heilbronn, John F. Kennedy Str. 14/1; Tel. (0 71 31) 74 75-28 50; Fax (0 71 31) 74 75-28 82;
E-Mail: poststelle@seminar-gs-hn.kv.bwl.de;
http://www.gs.seminar-heilbronn.de
Leiterin: Dipl.-Päd. Susanne Ruof, Direktorin

Seminar für Ausbildung und Fortbildung der Lehrkräfte Heilbronn (Gymnasium)
74074 Heilbronn, John-F.-Kennedy-Str. 14/1;
Tel. (0 71 31) 74 75-28 00; Fax (0 71 31) 74 75-28 28; E-Mail: poststelle@seminar-gym-hn.kv.bwl.de
Leiterin: Prof. Martina Geiger

Seminar für Ausbildung und Fortbildung der Lehrkräfte Schwäbisch Gmünd (GWHRS)
73525 Schwäbisch Gmünd, Lessingstr. 7; Tel. (0 71 71) 6 02-7 00; Fax (0 71 71) 6 02-7 05; E-Mail: poststelle@seminar-gwhrs-gd.kv.bwl.de; http://www.gwhrs.seminar-schwaebisch-gmuend.de
Leiterin: Kristina Schmid, Direktorin

Seminar für Ausbildung und Fortbildung der Lehrkräfte Schwäbisch Gmünd (PFS und FS SOP)
73525 Schwäbisch Gmünd, Oberbettringer Str. 200; Tel. (0 71 71) 98 33 55; Fax (0 71 71) 98 33 57; E-Mail: poststelle@fachseminar-gd.kv.bwl.de; http://www.pfs.seminar-schwaebisch-gmuend.de
Leiter: Edgar Denk

Zentrum für Schulqualität und Lehrerbildung (ZSL)
Regionalstelle Stuttgart
70173 Stuttgart, Königstr. 14; Tel. (07 11) 2 79-25 94; E-Mail: poststelle@zsl-rs-s.kv.bwl.de
Leiter: Dr. Burkhard Bläsi
Zuständigkeitsbereich: Landkreise Böblingen, Esslingen, Ludwigsburg sowie Stadtkreis Stuttgart
Seminare für Ausbildung und Fortbildung der Lehrkräfte im Zuständigkeitsbereich der Regionalstelle Stuttgart:

Seminar für Ausbildung und Fortbildung der Lehrkräfte Esslingen (Gymnasium)
73732 Esslingen, Flandernstr.103; Tel. (07 11) 3 97-46 00; Fax (07 11) 3 97-46 04; E-Mail: poststelle@seminar-gym-es.kv.bwl.de; http://www.seminar-esslingen.de
Leiterin: Gerda Richter

Seminar für Ausbildung und Fortbildung der Lehrkräfte Kirchheim unter Teck (SAF PFS)
73230 Kirchheim unter Teck, Schlossplatz 8; Tel. (0 70 21) 97 45-0; Fax (0 70 21) 97 45 88; E-Mail: poststelle@fachseminar-kih.kv.bwl.de; http://www.pfs-kirchheim.de
Leiterin: Ute Recknagel-Saller

Seminar für Ausbildung und Fortbildung der Lehrkräfte Ludwigsburg (WHRS)
71638 Ludwigsburg, Königsallee 54-56; Tel. (0 71 41) 9 72 14-0; Fax (0 71 41) 9 72 14-19; E-Mail: poststelle@seminar-whrs-lb.kv.bwl.de; http://www.seminar-ludwigsburg.de
Leiterin: Nicole Pfeifer

Seminar für Ausbildung und Fortbildung der Lehrkräfte Nürtingen (Grundschule)
72622 Nürtingen, Johannes-Vatter-Str. 11; Tel. (0 70 22) 9 43 06-0; Fax (0 70 22) 9 43 06-18; E-Mail: poststelle@seminar-gs-nt.kv.bwl.de; http://www.seminar-nuertingen.de
Leiterin: Sabine Schoch

Seminar für Ausbildung und Fortbildung der Lehrkräfte Sindelfingen (Grundschule)
71063 Sindelfingen, Leonberger Str. 2; Tel. (0 70 31) 70 79-0; Fax (0 70 31) 70 79-30; E-Mail: poststelle@seminar-gs-sind.kv.bwl.de
Leiter: Ulrich Stoltenburg, Dir

Seminar für Ausbildung und Fortbildung der Lehrkräfte Stuttgart (Berufliche Schulen)
70174 Stuttgart, Kronenstr. 25; Tel. (07 11) 21 80 51-30; Fax (07 11) 21 80 51-40; E-Mail: poststelle@seminar-bs-s.kv.bwl.de
Stellv. Leiter: Prof. Frank Reber

Seminar für Ausbildung und Fortbildung der Lehrkräfte Stuttgart (Gymnasium und Sonderpädagogik)
70174 Stuttgart, Hospitalstr. 22-24; Tel. (07 11) 13 78 67-0; Fax (07 11) 13 78 67-63; E-Mail: sekretariat@seminar-stuttgart.de; http://www.seminare-stuttgart.de
Leiterin: Karin Winkler, Direktorin

Abt Sonderpädagigik
70176 Stuttgart, Rosenbergstr. 49; Tel. (07 11) 99 33 81-0; Fax (07 11) 99 33 81-99; E-Mail: poststelle@sopaedseminar-s.de; http://www.seminare-stuttgart.de
Leiterin: Nicole Witt

Zentrum für Schulqualität und Lehrerbildung (ZSL)
Regionalstelle Tübingen
72072 Tübingen, Schaffhausenstr. 113; Tel. (0 70 71) 13 68-3 33; Fax (0 70 71) 13 68-2 02; E-Mail: poststelle@zsl-rs-tue.kv.bwl.de
Leiterin: Anna Pinzger
Zuständigkeitsbereich: Landkreise Alb-Donau-Kreis, Biberach, Bodenseekreis, Ravensburg, Reutlingen, Sigmaringen, Tübingen, Zollernalbkreis sowie Stadtkreis Ulm
Seminare für Ausbildung und Fortbildung der Lehrkräfte im Zuständigkeitsbereich der Regionalstelle Tübingen:

Seminar für Ausbildung und Fortbildung der Lehrkräfte Albstadt (Grundschule)
72458 Albstadt, Riedstr. 61; Tel. (0 74 31) 95 72-0; Fax (0 74 31) 95 72-40; E-Mail: poststelle@seminar-gs-als.kv.bwl.de; http://www.seminar-albstadt.de
Leiter: Christoph Straub, Dir

Seminar für Ausbildung und Fortbildung der Lehrkräfte Laupheim (Grundschule)
88471 Laupheim, Schillerstr. 8; Tel. (0 73 92) 96 75-0; Fax (0 73 92) 96 75-25; E-Mail: poststelle@seminar-gs-laup.kv.bwl.de; http://www.seminar-laupheim.de
Leiter: Stefan Langer, Dir

Seminar für Ausbildung und Fortbildung der Lehrkräfte Reutlingen (Fachseminar für Sonderpädagogik)
72764 **Reutlingen**, Kaiserstr. 92; Tel. (0 71 21) 9 17 93-0; Fax (0 71 21) 9 17 93-27;
E-Mail: poststelle@fachseminar-rt.kv.bwl.de;
http://www.fsso.seminar-reutlingen.de
Leiterin: Dorothea Schultz-Häberle, Direktorin

Seminar für Ausbildung und Fortbildung der Lehrkräfte Reutlingen (WHRS)
72762 **Reutlingen**, Pestalozzistr. 53 (Geb. 14); Tel. (0 71 21) 2 71-94 00; Fax (0 71 21) 2 71-94 16;
E-Mail: poststelle@seminar-whrs-rt.kv.bwl.de;
http://www.seminar-reutlingen.de
Leiter: Dieter Salzgeber, Dir

Seminar für Ausbildung und Fortbildung der Lehrkräfte Tübingen (Gymnasium)
72072 **Tübingen**, Mathildenstr. 32; Tel. (0 70 71) 9 1 9-1 00; Fax (0 70 71) 9 1 9-1 88;
E-Mail: poststelle@seminar-tuebingen.de;
http://www.semgym.uni-tuebingen.de
Leiter: Jens Nagel

Seminar für Ausbildung und Fortbildung der Lehrkräfte Weingarten (Berufliche Schulen und Gymnasium)
88250 **Weingarten**, St.-Longinus-Str. 3; Tel. (07 51) 5 01-84 91; Fax (07 51) 5 01-84 99;
E-Mail: sekretariat@seminar-weingarten.de;
http://www.seminar-weingarten.de
Leiter: Jan Wischmann

Seminar für Ausbildung und Fortbildung der Lehrkräfte Weingarten (Grund-, Werkreal-, Haupt- und Realschule)
88250 **Weingarten**, Danziger Str. 3; Tel. (07 51) 1 89 53-1 00; Fax (07 51) 1 89 53-1 11;
E-Mail: poststelle@seminar-gwhrs-wgt.kv.bwl.de;
http://www.gwhrs.seminar-weingarten.de
Leiter: Jörg Fiebig

Der Rechtsaufsicht des Ministeriums für Kultus, Jugend und Sport unterstehen die nachfolgenden Körperschaften, Anstalten und Stiftungen des öffentlichen Rechts:

4 Landesmedienzentrum Baden-Württemberg

– Anstalt des öffentlichen Rechts –

76133 **Karlsruhe**, Moltkestr. 64; Tel. (07 21) 88 08-0; Fax (07 21) 88 08-68; E-Mail: lmz@lmz-bw.de;
http://www.lmz-bw.de

70190 **Stuttgart**, Rotenbergstr. 111; Tel. (07 11) 28 50-6; Fax (07 11) 28 50-7 80;
E-Mail: lmz@lmz-bw.de; http://www.lmz-bw.de

Rechtliche Grundlage und Aufgabenkreis:
Gesetz über Medienzentren (Medienzentrengesetz) vom 6. Februar 2001 (GBl. S. 117).

Das Landesmedienzentrum Baden-Württemberg wurde als rechtsfähige Anstalt des öffentlichen Rechts errichtet. Dazu wurden die Landesbildstelle Baden und die Landesbildstelle Württemberg vereinigt.
Das Landesmedienzentrum hat seinen Sitz in Karlsruhe und Stuttgart.
Im Wege der Gesamtrechtsnachfolge gingen die Rechte, Verbindlichkeiten und Pflichten der Landesbildstellen Baden und Württemberg auf das Landesmedienzentrum Baden-Württemberg über.
Das Landesmedienzentrum hat folgende Aufgaben: pädagogischer Dienst, insbesondere
– Fort- und Weiterbildung sowie Beratung und Schulung von Lehrkräften im Hinblick auf eine sachgerechte Verwendung von Medien, Beratung der Stadt- und Kreismedienzentren und der Schulträger bei der Medienbeschaffung, Mitwirkung bei der Aus- und Fortbildung von Mitarbeitern der Medienzentren,
– Durchführung von medienpädagogischen Modellprojekten und Mitwirkung bei der Erprobung und Förderung neuer Medien und Kommunikationstechniken sowie Beratung bei der Beurteilung, Erprobung und Nutzung neuer Medien,
– Förderung der Medienbildung, Medienkompetenz und Medienerziehung unter anderem durch Unterstützung des schulischen Medieneinsatzes und medienpädagogischer Informationsangebote, technischer Dienst für Schulen, insbesondere
– die technische Beratung und Betreuung der Mitarbeiter der Stadt- und Kreismedienzentren sowie der Schulträger im Zusammenhang mit der Beschaffung und dem Einsatz von Geräten für den Medieneinsatz,
– Mitwirkung bei der Beratung und Unterstützung im Bereich Multimediatechnik für den Unterrichtseinsatz an Schulen einschließlich pädagogischer Netzwerke (Support),
– Versorgung der Schulen mit technisch hochwertigen Kopien von Funk- und Fernsehsendungen, Mediendistribution und Medienerschließung, insbesondere
– die Erschließung und Erfassung von Bildungsmedien einschließlich eines Medieninformationssystems,
– Mediendistribution einschließlich Verleih, Zentralarchiv, Medienbeschaffung und Medienberatung,
landeskundliche und kulturhistorische Bilddokumentation.
Dem Landesmedienzentrum können vom Kultusministerium im Einvernehmen mit dem Verwaltungsrat weitere Aufgaben übertragen werden, soweit die Finanzierung im Staatshaushaltsplan sichergestellt ist.
Direktor: Michael Zieher
Vorsitzender des Verwaltungsrats: Michael Jann, OBgm

5 Schulbauernhof Niederstetten-Pfitzingen

97996 Niederstetten/Pfitzingen, Pfitzingen 14; Tel. (0 79 32) 74 64; Fax (0 79 32) 60 55 17; E-Mail: info@schulbauernhofpfitzingen.de; http://www.schulbauernhofpfitzingen.de

Aufgabenkreis:
Auf dem Schulbauernhof erleben Schüler wie Nahrungsmittel entstehen und verarbeitet werden. Während der (1-)2-wöchigen Aufenthalte sind sie aktiv in alle Produktions- und Verarbeitungsprozesse – einschließlich der Nahrungszubereitung – des auf Selbstversorgung ausgerichteten Betriebs eingebunden. Auf diese Weise erhalten die Schüler eindrückliche Einblicke in die Landwirtschaft und erfahren dabei unmittelbar eine Vielfalt grundlegender Zusammenhänge. Tagesaufenthalte bei den „Nachbarlandwirten" vermitteln darüber hinaus Verständnis für die Arbeitsweise der aktuellen, spezialisierten Landwirtschaft.
Der Schulbauernhof Pfitzingen verwirklicht Bildung für eine nachhaltige Entwicklung. Die komplexe Lebenswirklichkeit eines vielfältig strukturierten landwirtschaftlichen Betriebs erzeugt eine außerordentliche Vielzahl unterschiedlichster Lernsituationen in fachlicher, ökologischer, ökonomischer und sozialer Hinsicht und vermittelt damit umfangreiche Handlungskompetenzen.
Leiter: Thomas Löhr

6 Schulstiftung Baden-Württemberg

verwaltet vom Regierungspräsidium Karlsruhe

76133 Karlsruhe, Hebelstr. 2; Tel. (07 21) 9 26-43 04; Fax (07 21) 9 26-42 71; E-Mail: schulstiftungbw@rpk.bwl.de; http://www.schulstiftung-bw.de

Rechtliche Grundlage und Aufgabenkreis:
§ 113 Abs. 2 des Schulgesetzes für Baden-Württemberg (SchG) in der Fassung vom 1. August 1983 (GBl. S. 397) und Schulstiftungsverordnung vom 7. November 1977 (GBl. S. 701 ff.), zuletzt geändert durch Verordnung vom 12. April 2000 (GBl. S. 436).
Zweck der Stiftung ist gemäß § 113 Abs. 2 SchG die Förderung des Schulwesens und der Elternvertretungen in Baden-Württemberg.
Verwaltung: Sibylle Willy (Abt. 7, Ref. 71)

IV Ministerium für Justiz und für Migration Baden-Württemberg (JuM)

70173 Stuttgart, Schillerplatz 4; Tel. (07 11) 2 79-0; Fax (07 11) 2 79-22 64; E-Mail: poststelle@jum.bwl.de; http://www.justiz.baden-wuerttemberg.de

Aufgabenkreis:
Die Aufgaben der Justizverwaltung sind in der Bekanntmachung der Landesregierung über die Abgrenzung der Geschäftsbereiche der Ministerien vom 24. Juli 2001 (GBl. S. 590), zuletzt geändert durch die Bekanntmachung der Landesregierung vom 15. Juli 2021 (GBl. S. 606) festgelegt. Sie umfassen:
– sämtliche Verwaltungsangelegenheiten im Bereich der ordentlichen Gerichtsbarkeit, der Verwaltungsgerichtsbarkeit, der Finanzgerichtsbarkeit, der Sozialgerichtsbarkeit, der Arbeitsgerichtsbarkeit (einschließlich der Zuständigkeiten für das arbeitsgerichtliche Verfahrensrecht, insbesondere das Arbeitsgerichtsgesetz), der Disziplinargerichtsbarkeit und der übergeordneten Dienstaufsicht über den Verwaltungsgerichtshof;
– verfassungsrechtliche Fragen bei der Ausarbeitung von Gesetzentwürfen und Prüfung verfassungsrechtlicher Fragen;
– die rechtliche Begutachtung von Gesetzentwürfen;
– die Bearbeitung zwischenstaatlicher Angelegenheiten der Rechtspflege;
– Justizvollzug;
– Gnadenwesen;
– Bewährungshilfe und Gerichtshilfe;
– Angelegenheiten der Rechtsanwälte und Notare;
– Prüfung und Ausbildung des juristischen Nachwuchses und der Anwärter für die Laufbahnen der in Nr. 1 genannten Gerichtsbarkeiten;
– Recht der Presse;
– das für den Geschäftsbereich der Justiz zuständige Mitglied der Landesregierung ist Mitglied kraft Amtes im Richterwahlausschuss im Sinne des § 3 Absatz 3 des Richterwahlgesetzes für Verfahren nach § 1 Absatz 3 des Richterwahlgesetzes;
– Ausländer- und Asylrecht;
– Grundsatzfragen der Migrationspolitik;
– Aufnahme und Eingliederung ausländischer Flüchtlinge und Spätaussiedler;
– Härtefallkommission.

Publikationsorgan: Die Justiz. Das Amtsblatt kann durch die Post zum Einzelpreis von 5,65 EUR (Jahres-Abonnementpreis 65,00 EUR) bezogen werden.
Verleger: Neckar-Verlag GmbH, Villingen-Schwenningen.
Ministerin für Justiz und für Integration: Marion Gentges, MdL

IV Ministerium für Justiz und für Migration Baden-Württemberg (JuM)

Persönliches Büros der Ministerin: Kathrin Sorg, Tel. -21 02
Staatssekretär: Siegfried Lorek, MdL
Persönlicher Referent: Hauler, Tel. -20 82
Ministerialdirektor: Elmar Steinbacher
Geschäftsleitung: Dietmar Hartmann, MinR, Tel. -21 90
Zentralstelle: Uwe Wiedmann, Tel. -21 05

Abt I Personal, Organisation, IuK-Leitstelle, Haushalt
Leiterin: Dr. Linkenheil, MinDirigentin, Tel. (07 11) 2 79-21 30

Ref I 1: **Höherer Dienst Oberlandesgerichtsbezirk Stuttgart und JuM, Personalentwicklung, Führungskräftefortbildung, Gleichstellungsfragen, Allgemeine Personalangelegenheiten** Dr. M. Allmendinger, Tel. -21 33
Ref I 2: **Höherer Dienst Oberlandesgerichtsbezirk Karlsruhe, Personalangelegenheiten der Nachlass- und Betreuungsabteilungen der Amtsgerichte** Gudrun Siegfried, Tel. -21 36
Ref I 3: **Höherer Dienst Fachgerichtsbarkeit, Recht des öffentlichen Dienstes, Disziplinarangelegenheiten und streitige Einzelsachen** Dr. Kees, Tel. -21 55
Ref I 4: **Organisation, Elektronisches Grundbuch, Neue Steuerung, Statistik** Dr. Jerôme Krets, Tel. -21 60
Ref I 5: **IuK-Leitstelle, IuK-Technik** Bornscheuer, Tel. -21 40
Ref I 6: **Haushalt, Besoldung und Versorgung, Kassenwesen, Tarifrecht, Bauangelegenheiten, Vergaberecht** NN, Tel. -21 75

Abt II Zivilrecht, Öffentliches Recht, Europarecht, Rechtsanwälte und Notare
Leiter: NN, Tel. (07 11) 2 79-22 00

Ref II 1: **Verfassungsrecht, Europäisches Gemeinschaftsrecht, Kommunalrecht, Wissenschafts- und Kulturrecht** Dr. Spindler, Tel. -22 06
Ref II 2: **Finanzverfassungsrecht, Allgemeines und Besonderes Verwaltungsrecht, Verwaltungs-, Sozial- und Finanzgerichtsbarkeit** Dr. Jörg Allmendinger, Tel. -22 02
Ref II 3: **Allgemeiner Teil BGB, Schuld- und Sachenrecht, Familien- und Erbrecht, Notariatswesen** Dr. Schäffler, Tel. -22 10 ; Dr. Wentzell, Tel. -24 40
Ref II 4: **Handels- und Wirtschaftsrecht, Mietrecht, Kostenrecht, Zivilprozess- und Insolvenzrecht, Rechtsanwälte** Dr. Röhm, Tel. -22 11

Abt III Strafrecht, Gnadenrecht
Leiter: Rebmann, MinDirig, Tel. (07 11) 2 79-22 30

Ref III 1: **Strafverfahrensrecht, Strafrechtliche Verwaltungsvorschriften, Staatsschutzrecht, Jugendstrafrecht, Immunität** Christof Kleiner, Tel. -22 32
Ref III 2: **Materielles Strafrecht, Ordnungswidrigkeitenrecht, Nebenstrafrecht** Wirz, Tel. -22 33
Ref III 3: **Strafverfahrensrecht, teilweise Strafvollstreckungsrecht, Organisierte Kriminalität, Gnadenrecht, Betäubungsmittelkriminalität** Beddies, Tel. -22 35
Ref III 4: **Internationale strafrechtliche Zusammenarbeit** Dr. Alexander Nogrady, Tel. -22 40
Ref III 5: **Zentrale Anlaufstelle für Opfer von Terroranschlägen, Amokläufen und Großschadensereignissen und deren Angehörige** Dr. Hauser, Tel. -20 91

Abt IV Justizvollzug
Leiter: Martin Finckh, MinDirig, Tel. (07 11) 2 79-23 00

Ref IV 1: **Vollzugsrecht, Haushalt, Vollzugliches Arbeitswesen, Wirtschaftsverwaltung** Daniel Eppinger, Tel. -23 02
Ref IV 2: **Sicherheit und Ordnung, Bau- und Grundstücksangelegenheiten** Dr. Matthias Maurer, Tel. -23 10
Ref IV 3: **Personalangelegenheiten, Aus- und Fortbildung** Harald Egerer, Tel. -23 20
Ref IV 4: **Vollzugsgestaltung, Jugendstrafvollzug, Gesundheitswesen** Dr. Joachim Müller, Tel. -23 40

Abt V Migration
Leiter: Dr. Lehr, MinDirig, Tel. (07 11) 2 31-34 00

Ref V 1: **Flüchtlingsaufnahme in Kreisen und Kommunen, Querschnittsaufgaben** Rung, Tel. -34 30
Ref V 2: **Erstaufnahme von Flüchtlingen** Kleinschmidt, Tel. -34 20
Ref V 3: **Aufenthaltsrecht, Asylrecht** Graf, Tel. -34 50
Ref V 4: **Geschäftsstellen der Härtefallkommission und der Ombudsperson** NN, Tel. -34 60
Sonderstab Gefährliche Ausländer Dr. Fritzsch, Tel. -34 80
Härtefallkommission Klaus Pavel
Ombudsperson für Flüchtlingserstaufnahme Klaus Danner

Landesjustizprüfungsamt
Ausbildung, Fortbildung, Prüfungswesen
Präsidentin: Sintje Leßner, Tel. (07 11) 2 79-23 60

Ref PA 1: **Ausbildung gehobener Dienst, Juristischer Vorbereitungsdienst, FH Schwetzingen, Notarakademie** Dr. Iffland, Tel. -23 62

Als nachgeordnete Dienststellen errichtet:

1 Gerichte und Staatsanwaltschaften

Nähere Angaben hierzu siehe Abschnitt c „Organe der Rechtspflege", S. 157.

b Regierung und Landesbehörden des Landes Baden-Württemberg

Zum Geschäftsbereich gehörende Gerichte:

Die Gerichte der ordentlichen Gerichtsbarkeit
Nähere Angaben hierzu siehe Abschnitt c „Organe der Rechtspflege", S. 157.

Die Gerichte der Verwaltungsgerichtsbarkeit
Nähere Angaben hierzu siehe Abschnitt c „Organe der Rechtspflege", S. 179.

Die Gerichte der Sozialgerichtsbarkeit
Nähere Angaben hierzu siehe Abschnitt c „Organe der Rechtspflege", S. 180.

Die Gerichte der Finanzgerichtsbarkeit
Nähere Angaben hierzu siehe Abschnitt c „Organe der Rechtspflege", S. 181.

Die Gerichte der Arbeitsgerichtsbarkeit
Nähere Angaben hierzu siehe Abschnitt c „Organe der Rechtspflege", S. 181.

Zum Geschäftsbereich des Ministeriums für Justiz und für Migration gehören:

2 Justizvollzugsanstalten

Staatsrechtliche Grundlagen und Aufgabenkreis:
Rechtsstellung und Aufgaben der Justizvollzugsanstalten ergeben sich im Wesentlichen aus dem Justizvollzugsgesetzbuch (JVollzGB) vom 10. November 2009 (GBl. S. 545) sowie der Strafprozessordnung (StPO) in der Fassung der Bekanntmachung vom 7. April 1987 (BGBl. I S. 1074).
In den Justizvollzugsanstalten werden Freiheitsstrafen, Jugendstrafen, Untersuchungshaft, Ordnungs-, Sicherungs-, Zwangs- und Erzwingungshaft sowie die Unterbringung in der Sicherungsverwahrung als Maßregel der Besserung und Sicherung vollzogen.

Justizvollzugsanstalt Adelsheim
74740 **Adelsheim**, Dr. Traugott-Bender-Str. 2; Tel. (0 62 91) 28-0; Fax (0 62 91) 28-1 23;
E-Mail: poststelle@jvaadelsheim.justiz.bwl.de; https://jva-adelsheim.justiz-bw.de
Leiterin: Katja Fritsche, LtdRDirektorin

Außenstelle
74821 Mosbach, Hauptstr. 106; Tel. (0 62 61) 8 73 00 und 25 46

Justizvollzugsanstalt Bruchsal
76646 **Bruchsal**, Schönbornstr. 32; Tel. (0 72 51) 7 88-1; Fax (0 72 51) 7 88-20 99;
E-Mail: poststelle@jvabruchsal.justiz.bwl.de; https://jva-bruchsal.justiz-bw.de
Leiter: Thomas Weber, LtdRDir

Außenstelle Kislau
76669 Bad Schönborn, Kislauer Weg 5; Tel. (0 72 53) 95 94-0; Fax (0 72 53) 95 94-80 99

Justizvollzugsanstalt Freiburg
79104 **Freiburg**, Hermann-Herder-Str. 8; Tel. (07 61) 21 16-0; Fax (07 61) 21 16-41 20;
E-Mail: poststelle@jvafreiburg.justiz.bwl.de; https://jva-freiburg.justiz-bw.de
Leiter: Michael Völkel, LtdRDir

Außenstelle Emmendingen
79312 Emmendingen, Karl-Friedrich-Str. 25 a; Tel. (0 76 41) 95 96 98-0; Fax (0 76 41) 95 96 98-9

Außenstelle Lörrach
79539 Lörrach, Bahnhofstr. 4; Tel. (0 76 21) 4 08-2 50; Fax (0 76 21) 4 08-2 69

Justizvollzugsanstalt Heilbronn
74072 **Heilbronn**, Steinstr. 21; Tel. (0 71 31) 7 98-0; Fax (0 71 31) 7 98-1 09;
E-Mail: poststelle@jvaheilbronn.justiz.bwl.de; https://jva-heilbronn.justiz-bw.de
Leiter: Andreas Vesenmaier, LtdRDir

Außenstelle Hohrainhof
74388 Talheim, Tel. (0 71 31) 57 48 49; Fax (0 71 31) 91 97 99;
E-Mail: hohrainhof@jvaheilbronn.justiz.bwl.de

Justizvollzugsanstalt Heimsheim
71296 **Heimsheim**, Mittelberg 1; Tel. (0 70 33) 30 01-0; Fax (0 70 33) 30 01-3 33;
E-Mail: poststelle@jvaheimsheim.justiz.bwl.de; https://jva-heimsheim.justiz-bw.de
Leiter: Dr. Frank Jansen, LtdRDir

Außenstelle – Freigängerheim-Ludwigsburg
71638 Ludwigsburg, Stuttgarter Str. 22/24; Tel. (0 71 41) 2 97-5 00; Fax (0 71 41) 2 97-50 55

Justizvollzugsanstalt Karlsruhe
76133 **Karlsruhe**, Riefstahlstr. 9; Tel. (07 21) 9 26-61 26; Fax (07 21) 9 26-60 68;
E-Mail: poststelle@jvakarlsruhe.justiz.bwl.de; https://jva-karlsruhe.justiz-bw.de
Leiter: Thomas Müller, LtdRDir

Außenstelle Jugendarrestanstalt
76437 Rastatt, Ottersdorfer Str. 17; Tel. (0 72 22) 78 64-10; Fax (0 72 22) 78 64-26

Außenstelle
77815 Bühl, Hauptstr. 94; Tel. (0 72 23) 8 08 59-50; Fax (0 72 23) 8 08 59-76

Justizvollzugsanstalt Konstanz
78462 **Konstanz**, Schottenstr. 16; Tel. (0 75 31) 2 80-26 00; Fax (0 75 31) 2 80-26 01;
E-Mail: poststelle@jvakonstanz.justiz.bwl.de; https://jva-konstanz.justiz-bw.de
Leiterin: Ellen Albeck, LtdRDirektorin

Außenstelle
78224 Singen, Erzbergerstr. 32; Tel. (0 77 31) 40 01-3 00; Fax (0 77 31) 40 01-85

Justizvollzugsanstalt Mannheim
68169 **Mannheim**, Herzogenriedstr. 111; Tel. (06 21) 3 98-0; Fax (06 21) 3 98-3 80;

E-Mail: poststelle@jvamannheim.justiz.bwl.de;
https://jva-mannheim.justiz-bw.de
Leiter: Schmitt, LtdRDir

Justizvollzugsanstalt Offenburg
77656 Offenburg, Otto-Lilienthal-Str. 1; Tel. (07 81) 9 69 30-0; Fax (07 81) 9 69 30-20 20;
E-Mail: poststelle@jvaoffenburg.justiz.bwl.de;
https://jva-offenburg.justiz-bw.de
Leiter: Hans-Peter Wurdak, LtdRDir

Außenstelle
79341 Kenzingen, Metzgerstr. 8; Tel. (0 76 44) 64 64; Fax (0 76 44) 65 71

Justizvollzugsanstalt Ravensburg
88212 Ravensburg, Hinzistobel 34; Tel. (07 51) 3 73-0; Fax (07 51) 3 73-2 31;
E-Mail: poststelle@jvaravensburg.justiz.bwl.de;
https://jva-ravensburg.justiz-bw.de
Leiter: Thomas Mönig, LtdRDir

Außenstelle Bettenreute
88273 Fronreute, Tel. (0 75 05) 95 69 00; Fax (0 75 05) 9 56 90 20

Justizvollzugsanstalt Rottenburg
72108 Rottenburg, Schloß 1; Tel. (0 74 72) 1 62-0; Fax (0 74 72) 1 62-4 89;
E-Mail: poststelle@jvarottenburg.justiz.bwl.de;
https://jva-rottenburg.justiz-bw.de
Leiter: Matthias Weckerle, LtdRDir

Außenstelle
72074 Tübingen, Doblerstr. 18; Tel. (0 70 71) 2 00 27 96; Fax (0 70 71) 2 00 28 35

Staatsdomäne Maßhalderbuch
72531 Hohenstein, Tel. (0 73 87) 2 69; Fax (0 73 87) 6 85

Justizvollzugsanstalt Rottweil
78628 Rottweil, Hintere Höllgasse 1; Tel. (07 41) 2 43-26 76; Fax (07 41) 2 43-26 95;
E-Mail: poststelle@jvarottweil.justiz.bwl.de; https://jva-rottweil.justiz-bw.de

Außenstelle
72379 Hechingen, Heilig-Kreuz-Str. 9; Tel. (0 74 71) 9 44-2 70; Fax (0 74 71) 9 44-2 89;
E-Mail: poststelle@jvarottweil.justiz.bwl.de; https://jva-rottweil.justiz-bw.de

Außenstelle
78727 Oberndorf, Fidel-Feederle-Str. 2; Tel. (0 74 23) 8 15-2 92; Fax (0 74 23) 8 15-2 95;
E-Mail: poststelle@jvarottweil.justiz.bwl.de; https://jva-rottweil.justiz-bw.de

Außenstelle
78050 Villingen-Schwenningen, Romäusring 22; Tel. (0 77 21) 2 03-1 91; Fax (0 77 21) 2 03-1 95;
E-Mail: poststelle@jvarottweil.justiz.bwl.de; https://jva-rottweil.justiz-bw.de

Justizvollzugsanstalt Schwäbisch Gmünd
73527 Schwäbisch Gmünd, Herlikofer Str. 19; Tel. (0 71 71) 91 26-0; Fax (0 71 71) 91 26-1 35;
E-Mail: poststelle@jvaschwaebischgmuend.justiz.bwl.de; https://jva-schwaebisch-gmuend.justiz-bw.de
Leiterin: Sibylle von Schneider, LtdRDirektorin

Justizvollzugsanstalt Schwäbisch Hall
74523 Schwäbisch Hall, Kolpingstr. 1; Tel. (07 91) 95 65-0; Fax (07 91) 95 65-2 05;
E-Mail: poststelle@jvaschwaebischhall.justiz.bwl.de; https://jva-schwaebisch-hall.justiz-bw.de
Leiter: Mathias Rössle, LtdRDir

Außenstelle Kapfenburg
73466 Lauchheim, Härtsfeldstr. 4; Tel. (0 73 63) 96 00-0; Fax (0 73 63) 96 00-15

Außenstelle Unterlimpurger Straße
74523 Schwäbisch Hall, Unterlimpurger Str. 9; Tel. (07 91) 30 67; Fax (07 91) 9 74 61 07

Justizvollzugsanstalt Stuttgart
70439 Stuttgart, Asperger Str. 60; Tel. (07 11) 80 20-0; Fax (07 11) 80 20-21 49;
E-Mail: poststelle@jvastuttgart.justiz.bwl.de; https://jva-stuttgart.justiz-bw.de
Leiter: Matthias Nagel, LtdRDir

Justizvollzugsanstalt Ulm
89073 Ulm, Talfinger Str. 30; Tel. (07 31) 1 89-28 82; Fax (08 00) 6 64 49 28 14 78;
E-Mail: poststelle@jvaulm.justiz.bwl.de; https://jva-ulm.justiz-bw.de
Leiter: Ulrich Schiefelbein, LtdRDir

Außenstelle
89073 Ulm, Frauengraben 4-6; Tel. (07 31) 1 89-0; Fax (07 31) 1 89-29 01 (Untersuchungshaft und kurze Freiheitsstrafen)

Justizvollzugsanstalt Waldshut-Tiengen
79761 Waldshut-Tiengen, Bismarckstr. 19; Tel. (0 77 51) 8 81-0; Fax (0 77 51) 8 81-3 31;
E-Mail: poststelle@jvawaldshut-tiengen.justiz.bwl.de; https://jva-waldshuttiengen.justiz-bw.de
Leiterin: Ellen Albeck, LtdRDirektorin

3 Jugendarrestanstalten

Jugendarrestanstalt Göppingen
73033 Göppingen, Schlossplatz 2; Tel. (0 71 61) 63 24 41; Fax (0 71 61) 63 24 47;
E-Mail: poststelle@jaagoeppingen.justiz.bwl.de
Leiter: Dr. Hermann Steinle, Dir des AG Göppingen

Jugendarrestanstalt Rastatt
76437 Rastatt, Otterdorfer Str. 17; Tel. (0 72 22) 78 64-10; Fax (0 72 22) 78 64-26;
E-Mail: dienstleitung.jaarastatt@jvakarlsruhe.justiz.bwl.de; https://jva-karlsruhe.justiz-bw.de

4 Justizvollzugskrankenhaus

71679 Asperg, Hohenasperg, Schubartstr. 20; Tel. (0 71 41) 66 90; Fax (0 71 41) 66 91 02; E-Mail: poststelle@jvkasperg.justiz.bwl.de; https://jvkh-hohenasperg.justiz-bw.de

5 Sozialtherapeutische Anstalt Baden-Württemberg

71679 Asperg, Schubartstr. 20; Tel. (0 71 41) 6 69-0; Fax (0 71 41) 6 69-5 03; E-Mail: poststelle@sozasperg.justiz.bwl.de; https://sth-hohenasperg.justiz-bw.de

Leiter: Bert Mäckelburg

6 Hochschule für Rechtspflege Schwetzingen

68723 Schwetzingen, Karlsruher Str. 2; Tel. (0 62 02) 9 28 90-0; Fax (0 62 02) 9 28 90-69; E-Mail: poststelle@hfr.justiz.bwl.de; http://www.hfr-schwetzingen.de

Rektor: Frank Haarer
Prorektor: Rainer Hock
Verwaltungsleiterin: Tatjana Arnold
Fachbereiche
Diplom-Rechtspfleger/in (FH)
Gerichtsvollzieher/in (LL.B.)

7 Notarakademie Baden-Württemberg

70031 Stuttgart, Postfach 10 36 53; Tel. (07 11) 2 12-39 04; Fax (07 11) 2 12-39 05

Aufgabenkreis:
Die Notarakademie Baden-Württemberg ist zuständig für die Fortbildung der Notarinnen und Notare im Landesdienst und für die Weiterqualifizierung von Mitarbeitern der staatlichen Notariate entsprechend des von der Notarkammer angebotenen Lehrgangs zum Notarfachwirt. Sie bietet ein umfangreiches Fortbildungsangebot von Vortragsveranstaltungen, Symposien und mehrtägigen Tagungen zu fachlichen, aber auch fachübergreifenden Themen an.

8 Bildungszentrum Justizvollzug Baden-Württemberg

70439 Stuttgart, Pflugfelderstr. 21; Tel. (07 11) 80 20-30 06; E-Mail: poststelle@bzjv.justiz.bwl.de; https://jvschule-bw.de

Leiter: Dr. Joachim Obergfell-Fuchs, OPsychR

9 Zentrale Stelle der Landesjustizverwaltungen zur Aufklärung nationalsozialistischer Verbrechen

71638 Ludwigsburg, Schorndorfer Str. 58; Tel. (0 71 41) 49 87-70; Fax (0 71 41) 49 87-73; E-Mail: poststelle@zst.justiz.bwl.de; https://zentrale-stelle-ludwigsburg.justiz-bw.de

Staatsrechtliche Grundlage und Aufgabenkreis:
Verwaltungsvereinbarung der Landesjustizverwaltungen über die Errichtung einer Zentralen Stelle der Landesjustizverwaltungen zur Aufklärung nationalsozialistischer Verbrechen.
Aufgabe der Zentralen Stelle ist es, das gesamte erreichbare Material über nationalsozialistische Verbrechen im In- und Ausland zu sammeln, zu sichten und auszuwerten. Hauptziel ist es dabei, nach Ort, Zeit und Täterkreis begrenzte Tatkomplexe herauszuarbeiten und festzustellen, welche an den Tatkomplexen beteiligte Personen noch verfolgt werden können. Sind für einen Tatkomplex der Kreis der verfolgbaren Täter und die zuständige Staatsanwaltschaft festgestellt, so schließt die Zentrale Stelle ihre Vorermittlungen ab und leitet den Vorgang dieser Staatsanwaltschaft zu. Diese ist verpflichtet, grundsätzlich den gesamten Verfahrenskomplex zu bearbeiten. Hierbei leistet die Zentrale Stelle weiterhin Ermittlungshilfe. Durch diese Arbeitsweise wird erreicht, dass die Staatsanwaltschaften nicht mehr wie bis 1958 lediglich Einzelermittlungen durchführen, sondern seither das Gesamtgeschehen – in Teilkomplexe aufgeteilt – tendenziell umfassend und systematisch aufklären.

Leiter: Thomas Will, OStAnw

Der Rechtsaufsicht des Ministeriums für Justiz und für Migration unterstehen die nachfolgenden Körperschaften des öffentlichen Rechts:

10 Rechtsanwaltskammern

– **Körperschaften des öffentlichen Rechts** –

Rechtsgrundlage und Aufgabenkreis:
Nach der Bundesrechtsanwaltsordnung vom 1. August 1959, zuletzt geändert durch Artikel 1 des Gesetzes vom 10. August 2021 (BGBl. I S. 3415) bilden die Rechtsanwälte, die in dem Bezirk eines Oberlandesgerichts zugelassen sind, eine Rechtsanwaltskammer. Die Rechtsanwaltskammer hat ihren Sitz am Ort des Oberlandesgerichts. Weitere Rechtsanwaltskammern können gebildet werden.
Die Rechtsanwaltskammer hat
– die Mitglieder über Berufspflichten zu beraten und zu belehren,
– bei Streitigkeiten unter Mitgliedern zu vermitteln,
– Erfüllung der den Mitgliedern obliegenden Pflichten zu überwachen,
– das Recht der Rüge zu handhaben,
– Mitglieder des Anwaltsgerichts und des Anwaltsgerichtshofs vorzuschlagen und
– Gutachten in Angelegenheiten der Rechtsanwälte zu erstatten.

Rechtsanwaltskammer Freiburg
– Körperschaft des öffentlichen Rechts –
79098 Freiburg, Bertoldstr. 44; Tel. (07 61) 3 25 63; Fax (07 61) 28 62 61; E-Mail: info@rak-freiburg.de; http://www.rak-freiburg.de
Präsident: Dr. Markus Klimsch
Geschäftsführer: Tilman Winkler; Simone Eckert

Rechtsanwaltskammer Karlsruhe
– Körperschaft des öffentlichen Rechts –
76133 Karlsruhe, Reinhold-Frank-Str. 72; Tel. (07 21) 2 53 40; Fax (07 21) 2 66 27; E-Mail: info@rak-karlsruhe.de; http://www.rak-karlsruhe.de
Präsident: André Haug
Hauptgeschäftsführer: Walther Hindenlang
Geschäftsführer: Friedrich März
Geschäftsführerin: Brigitte Laufhütte

Rechtsanwaltskammer Stuttgart
– Körperschaft des öffentlichen Rechts –
70173 Stuttgart, Königstr. 14; Tel. (07 11) 22 21 55-0; Fax (07 11) 22 21 55-11; E-Mail: info@rak-stuttgart.de; http://www.rak-stuttgart.de
Präsidentin: Ulrike Paul, RAnwältin
Geschäftsführerin: Heidi Milsch, RAnwältin

Rechtsanwaltskammer Tübingen
– Körperschaft des öffentlichen Rechts –
72072 Tübingen, Christophstr. 30; Tel. (0 70 71) 9 90 10-30; Fax (0 70 71) 9 90 10-5 10; E-Mail: info@rak-tuebingen.de; http://www.rak-tuebingen.de
Präsident: Albrecht Luther, RA
Hauptgeschäftsführer: Bernhard Kunath, RA

11 Notarkammer Baden-Württemberg

– Körperschaft des öffentlichen Rechts –

70174 Stuttgart, Friedrichstr. 9a; Tel. (07 11) 30 58 77-0; Fax (07 11) 30 58 77-69; E-Mail: info@notarkammer-bw.de; http://www.notarkammer-bw.de

Rechtliche Grundlage und Aufgabenkreis:
Satzung der Notarkammer („Die Justiz" 2006 S. 198 ff.), mit Änderungen, veröffentlicht in „Die Justiz" 2007 S. 303.
Die Notarkammer vertritt die Gesamtheit der in ihr zusammengeschlossenen Notare des Oberlandesgerichtsbezirks Stuttgart und Karlsruhe (hauptberufliche Notare – sogenannte Nur-Notare – und Anwaltsnotare als ordentliche Mitglieder. Die Aufgaben ergeben sich aus § 67 Bundesnotarordnung.
Präsident: Peter Wandel, Notar
Geschäftsführer: Dr. Felix Ungerer, NotAss

12 Badischer Landesverband für soziale Rechtspflege

– Körperschaft des öffentlichen Rechts –

76133 Karlsruhe, Hoffstr. 10; Tel. (07 21) 9 26-34 82; Fax (07 21) 9 26-50 02; E-Mail: inf@badlandverb.de; https://badlandverb.de

Aufgabenkreis:
Landesverband und Bezirksvereine dienen sozialen Aufgaben der Rechtspflege. Sie leisten soziale Hilfen für Straffällige zur Eingliederung in die Gesellschaft. Dabei werden Angehörige und Opfer von Straftaten einbezogen. Zur Vermeidung von Straftaten werden Programme angeboten.
Vorsitzender: Peter Häberle
Geschäftsführer: Sebastian Kopp

V Ministerium für Finanzen Baden-Württemberg (MF)

70173 Stuttgart, Neues Schloss, Schlossplatz 4;
Tel. (07 11) 1 23-0; Fax (07 11) 1 23-47 91;
E-Mail: poststelle@fm.bwl.de;
http://www.fm.baden-wuerttemberg.de

Aufgabenkreis:
Die Aufgaben der Finanzverwaltung sind in der Bekanntmachung vom 24. Juli 2001 (GBl. S. 590), zuletzt geändert durch die Bekanntmachung der Landesregierung vom 15. Juli 2021 (GBl. S. 606) festgelegt:
- Allgemeine Finanzpolitik und öffentliche Finanzwirtschaft
  - Haushalts-, Kassen- und Rechnungswesen, Finanzplanung, Haushaltscontrolling,
  - Finanzbeziehungen zu Bund, Ländern und Gemeinden sowie zur Europäischen Union,
  - Geld-, Kredit-, Schuldenmanagement und Landesbürgschaften;
- Neue Steuerung, Umwandlung, Landescontrolling;
- Besoldungs-, Versorgungs- und Tarifrecht einschließlich Reise- und Umzugskostenrecht, Beihilferecht;
- Steuerwesen und Steuerverwaltung, Landes-, Gemeinde- und Bundessteuern;
- Staatlicher Hochbau, staatliches Vermögen
  - Baumanagement (staatlicher Hochbau),
  - Immobilienmanagement (staatliche Liegenschaften ohne Forsten, Behördenunterbringung),
  - Gebäudemanagement (Gebäudebewirtschaftung)
  - Schlösser und Gärten,
  - Fiskalerbrecht, Wohnungsfürsorge;
  - Denkmalschutz für Liegenschaften des Landes;
- Staatliche Unternehmen und Beteiligungen;
- Liegenschaften der Streitkräfte;
- Statistik;
- Wiedergutmachung;
- europäische Banken- und Versicherungsregulierung.

Publikationsorgan: Gemeinsames Amtsblatt des Ministeriums des Innern, für Digitalisierung und Kommunen, des Ministeriums für Finanzen, Ministeriums für Wirtschaft, Arbeit und Tourismus, des Ministeriums Ländlicher Raum und Verbraucherschutz, des Ministeriums für Arbeit und Sozialordnung, Familien, Frauen und Senioren, des Ministeriums für Umwelt, Klima und Energiewirtschaft, des Ministeriums für Wissenschaft, Forschung und Kunst, des Ministeriums für Verkehr sowie der Regierungspräsidien.
Mnister der Finanzen: Dr. Danyal Bayaz
Ministerbüro:

Zentralstelle und Beauftragter für Finanzen bei der Landesvertretung in Berlin:
Staatssekretärin: Gisela Splett
Persönlicher Referent:
Presse und Öffentlichkeitsarbeit:
Ministerialdirektor: Jörg Krauss

Abt 1 Personal-, Besoldungs- und Versorgungswesen, Tarifangelegenheiten, Wiedergutmachung, Organisation, Informationstechnik (IT)
Leiterin: Dr. Cornelia Ruppert, MinDirigentin, Tel. (07 11) 1 23-42 00

Ref 11: **Organisation**
Ref 12: **Personal, Grundsatz und Bewirtschaftung**
Ref 13: **Tarif- und Disziplinarangelegenheiten**
Ref 14: **Besoldungsrecht, Stellenplan**
Ref 15: **Versorgung, Beihilfe und Reisekostenrecht**
Ref 16: **Informationstechnik (IT)**
Ref 17: **Aus- und Fortbildung, Gesundheit und Psychologie**

Abt 2 Haushalt, Finanzplanung, Allgemeine Finanzfragen, Gebührenrecht, Kassen- und Rechnungswesen, Geld- und Kreditmanagement, Finanzbeziehungen Land-Kommunen, Haushaltsbeauftragter, Controlling, Haushaltsmodernisierung
Leiter: Andreas Brenner, MinDirig, Tel. (07 11) 1 23-43 00

Ref 21: **Generalreferat Haushalt**
Ref 22: **Haushalt, EPl. 01 (Landtag), 03 (IM), 10 (UM), 17 (LfDI)**
Ref 23: **Haushalt, EPl. 04 (KM), 09 (SM)**
Ref 24: **Haushalt, EPL. 02 (StM), 14 (MWK)**
Ref 25: **Haushalt, EPl. 06 (FM), 07 (WM-Wirtschaft), EPl. 11 (Rechnungshof), 12 (Allgemeine Finanzverwaltung), 16 (VerfGH)**
Ref 26: **Haushalt, EPl. 05 (JuM), 08 (MLR), EPl. 13 (VM)**
Ref 27: **Kommunalfinanzen, Gebührenrecht**
Ref 28: **Finanz-, Kassen- und Rechnungswesen**
Ref 29: **Haushaltsmodernisierung (HMo)**

Abt 3 Steuern
Leiter: Bernd Burchert, MinDirig, Tel. (07 11) 1 23-44 00

Ref 31: **Steuerliche EDV-Verfahren, Verwaltungsangelegenheiten Steuer, Fachcontrolling Steuer, Außenprüfungsdienste**
Ref 32: **Einkommensteuer und Nebengesetze**
Ref 33: **Körperschaftsteuer, Umwandlungssteuerrecht, Gemeinnützigkeitsrecht, Gewerbesteuer, Außensteuerrecht, internationales Steuerrecht, Steuerberatende Berufe**
Ref 34: **Umsatzsteuer, Verbrauchsteuern, Eingangsabgaben, Allgemeines Abgabenrecht, Steuerfahndung, Steuerstrafrecht, Vollstreckung**

Ref 35: **Steuerpolitik, Verkehrsteuern, Bewertung und Erbschaftsteuer**

Abt 4 Vermögen und Hochbau
Leiter: Prof. Kai Fischer, MinDirig, Tel. (07 11) 1 23-46 00

Ref 41: **Organisation, Personal, Recht, Vergabe- und Vertragswesen im Bereich Vermögen und Hochbau**
Ref 42: **Haushalt, Controlling, IuK, Kostenplanung**
Ref 43: **Immobilienmanagement, Behördenunterbringung und Grundstücksverkehr**
Ref 44: **Immobilienmanagement, Schlösser und Gärten, Kulturliegenschaften**
Ref 45: **Ingenieurtechnik, Energie, Gebäudemanagement**
Ref 46: **Baumanagement, Dienstliegenschaften und Kulturbauten**
Ref 47: **Baumanagement Hochschulgesamtbereich**

Abt 5 Beteiligungen und Recht
Leiter: Reiner Moser, MinDirig, Tel. (07 11) 1 23-47 00

Stabsstelle der Beauftragten der Landesregierung für die zentrale umsatzsteuerliche Unterstützung der Ressorts
Ref 51: **Unternehmensbeteiligungen und Staatliche Unternehmen**
Ref 52: **Unternehmensbeteiligungen**
Ref 53: **Unternehmensbeteiligungen und Staatliche Unternehmen**
Ref 54: **Justitiariat, Vergaberecht und Umwandlung**
Ref 55: **Staatliche Beteiligungen an Banken** Kirsten Hofmann-Möser, Tel. -47 18

Abt 6 Grundsatz
Leiter: Heiko Engling, MinDirig, Tel. (07 11) 1 23-49 00

Ref 61: **Steuerung, Controlling, Leitstelle SCC, Berichtswesen**
Ref 62: **Finanzmarktregulierung**
Ref 63: **Grundsatzangelegenheiten, Steuereinnahmen, Bund-Länder-Finanzbeziehungen, Europäische Union, Statistik**
Ref 64: **Bundesrat und Bundesangelegenheiten**

Zum Geschäftsbereich des Ministeriums für Finanzen gehören:

1 Statistisches Landesamt Baden-Württemberg

70199 Stuttgart, Böblinger Str. 68; Tel. (07 11) 6 41-0; Fax (07 11) 6 41-24 40;
E-Mail: poststelle@stala.bwl.de;
http://www.statistik-bw.de

Staatsrechtliche Grundlage und Aufgabenkreis:
Das Statistische Landesamt Baden-Württemberg ist eine Landesoberbehörde, die der Dienstaufsicht des Ministeriums für Finanzen untersteht. Aufgaben und Befugnisse des Statistischen Landesamtes regelt das Landesstatistikgesetz (LStatG) vom 24. April 1991 in der Fassung vom 25. Januar 2012.
Das Statistische Landesamt hat die Aufgabe, Landtag, Regierung, Verwaltung, Gemeinden, Wirtschaft, Wissenschaft und Öffentlichkeit mit Dateninformationen zu versorgen. Es hat die angeordneten EU-, Bundes- und Landesstatistiken zu erheben, aufzubereiten, die Ergebnisse zusammenzustellen und für allgemeine Zwecke darzustellen. Bei Landesstatistiken hat es darüber hinaus die methodische und technische Vorbereitung zu leisten und auf ihre Einheitlichkeit und Vergleichbarkeit hinzuwirken. Weiter hat es das Landesinformationssystem zu betreiben und weiterzuentwickeln. Das Statistische Landesamt erstellt und veröffentlicht volkswirtschaftliche Gesamtrechnungen (einschließlich Input-Output-Rechnung und Kapitalstockberechnungen) und andere Gesamtsysteme statistischer Daten, wie z.B. das Sozialbudget.
Gegenüber dem Statistischen Bundesamt und dessen Beirat vertritt es die Belange des Landes. Beim Statistischen Landesamt besteht ein Statistischer Landesausschuss; den Vorsitz führt der Vertreter des Ministeriums für Finanzen.
Das Statistische Landesamt gibt folgende Veröffentlichungen heraus:
Statistisches Monatsheft Baden-Württemberg,
Statistische Berichte,
Statistische Daten (überwiegend CD-R),
Statistische Analysen,
Statistik Aktuell,
Verzeichnisse (z.B. Gemeindeverzeichnis, Schulverzeichnisse, Krankenhausverzeichnis),
Faltblätter,
Gemeinschaftsveröffentlichungen,
Thematische Karten,
Querschnitts- und Sonderveröffentlichungen
Präsidentin: Dr. Anke Rigbeis
Vertreter: Martin Mayer, AbtDir

Ref 01: **Grundsatzfragen, Öffentlichkeitsarbeit, Büro der Amtsleitung** Martin Ratering, RDir
Stabsstelle zur Messung des Erfüllungsaufwandes Christoph Dreher, LtdRDir

Abt 1 Zentrale Aufgaben, Allgemeine Verwaltung, Informationstechnik
Leiter: Martin Mayer, AbtDir

Ref 11: **Personal, Rechtsfragen, Datenschutz, IT-Sicherheit** Gundula Barth
Ref 12: **Organisation, Innerer Dienst, DTP, Repro, Haushalt, Controlling** Petra Kornschober
Ref 13: **Zentrale Anwenderbetreuung, DV-Produktion und Anwendungsentwicklung** Karl Munz

Ref 14: **Systemtechnik und Datenmanagement**
Karl-Albert Heilmann

Abt 2 Bevölkerung, Bildung, Rechtspflege, Insolvenzen, Zensus
Leiterin: Christiane Seidel, LtdRDirektorin

Ref 21: **Bevölkerung, Gesundheit, Rechtspflege, Insolvenzen** Werner Brachat-Schwarz
Ref 22: **Bildung und Kultur** Dr. Rainer Wolf
Ref 24: **Zensus** Nicole Michel

Abt 3 Gesamtrechnungen, Analysen, Arbeitsmarkt, Umwelt und Energie, Landwirtschaft, Familienforschung, Forschungsdatenzentrum
Leiter: NN

Ref 31: **Gesamtrechnungen, Wirtschaftswissenschaften, Analysen, Arbeitsmarkt, Außenhandel**
Dr. Frank Thalheimer
Ref 32: **Sozialwissenschaftliche Analysen, Familieforschung Baden-Württemberg, Forschungsdatenzentrum** Dr. Stephanie Saleth
Ref 33: **Umweltbeobachtung, Energie, Umweltökonomische Gesamtrechnungen** Birgit John
Ref 34: **Landwirtschaft** Seitz

Abt 4 Gewerbliche Wirtschaft und Verdienste
Leiterin: Monika Hin, LtdRDirektorin

Ref 41: **Verarbeitendes Gewerbe** Schneider
Ref 42: **Bauwirtschaft, Gebäude- und Wohnungsbestand, Verdienste, Arbeitskosten** Madeleine de la Croix
Ref 43: **Unternehmensregister, Gewerbeanzeigen, Verkehr** Dagmar Glaser
Ref 44: **Dienstleistungen, Tourismus, Handwerk**
Christine Ehrhardt

Abt 5 Finanzen und Steuern, Preise, Soziale Sicherung, Haushaltebefragungen
Leiter: Dr. Karl Pristl, LtdRDir

Ref 51: **Öffentliche Finanz- und Personalwirtschaft** Dr. Barbara Pflugmann-Hohlstein
Ref 52: **Steuern und Preise, Haushaltebefragungen** Jutta Loidl
Ref 53: **Mikrozensus** Dr. Hochstetter
Ref 54: **Soziale Sicherung** Dr. Kaiser

Abt 6 Informationsdienste, Regionalstatistik, Wahlen
Leiter: NN

Ref 61: **Informationsdienste, Regionalstatistik, Wahlen** Dr. Dirk Eisenreich

2 Steuerverwaltung, Vermögens- und Hochbauverwaltung

Oberfinanzdirektion Karlsruhe

Aufgabenkreis:
Als Landesmittelbehörde hat die Oberfinanzdirektion die Leitung der Finanzverwaltung des Landes. Die Oberfinanzdirektion überwacht die Gleichmäßigkeit der Gesetzesanwendung und beaufsichtigt die Geschäftsführung der Finanzämter. Ferner berät sie diese. Das Landeszentrum für Datenverarbeitung, die EDV-Abteilung der Oberfinanzdirektion, erbringt IuK-Dienstleistungen vor allem für die Finanzverwaltung und wird als Landesbetrieb nach § 26 Landeshaushaltsordnung geführt.
Die Abteilung Bundesbau Baden-Württemberg – Betriebsleitung mit Sitz in Freiburg bildet zusammen mit den Staatlichen Hochbauämtern einen Landesbetrieb. Dieser ist im Rahmen der Organleihe für Bauaufgaben der Bundesrepublik Deutschland in Baden-Württemberg zuständig.
Der Oberfinanzdirektion Karlsruhe ist die Landesoberkasse Baden-Württemberg angegliedert.
Nähere Angaben hierzu auf S. 61.

Finanzämter

Aufgabenkreis:
Die Finanzämter sind örtliche Landesbehörden, denen die Festsetzung und Erhebung der Besitz- und Verkehrsteuern übertragen ist (§§ 2, 17 des Gesetzes über die Finanzverwaltung). Sie erledigen diese Aufgaben als eigene Angelegenheiten, soweit die Steuern oder Steueranteile dem Land zufließen, und als Auftragsangelegenheiten hinsichtlich der Steuern oder Steueranteile, die einer anderen öffentlichen Körperschaft zustehen, z.B. Anteil des Bundes an Einkommen-, Umsatz- und Körperschaftsteuer, Kirchensteuer. Bei der Gewerbe- und der Grundsteuer besteht ihre Tätigkeit in der Festsetzung der Besteuerungsgrundlagen und der Messbeträge. Zu den Aufgaben der Finanzämter gehören ferner die Bewertung des Grundvermögens und die Durchführung der Steueraufsicht. Die Kassengeschäfte werden durch die Finanzkassen wahrgenommen. Sitze und Bezirke der Finanzämter wurden durch Erlass des Finanzministeriums Baden-Württemberg vom 3. Mai 2010 festgelegt.
Einigen Finanzämtern sind für einzelne Steuerarten die Aufgaben für den Bereich mehrerer Finanzamtsbezirke übertragen.
Nähere Angaben hierzu S. 62.

Landesoberkasse Baden-Württemberg

Aufgabenkreis:
Die Landesoberkasse Baden-Württemberg mit Sitz in Karlsruhe und Außenstelle in Metzingen ist i.S. § 79 LHO Einheitskasse und zentrale Landeskasse des Landes Baden-Württemberg. In diesen Funktionen erledigt sie die Kassengeschäfte für die Mehrzahl der staatlichen Dienststellen und verwaltet die bei den Kreditinstituten geführten zentralen Konten des Landes.
Nähere Angaben hierzu S. 61.

Abteilung Bundesbau Baden-Württemberg

Aufgabenkreis:
Die Abteilung Bundesbau Baden-Württemberg nimmt das Baumanagement für die Bundesrepublik Deutschland in Baden-Württemberg wahr. Für die Planung und Durchführung aller Baumaßnahmen des Bundes (zivil und militärisch), der Gaststreitkräfte, der NATO und sonstiger Dritter im Interesse des Bundes in Baden-Württemberg sind auf örtlicher Ebene die Staatlichen Hochbauämter zuständig. Nähere Angaben hierzu S. 62.

Landesbetrieb Vermögen und Bau Baden-Württemberg

Aufgabenkreis:
Der Landesbetrieb Vermögen und Bau Baden-Württemberg wurde durch Gesetz vom 8. Dezember 2004 (GBl. S. 891) errichtet und ist ein rechtlich unselbständiger, organisatorisch abgetrennter Teil der unmittelbaren Landesverwaltung. Er besteht aus der Betriebsleitung und nachgeordneten Betriebsteilen. Diese führen den Namenszusatz „Amt". Die Anstalt Staatliche Schlösser und Gärten Baden-Württemberg (SSG) als nicht rechtsfähige Anstalt des öffentlichen Rechts ist Teil des Landesbetriebs.
Der Landesbetrieb sorgt für das Immobilienmanagement, das Gebäudemanagement und Baumanagement des Landes.
Dazu gehören vor allem
- die Unterbringung der Landesbehörden und sonstigen Einrichtungen des Landes,
- der Ankauf und Verkauf, die Anmietung und Vermietung sowie die Werterhaltung des Immobilienvermögens,
- die Planung und Durchführung der Baumaßnahmen des Landes,
- die Beschaffung von Lieferungen und Leistungen für den Betrieb der von Landeseinrichtungen genutzten Gebäude,
- die Betreuung der staatlichen Schlösser, Gärten und sonstigen Kulturliegenschaften.

Ämter für Vermögen und Bau sowie Universitätsbauämter

Aufgabenkreis:
Nähere Angaben hierzu S. 71.
Die Ämter sind in ihrem Geschäftsbereich für die Wahrnehmung der Aufgaben des Landesbetriebes zuständig.

2.1 Oberfinanzdirektion Karlsruhe

(Bundesfinanzverwaltung in der Teilausgabe "Bund")
76133 Karlsruhe, Moltkestr. 50; Tel. (07 21) 9 26-0; Fax (07 21) 9 26-27 25;
E-Mail: poststelle@ofdka.bwl.de; https://ofd-karlsruhe.fv-bwl.de
Oberfinanzbezirk: Regierungsbezirke Freiburg, Karlsruhe, Stuttgart und Tübingen

Oberfinanzpräsident: Hans-Joachim Stephan

OPH-Abteilung
Organisation, Personal und Haushalt
Leiterin: Jutta Nickerl, VPräsidentin

Ref OPH 1: **Personalangelegenheiten**
Ref OPH 2: **Organisation OFD, Innerer Dienst** Teamentwicklung, Kollegiales Verhalten, Arbeitsschutz, Gesundheitsmanagement, BEM
Ref OPH 3: **Organisation Finanzämter, Kassen- und Rechnungswesen, Sicherheitsrevision, Zentrale umsatzsteuerliche Unterstützungsstelle**
Ref OPH 4: **Landesoberkasse Baden-Württemberg**, Rechtsangelegenheiten, Ausbildung, Bewerberverfahren, Haushalt und Beschaffung, Bildungszentrum, Fortbildung

Ref OPH 4 unmittelbar unterstellt:

Landesoberkasse Baden-Württemberg
76135 Karlsruhe, Steinhäuserstr. 11; Tel. (07 21) 81 99-0; Fax (07 21) 81 99-2 99;
E-Mail: poststelle@lok.bwl.de

Außenstelle Metzingen
72555 Metzingen, Reutlinger Str. 80; Tel. (0 71 23) 1 68-0; Fax (0 71 23) 1 68-2 50;
E-Mail: poststelle-metzingen@lok.bwl.de

Abt Steuern

Ref St 1: **Einkommensteuer, Lohnsteuer, private Altersvorsorge, Steuerabzug nach § 50 a EStG, Forschungszulage**
Ref St 2: **Körperschaftsteuer, Gewerbesteuer, Umwandlungssteuerrecht, Gemeinnützigkeit, Internationales Steuerrecht, Umsatzsteuer, Bekämpfung des Umsatzsteuerbetruges**
Ref St 3: **Abgabenordnung, Finanzgerichtsordnung, Rechtsbehelfstellen, Steuerberatungsgesetz, Erbschaft- und Schenkungsteuer, Bewertung, Grunderwerbsteuer, Spielbankabgabe, Rennwett- und Lotteriesteuer, Bausachverständige, Land- und Forstwirtschaft**
Ref St 4: **Steuerfahndung, Steuerstrafsachen und Steuerordnungswidrigkeiten, Betriebsprüfung und Amtsbetriebsprüfung, Zentraler digitaler Bürgerservice, Austauschplattform der Finanzämter, FAIR-Redaktion**
Ref St 5: **Unternehmensbesteuerung, Körperschaftsteuer, Gewerbesteuer, Umwandlungssteuerrecht, Gemeinnützigkeit, Internationales Steuerrecht**

EDV-Abteilung (Landeszentrale für Datenverarbeitung)

Ref EDV 1: **Zentrale Dienste, Querschnittsaufgaben**
Ref EDV 2: **Anwendungsentwicklung**
Ref EDV 3: **Anwendungsentwicklung**
Ref EDV 4: **System- und Applikationsbetrieb**
Ref EDV 5: **Scan-Zentrum, Druck- und Versandzentrum, User-Help-Desk, Monitoring, System-**

technik, Schulung, Softwareverteilung, Configuration Management Database
Ref EDV 6: **KONSENS-Steuerung, KONSENS zentrale Organisationseinheit Architektur, Release- und Einsatzmanagement, Betriebsmanagement Systemarchitektur, Projekte und Test**
Ref EDV 7: **Sicherheitszentrum IT in der Finanzverwaltung Baden-Württemberg**

Abt Bundesbau Baden-Württemberg – Betriebsleitung
Leiter: Klaus Max Rippel

Ref B 1: **Organisation, Öffentlichkeitsarbeit, Personal, Finanzen, Recht und Vergabe, Controlling, Berichts- und DV-Management**
Ref B 2: **Militärischer Bundesbau und NATO, Ziviler Bundesbau, Bauliche Grundsatzfragen, Kunst am Bau, Bauingenieurwesen und Freianlagen, Technische Gebäudeausrüstung**
Ref B 3: **Sanitätsinfrastrukturmanagement, Zuwendungsbau und Nachhaltiges Bauen, Auslandsbau, Geheimschutz, Materielle Sicherheit, Gaststreitkräfte**

Der Oberfinanzdirektion sind nachgeordnet:

2.1.1 Finanzämter

Finanzamt Aalen
73431 Aalen, Bleichgartenstr. 17; Tel. (0 73 61) 95 78-0; Fax (0 73 61) 95 78-4 40;
E-Mail: poststelle-50@finanzamt.bwl.de; https://finanzamt-bw.fv-bwl.de/fa_aalen
Amtsleiter: Rolf Streicher, LtdRDir
Finanzamtsbezirk: Ostalbkreis ohne die Gemeinden, die den Finanzämtern Crailsheim und Schwäbisch Gmünd zugeteilt sind

Finanzamt Backnang
71522 Backnang, Spinnerei 48; Tel. (0 71 91) 12-0; Fax (0 71 91) 12-2 21;
E-Mail: poststelle-51@finanzamt.bwl.de; https://finanzamt-bw.fv-bwl.de/fa_backnang
Amtsleiter: Tillmann Berroth, LtdRDir
Finanzamtsbezirk: Vom Rems-Murr-Kreis (siehe Finanzämter Schorndorf und Waiblingen) die Gemeinden Allmersbach im Tal, Althütte, Aspach, Auenwald, Backnang, Burgstetten, Grosserlach, Kirchberg (Murr), Murrhardt, Oppenweiler, Spiegelberg, Sulzbach (Murr), Weissach im Tal

Finanzamt Baden-Baden
76530 Baden-Baden, Stephanienstr. 13; Tel. (0 72 21) 3 59-0; Fax (0 72 21) 3 59-1 00;
E-Mail: poststelle-33@finanzamt.bwl.de; https://finanzamt-bw.fv-bwl.de/fa_badenbaden
Amtsleiter: Ingbert Stolz
Finanzamtsbezirk: Stadtkreis Baden-Baden, vom Landkreis Rastatt (siehe auch Finanzamt Rastatt) die Gemeinden Bühl, Bühlertal, Lichtenau, Ottersweier, Rheinmünster und Sinzheim

Außenstelle
77815 Bühl, Alban-Stolz-Str. 8; Tel. (0 72 21) 35 90; Fax (0 72 21) 4 00

Finanzamt Bad Urach
72574 Bad Urach, Graf-Eberhard-Platz 7; Tel. (0 71 25) 1 58-0; Fax (0 71 25) 1 58-3 00;
E-Mail: poststelle-89@finanzamt.bwl.de; https://finanzamt-bw.fv-bwl.de/fa_badurach
Amtsleiter: Stefan Flamm, LtdRDir
Finanzamtsbezirk: Landkreis Reutlingen ohne die Gemeinden, die dem Finanzamt Reutlingen zugeteilt sind; vom Alb-Donau-Kreis (siehe Finanzämter Ehingen und Ulm) die Gemeinden Heroldstatt, Laichingen (ohne Ortsteil Machtolsheim) und Westerheim

Finanzamt Balingen
72336 Balingen, Jakob-Beutter-Str. 4; Tel. (0 74 33) 97-0; Fax (0 74 33) 97-20 99;
E-Mail: poststelle-53@finanzamt.bwl.de; https://finanzamt-bw.fv-bwl.de/fa_balingen
Amtsleiter: Albin Geiger, LtdRDir
Finanzamtsbezirk: Zollernalbkreis

Finanzamt Biberach
88400 Biberach, Bahnhofstr. 11; Tel. (0 73 51) 59-0; Fax (0 73 51) 59-11 19;
E-Mail: poststelle-54@finanzamt.bwl.de; https://finanzamt-bw.fv-bwl.de/fa_biberach
Amtsleiter: Roland Eberhart, LtdRDir
Finanzamtsbezirk: Landkreis Biberach

Außenstelle Riedlingen
88499 Riedlingen, Kirchstr. 30; Tel. (0 73 71) 1 87-0; Fax (0 73 71) 1 87-10 00

Finanzamt Bietigheim-Bissingen
74321 Bietigheim-Bissingen, Kronenbergstr. 13; Tel. (0 71 42) 5 90-0; Fax (0 71 42) 5 90-1 99;
E-Mail: poststelle-55@finanzamt.bwl.de; https://finanzamt-bw.fv-bwl.de/fa_bietigheimbissingen
Amtsleiter: Jürgen Rögelein, LtdRDir
Finanzamtsbezirk: Vom Landkreis Ludwigsburg (siehe Finanzämter Leonberg und Ludwigsburg) die Gemeinden Besigheim, Bietigheim-Bissingen, Bönnigheim, Eberdingen, Erligheim, Freudental, Gemmrigheim, Hessigheim, Ingersheim, Kirchheim am Neckar, Löchgau, Mundelsheim, Oberriexingen, Sachsenheim, Sersheim, Vaihingen an der Enz und Walheim

Finanzamt Böblingen
71034 Böblingen, Talstr. 46; Tel. (0 70 31) 13-01; Fax (0 70 31) 13-32 00;
E-Mail: poststelle-56@finanzamt.bwl.de; https://finanzamt-bw.fv-bwl.de/fa_boeblingen
Amtsleiter: Werner Fritz, LtdRDir
Finanzamtsbezirk: Landkreis Böblingen ohne die Gemeinden, die den Finanzämtern Leonberg und Stuttgart III zugeteilt sind

Finanzamt Bruchsal
76646 Bruchsal, Schönbornstr. 1-5; Tel. (0 72 51) 74-0; Fax (0 72 51) 74-21 11;
E-Mail: poststelle-30@finanzamt.bwl.de; https://finanzamt-bw.fv-bwl.de/fa_bruchsal
Amtsleiter: Brecht
Finanzamtsbezirk: Landkreis Karlsruhe (ohne die Gemeinden, die den Finanzämtern Ettlingen und Karlsruhe-Durlach zugeteilt sind)

Finanzamt Calw
75365 Calw, Klosterhof 1; Tel. (0 70 51) 5 87-0; Fax (0 70 51) 5 87-1 11;
E-Mail: poststelle-45@finanzamt.bwl.de; https://finanzamt-bw.fv-bwl.de/fa_calw
Amtsleiter: Mattes
Finanzamtsbezirk: Landkreis Calw (ohne die Gemeinden, die dem Finanzamt Neuenburg zugeteilt sind)

Finanzamt Ehingen
89584 Ehingen, Hehlestr. 19; Tel. (0 73 91) 5 08-0; Fax (0 73 91) 5 08-2 60;
E-Mail: poststelle-58@finanzamt.bwl.de; https://finanzamt-bw.fv-bwl.de/fa_ehingen
Amtsleiter: Hubert Schelkle, LtdRDir
Finanzamtsbezirk: Vom Alb-Donau-Kreis (siehe Finanzämter Ulm und Urach) die Gemeinden Allmendingen, Altheim, Ehingen, Emeringen, Emerkingen, Griesingen, Grundsheim, Hausen am Bussen, Lauterach, Munderkingen, Oberdischingen, Obermarchtal, Oberstadion, Öpfingen, Rechtenstein, Rottenacker, Schelklingen, Untermarchtal, Unterstadion, Unterwachingen

Finanzamt Emmendingen
79312 Emmendingen, Bahnhofstr. 1-3; Tel. (0 76 41) 4 50-0; Fax (0 76 41) 4 50-3 50;
E-Mail: poststelle-05@finanzamt.bwl.de; https://finanzamt-bw.fv-bwl.de/fa_emmendingen
Amtsleiterin: Thörner
Finanzamtsbezirk: Landkreis Emmendingen

Finanzamt Esslingen
73728 Esslingen, Entengrabenstr. 11; Tel. (07 11) 3 97-29 29; Fax (07 11) 3 97-24 00;
E-Mail: poststelle-59@finanzamt.bwl.de; https://finanzamt-bw.fv-bwl.de/fa_esslingen
Amtsleiter: Baun
Finanzamtsbezirk: Landkreis Esslingen ohne die Gemeinden, die den Finanzämtern Kirchheim, Nürtingen und Stuttgart III zugeteilt sind

Finanzamt Ettlingen
76275 Ettlingen, Pforzheimer Str. 16; Tel. (0 72 43) 5 08-0; Fax (0 72 43) 5 08-2 95;
E-Mail: poststelle-31@finanzamt.bwl.de; https://finanzamt-bw.fv-bwl.de/fa_ettlingen
Amtsleiter: Jürgen Zimmermann
Finanzamtsbezirk: Vom Landkreis Karlsruhe (siehe Finanzämter Bruchsal und Karlsruhe-Durlach) die Gemeinden Ettlingen, Rheinstetten, Karlsbad, Malsch, Marxzell und Waldbronn

Finanzamt Freiburg-Stadt
79104 Freiburg, Sautierstr. 24; Tel. (07 61) 2 04-0; Fax (07 61) 2 04-32 95;
E-Mail: poststelle-06@finanzamt.bwl.de; https://finanzamt-bw.fv-bwl.de/fa_freiburgstadt
Amtsleiter: Dirk Schumacher, LtdRDir
Finanzamtsbezirk: Stadtkreis Freiburg im Breisgau

Finanzamt Freiburg-Land
79104 Freiburg, Stefan-Meier-Str. 133; Tel. (07 61) 2 04-0; Fax (07 61) 2 04-34 24;
E-Mail: poststelle-07@finanzamt.bwl.de; https://finanzamt-bw.fv-bwl.de/fa_freiburgland
Amtsleiter: Thomas Züfle, LtdRDir
Finanzamtsbezirk: Vom Landkreis Breisgau-Hochschwarzwald (siehe Finanzamt Müllheim und Titisee-Neustadt) die Gemeinden Au, Bad Krozingen, Ballrechten-Dottingen, Bötzingen, Bollschweil, Breisach, Buchenbach, Ebringen, Ehrenkirchen, Eichstetten, Eschbach, Glottertal, Gottenheim, Gundelfingen, Hartheim, Heitersheim, Heuweiler, Horben, Ihringen, Kirchzarten, March, Merdingen, Merzhausen, Münstertal, Oberried, Pfaffenweiler, Sankt Peter, Schallstadt, Sölden, Staufen, Stegen, Sulzburg, Umkirch, Vogtsburg. i. K. und Wittnau

Außenstelle
79822 Titisee-Neustadt, Goethestr. 5; Tel. (0 76 51) 2 03-0; Fax (0 76 51) 2 03-1 10

Finanzamt Freudenstadt
72250 Freudenstadt, Musbacher Str. 33; Tel. (0 74 41) 56-0; Fax (0 74 41) 56-10 11;
E-Mail: poststelle-42@finanzamt.bwl.de; https://finanzamt-bw.fv-bwl.de/fa_freudenstadt
Amtsleiter: Erich Kiefer, RDir
Finanzamtsbezirk: Landkreis Freudenstadt

Außenstelle
72160 Horb a.N., Oberamteigasse 2; Tel. (0 74 51) 53 87-0; Fax (0 74 51) 53 87-50

Finanzamt Friedrichshafen
88046 Friedrichshafen, Ehlersstr. 13; Tel. (0 75 41) 7 06-0; Fax (0 75 41) 7 06-1 11;
E-Mail: poststelle-61@finanzamt.bwl.de; https://finanzamt-bw.fv-bwl.de/fa_friedrichshafen
Amtsleiterin: Renate Kaplan, LtdRDirektorin
Finanzamtsbezirk: Vom Bodenseekreis (siehe Finanzamt Überlingen) die Gemeinden Friedrichshafen, Tettnang, Eriskirch, Kreßbronn, Langenargen, Meckenbeuren, Oberteuringen, Neukirch

Finanzamt Göppingen
73033 Göppingen, Gartenstr. 42; Tel. (0 71 61) 97 03-0; Fax (0 71 61) 97 03-29 35;
E-Mail: poststelle-63@finanzamt.bwl.de; https://finanzamt-bw.fv-bwl.de/fa_goeppingen
Amtsleiter: Dr. Michael Birk, LtdRDir
Finanzamtsbezirk: Landkreis Göppingen

Außenstelle
73312 Geislingen, Schillerstr. 2; Tel. (0 71 61) 97 03-0; Fax (0 71 61) 97 03-22 00

Finanzamt Heidelberg
69123 Heidelberg, Maaßstr. 32; Tel. (0 62 21) 73 65-0; Fax (0 62 21) 73 65-1 90;
E-Mail: poststelle-32@finanzamt.bwl.de; https://finanzamt-bw.fv-bwl.de/fa_heidelberg
Amtsleiter: Thomas Riedel, LtdRDir
Finanzamtsbezirk: Stadtkreis Heidelberg, Rhein-Neckar-Kreis (ohne die Gemeinden, die den Finanzämtern Mannheim-Neckarstadt, Mosbach, Sinsheim, Schwetzingen und Weinheim zugeteilt sind)

Finanzamt Heidenheim
89518 Heidenheim, Marienstr. 15; Tel. (0 73 21) 38-0; Fax (0 73 21) 38 15 28;
E-Mail: poststelle-64@finanzamt.bwl.de; https://finanzamt-bw.fv-bwl.de/fa_heidenheim
Amtsleiterin: Olga Schießl, LtdRDirektorin
Finanzamtsbezirk: Landkreis Heidenheim

Finanzamt Heilbronn
74076 Heilbronn, Moltkestr. 91; Tel. (0 71 31) 74 75-0; Fax (0 71 31) 74 75-30 00;
E-Mail: poststelle-65@finanzamt.bwl.de; https://finanzamt-bw.fv-bwl.de/fa_heilbronn
Amtsleiterin: Katja Konnerth
Finanzamtsbezirk: Stadt- und Landkreis Heilbronn

Finanzamt Karlsruhe-Durlach
76227 Karlsruhe, Prinzessenstr. 2; Tel. (07 21) 9 94-0; Fax (07 21) 9 94-12 35;
E-Mail: poststelle-34@finanzamt.bwl.de; https://finanzamt-bw.fv-bwl.de/fa_karlsruhedurlach
Amtsleiter: Ulrich Buggisch, LtdRDir
Finanzamtsbezirk: Vom Stadtkreis Karlsruhe (siehe Finanzamt Karlsruhe-Stadt) die Stadtteile Karlsruhe-Durlach, Grötzingen, Grünwettersbach, Hohenwettersbach, Neureut, Palmbach, Stupferich und Wolfartsweier

Finanzamt Karlsruhe-Stadt
76131 Karlsruhe, Durlacher Allee 29; Tel. (07 21) 1 56-0; Fax (07 21) 1 56 10 00;
E-Mail: poststelle-35@finanzamt.bwl.de; https://finanzamt-bw.fv-bwl.de/fa_karlsruhestadt
Amtsleiter: Grimm
Finanzamtsbezirk: Stadtkreis Karlsruhe ohne die Stadtteile, die dem Finanzamt Karlsruhe-Durlach zugeteilt sind

Finanzamt Konstanz
78467 Konstanz, Byk-Gulden-Str. 2 a; Tel. (0 75 31) 2 89-0; Fax (0 75 31) 2 89-3 12;
E-Mail: poststelle-09@finanzamt.bwl.de; https://finanzamt-bw.fv-bwl.de/fa_konstanz
Amtsleiter: Albrecht Zeitler, LtdRDir
Finanzamtsbezirk: Vom Landkreis Konstanz (siehe Finanzamt Singen) die Gemeinden Allensbach, Konstanz und Insel Reichenau

Finanzamt Lahr
77933 Lahr, Gerichtsstr. 5; Tel. (0 78 21) 2 83-0; Fax (0 78 21) 28 31 00;
E-Mail: poststelle-10@finanzamt.bwl.de; https://finanzamt-bw.fv-bwl.de/fa_lahr
Amtsleiter: Christian Buss, LtdRDir
Finanzamtsbezirk: Vom Ortenaukreis (siehe Finanzämter Achern, Kehl, Offenburg, Wolfach) die Gemeinden Ettenheim, Friesenheim, Kappel-Grafenhausen, Kippenheim, Lahr, Mahlberg, Meißenheim, Ringsheim, Rust, Schuttertal, Schwanau und Seelbach

Finanzamt Leonberg
71229 Leonberg, Schlosshof 3; Tel. (0 71 52) 15-1; Fax (0 71 52) 15-3 33;
E-Mail: poststelle-70@finanzamt.bwl.de; https://finanzamt-bw.fv-bwl.de/fa_leonberg
Amtsleiter: Thomas Frey, RDir
Finanzamtsbezirk: Vom Landkreis Böblingen (siehe Finanzämter Böblingen und Stuttgart III) die Gemeinden Leonberg, Renningen, Rutesheim, Weil der Stadt, Weissach; vom Landkreis Ludwigsburg (siehe Finanzämter Ludwigsburg und Bietigheim-Bissingen) die Gemeinden Ditzingen, Gerlingen, Hemmingen, Korntal-Münchingen

Finanzamt Lörrach
79539 Lörrach, Luisenstr. 10 a; Tel. (0 76 21) 16 78-0; Fax (0 76 21) 16 78-2 45;
E-Mail: poststelle-11@finanzamt.bwl.de; https://finanzamt-bw.fv-bwl.de/fa_loerrach
Amtsleiter: Salaske
Finanzamtsbezirk: Landkreis Lörrach – ohne die Gemeinden, die dem Finanzamt Müllheim zugeteilt sind –

Finanzamt Ludwigsburg
71638 Ludwigsburg, Alt-Württemberg-Allee 40; Tel. (0 71 41) 18-0; Fax (0 71 41) 18-21 05;
E-Mail: poststelle-71@finanzamt.bwl.de; https://finanzamt-bw.fv-bwl.de/fa_ludwigsburg
Amtsleiterin: Braun
Finanzamtsbezirk: Landkreis Ludwigsburg ohne die Gemeinden, die den Finanzämtern Bietigheim-Bissingen und Leonberg zugeteilt sind

Finanzamt Mannheim-Neckarstadt
68199 Mannheim, Donaustr. 34; Tel. (06 21) 2 92-0; Fax (06 21) 2 92 10 10;
E-Mail: poststelle-37@finanzamt.bwl.de; https://finanzamt-bw.fv-bwl.de/fa_mannheimneckarstadt
Amtsleiter: Hannes Grimm, LtdRDir
Finanzamtsbezirk: Vom Stadtkreis Mannheim das Gebiet rechts des Neckars sowie die Stadtteile Friedrichsfeld und Seckenheim; vom Rhein-Neckar-Kreis (siehe Finanzämter Heidelberg, Mosbach, Sinsheim, Schwetzingen, Weinheim) die Gemeinden Edingen-Neckarhausen und Ilvesheim

Finanzamt Mannheim-Stadt
68199 Mannheim, Donaustr. 34; Tel. (06 21) 29 20; Fax (06 21) 2 92-36 40;
E-Mail: poststelle-38@finanzamt.bwl.de; https://finanzamt-bw.fv-bwl.de/fa_mannheimstadt
Amtsleiter: Stefan Dreyer

Finanzamtsbezirk: Vom Stadtkreis Mannheim das Stadtgebiet zwischen Rhein und Neckar ohne die Stadtteile Friedrichsfeld und Seckenheim

Finanzamt Mosbach
74821 Mosbach, Pfalzgraf-Otto-Str. 5; Tel. (0 62 61) 8 07-0; Fax (0 62 61) 8 07-2 00;
E-Mail: poststelle-40@finanzamt.bwl.de; https://finanzamt-bw.fv-bwl.de/fa_mosbach
Amtsleiter: Dr. Häuser
Finanzamtsbezirk: Vom Rhein-Neckarkreis (siehe Finanzämter Heidelberg, Mannheim-Neckarstadt, Sinsheim, Schwetzingen und Weinheim) die Gemeinden Eberbach und Schönbrunn. Neckar-Odenwald-Kreis – ohne die Gemeinden, die dem Finanzamt Walldürn zugeteilt sind.

Außenstelle:
74731 Walldürn, Albert-Schneider-Str. 1; Tel. (0 62 82) 7 05-0; Fax (0 62 82) 7 05-5 00

Finanzamt Mühlacker
75417 Mühlacker, Konrad-Adenauer-Platz 6; Tel. (0 70 41) 8 93-0; Fax (0 70 41) 8 93-9 99;
E-Mail: poststelle-48@finanzamt.bwl.de; https://finanzamt-bw.fv-bwl.de/fa_muehlacker
Amtsleiter: Klus
Finanzamtsbezirk: Vom Enzkreis (siehe Finanzämter Pforzheim und Neuenbürg) die Gemeinden Friolzheim, Heimsheim, Illingen, Knittlingen, Maulbronn, Mönsheim, Mühlacker, Ölbronn, Dürrn, Ötisheim, Sternenfels, Wiernsheim, Wimsheim und Wurmberg

Finanzamt Müllheim
79379 Müllheim, Goethestr. 11; Tel. (0 76 31) 1 89-0; Fax (0 76 31) 1 89-1 90;
E-Mail: poststelle-12@finanzamt.bwl.de; https://finanzamt-bw.fv-bwl.de/fa_muellheim
Amtsleiter: Franz Josef Brockmeier, RDir
Finanzamtsbezirk: Vom Landkreis Breisgau-Hochschwarzwald (siehe Finanzamt Freiburg-Land) die Gemeinden Auggen, Bad Krozingen, Badenweiler, Ballrechten-Dattingen, Buggingen, Ehrenkirchen, Eschbach, Hartheim, Heitersheim, Müllheim, Münstertal/Schwarzwald

Finanzamt Nürtingen
72622 Nürtingen, Sigmaringer Str. 15; Tel. (0 70 22) 7 09-0; Fax (0 70 22) 7 09-1 20;
E-Mail: poststelle-74@finanzamt.bwl.de; https://finanzamt-bw.fv-bwl.de/fa_nuertingen
Amtsleiter: Wankmüller
Finanzamtsbezirk: Vom Landkreis Esslingen (siehe Finanzämter Esslingen, Kirchheim und Stuttgart III) die Gemeinden Aichtal, Altdorf, Altenriet, Bempflingen, Beuren, Erkenbrechtsweiler, Frickenhausen, Großbettlingen, Kohlberg, Neckartailfingen, Neckartenzlingen, Neuffen, Nürtingen, Oberboihingen, Schlaitdorf, Unterensingen, Wendlingen, Wolfschlugen

Außenstelle:
73230 Kirchheim, Alleenstr. 120; Tel. (0 70 21) 5 75-0; Fax (0 70 21) 5 75-2 58

Finanzamt Offenburg
77654 Offenburg, Carl-Blos-Str. 2a; Tel. (07 81) 1 20 26-0; Fax (07 81) 1 20 26-19 99;
E-Mail: poststelle-14@finanzamt.bwl.de; https://finanzamt-bw.fv-bwl.de/fa_offenburg
Amtsleiterin: Girerd
Finanzamtsbezirk: Ortenaukreis – ohne die Gemeinden, die dem Finanzamt Lahr zugeteilt sind –

Außenstelle
77855 Achern, Martinstr. 50; Tel. (07 81) 1 20 26-0; Fax (07 81) 1 20 26-29 99

Außenstelle
77694 Kehl, Ludwig-Trick-Str. 1; Tel. (07 81) 1 20 26-0; Fax (07 81) 1 20 26-39 99

Außenstelle
77709 Wolfach, Hauptstr. 55; Tel. (07 81) 1 20 26-0; Fax (07 81) 1 20 26-49 99

Finanzamt Öhringen
74613 Öhringen, Haagweg 39; Tel. (0 79 41) 6 04-0; Fax (0 79 41) 6 04-4 00;
E-Mail: poststelle-76@finanzamt.bwl.de; https://finanzamt-bw.fv-bwl.de/fa_oehringen
Amtsleiter: Kremer
Finanzamtsbezirk: Hohenlohekreis

Finanzamt Pforzheim
75179 Pforzheim, Moltkestr. 8; Tel. (0 72 31) 1 83-0; Fax (0 72 31) 1 83-11 11;
E-Mail: poststelle-41@finanzamt.bwl.de; https://finanzamt-bw.fv-bwl.de/fa_pforzheim
Amtsleiter: Kuchta
Finanzamtsbezirk: Stadtkreis Pforzheim, Enzkreis, ohne die Gemeinden, die dem Finanzamt Mühlacker zugeteilt sind, vom Landkreis Calw (siehe auch Finanzamt Calw) die Gemeinden Bad Herrenalb, Dobel, Enzklösterle, Höfen, Schömberg, Unterreichenbach und Wildbad. Vom Enzkreis (siehe Finanzämter Mühlacker und Pforzheim) die Gemeinden Birkenfeld, Engelsbrand, Neuenbürg und Straubenhardt.

Außenstelle
75305 Neuenbürg, Wildbader Str. 107; Tel. (0 72 31) 1 83-0; Fax (0 72 31) 1 83-11 66

Finanzamt Rastatt
76437 Rastatt, An der Ludwigsfeste 3; Tel. (0 72 22) 9 78-0; Fax (0 72 22) 9 78-3 30;
E-Mail: poststelle-39@finanzamt.bwl.de; https://finanzamt-bw.fv-bwl.de/fa_rastatt
Amtsleiter: Wagner
Finanzamtsbezirk: Landkreis Rastatt (ohne die Gemeinden, die dem Finanzamt Bühl zugeteilt sind)

Finanzamt Ravensburg
88250 Weingarten, Broner Platz 12; Tel. (07 51) 4 03-0; Fax (07 51) 4 03-3 03;

E-Mail: poststelle-77@finanzamt.bwl.de; https://
finanzamt-bw.fv-bwl.de/fa_ravensburg
Amtsleiter: Frank Widmaier, LtdRDir
Finanzamtsbezirk: Landkreis Ravensburg ohne die Gemeinden, die den Finanzämtern Sigmaringen, Außenstelle Bad Saulgau und Wangen zugeteilt sind

Finanzamt Reutlingen
72764 Reutlingen, Leonhardsplatz 1; Tel. (0 71 21) 9 40-0; Fax (0 71 21) 9 40-10 02;
E-Mail: poststelle-78@finanzamt.bwl.de; https://
finanzamt-bw.fv-bwl.de/fa_reutlingen
Amtsleiter: Dieter Möhler, LtdRDir
Finanzamtsbezirk: Vom Landkreis Reutlingen (siehe Finanzamt Urach) die Gemeinden Eningen unter Achalm, Engstingen, Lichtenstein, Pfullingen, Pliezhausen, Reutlingen, Sonnenbühl, Trochtelfingen, Walddorfhäslach und Wannweil

Finanzamt Rottweil
78628 Rottweil, Körnerstr. 28; Tel. (07 41) 2 43-0; Fax (07 41) 2 43-21 94;
E-Mail: poststelle-19@finanzamt.bwl.de; https://
finanzamt-bw.fv-bwl.de/fa_rottweil
Amtsleiter: Michael Kewes, LtdRDir
Finanzamtsbezirk: Landkreis Rottweil

Außenstelle Oberndorf
78727 Oberndorf, Brandeckerstr. 4; Tel. (0 74 23) 8 15-0; Fax (0 74 23) 8 15-1 07

Finanzamt Schorndorf
73614 Schorndorf, Johann-Philipp-Palm-Str. 28; Tel. (0 71 81) 6 01-0; Fax (0 71 81) 6 01-4 99;
E-Mail: poststelle-82@finanzamt.bwl.de; https://
finanzamt-bw.fv-bwl.de/fa_schorndorf
Amtsleiterin: Angela Saar, LtdRDirektorin
Finanzamtsbezirk: Vom Rems-Murr-Kreis (siehe Finanzämter Backnang und Waiblingen) die Gemeinden Alfdorf, Kaisersbach, Plüderhausen, Remshalden, Rudersberg, Schorndorf, Urbach, Welzheim, Winterbach

Finanzamt Schwäbisch Gmünd
73525 Schwäbisch Gmünd, Augustinerstr. 6; Tel. (0 71 71) 6 02-0; Fax (0 71 71) 6 02-2 66;
E-Mail: poststelle-83@finanzamt.bwl.de; https://
finanzamt-bw.fv-bwl.de/fa_schwaebischgmuend
Amtsleiter: Dieter Zich, LtdRDir
Finanzamtsbezirk: Vom Ostalbkreis (siehe Finanzamt Aalen) die Gemeinden Bartholomä, Böbingen an der Rems, Durlangen, Eschach, Göggingen, Gschwend, Heubach, Heuchlingen, Iggingen, Leinzell, Lorch, Mögglingen, Mutlangen, Obergröningen, Ruppertshofen, Schechingen, Schwäbisch Gmünd, Spraitbach, Täferrot, Waldstetten

Finanzamt Schwäbisch Hall
74523 Schwäbisch Hall, Bahnhofstr. 25; Tel. (07 91) 7 52-0; Fax (07 91) 7 52-39 00;
E-Mail: poststelle-84@finanzamt.bwl.de; https://
finanzamt-bw.fv-bwl.de/fa_schwaebischhall
Amtsleiter: Martin Knörr, LtdRDir

Finanzamtsbezirk: Landkreis Schwäbisch Hall

Außenstelle:
74564 Crailsheim, Schillerstr. 1; Tel. (0 79 51) 4 01-0; Fax (0 79 51) 4 01-15 00

Finanzamt Schwetzingen
68723 Schwetzingen, Schloß, nördlicher Flügel; Tel. (0 62 02) 81-0; Fax (0 62 02) 81-2 98;
E-Mail: poststelle-43@finanzamt.bwl.de; https://
finanzamt-bw.fv-bwl.de/fa_schwetzingen
Amtsleiter: Quilitz
Finanzamtsbezirk: Vom Rhein-Neckar-Kreis (siehe Finanzämter Heidelberg, Mannheim-Neckarstadt, Mosbach, Sinsheim und Weinheim) die Gemeinden Altlußheim, Brühl, Hockenheim, Ketsch, Neulußheim, Oftersheim, Plankstadt, Reilingen und Schwetzingen

Finanzamt Sigmaringen
72488 Sigmaringen, Karlstr. 31; Tel. (0 75 71) 1 01-0; Fax (0 75 71) 1 01-3 00;
E-Mail: poststelle-85@finanzamt.bwl.de; https://
finanzamt-bw.fv-bwl.de/fa_sigmaringen
Amtsleiter: Helmut Bosler, LtdRDir
Finanzamtsbezirk: Landkreis Sigmaringen; vom Landkreis Ravensburg die Gemeinden Altshausen, Boms, Ebenweiler, Ebersbach-Musbach, Eichstegen, Fleischwangen, Guggenhausen, Hoßkirch, Königseggwald, Riedhausen und Unterwaldhausen

Außenstelle:
88348 Bad Saulgau, Schulstr. 5; Tel. (0 75 81) 5 04-0; Fax (0 75 81) 5 04-4 99

Finanzamt Singen
78224 Singen, Alpenstr. 9; Tel. (0 77 31) 8 23-0; Fax (0 77 31) 8 23-6 50;
E-Mail: poststelle-18@finanzamt.bwl.de; https://
finanzamt-bw.fv-bwl.de/fa_singen
Amtsleiterin: Solveig Elze, LtdRDirektorin
Finanzamtsbezirk: Landkreis Konstanz ohne die Gemeinden, die dem Finanzamt Konstanz zugeteilt sind

Finanzamt Sinsheim
74889 Sinsheim, Bahnhofstr. 27; Tel. (0 72 61) 6 96-0; Fax (0 72 61) 6 96-4 44;
E-Mail: poststelle-44@finanzamt.bwl.de; https://
finanzamt-bw.fv-bwl.de/fa_sinsheim
Amtsleiter: Dieter Weißhardt, LtdRDir
Finanzamtsbezirk: Vom Rhein-Neckar-Kreis (siehe Finanzämter Heidelberg, Mannheim-Neckarstadt, Mosbach, Schwetzingen und Weinheim) die Gemeinden Angelbachtal, Dielheim, Epfenbach, Eschelbronn, Helmstadt-Bargen, Lobbach, Mauer, Meckesheim, Mühlhausen, Neckarbischofsheim, Neidenstein, Rauenberg, Reichartshausen, Sinsheim, Spechbach, Waibstadt und Zuzenhausen

Finanzamt Stuttgart – Körperschaften
70178 Stuttgart, Paulinenstr. 44; Tel. (07 11) 66 73-0; Fax (07 11) 66 73-65 25;
E-Mail: poststelle-99@finanzamt.bwl.de; https://

finanzamt-bw.fv-bwl.de/
fa_stuttgartkoerperschaften
Amtsleiter: Brockmann
Finanzamtsbezirk: Verwaltung der Grunderwerbsteuer für die Finanzämter Stuttgart

Finanzamt Stuttgart I
70173 Stuttgart, Rotebühlplatz 30; Tel. (07 11) 66 73-0; Fax (07 11) 66 73-50 10;
E-Mail: poststelle-93@finanzamt.bwl.de; https://finanzamt-bw.fv-bwl.de/fa_stuttgart1
Amtsleiter: Knaus
Finanzamtsbezirk: Vom Stadtkreis Stuttgart die Anfangsbuchstaben A-H

Finanzamt Stuttgart II
70178 Stuttgart, Rotebühlstr. 40; Tel. (07 11) 66 73-0; Fax (07 11) 66 73-56 10;
E-Mail: poststelle-95@finanzamt.bwl.de; https://finanzamt-bw.fv-bwl.de/fa_stuttgart2
Amtsleiter: Hans-Peter Hoffmann, LtdRDir
Finanzamtsbezirk: Vom Stadtkreis Stuttgart die Anfangsbuchstaben I-R

Finanzamt Stuttgart III
70173 Stuttgart, Rotebühlplatz 30; Tel. (07 11) 66 73-0; Fax (07 11) 66 73-57 10;
E-Mail: poststelle-97@finanzamt.bwl.de; https://finanzamt-bw.fv-bwl.de/fa_stuttgart3
Amtsleiter: Götz Kriegel, RDir
Finanzamtsbezirk: Vom Stadtkreis Stuttgart die Anfangsbuchstaben S-Z; alle Anfangsbuchstaben des amtlichen Nachnamens für die Einwohner der Stadtteile Ruit und Kemnat von Ostfildern, sowie für Filderstadt, Leinfelden-Echterdingen, Steinenbronn und Waldenbuch

Finanzamt Stuttgart IV
70174 Stuttgart, Seidenstr. 23; Tel. (07 11) 66 73-0; Fax (07 11) 66 73-60 60;
E-Mail: poststelle-92@finanzamt.bwl.de; https://finanzamt-bw.fv-bwl.de/fa_stuttgart4
Amtsleiter: Thomas King, LtdRDir
Finanzamtsbezirk: Kassengeschäfte einschließlich der Erteilung von Abrechnungsbescheiden

Finanzamt Tauberbischofsheim
97941 Tauberbischofsheim, Dr.-Burger-Str. 1; Tel. (0 93 41) 8 04-0; Fax (0 93 41) 8 04-2 44;
E-Mail: poststelle-80@finanzamt.bwl.de; https://finanzamt-bw.fv-bwl.de/fa_tauberbischofsheim
Amtsleiter: Dr. Veser
Finanzamtsbezirk: Main-Tauber-Kreis

Außenstelle Bad Mergentheim
97980 Bad Mergentheim, Schloß 7; Tel. (0 93 41) 8 04-0; Fax (0 93 41) 8 04-1 33

Finanzamt Tübingen
72072 Tübingen, Steinlachallee 6-8; Tel. (0 70 71) 7 57-0; Fax (0 70 71) 7 57-45 00;
E-Mail: poststelle-86@finanzamt.bwl.de; https://finanzamt-bw.fv-bwl.de/fa_tuebingen
Amtsleiterin: Dorothea Hunger, LtdRDirektorin
Finanzamtsbezirk: Landkreis Tübingen

Finanzamt Tuttlingen
78532 Tuttlingen, Zeughausstr. 91; Tel. (0 74 61) 98-0; Fax (0 74 61) 98-4 03;
E-Mail: poststelle-21@finanzamt.bwl.de; https://finanzamt-bw.fv-bwl.de/fa_tuttlingen
Amtsleiter: Michael Schwegler, LtdRDir
Finanzamtsbezirk: Landkreis Tuttlingen

Finanzamt Überlingen
88662 Überlingen, Mühlenstr. 28; Tel. (0 75 51) 8 36-0; Fax (0 75 51) 8 36-2 99;
E-Mail: poststelle-87@finanzamt.bwl.de; https://finanzamt-bw.fv-bwl.de/fa_ueberlingen
Amtsleiterin: Anette Schmermund, LtdRDirektorin
Finanzamtsbezirk: Vom Bodenseekreis die Gemeinden: Bermatingen, Daisendorf, Deggenhausertal, Frickingen, Hagnau am Bodensee, Heiligenberg, Immenstaad am Bodensee, Markdorf, Meersburg, Owingen, Salem, Sipplingen, Stetten (bei Meersburg), Überlingen, Uhldingen-Mühlhofen

Finanzamt Ulm
89077 Ulm, Wagnerstr. 2; Tel. (07 31) 1 03-0; Fax (07 31) 1 03-8 00;
E-Mail: poststelle-88@finanzamt.bwl.de; https://finanzamt-bw.fv-bwl.de/fa_ulm
Amtsleiter: Reichle
Finanzamtsbezirk: Stadtkreis Ulm und Alb-Donau-Kreis ohne die Gemeinden, die den Finanzämtern Ehingen und Bad Urach zugeteilt sind

Finanzamt Villingen-Schwenningen
78050 Villingen-Schwenningen, Weiherstr. 7; Tel. (0 77 21) 9 23-0; Fax (0 77 21) 9 23-1 00;
E-Mail: poststelle-22@finanzamt.bwl.de; https://finanzamt-bw.fv-bwl.de/fa_villingenschwenningen
Amtsleiter: Karl-Heinz Huy, LtdRDir
Finanzamtsbezirk: Schwarzwald-Baar-Kreis

Außenstelle
78166 Donaueschingen, Käferstr. 25; Tel. (07 71) 8 08-0; Fax (07 71) 8 08-3 59

Finanzamt Waiblingen
71332 Waiblingen, Fronackerstr. 77; Tel. (0 71 51) 9 55-0; Fax (0 71 51) 9 55-2 00;
E-Mail: poststelle-90@finanzamt.bwl.de; https://finanzamt-bw.fv-bwl.de/fa_waiblingen
Amtsleiter: Roland Ludwig, LtdRDir
Finanzamtsbezirk: Rems-Murr-Kreis ohne die Gemeinden, die den Finanzämtern Backnang und Schorndorf zugeteilt sind

Finanzamt Waldshut-Tiengen
79761 Waldshut-Tiengen, Bahnhofstr. 11; Tel. (0 77 41) 6 03-0; Fax (0 77 41) 6 03-2 13;
E-Mail: poststelle-20@finanzamt.bwl.de; https://finanzamt-bw.fv-bwl.de/fa_waldshuttiengen
Amtsleiter: Bernhard Karg, RDir
Finanzamtsbezirk: Landkreis Waldshut

Außenstelle
79713 Bad Säckingen, Werderstr. 5; Tel. (0 77 61) 5 66-0; Fax (0 77 61) 5 66-1 26

Finanzamt Wangen
88239 **Wangen**, Lindauer Str. 37; Tel. (0 75 22) 71-0; Fax (0 75 22) 71-40 00;
E-Mail: poststelle-91@finanzamt.bwl.de; https://finanzamt-bw.fv-bwl.de/fa_wangen
Amtsleiter: Feldwieser
Finanzamtsbezirk: Vom Landkreis Ravensburg (siehe Finanzämter Ravensburg und Saulgau) die Gemeinden Achberg, Aichstetten, Aitrach, Amtzell, Argenbühl, Bad Wurzach, Isny, Kißlegg, Leutkirch und Wangen

Finanzamt Weinheim
69469 **Weinheim**, Weschnitzstr. 2; Tel. (0 62 01) 6 05-0; Fax (0 62 01) 6 05-2 20;
E-Mail: poststelle-47@finanzamt.bwl.de; https://finanzamt-bw.fv-bwl.de/fa_weinheim
Amtsleiter: Mangold
Finanzamtsbezirk: Vom Rhein-Neckar-Kreis (siehe Finanzämter Heidelberg, Mannheim-Neckarstadt, Mosbach, Sinsheim und Schwetzingen) die Gemeinden Heddesheim, Hemsbach, Hirschberg an der Bergstr., Ladenburg, Laudenbach, Schriesheim und Weinheim

Zentrales Konzernprüfungsamt Stuttgart
70190 **Stuttgart**, Rotebühlplatz 30; Tel. (07 11) 66 73-40 14; Fax (07 11) 66 73-40 40;
E-Mail: poststelle-96@finanzamt.bwl.de; https://finanzamt-bw.fv-bwl.de/fa_zbpstuttgart.de
Amtsleiter: Matthias Jacobi, LtdRDir
Finanzamtsbezirk: Zentrale Zuständigkeit hinsichtlich der Betriebsprüfung in Baden-Württemberg für
- Großbetriebe mit einem Umsatz von mehr als 500 Mio. Euro,
- Konzerne und konzernabhängigen Betriebe mit einem Gesamtumsatz von mehr als 500 Mio. Euro,
- sonstige zusammenhängende Unternehmen mit einem Gesamtumsatz von mehr als 500 Mio. Euro,
- Versicherungsunternehmen und der Bausparkassen,
- Kreditinstitute mit einem Aktivvermögen von mehr als 750 Mio. Euro,
- steuerbegünstigte Körperschaften im Sinne des § 5 KStG mit einer Gesamtsumme der Einnahmen von mehr als 500 Mio. Euro,
- Betriebe gewerblicher Art der Gebietskörperschaften, Energie-, Wasserversorgungs- und Verkehrsbetriebe

2.1.2 Finanzämter mit Betriebsprüfungsstellen

Finanzamt Aalen (Groß- und Mittelbetriebe) für die Finanzämter Aalen und Heidenheim

Finanzamt Balingen (Groß- und Mittelbetriebe) für die Finanzämter Balingen und Sigmaringen

Finanzamt Bruchsal (Mittelbetriebe) für die Finanzämter Bruchsal und Karlsruhe-Durlach

Finanzamt Ehingen für die land- und forstwirtschaftlichen Groß- und Mittelbetriebe der Regierungsbezirke Stuttgart und Tübingen

Finanzamt Esslingen (Groß- und Mittelbetriebe) für die Finanzämter Esslingen, Leonberg und Stuttgart III

Finanzamt Freiburg-Stadt (Groß- und Mittelbetriebe) für die Finanzämter Freiburg-Stadt und Land

Finanzamt Freudenstadt (Mittelbetriebe) für das Finanzamt Freudenstadt

Finanzamt Göppingen (Groß- und Mittelbetriebe) für die Finanzämter Göppingen und Nürtingen

Finanzamt Heidelberg (Groß- und Mittelbetriebe) für die Finanzämter Heidelberg und Sinsheim

Finanzamt Heilbronn (Groß- und Mittelbetriebe) für das Finanzamt Heilbronn

Finanzamt Karlsruhe-Stadt (Groß- und Mittelbetriebe) für die Finanzämter Karlsruhe-Stadt und Ettlingen; für die land- und forstwirtschaftlichen Groß- und Mittelbetriebe des Regierungsbezirks Karlsruhe

Finanzamt Lahr (Groß- und Mittelbetriebe) für die Finanzämter Lahr und Emmendingen

Finanzamt Lörrach (Groß- und Mittelbetriebe) für die Finanzämter Lörrach und Müllheim

Finanzamt Ludwigsburg (Groß- und Mittelbetriebe) für die Finanzämter Ludwigsburg und Bietigheim-Bissingen

Finanzamt Mannheim-Stadt (Groß- und Mittelbetriebe) für die Finanzämter Mannheim-Stadt, Mannheim-Neckarstadt, Schwetzingen und Weinheim

Finanzamt Mosbach (Mittelbetriebe) für das Finanzamt Mosbach

Finanzamt Öhringen (Groß- und Mittelbetriebe) für die Finanzämter Öhringen, Schwäbisch Hall und Tauberbischofsheim

Finanzamt Offenburg (Groß- und Mittelbetriebe) für das Finanzamt Offenburg, für die buchführungspflichtigen land- und forstwirtschaftlichen Betriebe des Regierungsbezirks Freiburg

Finanzamt Pforzheim (Groß- und Mittelbetriebe) für die Finanzämter Calw, Mühlacker und Pforzheim

Finanzamt Rastatt (Groß- und Mittelbetriebe) für die Finanzämter Baden-Baden und Rastatt

Finanzamt Ravensburg (Groß- und Mittelbetriebe) für die Finanzämter Friedrichshafen, Ravensburg, Überlingen und Wangen

Finanzamt Reutlingen (Groß- und Mittelbetriebe) für die Finanzämter Bad Urach, Reutlingen und Tübingen

Finanzamt Rottweil (Groß- und Mittelbetriebe) für die Finanzämter Rottweil und Tuttlingen

Finanzamt Schwäbisch Gmünd (Groß- und Mittelbetriebe) für die Finanzämter Backnang, Schorndorf, Schwäbisch Gmünd und Waiblingen

Finanzamt Singen (Groß- und Mittelbetriebe) für die Finanzämter Konstanz und Singen

Finanzamt Stuttgart I (Groß- und Mittelbetriebe) für die Finanzämter Böblingen, Stuttgart I und Stuttgart II
Finanzamt Stuttgart Körperschaften für das Finanzamt Stuttgart Körperschaften
Finanzamt Ulm (Groß- und Mittelbetriebe) für die Finanzämter Biberach, Ehingen und Ulm
Finanzamt Villingen-Schwenningen (Groß- und Mittelbetriebe) für das Finanzamt Villingen-Schwenningen
Finanzamt Waldshut-Tiengen (Groß- und Mittelbetriebe) für das Finanzamt Waldshut-Tiengen
ZBP Stuttgart (Konzerne) für alle Finanzämter
Nähere Angaben hierzu siehe unter Finanzämter auf S. 62.

2.1.3 Finanzämter mit Steuerfahndungsstellen

Finanzamt Freiburg-Land für die Finanzämter Emmendingen, Freiburg-Land, Freiburg-Stadt, Lahr, Lörrach, Müllheim und Offenburg
Finanzamt Heilbronn für die Finanzämter Heilbronn, Öhringen, Schwäbisch Hall und Tauberbischofsheim
Finanzamt Karlsruhe-Durlach für die Finanzämter Baden-Baden, Bruchsal, Ettlingen, Karlsruhe-Durlach, Karlsruhe-Stadt und Rastatt
Finanzamt Konstanz für die Finanzämter Konstanz, Singen und Waldshut-Tiengen
Finanzamt Mannheim-Neckarstadt für die Finanzämter Heidelberg, Mannheim-Neckarstadt, Mannheim-Stadt, Mosbach, Sinsheim, Schwetzingen und Weinheim
Finanzamt Pforzheim für die Finanzämter Calw, Freudenstadt, Mühlacker und Pforzheim
Finanzamt Reutlingen für die Finanzämter Bad Urach, Balingen, Böblingen, Nürtingen, Reutlingen und Tübingen
Finanzamt Rottweil für die Finanzämter Rottweil, Tuttlingen und Villingen-Schwenningen
Finanzamt Schwäbisch Gmünd für die Finanzämter Aalen, Backnang, Göppingen, Heidenheim, Schorndorf, Schwäbisch Gmünd und Waiblingen
Finanzamt Stuttgart II für die Finanzämter Bietigheim-Bissingen, Esslingen, Leonberg, Ludwigsburg, Stuttgart I, Stuttgart II, Stuttgart III, Stuttgart IV und Stuttgart-Körperschaften
Finanzamt Ulm für die Finanzämter Biberach, Ehingen, Friedrichshafen, Ravensburg, Sigmaringen, Überlingen, Ulm und Wangen
Nähere Angaben hierzu siehe unter Finanzämter auf S. 62.

2.2 Landesbetrieb Bundesbau Baden-Württemberg

Der Landesbetrieb Bundesbau Baden-Württemberg ist eine Abteilung der Oberfinanzdirektion Karlsruhe, die der Dienstaufsicht des Oberfinanzpräsidenten und der übergeordneten Fachaufsicht durch den Bund unterliegt. Er gliedert sich in die Betriebsleitung als Mittelinstanz und in sechs Staatliche Hochbauämter auf der unteren Verwaltungsebene.

2.2.1 Staatliche Hochbauämter

Staatliches Hochbauamt Karlsruhe
76135 Karlsruhe, Gartenstr. 78; Tel. (07 21) 84 03-0; Fax (07 21) 84 03-1 01;
E-Mail: poststelle.hbaka@vbv.bwl.de; https://bundesbau-bw.de
Amtsvorstand: Emil Finig, LtdBauDir
Amtsbezirk: Stadtkreis Baden-Baden, Karlsruhe und Pforzheim sowie die Landkreise Calw, Freudenstadt, Rastatt, Enzkreis und Karlsruhe

Bauleitung Calw
75363 Calw, Graf-Zeppelin-Str. 22 a; Tel. (0 70 51) 93 60 60; Fax (0 70 51) 96 30 70

Bauleitung Berlin
14195 Berlin, Boetticherstr. 2; Tel. (07 21) 84 03-3 83

Staatliches Hochbauamt Freiburg
79104 Freiburg, Kartäuserstr. 61b; Tel. (07 61) 31 95-0; Fax (07 61) 31 95-3 80;
E-Mail: poststelle.hbafr@vbv.bwl.de; https://bundesbau-bw.de
Leiterin: Gabriele Gruninger, LtdBauDirektorin
Amtsbezirk: Stadtkreis Freiburg, Landkreise Breisgau-Hochschwarzwald, Emmendingen, Konstanz, Lörrach, Ortenaukreis, Rottweil, Schwarzwald-Baar-Kreis, Tuttlingen, Waldshut

Bauleitung Radolfzell
78315 Radolfzell, Fritz-Reichle-Ring 4; Tel. (0 77 32) 9 39-15 70; Fax (0 77 32) 9 39-15 85

Bauleitung Müllheim
79379 Müllheim, Schwarzwaldstr. 11; Tel. (0 76 31) 3 66 17-0; Fax (0 76 31) 1 51 90

Bauleitung Donaueschingen
78166 Donaueschingen, Dürrheimerstr. 19 ; Tel. (07 71) 92 91 69-0; Fax (07 71) 92 91 69-9

Baubüro Waldshut-Tiengen
79761 Waldshut-Tiengen, Untere Hospelstr. 34; Tel. (0 77 51) 8 76-4 30; Fax (0 77 51) 8 76-4 40

Staatliches Hochbauamt Heidelberg
69115 Heidelberg, Bergheimerstr. 147; Tel. (0 62 21) 53 03-0; Fax (0 62 21) 53 03 53;
E-Mail: poststelle.hbahd@vbv.bwl.de; https://bundesbau-bw.de
Leiter: Bernhard Schmidt, BauDir
Amtsbezirk: Stadtkreise Heidelberg und Mannheim sowie Rhein-Neckarkreis und Neckar-Odenwald-Kreis

Bauleitung Mosbach
74821 Mosbach, Renzstr. 3; Tel. (0 62 61) 8 03-0; Fax (0 62 61) 8 03 11

Gemeinsame Bauleitung Altheim
74731 Walldürn-Altheim, Erfelder Str. 35; Tel. (0 62 82) 9 29 96-0; Fax (0 62 82) 9 29 96-25

Amtsbezirk: Neckar-Odenwald-Kreis

Staatliches Hochbauamt Stuttgart
70174 Stuttgart, Ossietzkystr. 3; Tel. (07 11) 2 18 02-8 00; Fax (07 11) 2 18 02-8 99;
E-Mail: poststelle.hbas@vbv.bwl.de; https://bundesbau-bw.de
Leiter: Armin Weber, LtdBauDir
Amtsbezirk: Stadtkreis Stuttgart sowie Landkreise Böblingen, Rems-Murr, Esslingen, Ludwigsburg, Göppingen, Reutlingen, Tübingen, Zollernalb und Stetten a.k.M. aus dem Landkreis Sigmaringen

Dienstort Reutlingen
72764 Reutlingen, Bismarckstr. 27; Tel. (0 71 21) 9 40-0; Fax (0 71 21) 9 40-41 99

Bauleitung Stetten a.k.M.
72510 Stetten a.k.M., Lager Heuberg (Geb. 107); Tel. (0 75 73) 95 12-0; Fax (0 75 73) 95 12-15

Staatliches Hochbauamt Schwäbisch Hall
74523 Schwäbisch Hall, Dolanallee 7; Tel. (07 91) 94 50-0; Fax (07 91) 94 50-3 20;
E-Mail: poststelle.hbasha@vbv.bwl.de; https://bundesbau-bw.de
Leiter: Wilfried Feindura, BauDir
Amtsbezirk: Kreise Heilbronn, Schwäbisch Hall, Hohenlohekreis und Main-Tauber-Kreis

Bauleitung Tauberbischofsheim
97941 Tauberbischofsheim, Ganter Campus 3; Tel. (0 93 41) 8 97 48-10; Fax (0 93 41) 8 97 48-29

Bauleitung Ellwangen
73479 Ellwangen, Hohenstaufenstr. 9; Tel. (0 79 61) 9 24 90-0; Fax (0 79 61) 5 54 19

Bauleitung Niederstetten
97996 Niederstetten, Am Flugplatz 61 (Hermann-Köhl-Kaserne); Tel. (0 79 32) 6 06 68-0; Fax (0 79 32) 6 06 68-28

Staatliches Hochbauamt Ulm
89073 Ulm, Grüner Hof 2; Tel. (07 31) 2 70 11-0; Fax (07 31) 2 70 11-1 99;
E-Mail: poststelle.hbaul@vbv.bwl.de; https://bundesbau-bw.de
Leiter: Tilman Ruhdel, LtdBauDir
Amtsbezirk: Stadtkreis Ulm sowie die Landkreise Alb-Donau-Kreis, Biberach, Bodenseekreis, Heidenheim, Ostalbkreis, Ravensburg und Sigmaringen

Bauleitung Laupheim
88471 Laupheim, Walpertshofer Str. 11; Tel. (07 31) 2 70 11-2 70; Fax (07 31) 2 70 11-2 79

Baubüro Ummendorf
88444 Ummendorf, Biberacher Str. 83; Tel. (0 73 51) 2 83 71; Fax (0 73 51) 2 26 27

Bauleitung Pfullendorf
88630 Pfullendorf, Martin-Schneller-Str. 7; Tel. (07 31) 2 70 11-2 68; Fax (07 31) 2 70 11-2 69

Bauleitung Sigmaringen
72488 Sigmaringen, Hedinger Str. 2; Tel. (07 31) 2 70 11-2 81; Fax (07 31) 2 70 11-2 89

2.3 Landesbetrieb Vermögen und Bau Baden-Württemberg

– Betriebsleitung –

70173 Stuttgart, Rotebühlplatz 30; Tel. (07 11) 66 73-0; Fax (07 11) 66 73-37 00;
E-Mail: poststelle.vb-bw@vbv.bwl.de;
http://www.vermoegenundbau-bw.de

Aufgabenkreis:
Der Landesbetrieb Vermögen und Bau Baden-Württemberg ist Kompetenzzentrum und Serviceeinrichtung für alle Leistungen rund um die Immobilien des Landes. Damit ist er für die Wahrnehmung der Eigentümer- und Bauherrenfunktion für alle dem Geschäftsbereich des Ministeriums für Finanzen zugeordneten Landesimmobilien sowie für die Unterbringung von Behörden und sonstigen Einrichtungen des Landes verantwortlich. Dies umfasst insbesondere folgende Bereiche:
– Immobilienmanagement,
– Baumanagement,
– Gebäudemanagement,
– Staatliche Schlösser und Gärten (SSG).
Die Betriebsleitung nimmt übergeordnete Aufgaben wahr, erbringt Querschnitts- und Serviceleistungen und koordiniert die Fachaufgaben der Ämter. Hierdurch wird ein einheitliches Handeln des Betriebes sichergestellt.
Direktorin: Annette Ipach-Öhmann

Weitere Dienstsitze der Betriebsleitung

Dienstsitz Freiburg
79104 Freiburg, Stefan-Meier-Str. 76; Tel. (07 61) 59 28-0; Fax (07 61) 59 28-14 89

Dienstsitz Bruchsal
76646 Bruchsal, Schlossraum 22a; Tel. (0 72 51) 74-0; Fax (0 72 51) 74-27 40

2.3.1 Staatliche Schlösser und Gärten Baden-Württemberg (SSG)

– nichtrechtsfähige Anstalt des öffentlichen Rechts –

76646 Bruchsal, Schlossraum 22 a; Tel. (0 72 51) 74-0; Fax (0 72 51) 74-27 11;
E-Mail: info@ssg.bwl.de;
http://www.schloesser-und-gaerten.de

Rechtliche Grundlage und Aufgabenkreis:
Die Staatlichen Schlösser und Gärten Baden-Württemberg (SSG) sind nach der Verwaltungsvorschrift des Finanzministeriums vom 1. Oktober 2008 eine nicht rechtsfähige Anstalt des öffentlichen Rechts innerhalb des Landesbetriebs Vermögen und Bau Baden-Württemberg. Sie besteht aus einer Zentrale in Bruchsal und elf Schloss- und Klosterverwaltungen.

Die SSG öffnen, vermitteln, entwickeln und bewahren 59 der landeseigenen historischen Monumente. Die Schloss- und Klosterverwaltungen sind für den laufenden Betrieb vor Ort zuständig.

Geschäftsleitung: Michael Hörrmann; Manuel Liehr (komm.)

Bereich 1 Innere Dienste, Ressourcen und Justitiariat
Leiterin: Beate Widmaier, Tel. -27 02

Bereich 2 Kommunikation und Marketing
Leiter: Frank Krawczyk, Tel. -27 20

Bereich 3 Entwicklung, Sammlungen, Besucherangebote
Leiterin: Dr. Petra Pechaček, Tel. -27 30

Bereich 4 Objektmanagement und Historische Gärten
Leiter: Frank M. Rieg, Tel. -27 40

2.3.2 Ämter für Vermögen und Bau sowie Universitätsbauamt

Vermögen und Bau Baden-Württemberg Amt Freiburg
79104 Freiburg, Mozartstr. 58; Tel. (07 61) 59 28-0; Fax (07 61) 59 28-37 37;
E-Mail: poststelle.amtfr@vbv.bwl.de;
http://www.vba-freiburg.de
Amtsleiter: Ole Nahrwold
Zuständigkeitsbereich: Stadtkreis Freiburg, Landkreise Breisgau-Hochschwarzwald, Emmendingen, Lörrach und Ortenaukreis einschließlich Universität und Universitätsklinikum Freiburg

Bauleitung Offenburg
77654 Offenburg, Wilhelmstr. 23; Tel. (07 81) 1 20 29-0; Fax (07 81) 1 20 29-10

Vermögen und Bau Baden-Württemberg Amt Karlsruhe
76131 Karlsruhe, Engesserstr. l; Tel. (07 21) 9 26-0; Fax (07 21) 9 26-57 77;
E-Mail: poststelle.amtka@vbv.bwl.de;
http://www.vba-karlsruhe.de
Amtsleiterin: Ursula Orth, BauDirektorin
Zuständigkeitsbereich: Stadt- und Landkreis Karlsruhe einschließlich Universität KIT

Bauleitung Bruchsal
76646 Bruchsal, Schlossraum 27; Tel. (0 72 51) 74-25 76; Fax (0 72 51) 74-25 59

Vermögen und Bau Baden-Württemberg Amt Konstanz
78464 Konstanz, Mainaustr. 211; Tel. (0 75 31) 80 20-2 00; Fax (0 75 31) 80 20-2 05;
E-Mail: poststelle.amtkn@vbv.bwl.de;
http://www.vba-konstanz.de
Amtsleiter: Thomas Steier, LtdBauDir

Zuständigkeitsbereich: Landkreis Konstanz einschließlich Universität Konstanz, Landkreise Waldshut, Rottweil, Tuttlingen und Schwarzwald-Baar

Dienststelle
79761 Waldshut-Tiengen, Untere Haspelstr. 34; Tel. (0 77 51) 8 76-4 00; Fax (0 77 51) 8 76-4 20

Dienststelle
78628 Rottweil, Schillerstr. 6; Tel. (07 41) 4 82-0; Fax (07 41) 4 82-1 35

Vermögen und Bau Baden-Württemberg Amt Heilbronn
74072 Heilbronn, Rollwagstr. 16; Tel. (0 71 31) 64-3 74 01; Fax (0 71 31) 64-3 74 99;
E-Mail: poststelle.amthn@vbv.bwl.de;
http://www.vba-heilbronn.de
Amtsleiter: Frank Berkenhoff
Zuständigkeitsbereich: Stadtkreis Heilbronn, Landkreis Heilbronn, Hohenlohekreis, Landkreis Schwäbisch Hall, Main-Tauber-Kreis und Neckar-Odenwald-Kreis

Bauleitung
97980 Bad Mergentheim, Schloßgebäude 8; Tel. (0 79 31) 5 30-0; Fax (0 79 31) 5 30-4 79

Bauleitung
74523 Schwäbisch Hall, Am Schuppach 3; Tel. (07 91) 9 46 64 67-11; Fax (07 91) 9 46 64 67-19

Bauleitung
74740 Adelsheim, Am Eckenberg 1; Tel. (0 62 91) 6 47 96 22; Fax (0 62 91) 24 78

Vermögen und Bau Baden-Württemberg Amt Ludwigsburg
71638 Ludwigsburg, Karlsplatz 5; Tel. (0 71 41) 99 11-0; Fax (0 71 41) 99 11-2 99;
E-Mail: poststelle.amtlb@vbv.bwl.de;
http://www.vba-ludwigsburg.de
Amtsleiterin: Corinna Bosch, BauDirektorin
Zuständigkeitsbereich: Landkreise Ludwigsburg, Esslingen, Böblingen und Rems-Murr-Kreis, Stadtbezirk Stuttgart-Stammheim

Vermögen und Bau Baden-Württemberg Amt Mannheim und Heidelberg
68161 Mannheim, L 4, 4-6; Tel. (06 21) 2 92-0; Fax (06 21) 2 92-20 70;
E-Mail: poststelle.amtmahd@vbv.bwl.de;
http://www.vba-mannheim-und-heidelberg.de

Dienstsitz Heidelberg
69120 Heidelberg, Im Neuenheimer Feld 100; Tel. (0 62 21) 54-69 00; Fax (0 62 21) 54-43 99
Amtsleiter: Bernd Müller, LtdBauDir
Zuständigkeitsbereich: Stadtkreise Mannheim und Heidelberg einschließlich Universitäten Mannheim/Heidelberg und Universitätsklinikum Heidelberg, Rhein-Neckar-Kreis, Landesvertretung Brüssel

b Regierung und Landesbehörden des Landes Baden-Württemberg

Bauleitung
68723 Schwetzingen, Schloss; Tel. (0 62 02) 81-0; Fax (0 62 02) 8 14 28

**Vermögen und Bau Baden-Württemberg
Amt Pforzheim**
75172 Pforzheim, Simmlerstr. 9; Tel. (0 72 31) 16 58-0; Fax (0 72 31) 16 58-1 11;
E-Mail: poststelle.amtpf@vbv.bwl.de;
http://www.vba-pforzheim.de
Amtsleiter: Christian Lindinger
Zuständigkeitsbereich: Stadtkreise Pforzheim und Baden-Baden sowie die Landkreise Calw, Enzkreis, Freudenstadt und Rastatt

Bauleitung Baden-Baden
76530 Baden-Baden, Eisenbahnstr. 19; Tel. (0 72 21) 3 72-2 38; Fax (0 72 21) 3 72-2 40

Bauleitung Freudenstadt
72250 Freudenstadt, Bahnhofstr. 4; Tel. (0 74 41) 91 95 31-0; Fax (0 74 41) 91 95 31-9

**Vermögen und Bau Baden-Württemberg
Amt Ravensburg**
88214 Ravensburg, Minneggstr. 1; Tel. (07 51) 1 89 70-0; Fax (07 51) 1 89 70-2 60;
E-Mail: poststelle.amtrv@vbv.bwl.de;
http://www.vba-ravensburg.de
Amtsleiter: Hermann Zettler, LtdBauDir
Zuständigkeitsbereich: Landkreise Bodensee, Ravensburg und Sigmaringen

**Vermögen und Bau Baden-Württemberg
Amt Tübingen**
72076 Tübingen, Schnarrenbergstr. 1; Tel. (0 70 71) 29-7 90 21; Fax (0 70 71) 29-29 11;
E-Mail: poststelle.amttue@vbv.bwl.de;
http://www.vba-tuebingen.de
Amtsleiter: Andreas Hölting, LtdBauDir
Zuständigkeitsbereich: Landkreise Reutlingen, Tübingen und Zollernalbkreis einschließlich Universität und Universitätsklinikum Tübingen

**Vermögen und Bau Baden-Württemberg
Amt Schwäbisch Gmünd**
73525 Schwäbisch Gmünd, Rektor-Klaus-Str. 76; Tel. (0 71 71) 6 02-4 01; Fax (0 71 71) 6 02-4 44;
E-Mail: poststelle.amtsgd@vbv.bwl.de;
http://www.vba-schwaebischgmuend.de
Amtsleiter: Dr. Stefan Horrer
Zuständigkeitsbereich: Landkreise Ostalb, Heidenheim und Göppingen

**Vermögen und Bau Baden-Württemberg
Amt Stuttgart**
70174 Stuttgart, Ossietzkystr. 3; Tel. (07 11) 2 18 02-5; Fax (07 11) 2 18 02-5 55;
E-Mail: poststelle.amts@vbv.bwl.de;
http://www.vba-stuttgart.de
Amtsleiter: Roland Wenk, LtdBauDir
Zuständigkeitsbereich: Stadtkreis Stuttgart und Liegenschaften des Landes außerhalb Baden-Württemberg einschließlich Landesvertretung Berlin

**Vermögen und Bau Baden-Württemberg
Universitätsbauamt Stuttgart und Hohenheim**
70569 Stuttgart, Pfaffenwaldring 32; Tel. (07 11) 90 12-80; Fax (07 11) 90 12-81 99;
E-Mail: poststelle.ubas@vbv.bwl.de;
http://www.uba-stuttgart-hohenheim.de
Amtsleiterin: Carmen Zinnecker-Busch
Zuständigkeitsbereich: Universität Stuttgart und Hohenheim, Hochschule der Medien Stuttgart, Hochschule für Technik Stuttgart

**Vermögen und Bau Baden-Württemberg
Amt Ulm**
89075 Ulm, Mähringer Weg 148; Tel. (07 31) 50 28-8 00; Fax (07 31) 50 28-8 88;
E-Mail: poststelle.amtul@vbv.bwl.de;
http://www.vba-ulm.de
Amtsleiter: Wilmuth Lindenthal, LtdBauDir
Zuständigkeitsbereich: Stadtkreis Ulm, Landkreise Alb-Donau-Kreis und Biberach einschließlich Universität und Universitätsklinikum Ulm

3 Landesamt für Besoldung und Versorgung Baden-Württemberg

70736 Fellbach, Philipp-Reis-Str. 2; Tel. (07 11) 34 26-0; Fax (07 11) 34 26-20 02;
E-Mail: poststelle@lbv.bwl.de; https://www.lbv.landbw.de

Staatsrechtliche Grundlage und Aufgabenkreis:
Gesetz über die Errichtung des Landesamtes für Besoldung und Versorgung Baden-Württemberg vom 2. Februar 1971 (GBl. S. 21), zuletzt geändert durch Verordnung vom 25. Januar 2012 (GBl. S. 65, 66). Zentrale Behörde zur Erledigung von in der Landesverwaltung anfallenden Besoldungs-, Entgelt-, Beihilfe-, Heilfürsorge-, Versorgungs- und Wiedergutmachungsangelegenheiten sowie dem Dienstreisemanagement.
Präsident: Dr. Bernd Kraft

Dem Präsidenten unmittelbar zugeordnet:

Stabsstelle Steuerung, Controlling, Interne Revision, Presse- und Öffentlichkeitsarbeit

Abt 1 Zentrale Aufgaben/Recht/Familienkasse
Leiter: Bader, Tel. (07 11) 34 26-20 12

Ref 11: **Personal, Haushalt, Finanzen**
Ref 13: **Abrechnungsstelle**
Ref 15: **Steuerreferat**
Ref 61: **Rechtsreferat**
Prozess-, allg. Rechts-, Schadensersatz und Beitreibungsangelegenheiten Gehaltspfändungen, Abtretungen
Ref 62: **Familienkasse, Grundsatz Kindergeld, Straf- und Bußgeldstelle**
Ref 63: **Organisation, Datenschutz**

Datenschutzbeauftragte/r, Vertrauensperson der schwerbehinderten Menschen, Beauftragte für Chancengleichheit

Abt 2 Beihilfe/Heilfürsorge/Wiedergutmachung/Digitalisierung Posteingang
Leiter: Frank Bauer, LtdRDir, Tel. (07 11) 34 26-20 21

Ref 21: Heilfürsorge, Wiedergutmachung, Grundsatz Heilfürsorge
Ref 22: Prüfworkflow (PWF), Personalnummernclearing, Ausbildung und Einarbeitung PWF
Ref 23: BABSY GUI, Zentrale Aufgaben
Ref 24: BABSY GUI, Ausbildung und Einarbeitung BABSY GUI
Ref 25: BABSY GUI, Versorgungsempfänger mit Schwerpunkt Pflege, Rentenversicherungspflicht von Pflegepersonen, Pflegeunterstützungsgeld (PUG)
Ref 26: Telefonservicestelle Beihilfe, Unterstützung der Referate 22 – 25, Arbeitnehmer, Vertrags- und Amtshilfefälle, Sonderbereiche
Ref 27: Grundsatz Beihilfe, Qualitätssicherung, Verfahren BABSY +, Widerspruchsbearbeitung Beihilfe
Ref 28: Digitalisierung Posteingang (DIP) in der Beihilfe

Abt 3 Besoldung und Versorgung
Leiter: Hofmeister, Tel. (07 11) 34 26-20 31

Ref 31: Besoldung und Versorgung Buchst. A - Gerna, Grundsatz Besoldung, Qualitätssicherung
Ref 32: Besoldung und Versorgung Buchst. Gernb - Kurz C, Bezügeanforderungen, Erstattungen
Ref 33: Besoldung und Versorgung Buchst. Kurz D - Rottm, Nachversicherung, Altersgeld, Private Altersvorsorge, L-Bank, Lehrarbeitsgebiet
Ref 34: Besoldung und Versorgung Buchst. Rottn - Z, Minister, Staatssekretäre, Ministerialdirektoren, Vertragsfälle Beamte
Ref 35: Versorgungsfestsetzungen, Versorgungsauskünfte, Versorgungskonto
Ref 36: Versorgungsfestsetzungen, Versorgungsauskünfte Versorgung, Qualitätssicherung
Ref 37: Zentrale Aufgaben, Versorgungsausgleich

Abt 4 Entgelt der Arbeitnehmer, Vertragsfälle Tarif-, Sozialversicherungs- und Zusatzversorgungsrecht
Leiterinnen: Tina Rössler, LtdRDirektorin; Wenke Wernicke, LtdRDirektorin, Tel. (07 11) 34 26-20 31

Ref 41: Entgelt der Arbeitnehmer Buchst. A - Breue, Universität Heidelberg, Grundsatz Entgelt der Arbeitnehmer, Auszubildende u.ä., Qualitätssicherung, Zentrale Fachaufgaben

Ref 42: Entgelt der Arbeitnehmer Buchst. Breuf - Huq, Universitäten Mannheim, Tübingen und Ulm, Schloss Salem, Einarbeitung und zentrale Ausbildung
Ref 43: Entgelt der Arbeitnehmer Buchst. Hur - Mueller Re, Universitäten Hohenheim, Konstanz und Stuttgart, Vertragsfälle Arbeitnehmer, Ärzte, Beschäftigte in der Landwirtschaft, Bankentarif
Ref 44: Entgelt der Arbeitnehmer Buchst. Mueller Rf - Z, KIT (Landesbeschäftigte), Universität Freiburg, Staatstheater, Spielbank, Sonderbereiche, Praktikanten (ohne Universitätsbereich), Lebensmittelkontrolleure, Landesvertretung beim Bund, Securex-Fälle, Lebensmitteltechniker

Abt 5 Informations- und Kommunikationstechnik, Dienstreisemanagement
Leiterin: Schmidt-Liedl, Tel. (07 11) 34 26-26 53

Ref 51: Grundsatz und Koordination der Abrechnungsverfahren Besoldung, Versorgung, Entgelt der Arbeitnehmer, Wiedergutmachung, Betreuung externer Verfahrensanwender, amtliche Statistik
Ref 52: DMS, Posteingangsverarbeitung, Beihilfe Dialog, Heilfürsorge, Erstfestsetzung der Versorgungsbezüge Datenbankadministration, SAG Produkte
Ref 53: Dialog Besoldung, Versorgung, Entgelt der Arbeitnehmer, Wiedergutmachung, Datawarehouse, Dienstreisemanagement DRIVE-BW, Qualitätssicherung Aus- und Fortbildung im IuK-Bereich
Ref 54: Systemtechnik und Anwenderbetreuung, Netzwerk, Security, Software- und Hardware Support, IuK-Haushalt, IuK-Ausstattung, Schulung
Ref 55: Leistungszentrum DIPSY, Organisation, Betreuung, Grundsatzplanung, Entwicklung, Pflege und Qualitätssicherung des landeseinheitlichen Personalverwaltungssystems (DIPSY), Personalbudgetierung (PAB), Pensionsrückstellungsverfahren, Schulung und Betreuung der Anwender in den Verfahren DIPSY, E.P.-Akte und PAB
Ref 56: IT-Sicherheit, Kundenportal
Ref 45: Dienstreisemanagement Buchst. A - Harrd, Grundsatz DRM, Zentrale Aufgaben, Sonderbereich
Ref 46: Dienstreisemanagement Buchst. Harre - Z, Lehrarbeitsgebiet

4 Wilhelma

– Zoologisch-Botanischer Garten –

70376 Stuttgart, Wilhelma 13; Tel. (07 11) 54 02-0; Fax (07 11) 54 02-2 22; E-Mail: info@wilhelma.de; http://www.wilhelma.de

Aufgabenkreis:
Biologische Darstellung von Tier- und Pflanzengemeinschaften. Mehr als 11 000 Tiere in rund 1 200 Tierarten und rund 7 000 typische Arten als Vertreter des Pflanzenreiches sowie 160 Baumarten in der Parkanlage, Haltung und Zucht bedrohter Tierarten, biologische und veterinärmedizinische Forschung, Natur- und Artenschutzaufgaben, Information über Tiere und Pflanzen, praktischer Biologieunterricht und Fortbildungen in der Wilhelmaschule. Bewahrung des Kulturerbes des denkmalgeschützten Parks mit historischen Gebäuden im maurischen Stil.
Leiter: Dr. Thomas Kölpin, Dir

5 Staatliche Münzen Baden-Württemberg

70372 Stuttgart, Reichenhaller Str. 58; Tel. (07 11) 5 09 41-0; Fax (07 11) 5 09 41-1 11; E-Mail: info@mintbw.de; http://www.mintbw.de

76133 Karlsruhe, Stephanienstr. 28 a

Staatsrechtliche Grundlage und Aufgabenkreis:
Gesetz über die Ausprägung von Scheidemünzen vom 8. Juli 1950 (BGBl. I S. 323).
Die Aufgaben umfassen Prägung von Bundesmünzen im Auftrage des Bundes gemäß Art. 85 des Grundgesetzes nach Maßgabe des Münzgesetzes und die Herstellung von baden-württembergischen Dienstsiegeln.
Außerdem werden Medaillen für Ehrungen oder Staatsempfänge angefertigt, Münzen für das Ausland hergestellt, Altgeld vernichtet und sonstige Aufträge ausgeführt. Prägestandorte sind Stuttgart und Karlsruhe.
Leiter: Benjamin Hechler

6 Staatsweingut Meersburg

88709 Meersburg, Seminarstr. 6; Tel. (0 75 32) 44 67-0; Fax (0 75 32) 44 67-17; E-Mail: info@staatsweingut-meersburg.de; http://www.staatsweingut-meersburg.de

Leiter: Dr. Jürgen Dietrich, Dir

7 Staatlicher Verpachtungsbetrieb

70173 Stuttgart, Ministerium für Finanzen, Ref. 53, Neues Schloss

Der Rechtsaufsicht des Ministeriums für Finanzen unterstehen die nachfolgenden Körperschaften und Anstalten des öffentlichen Rechts:

8 Baden-Württembergische Wertpapierbörse

– Anstalt des öffentlichen Rechts –

70174 Stuttgart, Börsenstr. 4; Tel. (07 11) 22 29 85-0; E-Mail: info@boerse-stuttgart.de; http://www.boerse-stuttgart.de

Aufgabenkreis:
Wertpapierbörsen sind Börsen, die als teilrechtsfähige Anstalten des öffentlichen Rechts organisiert sind und an denen Wertpapiere und sich darauf beziehende Derivate gehandelt werden. Für den Betrieb und die Organisation von Börsen ist das Börsengesetz maßgebend. Innerhalb des Börsengesetzes erlässt die Börse im Rahmen ihrer Selbstverwaltungskompetenz selbst das Regelwerk für den Börsenbetrieb. Hierzu zählen in erster Linie die Börsenordnung, die Gebührenordnung und die Zulassungsordnung, die als öffentlich-rechtliche Satzungen erlassen werden. Börsen unterliegen zudem einer staatlichen Börsenaufsicht. Diese umfasst insbesondere die Börsenorgane (Börsenrat, Börsengeschäftsführung, Sanktionsausschuss, Handelsüberwachungsstelle), den Börsenträger, die sich auf den Börsenverkehr beziehenden Einrichtungen und den Freiverkehr. Die Aufsicht erstreckt sich auf die Einhaltung der börsenrechtlichen Vorschriften und Anordnungen, die ordnungsgemäße Durchführung des Handels an der Börse sowie die ordnungsgemäße Erfüllung der Börsengeschäfte. Im Rahmen der Selbstverwaltung überwachen zudem die Handelsüberwachungsstelle und die Geschäftsführung den ordnungsgemäßen Handel und die Einhaltung von Pflichten der Handelsteilnehmer im täglichen Geschäft. Die Börsenaufsichtsbehörden, die Geschäftsführung der Börse sowie die Handelsüberwachungsstelle nehmen die ihnen zugewiesenen Aufgaben und Befugnisse nur im öffentlichen Interesse wahr.
Die lediglich teilrechtsfähige Anstalt bedarf darüber hinaus einer Trägergesellschaft, die für sie zivilrechtlich handelt und die zur Durchführung und angemessenen Fortentwicklung des Börsenbetriebs erforderlichen finanziellen, personellen und sachlichen Mittel zur Verfügung stellt. Sie ist zur Errichtung und zum Betrieb der Börse berechtigt und verpflichtet. Nach Zulassung durch die Börse betreibt die Trägergesellschaft den privatrechtlich organisierten Freiverkehr.
Geschäftsführung: Oliver Hans; Dr. Katja Bodenhöfer-Alte

9 Steuerberaterkammern

Rechtsgrundlage und Aufgabenkreis:
Die Steuerberaterkammern sind Körperschaften des öffentlichen Rechts gemäß § 73 Steuerberatungsge-

setz mit Pflichtmitgliedschaft. Mitglieder der Kammern sind die Steuerberater, Steuerbevollmächtigten und Steuerberatungsgesellschaften, die in einem Kammerbezirk ihre berufliche Niederlassung beziehungsweise ihren Sitz haben. In der Bundesrepublik Deutschland bestehen 21 regionale selbständige Steuerberaterkammern, die zusammen die Bundessteuerberaterkammer bilden. In Baden-Württemberg gibt es drei Steuerberaterkammern: die Steuerberaterkammer Nordbaden, Stuttgart und Südbaden. Sie unterstehen entsprechend § 88 Steuerberatungsgesetz der Rechtsaufsicht durch das Ministerium für Finanzen. Die Hauptaufgabe der Steuerberaterkammern besteht darin, die beruflichen Interessen und Belange der Gesamtheit der Mitglieder zu wahren und zu fördern. Unter anderem werden folgende Aufgaben wahrgenommen:

– Bestellung als Steuerberater und Anerkennung als Steuerberatungsgesellschaft,
– Ausübung der Berufsaufsicht, d.h. Überwachung der Einhaltung der Berufspflichten der Mitglieder, einschließlich Vermittlung zwischen Kammermitgliedern sowie zwischen Mitgliedern und Auftraggebern,
– Führung des Berufsregisters
– Unterstützung der beruflichen Fortbildung der Mitglieder und deren Mitarbeiter,
– Führung des Verzeichnisses der Berufsausbildungsverhältnisse und die Abnahme der Prüfungen zum/zur „Steuerfachangestellten" sowie die Durchführung der Fortbildungsprüfungen zum/zur „Steuerfachwirt/Steuerfachwirtin", zum/zur Fachassistenten/Fachassistentin Lohn und Gehalt sowie zum/zur Fachassistenten/Fachassistentin Rechnungswesen und Controlling,
– Erstattung von Gutachten, die ein Gericht oder eine Verwaltungsbehörde anfordert.

Steuerberaterkammer Stuttgart
– Körperschaft des öffentlichen Rechts –
70174 Stuttgart, Hegelstr. 33; Tel. (07 11) 6 19 48-0; Fax (07 11) 6 19 48-7 02;
E-Mail: mail@stbk-stuttgart.de;
http://www.stbk-stuttgart.de
Präsident: Prof. Dr. Uwe Schramm, StB
Geschäftsführer: Detlef Radtke

Steuerberaterkammer Nordbaden
– Körperschaft des öffentlichen Rechts –
69115 Heidelberg, Vangerowstr. 16/1; Tel. (0 62 21) 18 30 77; Fax (0 62 21) 16 51 05;
E-Mail: post@stbk-nordbaden.de;
http://www.stbk-nordbaden.de
Präsident: Dipl.-Betriebsw. (FH) Johannes Hurst, Steuerberater
Geschäftsführer: Petra Brechter, Assessorin; Dr. jur. Frank Blaser, (Stellv. Geschäftsführer); Dipl.-Kfm. Klaus Jordan, (Stellv. Geschäftsführer)

Steuerberaterkammer Südbaden
– Körperschaft des öffentlichen Rechts –
79106 Freiburg, Wentzingerstr. 19; Tel. (07 61) 70 52 60; Fax (07 61) 7 05 26 26;
E-Mail: info@stbk-suedbaden.de;
http://www.stbk-suedbaden.de
Präsident: Dipl.-Kfm. Hans-Walter Heinz, Steuerberater/Wirtschaftsprüfer/Fachberater für Internationales StR
Hauptgeschäftsführer: Michael Klaeren, RA
Geschäftsführer: Ann-Marie Gutmann, Ass. jur.; Wolfgang Hennen

10 Versorgungswerk der Steuerberater in Baden-Württemberg

– Körperschaft des öffentlichen Rechts –

70178 Stuttgart, Sophienstr. 13; Tel. (07 11) 2 22 49 69-0; Fax (07 11) 2 22 49 69-8;
E-Mail: service@stbvw-bw.de;
http://www.stbvw-bw.de

Rechtsgrundlage und Aufgabenkreis:
Gesetz über das Versorgungswerk der Steuerberater in Baden-Württemberg (Steuerberaterversorgungsgesetz – StBVG) in der Fassung vom 16. November 1998 (GBl. 1998, S. 609).
Das Versorgungswerk hat die Aufgabe, seinen Mitgliedern und deren Hinterbliebenen Versorgung nach Maßgabe dieses Gesetzes und der Satzung zu gewähren.
Vorstandsvorsitzender: Michael Erhardt
Geschäftsführerin: Bärbel Manck

11 BKV-Bäder- und Kurverwaltung Baden-Württemberg

– Anstalt des öffentlichen Rechts –

76530 Baden-Baden, Werderstr. 4; Tel. (0 72 21) 3 53-1 24; Fax (0 72 21) 3 53-1 11;
E-Mail: info@kurhaus-badenbaden.de;
http://www.kurhaus-badenbaden.de

Aufgabenkreis:
Die Anstalt hat die Aufgabe,
– ihr vom Land in Baden-Baden zur Nutzung überlassene Grundstücke, grundstücksgleiche Rechte und sonstige Wirtschaftsgüter für Zwecke des Kurorts Baden-Baden zu verwalten. Sie soll die Grundstücke vorzugsweise Dritten zur entgeltlichen Nutzung überlassen,
– vom Land
  – eingelegte Gesellschaftsanteile an Bäder- und Kurunternehmen zusammen mit den schon bisher gehaltenen Unternehmensbeteiligungen
  – den Bäder- und Kurunternehmen nach lit. a) für kurörtliche Zwecke zur Nutzung überlassene Grundstücke, grundstücksgleiche Rechte und sonstige Wirtschaftsgüter

im Interesse des Landes zu verwalten.
Geschäftsführer: Steffen Ratzel

12 Landeskreditbank Baden-Württemberg – Förderbank (L-Bank)

– Anstalt des öffentlichen Rechts –

76113 Karlsruhe, Schlossplatz 12; Tel. (07 21) 1 50-0; Fax (07 21) 1 50-10 01; E-Mail: info@l-bank.de; http://www.l-bank.de

70174 Stuttgart, Börsenplatz 1; Tel. (07 11) 1 22-0; Fax (07 11) 1 22-21 12

Rechtsgrundlage und Aufgabenkreis:
Gesetz über die L-Bank vom 11. November 1998 (GBl. S. 581), zuletzt geändert durch Gesetz vom 19. Dezember 2017 (GBl. S. 645).
Die Bank hat den staatlichen Auftrag, das Land bei der Erfüllung seiner öffentlichen Aufgaben, insbesondere in den Bereichen der Struktur-, Wirtschafts- und Sozialpolitik, zu unterstützen und dabei Fördermaßnahmen im Einklang mit den Beihilfevorschriften der Europäischen Gemeinschaft zu verwalten und durchzuführen.
Zur Erfüllung ihres Auftrags wird die Bank in folgenden Förderbereichen tätig:
– Sicherung und Verbesserung der mittelständischen Struktur der Wirtschaft, insbesondere durch Finanzierung von Existenzgründungen und -festigungen,
– im Rahmen der staatlichen Wohnraumförderung,
– Bereitstellung von Risikokapital,
– bauliche Entwicklung der Städte und Gemeinden,
– Infrastrukturmaßnahmen,
– Entwicklung von gewerblichen Standorten und Ansiedlung von Unternehmen und gewerblichen Betrieben,
– Umweltschutzmaßnahmen,
– Technologie- und Innovationsmaßnahmen,
– Maßnahmen rein sozialer Art, insbesondere zur Förderung der Familien und der Studierenden sowie sozialer Einrichtungen,
– Maßnahmen in der Land- und Forstwirtschaft,
– kulturelle und wissenschaftliche Maßnahmen.
Des Weiteren hat die Bank den Auftrag
– Darlehen und andere Finanzierungsformen an Gebietskörperschaften und öffentlich-rechtliche Zweckverbände zu gewähren,
– sich an Projekten im Gemeinschaftsinteresse zu beteiligen, die von der Europäischen Investitionsbank oder ähnlichen europäischen Finanzierungsinstitutionen mitfinanziert werden,
– Exportfinanzierungen außerhalb der Europäischen Union, des Europäischen Wirtschaftsraums und von Ländern mit offiziellem Status als EU-Beitrittskandidat unter Beachtung der in der Satzung genannten Voraussetzungen durchzuführen, soweit diese im Einklang mit den für die Europäische Gemeinschaft bindenden internationalen Handelsabkommen, insbesondere den WTO-Abkommen, stehen.
Bei der Erfüllung ihrer Aufgaben hat die Bank die Grundsätze und Ziele der staatlichen Förderpolitik zu beachten.
Zur Durchführung ihrer Aufgaben kann die Bank alle ihr zur Verfügung stehenden bankmäßigen Instrumente einsetzen, insbesondere Darlehen, Zuschüsse und sonstige Finanzhilfen gewähren, Bürgschaften übernehmen und Beteiligungen eingehen. Die Gewährung von Darlehen soll über oder zusammen mit anderen Kreditinstituten oder anderen Finanzierungsinstitutionen erfolgen; dies gilt nicht für Darlehen zur Finanzierung von Maßnahmen im Rahmen der sozialen Wohnraumförderung und von Maßnahmen zur Förderung der Familien sowie von Maßnahmen zur Förderung der Studierenden. Bei der Einschaltung anderer Kreditinstitute beachtet die Bank das Diskriminierungsverbot.
Zur Erfüllung ihrer Aufgaben darf die Bank die Geschäfte und Dienstleistungen betreiben, die mit der Erfüllung ihrer Aufgaben in direktem Zusammenhang stehen. In diesem Rahmen darf sie insbesondere das Treasurymanagement und Geschäfte zur Risikosteuerung betreiben. Der Effektenhandel, das Einlagengeschäft und das Girogeschäft sind der Bank nur für eigene Rechnung und nur insoweit gestattet, als sie mit der Erfüllung ihrer Aufgaben in direktem Zusammenhang stehen.
Gewährträger der Bank ist das Land Baden-Württemberg. Es trägt die Anstaltslast. Die Anstaltslast enthält die öffentlich-rechtliche Verpflichtung gegenüber der Bank, ihre wirtschaftliche Basis jederzeit zu sichern und sie für die gesamte Dauer ihres Bestehens funktionsfähig zu erhalten.
Die Organe der L-Bank sind der Vorstand und der Verwaltungsrat.
Vorstand: Edith Weymayr (Vorsitzende); Dr. Ulrich Theileis (Stellv. Vors); Dr. Iris Reinelt; Johannes Heinloth

13 Landesbank Baden-Württemberg

– Anstalt des öffentlichen Rechts –

70173 Stuttgart, Am Hauptbahnhof 2; Tel. (07 11) 1 27-0; Fax (07 11) 1 27-4 35 44; E-Mail: kontakt@lbbw.de; http://www.lbbw.de

76131 Karlsruhe, Ludwig-Erhard-Allee 4; Tel. (07 21) 1 42-0; Fax (07 21) 1 42-2 30 12

55120 Mainz, Rheinallee 86; Tel. (0 61 31) 64-0; Fax (0 61 31) 64- 3 57 01

68165 Mannheim, Augustaanlage 33; Tel. (06 21) 4 28-0; Fax (06 21) 4 28-7 25 91

Rechtsgrundlage und Aufgabenkreis:
Gesetz über die Landesbank Baden-Württemberg (Landesbankgesetz – LBWG) in der Fassung vom

19. Dezember 2013. Die Landesbank Baden-Württemberg regelt ihre Angelegenheiten im Rahmen der geltenden Gesetze durch Satzung (§ 3 LBWG).
Die Landesbank hat volle Geschäftsfreiheit. Sie kann alle Arten von Bank- und Finanzdienstleistungsgeschäften betreiben sowie alle sonstigen Geschäfte, die der Landesbank dienen. Sie ist berechtigt, Pfandbriefe, Kommunalobligationen und sonstige Schuldverschreibungen auszugeben.
Die Landesbank stärkt den Wettbewerb im Kreditgewerbe. Sie erbringt ihre Leistungen für die Bevölkerung, die Wirtschaft und die öffentliche Hand unter Berücksichtigung der Markterfordernisse.
Die Landesbank ist Universalbank und internationale Geschäftsbank.
Die Landesbank ist auch die Zentralbank der Sparkassen in Baden-Württemberg, Rheinland-Pfalz und Sachsen. Insoweit betreibt sie ihre Geschäfte unter Berücksichtigung der Belange der Sparkassen. Informationen, die ihr als Zentralbank zugänglich werden, dürfen nicht zur Anbahnung anderer Geschäfte verwendet werden. Zusammen mit den Verbundunternehmen der Sparkassen fördert und unterstützt sie die Wettbewerbsfähigkeit der Sparkassen im Markt.
Die Landesbank erfüllt auf dem Gebiet der Landeshauptstadt Stuttgart auch die Aufgaben einer Sparkasse in entsprechender Anwendung des § 6 Abs. 1 des Sparkassengesetzes.
Die Landesbank kann zur Erfüllung ihrer Aufgaben und zur Wahrnehmung ihrer Geschäfte rechtlich unselbstständige Anstalten des öffentlichen Rechts errichten, sich an Unternehmungen beteiligen und Verbänden als Mitglied beitreten. Sie kann sich ferner am Kapital von Kreditinstituten des öffentlichen Rechts beteiligen und bei solchen Instituten Gewährträger oder Träger sein.
Die Landesbank ist zur Anlage von Mündelgeld geeignet.
Vorstandsvorsitzender: Rainer Neske

14 Hafenverwaltung Kehl

– **Körperschaft des öffentlichen Rechts** –

77694 Kehl, Hafenstr. 19; Tel. (0 78 51) 8 97-0; Fax (0 78 51) 8 97-66; E-Mail: info@hafen-kehl.de; http://www.hafen-kehl.de

Rechtliche Grundlage und Aufgabenkreis:
Der Hafenverwaltung wurde mit der Bekanntmachung im Badischen Gesetz- und Verordnungsblatt am 15. Dezember 1951 das Körperschaftsrecht verliehen. Der Hafenverwaltung obliegt die Verwaltung, die Unterhaltung und die Verbesserung des Rheinhafens Kehl.
Leiter: Volker Molz, HafDir

VI Ministerium für Wirtschaft, Arbeit und Tourismus Baden-Württemberg (WM)

70173 Stuttgart, Neues Schloss, Schlossplatz 4; Tel. (07 11) 1 23-0; Fax (07 11) 1 23-21 21; E-Mail: poststelle@wm.bwl.de; http://www.wm.baden-wuerttemberg.de

Aufgabenkreis:
Die Aufgaben der Finanzverwaltung sind in der Bekanntmachung vom 24. Juli 2001 (GBl. S. 590), zuletzt geändert durch die Bekanntmachung der Landesregierung vom 15. Juli 2021 (GBl. S. 606) festgelegt:
– Wirtschaftspolitik, Wirtschaftsordnung, Wirtschaftsrecht;
– Wirtschaftsförderung, regionale und sektorale Strukturentwicklung;
– Außenwirtschaft, Standortwerbung für Industrieansiedlung;
– Industrie, Handwerk, Handel, Dienstleistungen, Gewerbe, Aufsicht über die Industrie- und Handelskammern und die Handwerkskammern, Genossenschaftswesen;
– Technologie, Medienwirtschaft, wirtschaftsnahe Forschung, technische Entwicklung, Rationalisierung, Produktivitätssteigerung;
– Geld- und Kreditwesen, Börsenaufsicht, Versicherungswesen (ohne Sozialversicherung, ohne europäische Banken- und Versicherungsregulierung);
– Preise, Wettbewerb, Kartelle, öffentliches Auftragswesen;
– Mess-, Eich-, und technisches Prüfwesen;
– berufliche Bildung im Bereich der gewerblichen Wirtschaft;
– Telekommunikation, Postwesen;
– wirtschaftspolitische Fragen in Bezug auf die Europäische Union und andere europäische Institutionen;
– Arbeitsrecht, insbesondere Betriebs- und Unternehmensverfassung, Lohn-, Tarif und Schlichtungswesen, Vermögensbildung in Arbeitnehmerhand, Heimarbeit;
– sozialer Arbeitsschutz einschließlich der betrieblichen Arbeitsschutzorganisation, Arbeitsmedizin und betriebsärztlicher Dienst, gesundheitliche Fragen des Arbeitsschutzes, technischer Arbeitsschutz;
– Arbeitsmarkt einschließlich Arbeitsmarktpolitik Ausländer, Arbeitslosenversicherung und Grundsicherung für Arbeitsuchende einschließlich Wohngeldentlastung;
– Tourismus, Erholung, Kurorte und Bäder (mit Ausnahme der staatlichen Bäder).

Publikationsorgan: Gemeinsames Amtsblatt des Ministeriums des Innern, für Digitalisierung und Kommunen, des Ministeriums für Wirtschaft, Arbeit

b Regierung und Landesbehörden des Landes Baden-Württemberg

und Tourismus, des Ministeriums Ernährung, Ländlicher Raum und Verbraucherschutz, des Ministeriums für Soziales, Gesundheit und Integration, des Ministeriums für Umwelt, Klima und Energiewirtschaft, des Ministeriums für Wissenschaft, Forschung und Kunst, des Ministeriums für Verkehr sowie der Regierungspräsidien. Das Amtsblatt ist durch die Post zum Preis von mtl. 12,50 EUR zu beziehen. Einzelnummern beim Herausgeber Staatsanzeiger für Baden-Württemberg GmbH, Postfach 10 43 63, 70038 Stuttgart.
Ministerin: Dr. Nicole Hoffmeister-Kraut, MdL
Ministerbüro: Stefanie Schorn, Tel. -28 04
Persönliche Referentin: Beatrice Lehrmann, Tel. -28 03
Staatssekretär: Dr. Patrick Rapp (MdL)
Persönliche Referentin: Meike Hoppe, Tel. -28 13
Ministerialdirektor: Michael Kleiner
Presse- und Öffentlichkeitsarbeit: NN
Zentralstelle: Moritz Scheibe, Tel. -28 53
Leitungsbereich: NN
Bundesrat und Bundesangelegenheiten: Birgit de Longueville, Tel. -28 60
Stabsstelle Projektsteuerung Expo Dubai 2020: Ulrich Kromer von Baerle, Tel. -21 53
Beauftragte für Chancengleichheit: Marion Brucksch, Tel. -26 04
Beauftragter für Datenschutz: Oleg Livschits, Tel. -28 78
Technologiebeauftragter des Landes Baden-Württemberg: Prof. Dr. Wilhelm Bauer, Tel. -25 64
Europabeauftragte: Dr.-Ing. Petra Püchner, Tel. -28 68

Abt 1 Personal, Organisation, Haushalt, Informationstechnik (IT), Ordensangelegenheiten, Haus der Wirtschaft Baden-Württemberg
Leiter: Norbert Eisenmann, MinDirig, Tel. (07 11) 1 23-24 00

Ref 11: **Personal (Grundsatz und Recht, Aus- und Fortbildung)** Dr. Melanie Zachmann, Tel. -21 09
Ref 12: **Personal (Einzelfälle/Bewirtschaftung)** Philipp Reuff, Tel. -23 27
Ref 13: **Organisation, Zeitwirtschaft und Ordensangelegenheiten** Markus Sorg, Tel. -25 00
Ref 14: **Haushalt** Markus Vogt, Tel. -21 80
Ref 15: **Informationstechnik (IT)** Peter Hagen, Tel. -23 38
Ref 16: **Haus der Wirtschaft Baden-Württemberg** Rainer Presser, Tel. -26 43

Abt 2 Arbeit, berufliche Bildung, Fachkräftesicherung
Leiter: Dr. Thomas Hoffmann, MinDirig, Tel. (07 11) 1 23-29 00

Ref 21: **Fachkräftesicherung** Magdalena Häberle, Tel. -21 33
Ref 22: **Berufliche Ausbildung** Karsten Altenburg, Tel. -22 04
Ref 23: **Berufliche Weiterbildung** Dietmar Stengele, Tel. -26 05

Ref 24: **Arbeitsmarktpolitik und Arbeitsrecht** Ulrich Conzelmann, Tel. -29 54
Ref 25: **Grundsicherung für Arbeitssuchende** Knut Bergmann, Tel. -29 82
Ref 26: **Arbeit und Gesundheit** Dr. Axel Gräber, Tel. -29 72

Abt 3 Industrie, Innovation, wirtschaftsnahe Forschung und Digitalisierung
Leiter: Günther Leßnerkraus, MinDirig, Tel. (07 11) 1 23-24 20

Ref 31: **Industrie- und Technologiepolitik, Digitalisierung** Dr. Peter Mendler, Tel. -24 48
Ref 32: **Clusterpolitik, regionale Wirtschaftspolitik** Frank Fleischmann, Tel. -23 83
Ref 33: **Automobil- und Produktionsindustrie, Logistik** Claus Mayer, Tel. -21 29
Ref 34: **Rohstoffwirtschaft und Ressourcensicherung** Gabriele Maschke, Tel. -23 47
Ref 35: **Gesundheitsindustrie, Chemie und Werkstoffe** Dr. Christian Renz, Tel. -24 53
Ref 36: **IKT und Kreativwirtschaft** Jürgen Oswald, Tel. -23 56
Ref 37: **Steuerung EFRE (Europäischer Fonds für regionale Entwicklung)** Dr. Arndt Oschmann, Tel. -24 88

Abt 4 Mittelstand und Tourismus
Leiterin: Rose Köpf-Schuler, MinDirigentin, Tel. (07 11) 1 23-20 95

Ref 41: **Mittelstand und Handwerk** Martina Oschmann, Tel. -23 75
Ref 42: **Kammern und Börse** Ina von Cube, Tel. -21 13
Ref 43: **Existenzgründung und Unternehmensnachfolge** Prof. Peter Schäfer, Tel. -27 73
Ref 44: **Unternehmensbetreuung** Jörg Röver, Tel. -24 65
Ref 45: **Dienstleistungswirtschaft** Michael Schulz, Tel. -26 50
Ref 46: **Steuerung ESF (Europäischer Sozialfonds)** Elisabeth Groß, Tel. -25 48
Ref 47: **Tourismus** Diana Schafer, Tel. 2 79-24 10
Ref 48: **Wirtschaftshilfen** Andreas Neef, Tel. -24 34

Abt 5 Strategie, Recht, Außenwirtschaft und Europa
Leiter: NN, Tel. (07 11) 1 23-22 00

Ref 51: **Grundsatz Wirtschaftspolitik und Reden** Roland Brecht, Tel. -21 17
Ref 52: **Wirtschaftspolitik in Europa** Dr. Frank Speier, Tel. -21 61
Ref 53: **Wirtschafts- und Gewerberecht** Matthias Brehm, Tel. -23 35
Ref 54: **Justiziariat, EU-Beihilfe, Kartell- und Vergaberecht** Brigitte Füllsack, Tel. -21 85
Ref 55: **Wirtschaft und Gleichstellung** Dr. Birgit Buschmann, Tel. -22 33

Ref 56: **Standort Baden-Württemberg** Thomas Schwara, Tel. -24 76
Ref 57: **Außenwirtschaft** Günther Schmid, Tel. -21 40

Zum Geschäftsbereich des Ministeriums für Wirtschaft, Arbeit und Tourismus gehören:

1 Landesbetrieb Eich- und Beschusswesen Baden-Württemberg

70327 Stuttgart, Ulmer Str. 227 b; Tel. (07 11) 40 71-0; Fax (0 70 71) 7 57-9 61 14;
E-Mail: ebbw.direktion@rpt.bwl.de; https://rp.baden-wuerttemberg.de

Staatsrechtliche Grundlagen und Aufgabenkreis:
Einheiten- und Zeitgesetz – EinhZeitG (Gesetz über Einheiten im Messwesen vom 22. Februar 1985 (BGBl. I S. 408, Neufassung), zuletzt geändert durch Gesetz vom 18. Juli 2016 (BGBl. I S. 1666).
Mess- und Eichgesetz – MessEG (Gesetz über das Inverkehrbringen und die Bereitstellung von Messgeräten auf dem Markt, ihre Verwendung und Eichung sowie über Fertigpackungen vom 25. Juli 2013 (BGBl. I S. 2722, 2723), zuletzt geändert durch Artikel 87 der Verordnung vom 9. Juni 2021 (BGBl. I S. 1663).
Mess- und Eich-Zuständigkeitsverordnung (Verordnung des Wirtschaftsministeriums über Zuständigkeiten nach dem Mess- und Eichgesetz und nach dem Einheiten- und Zeitgesetz vom 19. März 2003 (GBl. S. 187), zuletzt geändert durch Artikel 144 der Verordnung vom 23. Februar 2017 (GBl. S. 99, 115).
Beschussgesetz – BeschG (Gesetz über die Prüfung und Zulassung von Feuerwaffen, Böllern, Geräten, bei denen zum Antrieb Munition verwendet wird, sowie von Munition und sonstigen Waffen vom 11. Oktober 2002 (BGBl. I S. 3970, 4003), zuletzt geändert durch Artikel 234 der Verordnung vom 19. Juni 2020 (BGBl. I S. 1328).
Beschussgesetz-Durchführungsverordnung – DVO BeschG (Verordnung der Landesregierung zur Durchführung des Beschussgesetzes vom 11. November 2003 (BGBl. I S. 721), zuletzt geändert durch Gesetz vom 23. Juli 2013 (BGBl. I S. 233, 250).
Medizinproduktegesetz – MPG (Gesetz über Medizinprodukte vom 7. August 2002 (BGBl. I S. 3146, Neufassung), zuletzt geändert durch Artikel 223 der Verordnung 19. Juni 2020 (BGBl. I S. 1328).
Pharmazie- und Medizinprodukte-Zuständigkeitsverordnung (Verordnung des Sozialministeriums, des Wirtschaftsministeriums und des Ministeriums Ländlicher Raum über Zuständigkeiten nach dem Arzneimittelgesetz, dem Gesetz über die Werbung auf dem Gebiete des Heilwesens, dem Transfusionsgesetz, dem Medizinproduktegesetz, dem Gesetz über das Apothekenwesen und dem Betäubungsmittelgesetz vom 17. Oktober 2000 (GBl. S. 694), zuletzt geändert durch Artikel 9 des Gesetzes vom 10. August 2021 (GBl. S. 3436).
Zuständigkeiten nach der Verordnung über Heizkostenabrechnung – HeizkostenV (Verordnung des Umweltministeriums über Zuständigkeiten nach der Verordnung über die verbrauchsabhängige Abrechnung der Heiz- und Warmwasserkosten (Zuständigkeits- und Vollzugsverordnung zur Heizkostenverordnung – HeizkostenVZuVVO) vom 4. Januar 2010 (GBl. S. 21), zuletzt geändert durch Verordnung vom 25. Januar 2012 (GBl. S. 65, 82).
Die wichtigsten Aufgaben des Landesbetriebs Eich- und Beschusswesen Baden-Württemberg sind:
– Eichung/Überwachung von Messgeräten und deren Ergebnisse,
– Schutz der Messergebnisse vor Manipulationen,
– Füllmengenkontrollen bei Fertigpackungen,
– Anerkennung und Überwachung staatlich anerkannter Prüfstellen, autorisierten Stellen und Instandsetzungsbetrieben,
– Anerkennung und Überwachung von Qualitätsmanagementsystemen bei Herstellern (EU-Recht),
– Prüfung von Jagd-, Sport- und Verteidigungswaffen,
– Prüfung und Zulassung von Munition,
– Überwachung der Hersteller nach den Vorschriften des Waffen- und Beschussgesetzes,
– Erprobung und Zertifizierung neuer Polizeiwaffen und Munition sowie Schutzausstattung für die Polizei,
– Prüfung und Zertifizierung von Materialien, Konstruktionen, Bauwerkteilen, Körperschutzausrüstungen sowie Sonderschutzfahrzeugen aus dem Bereich des Personen- und Objektschutzes,
– Überwachung medizinischer Labors auf Einhaltung der von der Bundesärztekammer vorgeschriebenen Qualitätskontrollen,
– Verfolgung und Ahndung von Ordnungswidrigkeiten nach dem Eich-, Einheiten- und Medizinprodukterecht.

Leiter: Uwe Alle, AbtPräs
Weitere Angaben hierzu siehe auch auf S. 29 (Regierungspräsidium Tübingen, Abteilung 10).

Betriebsstellen

Eichamt Albstadt
72458 Albstadt, Schillerstr. 83; Tel. (0 74 31) 9 22-0; Fax (0 70 71) 7 57-9 61 23;
E-Mail: eichamt.albstadt@rpt.bwl.de; https://rp.baden-wuerttemberg.de
Leiter: Peter Schönleber
Amtsbezirk: Landkreise Reutlingen, Rottweil, Schwarzwald-Baar-Kreis, Tübingen, Tuttlingen, Zollernalbkreis, Konstanz, Breisgau-Hochschwarzwald und Waldshut (östlich B 500, Stadt Waldshut-Tiengen)

Außenstelle
78166 Donaueschingen, Hermann-Fischer-Allee 28; Tel. (07 71) 8 32 56-0; Fax (0 70 71) 7 57-9 61 24; E-Mail: eichamt.donaueschingen@rpt.bwl.de

Eichamt Fellbach
70736 Fellbach, Stuttgarter Str. 86; Tel. (07 11) 95 79 61-0; Fax (0 70 71) 7 57-9 61 15;
E-Mail: eichamt.fellbach@rpt.bwl.de; https://rp.baden-wuerttemberg.de
Leiter: Adrian Bacher
Amtsbezirk: Stadtkreis Stuttgart sowie die Landkreise Böblingen, Esslingen, Göppingen, Ludwigsburg, Rems-Murr-Kreis

Eichamt Freiburg
79110 Freiburg, Elsässer Str. 2 a; Tel. (07 61) 1 20 26-0; Fax (0 70 71) 7 57-9 61 16;
E-Mail: eichamt.freiburg@rpt.bwl.de; https://rp.baden-wuerttemberg.de
Leiter: Michael Pernus
Amtsbezirk: Stadtkreis Freiburg sowie die Landkreise Emmendingen, Lörrach, Ortenaukreis, Breisgau-Hochschwarzwald und Waldshut (westlicher Teil)

Eichamt Heilbronn
74076 Heilbronn, Brüggemannstr. 45; Tel. (0 71 31) 9 82 32-0; Fax (0 70 71) 7 57-9 61 19;
E-Mail: eichamt.heilbronn@rpt.bwl.de; https://rp.baden-wuerttemberg.de
Leiter: Gerald Wagner
Amtsbezirk: Stadtkreis Heilbronn sowie die Landkreise Heilbronn, Hohenlohekreis, Schwäbisch Hall, Main-Tauber-Kreis, Neckar-Odenwald-Kreis (südlich bzw. östlich der B 292, B 27 und B 47).

Außenstelle Schwäbisch Hall
74523 Schwäbisch Hall, Ringstr. 58; Tel. (07 91) 9 54 12-0; Fax (0 70 71) 7 57-9 61 20;
E-Mail: eichamt.schwaebisch-hall@rpt.bwl.de

Eichamt Karlsruhe
76133 Karlsruhe, Stephanienstr. 51; Tel. (07 21) 9 12 06-0; Fax (0 70 71) 7 57-9 61 17;
E-Mail: eichamt.karlsruhe@rpt.bwl.de; https://rp.baden-wuerttemberg.de
Leiter: Torsten Mall
Amtsbezirk: Stadtkreise Baden-Baden, Karlsruhe, Pforzheim sowie die Landkreise Calw, Enzkreis, Freudenstadt, Karlsruhe, Rastatt

Eichamt Mannheim
68165 Mannheim, Fahrlachstr. 46-48; Tel. (06 21) 4 40 06-0; Fax (0 70 71) 7 57-9 61 18;
E-Mail: eichamt.mannheim@rpt.bwl.de; https://rp.baden-wuerttemberg.de
Leiter: Jürgen Klenk
Amtsbezirk: Stadtkreise Heidelberg, Mannheim sowie die Landkreise Neckar-Odenwald-Kreis (nördlich und westlich der B 292, B 27 und B 47) und Rhein-Neckar-Kreis

Eichamt Ravensburg
88214 Ravensburg, Kanalstr. 45; Tel. (07 51) 36 36 21-0; Fax (0 70 71) 7 57-9 61 22;
E-Mail: eichamt.ravensburg@rpt.bwl.de; https://rp.baden-wuerttemberg.de
Leiter: Oliver Müller
Amtsbezirk: Landkreise Bodenseekreis, Ravensburg, Sigmaringen

Eichamt Ulm-Dornstadt
89160 Dornstadt, Lerchenbergstr. 25; Tel. (0 73 48) 4 07 71-0; Fax (0 70 71) 7 57-9 61 21;
E-Mail: eichamt.ulm-dornstadt@rpt.bwl.de; https://rp.baden-wuerttemberg.de
Leiter: Peter Paulus
Amtsbezirk: Stadtkreis Ulm sowie die Landkreise Alb-Donau-Kreis, Biberach, Heidenheim, Ostalbkreis

Beschussamt Ulm
89081 Ulm, Albstr. 74; Tel. (07 31) 9 68 51-0; Fax (0 70 71) 7 57-9 61 25;
E-Mail: beschussamt@rpt.bwl.de; https://rp.baden-wuerttemberg.de
Leiter: Manfred Tonnier

Der Rechtsaufsicht des Ministeriums für Wirtschaft, Arbeit und Tourismus unterstehen die nachfolgenden Körperschaften und Anstalten des öffentlichen Rechts:

2 Handwerkskammern

Rechtliche Grundlage und Aufgabenkreis:
Zur Vertretung der Interessen des Handwerks werden nach dem Gesetz zur Ordnung des Handwerks (Handwerksordnung) Handwerkskammern errichtet; sie sind Körperschaften des öffentlichen Rechts.
Zur Handwerkskammer gehören die Inhaber eines Betriebs, eines Handwerks und eines handwerksähnlichen Gewerbes des Handwerkskammerbezirks sowie die Gesellen, andere Arbeitnehmer mit einer abgeschlossenen Berufsausbildung und die Lehrlinge dieser Gewerbetreibenden. Zur Handwerkskammer gehören auch Personen nach § 90 Abs. 3 und 4 HwO („Einfachtätige").
Aufgabe der Handwerkskammer ist insbesondere,
– die Interessen des Handwerks zu fördern und für einen gerechten Ausgleich der Interessen der einzelnen Handwerke und ihrer Organisationen zu sorgen,
– die Behörden in der Förderung des Handwerks durch Anregungen, Vorschläge und durch Erstattung von Gutachten zu unterstützen und regelmäßig Berichte über die Verhältnisse des Handwerks zu erstatten,
– die Handwerksrolle (§ 6) zu führen,
– die Berufsausbildung zu regeln (§ 41), Vorschriften hierfür zu erlassen, ihre Durchführung zu überwachen (§ 41 a) sowie eine Lehrlingsrolle (§ 28 Satz 1) zu führen,
– Vorschriften für Prüfungen im Rahmen einer beruflichen Fortbildung oder Umschulung zu er-

lassen und Prüfungsausschüsse hierfür zu errichten,
- Gesellenprüfungsordnungen für die einzelnen Handwerke zu erlassen (§ 38), Prüfungsausschüsse für die Abnahme der Gesellenprüfungen zu errichten oder Handwerksinnungen zu der Errichtung von Gesellenprüfungsausschüssen zu ermächtigen (§ 33) und die ordnungsmäßige Durchführung der Gesellenprüfungen zu überwachen,
- Meisterprüfungsordnungen für die einzelnen Handwerke zu erlassen (§ 50) und die Geschäfte des Meisterprüfungsausschusses (§ 47 Abs. 2) zu führen,
- die Gleichwertigkeit festzustellen (§§ 40a, 50b, 51e),
- die technische und betriebswirtschaftliche Fortbildung der Meister und Gesellen zur Erhaltung und Steigerung der Leistungsfähigkeit des Handwerks in Zusammenarbeit mit den Innungsverbänden zu fördern, die erforderlichen Einrichtungen hierfür zu schaffen oder zu unterstützen und zu diesem Zweck eine Gewerbeförderungsstelle zu unterhalten,
- Sachverständige zur Erstattung von Gutachten über Waren, Leistungen und Preise von Handwerkern zu bestellen und zu vereidigen,
- die wirtschaftlichen Interessen des Handwerks und die ihnen dienenden Einrichtungen, insbesondere das Genossenschaftswesen zu fördern,
- die Formgestaltung im Handwerk zu fördern,
- Vermittlungsstellen zur Beilegung von Streitigkeiten zwischen selbstständigen Handwerkern und ihren Auftraggebern einzurichten,
- Ursprungszeugnisse über in Handwerksbetrieben gefertigte Erzeugnisse und andere dem Wirtschaftsverkehr dienende Bescheinigungen auszustellen, soweit nicht Rechtsvorschriften diese Aufgaben anderen Stellen zuweisen,
- Maßnahmen zur Unterstützung Not leidender Handwerker sowie Gesellen und andere Arbeitnehmer mit einer abgeschlossenen Berufsausbildung zu treffen oder zu unterstützen.

Handwerkskammer Freiburg
– Körperschaft des öffentlichen Rechts –
79098 Freiburg, Bismarckallee 6; Tel. (07 61) 2 18 00-0; Fax (07 61) 2 18 00-3 33;
E-Mail: info@hwk-freiburg.de;
http://www.hwk-freiburg.de
Präsident: Johannes Ullrich
Geschäftsbereichsleiterin: Annette Rebmann-Schmelzer
Kammerbezirk: Stadtkreis Freiburg, Landkreise Breisgau-Hochschwarzwald, Emmendingen, Lörrach, Ortenaukreis

Gewerbe Akademie Standort Freiburg
79110 Freiburg, Wirthstr. 28; Tel. (07 61) 1 52 50-0; Fax (07 61) 1 52 50-15;
E-Mail: info@gewerbeakademie.de

Gewerbe Akademie Schopfheim
79650 Schopfheim, Belchenstr. 74; Tel. (0 76 22) 68 68-0; Fax (0 76 22) 68 68-50;
E-Mail: info@gewerbeakademie.de

Gewerbe Akademie Offenburg
77652 Offenburg, Wasserstr. 19; Tel. (07 81) 7 93-0; Fax (07 81) 7 93-50;
E-Mail: info@gewerbeakademie.de

Handwerkskammer Heilbronn-Franken
– Körperschaft des öffentlichen Rechts –
74072 Heilbronn, Allee 76; Tel. (0 71 31) 7 91-0; Fax (0 71 31) 7 91-2 00;
E-Mail: info@hwk-heilbronn.de;
http://www.hwk-heilbronn.de
Präsident: Ulrich Bopp
Hauptgeschäftsführer: Ralf Schnörr
Kammerbezirk: Stadtkreis Heilbronn, Landkreise Heilbronn, Hohenlohekreis, Schwäbisch Hall, Main-Tauber-Kreis

Geschäftsstelle Schwäbisch Hall
74523 Schwäbisch Hall, Stauffenbergstr. 35-37; Tel. (07 91) 9 71 07-12; Fax (07 91) 9 71 07-28;
E-Mail: christina.bauer@hwk-heilbronn.de

Geschäftsstelle Tauberbischofsheim
97941 Tauberbischofsheim, Pestalozziallee 11; Tel. (0 93 41) 92 51-20; Fax (0 71 31) 7 91-25 95;
E-Mail: paul.mendel@hwk-heilbronn.de

Bildungs- und Technologiezentrum
74078 Heilbronn, Wannenäckerstr. 62, Böllinger Höfe; Tel. (0 71 31) 7 91-27 00; Fax (0 71 31) 7 91-27 50; E-Mail: info@btz-heilbronn.de

Handwerkskammer Karlsruhe
– Körperschaft des öffentlichen Rechts –
76133 Karlsruhe, Friedrichsplatz 4-5; Tel. (07 21) 16 00-0; Fax (07 21) 16 00-1 99;
E-Mail: info@hwk-karlsruhe.de;
http://www.hwk-karlsruhe.de
Präsident: Joachim Wohlfeil
Hauptgeschäftsführer: Gerd Lutz
Kammerbezirk: Stadt- und Landkreis Karlsruhe, Stadtkreis Pforzheim, Stadtkreis Baden-Baden, Landkreise Enzkreis, Rastatt, Calw

Außenstelle Baden-Baden
76532 Baden-Baden, Rheinstr. 146; Tel. (0 72 21) 99 65 69-0; Fax (0 72 21) 99 65 69-3 69;
E-Mail: baden-baden@hwk-karlsruhe.de

Außenstelle Pforzheim
75179 Pforzheim, Wilferdinger Str. 6; Tel. (0 72 31) 42 80 68-0; Fax (0 72 31) 42 80 68-3 89;
E-Mail: pforzheim@hwk-karlsruhe.de

Büro im N.E.T.Z.
72202 Nagold, Lise-Meitner-Str. 21; Tel. (0 74 52) 81 93 84; Fax (0 74 52) 81 93 85;
E-Mail: info@hwk-karlsruhe.de

Handwerkskammer Konstanz
– Körperschaft des öffentlichen Rechts –
78462 **Konstanz**, Webersteig 3; Tel. (0 75 31) 2 05-0; Fax (0 75 31) 1 64 68;
E-Mail: info@hwk-konstanz.de;
http://www.hwk-konstanz.de
Präsident: Werner Rottler
Hauptgeschäftsführer: Georg Hiltner
Kammerbezirk: Landkreise Konstanz, Rottweil, Schwarzwald-Baar-Kreis, Tuttlingen, Waldshut

Außenstelle (Bildungsakademie) Waldshut
79761 Waldshut-Tiengen, Friedrichstr. 3; Tel. (0 77 51) 87 53-0; Fax (0 77 51) 87 53-13;
E-Mail: waldshut@bildungsakademie.de

Außenstelle (Bildungsakademie) Rottweil
78628 Rottweil, Steinhauserstr. 18; Tel. (07 41) 53 37-0; Fax (07 41) 53 37-37;
E-Mail: rottweil@bildungsakademie.de

Außenstelle (Berufliche Bildungsstätte) Tuttlingen GmbH, Tuttlingen
78532 Tuttlingen, Max-Planck-Str. 17; Tel. (0 74 61) 92 90-0; Fax (0 74 61) 92 90-10;
E-Mail: info@bbt-tut.de

Außenstelle (Bildungsakademie) Singen
78224 Singen, Langestr. 20; Tel. (0 77 31) 8 32 77-0; Fax (0 77 31) 8 32 77-5 99;
E-Mail: singen@bildungsakademie.de

Außenstelle (Bildungsakademie) Villingen
78048 VS-Villingen, Sebastian-Kneipp-Str. 60; Tel. (0 77 21) 99 88-77; Fax (0 77 21) 99 88-18;
E-Mail: villingen@bildungsakademie.de

Handwerkskammer Mannheim Rhein-Neckar-Odenwald
– Körperschaft des öffentlichen Rechts –
68159 **Mannheim**, B 1, 1-2; Tel. (06 21) 1 80 02-0; Fax (06 21) 1 80 02-1 99;
E-Mail: info@hwk-mannheim.de;
http://www.hwk-mannheim.de
Präsident: Klaus Hofmann
Hauptgeschäftsführer: Jens Brandt
Kammerbezirk: Stadtkreise Heidelberg, Mannheim, Landkreise Neckar-Odenwald-Kreis, Rhein-Neckar-Kreis

Außenstelle (Bildungsakademie) Mannheim
68167 Mannheim, Gutenbergstr. 49; Tel. (06 21) 1 80 02-2 10; Fax (06 21) 1 80 02-2 99;
E-Mail: info@bia-mannheim.de

Handwerkskammer Reutlingen
– Körperschaft des öffentlichen Rechts –
72762 **Reutlingen**, Hindenburgstr. 58; Tel. (0 71 21) 24 12-0; Fax (0 71 21) 24 12-4 00;
E-Mail: handwerk@hwk-reutlingen.de;
http://www.hwk-reutlingen.de
Präsident: Harald Herrmann
Hauptgeschäftsführer: Dr. Joachim Eisert

Kammerbezirk: Landkreise Freudenstadt, Reutlingen, Sigmaringen, Tübingen, Zollern-Alb-Kreis

Außenstelle (Bildungsakademie) Reutlingen
72762 Reutlingen, Hindenburgstr. 58; Tel. (0 71 21) 24 12-3 20; Fax (0 71 21) 24 12-4 32;
E-Mail: info@bildungsakademie-rt.de

Außenstelle (Bildungsakademie) Sigmaringen
72488 Sigmaringen, Hintere Landesbahnstr. (Donauhaus); Tel. (0 75 71) 74 77-0; Fax (0 75 71) 74 77-30;
E-Mail: info@bildungsakademie-sig.de

Außenstelle (Bildungsakademie) Tübingen
72072 Tübingen, Raichbergstr. 87-89; Tel. (0 70 71) 97 07-0; Fax (0 70 71) 97 07-70;
E-Mail: info@bildungsakademie-tue.de

Handwerkskammer Region Stuttgart
– Körperschaft des öffentlichen Rechts –
70191 **Stuttgart**, Heilbronner Str. 43; Tel. (0 711) 16 57-0; Fax (0 711) 16 57-2 22;
E-Mail: info@hwk-stuttgart.de;
http://www.hwk-stuttgart.de
Präsident: Rainer Reichhold
Hauptgeschäftsführer: Thomas Hoefling
Kammerbezirk: Stadtkreis Stuttgart, Landkreise Böblingen, Esslingen, Göppingen, Ludwigsburg, Rems-Murr-Kreis

Bildungsakademie Handwerkskammer Region Stuttgart
70499 Stuttgart, Holderäckerstr. 37; Tel. (0 711) 16 57-6 00; Fax (0 711) 16 57-6 70;
E-Mail: ba-verwaltung@hwk-stuttgart.de;
http://www.hwk-stuttgart.de

Handwerkskammer Ulm
– Körperschaft des öffentlichen Rechts –
89073 **Ulm**, Olgastr. 72; Tel. (07 31) 14 25-0; Fax (07 31) 14 25-5 00; E-Mail: info@hk-ulm.de;
http://www.hk-ulm.de
Präsident: Joachim Krimmer
Hauptgeschäftsführer: Dr. Tobias Mehlich
Kammerbezirk: Ostalbkreis, Kreis Heidenheim, Stadtkreis Ulm, Alb-Donau-Kreis, Kreis Biberach, Kreis Ravensburg, Bodenseekreis

Außenstelle (Bildungsakademie) Ulm
89077 Ulm, Köllestr. 55; Tel. (07 31) 93 71-0; Fax (07 31) 93 71-1 10; E-Mail: bia.ulm@hk-ulm.de

Außenstelle (Bildungsakademie) Friedrichshafen
88046 Friedrichshafen, Steinbeisstr. 38; Tel. (0 75 41) 37 58-0; Fax (0 75 41) 37 58-10;
E-Mail: bia.fn@hk-ulm.de

Außenstelle (Schweißtechnische Lehranstalt) Ulm
89077 Ulm, Köllestr. 55; Tel. (07 31) 93 71-1 05; Fax (07 31) 93 71-1 10; E-Mail: sl.ulm@hk-ulm.de

Außenstelle (Akademie für Gestaltung im Handwerk) Ulm
89077 Ulm, Köllestr. 55; Tel. (07 31) 93 71-3 12;
Fax (07 31) 93 71-1 10;
E-Mail: akademie@hk-ulm.de

3 Industrie- und Handelskammern

Rechtliche Grundlage und Aufgabenkreis:
Die Industrie und Handelskammern sind Körperschaften des öffentlichen Rechts. Ihre gesetzlichen Grundlagen sind das Bundesgesetz zur vorläufigen Regelung des Rechts der Industrie- und Handelskammern vom 18. Dezember 1956 (BGBl. I S. 920) und die Gesetze der Bundesländer über die Industrie- und Handelskammern (z.B. Gesetz über die Industrie- und Handelskammern in Baden-Württemberg vom 27. Januar 1958, GBl. S. 77).

Danach haben die Industrie- und Handelskammern die Aufgabe, das Gesamtinteresse der ihnen zugehörigen Gewerbetreibenden ihres Bezirkes wahrzunehmen, für die Förderung der gewerblichen Wirtschaft zu wirken und dabei die wirtschaftlichen Interessen einzelner Gewerbezweige oder Betriebe abwägend und ausgleichend zu berücksichtigen; dabei obliegt es ihnen insbesondere, durch Vorschläge, Gutachten und Berichte die Behörden zu unterstützen und zu beraten sowie für Wahrung von Anstand und Sitte des ehrbaren Kaufmanns zu wirken.

Die Industrie- und Handelskammern können Anlagen und Einrichtungen, die der Förderung der gewerblichen Wirtschaft oder einzelner Gewerbezweige dienen, begründen, unterhalten und unterstützen sowie Maßnahmen zur Förderung und Durchführung der kaufmännischen und gewerblichen Berufsbildung unter Beachtung der geltenden Rechtsvorschriften, insbesondere des Berufsbildungsgesetzes, treffen. Den Industrie- und Handelskammern obliegt die Ausstellung von Ursprungszeugnissen und anderen dem Wirtschaftsverkehr dienenden Bescheinigungen, soweit nicht Rechtsvorschriften diese Aufgabe anderen Stellen zuweisen.

Zur Industrie- und Handelskammer gehören, sofern sie zur Gewerbesteuer veranlagt sind, natürliche Personen, Handelsgesellschaften, andere nicht rechtsfähige Personenmehrheiten und juristische Personen des privaten und des öffentlichen Rechts, welche im Bezirk der Industrie- und Handelskammer eine Betriebsstätte unterhalten (Kammerzugehörige).

Industrie- und Handelskammer Rhein-Neckar
– Körperschaft des öffentlichen Rechts –
68161 Mannheim, L 1, 2; Tel. (06 21) 17 09-0; Fax (06 21) 17 09-55 11; E-Mail: ihk@rhein-neckar.ihk24.de; http://www.rhein-neckar.ihk24.de
Präsident: Manfred Schnabel
Hauptgeschäftsführer: Dr. Axel Nitschke
IHK-Bezirk: Stadtkreise Mannheim und Heidelberg, Rhein-Neckar-Kreis, Neckar-Odenwald-Kreis

Standort Heidelberg
69115 Heidelberg, Hans-Böckler-Str. 4; Tel. (0 62 21) 90 17-0; Fax (0 62 21) 90 17-6 17

Standort Mosbach
74821 Mosbach, Oberer Mühlenweg 1/1; Tel. (0 62 61) 92 49-0; Fax (0 62 61) 92 49-7 28

Industrie- und Handelskammer Ostwürttemberg
– Körperschaft des öffentlichen Rechts –
89520 Heidenheim, Ludwig-Erhard-Str. 1; Tel. (0 73 21) 3 24-0; Fax (0 73 21) 3 24-1 69;
E-Mail: zentrale@ostwuerttemberg.ihk.de;
http://www.ostwuerttemberg.ihk.de
Präsident: Markus Maier
Stellv. Hauptgeschäftsführer: Thorsten Drescher
Kammerbezirk: Kreis Heidenheim, Ostalbkreis

IHK-Bildungszentrum
73430 Aalen, Blezingerstr. 3; Tel. (0 73 61) 56 92-0; Fax (0 73 61) 56 92-29;
E-Mail: biz@ostwuerttemberg.ihk.de

Industrie- und Handelskammer Region Stuttgart
– Körperschaft des öffentlichen Rechts –
70174 Stuttgart, Jägerstr. 30; Tel. (07 11) 20 05-0; Fax (07 11) 20 05-3 54;
E-Mail: info@stuttgart.ihk.de;
http://www.stuttgart.ihk.de
Präsidentin: Marjoke Breuning
Hauptgeschäftsführer: Johannes Schmalzl
Kammerbezirk: Stadtkreis Stuttgart, Landkreise Böblingen, Esslingen, Göppingen, Ludwigsburg, Rems-Murr.

Bezirkskammer Böblingen
71034 Böblingen, Steinbeisstr. 11; Tel. (0 70 31) 62 01-0; Fax (0 70 31) 62 01-82 60;
E-Mail: info.bb@stuttgart.ihk.de
Präsident: Andreas Hadler
Leitende Geschäftsführerin: Marion Oker

Bezirkskammer Esslingen-Nürtingen
73728 Esslingen, Fabrikstr. 1; Tel. (07 11) 3 90 07-0; Fax (07 11) 3 90 07-83 30;
E-Mail: info.esnt@stuttgart.ihk.de
Präsident: Heinrich Baumann
Leitender Geschäftsführer: Christoph Nold

Geschäftsstelle Nürtingen
72622 Nürtingen, Mühlstr. 4; Tel. (0 70 22) 30 08-0; Fax (0 70 22) 30 08-86 30;
E-Mail: info.esnt@stuttgart.ihk.de

Bezirkskammer Göppingen
73037 Göppingen, Jahnstr. 36; Tel. (0 71 61) 67 15-0; Fax (0 71 61) 67 15-84 84;
E-Mail: info.gp@stuttgart.ihk.de
Präsident: Wolf Ulrich Martin
Leitender Geschäftsführer: Gernot Imgart

Bezirkskammer Ludwigsburg
71636 Ludwigsburg, Kurfürstenstr. 4; Tel. (0 71 41) 1 22-0; Fax (0 71 41) 1 22-10 35;
E-Mail: info.lb@stuttgart.ihk.de
Präsident: Albrecht Kruse
Leitende Geschäftsführerin: Sigrid Zimmerling

Bezirkskammer Rems-Murr
71332 Waiblingen, Kappelbergstr. 1; Tel. (0 71 51) 9 59 69-0; Fax (0 71 51) 9 59 69-87 26;
E-Mail: info.wn@stuttgart.ihk.de
Präsident: Claus Jürgen Paal
Leitender Geschäftsführer: Markus Beier

Industrie- und Handelskammer Karlsruhe
– Körperschaft des öffentlichen Rechts –
76133 Karlsruhe, Lammstr. 13-17; Tel. (07 21) 1 74-0; Fax (07 21) 1 74-2 90;
E-Mail: info@karlsruhe.ihk.de;
http://www.karlsruhe.ihk.de
Präsident: Wolfgang Grenke
Hauptgeschäftsführer: Dr. Guido Glania
Kammerbezirk: Stadt Karlsruhe, Stadt Baden-Baden, Landkreis Karlsruhe, Landkreis Rastatt

Industrie- und Handelskammer Nordschwarzwald
– Körperschaft des öffentlichen Rechts –
75173 Pforzheim, Dr.-Brandenburg-Str. 6; Tel. (0 72 31) 2 01-0; Fax (0 72 31) 2 01-1 58;
E-Mail: info@pforzheim.ihk.de;
http://www.nordschwarzwald.ihk24.de
Präsidentin: Claudia Gläser
Hauptgeschäftsführer: Martin Keppler
Kammerbezirk: Stadtkreis Pforzheim, Landkreise Calw, Enzkreis, Freudenstadt

Geschäftsstelle Freudenstadt
72250 Freudenstadt, Marie-Curie-Str. 2; Tel. (0 74 41) 8 60 52-0; Fax (0 74 41) 8 60 52-10

Geschäftsstelle Nagold
72202 Nagold, Lise-Meitner-Str. 23; Tel. (0 74 52) 93 01-0; Fax (0 74 52) 93 01-99

Management Akademie Schwarzwald
Industrie- und Handelskammer Nordschwarzwald
75173 Pforzheim, Dr. Brandenburg-Str. 6; Tel. (0 72 31) 2 01-1 12; Fax (0 72 31) 2 01-4 11 12;
E-Mail: mas@pforzheim.ihk.de;
http://www.ma-schwarzwald.de

Umwelt Akademie Freudenstadt
Industrie- und Handelskammer Nordschwarzwald
72250 Freudenstadt, Marie-Curie-Str. 2; Tel. (0 74 41) 8 60 52-0; Fax (0 74 41) 8 60 52-10;
E-Mail: service@pforzheim.ihk.de;
http://www.umwelt-akademie.eu

Tourismus Akademie Baden-Württemberg
Industrie- und Handelskammer Nordschwarzwald
72250 Freudenstadt, Marie-Curie-Str. 2; Tel. (0 74 41) 8 60 52-0; Fax (0 74 41) 8 60 52-10;
E-Mail: ihk-service@tourismus-akademie.de;
http://www.tourismus-akademie.de

Industrie- und Handelskammer Südlicher Oberrhein
– Körperschaft des öffentlichen Rechts –
79098 Freiburg, Schnewlinstr. 11-13; Tel. (07 61) 38 58-0; Fax (07 61) 38 58-2 22;
E-Mail: info@freiburg.ihk.de;
http://www.suedlicher-oberrhein.ihk.de
Präsident: Eberhard Liebherr
Hauptgeschäftsführer: Dr. Dieter Salomon
Kammerbezirk: Stadtkreis Freiburg im Breisgau, Landkreise Breisgau-Hochschwarzwald, Emmendingen, Ortenaukreis

Hauptgeschäftsstelle Lahr
77933 Lahr, Lotzbeckstr. 31; Tel. (0 78 21) 27 03-0; Fax (0 78 21) 27 03-7 77;
E-Mail: info@freiburg.ihk.de;
http://www.suedlicher-oberrhein.ihk.de

Industrie- und Handelskammer Schwarzwald-Baar-Heuberg
– Körperschaft des öffentlichen Rechts –
78050 Villingen-Schwenningen, Romäusring 4; Tel. (0 77 21) 9 22-0; Fax (0 77 21) 9 22-1 66;
E-Mail: info@villingen-schwenningen.ihk.de;
http://www.schwarzwald-baar-heuberg.ihk.de
Präsidentin: Birgit Hakenjos-Boyd
Hauptgeschäftsführer: Dipl.-Kfm. Thomas Albiez
Kammerbezirk: Landkreise Rottweil, Schwarzwald-Baar, Tuttlingen

Industrie- und Handelskammer Bodensee-Oberschwaben
– Körperschaft des öffentlichen Rechts –
88250 Weingarten, Lindenstr. 2; Tel. (07 51) 4 09-0; Fax (07 51) 4 09-1 59;
E-Mail: info@weingarten.ihk.de;
http://www.weingarten.ihk.de
Präsident: Martin Buck
Hauptgeschäftsführerin: Anje Gering
Kammerbezirk: Landkreise Bodenseekreis, Ravensburg, Sigmaringen

Industrie- und Handelskammer Hochrhein-Bodensee
– Körperschaft des öffentlichen Rechts –
78467 Konstanz, Reichenaustr. 21; Tel. (0 75 31) 28 60-0; Fax (0 75 31) 28 60-1 70;
E-Mail: info@konstanz.ihk.de;
http://www.konstanz.ihk.de
Präsident: Thomas Conrady
Hauptgeschäftsführer: Prof. Dr. Claudius Marx
Kammerbezirk: Landkreise Konstanz, Lörrach, Waldshut

Hauptgeschäftsstelle
79650 Schopfheim, E.-Fr.-Gottschalk-Weg 1; Tel. (0 76 22) 39 07-0; Fax (0 76 22) 3 90 72 50

Industrie- und Handelskammer Ulm
– Körperschaft des öffentlichen Rechts –
89073 Ulm, Olgastr. 95-101; Tel. (07 31) 1 73-0; Fax (07 31) 1 73-1 73; E-Mail: info@ulm.ihk.de; http://www.ulm.ihk24.de
Präsident: Dr. Jan Stefan Roell
Hauptgeschäftsführer: Max-Martin W. Deinhard
Kammerbezirk: Stadtkreis Ulm, Alb-Donau-Kreis, Landkreis Biberach

Industrie- und Handelskammer Heilbronn-Franken
– Körperschaft des öffentlichen Rechts –
74074 Heilbronn, Ferdinand-Braun-Str. 20; Tel. (0 71 31) 96 77-0; Fax (0 71 31) 96 77-1 99; E-Mail: info@heilbronn.ihk.de; http://www.heilbronn.ihk.de
Präsident: Prof. Dr. h. c. Harald Unkelbach
Hauptgeschäftsführerin: Elke Döring
Kammerbezirk: Stadtkreis Heilbronn, Landkreis Heilbronn, Hohenlohekreis, Main-Tauber-Kreis, Landkreis Schwäbisch Hall

IHK-Geschäftsstelle
97980 Bad Mergentheim, Johann-Hammer-Str. 24; Tel. (0 79 31) 96 46-0; Fax (0 79 31) 96 46-1 95; E-Mail: info@heilbronn.ihk.de; http://www.heilbronn.ihk.de

IHK-Geschäftsstelle
74523 Schwäbisch Hall, Stauffenbergstr. 35-37; Tel. (07 91) 9 50 52-0; Fax (07 91) 9 50 52-1 85; E-Mail: info@heilbronn.ihk.de; http://www.heilbronn.ihk.de

IHK-Geschäftsstelle
97877 Wertheim, John-F.Kennedy-Str. 4; Tel. (0 93 42) 9 34 68-0; Fax (0 93 42) 9 34 68-2 55; E-Mail: wth@heilbronn.ihk.de; http://www.heilbronn.ihk.de

Industrie- und Handelskammer Reutlingen
– Körperschaft des öffentlichen Rechts –
72762 Reutlingen, Hindenburgstr. 54; Tel. (0 71 21) 2 01-0; Fax (0 71 21) 2 01-41 20; E-Mail: kic@reutlingen.ihk.de; http://www.reutlingen.ihk.de
Präsident: Christian O. Erbe
Hauptgeschäftsführer: Dr. Wolfgang Epp
Kammerbezirk: Region Neckar-Alb, Landkreise Reutlingen, Tübingen, Zollernalb

4 Ingenieurkammer Baden-Württemberg

– Körperschaft des öffentlichen Rechts –

70180 Stuttgart, Zellerstr. 26; Tel. (07 11) 6 49 71-0; Fax (07 11) 6 49 71-55; E-Mail: info@ingbw.de; http://www.ingbw.de

Aufgabenkreis:
Aufgabe der Kammer ist es,

– die Ingenieurtätigkeit zum Schutz der Allgemeinheit und der Umwelt zu fördern,
– die beruflichen Belange der Gesamtheit der Kammermitglieder und das Ansehen des Berufsstandes zu wahren und zu fördern,
– die Liste der Beratenden Ingenieure, der Entwurfsverfasser sowie der Partnerschaftsgesellschaften mit beschränkter Berufshaftung zu führen,
– ausländische Ingenieurqualifikationen zum Zweck der Berufsanerkennung zu überprüfen,
– Grundsätze für die Erfüllung der Berufspflicht der Kammermitglieder in einer Berufsordnung festzulegen, deren Beachtung zu überwachen und Verstöße zu ahnden,
– die berufliche Aus-, Fort- und Weiterbildung der Ingenieure und entsprechende Einrichtungen für die Fort- und Weiterbildung zu fördern,
– bei der Ernennung von Sachverständigen mitzuwirken,
– bei der Zulassung von Prüfingenieuren beratend mitzuwirken,
– Behörden durch Vorschläge und Stellungnahmen oder in sonstiger Weise in Fragen zu beraten, die Tätigkeitsbereiche der Ingenieure betreffen, insbesondere auch zu geplanten Gesetzen und Verordnungen Stellung zu nehmen,
– auf die Beilegung von Streitigkeiten, die sich aus der Berufsausübung zwischen Kammermitgliedern oder zwischen diesen und Dritten ergeben, hinzuwirken,
– auf Anforderung von Gerichten oder Behörden Gutachten aus dem ihr nach diesem Gesetz oder aufgrund dieses Gesetzes obliegenden Aufgabenbereichen zu erstatten,
– Serviceleistungen für die Mitglieder.

Präsident: Prof. Dr.-Ing. Stephan Engelsman
Hauptgeschäftsführerin: Davina Übelacker

5 Architektenkammer Baden-Württemberg

– Körperschaft des öffentlichen Rechts –

70182 Stuttgart, Danneckerstr. 54; Tel. (07 11) 21 96-0; Fax (07 11) 21 96-1 01; E-Mail: info@akbw.de; http://www.akbw.de

Aufgabenkreis:
Die Kammer hat die Baukultur und das Bauwesen zu fördern, das Ansehen des Berufsstandes zu wahren und die beruflichen Belange der Gesamtheit ihrer Mitglieder zu vertreten.
Insbesondere hat die Kammer
– die Architektenliste und die in § 2 a Absatz 1 Satz 1 ArchG BW, § 2 b Absatz 1 Satz 1 ArchG BW und § 8 Absatz 2 Satz 3 ArchG BW genannten Verzeichnisse sowie in Bereichen mit beson-

deren Qualifikationsanforderungen Fachlisten zu führen;
- ihre Mitglieder sowie auswärtige Dienstleister nach § 8 in Fragen der Berufsausübung und der Berufspflichten zu beraten und zu belehren;
- die Erfüllung der beruflichen Pflichten ihrer Mitglieder und der auswärtigen Dienstleister nach § 8 ArchG BW zu überwachen und das Recht der Rüge auszuüben;
- die für die Ausübung des Berufs des Architekten oder Stadtplaners erforderlichen Bescheinigungen auszustellen;
- die berufliche Aus- und Weiterbildung zu fördern;
- die Berufsqualifikationen zu überprüfen und anzuerkennen sowie Ausgleichsmaßnahmen anzuordnen und zu bewerten;
- die während der praktischen Tätigkeit sowie der begleitenden Fort- und Weiterbildungsmaßnahmen zu bearbeitenden Mindestaufgaben und Mindestinhalte festzulegen;
- die Durchführung von Architektenwettbewerben zu fördern und bei der Regelung des Wettbewerbswesens mitzuwirken;
- auf Antrag eines Beteiligten auf die gütliche Regelung von Streitigkeiten zwischen ihren Mitgliedern, sowie zwischen diesen und auswärtigen Architekten, Stadtplanern oder Dritten hinzuwirken;
- die Behörden und Gerichte durch Vorschläge und Stellungnahmen sowie auf sonstige Weise zu unterstützen;
- die erforderlichen Auskünfte und personenbezogenen Informationen über Mitglieder oder auswärtige Architekten und Stadtplaner einzuholen und zu erteilen;
- bei der Ausbildung von Bauzeichnern und Bautechnikern mitzuwirken;
- bei der Bestellung von Sachverständigen für das Bauwesen mitzuwirken;
- die Zusammenarbeit der Architektenkammern der Bundesländer zu fördern;
- die Aufgaben nach dem Gesetz über Einheitliche Ansprechpartner für das Land Baden-Württemberg abzuwickeln.

Präsident: Dipl.-Ing. Markus Müller
Hauptgeschäftsführer: Dipl. Verw. wiss. Hans Dieterle

Staatsrechtliche Grundlagen und Aufgabenkreis:
Rechtsgrundlage für das Schornsteinfegerwesen ist das Schornsteinfeger-Handwerksgesetz vom 26. November 2008 (BGBl. I S. 2242), das zuletzt durch Artikel 57 Abs. 7 des Gesetzes vom 12. Dezember 2019 (BGBl. I S. 2652) geändert worden ist.
Das Regierungspräsidium Stuttgart ist landesweit für die Ausschreibung der Bezirke und die Auswahl der Bewerber für die Tätigkeit als bevollmächtigter Bezirksschornsteinfeger zuständig. Es nimmt ferner auch die Fachaufsicht über alle unteren Verwaltungsbehörden in Baden-Württemberg wahr, denen die Zuständigkeit für alle übrigen Aufgaben nach dem Schornsteinfegerrecht (vor allem die Durchsetzung der Kehr- und Überprüfungspflicht, Bestellung und Aufsicht der bevollmächtigten Bezirksschornsteinfeger) übertragen ist.
Leiter: Michael Hagmann
Weitere Angaben hierzu siehe auch auf S. 20 (Regierungspräsidium Stuttgart, Ref. 14).

Der Fachaufsicht des Ministeriums für Wirtschaft, Arbeit und Tourismus ist unterstellt:

6 Kommunales, Stiftungen, Sparkassenwesen und Tariftreue

70565 Stuttgart, Ruppmannstr. 21; Tel. (07 11) 9 04-0; Fax (07 11) 9 04-1 11 90;
E-Mail: poststelle@rps.bwl.de;
http://www.rp-stuttgart.de

VII Ministerium für Ernährung, Ländlichen Raum und Verbraucherschutz Baden-Württemberg (MLR)

70182 Stuttgart, Kernerplatz 10; Tel. (07 11) 1 26-0; Fax (07 11) 1 26-22 55;
E-Mail: poststelle@mlr.bwl.de;
http://www.mlr.baden-wuerttemberg.de

Staatsrechtliche Grundlage und Aufgabenkreis:
Das Ministerium für Ernährung, Ländlichen Raum und Verbraucherschutz hat nach der Bekanntmachung der Landesregierung über die Abgrenzung der Geschäftsbereiche der Ministerien vom 24. Juli 2001 (GBl. S. 590), zuletzt geändert durch die Bekanntmachung der Landesregierung vom 15. Juli 2021 (GBl. S. 606) folgende Aufgaben wahrzunehmen:
– Angelegenheiten des Verbraucherschutzes, Ernährungsangelegenheiten, Verbraucherfragen und Verbraucherinformation;
– Sicherheit der Lebensmittel pflanzlicher und tierischer Herkunft, Lebensmittelüberwachung, Chemische und Veterinäruntersuchungsämter;
– Veterinärwesen und Tierschutz, Staatliches Tierärztliches Untersuchungsamt Aulendorf – Diagnostikzentrum;
– Gestaltung und Pflege der Kultur- und Erholungslandschaft Extensivierung und Ökologisierung der land- und forstwirtschaftlichen Flächen;
– Landespflege, Landeskultur, Landschaftsentwicklung und -planung, Flurneuordnungswesen, Agrarökologie, landschaftsbezogenes Erholungswesen;
– Koordinierung der Planung für den ländlichen Raum, Strukturmaßnahmen Ländlicher Raum;
– Landwirtschaft einschließlich Wein- und Gartenbau; nachwachsende Rohstoffe; Jagd und Fischerei, ländliche Hauswirtschaft;
– Beratung, Betreuung, fachliche Aus- und Weiterbildung, Fachschulen, Forschungs- und Versuchswesen im land- und forstwirtschaftlichen Bereich;
– Ausgleichsleistungen für die Land- und Forstwirtschaft;
– Pflanzen- und Waldschutz, produktionsbezogener Bodenschutz, Düngung;
– Forstwirtschaft, Forstplanung, Waldbesitzstruktur;
– Verwaltung des staatlichen Forstvermögens, Fachaufsicht über die staatlichen Domänen und den landwirtschaftlichen Streubesitz, land- und forstwirtschaftlicher Grundstücksverkehr;
– Agrarmarkt, fachliche Betreuung der Ernährungswirtschaft, Sicherung der Versorgung mit Nahrungsmitteln, Vermarktung, Förderung der Be- und Verarbeitung landwirtschaftlicher Erzeugnisse, Qualitätsprüfungen;
– Teilbereich Artenschutz.

Publikationsorgan: Gemeinsames Amtsblatt des Ministeriums des Innern, für Digitalisierung und Kommunen, des Ministeriums für Finanzen, des Ministeriums für Kultus, Jugend und Sport, des Ministeriums für Ernährung, Ländlichen Raum und Verbraucherschutz, des Ministeriums für Soziales, Gesundheit und Integration, des Ministeriums für Umwelt, Klima und Energiewirtschaft, des Ministeriums für Wirtschaft, Arbeit und Tourismus, des Ministeriums für Wissenschaft, Forschung und Kunst, des Ministeriums für Verkehr, des Ministeriums für Justiz und für Migration sowie der Regierungspräsidien des Landes Baden-Württemberg.
Minister: Peter Hauk, MdL
Stabsstelle der Zuständigen Behörde, Zuständige Stelle EMFF:
Staatssekretärin: Sabine Kurtz, MdL
Ministerialdirektorin: Grit Puchan

Zentralstelle, Geschäftsstelle Kabinettsausschuss Ländlicher Raum
Ministerbüro
Presse- und Öffentlichkeitsarbeit
Beauftragte für Chancengleichheit
Stabsstelle Steuerung und Koordinierung von EU-Maßnahmen
Stabsstelle Interner Revisionsdienst für EU-Maßnahmen
Stabsstelle Landesbeauftragte/r für Tierschutz

Abt 1 Verwaltung
Leiter: Hans-Peter Kopp, MinDirig, Tel. (07 11) 1 26-23 30

Ref 11: **Organisation**
Ref 12: **Personal**
Ref 13: **Haushalt, Controlling, Finanzen**
Ref 14: **Recht**
Ref 15: **Informationstechnik, Informationssicherheit**
Ref 16: **Datenschutzrecht, Forschung, Fortbildung, Arbeits- und Gesundheitsschutz**

Abt 2 Landwirtschaft

Ref 20: **Agrarpolitik, Europaangelegenheiten**
Ref 21: **Verwaltungs- und Rechtsangelegenheiten**
Ref 22: **Vermarktung, Marketing, Ernährungswirtschaft**
Ref 23: **Pflanzenproduktion, produktionsbezogener Umweltschutz**
Ref 24: **Garten-, Obst- und Weinbau**
Ref 25: **Ausgleichsleistungen, Agrarumweltmaßnahmen**
Ref 26: **Tierzucht, Tierhaltung, Fischerei, Immissionsschutz**
Ref 27: **Agrarfinanzierung, Betriebswirtschaft, Landtechnik**
Ref 28: **Bildung und Beratung**
Ref 29: **Frauen, Familie und Beruf**
Ref 210: **Ökologischer Landbau**

Ref 211: Informationstechnik Landwirtschaft
Ref 212: Biodiversität und Landnutzung

Abt 3 Verbraucherschutz und Ernährung

Ref 31: Verwaltungs- und Rechtsangelegenheiten, Futtermittelüberwachung, Ernährungsnotfallvorsorge
Ref 32: Allgemeine Veterinärangelegenheiten, Tierarzneimittel
Geschäftsstelle AkadVet
Koordinierungsstelle Tierschutz für Nutztiere
Ref 33: Tiergesundheit
Ref 34: Tierschutz
Ref 35: Lebensmittel tierischer Herkunft, Lebensmittelmikrobiologie, amtliche Kontrollen in Schlachthöfen
Ref 36: Lebensmittelwesen, Lebensmittel-, Wein- und Trinkwasserüberwachung
Ref 37: Verbraucherpolitik
Geschäftsstelle Verbraucherkommission
Ref 38: Ernährung

Abt 4 Ländlicher Raum, Landentwicklung, Geoinformation

Ref 40: EFRE
Ref 41: Verwaltungs- und Rechtsangelegenheiten
Ref 42: Grundsatzfragen Ländlicher Raum
Ref 43: Grundsatzangelegenheiten des Vermessungs- und Geoinformationswesens
Ref 44: Geoinformationsdienste
Ref 45: Strukturentwicklung Ländlicher Raum
Ref 46: Landentwicklung

Abt 5 Wald, Nachhaltigkeit, Biobasierte Wirtschaft

Ref 51: Recht, Nachhaltigkeit, Klimaschutz, Grundsatzfragen
Geschäftsstelle Kartellverfahren
Ref 52: Waldpolitik, nachhaltige Waldbewirtschaftung, Waldnaturschutz
Ref 53: Aufsicht ForstBW, Bildung, Forschung
Ref 54: Bioökonomie, Holzbau, Jagd, Wildtiermanagement
Ref 55: Waldarbeit, Forsttechnik, technische Dienstleistungen

Zum Geschäftsbereich des Ministeriums für Ernährung, Ländlichen Raum und Verbraucherschutz gehören:

1 Landwirtschaftliche Bezirksverwaltung

Zur Landwirtschaftlichen Bezirksverwaltung gehören im Einzelnen:
- 35 untere Landwirtschaftsbehörden in den unteren Verwaltungsbehörden der Landratsämter,
- Fachschulen für Landwirtschaft, deren Träger die Land- bzw. die Stadtkreise sind,
- 4 Ernährungszentren,
- Zentrale Versuchsfelder,

1.1 Untere Landwirtschaftsbehörden

Aufgabenkreis:
Agrarplanung und Landschaftsentwicklung, Landespflege, Umweltvorsorge, regionale Strukturprogramme, umweltgerechte Landbewirtschaftung, Gemeindeentwicklung, Eingliederung nach dem Bundesvertriebenengesetz, ländliche Siedlung; Maßnahmen der EU, des Bundes und des Landes zur Förderung der Landwirtschaft;
Ausbildungsberatung, berufsbezogene Weiterbildung, Zusammenarbeit Bildungs-Beratungsträger, Information, Koordination;
Fragestellungen im Bereich Pflanzenbau, produktionsbezogener Boden-, Wasserschutz und Umweltschutzes, Tierhaltung, Tierzucht, Agrarstruktur und Betriebswirtschaft, Ländliche Hauswirtschaft, Ernährung, Innovative Maßnahmen für Frauen im Ländlichen Raum; Lernort Bauernhof;
pflanzenbauliche Versuche, pflanzliche Ernährung; Saatgutwesen einschließlich Saatgutverkehrskontrolle, Exportpflanzenbeschau;
Nachhaltiger Pflanzenschutz, Anwendung von Pflanzenschutzmitteln und Überwachung der Pflanzenbestände usw. auf das Auftreten von Schädlingen und Krankheiten.
Verschiedene sonstige Hoheitsaufgaben, insbesondere Grundstücksverkehrsgesetz (Agrarstrukturverbesserungsgesetz),
Ernährungssicherstellungsgesetz, Landwirtschaftsstatistik, Genehmigung von Aufforstungen; Fachrechts- und Förderkontrollen wie zu Cross Compliance, InVeKoS und zur Anwendung und dem Verkehr von Düngemitteln und Pflanzenschutzmitteln.
Aufklärung auf dem Gebiet des Pflanzenbaus (Acker- und Grünland, Weinbau), der Düngung, des produktionsbezogenen Umweltschutzes, des integrierten Pflanzenschutzes und die Durchführung des Warndienstes.
Die Zuständigkeit der unteren Landwirtschaftsbehörden ist im Landwirtschafts- und Landeskulturgesetz vom 14. März 1972 (GBl. S. 74), zuletzt geändert durch Artikel 6 des Gesetzes vom 21. Mai 2019 (GBl. S. 161, 184).

1.2 Staatliche Fachschulen für Landwirtschaft / Fachschulen für Landwirtschaft

Aufgabenkreis:
Die an den ein- und zweijährigen landwirtschaftlichen Fachschulen vermittelten beruflichen Qualifikationen orientieren sich eng an den Erfordernissen der beruflichen Praxis. Aufbauend auf eine abgeschlossene Berufsausbildung und eine einschlägige Berufserfahrung befähigt die weitergehende fachliche Ausbildung an diesen Fachschulen die Absolventinnen und Absolventen, die Herausforderungen in Beruf und Gesellschaft zu bewältigen. Die Fachschulen vermitteln eine ganzheitliche berufliche Qualifikation,

die es ermöglicht, Führungsaufgaben und selbstständige Tätigkeiten in Betrieben, Unternehmen, Verwaltungen und Einrichtungen zu übernehmen.
Nach der Verordnung des Ministeriums für Ernährung, Ländlichen Raum und Verbraucherschutz über die Ausbildung und Prüfung an landwirtschaftlichen Fachschulen (Landwirtschaftsfachschulen-Verordnung) vom 15. Dezember 2015 sind im Fachbereich Agrarwirtschaft in folgenden Fachrichtungen einjährige Fachschulen eingerichtet:
– Gartenbau,
– Hauswirtschaft,
– Landwirtschaft,
– Milch- und Molkereiwirtschaft,
– Obstbau und Obstbauveredlung,
– Weinbau und Oenologie.
Eine einjährige Fachschule für Landwirtschaft wird im Fachgebiet ökologischer Landbau geführt. Für die Fachrichtung Hauswirtschaft ist der Schwerpunkt Dorfhilfe und soziales Management eingerichtet.
Zweijährige Fachschulen sind eingerichtet:
– im Fachbereich Wirtschaft in der Fachrichtung Hauswirtschaft und
– im Fachbereich Technik in den Fachrichtungen Landwirtschaft sowie Weinbau und Oenologie sowie Garten- und Landschaftsbau, Produktionsgartenbau.
Fachschulische Ergänzungsangebote der Fachschulen dienen der beruflichen Weiterbildung oder aufbauend auf einem Abschluss der ein- oder zweijährigen Fachschule, zur Erweiterung der beruflichen Qualifikation.
Obere Schulaufsichtsbehörde ist das Regierungspräsidium, oberste Schulaufsichtsbehörde das Ministerium für Ernährung, Ländlichen Raum und Verbraucherschutz.
Schulträger sind überwiegend die Landkreise. Der Leiter/die Leiterin der Fachschule ist in der Regel Leiter/die Leiterin einer unteren Landwirtschaftsbehörde oder einer landwirtschaftlichen Anstalt. Der Leiter/die Leiterin muss die Lehrbefähigung für das Lehramt an landwirtschaftlichen Fachschulen haben.

2 Landesanstalt für Landwirtschaft, Ernährung und Ländlichen Raum

73525 Schwäbisch Gmünd, Oberbettringer Str. 162; Tel. (0 71 71) 9 17-1 00; Fax (0 71 71) 9 17-1 01; E-Mail: poststelle @lel.bwl.de; https://lel.landwirtschaft-bw.de

Staatsrechtliche Grundlage und Aufgabenkreis:
Die Landesanstalt für Landwirtschaft, Ernährung und Ländlichen Raum (LEL) ist eine dem Ministerium für Ernährung, Ländlichen Raum und Verbraucherschutz nachgeordnete staatliche Einrichtung des Landes Baden-Württemberg. Sie ist organisatorisch in 6 Abteilungen strukturiert.
Die Abt 1 – Bildung und Beratung – veranstaltet und betreut die fachliche und methodische Weiterbildung für die Bediensteten der Landwirtschaftsverwaltung in Baden-Württemberg sowie für private Beratungskräfte und qualifiziert die Nachwuchskräfte im gehobenen und höheren landwirtschaftlichen Dienst. Sie bearbeitet Fragestellungen der Bereiche Beratungsmethodik, Medieneinsatz und Wissenstransfer und entwickelt hierzu Arbeitsunterlagen für Beratung, berufsbezogene Erwachsenenbildung und Fachschulunterricht. Ferner koordiniert sie mit dem Infodienst das Internet- und Intranetangebot der Landwirtschaftsverwaltung Baden-Württemberg und gibt die „Landinfo". heraus, eine Fachpublikation für die Bediensteten der Landwirtschaftsverwaltung. Eine weitere wichtige Aufgabe ist die Weiterentwicklung der Beratung, insbesondere des Systems „Beratung.Zukunft.Land.".
Die Abt 2 – Nachhaltige Unternehmensentwicklung – befasst sich mit einzelbetrieblichen Fragen der Unternehmensführung. Untersucht werden die Entwicklungsmöglichkeiten der landwirtschaftlichen Produktion und der Betriebe unter dem Einfluss des technischen Fortschritts, der agrarpolitischen Rahmenbedingungen und der Anforderungen des Umwelt-, Tier- und Verbraucherschutzes. Weiter werden für Betriebs- und Haushaltsführung geeignete betriebswirtschaftliche Instrumente und Unterlagen entwickelt und bearbeitet.
Die Abt 3 – Ländliche Entwicklung und Landschaft – unterstützt die Landwirtschaftsverwaltung bei der Konzeption, Betreuung und Bewertung von Förderprogrammen für den ländlichen Raum. Sie erarbeitet, betreut und fördert landschaftsökologische und agrarstrukturelle Konzepte und Projekte zur nachhaltigen Entwicklung der Kulturlandschaft und der Regionen.
Die Abt 4 – Agrarmärkte und Qualitätssicherung – sammelt, analysiert und veröffentlicht Marktinformationen. Sie ist auf Landesebene für die Preisfeststellung bei Schlachtvieh und die Preisnotierungen für Ferkeln und Kernobst verantwortlich. Weitere Schwerpunkte der Abteilung sind die gesamtbetriebliche Qualitätssicherung in der landwirtschaftlichen Erzeugung und die Verbesserung der Energieeffizienz in der Landwirtschaft.
Die Abt 5 – Akademie Ländlicher Raum – trägt mit ihrer Tätigkeit als Informationszentrum und dialogorientiertes Forum zur Stärkung des Ländlichen Raums bei. Im Vordergrund stehen die umfassende Information von entsprechenden Zielgruppen und die Aufnahme ihrer Anregungen als Handlungshinweise für die Politik der Landesregierung. Themenschwerpunkte der landesweiten Veranstaltungen sind die Bereiche Kommunalentwicklung, Landschaft, Land- und Forstwirtschaft sowie Kultur und Neue Medien.
die Abt 6 – Landeszentrum Ernährung – verankert das Thema nachhaltige und gesundheitsfördernde Ernährung im gesellschaftlichen Diskurs und setzt sowohl im Bereich der Ernährungsbildung als auch im Bereich der Gemeinschaftsverpflegung mit Veran-

staltungen, Fortbildungen, Vernetzungsplattformen und Lehr- und Informationsmaterialien Impulse. Die Kooperation mit Partnern aus Wissenschaft, Wirtschaft, Verwaltung und Institutionen auf Landes- und Bundesebene ist dabei zentrales Element.
Direktor: Ernst Berg

Abt 1 Bildung und Beratung

Abt 2 Nachhaltige Unternehmensentwicklung

Abt 3 Ländliche Entwicklung und Landwirtschaft

Abt 4 Agrarmärkte und Qualitätssicherung

Abt 5 Akademie Ländlicher Raum

Abt 6 Landeszentrum für Ernährung

3 Vermessungsverwaltung

Staatsrechtliche Grundlage und Aufgabenkreis:
Vermessungsgesetz für Baden-Württemberg (VermG) vom 1. Juli 2004, zuletzt geändert am 23. Februar 2017 (GBl. S. 99, 105).
Aufgaben des amtlichen Vermessungswesens sind insbesondere
- die Landesvermessung,
- die Führung des Liegenschaftskatasters einschließlich der Durchführung von Liegenschaftsvermessungen,
- der Nachweis der Landesgrenze und
- das Vorhalten, Bereitstellen und Übermitteln von Geobasisinformationen.

Vermessungsbehörden sind
- das Ministerium für Ernährung, Ländlichen Raum und Verbraucherschutz als oberste Vermessungsbehörde,
- das Landesamt für Geoinformation und Landentwicklung als obere Vermessungsbehörde und
- die unteren Verwaltungsbehörden als untere Vermessungsbehörden d. h. in den Landkreisen die Landratsämter und in den Stadtkreisen die Gemeinden.

Darüber hinaus sind derzeit weiteren 14 Gemeinden die Führung des Liegenschaftskatasters und die Durchführung von Liegenschaftsvermessungen durch eine städtische Vermessungsdienststelle übertragen. Diese Gemeinden gelten als untere Vermessungsbehörden. Derzeit sind etwa 170 freiberuflich tätige Vermessungsingenieure zur Durchführung von Liegenschaftsvermessungen bestellt (Öffentlich bestellte Vermessungsingenieure – ÖbV).

3.1 Landesamt für Geoinformation und Landesentwicklung Baden-Württemberg (LGL)

70174 Stuttgart, Büchsenstr. 54; Tel. (07 11) 9 59 80-0; Fax (07 11) 9 59 80-7 00;
E-Mail: poststelle@lgl.bwl.de;
http://www.lgl-bw.de

Standort Karlsruhe
76135 Karlsruhe, Kriegsstr. 103; Tel. (07 21) 9 59 80-0; Fax (07 21) 9 59 80-1 00;
E-Mail: poststelle@lgl.bwl.de

Standort Kornwestheim
70806 Kornwestheim, Stuttgarter Str. 161; Tel. (0 71 54) 95 98-0; Fax (0 71 54) 95 98-8 88;
E-Mail: poststelle@lgl.bwl.de

Staatsrechtliche Grundlage und Aufgabenkreis:
Das Landesamt für Geoinformation und Landentwicklung ist obere Vermessungs- und Flurbereinigungsbehörde.
Vermessungsgesetz (VermG) vom 30. November 2010 (GBl. S. 989, 994) in der derzeit gültigen Fassung.
Als obere Vermessungsbehörde ist das LGL für kreisübergreifende Vermessungsaufgaben zuständig, insbesondere für
- die Landesvermessung. Die Landesvermessung umfasst die landesweit einheitliche Grundlagenvermessung, Topographie und Kartographie;
- das Vorhalten, Bereitstellen und Übermitteln der Geobasisinformationen der Landesvermessung;
- das landesweit flächendeckende Vorhalten, Bereitstellen und Übermitteln der Geobasisinformationen des Liegenschaftskatasters;
- die Mitwirkung bei Landesgrenzangelegenheiten;
- die Fachaufsicht über die unteren Vermessungsbehörden und
- die Aufsicht über die Öffentlich bestellten Vermessungsingenieurinnen und -ingenieure.

Flurbereinigungsgesetz vom 16. März 1976 (BGl. I S. 546). Als obere Flurbereinigungsbehörde, ist das LGL für die gesetzlichen Aufgaben zuständig und übt darüber hinaus die Fachaufsicht über die 35 Landratsämter (untere Flurbereinigungsbehörden) aus. Das Landesamt für Geoinformation und Landentwicklung ist dabei insbesondere zuständig für
- Anordnung von Flurbereinigungsverfahren,
- Planfeststellung/Plangenehmigung der Wege- und Gewässerpläne mit landschaftspflegerischen Begleitplänen,
- Kostenfestsetzungen und Bewilligungen der Zuschüsse an die Teilnehmergemeinschaften,
- Untere Flurbereinigungsbehörde für die Stadtkreise.

Präsident: Robert Jakob
Stellv. Präsident: Dieter Ziesel

Abt 1 Verwaltung
Leiter: NN

Ref 11: **Personal** Karoline Salm
Ref 12: **Haushalt** Isabelle Wucherer
Ref 13: **Organisation** Stefan Eisenmann
Ref 14: **Aus- und Fortbildung** Christiane Dworak
Ref 15: **Justiziariat** Klaus Wingerter
Ref 16: **Widerspruchsstelle Flurneuordnung** Jürgen Steinbrenner

Ref 17: **Landeskontrollteam Lebensmittelsicherheit** Dr. Wolfram Martens

Abt 2 Kommunikation, Digitalisierung, Vertrieb
Leiter: Michael Schopp, AbtDir

Ref 21: **Bürgerinformation** Ina Nicklis
Ref 22: **Kompetenzzentrum Geodateninfrastruktur** Andreas Höhne
Ref 23: **Vertrieb, Marketing, Reproduktion** Thomas Witke
Ref 24: **Zentrale Geschäftsstelle für Grundstückswertermittlung** Ulf Jackisch
Ref 25: **Regionalentwicklung und Strukturförderung** Dr. Thomas Ade

Abt 3 Geodatenzentrum
Leiter: Christoph Demont

Ref 31: **IuK-Integration, Verfahrensbetrieb** Klaus Messmer
Ref 32: **Zentrale IuK-Verfahren, Geoportale** Martin Beller
Ref 33: **IuK Flurneuordnung & Liegenschaftskataster** Christian Wünsch
Ref 34: **IuK Landesvermessung** NN
Ref 35: **IuK Landwirtschaft** NN
Ref 36: **IT Waldwirtschaft** Helen Hoffmann
Ref 37: **IuK Verbraucherschutz & Ernährung** Matthias Goldman

Abt 4 Flurneuordnung, Liegenschaftskataster
Leiter: Dieter Ziesel, AbtDir

Ref 41: **Allgemeine Angelegenheiten** Klaus Wiese
Ref 42: **Landschaftspflege, Naturschutz** Hans-Jürgen Neumann
Ref 43: **Bezirk Nord** Beate Sick
Ref 44: **Bezirk Süd** Peter Constantin

Abt 5 Produktion
Leiter: Stephan Bludovsky, LtdVwDir

Ref 51: **Geodätischer Raumbezug** Jenny Uskow
Ref 52: **Topographie** Michael Deck
Ref 53: **Fernerkundung** Michael Spohrer
Ref 54: **Kartographie** Christoph Hermann
Ref 55: **Geoinformationssysteme** NN

Der Fachaufsicht des Landesamtes für Geoinformation und Landesentwicklung sind unterstellt:

3.1.1 Untere Vermessungsbehörden

Aufgabenkreis:
Die unteren Vermessungsbehörden bei den Land- und Stadtkreisen sowie die Gemeinden nach § 10 Vermessungsgesetz (Große Kreisstädte Aalen, Göppingen, Heidenheim an der Brenz, Konstanz, Lörrach, Ludwigsburg, Reutlingen, Schwäbisch Gmünd, Sindelfingen, Singen (Hohentwiel), Tübingen, Villingen-Schwenningen, Weinheim) sind insbesondere zuständig für
– die Führung des Liegenschaftskatasters,
– in bestimmten Fällen für die Durchführung von Liegenschaftsvermessungen,
– das Übermitteln der Geobasisinformationen des Liegenschaftskatasters und
– den Nachweis der Landesgrenze.
Nähere Angaben siehe Abschnitt d I „Die Stadtkreise", S. 191.)
Nähere Angaben siehe Abschnitt d II „Die Landkreise", S. 196.)

3.1.2 Untere Flurbereinigungsbehörden

Aufgabenkreis:
Die unteren Flurbereinigungsbehörden sind die Landratsämter. Sie sind im insbesondere zuständig für
– die Durchführung von Flurbereinigungsverfahren und
– die Aufsicht über die Teilnehmergemeinschaften.

4 Landwirtschaftliches Technologiezentrum Augustenberg (LTZ)

76227 Karlsruhe, Neßlerstr. 25; Tel. (07 21) 94 68-0; Fax (07 21) 94 68-1 12;
E-Mail: poststelle@ltz.bwl.de; https://ltz.landwirtschaft-bw.de

Aufgabenkreis:
– Beratung des Ministeriums für Ernährung, Ländlichen Raum und Verbraucherschutz sowie anderer Behörden des Landes in den der Anstalt zugewiesenen Aufgabenbereichen. Fachliche Unterstützung bei der Vorbereitung gesetzlicher Vorschriften und politischer Entscheidungen;
– Begleitung und Weiterentwicklung der guten fachlichen Praxis im Pflanzenbau und Pflanzenschutz;
– Bearbeitung von Fragen des ökologischen Landbaus im Bereich der pflanzlichen Erzeugung;
– Bereitstellung aktueller Informationen bzw. Entscheidungshilfen;
– Vermittlung allgemeiner und spezieller Fachkenntnisse durch entsprechende Öffentlichkeitsarbeit, Beratungsinstrumente, Fortbildung von Bediensteten der Verwaltung und von Beratungsdiensten sowie Mitwirkung bei der Ausbildung von Fachkräften;
– Angewandte Forschung, Entwicklung und Prüfung von Methoden und Verfahren;
– Untersuchungen auf Parameter, die aus Sicht der Landwirtschaft oder Umwelt bedeutsam sind, sowie unerwünschte und verbotene Stoffe. Hierunter fallen insbesondere chemische, physikalische, biologische, molekularbiologische, seuchenhygienische und mikroskopische Untersuchungen von Böden, Pflanzen, Futtermitteln, Düngemitteln, Saatgut und Spritzflüssigkeiten;

- Beschaffenheitsprüfung aller Saatgutarten zur Saatgutanerkennung, Saatgutverkehrskontrolle sowie Produktions- und Lieferüberwachung im nationalen und internationalen Handel inklusiv Probenahme;
- Bewertung von Futtermitteln hinsichtlich ihrer wertgebenden und wertmindernden bzw. unerwünschten und nicht zulässigen Bestandteile sowie von Rückständen im Rahmen der amtlichen Futtermittelkontrolle und sonstigen Untersuchungen;
- Schulung, Anerkennung und Kontrolle von Laboratorien, soweit diese im Rahmen der Umsetzung von Rechtsvorschriften oder Landesprogrammen Untersuchungen durchführen, die im Zusammenhang mit den Aufgaben des Technologiezentrums stehen;
- Bearbeitung von Fragen der angewandten Agrarökologie, d.h. Problemstellungen, die sich aus der Interaktion von landwirtschaftlicher Nutzung mit der belebten und unbelebten Umwelt ergeben. Entwicklung und Prüfung von Verfahren einer nachhaltigen Landbewirtschaftung;
- Fachliche Begleitung und Koordination der Umsetzung rechtlicher Bestimmungen auf dem Gebiet des Wasserschutzes (z.B. SchALVO, Wasserrahmenrichtlinie) und landwirtschaftlichen Bodenschutzes;
- Begleitung und Entwicklung von Verfahren der Produktionstechnik, insbesondere in den Bereichen Düngung, Pflanzenschutz, Bodenbearbeitung, Fruchtfolge und Beregnung;
- Bearbeitung von Fragestellungen aus den Bereichen der "Nachwachsenden Rohstoffe" sowie der "neuen" Kulturen;
- Bearbeitung von Fragestellungen in Verbindung mit Verfahren der Landtechnik und Entwicklungen auf diesem Gebiet;
- Bearbeitung von landwirtschaftlich relevanten Fragestellungen auf dem Gebiet der Gen- und Biotechnologie;
- Verwaltung und Bewirtschaftung der angeschlossenen Lehr- und Versuchsbetriebe;
- Erstellung von Gutachten;
- Grenzüberschreitende Zusammenarbeit durch Wahrnehmung der Angelegenheiten des Sekretariats des grenzüberschreitenden Instituts zur rentablen und umweltgerechten Landbewirtschaftung (ITADA = Insitut Transfrontalier d´Application et de Développement Agronomique) sowie gemeinsame, länderübergreifende Entwicklung und Durchführung von Vorhaben;
- Ausbildung von Gärtnern (Fachrichtung Obstbau), Landwirten, Praktikanten, Studierenden, Doktoranden, Referendaren und Inspektorenanwärtern;
- Saatgut- und Pflanzgutanerkennungsstelle für Baden-Württemberg mit Ausnahme von Reben;

- Prüfung von Sorten landwirtschaftlicher Art im Rahmen der Zulassung und hinsichtlich ihrer landes- und regionsspezifischen Eignung;
- Durchführung von Versuchen sowie zentrale Koordinierung und Auswertung von landesweiten Versuchen im Ackerbau einschließlich der maschinentechnischen Betreuung von zentralen Versuchsfeldern;
- Untersuchung und Diagnose von Pflanzen und Pflanzenerzeugnissen auf parasitäre bzw. nichtparasitäre Krankheiten und Schädlinge sowie Bestimmung von Unkräutern;
- Amtliche und sonstige Prüfungen von Pflanzenschutzmitteln und von Pflanzenschutzgeräten einschließlich Abdriftuntersuchungen sowie Verfahren des Pflanzen- und Vorratsschutzes;
- Schließung von Bekämpfungslücken, insbesondere auch bei "kleinen" Kulturen (Lückenindikationen);
- Begleitung und Entwicklung von Verfahren des biologischen Pflanzenschutzes;
- Organisation und Mitwirkung bei übergebietlichen Maßnahmen zu deren Abwehr und Bekämpfung (z.B. Feuerbrand, Maikäfer, Viruskrankheiten);
- Landesweite Koordination der Pflanzenbeschau zur Verhinderung der Verbreitung von Krankheiten und Schädlingen (Quarantäneschadorganismen).

Leiter: Dr. Norbert Haber

Abt 1 Pflanzenbau und produktionsbezogener Umweltschutz

Ref 11: **Pflanzenbau**
Ref 12: **Agrarökologie**
Ref 13: **Saatgutanerkennung, Versuchswesen**
Ref 14: **Ökologischer Landbau**

Abt 2 Chemische Analysen

Ref 21: **Organische Analytik**
Ref 22: **Anorganische Analytik**

Abt 3 Pflanzengesundheit, Futtermittel und Saatgutuntersuchung

Ref 31: **Pflanzenschutz – Obstbau, Hopfen, Technik**
Ref 32: **Pflanzenschutz Ackerbau, Gartenbau**
Ref 33: **Biologische Diagnose, Pflanzengesundheit**
Ref 34: **Futtermittel**
Ref 35: **Saatgutuntersuchung**

5 Staatliches Weinbauinstitut Freiburg

– Versuchs- und Forschungsanstalt für Weinbau und Weinbehandlung – mit Staatsweingut Freiburg

79100 Freiburg, Merzhauser Str. 119; Tel. (07 61) 4 01 65-91 00; Fax (07 61) 4 01 65-91 03;

E-Mail: poststelle@wbi.bwl.de;
http://www.wbi.landwirtschaft-bw.de

Aufgabenkreis:
Das Institut führt wissenschaftliche Versuche und Forschungsarbeiten auf allen Gebieten des Rebenanbaues und der Kellerwirtschaft durch. Es ist zuständig für die Qualitätsprüfung für Wein und Sekt im bestimmten Anbaugebiet Baden. Zum Institut gehört das Staatsweingut Freiburg.
Leiter: Dr. Rolf Steiner, Dir
Vertreter: Dr. Jürgen Sigler, ChemDir
Verwaltung Andrea Hohenstein
Staatsweingut Freiburg Dipl.-Ing. (FH) Bernhard Huber, Tel. (0 76 68) 99 15-43 01

Abt Biologie
Leiter: Dr. Michael Breuer, Tel. (07 61) 4 01 65-12 01
Pflanzenschutz, Phytopathologie Dr. René Fuchs, Tel. -11 01
Ökologie, Mittelprüfung Dr. Michael Breuer, Tel. -12 01
Prognose, Monitoring Gottfried Bleyer, Tel. -13 01

Abt Oenologie
Leiter: NN
Mikrobiologie, Versuchskellerei Dr. Jürgen Sigler, Tel. -21 01
Weinchemie Dr. Rainer Amann, Tel. -22 01
Qualitätsprüfung, Weinbaukartei Dipl.-Ing. (FH) Wolfgang Egerer, Tel. -23 01

Abt Weinbau
Leiter: Ernst Weinmann (komm.), Tel. (07 61) 4 01 65-32 01
Resistenz- und Klonenzüchtung Dr. Rolf Steiner, Tel. -31 01
Weinbau, Versuchsplanung Ernst Weinmann, Tel. -32 01
Rebenernährung, Bodenkunde Dr. Monika Riedel, Tel. -33 01

angeschlossen:

Versuchs- und Lehrgut Blankenhornsberg
79241 Blankenhornsberg, Post Ihringen; Tel. (07 61) 4 01 65-43 20; Fax (07 61) 4 01 65-43 21

6 Staatliche Lehr- und Versuchsanstalt für Wein- und Obstbau Weinsberg

74189 Weinsberg, Traubenplatz 5; Tel. (0 71 34) 5 04-0; Fax (0 71 34) 5 04-1 33;
E-Mail: poststelle@lvwo.bwl.de;
http://www.lvwo.landwirtschaft-bw.de

Staatsrechtliche Grundlage und Aufgabenkreis:
Bekanntmachung vom 28. Dezember 1867 über die Einrichtung einer Weinbauschule in Weinsberg – Regierungsblatt für das Königreich Württemberg Nr. 1 vom 9. Januar 1868.
Der Anstalt obliegt als Lehranstalt die zweijährige Ausbildung in den Bildungsgängen „Staatlich geprüfter Techniker für Weinbau und Oenologie", „Staatlich geprüfter Wirtschafter für Weinbau und Oenologie", „Staatlich geprüfter Wirtschafter für Obstbau und Obstveredlung", „Staatlich geprüfte Fachkraft für Brennereiwesen" sowie Vorbereitungslehrgang für die Weinküfermeisterprüfung. Daneben fachlicher Kooperationspartner der Dualen Hochschule Heilbronn im Studiengang „Weintechnologiemanagement".
Als Versuchsanstalt die Versuchs-, Untersuchungs- und Beratungstätigkeit auf dem Gebiet des Weinbaus, der Rebenzüchtung, der Kellerwirtschaft und des Obstbaus. Außerdem bewirtschaftet die LVWO die zur Anstalt gehörenden Weinberge und Obstanlagen. Sie hat Außenbetriebe in Abstatt (Burg Wildeck), Gundelsheim und Heuchlingen. Die Weine, Sekte, Destillate und weiteren Erzeugnisse werden unter dem Namen „Staatsweingut Weinsberg" vermarktet. Durchführung der amtlichen Qualitätsprüfung für Wein und Sekt und der Vermarktungsregelung für Wein für das „bestimmte Anbaugebiet Württemberg".
Leiter: Dr. Dieter Blankenhorn, Dir

7 Staatliche Lehr- und Versuchsanstalt für Gartenbau Heidelberg

mit Staatlicher Fachschule für Gartenbau

69123 Heidelberg, Diebsweg 2; Tel. (0 62 21) 74 84-0; Fax (0 62 21) 74 84 13;
E-Mail: poststelle@lvg.bwl.de;
http://www.lvg.landwirtschaft-bw.de

Aufgabenkreis:
Durchführung zweisemestriger (Fachschule) und einsemestriger Lehrgänge zur Vorbereitung auf die Gärtnermeisterprüfung. Überbetriebliche Ausbildung im Garten- und Landschaftsbau. Ausbildung im Fortbildungsberuf Fachagrarwirt/in Baumpflege. Berufsbezogene Erwachsenenbildung im Gartenbau in verschiedenen Lehrgängen und Tagungen; Beratung von Gartenbaubetrieben und im Kleingartenwesen, Durchführung von Versuchen in den Bereichen Gemüseanbau, Blumen- und Zierpflanzenbau sowie Garten- und Landschaftsbau. Berufsausbildung im Ausbildungsberuf Gärtner (Fachsparten Zierpflanzen, Gemüsebau, Garten- und Landschaftsbau).
Leiter: Christoph Hintze, Dir
Vertreterin: Barbara Degen, LandwDirektorin

8 Staatsschule für Gartenbau Stuttgart-Hohenheim

70599 Stuttgart, Emil-Wolff-Str. 19-21; Tel. (07 11) 4 59-2 27 26; Fax (07 11) 4 59-2 27 30;

E-Mail: poststelle@sfg.bwl.de;
http://www.sfg.landwirtschaft-bw.de

Aufgabenkreis:
Die Staatsschule für Gartenbau ist ein berufliches Weiterbildungszentrum für Grünen Berufe.
Angeboten werden folgende Weiterbildungen:
- einjährige Fachschule für Gartenbau zum Wirtschafter und Vorbereitung auf die Gärtnermeisterprüfung,
- fünfmonatiger Kurzlehrgang zur Vorbereitung auf die Gärtnermeisterprüfung,
- einjährige Fachschule für Floristik zur Vorbereitung auf die Floristenmeisterprüfung,
- zweijährige Fachschule für Gartenbau zum staatlich geprüften Techniker im Gartenbau,
- zweijährige Fachschule für Gartenbau zum staatlich geprüften Techniker im Gartenbau mit der Möglichkeit nach dem ersten Weiterbildungsjahr die Gärtnermeisterprüfung abzulegen.

Zusätzlich betreibt die Staatsschule für Gartenbau eine Versuchsstation, in der verschiedene auch internationale Forschungsvorhaben durchgeführt werden.
Leiter: Dr. Michael Ernst, StudDir

9 Haupt- und Landgestüt Marbach

72532 Gomadingen, Tel. (0 73 85) 96 95-0; Fax (0 73 85) 96 95-10; E-Mail: poststelle@hul.bwl.de; http://www.hul.landwirtschaft-bw.de

Aufgabenkreis:
Hengsthaltung, Beschickung der Beschälplatten im Land Baden-Württemberg mit Hengsten, Hengstleistungsprüfungsanstalt, Stutenleistungsprüfung, Zucht von Deutschen Reitpferden und Vollblut-Araber-Pferden, Besamungsstation für Pferde, Schafprüfstation; Landwirtschaftliche Betriebe, Ausbildungsbetrieb für die Berufe Pferdewirt, Landwirt. Überbetriebliche Ausbildungsstätte im Beruf Pferdewirt. Landesreit- und Landesfahrschule. Angebote für Besucher: Gestüts-Shop, Gestütsführungen, Kutschfahrten, Veranstaltungen. Fohlenaufzucht, Kompetenzzentrum Pferd.
Partner des Biosphärengebiets Schwäbische Alb.
Leiterin: Dr. Astrid von Velsen-Zerweck, Landesoberstallmeisterin
Vertreterin: Dr. Carolin Eiberger

Landwirtschaft, Leistungsprüfungen Dr. Carolin Eiberger, Tel. -26
Marketing und Veranstaltungen Dr. Claudia Gille-Eberhardt, Tel. -44
Organisation und Tourismus Ernst Hoffrichter, Tel. -40
Veterinärwesen Dr. Albert Röhm, Tel. -25
Bildung und Beratung Kompetenzzentrum Dr. Carina Krumbiegel, Tel. -15
Finanzen Beate Beck, Tel. -28
Personalstelle Markus Bauer, Tel. -29
Pferdeausbildung und -verkauf Rolf Eberhardt

10 Landwirtschaftliches Zentrum für Rinderhaltung, Grünlandwirtschaft, Milchwirtschaft, Wild und Fischerei Baden-Württemberg (LAZBW)

88326 Aulendorf, Atzenberger Weg 99; Tel. (0 75 25) 9 42-3 00; Fax (0 75 25) 9 42-3 33;
E-Mail: poststelle@lazbw.bwl.de;
http://www.lazbw.landwirtschaft-bw.de

Aufgabenkreis:
Fachliche Stellungnahmen und Gutachten für das vorgesetzte Ministerium; Überbetriebliche Lehrgänge im Beruf Landwirt und Tierwirt; Erwachsenenfortbildung auf den Gebieten Rinderproduktion, Grünlandwirtschaft und Fischerei; Versuche auf dem Gebiet Grünlandwirtschaft und Futterbau, Gülletechnik; Rinderzucht, -fütterung und -haltung; Fischereiforschungsstelle; Wildforschungsstelle; Durchführung milchwirtschaftlich relevanter Untersuchungen bakteriologischer und chemisch-physikalischer Art, milchwirtschaftliche und molkereitechnische Beratungsstelle, amtliche Güteprüfungen für Molkereiprodukte, Überbetriebliche Lehrgänge im Beruf Molkereifachmann und Milchwirtschaftlicher Laborant, Fortbildungskurse (Meisterlehrgänge) mit Prüfung, Ausbildung von Molkereifachleuten und milchwirtschaftlichen Laboranten.
Leiter: Michael Asse, Dir
Stellvertretender Leiter: Dr. Erwin Kitzelmann

Fachbereich 1 Bildung und angewandte Forschung, Rinderhaltung
Leiterin: Dr. Anita Herre

Fachbereich 2 Management, Rinderzucht, Haltungssysteme
Leiter: Dr. Hansjörg Nußbaum

Fachbereich 3 Grünlandwirtschaft, Futterbau
Leiter: Dr. Messner

Fachbereich 4 Wild und Fischerei
Leiter: Dr. Alexander Brinker

Fachbereich 5 Milchwirtschaftliche Chemie
Leiter: Dr. Erwin Kitzelmann

Fachbereich 6 Milchwirtschaftliche Hygiene und Mikrobiologie
Leiter: Dr. Jochen Buck

Fachbereich 7 Aus-, Fort- und Weiterbildung in der Milchwirtschaft
Leiter: Hans-Jörg Schleifer

11 Bildungs- und Wissenszentrum Boxberg – Schweinehaltung, Schweinezucht (Landesanstalt für Schweinezucht – LSZ)

97944 Boxberg-Windischbuch, Seehöfer Str. 50;
Tel. (0 79 30) 99 28-0; Fax (0 79 30) 99 28-1 11;
E-Mail: poststelle@lsz.bwl.de;
http://www.lsz.landwirtschaft-bw.de

Aufgabenkreis:
Das Bildungs- und Wissenszentrum Boxberg (LSZ) ist direkt dem Ministerium für Ernährung, Ländlichen Raum und Verbraucherschutz (MLR) nachgeordnet. Die LSZ ist die zentrale Bildungs-, Versuchs- und Leistungsprüfeinrichtung des Landes Baden-Württemberg im Bereich Schweinehaltung und Schweinezucht.
Die Aufgabenschwerpunkte der LSZ sind:
- Aus- und Weiterbildung (Berufsausbildung und überbetriebliche Ausbildung in den Berufen Land- und Tierwirt, Vorbereitungslehrgänge für die Meisterprüfung, Weiterbildung von Landwirten, Ausbildern, Beratern und Multiplikatoren;
- Versuchs- und Projekttätigkeit mit 252 Zuchtsauen im geschlossenen System in Ställen der konventionellen und alternativen Bauweise;
- Durchführung der Leistungsprüfung auf Station und im Feld. Zuchtwertschätzung für die Schweinerassen: Pietrain, Deutsche Landrasse, Deutsches Edelschwein (Large White), Schwäbisch Hällisches Schwein.

Leiter: Hansjörg Schrade, Dir

12 Chemische und Veterinäruntersuchungsämter

Staatsrechtliche Grundlagen und Aufgabenkreis:
Das Chemische und Veterinäruntersuchungsamt Stuttgart wurde durch Bekanntmachung der Landesregierung vom 13. Januar 1997 (GBl. S. 2) mit Wirkung vom 1. Januar 1997 durch Zusammenlegung der Chemischen Landesuntersuchungsanstalt Stuttgart und des Staatlichen Tierärztlichen Untersuchungsamts Stuttgart gebildet.
Mit Wirkung vom 1. Januar 2000 wurden die Chemische Landesuntersuchungsanstalt Karlsruhe und das Staatliche Tierärztliche Untersuchungsamt Heidelberg zum Chemischen und Veterinäruntersuchungsamt Karlsruhe sowie die Chemische Landesuntersuchungsanstalt Freiburg und das Tierhygienische Institut Freiburg zum Chemischen und Veterinäruntersuchungsamt Freiburg zusammengeführt. Die Chemische Landesuntersuchungsanstalt Sigmaringen, bei der die chemischen und tierärztlichen Untersuchungen von Lebensmitteln tierischer Herkunft bereits zusammengeführt worden sind, wurde in das Chemische und Veterinäruntersuchungsamt Sigmaringen umbenannt.
Die Dienstaufgaben der Chemischen und Veterinäruntersuchungsämter werden in der Verwaltungsvorschrift des Ministeriums Ländlicher Raum über die Dienstaufgaben und Zuständigkeitsbereiche der Chemischen und Veterinäruntersuchungsämter und des Staatlichen Tierärztlichen Untersuchungsamtes Aulendorf – Diagnostikzentrum – geregelt. Grundsätzlich werden in den Chemischen und Veterinäruntersuchungsämtern alle chemischen und mikrobiologischen Untersuchungen im Rahmen der amtlichen Lebensmittelüberwachung, Untersuchungen von Bedarfsgegenständen und kosmetischen Mitteln, tierärztliche Untersuchungen im Rahmen der amtlichen Lebensmittelüberwachung incl. Fleischhygiene, der Geflügelfleischhygiene sowie mit Ausnahme des Chemischen und Veterinäruntersuchungsamtes Sigmaringen die tierärztlichen Untersuchungen im Rahmen der Diagnostik, der Tierseuchenbekämpfung und der Tiergesundheit durchgeführt.
Innerhalb der als Dienstaufgaben bezeichneten Tätigkeitsbereiche werden auch wissenschaftliche Arbeiten der Zweckforschung durchgeführt.
Dem Chemischen und Veterinäruntersuchungsamt Freiburg ist eine Ausbildungsstätte für veterinärmedizinisch-technische Assistenten angegliedert.

12.1 Chemisches und Veterinäruntersuchungsamt Stuttgart

70736 Fellbach, Schaflandstr. 3/2; Tel. (07 11) 34 26-12 34; Fax (07 11) 34 26-12 99;
E-Mail: poststelle@cvuas.bwl.de;
http://www.cvua-stuttgart.de

Leiter: Dr. Volker Renz, LtdVetDir
Amtsbezirk: Regierungsbezirk Stuttgart

12.2 Chemisches und Veterinäruntersuchungsamt Karlsruhe

76187 Karlsruhe, Weißenburger Str. 3; Tel. (07 21) 9 26-36 11; Fax (07 21) 9 26-35 49;
E-Mail: poststelle@cvuaka.bwl.de;
http://www.ua-bw.de

Leiter: Dr. Stephan Walch
Amtsbezirk: Regierungsbezirk Karlsruhe, zentrale Arzneimitteluntersuchungsstelle für das Land Baden-Württemberg; für den Bereich Lebensmittel zentrale Untersuchung von Bilanzierten Diäten, Gewürzen, Kaffee, Tee, Zusatzstoffe und Nachweis der Lebensmittelbestrahlung

12.2.1 Weinkontrolleure

Weinkontrolleur Bezirk I
76133 Karlsruhe, Hoffstr. 3; Tel. (07 21) 9 26-36 27; Fax (07 21) 9 26-35 49;
E-Mail: thilo.schroth@cvuaka.bwl.de
Weinkontrolleur: Thilo Schroth
Bezirk: Landkreise Karlsruhe, Rhein-Neckar-Kreis, Neckar-Odenwald-Kreis, Städte Karlsruhe, Heidelberg, Mannheim und Pforzheim

Weinkontrolleur Bezirk II
76133 Karlsruhe, Hoffstr. 3; Tel. (07 21) 9 26-36 27; Fax (07 21) 9 26-55 39;
E-Mail: albin.decker@cvuaka.bwl.de
Weinkontrolleur: Albin Decker
Bezirk: Stadt Baden-Baden sowie die Landkreise Calw, Enzkreis, Freudenstadt und Rastatt

12.3 Chemisches und Veterinäruntersuchungsamt Freiburg

79114 Freiburg, Bissierstr. 5; Tel. (07 61) 88 55-0; Fax (07 61) 88 55-1 00;
E-Mail: poststelle@cvuafr.bwl.de;
http://www.ua-bw.de

Oberste Fachaufsicht: Ministerium für Ernährung, Ländlichen Raum und Verbraucherschutz Baden-Württemberg

Leiter: Ralf Lippold
Amtsbezirk: Regierungsbezirk Freiburg

12.3.1 Weinkontrolleure

Weinkontrolleur Bezirk I
79114 Freiburg, Bissierstr. 5; Tel. (0 78 42) 99 67 26
Weinkontrolleur: Martin Frietsch
Dienstbezirk: Landkreise Ortenaukreis, Emmendingen und Breisgau-Hochschwarzwald (nur die Gemeinden Glottertal, Gundelfingen, Heuweiler)

Weinkontrolleur Bezirk II
79114 Freiburg, Bissierstr. 5; Tel. (07 61) 88 55-0; Fax (07 61) 88 55-1 00;
E-Mail: poststelle@cvuafr.bwl.de
Weinkontrolleur: Peter Mainka
Dienstbezirk: Landkreise Tuttlingen, Breisgau-Hochschwarzwald (nur die Gemeinden Vogtsburg, Eichstetten, Bötzingen, Breisach, Ihringen, Gottenheim, March, Umkirch, Merdingen, Ebringen, Merzhausen, Au, Wittnau, Horben, St. Peter, St. Märgen, Stegen, Buchenbach, Eisenbach, Breitnau, Oberried, Titisee-Neustadt, Friedenweiler, Hinterzarten, Feldberg, Lenzkirch, Löffingen), Schwarzwald-Baar-Kreis, Stadtkreis Freiburg

Weinkontrolleur Bezirk III
79114 Freiburg, Bissierstr. 5; Tel. (07 61) 88 55-4 40; Fax (07 61) 88 55-1 00;
E-Mail: poststelle@cvuafr.bwl.de
Weinkontrolleur: Reiner Müller
Dienstbezirk: Landkreise Konstanz, Waldshut, Lörrach, Breisgau-Hochschwarzwald (nur die Gemeinden: Auggen, Bad Krozingen, Badenweiler, Ballrechten-Dottingen, Buggingen, Eschbach, Hartheim, Heitersheim, Müllheim, Münstertal, Neuenburg, Staufen, Sulzburg, Schallstadt, Pfaffenweiler, Sölden, Bollschweil, Ehrenkirchen)

12.4 Chemisches und Veterinäruntersuchungsamt Sigmaringen

72488 Sigmaringen, Fidelis-Graf-Str. 1; Tel. (0 75 71) 74 34-0; Fax (0 75 71) 74 34-2 02;
E-Mail: poststelle@cvuasig.bwl.de;
http://www.ua-bw.de

Leiterin: Mirjam Zeiher, LtdChemDirektorin
Amtsbezirk: Regierungsbezirk Tübingen

13 Staatliches Tierärztliches Untersuchungsamt Aulendorf – Diagnostikzentrum –

88326 Aulendorf, Löwenbreitestr. 20; Tel. (0 75 25) 9 42-0; Fax (0 75 25) 9 42-2 00;
E-Mail: poststelle@stuaau.bwl.de;
http://www.ua-bw.de

Staatsrechtliche Grundlage und Aufgabenkreis:
Das Staatliche Tierärztliche Untersuchungsamt Aulendorf – Diagnostikzentrum – führt gemäß der unter Ziffer 5 genannten Verwaltungsvorschrift des Ministeriums Ländlicher Raum die veterinärmedizinischen Untersuchungen mit Ausnahme der Untersuchungen in der tierärztlichen Lebensmittelüberwachung für den Regierungsbezirk Tübingen durch. Darüber hinaus werden die mit o.g. Verwaltungsvorschrift zugewiesenen landesweiten Schwerpunktaufgaben durchgeführt.

Vorstand: Dr. Thomas Miller, LtdVetDir
Amtsbezirk: Regierungsbezirk Tübingen

14 Forstverwaltung

Forstdirektionen und Körperschaftsforstdirektionen

Staatsrechtliche Grundlagen
Der Landtag von Baden-Württemberg hat mit dem Gesetz zur Umsetzung der Neuorganisation der Forstverwaltung Baden – Württemberg (Drucksache 16/6246) eine grundlegende Neustrukturierung der forstlichen Verwaltung beschlossen. Der seitherige, zum 1 Januar 2009 nach § 26 LHO gegründete Landesbetrieb Forst Baden-Württemberg, wird in eine rechtlich selbstständige Anstalt des öffentlichen Rechts überführt. Dies bedeutet, dass die Staatswaldflächen Baden-Württembergs aus der bisherigen Einheitsforstverwaltung baden-württembergischer Prägung herausgelöst werden und organisatorisch eigenständig verwaltet und bewirtschaftet werden. Der Sitz der Anstalt wird interimsweise in Tübingen Bebenhausen angesiedelt. Die Landesforstverwaltung Baden-Württemberg wird in allen hoheitlichen Fragen als auch in der forstlichen Betreuung des Privat- und Körperschaftswaldes aktiv bleiben und Waldbesitzenden beratend zur Seite stehen. Zukünftig wird es nur mehr eine Forstdirektion, angesiedelt bei Abteilung 8 des Regierungspräsidiums Freiburg, mit landesweiter Zuständigkeit geben.

Untere Forstbehörden

Staatsrechtliche Grundlagen
Die Aufgaben der unteren Forstbehörden bleiben grundsätzlich bei den 35 Landratsämtern und den 9 Gemeinden der Stadtkreise. Die beiden Körperschaftlichen Forstämter Baden-Württembergs bleiben als kommunale untere Forstbehörden bestehen. Ebenso ist subsidiär das Instrument des Körperschaftlichen Forstamts für alle Gebietskörperschaf-

ten – auch im Verbund als Gemeinschaftliches Körperschaftliches Forstamt – weiterhin für die Selbstorganisation möglich.

14.1 Forstliches Ausbildungszentrum Mattenhof

77723 Gengenbach, Mattenhofweg 14; Tel. (0 78 03) 93 98-0; Fax (0 78 03) 93 98-33; E-Mail: faz.mattenhof@rpf.bwl.de

Aufgabenkreis:
Zentrale Ausbildungsstätte für Forstwirte und Forstwirtinnen in Baden-Württemberg:
– Überbetriebliche Ausbildung durch die Landesforstverwaltung,
– Berufsschulunterricht in Landesfachklassen.
Leitung: Dr. Maria Hehn, FoDirektorin; Martin Dalhoff, OStudDir

14.2 Forstliches Bildungszentrum Karlsruhe

76131 Karlsruhe, Richard-Willstätter-Allee 2; Tel. (07 21) 9 26-33 91; Fax (07 21) 9 26-62 97; E-Mail: fbz.karlsruhe@forst.bwl.de; http://www.fbz-karlsruhe.forstbw.de

Aufgabenkreis:
Das Forstliche Bildungszentrum ist ein Aus- und Fortbildungszentrum sowie Tagungsstätte des Landesbetriebes Forst Baden-Württemberg. Am FBZ-Karlsruhe werden forstfachliche Fortbildungen für ForstBW-Beschäftigte, Aus- und Fortbildungsseminare für Privatwaldbesitzer aus Baden-Württemberg sowie waldpädagogische Fortbildungen im Rahmen der Umweltbildung angeboten.
Leiter: Hans-Georg Pfüller

14.3 Forstliches Bildungszentrum Königsbronn

89551 Königsbronn, Stürzelweg 22; Tel. (0 73 28) 8 03 49 99; E-Mail: fbz.koenigsbronn@forstbw.de; https://fbz-koenigsbronn.forstbw.de

Aufgabenkreis:
Das Forstliche Bildungszentrum Königsbronn ist eine Einrichtung des Landesbetriebes Forst von Baden-Württemberg zur Aus- und Fortbildung von Forstwirten und Forstwirtschaftsmeistern. Zusätzlich werden für Forstunternehmer, Privatwaldbesitzer und sonstige Interessenten Lehrgänge aus dem Bereich der praktischen Waldarbeit angeboten. Das Forstliche Bildungszentrum ist als überbetriebliche Ausbildungsstätte im Sinne des Berufsbildungsgesetzes (BBiG) zu betrachten.
Leiterin: Dr. Mechthild Freist-Dorr

14.4 Forstliche Versuchs- und Forschungsanstalt Baden-Württemberg

79100 Freiburg, Wonnhaldestr. 4; Tel. (07 61) 40 18-0; Fax (07 61) 40 18-3 33; E-Mail: fva-bw@forst.bwl.de; http://www.fva-bw.de

Staatsrechtliche Grundlage und Aufgabenkreis:
Landeswaldgesetz vom 10. Februar 1976 in der Fassung vom 31. August 1995. Die Anstalt ist eine Einrichtung des Landes Baden-Württemberg. Sie hat insbesondere die ökologischen Beziehungen zwischen Wald und Umwelt zu untersuchen und der Forstwirtschaft aller Besitzarten rationale Möglichkeiten zur Erfüllung der vielfältigen Funktionen des Waldes aufzuzeigen. Kernkompetenzen der FVA sind langfristige Waldforschung, Forschung und Entwicklung für die Praxis und Transfer von Wissen. Forschung, Beratung, Aus- und Fortbildung, langfristiges Umweltmonitoring.
Direktor: Prof. Dr. Ulrich Schraml
Vertreter: Dr. Gerald Kändler, LtdFoDir

Abt 1 Waldwachstum
Leiter: Prof. Dr. Ulrich Kohnle, LtdFoDir, Tel. (07 61) 40 18-2 51

Abt 2 Waldnaturschutz
Leiter: Dr. Jörg Kleinschmit, Tel. (07 61) 40 18-1 83

Abt 3 Boden und Umwelt
Leiterin: Dr. Heike Puhlmann, RRätin, Tel. (07 61) 40 18-1 73

Abt 4 Waldschutz
Leiter: Dr. Horst Delb, LtdFoDir, Tel. (07 61) 40 18-2 22

Abt 5 FVA-Wildtierinstitut
Leiter: NN

Abt 6 Waldnutzung
Leiter: Dr. Udo Hans Sauter, LtdFoDir, Tel. (07 61) 40 18-2 37

Abt 7 Forstökonomie und Management
Leiter: Dr. Christoph Hartebrodt, LtdFoDir, Tel. (07 61) 40 18-2 62

Abt 8 Biometrie und Informatik
Leiter: Dr. Gerald Kändler, LtdFoDir, Tel. (07 61) 40 18-1 20

Der Rechtsaufsicht des Ministeriums für Ernährung, Ländlichen Raum und Verbraucherschutz unterstehen die nachfolgenden Körperschaften und Anstalten des öffentlichen Rechts:

15 Tierseuchenkasse Baden-Württemberg

– Anstalt des öffentlichen Rechts –

70178 Stuttgart, Hohenzollernstr. 10; Tel. (07 11) 96 73-6 21; Fax (07 11) 96 73-7 00;
E-Mail: info@tsk-bw.de; http://www.tsk-bw.de

Rechtliche Grundlage und Aufgabenkreis:
Tiergesundheitsausführungsgesetz (TierGesAG) vom 19. Juni 2018 (GBl. S. 223).
Die Tierseuchenkasse leistet Entschädigungen für Tierverluste nach den Vorschriften des Tierseuchengesetzes und Beihilfen nach der Leistungssatzung. Sie kann außerdem Schäden und Aufwendungen ersetzen, die durch Tierseuchen und andere Tierkrankheiten und deren Bekämpfung entstehen. Außerdem ist die Tierseuchenkasse Baden-Württemberg Träger der Tiergesundheitsdienste.
Geschäftsführer: Dr. Gerhard Kuhn
Verwaltungsleiter: Bruno Körner

16 Landestierärztekammer Baden-Württemberg

– Körperschaft des öffentlichen Rechts –

70193 Stuttgart, Am Kräherwald 219; Tel. (07 11) 7 22 86 32-0; Fax (07 11) 7 22 86 32-20;
E-Mail: info@ltk-bw.de; http://www.ltk-bw.de

Rechtliche Grundlage und Aufgabenkreis:
Gesetz über das Berufsrecht und die Kammern der Ärzte, Zahnärzte, Tierärzte, Apotheker, Psychologischen Psychotherapeuten sowie der Kinder- und Jugendlichenpsychotherapeuten (Heilberufe-Kammergesetz – HBKG) vom 16. März 1995 (GBl. S. 314), zuletzt geändert durch Artikel 1 des Gesetzes vom 17. Dezember 2015 (GBl. S. 1234).
Aufgabe der Kammer ist es:
– die beruflichen Belange der Kammermitglieder wahrzunehmen,
– die Erfüllung der Berufspflichten der Kammermitglieder zu überwachen,
– die Ausbildung der Kammermitglieder sowie deren berufliche Fortbildung zu fördern,
– Belange der Qualitätssicherung wahrzunehmen sowie die Mitwirkung der Kammermitglieder an der Sicherung der Qualität ihrer beruflichen Leistungen nach dem 5. Abschnitt zu regeln,
– die berufliche Weiterbildung der Kammermitglieder nach dem 6. Abschnitt zu regeln,
– auf ein kollegiales Verhältnis der Kammermitglieder untereinander sowie auf eine Kooperation mit Angehörigen sonstiger Gesundheits- und Pflegeberufe hinzuwirken,
– bei berufsbezogenen Streitigkeiten unter den Kammermitgliedern zu vermitteln,
– die zuständigen öffentlichen Stellen in Fragen der Normsetzung und der Verwaltung zu beraten und zu unterstützen sowie Sachverständige zu benennen,
– Dritte, insbesondere Patienten, in Angelegenheiten, die die Berufsausübung der Kammermitglieder betreffen, zu informieren und zu beraten,
– bei der Prävention, der Förderung und dem Schutz der Gesundheit der Bevölkerung und der Tiere sowie der Beobachtung und Bewertung der gesundheitlichen Verhältnisse mitzuwirken,
– die Aus- und Fortbildung der bei den Kammermitgliedern Beschäftigten oder unter ihrer Verantwortung Tätigen zu fördern und die ihnen nach dem Berufsbildungsgesetz obliegenden Aufgaben wahrzunehmen sowie
– Kammermitgliedern Heilberufsausweise und sonstige Bescheinigungen, auch elektronischer Art sowie qualifizierte Zertifikate oder qualifizierte Attribut-Zertifikate mit Angaben über die berufliche Zulassung nach dem Signaturgesetz auszustellen sowie
– zur Feststellung der erforderlichen Sprachkenntnisse im Zusammenhang mit der Anerkennung von ausländischen Bildungsnachweisen in den in § 2 Absatz 1 genannten Berufen Sprachprüfungen durchzuführen.
Präsident: Dr. Thomas Steidl
Geschäftsführerin: Susanne Guddas

17 Verband der Teilnehmergemeinschaften Baden-Württemberg

– Körperschaft des öffentlichen Rechts –

74172 Neckarsulm, Heiner-Fleischmann-Str. 6; Tel. (0 71 32) 34 15-34; Fax (0 71 32) 34 15-33;
E-Mail: poststelle@vtg-bwl.de; http://www.vtg-bw.de

Rechtliche Grundlage und Aufgabenkreis:
Flurbereinigungsgesetz (FlurbG) in der Fassung vom 16. März 1976 (BGBl. I S. 546), zuletzt geändert durch Artikel 17 des Gesetzes vom 19. Dezember 2008 (BGBl I, Seite 2794).
Die Teilnehmergemeinschaften der Flurneuordnungen in Baden-Württemberg sind in einem Verband zusammengeschlossen. Der Verband
– führt das Kassen- und Rechnungswesen für die Teilnehmergemeinschaften,
– übernimmt die Beratung, Planung, Ausschreibung, Bauleitung und Abrechnung für die Baustellen der Teilnehmergemeinschaften und
– vertritt die gemeinschaftlichen Interessen der Teilnehmergemeinschaften.
Präsident: Jürgen Nowak
Geschäftsführer: Friedrich Bopp

VIII Ministerium für Umwelt, Klima und Energiewirtschaft Baden-Württemberg (UM)

70182 Stuttgart, Kernerplatz 9; Tel. (07 11) 1 26-0; Fax (07 11) 1 26-28 81 und 28 80 (Presse); E-Mail: poststelle@um.bwl.de; http://www.um.baden-wuerttemberg.de

Aufgabenkreis:
Das Ministerium für Umwelt, Klima und Energiewirtschaft hat nach der Bekanntmachung der Landesregierung über die Abgrenzung der Geschäftsbereiche der Ministerien in der Fassung vom 24. Juli 2001 (GBl. S. 590), zuletzt geändert durch die Bekanntmachung der Landesregierung vom 15. Juli 2021 (GBl. S. 606) folgende Aufgaben wahrzunehmen:
– Grundsatzfragen der Umweltpolitik, Nachhaltigkeit, Umweltrecht, Koordinierung des Umweltschutzes (Land und Bund), internationaler Umweltschutz;
– Umweltforschung, Entwicklung und Vermarktung von Umwelttechnologien;
– Klimaschutz einschließlich Energieeffizienz, Klimawandel, Geothermie und Altbaumodernisierung;
– Ökosystemschutz;
– Wasserwirtschaft und Wasserrecht, Gewässerschutz, Ausweisung von Wasserschutzgebieten, Kartierung;
– Immissionsbedingter Bodenschutz, Bewirtschaftungsbeschränkungen;
– Abfallentsorgung, Abfallwirtschaft;
– Landesanstalt für Umwelt, Messungen und Naturschutz, Umweltakademie, Umweltinformation;
– anlagen- und produktbezogener Immissionsschutz, technischer Umweltschutz, Chemikalienrecht, Sprengstoffwesen, überwachungsbedürftige Anlagen nach dem Gerätesicherheitsgesetz, Marktüberwachung, Gewerbeaufsicht (ohne Arbeitsschutz und Medizinprodukte);
– Sicherheit in der Kerntechnik, Genehmigungen und Aufsicht nach dem Atomgesetz, Umweltradioaktivität, Strahlenschutz, Entsorgung radioaktiver Stoffe;
– Energiewirtschaft einschließlich Energiegewinnung aus Biomasse und nachwachsenden Rohstoffen, Energieaufsicht, Landesregulierungsbehörde, Wettbewerb und Kartelle im Zusammenhang mit der leitungsgebundenen Versorgung mit Energie und Wärme sowie Wasser und bei der Wegerechtsvergabe, Konzessionsabgaben, Bergbau, Landesgeologie, Ressourceneffizienz;
– Naturschutz und Landschaftspflege, (einschließlich Biotopvernetzung, Biotoppflege und Ausgleichsleistungen) Biotopschutz, Teilbereiche Artenschutz, Stiftung Naturschutzfond, Nationalpark.

Publikationsorgan: Gemeinsames Amtsblatt, Staatsanzeiger
Ministerin: Thekla Walker
Ministerbüro: Nuber-Schöllhammer
Staatssekretär: Dr. Andre Baumann
Persönlicher Referent: Eckert
Ministerialdirektor: Helmfried Meinel
Leiterin der Zentralstelle: Dr. Thielecke
Pressestelle: Jehne, Tel. -27 80
Öffentlichkeitsarbeit: Ralf Heineken

Abt 1 Zentrale Aufgaben, Europa, Internationale Zusammenarbeit
Leiter: Stefan Benzing, MinDirig, Tel. (07 11) 1 26-27 20

Ref 11: **Organisation** Prasse
Ref 12.1: **Personalbewirtschaftung, Personalentwicklung** Elisabeth Julino
Ref 12.2: **Strategische Personalplanung, Stellen, Dienst- und Tarifrecht** Christoph Höchst
Ref 13: **Haushalt** Horst Siegmund
Ref 14: **EU-Politik und -Förderung, Internationales, Under2-Coalition** Tobias Eisele
Ref 15: **Informationstechnik, IT-Leitstelle, UIS, Nachhaltige Digitalisierung** Peter Carl Abel
Ref 16: **Allgemeine Rechtsangelegenheiten, Umweltrecht, Umweltmeldestelle** Joachim Heiland
Behördlicher Datenschutzbeauftragter Dr. Dietrich

Abt 2 Grundsatz, Nachhaltigkeit, Klimaschutz, Ressourceneffizienz, Kreislaufwirtschaft
Leiterin: Sibylle Hepting-Hug, MinDirigentin, Tel. (07 11) 1 26-26 67

Ref 21: **Grundsatzfragen der Umweltpolitik, Nachhaltigkeit, nachhaltiges Wirtschaften** Volker Wehle
Ref 22: **Klima, Stabsstelle Klimaschutz** Ivo Fischer
Ref 23: **Kreislaufwirtschaft, Recht** Harald Notter
Ref 24: **Wasserstoff, Ressourceneffizienz, Bioökonomie** Reuter
Ref 25: **Kommunale Kreislaufwirtschaft, Abfalltechnik** Martin Kneisel
Umweltakademie Eick

Abt 3 Kernenergieüberwachung, Strahlenschutz
Leiter: Gerrit Niehaus, MinDirig, Tel. (07 11) 1 26-26 18

Ref 31: **Verwaltung und Recht** Ulf Winter, Tel. -25 86
Ref 32: **Allgemeine Angelegenheiten der Kernenergieüberwachung** Dr. Walter Glöckle, Tel. -26 07
Ref 33: **Überwachung der Kernkraftwerke Neckarwestheim** Thomas Wildermann, Tel. -25 70

Ref 34: **Überwachung der Kernkraftwerke Philippsburg** Klaus Wiesner, Tel. -25 74
Ref 35: **Entsorgung und Stilllegung** Dr. Manfred Loistl, Tel. -25 97
Ref 36: **Strahlenschutz** Dr. Anne Bertram-Berg, Tel. -25 76

Abt 4 Immissionsschutz, Marktüberwachung, Bautechnik
Leiter: Martin Eggstein, MinDirig, Tel. (07 11) 1 26-26 24

Ref 41: **Verwaltung und Recht, Gewerbeaufsicht** Rita Trost
Ref 42: **Immissionsschutz, Störfallvorsorge, Windenergie** Gregor Stephani
Ref 43: **Marktüberwachung in den Bereichen Ökodesign, Chemikalien- und Produktsicherheit** Dr. Anja Schmolke
Ref 44: **Betrieblicher Umweltschutz, Stofflicher Gefahrenschutz, Geologie, Bergbau** Claudia Mitsch-Werthwein
Ref 45: **Bautechnik, Bauökologie** Dr. Schneider
Ref 46: **Energiekartellbehörde, Regulierungsrecht** Dr. Kirschner
Landesregulierungsbehörde Dr. Kirschner

Abt 5 Wasser und Boden
Leiterin: Elke Rosport, MinDirigentin, Tel. (07 11) 1 26-15 00

Ref 51: **Verwaltung und Recht** Dr. Gerhard Spilok
Ref 52: **Internationale Abkommen Rhein und Donau, Wasserrahmenrichtlinie, Förderung** Britta-Antje Behm
Ref 53: **Gewässerreinhaltung, stehende Gewässer, Bodensee** Weinbrecht
Ref 54: **Boden und Altlasten, Grundwasserschutz und Wasserversorgung** Dr. Ochs
Ref 55: **Wasserbau und Hochwasserschutz, Gewässerökologie** Jürgen Reich

Abt 6 Energiewirtschaft
Leiter: Dr. Ulrich Maurer, MinDirig, Tel. (07 11) 1 26-12 00

Ref 61: **Grundsatzfragen der Energiepolitik** Nadja Milkowski
Ref 62: **Energieeffizienz von Gebäuden** Tilo Kurtz
Ref 63: **Energieeffizienz in Haushalten und Unternehmen** Dr. Wendel
Ref 64: **Erneuerbare Energien** Dr. Frank Güntert
Ref 65: **Netze und Speicher** Dr. Heiko Lünser

Abt 7 Naturschutz
Leiter: Karl-Heinz Lieber, MinDirig, Tel. (07 11) 1 26-23 67

Ref 71: **Grundsatzfragen, Verwaltung und Recht** Patrick Stromski

Ref 72: **Arten- und Habitatschutz, Kompensations- und Ökokontomanagement** Frank Lorho
Ref 73: **Förderung, Finanzen und Controlling im Naturschutz** Michael Kretzschmar
Ref 74: **Schutzgebiete und Ökologische Fachplanungen** Krauß
Ref 75: **Biologische Vielfalt und Landnutzung; Artenmanagement** Kärcher
Stiftung Naturschutzfonds Stephanie Rebsch

1 Naturschutz und Landschaftspflege

Staatsrechtliche Grundlage und Aufgabenkreis:
Gesetz des Landes Baden-Württemberg zum Schutz der Natur und zur Pflege der Landschaft (Naturschutzgesetz – NatSchG) in der Fassung vom 23. Juni 2015 (GBl. S. 585), zuletzt geändert durch Art. 1 des Gesetzes vom 21. November 2017 (GBl. S. 597, ber. S. 643, ber. 2018, S. 4).
Naturschutzbehörden sind
– das für Naturschutz zuständige Ministerium (derzeit das Ministerium für Umwelt, Klima und Energiewirtschaft Baden-Württemberg) als oberste Naturschutzbehörde,
– die Regierungspräsidien als höhere Naturschutzbehörden und
– die unteren Verwaltungsbehörden als untere Naturschutzbehörden (§ 57 Abs. 1 NatSchG).
Die fachliche Beratung der Naturschutzbehörden obliegt
– für das Ministerium der Landesanstalt für Umwelt Baden-Württemberg,
– für die unteren Naturschutzbehörden den Beauftragten für Naturschutz und Landschaftspflege (Naturschutzbeauftragte – § 59 Abs. 1 NatSchG).
Natur und Landschaft sind aufgrund ihres eigenen Wertes und als Lebensgrundlagen und Erholungsraum des Menschen auch in Verantwortung für die künftigen Generationen im besiedelten und unbesiedelten Bereich so zu schützen, zu pflegen, zu gestalten, zu entwickeln und, soweit erforderlich, wiederherzustellen, dass
– die Leistungs- und Funktionsfähigkeit des Naturhaushalts,
– die Regenerationsfähigkeit und nachhaltige Nutzungsfähigkeit der Naturgüter (Boden, Wasser, Luft, Klima, Tier- und Pflanzenwelt),
– die biologische Vielfalt einschließlich der Tier- und Pflanzenwelt und ihrer Lebensstätten und Lebensräume sowie
– die Vielfalt, Eigenart und Schönheit sowie der Erho-lungswert von Natur und Landschaft
im Sinne einer nachhaltigen umweltgerechten Entwicklung auf Dauer gesichert werden.
Der wild lebenden heimischen Tier- und Pflanzenwelt sind angemessene Lebensräume zu erhalten. Dem Aussterben einzelner Tier- und Pflanzenarten ist wirksam zu begegnen. Ihre Populationen sind in einer dauerhaft überlebensfähigen Größe zu erhalten. Der

Verinselung einzelner Populationen ist entgegenzuwirken.

1.1 Naturschutzbeauftragte

Rechtliche Grundlage und Aufgabenkreis:
Fachliche Beratung und Unterstützung der unteren Naturschutzbehörden nach dem Gesetz des Landes Baden-Württemberg zum Schutz der Natur und zur Pflege der Landschaft (Naturschutzgesetz – NatSchG) in der Fassung vom 23. Juni 2015 (GBl. S. 585), zuletzt geändert durch Art. 1 des Gesetzes vom 21. November 2017 (GBl. S. 597, ber. S. 643, ber. 2018, S. 4).
Gemäß Verwaltungsvorschrift des Ministeriums für Ernährung, Ländlichen Raum und Verbraucherschutz über die Bestellung der Naturschutzbeauftragten (§ 61 Abs. 5 des NatSchG) vom 3. April 2007 (GABl. S. 205).
Nähere Angaben hierzu im Abschnitt d I „Die Stadtkreise", S. 191 und im Abschnitt d II „Die Landkreise", S. 196.

1.2 Nationalpark Schwarzwald

77889 Seebach, Schwarzwaldhochstr. 2; Tel. (0 74 49) 9 29 98-4 44; Fax (0 74 49) 9 29 98-4 99; E-Mail: info@nlp.bwl.de; http://www.schwarzwald-nationalpark.de

Aufgabenkreis:
Vorrangiges Ziel des Nationalparks ist das Motto „Natur Natur sein lassen". Einzelne Ökosysteme, die wertvoller Lebensraum für viele Arten sind, aber ohne Pflege nicht bestehen könnten – wie die Grinden – werden geschützt. Der Nationalpark ist aber nicht nur für Tiere und Pflanzen, sondern auch für den Menschen da.
Im Februar 2015 hat der Nationalparkrat die erste Gebietsgliederung beschlossen. Der Nationalpark ist nun eingeteilt in drei verschiedene Zonen, die unterschiedlich stark geschützt sind. In den Kernzonen, etwa ein Drittel der 10 000 Hektar großen Flächen, sind die natürlichen Prozesse ab sofort sich selbst überlassen. In den Entwicklungszonen, die in den kommenden 30 Jahren nach und nach ebenfalls zu Kernzonen werden, darf der Mensch noch an einigen Stellen lenkend eingreifen, zum Beispiel beim Artenschutz.
Bis zu 25 Prozent der Fläche werden dauerhaft zur sogenannten Managementzone gehören. Hierzu gehören unter anderem der Puffergürtel fürs Borkenkäfermanagement und die beweideten Grinden.
Leiter: Dr. Thomas Waldenpuhl

Der Rechtsaufsicht des Ministeriums für Umwelt, Klima und Energiewirtschaft untersteht die nachfolgende Anstalt und Stiftung des öffentlichen Rechts:

2 Landesanstalt für Umwelt Baden-Württemberg (LUBW)

– Anstalt des öffentlichen Rechts –

76185 Karlsruhe, Griesbachstr. 1; Tel. (07 21) 56 00 0; Fax (07 21) 56 00-14 56; E-Mail: poststelle@lubw.bwl.de; https://www.lubw.baden-wuerttemberg.de

Rechtsgrundlage und Aufgabenkreis:
Die LUBW ist eine selbständige Anstalt des öffentlichen Rechts und zugleich staatliche Einrichtung. Aufgaben und Arbeitsweise sind im „Gesetz zur Vereinigung der Landesanstalt für Umweltschutz Baden-Württemberg und der UMEG, Zentrum für Umweltmessungen, Umwelterhebungen und Gerätesicherheit Baden-Württemberg" geregelt und durch die Satzung, die vom Verwaltungsrat erlassen wurde, konkretisiert. Zuletzt wurde der Name der LUBW in „Landesanstalt für Umwelt Baden-Württemberg" geändert.
Die LUBW unterliegt aktuell der Rechts- und Fachaufsicht des Ministeriums für Umwelt, Klima und Energiewirtschaft. In Angelegenheiten des gebiets- und verkehrsbezogenen Immissionsschutzes einschließlich des Lärmschutzes unterliegt die LUBW der Fachaufsicht des Ministeriums für Verkehr sowie in Angelegenheiten des technischen Arbeitsschutzes und des Flächenmanagements der Fachaufsicht des Ministeriums für Wirtschaft, Arbeit und Tourismus.
Präsidentin: Eva Boll

Abt 1 Zentrale Dienste

Ref 11: Organisation, Gebäudemanagement
Ref 12: Personal, Recht
Ref 13: Finanzen, Controlling
Ref 14: Marktüberwachung, Qualitätswesen

Abt 2 Nachhaltigkeit und Naturschutz

Ref 21: Nachhaltigkeit
Ref 22: Boden, Altlasten
Ref 23: Medienübergreifende Umweltbeobachtung, Kompetenzzentrum Klimawandel
Ref 24: Flächenschutz, Fachdienst Naturschutz
Ref 25: Artenschutz, Landschaftsplanung

Abt 3 Technischer Umweltschutz

Ref 31: Luftreinhaltung, Regenerative Energien
Ref 32: Radioaktivität, Strahlenschutz
Ref 33: Luftqualität, Immissionsschutz
Ref 34: Technischer Arbeitsschutz, Lärmschutz
Ref 35: Kreislaufwirtschaft, Chemikaliensicherheit

Abt 4 Wasser

ISF: Institut für Seenforschung
Ref 41: Fließgewässerökologie

Ref 42: Grundwasser
Ref 43: Hydrologie, Hochwasservorhersage

Abt 5 Kompetenzzentrum Umweltinformatik

Ref 51: IT-Grunddienste und Transformation Fachinfrastruktur
Ref 52: Umweltanwendungen I
Ref 53: Umweltanwendungen II
Ref 54: Umweltanwendungen III

Abt 6 Messtechnik und Analytik

Ref 61: Labor für Wasser und Boden
Ref 62: Betrieb Messnetze, Zentrale Logistik
Ref 63: Messsystemtechnik
Ref 64: Labor für Luftmessungen und stofflichen Verbraucherschutz

3 Stiftung Naturschutzfonds Baden-Württemberg

beim Ministerium für Umwelt, Klima und Energiewirtschaft

70182 Stuttgart, Kernerplatz 9; Tel. (07 11) 1 26-0; Fax (07 11) 1 26-28 81;
E-Mail: info@stiftung-naturschutz-bw.de;
http://www.stiftung-naturschutz-bw.de

Aufgabenkreis:
Die Stiftung Naturschutzfonds fördert die Bestrebungen für die Erhaltung der natürlichen Umwelt und der natürlichen Lebensgrundlagen und trägt zur Aufbringung der benötigten Mittel bei.
Vorsitzender: Franz Untersteller, Minister MdL
Geschäftsführerin: Stephanie Rebsch

Dem Ministerium für Umwelt, Klima und Energiewirtschaft unterstehen nachgeordnete Einrichtungen:

4 Sonderabfallagentur Baden-Württemberg GmbH(SAA)

70736 Fellbach, Welfenstr. 15; Tel. (07 11) 95 19 61-0; Fax (07 11) 95 19 61-28;
E-Mail: saa.gmbh@saa.bwl.de; http://www.saa.de

Aufgabenkreis:
Beliehener Unternehmer mit hoheitlichen Aufgaben gemäß §§ 12, 24 LAbfG in Verbindung mit SAbfVO in den Bereichen Sonderabfallüberwachung und Abfallverbringung.
Geschäftsführer: Markus Resch

5 Sonderabfall-Deponiegesellschaft Baden-Württemberg mbH(SAD)

69254 Malsch, An der B3; Tel. (0 72 53) 2 16 38; Fax (0 72 53) 2 56 64; E-Mail: info@sad-bw.de; http://www.sad-bw.de

Geschäftsführer: Markus Resch

IX Ministerium für Soziales, Gesundheit und Integration

70173 Stuttgart, Else-Josenhans-Str. 6; Tel. (07 11) 1 23-0; Fax (07 11) 1 23-39 99;
E-Mail: poststelle@sm.bwl.de;
http://www.sozialministerium-bw.de

Aufgabenkreis:
Der Geschäftsbereich des Ministeriums für Soziales, Gesundheit und Integration umfasst nach der Bekanntmachung der Landesregierung über die Abgrenzung der Geschäftsbereiche der Ministerien vom 24. Juli 2001 (GBl. S. 590), zuletzt geändert durch die Bekanntmachung der Landesregierung vom 15. Juli 2021 (GBl. S. 606):

– Berufsbildung behinderter Menschen, Berufsbildung in der Hauswirtschaft;
– Sozialstruktur und Sozialplanung, gesellschaftlicher und demografischer Wandel;
– soziales Entschädigungsrecht, Rehabilitation und Teilhabe behinderter Menschen;
– Sozialversicherung; Aufsicht über Einrichtungen und Träger der Sozialversicherung; Sozialmedizin;
– Gesundheitswesen, Medizinprodukte und Krankenhausplanung und -finanzierung;
– Kinder- und Jugendhilfe, Jugendarbeit, Jugendverbände, Jugendfürsorge, Kinder- und Jugendschutz, außerschulische Jugendbildung;
– Wohlfahrtspflege, Sozialhilfe, Bekämpfung der Armutsgefährdung, Politik für die ältere Generation, Pflege, soziale Berufe, Unterhaltssicherung, zentrale Anlaufstelle für das Ehrenamt, Landeskuratorium für Bürgerarbeit;
– Chancengleichheit für Frauen und Männer, Familienpolitik;
– Grundsatzfragen der Integrationspolitik;
– Deutschförderung und Mehrsprachigkeit;
– interkulturelle Angelegenheiten und interreligiöser Dialog;
– Anerkennung von im Ausland erworbenen Qualifikationen;
– interkulturelle Öffnung der Landesverwaltung und Gesellschaft;
– Bekämpfung von Rassismus und Fremdenfeindlichkeit sowie Diskriminierung;
– emanzipatorische Fragen der Integration;
– Förderung der Integration bleibeberechtigter Ausländer, Chancengleichheit und Teilhabe von Menschen mit Migrationshintergrund, Integration von Ausländern in das Erwerbsleben;
– Integrationsmonitoring und Integrationsforschung;
– Angelegenheiten der Sinti und Roma mit Ausnahme des Vertrages des Landes Baden-Württemberg mit dem Verband Deutscher Sinti und

Roma, Landesverband Baden-Württemberg e.V. und soweit kein Gegenstand des Gräbergesetzes;
– Europäischer Sozialfonds.
Publikationsorgan:
„Gemeinsames Amtsblatt", siehe hierzu nähere Angaben auf S. 18.
Minister: Manfred Lucha, MdL
Zentralstelle: Dr. Distler
Büro des Ministers: Roth
Pressestelle und Öffentlichkeitsarbeit: Jox

Beauftragter der Landesregierung für die Belange von Menschen mit Behinderungen: Stephanie Aeffner, Tel. 2 79-33 58
Staatssekretärin: Dr. Ute Angelika Leidig, MdL
Amtschef: Prof. Dr. Uwe Lahl

Koordinierungsstelle: Falk, Tel. -3 94 42

Impfkampagne – Task Force Impfen: Kirchhoff

Operatives Impfen: NN

Grundsatzangelegenheiten: Schnell, Tel. -38 08

Abt 1 Interner Service
Leiter: Schumacher, MinDirig

Ref 11: **Personal** Rath
Ref 12: **Organisation** Halm
Ref 13: **Recht** Meyder
Ref 14: **Haushalt** Schmidt
Ref 15: **Personalangelegenheiten Öffentlicher Gesundheitsdienst und Versorgungsverwaltung** Hesse-Dahlheimer
Ref 16: **Informationstechnik** Forster

Abt 2 Gesellschaft
Leiterin: Höckele-Häfner, MinDirigentin

Ref 21: **Familie, Lebensgemeinschaften** Burkhard
Ref 22: **Kinder** Di Croce
Ref 23: **Jugend** Deiß
Ref 24: **Bürgerschaftliches Engagement** Kusche
Ref 25: **Gleichstellung** NN
Ref 26: **Schutzkonzepte** Altemüller

Abt 3 Soziales
Leiter: Dr. Schneider, MinDirig

Ref 31: **Grundsatz und Recht der Gesundheitsberufe** Diop
Ref 32: **Menschen mit Behinderung** Clauss
Ref 33: **Pflege** Dr. Postel
Ref 34: **Pflegeberufe, Privatschulförderung** Biermann
Ref 35: **Sozialhilfe, Eingliederungshilfe** Böttiger
Ref 36: **Quartiersentwicklung** Schmolz

Abt 4 Integration
Leiterin: Prof. Dr. Locher-Finke, MinDirigentin

Ref 41: **Grundsatz, Strukturelle Integration, Ressourcensteuerung** Papadopoulou

Ref 42: **Integration durch Sprache und Teilhabe** Lottermann
Ref 43: **Interkulturelle Angelegenheiten, Antidiskriminierung** NN
Ref 44: **Integration in Arbeit** Dr. Diemer
Ref 45: **Monitoring und Analysen** NN

Abt 5 Gesundheit
Leiter: Dr. Walker, MinDirig

Ref 51: **Grundsatz, Prävention, Öffentlicher Gesundheitsdienst** Dr. Piechotowski
Ref 52: **Krankenhauswesen** Schlecht
Ref 53: **Ambulante Versorgung, Digitalisierung im Gesundheitswesen** Schmidts
Ref 54: **Patientenbelange, Ethik in der Medizin, Palliativmedizin** Dr. Schindler
Ref 55: **Psychiatrie, Sucht** Rebmann
Ref 56: **Arzneimittel- und Medizinprodukteversorgung, Gesundheitsschutz** Dr. Heckmann

Abt 6 Sozialversicherung, Europa
Leiterin: Engelhardt, MinDirigentin

Ref 61: **Krankenversicherung** Wochner
Ref 62: **Rentenversicherung** Erb
Ref 63: **Europa, Europäischer Sozialfonds** Dr. Boll
Ref 64: **PRA-Grundsatzfragen, Konzeption, Prüfungen** Vetter
Ref 65: **PRA-Prüfungen** Lohmüller
Ref 66: **Allgemeine Vorschriften der Sozialversicherung, Unfallversicherung** Dr. Bayer

Zum Geschäftsbereich des Ministeriums für Soziales, Gesundheit und Integration gehören:

1 Grundsicherung und Wohlfahrtspflege

Staatsrechtliche Grundlage und Organisation:
Das Ministerium für Soziales, Gesundheit und Integration ist oberste Landessozialbehörde für den Bereich des Zwölften Buches Sozialgesetzbuch – Sozialhilfe (SGB XII) vom 27. Dezember 2003 (BGBl. I S. 3022), zuletzt geändert durch das Gesetz zur Änderung des Bundesversorgungsgesetzes und anderer Vorschriften vom 20. Juni 2011 (BGBl. S. 1114).
Für den Bereich des Zweiten Buches Sozialgesetzbuch – Grundsicherung für Arbeitsuchende (SGB II) vom 24. Dezember 2003 (BGBl. I S. 2954, 2955), zuletzt geändert durch Gesetz zur Änderung des Bundesversorgungsgesetzes und anderer Vorschriften vom 20. Juni 2011 (BGBl. S. 1114), ist das Ministerium für Soziales, Gesundheit und Integration oberste Rechtsaufsichtsbehörde über die kommunalen Träger. Es ist zuständige höhere Landesbehörde im Sinne von § 47 Abs. 3 Satz 1 SGB II für die Erteilung des Einvernehmens bei der Rechtsaufsicht des Bundes-

ministeriums für Arbeit und Soziales über die gemeinsamen Einrichtungen.

2 Jugendhilfe

Staatsrechtliche Grundlage und Organisation:
Oberste Landesjugendbehörden im Sinne des Achten Buches Sozialgesetzbuch – Kinder- und Jugendhilfe – (Artikel 1 des Gesetzes vom 26. Juni 1990, BGBl. I S. 1163) in der Fassung der Bekanntmachung vom 11. September 2012 (BGBl. I S. 2022), das zuletzt durch Artikel 2 Abs. 3 des Gesetzes vom 15. Februar 2013 (BGBl. I S. 254) geändert worden ist, sind nach dem Kinder- und Jugendhilfegesetz für Baden-Württemberg in der Fassung vom 14. April 2005 (GBl. S. 376), zuletzt geändert durch Verordnung vom 25. Januar 2012 (GBl. S. 65) das Kultusministerium und das Ministerium für Soziales, Gesundheit und Integration.

Nach der Bekanntmachung der Landesregierung über die Abgrenzung der Geschäftsbereiche der Ministerien vom 24. Juli 2001 (GBl. S. 590), zuletzt geändert durch die Bekanntmachung vom 5. Juli 2011 (GBl. S. 381) obliegen dem Ministerium für Kultus, Jugend und Sport die mit der schulischen Bildung, Erziehung und Bildungsberatung zusammenhängenden Jugendfragen sowie sonstige Angelegenheiten im Bereich der Jugend, soweit kein anderes Ministerium zuständig ist.

Das Ministerium für Soziales, Gesundheit und Integration ist zuständig für die Aufgaben der Kinder- und Jugendhilfe, Jugendarbeit, Jugendverbände, Jugendfürsorge, Kinder- und Jugendschutz, außerschulische Jugendbildung.

Seit dem 1. Januar 2005 ist beim Kommunalverband für Jugend und Soziales das Landesjugendamt für Baden-Württemberg errichtet. Die wesentlichsten freiwilligen Leistungen des Landes auf dem Gebiet der Jugendhilfe einschließlich Jugendarbeit und -bildung werden im Landesjugendplan, der jeweils als besondere Druckschrift dem Landtag zugeht, zusammengefasst.

Nähere Angaben hierzu siehe unter Abschnitt d III „Kommunalverband für Jugend und Soziales", S. 365.

3 Öffentlicher Gesundheitsdienst

3.1 Gesundheitsämter

Aufgabenkreis:
Nach dem Gesetz zur Eingliederung der Staatlichen Veterinärämter, zur Aufhebung der Staatlichen Gesundheitsämter, zur Übertragung von Aufgaben der Ämter für Wasserwirtschaft und Bodenschutz auf untere Verwaltungsbehörden sowie zur Bereinigung fleischhygiene- und lebensmittelrechtlicher Zuständigkeiten (Sonderbehörden-Eingliederungsgesetz) vom 12. Dezember 1994 (GBl. S. 653) und dem Gesetz über den öffentlichen Gesundheitsdienst (Gesundheitsdienstgesetz – ÖGDG) vom 12. Dezember 1994 (GBl. S. 663) werden seit dem 1. Juli 1995 die Aufgaben der Gesundheitsämter durch die unteren Verwaltungsbehörden in den Landkreisen und den Stadtkreisen Stuttgart, Mannheim und Heilbronn als untere Gesundheitsbehörden wahrgenommen.

Ziele und Aufgaben der Gesundheitsämter wurden durch das Gesundheitsdienstgesetz neu geregelt.
Aufgabenschwerpunkte der Gesundheitsämter sind der Gesundheitsschutz (Infektionsschutz, umweltbezogener Gesundheitsschutz), die Gesundheitsförderung und Prävention, die Jugendgesundheitspflege und die Jugendzahnpflege, die Sozialmedizin, der amtsärztliche Dienst sowie die Gesundheitsberichterstattung und die Epidemiologie.

Zur Erfüllung dieser Aufgaben haben die Gesundheitsämter insbesondere

– den Ursachen von Gesundheitsgefährdungen und Gesundheitsschäden nachzugehen und auf die Beseitigung von Gesundheitsgefährdungen hinzuwirken,
– darüber zu wachen, dass die Anforderungen der Hygiene eingehalten werden und übertragbare Krankheiten bei Menschen verhütet und bekämpft werden,
– Maßnahmen der Gesundheitsförderung und Gesundheitserziehung zu initiieren und zu koordinieren,
– Krankheiten epidemiologisch zu erfassen und zu bewerten sowie Gesundheitsberichte zu erstellen und
– bei allen Vorhaben, die gesundheitliche Belange der Bevölkerung wesentlich berühren, mitzuwirken und die zuständigen Behörden zu beraten.

Weitere Angaben hierzu siehe unter Abschnitte d I und d II auf den Seiten 191 und 196.

3.2 Landesgesundheitsamt

Aufgabenkreis:
Das Landesgesundheitsamt Baden-Württemberg (LGA) ist fachliche Leitstelle für den Öffentlichen Gesundheitsdienst (ÖGD) in Baden-Württemberg. Im Rahmen des Verwaltungsstruktur-Reformgesetzes wurde das LGA als Abteilung 9 in das Regierungspräsidium Stuttgart (RPS) eingegliedert. Es besteht weiterhin eine landesweite Zuständigkeit.

Nach dem Gesetz über den öffentlichen Gesundheitsdienst (Gesundheitsdienstgesetz – ÖGDG) vom 12. Dezember 1994 (GBl. S. 663) obliegen dem LGA insbesondere folgende Aufgaben:

– Beratung des Sozialministeriums bei Fragestellungen im öffentlichen Gesundheitswesen,
– Beratung der Regierungspräsidien, der Gesundheitsämter und der Staatlichen Gewerbeaufsichtsämter auf allen Gebieten des öffentlichen Gesundheitsdienstes und des medizinischen Arbeitsschutzes,
– Durchführung fachbezogener Untersuchungen,
– Aus-, Fort- und Weiterbildung im Rahmen seiner Aufgaben.

Schwerpunktaufgaben des LGA sind Prävention, Gesundheitsförderung, Gesundheitsberichterstattung und Gesundheitsschutz. Weiter sind dem LGA die Aufgaben des Landesarztes für behinderte Menschen, des Staatlichen Gewerbearztes und des Landesprüfungsamtes für medizinische Ausbildungen und Berufe zugeordnet.

3.3 Medizinaluntersuchungsämter

Aufgabenkreis:
Die Aufgaben eines Medizinaluntersuchungsamtes werden vom Landesgesundheitsamt wahrgenommen. Hierzu zählt die Durchführung von bakteriologischen, virologischen, mykologischen, parasitologischen, serologischen, klinisch-chemischen und physikalisch-chemischen Untersuchungen im Rahmen der Bekämpfung übertragbarer Krankheiten, der Umwelthygiene sowie die Erstellung und Erläuterung von Gutachten für Gerichte und Staatsanwaltschaft über Fragen, die die Dienstaufgaben betreffen.
Nach dem ÖGDG sowie der Verordnung des Wissenschaftsministeriums über Aufgaben der Universitäten im medizinischen Bereich vom 9. Juli 1991 (GBl. 1991, 496) nehmen das Institut für Medizinische Mikrobiologie und Hygiene der Universität Freiburg das Department für Infektiologie der Universität Heidelberg und das Institut für Medizinische Mikrobiologie und Hygiene der Universität Tübingen die Aufgaben eines Medizinaluntersuchungsamtes wahr. Die Zuständigkeit ist jeweils auf den Stadt- und Landkreis des Sitzes der Universität beschränkt, für die Universität Tübingen erstreckt sie sich zusätzlich auf den Landkreis Reutlingen.

Gemeinsame Einrichtung des Landes Baden-Württemberg mit anderen Bundesländern:

4 Zentralstelle der Länder für Gesundheitsschutz bei Arzneimitteln und Medizinprodukten (ZLG)

53119 Bonn, Heinrich-Böll-Ring 10; Tel. (02 28) 9 77 94-0; Fax (02 28) 9 77 94-44; E-Mail: zlg@zlg.nrw.de; http://www.zlg.de

Staatsrechtliche Grundlage und Aufgabenkreis:
Abkommen der Länder über die Zentralstelle der Länder für Gesundheitsschutz bei Medizinprodukten vom 18. Oktober 1994 (GVBl NW Nr. 76 vom 22. November 1994); zuletzt geändert durch das Abkommen vom 5. Juli 2012 (GV. NRW. Ausgabe 2012 Nr. 17 vom 24. Juli 2012), in Kraft getreten am 1. April 2013.
Die ZLG nimmt Aufgaben der Länder im Medizinprodukte- und Arzneimittelbereich wahr.
Die ZLG vollzieht im Bereich der Medizinprodukte die Aufgaben der Länder im Dritten Abschnitt des Gesetzes über Medizinprodukte (MPG) und die Aufgaben der Befugnis erteilenden Behörde im Gesetz über die Akkreditierungsstelle (AkkStelleG). Der ZLG obliegen insbesondere folgende Aufgaben:

– Benennung und Überwachung der Benannten Stellen,
– Anerkennung und Überwachung von Prüflaboratorien,
– Benennung und Überwachung von Konformitätsbewertungsstellen für Drittstaaten,
– Begutachtung und Überwachung im Rahmen von Akkreditierungsverfahren,
– Mitwirkung im Akkreditierungsausschuss.

Die ZLG ist Geschäftsstelle für den Erfahrungsaustausch der anerkannten Laboratorien und Benannten Stellen. Sie nimmt teil am Erfahrungsaustausch auf der Ebene der Europäischen Union und an Konsultationen im Rahmen der Drittstaaten-Abkommen und arbeitet an vertrauensbildenden Maßnahmen und in Arbeitsgruppen der Gemischten Ausschüsse mit.
Die ZLG ist zentrale Koordinierungsstelle für die Medizinprodukteüberwachung und für die sich aus der Verordnung (EG) 765/2008 ergebenden Aufgaben der Länder im Bereich der Marktüberwachung. Ihr obliegen insbesondere folgende Aufgaben:

– Koordinierung der Weiterentwicklung des Qualitätssicherungssystems der Medizinprodukteüberwachung,
– Koordinierung von Schwerpunkten für die Überwachung auf Veranlassung der Europäischen Union,
– Koordinierung der Erstellung und Aktualisierung des sektorspezifischen Marktüberwachungsprogramms für Medizinprodukte,
– nationale Kontaktstelle im Rahmen der Marktüberwachung zur Koordinierung des Informationsaustausches zu den Marktüberwachungsbehörden der anderen Mitgliedstaaten, der Europäischen Kommission und Drittstaaten,
– Prüfung von Medizinprodukteangeboten und von -werbung im Internet sowie die Bereitstellung entsprechenden speziellen Sachverstandes.

Die ZLG ist zentrale Koordinierungsstelle für den Arzneimittelbereich, ihr obliegen insbesondere folgende Aufgaben:

– Pflege und Mitwirkung bei der Weiterentwicklung des Qualitätsmanagementsystems der Behörden der Länder sowie aktive Beteiligung daran im Rahmen der Allgemeinen Verwaltungsvorschrift zur Durchführung des Arzneimittelgesetzes,
– Mitwirkung bei der Vertretung der Länder auf europäischer und internationaler Ebene zu Fragen der Arzneimittelüberwachung und -untersuchung einschließlich des Internethandels sowie der Bekämpfung von Arzneimittelfälschungen,
– Sammlung, Aufbereitung und Bereitstellung von aktuellen Informationen zu nationalen, europäischen und internationalen Entwicklungen im Arzneimittelbereich einschließlich der Bereitstellung und Pflege eines Internetauftritts sowie der Sammlung von Entscheidungen zur Zulassungs- oder Registrierungspflicht,

- zentraler Informationsaustausch als nationale Kontaktstelle mit europäischen Überwachungseinrichtungen, solchen staatlichen Stellen, mit denen eine gegenseitige Anerkennung von pharmazeutischen Inspektionen vereinbart ist, und Behörden weiterer Drittstaaten,
- Koordinierung und fachliche Unterstützung von Gremien und Expertenfachgruppen,
- Prüfung von Arzneimittelangeboten und von Arzneimittelwerbung im Internet sowie die Bereitstellung entsprechenden speziellen Sachverstandes,
- Koordinierung von länderübergreifenden Maßnahmen und von Inspektionen im zentralen Zulassungsverfahren,
- Koordinierung der Aktivitäten der Arzneimitteluntersuchungsstellen der Länder einschließlich deren Berichterstattung und Koordinierung des zentralen Probenzugs von Arzneimitteln im Auftrag des Europäischen Direktorates für die Qualität von Arzneimitteln,
- Aufbereitung von Informationen und Entscheidungen von länderübergreifender Relevanz und Koordinierung einer abgestimmten Haltung für nationale, europäische und internationale Gremien, Behörden und sonstige Akteure,
- Mitwirkung bei der Beobachtung, Sammlung und Auswertung von Arzneimittelrisiken einschließlich Koordinierung der erforderlichen Maßnahmen zur Gewährleistung der Arzneimittelsicherheit auch beim grenzüberschreitenden Verkehr mit Arzneimitteln, Wirkstoffen und anderen Stoffen mit pharmakologischer Wirkung.

Leiter: Dr. Rainer Edelhäuser

Abt Medizinprodukte
Leiter: Dr. Ulrich Poos, Tel. -20

Abt Arzneimittel
Leiter: Helge Appelius, Tel. -30

Der Rechtsaufsicht des Ministeriums für Soziales, Gesundheit und Integration unterstehen die nachfolgenden Körperschaften und Anstalten des öffentlichen Rechts:

5 Deutsche Rentenversicherung Baden-Württemberg

– Körperschaft des öffentlichen Rechts –

76135 Karlsruhe, Gartenstr. 105; Tel. (07 21) 8 25-0; Fax (07 21) 8 25-2 12 29;
E-Mail: post@drv-bw.de;
http://www.deutsche-rentenversicherung-bw.de

Rechtliche Grundlage und Aufgabenkreis:
Sozialgesetzbuch. Verordnungen (EWG) 1408/71 und 574/72, Abkommen zwischen der Europäischen Gemeinschaft und ihren Mitgliedsstaaten einerseits und der schweizerischen Eidgenossenschaft andererseits über die Freizügigkeit (AüF), Deutsch-schweizerisches Sozialversicherungsabkommen, Deutsch-liechtensteinisches Sozialversicherungsabkommen, Abkommen zwischen Deutschland, Liechtenstein, Österreich und der Schweiz.
Regionalträger der gesetzlichen Rentenversicherung nach § 29 Sozialgesetzbuch IV in Verbindung mit § 23 Sozialgesetzbuch I für das Land Baden-Württemberg. Beitrags-, Versicherungs- und Rentenangelegenheiten der zugeordneten Versicherten einschließlich medizinischer Rehabilitation, Leistungen zur Teilhabe am Arbeitsleben und andere Leistungen zur Erhaltung, Besserung und Wiederherstellung der Erwerbsfähigkeit. Verbindungsstelle zu Griechenland, Zypern, Schweiz und Liechtenstein, wenn die Zuständigkeit zu einem Regionalträger gegeben ist.
Vorsitzender der Vertreterversammlung: Uwe Hildebrandt; Hans-Michael Diwisch (im jährlichen Wechsel)
Vorsitzende des Vorstandes: Martin Kunzmann; Joachim Kienzle (im jährlichen Wechsel)
Vorsitzender der Geschäftsführung: Andreas Schwarz, Erster Direktor

6 Heilberufskammern

Rechtliche Grundlage und Aufgabenkreis:
Gesetz über das Berufsrecht und die Kammern der Ärzte, Zahnärzte, Tierärzte, Apotheker, Psychologischen Psychotherapeuten sowie der Kinder- und Jugendlichenpsychotherapeuten (Heilberufe-Kammergesetz – HBKG) in der Fassung vom 16. März 1995 (GBl. S. 314), zuletzt geändert durch Artikel 2 des Gesetzes zur Änderung des Landespflegegesetzes und anderer berufsrechtlicher Vorschriften vom 15. Juni 2010 (GBl. S. 427, 431).
Die Aufgabe der Kammer ist die Vertretung und Förderung der Berufsinteressen, die Überwachung der Erfüllung der Berufspflichten, die Weiter- und Fortbildung der Kammermitglieder, die Förderung ihrer Ausbildung, die Qualitätssicherung sowie die Regelung der Mitwirkung der Kammermitglieder an der Sicherung der Qualität ihrer beruflichen Leistung. Sie hat ferner zur Aufgabe, auf ein gedeihliches Verhältnis der Kammermitglieder untereinander und Kooperation mit Angehörigen anderer Berufe hinzuwirken. Zu ihren Aufgaben gehört neben der Mitwirkung bei der Förderung und dem Schutz der Gesundheit der Bevölkerung und der Beratung von zuständigen Behörden und Verwaltung auch die Förderung der Aus- und Fortbildung der bei den Kammermitgliedern beschäftigten Angehörigen der Helferberufe sowie die Ausgabe der elektronischen Heilberufsausweise an ihre Mitglieder.

Landesärztekammer Baden-Württemberg
– Körperschaft des öffentlichen Rechts –
70597 Stuttgart, Jahnstr. 40; Tel. (07 11) 7 69 89-0; Fax (07 11) 7 69 89 50; E-Mail: info@laek-bw.de; http://www.aerztekammer-bw.de
Präsident: Dr. med. Wolfgang Miller

Landeszahnärztekammer Baden-Württemberg
– Körperschaft des öffentlichen Rechts –
70567 Stuttgart, Albstadtweg 9; Tel. (07 11) 2 28 45-0; Fax (07 11) 2 28 45-40;
E-Mail: info@lzk-bw.de; http://www.lzk-bw.de
Präsident: Torsten Tomppert
Direktor: Axel Maag, RA

Landesapothekerkammer Baden-Württemberg
– Körperschaft des öffentlichen Rechts –
70190 Stuttgart, Villastr. 1; Tel. (07 11) 9 93 47-0; Fax (07 11) 9 93 47-42 und 9 93 47-43;
E-Mail: info@lak-bw.de; http://www.lak-bw.de
Präsident: Dr. Günther Hanke
Geschäftsführer: Dr. Karsten Diers

Landespsychotherapeutenkammer Baden-Württemberg
– Körperschaft des öffentlichen Rechts –
70174 Stuttgart, Jägerstr. 40; Tel. (07 11) 67 44 70-0; Fax (07 11) 67 44 70-15;
E-Mail: info@lpk-bw.de; http://www.lpk-bw.de
Präsident: Dipl.-Psych. Dr. Dietrich Munz
Geschäftsführer: Dipl.-Betr.wirt (BA), Dipl.-Diakoniewissenschaftler Christian Dietrich

Landestierärztekammer Baden-Württemberg
Nähere Angaben hierzu auf S. 98.

7 Kassenärztliche Vereinigung Baden-Württemberg

– Körperschaft des öffentlichen Rechts –

70567 Stuttgart, Albstadtweg 11; Tel. (07 11) 78 75-0; Fax (07 11) 78 75-32 74;
E-Mail: info@kvbawue.de; http://www.kvbawue.de

Rechtliche Grundlage und Aufgabenkreis:
§§ 72 ff. Sozialgesetzbuch V (SGB V).
Zur Erfüllung der Aufgaben der vertragsärztlichen Versorgung bilden die Vertragsärzte jedes Landes Kassenärztliche Vereinigungen.
Aufgabenkreis nach § 75 SGB V:
– Sicherstellung einer bedarfsgerechten und gleichmäßigen Versorgung der Versicherten und ihrer Familienangehörigen; dazu gehört auch die ausreichende Notfallversorgung,
– Gewährleistung einer ordnungsgemäßen Erbringung der vertragsärztlichen Leistungen gegenüber den Krankenkassen,
– Wahrnehmung der Rechte ihrer Mitglieder gegenüber den Krankenkassen, einschließlich der Kompetenz für die Aushandlung von Verträgen mit den Krankenkassen,
– Verteilung der Gesamtvergütung unter den Vertragsärzten.

Vorsitzender: Dr. med. Norbert Metke

Bezirksdirektionen der Kassenärztlichen Vereinigung:

Bezirksdirektion Freiburg
79114 Freiburg, Sundgauallee 27; Tel. (07 61) 8 84-0; Fax (07 61) 8 84-41 45;
E-Mail: bdfreiburg@kvbawue.de;
http://www.kvbawue.de

Bezirksdirektion Karlsruhe
76185 Karlsruhe, Keßlerstr. 1; Tel. (07 21) 59 61-0; Fax (07 21) 59 61-12 90;
E-Mail: bdkarlsruhe@kvbawue.de;
http://www.kvbawue.de

Bezirksdirektion Reutlingen
72770 Reutlingen, Haldenhaustr. 11; Tel. (0 71 21) 9 17-0; Fax (0 71 21) 9 17-21 00;
E-Mail: bdreutlingen@kvbawue.de;
http://www.kvbawue.de

Bezirksdirektion Stuttgart
70567 Stuttgart, Albstadtweg 11; Tel. (07 11) 78 75-0; Fax (07 11) 78 75-32 74;
E-Mail: bdstuttgart@kvbawue.de;
http://www.kvbawue.de

8 Kassenzahnärztliche Vereinigung Baden-Württemberg

– Körperschaft des öffentlichen Rechts –

70567 Stuttgart, Albstadtweg 9; Tel. (07 11) 78 77-0; Fax (07 11) 78 77-2 64;
E-Mail: info@kzvbw.de; http://www.kzvbw.de

Rechtliche Grundlage und Aufgabenkreis:
§§ 72 ff. Sozialgesetzbuch V (SGB V).
Zur Erfüllung der Aufgaben der vertragszahnärztlichen Versorgung bilden die Vertragszahnärzte jedes Landes Kassenzahnärztliche Vereinigungen.
Aufgabenkreis nach § 75 SGB V:
– Sicherstellung einer bedarfsgerechten und gleichmäßigen Versorgung der Versicherten und ihrer Familienangehörigen,
– Gewährleistung einer ordnungsgemäßen Erbringung der vertragszahnärztlichen Leistungen gegenüber den Krankenkassen, insbesondere Wirtschaftlichkeitsprüfung der Behandlungs- und Verordnungsweise,
– Wahrnehmung der Rechte ihrer Mitglieder gegenüber den Krankenkassen, einschließlich der Kompetenz für die Aushandlung von Verträgen mit den Krankenkassen,
– Verteilung der Gesamtvergütung unter die Vertragszahnärzte.

Vorsitzende: Dr. Ute Maier
Stellvertretende Vorsitzende: Dipl.-Volksw. Christoph Besters; Ass. jur. Christian Finster

Bezirksdirektionen der Kassenzahnärztlichen Vereinigung:

Bezirksdirektion Freiburg
79100 Freiburg, Merzhauser Str. 114-116; Tel. (07 61) 45 06-0; Fax (07 61) 45 06-4 00; E-Mail: bd-freiburg@kzvbw.de

Bezirksdirektion Karlsruhe
68167 Mannheim, Joseph-Meyer-Str. 8-10; Tel. (06 21) 3 80 00-0; Fax (06 21) 3 80 00-1 00; E-Mail: bd-karlsruhe@kzvbw.de

Bezirksdirektion Stuttgart
70567 Stuttgart, Engstlatter Weg 14; Tel. (07 11) 78 77-0; Fax (07 11) 78 77-2 65; E-Mail: bd-stuttgart@kzvbw.de

Bezirksdirektion Tübingen
72072 Tübingen, Bismarckstr. 96; Tel. (0 70 71) 9 11-0; Fax (0 70 71) 9 11-131/-132; E-Mail: bd-tuebingen@kzvbw.de

9 AOK Baden-Württemberg

– Körperschaft des öffentlichen Rechts –

70191 Stuttgart, Presselstr. 19; Tel. (07 11) 25 93-0; Fax (07 11) 25 93-1 00; E-Mail: info@bw.aok.de; http://www.aok_bw.de

Rechtliche Grundlage und Aufgabenkreis:
Die AOK Baden-Württemberg ist eine Körperschaft des öffentlichen Rechts mit paritätischer Selbstverwaltung von Versicherten- und Arbeitgebervertretern. Die AOK Baden-Württemberg versichert rund 4,1 Millionen Menschen im Land und zahlt mehr als 14 Milliarden Euro pro Jahr an Leistungen in der Kranken- und Pflegeversicherung.
Vorsitzende des Verwaltungsrates: Monika Lersmacher; Peer-Michael Dick (im jährlichen Wechsel)
Vorsitzender des Vorstandes: Johannes Bauernfeind
Stellvertretender Vorsitzender: Alexander Stütz

10 BKK Landesverband Süd

– Körperschaft des öffentlichen Rechts –

70806 Kornwestheim, Stuttgarter Str. 105; Tel. (0 71 54) 13 16-0; Fax (0 71 54) 13 16-96 00; E-Mail: info@bkk-sued.de; http://www.bkk-sued.de

Rechtliche Grundlage:
Der BKK Landesverband Süd ist entsprechend § 207 SGB V der Dachverband von 26 Betriebskrankenkassen mit Sitz in Baden-Württemberg und Hessen. Er nimmt die ihm gesetzlich zugewiesenen Aufgaben wahr und unterstützt die Betriebskrankenkassen gemäß § 211 SGB V sowie andere Partner im Gesundheitswesen gezielt und individuell.
Vorstand: Jacqueline Kühne
Verwaltungsrat (Alternierende Vorsitzende): Dietrich von Reyher; Andreas Strobel

11 Medizinischer Dienst Baden-Württemberg

– Körperschaft des öffentlichen Rechts –

77933 Lahr, Ahornweg 2; Tel. (0 78 21) 9 38-0; Fax (0 78 21) 9 38-12 00; E-Mail: info@md-bw.de; http://www.md-bw.de

Aufgabenkreis:
Der Medizinische Dienst (MD) Baden-Württemberg ist der fachlich unabhängige und organisatorisch selbstständige sozialmedizinische Beratungs- und Begutachtungsdienst der gesetzlichen Kranken- und Pflegeversicherung in Baden-Württemberg. Er wird als Arbeitsgemeinschaft von den Landesverbänden der Krankenkassen und den Verbänden der Ersatzkassen getragen. Seine rechtlichen Grundlagen finden sich im SGB V und SGB XI.
Alternierende Verwaltungsratsvorsitzende: Hubert Seiter; Irene Gölz
Vorstandsvorsitzender: Erik Scherb

12 Berufsständische Versorgungswerke

Rechtliche Grundlage:
Die Berufsständischen Versorgungswerke sind Teil des historisch gewachsenen und gegliederten Sozialsystem, dessen Zweig der Alterssicherung auf „drei Säulen" basiert:
– Rentenversicherung/Beamtenversorgung,
– betriebliche Altersversorgung und
– private Lebensversicherung.
In ihrer sozialen Funktion sind die berufständischen Versorgungswerke am ehesten mit der gesetzlichen Rentenversicherung und der Beamtenversorgung zu vergleichen. Sie werden daher auch der 1. Säule des Altersversorgungssystems zugerechnet.
Die Länder haben von ihrer Gesetzgebungskompetenz Gebrauch gemacht und die rechtlichen Voraussetzungen für die Errichtung von Versorgungswerken der verkammerten freien Berufe geschaffen. Aufgabe der Versorgungswerke ist es, ihren Teilnehmern und deren Hinterbliebenen Versorgung, insbesondere nach den satzungsmäßigen Bestimmungen, zu gewähren. Die Versorgungswerke unterliegen der Rechtsaufsicht der Länder.
Im Gesundheitsbereich bestehen für die Berufsangehörigen von verkammerten freien Berufen folgende Versorgungswerke:

12.1 Baden-Württembergische Versorgungsanstalt für Ärzte, Zahnärzte und Tierärzte

– Anstalt des öffentlichen Rechts –

72074 Tübingen, Gartenstr. 63; Tel. (0 70 71) 2 01-0; Fax (0 70 71) 2 69 34; E-Mail: info@bwva.de; http://www.bwva.de

Aufgabenkreis:
Ihre Aufgabe ist es, den Teilnehmern und ihren Hinterbliebenen im Falle der Berufsunfähigkeit, des Alters und des Todes Versorgung nach den Bestimmungen des Gesetzes über die Versorgungsanstalt und der Satzung zu gewähren
Präsidentin: Dr. med. dent. Eva Hemberger
Geschäftsführer: Markus Spitta, Dir

12.2 Bayerische Apothekerversorgung

– Anstalt des öffentlichen Rechts –

81921 München, Arabellastr. 31; Tel. (0 89) 92 35-6 ; Fax (0 89) 92 35-70 41;
E-Mail: bapv@versorgungskammer.de;
http://www.bapv.de

Rechtliche Grundlage und Aufgabenkreis:
Staatsvertrag vom 5. Mai 1978 über die Zuständigkeit der Apotheker, Apothekerassistenten und Pharmaziepraktikanten des Landes Baden-Württemberg zur Bayerischen Apothekerversorgung (BGBl. S. 307), zuletzt geändert durch den Staatsvertrag vom 30. Mai 2005 und 17. Juni 2005 (GBl. S. 19 und 129). Das Land Baden-Württemberg wirkt insbesondere bei der Wahrnehmung der Rechtsaufsicht mit.
Versorgungseinrichtung auch für die baden-württembergischen Apotheker und Pharmaziepraktikanten.

13 Zentren für Psychiatrie

– Anstalten des öffentlichen Rechts –

Rechtliche Grundlage und Aufgabenkreis:
Gesetz zur Errichtung der Zentren für Psychiatrie vom 3. Juli 1995 (GBl. S. 510), zuletzt geändert am 3. Dezember 2008 (GBl. S. 429). Die Zentren für Psychiatrie sind rechtsfähige Anstalten des öffentlichen Rechts und wurden anstelle der bisherigen Landesbetriebe errichtet.
Die Zentren für Psychiatrie erfüllen Aufgaben der vollstationären, teilstationären und ambulanten Krankenversorgung in den Fachgebieten Psychiatrie und Psychotherapie, Neurologie, Psychosomatische Medizin und Psychotherapie, Psychiatrie und Psychotherapie des Kindes- und Jugendalters und in angrenzenden Fachgebieten. Die Krankenbehandlung umfasst präventive, kurative und rehabilitative Maßnahmen. Die Zentren für Psychiatrie sind wichtiger Bestandteil der regionalen Versorgungsstrukturen für psychische und psychosomatische Erkrankungen. Sie beteiligen sich am Aufbau des gemeindepsychiatrischen Verbundes und des kommunalen Suchthilfenetzwerks sowie vergleichbarer Verbundsysteme zur Vernetzung von Einrichtungen im Versorgungsbereich. Die Zentren für Psychiatrie können weitere Aufgaben übernehmen, sofern sie in einem Zusammenhang mit ihren Aufgaben stehen.
Die Zentren für Psychiatrie erfüllen Aufgaben im Bereich der Pflege von Menschen mit psychischen und psychosomatischen Erkrankungen, soweit ein Versorgungszusammenhang mit den vorstehenden Aufgaben besteht. Bei der Aufgabenerfüllung ist die Vielfalt der Träger zu beachten.
Die Zentren für Psychiatrie fördern die Teilhabe von Menschen mit psychischen Erkrankungen und seelischen Behinderungen am gesellschaftlichen Leben und fördern insbesondere deren soziale, berufliche und medizinische Rehabilitation. Zur Erfüllung dieser Aufgaben können die Zentren für Psychiatrie stationäre, teilstationäre und ambulante Einrichtungen für behinderte Menschen betreiben und sich an sonstigen Hilfs-, Beratungs- und Versorgungsangeboten für den betroffenen Personenkreis beteiligen. Bei der Aufgabenerfüllung ist die Vielfalt der Träger zu beachten.
Die Zentren für Psychiatrie nehmen als anerkannte Einrichtung Aufgaben im Sinne des Gesetzes über die Unterbringung psychisch Kranker wahr.
Die Zentren für Psychiatrie nehmen Aufgaben der Aus-, Fort- und Weiterbildung wahr. Dazu betreiben sie insbesondere Schulen für Gesundheits- und Krankenpflege. Sie sind Weiterbildungsstätte für die Facharztweiterbildung im Rahmen des ärztlichen Berufsrechts. Sie nehmen Aufgaben in Forschung und Lehre in Zusammenarbeit mit Universitäten und Hochschulen wahr.
Sechs Zentren für Psychiatrie vollziehen die freiheitsentziehenden Maßregeln der Besserung und Sicherung in einem psychiatrischen Krankenhaus oder in einer Entziehungsanstalt, soweit nicht das Ministerium für Soziales, Gesundheit und Integration im Einzelfall etwas anderes bestimmt.
Die Zentren für Psychiatrie können eine forensische Ambulanz nach § 68a des Strafgesetzbuchs betreiben.
Zur Erfüllung ihrer Aufgaben können sich die Zentren für Psychiatrie Dritter bedienen, Unternehmen gründen und sich an fremden Unternehmen beteiligen. Die Zentren für Psychiatrie können ferner alle Geschäfte betreiben, die unmittelbar der Erfüllung ihrer Aufgaben dienen.
Die Zentren für Psychiatrie führen in medizinischen und ökonomischen Bereichen eine fortlaufende zentrumsübergreifende Koordinierung mit den anderen Zentren für Psychiatrie durch. Die Koordinierung schließt eine gemeinsame und gruppenbezogene Namensführung der Zentren für Psychiatrie ein.

Zentrum für Psychiatrie Südwürttemberg
– Anstalt des öffentlichen Rechts –
88427 Bad Schussenried, Pfarrer-Leube-Str. 29;
Tel. (0 75 83) 33-0; Fax (0 75 83) 33 12 01;
E-Mail: info@zfp-zentrum.de;
http://www.zfp-web.de
Ärztlicher Direktor: Dr. Michael Hölzer
Heimleitung: Martina Nunnenmacher
Betriebsdirektorin: Karin Wochner
Pflegedirektorin: Ilona Herter
Geschäftsführer: Dr. Dieter Grupp

**Klinikum Nordschwarzwald
Zentrum für Psychiatrie Calw**
– Anstalt des öffentlichen Rechts –
75365 Calw, Lützenhardter Hof; Tel. (0 70 51) 5 86-0; Fax (0 70 51) 5 86-27 00;
E-Mail: info@kn-calw.de; http://www.kn-calw.de
Geschäftsführer: Michael Eichhorst
Medizinischer Direktor Krankenhaus: Dr. Gunther Essinger
Medizinischer Direktor Forensik: Matthias Wagner
Betriebsdirektor: Jürgen Barschbach
Pflegedirektor: Dirk Heller

Zentrum für Psychiatrie Emmendingen
– Anstalt des öffentlichen Rechts –
79312 Emmendingen, Neubronnstr. 25; Tel. (0 76 41) 4 61-0; Fax (0 76 41) 4 61-29 01;
E-Mail: info@zfp-emmendingen.de; http://www.zfp-emmendingen.de
Geschäftsführer: Michael Eichhorst
Betriebsdirektor: Gerhard Albiez
Medizinischer Direktor Krankenhaus: Albrecht Schwink
Medizinischer Direktor Forensische Psychiatrie: Dr. med. Ralf Zehnle
Pflegedirektor: Jeton Himaj
Heimdirektor: Heiko Wiemer

Zentrum für Psychiatrie Reichenau
– Anstalt des öffentlichen Rechts –
78479 Reichenau, Feursteinstr. 55; Tel. (0 75 31) 9 77-0; Fax (0 75 31) 9 77-5 70;
E-Mail: info@zfp-reichenau.de; http://www.zfp-reichenau.de
Geschäftsführer: Dr. Dieter Grupp
Medizinischer Direktor Krankenhaus: Prof. Dr. Dr. Uwe Herwig
Medizinischer Direktor MRV: Prof. Dr. Klaus Hoffmann
Betriebsdirektor: Jochen Reutter
Pflegedirektorin: Angela Häusling

Klinikum am Weissenhof Weinsberg
– Anstalt des öffentlichen Rechts –
74189 Weinsberg, Weissenhof; Tel. (0 71 34) 75-0; Fax (0 71 34) 75-41 90;
E-Mail: info@klinikum-weissenhof.de; http://www.klinikum-weissenhof.de
Ärztlicher Direktor: Dr. Matthias Michel
Kaufmännischer Direktor: Andreas Breitmayer
Pflegedirektorin: Birgit Karl
Geschäftsführerin: Anett Rose-Losert

Psychiatrisches Zentrum Nordbaden Zentrum für Psychiatrie Wiesloch
– Anstalt des öffentlichen Rechts –
69168 Wiesloch, Heidelberger Str. 1 a; Tel. (0 62 22) 55-0; Fax (0 62 22) 55-24 84;
E-Mail: info@pzn-wiesloch.de; http://www.pzn-wiesloch.de
Ärztliche Direktorin: Dr. Jutta Kammerer-Ciernioch
Kaufmännischer Direktor: Vincent Karfus
Pflegedirektor: Walter Reiß

Geschäftsführerin: Anett Rose-Losert
Heimleiter: Frank Morawietz

Klinikum Schloß Winnenden
– Zentrum für Psychiatrie Winnenden –
71364 Winnenden, Schloßstr. 50; Tel. (0 71 95) 9 00-0; Fax (0 71 95) 9 00-10 00;
E-Mail: info@zfp-winnenden.de; http://www.zfp-winnenden.de
Ärztliche Direktorin: Dr. Marianne Klein
Kaufmännischer Direktor: Bernd Czerny
Pflegedirektor: Klaus Kaiser
Geschäftsführerin: Anett Rose-Losert

14 Sozialversicherung für Landwirtschaft, Forsten und Gartenbau (SVLFG)

– Körperschaft des öffentlichen Rechts –

Hauptverwaltung Kassel
34131 Kassel, Weißensteinstr. 70-72; Tel. (05 61) 93 59-0; Fax (05 61) 93 59-2 17;
E-Mail: poststelle@svlfg.de; http://www.svlfg.de

Vorstandsvorsitzender: Arnd Spahn
Stellv. Vorstandsvorsitzende: Martin Empl; Walter Heidl
Geschäftsführung: Claudia Lex; Reinhold Knittel; Gerhard Sehnert
Pressesprecher: Dr. Erich Koch

Geschäftsstelle Stuttgart
70199 Stuttgart, Vogelrainstr. 25; Tel. (07 11) 9 66-0; Fax (07 11) 9 66-21 40;
E-Mail: poststelle@svlfg.de; http://www.lsv.de/bw

15 Unfallkasse Baden-Württemberg

– Körperschaft des öffentlichen Rechts –

Hauptsitz:
70329 Stuttgart, Augsburger Str. 700; Tel. (07 11) 93 21-0; Fax (07 11) 93 21-95 00;
E-Mail: info@ukbw.de; http://www.ukbw.de

Aufgabenkreis:
Die Unfallkasse ist Träger der gesetzlichen Unfallversicherung im Landesbereich für die in § 128 Abs. 1 und 4 Siebtes Buch Sozialgesetzbuch genannten Unternehmen und Versicherten. Sie hat mit allen geeigneten Mitteln Arbeitsunfälle und Berufskrankheiten sowie arbeitsbedingte Gesundheitsgefahren zu verhüten und nach Eintritt von Arbeitsunfällen oder Berufskrankheiten die Gesundheit und Leistungsfähigkeit der Versicherten wiederherzustellen und sie oder ihre Hinterbliebenen durch Geldleistungen zu entschädigen.
Vorstandsvorsitzende: Dagmar Schorsch-Brandt
Vorsitzender der Vertreterversammlung: Klaus Demal
Geschäftsführerin: Tanja Hund

Sitz:
76131 **Karlsruhe**, Waldhornplatz 1; Tel. (07 11) 93 21-0; Fax (07 11) 93 21-95 00;
E-Mail: info@ukbw.de; http://www.ukbw.de

16 Berufsgenossenschaft der Bauwirtschaft

Dienstleistungszentrum Böblingen

– Körperschaft des öffentlichen Rechts –
71032 **Böblingen**, Friedrich-Gerstlacher-Str. 15; Tel. (0 70 31) 6 25-0; Fax (0 70 31) 62 51 00; E-Mail: info@bgbau.de; http://www.bgbau.de

Aufgabenkreis:
Gesetzliche Unfallversicherung.

17 Stadt- und Landkreise für bestimmte Bereiche des Zweiten Buches Sozialgesetzbuch sowie über die Arbeitsgemeinschaften und die sogenannten Optionskreise nach dem Zweiten Buch Sozialgesetzbuch

Nähere Angaben hierzu siehe Abschnitt d I „Die Stadtkreise" und „Die Landkreise" auf den Seiten 191 und 196.

X Ministerium für Wissenschaft, Forschung und Kunst Baden-Württemberg (MWK)

70173 **Stuttgart**, Königstr. 46; Tel. (07 11) 2 79-0; Fax (07 11) 2 79-30 80;
E-Mail: poststelle@mwk.bwl.de;
http://www.mwk.baden-wuerttemberg.de

Aufgabenkreis:
Die Aufgaben des Ministeriums für Wissenschaft, Forschung und Kunst sind in der Bekanntmachung der Landesregierung über die Abgrenzung der Geschäftsbereiche der Ministerien vom 24. Juli 2001 (GBl. S. 590), zuletzt geändert durch die Bekanntmachung der Landesregierung vom 15. Juli 2021 (GBl. S. 606), wie folgt festgelegt:

– Hochschulwesen, Förderung von Forschung und Lehre, insbesondere
  – Universitäten einschließlich Universitätskliniken;
  – Pädagogische Hochschulen;
  – Hochschulen für angewandte Wissenschaften;
  – Studieninformation und Studienberatung;
  – Fernstudien;
  – studentische Angelegenheiten einschließlich Ausbildungsförderung;
  – überregionale und internationale kulturelle Angelegenheiten;
– Duale Hochschule Baden-Württemberg;
– wissenschaftliche Einrichtungen außerhalb des Hochschulbereichs, wissenschaftliche Weiterbildung;
– wissenschaftliche Bibliotheken, öffentliches Bibliothekswesen;
– Archivwesen;
– Kunst- und Musikhochschulen sowie die Akademien für Film, Pop und Darstellende Kunst;
– Pflege der Kunst, insbesondere der Theater, der Musik, der Museen, der bildenden Kunst, des Schrifttums und der nichtstaatlichen Archive, Künstlerförderung, kulturelle Belange des Verlagswesens;
– Filmförderung, Medienstandort, Medien- und Filmgesellschaft,
– Heimatpflege, Volksmusik und Laienkunst,
– sonstige Angelegenheiten im Bereich von Wissenschaft, Forschung und Kunst, soweit nicht ein anderes Ministerium zuständig ist.

Publikationsorgan:
Gemeinsames Amtsblatt des Ministeriums des Innern, für Digitalisierung und Kommunen, des Finanzministeriums, des Wirtschaftsministeriums, des Ministeriums für Ernährung, Ländlichen Raum und Verbraucherschutz, des Sozialministeriums, des Ministeriums für Umwelt, Klima und Energiewirtschaft, des Ministeriums für Wissenschaft, Forschung und Kunst sowie der Regierungspräsidien.

Herausgeber und Verlag:
Staatsanzeiger für Baden-Württemberg GmbH, Postfach 10 43 63, 70038 Stuttgart (Breitscheidstr. 69, 70176 Stuttgart)
Ministerin: Theresia Bauer, MdL

Politische Staatssekretärin: Petra Olschowski
Amtschef: Dr. Hans J. Reiter

Zentralstelle
Büros der Amtsspitze, Politische Koordination, Presse- und Öffentlichkeitsarbeit
Leiter: Gerhard Pitz

Beauftragte für Chancengleichheit Ingrid Hug

Abt 1 Finanzen, Personal, Bauangelegenheiten, Organisation, IT in der Verwaltung
Leiter: NN

Stabsstelle Informationssicherheit und Berichtswesen Eva Pfeifer-Eisenhut
Ref 11: **Haushalt, Finanzen, Kassen- und Rechnungswesen** Hartmut Römpp
Ref 12: **Personal des Ministeriums, Chancengleichheit, Ordensangelegenheiten** Dr. Friederike Kaiser
Ref 13: **Personalangelegenheiten des nachgeordneten Bereichs - Beamten-, Besoldungs-, Disziplinar- und Arbeitsrecht** Dr. Karin Schiller
Ref 14: **Besoldungsrecht, Leistungsbezogene Vergütung, Nebentätigkeitsrecht – Beratung, Compliance, Aufsicht** NN
Ref 15: **Organisation, IT in der Verwaltung** Peter Christe
Ref 16: **Bauangelegenheiten** Kai Bäuerlein

Abt 2 Grundsatzangelegenheiten der Hochschulentwicklung, Internationalisierung, Rechtsangelegenheiten, Studium und Lehre, soziale Betreuung der Studierenden
Leiter: Markus Wiedemann, MinDirig

Ref 21: **Grundsatzangelegenheiten der Hochschulentwicklung, Internationalisierung, Hochschulstatistik, Kapazitätsermittlung** Dr. Frieder Dittmar
Ref 22: **Justiziariat, Hochschulrecht, Hochschulzugang, Hochschulgebühren** Lutz Bölke
Ref 23: **Grundsatzfragen Studium und Lehre, Studienorientierung, Wissenschaftliche Weiterbildung, Akkreditierung** Steffen Walter
Ref 24: **Soziale Betreuung der Studierenden, Studierendenwerke, Ausbildungsförderung, Verfasste Studierendenschaft** NN

Abt 3 Forschung, Technologietransfer, Digitalisierung, Europäische Union
Leiterin: Dr. Simone Schwanitz, MinDirigentin

Ref 31: **Gemeinsame Forschungsförderung, Forschung in Sozial- und Geisteswissenschaften,** **wissenschaftlicher Nachwuchs** Dr. Helmut Messer
Ref 32: **Gemeinsame Forschungsförderung, Forschung in Ingenieurwissenschaften und in der überregionalen Medizin, Technologietransfer, Forschung an Hochschulen für angewandte Wissenschaften und der Dualen Hochschule** Susanne Ahmed
Ref 33: **Forschungs- und Innovationspolitik, Forschung in den Bio- und Naturwissenschaften** Dr. Caroline Liepert
Ref 34: **Digitalisierung, Informationsinfrastrukturen, Forschung im IuK-Bereich** Peter Castellaz
Ref 35: **Europäische Union und grenzüberschreitende Zusammenarbeit** Dr. Hans-Georg Wolf

Abt 4 Hochschulen und Klinika
Leiter: Clemens Benz, MinDirig

Ref 41: **Universitäten** Dr. Justus Lentsch
Ref 42: **Hochschulmedizin** Dr. Carsten Dose
Ref 43: **Pädagogische Hochschulen, Lehrerbildung** Martina Oesterle
Ref 44: **Hochschulen für angewandte Wissenschaften, Duale Hochschule** Simona Dingfelder
Ref 45: **Grundsatzangelegenheiten der wissenschaftlichen Bibliotheken, Urheberrecht** NN

Abt 5 Kunst
Leiterin: Dr. Claudia Rose, MinDirigentin

Ref 51: **Grundsatzangelegenheiten, Theater, Festspiele, Orchester** Christoph Peichl
Ref 52: **Museen und Bildende Kunst** Jutta Ulmer-Straub
Ref 53: **Kunst- und Musikhochschulen, Musikförderung, internationale Kulturbeziehungen, Soziokultur** Dr. Volker Wedekind
Ref 54: **Medien und Film, Kulturgutschutzgesetz** NN
Ref 55: **Kulturbauten, Breitenkultur, Literatur, Archive, Landesbibliotheken** Andreas Schüle

Zum Geschäftsbereich des Ministeriums für Wissenschaft, Forschung und Kunst gehören:

1 Landesarchiv Baden-Württemberg

70182 Stuttgart, Eugenstr. 7; Tel. (07 11) 2 12-42 72; Fax (07 11) 2 12-42 83;
E-Mail: landesarchiv@la-bw.de;
http://www.landesarchiv-bw.de

Staatsrechtliche Grundlage und Aufgabenkreis:
Gesetz über die Pflege und Nutzung von Archivgut (Landesarchivgesetz – LArchG) vom 27. Juli 1987 (GBl. S. 230), zuletzt geändert durch Artikel 2 des Gesetzes vom 17. Dezember 2015 (GBl. S. 1201, 1205).

Das Landesarchiv Baden-Württemberg ist als Landesoberbehörde im Geschäftsbereich des Ministeriums für Wissenschaft, Forschung und Kunst Baden-Württemberg zuständige Fachbehörde für alle Aufgaben des staatlichen Archivwesens einschließlich der Ausbildung archivischer Fachkräfte im Bundesland Baden-Württemberg. Sitz des Landesarchivs ist Stuttgart. Es besteht aus den Abteilungen Zentrale Dienste mit Institut für Erhaltung von Archiv- und Bibliotheksgut, Archivischer Grundsatz mit Grundbuchzentralarchiv Kornwestheim, Staatsarchiv Freiburg, Generallandesarchiv Karlsruhe, Staatsarchiv Ludwigsburg mit Hohenlohe-Zentralarchiv Neuenstein, Staatsarchiv Sigmaringen, Hauptstaatsarchiv Stuttgart und Staatsarchiv Wertheim.

Das Landesarchiv erfasst, übernimmt, verwahrt, erhält und erschließt als Archivgut alle Unterlagen, die von den Behörden, Gerichten und sonstigen Stellen des Landes, deren Funktionsvorgängern oder von Rechtsvorgängern des Landes übernommen worden sind und die bleibenden Wert haben. Zum Archivgut gehört auch die historische Überlieferung des Bundeslandes Baden-Württemberg seit 1952 und die Überlieferung der Vorgängerterritorien seit dem Mittelalter. Diese reichten zum Teil über das Gebiet des heutigen Baden-Württembergs hinaus. Das Landesarchiv macht als landeskundliches Kompetenzzentrum das Archivgut allgemein nutzbar und wertet es aus. Dies erfolgt auch über ein umfassendes Online-Angebot, zu dem u.a. das Informationssystem „LEO-BW – Landeskunde Entdecken Online" (http://www.leo-bw.de) gehört. Darüber hinaus ist das Landesarchiv Teil der Informations- und Forschungsinfrastruktur des Landes. Es wirkt als außeruniversitäre wissenschaftliche Einrichtung an der auf das Archivgut und das Land Baden-Württemberg bezogenen Forschung und historisch-politischen Bildung mit und führt archiv- und informationswissenschaftliche Forschungsprojekte durch.

Präsident: Prof. Dr. Gerald Maier
Stellvertreter: Dr. Clemens Rehm

Abt 1 Zentrale Dienste
70182 Stuttgart, Eugenstr. 7; Tel. (07 11) 2 12-42 72; Fax (07 11) 2 12-42 83;
E-Mail: zentraledienste@la-bw.de;
http://www.landesarchiv-bw.de
Leiterin: Carmen Kschonsek, Tel. (07 11) 2 12-42 53
Zuständigkeitsbereich: Finanzen, Personal, Recht, Organisation, Gebäude, Informationstechnologie und digitale Dienste

Außenstelle (der Abteilung 1)
Institut für Erhaltung von Archiv- und Bibliotheksgut
71638 Ludwigsburg, Schillerplatz 11; Tel. (0 71 41) 6 48 54-66 00; Fax (0 71 41) 6 48 54-66 99;
E-Mail: ife@la-bw.de;
http://www.landesarchiv-bw.de
Leiter: Udo Herkert, Tel. (0 71 41) 6 48 54-66 22
Zuständigkeitsbereich: Landesrestaurierungsprogramm, Grundlagen der Reprografie und Mikrografie sowie der Konservierung und Restaurierung im Landesarchiv, Foto- und Restaurierungswerkstätten des Instituts für Erhaltung

Abt 2 Archivischer Grundsatz
70182 Stuttgart, Eugenstr. 7; Tel. (07 11) 2 12-42 72; Fax (07 11) 2 12-42 83;
E-Mail: clemens.rehm@la-bw.de;
http://www.landesarchiv-bw.de
Leiter: Dr. Clemens Rehm, Stellv. Präs, Tel. (07 11) 2 12-42 88
Zuständigkeitsbereich: Koordination der Fachaufgaben, landesweite Fachdienstleistungen, landeskundliches Informationssystem, Aufgaben der Landesoberbehörde für den Denkmalschutz im Archivwesen

Außenstelle Grundbuchzentralarchiv Kornwestheim (der Abteilung 2)
70806 Kornwestheim, Stammheimer Str. 10; Tel. (0 71 54) 1 78 20-5 00; Fax (0 71 54) 1 78 20-5 10;
E-Mail: gbza@la-bw.de;
http://www.landesarchiv-bw.de
Leiter: Michael Aumüller, M. A., Tel. (0 71 54) 1 78 20-5 01
Zuständigkeitsbereich: Grundbuchunterlagen der Grundbuchämter und Notariate in Baden-Württemberg

Abt 3 Staatsarchiv Freiburg
79098 Freiburg, Colombistr. 4; Tel. (07 61) 3 80 60-0; Fax (07 61) 3 80 60-13;
E-Mail: stafreiburg@la-bw.de;
http://www.landesarchiv-bw.de
Leiter: Dr. Christof Strauß, Tel. (07 61) 3 80 60-11
Zuständigkeitsbereich: Zu archivierende Unterlagen der staatlichen Behörden und Gerichte im Regierungsbezirk Freiburg, Archivgut des Landes Baden (1945-1952)

Abt 4 Generallandesarchiv Karlsruhe
76133 Karlsruhe, Nördliche Hildapromenade 3; Tel. (07 21) 9 26-22 06; Fax (07 21) 9 26-22 31;
E-Mail: glakarlsruhe@la-bw.de;
http://www.landesarchiv-bw.de
Leiter: Prof. Dr. Wolfgang Zimmermann, Tel. (07 21) 9 26-22 00
Zuständigkeitsbereich: Zu archivierende Unterlagen der staatlichen Behörden und Gerichte im Regierungsbezirk Karlsruhe, Historisches Archiv für Baden

Abt 5 Staatsarchiv Ludwigsburg
71638 Ludwigsburg, Arsenalplatz 3; Tel. (0 71 41) 6 48 54-63 10; Fax (0 71 41) 6 48 54-63 11;
E-Mail: staludwigsburg@la-bw.de;
http://www.landesarchiv-bw.de
Leiter: Dr. Peter Müller, Tel. (0 71 41) 18-63 24
Zuständigkeitsbereich: Zu archivierende Unterlagen der staatlichen Behörden und Gerichte im Regierungsbezirk Stuttgart, Verschlusssachen-Archiv, Historisches Archiv für das württembergische Franken, Digitales Archivgut

Außenstelle Hohenlohe-Zentralarchiv Neuenstein (der Abteilung 5)
74632 Neuenstein, Schloss; Tel. (0 79 42) 9 47 80-0; Fax (0 79 42) 9 47 80-19;
E-Mail: hzaneuenstein@la-bw.de;
http://www.landesarchiv-bw.de
Leiter: Dr. Ulrich Schludi, Tel. (0 79 42) 9 47 80-12
Zuständigkeitsbereich: Archivalien der ehemaligen Grafschaften, Fürstentümer und Standesherrschaften Hohenlohe und ihrer Nachfolgeverwaltungen

Abt 6 Staatsarchiv Sigmaringen
72488 Sigmaringen, Karlstr. 1 und 3; Tel. (0 75 71) 1 01-5 51; Fax (0 75 71) 1 01-5 52;
E-Mail: stasigmaringen@la-bw.de;
http://www.landesarchiv-bw.de
Leiter: Dr. Franz-Josef Ziwes, Tel. (0 75 71) 1 01-5 54
Zuständigkeitsbereich: Zu archivierende Unterlagen der staatlichen Behörden und Gerichte im Regierungsbezirk Tübingen, Archivgut des Landes Württemberg-Hohenzollern (1945-1952), Historisches Archiv für Hohenzollern

Abt 7 Hauptstaatsarchiv Stuttgart
70173 Stuttgart, Konrad-Adenauer-Str. 4; Tel. (07 11) 2 12-43 35; Fax (07 11) 2 12-43 60;
E-Mail: hstastuttgart@la-bw.de;
http://www.landesarchiv-bw.de
Leiter: Prof. Dr. Peter Rückert, Tel. (07 11) 2 12-43 34
Zuständigkeitsbereich: Zu archivierende Unterlagen der Ministerien, der obersten Landesbehörden und des Verfassungsgerichtshofs, Audiovisuelles Archivgut, Historisches Archiv für Württemberg

Abt 8 Staatsarchiv Wertheim
97877 Wertheim, Bronnbach 19; Tel. (0 93 42) 9 15 92-0; Fax (0 93 42) 9 15 92-30;
E-Mail: stawertheim@la-bw.de;
http://www.landesarchiv-bw.de
Leiterin: Dr. Monika Schaupp, Tel. (0 93 42) 9 15 92-12
Zuständigkeitsbereich: Archivalien der ehemaligen Grafschaft Wertheim und andere regional dorthin gehörende Archivbestände nichtstaatlicher Herkunft. Das Staatsarchiv Wertheim bildet zusammen mit dem Stadtarchiv Wertheim und dem Archiv des Main-Tauber-Kreises den Archivverbund Main-Tauber

2 Bibliotheks- und Büchereiwesen

2.1 Staatliche Bibliotheken

– Unselbstständige Anstalten des öffentlichen Rechts –

Aufgabenkreis:
Den beiden Landesbibliotheken in Stuttgart und Karlsruhe obliegt als universalen und allgemeinen wissenschaftlichen Bibliotheken die Aufgabe der Sammlung und die bibliographische Erschließung und Bereitstellung von Medien mit Landesbezug.

Außerdem stellen sie als wissenschaftliche Universalbibliotheken Medien für Studium sowie die allgemeine und berufliche Weiterbildung zur Verfügung.

Badische Landesbibliothek
76133 Karlsruhe, Erbprinzenstr. 15; Tel. (07 21) 1 75-22 01; Fax (07 21) 1 75 23 33;
E-Mail: service@blb-karlsruhe.de;
http://www.blb-karlsruhe.de
Leiterin: Dr. Julia Freifrau Hiller von Gaertringen, LtdBiblDirektorin

Württembergische Landesbibliothek Stuttgart
70173 Stuttgart, Konrad-Adenauer-Str. 8; Tel. (07 11) 2 12-44 24 (Sekr.) / -44 54 (Auskunft); Fax (07 11) 2 12-44 22;
E-Mail: direktion@wlb-stuttgart.de und information@wlb-stuttgart.de;
http://www.wlb-stuttgart.de
Direktor: Dr. Rupert Schaab, LtdBiblDir

2.2 Bibliotheksservice-Zentrum Baden-Württemberg (BSZ)

– Unselbständige Anstalt des öffentlichen Rechts –

78467 Konstanz, Felix-Wankel-Str. 4; Tel. (0 75 31) 88-29 29; Fax (0 75 31) 88-37 03;
E Mail: info@bsz-bw.de; http://www.bsz-bw.de

Daten und Dienste für Bibliotheken, Archive und Museen:
Das Bibliotheksservice-Zentrum Baden-Württemberg (BSZ) übernimmt eine Schlüsselfunktion in der modernen Informations- und Wissensgesellschaft. Durch seine Infrastruktur, Daten und Dienstleistungen ermöglicht das BSZ Bibliotheken aller Art, ihren Auftrag zur Literaturversorgung für Forschung und Lehre in effizienter und zeitgemäßer Weise zu erfüllen. Auch Museen und Archive werden unterstützt. Ausgangspunkt für die Arbeit des BSZ sind jeweils die Anforderungen der wissenschaftlichen Informationsservice-Zentren. Ein wesentliches Kriterium ist hierbei die Etablierung von Standards für Schnittstellen und Prozesse. Neben dem Einsatz von Standardsoftware greift das BSZ häufig auf das ständig wachsende Angebot qualitativ hochwertiger Open Source Softwarekomponenten zurück: Die Entwicklung und Bereitstellung von neuen innovativen internetgestützten Dienstleistungen ist ein fester Bestandteil der Aufgaben des BSZ. Mit der Verbundzentrale des GBV (Gemeinsamer Bibliotheksverbund) hat das BSZ eine strategische Partnerschaft mit dem Ziel geschlossen, neue digitale Services künftig gemeinsam zu erbringen. Ein gelungenes Beispiel der Kooperation ist der Datenhub K10plus für wissenschaftliche Bibliotheken aus zehn Bundesländern und für viele weitere Einrichtungen. Das BSZ ist eine Einrichtung des Ministeriums für Wissenschaft, Forschung und Kunst des Landes Baden-Württemberg mit Sitz in Konstanz. Es erbringt folgende Dienstleistungen für Bibliotheken, Archive und Museen:

- K10plus dient der kooperativen Erschließung aller Medien, der Literaturrecherche, der Online-Fernleihe, der Organisation des Leihverkehrs sowie als Gesamtnachweis der Medienbestände seiner Teilnehmer. Fachinformationsdienste für die Wissenschaft werden über K10plus versorgt;
- BOSS ist ein Resource Discovery System (RDS) für die Literaturrecherche;
- Komplettservice zur Einrichtung und zum Betrieb des Landesbibliothekssystems;
- Anwendungen der Digitalen Bibliothek (u.a. Open Access Repositorien, Webarchiv, Digitalisierung von Sammlungen);
- Koordination und Betrieb der Museumsanwendungen im MusIS-Verbund (MuseumsInformationsSystem);
- Unterstützung von Landesservices (u.a. digitales Pflichtexemplar, Landesbibliografie, LEO-BW).

Leiter: Dr. Ralf Goebel

3 Kommission für geschichtliche Landeskunde in Baden-Württemberg

– Nicht rechtsfähige Körperschaft des öffentlichen Rechts –

70182 Stuttgart, Eugenstr. 7; Tel. (07 11) 2 12-42 66; Fax (07 11) 2 12-42 69;
E-Mail: poststelle@kgl-bw.de; https://www.kgl-bw.de

Staatsrechtliche Grundlage und Aufgabenkreis:
Bekanntmachung des Kultusministeriums vom 25. Mai 1954 H Nr. 3795 Kultus und Unterricht (Amtsblatt des Kultusministeriums Baden-Württemberg Jg. 3. Juli 1954, S. 223-228); Amtsblatt Wissenschaft und Forschung 1996 (Nr. 1-2, S. 5-7).
Die Kommission hat die Aufgabe, Geschichte, Raum und Bevölkerung Südwestdeutschlands zu erforschen, wissenschaftliche Arbeiten darüber zu fördern und ihre Ergebnisse zu verbreiten. Sie veröffentlicht wissenschaftliche Zeitschriften, Darstellungen und Quellen in Reihen und Einzelwerken.

Vorsitzende: Prof. Dr. Sabine Holtz
Geschäftsführer: Dr. Uwe Sibeth, OKonservator

4 Staatliche Museen und Landessammlungen

– Nichtrechtsfähige Anstalten des öffentlichen Rechts –

Aufgabenkreis:
Aufgabe der Museen ist das Sammeln, Bewahren, Forschen und Vermitteln der Kunst-, Kultur- und Sozialgeschichte des Landes Baden-Württemberg sowie der Natur- und Völkerkunde auf der Grundlage der jeweiligen Sammlungsausrichtung.
Dem Geschäftsbereich des Ministeriums für Wissenschaft, Forschung und Kunst zugeordnet sind neun Landesmuseen mit jeweils spezifischen Sammel- und Arbeitsaufträgen. Es sind dies in Stuttgart die Staatsgalerie, das Landesmuseum Württemberg, das Linden-Museum für Völkerkunde, das Staatliche Museum für Naturkunde und das Haus der Geschichte Baden-Württemberg, in Karlsruhe die Staatliche Kunsthalle, das Badische Landesmuseum und Staatliche Museum für Naturkunde sowie das Archäologische Landesmuseum in Konstanz.
Hinzu kommt die Staatliche Kunsthalle Baden-Baden als Ausstellungsinstitut ohne eigene Sammlung. In ihrer Bedeutung strahlen die staatlichen Museen weit über die Grenzen des Landes hinaus.
Aufgrund eines Vertrages zwischen der Stadt Stuttgart und dem Land Baden-Württemberg tragen beim Linden-Museum das Land Baden-Württemberg und die Stadt Stuttgart sämtliche Kosten jeweils zur Hälfte.

4.1 Haus der Geschichte Baden-Württemberg

– Landesbetrieb –

70173 Stuttgart, Konrad-Adenauer-Str. 16; Tel. (07 11) 2 12 39 50; Fax (07 11) 2 12 39 59;
E-Mail: sekretariat@hdgbw.de;
http://www.hdgbw.de

Aufgabenkreis:
Ausstellungen, Veranstaltungen, Publikationen, Dienstleistungen und vielfältige Aktivitäten vermitteln die Geschichte des Landes Baden-Württemberg und seiner Vorgängerstaaten Baden, Württemberg und Hohenzollern. Von Napoleon bis heute: So lässt sich die Zeitspanne zusammenfassen, die das Haus der Geschichte Baden-Württemberg abdeckt.
Ein Blick in die Dauerausstellung im modernen Museumsbau an der Stuttgarter Kulturmeile belegt, dass die Landesgeschichte seit jeher Einiges zu bieten hatte – von der Revolution der Jahre 1848/49 über das Ringen um den Südweststaat bis hin zur Auseinandersetzung um das Bahnprojekt Stuttgart 21.
Die Ausstellungsstücke, die für diese und andere Ereignisse stehen, sind ausschließlich Originale, präsentiert in einer architektonisch ansprechenden Inszenierung. Die Objekte berichten von den Menschen in ihrer Zeit – von Liebe und Hass, von Macht und Ohnmacht, von Sieg und Niederlage. Kurze Texte, Filme und Info-Stationen vermitteln viel Wissenswertes über das Land, die Landeshauptstadt Stuttgart und ihre Region. Einzigartig ist die Abteilung „Privatansichten" mit Hunderten von Fotos, die den Wandel von Familie und Partnerschaft im Südwesten widerspiegeln.
Die landesgeschichtliche Sammlung des Hauses verfügt derzeit über mehr als 300.000 Glasplattennegative, ca. 1 Million Fotonegative und etwa 140.000 Objekte sowie eine umfangreiche Filmsammlung.

Leiterin: Prof. Dr. Paula Lutum-Lenger

4.2 Staatliches Museum für Naturkunde Stuttgart

– Museum am Löwentor und Museum Schloss Rosenstein –

70191 Stuttgart, Rosenstein 1; Tel. (07 11) 8 93 60; Fax (07 11) 89 36-1 00;
E-Mail: museum@smns-bw.de;
http://www.naturkundemuseum-bw.de

Aufgabenkreis:
Das Staatliche Museum für Naturkunde Stuttgart (Museum am Löwentor und Museum Schloss Rosenstein) zählt zu den größten und bedeutendsten naturwissenschaftlichen Museen in Europa. Seine Aufgaben sind das Sammeln und Bewahren von erhaltenswerten Objekten der Natur, die Forschung auf dem Gebiet der Naturkunde und die Volksbildung. Arbeitsgebiete: Botanik, Entomologie, Geologie, Mineralogie, Ökologie, Paläontologie, Umweltschutz und Zoologie.
Interimsdirektor: Prof. Dr. Lars Krogmann
Kaufmännische Direktorin: Teresa Windischbauer

4.3 Landesmuseum Württemberg

70173 Stuttgart, Schillerplatz 6 Altes Schloss; Tel. (07 11) 89 53 51 11; Fax (07 11) 89 53 54 44;
E-Mail: info@landesmuseum-stuttgart.de;
http://www.landesmuseum-stuttgart.de

Aufgabenkreis:
Archäologische Sammlungen, Kunst- und Kulturgeschichte, Musikinstrumente, Glassammlungen und Populär- und Alltagskultur. Das Museum verfügt über ein Römisches Lapidarium im Neuen Schloss. Das Landesmuseum Württemberg betreut 6 Zweigmuseen und Außenstellen. Zum Landesmuseum Württemberg gehören die Landesstelle für Volkskunde Württemberg und die Landesstelle für Museumsbetreuung Baden-Württemberg.
Direktorin: Dr. Astrid Pellengahr
Kaufmännischer Geschäftsführer: Axel Winkler

Archäologie
Leiterin: Dr. Nina Willburger, Tel. (07 11) 89 53 52 05

Populär- und Alltagskultur
Leiter: Dr. Markus Speidel, Tel. (07 11) 89 53 52 22

Digitale Museumspraxis, IT
Leiter: Dr. Christian Gries, Tel. (07 11) 89 53 53 10

Drittmittel, Gremien und Veranstaltungen
Leiterin: Anne Eichmann, Tel. (07 11) 89 53 51 08

Gebäudemanagement
Referatsleiterin: Dipl.-Ing. Karola Richter, Tel. (07 11) 89 53 54 00

Kommunikation und Kulturvermittlung
Leiterin: Dr. Heike Scholz, Tel. (07 11) 89 53 51 51

Kulturelle Bildung und Vermittlung
Leiterin: Birte Werner, Tel. (07 11) 89 53 51 10

Kunst- und Kulturgeschichte
Leiter: Dr. Matthias Ohm, Tel. (07 11) 89 53 52 15

Landesstelle für Museumsbetreuung
Leiter: Shahab Sangestan, Tel. (07 11) 89 53 53 02

Landesstelle für Volkskunde
Leiterin: Prof. Dr. Sabine Zinn-Thomas

Projektsteuerung, Restaurierung und Werkstätten
Leiter: Jan-Christian Warnecke, Tel. (07 11) 89 53 51 30

Dem Landesmuseum Württemberg angegliedert:

Museum der Alltagskultur – Schloss Waldenbuch
71111 Waldenbuch, Kirchgasse 3, Schloss; Tel. (07 11) 8 95 35 38 50;
E-Mail: info@landesmuseum-stuttgart.de;
http://www.museum-der-alltagskultur.de
Wissenschaftliche Betreuung: Dr. Markus Speidel

Museum für Kutschen, Chaisen, Karren
89522 Heidenheim, Schloss Hellenstein; Tel. (0 73 21) 27 58 96;
E-Mail: historische-museen-archiv@heidenheim.de;
http://www.landesmuseum-stuttgart.de oder www.heidenheim.de
Wissenschaftliche Betreuung: Dr. Markus Speidel

Deutsches Spielkartenmuseum Leinfelden-Echterdingen
70771 Leinfelden-Echterdingen, Schönbuchstr. 32; Tel. (07 11) 75 60-1 20; Fax (07 11) 75 60-1 21;
E-Mail: spielkartenmuseum@le-mail.de;
http://www.spielkartenmuseum.de
Museumleitung: Dr. Annette Köger
Wissenschaftliche Ansprechpartnerin: Dr. Irmgard Müsch (Landesmuseum Württemberg)

Dominikanermuseum
Sakrale Kunst des Mittelalters – Sammlung Dursch
78628 Rottweil, Am Kriegsdamm 4; Tel. (07 41) 76 62; Fax (07 41) 78 62;
E-Mail: dominikanermuseum@rottweil.de;
http://www.landesmuseum-stuttgart.de oder www.dominikanermuseum.de
Leiterin: Martina Meyr

Keramikmuseum
71634 Ludwigsburg, Schlossstr. 30, Schloss Ludwigsburg; Tel. (0 71 41) 86 40-0;
E-Mail: info@schloss-ludwigsburg.de;
http://www.landesmuseum-stuttgart.de oder www.schloss-ludwigsburg.de
Wissenschaftliche Betreuung: Dr. Katharina Küster-Heise

Modemuseum
71634 Ludwigsburg, Schlossstr. 30, Schloss Ludwigsburg; Tel. (0 71 41) 86 40-0;
E-Mail: info@schloss-ludwigsburg.de;

http://www.landesmuseum-stuttgart.de oder
www.schloss-ludwigsburg.de
Wissenschaftliche Betreuung: Dr. Maaike von Rijn

4.4 Linden-Museum Stuttgart
– Staatliches Museum für Völkerkunde –

70174 Stuttgart, Hegelplatz 1; Tel. (07 11) 20 22-3;
Fax (07 11) 20 22-5 90;
E-Mail: mail@lindenmuseum.de;
http://www.lindenmuseum.de

Aufgabenkreis:
Darstellung außereuropäischer Kulturen in Vergangenheit und Gegenwart.
Mit seinen international bekannten qualitätsvollen Sammlungsbeständen außereuropäischer Kulturen zählt das Linden-Museum Stuttgart zu den großen Völkerkundemuseen Europas.
Direktorin: Prof. Dr. Inés de Castro
Kaufmännische Geschäftsführerin: Susanne Barth

4.5 Archäologisches Landesmuseum Baden-Württemberg

78467 Konstanz, Benediktinerplatz 5; Tel. (0 75 31) 98 04-0; Fax (0 75 31) 6 84 52;
E-Mail: info@konstanz.alm-bw.de;
http://www.konstanz.alm-bw.de

Aufgabenkreis:
Das Archäologische Landesmuseum Baden-Württemberg ist das zentrale Museum für die Landesarchäologie. Der Gründung im Jahre 1989 folgte im Jahre 1992 die Eröffnung der Dauerausstellung in Konstanz im ehemaligen Kloster Petershausen. Schwerpunkt der Ausstellung ist die Präsentation eines Querschnitts durch das Aufgabengebiet der Landesarchäologie von der Urgeschichte bis zur Neuzeit und das Thema der mittelalterlichen Stadtarchäologie. Im Jahr 1999 wurde im ehemaligen Festungslazarett der Bundesfestung Rastatt ein Zentralarchiv zur Betreuung aller Bodenfunde im Staatlichen Eigentum eröffnet. Zum Archäologischen Landesmuseen gehören 7 Zweigmuseen, fast alle als Vermittlungsstätten des UNESCO –Welterbes.
Wissenschaftlicher Direktor: Prof. Dr. Claus Wolf
Stellvertretende Direktorin: Dr. Barbara Theune-Großkopf
Verwaltungsleiter: Hartmut Simon

Zentrales Fundarchiv Rastatt
76437 Rastatt, Lützowerstr. 10; Tel. (0 72 22) 78 76-0; Fax (0 72 22) 78 76-10;
E-Mail: info@rastatt.alm-bw.de
Leiterin: Patricia Schlemper M.A.

Referat für Zweigmuseen
76437 Rastatt, Lützowerstr. 10; Tel. (0 72 22) 78 76-0; Fax (0 72 22) 78 76-10;
E-Mail: info@rastatt.alm-bw.de
Leiter: Dr. Martin Kemkes

zuständig für folgende Zweigmuseen

Limesmuseum Aalen mit Archäologischem Park
73430 Aalen, Sankt-Johann-Str. 5; Tel. (0 73 61) 52 82 87-0; E-Mail: limesmuseum@aalen.de;
http://www.limesmuseum.de

Federseemuseum Bad Buchau
88422 Bad Buchau, August-Gröber-Platz; Tel. (0 75 82) 83 50; Fax (0 75 82) 93 38 10;
http://www.federseemuseum.de

Urgeschichtliches Museum Blaubeuren
89143 Blaubeuren, Kirchplatz 10; Tel. (0 73 44) 96 69-90; Fax (0 73 44) 96 69-9 15;
http://www.urmu.de

Römischer Weinkeller Oberriexingen
71739 Oberriexingen, Tel. (0 70 42) 90 90; Fax (0 70 42) 1 36 09; http://www.oberriexingen.de

Römermuseum Osterburken
74706 Osterburken, Römerplatz 2/Römerstr. 4; Tel. (0 62 91) 42 52 66;
http://www.roemermuseum-osterburken.de

Römische Abteilung des Dominikanermuseums Rottweil
78628 Rottweil, Am Kriegsdamm; Tel. (07 41) 49 43 30; Fax (07 41) 49 43 77; http://www.rottweil.de

Römerhaus Walheim
74399 Walheim/Neckar, Römerstr. 16; Tel. (0 71 43) 8 04 10; http://www.walheim.de

4.6 Badisches Landesmuseum

Landesbetrieb

76131 Karlsruhe, Schlossbezirk 10; Tel. (07 21) 9 26-65 14; Fax (07 21) 9 26-65 37;
E-Mail: info@landesmuseum.de;
http://www.landesmuseum.de

Rechtliche Grundlage und Aufgabenkreis:
Verwaltungsvorschrift vom 23. Dezember 2002 (GVBl. S. 127).
Das Badische Landesmuseum ist ein Universalmuseum, das Geschichte, Kunst und historische Lebenswelten interdisziplinär zu einer umfassenden kulturgeschichtlichen Gesamtschau vereint. Zweck des Landesbetriebs ist insbesondere das Sammeln, Erhalten, Erforschen sowie das besucherbezogene Präsentieren und Vermitteln von Kulturgütern.
Sammlungen aus dem Gebiet der Ur- und Frühgeschichte, ägyptischen, griechischen, vorderorientalischen und römischen Antike, der Plastik und des Kunsthandwerks vom Mittelalter bis zur Gegenwart sowie Keramik und Volkskunde, türkische Trophäensammlung und die Geschichte Badens von 1789 bis heute.
Das Badische Landesmuseum unterhält folgende Außenstellen/Zweigmuseen: Außenstelle Südbaden in Staufen, Museum im Schloss Bruchsal mit Sammlung mechanischer Musikinstrumente, Klostermuseum

Hirsau, Keramikmuseum Staufen, Museum Meisterwerke der Reichsabtei in Kloster und Schloss Salem, Museum im Schloss Neuenbürg, Museum beim Markt für Kunsthandwerk und Design des 20. Jahrhunderts in Karlsruhe sowie das Museum in der Majolika-Manufaktur in Karlsruhe.
Direktor: Prof. Dr. Eckart Köhne
Kaufmännische Direktorin: Susanne Schulenburg

4.7 Staatliches Museum für Naturkunde Karlsruhe

– Landesbetrieb –

76133 Karlsruhe, Erbprinzenstr. 13; Tel. (07 21) 1 75-21 11; Fax (07 21) 1 75-21 10;
E-Mail: museum@naturkundeka-bw.de;
http://www.smnk.de

Aufgabenkreis:
Das Staatliche Museum für Naturkunde Karlsruhe (gegründet 1785) ist ein bio- und geowissenschaftliches Forschungsinstitut sowie ein der Öffentlichkeit zugängliches Naturkundemuseum. Es zeigt in seinen Dauerausstellungen einheimische und exotische Tiere und Pflanzen in lebensnahen Dioramen und biologischen Gruppen. Gesteine, Mineralien und Fossilien geben Auskunft über die Entstehung der Erde, die Vielfalt und Entwicklung des Lebens. Einmalige Ausstellungsobjekte wie z.B. Flugsaurier, fossiler Wal, Riesensalamander und Urpferd machen Erdgeschichte anschaulich.
Eine Besonderheit des Museums ist, dass lebende Tiere als Ergänzung in die Ausstellungen integriert sind, vor allem im Saal „Klima und Lebensräume" und in der neuen Dauerausstellung „Form und Funktion" – „Vorbild Natur": in zahlreichen Aquarien und Terrarien lassen unter anderen Riffhaie, Korallen, Süßwasserkrokodile, Quallen, Reptilien die Ausstellungsthemen lebendig werden.
Direktor: Prof. Dr. Norbert Lenz
Kaufmännische Direktorin: Susanne Schulenburg

4.8 Staatliche Kunsthalle Karlsruhe

– Landesbetrieb –

76133 Karlsruhe, Hans-Thoma-Str. 2-6; Tel. (07 21) 9 26-26 96; Fax (07 21) 9 26-67 88;
E-Mail: info@kunsthalle-karlsruhe.de;
http://www.kunsthalle-karlsruhe.de

Aufgabenkreis:
Sammlung von Gemälden, Grafik und Plastik, 15.-21. Jahrhundert, Ausstellungen, Kunstvermittlung, Kunstbibliothek
Direktorin: Prof. Dr. Pia Müller-Tamm
Kaufmännischer Geschäftsführer: Florian Trott,

4.9 Staatsgalerie Stuttgart

70173 Stuttgart, Konrad-Adenauer-Str. 30-32; Tel. (07 11) 4 70 40-0; Fax (07 11) 2 36 99 83;
E-Mail: sgs_info@staatsgalerie.bwl.de;
http://www.staatsgalerie.de

Angebotsspektrum:
Malerei, Skulptur, Zeichnung und Druckgrafik des 14. bis 21. Jahrhunderts. Sammlung zeitbasierter Kunst (Filme, Fotografie, Video, Archiv Sohm, Installationen). Oskar Schlemmer-Archiv, Archiv Will Grohmann, Adolf Hölzel – der kunsttheoretische Nachlass. Sonderausstellungen zu Grafik, Malerei und Plastik; Kulturveranstaltungen, Vorträge, Führungen.
Direktorin: Prof. Dr. Christiane Lange
Kaufmännischer Geschäftsführer: Dirk Rieker

4.10 Staatliche Kunsthalle Baden-Baden

76530 Baden-Baden, Lichtentaler Allee 8 a; Tel. (0 72 21) 3 00 76-4 00; Fax (0 72 21) 3 00 76-5 00;
E-Mail: info@kunsthalle-baden-baden.de;
http://www.kunsthalle-baden-baden.de

Aufgabenkreis:
Die Staatliche Kunsthalle Baden-Baden gehört als international renommiertes Ausstellungsinstitut zu den ältesten Kulturinstitutionen der Stadt und der Region. Seit ihrer Eröffnung im Jahr 1909 ist sie Schaufenster für klassische, moderne und zeitgenössische Kunst. Als Haus ohne eigene Sammlung hat die Staatliche Kunsthalle große Freiheit in der Gestaltung des Programms und kann sehr flexibel auf neue Strömungen reagieren. So ist sie ein Forum, in dem lebensweltliche Fragen aktuell und historisch fundiert in den Zusammenhang bildkünstlerischer Analysen gestellt werden.
Leitung: Çagla Ilk; Misal Adnan Yildiz

5 Staatstheater

Aufgabenkreis:
Die Württembergischen Staatstheater Stuttgart und das Badische Staatstheater Karlsruhe versorgen als Repertoire- und Ensembletheater nicht nur ihre Sitzstädte, sondern auch die angrenzenden Regionen mit der gesamten Bandbreite musikalischer und theatraler Aktivitäten. Dazu gehören beispielsweise die Aufführungen von Werken klassischer wie zeitgenössischer Komponisten, Choreographen oder Dramatiker aber auch Lesungen und Diskussionsveranstaltungen. Neben den klassischen Sparten Oper, Ballett und Schauspiel bieten beide Häuser umfangreiche Angebote für Kinder und Jugendliche an.
Träger beider Staatstheater ist das Land Baden-Württemberg. Aufgrund von Theaterverträgen mit dem Land tragen die Sitzstädte jeweils die Hälfte des Zuschussbedarfs.

5.1 Badisches Staatstheater Karlsruhe

– Nichtrechtsfähige Anstalt des öffentlichen Rechts –

76137 Karlsruhe, Hermann-Levi-Platz 1; Tel. (07 21) 35 57-0; Fax (07 21) 37 32 23;

E-Mail: gf.direktion@staatstheater.karlsruhe.de;
http://www.staatstheater.karlsruhe.de

Generalintendant: Peter Spuhler
Geschäftsführender Direktor: Johannes Graf-Hauber

5.2 Württembergische Staatstheater Stuttgart

– Landesbetrieb des Landes Baden-Württemberg –

70173 Stuttgart, Oberer Schloßgarten 6; Tel. (07 11) 20 32-0; Fax (07 11) 20 32-3 89;
E-Mail: info.verwaltung@staatstheater-stuttgart.de;
http://www.staatstheater-stuttgart.de

Geschäftsführender Intendant: Marc-Oliver Hendriks

Der Rechtsaufsicht und eingeschränkter Fachaufsicht des Ministeriums für Wissenschaft, Forschung und Kunst unterstehen die nachfolgenden Körperschaften, Anstalten und Stiftungen des öffentlichen Rechts:

6 Hochschulen des Landes Baden-Württemberg

– Staatliche Einrichtungen und Körperschaften des öffentlichen Rechts –

Staatsrechtliche Grundlage und Aufgabenkreis:
Rechtsgrundlagen sind das Landeshochschulgesetz vom 1. Januar 2005 (GBl. S. 1), zuletzt geändert durch Art. 1 des Gesetzes vom 13. März 2018 (GBl. S. 85) sowie das Gesetz über das Karlsruher Institut für Technologie vom 14. Juli 2009 (GBl. S. 317), zuletzt geändert durch Art. 2 des Gesetzes vom 13. März 2018 (GBl. S. 85, 94).
Mit dem Zweiten Gesetz zur Umsetzung der Föderalismusreform im Hochschulbereich vom 3. Dezember 2008 (GBl. S. 435) wurden die Berufsakademien in die Duale Hochschule Baden-Württemberg umgewandelt. Diese umfasst die acht rechtlich unselbständigen Studienakademien, die zuvor Hauptbestandteil der nunmehr aufgelösten Berufsakademien waren sowie die Studienakademie Heilbronn. Mit dem KIT-Zusammenführungsgesetz vom 14. Juli 2009 (GBl. S. 317) wurden die rechtlichen Grundlagen für die Fusion der Universität Karlsruhe und der außeruniversitären Großforschungseinrichtung, der Forschungszentrum Karlsruhe GmbH, zum Karlsruher Institut für Technologie (KIT) geschaffen. Das KIT wurde zum 1. Oktober 2009 errichtet. Es ist Universität und auf der Grundlage von Artikel 91b Grundgesetz zugleich von Bund und Land gemeinsam finanzierte außeruniversitäre Forschungseinrichtung in der Helmholtz-Gemeinschaft.
Die Hochschulen dienen entsprechend ihrer Aufgabenstellung der Pflege und der Entwicklung der Wissenschaften und der Künste durch Forschung, Lehre, Studium und Weiterbildung. Sie bereiten auf berufliche Tätigkeiten vor, die die Anwendung wissenschaftlicher Erkenntnisse und wissenschaftlicher Methoden oder die Fähigkeit zu künstlerischer Gestaltung erfordern. Dazu tragen die verschiedenen Hochschularten entsprechend ihrer jeweiligen besonderen Aufgabenstellung bei, und zwar

– die Universitäten durch die Verbindung von Forschung, Lehre, Studium und Weiterbildung;
– die Pädagogischen Hochschulen durch lehrerbildende und auf außerschulische Bildungsprozesse bezogene wissenschaftliche Studiengänge; im Rahmen dieser Aufgabenstellung betreiben sie Forschung;
– die Kunsthochschulen durch die Pflege der Künste auf den Gebieten der Musik, der darstellenden und der bildenden Kunst, die Entwicklung künstlerischer Formen und Ausdrucksmittel und die Vermittlung künstlerischer Kenntnisse und Fähigkeiten sowie durch Forschung im Rahmen dieser Aufgaben, wobei sie insbesondere auf kulturbezogene und künstlerische Berufe sowie auf diejenigen kunstpädagogischen Berufe vorbereiten, deren Ausübung besondere künstlerische Fähigkeiten erfordern;
– die Hochschulen für Angewandte Wissenschaften durch die Vermittlung anwendungsbezogener Lehre und Weiterbildung sowie durch anwendungsbezogene Forschung und Entwicklung;
– die Duale Hochschule Baden-Württemberg durch die Verbindung des Studiums an der Studienakademie mit der praxisorientierten Ausbildung in den beteiligten Ausbildungsstätten sowie durch auf die Erfordernisse der dualen Ausbildung bezogene, kooperative Forschung.

Die Hochschulen fördern entsprechend ihrer Aufgabenstellung den wissenschaftlichen und künstlerischen Nachwuchs. Sie beraten Studierende und studierwillige Personen über die Studienmöglichkeiten, unterstützen die Studierenden bei der Durchführung von Praktika sowie die Absolventen beim Übergang in das Berufsleben und fördern die Verbindung zu ihren Absolventen. Sie wirken an der sozialen Förderung der Studierenden mit, berücksichtigen die besonderen Bedürfnisse von Studierenden mit Kindern oder pflegebedürftigen Angehörigen und tragen dafür Sorge, dass Studierende mit Behinderung oder einer chronischen Erkrankung nicht benachteiligt werden. Sie fördern in ihrem Bereich die geistigen, musischen und sportlichen Interessen der Studierenden.
Die Hochschulen fördern die Chancengleichheit von Frauen und Männern und berücksichtigen die Vielfalt ihrer Mitglieder und Angehörigen bei der Erfüllung ihrer Aufgaben; sie tragen insbesondere dafür Sorge, dass alle Mitglieder und Angehörigen unabhängig von der Herkunft und der ethnischen Zugehörigkeit, des Geschlechts, des Alters, der sexuellen Orientierung, einer Behinderung oder der Religion und Weltanschauung gleichberechtigt an der Forschung, der Lehre, dem Studium und der Weiterbildung im Rahmen

ihrer Aufgaben, Rechte und Pflichten innerhalb der Hochschule teilhaben können.

Die Hochschulen fördern die internationale, insbesondere die europäische Zusammenarbeit im Hochschulbereich und den Austausch mit ausländischen Hochschulen; sie berücksichtigen die besonderen Bedürfnisse ausländischer Studenten. Sie haben zur besseren Erfüllung ihrer Aufgaben untereinander, mit Hochschulen anderer Länder und Staaten, mit staatlichen und staatlich geförderten Forschungs- und Bildungseinrichtungen sowie mit Einrichtungen der Forschungsförderung zusammenzuwirken.

Die Hochschulen fördern durch Wissens-, Gestaltungs- und Technologietransfer die Umsetzung der Forschungsergebnisse in die Praxis und fördern den freien Zugang zu wissenschaftlichen Informationen. Andere als die im Landeshochschulgesetz genannten Aufgaben dürfen die Hochschulen nur übernehmen oder dürfen ihnen übertragen werden, wenn sie mit ihren vorgenannten Aufgaben zusammenhängen und diese nicht beeinträchtigt werden. Das Ministerium für Wissenschaft, Forschung und Kunst ist ermächtigt, im Benehmen mit der betroffenen Hochschule und im Einvernehmen mit dem Finanzministerium durch Rechtsverordnung solche Aufgaben zu übertragen. Hierzu gehören Aufgaben auf dem Gebiet der Materialprüfung, Aufgaben der Studienkollegs sowie die von den Landesanstalten der Universität Hohenheim wahrgenommenen Aufgaben. Das KIT nimmt zudem die Aufgaben einer Großforschungseinrichtung nach Maßgabe des KITG wahr.

Die Hochschulen sind rechtsfähige Körperschaften des öffentlichen Rechts und (mit Ausnahme des KIT) zugleich staatliche Einrichtungen. Sie haben das Recht der Selbstverwaltung im Rahmen der Gesetze. Die Hochschulen sind frei in Forschung, Lehre und Kunst. Sie führen grundsätzlich eigene Siegel mit dem kleinen Landeswappen; das Ministerium für Wissenschaft, Forschung und Kunst kann ihnen das Recht verleihen, ein anderes Wappen zu führen. Die Universitäten haben das Recht auf ihre bisherigen Wappen.

Die Hochschulen beschließen über die Einrichtung, Änderung und Aufhebung von Studiengängen. Die Beschlüsse bedürfen der Zustimmung des Ministeriums für Wissenschaft, Forschung und Kunst.

Die Universitäten, Pädagogischen Hochschulen und Kunsthochschulen haben das Recht der Habilitation in dem Umfang, in dem ihnen das Promotionsrecht zusteht. Das Promotionsrecht haben die Universitäten; die Pädagogischen Hochschulen haben es im Rahmen ihrer Aufgabenstellung; die Kunsthochschulen haben es auf dem Gebiet der Kunstwissenschaften, der Musikwissenschaft, der Medientheorie, der Architektur, der Kunstpädagogik, der Musikpädagogik und der Philosophie. Die Hochschulen haben das Recht der Verleihung akademischer Grade und akademischer Ehrungen.

Zentrale Organe der Hochschulen sind

– das Rektorat
– der Senat und
– der Hochschulrat.

In der Grundordnung kann die Hochschule bestimmen, dass das Rektorat die Bezeichnung „Präsidium" sowie für den Hochschulrat an den Universitäten die Bezeichnung „Universitätsrat" und an der DHBW die Bezeichnung „Aufsichtsrat" trägt. Die einschlägigen Vorschriften sind im Internet unter www.landesrecht-bw.de abrufbar.

6.1 Außeruniversitäre Einrichtung des Landes Baden-Württemberg

6.1.1 Karlsruher Institut für Technologie (KIT)

– Körperschaft des öffentlichen Rechts –

76131 Karlsruhe, Kaiserstr. 12; Tel. (07 21) 6 08-0; Fax (07 21) 6 08-4 42 90; E-Mail: info@kit.edu; http://www.kit.edu
Präsident: Prof. Dr.-Ing. Holger Hanselka
Vizepräsidenten: Prof. Dr. Oliver Kraft; Prof. Dr. Alexander Wanner; Prof. Dr. Thomas Hirth; Christine von Vangerow; Michael Ganß

Bereich I Biologie, Chemie und Verfahrenstechnik
Leiterin: Prof. Dr. Andrea Robitzki

Bereich II Informatik, Wirtschaft und Gesellschaft
Leiter: Prof. Dr. Michael Decker

Bereich III Maschinenbau und Elektrotechnik
Leiter: Prof. h. c. Dr.-Ing. Joachim Knebel

Bereich IV Natürliche und bebaute Umwelt
Leiter: Prof. Dr. Johannes Orphal

Bereich V Physik und Mathematik
Leiter: Prof. Dr. Marc Weber

Fakultäten

KIT-Fakultät für Mathematik
76131 Karlsruhe, Englerstr. 2; Tel. (07 21) 6 08-4 38 00; Fax (07 21) 6 08-4 60 44
Dekan: Prof. Dr. Frank Herrlich

KIT-Fakultät für Physik
76131 Karlsruhe, Wolfgang-Gaede-Str. 1; Tel. (07 21) 6 08-4 20 52; Fax (07 21) 6 08-4 35 19
Dekan: Prof. Dr. Jörg Schmalian

KIT-Fakultät für Chemie und Biowissenschaften
76131 Karlsruhe, Kaiserstr. 12; Tel. (07 21) 6 08-4 72 63; Fax (07 21) 6 08-4 72 59
Dekan: Prof. Dr. Manfred Wilhelm

KIT-Fakultät für Geistes- und Sozialwissenschaften
76131 Karlsruhe, Kaiserstr. 12; Tel. (07 21) 6 08-4 23; Fax (07 21) 6 08-4 36 43
Dekan: Prof. Dr. Michael Schefczyk

KIT-Fakultät für Architektur
76131 Karlsruhe, Englerstr. 7; Tel. (07 21) 6 08-4 21 82; Fax (07 21) 6 08-4 60 90
Dekan: Prof. Dipl.-Ing. Dirk Hebel

KIT-Fakultät für Bauingenieur-, Geo- und Umweltwissenschaften
76131 Karlsruhe, Otto-Ammann-Platz 1; Tel. (07 21) 6 08-4 21 92; Fax (07 21) 6 08-4 48 06
Dekan: Prof. Dr. Frank Schilling

KIT-Fakultät für Maschinenbau
76131 Karlsruhe, Engelbert-Arnold-Str. 4; Tel. (07 21) 6 08-4 86 00
Dekan: Prof. Dr.-Ing. Kai Furmans

KIT-Fakultät für Chemieingenieurwesen und Verfahrenstechnik
76131 Karlsruhe, Kaiserstr. 12; Tel. (07 21) 6 08-4 75 26; Fax (07 21) 6 08-4 24 02
Dekan: Prof. Dr.-Ing. Thomas Wetzel

KIT-Fakultät für Elektrotechnik und Informationstechnik
76131 Karlsruhe, Engesserstr. 13; Tel. (07 21) 6 08-4 24 59; Fax (07 21) 6 08-4 61 05
Dekan: Prof. Dr. rer. nat. Ulrich Lemmer

KIT-Fakultät für Informatik
76131 Karlsruhe, Kaiserstr. 12; Tel. (07 21) 6 08-4 39 76; Fax (07 21) 6 08-4 17 77
Dekan: Prof. Dr. rer. nat. Bernhard Beckert

KIT-Fakultät für Wirtschaftswissenschaften
76131 Karlsruhe, Kaiserstr. 89; Tel. (07 21) 6 08-4 21 47; Fax (07 21) 6 08-4 39 36
Dekanin: Eve Weiss

6.2 Universitäten

– Staatliche Einrichtungen und Körperschaften des öffentlichen Rechts –

6.2.1 Albert-Ludwigs-Universität Freiburg

79085 Freiburg, Rektorat, Fahnenbergplatz; Tel. (07 61) 2 03-0; Fax (07 61) 2 03-43 69;
E-Mail: info@zv.uni-freiburg.de; http://www.uni-freiburg.de

Rektorin: Prof. Dr. Kerstin Krieglstein
Prorektor für Studium und Lehre: Prof. Dr. Michael Schwarze
Prorektor für Forschung und Innovation: Prof. Dr. Stefan Rensing
Prorektorin für Universitätskultur: Prof. Dr. Sylvia Paletschek
Prorektorin für Internationalisierung und Nachhaltigkeit: Prof. Dr. Daniela Kleinschmit
Kanzler: Dr. Matthias Schenek

Fakultäten

Theologische Fakultät
79085 Freiburg, Gartenstr. 30; Tel. (07 61) 2 03-20 58; Fax (07 61) 2 03-20 46;
E-Mail: dekanat@theol.uni-freiburg.de
Dekan: Prof. Dr. Ferdinand R. Prostmeier

Rechtswissenschaftliche Fakultät
79085 Freiburg, Wertmannstr. 4; Tel. (07 61) 2 03-21 45 und -21 39; Fax (07 61) 2 03-21 37;
E-Mail: dekanat@jura.uni-freiburg.de
Dekanin: Prof. Dr. Katharina von Koppenfels-Spies

Wirtschafts- und Verhaltenswissenschaftliche Fakultät
79085 Freiburg, Remparstr. 10-16; Tel. (07 61) 2 03-23 01 und -93 29; Fax (07 61) 2 03-23 03;
E-Mail: dekanat@wvf.uni-freiburg.de
Dekan: Prof. Dr. Matthias Nückles

Medizinische Fakultät
79106 Freiburg, Breisacher Str. 153; Tel. (07 61) 2 70-7 41 10; Fax (07 61) 2 70-7 23 60;
E-Mail: dekanat@uniklinik-freiburg.de
Dekan: Prof. Dr. Lutz Hein

Philologische Fakultät
79098 Freiburg, Werthmannstr. 8 / Rückgebäude; Tel. (07 61) 2 03-31 20; Fax (07 61) 2 03-92 62;
E-Mail: philolog.fak@dekanate.uni-freiburg.de
Dekan: Prof. Dr. Frank Bezner

Philosophische Fakultät
79085 Freiburg, Werthmannstr. 8 / Rückgebäude, 3. OG; Tel. (07 61) 2 03-33 71; Fax (07 61) 2 03-92 64;
E-Mail: philosfak@dekanate.uni-freiburg.de
Dekan: Prof. Dr. Dietmar Neutatz

Fakultät für Mathematik und Physik
79104 Freiburg, Ernst-Zermelo-Str. 1; Tel. (07 61) 2 03-55 34; Fax (07 61) 2 03-55 35;
E-Mail: dekanat@mathphys.uni-freiburg.de
Dekan: Prof. Dr. Michael Thoss

Fakultät für Chemie und Pharmazie
79085 Freiburg, Hebelstr. 27; Tel. (07 61) 2 03-59 77; Fax (07 61) 2 03-59 78;
E-Mail: dekanat@cup.uni-freiburg.de
Dekan: Prof. Dr. Andreas Bechthold

Fakultät für Biologie
79104 Freiburg, Schänzlestr. 1, Altbau; Tel. (07 61) 2 03-23 60; Fax (07 61) 2 03-28 94;
E-Mail: dekanat@biologie.uni-freiburg.de
Dekanin: Prof. Dr. Sonja-Verena Albers

Fakultät für Umwelt und Natürliche Ressourcen
79106 Freiburg, Tennenbacher Str. 4; Tel. (07 61) 2 03-36 01; Fax (07 61) 2 03-36 00;
E-Mail: dekanat@unr.uni-freiburg.de
Dekan: Prof. Dr. Heiner Schanz

Technische Fakultät
79110 Freiburg, Georges-Köhler-Allee 103; Tel. (07 61) 2 03-7 32 00;
E-Mail: dekanat@tf.uni-freiburg.de
Dekan: Prof. Dr. Roland Zengerle

6.2.2 Ruprecht-Karls-Universität Heidelberg

69117 Heidelberg, Seminarstr. 2 und Grabengasse 1; Tel. (0 62 21) 54-0; Fax (0 62 21) 54-1 20 29;
E-Mail: gb@zuv.uni-heidelberg.de;
http://www.uni-heidelberg.de

Rektor: Prof. Dr. rer. nat. habil. Dr. h. c. Bernhard Eitel
Prorektoren: Prof. Dr. Jörg Pross; Prof. Dr. Karin Schumacher; Prof. Dr. Anja Senz; Prof. Dr. Marc-Philippe Weller; Prof. Dr. Matthias Weidemüller
Kanzler: Dr. Holger Schroeter

Fakultäten

Theologische Fakultät
69117 Heidelberg, Hauptstr. 231; Tel. (0 62 21) 54 33 34/35; Fax (0 62 21) 54 33 72
Dekan: Prof. Dr. Philipp Stoellger

Juristische Fakultät
69117 Heidelberg, Friedrich-Ebert-Anlage 6-10; Tel. (0 62 21) 54 76 31/30; Fax (0 62 21) 54 33 72
Dekan: Prof. Dr. Dr. h. c. Wolfgang Kahl

Medizinische Fakultät Heidelberg
69120 Heidelberg, Im Neuenheimer Feld 672; Tel. (0 62 21) 56 27 07; Fax (0 62 21) 56 54 04
Dekanin: Prof. Dr. med. Sabine Herpertz

Fakultät für Klinische Medizin Mannheim
68167 Mannheim, Theodor-Kutzer-Ufer 1-3; Tel. (06 21) 3 83 97 70; Fax (06 21) 3 83 97 69
Dekan: Prof. Dr. med. Sergij Goerdt

Philosophische Fakultät
69115 Heidelberg, Voßstr. 2, Gebäude 4370; Tel. (0 62 21) 54 23 29/25; Fax (0 62 21) 54 36 35
Dekanin: Prof. Dr. Katja Patzel-Mattern

Neuphilologische Fakultät
69115 Heidelberg, Voßstr. 2, Gebäude 37; Tel. (0 62 21) 54 28 91; Fax (0 62 21) 54 36 25
Dekan: Prof. Dr. Ludger Lieb

Fakultät für Wirtschafts- und Sozialwissenschaften
69115 Heidelberg, Bergheimer Str. 58; Tel. (0 62 21) 54 34 45; Fax (0 62 21) 54 34 96
Dekan: Prof. Dr. Aurel Croissant

Fakultät für Verhaltens- und Empirische Kulturwissenschaften
69115 Heidelberg, Voßstr. 2, Gebäude 4370; Tel. (0 62 21) 54 28 94; Fax (0 62 21) 54 36 50
Dekanin: Prof. Dr. Silke Hertel

Fakultät für Mathematik und Informatik
69120 Heidelberg, Im Neuenheimer Feld 205; Tel. (0 62 21) 5 41 40 14; Fax (0 62 21) 5 41 40 15
Dekan: Prof. Dr. Ch. Schnörr

Fakultät für Chemie und Geowissenschaften
69120 Heidelberg, Im Neuenheimer Feld 234; Tel. (0 62 21) 54 48 44; Fax (0 62 21) 54 45 89
Dekan: Prof. Dr. Johannes Glückler

Fakultät für Physik und Astronomie
69120 Heidelberg, Im Neuenheimer Feld 226; Tel. (0 62 21) 5 41 96 48; Fax (0 62 21) 5 41 95 48
Dekan: Prof. Dr. rer. nat. Jürgen Berges

Fakultät für Biowissenschaften
69120 Heidelberg, Im Neuenheimer Feld 234; Tel. (0 62 21) 54 56 48; Fax (0 62 21) 54 49 53
Dekan: Prof. Dr. Jochen Wittbrodt

6.2.3 Universität Hohenheim

70599 Stuttgart, Schloss Hohenheim 1; Tel. (07 11) 4 59-0; Fax (07 11) 4 59-2 39 60;
E-Mail: post@verwaltung.uni-hohenheim.de;
http://www.uni-hohenheim.de

Rektor: Prof. Dr. Stephan Dabbert
Kanzlerin: Dr. Katrin Scheffer

Fakultäten

Fakultät Naturwissenschaften
70593 Stuttgart, Tel. (07 11) 4 59-2 27 80; Fax (07 11) 4 59-2 28 21; E-Mail: natur@uni-hohenheim.de
Dekan: Prof. Dr. Uwe Beifuß

Fakultät Agrarwissenschaften
70593 Stuttgart, Tel. (07 11) 4 59-2 23 22; Fax (07 11) 4 59-2 42 70; E-Mail: agrar@uni-hohenheim.de
Dekan: Prof. Dr. Ralf Vögele

Fakultät Wirtschafts- und Sozialwissenschaften
70593 Stuttgart, Tel. (07 11) 4 59-2 24 88; Fax (07 11) 4 59-2 27 85; E-Mail: wiso@uni-hohenheim.de
Dekan: Prof. Dr. Karsten Hadwich

6.2.4 Universität Konstanz

78457 Konstanz, Universitätsstr. 10; Tel. (0 75 31) 88-0; Fax (0 75 31) 88-36 88;
E-Mail: willkommen@uni-konstanz.de;
http://www.uni-konstanz.de

Rektorin: Prof. Dr. Katharina Holzinger
Prorektoren: Prof. Dr. Dorothea Debus; Prof. Dr. Malte Drescher; Prof. Dr. Michael Stürmer; Prof. Dr. Christine Peter
Kanzler: Jens Apitz

Mathematisch-Naturwissenschaftliche Sektion
78457 Konstanz, Universitätsstr. 10; Tel. (0 75 31) 88-51 51
Dekan: Prof. Dr. Harald Reiterer

Fachbereich Mathematik und Statistik
Fachbereichssprecher: Prof. Dr. Michael Junk

Fachbereich Informatik und Informationswissenschaft
Fachbereichssprecher: Prof. Dr. Bastian Goldlücke

Fachbereich Physik
Fachbereichssprecher: Prof. Dr. Guido Burkhard

Fachbereich Chemie
Fachbereichssprecherin: Prof. Dr. Karin Hauser

Fachbereich Biologie
Fachbereichssprecher: Prof. Mark van Kleunen

Fachbereich Psychologie
Fachbereichssprecher: Prof. Dr. Jens Pruessner

Geisteswissenschaftliche Sektion
78457 Konstanz, Universitätsstr. 10; Tel. (0 75 31) 88-23 49
Dekan: Prof. Dr. Ulrich Gotter

Fachbereich Philosophie
Fachbereichssprecher: Prof. Dr. Thomas Müller

Fachbereich Geschichte und Soziologie
Fachbereichssprecher: Prof. Dr. Markus Gruber

Fachbereich Literaturwissenschaft
Fachbereichssprecherin: Prof. Dr. Isabell Otto

Fachbereich Sprachwissenschaft
Fachbereichssprecherin: Prof. Dr. Bettina Braun

Sektion Politik – Recht – Wirtschaft
78457 Konstanz, Universitätsstr. 10; Tel. (0 75 31) 88-23 18
Dekanin: Prof. Dr. Sabine Hochholdinger

Fachbereich Rechtswissenschaften
Fachbereichssprecher: Prof. Dr. Oliver Fehrenbacher

Fachbereich Wirtschaftswissenschaften
Fachbereichssprecher: Prof. Dr. Stephan Schumann

Fachbereich Politik- und Verwaltungswissenschaft
Fachbereichssprecher: Prof. Dr. Florian Kunze

6.2.5 Universität Mannheim

68131 Mannheim, Schloss; Tel. (06 21) 1 81-0; Fax (06 21) 1 81-10 50;
E-Mail: post@verwaltung.uni-mannheim.de;
http://www.uni-mannheim.de

Rektor: Prof. Dr. Thomas Puhl
Prorektoren: Prof. Dr. Laura Maria Edinger-Schons; Prof. Dr. Thomas Fetzer; Prof. Henning Hillmann; Annette Kehnel
Kanzlerin: Barbara Windscheid

Fakultäten

Fakultät für Rechtswissenschaft und Volkswirtschaftslehre
Dekanin: Prof. Dr. Nadine Klass, Tel. (06 21) 1 81-13 73 Fax (06 21) 1 81-35 07

Fakultät für Betriebswirtschaftslehre
68131 Mannheim, L 5, 5; Tel. (06 21) 1 81-14 67; Fax (06 21) 1 81-14 71
Dekan: Prof. Dr. Joachim Lutz

Fakultät für Sozialwissenschaften
68131 Mannheim, A 5, 6; Tel. (06 21) 1 81-19 98; Fax (06 21) 1 81-19 97
Dekan: Prof. Dr. Michael Diehl

Philosophische Fakultät
68131 Mannheim, Kaiserring 10-16; Tel. (06 21) 1 81-21 72/-21 73; Fax (06 21) 1 81-21 68
Dekan: Prof. Dr. Philipp Gassert

Fakultät für Wirtschaftsmathematik und Wirtschaftsinformatik
68131 Mannheim, B 6, 26; Tel. (06 21) 1 81-24 22; Fax (06 21) 1 81-24 23
Dekan: Dr. Bernd Lübcke

6.2.6 Universität Stuttgart

70174 Stuttgart, Keplerstr. 7; Tel. (07 11) 6 85-0; Fax (07 11) 6 85-8 22 71;
E-Mail: poststelle@uni-stuttgart.de;
http://www.uni-stuttgart.de

Universitätsbereich Vaihingen
70550 Stuttgart, Postfach 80 11 40; Tel. (07 11) 6 85-0; Fax (07 11) 6 85-8 22 71

Rektor: Prof. Dr.-Ing. Wolfram Ressel
Prorektor für Forschung: Prof. Dr. Manfred Bischoff
Prorektor für Lehre und Weiterbildung: Prof. Dr. Frank Gießelmann
Prorektor für Wissen- und Technologietransfer: Prof. Dr.-Ing. Peter Middendorf
Prorektorin für wissenschaftlichen Nachwuchs und Diversity: Prof. Dr. Silke Wieprecht
Prorektorin für Informationstechnologie (CIO): Dr. rer. nat. Simone Rehm
Kanzler: Dipl.-Ök. Jan Gerken

Fakultäten

Fakultät 1 Architektur und Stadtplanung
70174 Stuttgart, Keplerstr. 11; Tel. (07 11) 6 85-8 32 23; Fax (07 11) 6 85-8 27 88;
E-Mail: dekanat@f01.uni-stuttgart.de
Dekan: Prof. Dipl.-Ing. Peter Schürmann

Fakultät 2 Bau- und Umweltingenieurwissenschaften
70569 Stuttgart, Pfaffenwaldring 7; Tel. (07 11) 6 85-6 62 34; Fax (07 11) 6 85-5 62 34;
E-Mail: dekanat@f02.uni-stuttgart.de
Dekan: Prof. Oliver Röhrle

Fakultät 3 Chemie
70569 Stuttgart, Pfaffenwaldring 55; Tel. (07 11) 6 85-6 44 70/-6 45 84; Fax (07 11) 6 85-6 40 45;
E-Mail: dekanat@f03.uni-stuttgart.de
Dekanin: Prof. Dr. rer. nat. Cosima Stubenrauch

Fakultät 4 Energie-, Verfahrens- und Biotechnik
70569 Stuttgart, Pfaffenwaldring 9; Tel. (07 11) 6 85-6 64 72; Fax (07 11) 6 85-5 64 72; E-Mail: dekanat@f04.uni-stuttgart.de
Dekan: Prof. Dr. techn. Günter Scheffknecht

Fakultät 5 Informatik, Elektrotechnik und Informationstechnik
70569 Stuttgart, Pfaffenwaldring 47; Tel. (07 11) 6 85-6 72 34 und 6 85-6 72 33; Fax (07 11) 6 85-6 72 36; E-Mail: dekanat@f05.uni-stuttgart.de
Dekan: Prof. Dr. rer. nat. Ilia Polian

Fakultät 6 Luft- und Raumfahrttechnik und Geodäsie
70569 Stuttgart, Pfaffenwaldring 27; Tel. (07 11) 6 85-6 24 00; Fax (07 11) 6 85-6 36 17; E-Mail: dekanat@f06.uni-stuttgart.de
Dekan: Prof. Dr.-Ing. Volker Schwieger

Fakultät 7 Konstruktions-, Produktions- und Fahrzeugtechnik
70569 Stuttgart, Pfaffenwaldring 9; Tel. (07 11) 6 85-6 64 74; Fax (07 11) 6 85-6 69 57; E-Mail: dekanat@f07.uni-stuttgart.de
Dekan: Prof. Dr.-Ing. Hans-Christian Möhring

Fakultät 8 Mathematik und Physik
70569 Stuttgart, Pfaffenwaldring 57; Tel. (07 11) 6 85-6 48 18; Fax (07 11) 6 85-6 48 48; E-Mail: dekanat@f08.uni-stuttgart.de
Dekan: Prof. Dr. Christian Holm

Fakultät 9 Philosophisch-Historische Fakultät
70174 Stuttgart, Keplerstr. 17; Tel. (07 11) 6 85-8 30 89; Fax (07 11) 6 85-8 28 03; E-Mail: dekanat@f09.uni-stuttgart.de
Dekan: Prof. Dr. Daniel Hole

Fakultät 10 Wirtschafts- und Sozialwissenschaften
70174 Stuttgart, Keplerstr. 17; Tel. (07 11) 6 85-8 30 46; Fax (07 11) 6 85-8 28 07; E-Mail: dekanat@wiso.uni-stuttgart.de
Dekan: Prof. Dr. oec. Michael-Jörg Oesterle

6.2.7 Eberhard-Karls-Universität Tübingen

72074 Tübingen, Geschwister-Scholl-Platz; Tel. (0 70 71) 29-0; Fax (0 70 71) 29-59 90; E-Mail: info@uni-tuebingen.de; http://www.uni-tuebingen.de

Rektor: Prof. Dr. Bernd Engler
Prorektoren: Prof. Dr. Karin Amos; Prof. Dr. Peter Grathwohl; Prof. Dr. Monique Scheer
Kanzler: Dr. Andreas Rothfuß

Fakultäten

Evangelisch-Theologische Fakultät
72076 Tübingen, Liebermeisterstr. 12; Tel. (0 70 71) 29-7 79 51; E-Mail: ev.theologie@uni-tuebingen.de
Dekanin: Prof. Dr. Birgit Weyel

Katholisch-Theologische Fakultät
72076 Tübingen, Liebermeisterstr. 12; Tel. (0 70 71) 29-7 64 14; Fax (0 70 71) 29-54 07; E-Mail: u02-info@uni-tuebingen.de
Dekan: Prof. Dr. Matthias Möhring-Hesse

Juristische Fakultät
72074 Tübingen, Geschwister-Scholl-Platz; Tel. (0 70 71) 29-7 25 45; Fax (0 70 71) 29-51 78; E-Mail: dekanat@jura.uni-tuebingen.de
Dekan: Prof. Dr. Wolfgang Forster

Medizinische Fakultät
72076 Tübingen, Geissweg 5; Tel. (0 70 71) 29-7 79 73; Fax (0 70 71) 29-51 88; E-Mail: dekanat@med.uni-tuebingen.de
Dekan: Prof. Dr. rer. nat. Bernd Pichler

Philosophische Fakultät
72074 Tübingen, Keplerstr. 2; Tel. (0 70 71) 29-7 79 65; Fax (0 70 71) 29-58 87; E-Mail: dekanat@philosophie.uni-tuebingen.de
Dekan: Prof. Dr. Jürgen Leonhardt

Wirtschafts- und Sozialwissenschaftliche Fakultät
72074 Tübingen, Nauklerstr. 48; Tel. (0 70 71) 29-7 68 57/-7 79 57; Fax (0 70 71) 29-54 17; E-Mail: dekanat@wiso.uni-tuebingen.de
Dekan: Prof. Dr. Josef Schmid

Mathematisch-Naturwissenschaftliche Fakultät
72076 Tübingen, Auf der Morgenstelle 8; Tel. (0 70 71) 29-7 80 90; Fax (0 70 71) 29-51 98; E-Mail: dekanat@mnf.uni-tuebingen.de
Dekan: Prof. Dr. Thilo Stehle

Zentrum für Islamische Theologie
72070 Tübingen, Rümelinstr. 27; Tel. (0 70 71) 29-7 53 90/-7 53 85; Fax (0 70 71) 29-55 84
Studiendekanin: Elisabeth Fleischer

6.2.8 Universität Ulm

89069 Ulm, Tel. (07 31) 50-10; Fax (07 31) 50-2 20 38; http://www.uni-ulm.de

Präsident: Prof. Dr.-Ing. Michael Weber
Vizepräsidenten: Prof. Dr. Michael Kühl; Prof. Dr. Joachim Ankerhold; Prof. Dr. Olga Pollatos; Prof. Dr. Dieter Bernhard Rautenbach
Kanzler: Dieter Kaufmann

Fakultäten

Fakultät für Naturwissenschaften
89081 Ulm, Albert-Einstein-Allee 11; Tel. (07 31) 50-2 20 30; Fax (07 31) 50-2 20 37; E-Mail: nawi.dekanat@uni-ulm.de
Dekan: Prof. Dr. Thorsten Bernhardt

Fakultät für Mathematik und Wirtschaftswissenschaften
89081 Ulm, Helmholtzstr. 18; Tel. (07 31) 50-2 35 01; Fax (07 31) 50-2 36 10;
E-Mail: mawi.dekanat@uni-ulm.de
Dekan: Prof. Dr. Stefan Funken

Medizinische Fakultät
89081 Ulm, Albert-Einstein-Allee 7; Tel. (07 31) 50-3 36 01; Fax (07 31) 50-3 36 09;
E-Mail: med.dekanat@uni-ulm.de
Dekan: Prof. Dr. med. Thomas Wirth

Fakultät für Ingenieurwissenschaften, Informatik und Psychologie
89081 Ulm, James-Franck-Ring; Tel. (07 31) 50-2 42 01; Fax (07 31) 50-2 42 02;
E-Mail: in.dekanat@uni-ulm.de
Dekan: Prof. Dr. Maurits Ortmanns

6.3 Staatliche Hochschulen

– Staatliche Einrichtungen und Körperschaften des öffentlichen Rechts –

6.3.1 Hochschule Aalen

– Technik und Wirtschaft –

73430 Aalen, Beethovenstr. 1; Tel. (0 73 61) 5 76-0; Fax (0 73 61) 5 76-22 50; E-Mail: info@hs-aalen.de; http://www.hs-aalen.de

Rektor: Prof. Dr. Gerhard Schneider
Prorektoren: Prof. Dr. Heinz-Peter Bürkle; Prof. Dr. Harald Riegel; Prof. Dr. Markus Peter
Kanzlerin: Ulrike Messerschmidt
Fachbereiche (Bachelor-Studiengänge)
– Chemie (Chemie mit Studienschwerpunkt Biologische Chemie und Analytische Chemie)
– Elektronik und Informatik (Fachbereich Elektronik und Informatik (Elektrotechnik mit den Vertiefungsrichtungen Elektrotechnik, Energiesysteme, Industrieelektronik sowie Medien- und Informationstechnik; Elektrotechnik mit Studienschwerpunkt Elektrotechnik kompakt durch Anrechnung (EkA); Elektrotechnik mit Studienschwerpunkt Technische Informatik/Embedded Systems; Internet der Dinge; Informatik mit den Studienschwerpunkten Informatik, Medieninformatik, IT-Sicherheit sowie Software Engineering; Data Science)
– Optik und Mechatronik (Augenoptik/Optometrie; Hörakustik/Audiologie; Mechatronik mit den Studienschwerpunkten Technical Content Creation, User Experience, Mechatronik kompakt durch Anrechnung (MekA); Ingenieurpädagogik; Optical Engineering; Digital Health Management)
– Maschinenbau und Werkstofftechnik (Maschinenbau/Produktion und Management mit dem Studienschwerpunkt Maschinenbau/Wirtschaft und Management; Kunststofftechnik; Allgemeiner Maschinenbau; Oberflächentechnologie/Neue Materialien mit den Studienschwerpunkten International Sales Management and Technology, Maschinenbau/Neue Materialien; Materialographie/ Neue Materialien; Maschinenbau/ Entwicklung: Design und Simulation)
– Wirtschaftswissenschaften (Wirtschaftsingenieurwesen; Internationale Betriebswirtschaft; Betriebswirtschaft für kleine und mittlere Unternehmen; Gesundheitsmanagement; Wirtschaftsinformatik; Wirtschaftspsychologie)

6.3.2 Hochschule Albstadt-Sigmaringen

– Technik, Wirtschaft, Informatik, Life Sciences –

72488 Sigmaringen, Anton-Günther-Str. 51; Tel. (0 75 71) 7 32-0; Fax (0 75 71) 7 32-82 29; E-Mail: info@hs-albsig.de; http://www.hs-albsig.de

Rektorin: Dr. Ingeborg Mühldorfer
Prorektoren: Prof. Dr. Clemens Möller; Prof. Dr. Matthias Premer; Prof. Dr. Tobias Häberlein
Kanzlerin: Bernadette Boden
Fakultäten/Studiengänge:
Fakultät Engineering
Bachelor: Maschinenbau, Textil- und Bekleidungstechnologie, Material and Process Engineering, Wirtschaftsingenieurwesen
Master: Maschinenbau – Rechnerunterstützte Produkterstellung, Textil- und Bekleidungsmanagement, Wirtschaftsingenieurwesen – Produktionsmanagement
Fakultät Informatik
Bachelor: IT Security, Technische Informatik, Wirtschaftsinformatik
Master: Business and Security Analytics, Digitale Forensik (berufsbegleitend), Systems Engineering, Data Science (berufsbegleitend)
Fakultät Business Science and Management
Bachelor: Betriebswirtschaft, Energiewirtschaft und Management
Master: Betriebswirtschaft und Management, IT Governance, Risk and Compliance Management (berufsbegleitend)
Fakultät Life Sciences
Bachelor: Smart Building Engineering and Management, Lebensmittel, Ernährung und Hygiene, Pharmatechnik, Bioanalytik
Master: Biomedical Sciences, Facility and Process Design

6.3.3 Hochschule Biberach

– Hochschule für Architektur, Bauwesen, Wirtschaft und Biotechnologie – Hochschule für angewandte Wissenschaften

88400 Biberach, Karlstr. 11; Tel. (0 73 51) 5 82-0; Fax (0 73 51) 5 82-1 19;

E-Mail: rektor@hochschule-bc.de;
http://www.hochschule-biberach.de

Rektor: Prof. Dr. André Bleicher
Prorektoren: Prof. Dr. Heike Frühwirth; Prof. Dr.-Ing. Norbert Büchter; Prof. Dr. Jens Winter
Kanzler: Thomas Schwäble
Fachbereiche
Architektur und Energieingenieurwesen
Bauingenieurwesen und Projektmanagement
Betriebswirtschaft
Biotechnologie

6.3.4 Hochschule Esslingen

73728 Esslingen, Kanalstr. 33; Tel. (07 11) 3 97-49;
Fax (07 11) 3 97-31 00;
E-Mail: info@hs-esslingen.de;
http://www.hs-esslingen.de, http://www.graduate-school.de

Rektor: Prof. Christof Wolfmaier
Prorektoren: Prof. Dr. phil. Marion Laging; Prof. Dr. rer. oec. Fabian Diefenbach; Prof. Dr.-Ing. Sascha Röck; Prof. Dr.-Ing. Markus Tritschler
Kanzlerin: Heike Lindenschmid
Fakultäten
Angewandte Naturwissenschaften
Fahrzeugtechnik
Grundlagen
Maschinenbau
Gebäude – Energie – Umwelt
Betriebswirtschaft
Graduate School
Informationstechnik
Soziale Arbeit, Gesundheit und Pflege

Standort Göppingen
73037 Göppingen, Robert-Bosch-Str. 6; Tel. (0 71 61) 6 79-0; Fax (0 71 61) 6 79-21 73
Fakultäten
Mechatronik und Elektrotechnik
Wirtschaftsingenieurwesen

6.3.5 Hochschule Furtwangen

– Hochschule für angewandte Wissenschaften –

78120 Furtwangen, Robert-Gerwig-Platz 1; Tel. (0 77 23) 9 20-0; Fax (0 77 23) 9 20-11 09;
E-Mail: info@hs-furtwangen.de; https://www.hs-furtwangen.de

Rektor: Prof. Dr. Rolf Schofer
Prorektoren: Prof. Dr. Ulrich Mescheder; Prof. Dr. Michael Lederer; Prof. Robert Schäflein-Armbruster
Kanzlerin: Andrea Linke
Fakultäten (Studiengänge)
Digitale Medien: (Design Interaktiver Medien/Master, Musikdesign/Master, Medieninformatik Bachelor und Master, Medienkonzeption, OnlineMedien)

Gesundheit, Sicherheit, Gesellschaft (Angewandte Gesundheitswissenschaften, Security & Safety Engineering, Angewandte Gesundheitsförderung/Master, Risikoingenieurwesen/Master)
Informatik: (Allgemeine Informatik, IT-Produktmanagement, Informatik/Master, Mobile Systeme/Master)
Mechanical and Medical Engineering (Elektrotechnik in Anwendungen, Information Communication Systems, Smart Systems/Master)
Wirtschaftsingenieurwesen: (Marketing und Vertrieb, Product Engineering, Product Innovation/Master, Sales & Service Engineering/MBA, Service Management)
Wirtschaftsinformatik: (Business Application Architectures/Master, Business Consulting/Master, International Business Information Systems, Wirtschaftsinformatik, WirtschaftsNetze – eBusiness)

Campus Schwenningen
78054 Villingen-Schwenningen, Jakob-Kienzle-Str. 17; Tel. (0 77 20) 3 07-0; Fax (0 77 20) 3 07-31 09
Fakultäten (Studiengänge)
Medical and Life Sciences: (Angewandte Biologie; Molekulare und Technische Medizin, Precision Medicine Diagnostics/Master, Nachhaltige Bioprozesstechnik/Master, Technical Physician/Master)
Mechanical and Medical Engineering: (Biomedical Engineering/Master; International Engineering; Maschinenbau und Mechatronik; Medizintechnik – Klinische Technologien; Advanced Precision Engineering/Master, Mikromedizintechnik/Master, Technische Medizin/Master)
Wirtschaft (Business Management and Psychology, International Business Management Bachelor und MBA, Internationale Betriebswirtschaft, International Management/Master, Executive Master of International Business/MBA)

Hochschulcampus Tuttlingen
78532 Tuttlingen, Kronenstr. 16; Tel. (0 74 61) 15 02-0; Fax (0 74 61) 15 02-62 01
Fakultät (Studiengänge)
Industrial Technologies:
Angewandte Materialwissenschaften/Master, Medical Devices & Healthcare Management/MBA, Ingenieurpsychologie, Mechatronik und Digitale Produktion, Medizintechnik – Technologien und Entwicklungsprozesse, Werkstoff- und Fertigungstechnik, Mechatronische Systeme/Master, Orientierung Technik/Vorsemester

6.3.6 Hochschule Heilbronn

– Technik, Wirtschaft, Informatik –

74081 Heilbronn, Max-Planck-Str. 39; Tel. (0 71 31) 5 04-0; Fax (0 71 31) 25 24 70;
E-Mail: poststelle@hs-heilbronn.de;
http://www.hs-heilbronn.de

Rektor: Prof. Dr.-Ing. Oliver Lenzen

Prorektoren: Prof. Dr. Ruth Fleuchaus; Prof. Dr. Ulrich Brecht; Prof. Dr.-Ing. Raoul Daniel Zöllner
Kanzler: Christoph Schwerdtfeger
Fakultät/Studiengänge
Technik I / Automotive System Engineering, Elektronik und Informationstechnik, Maschinenbau, Mechatronik und Mikrosystemtechnik, Automation und Robotik, Master: Maschinenbau, Mechatronik, Elektronic Systems Engineering
Technik II / Produktion und Logistik, Verfahrens- und Umwelttechnik, Technisches Logistikmanagement, Master: Technical Management,
Wirtschaft und Verkehr / Betriebswirtschaft und Unternehmensführung, Verkehrsbetriebswirtschaft und Logistik, Verkehrsbetriebswirtschaft und Personenverkehr, Wirtschaftsinformatik, Master: Business Administration in Transport und Logistics, Unternehmensführung/Business Management,
Wirtschaft II / Tourismusmanagement, Hotel- und Restaurantmanagement, Internationale Betriebswirtschaft – Interkulturelle Studien, Internationale Betriebswirtschaft – Osteuropa, Weinbetriebswirtschaft, Master: International Tourism Management, International Business & Intercultural Management
Informatik / Medizinische Informatik, Software Engineering; Master: Software Engineering and Management, Medizinische Informatik

Standort
74653 Künzelsau, Daimlerstr. 35; Tel. (0 79 40) 13 06-0; Fax (0 79 40) 13 06-1 20
Fakultät/Studiengänge
Technik und Wirtschaft/Elektrotechnik, Antriebssysteme und Mechatronik, Wirtschaftsingenieurwesen, Betriebswirtschaft und Kultur-, Freizeit-, Sportmanagement; Betriebswirtschaft und Marketing, Energiemanagement, Betriebswirtschaft und Sozialmanagement, Energieökologie, Master: Elektrotechnik, Betriebswirtschaft und Kultur-, Freizeit-, Sportmanagement, International Marketing and Communication

Standort
74523 Schwäbisch Hall, Ziegeleiweg 4
Fakultät/Studiengänge
Management und Vertrieb: Finanzdienstleister
Management und Vertrieb: Handel
Management und Vertrieb: Industrie
Management und Beschaffungswirtschaft
Management und Unternehmensrechnung
Management und Personalwesen

6.3.7 Hochschule Karlsruhe

Technik und Wirtschaft

76133 Karlsruhe, Moltkestr. 30; Tel. (07 21) 9 25-0; Fax (07 21) 9 25-20 00; E-Mail: mailbox@h-ka.de; http://www.h-ka.de

Rektor: Prof. Dr.-Ing. Frank Artinger

Prorektoren: Prof. Dr. rer. nat. Angelika Altmann-Dieses; Prof. Dr. Robert Pawlowski; Prof. Dr.-Ing. Franz Quint
Kanzler: Norbert Reichert
Bachelorstudiengänge
Architektur
Bauingenieurwesen
Bauingenieurwesen trinational
Baumanagement und Baubetrieb
Umweltingenieurwesen (Bau)
Informatik
Internationales IT Business
Medien- und Kommunikationsinformatik
Wirtschaftsinformatik
Fahrzeugtechnologie
Maschinenbau
Mechatronik
Elektro- und Informationstechnik
Studienvertiefung – Automatisierungstechnik
Studienvertiefung – Energietechnik und Erneuerbare Energien
Studienvertiefung – Informationstechnik
Studienvertiefung – Sensorik
Studienvertiefung – Elektromobilität und Autonome Systeme
Studienvertiefung – Umweltmesstechnik
Geodäsie und Navigation
Geoinformationsmanagement
Kommunikation und Medienmanagement
KulturMediaTechnologie
Verkehrssystemmanagement
International Management
Wirtschaftsingenieurwesen
Masterstudiengänge
Architektur
Bauingenieurwesen
Bauingenieurwesen trinational
Baumanagement
Informatik
Wirtschaftsinformatik
Automotive Systems Engineering
Maschinenbau
Mechatronic and Micro-Mechatronic Systems
Mechatronik
Elektrotechnik (berufsbegleitend)
Elektro- und Informationstechnik
Sensor Systems Technology (englisch)
Kommunikation und Medienmanagement
Geomatics
Verkehrssystemmanagement
International Management
Technologie-Entrepreneurship
Tricontinental Master in Global Studies
Wirtschaftsingenieurwesen

6.3.8 Hochschule für öffentliche Verwaltung Kehl

77694 Kehl, Kinzigallee 1; Tel. (0 78 51) 8 94-0; Fax (0 78 51) 8 94-1 20; E-Mail: post@hs-kehl.de; http://www.hs-kehl.de

Rektor: Prof. Dr. Joachim Beck
Prorektoren: Prof. Dr. Jürgen Kientz; Prof. Dr. Sascha Kiefer
Kanzler: Oliver Herbst
Bachelor Studiengang
Public Management
Ausbildung zum Beamten des gehobenen nichttechnischen Verwaltungsdienstes beim Land, bei den Gemeinden und bei den Landkreisen in Baden-Württemberg
Master Studiengänge
Europäisches Verwaltungsmanagement
Public Management (berufsbegleitend)
Management von Clustern und regionalen Netzwerken (deutsch-französisch)

6.3.9 Hochschule Konstanz Technik, Wirtschaft und Gestaltung

University of Applied Sciences

78462 Konstanz, Alfred-Wachtel-Str. 8; Tel. (0 75 31) 2 06-0; Fax (0 75 31) 2 06-4 00;
E-Mail: kontakt@htwg-konstanz.de;
http://www.htwg-konstanz.de

Präsidentin: Prof. Dr. Sabine Rein
Vizepräsidenten: Prof. Dr. Thomas Birkhölzer (Lehre und Qualitätssicherung); Prof. Dr. Gunnar Schubert (Forschung); Prof. Dr. Katrin Klodt-Bußmann (Wissenschaftliche Weiterbildung)
Kanzlerin: Dr. Andrea Veith
Fakultäten
Architektur und Gestaltung
Bauingenieurwesen
Elektrotechnik und Informationstechnik
Informatik
Maschinenbau
Wirtschafts-, Kultur- und Rechtswissenschaften
Studiengänge
Bachelorstudiengänge:
Architektur (BAG), Architektur mit EU-Berufsanerkennung, Automobilinformationstechnik, Bauingenieurwesen, Betriebswirtschaftslehre, Elektrotechnik und Informationstechnik, Kommunikationsdesign, Maschinenbau/Konstruktion und Entwicklung, Maschinenbau/Entwicklung und Produktion, Wirtschaftsrecht, Umwelttechnik und Ressourcenmanagement, Angewandte Informatik, Gesundheitsinformatik, Verfahrenstechnik und Umwelttechnik, Wirtschaftsinformatik, Wirtschaftsingenieurwesen Bau, Wirtschaftsingenieurwesen Elektro- und Informationstechnik, Wirtschaftsingenieurwesen Maschinenbau, Wirtschaftssprachen Asien und Management/China, Wirtschaftssprachen Asien und Management/Südost- und Südasien, Wirtschaftssprache Deutsch und Tourismusmanagement
Masterstudiengänge:
Architektur, Internationales Management Asien, Automotive Systems Engineering, Bauingenieurwesen, Business Information Technology, Elektrische Systeme, Informatik, Kommunikationsdesign, Legal Management, Mechanical Engineering and International Sales Management, Mechatronik, Umwelt- und Verfahrenstechnik, Wirtschaftsingenieurwesen, Unternehmensführung, International Projekt Engineering
Weiterbildung
Human Capital Management (MBA)
General Management (MBA)
Compliance and Corporate Governance (MBA)
Master Packaging Technology
Master Systems Engineering

6.3.10 Hochschule für öffentliche Verwaltung und Finanzen Ludwigsburg

71634 Ludwigsburg, Reuteallee 36; Tel. (0 71 41) 1 40-0; Fax (0 71 41) 1 40-5 44;
E-Mail: poststelle@hs-ludwigsburg.de;
http://www.hs-ludwigsburg.de

Rektor: Prof. Dr. Wolfgang Ernst
Prorektoren: Prof. Dr. habil. Anna Steidle; Prof. Dr. Thilo Haug
Kanzler: Dr. Henrik Becker
Studiengänge
Bachelorstudiengänge (mit Beamtenstatus): Public Management, Rentenversicherung, Allgemeinen Finanzverwaltung und Steuerverwaltung. Kontaktstudium: Kommunale Bilanzbuchhalter und Kommunaler Steuerexperte
Masterstudiengänge
European Public Administration, Public Management (berufsbegleitend) und Kommunales Gesundheitsmanagement

6.3.11 Hochschule Mannheim

68163 Mannheim, Paul-Wittsack-Str. 10; Tel. (06 21) 2 92-61 11; Fax (06 21) 2 92-64 20;
E-Mail: info@hs-mannheim.de;
http://www.hs-mannheim.de

Rektorin: Prof. Dr. phil. Astrid Hedtke-Becker
Prorektoren: Prof. Dr. rer. oec. Thomas Schüssler; Prof. Dr. rer. nat. Mathias Hafner; Prof. Dr. rer. nat. Sachar Paulus
Kanzlerin: Dipl.-Angl. Claudia von Schuttenbach (Mag. rer. publ.)
Fakultäten (Studiengänge)
Biotechnologie (Biotechnologie, Bachelor; Biologische Chemie, Bachelor; Biotechnology, Master)
Elektrotechnik (Automatisierungstechnik, Bachelor; Automatisierungs- und Energiesysteme (Master); Energietechnik und erneuerbare Energien, Bachelor; Lehramt an beruflichen Schulen, Bachelor, Master; Translation Studies for Information Technologies, Bachelor
Mechatronik (Bachelor)
Gestaltung (Kommunikationsdesign, Bachelor, Master)

Informatik (Informatik, Bachelor, Master; Medizinische Informatik, Bachelor; Unternehmens- und Wirtschaftsinformatik, Bachelor)
Informationstechnik (Medizintechnik, Bachelor; Nachrichtentechnik/Elektronik, Bachelor; Technische Informatik, Bachelor; Informationstechnik, Master)
Maschinenbau (Maschinenbau Konstruktion, Bachelor; Maschinenbau Produktion, Bachelor; Maschinenbau, Master, binational)
Verfahrens- und Chemietechnik (Chemische Technik, Bachelor; Verfahrenstechnik, Bachelor; Chemieingenieurwesen, Master, binational)
Wirtschaftsingenieurwesen (Wirtschaftsingenieurwesen, Bachelor, Master)
Sozialwesen (Soziale Arbeit, Bachelor, Master)

6.3.12 Hochschule für Wirtschaft und Umwelt Nürtingen-Geislingen

72622 Nürtingen, Neckarsteige 6-10; Tel. (0 70 22) 2 01-0; Fax (0 70 22) 2 01-3 03; E-Mail: info@hfwu.de; http://www.hfwu.de

Rektor: Prof. Dr. Andreas Frey
Prorektoren: Prof. Dr. Markus Mändle; Prof. Dr. Carola Pekrun; Prof. Dr.-Ing. Dirk Stendel
Kanzlerin: Claudia Uhrmann

Standort
73312 Geislingen, Parkstr. 4; Tel. (0 73 31) 22-5 20; Fax (0 73 31) 22-5 60
Bachelorstudiengänge
Agrarwirtschaft (B.Sc.)
Automobil- und Mobilitätsmanagement (B.Sc.)
Betriebswirtschaft (B.Sc.)
Energie- und Ressourcenmanagement (B.A.)
Gesundheits- und Tourismusmanagement (B.A.)
Immobilienwirtschaft (B.Sc.)
Internationales Finanzmanagement (B.Sc.)
Kunsttherapie (B.A.)
Landschaftsarchitektur (B.Eng.)
Landschaftsplanung und Naturschutz (B.Eng.)
Nachhaltiges Produktmanagement (B.A.)
Pferdewirtschaft (B.Sc.)
Stadtplanung (B.Eng.)
Theatertherapie (B.A.)
Volkswirtschaftslehre (B.Sc.)
Wirtschaftspsychologie (B.Sc.)
Wirtschaftsrecht (LL.B.)
Masterstudiengänge
Automotive Management (M.A.)
Controlling (M.A.)
Immobilienmanagement (M.Sc.)
International Finance (M.Sc.)
International Management (MBA)
International Master in Landscape Architecture (M.Eng.)
Kunsttherapie (M.A.)
Nachhaltige Agrar- und Ernährungswirtschaft (M.Sc.)
Nachhaltige Stadt- und Regionalentwicklung (M.Eng.)
Organisationsdesign (M.A.)
Prozessmanagement (M.Sc.), berufsbegleitend
Sustainable Mobilities (M.Sc.)
Umweltschutz (M.Eng.)
Unternehmensführung (M.Sc.)
Unternehmensrestrukturierung und Insolvenzmanagement (LL.M)
Externe Studienprogramme
Bachelor (berufsbegleitend/Vollzeit):
Automotive and Mobility Business (B.Sc.), berufsbegleitend
Betriebswirtschaft (B.A.), berufsbegleitend
Gesundheits- und Tourismusmanagement (B.A.), Vollzeit
Wirtschaftspsychologie (B.Sc.), Vollzeit
Master / MBA (berufsbegleitend):
Angewandte Anthropologie (M.Sc.)
Automotive and Mobility Management (M.Sc.)
Digital Management & Marketing (MBA)
Internationales Projektmanagement und Agiles Projekt- und Transformationsmanagement (MBA)
Management and Finance / Real Estate / Production / Communication (MBA)
Leadership and Sports Management (VfB-Master) (MBA)
Prozessmanagement (berufsbegleitend (M.Sc.)
Internationales Sportmarketing (MBA)
International Tourism Management (MBA)
Trend- und Nachhaltigkeitsmanagement (MBA)
Unternehmensführung und Entrepreneurship (MBA)
Verkehrs-, Straf- und Versicherungsrecht (LL.M.)
Wirtschaftspsychologie & Leadership (M.Sc.)

6.3.13 Hochschule Offenburg

– Hochschule für Technik, Wirtschaft und Medien –

77652 Offenburg, Badstr. 24; Tel. (07 81) 2 05-0; Fax (07 81) 20 52 14; E-Mail: info@hs-offenburg.de; http://www.hs-offenburg.de

Rektor: Prof. Dr. rer. nat. Stephan Trahasch
Prorektoren: Prof. Dr.-Ing. Jan Münchenberg; Prof. Dr.-Ing. Thomas Seifert; Prof. rer. oec. Andrea Müller; Prof. iur. Oliver Schäfer
Kanzler: Dr. Bülent Tarkan
Campus Offenburg
startING für 12 Ingenieurstudiengänge
Fakultäten
Fakultät Elektrotechnik und Informationstechnik
Angewandte Informatik
Elektrotechnik/Informationstechnik (Bachelor/Master)
Elektrotechnik/Informationstechnik (trinational)
Elektrotechnik/Informationstechnik-plus
Elektrische Energietechnik/Physik

Elektrische Energietechnik/Physik-plus
Medizintechnik (Bachelor/Master)
Mechatronik
Mechatronik-plus
Wirtschaftsinformatik
Wirtschaftsinformatik-plus
Informatik (Master)
Berufliche Bildung Elektrotechnik/Informationstechnik (Master)
Berufliche Bildung Informatik/Wirtschaft (Master)
Berufliche Bildung Mechatronik (Master)
Fakultät Maschinenbau und Verfahrenstechnik
Angewandte Biomechanik
Maschinenbau
Maschinenbau/Werkstofftechnik
Verfahrenstechnik (Schwerpunkt: Bio-/Umwelt-/Energie)
Energiesystemtechnik
Berufliche Bildung Mechatronik (Master)
Mechanical Engineering (Master)
Fakultät Medien und Informationswesen
Medien und Informationswesen
Medientechnik/Wirtschaft-plus
medien.gestaltung & produktion
Unternehmens- und IT-Sicherheit
Medien und Kommunikation (Master)
Medien in der Bildung (Master)
Berufliche Bildung Medientechnik/Wirtschaft (Master)
Internationale Studiengänge
Process Engineering (Master)
Communication and Media Engineering (Master)
Energy Conversion and Management (Master)
International Business Consulting (MBA)

Campus Gengenbach
77723 Gengenbach, Klosterstr. 14; Tel. (0 78 03) 96 98-0; Fax (0 78 03) 96 98-44 49
Fakultät Betriebswirtschaft und Wirtschaftsingenieurwesen
Betriebswirtschaft (Bachelor/Master)
Wirtschaftsingenieurwesen (Bachelor/Master)
Betriebswirtschaft/Logistik und Handel
General Management (MBA)-Part-Time)

6.3.14 Hochschule Pforzheim

75175 Pforzheim, Tiefenbronner Str. 65; Tel. (0 72 31) 28-5; Fax (0 72 31) 28-66 66;
E-Mail: info@hs-pforzheim.de;
http://www.hs-pforzheim.de

Rektor: Prof. Dr. Ulrich Jautz
Prorektoren: Prof. Dr. Ingela Tietze; Prof. Dr. Hanno Weber
Kanzler: Bernd Welter

Fakultäten
Fakultät Gestaltung
75175 Pforzheim, Holzgartenstr. 36; Tel. (0 72 31) 28-5; Fax (0 72 31) 28-66 66

Fakultät Technik
75175 Pforzheim, Tiefenbronner Str. 66; Tel. (0 72 31) 28-5; Fax (0 72 31) 28-66 66

Fakultät Wirtschaft und Recht
75175 Pforzheim, Tiefenbronner Str. 65; Tel. (0 72 31) 28-5; Fax (0 72 31) 28-66 66

Studiengänge:
Bachelor: Fakultät Wirtschaft und Recht: Einkauf und Logistik, Marketing, Digital Enterprise Management, Marketingkommunikation und Werbung, Marktforschung und Konsumentenpsychologie, Steuern – Wirtschaftsprüfung, Media Management und Werbepsychologie, Ressourceneffizienzmanagement, Controlling, Finanz- und Rechnungswesen, Wirtschaftsinformatik, International Business, Personalmanagement, International Marketing, Wirtschaftsrecht
im Design: Industrial Design, Transportation Design, Mode, Schmuck und Objekte der Alltagskultur, Visuelle Kommunikation, Accessoire Design
im Ingenieurwesen: Wirtschaftsingenieurwesen/General Management, Wirtschaftsingenieurwesen/International Management, Wirtschaftsingenieurwesen/Global Process Management, Maschinenbau/Produktentwicklung, Maschinenbau/Produkttechnik, Elektrotechnik/Informationstechnik, Technische Informatik, Mechatronik, Medizintechnik
Master: Master of Arts Design and Future Making, Master of Science Engineering and Management, Master of Science Mechatronische Systementwicklung, Master of Science Corporate Communication Management, Master of Science Human Resources Management, Master of Science Life Cycle & Sustainability, Master of Science Marketing Intelligence, Master of Business Administration Management (berufsbegleitend), Master of Art Strategisches Innovationsmanagement (berufsbegleitend), Master of Business Administration in International Management, Master of Science in Information Systems, Master of Science in Produktentwicklung, Master of Arts in Transportation Design, Master of Arts in Creative Direction, Master of Arts in Controlling, Finance and Accounting, Master of Arts in Creative Communication and Brand Management, Master of Arts in Auditing and Taxation, Master of Science in Embedded Systems

6.3.15 Hochschule Ravensburg-Weingarten

– Technik, Wirtschaft, Sozialwesen –

88250 Weingarten, Doggenriedstr.; Tel. (07 51) 5 01-95 41; Fax (07 51) 5 01-98 73;
E-Mail: info@rwu.de; http://www.rwu.de

Rektor: Prof. Dr.-Ing. Thomas Spägele
Prorektoren: Prof. Dr. Sebastian Mauser (Studium, Lehre und Qualitätsmanagement); Prof. Dr. sc. techn. Michael Pfeffer (Forschung, Internationales

und Transfer); Prof. Dr. rer. pol. Heidi Reichle (Didaktik, Digitalisierung, Hochschulkommunikation)
Kanzler: Henning Rudewig
Leiter Öffentlichkeitsarbeit und Wissenschaftskommunikation: Christoph Oldenkotte
Fakultäten/Studiengänge
Elektrotechnik und Informatik (Bachelorstudiengänge: Angewandte Informatik, Elektromobilität und regenerative Energien, Elektrotechnik und Informationstechnik, Informatik/Elektrotechnik PLUS Lehramt 1, Wirtschaftsinformatik, Wirtschaftsinformatik PLUS Lehramt 1, Mediendesign und digitale Gestaltung, Internet und Online-Marketing; Masterstudiengänge: Informatik: Robotik und Spiele, Wirtschaftsinformatik, Mechatronics, Electrical Engineering and Embedded Systems)
Maschinenbau (Bachelorstudiengänge: Fahrzeugtechnik, Fahrzeugtechnik PLUS Lehramt 1, Maschinenbau, Energie- und Umwelttechnik; Masterstudiengang: Produktentwicklung im Maschinenbau, Umwelt- und Verfahrenstechnik)
Soziale Arbeit, Gesundheit und Pflege (Bachelorstudiengänge: Pflege, Gesundheitsökonomie, Angewandte Psychologie, Soziale Arbeit; Masterstudiengänge: Angewandte Gesundheitswissenschaft, Management im Sozial- und Gesundheitswesen (berufsbegleitend), Soziale Arbeit und Teilhabe)
Technologie und Management (Bachelorstudiengänge: Wirtschaftsingenieurwesen (Technik-Management), Betriebswirtschaftslehre und Management, Physical Engineering (Technik-Entwicklung); berufsbegleitender Masterstudiengang: International Business Management; Masterstudiengänge: Betriebswirtschaftslehre und Unternehmerisches Handeln, Technik-Management und Optimierung, Betriebswirtschaft, Produktion und Märkte)

6.3.16 Hochschule Reutlingen

– Reutlingen University –

72762 Reutlingen, Alteburgstr. 150; Tel. (0 71 21) 2 71-0; http://www.reutlingen-university.de

Präsident: Prof. Dr. Hendrik Brumme
Vizepräsidenten: Prof. Harald Dallmann; Prof. Dr. Petra Kneip; Prof. Dr. Petra Kluger
Kanzler: Alexander Leisner
Fakultäten
Angewandte Chemie
ESB Business School
Informatik
Technik
Textil und Design

angeschlossen:

Hochschulservicezentrum Baden-Württemberg
72762 Reutlingen, Alteburgstr. 150; Tel. (0 71 21) 2 71-92 01
Leiter: Dr. Matthias Stehle

6.3.17 Hochschule für Forstwirtschaft Rottenburg

72108 Rottenburg, Schadenweilerhof; Tel. (0 74 72) 9 51-0; Fax (0 74 72) 9 51-2 00;
E-Mail: hfr@hs-rottenburg.de; http://www.hs-rottenburg.de

Rektor: Prof. Dr. Dr. h. c. Bastian Kaiser
Prorektor: Prof. Dr. Matthias Scheuber
Kanzler: Gerhard Weik
Studiengänge mit Abschluss Bachelor of Science
Forstwirtschaft
Erneuerbare Energien
Ressourcenmanagement Wasser
Naturraum- und Regionalmanagement
Holzwirtschaft
Studiengang mit Abschluss Master of Science
SENCE Sustainable Energy Competence (Nachhaltige Energiewirtschaft und -technik)
Ressourceneffizientes Bauen
Forstwirtschaft

6.3.18 Hochschule für Gestaltung Schwäbisch Gmünd

73525 Schwäbisch Gmünd, Rektor-Klaus-Str. 100; Tel. (0 71 71) 60 26 00; Fax (0 71 71) 6 92 59;
E-Mail: info@hfg-gmuend.de;
http://www.hfg-gmuend.de

Rektor: Prof. Ralf Dringenberg
Prorektorinnen: Prof. Dr. Dagmar Rinker; Prof. Ulrich Schendzielorz; Prof. Marc Guntow
Kanzler: Matthias Schall
Studiengänge
Interaktionsgestaltung (Bachelor)
Internet der Dinge – Gestaltung vernetzter Systeme (Bachelor)
Kommunikationsgestaltung (Bachelor)
Produktgestaltung (Bachelor)
Strategische Gestaltung (Master)

6.3.19 Hochschule für Technik Stuttgart

70174 Stuttgart, Schellingstr. 24; Tel. (07 11) 89 26-0; Fax (07 11) 89 26-26 66;
E-Mail: rektorat@hft-stuttgart.de;
http://www.hft-stuttgart.de

Rektorin: Prof. Dr. Katja Rade
Prorektoren: Prof. Dr. Wolfgang Huep; Prof. Dr. Lutz Gaspers
Kanzlerin: Dr. Doreen Kirmse
Fakultäten/Studiengänge
Fakultät A: Architektur und Gestaltung
Studiengänge: Architektur (Bachelor und Master), Innenarchitektur (Bachelor), International Master of Interior-Architectural Design (Master), International Project Management (Master), Stadtplanung (Master), Klimaengineering (Bachelor), Smart City Solutions (Master)

Fakultät B: Bauingenieurwesen, Bauphysik und Wirtschaft
Studiengänge: Bauingenieurwesen (Bachelor), Bauphysik (Bachelor), Betriebswirtschaft (Bachelor), General Management (Master), Geotechnik/Tunnelbau (Master), Infrastrukturmanagement (Bachelor), Konstruktiver Ingenieurbau (Master), Subtainable Energy Competence (Master), Umweltschutz (Master), Wirtschaftsingenieurwesen, Bau und Immobilien (Bachelor), Verkehrsinfrastrukturmanagement (Master), Wirtschaftspsychologie (Bachelor und Master), Umweltorientierte Logistik (Master), Gebäudephysik (Master)
Fakultät C: Vermessung, Informatik und Mathematik
Studiengänge: Informatik (Bachelor), Informationslogistik (Bachelor), Mathematik (Bachelor und Master), Photogrammetry and Geoinformatics (Master), Software Technology (Master), Vermessung und Geoinformatik (Bachelor), Vermessung (Master), Wirtschaftsinformatik (Bachelor)

6.3.20 Hochschule der Medien Stuttgart

70569 Stuttgart, Nobelstr. 10; Tel. (07 11) 89 23 10; Fax (07 11) 89 23 11; http://www.hdm-stuttgart.de

Rektor: Prof. Dr. Alexander Roos
Prorektoren: Prof. Dr. Nils Högsdal; Prof. Dr. Mathias Hinkelmann; Prof. Dr. Bettina Schwarzer
Kanzler: Peter Marquardt
Fakultät 1 Druck und Medien
Studiengänge/Bachelor:
Druck- und Medientechnologie,
Deutsch-Chinesische Druck- und Medientechnologie,
Medieninformatik,
Mediapublishing,
Mobile Medien,
Print-Media-Management,
Verpackungstechnik,
Deutsch-Chinesische Verpackungstechnik
Studiengänge/Master:
Computer Science and Media,
Packaging, Development Management,
Cross Media Publishing und Management,
Fakultät 2 Electronic Media
Studiengänge/Bachelor:
Audiovisuelle Medien,
Medienwirtschaft,
Werbung und Marktkommunikation
Cross Media – Redaktion/Public Relations
Studiengang/Master:
Audiovisuelle Medien
Medienmanagement
Unternehmenskommunikation
Fakultät 3 Information und Kommunikation
Studiengänge/Bachelor:
Online-Medien-Management,
Informationsdesign,
Wirtschaftsinformatik und digitale Medien

Studiengänge/Master:
Bibliotheks- und Informationsmanagement,
Wirtschaftsinformatik
International Business
Media Research

6.3.21 Hochschule Ulm

– Technik, Informatik und Medien –

89075 Ulm, Prittwitzstr. 10; Tel. (07 31) 50-2 08; E-Mail: info@thu.de; http://www.thuh.de

Rektor: Prof. Dr. Volker Reuter
Prorektoren: Prof. Marianne von Schwerin; Prof. Dr. Sven Völker; Prof. Dr. Klaus Baer
Kanzlerin: Iris Teicher
Studiengänge
Computer Science – International Program – nur WS
Computer Science nur WS
Computational Science and Engineering (mit der Universität Ulm)
Digital Media – nur WS
Elektrotechnik und Informationstechnik
Energiesystemtechnik
Fahrzeugtechnik
Informatik – nur WS
Informationsmanagement im Gesundheitswesen (mit der Hochschule Neu-Ulm)
Internationale Energiewirtschaft
Maschinenbau
Mechatronik
Data Science in der Medizin
Medizintechnik
Produktionstechnik und Organisation
Wirtschaftsinformatik (mit der Hochschule Neu-Ulm)
Wirtschaftsingenieurwesen (mit der Hochschule Neu-Ulm)
Wirtschaftsingenieurwesen – Logistik (mit der Hochschule Neu-Ulm)
Duale Studiengänge
Elektrotechnik und Informationstechnik – nur WS
Energiesystemtechnik – nur WS
Fahrzeugtechnik – nur WS
Internationale Energiewirtschaft – nur WS
Maschinenbau – nur WS
Mechatronik – nur WS
Medizintechnik – nur WS
Produktionstechnik und Organisation – nur WS
Wirtschaftsingenieurwesen (mit der Hochschule Neu-Ulm) – nur WS
Wirtschaftsingenieurwesen – Logistik (mit der Hochschule Neu-Ulm) – nur WS
Master-Studiengänge
Computational Science and Engineering
Elektrische Energiesysteme und Elektromobilität
Informationssysteme
Medizintechnik
Sustainable Energy Competence (SENCE)

Systems Engineering und Management (Electrical Engineering, Mechanical Engineering, Industrial Management, Logistics)
Systems Engineering and Management (International)

6.4 Pädagogische Hochschulen

– Staatliche Einrichtungen und Körperschaften des öffentlichen Rechts –

6.4.1 Pädagogische Hochschule Freiburg

79117 Freiburg, Kunzenweg 21; Tel. (07 61) 6 82-0; Fax (07 61) 6 82-4 02;
E-Mail: pressestelle@ph-freiburg.de;
http://www.ph-freiburg.de

Rektor: Prof. Dr. Ulrich Druwe
Prorektoren: Prof. Dr. Georg Brunner (Lehre, Studium und Digitalisierung); Prof. Dr. Timo Leuders (Forschung)
Kanzler: Hendrik Büggeln
Fakultäten:
Fakultät für Bildungswissenschaften: Institut für Erziehungswissenschaft, Institut für Psychologie, Institut für Soziologie
Fakultät für Kultur- und Sozialwissenschaften: Institut für Deutsche Sprache und Literatur, Institut für Anglistik, Institut für Romanistik, Institut der Bildenden Künste, Institut für Musik, Institut der Theologien / Religionspädagogik, Institut für Politik- und Geschichtswissenschaft
Fakultät für Mathematik, Naturwissenschaften und Technik: Institut für Biologie und ihre Didaktik, Institut für Chemie, Physik, Technik und ihre Didaktiken, Institut für Mathematische Bildung, Institut für Berufs- und Wirtschaftspädagogik, Institut für Alltagskultur, Bewegung und Gesundheit, Institut für Geographie und ihre Didaktik

6.4.2 Pädagogische Hochschule Heidelberg

69120 Heidelberg, Keplerstr. 87; Tel. (0 62 21) 4 77-0; Fax (0 62 21) 4 77-4 44;
E-Mail: info@ph-heidelberg.de;
http://www.ph-heidelberg.de

Rektor: Prof. Dr. Hans-Werner Huneke
Prorektoren: Prof. Dr. Vera Heyl; Prof. Dr. Christian Spannagel
Kanzlerin: Stephanie Wiese-Heß
Fakultäten
Fakultät I: Fakultät für Erziehungs- und Sozialwissenschaften
Institut für Erziehungswissenschaft; Institut für Sonderpädagogik; Institut für Psychologie; Institut für Sachunterricht (gemeinsam mit Fakultät III)
Fakultät II: Fakultät für Kultur- und Geisteswissenschaft
Institut für deutsche Sprache und Literatur; Institut für Fremdsprachen; Institut für Philosophie und Theologie; Institut für Kunst, Musik und Medien
Fakultät III: Fakultät für Natur- und Gesellschaftswissenschaften
Institut für Gesellschaftswissenschaften; Institut für Mathematik und Informatik; Institut für Naturwissenschaften, Geographie und Technik; Institut für Sachunterricht (gemeinsam mit Fakultät I)
Bachelor-/Masterangebot
BA Bildung im Primarbereich (Bezug Lehramt Grundschule); BA Bildung im Sekundarbereich (Bezug Lehramt Sekundarstufe I); BA Sonderpädagogik (Bezug Lehramt Sonderpädagogik); BA Frühkindliche und Elementarbildung; BA Prävention und Gesundheitsförderung; MEd Lehramt Grundschule; MEd Profillinie Lehramt Sekundarstufe I und Profillinie Lehramt Gymnasium (in Kooperation mit der Universität Heidelberg); MEd Lehramt Sonderpädagogik; MA Bildungswissenschaften (Profil Außerschulische Erziehung und Bildung im Kontext gesellschaftlicher Heterogenität, Profil Bildungsprozesse in früher Kindheit und im Elementarbereich, Profil Inklusion in sonderpädagogischen Handlungsfeldern: Wohnen, Arbeit, Freizeit); MA E-Learning und Medienbildung; MA Ingenieurpädagogik

6.4.3 Pädagogische Hochschule Karlsruhe

76133 Karlsruhe, Bismarckstr. 10; Tel. (07 21) 9 25-3; Fax (07 21) 9 25-40 00;
E-Mail: poststelle@ph-karlsruhe.de;
http://www.ph-karlsruhe.de

Rektor: Prof. Dr. Klaus Peter Rippe
Prorektoren: Prof. Dr. Christian Gleser; Prof. Dr. Annette Worth
Kanzler: Dr. Nils Fabian Gertler
Fakultäten
Fakultät I Geistes- und Humanwissenschaften:
Institut für Allgemeine und Historische Erziehungswissenschaft
Institut für Bildungswissenschaftliche Forschungsmethoden
Institut für Erziehungswissenschaft mit Schwerpunkt in außerschulischen Feldern
Institut für Evangelische Theologie
Institut für Frühpädagogik
Institut für Islamische Theologie/Religionspädagogik
Institut für Katholische Theologie
Institut für Philosophie
Institut für Psychologie
Institut für Schul- und Unterrichtsentwicklung in der Primar- und Sekundarstufe
Institut für Deutsche Sprache und Literatur
Institut für Mehrsprachigkeit
Fakultät für Natur- und Sozialwissenschaften:
Institut für Alltagskultur und Gesundheit
Institut für Bewegungserziehung und Sport

Institut für Biologie und Schulgartenentwicklung
Institut für Chemie (inklusive Bilinguales Lehren und Lernen)
Institut für Mathematik und Informatik
Institut für Physik und Technische Bildung
Institut für Ökonomie und ihre Didaktik
Institut für Politikwissenschaft
Institut für Transdisziplinäre Sozialwissenschaft
Institut für Kunst
Institut für Musik

6.4.4 Pädagogische Hochschule Ludwigsburg

71634 Ludwigsburg, Reuteallee 46; Tel. (0 71 41) 1 40-0; Fax (0 71 41) 1 40-4 34;
E-Mail: poststelle@ph-ludwigsburg;
http://www.ph-ludwigsburg.de

Rektor: Prof. Dr. Martin Fix
Prorektoren: Prof. Dr. Peter Kirchner; Prof. Dr. Jörg-U. Keßler
Kanzlerin: Vera Brüggemann
Fakultäten
Fakultät für Erziehungs- und Gesellschaftswissenschaften (I)
Institut für Bildungsmanagement
Institut für Erziehungswissenschaft
Institut für Philosophie und Theologie
Institut für Psychologie
Institut für Sozialwissenschaften
Fakultät für Kultur- und Naturwissenschaften (II)
Institut für Kulturmanagement
Institut für Kunst, Musik und Sport
Institut für Mathematik und Informatik
Institut für Naturwissenschaften und Technik
Institut für Sprachen
Fakultät für Sonderpädagogik (III)
Institut für allgemeine Sonderpädagogik
Institut für sonderpädagogische Förderschwerpunkte

6.4.5 Pädagogische Hochschule Schwäbisch Gmünd

73525 Schwäbisch Gmünd, Oberbettringer Str. 200; Tel. (0 71 71) 9 83-0; Fax (0 71 71) 9 83-2 12;
E-Mail: info@ph-gmuend.de;
http://www.ph-gmuend.de

Rektorin: Prof. Dr. habil. Claudia Vorst
Prorektoren: Prof. Dr. Steve Strupeit; Prof. Dr. Daniel Hugo Rellstab
Kanzler: Edgar Buhl
Fakultät I/Dekanat I
Institut für Erziehungswissenschaft
Institut für Bildung, Beruf und Technik
Institut für Humanwissenschaften
Ökumenisches Institut für Theologie und Religionspädagogik
Institut für Gesundheitswissenschaften
Fakultät II/Dekanat II
Institut für Sprache und Literatur
Institut der Künste
Institut für Gesellschaftswissenschaften
Institut für Naturwissenschaften
Institut für Mathematik und Informatik
Institut Kindheit, Jugend und Familie

6.4.6 Pädagogische Hochschule Weingarten

88250 Weingarten, Kirchplatz 2; Tel. (07 51) 5 01-0; Fax (07 51) 5 01-82 50;
E-Mail: info@ph-weingarten.de;
http://www.ph-weingarten.de

Rektorin: Prof. Dr. Karin Schweizer
Prorektoren: Prof. Dr. Bernd Reinhoffer (Lehre und Studium); Prof. Dr. Wolfgang Müller (Forschung)
Kanzler: Dr.-Ing. Uwe Umbach
Fakultäten
Fakultät I: Alevitische Theologie/Religionspädagogik, Alltagskultur & Gesundheit, Erziehungswissenschaft, Evangelische Theologie/Religionspädagogik, Islamische Theologie/Religionspädagogik, Katholische Theologie/Religionspädagogik, Politikwissenschaft, Geographie, Geschichte, Pädagogische Psychologie, Philosophie/Ethik, Sachunterricht, Soziologie, Sportwissenschaft, Wirtschaftswissenschaft
Fakultät II: Biologie, Chemie, Deutsch mit Sprecherziehung, Englisch, Informatik, Kunst, Mathematik, Mediendidaktik, Musik, Physik, Technik
Erweiterungsfächer bzw. Erweiterungsstudiengänge: Alevitische Theologie / Religionspädagogik, Beratung, Erweiterungsstudiengang Deutsch als Zweit- und Fremdsprache, Interkulturelle Pädagogik, Islamische Theologie / Religionspädagogik

6.5 Duale Hochschulen des Landes Baden-Württemberg

6.5.1 Duale Hochschule Baden-Württemberg Stuttgart

70174 Stuttgart, Jägerstr. 56; Tel. (07 11) 18 49-6 32; Fax (07 11) 18 49-7 19;
E-Mail: info@dhbw-stuttgart.de;
http://www.dhbw-stuttgart.de

Rektor: Prof. Dr. rer. pol. Joachim Weber
Fakultäten: Wirtschaft, Technik und Sozialwesen

DHBW Stuttgart Campus Horb
72160 Horb, Florianstr. 15; Tel. (0 74 51) 5 21-0;
E-Mail: info@hb.dhbw-stuttgart.de;
http://www.dhbw-stuttgart.de/horb
Leiterin: Prof. Antje Katona

Fakultät: Technik

Der Dualen Hochschule Baden-Württemberg als rechtlich unselbstständige Untereinheiten nachgeordnet:

6.5.2 Duale Hochschule Baden-Württemberg Heidenheim

89518 Heidenheim, Marienstr. 20; Tel. (0 73 21) 27 22-0; Fax (0 73 21) 27 22-1 39; E-Mail: info@dhbw-heidenheim.de; http://www.heidenheim.dhbw.de

Rektor: Prof. Dr.-Ing. Dr. Rainer Przywara
Fakultäten: Technik, Sozialwesen, Wirtschaft

6.5.3 Duale Hochschule Baden-Württemberg Heilbronn

74076 Heilbronn, Bildungscampus 4; Tel. (0 71 31) 12 37-0; Fax (0 71 31) 12 37-1 00; E-Mail: zentrale@heilbronn.dhbw.de; http://www.heilbronn.dhbw.de oder www.dhbw.de

Rektorin: Prof. Dr. Nicole Graf
Bachelor-Studiengängen
BWL-Handel, BWL-Food Management und BWL-Dienstleistungsmanagement mit den Schwerpunkten Consulting und Services, Human Resources, Medien- und Sportmanagement sowie Wein – Technologie-Management

6.5.4 Duale Hochschule Baden-Württemberg Karlsruhe

Baden-Württemberg Cooperative State University

76133 Karlsruhe, Erzbergerstr. 121; Tel. (07 21) 97 35-5; Fax (07 21) 97 35-6 00; E-Mail: info@dhbw-karlsruhe.de; http://www.karlsruhe.dhbw.de

Rektor: Prof. Dr. Stephan Schenkel
Fakultäten: Technik mit den Studiengängen: Informatik, Physician Assistant, Elektrotechnik, Maschinenbau, Mechatronik, Papiertechnik, Sicherheitswesen, Wirtschaftsingenieurwesen
Wirtschaft mit den Studiengängen: BWL-Bank, BWL-Handel, BWL-Industrie, BWL-Deutsch-Französisch-Management, BWL-Digital Business Management, RSW-Steuern und Prüfungswesen, Angewandte Gesundheits- und Pflegewissenschaften, Angewandte Hebammenwissenschaft, BWL-Versicherung, Unternehmertum, Wirtschaftsinformatik

6.5.5 Duale Hochschule Baden-Württemberg Lörrach

Baden-Württemberg Cooperative State University

79539 Lörrach, Hangstr. 46-50; Tel. (0 76 21) 20 71-0; Fax (0 76 21) 20 71-1 19; E-Mail: info@dhbw-loerrach.de; http://www.dhbw-loerrach.de

Rektor: Prof. Dr. Theodor Sproll
Studienbereiche:
Wirtschaft: Bachelor of Arts (B.A.), Bachelor of Science (B.Sc.)
Technik: Bachelor of Engineering (B.Eng.), Bachelor of Science (B.Sc.)
Gesundheit: Bachelor of Science (B.Sc.)

6.5.6 Duale Hochschule Baden-Württemberg Mannheim

68163 Mannheim, Coblitzallee 1-9; Tel. (06 21) 41 05-0; Fax (06 21) 41 05-11 01; E-Mail: info@dhbw-mannheim.de; http://www.dhbw-mannheim.de

Rektor: Prof. Dr. Georg Nagler
Studienrichtungen:
Studiengänge Bachelor of Arts:
Angewandte Gesundheits- und Pflegewissenschaften, Betriebswirtschaft (mit den Studienrichtungen: Bank, Digital Business Management, Finanzdienstleistungen, Gesundheitsmanagement, Handel, Immobilienwirtschaft, Industrie, International Business, Marketing Management, Messe-, Kongress- und Eventmanagement, Öffentliche Wirtschaft, Spedition, Transport und Logistik, Versicherung), Medien (mit der Studienrichtung Digitale Medien), Rechnungswesen, Steuern, Wirtschaftsrecht (mit den Studienrichtungen: Accounting & Controlling, Steuern und Prüfungswesen)
Studiengänge Bachelor of Engineering:
Elektrotechnik (mit den Studienrichtungen: Automation, Elektrische Energietechnik, Elektronik, Medizintechnik, Energie- und Umwelttechnik), Integrated Engineering (mit den Studienrichtungen: Projekt Engineering, Service Engineering), Maschinenbau (mit den Studienrichtungen: Konstruktion und Entwicklung, Produktionstechnik, Verfahrenstechnik, Versorgungs- und Energiemanagement), Mechatronik (mit den Studienrichtungen: Allgemeine Mechatronik, Energiewirtschaft, Fahrzeugsystemtechnik und Elektromobilität), Wirtschaftsingenieurwesen (mit den Studienrichtungen: Elektrotechnik, Chemie- und Verfahrenstechnik, Maschinenbau)
Studiengänge Bachelor of Science:
Chemische Technik (mit den Studienrichtungen: Chemie- und Bioingenieurwesen, Technische und Angewandte Chemie), Informatik (mit den Studienrichtungen: Angewandte Informatik, Cyber Security, Informationstechnik), Wirtschaftsinformatik (mit den Studienrichtungen: Application Management, Data Science, E-Government, E-Health, Sales & Consulting, Software Engineering, International Management for Business and Information Technology)

6.5.7 Duale Hochschule Baden-Württemberg Mosbach

74821 Mosbach, Lohrtalweg 10; Tel. (0 62 61) 9 39-0; Fax (0 62 61) 9 39-5 04;
E-Mail: info@mosbach.dhbw.de;
http://www.mosbach.dhbw.de

Rektorin: Prof. Dr. Gabi Jeck-Schlottmann
Fakultäten: Technik, Wirtschaft

6.5.8 Duale Hochschule Baden-Württemberg Ravensburg

Baden-Württemberg Cooperative State University

88212 Ravensburg, Marienplatz 2; Tel. (07 51)1 89 99-27 00; Fax (07 51) 1 89 99-27 01;
E-Mail: info@dhbw-ravensburg.de;
http://www.dhbw-ravensburg.de

Rektor: Prof. Dr.-Ing. Herbert Dreher
Studienbereiche:
Studiengänge Wirtschaft
BWL-Bank, BWL-Finanzdienstleistungen, BWL-Gesundheitsmanagement, BWL-Handel (Vertiefungen: Textilmanagement, Vertriebsmanagement), BWL-Industrie, BWL-International Business, BWL-Medien- und Kommunikationswirtschaft (Vertiefungen: Dialog- und Onlinemarketing, Digital und Print, Unternehmenskommunikation und Journalismus, Werbung und Marktkommunikation), BWL-Messe-, Kongress- und Eventmanagement, BWL-Tourismus, Hotellerie und Gastronomie (Vertiefungen: Hotel- und Gastronomiemanagement, Destinations- und Kurortemanagement, Reiseverkehrsmanagement, Freizeitwirtschaft), Wirtschaftsinformatik, Mediendesign
Studiengänge Technik
Elektrotechnik (Vertiefungen: Automation, Energie- und Umwelttechnik, Fahrzeugelektronik und Mechatronische Systeme, Nachrichten- und Kommunikationstechnik, Nachrichtentechnik – Kommunikationstechnik für Verkehrssysteme), Informatik, Luft- und Raumfahrttechnik (Vertiefungen: Luft- und Raumfahrtelektronik, Luft- und Raumfahrtsysteme), Maschinenbau (Vertiefungen: Fahrzeug-System-Engineering, Konstruktion und Entwicklung, Konstruktion und Entwicklung – Mechatronische Systeme, Produktionstechnik – Produktion und Management, Konstruktion und Entwicklung – Leichtbau), Wirtschaftsingenieurwesen (Vertiefungen: Technisches Management – Elektro- und Informationstechnik, Technisches Management – Maschinenbau)

Außenstelle
88045 Friedrichshafen, Fallenbrunnen 2; Tel. (0 75 41) 20 77-0; Fax (0 75 41) 20 77-1 99;
E-Mail: info@dhbw-ravensburg.de;
http://www.dhbw-ravensburg.de
Studienbereich: Technik
Leiter: Prof. Dr.-Ing. Martin Freitag

6.5.9 Duale Hochschule Baden-Württemberg Villingen-Schwenningen

78054 Villingen-Schwenningen, Friedrich-Ebert-Str. 30; Tel. (0 77 20) 39 06-0; Fax (0 77 20) 39 06-1 19; E-Mail: info@dhbw-vs.de;
http://www.dhbw-vs.de

Rektor: Prof. Dr. Ulrich Kotthaus
Fakultäten: Wirtschaft und Sozialwesen

6.6 Kunsthochschulen und Akademien im Künstlerischen Bereich

– Staatliche Einrichtungen und Körperschaften des öffentlichen Rechts –

6.6.1 Hochschule für Musik Freiburg

79102 Freiburg, Schwarzwaldstr. 141; Tel. (07 61) 3 19 15-0; Fax (07 61) 3 19 15-42;
E-Mail: kontakt@mh-freiburg-de;
http://www.mh-freiburg.de

Rektor: Prof. Dr. Ludwig Holtmeier
Prorektor: Prof. Christoph Sischka; Prof. Dr. Claudia Spahn
Kanzler: Dr. Dominik Skala
Fachgruppen
Fachgruppe I: Musiktheorie/Komposition/Musikwissenschaft/Pädagogik/Musikphysiologie und Musikermedizin
Fachgruppe II: Tasteninstrumente
Fachgruppe III: Streichinstrumente/Harfe/Zupfinstrumente
Fachgruppe IV: Blasinstrumente/Schlagzeug
Fachgruppe V: Gesang/Oper
Fachgruppe VI: Dirigieren/Ensembleleitung
Institute
Institut für Neue Musik (INM)
Institut für Musiktheater (IMT)
Institut für Historische Aufführungspraxis (IHA)
Institut für Kirchenmusik (IKM)
Freiburger Institut für Musikermedizin (FIM)
Freiburger Akademie für Begabtenförderung (FAB)
Studienkommission
I– Bachelor
II– Master/Konzertexamen
III– Kirchenmusik
IV – Lehramt
Studiengänge
Lehramt Musik
Bachelor Musik
Master Musik
Bachelor Kirchenmusik
Master Kirchenmusik
Freiburger Opernstudio
Konzertexamen/Meisterklasse
Promotionsstudium
Kontaktstudium
Schnupperstudium
Vorstudium (FAB)

6.6.2 Staatliche Hochschule für Musik und Darstellende Kunst Mannheim

68161 Mannheim, N 7, 18; Tel. (06 21) 2 92-35 12; Fax (06 21) 2 92-20 72; E-Mail: praesidium@muho-mannheim.de; http://www.muho-mannheim.de

Präsident: Prof. Rudolf Meister
Vizepräsidenten: Prof. Ehrhard Wetz; Prof. Dr. Panja Mücke
Kanzlerin: Kathrin Schwab
Studiengänge
Grundständige Studiengänge
Künstlerische Ausbildung
Musiklehrer (Ausbildung für Lehrer an Musikschulen oder in freiberuflicher Tätigkeit)
Schulmusik (Ausbildung für das künstlerische Lehramt an Gymnasien)
Jazz/Popularmusik
Tanz
Kindertanzpädagogik
Postgraduale Studiengänge
Solistische Ausbildung
Zusatzstudium
Aufbaustudiengang Tanzpädagogik für professionelle Tänzer
Künstlerische Ausbildung Tanz/Bühnenpraxis
Teilzeitstudiengang Solistische Ausbildung

6.6.3 Staatliche Hochschule für Gestaltung Karlsruhe

76135 Karlsruhe, Lorenzstr. 15; Tel. (07 21) 82 03-0; Fax (07 21) 82 03-22 93; E-Mail: rektorat@hfg-karlsruhe.de; https://www.hfg-karlsruhe.de

Rektor: Jan Boelen
Komm. Kanzler: Andreas Michael Weidemann
Diplomstudiengänge
Medienkunst
Ausstellungsdesign und Szenografie
Produktdesign
Kommunikationsdesign
Magisterstudiengang
Kunstwissenschaft und Medienphilosophie

6.6.4 Hochschule für Musik Karlsruhe

76131 Karlsruhe, Am Schloss Gottesaue 7; Tel. (07 21) 66 29-0; Fax (07 21) 66 29-2 66; E-Mail: info@hfm-karlsruhe.de; http://www.hfm-karlsruhe.de

Rektor: Prof. Hartmut Höll
Prorektoren: Prof. Jürgen Christ; Prof. Dr. Matthias Wiegandt; Prof. Dr. Mirjam Boggasch
Kanzlerin: Daniela Schneider
Studiengänge
Schulmusik (Künstlerisches Lehramt an Gymnasien)
Bachelor: Instrumentalmusik, Gesang, Chorleitung, Operngesang, Musiktheorie, Komposition, Musikwissenschaft/Musikinformatik, KulturMediaTechnologie, Musikjournalismus für Rundfunk und Multimedia, Musiktheaterregie
Master: Instrumentalmusik, Gesang, Chorleitung, Operngesang, Musikwissenschaft, Musikinformatik, Musikjournalismus für Rundfunk und Multimedia, Klavierkammermusik, Bläserkammermusik, Liedgestaltung, Musiktheaterregie, Musiktheorie, Komposition, Musikpädagogik, Zeitgenössische Musik
Solistenexamen: Instrumentalmusik, Gesang, Chorleitung, Komposition, Klavierkammermusik, Liedgestaltung, Operngesang
Ergänzungsstudium: Kammermusik, Liedgestaltung

6.6.5 Staatliche Hochschule für Musik Trossingen

78647 Trossingen, Schultheiß-Koch-Platz 3; Tel. (0 74 25) 94 91-0; Fax (0 74 25) 94 91-48; E-Mail: rektorat@mh-trossingen.de; https://www.hfm-trossingen.de

Rektor: Prof. Christian Fischer
Prorektoren: Prof. Dr. Philipp Ahner; Prof. Dr. Linde Brunmayr-Tutz
Kanzlerin: Margit Mosbacher
Studiengänge
Bachelor of Musik für alle instrumentalen Fächer einschließlich Gesang und Rhythmik sowie Musiktheorie/Komposition, Blasorchesterleitung, Elementare Musikpädagogik und Instrumentalfächer bzw. Gesang Alte Musik,
Master of Musik für alle instrumentalen Fächer einschließlich Gesang und Rhythmik sowie Kammermusik, Liedgestaltung, Komposition, Dirigieren (Schwerpunkt Chor oder Orchester) und Instrumentalfächer beziehungsweise Gesang Alte Musik,
Bachelor Evangelische Kirchenmusik (B),
Master Evangelische Kirchenmusik (A),
Gymnasiallehramt – möglich mit Verbreitungsfach „Popularmusik und Jazz",
Aufbaustudium Konzertexamen.

6.6.6 Staatliche Hochschule für Musik und Darstellende Kunst Stuttgart

70182 Stuttgart, Urbanstr. 25; Tel. (07 11) 2 12-0; Fax (07 11) 2 12-46 32; E-Mail: rektorin@hmdk-stuttgart.de; http://www.hmdk-stuttgart.de

Rektorin: Dr. Regula Rapp
Prorektoren: Prof. Dr. Matthias Hermann; Prof. Dr. Hendrikje Mautner-Obst; Prof. Stefan Fehlandt
Kanzler: Christof Wörle-Himmel
Studiengänge
Bachelor: Musik, Kirchenmusik B, Schulmusik (Staatsexamen), Schauspiel, Sprecherziehung und Sprechkunst, Figurentheater

Master: Alte Musik, Blockflöte, Cembalo, Dirigieren Orchester, Dirigieren Chor, Gesang, Gitarre (einschließlich Gitarrenduo), Historische Blasinstrumente, Historische Tasteninstrumente, Jazz, Kammermusik, Kirchenmusik A, Klavier, Klavier-Kammermusik (einschließlich Klavier-Duo), Komposition, Korrepetition, Lied, Musiktheorie, Musikwissenschaft, Neue Musik, Orchesterinstrumente, Orgel, Orgel Improvisation, Oper
Solistenklasse, Promotion

6.6.7 Staatliche Akademie der Bildenden Künste Karlsruhe

76133 Karlsruhe, Reinhold-Frank-Str. 67; Tel. (07 21) 9 26-52 05; Fax (07 21) 9 26-52 06;
E-Mail: mail@kunstakademie-Karlsruhe.de;
http://www.kunstakademie-karlsruhe.de

Rektor: Prof. Marcel van Eeden
Prorektoren: Prof. Dr. Carolin Meister; Prof. Daniel Roth
Kanzler: Bernd Schwarz
Studiengänge
Malerei/Grafik
Bildhauerei
Bildende Kunst für das Lehramt an Gymnasien

6.6.8 Staatliche Akademie der Bildenden Künste Stuttgart

70191 Stuttgart, Am Weißenhof 1; Tel. (07 11) 2 84 40-0; Fax (07 11) 2 84 40-2 25;
E-Mail: info@abk-stuttgart.de;
http://www.abk-stuttgart.de

Rektorin: Prof. Dr. Barbara Bader
Prorektoren: Prof. Dr. Andrea Funck; Prof. Dr.-Ing. Tobias Wallisser MSc.; Prof. Andreas Opiolka; Oliver Wetterauer (Ständiger Gast mit Rede- und Antragsrecht)
Kanzlerin: Dr. Gaby Herrmann
Studiengänge
Architektur
Bildende Kunst (Studienrichtungen: Bildhauerei, Fotografie, Freie Grafik, Glasgestaltung, Installation, Keramik, Malerei, Performance, Video, Zeichnung)
Bühnen- und Kostümbild
Künstlerisches Lehramt mit Bildender Kunst
Körper, Theorie und Poetik des Performativen (KTPP)
Industrial Design
Kommunikationsdesign
Textildesign
Konservierung und Restaurierung von Gemälden und gefassten Skulpturen
Konservierung und Restaurierung von archäologischen, ethnologischen und kunsthandwerklichen Objekten
Konservierung und Restaurierung von Kunstwerken auf Papier, Archiv- und Bibliotheksgut

Konservierung und Restaurierung von Wandmalerei, Architekturoberfläche und Steinpolychromie
Konservierung Neuer Medien und Digitaler Information (KNMDI)

6.7 Akademien nach dem Akademiengesetz

Aufgabenkreis:
Mit der Filmakademie in Ludwigsburg, der Popakademie in Mannheim und der Akademie für Darstellende Kunst in Ludwigsburg verfügt Baden-Württemberg über drei weitere exzellente künstlerische Ausbildungseinrichtungen des tertiären Bereichs. Die an diesen Akademien erworbenen Abschlüsse stehen vergleichbaren berufsbefähigenden Abschlüssen an staatlichen Kunsthochschulen gleich.

6.7.1 Filmakademie Baden-Württemberg GmbH

71638 Ludwigsburg, Akademiehof 10; Tel. (0 71 41) 9 69-0; Fax (0 71 41) 9 69-8 22 99;
E-Mail: info@filmakademie.de;
http://www.filmakademie.de

Rechtsgrundlage und Aufgabenkreis:
Gesetz über die Film- und die Popakademie und die Akademie für Darstellende Kunst Baden-Württemberg (Akademiengesetz – AkadG) vom 25. Februar 1992 (GBl. Seite 115), zuletzt geändert durch Artikel 3 des Gesetzes vom 13. März 2018 (GBl. Seite 85, 94). Die Filmakademie vermittelt in praxisorientierter Projektarbeit, ergänzt durch Grundübungen und theoretische Lehrübungen, eine Ausbildung für Film- und Medienberufe. Die Filmakademie gehört dem tertiären Bildungsbereich an. Die nach in der Regel zwei bzw. vier Jahren erfolgreich abgeschlossene Ausbildung steht vergleichbaren berufsbefähigenden Abschlüssen an staatlichen Kunsthochschulen gleich.
Geschäftsführer: Prof. Thomas Schadt

6.7.2 Popakademie Baden-Württemberg GmbH

68159 Mannheim, Hafenstr. 33; Tel. (06 21) 53 39 72-00; Fax (06 21) 53 39 72-99;
E-Mail: info@popakademie.de;
http://www.popakademie.de

Rechtsgrundlage und Aufgabenkreis:
Gesetz über die Film- und die Popakademie und die Akademie für Darstellende Kunst Baden-Württemberg vom 25. Februar 1992 (GBl. Seite 115).
Die Popakademie ist Hochschuleinrichtung und Kompetenzzentrum für die Musikwirtschaft in einem. Sie vermittelt in praxisorientierter Projektarbeit eine Ausbildung für Berufe auf dem Gebiet der Popmusik. Die Popakademie gehört dem tertiären Bildungsbereich an. Die nach mindestens drei Jahren erfolgreich abgeschlossene Ausbildung steht vergleichbaren berufsbefähigenden Abschlüssen an staatlichen Kunsthochschulen gleich. Dasselbe gilt

für eine nach mindestens einem Jahr erfolgreich abgeschlossene Ausbildung in den Masterstudiengängen.
Geschäftsführer: Prof. Udo Dahmen; Prof. Hubert Wandjo

6.7.3 Akademie für Darstellende Kunst Baden-Württemberg

71638 Ludwigsburg, Akademiehof 1; Tel. (0 71 41) 3 09 96-0; Fax (0 71 41) 3 09 96-90; E-Mail: info@adk-bw; http://www.adk-bw.de

Rechtsgrundlage und Aufgabenkreis:
Gesetz über die Film- und die Popakademie und die Akademie für Darstellende Kunst Baden-Württemberg vom 25. Februar 1992 (GBl. Seite 115), zuletzt geändert durch Gesetz vom 25. Juli 2007.
Die ADK erweitert das Spektrum der Kunst- und Musikhochschulen um ein bundesweit einmaliges Ausbildungsangebot an der Schnittstelle zwischen Theater und Film. Die Ausbildung erfolgt – soweit möglich – studiengangsübergreifend und im Rahmen von Projekten. Als Spielstätte dient der Akademie ein neues Lehr- und Lerntheater. Die erfolgreich abgeschlossene Ausbildung steht vergleichbaren berufsbefähigenden Abschlüssen an staatlichen Kunsthochschulen gleich.
Künstlerische Direktorin: Prof. Dr. Elisabeth Schweeger

Der Rechtsaufsicht unterstehen:

7 Studierendenwerke

– **Anstalten des öffentlichen Rechts** –

Staatsrechtliche Grundlage und Aufgabenkreis:
Gesetz über die Studierendenwerke im Lande Baden-Württemberg (Studierendenwerksgesetz – StWG) in der Fassung vom 15. September 2005 (GBl. S. 621), zuletzt geändert durch Artikel 4 des Gesetzes vom 1. Dezember 2015 (GBl. S. 1047, 1052). Die Studierendenwerke sind rechtsfähige Anstalten des öffentlichen Rechts.
Sie nehmen im Zusammenwirken mit den staatlichen Hochschulen und den Studienakademien der Dualen Hochschule Baden-Württemberg sowie den Akademien im Sinne von 1 des Akademiengesetzes (Einrichtungen) soweit diese sich den Studierendenwerken angeschlossen haben, die Aufgaben sozialer Betreuung und Förderung der Studierenden wahr, es sei denn, dass die jeweilige Einrichtung diese Aufgaben selbst übernommen hat.
Der sozialen Betreuung und Förderung von Studierenden können insbesondere folgende Bereiche, Einrichtungen und Maßnahmen dienen:
– Verpflegungsbetriebe
– Studentisches Wohnen
– Förderung kultureller, sportlicher und sozialer Interessen
– Kinderbetreuung

– Gesundheitsförderung und Beratung
– soziale Betreuung ausländischer Studierender
– Vermittlung finanzieller Studienhilfen

Die Studierendenwerke verfolgen ausschließlich und unmittelbar gemeinnützige Zwecke. Sie erfüllen ihre Aufgaben unter regelmäßiger Berücksichtigung vergleichbarer Angebote Dritter. Sie können sich zur Erfüllung ihrer Aufgaben Dritter bedienen, an Unternehmen beteiligen und Unternehmen gründen. Im Falle der Aufgabenerfüllung durch Dritte, Unternehmensbeteiligungen oder Unternehmensgründungen stellt das Studierendenwerk insoweit sein Aufsichtsrecht durch den Verwaltungsrat und das Prüfungsrecht des Rechnungshofs nach § 104 Abs. 1 Nr. 3 der Landeshaushaltsordnung (LHO) sicher.
Das Wissenschaftsministerium kann im Benehmen mit hiervon betroffenen Einrichtungen und nach Anhörung der betroffenen Studierendenwerken durch Rechtsverordnung den Studierendenwerken zu Beginn eines Wirtschaftsjahres weitere staatliche Aufgaben, auch zur Erfüllung nach Weisung, übertragen oder entziehen. § 2 Abs. 2 des Gesetzes zur Ausführung des Bundesausbildungsförderungsgesetzes bleibt unberührt. Mit der Aufgabenübertragung wird der Ersatz des notwendigen Aufwands geregelt.
Die Studierendenwerke können Personen, die nicht Studierende einer zugeordneten Hochschule oder Studienakademie oder Akademie im Sinne von § 1 des Akademiengesetzes sind, zur Benutzung ihrer Einrichtung zulassen, soweit dies mit der Erfüllung der ihnen übertragenen Aufgaben vereinbar ist.

Studierendenwerk Freiburg
– **Anstalt des öffentlichen Rechts** –
79100 Freiburg, Basler Str. 2; Tel. (07 61) 21 01-2 00; Fax (07 61) 21 01-3 03; E-Mail: info@swfr.de; http://www.swfr.de
Geschäftsführer: Dipl.-Betriebswirt (DH) Clemens Metz MBA
Zuständigkeitsbereich:
Albert-Ludwigs-Universität Freiburg,
Pädagogische Hochschule Freiburg,
Hochschule für Musik Freiburg,
Hochschule Furtwangen,
Hochschule Offenburg,
Hochschule für öffentliche Verwaltung Kehl,
Evangelische Hochschule Freiburg,
Katholische Hochschule Freiburg,
Duale Hochschule Baden-Württemberg Villingen-Schwenningen,
Duale Hochschule Baden-Württemberg Lörrach

Studierendenwerk Heidelberg
– **Anstalt des öffentlichen Rechts** –
69117 Heidelberg, Marstallhof 1; Tel. (0 62 21) 54 54 00; Fax (0 62 21) 54 54 01;
E-Mail: info@stw.uni-heidelberg.de;
http://www.studierendenwerk.uni-heidelberg.de
Geschäftsführerin: Tanja Modrow
Zuständigkeitsbereich:
Universität Heidelberg,

Pädagogische Hochschule Heidelberg,
Hochschule Heilbronn – Hochschule für Technik, Wirtschaft und Informatik,
Duale Hochschule Baden-Württemberg Mosbach,
Duale Hochschule Baden-Württemberg Heilbronn,
Duale Hochschule Baden-Württemberg CAS – Center for Advanced Studies,
Hochschule für Jüdische Studien Heidelberg,
Hochschule für Kirchenmusik Heidelberg,
Zusätzliche Zuständigkeit als Amt für Ausbildungsförderung (BAföG):
SRH Hochschule Heidelberg,
Bundesweite Zuständigkeit für eine Hochschulausbildung/Praktikum im Ausland für das Land Spanien,
Hochschule Schwetzingen – Hochschule für Rechtspflege,
German Graduate School of Management and Law,
Hochschule für Internationales Management Heidelberg,

Studierendenwerk Karlsruhe
– Anstalt des öffentlichen Rechts –
76131 Karlsruhe, Adenauerring 7; Tel. (07 21) 69 09-0; Fax (07 21) 69 09-2 92; http://www.sw-ka.de
Geschäftsführer: Dipl.-Volksw. Michael Postert
Zuständigkeitsbereich:
KIT Karlsruher Institut für Technologie,
Pädagogische Hochschule Karlsruhe,
Staatliche Hochschule für Musik Karlsruhe,
Staatliche Akademie der Bildenden Künste Karlsruhe,
Duale Hochschule Baden-Württemberg Karlsruhe,
Staatliche Hochschule für Gestaltung Karlsruhe,
Hochschule Karlsruhe – Technik und Wirtschaft,
Hochschule Pforzheim – Gestaltung, Technik, Wirtschaft und Recht.

Seezeit Studierendenwerk Bodensee
– Anstalt des öffentlichen Rechts –
78464 Konstanz, Universitätsstr. 10; Tel. (0 75 31) 97 82-1 02; Fax (0 75 31) 97 82-1 09;
E-Mail: welcome@seezeit.com;
http://www.seezeit.com
Geschäftsführer: Helmut Baumgartl
Zuständigkeitsbereich:
Universität Konstanz,
HTWG Konstanz,
Pädagogische Hochschule Weingarten,
Hochschule Ravensburg-Weingarten,
Duale Hochschule Baden-Württemberg Ravensburg,
Fachhochschule Isny
Zeppelin-University.

Studierendenwerk Mannheim
– Anstalt des öffentlichen Rechts –
68161 Mannheim, L 7,8; Tel. (06 21) 4 90 72-3 33; Fax (06 21) 4 90 72-3 99; E-Mail: info@stw-ma.de; http://www.stw-ma.de
Geschäftsführer: Peter Pahle
Zuständigkeitsbereich:
Universität Mannheim,
Staatliche Hochschule für Musik und Darstellende Kunst Mannheim,
Hochschule Mannheim,
Duale Hochschule Baden-Württemberg Mannheim,
Popakademie Baden-Württemberg GmbH

Studierendenwerk Stuttgart
– Anstalt des öffentlichen Rechts –
70174 Stuttgart, Rosenbergstr. 18; Tel. (07 11) 95 74-12 47; Fax (07 11) 95 74-28 01;
E-Mail: info@sw-stuttgart.de;
http://www.studierendenwerk-stuttgart.de
Geschäftsführer: Marco Abe
Zuständigkeitsbereich:
Universität Stuttgart,
Pädagogische Hochschule Ludwigsburg,
Staatliche Hochschule für Musik und Darstellende Kunst, Stuttgart,
Staatliche Akademie der Bildenden Künste Stuttgart,
Duale Hochschule Baden-Württemberg Stuttgart,
Hochschule für Technik Stuttgart,
Hochschule der Medien Stuttgart,
Hochschule für öffentliche Verwaltung und Finanzen Ludwigsburg,
Filmakademie Baden-Württemberg GmbH (Ludwigsburg),
Evangelische Hochschule Ludwigsburg,
Hochschule Esslingen,
Akademie für Darstellende Kunst Baden-Württemberg GmbH (Ludwigsburg)
Hochschule für Kommunikation und Gestaltung
media Akademie Hochschule Stuttgart

Studierendenwerk Tübingen-Hohenheim
– Anstalt des öffentlichen Rechts –
72072 Tübingen, Friedrichstr. 21; Tel. (0 70 71) 29-7 38 22; Fax (0 70 71) 29 38 36;
E-Mail: info@sw-tuebingen-hohenheim.de;
http://www.my-stuwe.de
Geschäftsführer: Oliver Schill
Zuständigkeitsbereich:
Eberhard-Karls-Universität Tübingen,
Universität Hohenheim,
Hochschule Reutlingen (Reutlingen University),
Staatliche Hochschule für Musik Trossingen,
Hochschule für Forstwirtschaft Rottenburg,
Hochschule für Kirchenmusik Rottenburg,
Hochschule Albstadt-Sigmaringen,
Hochschule für Wirtschaft und Umwelt Nürtingen-Geislingen,
Hochschule für Kunsttherapie Nürtingen,
Hochschule für Kirchenmusik Tübingen

Studierendenwerk Ulm
– Anstalt des öffentlichen Rechts –
89081 Ulm, James-Franck-Ring 8; Tel. (07 31) 50-2 38 10; Fax (07 31) 50-2 38 31;
E-Mail: info@studierendenwerk-ulm.de;
http://www.studierendenwerk-ulm.de
Geschäftsführer: Dipl.-Betriebsw. (FH) Claus Kaiser
Zuständigkeitsbereich:
Universität Ulm,
Pädagogische Hochschule Schwäbisch Gmünd,
Hochschule Aalen – Technik und Wirtschaft,

HBC Hochschule Biberach – Hochschule für Bauwesen und Wirtschaft,
Duale Hochschule Baden-Württemberg Heidenheim
Hochschule für Gestaltung Schwäbisch Gmünd,
Technische Hochschule Ulm.
Für den Bereich der Bundesausbildungsförderung
- Hochschule für Kommunikation und Gestaltung Ulm
- SRH Fernhochschule Riedlingen

8 Sondervermögen Studienfonds in der Verwaltung des Ministeriums für Wissenschaft, Forschung und Kunst Baden-Württemberg

70173 Stuttgart, Königstr. 46; Tel. (07 11) 2 79-33 44; Fax (07 11) 2 79-32 04;
E-Mail: studienfonds@mwk.bwl.de

Aufgabenkreis:
Der Studienfonds Baden-Württemberg wurde nach Artikel 4 § 1 StuGebAbschG mit Ablauf des 30. Juni 2012 aufgelöst und in ein rechtlich unselbständiges Sondervermögen umgewandelt.
Dem Sondervermögen obliegt die Sicherung der bis zur Abschaffung der Studiengebühren in Anspruch genommenen und noch weiterlaufenden Gebührendarlehen. Die Aufgaben des Sondervermögen Studienfonds richten sich nach § 9 LHGebG (in der vor dem 30. Dezember 2011 geltenden Fassung); insbesondere die Deckung des Ausfalls von Rückzahlungen für Darlehen für Studiengebühren und die Verwaltung und Beitreibung der an ihn abgetretenen Rückzahlungsansprüche.
Ansprechpartner: Sandra Foric; Kerstin Hölterhoff

9 Deutsches Krebsforschungszentrum (DKFZ)

– Stiftung des öffentlichen Rechts –

69120 Heidelberg, Im Neuenheimer Feld 280; Tel. (0 62 21) 42-0; Fax (0 62 21) 42-29 95;
E-Mail: kontakt@dkfz.de; http://www.dkfz.de

Aufgabenkreis:
Das Deutsche Krebsforschungszentrum (DKFZ) ist mit mehr als 3.000 Mitarbeiterinnen und Mitarbeitern die größte biomedizinische Forschungseinrichtung in Deutschland. Über 1.300 Wissenschaftlerinnen und Wissenschaftler erforschen im DKFZ, wie Krebs entsteht, erfassen Krebsrisikofaktoren und suchen nach neuen Strategien, die verhindern, dass Menschen an Krebs erkranken. Sie entwickeln neue Methoden, um Tumore präziser zu diagnostizieren und Krebspatienten erfolgreicher behandeln zu können. Die Wissenschaftler in über 100 Abteilungen, Arbeitsgruppen und klinischen Kooperationseinheiten arbeiten in sechs Forschungsschwerpunkten, die regelmäßig international begutachtet werden:

- Zell- und Tumorbiologie
- Funktionelle und strukturelle Genomforschung
- Krebsrisikofaktoren und Prävention
- Tumorimmunologie
- Bildgebung und Radioonkologie
- Infektionen und Krebs

Gemeinsam mit Partnern aus den Universitätskliniken betreibt das DKFZ das Nationale Centrum für Tumorerkrankungen (NCT) an den Standorten Heidelberg und Dresden, in Heidelberg außerdem das Hopp-Kindertumorzentrum KiTZ. Ziel dieser Einrichtungen ist es, wissenschaftliche Ergebnisse schneller vom Labor ans Krankbett zu übertragen und Krebspatienten eine optimale interdisziplinäre Versorgung und modernste Behandlungsmethoden anzubieten sowie Strategien für Krebsvorbeugung und Früherkennung zu entwickeln.
Im Deutschen Konsortium für Translationale Krebsforschung (DKTK), einem der sechs Deutschen Zentren für Gesundheitsforschung, unterhält das DKFZ Translationszentren an sieben universitären Partnerstandorten. Die Verbindung von exzellenter Hochschulmedizin mit der hochkarätigen Forschung eines Helmholtz-Zentrums an den NCT- und DKTK-Standorten ist ein wichtiger Beitrag, um vielversprechende Ansätze aus der Krebsforschung in die Klinik zu übertragen und so die Chancen von Krebspatienten zu verbessern.
Das Deutsche Krebsforschungszentrum wurde 1964 als Stiftung des öffentlichen Rechts gegründet. Seit 1975 ist es Großforschungseinrichtung und wird zu 90 Prozent vom Bundesministerium für Bildung und Forschung und zu 10 Prozent vom Land Baden-Württemberg finanziert. Seit 2001 ist das DKFZ Mitglied der Helmholtz-Gemeinschaft Deutscher Forschungszentren.
Wissenschaftlicher Vorstand: Prof. Dr. med. Michael Baumann
Kaufmännischer Vorstand: Ursula Weyrich

10 TECHNOSEUM

Landesmuseum für Technik und Arbeit in Mannheim

– Stiftung des öffentlichen Rechts –
68165 Mannheim, Museumsstr. 1; Tel. (06 21) 42 98-9; Fax (06 21) 42 98-7 54;
E-Mail: info@technoseum.de;
http://www.technoseum.de

Aufgabenkreis:
Das TECHNOSEUM stellt die Technik- und Sozialgeschichte vom 18. Jahrhundert bis zur Gegenwart aus. In der Ausstellung wird gezeigt, wie Industrialisierung und technische Erfindungen den Alltag und die Arbeitswelt verändern.
Stiftungsvorstand: Prof. Dr. Hartwig Lüdtke

11 Akademie Schloss Solitude

– Stiftung des öffentlichen Rechts –

70197 Stuttgart, Solitude 3; Tel. (07 11) 99 61 90; Fax (07 11) 9 96 19 50; E-Mail: mail@akademie-solitude.de; http://www.akademie-solitude.de

Aufgabenkreis:
Zweck der Stiftung ist die Förderung von Kunst und Kultur.
Der Stiftungszweck wird insbesondere verwirklicht durch
- die Vergabe von Wohnstipendien an Nachwuchskünstler sowie
- die Veranstaltung von Künstlerbegegnungen, Seminaren und Tagungen, Aufführungen, Lesungen, Konzerten und Ausstellungen von Stipendiaten und Gästen und deren Dokumentation in Veröffentlichungen.

Dabei sollen vor allem jüngere, besonders begabte Künstler berücksichtigt werden.
Die Akademie fördert im Übrigen den Dialog zwischen Kunst, Wissenschaft und Wirtschaft durch die Vergabe von Stipendien und durch interdisziplinäre Projekte. Durch ihre Veranstaltungen soll die Akademie national und international in die Öffentlichkeit wirken.
Akademiedirektorin: Elke aus dem Moore

12 ZKM / Zentrum für Kunst und Medien Karlsruhe

– Stiftung des öffentlichen Rechts –

76135 Karlsruhe, Lorenzstr. 19; Tel. (07 21) 81 00-0; Fax (07 21) 81 00-11 39; E-Mail: info@zkm.de; http://www.zkm.de

Aufgabenkreis:
1989 wurde das ZKM mit der Mission gegründet, die klassischen Künste ins digitale Zeitalter fortzuschreiben. In thematischen Ausstellungen werden raumbasierte Künste wie Malerei, Fotografie und Skulptur wie zeitbasierte Künste wie Film, Video, Medienkunst, Musik und Performance gezeigt. Als digitales Zukunftslabor entwickelt es permanent innovative Formate entlang der neuesten Technologien und rückt die Besucher ins Zentrum der Auseinandersetzung.
Künstlerisch-wissenschaftlicher Vorstand: Prof. Dr. h. c. mult. Peter Weibel
Geschäftsführender Vorstand: Prof. Christiane Riedel

13 Heidelberger Akademie der Wissenschaften

– Körperschaft des öffentlichen Rechts –

69117 Heidelberg, Karlstr. 4; Tel. (0 62 21) 54-32 65 und 40 14; Fax (0 62 21) 54-33 55; E-Mail: hadw@hadw-bw.de; http://www.hadw-bw.de

Aufgabenkreis:
Die Heidelberger Akademie der Wissenschaften (Akademie der Wissenschaften des Landes Baden-Württemberg) ist eine rechtsfähige öffentlich-rechtliche Vereinigung von Gelehrten. Wie die übrigen sieben deutschen Akademien der Wissenschaften ist sie klassische Gelehrtengesellschaft und moderne außeruniversitäre Forschungseinrichtung. Die Akademie veranstaltet wissenschaftliche Tagungen sowie öffentliche Vortragsreihen und fördert den wissenschaftlichen Nachwuchs. Die Akademie dient ihren Mitgliedern als Forum für regelmäßig stattfindende interdisziplinäre Diskussionen von wissenschaftlichen Ergebnissen und Erkenntnissen. In Sitzungen werden Forschungsergebnisse vorgetragen und besprochen. Diese werden in Sitzungsberichten und Abhandlungen veröffentlicht und an Tauschpartner sowie die großen Bibliotheken weltweit versandt.
Die Akademie gliedert sich in eine Mathematisch-naturwissenschaftliche und Philosophisch-historische Klasse mit je bis zu 50 Professoren aus Baden-Württemberg als ordentlichen und insgesamt etwa 100 renommierten internationalen Wissenschaftlern als korrespondierenden Mitgliedern. Die Heidelberger Akademie der Wissenschaften wurde 1909 in der Tradition der 1763 durch Kurfürst Carl Theodor gegründeten Kurpfälzischen Akademie konstituiert.
Das Spektrum der derzeit 19 Forschungsprojekte der Akademie, in denen etwa 230 Mitarbeiter beschäftigt sind, ist breit gefächert. Die wissenschaftliche Verantwortung für die einzelnen Projekte obliegt Kommissionen, die aus Akademiemitgliedern und auch externen Fachleuten zusammengesetzt sind. Der Schwerpunkt der Akademiearbeit liegt auf dem Gebiet langfristiger Grundlagenforschung wie etwa der Erstellung von Wörterbüchern und Editionen zur Rechts-, Reformations- oder Sprachgeschichte, aber auch archäologischen Forschungen.
Präsident: Bernd Schneidmüller
Geschäftsführer: Dr. Schallum Werner

14 Zentralinstitut für Seelische Gesundheit

– Landesstiftung des öffentlichen Rechts –

68159 Mannheim, J 5; Tel. (06 21) 17 03-0; Fax (06 21) 17 03-12 05; E-Mail: info@zi-mannheim.de; http://www.zi-mannheim.de

Aufgabenkreis:
Zweck der Stiftung ist der Betrieb des Zentralinstitutes für Seelische Gesundheit mit den folgenden Aufgaben:
- Forschung in der Psychiatrie, der Kinder- und Jugendpsychiatrie, der Psychosomatischen Medizin und Psychotherapie, der Suchtmedizin, der Neuropsychologie und der Klinischen Psycholo-

gie, der Neurowissenschaften, der Epidemiologie und der Versorgungsforschung;
- Vorbeugung, Behandlung und Rehabilitation seelischer Erkrankungen;
- Ausbildung von Studierenden
- Fortbildung und Förderung des wissenschaftlichen Nachwuchses; Weiterbildung von Ärzten und Psychologen; Ausbildung und Weiterbildung in nichtärztlichen medizinischen Berufen und Sozialberufen;
- Beratung bei der Planung und der Vorbereitung von Einrichtungen und Diensten der öffentlichen Gesundheitspflege auf dem Gebiet der seelischen Gesundheit.

Vorstandsvorsitzender: Prof. Dr. med. Andreas Meyer-Lindenberg
Kaufmännischer Vorstand: Dr. med. Matthias Janta

Klinik für Psychiatrie und Psychotherapie
Ärztlicher Direktor: Prof. Dr. med. Andreas Meyer-Lindenberg, Tel. -23 02

Klinik für Abhängiges Verhalten und Suchtmedizin
Ärztlicher Direktor: Prof. Dr. med. Falk Kiefer, Tel. -35 02

Klinik für Psychosomatik und Psychotherapeutische Medizin
Ärztlicher Direktor: Prof. Dr. med. Christian Schmahl, Tel. -40 21

Klinik für Psychiatrie und Psychotherapie des Kindes- und Jugendalters
Ärztlicher Direktor: Prof. Dr. med. Dr. phil. Tobias Banaschewski, Tel. -45 02

15 Leibniz-Institut für Sonnenphysik (KIS)

– Stiftung des öffentlichen Rechts –

79104 Freiburg, Schöneckstr. 6; Tel. (07 61) 31 98-0; Fax (07 61) 31 98-1 11; E-Mail: secr@leibniz-kis.de; http://www.leibniz-kis.de

Staatsrechtliche Grundlage und Aufgabenkreis:
Bekanntmachung der Landesregierung über die Errichtung der Stiftung „Kiepenheuer-Institut für Sonnenphysik" vom 11. Dezember 2001 (GBl. S. 687). Zweck der Stiftung ist es, Grundlagenforschung in der Astronomie und Astrophysik mit besonderem Schwerpunkt in der Sonnenphysik zu betreiben. Unter anderem betreibt sie hierzu selbst und zusammen mit Dritten Beobachtungseinrichtungen für eigene und fremde Forschungsarbeiten.
Die Stiftung kann weitere mit damit im Zusammenhang stehende Aufgaben übernehmen, u.a. solche der Fort- und Weiterbildung, insbesondere die Förderung des wissenschaftlichen Nachwuchses.
Vorstand: Prof. Dr. Svetlana Berdyugina; Prof. Dr. Oskar von der Lühe

16 Stiftung Evaluationsagentur Baden-Württemberg

– Stiftung des öffentlichen Rechts –

68161 Mannheim, M7, 9a-10; Tel. (06 21) 12 85 45 10; Fax (06 21) 12 85 45 99; E-Mail: info@evalag.de; http://www.evalag.de

Rechtsgrundlage und Aufgabenkreis:
Die Evaluationsagentur Baden-Württemberg (evalag) wurde als rechtsfähige Stiftung des öffentlichen Rechts vom Land Baden-Württemberg durch Beschluss vom 25. Juli 2000 (GBl. 537) errichtet. Als Kompetenzzentrum für Qualitätssicherung und -entwicklung führt sie Evaluationen und Akkreditierungen im Bereich der Wissenschaft durch, ist mit der Entwicklung von Systemen der Qualitätssicherung und deren Anwendung sowie der Beratung von Hochschulen und anderen wissenschaftlichen Einrichtungen zu Fragen der Qualitätssicherung und -entwicklung befasst. Des weiteren führt sie sonstige der Wissenschaftsförderung dienende Tätigkeiten durch.
Vorsitzende des Stiftungsrats: Prof. Dr. Mechthild Dreyer
Stiftungsvorstand: NN

17 Hochschule für Jüdische Studien Heidelberg

69117 Heidelberg, Landfriedstr. 12; Tel. (0 62 21) 5 41 92-00; Fax (0 62 21) 5 41 92-09; E-Mail: info@hfjs.eu; http://www.hfjs.eu

Rektor: Prof. Dr. Werner Arnold
Verwaltungsleiterin: Caroline Kiss
Studiengänge
Jüdische Studien (B.A.)
Praktische Jüdische Studien (B.A.)
Jewish Civilizations (M.A.)
Jüdische Studien (M.A.)
Geschichte jüdischer Kulturen (M.A.; Joint Degree)
Jüdische Museologie / Jewish Museology (M.A.)
Heidelberger Mittelaltermaster (gemeinsam mit der Universität Heidelberg)
Jüdische Religionslehre (B.A.), Lehramtoption
Promotion
Komparatistik (gemeinsam mit der Universität Heidelberg) M. A.

18 Universitätskliniken

– Anstalten des öffentlichen Rechts –

Rechtsgrundlage und Aufgabenbereich:
Gesetz über die Universitätsklinika Freiburg, Heidelberg, Tübingen und Ulm (Universitätsklinika-Gesetz -UKG) in der Fassung vom 15. September 2005 (GBl. 625).
Das Universitätsklinikum erfüllt die bisher der Universität in der Krankenversorgung, der Aus-, Fort-

und Weiterbildung des Personals und darüber hinaus im öffentlichen Gesundheitswesen obliegenden Aufgaben. Es gewährleistet in enger Zusammenarbeit mit der Universität die Verbindung der Krankenversorgung mit Forschung und Lehre. Die Erfüllung dieser Aufgaben obliegt dem Universitätsklinikum dabei als eigene hoheitliche Aufgabe. Es wahrt die der Universität eingeräumte Freiheit in Forschung und Lehre und stellt sicher, dass die Mitglieder der Universität die durch Art. 5 Abs. 3 Satz 1 des Grundgesetzes verbürgten Grundrechte und die Freiheiten nach § 3 Abs. 2 bis 4 LHG wahrnehmen können.

18.1 Universitätsklinikum Freiburg

79110 Freiburg, Breisacher Str. 153; Tel. (07 61) 2 70-0; E-Mail: verwaltung@uniklinik-freiburg.de; http://www.uniklinik-freiburg.de

Klinikumsvorstand:
Leitender Ärztlicher Direktor: Prof. Dr. Frederik Wenz (Vorsitz)
Stellv. Leitender Ärztlicher Direktor: Prof. Dr. Dr. Rainer Schmelzeisen
Kaufmännische Direktorin: Anja Simon
Dekan der Medizinischen Fakultät: Prof. Dr. Lutz Hein
Pflegedirektor: Helmut Schiffer

18.2 Universitätsklinikum Heidelberg

69120 Heidelberg, Im Neuenheimer Feld 672; Tel. (0 62 21) 56-0; Fax (0 62 21) 56-59 99; E-Mail: klinikumsvorstand@med.uni-heidelberg.de; http://www.klinikum.uni-heidelberg.de

Klinikumsvorstand:
Leitender Ärztlicher Direktor: Prof. Dr. Ingo Antenrieth
Dekan: Prof. Dr. med. Hans-Georg Kräusslich
Kaufmännische Direktorin: Katrin Erk
Pflegedirektor: Edgar Reisch

18.3 Universitätsklinikum Tübingen

72076 Tübingen, Geissweg 3; Tel. (0 70 71) 29-0; Fax (0 70 71) 29-39 66; E-Mail: vorstand@med.uni-tuebingen.de; http://www.medizin.uni-tuebingen.de

Leitender Ärztlicher Direktor: Prof. Dr. Michael Bamberg
Kaufmännische Direktorin: Dipl.-Volksw. Gabriele Sonntag
Dekan der Medizinischen Fakultät: Prof. Dr. rer. nat. Bernd Pichler
Pflegedirektor: Dipl.-Kfm. (FH) Klaus Tischler

18.4 Universitätsklinikum Ulm

89081 Ulm, Albert-Einstein-Allee 29; Tel. (07 31) 5 00-0; Fax (07 31) 5 00-4 30 02; E-Mail: info.allgemein@uniklinik-ulm.de; http://www.uniklinik-ulm.de

Klinikumsvorstand:

Leitender Ärztlicher Direktor: Prof. Dr. Udo X. Kaisers
Stellv. Leitender Ärztlicher Direktor: Prof. Dr. Florian Gebhard
Kaufmännische Direktorin: Bettina Rottke
Dekan der Medizinischen Fakultät: Prof. Dr. med. Thomas Wirth
Pflegedirektor: NN

XI Ministerium für Verkehr Baden-Württemberg (VM)

70173 Stuttgart, Dorotheenstr. 8; Tel. (07 11) 2 31-58 30; Fax (07 11) 2 31-58 99;
E-Mail: poststelle@vm.bwl.de;
http://www.vm.baden-wuerttemberg.de

Aufgabenkreis:
Zum Geschäftsbereich des Ministeriums für Verkehr gehören insbesondere:
- Verkehr, Verkehrsmanagement, zukunftsorientierte Mobilitätskonzepte (inklusive E-Mobilität und unmittelbar verkehrsbezogene Logistik);
- Straßenwesen, Natur- und Umweltschutz im Straßenbau;
- gebiets- und verkehrsbezogener Immissionsschutz, Lärmschutz.

Minister: Winfried Hermann
Staatssekretärin: Elke Zimmer
Ministerialdirektor: Berthold Frieß
Zentralstelle: Suzan Ünver
Ministerbüro: Astrid Linnemann
Pressestelle und Öffentlichkeitsarbeit: Edgar Neumann

Abt 1 Verwaltung
Personal, Finanzen, Organisation, Mobilitätsmanagement, Internationales
Leiter: Joachim Kroll, MinDirig, Tel. (07 11) 2 31-56 00

Ref 11: **Personal** Sybille Huber
Ref 12: **Finanzen und Controlling** Stefan Zink
Ref 13: **Organisation, Service, Information, Kommunikation** Annette Schäfer
Ref 14: **Mobilitätsmanagement und Recht** Thomas Horlohe
Ref 15: **Internationale Beziehungen und Bürgerbeteiligung** Jenny van Heeswijk

Abt 2 Straßenverkehr, Straßeninfrastruktur
Planung, Bau, Betrieb, Verkehrsmanagement
Leiter: Andreas Hollatz, MinDirig, Tel. (07 11) 2 31-36 00

Ref 21: **Recht, Haushalt, Finanzierung und Controlling** Ludwig Hipp
Ref 22: **Mobilitätspakte, Verkehrsmanagement und Betrieb** Thomas Bucher
Ref 23: **Grundsätze der Planung, Straßenbautechnik und Digitalisierung** Ina Uhlmann
Ref 24: **Erhaltung und Ingenieurbau** Gundula Peringer
Ref 25: **Straßenneu-/Um- und Ausbau** Einar Dittmann
Ref 26: **Naturschutz an Verkehrswegen, Koordinierungsstelle Transformation Autobahnverwaltung** Monika Glemser

Abt 3 Öffentlicher Verkehr
Schiene, ÖPNV, Luftverkehr, Sicherheit
Leiter: Gerd Hickmann, Tel. (07 11) 2 31-57 00

Ref 31: **Ausbaustrategie Öffentliche Mobilität** Michael Öhmann
Ref 32: **Infrastrukturförderung, ÖPNV** Andrea Xander
Ref 33: **Schienenpersonenverkehr** Markus Gericke
Ref 34: **ÖPNV, Verbünde und Tarife** Thomas Mager
Ref 35: **Luftverkehr** Dr. Manfred Dahlheimer
Ref 36: **Schienengroßprojekte** Dr. Peter Morhard
Ref 37: **Eisenbahninfrastruktur, Güterverkehr** Andreas Zahn

Abt 4 Nachhaltige Mobilität
Digitalisierung, Elektromobilität, Umwelt, Rad, Verkehrsrecht
Leiter: Christoph Erdmenger, Tel. (07 11) 2 31-56 50

Ref 41: **Grundsatz, Digitalisierung und Europa** Dr. Wolf Engelbach
Ref 42: **Elektromobilität und Fahrzeuginnovation** Jörg Steinhilber
Ref 43: **Lärmschutz und Luftreinhaltung** Dr. Udo Weese
Ref 44: **Klimaschutz im Verkehr** Simone Fedderke
Ref 45: **Rad- und Fußverkehr, Ortsmitte** Arne Koerdt
Ref 46: **Verkehrsrecht, Verkehrssicherheit** Gerhard Schmidt-Hornig

XII Ministerium für Landesentwicklung und Wohnen Baden-Württemberg (LW)

70174 Stuttgart, Theodor-Heuss-Str. 4; Tel. (07 11) 1 23-0; Fax (07 11) 1 23-31 31;
E-Mail: poststelle@mlw.bwl.de;
http://www.mlw.baden-wuerttemberg.de

Aufgabenkreis:
Zum Geschäftsbereich des Ministeriums für Landesentwicklung und Wohnen gehören insbesondere:
- Bauaufsicht, Bauordnungs-, Bauplanungs- und Städtebaurecht (ohne Besonderes Städtebaurecht), allgemeiner Städtebau, Baukultur, Flächenmanagement (soweit nicht die Kompetenzen anderer Ressorts berührt sind);
- Bau- und Wohnungswesen, Städtebauliche Erneuerung und Besonderes Städtebaurecht;
- Vermessungswesen und Grundstückswertermittlung sowie Gutachterausschusswesen;
- Geoinformation und Landentwicklung;
- Denkmalschutz und Denkmalpflege;
- Raumordnung und Landesplanung;
- Denkmalschutz mit Ausnahme der Liegenschaften des Landes und Denkmalpflege;
- Bautechnik sowie Marktüberwachung für Bauprodukte, baulicher Wärmeschutz.

Ministerin: Nicole Razavi, MdL
Ministerbüro: Benjamin Völkel, Tel. -31 04
Persönlicher Referent: Jochen Huber, Tel. -31 03
Staatssekretärin: Andrea Lindlohr
Persönlicher Referent: Jacob Werner, Tel. -32 03
Presse- und Öffentlichkeitsarbeit: Rainer Wehaus, Tel. -31 42
Zentralstelle: Mario Nitschmann, Tel. -31 20
Beauftragte für Chancengleichheit: Marion Brucksch (komm.), Tel. -26 04
Beauftragter für Datenschutz: Oleg Livschits, Tel. -28 78
Ministerialdirektor: Dr. Christian Schneider
Stabsstelle Interne Dienste/Steuerung/Grundsatz: Konstantin Schwab, Tel. -31 40

Abt 1 Landentwicklung, Regionalplanung und Geoinformation
Leiterin: Ulrike Kessler, MinDirigentin, Tel. -26 73

Ref 11: **Landesentwicklungsplanung (LEP)** NN
Ref 12: **Raumbeobachtung** NN
Ref 13: **Raumordnung, Flächenmanagement** Dr. Waltraud Buck, Tel. -29 19
Ref 14: **Regionalplanung, Energiewende** NN
Ref 15: **Vermessungswesen** Gerhard Grams, Tel. 1 26-24 61
Ref 16: **Vermessungs- und Geoinformationstechnologie** Dieter Heß, Tel. 1 26-24 71

Abt 2 Wohnen, Städtebau, Baurecht, Denkmalpflege
Leiter: Prof. Dr. Markus Müller, Tel. (07 11) 1 23-23 48

Ref 21: **Bautechnik und Bauökologie** Dr. Hans Schneider, Tel. 1 26-27 69
Ref 22: **Bauordnungsrecht** Rena Farquhar, Tel. -29 04
Ref 23: **Städtebau, Bauplanungsrecht, Baukultur** Martin Rist, Tel. -29 11
Ref 24: **Städtebauliche Erneuerung** Ralph König, Tel. -20 84
Ref 25: **Wohnraumförderung** Dr. Eckart Meyberg, Tel. -22 26
Ref 26: **Recht des Wohnungswesens, Wohngeld** Dr. Thomas Kirschner, Tel. -21 16
Ref 27: **Innovatives Bauen und Planen, Wohnraumoffensive** NN
Ref 28: **Denkmalpflege, Weltkulturerbe und Bauberufsrecht** Annika Ahrens, Tel. -22 21

XIII Rechnungshof Baden-Württemberg

76133 Karlsruhe, Stabelstr. 12; Tel. (07 21) 9 26-0;
Fax (07 21) 9 26-21 73;
E-Mail: poststelle@rh.bwl.de;
http://www.rechnungshof.baden-wuerttemberg.de
und rh.bwl.de

Staatsrechtliche Grundlage und Aufgabenkreis
Die Stellung und der Aufbau des Rechnungshofs sind in dem Gesetz über den Rechnungshof Baden-Württemberg (RHG) vom 19. Oktober 1971 (GesBl. S. 426), seine Aufgaben und Befugnisse in Art. 83 der Landesverfassung und in der Landeshaushaltsordnung, insbesondere in deren Teil V, geregelt. Der Rechnungshof ist eine selbstständige, nur dem Gesetz unterworfene oberste Landesbehörde. Seine Mitglieder (Präsident, Vizepräsident, Direktor beim Rechnungshof und Rechnungshofdirektoren) besitzen die gleiche Unabhängigkeit wie die Richter. Der Rechnungshof prüft die Rechnung sowie die gesamte Haushalts- und Wirtschaftsführung des Landes; er prüft ferner die Haushalts- und Wirtschaftsführung von landesunmittelbaren juristischen Personen des öffentlichen Rechts.
Das Ergebnis der Prüfung, soweit es für die Entlastung der Landesregierung von Bedeutung sein kann, fasst der Rechnungshof für den Landtag in einer Denkschrift zusammen, die gleichzeitig dem Landtag und der Landesregierung zuleitet. Über Angelegenheiten von besonderer Bedeutung kann der Rechnungshof den Landtag und die Landesregierung jederzeit unterrichten. Außerdem kann der Rechnungshof seine Prüfungserfahrungen dazu nutzen, den Landtag, die Landesregierung und einzelne Ministerien zu beraten.
Der Rechnungshof gliedert sich zur Erfüllung der ihm durch Verfassung und Gesetz zugewiesenen Aufgaben in die Präsidialabteilung sowie folgende Fachabteilungen.
Präsident: Benz
Vizepräsidentin: Taxis
Datenschutzbeauftragter/Öffentlichkeitsarbeit/Rechtsangelegenheiten: Möller, Tel. (07 21) 9 26-23 08
Beauftragte für Informationssicherheit: Kunz-Meier
Beauftragte für Chancengleichheit: Gauch

Abt P Prüfungen
Leiterin: Taxis, VPräsidentin

Prüfungsreferat P
Landtag, Staatsministerium, Prüfungen der Präsidenten
Leiter: Pailer

Abt P Verwaltung
Leiter: Dr. Böcker

Ref P/1: **Personal, Fort- und Weiterbildung, Gesundheitsmanagement** Dr. Böcker

Ref P/2: **Beauftragter für den Haushalt, grundsätzliche Angelegenheiten der Finanzkontrolle, Beschaffungen, Dienstreisen, Organisation, IT** Pailer
Ref P/3: **Denkschrift, Landtagsangelegenheiten, Arbeitsplanung, Controlling, Innerer Dienst** Volz

Abt I
Leiter: Knapp

Ref I/1 **MWK, Universitäten (ohne Universitätsklinika), Pädagogische Hochschulen, Hochschulen für angewandte Wissenschaften, Kunst- und Musikhochschulen, Duale Hochschule Baden-Württemberg** NN
Ref I/2: **Theater, Staatliche Museen, Bibliothekswesen, Ausbildungsförderung, Studierendenwerke, Außeruniversitäre Forschung** Haußer
Ref I/3: **Universitätsklinika, Medizinische Fakultäten, Zentren für Psychiatrie, Zentralinstitut für Seelische Gesundheit Mannheim** NN

Abt II
Leiter: Dr. Walch

Ref II/1: **Haushaltspolitik, Haushaltsrecht, Ministerium für Justiz und für Migration, Verfassungsgerichtshof** Beismann
Ref II/2: **Ministerium für Kultus, Jugend und Sport, Ministerium für Soziales, Gesundheit und Integration** Weiss
Ref II/3: **Ministerium für Finanzen (ohne VBA Ba-Wü), Allg. Finanzverwaltung (ohne Staatl. Hochbau), Steuerverwaltung** Schneider

Abt III
Leiterin: Dr. Dette

Ref III/1: **Unternehmen, Betriebe und Beteiligungen (ohne Universitätsklinika und staatliche Krankenhäuser)** Dr. Schmalzhaf
Ref III/2: **Ministerium für Wirtschaft, Arbeit und Tourismus, wirtschaftsnahe Forschungseinrichtungen, Ministerium für Ländlichen Raum und Verbraucherschutz** Kölmel
Ref III/3: **Querschnittsprüfungen im Personalbereich, LBV (einschließlich der Personalausgaben und der Versorgungsleistungen im Bereich aller Epl.)** Dr. Bucher

Abt IV
Leiter: Nickerl

Ref IV/1: **Organisations-, Personalbedarfs- und Wirtschaftlichkeitsuntersuchungen in der Landesverwaltung, Verwaltungsorganisation, Neue Steuerung, Effizienz-, Kosten- und Prozessanalysen** K. Eichhorn
Ref IV/2: **Ministerium des Innern, für Digitalisierung und Kommunen, SWR, Landesanstalt für Kommunikation, Medienangelegenheiten** NN

Ref IV / 3: **IT des Landes einschließlich Telekommunikation, E-Government, Informationstechnisches Gesamtbudget, CIO, BITBW, Komm.ONE** Rank

Abt V
Leiter: Keitel

Ref V/1: **Hochbaumaßnahmen für alle Zweige der Landesverwaltung, Ingenieurtechnische Prüfungen bei Hochbaumaßnahmen, Technisches Gebäudemanagement** Zastrow
Ref V/2: **Staatsvermögen, Landesbetrieb Vermögen und Bau Ba-Wü, Bauzuschüsse an Schulträger, Sportförderung, Jugendpflege und Gesundheitspflege, Zuwendungen für Hochbaumaßnahmen, Städtebau und Denkmalpflege** Eschler
Ref V/3: **Ministerium für Umwelt, Klima und Energiewirtschaft, Ministerium für Verkehr** D. Wagner

1 Staatliche Rechnungsprüfungsämter

Staatsrechtliche Grundlage und Aufgabenkreis:
Dem Rechnungshof sind zur Erfüllung seiner Aufgaben 3 Staatliche Rechnungsprüfungsämter unmittelbar nachgeordnet. Gemäß § 100 Landeshaushaltsordnung in der Fassung des Art. 1 des Gesetzes zur Einführung einer einheitlichen Finanzkontrolle vom 30. November 1994 (GBl. S. 619) führen die Staatlichen Rechnungsprüfungsämter die Prüfungsaufgaben in ihrem Bezirk nach besonderer Weisung des Rechnungshofs durch; darüber hinaus obliegt ihnen die Prüfung der Finanzvorfälle nach § 56 Abs. 3 des Haushaltsgrundsätzegesetzes.

Staatliches Rechnungsprüfungsamt Freiburg
79102 Freiburg, Turnseestr. 5; Tel. (07 61) 79 12-0; Fax (07 61) 79 12-1 05;
E-Mail: poststelle@rpa-fr.bwl.de
Leiter: Ulrich Benz
Amtsbezirk: Regierungsbezirk Freiburg

Staatliches Rechnungsprüfungsamt Stuttgart
70736 Fellbach, Schaflandstr. 3/2; Tel. (07 11) 34 26-15 01; E-Mail: poststelle@rpa-s.bwl.de
Leiter: Roland Binz
Amtsbezirk: Regierungsbezirk Stuttgart

Staatliches Rechnungsprüfungsamt Tübingen
72072 Tübingen, Schellingstr. 4/1; Tel. (0 70 71) 7 57-49 01; Fax (0 70 71) 7 57-49 04;
E-Mail: poststelle@rpa-t.bwl.de
Leiter: Horst Schuh
Amtsbezirk: Regierungsbezirk Tübingen

c Organe der Rechtspflege

Rechtspflege

Einführender Beitrag

Rechtspflege ist die Ausübung der Gerichtsbarkeit durch die dazu berufenen Organe. Unter Gerichtsbarkeit versteht man die Tätigkeit der Gerichte, das Recht auf einen konkreten Sachverhalt, welcher in einem förmlichen Verfahren gewonnen wird, anzuwenden. Soweit es hierbei um Rechtsprechung geht, ist diese den Richtern vorbehalten; andernfalls können die Aufgaben auch dem Rechtspfleger übertragen werden. Richter sind nicht nur die Berufsrichter, sondern auch die Schöffen bzw. ehrenamtlichen Richter. Diese haben das gleiche Stimmrecht wie die Berufsrichter, wirken aber an den Entscheidungen außerhalb der Hauptverhandlung und beim Erlass von Gerichtsbescheiden in der Verwaltungs-, Sozial- und Finanzgerichtsbarkeit nicht mit. Neben den Gerichten sind die Staatsanwaltschaft und die Rechtsanwälte an der Rechtsfindung beteiligt. Sie sind daher ebenfalls Organe der Rechtspflege. Dieser Beitrag stellt die sachliche und die funktionelle, den Instanzenweg betreffende Zuständigkeit derjenigen Gerichte dar, bei denen das Land Träger der Gerichtsbarkeit ist, sowie den Aufgabenkreis der Staatsanwaltschaft im Zusammenhang mit der ordentlichen Gerichtsbarkeit.

I.

Der **Verfassungsgerichtshof** hat seinen Sitz in Stuttgart (Art. 68 Landesverfassung Baden-Württemberg -LVerf-, § 1 Verfassungsgerichtshofgesetz - StaatsGHG-). Er entscheidet in der Besetzung mit 3 Berufsrichtern, darunter der Vorsitzende und sein ständiger Vertreter, 3 Mitgliedern, die die Befähigung zum Richteramt haben sowie 3 weiteren Mitgliedern (Art. 68 Abs. 3 LVerf). Der Verfassungsgerichtshof ist zuständig für
– das Organstreitverfahren, in welchem sich Landtag und Landesregierung um ihre Kompetenzen streiten (Art. 68 Abs. 1 Nr. 1 LVerf),
– die Anklage gegen ein Mitglied der Regierung (Art. 57 Abs. 1 LVerf),
– den Antrag, einem Abgeordneten das Mandat abzuerkennen (Art. 42 LVerf),
– den Antrag eines Mitglieds der Regierung zur Prüfung der Berechtigung des öffentlichen Vorwurfes der Verletzung der Verfassung oder eines anderen Gesetzes (Art. 57 Abs. 4 LVerf),
– die Anfechtung einer Entscheidung des Landtages hinsichtlich der Wahlprüfung (Art. 31 Abs. 2 LVerf),
– die Entscheidung über die Zulässigkeit eines Antrags auf Verfassungsänderung (Art. 64 Abs. 1 S 3 LVerf),

- die abstrakte Normenkontrolle, bei der das Landesrecht auf seine Vereinbarkeit mit der Verfassung überprüft wird (Art. 68 Abs. 1 Nr. 3 LVerf),
- die konkrete Normenkontrolle, bei der die Überprüfung von einem erkennenden Gericht veranlasst wird (Art. 68 Abs. 1 Nr. 3 LVerf) und
- den Antrag einer Gemeinde oder eines Gemeindeverbandes auf Feststellung, dass ein Gesetz die Garantie der kommunalen Selbstverwaltung verletzt (Art. 76 LVerf).

II. Die ordentliche Gerichtsbarkeit und die Staatsanwaltschaft

Die **Amtsgerichte**
1. in **Zivilsachen**. Hier entscheiden die **Amtsrichter**, soweit nicht die Geschäfte den Rechtspflegern übertragen sind (§ 22 Gerichtsverfassungsgesetz -GVG-, §§ 3, 20 Rechtspflegergesetz -RPflG-).
Die Amtsgerichte sind sachlich zuständig:
1.1. In bürgerlichen Rechtsstreitigkeiten, deren Gegenstandswert die Summe von 5.000,- EUR nicht übersteigt (§ 23 Nr. 1 GVG). Weiterhin ohne Rücksicht auf den Streitwert - sog. sachliche ausschließliche Zuständigkeit - in Mietstreitigkeiten, soweit Wohnraum betroffen ist (§ 23 Nr. 2 a GVG), bei Streitigkeiten im Zusammenhang mit dem Wohnungseigentum (§ 43 WEG) sowie für Streitigkeiten wegen Viehmängel und Wildschäden (§ 23 Nr. 2c, 2d GVG).
1.2. Für das Mahnverfahren, in welchem ein Zahlungsanspruch durchgesetzt werden kann (§ 689 Zivilprozessordnung -ZPO-). Legt der Antragsgegner rechtzeitig Widerspruch gegen einen Mahnbescheid ein und beantragt eine Partei die Durchführung des streitigen Verfahrens, richtet sich die Zuständigkeit hinsichtlich der Streitigkeit nach den allgemeinen sachlichen und örtlichen Regelungen, und das Verfahren wird dorthin abgegeben (§ 696 ZPO). Gleiches gilt, wenn Einspruch gegen einen Vollstreckungsbescheid eingelegt wird (§ 700 Abs. 3 ZPO).
1.3. In Familiensachen (Ehesachen, Kindschaftssachen, Unterhaltssachen, Lebenspartnerschaftssachen pp.) als **Familiengerichte** (§ 23 b GVG, § 111 Gesetz über das Verfahren in Familiensachen und in den Angelegenheiten der freiwilligen Gerichtsbarkeit – FamFG –).
1.4. Im Rahmen der freiwilligen Gerichtsbarkeit in Betreuungs-, Unterbringungs- und betreuungsrechtlichen Zuweisungssachen als **Betreuungsgerichte** (§ 23c GVG). Allerdings beschränkt sich die Zuständigkeit der Betreuungsgerichte im württembergischen Landesteil auf den Zuständigkeitskatalog des § 37 Landesgesetz über die freiwillige Gerichtsbarkeit -LFGO-, im Übrigen sind die staatlichen Notariate zuständig (§194 Abs. 1 FGG i.V.m. §§ 1, 36 LFGO). In Nachlass- und Teilungssachen als **Nachlassgerichte** für das badische Rechtsgebiet; für das württembergische Rechtsgebiet sind die staatlichen Notariate zuständig (§ 23a Abs. 2 GVG, § 342 FamFG,

§§ 1 Abs. 2, 38 LFGO). Des Weiteren obliegt den Amtsgerichten in diesem Bereich die Führung der Register (Vereinsregister, Handelsregister usw.) mit Ausnahme der Grundbücher. Diese werden von den Grundbuchämtern der Gemeinden geführt (§§ 1 Abs. 1, 26 LFGO).
- Die Zuständigkeit des Amtsgerichts Mannheim für die Binnenschiffs- und Schiffsbauregister erstreckt sich auf den hessischen Teil des Neckars (Staatsvertrag vom 4. März 1953).
- Die Binnenschiffs- und Schiffsbauregister für den baden-württembergischen Teil des Mains werden vom Amtsgericht Würzburg geführt (Staatsvertrag vom 28. November 1957)

1.5. In Landwirtschaftssachen als **Landwirtschaftsgerichte** (§ 1, 2 Abs. 1 Gesetz über das gerichtliche Verfahren in Landwirtschaftssachen -LwVG-), wobei 2 ehrenamtliche Richter, die die Landwirtschaft als Haupt- oder Nebenberuf selbstständig ausüben, mitwirken (§ 1 Abs. 2, § 4 Abs. 3 LwVG).
1.6. In Binnenschifffahrtssachen und damit zusammenhängenden Straftaten und Ordnungswidrigkeiten als **Schifffahrtsgerichte** (§§ 1, 5 Gesetz über das gerichtliche Verfahren in Binnenschifffahrtssachen -BSchVerfG-); in Rheinschifffahrtssachen als **Rheinschifffahrtsgerichte** (§§ 14, 15 BSchVerfG, Mannheimer Akte).
1.7. In Zwangsvollstreckungssachen, soweit es um die Vollstreckung in Forderungen und sonstige Vermögensrechte sowie in das unbewegliche Vermögen (z.B. Grundstücke) geht, als **Vollstreckungsgerichte** (§§ 828, 869 ZPO, § 1 Gesetz über die Zwangsversteigerung und Zwangsverwaltung -ZVG-). Als Vollstreckungsgerichte entscheiden die Amtsgerichte auch über die Vollstreckungserinnerung, wenn der Gerichtsvollzieher in das bewegliche Vermögen vollstreckt bzw. vollstrecken soll (§ 766 ZPO). Ferner in Insolvenzsachen als **Insolvenzgerichte** (§ 2 Insolvenzordnung -InsO-).
2. in **Strafsachen**.
2.1. Die **Strafrichter** sind zuständig für Straftaten, die als Vergehen eingestuft werden, wenn Geldstrafe oder keine höhere Freiheitsstrafe als 2 Jahre zu erwarten ist (§ 25 Nr. 2 GVG). Außerdem für Straftaten, die im Wege der Privatklage verfolgt werden (§ 25 Nr. 1 GVG, § 374 Strafprozessordnung -StPO-) und für Ordnungswidrigkeiten, wenn Einspruch gegen einen Bußgeldbescheid eingelegt wurde (§ 68 Abs. 1 Gesetz über Ordnungswidrigkeiten -OWiG-).
2.2. Die **Schöffengerichte** sind besetzt mit 1 Amtsrichter und 2 Schöffen; bei umfangreichen Sachen kann ein 2 Amtsrichter hinzugezogen werden (§ 29 GVG). Sie sind zuständig für Vergehen, wenn eine höhere Strafe als 2 Jahre Freiheitsstrafe zu erwarten ist, und für Straftaten, die zwar als Verbrechen klassifiziert werden, die sich aber nicht gegen das Leben richten oder keinen ähnlich schweren Schuldvorwurf enthalten. Allerdings ist die Zuständigkeit der Schöffengerichte auch nur insoweit gegeben, als dass keine höhere Freiheitsstrafe als 4 Jahre und keine Unter-

bringung in der Psychiatrie (§ 63 Strafgesetzbuch - StGB-) oder in der Sicherungsverwahrung (§ 66 StGB) zu erwarten ist (§ 24 GVG).
2.3. Bei Verfehlungen von Jugendlichen und Heranwachsenden sind die **Jugendrichter** zuständig, wenn nur Erziehungsmaßregeln und Zuchtmittel (Jugendarrest) zu erwarten sind, bzw. bei Heranwachsenden evtl. die Rechtsfolgen des allgemeinen Strafrechts anzuwenden sind und der Strafrichter zuständig wäre (§§ 39, 108 Jugendgerichtsgesetz -JGG-).
Die **Jugendschöffengerichte** bestehen aus dem Jugendrichter und 2 Jugendschöffen (§ 33 a JGG). Sie sind bis auf bestimmte Verbrechen zuständig, wenn Jugendstrafe oder bei Heranwachsenden keine höhere Strafe als 4 Jahre Freiheitsstrafe zu erwarten ist (§§ 40, 108 JGG).
Die Jugendrichter sind zudem **Vollstreckungsleiter** (§ 82 JGG). In dieser Eigenschaft überwachen sie die Einhaltung der jugendgerichtlichen Maßnahmen und Strafen und entscheiden über die Strafaussetzung.
2.4. Im Ermittlungsverfahren sind die Amtsrichter als **Ermittlungsrichter** zuständig für die Anordnung der Telefonüberwachung (§ 100 b Abs. 1 StPO) und der Hausdurchsuchung (§ 105 Abs. 1 StPO) etc. Des Weiteren sind die Amtsrichter **Haftrichter**. In dieser Funktion erlassen sie den Haftbefehl und ordnen die Untersuchungshaft an (§§ 114, 115 StPO). Als Ermittlungs- und Haftrichter werden sie jedoch nur auf Antrag der Staatsanwaltschaft tätig.

Die örtlichen ausschließlichen Zuständigkeiten einiger Amtsgerichte sind im folgenden Kapitel - Die Gerichte der ordentlichen Gerichtsbarkeit - aufgeführt.

Die **Landgerichte** befinden sich in Baden-Baden, Ellwangen (Jagst), Freiburg im Breisgau, Hechingen, Heidelberg, Heilbronn, Karlsruhe, Konstanz, Mannheim, Mosbach, Offenburg, Ravensburg, Rottweil, Stuttgart, Tübingen, Ulm und Waldshut-Tiengen (§ 3 Gerichtsorganisationsgesetz -GerOrgG-).
1. Die **Zivilkammern** verhandeln und entscheiden grundsätzlich in der Besetzung mit einem Einzelrichter, es sei denn, es handelt sich um die in § 348 Abs. 1 Nr. 2 ZPO genannten Ausnahmen, wie Streitigkeiten aus Bank- und Finanzgeschäften, Versicherungsvertragsverhältnissen etc.. Diese kann die Kammer aber dem Einzelrichter übertragen. Der Einzelrichter kann jede Entscheidung der Zivilkammer vorlegen, wenn die Sache besondere Schwierigkeiten tatsächlicher oder rechtlicher Art aufweist oder die Rechtssache grundsätzliche Bedeutung hat (§ 75 GVG, § 348 a ZPO). Die Zivilkammern sind zuständig:
1.1. In erster Instanz in bürgerlichen Rechtsstreitigkeiten ab dem Streitwert von 5.000,01 EUR (§ 71 Abs. 1 GVG). Unabhängig vom Streitwert für Klagen gegen den Staat oder eine Körperschaft des öffentlichen Rechts wegen Amtspflichtverletzungen (§ 71 Abs. 2 Nr. 2 GVG) und wegen Verfügungen der Verwaltungsbehörden, soweit der ordentliche Rechtsweg gegeben ist (§ 71 Abs. 3 GVG i.V.m. § 3 Gesetz zur Ausführung des Gerichtsverfassungsgesetzes - AGGVG-). Unter Letzteres fallen z.B. Ansprüche aus Aufopferung und Verwahrung (§ 40 Abs. 2 Verwaltungsgerichtsordnung -VwGO-). Des Weiteren für Streitigkeiten wegen unzulässiger Wettbewerbsbeschränkungen sowie aus Kartellverträgen und Kartellbeschlüssen (§§ 2-8, 87 Gesetz gegen Wettbewerbsbeschränkungen -GWB-).

– Das Landgericht Mannheim ist örtlich und sachlich ausschließlich zuständig in Patent-, Gebrauchsmuster-, Topographieschutz- und Sortenschutzstreitsachen (§ 143 PatG, § 27 GebrMG, § 11 HalbleiterSchG, § 38 SortSchG i.V.m. § 14 ZuVOJu).
– Ferner sind das Landgericht Mannheim für den OLG-Bezirk Karlsruhe und das Landgericht Stuttgart für den OLG-Bezirk Stuttgart ausschließlich zuständig in Kennzeichen-, Gemeinschaftsmarken-, Geschmacksmuster- und Urheberrechtsstreitsachen, Streitigkeiten nach dem Gesetz gegen Wettbewerbsbeschränkungen sowie Streitigkeiten im Zusammenhang mit dem Wertpapiererwerbs- und Übernahmegesetz (§ 140 MarkenG, § 125e MarkenG, § 27 GeschMG, § 105 UrhG, §§ 87, 89 GWB, § 66 WpÜG i.V.m. §§ 13 Abs. 1, 15a ZuVOJu). Im Bereich der freiwilligen Gerichtsbarkeit ist die Zuständigkeit der genannten Landgerichte ebenfalls gegeben in gesellschaftsrechtlichen Angelegenheiten der Aktiengesellschaften (§§ 98 Abs. 1, 132 Abs. 1, 304 Abs. 3, 305, 260 AktG), der Gesellschaften mit beschränkter Haftung -GmbH- (§ 27 EGAktG, § 51b GmbHG), der bergrechtlichen Gesellschaften (§ 27 EGAktG), der Versicherungsvereine auf Gegeseitigkeit (§§ 35, 36 VAG) und nach dem Umwandlungsgesetz (§ 306 Abs. 3 UmwG) (§ 13 Abs. 2 ZuVOJu).

1.2. In zweiter Instanz für die Berufung gegen die Urteile der Amtsgerichte unter Punkt 1.1. mit Ausnahme der Berufungen, an denen im Ausland lebende und dort ihren Gerichtsstand habende Personen beteiligt sind sowie bei Anwendung von ausländischem Recht durch das Amtsgericht (§§ 72, 119 Abs. 1 GVG, § 511 ZPO). In den Ausnahmefällen sind die Oberlandesgerichte zuständig. Allerdings ist die Berufung nur dann sinnvoll, wenn der Richter das Recht falsch angewendet hat, da nur dann die Berufung nicht unverzüglich durch Beschluss zurückgewiesen und eine eventuelle erforderliche Beweisaufnahme durchgeführt wird, § 513 ZPO. Des Weiteren für die Beschwerde gegen andere Entscheidungen der Amtsgerichte unter Punkt 1.1. und 1.7., z.B. die sofortige Beschwerde gegen Entscheidungen der Vollstreckungsgerichte (§ 793 ZPO) und der Insolvenzgerichte (§ 6 InsO).

– Für die Berufung gegen Urteile im Bereich der Urheberrechtsstreitsachen sind das Landgericht Mannheim für den OLG-Bezirk Karlsruhe und das Landgericht Stuttgart für den OLG-Bezirk Stuttgart ausschließlich zuständig (§ 13 Abs. 3

ZuVOJu). Ferner sind diese Gerichte für Ihre Bezirke für Berufungen in Wohnungseigentumssachen ausschließlich zuständig; vgl. § 72 GVG.

1.3. Als **Beschwerdekammern** für die Beschwerde gegen Entscheidungen, die von den Betreuungsgerichten erlassen wurden sowie in Freiheitsentziehungssachen ergangen sind (§ 72 Abs. 1 Satz 2 GVG, §§ 217, 312, 340, 415 FamFG).

1.4. Die **Kammern für Handelssachen** (1 Richter und 2 ehrenamtliche Richter) befinden sich in Ellwangen (Jagst), Freiburg i.Br., Hechingen, Heidelberg, Heilbronn, Karlsruhe mit 1 auswärtigen Kammer in Pforzheim, Konstanz mit 1 auswärtigen Kammer in Villingen-Schwenningen, Mannheim, Ravensburg, Rottweil, Stuttgart, Tübingen und Ulm (§ 93 GVG i.V.m. § 12 ZuVOJu). Sie sind zuständig, wenn es sich bei der Klage um eine Handelssache gem. § 95 GVG - Klagen gegen Kaufleute, Wechsel- und Scheckklagen - handelt und ein Antrag des Klägers oder des Beklagten vorliegt (§§ 96, 98 GVG). Die Zuständigkeit ist auch in zweiter Instanz gegeben (§ 100 GVG).

– Die Kammern für Handelssachen des Landgerichts Stuttgart sind ausschließlich zuständig in Wertpapierbereinigungssachen (§ 15 ZuVOJu).

1.5. Die **Kammern für Baulandsachen** (2 Richter des Landgerichts, 1 Richter des Verwaltungsgerichts; § 220 Baugesetzbuch -BauGB-) beim Landgericht Karlsruhe für den OLG-Bezirk Karlsruhe und beim Landgericht Stuttgart für den OLG-Bezirk Stuttgart (§ 11 ZuVOJu). Sie sind ausschließlich zuständig zur Entscheidung über Anträge gem. § 217 BauGB, z.B. die Anfechtung der Verwaltungsakte im Enteignungsverfahren.

2. In Strafsachen bestehen 2 auswärtige Strafkammern des Landgerichts Karlsruhe beim AG-Pforzheim (§ 78 Abs. 1 i.V.m. § 18 ZuVOJu). Es entscheiden:

2.1. In erster Instanz die **großen Strafkammern** in der Besetzung mit 2 Berufsrichtern und 2 Schöffen, wenn nicht wegen des Umfangs oder der Schwierigkeit der Sache die Mitwirkung eines dritten Berufsrichters notwendig erscheint (§ 76 Abs. 1, 2 GVG). Sie sind zuständig in den Fällen, in denen die Zuständigkeit der Amtsgerichte nicht gegeben ist und bei politischen Straftaten die Zuständigkeit des Oberlandesgerichts Stuttgart wegen der geringen Bedeutung der Straftat auch nicht begründet ist (§ 74 Abs. 1 GVG). Zudem kann die Staatsanwaltschaft bei Straftaten, die an und für sich zur Zuständigkeit der Amtsgerichte gehören, Anklage vor dem Landgericht erheben, wenn die Straftat im Blickpunkt der Öffentlichkeit steht (§ 24 Abs. 1 Nr. 3 GVG).

Die großen Strafkammern, die über Verbrechen gegen das Leben und bestimmte andere schwere Verbrechen (z.B. Raub mit Todesfolge, besonders schwere Brandstiftung) zu entscheiden haben, führen die Bezeichnung **Schwurgericht** (§ 74 Abs. 2 GVG). Sie entscheiden generell in der Besetzung mit 3 Berufsrichtern (§ 76 Abs. 2 GVG). Im Bereich der Wirtschaftskriminalität und der Steuerstraftaten sind die großen **Wirtschaftsstrafkammern** zuständig (§ 74 c GVG).

– Dem Landgericht Mannheim für den OLG-Bezirk Karlsruhe und dem Landgericht Stuttgart für den OLG-Bezirk Stuttgart sind die Wirtschaftsstrafsachen gem. § 74 c Abs. 1 GVG, mit Ausnahme der Strafsachen mit Bezug zum Lebensmittelrecht (§ 74 c Abs. 1 Nr. 4), zugewiesen (§ 74 c Abs. 3 i.V.m. § 17 ZuVOJu).

– Bei politischen Straftaten mit geringem Gewicht sind die Staatsschutzkammern der Landgerichte Karlsruhe und Stuttgart ausschließlich zuständig (§ 74 a GVG).

2.2. In zweiter Instanz die **kleinen Strafkammern** in der Besetzung mit 1 Berufsrichter und 2 Schöffen; wenn jedoch das erweiterte Schöffengericht entschieden hat, mit 2 Berufsrichtern (§ 76 Abs. 1, 3 GVG). Sie sind zuständig für die Berufung gegen Urteile der Amtsgerichte mit Ausnahme der Urteile im Bereich der Ordnungswidrigkeiten (§ 74 Abs. 3 GVG).

2.3. Die **großen Jugendkammern** in der Besetzung mit 3 Richtern und 2 Jugendschöffen, wenn nicht die Mitwirkung eines dritten Richters entbehrlich erscheint (§ 33 b JGG). Sie sind zuständig zur Aburteilung von Taten gegen das Leben und bestimmte andere schwere Verbrechen (§ 41 Abs. 1 Nr. 1 JGG) und wenn das **Jugendschöffengericht** wegen des Umfangs die Sache vorgelegt hat (§ 41 Abs. 1 Nr. 2 JGG).

Die **großen Jugendkammern** sind außerdem zuständig für Berufungen gegen Urteile des Jugendschöffengerichts (§ 41 Abs. 2, 33 b JGG).

Die **kleinen Jugendkammern** (1 Richter und 2 Jugendschöffen) für Berufungen gegen Urteile des Jugendrichters (§ 33 b JGG).

2.4. Die **Strafvollstreckungskammern** mit 1 Richter, soweit es um die während des Vollzuges zu treffende Entscheidung der Aussetzung des Strafrestes geht (§ 78 a Abs. 1 Nr. 1 GVG). Außerdem überprüfen sie die Rechtmäßigkeit von Maßnahmen während des Strafvollzugs (§ 78 a Abs. 1 Nr. 2 GVG). Über die Aussetzung der Vollstreckung einer lebenslangen Freiheitsstrafe oder der Unterbringung in der Psychiatrie entscheiden die Strafvollstreckungskammern in der Besetzung mit 3 Richtern (§ 78 b GVG).

– Die Strafvollstreckungskammer des Landgerichts Rottweil ist auch für den Bereich des LG-Hechingen für die Strafvollstreckungsangelegenheiten zuständig (§ 19 Abs. 2 ZUVOJu).

– Das Landgericht Karlsruhe ist auch für den LG-Bezirk Baden-Baden zuständig für die Strafvollstreckungsangelegenheiten mit Bezug zur internationalen Rechtshilfe (§ 78 a Abs. 1 Nr. 3 GVG, § 19 ZuVOJu).

3. Die **Kammern für Steuerberater- und Steuerbevollmächtigtensachen** sowie die **Kammern für Wirtschaftsprüfersachen** befinden sich bei den Landgerichten Heidelberg, Freiburg und Stuttgart (§ 95 Abs. 1 Steuerberatungsgesetz -StBerG-; § 72

Abs. 1 Wirtschaftsprüferordnung -WPrüfO-). Sie entscheiden außerhalb der Hauptverhandlung in der Besetzung mit 3 Berufsrichtern des Landgerichts, in der Hauptverhandlung mit 1 Berufsrichter und 2 Beisitzer der jeweiligen Berufsgruppe über Pflichtverletzungen dieser Berufsgruppen (§ 95 Abs. 4 StBerG; § 72 Abs. 2 WPrüfO).

4. Das **Dienstgericht für Richter** ist beim Landgericht Karlsruhe errichtet (§ 62 Landesrichtergesetz - LRiG-). Es entscheidet in der Besetzung mit einem Vorsitzendem, einem ständigen Beisitzer aus der ordentlichen Gerichtsbarkeit oder der Verwaltungsgerichtsbarkeit und einem nichtständigen Beisitzer aus dem Gerichtszweig des betroffenen Richters (§ 68 LRiG). Gegenstand der Entscheidung sind die Disziplinarsachen gegen Richter sowie alle sonstigen Maßnahmen, die den Richter betreffen.

Ebenfalls entscheidet es in Disziplinarsachen gegen Staatsanwälte und Notare mit Richterbefähigung (§§ 90, 95 LRiG).

Die **Oberlandesgerichte** haben ihren Sitz in Karlsruhe mit Außensenaten in Freiburg i.Br. und Stuttgart (§ 1 GerOrgG, § 116 Abs. 2 GVG i.V.m. § 16 ZuVOJu).

1. Die **Senate in Zivilsachen** verhandeln und entscheiden in der Besetzung mit 3 Richtern (§ 122 Abs. 1 GVG). Es gibt:

1.1. **Zivilsenate** für die Berufung gegen erstinstanzliche Urteile der Zivil- und Handelskammern, wobei die Berufung zum Oberlandesgericht ebenfalls nur sinnvoll ist, wenn das Landgericht das Recht falsch angewendet hat, da nur dann die Berufung nicht unverzüglich durch einstimmigen Beschluss zurückgewiesen wird (§ 119 Abs. 1 Nr. 2 GVG). Diese sind ebenfalls zuständig für die Beschwerde gegen andere Entscheidungen dieser Kammern und entscheiden somit auch über die weitere Beschwerde in Zwangsvollstreckungs- und Konkurssachen (§ 793 Abs. 2 ZPO, § 73 Abs. 3 KO).

1.2. Die **Senate für Baulandsachen** (2 Richter des OLG, 1 Richter des OVG) als Berufungsinstanz für die Entscheidungen der Kammern für Baulandsachen (§ 229 BauGB).

1.3. Die **Kartellsenate** als Berufungsinstanz für Entscheidungen der Landgerichte in Kartellsachen (§ 92 GWB).

1.4. Die **Beschwerdesenate** für die Beschwerde gegen Entscheidungen der Amtsgerichte im Rahmen der freiwilligen Gerichtsbarkeit einschließlich der Grundbuchsachen mit Ausnahme der Entscheidungen der Betreuungsgerichte sowie in Freiheitsentziehungssachen (§ 119 Abs. 1 Nr. 1 lit. b), § 72 Grundbuchordnung (GBO).

1.5. **Familiensenate** als Beschwerdeinstanz gegen die Entscheidungen der Familiengerichte (§ 119 Abs. 1 Nr. 1 lit. a), Abs. 2 GVG).

1.6. Die **Senate für Landwirtschaftssachen** (3 Richter des OLG und 2 ehrenamtliche Richter). Diese entscheiden im zweiten Rechtszug über die sofortige Beschwerde gegen Entscheidungen der Landwirtschaftsgerichte (§§ 2, 9 LwVG) und über Berufungen gegen Urteile der Landwirtschaftsgerichte (§§ 2, 38 LwVG).

1.7. Die **Schifffahrtsobergerichte** als Rechtsmittelinstanz für die Entscheidungen der Schifffahrtsgerichte in bürgerlichen Rechtsstreitigkeiten sowie in Straf- und Bußgeldsachen (§ 11 BSchVerfG).

Das Oberlandesgericht Karlsruhe ist außerdem **Rheinschifffahrtsobergericht** in Rheinschifffahrtssachen soweit die Rheinschifffahrtsgerichte Kehl, Konstanz, Mainz und Mannheim entschieden haben (§ 15 BSchVerfG, Art. 2 des Abkommens vom 28. Juni 1954).

2. Die **Senate in Strafsachen** entscheiden in der Besetzung mit 3 Richtern, wenn nicht im ersten Rechtszug die Mitwirkung zweier weiterer Richter notwendig erscheint (§ 122 GVG).

2.1. Im ersten Rechtszug sind die Strafsenate des Oberlandesgerichts Stuttgart zuständig für Straftaten, die sich gegen den Staat bzw. seine Organe richten oder die äußere und innere Sicherheit betreffen (§ 120 GVG). In diesem Fall kann Ermittlungsrichter neben dem Amtsrichter auch ein Richter am Oberlandesgericht sein (§ 169 Abs. 1 S 1 StPO). Die Entscheidung über die Beschwerden gegen die Entscheidungen des Ermittlungsrichters steht dann ebenfalls dem Senat zu (§ 120 Abs. 5 GVG).

Wenn der Generalbundesanwalt das Ermittlungsverfahren führt und Anklage erhebt, wird das Oberlandesgericht im Rahmen der Organleihe tätig und übt insoweit Bundesgerichtsbarkeit aus (§ 120 Abs. 6 GVG).

2.2. Als Revisionsinstanz sind die Strafsenate der Oberlandesgerichte zuständig für die Berufungsurteile der kleinen Strafkammern und der Jugendkammern, für die Sprungrevision gegen Urteile der Amtsgerichte und für die erstinstanzlichen Urteile der großen Strafkammern in dem sehr seltenen Fall, dass die Revision auf die Verletzung von Landesrecht gestützt wird (§§ 121, 122 GVG).

2.3. Ferner sind die Strafsenate zuständig für die Haftprüfung, wenn die U-Haft länger als 6 Monate dauert (§ 122 StPO). Im Klageerzwingungsverfahren des Verletzten, wenn die Staatsanwaltschaft die Anklageerhebung abgelehnt hat (§ 172 StPO). Für die Rechtsbeschwerde im Bereich der Ordnungswidrigkeiten gegen Urteile und Beschlüsse des Amtsrichters (§ 79 OWiG). Und für die Rechtsbeschwerde gegen Entscheidungen der Strafvollstreckungskammern (§ 121 Abs. 1 Nr. 3 GVG).

3. Die **Senate für Steuerberater- und Steuerbevollmächtigtensachen** sowie die **Senate für Wirtschaftsprüfersachen** befinden sich bei den Oberlandesgerichten und entscheiden im zweiten Rechtszug mit 3 Richtern und 2 Beisitzern aus der jeweiligen Berufsgruppe über Urteile und andere Entscheidungen der berufsgerichtlichen Kammer (§ 96 StBerG; § 73 WPrüfO).

4. Der **Dienstgerichtshof für Richter** ist beim Oberlandesgericht Stuttgart errichtet (§ 62 LRiG). Er entscheidet mit 1 Vorsitzendem, 2 ständigen und zwei nichtständigen Beisitzern (§ 46 Abs. 1 LRiG). Ein ständiger Beisitzer gehört der ordentlichen Gerichtsbarkeit oder der Verwaltungsgerichtsbarkeit an, 1 ständiger Beisitzer kommt aus der Arbeits-, Sozial- oder Finanzgerichtsbarkeit, die beiden nichtständigen Beisitzern gehören dem Gerichtszweig des betroffenen Richters an. Der Dienstgerichtshof ist zuständig für die Berufungen gegen Urteile und Beschwerden gegen andere Entscheidungen des Dienstgerichts (§ 38 LRiG).

5. Die **Disziplinargerichte für Notare** befinden sich bei den Oberlandesgerichten (§ 100 Bundesnotarordnung -BNotO-). Die Senate entscheiden in der Besetzung mit 2 Richtern und einem Notar über Dienstvergehen der Notare (§§ 95, 101 BNotO).

6. Der **Anwaltsgerichtshof** ist beim Oberlandesgericht Stuttgart errichtet (§ 100 Abs. 2 Bundesrechtsanwaltsordnung -BRAO- i.V.m. VO vom 9. November 1959). Die Senate entscheiden in der Besetzung von 5 Mitgliedern, von denen der Vorsitzende Rechtsanwalt ist und jeweils 2 Beisitzer Rechtsanwälte und Richter sind, über die Berufungen gegen Urteile und die Beschwerden gegen Beschlüsse des Anwaltsgerichts (§§ 104, 142, 143 BRAO).

Die **Staatsanwaltschaft** ist eine hierarchisch aufgebaute, von den Gerichten unabhängige Justizbehörde (§§ 146, 150 GVG). Die Dienstaufsicht obliegt dem Leitenden Oberstaatsanwalt für die Staatsanwälte beim Landgericht, dem Generalstaatsanwalt für die Staatsanwälte beim Oberlandesgericht und dem Justizminister hinsichtlich aller Staatsanwälte (§ 147 GVG).

Die Staatsanwaltschaft ist Herrin des Ermittlungsverfahrens. In dieser Eigenschaft hat sie sowohl sämtliches belastende Material als auch alle entlastenden Umstände zu ermitteln (§ 160 Abs. 2 StPO). Hierfür kann sie von allen Behörden Auskunft verlangen und Ermittlungen jeder Art entweder selbst vornehmen oder durch die Behörden und Beamten des Polizeidienstes vornehmen lassen (§ 161 StPO). Zeugen, Sachverständige und der Beschuldigte sind verpflichtet, einer Ladung der Staatsanwaltschaft zu folgen (§§ 161 Abs. 1, 163 Abs. 3 StPO). Zudem hat sie die gleichen Befugnisse wie der Untersuchungsrichter (z.B. die Anordnung der Telefonüberwachung). Die Anordnungen der Staatsanwaltschaft bedürfen jedoch der richterlichen Bestätigung innerhalb von 3 Tagen.

Nach Abschluss der Ermittlungen entscheidet sie, ob das Verfahren mangels hinreichenden Tatverdachts oder wegen Verfahrensmängeln (z.B. Verjährung) eingestellt wird (§ 170 Abs. 2 StPO). Ferner hat sie im Bereich der Kleinkriminalität die Möglichkeit, das Verfahren mit Zustimmung des Gerichts einzustellen (§§ 153, 153 a StPO), und bei Delikten wie Sachbeschädigung, Beleidigung und Hausfriedensbruch kann sie bei Verneinung des öffentlichen Interesses den Verletzten auf den Privatklageweg verweisen (§ 374 StPO).

Entschließt sich die Staatsanwaltschaft zur Anklageerhebung, geschieht dies durch Einreichung der Anklageschrift beim zuständigen Gericht (§ 170 Abs. 1 StPO). In der Hauptverhandlung vertritt sie die Anklage. Des Weiteren wacht sie über die richtige Rechtsanwendung. Sie kann deshalb gegen ein Urteil Berufung (§ 312 StPO) und Revision (§ 333 StPO) einlegen.

Nach Rechtskraft des Urteils sorgt die Staatsanwaltschaft bei Erwachsenen für die Vollstreckung desselben (§ 451 StPO).

III. Die Verwaltungsgerichtsbarkeit

Die **Verwaltungsgerichte** befinden sich in Freiburg i.Br., Karlsruhe, Stuttgart und Sigmaringen (§ 3 Verwaltungsgerichtsordnung -VwGO- i.V.m. § 1 Abs. 2 Gesetz zur Ausführung der Verwaltungsgerichtsordnung -AGVwGO-).

1. Es bestehen **Kammern**, die in der Besetzung mit 3 Berufsrichtern und 2 ehrenamtlichen Richtern entscheiden, soweit nicht ein Einzelrichter entscheidet, weil die Sache keine besonderen Schwierigkeiten tatsächlicher oder rechtlicher Art aufweist und keine grundsätzliche Bedeutung hat (§ 5 Abs. 3, § 6 VwGO).

1.1. Die Kammern sind zuständig, wenn der Verwaltungsrechtsweg auf Grund einer Spezialzuweisung eröffnet ist. Dies ist beispielsweise der Fall bei Streitigkeiten aus dem Beamtenverhältnis (§ 126 Abs. 1 Beamtenrechtsrahmengesetz -BRRG-) und im Zusammenhang mit der Wehrpflicht (§ 32 Wehrpflichtgesetz -WPflG-). Des Weiteren in allen öffentlich-rechtlichen Streitigkeiten nichtverfassungsrechtlicher Art, soweit nicht die Streitigkeiten durch Gesetz einem anderen Gerichtszweig ausdrücklich zugewiesen sind (§ 40 Abs. 1 VwGO, sog. Generalklausel). Eine öffentlich-rechtliche Streitigkeit liegt vor, wenn die Streitigkeit nach Normen zu beurteilen ist, deren berechtigtes oder verpflichtetes Zuordnungsobjekt ausschließlich ein Träger hoheitlicher Gewalt ist; sog. Sonderrechtstheorie. Träger hoheitlicher Gewalt sind sowohl der Bund und die Länder, denen die unmittelbare Staatsverwaltung obliegt, als auch z.B. die Universitäten als Teile der mittelbaren Staatsverwaltung und die Gemeinden und Kreise als Kommunalverwaltung. Berechtigen und Verpflichten können die Normen die Träger nicht nur im Verhältnis zum Bürger, so z.B. zum Erlass einer Ordnungsverfügung oder zur Erteilung einer Baugenehmigung, sondern auch untereinander, z.B. zur Weisungserteilung. Bei der Streitigkeit darf es sich zudem nicht um eine verfassungsrechtliche Streitigkeit handeln. Eine solche liegt vor, wenn sie materiell dem Bundes- oder Landesverfassungsrecht zuzurechnen ist und die Parteien Verfassungsorgane oder sonst am Verfassungsleben

beteiligte Organe sind. Regelungsbereiche, in denen der Verwaltungsrechtsweg gegeben ist, sind somit z.b. das Gemeinderecht, das Polizeirecht, das Baurecht, das Gewerberecht, das Straßen- und Wegerecht sowie das Schul- und Hochschulrecht.
1.2. Es bestehen Fachkammern für Streitigkeiten in Personalvertretungsangelegenheiten. Diese entscheiden mit 1 Berufsrichter und 2 ehrenamtlichen Richtern, die Beschäftigte des Landes oder einer der Aufsicht des Landes unterstehenden Körperschaft, Anstalt oder Stiftung des öffentlichen Rechts sind (§§ 86, 87 Abs. 1, 2 Landespersonalvertretungsgesetz -LPVG-).
1.3. Die Kammern sind ferner zuständig im Verfahren des vorläufigen Rechtsschutzes, wenn es um die Herstellung bzw. Wiederherstellung der aufschiebenden Wirkung eines Verwaltungsaktes geht (§§ 80 Abs. 5, 80 a VwGO) oder wenn eine einstweilige Anordnung vom Gericht begehrt wird (§ 123 VwGO).
2. Bei den Verwaltungsgerichten sind die **Disziplinarkammern** gebildet (§ 41 Landesdisziplinarordnung -LDO-). Diese entscheiden in der Besetzung mit dem Präsidenten des Verwaltungsgerichts als Vorsitzenden und 2 Beamten als Beisitzer, von denen einer die Befähigung zum Richteramt haben muss und einer der Laufbahngruppe des betroffenen Beamten angehören soll, im förmlichen Disziplinarverfahren gegen Beamte wegen begangener Dienstvergehen (§§ 44 LDO).

Der **Verwaltungsgerichtshof Baden-Württemberg** hat seinen Sitz in Mannheim (§ 1 Abs. 1 AGVwGO).
1. Die **Senate** entscheiden im ersten Rechtszug im Normenkontrollverfahren in der Besetzung mit 5 Berufsrichtern, ansonsten in der Besetzung mit 3 Berufsrichtern (§ 9 Abs. 3 VwGO i.V.m. § 4 AGVwGO). Sie sind zuständig:
1.1. Im ersten Rechtszug für die Überprüfung von Satzungen, die nach den Vorschriften des Baugesetzbuchs erlassen worden sind (§ 47 Abs. 1 Nr. 1 VwGO) sowie von sonstigen Rechtsverordnungen und Satzungen (§ 47 Abs. 1 Nr. 2 VwGO i.V.m. § 4 AGVwGO). Des Weiteren bei Streitigkeiten im Zusammenhang mit Atommeilern, Großkraftwerken, Müllverbrennungs- und Sondermüllentsorgungsanlagen, Flughäfen und Planfeststellungsverfahren für Straßen- und Eisenbahnen sowie Bundesfernstraßen (§ 48 Abs. 1 VwGO). Dies gilt auch für die Fälle der Besitzeinweisung bei derartigen Großvorhaben (§ 48 Abs. 1 S. 3 VwGO i.V.m. § 5 AGVwGO). Ferner zur Entscheidung über Vereinsverbote, die von einer obersten Landesbehörde ausgesprochen wurden, auch soweit sie sich gegen die Ersatzorganisation richten (§ 48 Abs. 2 VwGO).
1.2. Im zweiten Rechtszug für die Berufung gegen Urteile und die den Urteilen gleichstehenden Gerichtsbescheide sowie über Beschwerden gegen andere Entscheidungen der Verwaltungsgerichte, insbesondere die Entscheidungen im vorläufigen Rechtsschutz (§ 46 Nr. 1, 2 VwGO). Allerdings sind die Berufung und die Beschwerde nur dann statthaft, wenn der Verwaltungsgerichtshof diese zugelassen hat (§§ 124, 146 Abs. 4 VwGO).
1.3. Als Fachsenate, bei denen 2 ehrenamtliche Richter mitwirken, die Beschäftigte des Landes oder einer juristischen Person des öffentlichen Rechts sind, in zweiter Instanz für die Entscheidungen der Fachkammern bei Streitigkeiten in Personalvertretungsangelegenheiten (§ 87 Abs. 1, 4 LPVG).
2. Der **Große Senat** besteht aus dem Präsidenten, 6 Richtern und je einem Richter der beteiligten Senate bzw. einem Richter des erkennenden Senats, es sei denn, dass diese schon durch die ständigen Mitglieder des Großen Senats repräsentiert sind (§ 12 Abs. 3 VwGO i.V.m. § 6 AGVwGO). Dieser entscheidet, wenn ein Senat in einer Rechtsfrage bez. des Landesrechts von der Entscheidung eines anderen Senats abweichen will (beteiligte Senate) oder wenn es zur Rechtsfortbildung des Landesrechts angezeigt ist (erkennender Senat) (§§ 12, 11 Abs. 2, 4 VwGO).
3. Beim Oberverwaltungsgericht ist als Disziplinargericht der **Disziplinarsenat** gebildet (§ 50 LDO). Er besteht aus dem Präsidenten des Verwaltungsgerichtshofs, 2 weiteren Berufsrichtern und 2 Beamtenbeisitzern als ehrenamtliche Richter. Er ist Rechtsmittelinstanz für die Entscheidungen der Disziplinarkammern (§ 50 Abs. 1, 2 LDO).

IV. Die Sozialgerichtsbarkeit

Die **Sozialgerichte** befinden sich in Freiburg i.Br., Heilbronn, Karlsruhe, Konstanz, Mannheim, Reutlingen, Stuttgart und Ulm (§ 7 Abs. 1 Sozialgerichtsgesetz -SGG- i.V.m. § 1 Gesetz zur Ausführung des Sozialgerichtsgesetzes -AGSGG-).
Die **Kammern** der Sozialgerichte entscheiden in der Besetzung mit 1 Berufsrichter sowie 2 ehrenamtlichen Richtern als Beisitzer, wobei die ehrenamtlichen Richter der Fachkammern den beteiligten Kreisen angehören (§ 12 Abs. 2-4 SGG). Es gibt:
1. Kammern für Streitigkeiten in Angelegenheiten der Sozialen Pflegeversicherung (§ 51 Abs. 2 Satz 2 SGG), auf Grund des Lohnfortzahlungsgesetzes (§ 51 Abs. 3 SGG) und in den durch Gesetz ausdrücklich zugewiesenen Fällen (§ 51 Abs. 4 SGG). Diese Zuweisung ist z.B. gegeben bei Streitigkeiten im Zusammenhang mit der Versorgung von Soldaten und Zivildienstleistenden, wenn diese während der Dienstzeit Schäden erlitten haben (§ 88 Abs. 7 Soldatenversorgungsgesetz, § 51 Abs. 2 ZDG).
Ferner sind die Kammern zuständig für Streitigkeiten wegen Entscheidungen der gemeinsamen Gremien von Ärzten, Zahnärzten, Krankenhäusern und den Krankenkassen, z.B. Krankenschiedsstellen (§ 51 Abs. 2 Nr. 2 SGG), sowie wegen Entscheidungen und Verträgen der Krankenkassen oder ihrer Verbände, z.B. Zulassung von Leistungen der Krankenkassen an Versicherte (§ 51 Abs. 2 Nr. 3 SGG).

2. Fachkammern für Streitigkeiten in Angelegenheiten der Sozialversicherung, der Arbeitslosenversicherung und der übrigen Aufgaben der Bundesanstalt für Arbeit (§§ 10 Abs. 1, 51 Abs. 1 SGG).
3. Eine Fachkammer für Streitigkeiten in Angelegenheiten der Knappschaftsversicherung einschließlich der Unfallversicherung für den Bergbau beim Sozialgericht Freiburg, welche für den Bereich des Landes Baden-Württemberg ausschließlich zuständig ist (§§ 10 Abs. 1, 51 Abs. 1 SGG, § 3 AGSGG).
4. Fachkammern für Streitigkeiten in Angelegenheiten des Kassenarztrechts auf Grund der Beziehungen zwischen Ärzten, Zahnärzten und Krankenkassen bei dem Sozialgericht Freiburg für die SG-Bezirke Freiburg und Konstanz, dem Sozialgericht Karlsruhe für die SG-Bezirke Karlsruhe und Mannheim, dem Sozialgericht Reutlingen für die SG-Bezirke Reutlingen und Ulm und dem Sozialgericht Stuttgart für die SG-Bezirke Heilbronn und Stuttgart (§§ 10 Abs. 2, 51 Abs. 2 Nr. 1 SGG, § 1 VO vom 17. Februar 1954).
5. Die Kammern bzw. Fachkammern sind auch zuständig im Verfahren des einstweiligen Rechtsschutzes, wenn die Herstellung bzw. Wiederherstellung der aufschiebenden Wirkung eines Verwaltungsaktes beantragt wird (§ 87 b Abs. 1 Nr. 2 SGG), die Beseitigung der aufschiebenden Wirkung und somit die sofortige Vollstreckung begehrt wird (§ 87 b Abs. 1 Nr. 1 SGG) oder eine einstweilige Anordnung vom Gericht verlangt wird (§ 87 b Abs. 2 SGG).

Das **Landessozialgericht** hat seinen Sitz in Stuttgart (§ 28 SGG i.V.m. § 2 AGSGG).
Die **Senate** entscheiden in der Besetzung mit 3 Berufsrichtern und 2 ehrenamtlichen Richtern, wobei die ehrenamtlichen Richter der Fachsenate den beteiligten Kreisen angehören (§ 33 SGG). Sie sind zuständig für Berufungen gegen Urteile und die einem Urteil gleichstehenden Gerichtsbescheide sowie für Beschwerden gegen andere Entscheidungen der Kammern der Sozialgerichte (§ 131 SGG).
Es bestehen Fachsenate für Angelegenheiten der Sozial- und Arbeitslosenversicherung, der Knappschaftsversicherung und des Kassenarztrechts (§ 31 SGG).

V. Die Finanzgerichtsbarkeit

Das **Finanzgericht Baden-Württemberg** hat seinen Sitz in Stuttgart. Außensenat besteht in Freiburg i.Br. (§ 3 Finanzgerichtsordnung -FGO- i.V.m. § 1 Gesetz zur Ausführung der Finanzgerichtsordnung -AGFGO-).
Die **Senate** entscheiden in der Besetzung mit 3 Berufsrichtern und 2 ehrenamtlichen Richtern, es sei denn, der Rechtsstreit ist einem Einzelrichter übertragen worden, weil die Sache keine besonderen Schwierigkeiten tatsächlicher oder rechtlicher Art aufweist und keine grundsätzliche Bedeutung hat (§ 5 Abs. 3, § 6 Abs. 1 FGO). Sie sind zuständig:
1. Für alle Klagen gegen Finanzbehörden (§ 6 Abgabenordnung -AO-) in Abgabenangelegenheiten, soweit die Abgaben durch Finanzbehörden verwaltet werden (§ 33 Abs. 1 Nr. 1, Abs. 2 FGO, § 4 AGFGO), und in Angelegenheiten der Finanzmonopole (§ 33 Abs. 2 FGO). Unter den Begriff „Abgabenangelegenheiten" fallen die Steuern, soweit es sich nicht um örtliche Verbrauchs- und Aufwandssteuern nach dem Gesetz über kommunale Abgaben -KAG- handelt, Sonderabgaben, Zölle und das Branntweinmonopol. Weiterhin gehören hierzu die Abgaben, die auf Recht beruhen, welches die europäische Union gesetzt hat. Ausgenommen sind von den Bundessteuern die sog. Realsteuern, wie Gewerbesteuer und Grundstückssteuer, da diese von den Gemeinden verwaltet werden. Allerdings sind die Senate zuständig bei Streitigkeiten um den, dem Realsteuerbescheid zu Grunde liegenden Messbescheid bzw. Zerlegungsbescheid des Finanzamtes.
Des Weiteren kraft ausdrücklicher Zuweisung u.a. bei Streitigkeiten im Zusammenhang mit Verwaltungsakten nach dem Wohnungsbau-Prämiengesetz (§ 8 Abs. 3 WoPG) und der Arbeitnehmer-Sparzulage (§ 14 Abs. 6 5.VermBG).
— Dem Außensenat in Freiburg sind die Zoll-, Verbrauchssteuer- und Finanzmonopolsachen zugewiesen (§ 1 Abs. 3 AGFGO).
2. Für Streitigkeiten bez. der Prüfung zum und der Bestellung von Steuerberatern im Zusammenhang mit der Bildung von Steuerberatungsgesellschaften. Des Weiteren bei Streitigkeiten im Zusammenhang mit der Tätigkeit der Steuerberatung (§ 33 Abs. 1 Nr. 3 FGO).

VI. Die Arbeitsgerichtsbarkeit

Die **Arbeitsgerichte** befinden sich in Freiburg i.Br. (mit auswärtigen Kammern in Offenburg und Villingen-Schwenningen), Heilbronn (mit 1 auswärtigen Kammer in Crailsheim), Karlsruhe, Lörrach (mit 1 auswärtigen Kammer in Radolfzell), Mannheim (mit 1 auswärtigen Kammer in Heidelberg), Pforzheim, Reutlingen, Stuttgart (mit auswärtigen Kammern in Aalen und Ludwigsburg) und Ulm (mit 1 auswärtigen Kammer in Ravensburg) (§ 14 Arbeitsgerichtsgesetz -ArbGG- i.V.m. § 1 Gesetz über die Gerichte für Arbeitssachen).
Die **Kammern** der Arbeitsgerichte sind besetzt mit 1 Berufsrichter und 2 ehrenamtlichen Richtern, die aus den Kreisen der Arbeitnehmer und Arbeitgeber stammen (§ 16 Abs. 2 ArbGG). Sie sind zuständig:
1. Im Urteilsverfahren (§ 46 ArbGG) bei Streitigkeiten zwischen Arbeitnehmern, Arbeitgebern, den Tarifvertragsparteien und den gemeinsamen Einrichtungen der Tarifvertragsparteien (§ 2 Nr. 1-6, 9 ArbGG), wobei die Streitigkeiten zwischen den Tarifvertragsparteien bei Bestehen eines Schiedsvertrages ausgenommen sind (§§ 4, 101 ArbGG). Unter den Begriff „Streitigkeiten zwischen Arbeitnehmern und

Arbeitgebern" fallen auch die Streitigkeiten wegen Arbeitnehmererfindungen und Verbesserungsvorschlägen sowie Urheberrechtsstreitsachen (§ 2 Abs. 2 ArbGG).
Des Weiteren bei Streitigkeiten zwischen den Trägern des freiwilligen sozialen bzw. ökologischen Jahres und ihren Helfern und dem Träger des Entwicklungsdienstes und seinen Helfern (§ 2 Abs. 1 Nr. 7, 8 ArbGG).
2. Im Beschlussverfahren (§ 80 ArbGG), in welchem der Sachverhalt im Gegensatz zum Urteilsverfahren von Amts wegen erforscht wird, in betriebsverfassungsrechtlichen Angelegenheiten (§ 2 a Nr. 1 ArbGG), in Angelegenheiten nach dem Sprecherausschussgesetz (§ 2 a Nr. 2 ArbGG), in mitbestimmungsrechtlichen Angelegenheiten, soweit es um die Wahl von Vertretern der Arbeitnehmer in den Aufsichtsrat und ihre Abberufung, mit Ausnahme der Abberufung aus wichtigem Grunde, geht (§ 2 a Nr. 3 ArbGG) und für die Entscheidung über die Tariffähigkeit und die Tarifzuständigkeit einer Vereinigung (§ 2 a Nr. 4 ArbGG).

Das **Landesarbeitsgericht** Baden-Württemberg hat seinen Sitz in Stuttgart. Auswärtige Kammern befinden sich in Mannheim und Freiburg i.Br. (§ 33 ArbGG i.V.m. § 1 Gesetz über die Gerichte für Arbeitssachen).

Die **Kammern** sind besetzt mit 1 Berufsrichter und 2 ehrenamtlichen Richtern aus den Kreisen der Arbeitgeber und Arbeitnehmer (§ 35 Abs. 2 ArbGG). Sie entscheiden über Berufungen gegen Urteile der Arbeitsgerichte (§§ 8 Abs. 2, 64 ArbGG), soweit die Berufung vom Arbeitsgericht zugelassen wird, die Beschwerdesumme 600,00 EUR übersteigt oder über den Bestand eines Arbeitsverhältnisses gestritten wird (§ 64 Abs. 2 ArbGG), sowie über Beschwerden gegen die das Beschlussverfahren beendenden Entscheidungen (§§ 8 Abs. 4, 87 ArbGG). Des Weiteren entscheiden sie über die Beschwerde gegen andere Entscheidungen der Arbeitsgerichte.

VII. Weitere Berufsgerichtsbarkeit

1. Die erstinstanzlichen Berufsgerichte für Rechtsanwälte sind die **Anwaltsgerichte** bei den Rechtsanwaltskammern Freiburg, Karlsruhe, Stuttgart und Tübingen (§§ 92, 119 BRAO). Sie entscheiden in der Besetzung mit 3 Rechtsanwälten über Pflichtverletzungen dieser Berufsgruppe sowie über außerhalb der Berufstätigkeit liegenden Fehlverhalten, wenn es das Ansehen der Rechtsanwaltschaft in besonderem Maße beeinträchtigt (§§ 93, 94 Abs. 1, 113 BRAO).
2. Die erstinstanzlichen **Bezirksberufsgerichte der Ärzte und Zahnärzte** befinden sich bei den jeweiligen Bezirkskammern in Freiburg i.Br., Karlsruhe, Stuttgart und Tübingen. Die **Bezirksberufsgerichte der Tierärzte, Apotheker und Psychotherapeuten** befinden sich bei den Bezirkskammern in Stuttgart für die Bezirke Stuttgart und Tübingen sowie bei den Bezirkskammern in Karlsruhe für die Bezirke Karlsruhe und Freiburg (§ 21 Heilberufe-Kammergesetz -HeilbKG-). Sie entscheiden mit 1 Richter als Vorsitzenden und 2 Kammermitgliedern als Beisitzer über berufsunwürdiges Verhalten (§§ 21 Abs. 2, 55, 60 HeilbKG).
3. Die **Landesberufsgerichte der Ärzte, Zahnärzte, Tierärzte, Apotheker und Psychotherapeuten** befinden sich bei den jeweiligen Landeskammern in Stuttgart (§ 21 HeilbKG). Sie entscheiden in der letzten Instanz in der Besetzung mit 1 Richter als Vorsitzenden und 4 Beisitzern, von denen 3 Kammermitglieder sein müssen, über Berufungen gegen Urteile der Bezirksberufsgerichte (§§ 21 Abs. 2, 61 HeilbKG).
4. Das erstinstanzliche **Berufsgericht der Architekten** befindet sich bei der Architektenkammer in Stuttgart (§ 20 Architektengesetz -ArchG-). Es entscheidet in der Besetzung mit 1 Richter als Vorsitzenden und 2 Kammermitgliedern als Beisitzer über berufswidrige Handlungen (§§ 18, 20 Abs. 1 ArchG).
5. Das **Landesberufsgericht für Architekten** befindet sich ebenfalls bei der Architektenkammer und entscheidet in der Besetzung mit 1 Richter und 4 Beisitzern, von denen 3 Kammermitglieder sein müssen, über Berufungen gegen Urteile des Berufsgerichts (§§ 20, 21 ArchG).

I Verfassungsgerichtshof für das Land Baden-Württemberg

70182 Stuttgart, Urbanstr. 20; Tel. (07 11) 2 12-33 00; Fax (07 11) 2 12-33 19;
E-Mail: poststelle@verfassungsgerichtshof.bwl.de;
http://www.verfgh.baden-wuerttemberg.de

Staatsrechtliche Grundlage, Zusammensetzung und Aufgabenkreis:
Siehe hierzu die Angaben auf S. 148.
Präsident: Prof. Dr. Malte Graßhof, Präs des VG Stuttgart
Ständiger Vertreter des Präsidenten: Dr. Franz-Christian Mattes, Präs des VG a.D. Sigmaringen
Berufsrichter: Jürgen Gneiting, Präs des ArbG Stuttgart; Dr. Franz-Christian Mattes, Präs des VG a.D. Sigmaringen; Prof. Dr. Malte Graßhof, Präs des VG Stuttgart
Stellv. Berufsrichter: Simone Wiegand, Richterin am BGH; Heinz Wöstmann, Richter am BGH; Friedrich Unkel, Präs des LG Ellwangen
Mitglieder mit der Befähigung zum Richteramt: Prof. Dr. Christian Seiler Universität Tübingen; Alexandra Fridrich, RAnwältin; Sintje Leßner, Landesjustizprüfungsamt
Stellv. Mitglieder mit der Befähigung zum Richteramt: Bettina Backes, RAnwältin; Birgitt Bender, RAnwältin; Ulrich Lusche, RA
Mitglieder ohne Befähigung zum Richteramt: Prof. Dr. Gabriele Abels; Prof. Dr. Dr. h.c.mult Wolfgang Jäger; Sabine Reger
Stellv. Mitglieder ohne Befähigung zum Richteramt: Bert Matthias Gärtner; Ulrich Mack; Rupert Metzler

II Gerichte der ordentlichen Gerichtsbarkeit

(bestehen im Geschäftsbereich des Ministeriums für Justiz und für Migration Baden-Württemberg)

Oberlandesgerichte

Gliederung und Aufgabenkreis:
Siehe hierzu die Angaben auf S. 152.

Oberlandesgericht Karlsruhe
76133 Karlsruhe, Hoffstr. 10; Tel. (07 21) 9 26-0; Fax (07 21) 9 26-50 03;
E-Mail: Poststelle@olgkarlsruhe.justiz.bwl.de;
http://www.olgkarlsruhe.de
Präsident: Alexander Riedel
Vertreter: Holger Radke
OLG-Bezirk: Landgerichte Baden-Baden, Freiburg, Heidelberg, Karlsruhe, Konstanz, Mannheim, Mosbach, Offenburg und Waldshut-Tiengen

Oberlandesgericht Karlsruhe
– Zivilsenate in Freiburg –
79098 Freiburg, Salzstr. 28; Tel. (07 61) 2 05-0; Fax (07 61) 2 05-30 28 oder 2 05-30 39;
E-Mail: Poststelle@OLGZSFreiburg.justiz.bwl.de;
http://www.olgkarlsruhe.de

Oberlandesgericht Stuttgart
70182 Stuttgart, Olgastr. 2; Tel. (07 11) 2 12-0;
Fax (07 11) 2 12-30 24;
E-Mail: poststelle@olgstuttgart.justiz.bwl.de;
http://www.olg-stuttgart.de
Präsidentin: Cornelia Horz
Vertreterin: Luitgard Wiggenhauser
OLG-Bezirk: Landgerichte Ellwangen, Hechingen, Heilbronn, Ravensburg, Rottweil, Stuttgart, Tübingen und Ulm

Beim Oberlandesgericht Stuttgart eingerichtet:

Dienstgerichtshof für Richter beim Oberlandesgericht Stuttgart

Anwaltsgerichtshof Baden-Württemberg

Landgerichte

Gliederung und Aufgabenkreis:
Siehe hierzu die Angaben auf S. 150.

Landgericht Baden-Baden
76532 Baden-Baden, Gutenbergstr. 17; Tel. (0 72 21) 6 85-0; Fax (0 72 21) 68 52 91;
E-Mail: poststelle@lgbaden-baden.justiz.bwl.de;
http://www.landgericht-baden-baden.de
Präsident: Dr. Frank Konrad Brede
OLG-Bezirk: Karlsruhe
LG-Bezirk: Amtsgerichte Achern, Baden-Baden, Bühl, Gernsbach und Rastatt

c Organe der Rechtspflege

Landgericht Ellwangen
73479 Ellwangen, Marktplatz 6 und 7; Tel. (0 79 61) 8 10; Fax (0 79 61) (Strafabteilung) 8 12 87, (Zivilabteilung) 8 12 57, (Verwaltung) 8 12 07;
E-Mail: poststelle@lgellwangen.justiz.bwl.de;
http://www.lgellwangen.de
Präsident: Dr. Andreas Holzwarth
OLG-Bezirk: Stuttgart
LG-Bezirk: Amtsgerichte Aalen, Bad Mergentheim, Crailsheim, Ellwangen, Heidenheim, Langenburg, Neresheim und Schwäbisch Gmünd

Landgericht Freiburg
79098 Freiburg, Salzstr. 17; Tel. (07 61) 2 05-0; Fax (07 61) 2 05 20 30;
E-Mail: poststelle@lgfreiburg.justiz.bwl.de;
http://www.lgfreiburg.de
Präsident: Andreas Neff
OLG-Bezirk: Karlsruhe
LG-Bezirk: Amtsgerichte Breisach, Emmendingen, Ettenheim, Freiburg, Kenzingen, Lörrach, Müllheim, Staufen, Titisee-Neustadt und Waldkirch

Landgericht Hechingen
72379 Hechingen, Heiligkreuzstr. 9; Tel. (0 74 71) 9 44-0; Fax (0 74 71) 9 44-1 04;
E-Mail: poststelle@lghechingen.justiz.bwl.de;
http://www.landgericht-hechingen.de
Präsident: NN
OLG-Bezirk: Stuttgart
LG-Bezirk: Amtsgerichte Albstadt, Balingen, Hechingen und Sigmaringen

Landgericht Heidelberg
69115 Heidelberg, Kurfürstenanlage 15; Tel. (0 62 21) 59-0; Fax (0 62 21) 59-12 13;
E-Mail: poststelle@lgheidelberg.justiz.bwl.de;
http://www.lg-heidelberg.de
Präsident: Perron
OLG-Bezirk: Karlsruhe
LG-Bezirk: Amtsgerichte Heidelberg, Sinsheim und Wiesloch

Landgericht Heilbronn
74072 Heilbronn, Wilhelmstr. 8; Tel. (0 71 31) 64-1; Fax (0 71 31) 64-3 50 50 und -3 53 50;
E-Mail: poststelle@lgheilbronn.justiz.bwl.de;
http://www.landgericht-heilbronn.de
Präsidentin: Agnes Aderhold
OLG-Bezirk: Stuttgart
LG-Bezirk: Amtsgerichte Besigheim, Brackenheim, Heilbronn, Künzelsau, Marbach, Öhringen, Schwäbisch Hall und Vaihingen

Landgericht Karlsruhe
76133 Karlsruhe, Hans-Thoma-Str. 7; Tel. (07 21) 9 26-0; Fax (07 21) 9 26-31 14;
E-Mail: poststelle@lgkarlsruhe.justiz.bwl.de;
http://www.lgkarlsruhe.de
Präsident: Jörg Müller
OLG-Bezirk: Karlsruhe

LG-Bezirk: Amtsgerichte Bretten, Bruchsal, Ettlingen, Karlsruhe, Karlsruhe-Durlach, Maulbronn, Pforzheim und Philippsburg

Landgericht Konstanz
78462 Konstanz, Untere Laube 27; Tel. (0 75 31) 2 80-0; Fax (0 75 31) 2 80-14 00;
E-Mail: poststelle@lgkonstanz.justiz.bwl.de;
http://www.landgericht-konstanz.de
Präsident: Dr. Christoph Reichert
OLG-Bezirk: Karlsruhe
LG-Bezirk: Amtsgerichte Donaueschingen, Konstanz, Radolfzell, Singen, Stockach, Überlingen und Villingen-Schwenningen

Landgericht Mannheim
68159 Mannheim, A 1, 1; L 2, 11-13; Tel. (06 21) 2 92-0; Fax (06 21) 2 92-13 14;
E-Mail: poststelle@lgmannheim.justiz.bwl.de;
http://www.lg-mannheim.de
Präsident: Martin Maurer
OLG-Bezirk: Karlsruhe
LG-Bezirk: Amtsgerichte Mannheim, Schwetzingen und Weinheim
Besondere Zuständigkeiten:
Wirtschaftsstrafsachen gem. § 74 c GVG für den Bezirk des Oberlandesgerichts Karlsruhe;
Patent-, Gebrauchsmuster-, Topographieschutz- und Sortenschutzstreitsachen für alle Gerichtsbezirke des Landes Baden-Württemberg;
Urheberrechtsstreitsachen, für die das Landgericht in erster Instanz oder in der Berufungsinstanz zuständig ist, sowie Kartellverfahren gemäß § 87 GWB,
Kennzeichen-, Gemeinschaftsmarken- und Geschmacksmuster- und Gemeinschaftsgeschmacksmusterstreitsachen sowie Verfahren nach dem *Aktiengesetz und dem Einführungsgesetz zum AktG* für den Bezirk des Oberlandesgerichts Karlsruhe

Landgericht Mosbach
74821 Mosbach, Hauptstr. 110; Tel. (0 62 61) 87-0; Fax (0 62 61) 8 74 40;
E-Mail: poststelle@lgmosbach.justiz.bwl.de;
http://www.lgmosbach.de
Präsidentin: Jutta Kretz
OLG-Bezirk: Karlsruhe
LG-Bezirk: Amtsgerichte Adelsheim, Buchen, Mosbach, Tauberbischofsheim und Wertheim

Landgericht Offenburg
77654 Offenburg, Hindenburgstr. 5; Tel. (07 81) 9 33-0; Fax (07 81) 9 33-11 70;
E-Mail: poststelle@lgoffenburg.justiz.bwl.de;
http://www.landgericht-offenburg.de
Präsident: Dr. Zeppernick
OLG-Bezirk: Karlsruhe
LG-Bezirk: Amtsgerichte Gengenbach, Kehl, Lahr, Oberkirch, Offenburg und Wolfach

Landgericht Ravensburg
88212 Ravensburg, Marienplatz 7; Tel. (07 51) 8 06-0; Fax (07 51) 8 06-16 95;

E-Mail: poststelle@lgravensburg.justiz.bwl.de;
http://www.landgericht-ravensburg.de
Präsident: Thomas Dörr
OLG-Bezirk: Stuttgart
LG-Bezirk: Amtsgerichte Bad-Saulgau, Bad Waldsee, Biberach, Leutkirch, Ravensburg, Riedlingen, Tettnang und Wangen

Landgericht Rottweil
78628 Rottweil, Königstr. 20; Tel. (07 41) 2 43-0; Fax (07 41) 2 43-23 81;
E-Mail: poststelle@lgrottweil.justiz.bwl.de;
http://www.landgericht-rottweil.de
Präsident: Dr. Dietmar Foth
OLG-Bezirk: Stuttgart
LG-Bezirk: Amtsgerichte Freudenstadt, Horb, Oberndorf, Rottweil, Spaichingen und Tuttlingen

Landgericht Stuttgart
70182 Stuttgart, Urbanstr. 20; Tel. (07 11) 2 12-0; Fax (07 11) 2 12-35 35;
E-Mail: poststelle@lgstuttgart.justiz.bwl.de;
http://www.landgericht-stuttgart.de
Präsident: Dr. Andreas Singer
OLG-Bezirk: Stuttgart
LG-Bezirk: Amtsgerichte Backnang, Böblingen, Esslingen, Kirchheim, Leonberg, Ludwigsburg, Nürtingen, Schorndorf, Stuttgart und Waiblingen

Landgericht Tübingen
72074 Tübingen, Doblerstr. 14; Tel. (0 70 71) 2 00-0; Fax (0 70 71) 5 20 94 und 2 00-29 00;
E-Mail: poststelle@lgtuebingen.justiz.bwl.de;
http://www.lg-tuebingen.de
Präsident: Frey
OLG-Bezirk: Stuttgart
LG-Bezirk: Amtsgerichte Bad Urach, Calw, Münsingen, Nagold, Reutlingen, Rottenburg und Tübingen

Landgericht Ulm
89073 Ulm, Olgastr. 106; Tel. (07 31) 1 89-0; Fax (07 31) 1 89-20 70;
E-Mail: poststelle@lgulm.justiz.bwl.de;
http://www.landgericht-ulm.de
Präsident: Lutz-Rüdiger von Au
OLG-Bezirk: Stuttgart
LG-Bezirk: Amtsgerichte Ehingen, Geislingen, Göppingen und Ulm

Landgericht Waldshut-Tiengen
79761 Waldshut-Tiengen, Bismarckstr. 19a; Tel. (0 77 51) 8 81-0; Fax (0 77 51) 8 81-2 09;
E-Mail: poststelle@lgwaldshut-tiengen.justiz.bwl.de;
http://www.lgwaldshut-tiengen.de
Präsident: Wolfram Lorenz
OLG-Bezirk: Karlsruhe
LG-Bezirk: Amtsgerichte St. Blasien, Bad Säckingen, Schönau, Schopfheim und Waldshut-Tiengen

Amtsgerichte

Gliederung und Aufgabenkreis:
Siehe hierzu die Angaben auf S. 149.

Amtsgericht Aalen
73430 Aalen, Stuttgarter Str. 9; Tel. (0 73 61) 96 51-0; Fax (0 73 61) 96 51-11 und 96 51-55;
E-Mail: poststelle@agaalen.justiz.bwl.de;
http://www.agaalen.de
Direktor: Martin Reuff
LG-Bezirk: Ellwangen
Amtsgerichtsbezirk:
Zugehörige Gemeinden im Landkreis Ostalbkreis:
Aalen, Abtsgmünd, Essingen, Hüttlingen, Oberkochen, Wasseralfingen
Besondere Zuständigkeiten:
in Zwangsversteigerungssachen und Zwangsverwaltungssachen
für den Bezirk der Amtsgerichte Aalen, Ellwangen (Jagst) und Neresheim
in Insolvenzsachen
für den Bezirk der Amtsgerichte Aalen, Ellwangen (Jagst), Heidenheim, Neresheim und Schwäbisch Gmünd
in Familiensachen
für den Bezirk des Amtsgerichts Aalen
in Schöffengerichtssachen und Erwachsenenhaftsachen
für den Bezirk des Amtsgerichts Aalen
in Ordnungswidrigkeiten
für die Gemeinden des Ostalbkreises mit Ausnahme der Stadt Ellwangen und den Gemeinden des Amtsgerichtsbezirks Schwäbisch Gmünd

Amtsgericht Achern
77855 Achern, Allerheiligenstr. 5; Tel. (0 78 41) 67 33-0; Fax (0 78 41) 67 33-2 70;
E-Mail: Poststelle@agachern.justiz.bwl.de;
http://www.amtsgericht-achern.justiz-bw.de
Direktor: Rolofs
LG-Bezirk: Baden-Baden
Amtsgerichtsbezirk:
Zugehörige Gemeinden im Landkreis Ortenaukreis:
Achern, Kappelrodeck, Lauf, Ottenhöfen, Sasbach, Sasbachwalden, Seebach

Amtsgericht Adelsheim
74740 Adelsheim, Rietstr. 4; Tel. (0 62 91) 62 04-0; Fax (0 62 91) 62 04-25;
E-Mail: poststelle@agadelsheim.justiz.bwl.de;
http://www.amtsgericht-adelsheim.de
Direktor: Klaus Schrader
LG-Bezirk: Mosbach
Amtsgerichtsbezirk:
Zugehörige Gemeinden im Landkreis Neckar-Odenwaldkreis:
Adelsheim, Osterburken, Ravenstein, Rosenberg, Seckach

Amtsgericht Albstadt
72458 Albstadt, Gartenstr. 17; Tel. (0 74 31) 9 23-0; Fax (0 74 31) 9 23-2 00;
E-Mail: poststelle@agalbstadt.justiz.bwl.de;
http://www.amtsgericht-albstadt.de
Direktorin: Kraft
LG-Bezirk: Hechingen

Amtsgerichtsbezirk:
Zugehörige Gemeinden im Landkreis Zollernalbkreis:
Albstadt, Bitz, Meßstetten, Nusplingen, Obernheim Straßberg, Winterlingen

Amtsgericht Backnang
71522 Backnang, Stiftshof 11; Tel. (0 71 91) 12-4 00; Fax (0 71 91) 12-4 30;
E-Mail: Poststelle@agbacknang.justiz.bwl.de;
http://www.amtsgericht-backnang.de
Direktorin: Harrschar
LG-Bezirk: Stuttgart
Amtsgerichtsbezirk:
Zugehörige Gemeinden im Landkreis Rems-Murr-Kreis:
Allmersbach im Tal, Althütte, Aspach, Auenwald, Backnang, Burgstetten, Großerlach, Kirchberg an der Murr, Murrhardt, Oppenweiler, Spiegelberg, Sulzbach an der Murr, Weissach im Tal

Amtsgericht Baden-Baden
76532 Baden-Baden, Gutenbergstr. 17; Tel. (0 72 21) 6 85-0; Fax (0 72 21) 6 85-2 93;
E-Mail: poststelle@agbaden-baden.justiz.bwl.de;
http://www.agbaden-baden.de
Direktor: Scheurer
LG-Bezirk: Baden-Baden
Amtsgerichtsbezirk:
Stadtkreis Baden-Baden (eingegliederte Gemeinden: Eberssteinburg, Haueneberstein, Varnhalt, Neuweier, Steinbach, Sandweier)
Besondere Zuständigkeiten:
in Konkurs- und Vergleichssachen, Zwangsversteigerungssachen und Zwangsverwaltungssachen und in Nachlasssachen
für den Bezirk der Amtsgerichte Baden-Baden, Bühl und Achern
in Insolvenzsachen
für den Bezirk der Amtsgerichte Baden-Baden, Gernsbach, Rastatt, Bühl und Achern
in Familiensachen
für den Bezirk der Amtsgerichte Baden-Baden, Bühl und Achern
in Schöffengerichtssachen
für den Bezirk der Amtsgerichte Baden-Baden, Bühl und Achern
Freiheitsentziehungen gemäß § 62 AufenthG für den Bereich der Amtsgerichte Baden-Baden, Bühl und Achern
in Erwachsenenhaftsachen und Ermittlungsrichtersachen für den Landgerichtsbezirk Baden-Baden

Amtsgericht Bad Mergentheim
97980 Bad Mergentheim, Schloß 5; Tel. (0 79 31) 5 30-3 70; Fax (0 79 31) 5 30-3 71;
E-Mail: poststelle@agmergentheim.justiz.bwl.de;
http://www.amtsgericht-bad-mergentheim.de
Direktor: NN
LG-Bezirk: Ellwangen
Amtsgerichtsbezirk:
Zugehörige Gemeinden im Landkreis Main-Tauber-Kreis:
Assamstadt, Bad Mergentheim, Creglingen, Igersheim, Niederstetten, Weikersheim

Besondere Zuständigkeiten:
in Familiensachen
für den Bezirk des Amtsgerichts Bad Mergentheim
in Schöffengerichtssachen, Jugendhaftsachen und Erwachsenenhaftsachen
für den Bezirk des Amtsgerichts Bad Mergentheim

Amtsgericht Bad Säckingen
79713 Bad Säckingen, Hauensteinstr. 9; Tel. (0 77 61) 5 66-0; Fax (0 77 61) 56 62 67;
E-Mail: poststelle@agbadsaeckingen.justiz.bwl.de;
http://www.agbadsaeckingen.de
Direktor: Klaus Schuster
LG-Bezirk: Waldshut-Tiengen
Amtsgerichtsbezirk:
Zugehörige Gemeinden im Landkreis Waldshut:
Herrischried, Laufenburg (Baden), Murg, Rickenbach, Bad Säckingen, Wehr (Baden)
Besondere Zuständigkeiten:
in Familiensachen
für den Bezirk der Amtsgerichte Bad Säckingen, Schönau im Schwarzwald, Schopfheim
in Schöffengerichtssachen und Erwachsenenhaftsachen
für den Bezirk der Amtsgerichte Bad Säckingen, Schönau im Schwarzwald, Schopfheim

Amtsgericht Bad-Saulgau
88348 Bad-Saulgau, Schützenstr. 14; Tel. (0 75 81) 48 30-0; Fax (0 75 81) 48 30-40;
E-Mail: Poststelle@agbadsaulgau.justiz.bwl.de;
http://www.amtsgericht-bad-saulgau.de
Direktor: Ettwein
LG-Bezirk: Ravensburg
Amtsgerichtsbezirk:
Zugehörige Gemeinden im Landkreis Sigmaringen:
Herbertingen, Hohentengen, Mengen, Ostrach, Bad Saulgau, Scheer
Besondere Zuständigkeiten:
in Familiensachen
für den Bezirk des Amtsgerichts Bad Saulgau
in Schöffengerichtssachen
für den Bezirk des Amtsgerichts Bad Saulgau

Amtsgericht Bad Urach
72574 Bad Urach, Beim Schloß 1; Tel. (0 71 25) 94 37-0; Fax (0 71 25) 94 37-4 49;
E-Mail: poststelle@agbadurach.justiz.bwl.de;
http://www.amtsgericht-bad-urbach.de
Direktor: Eißler
LG-Bezirk: Tübingen
Amtsgerichtsbezirk:
Zugehörige Gemeinden im Landkreis Reutlingen:
Dettingen an der Erms, Grabenstetten, Grafenberg, Hülben, Metzingen, Riederich, Römerstein, Bad Urach, St. Johann
Besondere Zuständigkeiten:
in Registersachen (Güterrechtsregister)
für den Bezirk des Amtsgerichts Bad Urach
in Familiensachen
für den Bezirk des Amtsgerichts Bad Urach

Amtsgericht Bad Waldsee
88339 Bad Waldsee, Wurzacher Str. 73; Tel. (0 75 24) 97 66-0; Fax (0 75 24) 97 66-2 22;
E-Mail: poststelle@agwaldsee.justiz.bwl.de;
http://www.amtsgericht-bad-waldsee.de
LG-Bezirk: Ravensburg
Amtsgerichtsbezirk:
Zugehörige Gemeinden im Landkreis Ravensburg:
Aulendorf, Bad Waldsee, Bergatreute

Amtsgericht Balingen
72336 Balingen, Ebertstr. 20; Tel. (0 74 33) 14 38-1 00; Fax (0 74 33) 14 38-1 99;
E-Mail: poststelle@agbalingen.justiz.bwl.de;
http://www.amtsgericht-balingen.de
Direktor: Sailer
LG-Bezirk: Hechingen
Amtsgerichtsbezirk:
Zugehörige Gemeinden im Landkreis Zollernalbkreis:
Balingen, Dautmergen, Dormettingen, Dotternhausen, Geislingen, Haigerloch, Hausen am Tann, Ratshausen, Rosenfeld, Schömberg, Weilen unter den Rinnen, Zimmern unter der Burg

Amtsgericht Besigheim
74354 Besigheim, Amtsgerichtsgasse 5; Tel. (0 71 43) 8 33 30; Fax (0 71 43) 83 33 40;
E-Mail: poststelle@agbesigheim.justiz.bwl.de;
http://www.amtsgericht-besigheim.de
Direktor: Volker Bißmaier
LG-Bezirk: Heilbronn
Amtsgerichtsbezirk:
Zugehörige Gemeinden im Landkreis Ludwigsburg:
Besigheim, Bietigheim-Bissingen, Bönnigheim, Erligheim, Freudental, Gemmrigheim, Hessigheim, Ingersheim, Kirchheim am Neckar, Löchgau, Mundelsheim, Tamm, Walheim
Besondere Zuständigkeit:
in Familiensachen
für den Bezirk der Amtsgerichte Besigheim, Marbach, Vaihingen/Enz

Amtsgericht Biberach
88400 Biberach, Alter Postplatz 4; Tel. (0 73 51) 59-0 (Behördenzentrale); Fax (0 73 51) 59-5 29;
E-Mail: poststelle@agbiberach.justiz.bwl.de;
http://www.amtsgericht-biberach.de
Direktor: Gerhard Bayer
LG-Bezirk: Ravensburg
Amtsgerichtsbezirk:
Zugehörige Gemeinden im Landkreis Biberach:
Achstetten, Attenweiler, Bad Schussenried, Berkheim, Biberach an der Riß, Burgrieden, Dettingen an der Iller, Eberhardzell, Erlenmoos, Erolzheim, Gutenzell-Hürbel, Hochdorf, Ingoldingen, Kirchberg an der Iller, Kirchdorf an der Iller, Laupheim, Maselheim, Mietingen, Mittelbiberach, Ochsenhausen, Rot an der Rot, Schemmerhofen, Schwendi, Steinhausen an der Rottum, Tannheim, Ummendorf, Wain, Warthausen

Besondere Zuständigkeiten:
in Zwangsversteigerungssachen und Zwangsverwaltungssachen
für den Bezirk des Amtsgerichts Riedlingen
in Familiensachen
für den Bezirk des Amtsgerichts Riedlingen
in Schöffengerichtssachen
für den Bezirk des Amtsgerichts Riedlingen
in Erwachsenenhaftsachen
für den Bezirk der Amtsgerichte Riedlingen und Bad Saulgau
in Jugendschöffengerichtssachen und Haftsachen gegen Jugendliche und Heranwachsende
für den Bezirk des Amtsgerichts Riedlingen
in Nachlasssachen
für den Bezirk des Amtsgerichts Riedlingen

Amtsgericht Böblingen
71034 Böblingen, Steinbeisstr. 7; Tel. (0 70 31) 68 60-0; Fax (0 70 31) 68 60-41 99;
E-Mail: poststelle@agboeblingen.justiz.bwl.de;
http://www.amtsgericht-boeblingen.de
LG-Bezirk: Stuttgart
Amtsgerichtsbezirk:
Zugehörige Gemeinden im Landkreis Böblingen:
Aidlingen, Altdorf, Böblingen, Bondorf, Deckenpfronn, Ehningen, Gärtringen, Gäufelden, Grafenau, Herrenberg, Hildrizhausen, Holzgerlingen, Jettingen, Magstadt, Mötzingen, Nufringen, Schönaich, Sindelfingen, Steinenbronn, Waldenbuch, Weil im Schönbuch
Besondere Zuständigkeiten:
in Landwirtschaftssachen
für den Bezirk des Landgerichts Stuttgart
in der Führung des Handelsregisters
für den Bezirk des Amtsgerichts Böblingen
in Familiensachen
für den Bezirk des Amtsgerichts Böblingen
in Schöffengerichtssachen und Erwachsenenhaftsachen
für den Bezirk des Amtsgerichts Böblingen
in Jugendschöffengerichtssachen und Haftsachen gegen Jugendliche und Heranwachsende
für den Bezirk der Amtsgerichte Böblingen und Leonberg

Amtsgericht Brackenheim
74336 Brackenheim, Maulbronner Str. 8; Tel. (0 71 35) 98 78-0; Fax (0 71 35) 98 78-21;
E-Mail: poststelle@agbrackenheim.justiz.bwl.de;
http://www.agbrackenheim.de
Direktor: Klaus Randoll
LG-Bezirk: Heilbronn
Amtsgerichtsbezirk:
Zugehörige Gemeinden im Landkreis Heilbronn:
Brackenheim, Cleebronn, Güglingen, Pfaffenhofen, Zaberfeld

Amtsgericht Breisach
79206 Breisach, Kapuzinergasse 2; Tel. (0 76 67) 93 09-0; Fax (0 76 67) 93 09-44;
E-Mail: poststelle@agbreisach.justiz.bwl.de;
http://www.amtsgericht-breisach.de
Direktorin: Grabe

161

LG-Bezirk: Freiburg
Amtsgerichtsbezirk:
Zugehörige Gemeinden im Landkreis Breisgau-Hochschwarzwald:
Breisach am Rhein, Ihringen, Merdingen, Vogtsburg

Amtsgericht Bretten
75015 Bretten, Obere Kirchgasse 9; Tel. (0 72 52) 5 07-0; Fax (0 72 52) 5 07-1 00;
E-Mail: poststelle@agbretten.justiz.bwl.de;
http://www.agbretten.de
Direktor: Dr. Scholz
LG-Bezirk: Karlsruhe
Amtsgerichtsbezirk:
Zugehörige Gemeinden im Landkreis Karlsruhe:
Bretten, Gondelsheim, Kürnbach, Oberderdingen, Sulzfeld, Zaisenhausen

Amtsgericht Bruchsal
76646 Bruchsal, Schönbornstr. 18; Tel. (0 72 51) 74-0; Fax (0 72 51) 74-28 66;
E-Mail: poststelle@agbruchsal.justiz.bwl.de;
http://www.amtsgericht-bruchsal.de
Direktorin: Andrea Clapier-Krespach
LG-Bezirk: Karlsruhe
Amtsgerichtsbezirk:
Zugehörige Gemeinden im Landkreis Karlsruhe:
Bad Schönborn, Bruchsal, Graben-Neudorf, Forst, Hambrücken, Karlsdorf-Neuthard, Kraichtal, Kronau, Dettenheim, Östringen, Ubstadt-Weiher
Besondere Zuständigkeiten:
in Zwangsversteigerungssachen und Zwangsverwaltungssachen
für den Bezirk der Amtsgerichte Bruchsal, Bretten Philippsburg
in Familiensachen
für den Bezirk der Amtsgerichte Bruchsal, Bretten Philippsburg
in Schöffengerichtssachen und Erwachsenenhaftsachen
für den Bezirk der Amtsgerichte Bruchsal, Bretten Philippsburg

Amtsgericht Buchen
74722 Buchen, Amtsstr. 26; Tel. (0 62 81) 3 25 90; Fax (08 00) 66 44 92 81 158;
E-Mail: Poststelle@agbuchen.justiz.bwl.de;
http://www.amtsgericht-buchen.de
Direktor: Gerd Eggert
LG-Bezirk: Mosbach
Amtsgerichtsbezirk:
Zugehörige Gemeinden im Landkreis Neckar-Odenwaldkreis:
Buchen (Odenwald), Hardheim, Höpfingen, Mudau, Walldürn

Amtsgericht Bühl
77815 Bühl, Hauptstr. 94; Tel. (0 72 23) 8 08 59-0; Fax (0 72 23) 8 08 59-34;
E-Mail: Poststelle@agbuehl.justiz.bwl.de;
http://www.agbuehl.de
Direktor: Dr. Sebastian Wußler
LG-Bezirk: Baden-Baden

Amtsgerichtsbezirk:
Zugehörige Gemeinden im Landkreis Rastatt:
Bühl, Bühlertal, Hügelsheim, Lichtenau, Ottersweier, Rheinmünster, Sinzheim

Amtsgericht Calw
75365 Calw, Schillerstr. 11; Tel. (0 70 51) 16 88-01; Fax (0 70 51) 16 88-1 11;
E-Mail: Poststelle@agcalw.justiz.bwl.de;
http://www.amtsgericht-calw.de
Direktorin: Brigitte Lutz
LG-Bezirk: Tübingen
Amtsgerichtsbezirk:
Zugehörige Gemeinden im Landkreis Calw:
Althengstett, Bad Herrenalb, Bad Liebenzell, Bad Teinach-Zavelstein, Calw, Dobel, Enzklösterle, Gechingen, Höfen an der Enz, Neubulach, Neuweiler, Oberreichenbach, Ostelsheim, Schömberg, Simmozheim, Unterreichenbach, Bad Wildbad
Besondere Zuständigkeiten:
in Zwangsversteigerungssachen und Zwangsverwaltungssachen
für den Bezirk der Amtsgerichte Calw und Nagold
in Familiensachen
für den Bezirk des Amtsgerichts Calw
in Schöffengerichtssachen und Erwachsenenhaftsachen
für den Bezirk der Amtsgerichte Calw und Nagold
in Jugendschöffengerichtssachen und Haftsachen gegen Jugendliche und Heranwachsende
für den Bezirk der Amtsgerichte Calw und Nagold

Amtsgericht Crailsheim
74564 Crailsheim, Schloßplatz 1; Tel. (0 79 51) 4 01-0; Fax (0 79 51) 4 01-53 07;
E-Mail: poststelle@agcrailsheim.justiz.bwl.de;
http://www.amtsgericht-crailsheim.de
Direktor: Anton Schiele
LG-Bezirk: Ellwangen
Amtsgerichtsbezirk:
Zugehörige Gemeinden im Landkreis Schwäbisch Hall:
Crailsheim, Fichtenau, Frankenhardt, Kressberg, Satteldorf, Stimpfach

Amtsgericht Donaueschingen
78166 Donaueschingen, Mühlenstr. 5; Tel. (07 71) 85 05-0; Fax (07 71) 85 05-40;
E-Mail: Poststelle@agdonaueschingen.justiz.bwl.de;
http://www.amtsgericht-donaueschingen.de
Direktorin: Birgit Reerink
LG-Bezirk: Konstanz
Amtsgerichtsbezirk:
Zugehörige Gemeinden im Schwarzwald-Baar-Kreis:
Blumberg, Bräunlingen, Donaueschingen, Furtwangen, Gütenbach, Hüfingen, Vöhrenbach
Besondere Zuständigkeit:
in Familiensachen
für den Bezirk des Amtsgerichts Donaueschingen

Amtsgericht Ehingen
89584 Ehingen, Marktplatz 3; Tel. (0 73 91) 5 08-3 08; Fax (0 73 91) 5 08-3 11;
E-Mail: poststelle@agehingen.justiz.bwl.de
Direktor: Wolfgang Lampa

LG-Bezirk: Ulm
Amtsgerichtsbezirk:
Zugehörige Gemeinden im Landkreis Alb-Donau-Kreis:
Allmendingen, Altheim, Ehingen (Donau), Emeringen, Emerkingen, Griesingen, Grundsheim, Hausen am Bussen, Lauterach, Munderkingen, Oberdischingen, Obermarchtal, Oberstadion, Öpfingen, Rechtenstein, Rottenacker, Schelklingen, Untermarchtal, Unterstadion, Unterwachingen

Amtsgericht Ellwangen
73479 **Ellwangen**, Schöner Graben 25; Tel. (0 79 61) 81-0; Fax (0 79 61) 81-7 47;
E-Mail: Poststelle@agellwangen.justiz.bwl.de;
http://www.amtsgericht-ellwangen.de
Direktor: Norbert Strecker
LG-Bezirk: Ellwangen
Amtsgerichtsbezirk:
Zugehörige Gemeinden im Landkreis Ostalbkreis:
Adelmannsfelden, Ellenberg, Ellwangen (Jagst), Jagstzell, Lauchheim, Neuler, Rainau, Rosenberg, Stödtlen, Tannhausen, Unterschneidheim, Westhausen, Wört
Besondere Zuständigkeiten:
in Familiensachen
für den Bezirk der Amtsgerichte Ellwangen (Jagst) und Neresheim
in Schöffensachen, Erwachsenenhaftsachen und Verfahren betreffend Freiheitsentziehungen nach dem Ausländer- und dem Asylverfahrensgesetz
für den Bezirk der Amtsgerichte Ellwangen (Jagst) und Neresheim
in Jugendschöffensachen
für den Bezirk der Amtsgerichte Aalen, Bad Mergentheim, Crailsheim, Ellwangen (Jagst), Langenburg und Neresheim
in Haftsachen gegen Jugendliche und Heranwachsende
für den Bezirk der Amtsgerichte Aalen, Crailsheim, Ellwangen (Jagst), Langenburg und Neresheim
in Personenstands- und Landwirtschaftssachen
für den Bezirk des Landgerichts Ellwangen (Jagst)

Amtsgericht Emmendingen
79312 **Emmendingen**, Karl-Friedrich-Str. 25; Tel. (0 76 41) 9 65 87-8 00; Fax (0 76 41) 9 65 87-8 80;
E-Mail: poststelle@agemmendingen.justiz.bwl.de;
http://www.amtsgericht-emmendingen.de
Direktor: Krebs
LG-Bezirk: Freiburg
Amtsgerichtsbezirk:
Zugehörige Gemeinden im Landkreis Emmendingen:
Denzlingen, Emmendingen, Freiamt, Malterdingen, Reute, Sexau, Teningen, Vörstetten
Besondere Zuständigkeiten (neben dem zentralen Grundbuchamt):
in Zwangsversteigerungssachen und Zwangsverwaltungssachen
für den Bezirk der Amtsgerichte Emmendingen, Kenzingen und Waldkirch
in Familiensachen
für den Bezirk der Amtsgerichte Emmendingen, Ettenheim, Kenzingen und Waldkirch

in Schöffengerichtssachen und Erwachsenenhaftsachen
für den Bezirk der Amtsgerichte Emmendingen, Ettenheim, Kenzingen und Waldkirch
Zentrales Grundbuchamt
79312 Emmendingen, Liebensteinstr. 2; Tel. (0 76 41) 9 65 87-6 00; Fax (0 76 41) 9 65 87-6 03;
E-Mail: poststelle@gbaemmendingen.justiz.bwl.de;
http://www.amtsgericht-emmendingen.de

Amtsgericht Esslingen
73728 **Esslingen**, Ritterstr. 8-10; Tel. (07 11) 3 96 20; Fax (07 11) 39 62-1 00;
E-Mail: poststelle@agesslingen.justiz.bwl.de;
http://www.amtsgericht-esslingen.de
Direktor: Andreas Arndt
LG-Bezirk: Stuttgart
Amtsgerichtsbezirk:
Zugehörige Gemeinden im Landkreis Esslingen:
Aichwald, Altbach, Baltmannsweiler, Deizisau, Denkendorf, Esslingen am Neckar, Hochdorf, Lichtenwald, Neuhausen auf den Fildern, Ostfildern, Plochingen, Reichenbach an der Fils, Wernau (Neckar)

Amtsgericht Ettenheim
77955 **Ettenheim**, Otto-Stoelcker-Str. 8; Tel. (0 78 22) 8 94 30; Fax (0 78 22) 89 43 13;
E-Mail: Poststelle@agettenheim.justiz.bwl.de;
http://www.amtsgericht-ettenheim.de
Direktor: Wolfram Wegmann
LG-Bezirk: Freiburg
Amtsgerichtsbezirk:
Zugehörige Gemeinden im Landkreis Ortenaukreis:
Ettenheim, Kappel-Grafenhausen, Mahlberg, Ringsheim, Rust

Amtsgericht Ettlingen
76275 **Ettlingen**, Sternengasse 26; Tel. (0 72 43) 5 08-0; Fax (0 72 43) 5 08-4 44;
E-Mail: Poststelle@agettlingen.justiz.bwl.de;
http://www.amtsgericht-ettlingen.de
LG-Bezirk: Karlsruhe
Amtsgerichtsbezirk:
Zugehörige Gemeinden im Landkreis Karlsruhe:
Ettlingen, Karlsbad, Malsch, Marxzell, Waldbronn

Amtsgericht Freiburg
79098 **Freiburg**, Holzmarkt 2; Tel. (07 61) 2 05-0; Fax (07 61) 2 05-18 00;
E-Mail: Poststelle@AGFreiburg.justiz.bwl.de;
http://www.amtsgericht-freiburg.de
Präsidentin: Dorothee Wahle
LG-Bezirk: Freiburg
Amtsgerichtsbezirk:
Stadtkreis Freiburg im Breisgau
Zugehörige Gemeinden im Landkreis Breisgau-Hochschwarzwald:
Au, Bötzingen, Buchenbach, Ebringen, Eichstetten, Glottertal, Gottenheim, Gundelfingen, Heuweiler, Horben, Kirchzarten, March, Merzhausen, Oberried, Pfaffenweiler, St. Märgen, St. Peter, Schallstadt-Wolfenweiler, Sölden, Stegen, Umkirch, Wittnau

Besondere Zuständigkeiten:
in Landwirtschaftssachen
für den Bezirk des Landgerichts Freiburg
in der Führung des Handels-, Genossenschafts- und Partnerschaftsregisters
für die Bezirke der Amtsgerichte Bad Säckingen, Breisach am Rhein, Donaueschingen, Emmendingen, Ettenheim, Freiburg im Breisgau, Gengenbach, Kehl, Kenzingen, Konstanz, Lahr, Lörrach, Müllheim, Oberkirch, Offenburg, Radolfzell am Bodensee, St. Blasien, Schönau im Schwarzwald, Schopfheim, Singen (Hohentwiel), Staufen im Breisgau, Stockach, Titisee-Neustadt, Überlingen, Villingen-Schwenningen, Waldkirch, Waldshut-Tiengen und Wolfach
in Insolvenzsachen für den Bezirk des Landgerichts Freiburg ohne Amtsgerichtsbezirk Lörrach
in Konkurssachen, Zwangsversteigerungssachen und Zwangsverwaltungssachen
für den Bezirk der Amtsgerichte Breisach am Rhein, Freiburg im Breisgau, Müllheim, Staufen im Breisgau und Titisee-Neustadt
in Familiensachen
für den Bezirk der Amtsgerichte Breisach am Rhein, Freiburg im Breisgau, Müllheim, Staufen im Breisgau und Titisee-Neustadt
in Schöffengerichtssachen und Erwachsenenhaftsachen
für den Bezirk der Amtsgerichte Breisach am Rhein, Freiburg im Breisgau, Müllheim, Staufen im Breisgau und Titisee-Neustadt
in Jugendschöffengerichtssachen (Bezirksjugendschöffengericht) und Haftsachen gegen Jugendliche und Heranwachsende
für den Bezirk des Landgerichts Freiburg im Breisgau ohne Amtsgerichtsbezirk Lörrach
in Nachlasssachen
für den Bezirk der Amtsgerichte Breisach am Rhein, Freiburg im Breisgau, Kirchzarten, Müllheim, Staufen und Titisee-Neustadt

Amtsgericht Freudenstadt
72250 Freudenstadt, Stuttgarter Str. 15; Tel. (0 74 41) 9 14 81-0; Fax (0 74 41) 9 14 81-11;
E-Mail: poststelle@agfreudenstadt.justiz.bwl.de;
http://www.amtsgericht-freudenstadt.de
Direktor: Rainer Graf-Frank
LG-Bezirk: Rottweil
Amtsgerichtsbezirk:
Zugehörige Gemeinden im Landkreis Freudenstadt:
Alpirsbach, Bad Rippoldsau-Schapbach, Baiersbronn, Freudenstadt, Grömbach, Loßburg, Pfalzgrafenweiler, Seewald, Wörnersberg
Besondere Zuständigkeiten:
in Zwangsversteigerungssachen und Zwangsverwaltungssachen
für den Bezirk des Amtsgerichts Horb
in Familiensachen
für den Bezirk des Amtsgerichts Horb
in Nachlasssachen
für den Bezirk des Amtsgerichts Horb

Amtsgericht Gengenbach
77723 Gengenbach, Grabenstr. 17; Tel. (0 78 03) 96 37-0; Fax (0 78 03) 96 37-30;
E-Mail: poststelle@aggengenbach.justiz.bwl.de;
http://www.amtsgericht-gengenbach.de
Direktor: Johannes Huber
LG-Bezirk: Offenburg
Amtsgerichtsbezirk:
Zugehörige Gemeinden im Landkreis Ortenaukreis:
Berghaupten, Biberach, Gengenbach, Nordrach, Oberharmersbach, Ohlsbach, Zell am Harmersbach

Amtsgericht Geislingen
73312 Geislingen, Schulstr. 17; Tel. (0 73 31) 45 49-6 00; Fax (0 73 31) 45 49-6 50;
E-Mail: poststelle@aggeislingen.justiz.bwl.de;
http://www.amtsgericht-geislingen.de
LG-Bezirk: Ulm
Amtsgerichtsbezirk:
Zugehörige Gemeinden im Landkreis Göppingen:
Bad Ditzenbach, Bad Überkingen, Böhmenkirch, Deggingen, Donzdorf, Drackenstein, Geislingen an der Steige, Gingen an der Fils, Gruibingen, Hohenstadt, Kuchen, Lauterstein, Mühlhausen im Täle, Süßen, Wiesensteig

Amtsgericht Gernsbach
76593 Gernsbach, Hauptstr. 44; Tel. (0 72 24) 99 57-0; Fax (0 72 24) 99 57-10;
E-Mail: Poststelle@aggernsbach.justiz.bwl.de;
http://www.amtsgericht-gernsbach.de
Direktor: Ekkhart Koch
LG-Bezirk: Baden-Baden
Amtsgerichtsbezirk:
Zugehörige Gemeinden im Landkreis Rastatt:
Forbach, Gernsbach, Loffenau, Weisenbach

Amtsgericht Göppingen
73033 Göppingen, Schlossplatz 1; Tel. (0 71 61) 63 24 35; Fax (0 71 61) 63 24 29;
E-Mail: Poststelle@aggoeppingen.justiz.bwl.de
Direktor: Dr. Hermann Steinle
LG-Bezirk: Ulm
Amtsgerichtsbezirk:
Zugehörige Gemeinden im Landkreis Göppingen:
Adelberg, Aichelberg, Albershausen, Birenbach, Börtlingen, Bad Boll, Dürnau, Ebersbach an der Fils, Eislingen/Fils, Eschenbach, Gammelshausen, Göppingen, Hattenhofen, Heiningen, Ottenbach, Rechberghausen, Salach, Schlat, Schlierbach, Uhingen, Wäschenbeuren, Wangen, Zell unter Aichelberg
Besondere Zuständigkeiten:
in Insolvenzsachen, Zwangsversteigerungssachen und Zwangsverwaltungssachen
für den Bezirk des Amtsgerichtes Göppingen
in Jugendschöffengerichtssachen und Haftsachen gegen Jugendliche und Heranwachsende
für den Bezirk des Amtsgerichtes Göppingen

Amtsgericht Hechingen
72379 Hechingen, Heiligkreuzstr. 9; Tel. (0 74 71) 9 44-0; Fax (0 74 71) 9 44-3 50;
E-Mail: Poststelle@aghechingen.justiz.bwl.de;
http://www.amtsgericht-hechingen.de
LG-Bezirk: Hechingen

Amtsgerichtsbezirk:
Zugehörige Gemeinden im Landkreis Zollernalbkreis:
Bisingen, Burladingen, Grosselfingen, Hechingen, Jungingen, Rangendingen
Besondere Zuständigkeiten:
in Schöffengerichtssachen
für die Bezirke der Amtsgerichte Albstadt und Balingen
in Jugendschöffengerichtssachen, in Haftsachen, Insolvenzsachen und in Steuer- und Monopolsachen
für die Bezirke der Amtsgerichte Albstadt, Balingen und Sigmaringen

Amtsgericht Heidelberg
69115 Heidelberg, Kurfürsten-Anlage 15; Tel. (0 62 21) 5 90; Fax (0 62 21) 59 13 50;
E-Mail: poststelle@agheidelberg.justiz.bwl.de;
http://www.amtsgericht-heidelberg.de
Direktor: NN
LG-Bezirk: Heidelberg
Amtsgerichtsbezirk:
Stadtkreis Heidelberg
Zugehörige Gemeinden im Landkreis Rhein-Neckar-Kreis:
Bammental, Dossenheim, Eberbach, Edingen-Neckarhausen, Eppelheim, Gaiberg, Heddesbach, Heiligkreuzsteinach, Ilvesheim, Leimen, Neckargemünd, Nußloch, Sandhausen, Schönau, Schönbrunn, Wiesenbach, Wilhelmsfeld

Amtsgericht Heidenheim
89518 Heidenheim, Olgastr. 22; Tel. (0 73 21) 38-0; Fax (0 73 21) 38-12 34;
E-Mail: Poststelle@agheidenheim.justiz.bwl.de;
http://www.amtsgericht-heidenheim.de
Direktor: Rainer Feil
LG-Bezirk: Ellwangen
Amtsgerichtsbezirk:
Zugehörige Gemeinden im Landkreis Heidenheim:
Dischingen, Gerstetten, Giengen an der Brenz, Heidenheim an der Brenz, Herbrechtingen, Hermaringen, Königsbronn, Nattheim, Niederstotzingen, Sontheim an der Brenz, Steinheim am Albuch

Amtsgericht Heilbronn
74072 Heilbronn, Wilhelmstr. 2-6; Tel. (0 71 31) 64-1; Fax (0 71 31) 64-3 40 00 und -3 44 00 (Familiengericht);
E-Mail: poststelle@agheilbronn.justiz.bwl.de;
http://www.amtsgericht-heilbronn.de
Präsident: Till Jakob
LG-Bezirk: Heilbronn
Amtsgerichtsbezirk:
Zugehörige Gemeinden im Landkreis Heilbronn:
Abstatt, Bad Friedrichshall, Bad Rappenau, Bad Wimpfen, Beilstein, Langenbrettach, Eberstadt, Ellhofen, Eppingen, Erlenbach, Flein, Gemmingen, Gundelsheim, Hardthausen am Kocher, Ilsfeld, Ittlingen, Jagsthausen, Kirchardt, Lauffen am Neckar, Lehrensteinfeld, Leingarten, Löwenstein, Massenbachhausen, Möckmühl, Neckarsulm, Neckarwestheim, Neudenau, Neuenstadt am Kocher, Nordheim, Obersulm, Oedheim, Offenau, Roigheim, Schwaigern, Siegelsbach, Talheim, Untereisesheim, Untergruppenbach, Weinsberg, Widdern, Wüstenrot
Besondere Zuständigkeiten:
in der Führung des Binnenschiffs- und Schiffsbauregisters
für die im Bezirk des Oberlandesgerichts Stuttgart (mit Ausnahme des Landgerichtsbezirks Ravensburg) beheimateten Schiffe und Schiffsbauwerke
in Nachlasssachen
für den Bezirk der Amtsgerichte Heilbronn und Brackenheim
in Landwirtschaftssachen
für den Bezirk der Amtsgerichte Heilbronn, Besigheim, Brackenheim, Marbach/Neckar und Vaihingen/Enz
in Konkurs- und Vergleichssachen, Zwangsversteigerungs- und Zwangsverwaltungssachen
für den Bezirk der Amtsgerichte Heilbronn und Brackenheim
in Grundbuchsachen
für den Bezirk der Amtsgerichte Heilbronn, Besigheim, Brackenheim, Künzelsau, Marbach/Neckar, Öhringen, Schwäbisch Hall und Vaihingen/Enz
in Insolvenzsachen
für den Bezirk der Amtsgerichte Heilbronn, Besigheim, Brackenheim, Künzelsau, Marbach/Neckar, Öhringen, Schwäbisch Hall und Vaihingen/Enz
in Familiensachen
für den Bezirk der Amtsgerichte Heilbronn und Brackenheim
in Schöffengerichtssachen
für den Bezirk der Amtsgerichte Heilbronn und Brackenheim
in Haftsachen gegen Erwachsene
für den Bezirk der Amtsgerichte Heilbronn, Besigheim, Brackenheim, Marbach, Vaihingen/Enz
in Jugendschöffengerichtssachen und Haftsachen gegen Jugendliche und Heranwachsende
für den Bezirk der Amtsgerichte Heilbronn, Besigheim, Brackenheim, Künzelsau, Marbach, Öhringen und Vaihingen/Enz
für Entscheidungen über Einsprüche gegen Bußgeldbescheide des Regierungspräsidiums Karlsruhe – Zentrale Bußgeldstelle Bretten – wegen Ordnungswidrigkeiten auf Autobahnen im LG-Bezirk Heilbronn
in Abschiebehaftsachen
für die Amtsgerichte Heilbronn, Besigheim, Brackenheim, Marbach und Vaihingen/Enz
für den ganzen Landgerichtsbezirk Heilbronn:
a) in Strafsachen nach dem Wirtschaftsstrafgesetz 1954
b) als Gericht gemäß § 391 AO
c) in Personenstandsachen nach §§ 31 und 45 ff. Pstg
d) in Verfahren nach dem Transsexuellengesetz

Amtsgericht Horb
72160 Horb, Marktplatz 22; Tel. (0 74 51) 55 18-0; Fax (0 74 51) 55 18-40;
E-Mail: poststelle@aghorb.justiz.bwl.de;
http://www.aghorb.de

LG-Bezirk: Rottweil
Amtsgerichtsbezirk:
Zugehörige Gemeinden im Landkreis Freudenstadt:
Dornstetten, Empfingen, Eutingen im Gäu, Glatten, Horb am Neckar, Schopfloch, Waldachtal
Besondere Zuständigkeit:
in Schöffengerichtssachen
für den Bezirk des Amtsgerichts Horb

Amtsgericht Karlsruhe
76131 Karlsruhe, Schlossplatz 23; Tel. (07 21) 9 26-0; Fax (07 21) 9 26-66 47;
E-Mail: poststelle@agkarlsruhe.justiz.bwl.de;
http://www.amtsgericht-karlsruhe.de
Präsident: Thomas Ohlinger
LG-Bezirk: Karlsruhe
Amtsgerichtsbezirk:
Stadtkreis Karlsruhe ohne die Stadtteile im Amtsgerichtsbezirk Karlsruhe-Durlach
Zugehörige Gemeinden im Landkreis Karlsruhe:
Eggenstein-Leopoldshafen, Linkenheim-Hochstetten, Rheinstetten, Stutensee
Besondere Zuständigkeiten:
Zentrales Vollstreckungsgericht für Baden-Württemberg
für alle Amtsgerichte in Baden-Württemberg
in Landwirtschaftssachen
für den Bezirk des Amtsgerichts Karlsruhe
in der Führung des Güterrechtsregisters
für den Bezirk der Amtsgerichte Karlsruhe, Karlsruhe-Durlach, Ettlingen
in Familiensachen
für den Bezirk des Amtsgerichts Karlsruhe
in Schöffengerichtssachen und Erwachsenenhaftsachen
für den Bezirk der Amtsgerichte Karlsruhe, Karlsruhe-Durlach, Ettlingen
in Jugendschöffengerichtssachen und Haftsachen gegen Jugendliche und Heranwachsende
für den Bezirk der Amtsgerichte Karlsruhe, Karlsruhe-Durlach, Ettlingen, Bruchsal, Philippsburg und Bretten
in Insolvenzverfahren
für die Bezirke der Amtsgerichte Karlsruhe, Karlsruhe-Durlach, Ettlingen, Bruchsal, Bretten, Philippsburg
zentrales Vollstreckungsgericht (ZenVG) des Landes Baden-Württemberg

Amtsgericht Karlsruhe-Durlach
76227 Karlsruhe, Karlsburgstr. 10; Tel. (07 21) 9 94-0; Fax (07 21) 9 94 18 80;
E-Mail: poststelle@agkarlsruhe-durlach.justiz.bwl.de;
http://www.agkarlsruhe-durlach.de
Direktor: Lorenz
LG-Bezirk: Karlsruhe
Amtsgerichtsbezirk:
Stadtteile Karlsruhe-Durlach, Grötzingen, Grünwettersbach, Hohenwettersbach, Palmbach, Stupferich, Wolfartsweier des Stadtkreises Karlsruhe
Zugehörige Gemeinden im Landkreis Karlsruhe:
Pfinztal, Walzbachtal, Weingarten (Baden)

Amtsgericht Kehl
77694 Kehl, Hermann-Dietrich-Str. 6; Tel. (0 78 51) 4 85 04-0; Fax (0 78 51) 4 85 04-2 35;
E-Mail: Poststelle@agkehl.justiz.bwl.de;
http://www.amtsgericht-kehl.de
Direktor: Nicolas Gethmann
Amtsgerichtsbezirk:
Zugehörige Gemeinden im Landkreis Ortenaukreis:
Kehl, Rheinau, Willstätt
Besondere Zuständigkeiten:
in Zwangsversteigerungssachen und Zwangsverwaltungssachen
für den Bezirk des Amtsgerichts Kehl
in Familiensachen
für den Bezirk des Amtsgerichts Kehl
in Binnenschifffahrts- und Rheinschifffahrtssachen
für den Rhein von Kilometerpunkt 145,00 bei Rheinfelden bei Kilometerpunkt 352,07 an der Mündung der alten Lauter

Amtsgericht Kenzingen
79341 Kenzingen, Eisenbahnstr. 22; Tel. (0 76 44) 91 01-0; Fax (0 76 44) 91 01-33;
E-Mail: Poststelle@agkenzingen.justiz.bwl.de;
http://www.amtsgericht-kenzingen.de
Direktor: Zimmermann
LG-Bezirk: Freiburg
Amtsgerichtsbezirk:
Zugehörige Gemeinden im Landkreis Emmendingen:
Bahlingen, Endingen, Forchheim, Herbolzheim, Kenzingen, Rheinhausen, Riegel, Sasbach, Weisweil, Wyhl

Amtsgericht Kirchheim
73230 Kirchheim, Alleenstr. 86; Tel. (0 70 21) 97 48-0; Fax (0 70 21) 97 48-35;
E-Mail: Poststelle@agkirchheimteck.justiz.bwl.de
Direktor: Stefan Kahl
LG-Bezirk: Stuttgart
Amtsgerichtsbezirk:
Zugehörige Gemeinden im Landkreis Esslingen:
Bissingen an der Teck, Dettingen unter Teck, Erkenbrechtsweiler, Holzmaden, Kirchheim unter Teck, Lenningen, Neidlingen, Notzingen, Ohmden, Owen, Weilheim an der Teck

Amtsgericht Konstanz
78462 Konstanz, Untere Laube 12; Tel. (0 75 31) 2 80-0; Fax (0 75 31) 2 80 24 79;
E-Mail: Poststelle@agkonstanz.justiz.bwl.de;
http://www.agkonstanz.de
Direktor: Franz Klaiber
LG-Bezirk: Konstanz
Amtsgerichtsbezirk:
Zugehörige Gemeinden im Landkreis Konstanz:
Allensbach, Konstanz, Reichenau
Besondere Zuständigkeiten:
in Binnenschifffahrtsachen als Schifffahrtsgerichte
für den baden-württembergischen Teil des Bodensees und das Stromgebiet des Rheins vom Bodensee bis Basel

II Gerichte der ordentlichen Gerichtsbarkeit

in der Führung des Schiffsregisters und des Schiffbauregisters
für den Bezirk der Landgerichte Konstanz, Ravensburg und Waldshut-Tiengen
in Zwangsversteigerungssachen und Zwangsverwaltungssachen
für den Bezirk des Amtsgerichts Konstanz
in Insolvenzsachen
für den Bezirk der Amtsgerichte Konstanz, Radolfzell, Singen, Stockach und Überlingen
in Familiensachen und Nachlasssachen
für den Bezirk der Amtsgerichte Konstanz, Radolfzell und Stockach
in Schöffengerichtssachen und Erwachsenenhaftsachen
für den Bezirk der Amtsgerichte Konstanz, Radolfzell, Stockach und Überlingen
in Jugendschöffengerichtssachen und Haftsachen gegen Jugendliche und Heranwachsende
für den Bezirk der Amtsgerichte Konstanz, Radolfzell, Singen, Überlingen und Stockach
in Personenstandssachen
für den Bezirk des Landgerichts Konstanz
in Steuerstrafsachen
für den Bezirk des Landgerichts Konstanz

Amtsgericht Künzelsau
74653 Künzelsau, Schillerstr. 13; Tel. (0 79 40) 9 14 90; Fax (0 79 40) 91 49-30;
E-Mail: Poststelle@AGKuenzelsau.justiz.bwl.de;
http://www.agkuenzelsau.de
Direktor: Sven Brückner
LG-Bezirk: Heilbronn
Amtsgerichtsbezirk:
Zugehörige Gemeinden im Landkreis Hohenlohekreis:
Dörzbach, Forchtenberg, Ingelfingen, Krautheim, Künzelsau, Mulfingen, Niederhall, Schöntal, Weißbach

Amtsgericht Lahr
77933 Lahr, Turmstr. 15; Tel. (0 78 21) 3 13 10-0; Fax (0 78 21) 3 13 10-4 52;
E-Mail: poststelle@aglahr.justiz.bwl.de;
http://www.amtsgericht-lahr.de
Direktor: Sven Hövel
LG-Bezirk: Offenburg
Amtsgerichtsbezirk:
Zugehörige Gemeinden im Landkreis Ortenaukreis:
Friesenheim, Kippenheim, Lahr, Meißenheim, Schuttertal, Schwanau, Seelbach
Besondere Zuständigkeit:
in Zwangsversteigerungssachen und Zwangsverwaltungssachen
für den Bezirk des Amtsgerichts Ettenheim

Amtsgericht Langenburg
74595 Langenburg, Bächlinger Str. 35; Tel. (0 79 05) 9 10 30; Fax (0 79 05) 51 64;
E-Mail: poststelle@aglangenburg.justiz.bwl.de;
http://www.amtsgericht-langenburg.de
Direktorin: Dr. Herberger
LG-Bezirk: Ellwangen
Amtsgerichtsbezirk:
Zugehörige Gemeinden im Landkreis Schwäbisch Hall:
Blaufelden, Gerabronn, Kirchberg an der Jagst, Langenburg, Rot am See, Schrozberg, Wallhausen

Amtsgericht Leonberg
71229 Leonberg, Schloßhof 7; Tel. (0 71 52) 1 51; Fax (0 71 52) 15-3 50;
E-Mail: Poststelle@agleonberg.justiz.bwl.de;
http://www.amtsgericht-leonberg.de
Direktor: Dr. Torsten Hub
LG-Bezirk: Stuttgart
Amtsgerichtsbezirk:
Zugehörige Gemeinden im Landkreis Böblingen:
Leonberg, Renningen, Rutesheim, Weil der Stadt, Weissach

Amtsgericht Leutkirch
88299 Leutkirch, Karlstr. 2; Tel. (0 75 61) 8 25-0; Fax (0 75 61) 8 25-1 20;
E-Mail: Poststelle@agleutkirch.justiz.bwl.de;
http://www.amtsgericht-leutkirch.de
Direktor: Franz Hölzle
LG-Bezirk: Ravensburg
Amtsgerichtsbezirk:
Zugehörige Gemeinden im Landkreis Ravensburg:
Aichstetten, Aitrach, Bad Wurzach, Leutkirch im Allgäu

Amtsgericht Lörrach
79539 Lörrach, Bahnhofstr. 4+4a; Tel. (0 76 21) 4 08-0; Fax (0 76 21) 40 81 80/40 81 81;
E-Mail: Poststelle@agloerrach.justiz.bwl.de;
http://www.amtsgericht-loerrach.de
Direktor: Frank Müller
LG-Bezirk: Freiburg
Amtsgerichtsbezirk:
Zugehörige Gemeinden im Landkreis Lörrach:
Bad Bellingen, Binzen, Efringen-Kirchen, Eimeldingen, Fischingen, Grenzach-Wyhlen, Inzlingen, Kandern, Lörrach, Malsburg-Marzell, Rheinfelden (Baden), Rümmingen, Schallbach, Schliengen, Schwörstadt, Steinen, Weil am Rhein, Wittlingen
Besondere Zuständigkeiten:
Zwangsversteigerungssachen und Zwangsverwaltungssachen, Insolvenzsachen
für den Bezirk des Amtsgerichts Lörrach
in Familiensachen
für den Bezirk des Amtsgerichts Lörrach
in Schöffengerichtssachen und Erwachsenenhaftsachen
für den Bezirk des Amtsgerichts Lörrach

Amtsgericht Ludwigsburg
71638 Ludwigsburg, Schorndorfer Str. 39; Tel. (0 71 41) 49 87-99; Fax (0 71 41) 49 87-60 50;
E-Mail: poststelle@agludwigsburg.justiz.bwl.de;
http://www.agludwigsburg.de
Direktor: Dr. Michael Stauß
LG-Bezirk: Stuttgart
Amtsgerichtsbezirk:
Zugehörige Gemeinden im Landkreis Ludwigsburg:
Asperg (mit Lehenfeld und Silberhälden), Ditzingen, Freiberg am Neckar, Gerlingen, Hemmingen, Korntal-Münchingen, Kornwestheim, Ludwigsburg (mit Makenhof), Markgröningen, Möglingen, Pleidelsheim, Remseck am Neckar (mit Sonnenhof), Schwieberdingen (mit Hardthof)

Amtsgericht Marbach
71672 Marbach, Strohgasse 3; Tel. (0 71 44) 85 57-0; Fax (0 71 44) 85 57-60;
E-Mail: Poststelle@agmarbach.justiz.bwl.de;
http://www.amtsgericht-marbach.de
Direktorin: Ursula Ziegler-Göller
LG-Bezirk: Heilbronn
Amtsgerichtsbezirk:
Zugehörige Gemeinden im Landkreis Ludwigsburg:
Affalterbach, Benningen am Neckar, Erdmannhausen, Großbottwar, Marbach am Neckar, Murr, Oberstenfeld, Steinheim an der Murr
Besondere Zuständigkeiten:
in Schöffengerichtssachen
für den Bezirk der Amtsgerichte Marbach am Neckar und Besigheim

Amtsgericht Mannheim
68159 Mannheim, Bismarckstr. 14 Schloss, Westflügel; Tel. (06 21) 2 92-0; Fax (06 21) 2 92-28 76;
E-Mail: poststelle@agmannheim.justiz.bwl.de;
http://www.amtsgericht-mannheim.de
Präsidentin: Dr. Monika Stade
LG-Bezirk: Mannheim
Amtsgerichtsbezirk:
Stadtkreis Mannheim
Besondere Zuständigkeiten:
in Binnenschifffahrtssachen als Rheinschifffahrts- bzw. Schifffahrtsgericht
für den Rhein von Strom-km 352,07 (an der Mündung der alten Lauter) bis Strom-km 437,00 (Grenze zu Hessen bei Lampertheim), für den Neckar und die zum Land Baden-Württemberg gehörende Mainstrecke bei Wertheim
in der Führung des Binnen-Schiffsregisters und des Schiffbauregisters
für die Übrigen am baden-württembergischen Teil des Rheins oder des Neckars beheimateten Schiffe, soweit nicht das Amtsgericht Heilbronn oder Konstanz zuständig ist (rechte Rheinseite von Basel bis Mannheim, badischer und hessischer Neckar)
in der Führung des Seeschiffsregisters
für das Land Baden-Württemberg
in Landwirtschaftssachen
für den Bezirk der Amtsgerichte Mannheim, Schwetzingen und Weinheim
in der Führung des Handels-, Genossenschafts- und Partnerschaftsregisters sowie des Vereinsregisters
für die Bezirke der Amtsgerichte Achern, Adelsheim, Baden-Baden, Bretten, Bruchsal, Buchen (Odenwald), Bühl, Ettlingen, Gernsbach, Heidelberg, Karlsruhe, Karlsruhe-Durlach, Maulbronn, Mannheim, Mosbach, Pforzheim, Philippsburg, Rastatt, Schwetzingen, Sinsheim, Tauberbischofsheim, Weinheim, Wertheim und Wiesloch
in Insolvenzsachen, Zwangsversteigerungssachen und Zwangsverwaltungssachen
für den Bezirk der Amtsgerichte Mannheim, Schwetzingen und Weinheim
in Familiensachen
für den Bezirk des Amtsgerichts Mannheim
in Schöffengerichtssachen und Erwachsenenhaftsachen
für den Bezirk des Amtsgerichts Mannheim
in Jugendschöffengerichtssachen und Haftsachen gegen Jugendliche und Heranwachsende
für den Bezirk der Amtsgerichte Mannheim, Schwetzingen und Weinheim
zentrales Grundbuchamt (eingegliedert werden nach und nach bis zum 31. Dezember 2017 alle staatlichen und kommunalen Grundbuchämter in den Bezirken des Landgerichts Mannheim und des Landgerichts Heidelberg (hier ausgenommen Bezirk des Amtsgerichts Sinsheim)

Amtsgericht Maulbronn
75433 Maulbronn, Klosterstr. 1; Tel. (0 70 43) 92 20-0; Fax (0 70 43) 92 20-50;
E-Mail: Poststelle@agmaulbronn.justiz.bwl.de;
http://www.amtsgericht-maulbronn.de
Direktor: Dr. Bernd Lindner
LG-Bezirk: Karlsruhe
Amtsgerichtsbezirk:
Zugehörige Gemeinden im Landkreis Enzkreis:
Friolzheim, Heimsheim, Illingen, Knittlingen, Maulbronn, Mönsheim, Mühlacker, Ötisheim, Sternenfels, Wiernsheim, Wimsheim, Wurmberg

Amtsgericht Mosbach
74821 Mosbach, Hauptstr. 110; Tel. (0 62 61) 87-0; Fax (0 62 61) 8 74 60;
E-Mail: poststelle@agmosbach.justiz.bwl.de;
http://www.amtsgericht-mosbach.de
Direktor: Dr. Lars Niesler
LG-Bezirk: Mosbach
Amtsgerichtsbezirk:
Zugehörige Gemeinden im Landkreis Neckar-Odenwaldkreis:
Aglasterhausen, Billigheim, Binau, Elztal, Fahrenbach, Haßmersheim, Hüffenhardt, Limbach, Mosbach, Neckargerach, Neckarzimmern, Neunkirchen, Obrigheim, Schefflenz, Schwarzach, Waldbrunn, Zwingenberg
Besondere Zuständigkeiten:
in Landwirtschaftssachen
für den Bezirk des Amtsgerichts Tauberbischofsheim
in Zwangsversteigerungssachen und Zwangsverwaltungssachen
für den Bezirk der Amtsgerichte Adelsheim, Buchen und Mosbach
in Insolvenzsachen
für den Bezirk der Amtsgerichte Adelsheim, Buchen, Tauberbischofsheim und Mosbach
in Familiensachen
für den Bezirk der Amtsgerichte Adelsheim, Buchen und Mosbach
in Erwachsenenhaftsachen
für den Bezirk der Amtsgerichte Adelsheim, Buchen und Mosbach
in Jugendschöffengerichtssachen und Haftsachen gegen Jugendliche und Heranwachsende
für den Bezirk der Amtsgerichte Adelsheim, Buchen und Mosbach

II Gerichte der ordentlichen Gerichtsbarkeit

Amtsgericht Müllheim
79379 Müllheim, Werderstr. 37; Tel. (0 76 31) 74 79-0; Fax (0 76 31) 74 79-1 10;
E-Mail: poststelle@agmuellheim.justiz.bwl.de;
http://www.amtsgericht-muellheim.de
Direktorin: Dr. Stückrath
LG-Bezirk: Freiburg
Amtsgerichtsbezirk:
Zugehörige Gemeinden im Landkreis Breisgau-Hochschwarzwald:
Auggen, Badenweiler, Buggingen, Müllheim, Neuenburg, Sulzburg

Amtsgericht Münsingen
72525 Münsingen, Schloßhof 3; Tel. (0 73 81) 1 83 87-0; Fax (0 73 81) 1 83 87-40;
E-Mail: Poststelle@agmuensingen.justiz.bwl.de;
http://www.amtsgericht-muensingen.de
Direktor: Joachim Stahl
LG-Bezirk: Tübingen
Amtsgerichtsbezirk:
Zugehörige Gemeinden im Landkreis Reutlingen:
Engstingen, Gomadingen, Gutsbezirk Münsingen, Hayingen, Hohenstein, Mehrstetten, Münsingen, Pfronstetten, Trochtelfingen, Zwiefalten

Amtsgericht Nagold
72202 Nagold, Gerichtsplatz 1; Tel. (0 74 52) 83 72-0; Fax (0 74 52) 83 72-50;
E-Mail: Poststelle@agnagold.justiz.bwl.de;
http://www.amtsgericht-nagold.de
Direktor: Hans-Georg Gawronski
LG-Bezirk: Tübingen
Amtsgerichtsbezirk:
Zugehörige Gemeinden im Landkreis Calw:
Altensteig, Ebhausen, Egenhausen, Haiterbach, Nagold, Rohrdorf, Simmersfeld, Wildberg

Amtsgericht Neresheim
73450 Neresheim, Hauptstr. 2; Tel. (0 73 26) 96 18-0; Fax (0 73 26) 96 18 25;
E-Mail: Poststelle@agneresheim.justiz.bwl.de;
http://www.amtsgericht-neresheim.de
Direktor: Stefan Scheel
LG-Bezirk: Ellwangen
Amtsgerichtsbezirk:
Zugehörige Gemeinden im Landkreis Ostalbkreis:
Bopfingen, Kirchheim am Ries, Neresheim, Riesbürg

Amtsgericht Nürtingen
72622 Nürtingen, Neuffener Str. 28; Tel. (0 70 22) 92 25-0;
E-Mail: Poststelle@agnuertingen.justiz.bwl.de;
http://www.amtsgericht-nuertingen.de
Direktorin: Dr. Sabine Kienzle-Hiemer
LG-Bezirk: Stuttgart
Amtsgerichtsbezirk:
Zugehörige Gemeinden im Landkreis Esslingen:
Aichtal, Altdorf, Altenriet, Bempflingen, Beuren, Filderstadt, Frickenhausen, Großbettlingen, Köngen, Kohlberg, Leinfelden-Echterdingen, Neckartailfingen, Neckartenzlingen, Neuffen, Nürtingen, Oberboihingen, Schlaitdorf, Unterensingen, Wendlingen am Neckar, Wolfschlugen
Besondere Zuständigkeiten:
in Familiensachen
für den Bezirk des Amtsgerichts Nürtingen
in Schöffengerichtssachen und Erwachsenenhaftsachen
für den Bezirk des Amtsgerichts Nürtingen
in Jugendschöffengerichtssachen und Haftsachen gegen Jugendliche und Heranwachsende
für den Bezirk des Amtsgerichts Nürtingen, Kirchheim unter Teck

Amtsgericht Oberkirch
77704 Oberkirch, Hauptstr. 48; Tel. (0 78 02) 93 75-0; Fax (0 78 02) 93 75-20;
E-Mail: Poststelle@agoberkirch.justiz.bwl.de;
http://www.amtsgericht-oberkirch.de
Direktor: Dr. Ganninger
LG-Bezirk: Offenburg
Amtsgerichtsbezirk:
Zugehörige Gemeinden im Landkreis Ortenaukreis:
Bad Peterstal-Griesbach, Lautenbach, Oberkirch, Oppenau, Renchen

Amtsgericht Oberndorf
78727 Oberndorf, Mauserstr. 28; Tel. (0 74 23) 8 15-2 53; Fax (0 74 23) 8 15-1 66;
E-Mail: poststelle@agoberndorf.justiz.bwl.de
Direktor: Wolfgang Heuer
LG-Bezirk: Rottweil
Amtsgerichtsbezirk:
Zugehörige Gemeinden im Landkreis Rottweil:
Aichhalden, Dornhan, Epfendorf, Fluorn-Winzeln, Hardt, Lauterbach, Oberndorf am Neckar, Schenkenzell, Schiltach, Schramberg, Sulz am Neckar, Schramberg-Tennenbronn, Vöhringen
Besondere Zuständigkeit:
in Landwirtschaftssachen
für den Bezirk des Amtsgerichts Oberndorf das Amtsgericht Rottweil

Amtsgericht Offenburg
77654 Offenburg, Hindenburgstr. 5; Tel. (07 81) 9 33-0; Fax (07 81) 9 33 10 89;
E-Mail: Poststelle@agoffenburg.justiz.bwl.de;
http://www.agoffenburg.de
Direktor: Dietmar Hollederer
LG-Bezirk: Offenburg
Amtsgerichtsbezirk:
Zugehörige Gemeinden im Landkreis Ortenaukreis:
Appenweier, Durbach, Hohberg, Neuried, Offenburg, Ortenberg, Schutterwald
Besondere Zuständigkeiten:
in Landwirtschaftssachen
für den Bezirk der Amtsgerichte Gengenbach, Offenburg
in Zwangsversteigerungssachen und Zwangsverwaltungssachen
für den Bezirk der Amtsgerichte Gengenbach, Oberkirch, Offenburg
in Insolvenzsachen
für den Bezirk der Amtsgerichte Gengenbach, Kehl, Lahr, Oberkirch, Offenburg, Wolfach

in Familiensachen
für den Bezirk der Amtsgerichte Gengenbach, Oberkirch, Offenburg, Wolfach
in Schöffengerichtssachen und Erwachsenenhaftsachen
für den Bezirk der Amtsgerichte Gengenbach, Kehl, Lahr, Oberkirch, Offenburg, Wolfach
in Jugendschöffengerichtssachen und Haftsachen gegen Jugendliche und Heranwachsende
für den Bezirk der Amtsgerichte Gengenbach, Kehl, Lahr, Oberkirch, Offenburg, Wolfach

Amtsgericht Öhringen
74613 Öhringen, Karlsvorstadt 18; Tel. (0 79 41) 6 06 32-0; Fax (0 79 41) 6 06 32-16;
E-Mail: poststelle@agoehringen.justiz.bwl.de;
http://www.agoehringen.de
Direktorin: Simone Krystofiak-Fust
LG-Bezirk: Heilbronn
Amtsgerichtsbezirk:
Zugehörige Gemeinden im Landkreis Hohenlohekreis:
Bretzfeld, Kupferzell, Neuenstein, Öhringen, Pfedelbach, Waldenburg, Zweiflingen
Besondere Zuständigkeiten:
in Familiensachen
für den Bezirk der Amtsgerichte Künzelsau und Öhringen
in Nachlasssachen
für die Bezirke der Amtsgerichte Künzelsau und Öhringen
in Schöffengerichtssachen und Erwachsenenhaftsachen
für den Bezirk des Amtsgerichte Künzelsau und Öhringen
in Vereinssachen und Handelsregistersachen
für den Bezirk des Amtsgerichts Stuttgart, Registergericht

Amtsgericht Pforzheim
75175 Pforzheim, Lindenstr. 8; Tel. (0 72 31) 30 90 0; Fax (0 72 31) 30 93 50;
E-Mail: poststelle@agpforzheim.justiz.bwl.de;
http://www.amtsgericht-pforzheim.de
Direktor: Oliver Weik
LG-Bezirk: Karlsruhe
Amtsgerichtsbezirk:
Stadtkreis Pforzheim
Zugehörige Gemeinden im Landkreis Enzkreis:
Birkenfeld, Eisingen, Engelsbrand, Ispringen, Kämpfelbach, Keltern, Kieselbronn, Königsbach-Stein, Neuenbürg, Neuhausen, Neulingen, Niefern-Öschelbronn, Ölbronn-Dürrn, Remchingen, Straubenhardt, Tiefenbronn
in Familiensachen, Zwangsversteigerungs- und Insolvenzverfahren: Friolzheim, Heimsheim, Illingen, Knittlingen, Maulbronn, Mühlacker, Mönsheim, Ötisheim, Sternenfels, Wiernsheim, Wimsheim, Wurmberg
in Schöffen- und Jugendschöffengericht für den Amtsgerichtsbezirk Maulbronn

Amtsgericht Philippsburg
76661 Philippsburg, Marktplatz 8; Tel. (0 72 56) 93 11-0; Fax (0 72 56) 93 11-50;
E-Mail: poststelle@agphilippsburg.justiz.bwl.de;
http://www.agphilippsburg.de
Direktor: NN
LG-Bezirk: Karlsruhe
Amtsgerichtsbezirk:
Zugehörige Gemeinden im Landkreis Karlsruhe:
Oberhausen-Rheinhausen, Philippsburg, Waghäusel

Amtsgericht Radolfzell
78315 Radolfzell, Seetorstr. 5; Tel. (0 77 32) 9 83-1 00; Fax (0 77 32) 9 83-1 21;
E-Mail: poststelle@agradolfzell.justiz.bwl.de;
http://www.amtsgericht-radolfzell.de
Direktorin: Ulrike Steiner
LG-Bezirk: Konstanz
Amtsgerichtsbezirk:
Zugehörige Gemeinden im Landkreis Konstanz:
Gaienhofen, Moos, Öhningen, Radolfzell

Amtsgericht Rastatt
76437 Rastatt, Herrenstr. 18; Tel. (0 72 22) 9 78-0; Fax (0 72 22) 9 78-4 23;
E-Mail: poststelle@agrastatt.justiz.bwl.de;
http://www.agrastatt.de
Direktor: Klaus Felder
LG-Bezirk: Baden-Baden
Amtsgerichtsbezirk:
Zugehörige Gemeinden im Landkreis Rastatt:
Au am Rhein, Bietigheim, Bischweier, Durmersheim, Elchesheim-Illingen, Gaggenau, Iffezheim, Kuppenheim, Muggensturm, Ötigheim, Rastatt, Steinmauern

Amtsgericht Ravensburg
88212 Ravensburg, Herrenstr. 40-44; Tel. (07 51) 8 06-0; Fax (07 51) 8 06-14 00;
E-Mail: poststelle@agravensburg.justiz.bwl.de;
http://www.amtsgericht-ravensburg.de
Direktor: Matthias Grewe
LG-Bezirk: Ravensburg
Amtsgerichtsbezirk:
Zugehörige Gemeinden im Landkreis Ravensburg:
Altshausen, Baienfurt, Baindt, Berg, Bodnegg, Boms, Ebenweiler, Ebersbach-Musbach, Eichstegen, Fleischwangen, Fronreute, Grünkraut, Guggenhausen, Horgenzell, Hoßkirch, Königseggwald, Ravensburg, Riedhausen, Schlier, Unterwaldhausen, Vogt, Waldburg, Weingarten, Wilhelmsdorf, Wolfegg, Wolpertswende
Besondere Zuständigkeiten:
in Erwachsenenhaftsachen
für den Bezirk des Amtsgerichts Wangen
in Nachlasssachen
für den Bezirk des Amtsgerichts Bad Waldsee
in Grundbuchsachen
für den Bezirk des Landgerichts Ravensburg

Amtsgericht Reutlingen
72764 Reutlingen, Gartenstr. 40; Tel. (0 71 21) 9 40-0; Fax (0 71 21) 9 40-31 08;
E-Mail: poststelle@agreutlingen.justiz.bwl.de;
http://www.amtsgericht-reutlingen.de
Direktor: Friedrich Haberstroh

II Gerichte der ordentlichen Gerichtsbarkeit

LG-Bezirk: Tübingen
Amtsgerichtsbezirk:
Zugehörige Gemeinden im Landkreis Reutlingen:
Eningen unter Achalm, Lichtenstein, Pfullingen, Pliezhausen, Reutlingen, Sonnenbühl, Walddorfhäslach, Wannweil
Besondere Zuständigkeiten:
in Zwangsversteigerungssachen und Zwangsverwaltungssachen
für den Bezirk der Amtsgerichte Reutlingen, Bad Urach, Münsingen
in Familiensachen
für den Bezirk der Amtsgerichte Münsingen, Reutlingen
in Schöffengerichtssachen und Erwachsenenhaftsachen
für den Bezirk der Amtsgerichte Reutlingen, Bad Urach, Münsingen
in Jugendschöffengerichtssachen und Haftsachen gegen Jugendliche und Heranwachsende
für den Bezirk der Amtsgerichte Reutlingen, Bad Urach, Münsingen

Amtsgericht Riedlingen
88499 Riedlingen, Kirchstr. 20; Tel. (0 73 71) 1 87-0; Fax (0 73 71) 1 87-2 12;
E-Mail: poststelle@agriedlingen.justiz.bwl.de;
http://www.amtsgericht-riedlingen.de
Direktor: Wilfred Waitzinger
LG-Bezirk: Ravensburg
Amtsgerichtsbezirk:
Zugehörige Gemeinden im Landkreis Biberach:
Alleshausen, Allmannsweiler, Altheim, Bad Buchau, Betzenweiler, Dürmentingen, Dürnau, Ertingen, Kanzach, Langenenslingen, Moosburg, Oggelshausen, Riedlingen, Seekirch, Tiefenbach, Unlingen, Uttenweiler

Amtsgericht Rottenburg
72108 Rottenburg, Obere Gasse 44; Tel. (0 74 72) 98 60-0; Fax (0 74 72) 98 60-49;
E-Mail: poststelle@agrottenburg.justiz.bwl.de;
http://www.amtsgericht-rottenburg.de
Direktor: Dr. Stefan Fundel
LG-Bezirk: Tübingen
Amtsgerichtsbezirk:
Zugehörige Gemeinden im Landkreis Tübingen:
Hirrlingen, Neustetten, Rottenburg am Neckar, Starzach

Amtsgericht Rottweil
78628 Rottweil, Königstr. 20; Tel. (07 41) 2 43-0; Fax (07 41) 2 43-23 45;
E-Mail: poststelle@agrottweil.justiz.bwl.de;
http://www.amtsgericht-rottweil.de
Direktorin: Petra Wagner
LG-Bezirk: Rottweil
Amtsgerichtsbezirk:
Zugehörige Gemeinden im Landkreis Rottweil:
Bösingen, Deißlingen, Dietingen, Dunningen, Eschbronn, Rottweil, Villingendorf, Wellendingen, Zimmern ob Rottweil

Besondere Zuständigkeiten:
in Zwangsversteigerungssachen und Zwangsverwaltungssachen
für den Bezirk der Amtsgerichte Rottweil und Oberndorf
in Insolvenzsachen
für den Bezirk der Amtsgerichte Rottweil, Freudenstadt, Horb, Oberndorf, Spaichingen und Tuttlingen
in Schöffengerichtssachen und Erwachsenenhaftsachen
für den Bezirk der Amtsgerichte Rottweil und Oberndorf
in Jugendschöffengerichtssachen und Haftsachen gegen Jugendliche und Heranwachsende
für den Bezirk der Amtsgerichte Rottweil, Freudenstadt, Horb, Oberndorf, Spaichingen und Tuttlingen
Zentrales Vorführgericht
für den Bezirk der Amtsgerichte Freudenstadt, Horb, Oberndorf, Rottweil, Spaichingen und Tuttlingen
Zentrales Bereitschaftsdienstgericht
für den Bezirk der Amtsgerichte Freudenstadt, Horb, Oberndorf, Rottweil, Spaichingen und Tuttlingen

Amtsgericht Schönau
79677 Schönau, Friedrichstr. 24; Tel. (0 76 73) 91 13-0; Fax (0 76 73) 91 13 20;
E-Mail: poststelle@agschoenau-justiz.bwl.de;
http://www.agschoenau.de
Direktorin: Ulrike Götz
LG-Bezirk: Waldshut-Tiengen
Amtsgerichtsbezirk:
Zugehörige Gemeinden im Landkreis Lörrach:
Aitern, Böllen, Fröhnd, Häg-Ehrsberg, Schönau im Schwarzwald, Schönenberg, Todtnau, Tunau, Utzenfeld, Wembach, Wieden, Zell im Wiesental

Amtsgericht Schopfheim
79650 Schopfheim, Hauptstr. 16; Tel. (0 76 22) 67 77-0; Fax (0 76 22) 67 77 67;
E-Mail: poststelle@agschopfheim.justiz.bwl.de;
http://www.amtsgericht-schopfheim.de
Direktor: Stefan Götz
LG-Bezirk: Waldshut-Tiengen
Amtsgerichtsbezirk:
Zugehörige Gemeinden im Landkreis Lörrach:
Hasel, Hausen im Wiesental, Maulburg, Schopfheim, Kleines Wiesental

Amtsgericht Schorndorf
73614 Schorndorf, Schloss 1; Tel. (0 71 81) 1 29 84-0; Fax (0 71 81) 1 29 84-4 00;
E-Mail: poststelle@agschorndorf.justiz.bwl.de;
http://www.amtsgericht-schorndorf.de
Direktorin: Doris Greiner
LG-Bezirk: Stuttgart
Amtsgerichtsbezirk:
Zugehörige Gemeinden im Landkreis Rems-Murr-Kreis:
Alfdorf, Kaisersbach, Plüderhausen, Remshalden, Rudersberg, Schorndorf, Urbach, Welzheim, Winterbach

Amtsgericht Schwäbisch Gmünd
73525 Schwäbisch Gmünd, Rektor-Klaus-Str. 21; Tel. (0 71 71) 6 02-0; Fax (0 71 71) 6 02-5 71/5 72;

E-Mail: poststelle@agschwgmuend.justiz.bwl.de;
http://www.agschwgmuend.de
Direktor: Thomas Baßmann
LG-Bezirk: Ellwangen
Amtsgerichtsbezirk:
Zugehörige Gemeinden im Landkreis Ostalbkreis:
Bartholomä, Böbingen an der Rems, Durlangen, Eschach, Göggingen, Gschwend, Heubach, Heuchlingen, Iggingen, Leinzell, Lorch, Mögglingen, Mutlangen, Obergröningen, Ruppertshofen, Schechingen, Schwäbisch Gmünd, Spraitbach, Täferrot, Waldstetten
Besondere Zuständigkeiten:
in der Führung des Güterrechtsregisters
für den Bezirk des Amtsgerichts Schwäbisch Gmünd
in Zwangsversteigerungssachen und Zwangsverwaltungssachen
für den Bezirk des Amtsgerichts Schwäbisch Gmünd
in Familiensachen
für den Bezirk des Amtsgerichts Schwäbisch Gmünd
in Schöffengerichtssachen und Erwachsenenhaftsachen
für den Bezirk des Amtsgerichts Schwäbisch Gmünd
in Jugendschöffengerichtssachen und Haftsachen gegen Jugendliche und Heranwachsende
für den Bezirk des Amtsgerichts Schwäbisch Gmünd
als Vollstreckungsleiter nach § 85/II JGG der weiblichen Jugendstrafgefangenen
für die Vollzugsanstalt Schwäbisch Gmünd (Hauptanstalt)
Zentrale Zuständigkeit anderer Gerichte für den Bezirk des Amtsgerichts Schwäbisch Gmünd:
Amtsgericht Ulm:
zentralisierte Zuständigkeit in der Führung des Handels- und Vereinsregisters
Amtsgericht Ellwangen:
zentralisierte Zuständigkeit in Landwirtschaftssachen sowie in Personenstandssachen
Amtsgericht Aalen:
zentralisierte Zuständigkeit in Insolvenzsachen

angeschlossen:

Grundbuchamt
73525 Schwäbisch Gmünd, Heugenstr. 5; Tel. (0 71 71) 79 69-0; Fax (0 71 71) 79 69-1 48;
E-Mail: poststelle@gbaschwgmuend.justiz.bwl.de
Mit der Neuordnung des Grundbuchwesens in Baden-Württemberg wurden sämtliche Grundbuchämter des Landgerichtsbezirk Ellwangen beim Amtsgericht Schwäbisch Gmünd – Grundbuchamt – zentralisiert.

Amtsgericht Schwäbisch Hall
74523 Schwäbisch Hall, Unterlimpurger Str. 8;
Tel. (07 91) 94 63 35-0; Fax (07 91) 94 63 35-2 15;
E-Mail: Poststelle@agschwaebischhall.justiz.bwl.de;
http://www.amtsgericht-schwaebisch-hall.de
Direktor: Dr. Bodo Mezger
LG-Bezirk: Heilbronn

Amtsgerichtsbezirk:
Zugehörige Gemeinden im Landkreis Schwäbisch Hall:
Braunsbach, Bühlertann, Bühlerzell, Fichtenberg, Gaildorf, Ilshofen, Mainhardt, Michelbach an der Bilz, Michelfeld, Oberrot, Obersontheim, Rosengarten, Schwäbisch Hall, Sulzbach-Laufen, Untermünkheim, Vellberg, Wolpertshausen
Besondere Zuständigkeiten:
in Zwangsversteigerungssachen und Zwangsverwaltungssachen
für den Bezirk der Amtsgerichte Öhringen und Künzelsau

Amtsgericht Schwetzingen
68723 Schwetzingen, Zeyherstr. 6; Tel. (0 62 02) 81-0; Fax (0 62 02) 81-3 36;
E-Mail: poststelle@agschwetzingen.justiz.bwl.de;
http://www.amtsgericht-schwetzingen.de
Direktor: Kai Günther
LG-Bezirk: Mannheim
Amtsgerichtsbezirk:
Zugehörige Gemeinden im Landkreis Rhein-Neckar-Kreis:
Altlußheim, Brühl, Hockenheim, Ketsch, Neulußheim, Oftersheim, Plankstadt, Reilingen, Schwetzingen

Amtsgericht Sigmaringen
72488 Sigmaringen, Karlstr. 17; Tel. (0 75 71) 18 21-0; Fax (0 75 71) 18 21-1 77;
E-Mail: poststelle@agsigmaringen.justiz.bwl.de;
http://www.amtsgericht sigmaringen.de
Direktor: Dorner
LG-Bezirk: Hechingen
Amtsgerichtsbezirk:
Zugehörige Gemeinden im Landkreis Sigmaringen:
Beuron, Bingen, Gammertingen, Herdwangen-Schönach, Hettingen, Illmensee, Inzigkofen, Krauchenwies, Leibertingen, Meßkirch, Neufra, Pfullendorf, Sauldorf, Schwenningen, Sigmaringen, Sigmaringendorf, Stetten am kalten Markt, Veringenstadt, Wald

Amtsgericht Singen
78224 Singen, Erzbergerstr. 28; Tel. (0 77 31) 40 01-0; Fax (0 77 31) 40 01 83;
E-Mail: Poststelle@agsingen.justiz.bwl.de;
http://www.amtsgericht-singen.de
Direktor: Johannes Daun
LG-Bezirk: Konstanz
Amtsgerichtsbezirk:
Zugehörige Gemeinden im Landkreis Konstanz:
Aach, Büsingen am Hochrhein, Engen mit den Stadtteilen Anselfingen, Bargen, Biesendorf, Bittelbrunn, Neuhausen, Stetten, Welschingen und Zimmerholz; Gailingen, Gottmadingen mit den Ortsteilen Bietingen, Ebringen und Randegg; Hilzingen mit den Ortsteilen Binningen, Duchtlingen, Riedheim, Schlatt a. R., Weiterdingen; Mühlhausen-Ehingen, Rielasingen-Worblingen, Singen/Htwl. mit den Stadtteilen Beuren an der Aach, Bohlingen, Friedingen, Hausen an der Aach, Schlatt unter Krähen, Überlingen/Ried; Steißlingen mit dem Ortsteil Wiechs; Tengen mit den Stadtteilen Beuren/Ried, Blumenfeld, Büsslingen,

Talheim, Uttenhofen, Watterdingen, Weil und Wiechs am Randen, Volkertshausen
Besondere Zuständigkeiten:
in Landwirtschaftssachen
für den Landgerichtsbezirk Konstanz
in Zwangsversteigerungssachen und Zwangsverwaltungssachen
für den Bezirk der Amtsgerichte Singen/Htwl und Radolfzell

Amtsgericht Sinsheim
74889 Sinsheim, Werderstr. 12; Tel. (0 72 61) 1 51-0; Fax (0 72 61) 15 11 01;
E-Mail: poststelle@agsinsheim.justiz.bwl.de;
http://www.amtsgericht-sinsheim.de
Direktorin: Brilla
LG-Bezirk: Heidelberg
Amtsgerichtsbezirk:
Zugehörige Gemeinden im Landkreis Rhein-Neckar-Kreis: Angelbachtal-Ortsteile Eichtersheim und Michelfeld, Epfenbach, Eschelbronn, Helmstadt-Bargen mit Ortsteil Flinsbach, Lobbach mit den Ortsteilen Lobenfeld und Waldwimmersbach, Mauer, Meckesheim mit Ortsteil Mönchzell, Neckarbischofsheim mit den Stadtteilen Helmhof und Untergimpern, Neidenstein, Reichartshausen, Sinsheim mit den Stadtteilen Adersbach, Dühren, Ehrstädt, Eschelbach, Hasselbach, Hilsbach, Hoffenheim, Reihen, Rohrbach, Steinsfurt, Waldangelloch, Weiler, Waibstadt mit Stadtteil Daisbach, Zuzenhausen

Amtsgericht Spaichingen
78549 Spaichingen, Hauptstr. 72; Tel. (0 74 24) 95 58-0; Fax (0 74 24) 95 58-39;
E-Mail: poststelle@agspaichingen.justiz.bwl.de;
http://www.amtsgericht-spaichingen.de
Direktorin: Beate Philipp
LG-Bezirk: Rottweil
Amtsgerichtsbezirk:
Zugehörige Gemeinden im Landkreis Tuttlingen:
Aldingen, Balgheim, Böttingen, Bubsheim, Deilingen, Denkingen, Dürbheim, Durchhausen, Egesheim, Frittlingen, Gosheim, Gunningen, Hausen ob Verena, Königsheim, Mahlstetten, Reichenbach am Heuberg, Spaichingen, Talheim, Trossingen, Wehingen

Amtsgericht St. Blasien
79837 St. Blasien, Am Kurgarten 15; Tel. (0 76 72) 93 12-0; Fax (0 76 72) 93 12-30;
E-Mail: poststelle@agblasien.justiz.bwl.de;
http://www.agblasien.de
Direktorin: Susanne Lämmlin-Daun
LG-Bezirk: Waldshut-Tiengen
Amtsgerichtsbezirk:
Zugehörige Gemeinden im Landkreis Waldshut:
Bernau, Dachsberg (Südschwarzwald), Häusern, Höchenschwand, Ibach, Sankt Blasien, Todtmoos

Amtsgericht Staufen
79219 Staufen, Hauptstr. 9; Tel. (0 76 33) 95 00-0; Fax (0 76 33) 95 00-99, Betreuung (0 76 33) 95 00-30; E-Mail: poststelle@agstaufen.justiz.bwl.de;
http://www.amtsgericht-staufen.de
Direktorin: Winterer
LG-Bezirk: Freiburg
Amtsgerichtsbezirk:
Zugehörige Gemeinden im Landkreis Breisgau-Hochschwarzwald:
Bad Krozingen, Ballrechten-Dottingen, Bollschweil, Ehrenkirchen, Eschbach, Hartheim, Heitersheim, Münstertal (Schwarzwald), Staufen im Breisgau

Amtsgericht Stockach
78333 Stockach, Tuttlinger Str. 8; Tel. (0 77 71) 93 82-0; Fax (0 77 71) 93 82-40;
E-Mail: poststelle@agstockach.justiz.bwl.de;
http://www.amtsgericht-stockach.de
Direktor: Dr. Axel Beck
LG-Bezirk: Konstanz
Amtsgerichtsbezirk:
Zugehörige Gemeinden im Landkreis Konstanz:
Bodman-Ludwigshafen, Eigeltingen, Hohenfels, Mühlingen, Orsingen-Nenzingen, Stockach

Amtsgericht Stuttgart
70190 Stuttgart, Hauffstr. 5; Tel. (07 11) 9 21-0; Fax (07 11) 9 21-33 00;
E-Mail: poststelle@agstuttgart.justiz.bwl.de;
http://www.amtsgericht-stuttgart.de
Präsident: Hans-Peter Rumler
LG-Bezirk: Stuttgart
Amtsgerichtsbezirk:
Von der Stadt Stuttgart die Stadtbezirke:
Nord, Ost (mit den Stadtteilen Ost und Frauenkopf), Süd (mit den Stadtteilen Süd und Kaltental), West (mit den Stadtteilen West mit Solitude, Rot- und Schwarzwildpark), Mitte, Birkach (mit den Stadtteilen Birkach und Schönberg mit Kleinhohenheim), Botnang, Degerloch (mit den Stadtteilen Degerloch und Hoffeld), Hedelfingen (mit den Stadtteilen Hedelfingen, Lederberg, Rohracker), Möhringen (mit den Stadtteilen Möhringen, Fasanenhof, Sonnenberg), Plieningen (mit den Stadtteilen Plieningen, Steckfeld, Asemwald, Hohenheim), Sillenbuch (mit den Stadtteilen Sillenbuch, Heumaden, Riedenberg), Vaihingen (mit den Stadtteilen Vaihingen, Büsnau, Dürrlewang-Rohr), Wangen
Besondere Zuständigkeiten:
in der Führung des Handels-, Genossenschafts-, Partnerschafts- und Vereinsregisters
für die Bezirke der Amtsgerichte Albstadt, Backnang, Bad Urach, Balingen, Besigheim, Böblingen, Brackenheim, Calw, Esslingen am Neckar, Freudenstadt, Hechingen, Heilbronn, Horb am Neckar, Kirchheim unter Teck, Künzelsau, Leonberg, Ludwigsburg, Marbach am Neckar, Münsingen, Nagold, Nürtingen, Oberndorf am Neckar, Öhringen, Reutlingen, Rottenburg am Neckar, Rottweil, Schorndorf, Schwäbisch Hall, Spaichingen, Stuttgart, Stuttgart-Bad Cannstatt, Tübingen, Tuttlingen, Vaihingen an der Enz und Waiblingen

in Insolvenzsachen
für den Bezirk der Amtsgerichte Stuttgart, Böblingen, Schorndorf, Stuttgart-Bad Cannstatt und Waiblingen
in Zwangsversteigerung und Zwangsverwaltung
für den Bezirk der Amtsgerichte Stuttgart, Böblingen und Leonberg
in Familiensachen
für den Bezirk des Amtsgerichts Stuttgart
in Erwachsenenhaftsachen
für den Bezirk der Amtsgerichte Stuttgart, Leonberg und Stuttgart-Bad Cannstatt
in Haftsachen gegen Jugendliche und Heranwachsende
für den Bezirk der Amtsgerichte Stuttgart und Stuttgart-Bad Cannstatt
in Mahnsachen
für das gesamte Land Baden-Württemberg
in Freiheitsentziehungssachen
für den Bezirk der Amtsgerichte Stuttgart, Leonberg und Stuttgart-Bad Cannstatt

Amtsgericht Stuttgart
70372 Stuttgart, Badstr. 23; Tel. (07 11) 50 04-0; Fax (07 11) 50 04-1 85;
E-Mail: poststelle@agbadcannstatt.justiz.bwl.de;
http://www.amtsgericht-stuttgart-bad-cannstatt.de
Direktorin: Mechthild Weinland
LG-Bezirk: Stuttgart
Amtsgerichtsbezirk:
Stuttgart-Bad Cannstatt
Bad Cannstatt (mit den Stadtteilen Bad Cannstatt mit Burgholzhof, Sommerrain, Steinhaldenfeld), Feuerbach, Mühlhausen (mit den Stadtteilen Mühlhausen, Freiberg, Mönchfeld, Hofen, Neugereut), Münster, Obertürkheim (mit den Stadtteilen Obertürkheim und Uhlbach), Untertürkheim (mit den Stadtteilen Untertürkheim, Luginsland, Rotenberg), Stammheim, Weilimdorf (mit den Stadtteilen Weilimdorf, Bergheim, Giebel, Hausen, Wolfbusch), Zuffenhausen (mit den Stadtteilen Zuffenhausen, Neuwirtshaus, Rot, Zazenhausen)
Besondere Zuständigkeiten:
in Zwangsversteigerungs- und Zwangsverwaltungsverfahren
auch
für den Bezirk der Amtsgerichte Schorndorf und Waiblingen

Amtsgericht Tauberbischofsheim
97941 Tauberbischofsheim, Schmiederstr. 22; Tel. (0 93 41) 94 98-0; Fax (0 93 41) 94 98-34;
E-Mail: Poststelle@agtauberbischofsheim.justiz.bwl.de; http://www.amtsgericht-tauberbischofsheim.de
Direktor: Daniel Rogler
LG-Bezirk: Mosbach
Amtsgerichtsbezirk:
Zugehörige Gemeinden im Landkreis Main-Tauber-Kreis:
Ahorn, Boxberg, Großrinderfeld, Grünsfeld, Königheim, Lauda-Königshofen, Tauberbischofsheim, Werbach, Wittighausen

Besondere Zuständigkeiten:
in Zwangsversteigerungssachen und Zwangsverwaltungssachen
für den Bezirk der Amtsgerichte Tauberbischofsheim und Wertheim
in Familiensachen
für den Bezirk der Amtsgerichte Tauberbischofsheim und Wertheim
in Schöffengerichtssachen und Erwachsenenhaftsachen
für den Bezirk der Amtsgerichte Tauberbischofsheim und Wertheim
in Jugendschöffengerichtssachen und Haftsachen gegen Jugendliche und Heranwachsende
für den Bezirk der Amtsgerichte Tauberbischofsheim und Wertheim

Zweigstelle Grundbuchabteilung
97941 Tauberbischofsheim, Würzburger Str. 17; Tel. (0 93 41) 94 98-70; Fax (0 93 41) 94 98-7 77
für den Bezirk des Landgerichts Mosbach und Amtsgerichtsbezirk Sinsheim (Eingliederungsplanung 2018)

Amtsgericht Tettnang
88069 Tettnang, Montfortplatz 1; Tel. (0 75 42) 51 90; Fax (0 75 42) 51 91 28;
E-Mail: Poststelle@agtettnang.justiz.bwl.de
Direktor: Dr. Wolfgang Rittmann
LG-Bezirk: Ravensburg
Amtsgerichtsbezirk:
Zugehörige Gemeinden im Landkreis Bodenseekreis:
Eriskirch, Friedrichshafen, Immenstaad, Kressbronn, Langenargen, Meckenbeuren, Neukirch, Tettnang
Besondere Zuständigkeiten:
in Zwangsversteigerungssachen und Zwangsverwaltungssachen
für den Bezirk des Amtsgerichts Tettnang
in Familiensachen
für den Bezirk des Amtsgerichts Tettnang

Amtsgericht Titisee-Neustadt
79822 Titisee-Neustadt, Franz-Schubert-Weg 3; Tel. (0 76 51) 9 35 26-0; Fax (0 76 51) 9 35 26-2 22;
E-Mail: poststelle@agtitisee-neustadt.justiz.bwl.de;
http://www.amtsgericht-titisee-neustadt.de
Direktor: Hans-Peter Kuhn
LG-Bezirk: Freiburg
Amtsgerichtsbezirk:
Zugehörige Gemeinden im Landkreis Breisgau-Hochschwarzwald:
Breitnau, Eisenbach (Hochschwarzwald), Feldberg (Schwarzwald), Friedenweiler, Hinterzarten, Lenzkirch, Löffingen, Schluchsee, Titisee-Neustadt

Amtsgericht Tübingen
72074 Tübingen, Doblerstr. 14; Tel. (0 70 71) 2 00-0; Fax (0 70 71) 2 00-20 08;
E-Mail: poststelle@agtuebingen.justiz.bwl.de;
http://www.justiz.baden-wuerttemberg.de
Direktor: Scherer
LG-Bezirk: Tübingen

II Gerichte der ordentlichen Gerichtsbarkeit

Amtsgerichtsbezirk:
Zugehörige Gemeinden im Landkreis Tübingen:
Ammerbuch, Bodelshausen, Dettenhausen, Dußlingen, Gomaringen, Kirchentellinsfurt, Kusterdingen, Mössingen, Nehren, Ofterdingen, Tübingen
Besondere Zuständigkeiten:
in Familiensachen
für den Bezirk des Amtsgerichts Tübingen
in Schöffensachen
für den Bezirk der Amtsgerichte Rottenburg und Tübingen
in Steuerstrafsachen
für den Landgerichtsbezirk
in Insolvenzsachen
für den Landgerichtsbezirk
in Abschiebehaftsachen
für den Landgerichtsbezirk
in Zwangsversteigerungssachen
für den Bezirk der Amtsgerichte Rottenburg und Tübingen
in Nachlass- und Betreuungssachen
für den Bezirk des Amtsgerichts Tübingen

Amtsgericht Tuttlingen
78532 Tuttlingen, Werderstr. 8; Tel. (0 74 61) 98-1 00; Fax (0 74 61) 98-3 30;
E-Mail: Poststelle@agtuttlingen.justiz.bwl.de;
http://www.amtsgericht-tuttlingen.de
Direktor: Thomas Straub
LG-Bezirk: Rottweil
Amtsgerichtsbezirk:
Zugehörige Gemeinden im Landkreis Tuttlingen:
Bärenthal, Buchheim, Emmingen ab Egg, Fridingen an der Donau, Geisingen, Immendingen, Irndorf, Kolbingen, Mühlheim an der Donau, Neuhausen ob Eck, Renquishausen, Rietheim-Weilheim, Seitingen-Oberflacht, Tuttlingen, Wurmlingen
Besondere Zuständigkeiten:
in der Führung des Handelsregisters/Partnerschaftsregisters
für den Bezirk der Amtsgerichte Tuttlingen und Spaichingen
in Zwangsversteigerungssachen und Zwangsverwaltungssachen
für den Bezirk der Amtsgerichte Tuttlingen und Spaichingen
in Familiensachen
für den Bezirk der Amtsgerichte Tuttlingen und Spaichingen
in Schöffengerichtssachen
für den Bezirk der Amtsgerichte Tuttlingen und Spaichingen

Amtsgericht Überlingen
88662 Überlingen, Bahnhofstr. 8; Tel. (0 75 51) 9 36 39-0; Fax (0 75 51) 9 36 39-1 11;
E-Mail: poststelle@agueberlingen.justiz.bwl.de;
http://www.amtsgericht-ueberlingen.de
Direktor: G. Völk
LG-Bezirk: Konstanz

Amtsgerichtsbezirk:
Zugehörige Gemeinden im Landkreis Bodenseekreis:
Bermatingen, Daisendorf, Deggenhausertal, Frickingen, Hagnau am Bodensee, Heiligenberg, Markdorf, Meersburg, Oberteuringen, Owingen, Salem, Sipplingen, Stetten, Überlingen, Uhldingen-Mühlhofen
Besondere Zuständigkeiten:
in Zwangsversteigerungssachen und Zwangsverwaltungssachen
für den Bezirk der Amtsgerichte Überlingen und Stockach
in Familiensachen
für den Bezirk des Amtsgerichts Überlingen

Amtsgericht Ulm
89073 Ulm, Zeughausgasse 14; Tel. (07 31) 1 89-0; Fax (07 31) 1 89-22 00;
E-Mail: poststelle@agulm.justiz.bwl.de;
http://www.amtsgericht-ulm.de
Direktorin: Christine Werner
LG-Bezirk: Ulm
Amtsgerichtsbezirk:
Stadtkreis Ulm
Zugehörige Gemeinden im Landkreis Alb-Donau-Kreis:
Altheim (Alb), Amstetten, Asselfingen, Ballendorf, Balzheim, Beimerstetten, Berghülen, Bernstadt, Blaubeuren, Blaustein, Börslingen, Breitingen, Dietenheim, Dornstadt, Erbach, Heroldstatt, Holzkirch, Hüttisheim, Illerkirchberg, Ilerrieden, Laichingen, Langenau, Lonsee, Merklingen, Neenstetten, Nellingen, Nerenstetten, Öllingen, Rammingen, Schnürpflingen, Setzingen, Staig, Weidenstetten, Westerheim, Westerstetten
Besondere Zuständigkeiten:
in der zentralen Führung des Handels-, Genossenschafts-, Partnerschafts- und Vereinsregisters
für die Bezirke der Amtsgerichte Aalen, Bad Mergentheim, Bad Saulgau, Bad Waldsee, Biberach an der Riß, Crailsheim, Ehingen (Donau), Ellwangen (Jagst), Geislingen an der Steige, Göppingen, Heidenheim an der Brenz, Langenburg, Leutkirch im Allgäu, Neresheim, Ravensburg, Riedlingen, Schwäbisch-Gmünd, Sigmaringen, Tettnang, Ulm und Wangen im Allgäu
in der zentralen Führung des Grundbuchs
für den Bezirk der Amtsgerichte Ehingen (Donau), Geislingen an der Steige, Göppingen und Ulm
in Insolvenzsachen, Zwangsversteigerungssachen und Zwangsverwaltungssachen
für den Bezirk der Amtsgerichte Ulm und Ehingen (Donau)
in Familiensachen
für den Bezirk der Amtsgerichte Ulm und Ehingen (Donau)
in Jugendschöffengerichtssachen und Haftsachen gegen Jugendliche und Heranwachsende
für den Bezirk der Amtsgerichte Ulm und Ehingen (Donau)
in Nachlasssachen
für den Bezirk der Amtsgerichte Ulm und Ehingen (Donau)

Amtsgericht Vaihingen
71665 **Vaihingen**, Franckstr. 20; Tel. (0 70 42) 97 42-0; Fax (0 70 42) 61 10 und 97 42-10;
E-Mail: poststelle@agvaihingen.justiz.bwl.de;
http://www.amtsgericht-vaihingen.de
Direktorin: Gisela Borrmann
LG-Bezirk: Heilbronn
Amtsgerichtsbezirk:
Zugehörige Gemeinden im Landkreis Ludwigsburg:
Eberdingen, Oberriexingen, Sachsenheim, Sersheim, Vaihingen an der Enz
Besondere Zuständigkeiten:
in Zwangsversteigerungssachen und Zwangsverwaltungssachen
für den Bezirk der Amtsgerichte Vaihingen/Enz, Besigheim und Marbach am Neckar

Amtsgericht Villingen-Schwenningen
78050 **Villingen-Schwenningen**, Niedere Str. 94; Tel. (0 77 21) 2 03-0; Fax (0 77 21) 2 03-1 99;
E-Mail: poststelle@agvillingen-schwenningen.justiz.bwl.de;
http://www.agvillingen-schwenningen.de
Direktor: NN
LG-Bezirk: Konstanz
Amtsgerichtsbezirk:
Zugehörige Gemeinden im Landkreis Schwarzwald-Baar-Kreis:
Bad Dürrheim, Brigachtal, Dauchingen, Königsfeld im Schwarzwald, Mönchweiler, Niedereschach, St. Georgen im Schwarzwald, Schönwald im Schwarzwald, Schonach im Schwarzwald, Triberg im Schwarzwald, Tuningen, Unterkirnach, Villingen-Schwenningen
Besondere Zuständigkeiten:
in Insolvenzsachen, Zwangsversteigerungssachen und Zwangsverwaltungssachen, in Schöffengerichtssachen, in Jugendschöffengerichtssachen sowie in Haftsachen auch für den Bezirk des Amtsgerichts Donaueschingen
in Grundbuchsachen für die eingegliederten Grundbuchämter der Landgerichtsbezirke Konstanz und Waldshut-Tiengen

Amtsgericht Waiblingen
71332 **Waiblingen**, Bahnhofstr. 48; Tel. (0 71 51) 9 55-0; Fax (0 71 51) 5 84 63;
E-Mail: poststelle@agwaiblingen.justiz.bwl.de;
http://www.amtsgericht-waiblingen.de
Direktor: Michael Kirbach
LG-Bezirk: Stuttgart
Amtsgerichtsbezirk:
Zugehörige Gemeinden im Landkreis Rems-Murr-Kreis:
Berglen, Fellbach, Korb, Leutenbach, Schwaikheim, Kernen, Waiblingen, Winnenden, Weinstadt
Besondere Zuständigkeiten:
in Erwachsenenhaftsachen
für den Bezirk der Amtsgerichte Backnang und Schorndorf
in Jugendschöffengerichtssachen und Haftsachen gegen Jugendliche und Heranwachsende
für den Bezirk der Amtsgerichte Backnang und Schorndorf
im Bereitschaftsdienst: Konzentrationsgericht
für die Bezirke der Amtsgerichte Backnang, Ludwigsburg, Schorndorf und Waiblingen

Amtsgericht Waldkirch
79183 **Waldkirch**, Freie Str. 15; Tel. (0 76 81) 47 02-0; Fax (0 76 81) 47 02-33;
E-Mail: poststelle@agwaldkirch.justiz.bwl.de;
http://www.amtsgericht-waldkirch.de
Direktorin: Prengel
LG-Bezirk: Freiburg
Amtsgerichtsbezirk:
Zugehörige Gemeinden im Landkreis Emmendingen:
Biederbach, Elzach, Gutach im Breisgau, Simonswald, Waldkirch, Winden im Elztal

Amtsgericht Waldshut-Tiengen
79761 **Waldshut-Tiengen**, Bismarckstr. 23; Tel. (0 77 51) 88 10; Fax (0 77 51) 8 81-3 05 und 8 81-3 06 (Strafabteilungen);
E-Mail: poststelle@agwaldshut-tiengen.justiz.bwl.de;
http://www.amtsgericht-waldshut-tiengen.de
Direktorin: Maria Goj
LG-Bezirk: Waldshut-Tiengen
Amtsgerichtsbezirk:
Zugehörige Gemeinden im Landkreis Waldshut:
Albruck, Bonndorf, im Schwarzwald, Dettighofen, Dogern, Eggingen, Görwihl, Grafenhausen, Hohentengen, Jestetten, Klettgau, Küssaberg, Lauchringen, Lottstetten, Stühlingen, Ühlingen-Birkendorf, Waldshut-Tiengen, Weilheim, Wutach, Wutöschingen
Besondere Zuständigkeiten:
in Landwirtschaftssachen
für den Bezirk des Landgerichts Waldshut-Tiengen
in Insolvenzsachen, Zwangsversteigerungssachen und Zwangsverwaltungssachen
für den Bezirk der Amtsgerichte Bad Säckingen, St. Blasien, Schönau, Schopfheim, Waldshut-Tiengen
in Familiensachen
für den Bezirk der Amtsgerichte St. Blasien, Waldshut-Tiengen
in Schöffengerichtssachen und Erwachsenenhaftsachen
für den Bezirk der Amtsgerichte St. Blasien, Waldshut-Tiengen
in Jugendschöffengerichtssachen und Haftsachen gegen Jugendliche und Heranwachsende
für den Bezirk der Amtsgerichte Bad Säckingen, St. Blasien, Schönau, Schopfheim, Waldshut-Tiengen

Amtsgericht Wangen
88239 **Wangen**, Lindauer Str. 28; Tel. (0 75 22) 7 07 56-0; Fax (0 75 22) 7 07 56-3 00;
E-Mail: poststelle@agwangen.justiz.bwl.de;
http://www.amtsgericht-wangen.de
Direktorin: Fischer-Dankworh
LG-Bezirk: Ravensburg

Amtsgerichtsbezirk:
Zugehörige Gemeinden im Landkreis Ravensburg:
Achberg, Amtzell, Argenbühl, Isny im Allgäu, Kißlegg, Wangen im Allgäu
Besondere Zuständigkeiten:
in Familiensachen und Nachlasssachen
für den Bezirk der Amtsgerichte Wangen und Leutkirch
in Schöffengerichtssachen
für den Bezirk der Amtsgerichte Wangen und Leutkirch

Amtsgericht Weinheim
69469 Weinheim, Ehretstr. 11; Tel. (0 62 01) 98 20; Fax (0 62 01) 98 22 51;
E-Mail: poststelle@agweinheim.justiz.bwl.de;
http://www.agweinheim.de
Direktorin: Eva Lösche
LG-Bezirk: Mannheim
Amtsgerichtsbezirk:
Zugehörige Gemeinden im Landkreis Rhein-Neckar-Kreis:
Heddesheim, Hemsbach, Hirschberg an der Bergstraße, Ladenburg, Laudenbach, Schriesheim, Weinheim

Amtsgericht Wertheim
97877 Wertheim, Friedrichstr. 6; Tel. (0 93 42) 92 25-0; Fax (0 93 42) 92 25-24;
E-Mail: poststelle@agwertheim.justiz.bwl.de;
http://www.amtsgericht-wertheim.de
Direktorin: Ursula Hammer
LG-Bezirk: Mosbach
Amtsgerichtsbezirk:
Zugehörige Gemeinden im Landkreis Main-Tauber-Kreis:
Freudenberg, Külsheim, Wertheim

Amtsgericht Wiesloch
69168 Wiesloch, Bergstr. 3; Tel. (0 62 22) 5 84-0; Fax (0 62 22) 5 84-1 70;
E-Mail: poststelle@agwiesloch.justiz.bwl.de;
http://www.agwiesloch.de
Direktorin: Dr. Regine Heneka
LG-Bezirk: Heidelberg
Amtsgerichtsbezirk:
Zugehörige Gemeinden im Landkreis Rhein-Neckar-Kreis:
Dielheim, Malsch, Mühlhausen, Rauenberg, St. Leon-Rot, Walldorf, Wiesloch

Amtsgericht Wolfach
77709 Wolfach, Hauptstr. 40 (Schloss); Tel. (0 78 34) 8 65 15-0; Fax (0 78 34) 8 65 15-2 85;
E-Mail: poststelle@agwolfach.justiz.bwl.de;
http://www.amtsgericht-wolfach.de
Direktorin: Kilguß
LG-Bezirk: Offenburg
Amtsgerichtsbezirk:
Zugehörige Gemeinden im Landkreis Ortenaukreis:
Fischerbach, Gutach (Schwarzwaldbahn), Haslach im Kinzigtal, Hausach, Hofstetten, Hornberg, Mühlenbach, Oberwolfach, Steinach, Wolfach

Generalstaatsanwaltschaften

Gliederung und Aufgabenkreis:
Siehe hierzu die Angaben auf S. 153.

Generalstaatsanwaltschaft Karlsruhe
76131 Karlsruhe, Ludwig-Erhard-Allee 4; Tel. (07 21) 9 26-0; Fax (07 21) 35 23 67 25;
E-Mail: poststelle@genstakarlsruhe.justiz.bwl.de;
http://www.genstakarlsruhe.de
Generalstaatsanwalt: Peter Häberle

Generalstaatsanwalt Stuttgart
70182 Stuttgart, Werastr. 23; Tel. (07 11) 2 12-0; Fax (07 11) 2 12-28 99;
E-Mail: poststelle@genstastuttgart.justiz.bwl.de;
http://www.generalstaatsanwaltschaft-stuttgart.de
Generalstaatsanwalt: Achim Brauneisen

Staatsanwaltschaften

Gliederung und Aufgabenkreis:
Siehe hierzu die Angaben auf S. 153.

Staatsanwaltschaft Baden-Baden
76532 Baden-Baden, Gutenbergstr. 13; Tel. (0 72 21) 6 85-0; Fax (0 72 21) 6 85-5 51;
E-Mail: poststelle@stabaden-baden.justiz.bwl.de;
http://www.staatsanwaltschaft-baden-baden.de
Leiter: Dr. Axel Isak, LtdOStAnw

Staatsanwaltschaft Freiburg
79114 Freiburg, Berliner Allee 1; Tel. (07 61) 2 05-0; Fax (07 61) 2 05-26 66;
E-Mail: poststelle@stafreiburg.justiz.bwl.de;
http://www.staatsanwaltschaft-freiburg.de
Leiter: Dieter Inhofer, LtdOStAnw

Staatsanwaltschaft Heidelberg
69115 Heidelberg, Kurfürsten-Anlage 15; Tel. (0 62 21) 59-0; Fax (0 62 21) 59-20 09;
E-Mail: poststelle@staheidelberg.justiz.bwl.de;
http://www.staheidelberg.de
Leiter: Andreas Herrgen, LtdOStAnw

Staatsanwaltschaft Karlsruhe
76133 Karlsruhe, Akademiestr. 6-8; Tel. (07 21) 9 26-0; Fax (07 21) 9 26-50 05;
E-Mail: poststelle@stakarlsruhe.justiz.bwl.de;
http://www.stakarlsruhe.de
Leiter: Jürgen Gremmelmaier, LtdOStAnw

Staatsanwaltschaft Konstanz
78462 Konstanz, Untere Laube 36; Tel. (0 75 31) 2 80-0; Fax (0 75 31) 2 80-22 00;
E-Mail: poststelle@stakonstanz.justiz.bwl.de;
http://www.justiz.baden-wuerttemberg.de
Leiter: Dr. Johannes-Georg Roth, LtdOStAnw

Staatsanwaltschaft Mannheim
68161 Mannheim, L 10, 11-12; Tel. (06 21) 2 92-0; Fax (06 21) 2 92-71 20;
E-Mail: poststelle@stamannheim.justiz.bwl.de
Leiter: Schüssler, LtdOStAnw

Staatsanwaltschaft Mosbach
74821 Mosbach, Hauptstr. 87-89; Tel. (0 62 61) 8 70; Fax (0 62 61) 8 74 37;
E-Mail: poststelle@stamosbach.justiz.bwl.de;
http://www.staatsanwaltschaft-mosbach.de
Leiter: Dr. Kienle, LtdOStAnw

Staatsanwaltschaft Offenburg
77654 Offenburg, Moltkestr. 19; Tel. (07 81) 9 33-0; Fax (07 81) 9 33-13 90 und 9 33-13 60;
E-Mail: poststelle@staoffenburg.justiz.bwl.de;
http://www.staoffenburg.de
Leiter: Dr. Herwig Schäfer

Staatsanwaltschaft Waldshut-Tiengen
79761 Waldshut-Tiengen, Amthausstr. 5; Tel. (0 77 51) 8 81-0; Fax (0 77 51) 8 81-1 37;
E-Mail: poststelle@stawaldshut-tiengen.justiz.bwl.de
Leiterin: Iris Janke, LtdOStAnwältin

Staatsanwaltschaft Ellwangen
73479 Ellwangen, Marktplatz 6 und Schmiedstr. 1; Tel. (0 79 61) 8 10; Fax (0 79 61) 8 13 38;
E-Mail: poststelle@staellwangen.justiz.bwl.de;
http://www.staatsanwaltschaft-ellwangen.de
Leiter: Andreas Freyberger, LtdOStAnw

Staatsanwaltschaft Hechingen
72379 Hechingen, Heiligkreuzstr. 6; Tel. (0 74 71) 9 44-0; Fax (0 74 71) 9 44-2 31;
E-Mail: poststelle@stahechingen.justiz.bwl.de;
http://www.stahechingen.de
Leiter: Jens Gruhl, LtdOStAnw

Staatsanwaltschaft Heilbronn
74072 Heilbronn, Rosenbergstr. 8; Tel. (0 71 31) 64-1; Fax (0 71 31) 64-3 69 90;
E-Mail: poststelle@staheilbronn.justiz.bwl.de;
http://www.staatsanwaltschaft-heilbronn.de
Leiter: Dr. Schwörer, LtdOStAnw

Staatsanwaltschaft Ravensburg
88214 Ravensburg, Seestr. 1; Tel. (07 51) 8 06-0; Fax (07 51) 8 06-13 22;
E-Mail: poststelle@staravensburg.justiz.bwl.de;
http://www.staatsanwaltschaft-ravensburg.de
Leiter: Alexander Boger, LtdOStAnw

Staatsanwaltschaft Rottweil
78628 Rottweil, Schillerstr. 6; Tel. (07 41) 2 43-0; Fax (07 41) 2 43 28 77;
E-Mail: poststelle@starottweil.justiz.bwl.de;
http://www.staatsanwaltschaft-rottweil.de
Leiterin: Sabine Mayländer, LtdOStAnwältin

Staatsanwaltschaft Stuttgart
70190 Stuttgart, Neckarstr. 145; Tel. (07 11) 9 21-0; Fax (07 11) 9 21-40 09;
E-Mail: Poststelle@stastuttgart.justiz.bwl.de;
http://www.staatsanwaltschaft-stuttgart.de
Leiter: Dr. Joachim Dittrich, LtdOStAnw

Staatsanwaltschaft Tübingen
72070 Tübingen, Charlottenstr. 19; Tel. (0 70 71) 2 00-0; Fax (0 70 71) 2 00-26 60;
E-Mail: poststelle@staTuebingen.justiz.bwl.de;
http://www.staatsanwaltschaft-tuebingen.de
Leiter: Prof. Dr. Matthias Grundke, LtdOStAnw

Staatsanwaltschaft Ulm
89073 Ulm, Olgastr. 109; Tel. (07 31) 18 90; Fax (08 00) 6 64 49 28 13 52;
E-Mail: poststelle@staulm.justiz.bwl.de;
http://www.staatsanwaltschaft-ulm.de
Leiter: Christof Lehr, LtdOStAnw

III Gerichte der allgemeinen Verwaltungsgerichtsbarkeit

(bestehen im Geschäftsbereich des Ministeriums für Justiz und für Migration Baden-Württemberg)

Verwaltungsgerichtshof Baden-Württemberg

68165 Mannheim, Schubertstr. 11; Tel. (06 21) 2 92-0; Fax (06 21) 2 92-44 44;
E-Mail: Poststelle@vghmannheim.justiz.bwl.de;
http://www.vghmannheim.de

Staatsrechtliche Grundlage, Zusammensetzung und Aufgabenkreis:
Siehe hierzu die Angaben auf S. 154.
Präsident: Volker Ellenberger
Vizepräsident: Dr. Rüdiger Albrecht

Verwaltungsgerichte

Staatsrechtliche Grundlage, Zusammensetzung und Aufgabenkreis:
Siehe hierzu nähere Angaben auf der S. 153.

Verwaltungsgericht Freiburg
79104 Freiburg, Habsburgerstr. 103; Tel. (07 61) 70 80-0; Fax (07 61) 70 80-8 88;
E-Mail: poststelle@vgfreiburg.justiz.bwl.de;
http://www.vgfreiburg.de
Präsident: Christoph Sennekamp
Vertreter: Wolfgang Albers
Verwaltungsleiter: Joachim Disch
Gerichtsbezirk: Regierungsbezirk Freiburg

Verwaltungsgericht Karlsruhe
76133 Karlsruhe, Nördliche Hildapromenade 1; Tel. (07 21) 9 26-0 (Staatszentrale); Fax (07 21) 9 26-30 36; E-Mail: Poststelle@vgkarlsruhe.justiz.bwl.de;
http://www.vgkarlsruhe.de
Präsidentin: Gudrun Schraft-Huber
Vertreter: Dr. Michael Hoppe, VPräs des VwG
Gerichtsbezirk: Regierungsbezirk Karlsruhe

Beim Verwaltungsgericht Karlsruhe eingerichtet:

Disziplinarkammer (Land)
Vorsitzender: Dr. Rolf Watz, VorsRichter am VwG

Disziplinarkammer (Bund)
Vorsitzender: Dr. Rolf Watz, VorsRichter am VwG

Personalvertretungskammer
Vorsitzende: Christine Warnemünde, VorsRichterin am VwG

Verwaltungsgericht Sigmaringen
72488 Sigmaringen, Karlstr. 13; Tel. (0 75 71) 18 21-3 00; Fax (0 75 71) 18 21-3 33;
E-Mail: poststelle@vgsigmaringen.justiz.bwl.de;
http://www.vgsigmaringen.de

Präsident: Prof. Dr. Christian Heckel
Vertreter: Armin Horn
Gerichtsbezirk: Regierungsbezirk Tübingen

Beim Verwaltungsgericht Sigmaringen eingerichtet:

Disziplinarkammer
Vorsitzender: Josef Milz

Verwaltungsgericht Stuttgart
70178 Stuttgart, Augustenstr. 5; Tel. (07 11) 66 73-0 (Rotebühlzentrale); Fax (07 11) 66 73-68 01;
E-Mail: poststelle@vgstuttgart.justiz.bwl.de;
http://www.vgstuttgart.de
Präsident: Prof. Dr. Malte Graßhof
Vertreter: Christian Pohl, VPräs des VG
Gerichtsbezirk: Regierungsbezirk Stuttgart

Beim Verwaltungsgericht Stuttgart eingerichtet:

Disziplinarkammer Bund und Land
Vorsitzende: Hildegard Dieckmann-Wittel, Vors. Richterin am VG; Beate Burr, Vors. Richterin am VG

Kammer für Personalvertretungssachen (Bund)
Vorsitzende: Karoline Stegemeyer, Vors. Richterin am VG

Kammer für Personalvertretungssachen (Land)
Vorsitzender: Jürgen Mezger, Vors. Richter am VG

IV Gerichte der Sozialgerichtsbarkeit

(bestehen im Geschäftsbereich des Ministeriums für Justiz und für Migration Baden-Württemberg)

Landessozialgericht Baden-Württemberg

70190 Stuttgart, Hauffstr. 5; Tel. (07 11) 9 21-0; Fax (07 11) 9 21-20 00;
E-Mail: poststelle@lsgstuttgart.justiz.bwl.de;
http://www.lsg-baden-wuerttemberg.de

Staatsrechtliche Grundlage, Zusammensetzung und Aufgabenkreis:
Siehe hierzu die Angaben auf S. 155.
Präsident: Bernd Mutschler
Vertreterin: Bettina Seidel

Sozialgerichte

Staatsrechtliche Grundlage, Zusammensetzung und Aufgabenkreis:
Siehe hierzu die Angaben auf S. 154.

Sozialgericht Freiburg
79104 Freiburg, Habsburgerstr. 127; Tel. (07 61) 2 07 13-0; Fax (07 61) 2 07 13-10;
E-Mail: poststelle@sgfreiburg.justiz.bwl.de;
http://www.sg-freiburg.de
Präsident: Winfried Stephan
Vizepräsident: NN
Sozialgerichtsbezirk:
Stadtkreis Freiburg
Landkreise Breisgau-Hochschwarzwald, Emmendingen, Lörrach, Ortenaukreis, Waldshut

Sozialgericht Heilbronn
74076 Heilbronn, Paulinenstr. 18; Tel. (0 71 31) 78 17-0; Fax (0 71 31) 78 17-4 50;
E-Mail: poststelle@sgheilbronn.justiz.bwl.de;
http://www.sg-heilbronn.de
Präsidentin: Evelyn Veenker
Vizepräsidentin: Petra Vossen
Sozialgerichtsbezirk:
Stadtkreis Heilbronn
Landkreise Heilbronn, Hohenlohekreis, Ludwigsburg, Schwäbisch Hall, Main-Tauber-Kreis

Sozialgericht Karlsruhe
76133 Karlsruhe, Karl-Friedrich-Str. 13; Tel. (07 21) 9 26-0; Fax (07 21) 9 26-41 68;
E-Mail: poststelle@sgkarlsruhe.justiz.bwl.de
Präsidentin: Olivia Reissenberger-Safadi
Vizepräsident: Rupert Hassel
Sozialgerichtsbezirk:
Stadtkreise Baden-Baden, Karlsruhe, Pforzheim
Landkreise Calw, Enzkreis, Karlsruhe, Rastatt

Sozialgericht Konstanz
78462 Konstanz, Webersteig 5; Tel. (0 75 31) 2 07-0; Fax (0 75 31) 2 07-1 99;
E-Mail: poststelle@sgkonstanz.justiz.bwl.de;
http://www.sozialgericht-konstanz.de
Direktor: Dr. Steffen Roller
Ständige Vertreterin: Meike Ebert, Richterin am SozG
Sozialgerichtsbezirk:
Landkreise Bodenseekreis, Konstanz, Ravensburg, Sigmaringen

Sozialgericht Mannheim
68161 Mannheim, P 6, 20/21; Tel. (06 21) 2 92-0; Fax (06 21) 2 92-29 33;
E-Mail: Poststelle@sgmannheim.justiz.bwl.de;
http://www.sozialgericht-mannheim.de
Präsident: Jörg Herth
Vizepräsident: Alexander Angermaier
Sozialgerichtsbezirk:
Stadtkreise Heidelberg, Mannheim
Landkreise Neckar-Odenwald-Kreis, Rhein-Neckar-Kreis

Sozialgericht Reutlingen
72764 Reutlingen, Schulstr. 11; Tel. (0 71 21) 9 40-0; Fax (0 71 21) 9 40-33 00;
E-Mail: poststelle@sgreutlingen.justiz.bwl.de;
http://www.sozialgericht-reutlingen.de
Präsident: Martin Rother
Vizepräsident: Holger Grumann
Sozialgerichtsbezirk:
Landkreise Freudenstadt, Reutlingen, Rottweil, Schwarzwald-Baar-Kreis, Tübingen, Tuttlingen, Zollernalbkreis

Sozialgericht Stuttgart
70174 Stuttgart, Theodor-Heuss-Str. 2; Tel. (07 11) 8 92 30-0; Fax (07 11) 8 92 30-1 99;
E-Mail: poststelle@sgstuttgart.justiz.bwl.de
Präsident: Michael Endriß
Vizepräsident: Klaus Birn
Sozialgerichtsbezirk:
Stadtkreis Stuttgart
Landkreise Böblingen, Esslingen, Rems-Murr-Kreis

Sozialgericht Ulm
89073 Ulm, Zeughausgasse 12; Tel. (07 31) 1 89-0; Fax (07 31) 1 89-24 19;
E-Mail: Poststelle@sgulm.justiz.bwl.de;
http://www.sozialgericht-ulm.de
Präsident: Günther Schmid
Vizepräsident: Dr. Michael Hornig
Sozialgerichtsbezirk:
Stadtkreis Ulm
Landkreise Alb-Donau-Kreis, Biberach, Göppingen, Heidenheim, Ostalbkreis

V Gericht der Finanzgerichtsbarkeit

(besteht im Geschäftsbereich des Ministeriums für Justiz und für Migration Baden-Württemberg)

Finanzgericht Baden-Württemberg

70174 Stuttgart, Börsenstr. 6; Tel. (07 11) 66 85-0; Fax (07 11) 66 85-1 66 (Poststelle), -1 80 (Verwaltung); E-Mail: poststelle@fgstuttgart.justiz.bwl.de; http://www.fg-baden-wuerttemberg.de

Staatsrechtliche Grundlage, Zusammenstellung und Aufgabenkreis:
Siehe hierzu die Angaben auf S. 155.
Präsident: Prof. Dr. Manfred Muhler
Vizepräsident: Guido Körner
Verwaltungsleiterin: Schulz, OARätin

Außensenate Freiburg
79102 Freiburg, Gresserstr. 21; Tel. (07 61) 2 07 24-0; Fax (07 61) 2 07 24-2 00;
E-Mail: poststelle@fgfreiburg.justiz.bwl.de

VI Gerichte der Arbeitsgerichtsbarkeit

(bestehen im Geschäftsbereich des Sozialministeriums)

Landesarbeitsgericht Baden-Württemberg

70174 Stuttgart, Börsenstr. 6; Tel. (07 11) 66 85-0; Fax (07 11) 66 85-4 00;
E-Mail: poststelle@lag.justiz.bwl.de;
http://www.lag-baden-wuerttemberg.de

Staatsrechtliche Grundlage, Zusammensetzung und Aufgabenkreis:
Siehe hierzu die Angaben auf S. 156.
Präsident: Dr. Eberhard Natter
Gerichtsbezirk: Arbeitsgerichte Stuttgart, Ulm, Reutlingen und Pforzheim

Kammern in Mannheim
68159 Mannheim, E7, 21; Tel. (06 21) 2 92-30 95; Fax (06 21) 2 92-34 71;
E-Mail: mannheim@lag.justiz.bwl.de
Gerichtsbezirk: Arbeitsgerichte Karlsruhe, Mannheim und Heilbronn

Kammern in Freiburg
79104 Freiburg, Habsburgerstr. 103; Tel. (07 61) 70 80-3 15; Fax (07 61) 70 80-36;
E-Mail: freiburg@lag.justiz.bwl.de
Gerichtsbezirk: Arbeitsgerichte Freiburg und Villingen-Schwenningen

Arbeitsgerichte

Staatsrechtliche Grundlage, Zusammensetzung und Aufgabenkreis:
Siehe hierzu die Angaben auf S. 155.

Arbeitsgericht Freiburg
79104 Freiburg, Habsburger Str. 103; Tel. (07 61) 70 80-2 01; Fax (07 61) 70 80-40;
E-Mail: poststelle@arbgfreiburg.justiz.bwl.de;
http://www.arbg-freiburg.de
Direktor: Martin Gremmelspacher
Arbeitsgerichtsbezirk: Stadtkreis Freiburg im Breisgau, Landkreis Breisgau-Hochschwarzwald, Emmendingen, Lörrach, Waldshut, Ortenaukreis

Auswärtige Kammern
79539 Lörrach, Weinbrennstr. 5; Tel. (0 76 21) 92 47-0; Fax (0 76 21) 92 47-20;
E-Mail: loerrach@arbgfreiburg.justiz.bwl.de;
http://www.arbg-freiburg.de

Auswärtige Kammern
77652 Offenburg, Okenstr. 6; Tel. (07 81) 92 94-0; Fax (07 81) 92 94-40;
E-Mail: offenburg@arbgfreiburg.justiz.bwl.de;
http://www.arbg-freiburg.de

Arbeitsgericht Heilbronn
74076 **Heilbronn**, Paulinenstr. 18; Tel. (0 71 31) 12 32-0; Fax (0 71 31) 12 32-2 44;
E-Mail: poststelle@arbgheilbronn.justiz.bwl.de
Direktor: Dr. Carsten Witt
Arbeitsgerichtsbezirk: Stadtkreis Heilbronn, Landkreis Heilbronn, Hohenlohekreis, Schwäbisch, Hall, Main-Tauber-Kreis

Auswärtige Kammer
74564 Crailsheim, Friedrichstr. 16; Tel. (0 79 51) 91 66-0; Fax (0 79 51) 91 66-99;
E-Mail: crailsheim@arbgheilbronn.justiz.bwl.de

Arbeitsgericht Karlsruhe
76133 **Karlsruhe**, Ritterstr. 12; Tel. (07 21) 1 75-25 00; Fax (07 21) 1 75-25 25;
E-Mail: poststelle@arbgkarlsruhe.justiz.bwl.de
Direktor: Hartmut Maier
Arbeitsgerichtsbezirk: Stadtkreise Baden-Baden, Karlsruhe, Landkreise Karlsruhe, Rastatt

Arbeitsgericht Mannheim
68159 **Mannheim**, E 7, 21; Tel. (06 21) 2 92-30 90; Fax (06 21) 2 92-13 11;
E-Mail: poststelle@arbgmannheim.justiz.bwl.de;
http://www.arbeitsgericht-mannheim.de
Präsident: Rolf Maier
Arbeitsgerichtsbezirk: Stadtkreise Heidelberg, Mannheim, Landkreise Neckar-Odenwald-Kreis, Rhein-Neckar-Kreis

Auswärtige Kammer
69115 Heidelberg, Vangerowstr. 20; Tel. (0 62 21) 4 38 56-0; Fax (0 62 21) 4 38 56-25;
E-Mail: heidelberg@arbgmannheim.justiz.bwl.de

Arbeitsgericht Pforzheim
75172 **Pforzheim**, Simmlerstr. 9; Tel. (0 72 31) 16 58-3 00; Fax (0 72 31) 16 58-3 09;
E-Mail: poststelle-pf@lag.bwl.de
Direktor: Lutz Haßel
Arbeitsgerichtsbezirk: Stadtkreis Pforzheim, Landkreise Calw, Enzkreis, Freudenstadt

Arbeitsgericht Reutlingen
72764 **Reutlingen**, Bismarckstr. 64; Tel. (0 71 21) 9 40-0; Fax (0 71 21) 9 40 32 32;
E-Mail: poststelle@arbgreutlingen.justiz.bwl.de;
http://www.arbg-reutlingen.de
Direktorin: Dr. Betina Rieker
Arbeitsgerichtsbezirk: Landkreise Reutlingen, Tübingen, Zollernalb-Kreis

Arbeitsgericht Stuttgart
70176 **Stuttgart**, Johannesstr. 86; Tel. (07 11) 2 18 52-0; Fax (07 11) 2 18 52-1 00;
E-Mail: poststelle-s@lag.bwl.de;
http://www.arbg-stuttgart.de
Präsident: Jürgen Gneiting
Arbeitsgerichtsbezirk: Stadtkreis Stuttgart, Landkreise Böblingen, Esslingen, Göppingen, Heidenheim, Ludwigsburg, Ostalbkreis, Rems-Murr-Kreis

Auswärtige Kammern
73430 Aalen, Gmünder Str. 13; Tel. (0 73 61) 9 14 97-00; Fax (0 73 61) 9 14 97-03;
E-Mail: poststelle-aa@lag.bwl.de

Auswärtige Kammern
71638 Ludwigsburg, Friedrichstr. 5; Tel. (0 71 41) 94 42-0; Fax (0 71 41) 94 42-10;
E-Mail: poststelle-lb@lag.bwl.de

Arbeitsgericht Ulm
89073 **Ulm**, Zeughausgasse 12; Tel. (07 31) 18 90; Fax (07 31) 1 89-23 77;
E-Mail: poststelle-ulm@lag.bwl.de;
http://www.arbg-ulm.de
Direktor: Dr. Frank Söhner
Arbeitsgerichtsbezirk: Stadtkreis Ulm, Landkreise Alb-Donau-Kreis, Biberach, Bodenseekreis, Ravensburg, Sigmaringen

Auswärtige Kammern
88212 Ravensburg, Marktstr. 28; Tel. (07 51) 8 06-0; Fax (07 51) 8 06-11 51;
E-Mail: poststelle-rv@lag.bwl.de;
http://www.arbg-ulm.de

d Stadtkreise, Landkreise, Gemeinden und sonstige Einrichtungen

Kommunale Selbstverwaltung in Baden-Württemberg

Dr. Michael Borchmann, Ministerialdirigent a. D.

I. Verfassungsgarantie der kommunalen Selbstverwaltung

Nach Art. 28 Abs. 2 Satz 1 des Grundgesetzes (GG) muss den Gemeinden das Recht gewährleistet sein, alle Angelegenheiten der örtlichen Gemeinschaft im Rahmen der Gesetze in eigener Verantwortung zu regeln. Die Vorschrift schafft nach ganz herrschender Auffassung in Rechtsprechung und Schrifttum eine institutionelle Garantie für die Gemeindeselbstverwaltung, d.h., garantiert wird nicht der Fortbestand einzelner, zur Zeit existenter Gemeinden, sondern das Vorhandensein von Gemeinden überhaupt. Intention der kommunalen Selbstverwaltung ist die Aktivierung der Beteiligten für ihre eigenen Angelegenheiten, die in der örtlichen Gemeinschaft lebendigen Kräfte des Volkes zur eigenverantwortlichen Erfüllung öffentlicher Aufgaben der engeren Heimat mit dem Ziel zusammenschließt, das Wohl der Einwohner zu fördern und die geschichtliche und heimatliche Eigenart zu wahren. Dazu soll die örtliche Gemeinschaft nach dem Leitbild der Selbstverwaltungsgarantie ihr Schicksal selbst in die Hand nehmen und solidarisch gestalten. Garantiert ist den Gemeinden im Einzelnen die Universalität des Aufgabenkreises für Angelegenheiten der örtlichen Gemeinschaft sowie das Recht der eigenverantwortlichen Erledigung dieser Aufgaben. Das Recht der eigenverantwortlichen Aufgabenerledigung seinerseits besteht wiederum aus einem Bündel essenzieller Hoheitsrechte wie etwa der Organisationshoheit, der Personalhoheit und der Finanzhoheit. Die Garantie der kommunalen Selbstverwaltung und Eigenverantwortlichkeit ist allerdings nicht absolut, sondern besteht nur im Rahmen der Gesetze. Denn moderne Selbstverwaltung beruht nicht auf Immunitätsprivilegien im Stile mittelalterlicher Städtefreiheit. Beschränkungen der Selbstverwaltung der Gemeinden sind vielmehr mit Art. 28 Abs. 2 Satz 1 GG vereinbar, wenn und insoweit sie deren Kernbereich unangetastet lassen. Was zu diesem Kernbereich oder auch Wesensgehalt gehört, lässt sich allerdings nicht in eine allgemein gültige Formel fassen. Bei der Bestimmung des verfassungsrechtlich gegen jede gesetzliche Schmälerung gesicherten Wesensgehalts muss vielmehr der geschichtlichen Entwicklung Rechnung getragen werden. Diese vor allem durch die Rechtsprechung des Bundesverfassungsgerichts betonte Bezugnahme auf die historisch begründete Gestaltung der Selbstverwaltung bedeutet jedoch nicht, dass alles beim Alten bleiben müsse und dass eine neue Einrichtung schon deshalb nicht hingenommen werden könne, weil sie neu und ohne Vorbild ist. In einer Faustformel wird man den Wesensgehalt der Selbstverwaltung als denjenigen Bereich der Institution definieren können, den man nicht verändern kann, ohne die Institution selbst qualitativ zu verändern. Besonderes Augenmerk ist darauf zu richten, dass eine verfassungswidrige Beeinträchtigung des Wesensgehalts der Selbstverwaltung auch in einer Häufung verschiedener einzelner, per se an sich zulässiger Eingriffe liegen kann.

Art. 28 Abs. 2 Satz 2 GG sichert auch den Gemeindeverbänden, und zwar – wie sich aus dem Wortlaut des Art. 28 Abs. 1 Satz 2 GG folgern lässt – speziell den Landkreisen, im Rahmen ihres gesetzlichen Aufgabenbereiches nach Maßgabe der Gesetze das Recht der Selbstverwaltung zu. Die Selbstverwaltungsgarantie für die Kreisebene ist in qualitativer Hinsicht derjenigen für die Gemeindeebene gleichwertig. In quantitativer Hinsicht bleibt sie jedoch hinter der Gewährleistung der Gemeindeselbstverwaltung zurück, weil nur den Gemeinden die Universalität des Wirkungskreises verbürgt ist, das Selbstverwaltungsrecht der Landkreise demgegenüber lediglich im Rahmen des gesetzlich zugewiesenen Aufgabenbereiches von Verfassungs wegen abgesichert ist.

Neben Art. 28 Abs. 2 GG garantiert auch die Verfassung von Baden-Württemberg (LV) die kommunale Selbstverwaltung. Nach Art. 71 Abs. 1 LV gewährleistet das Land den Gemeinden und Gemeindeverbänden sowie den Zweckverbänden das Recht der Selbstverwaltung. Sie verwalten ihre Angelegenheiten im Rahmen der Gesetze unter eigener Verantwortung. Art. 71 Abs. 2 LV erklärt die Gemeinden in ihrem Gebiet zu den Trägern der öffentlichen Aufgaben, soweit nicht bestimmte Aufgaben im öffentlichen Interesse durch Gesetz anderen Stellen übertragen sind. Die Gemeindeverbände haben innerhalb ihrer Zuständigkeit die gleiche Stellung. Wie nach der Selbstverwaltungsgarantie bleibt also die Aufgabengarantie für die Gemeindeverbände hinter derjenigen für die Gemeinden zurück. Bezüglich der finanziellen Ausstattung bestimmt Art. 73 LV, dass dafür gesorgt wird, dass die Gemeinden und Gemeindeverbände ihre Aufgaben erfüllen können. Gemeinden und Kreisen wird das Recht eingeräumt, eigene Steuern und andere Abgaben nach Maßgabe der Gesetze zu erheben. Nach Maßgabe näherer gesetzlicher Regelung werden die Gemeinden und Gemeindeverbände unter Berücksichtigung der Aufgaben des Landes an dessen Steuereinnahmen beteiligt. Während Art. 74 LV die Möglichkeiten zur Veränderung des Gemeindegebiets darlegt, ergibt sich aus Art. 75 Abs. 1 LV die Überwachungsfunktion des Landes über die gesetzmäßige Ausübung der Selbstverwaltung. Bei der Übertragung staatlicher Aufgaben kann sich demgegenüber das Land ein über die Rechtmäßigkeitskontrolle hinausgehendes (fachliches) Weisungsrecht nach näherer gesetzlicher Vorschrift vorbehalten (Art. 75 Abs. 2 LV). Für den Fall einer behaupteten Verletzung der Selbstverwaltungsvorschriften der Landesverfassung durch ein Gesetz können Gemeinden und Gemeindeverbände nach Art. 76 LV den Verfassungsgerichtshof anrufen (vgl. auch Art. 93 Abs. 1 Nr. 4 b GG). Art. 71 ff. LV kommt neben Art. 28 Abs. 2 GG auch eine selbstständige rechtliche Wirkung zu, sie sind nicht aufgrund Art. 31 GG („Bundesrecht bricht Landesrecht") irrelevant. Die Verfassungsgarantien des Art. 28 Abs. 2 GG enthalten nämlich lediglich Mindestgarantien. Bleibt eine Landesverfassung darunter, so sind ihre Vorschriften gesetzeswidrig, weil Bundesrecht Landesrecht bricht. Stimmen aber die Garantien der Landesverfassung mit Art. 28 Abs. 2 GG überein oder gehen sie darüber hinaus, so stehen die Regelungen im Einklang mit dem Grundgesetz. Letzteres ist aber bezüglich Art. 71 ff. LV der Fall.

II. Die Gemeinden

1. Rechtsstellung und Aufgaben

Nach § 1 GemO (Gemeindeordnung für Baden-Württemberg in der Fassung vom 24. Juli 2000, GBl. S. 582, ber. S. 698), zuletzt geändert durch Gesetz vom 2. Dezember 2020, GBl., S. 1095, 1098) ist die Gemeinde Grundlage und Glied des demokratischen Staates. Die Gemeinde fördert in bürgerschaftlicher Selbstverwaltung das gemeinsame Wohl ihrer Einwohner und erfüllt die ihr von Land und Bund zugewiesenen Aufgaben. Die verantwortliche Teilnahme an der bürgerschaftlichen Verwaltung der Gemeinde ist Recht und Pflicht des Bürgers. Die Gemeinde ist Gebietskörperschaft. In ihrem Gebiet verwalten die Gemeinden alle öffentlichen Aufgaben allein und unter eigener Verantwortung, soweit die Gesetze nichts anderes bestimmen (§ 2 Abs. 1 GemO). In die Rechte der Gemeinden kann nur durch ein Gesetz eingegriffen werden. Verordnungen zur Durchführung solcher Gesetze bedürfen, sofern sie nicht von der Landesregierung oder dem Innenministerium erlassen werden, der Zustimmung des Innenministeriums (§ 2 Abs. 4 GemO). Die Gemeinde hat vor allem die Aufgabe, in den Grenzen ihrer Leistungsfähigkeit die für das wirtschaftliche, soziale und kulturelle Wohl ihrer Einwohner erforderlichen öffentlichen Einrichtungen zu schaffen. Die Einwohner sind ihrerseits grundsätzlich zur Benutzung dieser Einrichtungen berechtigt, sind aber auch dementsprechend verpflichtet, die Gemeindelasten zu tragen (§ 10 Abs. 2 GemO).

Hinsichtlich der Arten der von den Gemeinden wahrgenommenen Aufgaben ist in erster Linie zwischen echten Selbstverwaltungsaufgaben und den übertragenen Aufgaben zur Erfüllung nach Weisung zu unterscheiden. Selbstverwaltungsaufgaben sind sozusagen die „eigenen" Angelegenheiten der Gemeinden, deren Erfüllung ihnen nach dem Grundsatz der Allseitigkeit des Wirkungskreises eigenverantwortlich durch eigene Organe unter der grundsätzlich auf die Kontrolle der Rechtmäßigkeit beschränkten Aufsicht des Staates zusteht. Es gibt sie sowohl in der Form der freien Selbstverwaltungsangelegenheiten, bei denen die Gemeinde über das „Ob" und „Wie" der Aufgabenerfüllung entscheidet, als auch der pflichtigen Selbstverwaltungsangelegenheiten, bei denen die Gemeinde zur Aufgabenerfüllung verpflichtet ist und lediglich hinsichtlich des „Wie" der Aufgabenwahrnehmung einen Gestaltungsspielraum hat. § 2 Abs. 2 GemO spricht insoweit davon, dass die Gemeinden durch Gesetz zur Erfüllung bestimmter öffentlicher Aufgaben verpflichtet werden können (Pflichtaufgaben). Werden neue Pflichtaufgaben auferlegt, sind dabei Bestimmungen über die Deckung der Kosten zu treffen. Führen diese Aufgaben zu einer Mehrbelastung der Gemeinden, ist ein entsprechender finanzieller Ausgleich zu schaffen. Allgemein lässt sich feststellen, dass im Rahmen der zunehmend beklagten Vergesetzlichung aller Lebensbereiche immer mehr freiwillige Aufgaben zu pflichtigen geworden sind. Den echten Selbstverwaltungsaufgaben stehen die Pflichtaufgaben zur Erfüllung nach Weisung bzw. Weisungsaufgaben gegenüber, die in Baden-Württemberg weitestgehend an die Stelle der traditionellen staatlichen Auftragsangelegenheiten getreten sind. Anders als bei den echten Selbstverwaltungsaufgaben sind die Aufsichtsbehörden hier nicht auf eine Rechtmäßigkeitskontrolle beschränkt, sondern können auch fachliche Weisungen erteilen. Der Umfang des Weisungsrechts im Detail wird durch das jeweilige Fachgesetz bestimmt (§ 2 Abs. 3 GemO). Gemäß § 130 GemO sind bis zum Erlass neuer Vorschriften die den Gemeinden nach bisherigem Recht als Auftragsangelegenheiten übertragenen Aufgaben Weisungsaufgaben, bei denen ein Weisungsrecht der Fachaufsichtsbehörden in bisherigem Umfang besteht. Die rechtssystematische Einordnung der Weisungsaufgaben erscheint noch nicht abschließend geklärt. Sie werden teilweise als staatliche Auftragsangelegenheiten im neuen Gewande, teilweise aber auch als besondere Form von Selbstverwaltungsangelegenheiten bewertet. Das OVG Münster schließlich hat einmal die entsprechenden Pflichtaufgaben zur Erfüllung nach Weisung nach nordrhein-westfälischem Recht als keinem dieser Bereiche zuzuschlagendes „Zwischending zwischen Selbstverwaltungs- und Auftragsangelegenheiten" bewertet. Ergänzend bleibt darauf hinzuweisen, dass es auch in Baden-Württemberg noch von den Gemeinden wahrzunehmende klassische staatliche Angelegenheiten mit unbeschränktem Weisungsrecht der staatlichen Behörden gibt. Hierbei handelt es sich einmal um die den Stadtkreisen und den Großen Kreisstädten nach § 15 (vgl. auch Einschränkungen für die Großen Kreisstädte nach § 19 LVG) des Landesverwaltungsgesetzes (LVG) übertragenen Aufgaben der unteren Verwaltungsbehörde (vgl. auch § 21 LVG), zum anderen um die vom Bund übertragenen Auftragsangelegenheiten (vgl. auch §§ 129 Abs. 3 und 4 GemO).

2. Funktionale Gliederung

Zur Zeit gibt es in Baden-Württemberg 1 101 Gemeinden gegenüber noch 3 379 im Jahre 1968. Die drastische Verringerung der Gemeindezahl ist die Folge der in Baden-Württemberg wie auch in den anderen Flächenstaaten der Bundesrepublik vornehmlich in der ersten Hälfte der siebziger Jahre durchgeführten Territorialreform. Ausschlaggebende Überlegung für diese Territorialreform war, dass viele Gemeinden zu klein und damit zu verwaltungsschwach waren, um den gestiegenen Ansprüchen ihrer Einwohner im Daseinsvorsorgebereich gerecht zu werden. Dies führte zu einem raumordnungspolitisch unerwünschten erheblichen Strukturgefälle zwischen einzelnen Gemeinden und darüber hinaus zwischen einzelnen Landesteilen. Aber auch nach der Territorialreform weist noch mehr als die Hälfte aller Gemeinden Einwohnerzahlen von weniger als 5 000 auf und eine Reihe von Gemeinden vor allem im Süden des Landes hat sogar noch Einwohnerzahlen von bis zu 1 000. Baden-Württemberg ist damit nach wie vor ein Land der kleineren und mittleren Gemeinden. Somit weisen die baden-württembergischen Gemeinden auch nach der Territorialreform noch ein beträchtliches Gefälle an Größe und Verwaltungskraft auf. Dem trägt das Landesrecht durch eine funktionale Kategorisierung der Gemeinden Rechnung. Dabei spielt die Unterscheidung zwischen „Stadt" und „Gemeinde" noch die geringste, nämlich lediglich eine nominelle Rolle. Nach § 5 Abs. 2 GemO führen die Bezeichnung „Stadt" die Gemeinden, denen diese Bezeichnung nach dem bisherigen Recht zusteht. Die Landesregierung kann auf Antrag die Bezeichnung „Stadt" an Gemeinden verleihen, die nach Einwohnerzahl, Siedlungsform und ihren kulturellen und wirtschaftlichen Verhältnissen städtisches Gepräge tragen. Zur Zeit gibt es 313 Städte in Baden-Württemberg. Wichtiger ist demgegenüber die Unterscheidung zwischen Stadtkreisen und kreisangehörigen Gemeinden. Stadtkreise sind solche Städte, die keinem Landkreis angehören. Ihnen sind neben den Gemeindeaufgaben auch die Aufgaben übertragen, die sonst den Landkreisen obliegen. Ebenso nehmen sie die Aufgabe der unteren Verwaltungsbehörde (staatliche Aufgaben nach Weisung, §§ 13, 15 LVG) wahr. Zur Zeit gibt es in Baden-Württemberg 9 Stadtkreise. Unter den kreisangehörigen Gemeinden spielen die Großen Kreisstädte, von denen es 94 gibt, eine besondere Rolle. Nach § 3 Abs. 2 GemO können Gemeinden mit mehr als 20 000 Einwohner auf ihren Antrag von der Landesregierung zu Großen Kreisstädten erklärt werden. Die Erklärung zur Großen Kreisstadt ist im Gesetzblatt bekannt zu machen. Großen Kreisstädten sind ebenfalls die Aufgaben der unteren Verwaltungsbehörde übertragen, allerdings mit Ausnahme der in § 16 LVG besonders aufgezählten. Von den übrigen kreisangehörigen Gemeinden gehören 911 insgesamt 270 Verwaltungsgemeinschaften bzw. Gemeindeverwaltungsverbänden an, und zwar 471 insgesamt 156 Verwaltungsgemeinschaften und 440 insgesamt 114 Gemeindeverwaltungsverbänden. Nach § 59 GemO können benachbarte Gemeinden desselben Landkreises eine Verwaltungsgemeinschaft als Gemeindeverwaltungsverband bilden oder vereinbaren, dass eine Gemeinde (erfüllende Gemeinde) die Aufgaben einer Gemeindeverwaltungsverbandes erfüllt (vereinbarte Verwaltungsgemeinschaft). Die Organe des Gemeindeverwaltungsverbandes entsprechen denen eines Zweckverbandes (Verbandsversammlung und Verbandsvorsitzender). Bei der vereinbarten Verwaltungsgemeinschaft ist ein gemeinsamer Ausschuss aus Vertretern der beteiligten Gemeinden zu bilden. Neben der Beratungsfunktion für ihre Mitglieder hat die Verwaltungsgemeinschaft bestimmte Aufgaben wie etwa die technischen Angelegenheiten bei der verbindlichen Bauleitplanung sowie Planungs-, Bauleitungs-, Bauaufsichtsaufgaben, die Abgaben-, Kassen- und Rechnungsgeschäfte und die Unterhaltung und den Ausbau der Gewässer zweiter Ordnung für die Mitglieder zu erledigen. Weitere Aufgaben können der Verwaltungsgemeinschaft übertragen werden. 37 Verwaltungsgemeinschaften wurden darüber hinaus zu unteren Verwaltungsbehörden erklärt (vgl. insgesamt näher §§ 59 ff. GemO).

3. Besondere Formen unmittelbarer Bürgermitwirkung

Die Kommunalverfassung beschränkt sich hinsichtlich der gemeindlichen Willensbildung nicht auf die traditionellen Momente der repräsentativen Demokratie, sondern sieht recht ausgeprägte Formen unmittelbarer Mitwirkung von Einwohnern und Bürgern an der gemeindlichen Willensbildung vor. Allgemein sieht zunächst § 20 GemO eine Verpflichtung des Gemeinderats vor, die Einwohner durch den Bürgermeister über die allgemein bedeutsamen Angelegenheiten der Gemeinde zu unterrichten. Nach § 20a GemO soll der Gmeinderat in der Regel einmal im Jahr, im Übringen nach Bedarf, eine Einwohnerversammlung anberaumen, um wichtige Gemeindeangelegenheiten dort mit den Einwohnern zu erörtern. Die Einwohnerschaft kann darüber hinaus in einem förmlichen Einwohnerantrag beantragen, dass der Gemeinderat eine bestimmte Angelegenheit behandelt (§ 20b GemO). Am Weitesten ist die Mitwirkungsmöglichkeit bei den Bürgern (Deutsche oder EU-Angehörige Einwohner von mindestens 16 Jahren) vorbehaltenen Bürgerentscheid und dem Bürgerbegehren. Nach § 21 GemO kann der Gemeinderat mit qualifizierter Mehrheit bestimmte Angelegenheiten der Bürgerschaft zur Entscheidung unterbreiten. Zum anderen kann die Bürgerschaft ihrerseits einen Bürgerentscheid in Gemeindeangelegenheiten beantragen.

4. Die innere Gemeindeverfassung

Die innere Gemeindeverfassung ist insbesondere in den §§ 23 ff. GemO geregelt. Bei der inneren Gemeindeverfassung handelt es sich um diejenigen Regeln, die die Einrichtung und das Zusammenwirken der gemeindlichen Organe sowie die Bildung und die Ausführung des Willens der Gemeinde betreffen. Sie lassen sich mit dem organisatorischen Teil von Grundgesetz und Landesverfassung vergleichen. Als Gemeindeverfassungsreform kommt in Baden-Württemberg die süddeutsche Ratsverfassung zur Anwendung. Diese Verfassungsform bildete sich vor allem seit der zweiten Hälfte des 19. Jahrhunderts in Bayern und Württemberg heraus und hatte ihre Blütezeit während der Weimarer Republik. Sie stand in einem gewissen Gegensatz zur preußischen Magistratsverfassung und zur badischen Bürgerausschussverfassung: Während nach den letztgenannten Verfassungsformen zwei gemeindliche Körperschaften (Magistrat bzw. Gemeinderat und Stadtverordnetenversammlung bzw. Bürgerausschuss) die Willensbildung bestimmten (Zweikörpersystem), ist die süddeutsche Ratsverfassung durch die dominierende Stellung des Gemeinderats (Einkörpersystem) gekennzeichnet, innerhalb dem dem Bürgermeister von der Konzeption der Ratsverfassung her an sich nur die Stellung eines „primus inter pares" zukommen soll. Tatsächlich hat der Bürgermeister heute aber in Baden-Württemberg eine einflussreichere Position inne als seine Kollegen in anderen Bundesländern. Die geltende Gemeindeverfassung ist auf eine Verschmelzung des Gemeinderechts der badischen und württembergischen Landesteile in den Jahren 1954 und 1955 zurückzuführen. Versuche bei den Gesetzesberatungen, die Magistratsverfassung als alternative Gemeindeverfassungsform zuzulassen, fanden infolge der fehlenden Tradition dieser Organisationsform in Baden und Württemberg keine Mehrheit. Für kleinere Gemeinden ließ der Gesetzgeber 1955 allerdings noch die Möglichkeit offen, die Bürgerausschussverfassung anzuwenden. Seit 1974 ist die Ratsverfassung einzige vorgesehene Form der Gemeindeverfassung in Baden-Württemberg.

Im Einzelnen gilt für die baden-württembergische Gemeindeverfassung Folgendes:
Nach § 23 GemO sind Verwaltungsorgane der Gemeinde der Gemeinderat und der Bürgermeister. Der Gemeinderat besteht aus dem Bürgermeister und – je nach Größe der Gemeinde – zwischen 8 und 60 ehrenamtlichen Gemeinderäten, die in Städten die Bezeichnung „Stadtrat" führen (§ 25 GemO).Gemäß den Vorgaben von Art. 28 Abs. 1 Satz 2 GG, 72 LV werden die Gemeinderäte in allgemeiner, unmittelbarer, freier, gleicher und geheimer Wahl von den Bürgern gewählt (§ 26 Abs. 1 GemO), und zwar für eine Amtszeit von fünf Jahren (§ 30 Abs. 1 GemO).Der Gemeinderat ist die Vertretung der Bürger und das Hauptorgan der Gemeinde. Er legt die Grundsätze für die Verwaltung der Gemeinde fest und entscheidet über alle Angelegenheiten der Gemeinde, soweit nicht der Bürgermeister kraft Gesetzes zuständig ist oder ihm der Gemeinderat bestimmte Angelegenheiten überträgt. Der Gemeinderat überwacht die Ausführung der Beschlüsse und sorgt beim Auftreten von Missständen in der Gemeindeverwaltung für deren Beseitigung durch den Bürgermeister. Der Gemeinderat entscheidet im Einvernehmen mit dem Bürgermeister über die Ernennung, Anstellung und Entlassung der Gemeindebediensteten. Ein Viertel der Gemeinderäte kann in allen Angelegenheiten der Gemeinde und ihrer Verwaltung verlangen, dass der Bürgermeister den Gemeinderat unterrichtet und dass diesem oder einem von ihm bestellten Ausschuss Akteneinsicht gewährt wird. Jeder Gemeinderat kann schließlich an den Bürgermeister schriftliche oder in einer Sitzung des Gemeinderats mündliche Anfragen über einzelne Angelegenheiten der Gemeinde und ihrer Verwaltung richten, die binnen angemessener Frist zu beantworten sind (§ 24 GemO). Der Gemeinderat tagt in öffentlicher Sitzung (§ 35 GemO) und entscheidet grundsätzlich durch Mehrheitsbeschluss (§ 38 Abs. 6 GemO). Mit Blick auf pandemiebedingt erforderliche Kontaktbeschränkungen wurde 2020 allerdings mit § 37a GemO eine Ausnahmeregelung eingefügt. Danach kann durch Hauptsatzung bestimmt werden, dass notwendige Sitzungen des Gemeinderates ohne persönliche Anwesenheit der Mitglieder im Sitzungsraum durchgeführt werden können. Dies gilt allerdings nur, sofern eine Beratung und Beschlussfassung durch zeitgleiche Übertragung von Bild und Ton mittels geeigneter technischer Hilfsmittel, insbesondere in Form einer Videokonferenz, möglich ist. Hinsichtlich der zu behandelnden Gegenstände sieht die Vorschrift allerdings Einschränkungen vor. Nach § 32 Abs. 3 GemO entscheiden die Gemeinderäte im Rahmen der Gesetze nach ihrer freien, nur durch das öffentliche Wohl bestimmten Überzeugung. An Verpflichtungen und Aufträge, durch die diese Frist beschränkt wird, sind sie nicht gebunden (Grundsatz des freien Mandats). Tatsächlich wird allerdings die Ausübung der Tätigkeit eines Gemeinderatsmitglieds vor allem in größeren Gemeinden nicht selten von partei- und fraktionspolitischen Rücksichtnahmen bestimmt. Die Gemeindeordnung (und übrigens auch die Landkreisordnung) enthält seit dem 1. Dezember 2015 erstmals eine dieser zugenommenen Bedeutung der Parteipolitik Rechnung tragende gesetzliche Grundlage zu Fraktionen in kommunalen Vertretungsorganen und ihre Rechte. Nach § 32a GemO können Gemeinderäte sich zu Fraktionen zusammenschließen. Das Nähere über die Bildung der Fraktionen, die Mindestzahl ihrer Mitglieder sowie die Rechte und Pflichten der Fraktionen regelt die Geschäftsordnung. Die Fraktionen wirken nach gesetzlichem Wortlaut bei der Willensbildung und Entscheidungsfindung des Gemeinderats mit. Sie dürfen insoweit ihre Auffassungen öffentlich darstellen. Ihre innere Ordnung muss demokratischen und rechtsstaatlichen Grundsätzen entsprechen. Die Gemeinde kann zudem den Fraktionen Mittel aus ihrem Haushalt für die sächlichen und personellen Aufwendungen der Fraktionsarbeit gewähren. Geleitet werden die Sitzungen des Gemeinderats durch den Bürgermeister (§§ 42 Abs. 1, 36 Abs. 1 GemO), der im Gemeinderat auch volles Stimmrecht

hat. Als Vorsitzender beruft der Bürgermeister den Gemeinderat schriftlich ein und teilt rechtzeitig die Verhandlungsgegenstände mit. Der Gemeinderat ist einzuberufen, wenn die Geschäftslage es erfordert; er soll jedoch mindestens einmal im Monat einberufen werden. Unverzüglich ist der Gemeinderat einzuberufen, wenn es ein Viertel der Gemeinderäte unter Angabe des Verhandlungsgegenstandes beantragt (§ 34 Abs. 1 GemO).Als Vorsitzender eröffnet, leitet und schließt der Bürgermeister die Verhandlungen des Gemeinderats. Er handhabt die Ordnung und übt das Hausrecht aus (§ 36 Abs. 1 GemO).Zur Vorberatung seiner Verhandlungen oder einzelner Verhandlungsgegenstände kann der Gemeinderat beratende Ausschüsse bestellen, in die neben Gemeinderäten auch sachkundige Einwohner widerruflich als Mitglieder berufen werden können (§ 41 GemO).Durch die Hauptsatzung kann der Gemeinderat ferner beschließende Ausschüsse bilden und ihnen bestimmte Aufgabengebiete zur dauernden Erledigung übertragen. Durch schlichten Beschluss kann der Gemeinderat einzelne Angelegenheiten auf bestehende beschließende Ausschüsse übertragen oder für ihre Erledigung beschließende Ausschüsse bilden (§ 39 Abs. 1 GemO).Von der Delegation auf beschließende Ausschüsse ist eine Reihe wichtiger Gemeindeangelegenheiten ausgenommen, die in § 39 Abs. 2 GemO aufgezählt sind. Hierzu zählen etwa die Bestellung von Mitgliedern der Ausschüsse, der Stellvertreter des Bürgermeisters und der Beigeordneten; die Übernahme freiwilliger Aufgaben durch die Gemeinde; der Erlass von Satzungen und Rechtsverordnungen; die Änderung des Gemeindegebiets; die Übertragung von Aufgaben auf den Bürgermeister; wichtige Entscheidungen über gemeindliche öffentliche Einrichtungen und wirtschaftliche Unternehmen; der Erlass der Haushaltssatzung und der Nachtragssatzung, sowie die allgemeine Festsetzung von Abgaben und Tarifen. Im Rahmen ihrer Zuständigkeit entscheiden die beschließenden Ausschüsse selbstständig an Stelle des Gemeinderats. Vorsitzender der Ausschüsse ist der Bürgermeister, der allerdings einen seiner Stellvertreter, einen Beigeordneten oder ausnahmsweise auch ein Mitglied des Ausschusses mit seiner Stellvertretung beauftragen kann (§§ 40 Abs. 3, 41 Abs. 2 GemO).Für das Verfahren in den Ausschüssen sind weitgehend die für den Gemeinderat geltenden Vorschriften der Gemeindeordnung sinngemäß anzuwenden. Seit 1998 sieht zudem § 41a GemO die Möglichkeit vor, dass die Gemeinde einen Jugendgemeinderat einrichtet, dem Vorschlags- und Anhörungsrechte gegenüber der Gemeindevertretung eingeräumt werden können.

Der Bürgermeister, der in Stadtkreisen und Großen Kreisstädten die Amtsbezeichnung Oberbürgermeister führt (§ 42 Abs. 4 GemO), wird von den Bürgern in allgemeiner, unmittelbarer, freier gleicher und geheimer Wahl gewählt (§ 45 Abs. 1 GemO).Seine Amtszeit beträgt acht Jahre (§ 42 Abs. 3 GemO).In Gemeinden ab einer Größenordnung von 2 000 Einwohnern ist er hauptamtlich tätig, in Gemeinden zwischen 500 und 2 000 Einwohnern ist eine hauptamtliche oder eine ehrenamtliche Bestellung möglich und in Gemeinden mit bis zu 500 Einwohnern ist der Bürgermeister Ehrenbeamter (§ 42 Abs. 2 GemO).In einem besonderen rechtsförmlichen Verfahren vor der Aufsichtsbehörde kann die Amtszeit des Bürgermeisters vorzeitig für beendet erklärt werden (§ 128 GemO).Neben dem Vorsitz im Gemeinderat obliegt dem Bürgermeister die Leitung der Gemeindeverwaltung und die Vertretung der Gemeinde nach außen (§ 42 Abs. 1 GemO).Er bereitet die Sitzungen des Gemeinderats und der Ausschüsse vor und vollzieht die Beschlüsse. Gemeinderatsbeschlüssen und Ausschussbeschlüssen, die er für gesetzwidrig hält, muss er widersprechen; bei für die Gemeinde nachteiligen Beschlüssen liegt der Widerspruch in seinem Ermessen. Hilft der Gemeinderat einem gesetzwidrigen Beschluss nicht ab, hat der Bürgermeister unter erneutem Widerspruch die Entscheidung der Rechtsaufsichtsbehörde herbeizuführen. In Eilfällen entscheidet der Bürgermeister anstelle des Gemeinderats (§ 42 GemO).Innerhalb der Gemeindeverwaltung ist der Bürgermeister monokratischer Leiter. Er ist für die sachgemäße Erledigung der Aufgaben und den ordnungsgemäßen Gang der Verwaltung verantwortlich, regelt die innere Organisation der Gemeindeverwaltung und grenzt im Einvernehmen mit dem Gemeinderat die Geschäftskreise der Beigeordneten (s.u.) ab. Der Bürgermeister ist Vorgesetzter, Dienstvorgesetzter und oberste Dienstbehörde der Gemeindebediensteten. Ferner erledigt er in eigener Zuständigkeit die Geschäfte der laufenden Verwaltung und die ihm sonst durch Gesetz oder vom Gemeinderat übertragenen Aufgaben. Ebenso erledigt der Bürgermeister Weisungsaufgaben in eigener Zuständigkeit, soweit gesetzlich nichts anderes bestimmt ist (§ 44 GemO).

In kleineren Gemeinden bestellt der Gemeinderat aus seiner Mitte einen oder mehrere Stellvertreter des Bürgermeisters (§ 48 GemO), während in Gemeinden mit mehr als 10 000 Einwohnern als Stellvertreter des Bürgermeisters ein oder mehrere hauptamtliche Beigeordnete bestellt werden können (in Stadtkreisen besteht eine Pflicht zur Bestellung). Ihre Zahl wird „entsprechend den Erfordernissen der Gemeindeverwaltung" durch die Hauptsatzung bestimmt. Beigeordnete sind als hauptamtliche Beamte mit einer Amtszeit von acht Jahren zu berufen (§ 50 Abs. 1 GemO), wobei die Parteien und Wählervereinigungen gemäß ihren Vorschlägen nach dem Verhältnis ihrer Sitze im Gemeinderat berücksichtigt werden sollen (§ 50 Abs. 2 GemO).Die Beigeordneten vertreten den Bürgermeister ständig in ihrem Geschäftskreis. Der Bürgermeister kann ihnen allgemein oder im Einzelfall Weisungen erteilen (§ 49 Abs. 2 GemO). Der erste Beigeordnete ist der ständige allgemeine Stellvertreter des Bürgermeisters. Er führt in Stadtkreisen und Großen Kreisstädten die Amtsbezeichnung Bürgermeister. Die weiteren Beigeordneten sind nur allgemeine Stellvertreter des Bürgermeisters, wenn der Bürgermeister und der Erste Beigeordnete verhindert sind; die Reihenfolge der allgemeinen Stellvertretung bestimmt der Gemeinderat. In Stadtkreisen und Großen Kreisstädten kann der Gemeinderat den weiteren Beigeordneten die Amtsbezeichnung Bürgermeister verleihen (§ 49 Abs. 3 GemO).

5. Bezirksgliederung
Als funktionale Untergliederung von Gemeinden sieht die Gemeindeordnung die Einführung einer Bezirksverfassung oder einer Ortschaftsverfassung vor. Gemeindebezirke können qua Hauptsatzregelung in Stadtkreisen und Großen Kreisstädten sowie in Gemeinden mit räumlich getrennten Ortsteilen eingerichtet werden. In Städten heißen sie Stadtbezirke (§ 64 Abs. 1 GemO).In den Gemeindebezirken können Bezirksbeiräte gebildet werden, deren Mitglieder vom Gemeinderat aus dem Kreise der im Gemeindebezirk wohnenden wählbaren Bürger gewählt werden (§§ 64 Abs. 2, 65 Abs. 1 GemO).Der Bezirksrat ist zu allen wichtigen Angelegenheiten, die den Bezirk betreffen, zu hören und hat die örtliche Verwaltung des Gemeindebezirks in allen wichtigen Angelegenheiten zu beraten (§ 65 Abs. 2 GemO).Vorsitzender des Bezirksrats ist der Bürgermeister oder ein von ihm Beauftragter (§ 65 Abs. 3 GemO).In Gemeinden mit räumlich getrennten Ortsteilen kann auch die Ortschaftsverfassung eingeführt werden (§ 67 GemO).Ortschaften werden durch die Hauptsatzung eingerichtet. In den Ortschaften werden Ortschaftsräte gebildet (§ 68 Abs. 2 GemO), deren Mitglieder von der Ortsbürgerschaft unmittelbar zu wählen sind (§ 69 Abs. 1 GemO).Geleitet werden die Sitzungen des Ortschaftsrates durch den vom Gemeinderat auf Vorschlag des Ortschaftsrats aus dem Kreis der zum Ortschaftsrat wählbaren Bürger gewählten Orts-Amtsleiter (§§ 69 Abs. 3, 71 Abs. 1 GemO).Der Ortschaftsrat hat die örtliche Verwaltung zu beraten und ist zu wichtigen Angelegenheiten, die die Ortschaft betreffen, zu hören. Er hat ein Vorschlagsrecht in allen Angelegenheiten, die die Ortschaft betreffen. Der Gemeinderat kann auch durch die Hauptsatzung dem Ortschaftsrat bestimmte, die Ortschaft betreffende Angelegenheiten zur Entscheidung übertragen. Ausgenommen hiervon sind u.a. die Angelegenheiten, die auch nicht auf beschließende Ausschüsse übertragen werden dürfen (§ 70 GemO).

III. Die Landkreise
Oberhalb der Gemeindeebene ist Baden-Württemberg in 35 (vor der Territorialreform: 63) Landkreise eingeteilt. Diese weisen Einwohnerzahlen zwischen 548 000 (Rhein-Neckar-Kreis) und 113 000 (Hohenlohekreis) auf, ihre flächenmäßige Größe bewegt sich zwischen 1 860,80 qkm/(Ortenaukreis) und 519,2 qkm (Landkreis Tübingen). Die dichteste Besiedlung weist der Landkreis Esslingen mit 832 Einwohnern je qkm auf.

Nach § 1 der Landkreisordnung (LKO) für Baden-Württemberg i.d.F. der Bekanntmachung vom 19. Juni 1987, GBl. S. 289), zuletzt geändert durch Gesetz vom 15. Oktober 2020 (GBl. S. 910, 911), fördert der Landkreis das Wohl seiner Einwohner, unterstützt die kreisangehörigen Gemeinden in der Erfüllung ihrer Aufgaben und trägt zu einem gerechten Ausgleich ihrer Lasten bei. Er verwaltet sein Gebiet nach den Grundsätzen der gemeindlichen Selbstverwaltung. Der Landkreis ist Körperschaft des öffentlichen Rechts. Die Behörde des Landkreises, das Landratsamt, ist zugleich untere Verwaltungsbehörde und als solche Staatsbehörde. Ebenso ist das Gebiet des Landkreises zugleich der Bezirk der unteren Verwaltungsbehörde. § 2 Abs. 1 LKO konkretisiert den allgemeinen Wirkungskreis der Landkreise dahin, dass sie in ihrem jeweiligen Gebiet unter eigener Verantwortung alle die Leistungsfähigkeit der kreisangehörigen Gemeinden übersteigenden öffentlichen Aufgaben verwalten, soweit die Gesetze nichts anderes bestimmen. Der Landkreis hat sich auf die Aufgaben zu beschränken, die der einheitlichen Versorgung und Betreuung des Einwohner des ganzen Landkreises oder eines größeren Teiles desselben dienen. Hat der Landkreis im Rahmen seines Wirkungskreises für die Erfüllung einer Aufgabe ausreichende Einrichtungen geschaffen oder übernommen, kann der Kreistag mit einer Mehrheit von zwei Dritteln der Stimmen aller Mitglieder mit Wirkung gegenüber den Gemeinden beschließen, dass diese Aufgaben für die durch die Einrichtung versorgten Teile des Landkreises zu seiner ausschließlichen Zuständigkeit gehört (§ 2 Abs. 2 LKO).Hinsichtlich der Arten der von den Landkreisen wahrzunehmenden Aufgaben gilt zunächst das Gleiche wie für die Gemeindeebene. Zu unterscheiden ist also zwischen den – freiwilligen und pflichtigen – eigentlichen Selbstverwaltungsangelegenheiten und den Pflichtaufgaben zur Erfüllung nach Weisung bzw. Weisungsangelegenheiten (§ 2 Abs. 3 und 4 LKO).Hinzu kommen die Aufgaben der (staatlichen) unteren Verwaltungsbehörde, bei denen die übergeordneten staatlichen Behörden ein unbeschränktes Weisungsrecht haben. Ihre Tätigkeit finanzieren die Landkreise aus staatlichen Finanzzuweisungen, aus nach Maßgabe der Gesetze zu erhebenden eigenen Steuern und sonstigen Abgaben sowie aus einer von den kreisangehörigen Gemeinden und gemeindefreien Grundstücken zu erhebenden Kreisumlagen (vgl. näher § 49 LKO).Nach § 18 LKO sind Verwaltungsorgane des Landkreises der Kreistag und der Landrat. Der Kreistag, der aus mindestens 24 von den wahlberechtigten Einwohnern des Landkreises auf die Dauer von fünf Jahren unmittelbar gewählten Kreisräten und dem Landrat als Vorsitzendem (ohne Stimmrecht im Kreistag, § 32 Abs. 6 LKO) besteht (vgl. §§ 20 Abs. 1, 21; 22 LKO), ist die Vertretung der Einwohner und Hauptorgan des Landkreises. Hinsichtlich der Zahl der Kreisräte gilt im Übrigen Folgendes: In Landkreisen mit mehr als 50.000 Einwohnern erhöht sich diese Zahl bis zu 200.000

Einwohnern für je weitere 10.000 Einwohner und über 200.000 Einwohnern für je weitere 20.000 Einwohner um zwei. Ebenso wie für die Gemeindeebene besteht auch für die Kreisebene seit 2015 eine gesetzliche Grundlage zur Bildung von Fraktionen (§ 26a LKO). Der Kreistag legt die Grundsätze für die Verwaltung des Landkreises fest und entscheidet über alle Angelegenheiten des Landkreises, soweit nicht der Landrat kraft Gesetzes zuständig ist oder ihm der Kreistag bestimmte Angelegenheiten überträgt. Der Kreistag überwacht die Ausführung seiner Beschlüsse und sorgt bei Auftreten von Missständen in der Verwaltung des Landkreises für deren Beseitigung (§ 19 Abs. 1 LKO). Entsprechend der Bestimmungen für den Gemeinderat tagt der Kreistag grundsätzlich öffentlich (§ 30 LKO) und ebenso wurde hier pandemiebedingt 2020 die Möglichkeit von Sitzungen ohne persönliche Anwesenheit unter der Verwendung technischer Hilfsmittel eingeführt (§ 32 a LKO). Wie der Gemeinderat kann auch der Kreistag beratende und beschließende Ausschüsse bilden (§§ 34, 36 LKO).Ein Kreisausschuss als weiteres Organ ist jedoch anders als in anderen Bundesländern nicht vorgesehen. Der Landrat wird vom Kreistag (unter maßgeblicher Mitwirkung des Staates bei der Vorauswahl der Bewerber, vgl. § 39 Abs. 3 LKO) für eine Amtszeit von acht Jahren gewählt und ist Beamter des Landkreises (§ 37 Abs. 2, 39 Abs. 5 LKO).Seine Rechtsstellung ist im Übrigen weitgehend derjenigen des Bürgermeisters auf Gemeindeebene angeglichen. Neben der Innehabung der Funktion des Kreistagsvorsitzenden leitet er das Landratsamt und vertritt den Landkreis nach außen (§ 37 Abs. 1 LKO).Die Sitzungen des Kreistags werden durch den Landrat vorbereitet. Er vollzieht die Kreistagsbeschlüsse und erledigt die Geschäfte der laufenden Verwaltung. Wie dem Bürgermeister stehen ihm das Recht bzw. die Pflicht zum Widerspruch gegen gemeinwohl- oder gesetzeswidrige Kreistagsbeschlüsse zu, ebenso in Dringlichkeitsfällen das Recht zur Eilentscheidung. Innerhalb des Landratsamtes ist der Landrat dessen monokratischer Leiter (vgl. § 42 LKO).Im Verhinderungsfall wird der Landrat im Kreistag durch einen stellvertretenden Kreistagsvorsitzenden vertreten. Den oder die stellvertretenden Vorsitzenden wählt der Kreistag aus seiner Mitte (§ 20 Abs. 1 LKO).Ständiger allgemeiner Stellvertreter des Landrats im Landratsamt ist der dortige Erste Landesbeamte, der im Benehmen mit dem Landrat bestellt wird (§ 42 Abs. 5 LKO). Als Leiter der unteren (staatlichen) Verwaltungsbehörde ist der Landrat dem Land für die ordnungsmäßige Erledigung ihrer Geschäfte verantwortlich und unterliegt insoweit den Weisungen der Fachaufsichtsbehörden und der Dienstaufsicht des Regierungspräsidiums (§ 53 LKO).

IV. Interkommunale Zusammenarbeit

Zu den schon tradierten Ausdrucksformen kommunaler Selbstverwaltung gehört die interkommunale Zusammenarbeit. Sie dient der Bewältigung von Aufgaben, die über die Verwaltungskraft der einzelnen Kommunen hinausgehen oder die einfacher, billiger und besser im Verbund mehrerer Kommunen wahrgenommen werden können. Bekannteste Form der interkommunalen Zusammenarbeit ist der Zweckverband, eine Organisationsform, die bereits dem preußischen Rechtskreis geläufig war. Das Recht der Kommunen zur Bildung von bzw. zur Beteiligung am Zweckverbänden gehört zum historisch gewachsenen Kern der Erscheinungsformen kommunaler Selbstverwaltung und ist durch die Selbstverwaltungsgarantie (Organisationshoheit) verfassungsrechtlich geschützt.

Nach § 1 des Gesetzes über kommunale Zusammenarbeit (GKZ) in der Fassung vom 16. September 1974 (GBl. S. 408, berichtigt 1975, S. 460), zuletzt geändert durch Gesetz vom 17. Juni 2020 (GBl. S. 403), können Gemeinden und Landkreise Zweckverbände bilden oder öffentlich-rechtliche Vereinbarungen schließen, um bestimmte Aufgaben, zu deren Erledigung sie berechtigt oder verpflichtet sind, für alle oder einzelne gemeinsam zu erfüllen. Dies gilt nicht, wenn durch Gesetz die gemeinsame Erfüllung der Aufgaben ausgeschlossen oder hierfür eine besondere Rechtsform vorgeschrieben ist. Einzelheiten über die Bildung von Zweckverbänden enthalten die §§ 2 ff. GKZ. Gemäß § 2 GKZ können Gemeinden und Landkreise sich zu einem Zweckverband zusammenschließen (Freiverband) oder zur Erfüllung von Pflichtaufgaben zusammengeschlossen werden (Pflichtverband). Mitglieder eines Freiverbandes können neben den genannten Körperschaften auch andere Körperschaften, Anstalten und Stiftungen des öffentlichen Rechts sein, soweit nicht die für sie geltenden besonderen Vorschriften die Beteiligung ausschließen oder beschränken. Ebenso können natürliche Personen und juristische Personen des Privatrechts Mitglied eines Freiverbandes sein, wenn die Erfüllung der Verbandsaufgaben dadurch gefördert wird und Gründe des öffentlichen Wohls nicht entgegenstehen. Der Zweckverband ist eine Körperschaft des öffentlichen Rechts. Er verwaltet seine Angelegenheiten im Rahmen der Gesetze unter eigener Verantwortung (§ 3 GKZ; vgl. auch Art. 71 Abs. 1 LV) und besitzt das Recht, Beamte zu haben (§ 17 GKZ).Notwendige Organe des Zweckverbandes sind die Verbandsversammlung und der Verbandsvorsitzende (§ 12 Abs. 1 GKZ).Die Verbandsversammlung ist das Hauptorgan des Zweckverbandes (§ 13 Abs. 1 GKZ) und besteht aus mindestens einem – der Entsendungskörperschaft gegenüber weisungsunterworfenen – Vertreter eines jeden Verbandsmitglieds. Eine Gemeinde wird in der Verbandsversammlung durch den Bürgermeister, ein Landkreis durch den Landrat vertreten. Etwa zu bestellende weitere Vertreter werden durch den Gemeinderat bzw. den Kreistag gewählt (§ 13 GKZ).Die Verbandsversammlung ist vor allem für den Erlass von Satzungen zuständig (§ 12 Abs. 1 GKZ), ferner für die ihr durch die Verbandssatzung zugewiesenen

Aufgaben (§ 6 Abs. 2 Nr. 4 GKZ). Wie der Gemeinderat kann die Verbandsversammlung beratende und beschließende Ausschüsse bilden (§ 14 GKZ). Der Verbandsvorsitzende, der von der Verbandsversammlung aus ihrer Mitte gewählt wird, ist Vorsitzender der Verbandsversammlung, Leiter der Verbandsverwaltung und Vertreter des Zweckverbandes. Weisungsaufgaben erfüllt er in eigener Zuständigkeit. Verbandsvorsitzender soll in der Regel ein Bürgermeister einer Gemeinde oder ein Landrat eines Landkreises sein, die dem Zweckverband angehören. Ist ein Verwaltungsrat als drittes Organ des Zweckverbandes eingerichtet, ist der Verbandsvorsitzende auch dessen Vorsitzender (§ 16 GKZ). Im Übrigen sind Einzelheiten der Verbandsverfassung in großem Umfang einer Regelung in der Verbandssatzung zugänglich (§ 6 GKZ). Der Zweckverband kann, soweit seine sonstigen Einnahmen zur Deckung seines Finanzbedarfs nicht ausreichen, von den Verbandsmitgliedern eine Umlage erheben (§ 19 GKZ).

§ 24a GKZ räumt Gemeinden und Landkreisen ferner die Möglichkeit ein, eine gemeinsame Kommunalanstalt in der Rechtsform einer rechtsfähigen Anstalt des öffentlichen Rechts zu bilden oder einer Kommunalanstalt beizutreten. Die Einzelheiten über Bildung und Betrieb regelt § 24b GKZ.

Als weitere Form der interkommunalen Zusammenarbeit sieht das Gesetz die öffentlich-rechtliche Vereinbarung vor. Nach § 25 Abs. 1 GKZ können Gemeinden und Landkreise vereinbaren, dass eine der beteiligten Körperschaften bestimmte Aufgaben für alle Beteiligten erfüllt, insbesondere den übrigen Beteiligten die Mitbenutzung einer von ihr betriebenen Einrichtung gestattet. Durch die Vereinbarung gehen das Recht und die Pflicht der übrigen Körperschaften zur Erfüllung der Aufgaben auf die übernehmende Körperschaft über. Die Rechtsaufsichtsbehörde kann ebenso eine Pflichtvereinbarung festlegen, wie sie die Bildung eines Zweckverbandes (Pflichtverband) verfügen kann, soweit zur Erfüllung bestimmter Pflichtaufgaben für die Maßnahme ein dringendes öffentliches Bedürfnis besteht und die Beteiligten innerhalb einer ihnen von der Aufsichtsbehörde gesetzten Frist nicht von sich aus die erforderlichen Schritte unternommen haben (§§ 11, 27 GKZ).

V. Nachbarschaftsverbände

Zur Bewältigung der Stadt-Umland-Probleme sollen die Nachbarschaftsverbände beitragen. Diese sind Körperschaften des öffentlichen Rechts, ihnen gehören jeweils neben Kernstädten weitere Städte und Gemeinden (Umlandgemeinden) an. Es gibt zur Zeit fünf Nachbarschaftsverbände, und zwar die Nachbarschaftsverbände Heidelberg-Mannheim, Karlsruhe, Pforzheim, Reutlingen-Tübingen und Ulm. Ihre Rechtsgrundlage haben die Nachbarschaftsverbände im Vierten Gesetz zur Verwaltungsreform (Nachbarschaftsverbandsgesetz) vom 9. Juli 1974 (GBl. S. 261), geändert durch Gesetz vom 7. Februar 1994 (GVBl. S. 92). Auf die Verwaltung des Nachbarschaftsverbandes finden die für den Zweckverband geltenden Vorschriften (vgl. oben sub IV) weitgehende Anwendung. Seine Organe sind die sich nach einem bestimmten Schlüssel aus Vertretern der Mitglieder zusammensetzende Verbandsversammlung als Hauptorgan und der Verbandsvorsitzende, der Vorsitzende der Verbandsversammlung und Leiter der Verbandsverwaltung ist. Der Nachbarschaftsverband hat insbesondere unter Beachtung der Ziele der Raumordnung und Landesplanung die geordnete Entwicklung des Nachbarschaftsbereiches zu fördern und auf einen Ausgleich der Interessen seiner Mitglieder hinzuwirken. Er ist Träger der vorbereitenden Bauleitplanung. Im Raum Stuttgart wurde durch Gesetz vom 7. Februar 1994 (GVBl. S. 92), zuletzt geändert durch Gesetz vom 17. Dezember 2020 (GBl. S. 1233, 1250), der „Verband Region Stuttgart" errichtet. Die Zuständigkeit des Verbands erstreckt sich auf das Gebiet des Stadtkreises Stuttgart und der Landkreise Böblingen, Esslingen, Göppingen, Ludwigsburg und Rems-Murr-Kreis. Er ist eine rechtsfähige Körperschaft des öffentlichen Rechts mit Sitz in Stuttgart und verwaltet seine Angelegenheiten im Rahmen der Gesetze in eigener Verantwortung. Zu den Pflichtaufgaben des Verbandes zählen unter anderem die Trägerschaft der Regionalplanung, die Aufstellung und Fortschreibung des Landschaftsrahmenplans, die Regionalverkehrsplanung und die Abfallentsorgung. Organe des Verbandes sind die aus 80 Mitgliedern bestehende und von der Bevölkerung unmittelbar gewählte Regionalversammlung, der ehrenamtliche Verbandsvorsitzende und der als Beamter auf Zeit (für acht Jahre) gewählte und als Leiter der Verbandsverwaltung tätige Regionaldirektor. Neben eigenen Einnahmen und Landeszuweisungen kann der Verband zur Deckung seines Finanzbedarfs auch eine von den Gemeinden des Verbandsgebietes zu erhebende Umlage heranziehen.

VI. Landeswohlfahrtsverbände Baden und Württemberg-Hohenzollern – Kommunalverband für Jugend und Soziales

Zu den höheren Gemeindeverbänden zählten bis Ende 2004 die Landeswohlfahrtsverbände Baden und Württemberg-Hohenzollern. Höhere Gemeindeverbände, wie es früher bereits in Preußen gab, nehmen traditionell vor allem Aufgaben im kulturellen und sozialen Bereich wahr. Ihr Vorhandensein ist Zeugnis von besonderem staatlichen Respekt gegenüber dem Selbstverwaltungsgedanken. Diese beiden traditionsreichen Verbände wurden durch § 1 des Gesetzes zur Auflösung der Landeswohlfahrtsverbände (Art. 171 des sogenannten Verwaltungsstruktur-Reformgesetzes – VRG – vom 1. Juli 2004, GBl. S. 469) mit Ablauf des 31. Dezember 2004 aufgelöst und damit die Existenz höherer Gemeindeverbände im Lande beendet. Ihre Aufgaben wurden auf die Stadt- und Landkreise und auf einen neuen Kommunalverband für Jugend und Soziales übertragen (§ 2 des Auflösungsgesetzes), eine Art landesweiter Pflicht-Zweckverband. Dieser Verband wurde nach § 1 des Gesetzes über den Kommunalverband für Jugend und Soziales Baden-Württemberg (Jugend- und Sozialverbandsgesetz – JSVG –, Art. 178 Verwaltungsstruktur-Reformgesetz), zuletzt geändert durch Gesetz vom 10. April 2018 (GBl. S. 113, 114), als Körperschaft des öffentlichen Rechts mit Sitz in Stuttgart errichtet. Gemäß seiner Verbandssatzung hat der Verband eine Zweigstelle in Karlsruhe eingerichtet. Der Kommunalverband verwaltet seine Angelegenheiten im Rahmen der Gesetze unter eigener Verantwortung und hat Dienstherrenfähigkeit. Seine Mitglieder sind alle Stadt- und Landkreise des Landes (§ 2 JSVG). Vor allem ist der Verband überörtlicher Träger der Sozialhilfe, der öffentlichen Jugendhilfe und der Kriegsopferfürsorge. Außerdem obliegen ihm Beratungs- und Unterstützungsfunktionen gegenüber den örtlichen Trägern in den genannten Bereichen (§ 3 JSVG). Für seine Verfassung und Verwaltung sind im Grundsatz die zweckverbandsrechtlichen Vorschriften des Gesetzes über kommunale Zusammenarbeit maßgebend (vgl. vorstehend sub IV). Seine Organe sind die sich aus Vertretern seiner Mitglieder (jeweils der Landrat bzw. Oberbürgermeister und ein weiteres Mitglied) zusammensetzende Verbandsversammlung und der Verbandsvorsitzende (§ 5 JSVG). Die Verbandsversammlung ist das Hauptorgan des Verbandes. Sie legt die Grundsätze für die Verwaltung fest, entscheidet in den ihr durch Gesetz zugewiesenen Angelegenheiten und überwacht die Ausführung ihrer Beschlüsse. Darüber hinaus legt das Gesetz eine Reihe wichtiger Einzelfragen fest (z.B. den Satzungserlass), in denen die Verbandsversammlung zwingend zuständig ist (vgl. § 6 JSVG). Der Verbandsvorsitzende wird ebenso wie seine beiden Stellvertreter von der Verbandsversammlung aus ihrer Mitte für eine Dauer von fünf Jahren gewählt, soweit die Verbandssatzung keine andere Regelung vorsieht. Ergänzend zu ihm kann die Verbandsversammlung einen Leiter der Verbandsverwaltung berufen, der sowohl als Beamter auf Zeit für acht Jahre als auch in einem privatrechtlichen Vertragsverhältnis bestellt werden kann (§ 7 JSVG). Für die Wirtschaftsführung des Verbandes gelten die gemeindewirtschaftlichen Vorschriften entsprechend (§ 8 JSVG). Seinen Finanzbedarf deckt er durch Gebühren und eine gegenüber den Verbandsmitgliedern zu erhebenden Umlage (§ 9 JSVG). Rechtsaufsichtsbehörde des Verbandes ist das Ministerium des Innern, für Digitalisierung und Kommunen (§ 10 JSVG).

I Die Stadtkreise

1 Regierungsbezirk Stuttgart

Region Mittlerer Neckar

1.1 Stadtkreis Stuttgart

70173 Stuttgart, Marktplatz 1; Tel. (07 11) 2 16-0 oder Behörden-Nr. 1 15; Fax (07 11) 2 16-9 12 37; E-Mail: post@stuttgart.de; http://www.stuttgart.de

Einwohner: 602 000
Fläche: 20 735 ha
Gemeinderat: 60 Mitglieder (16 GRÜNE, 12 CDU, 7 SPD, 7 Die FrAKTION, 5 FDP, 5 PULS, 4 FW, 4 AfD)
Oberbürgermeister: Dr. Frank Nopper
Vertreter: Dr. Fabian Mayer, 1. Bgm

Geschäftskreis OBgm

Dem OBgm unmittelbar nachgeordnet:

Persönliche/r Referent/in, Wohnungsbaukoordinator/in, Rechnungsprüfungsamt, Abteilung Wirtschaftsförderung, Abteilung für individuelle Chancengleichheit von Frauen und Männern, Abt. Kinderbüro

Referat Verwaltungskoordination, Kommunikation und Internationales: Ideen- und Beschwerdemanagement, Abteilung Kommunikation, Abteilung Außenbeziehungen, Abteilung Protokoll, Empfänge und Ehrungen, S 21 Rechtliche Koordination
Leiterin des Referats Verwaltungskoordination, Kommunikation und Internationales: Andrea Klett-Eininger, StaDirektorin, Tel. -6 06 89

Referat Strategische Planung und Nachhaltige Mobilität: Strategische Planung; S/OB-Mobil: Abt. Mobilität, Nachhaltig mobil in Stuttgart; Verkehrsausbau, Investitionen, ÖPNV, Klimaschutz
Leiter des Referats Strategische Planung und Nachhaltige Mobilität: Michael Münter, Tel. -6 07 56

Geschäftskreis I Referat Allgemeine Verwaltung, Kultur und Recht
Haupt- und Personalamt, Bezirksämter, Rechtsamt, Standesamt, Kulturamt, Arbeitsmedizinischer Dienst, Betriebliches Gesundheitsmanagement/Sozialberatung, Abteilung Datenschutz und Informationssicherheit, Arbeitssicherheitstechnischer Dienst
Leiter: Dr. Fabian Mayer, 1. Bgm, Tel. -6 06 35

Geschäftskreis II, Referat Wirtschaft, Finanzen und Beteiligungen
Stadtkämmerei, Liegenschaftsamt, Abt. Krankenhäuser
Leiter: Thomas Fuhrmann, Bgm, Tel. -6 06 23

Geschäftskreis III Referat Sicherheit, Ordnung und Sport
Amt für öffentliche Ordnung, Statistisches Amt, Branddirektion, Amt für Sport und Bewegung, Sicherheitspartnerschaft in der kommunalen Kriminalprävention
Leiter: Dr. Clemens Maier, Bgm, Tel. -6 06 25

Geschäftskreis IV Referat Jugend und Bildung
Schulverwaltungsamt, Jugendamt, Abteilung Stuttgarter Bildungspartnerschaft
Leiterin: Isabell Fezer, Bürgermeisterin, Tel. -6 06 42

Geschäftskreis V Referat Soziales und gesellschaftliche Integration
Jobcenter, Gesundheitsamt, Sozialamt, Abteilung Integrationspolitik, Behindertenbeauftragte(r), Eigenbetrieb Leben und Wohnen
Leiterin: Dr. Alexandra Sußmann, Bürgermeisterin, Tel. -6 06 10

Geschäftskreis VI Referat Städtebau, Wohnen und Umwelt
Amt für Umweltschutz, Amt für Stadtplanung und Wohnen, Baurechtsamt
Leiter: Peter Pätzold, Bgm, Tel. -6 06 50

Geschäftskreis VII Technisches Referat
Stadtmessungsamt, Hochbauamt, Tiefbauamt mit Eigenbetrieb Stadtentwässerung, Garten-, Friedhofs- und Forstamt, Eigenbetrieb Abfallwirtschaft Stuttgart, Eigenbetrieb Bäderbetriebe Stuttgart
Leiter: Dirk Thürnau, Bgm, Tel. -6 06 52

Außenstelle des Stadtkreises Stuttgart (nicht städtisch):

Versorgungsamt Stuttgart
70174 Stuttgart, Fritz-Elsas-Str. 30; Tel. (07 11) 66 73-0; Fax (07 11) 66 73-75 29;
E-Mail: poststelle@vst.lvs.bwl.de
Leiter: Michael Rak, LtdRDir
Bereich: Stadtkreis Stuttgart sowie die Landkreise Böblingen, Esslingen und Rems-Murr-Kreis
Bereich (OVSt): Stadtkreis Stuttgart, Landkreise Böblingen, Esslingen und Rems-Murr; Zuständigkeitsbereich des Versorgungsamts Heilbronn und die Landkreise Freudenstadt, Reutlingen, Tübingen und Zollernalbkreis

Region Franken

1.2 Stadtkreis Heilbronn

74072 Heilbronn, Marktplatz 7; Tel. (0 71 31) 5 60; Fax (0 71 31) 56 29 99;
E-Mail: posteingang@heilbronn.de;
http://www.heilbronn.de

Einwohner: 129 000
Fläche: 10 000 ha
Gemeinderat: 40 Mitglieder (9 CDU, 8 SPD, 8 GRÜNE, 5 AfD, 4 FDP, 4 FWV, 2 LINKE)
Oberbürgermeister: Harry Mergel

1. Bürgermeister: Martin Diepgen

Dezernat I
Stabsstellen: Büro des Oberbürgermeisters, Geschäftsstelle Gemeinderat, Pressestelle, Stadtentwicklung und Zukunftsfragen, Partizipation und Integration; Rechnungsprüfungsamt; Rechtsamt; Feuerwehr, Gesamtpersonalrat
Leiter: Harry Mergel, OBgm, Tel. -20 00

Dezernat II
Stabsstellen: Frauenbeauftragte, Wirtschaftsförderung, Personal- und Organisationsamt; Stadtkämmerei, Amt für Liegenschaften und Stadterneuerung
Leiter: Martin Diepgen, 1. Bgm, Tel. -20 01

Dezernat III
Ordnungsamt; Bürgeramt; Schul-, Kultur- und Sportamt; Eigenbetrieb Theater Heilbronn; Amt für Familie, Jugend und Senioren; Städtisches Gesundheitsamt
Leiterin: Agnes Christner, Bürgermeisterin, Tel. -20 02

Dezernat IV
Bauverwaltungsamt, Vermessungs- und Katasteramt, Planungs- und Baurechtsamt, Hochbauamt, Amt für Straßenwesen; Grünflächenamt, Betriebsamt, Eigenbetrieb Entsorgungsbetriebe der Stadt Heilbronn
Leiter: Wilfried Hajek, Bgm, Tel. -20 04

2 Regierungsbezirk Karlsruhe

Region Mittlerer Oberrhein

2.1 Stadtkreis Baden-Baden

76530 Baden-Baden, Marktplatz 2; Tel. (0 72 21) 93-0; Fax (0 72 21) 20 45;
E-Mail: bb@baden-baden.de;
http://www.baden-baden.de

Einwohner: 55 000
Fläche: 14 018 ha
Gemeinderat: 40 Mitglieder (11 GRÜNE, 9 CDU, 5 SPD, 5 FBB, 4 FW, 3 FDP, 3 AfD)
Oberbürgermeisterin: Margret Mergen
Erster Bürgermeister: Alexander Uhlig
Bürgermeister: Roland Kaiser

Dezernat I
Persönlicher Referent, Bürgerreferent, Fachbereich Zentrale Dienste (Ehrenamtsbeauftragte, Gleichstellungsbeauftragte, Fachgebiete: Informationstechnik, Geschäftsstelle Gemeinderat mit Kommunale Gremien und Hausdruckerei und Poststelle, Liegenschaften, Organisation, Personal, Pressestelle, Recht, Vergabe); Ortsverwaltung Rebland, Sandweier, Haueneberstein und Ebersteinburg, Rechnungsprüfungsamt, Stabsstellen: Wirtschaftsförderung und Klimaschutz, Fachkraft für Arbeitssicherheit, Daten-

schutzbeauftragter, IT-Sicherheitsbeauftragter; Fachbereich Finanzen (Fachgebiete: Haushalt und Beteiligungen, Stadtkasse, Steuern); Fachbereich Kultur (Kulturbüro, Museum und Archiv, Philharmonie, Stadtbibliothek, Theater), Städtische Gesellschaften: Baden-Baden Events GmbH, Baden-Baden Kur und Tourismus GmbH, Baden Airpark Beteiligungsgesellschaft mbH, Bäder- und Kurverwaltung, Gewerbentwicklung Baden-Baden GmbH, gGENF mbH, Klinikum Mittelbaden gGmbH, Kongresshaus Baden-Baden Betriebsgesellschaft mbH, Technologie-Region Karlsruhe
Leiterin: Margret Mergen, Oberbürgermeisterin, Tel. -20 01

Dezernat II
Fachbereich Planen und Bauen (Fachgebiete: Bauordnung, Gebäudemanagement, Stadtplanung, Tiefbau und Baubetrieb, Vermessung und Geoinformation, Stabsstelle Welterbebewerbung und Stadtentwicklung), Stabsstelle Zentrale Entwicklungsplanung/Mobilität; Fachbereich Wald und Grünfläche (Fachgebiete: Forst und Natur, Park und Garten, Friedhof), Eigenbetrieb Stadtwerke mit Parkgaragengesellschaft Baden-Baden mbH und Gemeinschaftskraftwerk Baden-Baden GmbH, Eigenbetrieb Umwelttechnik, Energieagentur Mittelbaden gGmbH, Forstservice GmbH, Entwicklungsgesellschaft Cité mbH, Gesellschaft für Stadterneuerung und Stadtentwicklung Baden-Baden mbH, Krematorium Baden-Baden mbH
Leiter: Alexander Uhlig, Erster Bgm, Tel. -20 21

Dezernat III
Fachbereich Ordnung und Sicherheit (Fachgebiete: Öffentliche Ordnung, Straßenverkehr, Bürgerservice, Standesamt, Umwelt und Arbeitsschutz, Feuerwehr); Fachbereich Bildung und Soziales (Fachgebiete: Existenzsicherung und Teilhabe, Jugend und Familie, Kindertagesbetreuung, Senioren und besondere Hilfen, Sozialplanung und Integration sowie Schule und Sport), Europäische Medien- und Event-Akademie gGmbH mit Baden-Baden Award GmbH, Jobcenter
Leiter: Roland Kaiser, Bgm, Tel. -20 31

2.2 Stadtkreis Karlsruhe

76133 **Karlsruhe**, Karl-Friedrich-Str. 10; Tel. (07 21) 1 33-0; Fax (07 21) 1 33-95 95 95; E-Mail: stadt@karlsruhe.de; http://www.karlsruhe.de

Einwohner: 313 092
Fläche: 17 350 ha
Gemeinderat: 48 Mitglieder (15 GRÜNE, 9 CDU, 7 SPD, 4 FDP, 4 KAL/Die PARTEI, 3 AfD, 3 LINKE, 3 FW/FÜR)
Oberbürgermeister: Dr. Frank Mentrup

1. Bürgermeisterin: Gabriele Luczak-Schwarz

Dezernat 1
Verwaltungssteuerung, Außenbeziehungen, Repräsentation, Presse- und Öffentlichkeitsarbeit, Stadtteilverwaltung, Recht
Leiter: Dr. Frank Mentrup, OBgm, Tel. -10 10

Dezernat 2
Kultur, Öffentliche Sicherheit und Ordnung, Personal und Organisation, Statistik und Wahlen, Bürgerbeteiligung, Stadtteilentwicklung
Leiter: Dr. Albert Käuflein, Bgm, Tel. -10 25

Dezernat 3
Jugend und Soziales, Schulen und Sport, Bäder
Leiter: Dr. Martin Lenz, Bgm, Tel. -10 35

Dezernat 4
Finanzen und Beteiligungen, Wirtschaft und Arbeit, Stadtmarketing, Kongresse, Ausstellungen, Veranstaltungen, Tourismus, Versorgung, Verkehr und Hafen, Flächenmanagement, Marktwesen
Leiterin: Gabriele Luczak-Schwarz, 1. Bürgermeisterin, Tel. -10 45

Dezernat 5
Umwelt, Klimaschutz, Gesundheit, Brand- und Katastrophenschutz, Abfallwirtschaft, Friedhofswesen, Forst
Leiterin: Bettina Lisbach, Bürgermeisterin, Tel. -10 55

Dezernat 6
Planen, Bauen, Immobilienmanagement
Leiter: Daniel Fluhrer, Bgm, Tel. -10 65

Region Unterer Neckar

2.3 Stadtkreis Heidelberg

69117 **Heidelberg**, Marktplatz 10; Tel. (0 62 21) 58-1 05 80 oder einheitliche Behörden-Nr. 115; Fax (0 62 21) 58-1 09 00; E-Mail: stadt@heidelberg.de; http://www.heidelberg.de

Einwohner: 160 000
Fläche: 10 883 ha
Gemeinderat: 48 Mitglieder (16 GRÜNE, 7 CDU, 7 SPD, 3 Heidelberger, 3 FDP, 3 LINKE, 2 GAL, 2 Bunte Linke, 2 AfD, 1 FWV, 1 Heidelberg in Bewegung, 1 Partei)
Oberbürgermeister: Prof. Dr. Eckart Würzner
1. Bürgermeister: Jürgen Odszuck
Bürgermeister: Raoul Schmidt-Lamontain; Wolfgang Erichson; Jürgen Heiß; Stefanie Jansen

Dezernat I
OBgm-Referat, Bürgerbeauftragter, Personal- und Organisationsamt, Amt für Öffentlichkeitsarbeit, Rechnungsprüfungsamt, Rechtsamt, Feuerwehr, Amt für Sport und Gesundheitsför-

derung, Amt für Wirtschaftsförderung und Wissenschaft
Leiter: Prof. Dr. Eckart Würzner, OBgm, Tel. -2 01 00, -2 01 10

Dezernat II Stadtentwicklung und Bauen
Amt für Stadtentwicklung und Statistik, Stadtplanungsamt, Vermessungsamt, Amt für Baurecht und Denkmalschutz, Hochbauamt, Tiefbauamt
Leiter: Jürgen Odszuck, 1. Bgm, Tel. -2 02 00, -2 02 10

Dezernat III Klimaschutz, Umwelt und Mobilität
Amt für Umweltschutz, Gewerbeaufsicht und Energie, Landschafts- und Forstamt, Abfallwirtschaft und Stadtreinigung, Amt für Verkehrsmanagement
Leiter: Raoul Schmidt-Lamontain, Bgm, Tel. -1 21 00, -1 21 01

Dezernat IV Soziales, Bildung, Familie und Chancengleichheit
Amt für Chancengleichheit, Amt für Schule und Bildung, Amt für Soziales und Senioren, Kinder- und Jugendamt
Leiterin: Stefanie Jansen, Bürgermeisterin, Tel. -2 03 00, -2 03 10

Dezernat V Kultur, Bürgerservice und Kreativwirtschaft
Bürger- und Ordnungsamt, Amt für Digitales und Informationsverarbeitung, Standesamt, Kulturamt, Kurpfälzisches Museum, Stadtbücherei, Musik- und Singschule, Stadtarchiv
Leiter: Wolfgang Erichson, Bgm, Tel. -2 06 00, -2 06 10

Dezernat V Konversion und Finanzen
Kämmereiamt, Amt für Liegenschaften und Konversion, Anbindung der städtischen Gesellschaften und Eigenbetriebe
Leiter: Hans-Jürgen Heiß, Bgm, Tel. -2 05 00

2.4 Stadt Mannheim

68159 Mannheim, Rathaus E 5; Tel. (06 21) 2 93-0; E-Mail: stadtverwaltung@mannheim.de; http://www.mannheim.de

Einwohner: 309 721
Fläche: 14 497 ha
Gemeinderat: 48 Mitglieder (12 GRÜNE, 10 SPD, 9 CDU, 4 FW ML, 4 AfD, 3 LINKE, 3 FDP, 1 MfM, 1 Partei, 1 Tierschutzpartei)
Oberbürgermeister: Dr. Peter Kurz
1. Bürgermeister: Christian Specht

Unmittelbar dem OBgm unterstellt:

Leitung des Büros des Oberbürgermeisters, Persönlicher Referent, Arbeitssicherheit; Koordinierungsstelle Change; Presse und Kommunikation

Dezernat Oberbürgermeister
Fachbereich Organisation und Personal, Rechnungsprüfungsamt, Fachbereich Demokratie und Strategie, Fachbereich Internationales, Europa und Protokoll, Rechtsamt
Leiter: Dr. Peter Kurz, OBgm

Dezernat I Finanzen, Beteiligungsvermögen, IT, Sicherheit und Ordnung
Fachbereich Informationstechnologie, Fachbereich Finanzen, Steuern, Beteiligungsmanagement, Fachbereich Sicherheit und Ordnung, Feuerwehr und Katastrophenschutz
Leiter: Christian Specht, 1. Bgm

Dezernat II Wirtschaft, Arbeit, Soziales, Kultur
MARCHIVUM – Mannheims Archiv, Haus der Stadtgeschichte und Erinnerung, Kulturamt, Fachbereich Arbeit und Soziales, Fachbereich für Wirtschafts- und Strukturförderung, Eigenbetrieb Nationaltheater, Eigenbetrieb Kunsthalle, Eigenbetrieb Reiss-Engelhorn-Museen
Leiter: Michael Grötsch, Bgm

Dezernat III Bildung, Jugend, Gesundheit
Fachbereich Bildung, Fachbereich Tageseinrichtungen für Kinder, Fachbereich Jugendamt und Gesundheit
Leiter: Dirk Grunert, Bgm

Dezernat IV Bauen, Planung, Verkehr, Sport
Fachbereich Sport und Freizeit, Fachbereich Baurecht, Bauverwaltung und Denkmalschutz, Fachbereich Geoinformation und Stadtplanung, Fachbereich Bau- und Immobilienmanagement
Leiter: Ralf Eisenhauer, Bgm

Dezernat V Bürgerservice, Klima- und Umweltschutz, Technische Betriebe
Fachbereich Bürgerdienste, Fachbereich Klima, Natur, Umwelt, Eigenbetrieb Friedhöfe, Eigenbetrieb Stadtraumservice, Eigenbetrieb Stadtentwässerung
Leiterin: Prof. Dr. Diana Pretzell, Bürgermeisterin

Region Nordschwarzwald

2.5 Stadtkreis Pforzheim

75175 Pforzheim, Marktplatz 1; Tel. (0 72 31) 39-0; E-Mail: presse@stadt-pforzheim.de; http://www.pforzheim.de

Einwohner: 126 016
Fläche: 9 799 ha
Gemeinderat: 40 Mitglieder (8 CDU, 6 AfD, 5 SPD, 4 FDP, 3 FW, 3 GRÜNE, 3 GLP, 2 UB, 2 JLP, 1 WiP, 1 LED, 1 LINKE, 1 BLP)
Oberbürgermeister: Peter Boch
1. Bürgermeister: Dirk Büscher

Dezernat I
Personal, Technische Dienste, Wirtschaftsförderung, Querschnittsverwaltung, Öffentlichkeitsarbeit, Politik und Internationales, Theater
Leiter: Peter Boch, OBgm, Tel. -23 00

Dezernat II
Kultur, Bauen, Planen, Stadtentwicklung, Gebäudemanagement, Umwelt, Grünflächen
Leiterin: Sibylle Schüssler, Bürgermeisterin, Tel. -23 11

Dezernat III
Bildung, Soziales, Sport, Jobcenter, Stadtbibliothek
Leiter: Frank Fillbrunn, Bgm, Tel. -21 00

Dezernat IV
Finanzen, Sicherheit/Ordnung, Feuerwehr, Energie und Wasser, Personennahverkehr, Goldstadtbäder, Standesamt
Leiter: Dirk Büscher, EBgm, Tel. -23 18

3 Regierungsbezirk Freiburg
Region Südlicher Oberrhein

3.1 Stadtkreis Freiburg im Breisgau

79098 Freiburg, Rathausplatz 2-4; Tel. (07 61) 2 01-0; Fax (07 61) 2 01-11 95 (Haupt- und Personalamt); E-Mail: buergerberatung@stadt.freiburg.de; http://www.freiburg.de

Einwohner: 230 163
Fläche: 15 306 ha
Gemeinderat: 48 Mitglieder (13 GRÜNE, 7 SPD/Kulturliste, 7 Eine Stadt für alle, 6 CDU, 5 JUPI, 3 Freie Demokraten/Bürger für Freiburg, 3 FW, 2 Freiburger Lebenswert, 2 AfD)
Oberbürgermeister: Martin W. W. Horn
1. Bürgermeister: Ulrich von Kirchbach

Dezernat I Strategische Steuerung, Haupt- und Personalverwaltung, Organisation, Recht, Regionales, Ortsverwaltungen, Rechnungsprüfungswesen, Arbeitsschutz, Öffentlichkeitsarbeit
Büro des Oberbürgermeisters, Büro für Kommunikation, Referat für Internationale Kontakte und Protokoll, Projektgruppe (PG) Impuls für Wandel und Innovation, Nachhaltigkeitsmanagement, Presse- und Öffentlichkeitsreferat, Haupt- und Personalamt mit Ortsverwaltungen, Arbeitsschutz, Rechnungsprüfungsamt, Rechtsamt mit Vergleichsbehörde, Digitales und IT, Referat für bezahlbares Wohnen, Gesamtpersonalrat, Kontaktstelle Frau und Beruf, Stelle zur Gleichberechtigung der Frau, Geschäftsstelle Gender & Diversity, Vergabemanagement
Leiter: Martin W. W. Horn, OBgm, Tel. -10 00

Dezernat II Umwelt mit Forst und Abfallwirtschaft, Jugend, Schule und Bildung
Büro der Bürgermeisterin, Forstamt mit Mundenhof, Amt für Schule und Bildung, Umweltschutzamt, Eigenbetrieb Abfallwirtschaft, Amt für Kinder, Jugend und Familie
Leiterin: Christine Buchheit, Bürgermeisterin, Tel. -20 00

Dezernat III Kultur, Bibliothekswesen, Soziales, Wohnraumsicherung und Unterkünfte, Migration und Integration
Büro des Ersten Bürgermeisters, Kulturamt, Städtische Museen, Eigenbetrieb Theater Freiburg, Amt für Soziales und Senioren, Stadtbibliothek, Amt für Migration und Integration
Leiter: Ulrich von Kirchbach, Bgm, Tel. -30 00

Dezernat IV Finanz- und Wirtschaftswesen, Liegenschaften und Wohnungswesen, öffentliche Ordnung, Bürgerservice, Feuerwehr, Sport, Standesamtswesen, Stadtentwässerung, Friedhöfe, Vermessung
Büro des Bürgermeisters, Stadtkämmerei, Amt für Liegenschaften und Wohnungswesen, Eigenbetrieb Stadtentwässerung, Eigenbetrieb Friedhöfe, Vermessungsamt mit Geschäftsstelle Gutachterausschuss, Sportreferat, Geschäftsstelle Bürgerservice und Informationsmanagement, Amt für öffentliche Ordnung, Amt für Brand- und Katastrophenschutz, Standesamt
Leiter: Stefan Breiter, Bgm, Tel. -50 00

Dezernat V Stadtentwicklung und Bauen, Tiefbau mit Verkehrsplanung, Stadtgrün, Gebäudemanagement
Büro des Bürgermeisters, Baurechtsamt, Amt für Projektentwicklung und Stadterneuerung, Stadtplanungsamt, Gebäudemanagement Freiburg, Garten- und Tiefbauamt
Leiter: Prof. Dr. Haag, Bgm, Tel. -40 00

4 Regierungsbezirk Tübingen
Region Donau-Iller

4.1 Stadtkreis Ulm

89073 Ulm, Marktplatz 1; Tel. (07 31) 16 10; Fax (07 31) 16 1-16 13; E-Mail: info@ulm.de; http://www.Ulm.de

Einwohner: 126 984
Fläche: 11 869 ha
Gemeinderat: 40 Mitglieder (12 GRÜNE, 10 FWG, 8 CDU/UGA-Fraktion, 7 SPD, 2 FDP, 1 AfD)
Oberbürgermeister: Gunter Czisch
1. Bürgermeister: Martin Bendel

Dem OBgm unmittelbar unterstellte Dienststellen:

Büro des Oberbürgermeisters, Zentralstelle, Rechnungsprüfungsamt, Ortsverwaltungen

(Gögglingen/Donaustetten, Eggingen, Einsingen, Ermingen, Jungingen, Lehr, Mähringen, Unterweiler), Liegenschaften/Wirtschaftsförderung

Zentrale Steuerung und Dienste
Haushalt und Finanzen, Personal und Organisation, Team IT, Interne Dienste, Rechtsstelle, Steuern und Beteiligungsmanagement
Leiter: Martin Bendel, 1. Bgm, Tel. -20 00

Fachbereich Kultur
Kulturabteilung, Stadtbibliothek, Musikschule der Stadt Ulm, Ulmer Museum, Ulmer Theater, Haus der Stadtgeschichte – Stadtarchiv, Stadthaus
Leiterin: Iris Mann, Bürgermeisterin, Tel. -30 00

Fachbereich Bildung und Soziales
Abteilung Soziales, Jobcenter Ulm, Kinderbetreuung Ulm, Städtische Kindertageseinrichtungen, Bildung und Sport
Leiterin: Iris Mann, Bürgermeisterin, Tel. -30 00

Fachbereich Stadtentwicklung, Bau und Umwelt
Stadtplanung, Umwelt, Baurecht, Verkehrsplanung und Straßenbau, Grünflächen, Vermessung, Friedhofs- und Bestattungswesen, Feuerwehr und Katastrophenschutz, Gebäudemanagement
Leiter: Dipl.-Ing. Tim von Winning, Bgm, Tel. -60 00

Bürgerdienste
Sicherheit, Ordnung und Gewerbe, Verkehr und Bußgeld, Führerscheinwesen, Rentenstelle, Melde- und Ausländerwesen, Dienstleistungszentren, Standesamt und Fundbüro, Statistik und Wahlen, Kfz-Zulassung, Verwaltung und Controlling, Veterinäramt
Leiter: Roland Häußler, Tel. -32 00

II Die Landkreise, kreisangehörigen Gemeinden und Verwaltungsgemeinschaften

1 Regierungsbezirk Stuttgart

Region Mittlerer Neckar

1.1 Landkreis Böblingen

71034 Böblingen, Parkstr. 16; Tel. (0 70 31) 6 63-0; Fax (0 70 31) 6 63-14 83; E-Mail: posteingang@lrabb.de; http://www.lrabb.de

Einwohner: 392 898
Fläche: 61 778 ha
Kreistag: 84 Mitglieder (25 FW, 17 CDU, 16 GRÜNE, 11 SPD, 6 FDP, 5 AfD, 3 LINKE, 1 SALZ)
Landrat: Roland Bernhard

Dem Landrat unmittelbar unterstellt:

Zentralstelle, Prüfung und Kommunalaufsicht, Gleichstellungsbeauftragte, Kommunaler Behindertenbeauftragter, Regionalentwicklung, Datenschutzbeauftragter, Bürgerreferent/in, Bevölkerungsschutz und Feuerwehrwesen

Dezernat 1 Steuerung und Service
Finanzen, Personal, IuK und Service
Leiter: Björn Hinck, Tel. -14 62

Dezernat 2 Jugend und Soziales
Jugend, Soziales und Teilhabe, Versorgung, Migration und Flüchtlinge
Leiter: Dusan Minic, Tel. -16 40

Dezernat 3 Verkehr und Ordnung
ÖPNV, Straßenbau, Straßenverkehr und Ordnung, Gesundheit, Veterinärdienst und Lebensmittelüberwachung
Leiter: Thomas Wagner, Tel. -25 10

Dezernat 4 Umwelt und Klima
Bauen und Umwelt, Landwirtschaft und Naturschutz, Forsten, Vermessung und Flurneuordnung
Leiter: Martin Wuttke, Erster Landesbeamter, Tel. -16 55

Außenstellen des Landkreises Böblingen:

Vermessung und Flurneuordnung
71034 Böblingen, Parkstr. 2; Tel. (0 70 31) 6 63-50 00; Fax (0 70 31) 6 63-50 05
Leiter: Peter Scholl, LtdVmDir

Versorgung
70174 Stuttgart, Fritz-Elsas-Str. 30; Tel. (07 11) 66 73-0; Fax (07 11) 66 73-75 29
Leiter: Michael Rak, LtdRDir

Städte und Gemeinden im Landkreis Böblingen:

Gemeinde Aidlingen
71134 Aidlingen, Hauptstr. 6; Tel. (0 70 34) 1 25-0; Fax (0 70 34) 1 25-55;
E-Mail: poststelle@aidlingen.de;
http://www.aidlingen.de

Einwohner: 9 342
Bürgermeister: Ekkehard Fauth

Hauptamt
Leiter: Uwe Schleeh, Tel. -26

Kämmerei
Leiter: Joachim Brenner, Tel. -16

Ortsbauamt
Leiter: Ulrich Dürr, Tel. -28

Gemeinde Altdorf
71155 Altdorf, Kirchplatz 5; Tel. (0 70 31) 74 74-0; Fax (0 70 31) 74 74-10; E-Mail: info@altdorf-bb.de;
http://www.altdorf-bb.de

Einwohner: 4 668
Bürgermeister: Erwin Heller

Haupt-, Ordnungs- und Bauamt
Leiterin: Karin Grund, Tel. -20

Rechnungsamt
Leiter: Yannik Schneider, Tel. -19

Stadt Böblingen
(Große Kreisstadt)
71032 Böblingen, Marktplatz 16; Tel. (0 70 31) 6 69-0; Fax (0 70 31) 6 69-99 09;
E-Mail: stadt@boeblingen.de;
http://www.boeblingen.de

Einwohner: 50 121
Oberbürgermeister: Dr. Stefan Belz
1. Bürgermeister: Tobias Heizmann
Bürgermeisterin: Christine Kraayvanger

Dezernat I
Hauptamt, Rechnungsprüfungsamt, Bezirksamt Dagersheim, Liegenschafts- und Wirtschaftsförderungsamt, Bürger- und Ordnungsamt, Amt für Kultur
Leiter: Dr. Stefan Belz, OBgm, Tel. -12 01

Dezernat II
Kämmereiamt, Amt für Jugend, Schule und Sport, Amt für Soziales
Leiter: Tobias Heizmann, 1. Bgm, Tel. -22 01

Dezernat III
Baurechts- und Bauverwaltungsamt, Amt für Stadtentwicklung und Städtebau, Amt für Gebäudemanagement, Tiefbau- und Grünflächenamt, Eigenbetrieb Stadtentwässerung
Leiterin: Christine Kraayvanger, Bürgermeisterin, Tel. -32 01

Gemeinde Bondorf
71149 Bondorf, Hindenburgstr. 33; Tel. (0 74 57) 93 93-0; Fax (0 74 57) 80 87;
E-Mail: gemeinde@bondorf.de;
http://www.bondorf.de

Einwohner: 6 015
Bürgermeister: Bernd Dürr

Hauptverwaltung
Leiter: Simon Baier, Tel. -15

Finanzverwaltung
Leiter: Heiko Meixner, Tel. -16

Gemeinde Deckenpfronn
75392 Deckenpfronn, Marktplatz 1; Tel. (0 70 56) 92 79-0; Fax (0 70 56) 92 79-50;
E-Mail: gemeinde@deckenpfronn.de;
http://www.deckenpfronn.de

Einwohner: 3 210
Bürgermeister: Daniel Gött

Hauptamt
Leiterin: Andrea Grab

Kämmerei
Leiter: Stefan Ostermaier

Gemeinde Ehningen
71139 Ehningen, Königstr. 29; Tel. (0 70 34) 1 21-0; Fax (0 70 34) 1 21-1 06;
E-Mail: gemeinde@ehningen.de;
http://www.ehningen.de

Einwohner: 9 217
Bürgermeister: Lukas Roschgrün

Hauptamt
Leiter: Benjamin Finis, Tel. -1 27

Ordnungsamt
Leiterin: Brigitte Joppke, Tel. -1 39 ; Sonja Benzinger, Tel. -1 38

Kämmerei
Leiter: Jochen Widenmaier, Tel. -1 13

Bauamt (Hoch- und Tiefbau)
Leiter: Dan Häring, Tel. -1 18

Bauamt (Bauen und Liegenschaften)
Leiterin: Brigitta Reichert, Tel. -1 02

Gemeinde Gärtringen
71116 Gärtringen, Rohrweg 2; Tel. (0 70 34) 9 23-0; Fax (0 70 34) 9 23-2 00;
E-Mail: Info@gaertringen.de;
http://www.gaertringen.de

Einwohner: 12 943
Bürgermeister: Thomas Riesch

Hauptamt
Leiter: Norbert Sünder, Tel. -1 10

Rechnungsamt
Leiterin: Hildegard Wieland, Tel. -1 20

Bauamt
Leiter: Gert Gaebele, Tel. -1 60

Gemeinde Gäufelden
71126 Gäufelden, Rathausplatz 1; Tel. (0 70 32) 78 02-0; Fax (0 70 32) 78 02-91 00; E-Mail: info@gaeufelden.de; http://www.gaeufelden.de

Einwohner: 9 106
Bürgermeister: Johannes Buchter

Hauptverwaltung
Leiter: Hans Schwarz, Tel. -1 29

Finanzverwaltung
Leiterin: Ulrike Steiner, Tel. -1 16

Ortsbauamt
Leiter: Holger Schmidt, Tel. -1 31

Gemeinde Grafenau
71120 Grafenau, Hofstetten 12; Tel. (0 70 33) 4 03-0; Fax (0 70 33) 4 03 21; E-Mail: info@gemeindegrafenau.de; http://www.grafenau-wuertt.de

Einwohner: 6 735
Bürgermeister: Martin Thüringer

Hauptamt/Ordnungsamt
Leiterin: Christine Klemm, Tel. -22

Kämmerei
Leiterin: Katrin Assmann, Tel. -17

Bauamt
Leiter: Markus Buck, Tel. -20

Stadt Herrenberg
(Große Kreisstadt)
71083 Herrenberg, Marktplatz 5; Tel. (0 70 32) 9 24-0; Fax (0 70 32) 9 24-3 33; E-Mail: stadt@herrenberg.de; http://www.herrenberg.de

Einwohner: 32 909
Oberbürgermeister: Thomas Sprißler
Bürgermeister: Stefan Metzing; Susanne Schreiber

Dezernat I
Allgemeine Verwaltung
Leiter: Thomas Sprißler, OBgm, Tel. -2 22

Dezernat II
Finanzverwaltung
Leiter: Stefan Metzing, Bgm, Tel. -2 52

Dezernat III
Bauverwaltung
Leiterin: Susanne Schreiber, Bürgermeisterin, Tel. -2 63

Gemeinde Hildrizhausen
71157 Hildrizhausen, Herrenberger Str. 13; Tel. (0 70 34) 9 38 70; Fax (0 70 34) 93 87-40; E-Mail: info@hildrizhausen.de; http://www.hildrizhausen.de

Einwohner: 3 650
Bürgermeister: Matthias Schöck

Stadt Holzgerlingen
71088 Holzgerlingen, Böblinger Str. 5-7; Tel. (0 70 31) 68 08-0; Fax (0 70 31) 68 08-1 99; E-Mail: stadt@holzgerlingen.de; http://www.holzgerlingen.de

Einwohner: 13 759
Bürgermeister: Ioannis Delakos

Hauptamt
Leiter: Jan Stäbler, StaOAR, Tel. -1 20

Rechnungsamt
Leiter: Jean-Rémy Planche, 1.Beig, Tel. -3 00

Bauamt
Leiter: Roland Hoffmann, StaOVwR, Tel. -2 00

Gemeinde Jettingen
71131 Jettingen, Albstr. 2; Tel. (0 74 52) 7 44-0; Fax (0 74 52) 7 44 44; E-Mail: info@jettingen.de; http://www.jettingen.de

Einwohner: 7 717
Bürgermeister: Hans Michael Burkhardt

Hauptverwaltung
Leiter: Jochen Hasenburger, Tel. -30

Finanzverwaltung
Leiter: Walter Lang, Tel. -24

Ordnungs- und Bauverwaltung
Leiterin: Anna-Lisa Kellner, Tel. -14

Ortsbauamt
Leiter: Otto Hauser, Tel. -16

Stadt Leonberg
(Große Kreisstadt)
71229 Leonberg, Belforter Platz 1; Tel. (0 71 52) 9 90-0; Fax (0 71 52) 9 90-10 90; E-Mail: info@leonberg.de; http://www.leonberg.de

Einwohner: 48 753
Oberbürgermeister: Martin Georg Cohn
Erste Bürgermeisterin: Josefa Schmid

Dezernat I
Hauptamt, Rechnungsprüfungsamt, Amt für Kultur, Sport
Leiter: Martin Georg Cohn, OBgm, Tel. -10 00

Dezernat II
Kämmereiamt, Amt für Jugend, Familie und Schule, Ordnungsamt
Leiterin: Josefa Schmid, 1. Bürgermeisterin, Tel. -20 00

Dezernat III
Bauverwaltungs- und Bauordnungsamt, Stadtplanungsamt, Tiefbauamt, Gebäudemanagement
Leiter: Klaus Brenner, Bgm, Tel. -30 00

Gemeinde Magstadt
71106 Magstadt, Marktplatz 1; Tel. (0 71 59) 94 58-0; Fax (0 71 59) 94 58-65;

E-Mail: Rathaus@magstadt.de;
http://www.Magstadt.de

Einwohner: 9 800
Bürgermeister: Florian Glock

Hauptamt
Leiter: Hans-Peter Burckhardt, Tel. -21

Ordnungsamt
Leiterin: Martina Schmidt, Tel. -70

Kämmerei
Leiter: Gerhard Schneberger, Tel. -33

Bauamt
Leiter: Leonhard Weinmann, Tel. -29

Gemeinde Mötzingen
71159 Mötzingen, Schloßgartenstr. 1; Tel. (0 74 52) 88 81-0; Fax (0 74 52) 88 81-30;
E-Mail: info@moetzingen.de;
http://www.moetzingen.de

Einwohner: 3 690
Bürgermeister: Marcel Hagenlocher

Hauptamt
Leiterin: Jennifer Rupp, Tel. -26

Rechnungsamt
Leiter: Christian Stepan, Tel. -14

Bauamt
Leiterin: Silke Bohn, Tel. -20

Ordnungsamt
Leiter: Torsten Melzer, Tel. -28

Gemeinde Nufringen
71154 Nufringen, Hauptstr. 28; Tel. (0 70 32) 96 80-0; Fax (0 70 32) 96 80-60;
E-Mail: gemeinde@nufringen.de;
http://www.nufringen.de

Einwohner: 5 950
Bürgermeister: Ingolf Welte

Hauptamt
Leiter: Dominik Stark, Tel. -30
Ortsbaumeister: Jürgen Notter, Tel. -32

Kämmerei
Leiterin: Nadine Gerlach, Tel. -40

Stadt Renningen
71272 Renningen, Hauptstr. 1; Tel. (0 71 59) 9 24-0; Fax (0 71 59) 9 24-1 03;
E-Mail: info@renningen.de;
http://www.renningen.de

Einwohner: 17 300
Bürgermeister: Wolfgang Faißt

Fachbereich 1 Bürger und Recht
Leiter: Marcello Lallo, Tel. -1 27

Fachbereich 2 Planen-Technik-Bauen
Leiter: Hartmut Marx, Tel. -1 30

Fachbereich 3 Vermögen und Controlling
Leiter: Peter Müller, 1. Beig, Tel. -1 17

Fachbereich 4 Finanzen und Zentrale Dienste
Leiterin: Carmen Lörcher, Tel. -1 14

Stadt Rutesheim
71277 Rutesheim, Leonberger Str. 15; Tel. (0 71 52) 50 02-0; Fax (0 71 52) 50 02-10 33;
E-Mail: stadt@rutesheim.de;
http://www.rutesheim.de

Einwohner: 11 000
Bürgermeisterin: Susanne Widmaier

Hauptamt
Leiter: Martin Killinger, 1.Beig., Tel. -10 30

Ordnungsamt
Leiterin: Debora Widmaier, StaAmtfrau, Tel. -10 32

Rechnungsamt
Leiter: Rainer Fahrner, StaOVwR, Tel. -10 20

Bauamt
Leiter: Bernhard Dieterle-Bard, StaBauOVwR, Tel. -10 40

Gemeinde Schönaich
71101 Schönaich, Bühlstr. 10; Tel. (0 70 31) 6 39-0; Fax (0 70 31) 6 39-99; E-Mail: info@schoenaich.de;
http://www.schoenaich.de

Einwohner: 10 700
Bürgermeisterin: Anna Walther

Haupt- und Personalamt
Leiterin: Melissa Gerlach, Tel. -20

Ordnungsamt
Leiterin: Zeynep Habakuk, Tel. -28

Finanzverwaltung
Leiterin: Sarah Horn, Tel. -30

Bauamt
Leiter: Wolfram Sonntag, Tel. -45

Stadt Sindelfingen
(Große Kreisstadt)
71063 Sindelfingen, Rathausplatz 1; Tel. (0 70 31) 94-0; Fax (0 70 31) 94-6 10;
E-Mail: stadt@sindelfingen.de;
http://www.sindelfingen.de

Einwohner: 63 598
Oberbürgermeister: Dr. Bernd Vöhringer
1. Bürgermeister: Christian Gangl
Bürgermeisterin: Dr. Corinna Clemens

Dezernat I - Soziales, Verwaltung, Bevölkerungsschutz und Wirtschaftsförderung
Büro des Oberbürgermeisters, Büroleitung und strategische Planung, Persönlicher Referent und Bürgerreferentin, Hauptamt, Justitiariat, Amt für Digitalisierung, Rechnungsprüfungsamt, Ortschaftsverwaltun-

gen; Amt für Feuerwehr und Bevölkerungsschutz; Amt für soziale Dienste
Leiter: Dr. Bernd Vöhringer, OBgm, Tel. -3 15

Dezernat II - Finanzen, Öffentliche Ordnung, Kultur, Bildung, Betreuung und Sport
Amt für Finanzen, Ordnungs- und Standesamt, Amt für Kultur, Amt für Bildung und Betreuung, Sport- und Bäderamt
Leiter: Christian Gangl, 1. Bgm, Tel. -3 11

Dezernat III - Stadtentwicklung, Klimaschutz und Bauen
Tiefbau, Amt für Stadtentwicklung und Geoinformation, Bürgeramt Bauen, Amt für Gebäudewirtschaft, Amt für Grün und Umwelt
Leiterin: Dr. Corinna Clemens, Bürgermeisterin, Tel. -5 17

Gemeinde Steinenbronn
71144 Steinenbronn, Stuttgarter Str. 5; Tel. (0 71 57) 12 91-0; Fax (0 71 57) 12 91-14;
E-Mail: info@steinenbronn.de;
http://www.steinenbronn.de

Einwohner: 6 500
Bürgermeister: Ronny Habakuk

Hauptamt
Leiter: Wolfgang Bohn, GemOAR, Tel. -20

Ordnungsamt
Leiter: Lukas Lang, GemOI, Tel. -22

Finanzverwaltung
Leiter: Hans-Dieter Bär, GemOAR, Tel. -30

Ortsbauamt
Leiterinnen: Sabrina Fritsch, GemARätin, Tel. -40 ; Natalie Fischer, Ortsbaumeisterin, Tel. -41

Stadt Waldenbuch
71111 Waldenbuch, Marktplatz 1 und 5; Tel. (0 71 57) 12 93-0; Fax (0 71 57) 12 93-75 bis 12 93-77;
E-Mail: Stadt@Waldenbuch.de;
http://www.waldenbuch.de

Einwohner: 8 527
Bürgermeister: Michael Lutz

Hauptamt
Leiter: Ralph Hintersehr, Tel. -13

Ordnungsamt
Leiterin: Katharina Jacob, Tel. -20

Kämmereiamt
Leiter: Werner Kiedaisch, Tel. -30

Hochbau
Leiter: Marco Noller, Tel. -64

Tiefbau
Leiter: Joachim Russ, Tel. -60

Stadt Weil der Stadt
71263 Weil der Stadt, Marktplatz 4; Tel. (0 70 33) 5 21-0; Fax (0 70 33) 5 21-1 22;
E-Mail: stadt@weil-der-stadt.de; http://www.weil-der-stadt.de

Einwohner: 19 107
Bürgermeister: Christian Walter

Dezernat I Haupt- und Personalamt, Finanzverwaltung, Amt für Jugend und Soziales
Leiter: Christian Walter, Bgm

Dezernat II Bürger- und Ordnungsamt, Stadtbauamt, Stabsstellen
Leiter: Jürgen Katz, 1. Beig

Gemeinde Weil im Schönbuch
71093 Weil im Schönbuch, Marktplatz 3; Tel. (0 71 57) 12 90-0; Fax (0 71 57) 12 90-1 33;
E-Mail: info@weil-im-schoenbuch.de;
http://www.weil-im-schoenbuch.de

Einwohner: 10 000
Bürgermeister: Wolfgang Lahl

Hauptamt
Leiter: Martin Feitscher, Tel. -1 42

Ordnungsamt
Leiterin: Sonja Fernandez, Tel. -1 46

Kämmerei
Leiter: Horst Dieter, Tel. -1 22

Bauverwaltung
Leiterin: Julia Roth, Tel. -1 61

Ortsbauamt
Leiter: Tobias Ehmann, Tel. -1 60

Gemeinde Weissach
71287 Weissach, Rathausplatz 1; Tel. (0 70 44) 93 63-0; Fax (0 70 44) 93 63-44;
E-Mail: gemeinde@weissach.de;
http://www.weissach.de

Einwohner: 7 500
Bürgermeister: Daniel Töpfer

Hauptamt
Leiter: Achim Laidig, Tel. -2 00

Kämmerei
Leiterin: Karin Richter, Tel. -3 00

Bauamt
Leiterin: Verena Breitling, Tel. -4 00

Städte und Gemeinden im Landkreis Böblingen, die einer Verwaltungsgemeinschaft angehören:

Gemeindeverwaltungsverband Aidlingen/Grafenau
71134 Aidlingen (Sitzgemeinde)
71120 Grafenau

Gemeindeverwaltungsverband Gärtringen/Ehningen
71116 Gärtringen (Sitzgemeinde)
71139 Ehningen

Gemeindeverwaltungsverband Holzgerlingen
71088 Holzgerlingen (Sitzgemeinde)
71155 Altdorf
71155 Hildrizhausen

Gemeindeverwaltungsverband Oberes Gäu
71126 Gäufelden (Sitzgemeinde)
71149 Bondorf
71131 Jettingen
71159 Mötzingen

Gemeindeverwaltungsverband Waldenbuch/ Steinenbronn
71111 Waldenbuch, Stadt (Sitzgemeinde)
71144 Steinenbronn

Verwaltungsgemeinschaften
71083 Herrenberg, Stadt (Sitzgemeinde)
75392 Deckenpfronn
71154 Nufringen

1.2 Landkreis Esslingen

73726 Esslingen a.N., Pulverwiesen 11; Tel. (07 11) 39 02-0; Fax (07 11) 39 02-5 80 30;
E-Mail: lra@lra-es.de;
http://www.landkreis-Esslingen.de

Einwohner: 533 730
Fläche: 64 154 ha
Landrat: Heinz Eininger

Direkt dem Landrat unterstellt:

Revisionsamt Joachim Hainbuch, Tel. -4 20 10
Allgemeine Kreisangelegenheiten Christian Greber, Tel. -4 20 30

Dezernat 1 Zentrale Steuerung
Personal- und Organisationsamt, Kämmerei, Kreisarchiv, Freilichtmuseum
Leiterin: Monika Dostal, LtdKVwDirektorin, Tel. -4 21 00

Dezernat 2 Gesundheit, Ordnung und Verkehr
Gesundheitsamt, Rechts- und Ordnungsamt, Straßenverkehrsamt, Veterinär- und Lebensmittelüberwachungsamt, Ausländeramt
Leiter: Peter Freitag, RDir, Tel. -4 27 00

Dezernat 3 Soziales
Planung und Berichtswesen, Kreissozialamt, Kreisjugendamt, Amt für besondere Hilfen, Soziale Dienste und Psychologische Beratung, Amt für Flüchtlingshilfe
Leiterin: Katharina Kiewel, Tel. -4 25 00

Eigenbetrieb Abfallwirtschaftsbetrieb
73730 Esslingen a.N., Röntgenstr. 16-18
Geschäftsführer: Manfred Kopp, Tel. (07 11) 39 02-4 12 00

medius KLINIKEN gGmbH
Geschäftsführer: Sebastian Krupp, Tel. (0 70 21) 88-4 40 01

Dezernat 4 Umwelt und Technik
Stabsstelle Klimaschutz, Bauen und Naturschutz, Umweltschutz, Katastrophenschutz/ Feuerlöschwesen, Amt für Wasserwirtschaft und Bodenschutz, Gewerbeaufsicht, Kommunalaufsicht und Öffentlicher Personennahverkehr, Forstamt, Landwirtschaft
Leiterin: Dr. Marion Lenze-Mohr, Erste Landesbeamtin, Tel. -4 24 00

Dezernat 5 Infrastruktur
Straßenbauamt, Amt für Kreisschulen, Amt für Geoinformation und Vermessung, Amt für Kreisimmobilien und Hochbau
Leiter: Thomas Eberhard, LtdKVwDir, Tel. (07 11) 39 02-4 23 00

Außenstellen des Landkreises Esslingen:

Straßenbauamt
73230 Kirchheim unter Teck, Osianderstr. 6; Tel. (07 11) 39 02-4 11 60; Fax (07 11) 39 02-5 85 10; E-Mail: strassenbauamt@lra-es.de
Leiter: Thorsten König, BauDir

Landwirtschaftsamt
72622 Nürtingen, Sigmaringer Str. 49; Tel. (07 11) 39 02-4 14 80; Fax (07 11) 39 02-5 84 80;
E-Mail: landwirtschaftsamt@lra-es.de
Leiter: Dr. Reinhold Klaiber, LandwDir

Forstamt
73230 Kirchheim unter Teck, Osianderstr. 6;
Tel. (07 11) 39 02-4 14 60;
E-Mail: forstamt@lra-es.de
Leiterin: Cordula Samuleit, FoDirektorin

Gesundheitsamt
73207 Plochingen, Am Aussichtsturm 5; Tel. (07 11) 39 02-4 16 00; E-Mail: gesundheitsamt@lra-es.de
Leiter: Dr. Dominique Scheuermann

Amt für Geoinformation und Vermessung
73207 Plochingen, Am Aussichtsturm 5; Tel. (07 11) 39 02-4 13 00;
E-Mail: vermessungsamt@lra-es.de und geoinformation@lra-es.de
Leiter: NN

Städte und Gemeinden im Landkreis Esslingen:

Stadt Aichtal
72631 Aichtal, Waldenbucher Str. 30; Tel. (0 71 27) 58 03-0; Fax (0 71 27) 58 03-60;
E-Mail: stadt@aichtal.de; http://www.Aichtal.de

Einwohner: 9 926
Bürgermeister: Lorenz Kruß

Hauptamt
Leiter: Daniel Stückle, Tel. -10

Ordnungsamt
Leiterin: Sabine Zalder, Tel. -12

Finanzverwaltung
Leiter: Andreas Pautsch, Tel. -20

Bauamt
Leiter: Matthias Hirn, Tel. -30

Gemeinde Aichwald
73773 Aichwald, Seestr. 8; Tel. (07 11) 3 69 09-0; Fax (07 11) 3 69 09-18; E-Mail: info@aichwald.de; https://www.aichwald.de

Einwohner: 7 600
Bürgermeister: Andreas Jarolim

Hauptverwaltung
Leiter: Stefan Felchle, Tel. -35

Finanzverwaltung
Leiter: Andreas Jauß, Tel. -49

Gemeinde Altbach
73776 Altbach, Esslinger Str. 65; Tel. (0 71 53) 70 07-0; Fax (0 71 53) 70 07-11; E-Mail: post@altbach.de; http://www.altbach.de

Einwohner: 6 239
Bürgermeister: Martin Funk

Hauptamt und Ordnungsamt
Leiter: Thomas Lutz, Tel. -14

Finanzverwaltung
Leiterin: Karolin Stollsteimer, Tel. -17

Bauamt
Leiter: Jens Korff, Tel. -24

Gemeinde Altdorf
72655 Altdorf, Spitalhof 1; Tel. (0 71 27) 93 97-0; Fax (0 71 27) 93 97-20; E-Mail: rathaus@altdorf.kdrs.de; http://www.gemeinde-altdorf.de

Einwohner: 1 500
Bürgermeister: Joachim Kälberer

Hauptverwaltung
Leiterin: Karin Haußmann

Finanzverwaltung
Leiter: Dieter Dolde, Tel. 18 01-30

Ordnungs- und Sozialverwaltung – Standesamt
Leiterin: Karin Schaich, Tel. -12

Bauverwaltung
Leiter: Joachim Kälberer, Bgm

Gemeinde Altenriet
72657 Altenriet, Brunnenstr. 5; Tel. (0 71 27) 97 76 49-0; Fax (0 71 27) 97 76 49-49; E-Mail: rathaus@altenriet.de; http://www.altenriet.de

Einwohner: 1 950
Bürgermeister: Bernd Müller

Gemeinde Baltmannsweiler
73666 Baltmannsweiler, Marktplatz 1; Tel. (0 71 53) 94 27-0; Fax (0 71 53) 94 27- 40;
E-Mail: bma@baltmannsweiler.de; http://www.baltmannsweiler.de

Einwohner: 5 778
Bürgermeister: Simon Schmid

Hauptamt, Ordnungsamt und Bauamt
Leiterin: Friederike Müller, Tel. -20

Rechnungsamt/Finanzwesen
Leiterin: Silke Steiner, Tel. -30

Technische Dienste
Leiter: Marlon Bier, Tel. -50

Gemeinde Bempflingen
72658 Bempflingen, Metzinger Str. 3; Tel. (0 71 23) 93 83-0; Fax (0 71 23) 93 83-30; E-Mail: rathaus@bempflingen.de; http://www.bempflingen.de

Einwohner: 3 391
Bürgermeister: Bernd Welser

Hauptamt, Ordnungsamt und Bauamt
Leiter: Michael Kraft, Tel. -11

Rechnungsamt/Kämmerei
Leiterin: Tanja Galesky, Tel. -23

Gemeinde Beuren
72660 Beuren, Linsenhofer Str. 2; Tel. (0 70 25) 9 10 30-0; Fax (0 70 25) 9 10 30-10;
E-Mail: beuren@beuren.de

Einwohner: 3 569
Bürgermeister: Daniel Gluiber

Haupt-, Ordnungs- und Bauamt
Leiter: Matthias Strähle, GemOR, Tel. -40

Finanzverwaltung
Leiter: Markus Walter, GemOAR, Tel. -50

Sozialverwaltung/Bürgerbüro
Leiterin: Ira Pesla, GemAInspektorin, Tel. -20

Kur- und Bäderamt
Leiterin: Karin Kaplan, GemARätin, Tel. 9 10 50-30

Gemeinde Bissingen an der Teck
73266 Bissingen, Vordere Str. 45; Tel. (0 70 23) 9 00 00-0; Fax (0 70 23) 9 00 00-99;
E-Mail: rathaus@bissingen-teck.de

Einwohner: 3 400
Bürgermeister: Marcel Musolf

Hauptverwaltung
Leiterin: Lydia Dangel, Tel. -28

Finanzverwaltung
Leiterin: Carolin Muckenfuß, Tel. -20

Gemeinde Deizisau
73779 Deizisau, Am Marktplatz 1; Tel. (0 71 53) 70 13-0; Fax (0 71 53) 70 13 40;
E-Mail: post@deizisau.de; http://www.deizisau.de

Einwohner: 6 950
Bürgermeister: Thomas Matrohs

Bürgerdienste und Allgemeine Verwaltung
Leiterin: Anna Osdoba, Tel. -19

Finanzen
Leiterin: Nadine Jud, Tel. -60

Bauen, Infrastruktur und Bautechnik
Leiter: Wolfgang Sulzmann, Tel. -23

Gemeinde Denkendorf
73770 Denkendorf, Furtstr. 1; Tel. (07 11) 34 16 80-0; Fax (07 11) 34 16 80-66;
E-Mail: gemeinde@denkendorf.de;
http://www.denkendorf.de

Einwohner: 11 181
Bürgermeister: Ralf Barth

Hauptamt
Leiterin: Anja Elsäßer, Tel. -10

Bürgeramt
Leiterin: Martina Steinacker, Tel. -30

Kämmerei
Leiter: Albrecht Schürrle, Tel. -20

Bauamt
Leiter: Michael Heidrich, Tel. -60

Gemeinde Dettingen unter Teck
73265 Dettingen unter Teck, Schulstr. 4; Tel. (0 70 21) 50 00-0; Fax (0 70 21) 50 00-39;
E-Mail: gemeinde@dettingen-teck.kdrs.de;
http://www.dettingen-teck.de

Einwohner: 5 419
Bürgermeister: Rainer Haußmann

Gemeinde Erkenbrechtsweiler
73268 Erkenbrechtsweiler, Uracher Str. 2; Tel. (0 70 26) 9 50 51-0; Fax (0 70 26) 9 50 51-22;
E-Mail: gemeinde@erkenbrechtsweiler.de;
http://www.erkenbrechtsweiler.de

Einwohner: 2 189
Bürgermeister: Roman Weiß

Hauptamt
Leiterin: Anke Martini, Tel. -34

Kämmerei
Leiterin: Bettina Raisch, Tel. -31

Bau- und Ordnungsamt
Leiterin: Jennifer Kraushaar, Tel. -24

Stadt Esslingen am Neckar
(Große Kreisstadt)
73728 Esslingen am Neckar, Rathausplatz 2; Tel. (07 11) 35 12-0; Fax (07 11) 35 12-26 12;
E-Mail: stadt@esslingen.de;
http://www.esslingen.de

Einwohner: 92 722
Oberbürgermeister: Matthias Klopfer
Erster Bürgermeister: Ingo Rust
Bürgermeister: Yalcin Bayraktar; Hans-Georg Sigel

Dezernat I
Allgemeine Verwaltung
Leiter: Matthias Klopfer, OBgm, Tel. -22 01

Dezernat II
Technischer Bereich
Leiter: Hans-Georg Sigel, Bgm, Tel. -24 11

Dezernat III
Finanzverwaltung
Leiter: Ingo Rust, 1. Bgm, Tel. -22 70

Dezernat IV
Ordnung, Soziales, Bildung, Kultur, Sport
Leiter: Yalcin Bayraktar, EBgm, Tel. -22 06

Stadt Filderstadt
(Große Kreisstadt)
70794 Filderstadt, Aicher Str. 9; Tel. (07 11) 70 03-0; Fax (07 11) 70 03-3 77;
E-Mail: stadt@filderstadt.de;
http://www.filderstadt.de

Einwohner: 46 299
Oberbürgermeister: Christoph Traub
1. Bürgermeister: Falk-Udo Beck
Bürgermeister: Jens Theobaldt

Dezernat I
Stadtkämmerei, Referat für Bürgerbeteiligung und Öffentlichkeitsarbeit, Referat des Oberbürgermeisters, Referat für Wirtschaft und Marketing, Revisions- und Prüfungsamt, Rechtsreferat, Haupt- und Personalamt, Fildorado GmbH, Referat für Chancengleichheit, Teilhabe und Gesundheit
Leiter: Christoph Traub, OBgm, Tel. -2 13

Dezernat II
Amt für Integration, Migration und Soziales, Amt für Familie, Schulen und Vereine, Amt für Bildung, Kunst und Kultur, Stadtwerke, FILharmonie
Leiter: Jens Theobaldt, Bgm, Tel. -2 47

Dezernat III
Umweltschutzreferat, Ordnungsamt, Amt für Stadtplanung und Stadtentwicklung, Hochbauamt, Baurechts- und Bauverwaltungsamt, Tiefbauamt
Leiter: Falk-Udo Beck, 1. Bgm, Tel. -6 37

Gemeinde Frickenhausen
72636 Frickenhausen, Mittlere Str. 18; Tel. (0 70 22) 9 43 42-0; Fax (0 70 22) 9 43 42-77;
E-Mail: gemeinde@frickenhausen.de;
http://www.frickenhausen.de

Einwohner: 9 288
Bürgermeister: Simon Blessing

Haupt- und Ordnungsverwaltung
Leiter: Gerhard Franke, Tel. -70

Finanzverwaltung
Leiterin: Ina Griesinger, Tel. -20

Bauverwaltung
Leiter: Vitalij Gert, Tel. -60

Gemeinde Großbettlingen
72663 Großbettlingen, Schweizerhof 2; Tel. (0 70 22) 9 43 45-0; Fax (0 70 22) 9 43 45-40; E-Mail: gemeinde@grossbettlingen.de; http://www.grossbettlingen.de

Einwohner: 4 500
Bürgermeister: Christopher Ott

Hauptverwaltung
Leiterin: Meike Naun, Tel. -17

Finanzverwaltung
Leiter: Eduard Baier, Tel. -14

Gemeinde Hochdorf
73269 Hochdorf, Kirchheimer Str. 53; Tel. (0 71 53) 50 06-0; Fax (0 71 53) 50 06-60; E-Mail: info@hochdorf.de; https://www.hochdorf.de

Einwohner: 4 800
Bürgermeister: Gerhard Kuttler

Gemeinde Holzmaden
73271 Holzmaden, Bahnhofstr. 2; Tel. (0 70 23) 9 00 01-0; Fax (0 70 23) 9 00 01-20; E-Mail: info@holzmaden.de; http://www.holzmaden.de

Einwohner: 2 327
Bürgermeister: Florian Schepp

Hauptverwaltung
Leiterin: Roswitha Haselbeck, Tel. -13

Finanzverwaltung
Leiter: Dennis Bräunle, Tel. 10 62 00

Stadt Kirchheim unter Teck
(Große Kreisstadt)
73230 Kirchheim unter Teck, Marktstr. 14; Tel. (0 70 21) 5 02-0; Fax (0 70 21) 5 02-2 85; E-Mail: info@kirchheim-teck.de; http://www.kirchheim-teck.de

Einwohner: 40 762
Oberbürgermeister: Dr. Pascal Bader
Erster Bürgermeister: Günter Riemer

Dem Oberbürgermeister direkt unterstellt:

Ortschaftsverwaltungen Jesingen, Lindorf, Nabern, Ötlingen, Rechnungsprüfungsamt, Referat für Nachhaltige Stadtentwicklung, Wirtschaftsförderung, Bürgerbeteiligung und Allgemeine Koordination (REF)

Dezernat 1
Bildung, Soziales, Kultur, Eigenbetrieb Stadtwerke
Leiter: Dr. Pascal Bader, OBgm, Tel. -2 01

Dezernat 2
Bauverwaltung, Städtebau und Baurecht, Gebäude und Grundstücke, Bürgerdienste, Sicherheit und Ordnung
Leiter: Günter Riemer, EBgm, Tel. -2 03

Dezernat 3
Controlling und Berichtswesen, Recht, Personal und Organisation, Finanzen, Gremien und Öffentlichkeitsarbeit
Leiter: NN

Gemeinde Köngen
73257 Köngen, Stöffler-Platz 1; Tel. (0 70 24) 80 07-0; Fax (0 70 24) 80 07 60, 80 07 39 und 80 07-64; E-Mail: gemeinde@koengen.de; http://www.koengen.de

Einwohner: 10 000
Bürgermeister: Otto Ruppaner

Haupt- und Ordnungsamt
Leiter: Gerald Stoll, Tel. -35

Finanzverwaltung
Leiterin: Astrid Peschke, Tel. -21

Bauamt
Leiter: Oliver Thieme, Tel. -65

Kultur- und Schulamt
Leiter: Andreas Halw, Tel. -13

Gemeinde Kohlberg
72664 Kohlberg, Metzinger Str. 1; Tel. (0 70 25) 9 10 18-0; Fax (0 70 25) 9 10 18-50; E-Mail: rathaus@kohlberg.de; http://www.kohlberg.de

Einwohner: 2 308
Bürgermeister: Rainer Taigel

Stadt Leinfelden-Echterdingen
(Große Kreisstadt)
70771 Leinfelden-Echterdingen, Marktplatz 1; Tel. (07 11) 16 00-0; Fax (07 11) 16 00-2 28; E-Mail: info@le-mail.de; http://www.leinfelden-echterdingen.de

Einwohner: 40 320
Oberbürgermeister: Roland Klenk
1. Bürgermeister: Benjamin Dihm
Bürgermeister: Dr. Carl-Gustav Kalbfell

Dezernat 1
Stabsstelle für Grundsatzfragen, Digitalisierung und Öffentlichkeitsarbeit, Stabsstelle für Wirtschaftsförderung und Stadtmarketing, Haupt- und Personalamt, Rechnungsprüfungsamt, Finanzverwaltungsamt
Leiter: Roland Klenk, OBgm, Tel. -2 15

Dezernat 2
Volkshochschule, Amt für Schulen, Jugend und Vereine, Amt für soziale Dienste, Kulturamt, Bürger- und Ordnungsamt, Deutsches Spielkartenmuseum
Leiter: Dr. Carl-Gustav Kalbfell, Bgm, Tel. -2 25

Dezernat 3
Stabsstelle für Klimaschutz, Planungsamt, Baurechtsamt, Amt für Hochbau, Amt für Immobilien, Amt für Umwelt, Grünflächen und Tiefbau
Leiter: Benjamin Dihm, 1. Bgm, Tel. -6 12

Gemeinde Lenningen
73252 Lenningen, Marktplatz 1; Tel. (0 70 26) 6 09-0; Fax (0 70 26) 6 09-44;
E-Mail: gemeinde@lenningen.de;
http://www.lenningen.de

Einwohner: 8 050
Bürgermeister: Michael Schlecht

Hauptamt und Ordnungsamt
Leiter: Günther Kern, Tel. -13

Rechnungsamt
Leiter: Rudolf Mayer, Tel. -20

Tiefbau
Leiter: NN, Tel. -60

Hochbau
Leiterin: Angela Spoljar, Tel. -62

Bauverwaltung
Leiterin: Erika Biedermann-Keck, Tel. -64

Gemeinde Lichtenwald
73669 Lichtenwald, Hauptstr. 34; Tel. (0 71 53) 94 63-0; Fax (0 71 53) 94 63-33;
E-Mail: post@lichtenwald.de;
http://www.lichtenwald.de

Einwohner: 2 738
Bürgermeister: Ferdinand Rentschler

Haupt-, Ordnungs- und Bauamt
Leiterin: Franziska Engelhardt, Tel. -13

Kämmerei
Leiter: Steffen Mayer, Tel. -15

Gemeinde Neckartailfingen
72666 Neckartailfingen, Nürtinger Str. 4; Tel. (0 71 27) 18 08-0; Fax (0 71 27) 18 08-13;
E-Mail: gemeinde@neckartailfingen.de;
http://www.neckartailfingen.de

Einwohner: 3 841
Bürgermeister: Gerhard Gertitschke

Finanzverwaltung
Leiterin: Bettina Oertelt, Tel. -30

Hauptamt, Ordnungsamt, Bauverwaltung
Leiterinnen: Heike Hild, Tel. -25 ; Sabine Schupp, Tel. -24

Gemeinde Neckartenzlingen
72654 Neckartenzlingen, Planstr. 2; Tel. (0 71 27) 18 01-0; Fax (0 71 27) 18 01-73;
E-Mail: rathaus@neckartenzlingen.de

Einwohner: 6 311
Bürgermeister: Herbert Krüger

Hauptamt
Leiterin: Katrin Harder, Tel. -13

Ordnungsamt
Leiterinnen: Heike Hild, Tel. -20 ; Sabine Schupp, Tel. -22

Kämmerei
Leiter: Michael Castro, Tel. -30

Bauamt
Leiter: Jürgen Brandt, Tel. -40

Steueramt
Leiterin: Yvonne Beisse, Tel. -37

Gemeinde Neidlingen
73272 Neidlingen, Kelterstr. 1; Tel. (0 70 23) 9 00 23-0; Fax (0 70 23) 9 00 23-25;
E-Mail: gemeinde@neidlingen.de;
http://www.neidlingen.de

Einwohner: 1 822
Bürgermeister: Klaus Däschler

Kämmerei
Leiter: Dennis Bräunle, Tel. 1 06-2 00

Stadt Neuffen
72639 Neuffen, Hauptstr. 19; Tel. (0 70 25) 1 06-0; Fax (0 70 25) 1 06-2 93; E-Mail: stadt@neuffen.de;
http://www.neuffen.de

Einwohner: 6 278
Bürgermeister: Matthias Bäcker

Haupt- und Ordnungsamt
Leiter: Jörg Stuhlmüller, Tel. -2 23

Finanzverwaltung
Leiter: Bernd Eggstein, Tel. -2 33

Gemeinde Neuhausen auf den Fildern
73765 Neuhausen auf den Fildern, Schlossplatz 1; Tel. (0 71 58) 17 00-0; Fax (0 71 58) 17 00-77;
E-Mail: info@neuhausen-fildern.de;
http://www.neuhausen-fildern.de

Einwohner: 11 971
Bürgermeister: Ingo Hacker

Haupt- und Personalamt
Leiter: Bernd Schober, Tel. -30

Ordnungs- und Sozialamt
Leiter: Uwe Schwartz, Tel. -10

Finanzwesen/Kämmerei
Leiter: Stefan Hartmann, Tel. -47

Bauverwaltung
Leiter: Rainer Däschler, Tel. -40

Gemeinde Notzingen
73274 Notzingen, Bachstr. 50; Tel. (0 70 21) 9 70 75-0; Fax (0 70 21) 9 70 75-55;
E-Mail: gemeinde@notzingen.de;
http://www.notzingen.de

Einwohner: 3 631
Bürgermeister: Sven Haumacher

Hauptamt, Ordnungsamt und Bauamt
Leiterin: Claudia Müller-Marquardt, GemOARätin, Tel. -23

Rechnungsamt
Leiter: Sven Kebache, GemOAR, Tel. -25

**Stadt Nürtingen
(Große Kreisstadt)**
72622 Nürtingen, Marktstr. 7; Tel. (0 70 22) 75-0; Fax (0 70 22) 75-3 80; E-Mail: stadt@nuertingen.de; https://www.nuertingen.de

Einwohner: 41 500
Oberbürgermeister: Dr. Johannes Fridrich
Bürgermeisterin: Annette Bürkner

Dezernat I
Hauptverwaltung (Personal, Organisation, Haupt- und Rechtsamt), Amt für Revision, Ortschaftsverwaltungen, Finanzwesen
Leiter: Dr. Johannes Fridrich, OBgm, Tel. -3 02

Dezernat II
Öffentliche Ordnung, Soziales, Kultur, Sport, Schule, Bildung
Leiterin: Annette Bürkner, Bürgermeisterin, Tel. -3 06

Dezernat III
Bauwesen, Umwelt, Stadtplanung, Geoinformation und Vermessung
Leiter: Andreas Neureuther, TBeig., Tel. -4 02

Gemeinde Oberboihingen
72644 Oberboihingen, Rathausgasse 3; Tel. (0 70 22) 60 00-0; Fax (0 70 22) 60 00-70;
E-Mail: gemeinde@oberboihingen.de;
http://www.oberboihingen.de

Einwohner: 5 450
Bürgermeister: Torsten Hooge

Haupt-, Bau- und Ordnungsamt
Leiter: Bernd Edele, GemOAR, Tel. -28

Gemeinde Ohmden
73275 Ohmden, Hauptstr. 18; Tel. (0 70 23) 95 10-0; Fax (0 70 23) 95 10-16;
E-Mail: gemeinde@ohmden.de;
http://www.ohmden.de

Einwohner: 1 730
Bürgermeisterin: Barbara Born

**Stadt Ostfildern
(Große Kreisstadt)**
73760 Ostfildern, Klosterhof 10; Tel. (07 11) 34 04-0; Fax (07 11) 34 04-2 88;
E-Mail: stadt@ostfildern.de;
http://www.ostfildern.de

Einwohner: 39 431
Oberbürgermeister: Christof Bolay

Stadt Owen
73277 Owen, Rathausstr. 8; Tel. (0 70 21) 80 06-0; Fax (0 70 21) 80 06-44;
E-Mail: buergermeisteramt@owen.de;
http://www.owen.de

Einwohner: 3 435
Bürgermeisterin: Verena Grötzinger

Stadt Plochingen
73207 Plochingen, Schulstr. 5-7; Tel. (0 71 53) 70 05-0; Fax (0 71 53) 70 05-1 99;
E-Mail: rathaus@plochingen.de;
http://www.plochingen.de

Einwohner: 14 490
Bürgermeister: Frank Buß

Hauptamt
Leiter: Martin Gebauer, Tel. -2 01

Finanzverwaltung
Leiter: Michael Hanus, Tel. -4 01

Bürgerservice, Familie, Bildung und Soziales, Öffentliche Ordnung
Leiter: Uwe Bürk, Tel. -3 01

Verbundsbauamt
Leiter: Wolfgang Kissling, Tel. -6 01

Gemeinde Reichenbach an der Fils
73262 Reichenbach an der Fils, Hauptstr. 7; Tel. (0 71 53) 50 05-0; Fax (0 71 53) 95 70 21-02;
E-Mail: post@reichenbach-fils.de;
http://www.reichenbach-fils.de

Einwohner: 7 878
Bürgermeister: Bernhard Richter

Hauptamt
Leiter: Siegfried Häußermann, Tel. -61

Rechnungsamt
Leiter: Wolfgang Steiger, Tel. -17

Bauamt
Leiterin: Angelika Hollatz, Tel. -18

Gemeinde Schlaitdorf
72667 Schlaitdorf, Hauptstr. 32; Tel. (0 71 27) 92 82-0; Fax (0 71 27) 92 82-92;
E-Mail: rathaus@schlaitdorf.de;
http://www.schlaitdorf.de

Einwohner: 1 950
Bürgermeister: Sascha Richter

Gemeinde Unterensingen
72669 Unterensingen, Kirchstr. 31; Tel. (0 70 22) 60 97-0; Fax (0 70 22) 60 97-50;
E-Mail: gemeinde@unterensingen.de;
http://www.unterensingen.de

Einwohner: 4 593
Bürgermeister: Sieghart Friz

Hauptamt, Ordnungsamt und Bauamt
Leiterin: Yasmin Stoll, Tel. -16

Finanzwesen, Liegenschaften
Leiterin: Corinna Walser, Tel. -19

Stadt Weilheim an der Teck
73235 Weilheim an der Teck, Marktplatz 6; Tel. (0 70 23) 1 06-0; Fax (0 70 23) 1 06-1 46;

E-Mail: stadt@weilheim-teck.de;
http://www.weilheim-teck.de

Einwohner: 9 771
Bürgermeister: Johannes Züfle

Hauptamt
Leiter: Marcel Launer, StaAR, Tel. -1 10

Ordnungsamt
Leiter: Helmut Burkhardt, StaAmtm, Tel. -3 00

Stadtkämmerei
Leiter: Sascha Schneider, StaAmtm, Tel. -2 00

Bauamt
Leiter: Jens Hofmann, Tel. -1 60

Stadt Wendlingen am Neckar
73240 Wendlingen am Neckar, Am Marktplatz 2;
Tel. (0 70 24) 9 43-0; Fax (0 70 24) 9 43-2 62;
E-Mail: stadt@wendlingen.de;
http://www.wendlingen.de

Einwohner: 16 200
Bürgermeister: Steffen Weigel

Amt für Zentrale Steuerung
Leiterin: Claudia Simon, Tel. -2 32

Stadtbauamt
Leiter: Axel Girod, Tel. -2 37

Amt für Familie, Bildung und Soziales
Leiter: Joachim Vöhringer, Tel. -2 28

Stadt Wernau (Neckar)
73249 Wernau (Neckar), Kirchheimer Str. 68-70;
Tel. (0 71 53) 93 45-0; Fax (0 71 53) 93 45-1 05;
E-Mail: info@wernau.de; http://www.wernau.de

Einwohner: 12 275
Bürgermeister: Armin Elbl

Hauptamt
Leiter: Andreas Merkle, Tel. -1 00

Amt für Finanzen und Personal
Leiter: Michael Bauer, Tel. -2 00

Rechts- und Bürgeramt
Leiter: Fabian Deginus, Tel. -3 00

Stadtbauamt
Leiter: Patrick Klein, Tel. -6 00

Gemeinde Wolfschlugen
72649 Wolfschlugen, Kirchstr. 19; Tel. (0 70 22) 50 05-0; Fax (0 70 22) 50 05-70;
E-Mail: gemeinde@wolfschlugen.de;
http://www.wolfschlugen.de

Einwohner: 6 431
Bürgermeister: Matthias Ruckh

Hauptamt
Leiterin: Ulrike Kohfink, Tel. -15

Ordnungsamt
Leiterin: Carmen Magagnin, Tel. -14

Kämmerei
Leiterin: Brigitte Ziegler, Tel. -20

Bauamt
Leiterin: Melanie Zimmer, Tel. -60

Städte und Gemeinden im Landkreis Esslingen, die einer Verwaltungsgemeinschaft angehören:

Gemeindeverwaltungsverband Lenningen
73252 Lenningen
73268 Erkenbrechtsweiler
73277 Owen

Gemeindeverwaltungsverband Neckartenzlingen
72654 Neckartenzlingen
72655 Altdorf
72657 Altenriet
72658 Bempflingen
72666 Neckartailfingen
72667 Schlaitdorf

Gemeindeverwaltungsverband Plochingen
73207 Plochingen Stadt (Sitzgemeinde)
73776 Altbach
73779 Deizisau

Gemeindeverwaltungsverband Reichenbach an der Fils
73262 Reichenbach an der Fils
73666 Baltmannsweiler
73269 Hochdorf
73669 Lichtenwald

Gemeindeverwaltungsverband Wendlingen am Neckar
73240 Wendlingen am Neckar Stadt (Sitzgemeinde)
73257 Köngen

Verwaltungsgemeinschaft Kirchheim
73230 Kirchheim unter Teck, Stadt (Sitzgemeinde)
73265 Dettingen
73274 Notzingen

Verwaltungsgemeinschaft Neuffen
72639 Neuffen, Stadt (Sitzgemeinde)
72660 Beuren
72664 Kohlberg

Verwaltungsgemeinschaft Nürtingen
72622 Nürtingen, Stadt (Sitzgemeinde)
72636 Frickenhausen
72663 Großbettlingen
72644 Oberboihingen
72669 Unterensingen
72649 Wolfschlugen

Verwaltungsgemeinschaft Weilheim
73235 Weilheim an der Teck, Stadt (Sitzgemeinde)
73266 Bissingen an der Teck
73271 Holzmaden
73272 Neidlingen
73275 Ohmden

1.3 Landkreis Göppingen

73033 Göppingen, Lorcher Str. 6; Tel. (0 71 61) 2 02-0; Fax (0 71 61) 2 02-11 99;
E-Mail: info@lkgp.de;
http://www.landkreis-goeppingen.de

Einwohner: 258 250
Fläche: 64 237 ha
Kreistag: 67 Mitglieder (17 CDU, 14 FW, 13 GRÜNE, 11 SPD, 6 AfD, 5 FDP, 1 LINKE)
Landrat: Edgar Wolff

Dezernat 1
Hauptamt, Kommunalamt, Kreisprüfungsamt
Leiter: Edgar Wolff, Landrat, Tel. -10 00

Dezernat 2
Bauamt, Umweltschutzamt, Amt für Vermessung und Flurneuordnung, Forstamt, Landwirtschaftsamt, Eigenbetrieb Abfallwirtschaft
Leiter: Jochen Heinz, Erster Landesbeamter, Tel. -20 00

Dezernat 3
Amt für Finanzen und Beteiligungen, Amt für Schulen und Bildung, Amt für Hochbau, Gebäudemanagement und Straßen
Leiter: Günter Stolz, LtdKVwDir, Tel. -30 00

Dezernat 4
Kreissozialamt, Kreisjugendamt
Leiter: Rudolf Dangelmayr, LtdKVwDir, Tel. -40 00

Dezernat 5
Rechts- und Ordnungsamt, Straßenverkehrsamt, Gesundheitsamt, Amt für Veterinärwesen und Verbraucherschutz, Amt für Mobilität und Verkehrsinfrastruktur
Komm. Leiter: Manfred Gottwald, KOVwR, Tel. -52 00

Städte und Gemeinden im Landkreis Göppingen:

Gemeinde Adelberg
73099 Adelberg, Vordere Hauptstr. 2; Tel. (0 71 66) 91 01 10; Fax (0 71 66) 91 01 13;
E-Mail: gemeinde@adelberg.de;
http://www.adelberg.de

Einwohner: 2 004
Bürgermeisterin: Carmen Marquardt

Gemeinde Aichelberg
73101 Aichelberg, Vorderbergstr. 2; Tel. (0 71 64) 80 09 50; Fax (0 71 64) 80 09 59;
E-Mail: rathaus@aichelberg.de;
http://www.aichelberg.de

Einwohner: 1 334
Bürgermeister: NN

Gemeinde Albershausen
73095 Albershausen, Kirchstr. 1; Tel. (0 71 61) 3 09 30; Fax (0 71 61) 30 93 50;
E-Mail: gemeinde@albershausen.de;
http://www.albershausen.de

Einwohner: 4 403
Bürgermeister: Jochen Bidlingmaier

Ordnungsamt und Bauamt
Leiterin: Ilka Sieder, GemOARätin, Tel. -13

Rechnungsamt
Leiter: Alexander Schaupp, GemOAR, Tel. -20

Gemeinde Bad Boll
73087 Bad Boll, Hauptstr. 94; Tel. (0 71 64) 8 08-0; Fax (0 71 64) 8 08 33; E-Mail: Rathaus@bad-boll.de;
http://www.bad-boll.de

Einwohner: 5 045
Bürgermeister: Hans-Rudi Bührle

Hauptamt und Rechnungsamt
Leiter: Christian Gunzenhauser, OAR, Tel. -12

Ordnungsamt und Bauamt
Leiter: Andreas Milde, AR, Tel. -16

Gemeinde Bad Ditzenbach
73342 Bad Ditzenbach, Hauptstr. 40; Tel. (0 73 34) 96 01-0; Fax (0 73 34) 96 01-30;
E-Mail: info@badditzenbach.de;
http://www.badditzenbach.de

Einwohner: 3 764
Bürgermeister: Herbert Juhn

Hauptamt
Leiterin: Anja Rosenberger, GemOARätin, Tel. -16

Bau-, Ordnungsamt
Leiterin: Silvia Oettinger, GemARätin, Tel. -18

Rechnungsamt
Leiterin: Christina Maier, Tel. -14

Gemeinde Bad Überkingen
73337 Bad Überkingen, Gartenstr. 1; Tel. (0 73 31) 20 09-0; Fax (0 73 31) 20 09-39;
E-Mail: info@bad-ueberkingen.de;
http://www.bad-ueberkingen.de

Einwohner: 4 000
Bürgermeister: Matthias Heim

Hauptamt, Ordnungsamt und Bauamt
Leiter: Marcus Kottmann, Tel. -15

Kämmerei
Leiter: Hans Zehrer, Tel. -16

Gemeinde Birenbach
73102 Birenbach, Marktplatz 1; Tel. (0 71 61) 5 00 98-0; Fax (0 71 61) 5 00 98-22;
E-Mail: gemeinde@birenbach.de;
http://www.birenbach.de

Einwohner: 1 950
Bürgermeister: Frank Ansorge

Hauptamt und Bauamt
Leiter: Manuel Klostermann, GemI, Tel. -13

Finanzverwaltung
Leiterin: Gabriele Bauder, GemARätin, Tel. -16

Gemeinde Böhmenkirch
89558 Böhmenkirch, Hauptstr. 100; Tel. (0 73 32) 96 00-0; Fax (0 73 32) 96 00-40;
E-Mail: gemeinde@boehmenkirch.de;
http://www.boehmenkirch.de

Einwohner: 5 600
Bürgermeister: Matthias Nägele

Kämmerei, Innenverwaltung, Werkleiter
Leiter: Markus Patsch, Tel. -20

Hauptamt, Bürgerservice, Ordnungsamt
Leiterin: Daniela Röhm, Tel. -30

Bauamt
Leiterin: Elke Ihring, Tel. -35

Gemeinde Börtlingen
73104 Börtlingen, Hauptstr. 54; Tel. (0 71 61) 95 33 10; Fax (0 71 61) 9 53 31 20;
E-Mail: rathaus@boertlingen.de;
http://www.boertlingen.de

Einwohner: 1 750
Bürgermeisterin: Sabine Catenazzo

Gemeinde Deggingen
73326 Deggingen, Bahnhofstr. 9; Tel. (0 73 34) 78-0; Fax (0 73 34) 78-2 38;
E-Mail: gemeinde@deggingen.de;
http://www.deggingen.de

Einwohner: 5 343
Bürgermeister: Karl Weber

Hauptamt
Leiter: Bastian Ehlers, Tel. -2 17

Ordnungsamt
Leiterin: Tamara Gairing, Tel. -2 35

Kämmerei
Leiter: Peter Piehlmaier, Tel. -2 91

Stadt Donzdorf
73072 Donzdorf, Schloß 1-4; Tel. (0 71 62) 9 22-0; Fax (0 71 62) 9 22-5 21; E-Mail: stadt@donzdorf.de;
http://www.donzdorf.de

Einwohner: 10 713
Bürgermeister: Martin Stölzle

Haupt- und Ordnungsamt
Leiter: Gerd Rayer, StaOVwR, Tel. -3 05

Stadtkämmerei
Leiter: Thomas Klein, StaVwDir, Tel. -2 00

Baurechtsamt
Leiter: Michael Rautland, StaOAR, Tel. -1 00

Stadtplanungs- und Hochbauamt
Leiter: Winfried Mürdter, StaBauOAR, Tel. -2 13

Gemeinde Drackenstein
73345 Drackenstein, Hauptstr. 28; Tel. (0 73 35) 64 52; Fax (0 73 35) 27 61;
E-Mail: kd.apelt@drackenstein.kdrs.de

Einwohner: 430
Bürgermeister: Klaus-Dieter Apelt

Gemeinde Dürnau
73105 Dürnau, Hauptstr. 16; Tel. (0 71 64) 9 10 10-0; Fax (0 71 64) 9 10 10-10;
E-Mail: gemeinde@duernau.de;
http://www.duernau.de

Einwohner: 2 100
Bürgermeister: Friedrich Buchmaier

Hauptamt, Ordnungsamt und Bauamt
Leiter: Jochen Bärtle, GemAR, Tel. -13

Rechnungsamt
Leiterin: Iris Gaissert, VwAngestellte, Tel. -16

Stadt Ebersbach an der Fils
73061 Ebersbach an der Fils, Marktplatz 1; Tel. (0 71 63) 1 61-0; Fax (0 71 63) 16 12 44;
E-Mail: rathaus@stadt.ebersbach.de;
http://www.ebersbach.de

Einwohner: 15 762
Bürgermeister: Eberhard Keller

Fachbereich Bürgerservice und Bildung
Leiterin: Astrid Szelest, StaOARätin, Tel. -2 30

Fachbereich Finanzen und Personal
Leiter: David Blank, Tel. -1 33

Fachbereich Bauen und Umwelt
Leiter: Markus Ludwig, Tel. -2 14

Stadt Eislingen/Fils
(Große Kreisstadt)
73054 Eislingen/Fils, Schlossplatz 1; Tel. (0 71 61) 8 04-0; Fax (0 71 61) 8 04-1 99;
E-Mail: stadtinfo@eislingen.de;
http://www.eislingen.de

Einwohner: 20 177
Oberbürgermeister: Klaus Heininger

Haupt- und Personalamt
Leiterin: Sonja Mebert, Tel. -1 10

Ordnungsamt
Leiter: Marco Donabauer, Tel. -1 50

Fachbereich Bürgerdienste
Leiter: Oliver Marzian, Tel. -2 10

Fachbereich Bauen
Leiter: Dirk Ringleb, Tel. -3 00

Gemeinde Eschenbach
73107 Eschenbach, Lotenbergstr. 6; Tel. (0 71 61) 9 40 40-0; Fax (0 71 61) 9 40 40-20;
E-Mail: rathaus@gemeinde-eschenbach.de;
http://www.gemeinde-eschenbach.de

Einwohner: 2 200
Bürgermeister: Thomas Schubert

Hauptverwaltung, Ordnungs- und Sozialverwaltung, Bauverwaltung
Leiterin: Aida Scheiring, Tel. -14

Finanzverwaltung
Leiter: Lothar Stuiber, Tel. (0 71 61) 40 34-22

Gemeinde Gammelshausen
73108 Gammelshausen, Hauptstr. 19; Tel. (0 71 64) 9 40 10; Fax (0 71 64) 94 01 20;
E-Mail: zaunseder@Gammelshausen.kdrs.de;
http://www.gammelshausen.de

Einwohner: 1 500
Bürgermeister: Hans-Peter Zaunseder

Stadt Geislingen an der Steige
(Große Kreisstadt)
73312 Geislingen an der Steige, Hauptstr. 1; Tel. (0 73 31) 24-0; Fax (0 73 31) 24-2 07;
E-Mail: info@geislingen.de;
http://www.geislingen.de

Einwohner: 28 300
Oberbürgermeister: Frank Dehmer

Hauptverwaltung, Finanzverwaltung
Leiter: Michael Kah, Tel. -2 11

Ordnungsverwaltung
Leiter: Philipp S. Theiner, Tel. -2 49

Bauverwaltung
Leiterin: Irene Cziriak, Tel. -2 13

Gemeinde Gingen an der Fils
73333 Gingen an der Fils, Bahnhofstr. 25; Tel. (0 71 62) 96 06-0; Fax (0 71 62) 96 06-70 11;
E-Mail: info@gingen.de; http://www.gingen.de

Einwohner: 4 500
Bürgermeister: Marius Hick

Hauptamt
Leiterinnen: Annette Friedel, Tel. -30 ; Martina Manz, Tel. -31

Kämmerei
Leiter: Patriz Burger, Tel. -20

Ordnungsamt
Leiterin: Linda Schmolz, Tel. -32

Stadt Göppingen
(Große Kreisstadt)
73033 Göppingen, Hauptstr. 1; Tel. (0 71 61) 6 50-0; Fax (0 71 61) 6 50-48 10 11;
E-Mail: stadtverwaltung@goeppingen.de;
http://www.goeppingen.de

Einwohner: 58 266
Oberbürgermeister: Alex Maier
1. Bürgermeisterin: Almut Cobet
Bürgermeisterin: Eva Nolter

Fachbereich 1 Hauptverwaltung
Leiter: Willi Schwaak, Tel. -10 10

Fachbereich 2 Finanzen und Contolling
Leiter: Rudolf Hollnaicher, Tel. -20 10

Fachbereich 3 Recht, Sicherheit und Ordnung
Leiterin: Kathrin Eichelmann, Tel. -30 10

Fachbereich 4 Kultur und Stadtmarketing
Leiterin: Isabelle Grupp, Tel. -40 10

Fachbereich 5 Schulen, Sport, Soziales
Leiter: Ulrich Drechsel, Tel. -50 10

Fachbereich 6 Immobilienwirtschaft
Leiterin: Christiane Fitschen, Tel. -65 10

Fachbereich 8 Tiefbau, Umwelt, Verkehr und Vermessung
Leiter: Werner Hauser, Tel. -80 10

Fachbereich 9 Stadtentwicklung, Stadtplanung und Baurecht
Leiter: Axel Fricke, Tel. -90 10

Gemeinde Gruibingen
73344 Gruibingen, Hauptstr. 18; Tel. (0 73 35) 9 60 00; Fax (0 73 35) 96 00 20;
E-Mail: info@gruibingen.de;
http://www.gruibingen.de

Einwohner: 2 100
Bürgermeister: Roland Schweikert

Gemeinde Hattenhofen
73110 Hattenhofen, Hauptstr. 45; Tel. (0 71 64) 9 10 09-0; Fax (0 71 64) 9 10 09-25;
E-Mail: rathaus@hattenhofen.de;
http://www.hattenhofen.de

Einwohner: 2 970
Bürgermeister: Jochen Reutter

Hauptamt, Ordnungsamt und Bauamt
Leiter: Norbert Baar, OAR, Tel. -18

Kämmerei
Geschäftsführer: Michael Deiß, Tel. 9 10 04-19

Gemeinde Heiningen
73092 Heiningen, Hauptstr. 30; Tel. (0 71 61) 40 34-0; Fax (0 71 61) 40 34-39;
E-Mail: gemeinde@heiningen-online.de;
http://www.heiningen-online.de

Einwohner: 5 450
Bürgermeister: Norbert Aufrecht

Haupt- und Ordnungsamt
Leiterin: Barbara Dill, Tel. -43

Bauverwaltungsamt
Leiterin: Aida Scheiring, Tel. -42

Verbandskämmerei
Leiter: Lothar Stuiber, Tel. -22

Verbandsbauamt
Leiter: Reiner Reule, Tel. -54

Gemeinde Hohenstadt
73345 Hohenstadt, Schulstr. 9; Tel. (0 73 35) 50 33; Fax (0 73 35) 71 38;
E-Mail: guenter.riebort@hohenstadt-alb.de; http://www.hohenstadt-alb.de

Einwohner: 736
Bürgermeister: Günter Riebort

Gemeinde Kuchen
73329 Kuchen, Marktplatz 11; Tel. (0 73 31) 98 82-0; Fax (0 73 31) 98 82-13;
E-Mail: bma@kuchen.de; http://www.kuchen.de

Einwohner: 5 708
Bürgermeister: Bernd Rößner

Hauptamt
Leiterin: Barbara Baumhauer, GemARätin, Tel. -20

Kämmerei
Leiter: Andreas Sapper, GemOAR, Tel. -30

Bauamt
Leiter: Heiko Potschkay, Tel. -15

Steueramt
Leiterin: Alexandra Arz, GemOInspektorin, Tel. -31

Ordnungsamt
Leiterin: Corinna Funk, GemInspektorin, Tel. -21

Stadt Lauterstein
73111 Lauterstein, Hauptstr. 75; Tel. (0 73 32) 9 66 90; Fax (0 73 32) 96 69 27;
E-Mail: stadtverwaltung@lauterstein.de; http://www.lauterstein.de

Einwohner: 2 587
Bürgermeister: Michael Lenz

Hauptamt, Ordnungsamt, Kämmerei
Leiter: Benjamin Heilig, StaAR, Tel. -20

Gemeinde Mühlhausen im Täle
73347 Mühlhausen im Täle, Gosbacher Str. 16; Tel. (0 73 35) 96 01-0; Fax (0 73 35) 96 01 25;
E-Mail: gemeinde@muehlhausen-taele.de; http://www.muehlhausen-taele.de

Einwohner: 1 050
Bürgermeister: Bernd Schaefer

Hauptverwaltung, Finanzverwaltung
Leiter: Bernd Schaefer, Bgm, Tel. -14

Bürgerbüro
Leiterin: Mirjam Grözinger, Tel. -11

Ordnungs- und Bauamt/Rentenangelegenheiten
Leiterin: Jana Horlacher-Schulze, Tel. -13

Gemeinde Ottenbach
73113 Ottenbach, Hauptstr. 4; Tel. (0 71 65) 9 12 91-0; Fax (0 71 65) 9 12 91-4;
E-Mail: franz@ottenbach.de; http://www.ottenbach.de

Einwohner: 2 430
Bürgermeister: Oliver Franz

Gemeinde Rechberghausen
73098 Rechberghausen, Amtsgasse 4; Tel. (0 71 61) 5 01-0; Fax (0 71 61) 5 01-11;
E-Mail: info@gemeinde.rechberghausen.de; http://www.rechberghausen.de

Einwohner: 5 389
Bürgermeisterin: Claudia Dörner

Gemeinde Salach
73084 Salach, Rathausplatz 1; Tel. (0 71 62) 40 08-0; Fax (0 71 62) 40 08 70;
E-Mail: info@salach.de; http://www.salach.de

Einwohner: 8 000
Bürgermeister: Julian Stipp

Hauptverwaltung
Leiterin: Gabriele Dory, GemOARätin, Tel. -30

Finanzverwaltung
Leiterin: Barbara Fetzer, GemOARätin, Tel. -40

Bauverwaltung
Leiter: Fabian Oßwald, Tel. -50

Gemeinde Schlat
73114 Schlat, Hauptstr. 2; Tel. (0 71 61) 98 73 97-0; Fax (0 71 61) 98 73 97-77; E-Mail: info@schlat.de; http://www.schlat.de

Einwohner: 1 687
Bürgermeister: Gudrun Flogaus

Gemeinde Schlierbach
73278 Schlierbach, Hölzerstr. 1; Tel. (0 70 21) 9 70 06-0; Fax (0 70 21) 9 70 06-30;
E-Mail: gemeinde@schlierbach.de; http://www.schlierbach.de

Einwohner: 3 980
Bürgermeister: Sascha Krötz

Hauptamt und Ordnungsamt
Leiter: Wolfgang Rapp, GemOAR, Tel. -14

Rechnungsamt
Leiterin: Simone Lappöhn, GemARätin, Tel. -20

Stadt Süßen
73079 Süßen, Heidenheimer Str. 30; Tel. (0 71 62) 96 16-0; Fax (0 71 62) 96 16-16;
E-Mail: info@suessen.de; http://www.suessen.de

Einwohner: 10 000
Bürgermeister: Marc Kersting

Hauptamt und Ordnungsamt
Leiter: Walter Janositz, Tel. -20

Kämmerei
Leiterin: Silke Schömbucher, Tel. -30

Bauamt
Leiterin: Andrea Just, Tel. -40

Stadt Uhingen
73066 Uhingen, Kirchstr. 2; Tel. (0 71 61) 93 80-0; Fax (0 71 61) 93 80-1 99; E-Mail: info@uhingen.de; http://www.uhingen.de

Einwohner: 14 000
Bürgermeister: Matthias Wittlinger

Hauptamt
Leiter: Markus Malcher, Tel. -1 20

Ordnungsamt
Leiter: Michael Eberhard, Tel. -1 30

Kämmerei
Leiterin: Kathrin Vater, Tel. -1 40

Bauamt
Leiter: Frank Hollatz, Tel. -1 50

Gemeinde Wäschenbeuren
73116 Wäschenbeuren, Manfred-Wörner-Platz 1; Tel. (0 71 72) 9 26 55-0; Fax (0 71 72) 9 26 55-19; E-Mail: info@waeschenbeuren.de; http://www.waeschenbeuren.de

Einwohner: 3 970
Bürgermeister: Karl Vesenmaier

Hauptamt, Ordnungsamt und Bauamt
Leiterin: Nicole Sonnentag, Tel. -20

Kämmerei
Leiter: Steven Hagenlocher, Tel. -30

Gemeinde Wangen
73117 Wangen, Pfarrberg 2; Tel. (0 71 61) 9 14 18-0; Fax (0 71 61) 9 14 18-33; E-Mail: rathaus@wangen.kdrs.de; http://www.gemeinde-wangen.de

Einwohner: 3 200
Bürgermeister: Daniel Frey

Hauptamt
Leiterin: Petra Strohm, GemOInspektorin, Tel. -12

Ordnungsamt und Bauamt
Leiterin: Deborah Walter, Tel. -28

Rechnungsamt
Leiterin: Cornelia Wöhrle, GemARätin, Tel. -23

Stadt Wiesensteig
73349 Wiesensteig, Hauptstr. 25; Tel. (0 73 35) 96 20-0; Fax (0 73 35) 96 20-24; E-Mail: info@wiesensteig.de; http://www.wiesensteig.de

Einwohner: 2 100
Bürgermeister: Gebhard Tritschler

Hauptamt und Ordnungsamt, Kulturamt
Leiterinnen: Marion Allgaier, Tel. -26 ; Kristine Übele, Tel. -23

Gemeinde Zell unter Aichelberg
73119 Zell unter Aichelberg, Lindenstr. 1-3; Tel. (0 71 64) 8 07-0; Fax (0 71 64) 8 07-77; E-Mail: gemeinde@zell-u-aichelberg.kdrs.de; http://www/zell-u-a.de

Einwohner: 3 172
Bürgermeister: Christopher Flik

Hauptverwaltung
Leiterin: Petra Grus, Tel. -20

Bauverwaltung
Leiter: Jürgen Gassenmayer, Tel. -14

Städte und Gemeinden im Landkreis Göppingen, die einer Verwaltungsgemeinschaft angehören:

Gemeindeverwaltungsverband Raum Bad Boll
73087 Bad Boll
73101 Aichelberg
73105 Dürnau
73108 Gammelshausen
73110 Hattenhofen
73119 Zell u.A.

Gemeindeverwaltungsverband Eislingen-Ottenbach-Salach
73054 Eislingen/Fils, Stadt (Sitzgemeinde)
73113 Ottenbach
73084 Salach

Gemeindeverwaltungsverband Mittlere Fils-Lautertal
73072 Donzdorf, Stadt (Sitzgemeinde)
73333 Gingen an der Fils
73111 Lauterstein, Stadt
73079 Süßen

Gemeindeverwaltungsverband Oberes Filstal
73349 Wiesensteig, Stadt (Sitzgemeinde)
73345 Drackenstein
73344 Gruibingen
73345 Hohenstadt
73347 Mühlhausen im Täle

Gemeindeverwaltungsverband Östlicher Schurwald
73098 Rechberghausen
73099 Adelberg
73102 Birenbach
73104 Börtlingen

Gemeindeverwaltungsverband Voralb
73092 Heiningen
73107 Eschenbach

Verwaltungsgemeinschaft Deggingen/Bad Ditzenbach
73326 Deggingen
73342 Bad Ditzenbach

Verwaltungsgemeinschaft Ebersbach
73061 Ebersbach an der Fils, Stadt (Sitzgemeinde)
73278 Schlierbach

Verwaltungsgemeinschaft Geislingen
73312 Geislingen an der Steige (Sitzgemeinde)
73337 Bad Überkingen
73329 Kuchen

Verwaltungsgemeinschaft Göppingen
73033 Göppingen (Sitzgemeinde)
73114 Schlat

73116 Wäschenbeuren
73117 Wangen

Verwaltungsgemeinschaft Uhingen
73066 Uhingen (Sitzgemeinde)
73095 Albershausen

1.4 Landkreis Ludwigsburg

71638 **Ludwigsburg**, Hindenburgstr. 40; Tel. (0 71 41) 1 44-0; Fax (0 71 41) 1 44-3 96;
E-Mail. mail@landkreis-ludwigsburg.de;
http://www.landkreis-ludwigsburg.de

Außenstelle Vaihingen
71665 **Vaihingen/Enz**, Franckstr. 20; Tel. (0 71 41) 1 44-22 01; Fax (0 71 41) 1 44-5 94 15

Außenstelle Besigheim
74354 **Besigheim**, Kronenstr. 1 (Kfz-Zulassung/Fahrerlaubnis); Tel. (0 71 41) 1 44-20 68; Fax (0 71 41) 1 44-5 00 01

74354 **Besigheim**, Kronenstr. 1 (Jobcenter); Tel. (0 71 41) 1 44-20 95; Fax (0 71 41) 1 44-5 94 60

Außenstelle Gerlingen
70839 **Gerlingen**, Schillerstr. 63; Tel. (0 71 41) 1 44-20 69; Fax (0 71 41) 1 44-5 37 00

Einwohner: 545 782
Fläche: 68 677 ha
Kreistag: 105 Mitglieder (27 Freie Wähler, 26 CDU, 21 GRÜNE, 16 SPD, 8 FDP, 4 LINKE, 2 AfD, 1 ÖDP)
Landrat: Dietmar Allgaier

Dezernat I
Zentrale Steuerung und Schulen; Organisation, Personal, Digitalisierung, Schulen, Geschäftsstelle Kreistag
Dezernent: Andreas Eschbach, Tel. -3 94

Dezernat II Umwelt, Technik, Bauen
Bauen und Immissionsschutz; Kreisentwicklung, Klimaschutz, Mobilität und Tourismus; Umwelt; Abfallgebühren; Gewerbeaufsicht; Vermessung, Flurneuordnung; Wald; Landwirtschaft
Dezernent: Dr. Christian Sußner, Tel. -3 02

Dezernat III Recht, Ordnung, Verkehr
Straßen; Recht und Ordnung; Verkehr; Asyl und Migration; Bevölkerungsschutz
Dezernent: Jürgen Vogt, Tel. -3 03

Dezernat IV Dezernat für Arbeit, Jugend und Soziales
Kinder, Jugend und Familie; Besondere Soziale Hilfen; Soziales, Pflege und Versorgungsangelegenheiten; Jobcenter
Dezernent: Heiner Pfrommer, Tel. -3 08

Dezernat V Gesundheit und Verbraucherschutz
Gesundheitsschutz; Kinder-, Jugend- und versorgungsärztliche Aufgaben, sozialmedizinische Hilfen, Gesundheitsförderung, Gesundheitsplanung und Kommunale Gesundheitskonferenz; Veterinärangelegenheiten und Verbraucherschutz
Dezernentin: Dr. Karlin Stark, Tel. -4 27 35

Dezernat VI Finanzen, Medien- und Gebäudemanagement
Haushalts- und Finanzwesen, Beteiligungen; Kreiskasse, Gebäudemanagement und Liegenschaften; Medien, Kunst und Literatur, Volkshochschule
Dezernentin: Bettina Beck, Tel. -3 06

Außenstellen des Landkreises Ludwigsburg:

Bauen und Immissionsschutz
71636 **Ludwigsburg**, Gänßfußallee 8; Tel. (0 71 41) 1 44-4 77 33

Wald
71665 **Vaihingen**, Mühlstr. 34; Tel. (0 71 41) 1 44-20 10; Fax (0 71 41) 1 44-5 99 26

Gesundheit und Verbraucherschutz
71638 **Ludwigsburg**, Hindenburgstr. 20/1; Tel. (0 71 41) 1 44-20 20; Fax (0 71 41) 1 44-5 99 95

Gewerbeaufsicht
71638 **Ludwigsburg**, Hindenburgstr. 46; Tel. (0 71 41) 1 44-20 06; Fax (0 71 41) 1 44-5 99 24

Sozialpsychiatrischer Dienst
71638 **Ludwigsburg**, Königsallee 59; Tel. (0 71 41) 1 44-20 29; Fax (0 71 41) 1 44-5 95 22

Veterinärwesen und Lebensmittelüberwachung
71638 **Ludwigsburg**, Hindenburgstr. 20/3; Tel. (0 71 41) 1 44-20 31; Fax (0 71 41) 1 44-5 99 37

Jobcenter
71638 **Ludwigsburg**, Hindenburgstr. 4; Tel. (0 71 41) 1 44-22 29; Fax (0 71 41) 1 44-5 99 44
71638 **Ludwigsburg**, Hindenburgstr. 30/1; Tel. (0 71 41) 1 44-22 23; Fax (0 71 41) 1 44-5 94 50
74321 **Bietigheim-Bissingen**, Freiberger Str. 51; Tel. (0 71 41) 1 44-22 24; Fax (0 71 41) 1 44-5 94 47
74354 **Besigheim**, Kronenstr. 1; Tel. (0 71 41) 1 44-20 95; Fax (0 71 41) 1 44-5 94 60
70825 **Korntal-Münchingen**, Kornwestheimer Str. 78; Tel. (0 71 41) 1 44-22 26; Fax (0 71 41) 1 44-5 94 49
71665 **Vaihingen an der Enz**, Franckstr. 20; Tel. (0 71 41) 1 44-22 25; Fax (0 71 41) 1 44-5 94 48

Städte und Gemeinden im Landkreis Ludwigsburg:

Gemeinde Affalterbach
71563 **Affalterbach**, Marbacher Str. 17; Tel. (0 71 44) 83 53-0; Fax (0 71 44) 83 53-53;
E-Mail: gemeinde@affalterbach.de;
http://www.affalterbach.de

Einwohner: 4 600
Bürgermeister: Steffen Döttinger

Haupt- und Bauamt
Leiter: Alexander Langner, GemOAR, Tel. -20

Finanz- und Bauverwaltung
Leiterin: Jana Gläser, GemOARätin, Tel. -30

Stadt Asperg
71679 Asperg, Marktplatz 1; Tel. (0 71 41) 2 69-0; Fax (0 71 41) 2 69-2 53; E-Mail: info@asperg.de; http://www.asperg.de

Einwohner: 13 517
Bürgermeister: Christian Eiberger

Bauamt
Leiter: Benjamin Durst, Tel. -2 50

Kämmerei
Leiter: Pascal Hirsch, Tel. -2 20

Haupt- und Ordnungsamt
Leiter: Volker Gramlich, Tel. -2 10

Gemeinde Benningen am Neckar
71726 Benningen am Neckar, Studionstr. 10; Tel. (0 71 44) 9 06-0; Fax (0 71 44) 9 06-27; E-Mail: rathaus@benningen.de; http://www.benningen.de

Einwohner: 6 500
Bürgermeister: Klaus Warthon

Hauptamt, Personalamt, Bauamt
Leiterin: Larissa Schacherl, Tel. -20

Finanzverwaltung
Leiterin: Katharina Wolz, Tel. -30

Bürgeramt
Leiter: Walter, Tel. -60

Stadt Besigheim
74354 Besigheim, Marktplatz 12; Tel. (0 71 43) 80 78-0; Fax (0 71 43) 80 78-2 89; E-Mail: stadtverwaltung@besigheim.de; http://www.besigheim.de

Einwohner: 12 643
Bürgermeister: Steffen Bühler

Haupt- und Ordnungsamt
Leiterin: Sabine Keller, Tel. -2 24

Amt für Stadtentwicklung, Wohnungsbau, Umwelt
Leiterin: Heike Eckert-Maier, Tel. -2 15

Stadtkämmerei
Leiter: Roland Hauber, Tel. -2 17

Stadtbauamt
Leiter: Andreas Janssen, Tel. -2 34

Stadt Bietigheim-Bissingen
(Große Kreisstadt)
74321 Bietigheim-Bissingen, Marktplatz 8; Tel. (0 71 42) 74-0; Fax (0 71 42) 74-4 06 und 74-4 07;

E-Mail: stadt@bietigheim-bissingen.de; http://www.bietigheim-bissingen.de

Einwohner: 43 146
Oberbürgermeister: Jürgen Kessing
1. Bürgermeister: Joachim Kölz

Dezernat I – Allgemeine Verwaltung, Zentrale Steuerung
Presseamt, Haupt- und Personalamt, Rechnungsprüfungsamt, Liegenschafts- und Rechtsamt
Leiter: Jürgen Kessing, OBgm, Tel. -2 00

Dezernat II – Finanz-, Ordnungs- und Sozialverwaltung
Kämmerei, Ordnungs- und Sozialamt, Amt für Bildung, Jugend und Betreuung, Kultur- und Sportamt
Leiter: NN, Tel. -2 50

Dezernat III – Bauverwaltung
Baurechtsamt, Stadtentwicklungsamt, Hoch- und Tiefbauamt, Bauhof und Stadtgärtnerei
Leiter: Michael Wolf, Tel. -4 00

Stadt Bönnigheim
74357 Bönnigheim, Kirchheimer Str. 1; Tel. (0 71 43) 2 73-0; Fax (0 71 43) 2 73-1 16; E-Mail: stadtverwaltung@boennigheim.de; http://www.boennigheim.de

Einwohner: 8 116

Fachbereich 1 Bürgermeisterbüro
Bürgermeister: Albrecht Dautel

Fachbereich 2 Innere Dienste, Bildung und Ordnung
Leiterin: Alexandra Kindler, Tel. -1 77

Fachbereich 3 Finanzen und Liegenschaften
Leiter: German Thüry, Tel. -3 30

Fachbereich 4 Bauen und Planen
Leiter: Peter Knoll, Tel. -4 40

Stadt Ditzingen
(Große Kreisstadt)
71254 Ditzingen, Am Laien 1; Tel. (0 71 56) 1 64-0; Fax (0 71 56) 1 64-1 01; E-Mail: info@ditzingen.de; http://www.ditzingen.de

Einwohner: 24 861
Oberbürgermeister: Michael Makurath
Bürgermeister: Ulrich Bahmer

Dezernat 1 Haupt- und Finanzverwaltung
Leiter: Michael Makurath, OBgm

Dezernat 2 Bau- und Allgemeine Verwaltung
Leiter: Ulrich Bahmer, Bgm

Gemeinde Eberdingen
71735 Eberdingen, Stuttgarter Str. 34; Tel. (0 70 42) 79 90; Fax (0 70 42) 79 94 66; E-Mail: buergermeisteramt@eberdingen.de; http://www.eberdingen.de

Einwohner: 6 546
Bürgermeister: Peter Dietmar Schäfer

Ordnungs- und Sozialamt
Leiter: Bernd Unmüßig, GemAR, Tel. -3 04

Kämmerei und Personalamt
Leiter: Hans Knöller, GemOAR, Tel. -3 15

Bauamt
Leiter: Dipl.-Ing. Steffen Heinrichsdorff, Tel. -3 06

Gemeinde Erdmannhausen
71729 Erdmannhausen, Pflasterstr. 15; Tel. (0 71 44)
3 08-0; Fax (0 71 44) 3 08-2 99;
E-Mail: rathaus@erdmannhausen.de;
http://www.erdmannhausen.de

Einwohner: 4 865
Bürgermeisterin: Birgit Hannemann

Hauptamt, Ordnungsamt und Bauamt
Leiter: Günter Sommer, Tel. -2 50

Kämmerei
Leiter: Eberhard Immel, Tel. -3 00

Gemeinde Erligheim
74391 Erligheim, Rathausstr. 7; Tel. (0 71 43) 88
40-11; Fax (0 71 43) 88 40 22;
E-Mail: gemeindeverwaltung@erligheim.de;
http://www.erligheim.de

Einwohner: 2 913
Bürgermeister: Rainer Schäuffele

Hauptamt und Ordnungsamt
Leiterin: Johanna Zeller, Tel. -14

Kämmerei
Leiterin: Julia Mai, Tel. -16

Stadt Freiberg am Neckar
71691 Freiberg, Marktplatz 2; Tel. (0 71 41) 2 78-0;
Fax (0 71 41) 2 78-1 37;
E-Mail: rathaus@freiberg-an.de;
http://www.freiberg-an.de

Einwohner: 16 400
Bürgermeister: Dirk Schaible

Hauptverwaltung, Kultur und Bildung
Leiterin: Carmen Klink, Tel. -1 28

Recht und Ordnung
Leiter: Peter Müller, Tel. -1 09

Finanzwesen
Leiterin: Sandra Horvath, Tel. -1 68

Bauen
Leiter: Stefan Kegreiß, 1. Beig, Tel. -1 41

Gemeinde Freudental
74392 Freudental, Schloßplatz 1; Tel. (0 71 43) 8 83
03-0; Fax (0 71 43) 8 83 03 20;
E-Mail: gemeinde@freudental.de;
http://www.freudental.de

Einwohner: 2 586
Bürgermeister: Alexander Fleig

Haupt-, Personal- und Ordnungsamt
Leiterin: Michaele Mallok, Tel. -14

Abteilung Bauen
Leiterin: Evelin Bezner, Tel. -16

Kämmerei und Liegenschaftsamt, Friedhofsamt
Leiter: Ron Keller, Tel. -17

Gemeinde Gemmrigheim
74376 Gemmrigheim, Ottmarsheimer Str. 1; Tel. (0
71 43) 9 72-0; Fax (0 71 43) 9 72-99;
E-Mail: zentrale@gemmrigheim.de;
http://www.gemmrigheim.de

Einwohner: 4 465
Bürgermeister: Dr. Jörg Frauhammer

Haupt- und Ordnungsamt
Leiterin: Bärbel Petters, Tel. -21

Finanzverwaltung
Leiter: Michael Fischer, Tel. -15

Bauamt
Leiter: Kay Fritz, Tel. -10

Stadt Gerlingen
70839 Gerlingen, Rathausplatz 1; Tel. (0 71 56) 2
05-0; Fax (0 71 56) 2 05-5 00;
E-Mail: stadt@gerlingen.de;
http://www.gerlingen.de

Einwohner: 19 849
Bürgermeister: Dirk Oestringer

Geschäftbereich I
Hauptamt, Stadtkämmerei, Amt für Jugend, Familie
und Senioren
Leiter: Dirk Oestringer, Bgm, Tel. -71 24

Geschäftsbereich II
Amt für Bürgerdienste, Sicherheit und Ordnungs-
Amt, Amt für Bau- und Verkehrsrecht, Stadtbauamt, Amt
für Gebäudemanagement
Leiter: Stefan Altenberger, Beig, Tel. -72 12

Stadt Großbottwar
71723 Großbottwar, Marktplatz 1; Tel. (0 71 48)
31-0; Fax (0 71 48) 31-77;
E-Mail: stadt@grossbottwar.de;
http://www.grossbottwar.de

Einwohner: 8 400
Bürgermeister: Ralf Zimmermann

Hauptamt und Ordnungsamt
Leiter: Manfred Graner, StaOAR, Tel. -13

Stadtkämmerei
Leiter: Tobias Müller, StaAR, Tel. -30

Bauamt
Leiterin: Sandra Horwath-Duschek, StaARätin,
Tel. -38

Gemeinde Hemmingen
71282 Hemmingen, Münchinger Str. 5; Tel. (0 71 50)
92 03-0; Fax (0 71 50) 92 03 17;

E-Mail: gemeinde@hemmingen.de;
http://www.hemmingen.de

Einwohner: 7 350
Bürgermeister: Thomas Schäfer

Hauptverwaltung
Leiter: Ralf Kirschner, Tel. -20

Finanzverwaltung
Leiterin: Bianca Pfisterer, Tel. -30

Ortsbauamt
Leiterin: Sonja Widmann, Tel. -40

Gemeinde Hessigheim
74394 Hessigheim, Besigheimer Str. 17; Tel. (0 71 43) 81 43-0; Fax (0 71 43) 81 43-22;
E-Mail: info@hessigheim.de;
http://www.hessigheim.de

Einwohner: 2 511
Bürgermeister: Günther Pilz

Kämmerei
Leiter: Ralph Schneider, Tel. -14

Gemeinde Ingersheim
74379 Ingersheim, Hindenburgplatz 10; Tel. (0 71 42) 97 45-0; Fax (0 71 42) 97 45-45;
E-Mail: rathaus@ingersheim.de;
http://www.ingersheim.de

Einwohner: 6 408
Bürgermeisterin: Simone Lehnert

Hauptamt, Personalamt
Leiterin: Carolin Knirsch, Tel. -34 ; Lisa Sieber, Tel. -37

Ordnungsamt, Bildung
Leiterin: Stefanie Fischer, Tel. -14

Rechnungsamt/Kämmerei
Leiterin: Helen Bauer, Tel. -25

Liegenschaften/Bauen
Leiter: Harald Schnabel, Tel. -21

Gemeinde Kirchheim am Neckar
74366 Kirchheim am Neckar, Hauptstr. 78; Tel. (0 71 43) 89 55-0; Fax (0 71 43) 89 55-55;
E-Mail: info@kirchheim-n.de;
http://www.kirchheim-n.de

Einwohner: 5 440
Bürgermeister: Uwe Seibold

Bauamt
Leiter: Andreas Bezner, Tel. -20

Personal-, Kultur- und Ordnungsamt
Leiterin: Andrea Fritz, Tel. -15

Finanzwesen
Leiterin: Monika Schweizer, Tel. -30

Stadt Korntal-Münchingen
70825 Korntal-Münchingen, Saalplatz 4; Tel. (07 11) 83 67-0; Fax (07 11) 83 67-4 39 00;
E-Mail: stadt@korntal-muenchingen.de;
http://www.korntal-muenchingen.de

Einwohner: 19 639
Bürgermeister: Dr. Joachim Wolf

Fachbereich 1 Steuerung und Service
Leiter: Michael Beck, Tel. -31 00

Fachbereich 2 Familie, Bildung und Soziales
Leiterin: Dr. Catherina Vögele, Tel. -32 00

Fachbereich 3 Finanzen
Leiterin: Kristina Nolde, Tel. -33 00

Fachbereich 4 Stadtentwicklung
Leiter: Stefan Wolf, Tel. -34 00

Fachbereich 5 Hoch- und Tiefbau
Leiter: Alexander Bagnewski, Tel. -35 00

Stadt Kornwestheim
(Große Kreisstadt)
70806 Kornwestheim, Jakob-Sigle-Platz 1; Tel. (0 71 54) 2 02-0; Fax (0 71 54) 2 02-87 10;
E-Mail: office@kornwestheim.de;
http://www.kornwestheim.de

Einwohner: 33 681
Oberbürgermeisterin: Ursula Keck
Bürgermeister: Daniel Güthler, 1. Bgm; Martina Koch-Haßdenteufel

Dezernat 1
Stabsstelle Rechnungsprüfung, Stabsstelle Gremien- und Öffentlichkeitsarbeit, Stabsstelle Soziales und Teilhabe, Fachbereich Kinder, Jugend, Bildung, Fachbereich Kultur und Sport, Eigenbetrieb „Das K"
Leiterin: Ursula Keck, Oberbürgermeisterin, Tel. -80 01

Dezernat 2
Stabsstelle Wirtschaftsförderung, Fachbereich Recht, Sicherheit und Ordnung, Fachbereich Organisation und Personal, Fachbereich Finanzen und Beteiligungen, Eigenbetrieb Ravensburger Kinderwelt, Beteiligungsunternehmen Techmoteum GmbH, Städtische Wohnbau GmbH und Stadtwerke Ludwigsburg-Kornwestheim GmbH
Leiter: Martina Koch-Haßdenteufel, Bürgermeisterin, Tel. -81 11

Dezernat 3
Stabsstelle Umwelt- und Klimaschutz, Fachbereich Hochbau und Gebäudetechnik, Fachbereich Planen und Bauen, Fachbereich Tiefbau und Grünflächen, Eigenbetrieb Stadtentwässerung
Leiter: Daniel Güthler, 1. Bgm, Tel. -86 01

Gemeinde Löchgau
74369 Löchgau, Hauptstr. 49; Tel. (0 71 43) 27 09-0; Fax (0 71 43) 27 09-99;
E-Mail: rathaus@loechgau.de;
http://www.loechgau.de

Einwohner: 5 626
Bürgermeister: Robert Feil

Hauptamt, Ordnungsamt und Bauamt
Leiter: Jens Millow, Tel. -15

Finanzwesen
Leiter: Marc Löffler, Käm, Tel. -20

**Stadt Ludwigsburg
(Große Kreisstadt)**
71638 Ludwigsburg, Wilhelmstr. 11; Tel. (0 71 41) 9 10-0; Fax (0 71 41) 9 10-27 37;
E-Mail: rathaus@ludwigsburg.de;
http://www.ludwigsburg.de

Einwohner: 93 500
Oberbürgermeister: Dr. Matthias Knecht
1. Bürgermeisterin: Renate Schmetz
Bürgermeister: Sebastian Mannl
Bürgermeisterin: Andrea Schwarz

Dem Oberbürgermeister unmittelbar zugeordnet:

Stabsstelle Öffentlichkeitsarbeit und Gremien, Referat Steuerungsunterstützung und Grundsatzthemen

Dezernat I Wirtschaft, Kultur, Verwaltung
Organisation und Personal; Finanzen; Revison; Kunst und Kultur; Eigenbetrieb Tourismus und Events Ludwigsburg; Stadtwerke Ludwigsburg-Kornwestheim GmbH; Wohnungsbau Ludwigsburg GmbH; Blühendes Barock Gartenschau Ludwigsburg GmbH
Leiter: Dr. Matthias Knecht, OBgm, Tel. -28 10

Der Ersten Bürgermeisterin unmittelbar zugeordnet:

Stabsstelle Fachbereichsübergreifende Koordination

Dezernat II Bildung, Sport, Soziales
Bürgerdienste; Engagement, Soziales und Wohnen; Bildung und Familie, Sport und Gesundheit; Feuerwehr und Bevölkerungsschutz, Kunst und Kultur
Leiterin: Renate Schmetz, Erste Bürgermeisterin, Tel. -28 14

Dem Ersten Bürgermeister unmittelbar zugeordnet:

Stabsstelle ÖPNV, Beauftragte/r für Umweltschutz

Dezernat III Mobilität, Sicherheit, Tiefbau
Tiefbau und Grünflächen; Technische Dienste Ludwigsburg; Eigenbetrieb Stadtentwässerung Ludwigsburg, Nachhaltige Mobilität, Sicherheit und Ordnung
Leiter: Sebastian Mannl, Bgm, Tel. -28 55

Dezernat IV Stadtentwicklung, Hochbau, Liegenschaften
Bürgerbüro Bauen, Stadtplanung und Vermessung, Hochbau und Gebäudewirtschaft, Liegenschaften
Leiterin: Andrea Schwarz, Bürgermeisterin, Tel. -20 23

Stadt Marbach am Neckar
71672 Marbach am Neckar, Marktstr. 23; Tel. (0 71 44) 1 02-0; Fax (0 71 44) 1 02-3 00;
E-Mail: rathaus@schillerstadt-marbach.de;
http://www.schillerstadt-marbach.de

Einwohner: 15 959
Bürgermeister: Jan Trost

Hauptamt
Leiter: Jürgen Sack, Tel. -2 55

Finanzverwaltung
Leiterin: Franziska Wunschik, Tel. -2 14

Bürger- und Ordnungsamt
Leiter: Andreas Seiberling, Tel. -2 20

Stadtbauamt
Leiter: Dieter Wanner, Tel. -2 25

Stadt Markgröningen
71706 Markgröningen, Marktplatz 1; Tel. (0 71 45) 13-0; Fax (0 71 45) 1 31 31;
E-Mail: info@markgroeningen.de;
http://www.markgroeningen.de

Einwohner: 14 996
Bürgermeister: Rudolf Kürner

Fachbereich 1 – Interner Service
Finanzen; Personal und Organisation
Leiter: Klaus-Dieter Schmelzer, Tel. -2 51

Fachbereich 2 – Technischer Service
Planen und Bauen; Gebäudemanagement; Infrastruktur
Leiter: Klaus Schütze, Tel. -2 91

Fachbereich 3 – Externer Service
Politische Steuerung und Marketing; Bildung, Kultur und Freizeit; Bürgerdienste
Leiter: Frank Blessing, Tel. -2 41

Gemeinde Möglingen
71696 Möglingen, Rathausplatz 3; Tel. (0 71 41) 48 64-0; Fax (0 71 41) 48 64-64;
E-Mail: info@moeglingen.de;
http://www.moeglingen.de

Einwohner: 11 320
Bürgermeisterin: Rebecca Schwaderer

Hauptamt
Leiter: Harald Spörer, Tel. -50

Kämmerei
Leiter: Sven Mogler, Tel. -12

Ordnungs- und Sozialamt
Leiter: Oliver Bierfert, Tel. -20

Amt für Bauverwaltung und Bautechnik
Leiter: Reiner Schulze

Gemeinde Mundelsheim
74395 Mundelsheim, Hindenburgstr. 1; Tel. (0 71 43) 81 77-0; Fax (0 71 43) 81 77-30;
E-Mail: gemeinde@mundelsheim.de;
http://www.mundelsheim.de

Einwohner: 3 400
Bürgermeister: Boris Seitz

Hauptamt und Bauamt
Leiter: Pietro Leonetti, Tel. -15

Ordnungsamt
Leiterin: Isabel Merkle, Tel. -21

Kämmerei
Leiterin: Ina Grausam, Tel. -17

Gemeinde Murr
71711 Murr, Hindenburgstr. 60; Tel. (0 71 44) 26 99-0; Fax (0 71 44) 26 99-30;
E-Mail: rathaus@murr.kdrs.de;
http://www.gemeinde-murr.de

Einwohner: 6 200
Bürgermeister: Torsten Bartzsch

Hauptamt, Ordnungsamt und Bauwesen
Leiter: Heinz Trautwein, GemOAR, Tel. -26

Finanzwesen
Leiter: Albrecht Keppler, GemOAR, Tel. -40

Stadt Oberriexingen
71739 Oberriexingen, Hauptstr. 14; Tel. (0 70 42) 90 90; Fax (0 70 42) 1 36 09;
E-Mail: rathaus@oberriexingen.de;
http://www.oberriexingen.de

Einwohner: 3 100
Bürgermeister: Werner Somlai

Amt I
Leiter: Werner Somlai, Tel. -33

Amt II Kämmerei/Stadtpflege
Leiter: Frank Wittendorfer, Tel. -32

Amt III Haupt- und Bauamt
Leiterin: Sarina Blum, Tel. -31

Gemeinde Oberstenfeld
71720 Oberstenfeld, Großbottwarer Str. 20; Tel. (0 70 62) 2 61-0; Fax (0 70 62) 2 61-13;
E-Mail: info@oberstenfeld.de;
http://www.oberstenfeld.de

Einwohner: 8 000
Bürgermeister: Markus Kleemann

Hauptamt und Ordnungsamt
Leiter: Hansjörg Neumann, Tel. -27

Finanzwesen
Leiterin: Julia Kügler, Tel. -25

Bauamt
Stellv. Leiterin: Elena Filipp, Tel. -39

Gemeinde Pleidelsheim
74385 Pleidelsheim, Marbacher Str. 5; Tel. (0 71 44) 2 64-0; Fax (0 71 44) 2 64-28;
E-Mail: rathaus@pleidelsheim.de;
http://www.pleidelsheim.de

Einwohner: 6 272
Bürgermeister: Ralf Trettner

Hauptverwaltung
Leiter: Ralf Trettner, Tel. -10

Finanzverwaltung
Leiter: Andreas Linge, Tel. -24

Haupt- und Bauverwaltung
Leiter: Andreas Müller, Tel. -21

Umweltamt
Leiterin: Annegret Bartenbach, Tel. -27

Stadt Remseck am Neckar
(Große Kreisstadt)
71686 Remseck am Neckar, Marktplatz 1; Tel. (0 71 46) 28 09-0; E-Mail: info@remseck.de;
http://www.remseck.de

Einwohner: 26 000
Oberbürgermeister: Dirk Schönberger

Dezernat I
Fachbereiche: Zentrale Dienste; Finanzen
Leiter: Dirk Schönberger, OBgm, Tel. -30 00

Dezernat II
Öffentlicher Personennahverkehr; Zweckverband Pattonville; Fachbereich Bildung, Familie und Soziales
Leiter: Jo Trille, 1. Bgm, Tel. -10 01

Dezernat III
Fachbereich Stadtbauamt
Leiterin: Birgit Priebe, Bürgermeisterin, Tel. -20 01

Stadt Sachsenheim
74343 Sachsenheim, Äußerer Schlosshof 5; Tel. (0 71 47) 28-0; Fax (0 71 47) 28-2 00;
E-Mail: info@sachsenheim.de;
http://www.sachsenheim.de

Einwohner: 19 000
Bürgermeister: Holger Albrich

Fachbereich 10 Verwaltung
Zentraler Service, Finanzen, Bürgerservice, Öffentliche Sicherheit und Ordnung, Bildung, Betreuung und Bürgerengagement
Leiter: NN, Tel. -1 70

Fachbereich 20 Technik
Bauverwaltung, Hochbau, Tiefbau, Baubetriebshof
Leiter: Thomas Feiert, TBeig., Tel. -2 50

Gemeinde Schwieberdingen
71701 Schwieberdingen, Schloßhof 1; Tel. (0 71 50) 3 05-0; Fax (0 71 50) 30 51 05;
E-Mail: rathaus@schwieberdingen.de;
http://www.schwieberdingen.de

Einwohner: 11 636
Bürgermeister: Nico Lauxmann

Haupt- und Ordnungsamt
Leiterin: Carmen Hirsch, Tel. -1 30

Kämmerei und Personalamt
Leiter: Manfred Müller, Käm und 1. Beig, Tel. -1 20

Bauamt
Leiter: NN, Tel. -1 40

Gemeinde Sersheim
74372 Sersheim, Schloßstr. 21; Tel. (0 70 42) 3 72-0; Fax (0 70 42) 3 72-1 11; E-Mail: gemeinde@sersheim.de; http://www.sersheim.de

Einwohner: 5 686
Bürgermeister: Jürgen Scholz

Hauptverwaltung
Leiter: Matthias Gruber, Tel. -1 22

Finanzverwaltung
Leiter: Sven Grau, Tel. -1 42

Stadt Steinheim an der Murr
71711 Steinheim an der Murr, Marktstr. 29; Tel. (0 71 44) 2 63-0; Fax (0 71 44) 2 63-2 00; E-Mail: info@stadt-steinheim.de; https://www.stadt-steinheim.de

Einwohner: 12 122
Bürgermeister: Thomas Winterhalter

Gemeinde Tamm
71732 Tamm, Hauptstr. 100; Tel. (0 71 41) 6 06-0; Fax (0 71 41) 6 06-1 85; E-Mail: info@tamm.org; http://www.tamm.org

Einwohner: 12 600
Bürgermeister: Roland Zeller

Hauptamt
Leiterin: Viola Wiedmann, GemOARätin, Tel. -1 20

Kämmerei
Leiterin: Franziska Wunschik, GemOARätin, Tel. -1 40

Bauamt
Leiterin: Dipl.-Ing. Edda Bühler, Tel. -1 60

Stadt Vaihingen an der Enz
(Große Kreisstadt)
71665 Vaihingen an der Enz, Marktplatz 1; Tel. (0 70 42) 18-0; Fax (0 70 42) 18-2 00; E-Mail: info@vaihingen.de; http://www.vaihingen.de

Einwohner: 29 661
Oberbürgermeister: Gerd Maisch
Bürgermeister: Klaus Reitze

Hauptamt
Leiterin: Jutta Kremer-Weig, Tel. -2 16

Rechnungsprüfungsamt
Leiter: Thomas Cichy, Tel. -2 69

Finanzwesen
Leiter: Alexander Kern, Tel. -2 28

Liegenschaftamt
Leiter: Detlef Fischer, Tel. -2 93

Ordnungs- und Sozialamt
Leiter: Florian Volz, Tel. -2 76

Amt für Bildung, Jugend, Sport und Vereine
Leiterin: Ranjana Hoffmann, Tel. -4 32

Amt für Wirtschaftsförderung, Kultur und Tourismus
Leiter: Heiko Deichmann, Tel. -3 05

Bauverwaltungsamt
Leiter: Christoph Lazecky, Tel. -2 43

Stadtplanungsamt
Leiter: Norbert Geissel, Tel. -2 92

Amt für Technische Dienste
Leiter: Jochen Boger, Tel. -2 04

Amt für Gebäudewirtschaft
Leiter: Wolfgang Riegler, Tel. -2 59

Tiefbauamt
Leiter: Marc Bührer, Tel. -2 67

Gemeinde Walheim
74399 Walheim, Hauptstr. 68; Tel. (0 71 43) 80 41-0; Fax (0 71 43) 80 41 33; E-Mail: info@walheim.de; http://www.walheim.de

Einwohner: 3 074
Bürgermeister: Albrecht Dautel

Städte und Gemeinden im Landkreis Ludwigsburg, die einer Verwaltungsgemeinschaft angehören:

Gemeindeverwaltungsverband Besigheim
74354 Besigheim, Stadt (Sitzgemeinde)
74392 Freudental
74376 Gemmrigheim
74394 Hessigheim
74369 Löchgau
74395 Mundelsheim
74399 Walheim

Gemeindeverwaltungsverband Bönnigheim
74357 Bönnigheim, Stadt (Sitzgemeinde)
74391 Erligheim
74366 Kirchheim am Neckar

Gemeindeverwaltungsverband Marbach am Neckar
71672 Marbach am Neckar, Stadt (Sitzgemeinde)
71563 Affalterbach
71726 Benningen am Neckar
71729 Erdmannhausen

Gemeindeverwaltungsverband Schwieberdingen-Hemmingen
71701 Schwieberdingen (Sitzgemeinde)
71282 Hemmingen

Gemeindeverwaltungsverband Steinheim-Murr
71711 Murr, Gemeinde
71711 Steinheim an der Murr (Sitzgemeinde)

Verwaltungsgemeinschaft Bietigheim-Bissingen
74321 Bietigheim-Bissingen Stadt (Sitzgemeinde)
74379 Ingersheim

71732 Tamm

Verwaltungsgemeinschaft Freiberg
71691 Freiberg am Neckar (Sitzgemeinde)
74385 Pleidelsheim

Verwaltungsgemeinschaft Vaihingen
71665 Vaihingen an der Enz, Stadt (Sitzgemeinde)
71739 Oberriexingen, Stadt
71735 Eberdingen
74372 Sersheim

1.5 Landkreis Rems-Murr-Kreis

71328 Waiblingen, Alter Postplatz 10; Tel. (0 71 51) 5 01-0; Fax (0 71 51) 5 01-15 25;
E-Mail: info@rems-murr-kreis.de;
http://www.rems-murr-kreis.de

Einwohner: 427 286
Fläche: 85 818 ha
Kreistag: 91 Mitglieder (20 CDU, 18 FW, 16 GRÜNE, 13 SPD, 9 FDP-FW, 6 AfD, 5 parteilos, 2 LINKE, 2 ÖDP)
Landrat: Dr. Richard Sigel

Stabsstellen: Presse- und Öffentlichkeitsarbeit; Büro Landrat und Bürgerberatung; Kommunal- und Rechnungsprüfungsamt; Beauftragte/r für Chancengleichheit; Kreistagsgeschäftsstelle; Wirtschaftsförderung

Dezernat 1
Finanzen, Personal und Beteiligungen
Leiter: Peter Schäfer, Tel. -13 41

Dezernat 2
Ordnung, Gesundheit und ÖPNV
Leiter: Dr. Peter Zaar, Tel. -12 51

Dezernat 3
Bauen, Umwelt und Infrastruktur
Leiter: Stefan Hein, Tel. -24 81

Dezernat 4
Forst, Landwirtschaft, Verbraucherschutz und Vermessung
Leiter: Gerd Holzwarth, Tel. -21 01

Dezernat 5
Soziales, Jugend und Bildung
Leiterin: Stefanie Böhm, Tel. -13 13

Abfallwirtschaft Rems-Murr AöR
71332 Waiblingen, Stuttgarter Str. 110; Tel. (0 71 51) 5 01-9 50; Fax (0 71 51) 5 01-95 50;
E-Mail: info@awrm.de;
http://www.abfallwirtschaft-rems-murr.de
Vorstand: Gerald Balthasar; Marcus Siegel; Anika Fritz

Rems-Murr-Kliniken gGmbH
71364 Winnenden, Am Jakobsweg 1; Tel. (0 71 95) 5 91-0; Fax (0 71 95) 5 91-91 02 00;
E-Mail: info@rems-murr.kliniken.de;
http://www.rems-murr.kliniken.de
Geschäftsführer: Dr. Marc Nickel

Kreisbaugruppe und Kreisbaugesellschaft Waiblingen mbH
71332 Waiblingen, Mayenner Str. 55; Tel. (0 71 51) 9 59 00-0; Fax (0 71 51) 9 59 00-10;
E-Mail: info@kreisbaugruppe.de;
http://www.kreisbaugruppe.de
Geschäftsführer: Dirk Braune; Steffen Krahn

RMIM Rems-Murr-Kreis-Immobilien Management GmbH & Co. KG
71332 Waiblingen, Mayenner Str. 55; Tel. (0 71 51) 9 59 00-0; Fax (0 71 51) 9 59 00-10;
E-Mail: info@kreisbaugruppe.de;
http://www.kreisbaugruppe.de/rmim
Geschäftsführer: Dirk Braune; Steffen Krahn

RMG Rems-Murr-Gesundheits GmbH & Co. KG
71332 Waiblingen, Mayenner Str. 55; Tel. (0 71 51) 9 59 00-0; Fax (0 71 51) 9 59 00-10;
E-Mail: info@kreisbaugruppe.de;
http://www.kreisbaugruppe.de/rmg
Geschäftsführer: Dirk Braune; Torsten Demand

Städte und Gemeinden im Rems-Murr-Kreis:

Gemeinde Alfdorf
73553 Alfdorf, Obere Schlossstr. 28; Tel. (0 71 72) 30 90; Fax (0 71 72) 3 09-29;
E-Mail: gemeinde@alfdorf.de;
http://www.alfdorf.de

Einwohner: 7 113
Bürgermeister: Ronald Krötz

Hauptamt und Ordnungsamt
Leiter: Tobias Feldmeyer, Tel. -16

Rechnungsamt
Leiterin: Karin Essig, Tel. -18

Bauamt
Leiter: Wolfgang Fauth, Tel. -26

Gemeinde Allmersbach im Tal
71573 Allmersbach im Tal, Backnanger Str. 42; Tel. (0 71 91) 3 53 00; Fax (0 71 91) 35 30 30;
E-Mail: info@allmersbach.de;
http://www.allmersbach.de

Einwohner: 5 019
Bürgermeisterin: Patrizia Rall

Hauptamt und Ordnungsamt; Bauamt
Leiterin: Anna Seitz, GemAmtfrau, Tel. -19

Kämmerei
Leiter: Fabio Hoffmann, GemOAR, Tel. -20

Gemeinde Althütte
71566 Althütte, Rathausplatz 1; Tel. (0 71 83) 9 59 59-0; Fax (0 71 83) 9 59 59-22;
E-Mail: info@Althuette.de;
http://www.Althuette.de

Einwohner: 4 300
Bürgermeister: Reinhold Sczuka

Hauptamt und Ordnungsamt
Leiter: Pascal Schwinger, GemAR, Tel. -14

Finanzverwaltung
Leiter: Rainer Hillmann, GemOAR, Tel. -27

Gemeinde Aspach
71546 Aspach, Backnanger Str. 9; Tel. (0 71 91) 2 12-0; Fax (0 71 91) 2 12-39; E-Mail: info@aspach.de; http://www.aspach.de

Einwohner: 8 562
Bürgermeisterin: Sabine Welte-Hauff

Hauptamt
Leiter: Philip Sweeney, Tel. -17

Ordnungsamt
Leiterin: Cardin Scholz, Tel. -24

Rechnungsamt
Leiterin: Linda Neises, Tel. -30

Bauamt
Leiterin: Raphaela Dobler, Tel. -12

Gemeinde Auenwald
71549 Auenwald, Rathaus Unterbrüden, Lippoldsweiler Str. 15; Tel. (0 71 91) 50 05-0; Fax (0 71 91) 50 05-50; E-Mail: info@auenwald.de; http://www.auenwald.de

Einwohner: 6 900
Bürgermeister: Kai-Uwe Ernst

Hauptamt und Ordnungsamt
Leiterin: Yvonne Bader, GemARätin, Tel. -10

Rechnungsamt
Leiterin: Claudia Kurz, Kämmerin, Tel. -20

Bauen und Technik
Leiter: Florian Büttner, Tel. -33

Stadt Backnang
(Große Kreisstadt)
71522 Backnang, Am Rathaus 1; Tel. (0 71 91) 8 94-0; Fax (0 71 91) 8 94-1 00; E-Mail: stadt@backnang.de; http://www.backnang.de

Einwohner: 37 464
Oberbürgermeister: Maximilian Friedrich
Erster Bürgermeister: Siegfried Janocha

Dezernat I
Haupt- und Personalamt, Pressestelle, Rechnungsprüfungsamt, Kultur- und Sportamt, Wirtschaftsförderung
Leiter: Maximilian Friedrich, OBgm, Tel. -2 11

Dezernat II
Rechts- und Ordnungsamt, Amt für Familie, Jugend und Bildung, Stadtkämmerei
Leiter: Siegfried Janocha, 1. Bgm, Tel. -5 01

Dezernat III
Bauverwaltungs- und Baurechtsamt, Stadtplanungsamt, Hochbauamt, Tiefbauamt
Leiter: Stefan Setzer, Baudezernent, Tel. -5 02

Gemeinde Berglen
73663 Berglen, Beethovenstr. 14-20; Tel. (0 71 95) 97 57-0; Fax (0 71 95) 97 57-59; E-Mail: gemeinde@berglen.de; http://www.berglen.de

Einwohner: 6 459
Bürgermeister: Holger Niederberger

Hauptamt
Leiterinnen: Regina Ekmann; Corinna Sigloch, Tel. -20

Kämmerei
Leiter: Daniel Schreiber, Tel. -30

Gemeinde Burgstetten
71576 Burgstetten, Rathausstr. 18; Tel. (0 71 91) 95 85-0; Fax (0 71 91) 8 25 57; E-Mail: rathaus@burgstetten.de; http://www.burgstetten.de

Einwohner: 3 438
Bürgermeisterin: Irmtraud Wiedersatz

Hauptamt und Ordnungsamt
Leiterin: Steffi Lämmle, Tel. -21

Rechnungsamt
Leiterin: Manuela Klabunde, Tel. -15

Bauamt
Leiterin: Ursula Maierhöfer, Tel. -20

Stadt Fellbach
(Große Kreisstadt)
70734 Fellbach, Marktplatz 1; Tel. (07 11) 58 51-0; Fax (07 11) 58 51-3 00; E-Mail: rathaus@fellbach.de; http://www.fellbach.de

Einwohner: 45 790
Oberbürgermeisterin: Gabriele Zull
1. Bürgermeister: Johannes Berner
Bürgermeisterin: Beatrice Soltys

Dezernat I
Büro der Oberbürgermeisterin; Amt für Wirtschaftsförderung; Hauptamt, Amt für Grundstücksverkehr; Rechnungsprüfungsamt; Stabsstelle Einzelhandelskoordiantion; Kulturamt; Musikschule; Gleichstellungsstelle
Leiterin: Gabriele Zull, OBürgermeisterin

Dezernat II
Stabsstelle Bürgerschaftliches Engagement; Amt für Soziales und Teilhabe; Verwaltungsstellen Schmiden und Oeffingen; Kämmereiamt; Amt für öffentliche Ordnung; Amt für Bildung, Jugend, Familie und Sport
Leiter: Johannes Berner, 1. Bgm

Dezernat III
Baurechtsamt; Stadtplanungsamt; Amt für Hochbau und Gebäudemanagement; Tiefbauamt; Stabsstelle Radmobilität
Leiterin: Beatrice Soltys, Bürgermeisterin

Gemeinde Großerlach
71577 Großerlach, Stuttgarter Str. 18; Tel. (0 79 03) 91 54-0; Fax (0 79 03) 91 54-33;
E-Mail: rathaus@grosserlach.de;
http://www.grosserlach.de

Einwohner: 2 450
Bürgermeister: Christoph Jäger

Hauptamt
Leiter: Steffen Barth, AR, Tel. -26

Rechnungsamt
Leiterin: Saskia Pulver, ARätin, Tel. -13

Gemeinde Kaisersbach
73667 Kaisersbach, Dorfstr. 5; Tel. (0 71 84) 9 38 38-0; Fax (0 71 84) 9 38 38-21;
E-Mail: info@kaisersbach.de

Einwohner: 2 451
Bürgermeisterin: Katja Müller

Gemeinde Kernen im Remstal
71394 Kernen im Remstal, Stettener Str. 12; Tel. (0 71 51) 40 14-0; Fax (0 71 51) 40 14-1 25;
E-Mail: info@kernen.de; http://www.kernen.de

Einwohner: 15 465
Bürgermeister: Benedikt Paulowitsch

Haupt- und Personalamt
Leiterin: Eleonore Ihring, Tel. -1 50

Ordnungsamt
Leiterin: Marianne Rapp, Tel. -1 17

Finanzverwaltung
Leiter: Bernd Hoppe, Tel. -1 34

Sozialamt
Leiterin: Claudia Bubeck, Tel. -1 19

Bauamt
Leiter: Peter Mauch, Beig., Tel. -1 71

Gemeinde Kirchberg an der Murr
71737 Kirchberg an der Murr, Kirchplatz 2; Tel. (0 71 44) 83 75-0; Fax (0 71 44) 83 75-19;
E-Mail: info@kirchberg-murr.de;
http://www.kirchberg-murr.de

Einwohner: 3 800
Bürgermeister: Frank Hornek

Hauptverwaltung, Ordnungsverwaltung
Leiterin: Hanna Selig, GemARätin, Tel. -20

Finanzverwaltung
Leiter: Marius Vogel, GemOI, Tel. -11

Bauverwaltung
Leiterin: Simone Brem, GemARätin, Tel. -15

Gemeinde Korb
71404 Korb, J-F-Weishaar-Str. 7-9; Tel. (0 71 51) 9 33 40; Fax (0 71 51) 93 34 23;
E-Mail: gemeinde@korb.de; http://www.korb.de

Einwohner: 11 064
Bürgermeister: Jochen Müller

Haupt- und Ordnungsamt
Leiterin: Adalina Schäfer, Tel. -11

Kämmerei
Leiter: Stefan Obenland, Tel. -20

Bauamt
Leiter: Dietmar Kümmerlen, Tel. -48

Gemeinde Leutenbach
71397 Leutenbach, Rathausplatz 1; Tel. (0 71 95) 1 89-0; Fax (0 71 95) 1 89-10;
E-Mail: info@leutenbach.de;
http://www.leutenbach.de

Einwohner: 11 727
Bürgermeister: Jürgen Kiesl

Hauptamt
Leiter: Jakob Schröder, Tel. -11

Kämmerei
Leiter: Heiko Nothacker, Tel. -21

Bau- und Ordnungsamt
Leiter: Johannes Kocher, Tel. -61

Stadt Murrhardt
71540 Murrhardt, Marktplatz 10; Tel. (0 71 92) 2 13-0; Fax (0 71 92) 2 13-1 99;
E-Mail: info@murrhardt.de;
http://www.murrhardt.de

Einwohner: 14 026
Bürgermeister: Armin Mößner
1. Beigeordneter: Rainer Braulik

Haupt- und Ordnungsamt
Leiter: Matthias Kircher, Tel. -1 10

Amt für Wirtschaft, Kultur und Tourismus
Leiter: Uwe Matti, Tel. -2 00

Stadtkämmerei
Leiter: Matthias Glassl, Tel. -3 00

Stadtbauamt (Hoch- und Tiefbau)
Leiter: Harun Icli, Tel. -4 00

Baurechtamt
Leiterin: Simone Sauer, Tel. -4 10

Gemeinde Oppenweiler
71570 Oppenweiler, Schlossstr. 12; Tel. (0 71 91) 4 84-0; Fax (0 71 91) 4 84-99;
E-Mail: gemeinde@oppenweiler.de;
http://www.oppenweiler.de

Einwohner: 4 384
Bürgermeister: Bernhard Bühler

Finanz- und Personalwesen
Leiterin: Marisa Littmann, Tel. -24

Haupt- und Ordnungsamt
Leiter: Alexander Slawinski, Tel. -31

Gemeinde Plüderhausen
73655 Plüderhausen, Am Marktplatz 11; Tel. (0 71 81) 80 09-0; Fax (0 71 81) 80 09-70 00; E-Mail: info@pluederhausen.de; http://www.pluederhausen.de

Einwohner: 9 650
Bürgermeister: Benjamin Treiber

Hauptamt
Leiterin: Julia Hoffmann, Tel. -11 00

Kämmerei
Leiterin: Regina Rösch, Tel. -12 00

Bauamt
Leiter: Ludwig Kern, Tel. -13 00

Gemeinde Remshalden
73630 Remshalden, Marktplatz 1; Tel. (0 71 51) 97 31-0; Fax (0 71 51) 97 31-10 09; E-Mail: gemeinde@remshalden.de; http://www.remshalden.de

Einwohner: 14 143
Bürgermeister: Reinhard Molt

Hauptamt
Leiterin: Christine Kullen, Tel. -11 00

Finanzverwaltung
Leiterin: Gaby Scheidel, Tel. -12 00

Bauamt
Leiterin: Mira Irion, Tel. -13 00

Gemeinde Rudersberg
73635 Rudersberg, Backnanger Str. 26; Tel. (0 71 83) 30 05-0; Fax (0 71 83) 30 05-55; E-Mail: info@rudersberg.de; http://www.rudersberg.de

Einwohner: 11 304
Bürgermeister: Raimon Ahrens

Hauptamt
Leiter: Achim Laidig, GemOAR, Tel. -14

Kämmerei
Leiter: Thomas Krapf, GemVwR, Tel. -30

Bauamt
Leiter: René Schaal, GemOAR, Tel. -50

Stadt Schorndorf
(Große Kreisstadt)
73614 Schorndorf, Marktplatz 1; Tel. (0 71 81) 6 02-0; Fax (0 71 81) 6 02-70; E-Mail: stadt@schorndorf.de; http://www.schorndorf.de

Einwohner: 40 652
Oberbürgermeister: NN
Erster Bürgermeister: Thorsten Englert

Stabsstelle Büro Oberbürgermeister, Pressesprecherin
Leiterin: Nicole Amolsch

Fachbereich Kommunales
Leiterin: Sonja Schnaberich-Lang, Tel. -11 00

Fachbereich Personal
Leiterin: Cornelia Dietrich, Tel. -12 00

Fachbereich Revision
Leiterin: Marietta Weil, Tel. -13 00

Fachbereich Finanzen
Leiter: Jörn Weizelburger, Tel. -20 00

Fachbereich Wirtschaftsförderung und Grundstücksverkehr
Leiterin: Gabriele Koch, Tel. -14 00

Fachbereich Sicherheit und Ordnung
Leiter: Jörn Rieg, Tel. -31 60

Fachbereich Bürgerservice
Leiterin: Hanna Oesterle, Tel. -31 00

Fachbereich Schulen und Vereine
Leiterin: Isabelle Kübler, Tel. -32 00

Fachbereich Kindertagesstätten
Leiter: Markus Weiß, Tel. -34 00

Fachbereich Familie, Soziales, Bürgerschaftliches Engagement
Leiter: Christian Bergmann, Tel. -33 00

Fachbereich Stadtentwicklung und Baurecht
Leiter: Thorsten Donn, Tel. -15 00

Fachbereich Gebäudemanagement
Leiter: Klaus Konz, Tel. -26 00

Fachbereich Infrastruktur
Leiter: Herbert Schuck, Tel. -27 00

Stabsstelle Digitalisierung
Leiter: Jörg Stritzelberger, Tel. -24 00

Stabsstelle Beteiligungen und Fördermittel
Thomas Schabsky, Tel. -20 10

Stabsstelle Klimaschutz und Mobilität
Diana Gallejo Carrera, Tel. -15 29

Stabsstelle Brand- und Katastrophenschutz
Jürgen Buckner, Tel. -31 54

Gemeinde Schwaikheim
71409 Schwaikheim, Marktplatz 2-4; Tel. (0 71 95) 58 20; Fax (0 71 95) 5 82-49; E-Mail: gemeinde@schwaikheim.de; http://www.schwaikheim.de

Einwohner: 9 328
Bürgermeister: NN

Gemeinde Spiegelberg
71579 Spiegelberg, Sulzbacher Str. 7; Tel. (0 71 94) 95 01-0; Fax (0 71 94) 95 01 25; E-Mail: info@gemeinde-spiegelberg.de; http://www.gemeinde-spiegelberg.de

Einwohner: 2 168
Bürgermeister: Uwe Bossert

Rechnungsamt/Finanzwesen
Leiterin: Ina Krone, Tel. -18

Gemeinde Sulzbach an der Murr
71560 Sulzbach an der Murr, Bahnhofstr. 3; Tel. (0 71 93) 51-0; Fax (0 71 93) 51-29;
E-Mail: bma@sulzbach-murr.de;
http://www.sulzbach-murr.de

Einwohner: 5 350
Bürgermeister: Dieter Zahn

Hauptverwaltung
Leiter: Michael Heinrich, Tel. -34

Finanzverwaltung
Leiter: Sven Wohlfarth, Tel. -24

Bauverwaltung
Leiter: Martin Hübl, Tel. -37

Gemeinde Urbach
73660 Urbach, Konrad-Hornschuch-Str. 12; Tel. (0 71 81) 80 07-0; Fax (0 71 81) 80 07-50;
E-Mail: info@urbach.de; http://www.urbach.de

Einwohner: 8 858
Bürgermeisterin: Martina Fehrlen

Haupt- und Ordnungsamt
Leiter: Jürgen Schunter, GemOAR, Tel. -30

Finanzen
Leiter: Markus Schwarz, GemOAR, Tel. -20

Ortsbauamt
Leiter: Rolf Koch, GemOAR, Tel. -60

Stadt Waiblingen
(Große Kreisstadt)
71332 Waiblingen, Kurze Str. 33; Tel. (0 71 51) 50 01-0; Fax (0 71 51) 50 01-21 99;
E-Mail: rathaus@waiblingen.de;
http://www.waiblingen.de

Einwohner: 52 843
Oberbürgermeister: Andreas Hesky
1. Bürgermeisterin: Christiane Dürr
Bürgermeister: Dieter Schienmann

Dezernat I
Fachbereiche: Büro Oberbürgermeister; Finanzen; Kultur und Sport; Revision
Leiter: Andreas Hesky, OBgm, Tel. -10 00

Dezernat II
Fachbereiche: Bildung und Erziehung; Bürgerdienste; Bürgerengagement; Personal und Organisation
Leiterin: Christiane Dürr, 1. Bürgermeisterin, Tel. -20 00

Dezerat III
Fachbereiche: Bürgerdienste Bauen und Umwelt; Hochbau und Gebäudemanagment; Städtische Infrastruktur; Stadtplanung
Leiter: Dieter Schienmann, Bgm, Tel. -30 00

Stadt Weinstadt
(Große Kreisstadt)
71384 Weinstadt, Marktplatz 1; Tel. (0 71 51) 6 93-0; Fax (0 71 51) 6 93-2 90;
E-Mail: info@weinstadt.de;
http://www.weinstadt.de

Einwohner: 26 916
Oberbürgermeister: Michael Scharmann
Erster Bürgermeister: Thomas Deißler

Dezernat I
Amt für Familie, Bildung und Soziales, Amt für Öffentlichkeitsarbeit, Kultur und Stadtmarketing, Datenschutzbeauftragter, Eigenbetrieb Stadtentwässerung, Eigenbetrieb Stadtwerke, Finanzverwaltung, Hauptamt, Ordnungsamt, Personal-, Sport- und Bäderamt, Pressestelle, Persönlicher Referent, Prüfungsamt, Stabsstelle Wirtschaftsförderung
Leiter: Michael Scharmann, OBgm

Dezernat II
Baurechtsamt, Hochbauamt, Liegenschaftsamt, Stadtplanungsamt, Tiefbauamt
Leiter: Thomas Deißler, 1. Beig

Gemeinde Weissach im Tal
71554 Weissach im Tal, Kirchberg 2-4; Tel. (0 71 91) 35 31-0; Fax (0 71 91) 35 31-39;
E-Mail: BMA@weissach-im-tal.de;
http://www.weissach-im-tal.de

Einwohner: 7 100
Bürgermeister: Ian Schölzel

Haupt- und Ordnungsamt
Leiterin: Madelaine Fischer, Tel. -11

Finanzwesen
Leiter: Alexander Holz, Tel. -13

Bauamt
Leiter: Markus Stadelmann, Tel. -17

Stadt Welzheim
73642 Welzheim, Kirchplatz 3; Tel. (0 71 82) 80 08-0; Fax (0 71 82) 80 08-80;
E-Mail: stadt@welzheim.de;
http://www.welzheim.de

Einwohner: 11 160
Bürgermeister: Thomas Bernlöhr

Stadt Winnenden
(Große Kreisstadt)
71364 Winnenden, Torstr. 10; Tel. (0 71 95) 13-0; Fax (0 71 95) 13-4 00;
E-Mail: rathaus@winnenden.de;
http://www.winnenden.de

Einwohner: 28 400

Oberbürgermeister: Hartmut Holzwarth
Bürgermeister: Norbert Sailer

Dezernat I
Hauptamt, Rechnungsprüfungsamt, Stadtentwicklungsamt
Leiter: Hartmut Holzwarth, OBgm, Tel. -2 14

Dezernat II
Amt für Schulen, Kultur und Sport, Amt für Soziales, Senioren und Integration, Amt für Jugend und Familien, Stadtbauamt, Beauftragter für Umweltschutz
Leiter: Norbert Sailer, Bgm, Tel. -2 18

Dezernat III
Stadtkämmerei, Amt für Wirtschaftsförderung und Grundstücksverkehr, Amt für öffentliche Ordnung
Leiter: Jürgen Haas, Tel. -1 20

Gemeinde Winterbach
73650 Winterbach, Marktplatz 2; Tel. (0 71 81) 70 06-0; Fax (0 71 81) 70 06-35; E-Mail: gemeinde@winterbach.de; http://www.winterbach.de

Einwohner: 7 845
Bürgermeister: Sven Müller

Hauptamt und Ordnungsamt
Leiter: Matthias Kolb, Tel. -12

Finanzverwaltung
Leiterin: Melanie Müller, Tel. -30

Bauamt
Leiter: Rainer Blessing, Tel. -24

Städte und Gemeinden im Landkreis Rems-Murr-Kreis, die einer Verwaltungsgemeinschaft angehören:

Vereinbarte Verwaltungsgemeinschaft Backnang
71522 Backnang, Stadt (Sitzgemeinde)
71573 Allmersbach im Tal
71566 Althütte
71546 Aspach
71549 Auenwald
71576 Burgstetten
71737 Kirchberg an der Murr
71570 Oppenweiler
71554 Weissach im Tal

Gemeindeverwaltungsverband Plüderhausen-Urbach
73655 Plüderhausen
73660 Urbach

Gemeindeverwaltungsverband Winnenden
71364 Winnenden, Stadt (Sitzgemeinde)
71397 Leutenbach
71409 Schwaikheim

Verwaltungsgemeinschaft Schorndorf
73614 Schorndorf, Stadt (Sitzgemeinde)
73650 Winterbach

Verwaltungsgemeinschaft Welzheim-Kaisersbach
73642 Welzheim, Stadt (Sitzgemeinde)
73667 Kaisersbach

Gemeindeverwaltungsverband Sulzbach
71577 Großerlach
71579 Spiegelberg
71560 Sulzbach an der Murr

Region Franken

1.6 Landkreis Heilbronn

74072 Heilbronn, Lerchenstr. 40; Tel. (0 71 31) 9 94-0; Fax (0 71 31) 99 41 90; E-Mail: poststelle@landratsamt-heilbronn.de; http://www.landkreis-heilbronn.de

Einwohner: 348 000
Fläche: 110 000 ha
Kreistag: 76 Mitglieder (19 CDU, 18 FWV, 12 SPD, 11 GRÜNE, 6 AfD, 5 FDP, 3 ÖDP, 2 LINKE)
Landrat: Norbert Heuser

Kreistag und Innere Verwaltung
Leiterin: Melanie Lerche, Tel. -2 70

Kommunales und Prüfung
Leiter: Jonas Bauer, Tel. -2 78

Stabsstelle Presse/Büro des Landrats
Leiterin: Tamara Waidmann, Tel. -3 73

Dezernat 2 Finanzen und Liegenschaften
Kämmerei, Bauamt, Schul- und Kulturamt, Abfallwirtschaftsbetrieb
Leiter: Thomas Schuhmacher, Tel. -2 72

Dezernat 3 Staatliche Verwaltung I
Bauen und Umwelt, Mobilität und Nahverkehr, Landwirtschaftsamt, Forstamt, Flurneuordnungsamt, Vermessungsamt
Leiter: Lutz Mai, 1. Landesbeamter, Tel. -2 62

Dezernat 4 Jugend und Soziales
Jugendamt Besondere Dienste, Jugendamt Allgemeiner Sozialer Dienst, Sozial- und Versorgungsamt
Leiterin: Androniki Petsos, Tel. -3 91

Dezernat 5 Staatliche Verwaltung II
Sicherheit und Ordnung, Migration und Integration, Veterinäramt, Gesundheitsamt, Straßen und Verkehr
Leiter: Thomas Maier, Tel. -77 77

Städte und Gemeinden im Landkreis Heilbronn:

Gemeinde Abstatt
74232 Abstatt, Rathausstr. 30; Tel. (0 70 62) 67 70; Fax (0 70 62) 6 77 77; E-Mail: info@abstatt.de; http://www.Abstatt.de

Einwohner: 4 950
Bürgermeister: Klaus Zenth

Hauptamt
Leiterin: Sabine Schnee, GemOARätin, Tel. -20

Ordnungsamt
Leiterin: Tanja Günther, GemOInspektorin, Tel. -23

Rechnungsamt
Leiterin: Azra Bauer, GemOARätin, Tel. -30

Bauamt
Leiter: Tim Breitenöder, GemOAR, Tel. -40

Stadt Bad Friedrichshall
74177 Bad Friedrichshall, Rathausplatz 1; Tel. (0 71 36) 8 32-0; Fax (0 71 36) 8 32-1 00;
E-Mail: info@friedrichshall.de;
http://www.friedrichshall.de

Einwohner: 19 500
Bürgermeister: Timo Frey

Fachbereich I Hauptamt
Leiterin: Franziska Jabs, StaARätin, Tel. -1 17

Fachbereich II Öffentliche Ordnung, Umwelt, Soziales
Leiterin: Sabine Herrmann, VwAngestellte, Tel. -3 30

Fachbereich III Planen und Bauen
Leiter: Enno Loose, StaBauR, Tel. -6 60

Fachbereich IV Tiefbau
Leiter: Ulrich Feldmeyer, StaOAR, Tel. -7 90

Fachbereich V Finanzen
Leiter: Alexander Preuss, StaOVwR, Tel. -2 20

Stadt Bad Rappenau
(Große Kreisstadt)
74906 Bad Rappenau, Kirchplatz 4; Tel. (0 72 64) 9 22-0; Fax (0 72 64) 9 22-119;
E-Mail: stadt@badrappenau.de;
http://www.badrappenau.de

Einwohner: 21 650
Oberbürgermeister: Sebastian Frei

Stadt Bad Wimpfen
74206 Bad Wimpfen, Marktplatz 1; Tel. (0 70 63) 53-0; Fax (0 70 63) 53-1 29;
E-Mail: stadtverwaltung@badwimpfen.de;
http://www.badwimpfen.de

Einwohner: 7 348
Bürgermeister: Claus Brechter

Hauptamt
Leiterin: Daniela Jeske, Tel. -1 20

Stadtkämmerei
Leiter: Alexander Kempf, Tel. -1 30

Bauamt
Leiter: Roland Löffler, Tel. -1 40

Stadt Beilstein
71717 Beilstein, Hauptstr. 19; Tel. (0 70 62) 2 63-0; Fax (0 70 62) 2 63-15; E-Mail: stadt@Beilstein.de;
https://www.beilstein.de

Einwohner: 6 241
Bürgermeisterin: Barbara Schoenfeld

Hauptamt und Ordnungsamt
Leiterin: Irina Baumbusch, Tel. -37

Kämmerei
Leiter: Werner Waldenberger, Tel. -45

Bauamt
Leiterin: Karin Röser, Tel. -23

Stadt Brackenheim
74336 Brackenheim, Marktplatz 1; Tel. (0 71 35) 1 05-0; Fax (0 71 35) 1 05-1 88;
E-Mail: info@brackenheim.de;
http://www.brackenheim.de

Einwohner: 16 335
Bürgermeister: Thomas Csaszar

Stabsstelle
Leiter: Steffen Heinrich, Tel. -3 01

Fachbereich 1 Zentrale Dienste, Finanzverwaltung, Stadtkasse, Bildung und Betreuung
Leiter: Jörg Leonhardt, Tel. -1 01

Fachbereich 2 Sicherheit und Ordnung, Bürgerbüro, Zentrales Gebäudemanagement, Bauverwaltung, Bauhof
Leiter: Heiko Bleibdrey, Tel. -2 01

Gemeinde Cleebronn
74389 Cleebronn, Keltergasse 2; Tel. (0 71 35) 98 56-0; Fax (0 71 35) 98 56-29;
E-Mail: info@cleebronn.de;
http://www.cleebronn.de

Einwohner: 3 003
Bürgermeister: Thomas Vogl

Gemeinde Eberstadt
74246 Eberstadt, Hauptstr. 39; Tel. (0 71 34) 98 08-0; Fax (0 71 34) 98 08-25;
E-Mail: info@eberstadt.de;
http://www.eberstadt.de

Einwohner: 3 200
Bürgermeister: Stephan Franczak

Hauptamt und Ordnungsamt, Finanzverwaltung
Leiterin: Sabine Schnee, Tel. -14

Kämmerei
Leiterin: Monika Grimmer, Tel. (0 71 34) 5 12-1 26

Bauamt
Leiter: Udo Messer, Tel. -19

Gemeinde Ellhofen
74248 Ellhofen, Kirchplatz 1; Tel. (0 71 34) 98 81-0; Fax (0 71 34) 98 81-22;
E-Mail: info@ellhofen.de; http://www.ellhofen.de

Einwohner: 3 393
Bürgermeister: Wolfgang Rapp

Standesamt und Ordnungsamt
Leiterin: Yvonne Babczyk, Tel. -13

Finanzwesen und Bauamt
Leiter: Steffen Saur, Tel. -12

**Stadt Eppingen
(Große Kreisstadt)**
75031 Eppingen, Marktplatz 1; Tel. (0 72 62) 9 20-0; Fax (0 72 62) 9 20-11 77;
E-Mail: rathaus@eppingen.de;
http://www.eppingen.de

Einwohner: 22 024
Oberbürgermeister: Klaus Holaschke
Bürgermeister: Peter Thalmann, TBeig

Stabsstelle Oberbürgermeister/Pressestelle
Leiter: Sönke Brenner, StaOAR, Tel. -11 31

Geschäftsbereich Bildung, Kultur und Verwaltung
Leiterin: Jessica Wells, StaOAR, Tel. -11 22

Geschäftsbereich Finanzen
Leiter: Tobias Weidemann, StaOVwR, Tel. -11 14

Geschäftsbereich Bürgerservice und Ordnung
Leiter: Günter Brenner, StaOVwR, Tel. -11 54

Geschäftsbereich Städtebauliche Entwicklung
Leiter: Peter Thalmann, TBeig, Tel. -11 94

Geschäftsbereich Liegenschaften und Infrastruktur
Leiter: Marcel Gencgel, Tel. -11 85

Gemeinde Erlenbach
74235 Erlenbach, Klingenstr. 2; Tel. (0 71 32) 93 35-0; Fax (0 71 32) 93 35-14;
E-Mail: info@erlenbach-hn.de;
http://www.erlenbach-hn.de

Einwohner: 5 100
Bürgermeister: Uwe Mosthaf

Haupt- und Bauamt
Leiter: Andreas Fleisch, Tel. -33

Kämmerei
Leiter: Frank Fleisch, GemAR, Tel. -26

Gemeinde Flein
74223 Flein, Kellergasse 1; Tel. (0 71 31) 50 07-0; Fax (0 71 31) 50 07 69; E-Mail: info@flein.de;
http://www.flein.de

Einwohner: 6 800
Bürgermeister: Alexander Krüger

Haupt- und Bauverwaltung
Leiter: Hartmut Winkler, Tel. -44

Finanzverwaltung
Leiter: Jürgen Häcker, Tel. -54

Gemeinde Gemmingen
75050 Gemmingen, Hausener Str. 1; Tel. (0 72 67) 8 08-0; Fax (0 72 67) 8 08-43;
E-Mail: post@gemeinde-gemmingen.de;
http://www.gemmingen.eu

Einwohner: 5 366
Bürgermeister: Timo Wolf

Hauptamt
Leiterin: Juliane Hoff, GemARätin, Tel. -23

Bau-/Rechnungsamt
Leiterin: Julia Echle, GemOARätin, Tel. -36

Stadt Güglingen
74363 Güglingen, Marktstr. 21; Tel. (0 71 35) 1 08-0; Fax (0 71 35) 1 08-57;
E-Mail: stadt@gueglingen.de;
http://www.gueglingen.de

Einwohner: 6 452
Bürgermeister: Ulrich Heckmann

Hauptamt
Leiterin: Sandra Koch, StaARätin, Tel. -30

Ordnungsamt
Leiterin: Isabel Kuhnle, StaAmtfrau, Tel. -37

Rechnungsamt/Kämmerei
Leiter: Torsten Behringer, Tel. -40

Bauamt
Leiter: Edwin Gohm, Tel. -50

Stadt Gundelsheim
74831 Gundelsheim, Tiefenbacher Str. 16; Tel. (0 62 69) 96-0; Fax (0 62 69) 96 96;
E-Mail: info@gundelsheim.de;
http://www.gundelsheim.de

Einwohner: 7 500
Bürgermeisterin: Heike Schokatz

Hauptamt
Leiter: Oliver Schölzel, Tel. -13

Ordnungsamt
Leiter: Marcel Reinhard, Tel. -16

Rechnungsamt/Kämmerei
Leiter: Andreas Ockert, Tel. -20

Bauamt
Leiterin: Christin Krug, Tel. -30

Technische Bauverwaltung
Leiter: Peter Schmitt, Tel. -35

Gemeinde Hardthausen am Kocher
74239 Hardthausen am Kocher, Lampoldshauser Str. 8; Tel. (0 71 39) 4 70 90; Fax (0 71 39) 47 09 29;
E-Mail: gemeinde-hardthausen@hardthausen.de;
http://www.hardthausen.de

Einwohner: 4 000
Bürgermeister: Thomas Einfalt

Hauptamt
Leiterin: Carolin Oberndörfer, Tel. -16

Kämmerei
Leiterin: Susanne Heuser, Tel. -12

Gemeinde Ilsfeld
74360 Ilsfeld, Rathausstr. 8; Tel. (0 70 62) 90 42-0; Fax (0 70 62) 90 42 19; E-Mail: gemeinde@ilsfeld.de;
http://www.ilsfeld.de

Einwohner: 9 700
Bürgermeister: Thomas Knödler

Fachbereich Allgemeine Verwaltung
Leiter: Sven Frank, Tel. -20

Sachgebiet Sicherheit und Ordnung
Leiterin: Linda Fortwingel, Tel. -27

Fachbereich Bauen und Planen
Leiter: Thomas Stutz, Tel. -40

Fachbereich Wirtschaft und Finanzen
Leiter: Steffen Heber, Tel. -32

Gemeinde Ittlingen
74930 Ittlingen, Hauptstr. 101; Tel. (0 72 66) 91 91-0; Fax (0 72 66) 91 91-91;
E-Mail: info@ittlingen.de

Einwohner: 2 566
Bürgermeister: Kai Kohlenberger

Hauptamt
Leiterin: Jana Gärtner, Tel. -11

Rechnungsamt
Leiter: Stefan Salen, Tel. -16

Gemeinde Jagsthausen
74249 Jagsthausen, Hauptstr. 3; Tel. (0 79 43) 91 01-0; Fax (0 79 43) 91 01-50;
E-Mail: info@gemeinde.jagsthausen.de;
http://www.jagsthausen.de

Einwohner: 1 980
Bürgermeister: Roland Halter

Hauptamt, Ordnungsamt und Bauamt
Leiterin: Simone Dörner, GemARätin, Tel. -31

Rechnungsamt
Leiter: Patrick Dillig, GemAR, Tel. -20

Gemeinde Kirchardt
74912 Kirchardt, Goethestr. 5; Tel. (0 72 66) 2 08-0; Fax (0 72 66) 2 08-33; E-Mail: rathaus@kirchardt.de;
http://www.kirchardt.de

Einwohner: 6 050
Bürgermeister: Gerd Kreiter

Hauptverwaltung
Leiterin: Silke Kauzmann, Tel. -17

Finanzverwaltung
Leiterin: Ramona Rau-Marthaler, Tel. -27

Bauverwaltung
Leiter: Michael Baumgartner, Tel. -12

Gemeinde Langenbrettach
74243 Langenbrettach, Rathausstr. 1; Tel. (0 71 39) 93 06-0; Fax (0 71 39) 93 06-66;
E-Mail: info@langenbrettach.de;
http://www.langenbrettach.de

Einwohner: 3 691
Bürgermeister: Timo Natter

Hauptamt
Leiterin: Bianca Ehmann, Tel. -20

Rechnungsamt/Kämmerei
Leiter: Alexander Preuss, Tel. -30

Bauamt
Leiterin: Heike Fröhlich, Tel. -21

Stadt Lauffen am Neckar
74348 Lauffen am Neckar, Rathausstr. 10; Tel. (0 71 33) 1 06-0; Fax (0 71 33) 1 06-19;
E-Mail: info@lauffen.de; http://www.lauffen.de

Einwohner: 12 000
Bürgermeister: Klaus-Peter Waldenberger

Büro Bürgermeister
Leiterin: Bettina Keßler, Tel. -16

Bürgerbüro
Leiter: Florian Volz, Tel. 20 77-12

Kämmereiamt
Leiter: Frieder Schuh, Tel. -21

Bauamt
Leiter: Helge Spieth, Tel. -36

Gemeinde Lehrensteinsfeld
74251 Lehrensteinsfeld, Ellhofener Str. 2; Tel. (0 71 34) 98 48-0; Fax (0 71 34) 98 48-27;
E-Mail: info@lehrensteinsfeld.de;
http://www.Lehrensteinsfeld.de

Einwohner: 2 283
Bürgermeister: Benjamin Krummhauer

Gemeinde Leingarten
74211 Leingarten, Heilbronner Str. 38; Tel. (0 71 31) 40 61-0; Fax (0 71 31) 40 61 38;
E-Mail: info@leingarten.de;
http://www.leingarten.de

Einwohner: 11 741
Bürgermeister: Ralf Steinbrenner

Hauptverwaltung, Ordnungs- und Sozialverwaltung
Leiter: Philipp Burzynski, Tel. -31

Finanzverwaltung
Leiter: Stefan Schnepf, Tel. -24

Bauverwaltung
Leiter: Ralf Eschelbach, Tel. -17

Stadt Löwenstein
74245 Löwenstein, Maybachstr. 32; Tel. (0 71 30) 22-0; Fax (0 71 30) 22-50;
E-Mail: stadt-loewenstein@stadt-loewenstein.de;
http://www.stadt-loewenstein.de

Einwohner: 3 353
Bürgermeister: Klaus Schifferer

Hauptamt, Ordnungsamt und Bauamt
Leiterin: Carolin Hübner, Tel. -10

Stadtkämmerei
Leiterin: Lena Wimmer, Tel. -30

Gemeinde Massenbachhausen
74252 Massenbachhausen, Heilbronner Str. 54;
Tel. (0 71 38) 97 12-0; Fax (0 71 38) 97 12-88;
E-Mail: posteingang@massenbachhausen.de;
http://www.massenbachhausen.de

Einwohner: 3 450
Bürgermeister: Nico Morast

Hauptamt
Leiterin: Renate Böhrer, Tel. -13

Rechnungsamt
Leiter: Martin Stricker, Käm, Tel. -31

Stadt Möckmühl
74219 Möckmühl, Hauptstr. 23; Tel. (0 62 98) 20 20; Fax (0 62 98) 2 02-70;
E-Mail: info@moeckmuehl.de;
http://www.moeckmuehl.de

Einwohner: 8 300
Bürgermeister: Ulrich Stammer

Haupt- und Personalamt
Leiterin: Alexandra Fritz, Tel. -20

Standes- und Ordnungsamt
Leiter: Thomas Graf, Tel. -27

Kämmerei
Leiter: Andreas Konrad, Tel. -30

Stadt Neckarsulm
(Große Kreisstadt)
74172 Neckarsulm, Marktstr. 18; Tel. (0 71 32) 35-0; Fax (0 71 32) 35-3 64;
E-Mail: info-stadt@neckarsulm.de;
http://www.neckarsulm.de

Einwohner: 26 324
Oberbürgermeister: Steffen Hertwig
Bürgermeisterin: Dr. Susanne Mösel

Dezernat 1
Büro des Oberbürgermeisters, Hauptamt, Verwaltungsstellen mit Ortsverwaltungen (Bürgerbüro Dahenfeld, Obereisesheim und Amorbach), Stadtkämmerei, Amt für Bürgerservice und Ordnung, Amt für Bildung und Soziales, Kultur- und Sportamt, Eigenbetrieb Aquatoll
Leiter: Steffen Hertwig, OBgm

Dezernat 2
Bauverwaltungsamt, Amt für Stadtentwicklung und Gebäudewirtschaft, Hochbauamt, Tiefbauamt, Bauhof, Stadtwerke
Leiter: Dr. Susanne Mösel, Bürgermeisterin

Gemeinde Neckarwestheim
74382 Neckarwestheim, Marktplatz 1; Tel. (0 71 33) 1 84-0; Fax (0 71 33) 1 84-30;
E-Mail: info@neckarwestheim.de;
http://www.neckarwestheim.de

Einwohner: 4 000
Bürgermeister: Jochen Winkler

Hauptamt
Leiterin: Lena Lamparter, GemOInspektorin, Tel. -13

Kämmerei
Leiter: Kevin Häußer, GemVwR, Tel. -21

Bauamt
Leiter: Markus Jörger, GemAR, Tel. -18

Stadt Neudenau
74861 Neudenau, Hauptstr. 27; Tel. (0 62 64) 9 27 80-0; Fax (0 62 64) 9 27 80 49;
E-Mail: zentrale@neudenau.de ;
http://www.neudenau.de

Einwohner: 5 261
Bürgermeister: Manfred Hebeiß

Ordnungsamt
Leiter: Jochen Hoffer, Tel. -20

Rechnungsamt
Leiterin: Silke Kühner, Tel. -32

Bauamt
Leiter: Christoph Hamberger, Tel. -40

Stadt Neuenstadt am Kocher
74196 Neuenstadt am Kocher, Hauptstr. 50; Tel. (0 71 39) 97-0; Fax (0 71 39) 97-66;
E-Mail: post@neuenstadt.de;
http://www.neuenstadt.de

Einwohner: 10 214
Bürgermeister: Andreas Konrad

Hauptamt
Leiterin: Juliana Eble, Tel. -20

Kämmerei
Leiter: Franz Ott, Tel. -40

Bauamt
Leiter: Bernd Stephan, Tel. -50

Gemeinde Nordheim
74226 Nordheim, Hauptstr. 26; Tel. (0 71 33) 1 82-0; Fax (0 71 33) 1 82-11 99;
E-Mail: info@nordheim.de; www.nordheim.de

Einwohner: 8 359
Bürgermeister: Volker Schiek

Gemeinde Obersulm
74182 Obersulm, Bernhardstr. 1; Tel. (0 71 30) 28-0; Fax (0 71 30) 28-1 99;
E-Mail: gemeinde@obersulm.de;
http://www.obersulm.de

Einwohner: 13 989
Bürgermeister: Björn Steinbach

Hauptamt
Leiter: Jochen Dicht, GemOAR, Tel. -1 10

Kämmerei
Leiterin: Margit Birkicht, GemOARätin, Tel. -1 20

Bauamt
Leiterin: Fennja Kromer, GemOARätin, Tel. -1 60

Gemeinde Oedheim
74229 Oedheim, Ratsstr. 1; Tel. (0 71 36) 2 78-0;
Fax (0 71 36) 2 18-35; E-Mail: info@oedheim.de;
http://www.oedheim.de

Einwohner: 6 500
Bürgermeister: Matthias Schmitt

Gemeinde Offenau
74254 Offenau, Jagstfelder Str. 1; Tel. (0 71 36) 95 40-0; Fax (0 71 36) 95 40 30;
E-Mail: post@offenau.de; http://www.offenau.de

Einwohner: 2 669
Bürgermeister: Michael Folk

Fachbereich Verwaltung und Finanzen
Leiter: Holger Leister, Tel. -17

Fachbereich Bürgerservice
Leiterin: Sonja Schumm, Tel. -18

Gemeinde Pfaffenhofen
74397 Pfaffenhofen, Rodbachstr. 15; Tel. (0 70 46) 9 62 00; Fax (0 70 46) 96 20 20;
E-Mail: bma@pfaffenhofen-wuertt.de;
http://www.pfaffenhofen-wuertt.de

Einwohner: 2 440
Bürgermeisterin: Carmen Kieninger

Gemeinde Roigheim
74255 Roigheim, Hauptstr. 20; Tel. (0 62 98) 92 05-0; Fax (0 62 98) 92 05-55;
E-Mail: info@Roigheim.de;
http://www.Roigheim.de

Einwohner: 1 456
Bürgermeister: Michael Grimm

Rechnungsamt
Leiter: Florian Schwarz, GemOI, Tel. -15

Stadt Schwaigern
74193 Schwaigern, Marktstr. 2; Tel. (0 71 38) 21-0; Fax (0 71 38) 21 14; E-Mail: info@schwaigern.de;
http://www.schwaigern.de

Einwohner: 11 526
Bürgermeisterin: Sabine Rotermund

Hauptamt
Leiterin: Sarah Kunzmann, StaARätin, Tel. -20

Kämmerei
Leiter: Bernhard Diehm, StaOAR, Tel. -30

Bauamt
Leiter: Claus Rehder, StaBauOAR, Tel. -60

Gemeinde Siegelsbach
74936 Siegelsbach, Wagenbacher Str. 4 a; Tel. (0 72 64) 91 50-0; Fax (0 72 64) 91 50-40;
E-Mail: gemeinde@siegelsbach.de;
http://www.siegelsbach.de

Einwohner: 1 650
Bürgermeister: Tobias Haucap

Gemeinde Talheim
74388 Talheim, Rathausplatz 18; Tel. (0 71 33) 98 30-0; Fax (0 71 33) 98 30-99;
E-Mail: post@talheim.de; http://www.talheim.de

Einwohner: 4 913
Bürgermeister: Rainer Gräßle

Gemeinde Untereisesheim
74257 Untereisesheim, Rathausstr. 1; Tel. (0 71 32) 99 74-0; Fax (0 71 32) 99 74 25;
E-Mail: info@untereisesheim.de;
http://www.untereisesheim.de

Einwohner: 4 154
Bürgermeister: Bernd Bordon

Hauptamt
Leiterin: Natalie Krein, Tel. -23

Kämmerei
Leiter: Bernhard Diehm, Tel. -30

Bauverwaltungsamt
Leiterin: Annika Gärtner, Tel. -20

Gemeinde Untergruppenbach
74199 Untergruppenbach, Kirchstr. 2; Tel. (0 71 31) 70 29-0; Fax (0 71 31) 70 20 59;
E-Mail: gemeinde@untergruppenbach.de;
http://www.untergruppenbach.de

Einwohner: 8 550
Bürgermeister: Andreas Vierling

Hauptamt
Leiter: Tobias Binder, Tel. -13

Ordnungsamt
Leiter: Nico Wildenhayn, Tel. -29

Kämmerei
Leiterin: Ilona Vogel, Tel. -23

Steueramt
Leiterin: Melanie Kummer, Tel. -22

Technisches Bauamt
Leiter: Matthias Carle, Tel. -16

Bauamt
Leiterin: Alessia Consoli, Tel. -15

Stadt Weinsberg
74189 Weinsberg, Marktplatz 11; Tel. (0 71 34) 5 12-0; Fax (0 71 34) 5 12-1 99;
E-Mail: stadt@weinsberg.de;
http://www.weinsberg.de

Einwohner: 12 500
Bürgermeister: Stefan Thoma

Abteilung Zentrale Dienste
Leiterin: Margit Frisch, Tel. -1 10

Finanzverwaltung
Leiter: Claus Ehmann, Tel. -1 20

Baurechtsamt
Leiter: Thomas Goth, Tel. -2 50

Stadtbauamt
Leiter: Claudia Spieth, Tel. -2 60 ; Nicolas Raufenberg, Tel. -2 64

Stadt Widdern
74259 Widdern, Keltergasse 5; Tel. (0 62 98) 92 47-0; Fax (0 62 98) 92 47-29; E-Mail: stadt@widdern.de; http://www.widdern.de

Einwohner: 1 862
Bürgermeister: Kevin Kopf

Stadtkämmerei, Personalamt, Hauptamt, Bauplätze
Leiter: Mirko Weinbeer, Tel. -15

Einwohnemeldeamt, Standesamt
Leiterinnen: Andrea Lustig, Tel. -13 ; Lea Klappenecker, Tel. -11

Gemeinde Wüstenrot
71543 Wüstenrot, Eichwaldstr. 19; Tel. (0 79 45) 91 99-0; Fax (0 79 45) 91 99-60; E-Mail: info@gemeinde-wuestenrot.de; http://www.gemeinde-wuestenrot.de

Einwohner: 6 750
Bürgermeister: Timo Wolf

Bildung, Jugend, Sicherheit und Ordnung
Leiter: Jürgen Reinhardt, Tel. -30

Finanzen
Leiter: Bruno Bissinger, Tel. -40

Planen und Bauen
Leiterin: Rebecca Weller, Tel. -50

Gemeinde Zaberfeld
74374 Zaberfeld, Schloßberg 5; Tel. (0 70 46) 96 26-0; Fax (0 70 46) 96 26-26; E-Mail: gemeinde@zaberfeld.de; http://www.zaberfeld.de

Einwohner: 4 199
Bürgermeisterin: Diana Kunz

Hauptverwaltung, Ordnungs- und Sozialverwaltung, Bauverwaltung
Leiterin: Lea Siedler, Tel. -12

Finanzverwaltung
Leiter: Stefan Fink, Tel. -20

Städte und Gemeinden im Landkreis Heilbronn, die einer Verwaltungsgemeinschaft angehören:

Gemeindeverwaltungsverband Flein-Talheim
74223 Flein
74388 Talheim

Gemeindeverwaltungsverband Oberes Zabergäu
74363 Güglingen, Stadt (Sitzgemeinde)
74397 Pfaffenhofen
74374 Zaberfeld

Gemeindeverwaltungsverband Schozach-Bottwartal
74360 Ilsfeld (Sitzgemeinde)

74232 Abstatt
71717 Beilstein, Stadt
74199 Untergruppenbach

Gemeindeverwaltungsverband Raum Weinsberg
74189 Weinsberg, Stadt (Sitzgemeinde)
74246 Eberstadt
74248 Ellhofen
74251 Lehrensteinsfeld

Verwaltungsgemeinschaft Bad Friedrichshall
74177 Bad Friedrichshall, Stadt (Sitzgemeinde)
74229 Oedheim
74254 Offenau

Verwaltungsgemeinschaft Bad Rappenau
74906 Bad Rappenau, Stadt (Sitzgemeinde)
74912 Kirchardt
74936 Siegelsbach

Verwaltungsgemeinschaft Brackenheim
74336 Brackenheim, Stadt (Sitzgemeinde)
74389 Cleebronn

Verwaltungsgemeinschaft Eppingen
75031 Eppingen, Stadt (Sitzgemeinde)
75050 Gemmingen
74930 Ittlingen

Verwaltungsgemeinschaft Lauffen a.N.
74348 Lauffen am Neckar Stadt (Sitzgemeinde)
74382 Neckarwestheim
74226 Nordheim

Verwaltungsgemeinschaft Möckmühl
74219 Möckmühl, Stadt (Sitzgemeinde)
74259 Widdern, Stadt
74249 Jagsthausen
74255 Roigheim

Verwaltungsgemeinschaft Neckarsulm
74172 Neckarsulm, Stadt (Sitzgemeinde)
74235 Erlenbach
74257 Untereisesheim

Verwaltungsgemeinschaft Neuenstadt
74196 Neuenstadt am Kocher, Stadt (Sitzgemeinde)
74243 Langenbrettach
74239 Hardthausen am Kocher

Verwaltungsgemeinschaft Obersulm
74182 Obersulm (Sitzgemeinde)
74245 Löwenstein, Stadt

Verwaltungsgemeinschaft Schwaigern
74193 Schwaigern, Stadt (Sitzgemeinde)
74252 Massenbachhausen

1.7 Landkreis Hohenlohekreis

74653 Künzelsau, Allee 17; Tel. (0 79 40) 18-0; Fax (0 79 40) 18-3 36; E-Mail: info@hohenlohekreis.de; http://www.hohenlohekreis.de

Einwohner: 112 765
Fläche: 77 676 ha

Kreistag: 43 Mitglieder (13 CDU, 9 FW, 7 GRÜNE, 6 SPD, 4 FDP, 3 AfD, 1 LINKE)
Landrat: Dr. Matthias Neth
Erster Landesbeamter: Gotthard Wirth

Büro des Landrates
Oberste Kreisorgane, Geschäftsstelle Kreistag, Presse- und Öffentlichkeitsarbeit, Amt für Wirtschaftsförderung und Tourismus, Kommunal- und Rechnungsprüfungsamt, Kulturstiftung Hohenlohe

Dezernat für Finanzen und Service
Kämmereiamt, Amt für Hochbau und Gebäudemanagement, Kreistiefbauamt, Personal- und Organisationsamt
Dezernent: Michael Schellmann

Dezernat für Ländlichen Raum
Landwirtschaftsamt, Forstamt, Flurneuordnungsamt, Vermessungsamt, Veterinäramt und Lebensmittelüberwachung
Dezernent: Dr. Thomas Winter

Dezernat für Familie, Bildung und Gesundheit
Sozial- und Versorgungsamt, Jugendamt, Amt für Kreisschulen und Bildung, Arbeitsinitiative Hohenlohekreis (gGmbH)
Dezernentin: Elke Schöll

Dezernat für Umwelt, Ordnung und Gesundheit
Umwelt- und Baurechtsamt, Amt für Ordnung, Zuwanderung und Recht, Gesundheitsamt
Dezernent: Mike Weise

Dezernat für Verkehr
Straßenverkehrsamt, Straßenbauamt, Nahverkehr Hohenlohekreis (Eigenbetrieb), Amt für Nahverkehr
Dezernent: Patrick Hauser

Außenstellen des Landkreises Hohenlohekreis:

Flurneuordnungsamt
74653 Künzelsau, Austr. 17; Tel. (0 79 40) 18-1 23; Fax (0 79 40) 18-1 39;
E-Mail: info@hohenlohekreis.de

Forstamt
74653 Künzelsau, Stuttgarter Str. 21; Tel. (0 79 40) 18-5 60; Fax (0 79 40) 18-5 74;
E-Mail: forstamt@hohenlohekreis.de

Gesundheitsamt
74653 Künzelsau, Schulstr. 12; Tel. (0 79 40) 18-5 80; Fax (0 79 40) 18-5 71;
E-Mail: gesuamt@hohenlohekreis.de

Landwirtschaftsamt
74635 Kupferzell, Schlossstr. 3; Tel. (0 79 40) 18-6 01; Fax (0 79 40) 18-6 29;
E-Mail: landwirtschaftsamt@hohenlohekreis.de

Vermessungsamt
74653 Künzelsau, Stettenstr. 31; Tel. (0 79 40) 18-1 50; Fax (0 79 40)18-1 90;
E-Mail: vermessungsamt@hohenlohekreis.de

Städte und Gemeinden im Landkreis Hohenlohekreis:

Gemeinde Bretzfeld
74626 Bretzfeld, Adolzfurter Str. 12; Tel. (0 79 46) 7 71-0; Fax (0 79 46) 7 71 14;
E-Mail: rathaus@bretzfeld.de; https://www.bretzfeld.de

Einwohner: 12 656
Bürgermeister: Martin Piott

Hauptamt
Leiter: Benjamin Offenberger, Tel. -36

Rechnungsamt
Leiterin: Sabrina Muhler, Tel. -25

Bauamt
Leiter: Benjamin Müller, Tel. -45

Gemeinde Dörzbach
74677 Dörzbach, Marktplatz 2; Tel. (0 79 37) 9 11 90; Fax (0 79 37) 91 19 20;
E-Mail: gemeinde@doerzbach.de;
http://www.doerzbach.de

Einwohner: 2 521
Bürgermeister: Andy Kümmerle

Hauptamt, Ordnungsamt und Bauamt
Leiterin: Claudia Konrad, Tel. -12

Rechnungsamt
Leiterin: Silke Spirk, Kämmerin, Tel. -13

Stadt Forchtenberg
74670 Forchtenberg, Hauptstr. 14; Tel. (0 79 47) 91 11-0; Fax (0 79 47) 91 11-35;
E-Mail: stadt@forchtenberg.de;
http://www.forchtenberg.de

Einwohner: 5 100
Bürgermeister: Michael Foss

Hauptamt und Ordnungsamt
Leiter: Alfons Rückenauer, Tel. -13

Rechnungsamt
Leiter: Andreas Frickinger, Tel. -17

Stadt Ingelfingen
74653 Ingelfingen, Schloßstr. 12; Tel. (0 79 40) 13 09-0; Fax (0 79 40) 13 09-62;
E-Mail: info@ingelfingen.de;
http://www.ingelfingen.de

Einwohner: 5 513
Bürgermeister: Michael Bauer

Hauptamt
Leiter: Alexander Winter, Tel. -20

Kämmereiamt
Leiterin: Carolin Sahm, Tel. -30

Bauamt
Leiter: Roman Maier, Tel. -19

Stadt Krautheim
74238 Krautheim, Burgweg 5; Tel. (0 62 94) 9 80;
Fax (0 62 94) 98 48; E-Mail: stadt@krautheim.de;
http://www.krautheim.de

Einwohner: 4 600
Bürgermeister: Andreas Köhler

Hauptverwaltung, Bauverwaltung
Leiter: Thomas Hartmann, Tel. -22

Finanzverwaltung
Leiter: Christian Höfling, Tel. -32

Stadt Künzelsau
74653 Künzelsau, Stuttgarter Str. 7; Tel. (0 79 40) 1 29-0; Fax (0 79 40) 1 29-1 10;
E-Mail: info@kuenzelsau.de;
http://www.kuenzelsau.de

Einwohner: 15 500
Bürgermeister: Stefan Neumann

Gemeinde Kupferzell
74635 Kupferzell, Marktplatz 14-16; Tel. (0 79 44) 91 11-0; Fax (0 79 44) 91 11-88;
E-Mail: Rathaus@kupferzell.de;
http://www.kupferzell.de

Einwohner: 6 300
Bürgermeister: Christoph Spieles

Hauptamt und Ordnungsamt
Leiter: Thomas Hühr, Tel. -26

Rechnungsamt
Leiter: Claus Vaas, Tel. -38

Bauamt
Leiter: Uwe Wied, Tel. -40

Gemeinde Mulfingen
74673 Mulfingen, Kirchweg 1; Tel. (0 79 38) 90 40-0; Fax (0 79 38) 90 40 13;
E-Mail: Info@mulfingen.de;
http://www.mulfingen.de

Einwohner: 3 718
Bürgermeister: Robert Böhnel

Haupt- und Ordnungsverwaltung
Leiterin: Angelika Fitzgerald, Tel. -20

Finanzverwaltung
Leiterin: Sabine Menikheim-Metzger, Tel. -30

Technisches Amt
Leiter: Dieter Göller, Tel. -15

Stadt Neuenstein
74632 Neuenstein, Schloßstr. 20; Tel. (0 79 42) 10 50; Fax (0 79 42) 1 05 66;
E-Mail: stadtverwaltung@neuenstein.de;
http://www.neuenstein.de

Einwohner: 6 225
Bürgermeister: Karl Michael Nicklas

Hauptamt/Ordnungsamt
Leiter: Klaus Conrad, Tel. -27

Stadtkämmerei
Leiter: Andreas Frickinger, Tel. -11

Technisches Amt
Leiter: Roland Salm, Tel. -16

Stadt Niedernhall
74676 Niedernhall, Hauptstr. 30; Tel. (0 79 40) 9 12 50; Fax (0 79 40) 91 25-31;
E-Mail: info@niedernhall.de;
http://www.niedernhall.de

Einwohner: 4 000
Bürgermeister: Achim Beck

Hauptamt und Ordnungsamt
Leiter: Alfons Rüdenauer, Tel. -13

Rechnungsamt
Leiter: Rolf Brechtel, Tel. -16

Bauamt
Leiter: Otto Hachtel, Tel. -14

Stadt Öhringen
(Große Kreisstadt)
74613 Öhringen, Marktplatz 15; Tel. (0 79 41) 68-0;
Fax (0 79 41) 68-1 88; E-Mail: info@oehringen.de;
http://www.oehringen.de

Einwohner: 25 012
Oberbürgermeister: Thilo Michler

Gemeinde Pfedelbach
74629 Pfedelbach, Hauptstr. 17; Tel. (0 79 41) 60 81-0; Fax (0 79 41) 60 81-46;
E-Mail: gemeinde@pfedelbach.de;
http://www.pfedelbach.de

Einwohner: 9 233
Bürgermeister: Torsten Kunkel

Hauptamt
Leiter: Klaus Uhl, Tel. -50

Finanzverwaltung
Leiter: Ralf Dobler, Tel. -20

Bauamt
Leiterin: Brigitte Niesing, Tel. -30

Gemeinde Schöntal
74214 Schöntal, Kloster Schöntal; Tel. (0 79 43) 91 00-0; Fax (0 79 43) 14 20;
E-Mail: info@schoental.de;
http://www.schoental.de

Einwohner: 5 750
Bürgermeisterin: Patrizia Filz

Stadt Waldenburg
74638 Waldenburg, Hauptstr. 13; Tel. (0 79 42) 1 08-0; Fax (0 79 42) 1 08-88;
http://www.waldenburg-hohenlohe.de

Einwohner: 3 033
Bürgermeister: Bernd Herzog

Gemeinde Weißbach
74679 Weißbach, Niedernhaller Str. 5; Tel. (0 79 47) 91 26-0; Fax (0 79 47) 91 26-20;
E-Mail: Info@Gemeinde-Weissbach.de;
http://www.gemeinde-weissbach.de

Einwohner: 2 037
Bürgermeister: Rainer Züfle

Hauptamt, Ordnungsamt und Bauamt
Leiterin: Annika Steinhilber, Tel. -15

Kämmerei (GVV Mittleres Kochertal)
Leiter: Andreas Frickinger, Tel. (0 79 47) 94 38 20 17

Gemeinde Zweiflingen
74639 Zweiflingen, Eichacher Str. 17; Tel. (0 79 48) 94 19-0; Fax (0 79 48) 94 19 15;
E-Mail: rathaus@gemeinde-zweiflingen.de;
http://www.zweiflingen.de

Einwohner: 1 700
Bürgermeister: Klaus Gross

Haupt- und Finanzverwaltung
Leiterin: Margit Neubauer, Tel. -19

Bauverwaltung
Leiter: Klaus Gross, Bgm, Tel. -13

Städte und Gemeinden im Landkreis Hohenlohekreis, die einer Verwaltungsgemeinschaft angehören:

Gemeindeverwaltungsverband Hohenloher Ebene
74632 Kupferzell (Sitzgemeinde)
74635 Neuenstein, Stadt
74638 Waldenburg, Stadt

Gemeindeverwaltungsverband Krautheim
74238 Krautheim, Stadt (Sitzgemeinde)
74677 Dörzbach
74673 Mulfingen

Gemeindeverwaltungsverband Mittleres Kochertal
74676 Niedernhall, Stadt (Sitzgemeinde)
74670 Forchtenberg, Stadt
74670 Weißbach

Verwaltungsgemeinschaft Künzelsau
74653 Künzelsau, Stadt (Sitzgemeinde)
74653 Ingelfingen, Stadt

Verwaltungsgemeinschaft Öhringen
74613 Öhringen, Stadt (Sitzgemeinde)
74629 Pfedelbach
74639 Zweiflingen

1.8 Landkreis Schwäbisch Hall

74523 Schwäbisch Hall, Münzstr. 1; Tel. (07 91) 7 55-0; Fax (07 91) 7 55-73 62;
E-Mail: info@lrasha.de; http://www.lrasha.de

Außenstelle:
74523 Schwäbisch Hall, Karl-Kurz-Str. 44; Tel. (07 91) 7 55-0; Fax (07 91) 7 55-73 62;
E-Mail: info@lrasha.de

74564 Crailsheim, In den Kistenwiesen 2/1; Tel. (0 79 51) 4 92-0; Fax (0 79 51) 4 92-51 46

Einwohner: 197 860
Fläche: 148 407 ha
Kreistag: 58 Mitglieder (17 FW, 12 CDU, 10 GRÜNE, 8 SPD, 5 FDP, 3 AfD, 2 ÖDP, 1 LINKE)
Landrat: Gerhard Bauer

Dem Landrat unmittelbar unterstellt:

Stab Landrat und Kommunalaufsicht, Amt für Wirtschafts- und Regionalmanagement, Rechnungsprüfungsamt

Der 1. Landesbeamtin unmittelbar unterstellt:

Brand- und Katastrophenschutz

Dezernat 1 Verwaltung und Finanzen
Kreiskämmerei, Personal- und Organisationsamt, Amt für Abfallwirtschaft, Straßenbauamt, Amt für Gebäudemanagement
Leiter: Werner Schmidt, LtdKVwDir, Tel. -73 24

Dezernat 2 Jugend und Soziales
Sozialamt, Jugendamt, Gesundheitsamt
Leiter: Gerald Diem, KOVwR, Tel. -73 41

Dezernat 3 Ländlicher Raum
Amt für Veterinärwesen und Verbraucherschutz, Landwirtschaftsamt, Forstamt, Bau- und Umweltamt, Amt für Mobilität
Leiterin: Anil Kübel, 1. Landesbeamtin, Tel. -72 17

Dezernat 4 Recht und Ordnung
Amt für Flurneuordnung und Vermessung, Ordnungs- und Straßenverkehrsamt, Amt für Migration
Leiterin: Dr. Brigitte Michel, RDirektorin, Tel. -72 11

Städte und Gemeinden im Landkreis Schwäbisch Hall:

Gemeinde Blaufelden
74572 Blaufelden, Hindenburgplatz 4; Tel. (0 79 53) 8 84-0; Fax (0 79 53) 8 84-44;
E-Mail: zentralerposteingang@blaufelden.de;
http://www.blaufelden.de

Einwohner: 5 300
Bürgermeisterin: Petra Weber

Kämmerei
Leiterin: Larissa Rieger, Tel. -30

Hauptamt
Leiterin: Katharina Walch, Tel. -20

Bauamt
Leiter: Raphael Strotzer, Tel. -40

Gemeinde Braunsbach
74542 **Braunsbach**, Geislinger Str. 11; Tel. (0 79 06) 9 40 94-0; Fax (0 79 06) 9 40 94-94; E-Mail: info@braunsbach.de; http://www.braunsbach.de

Einwohner: 2 500
Bürgermeister: Frank Harsch

Hauptverwaltung
Leiter: Frank Harsch, Bgm

Finanzverwaltung
Leiter: Christoph Roll, AR, Tel. -12

Sozialverwaltung
Leiterin: Anne Kleiner, Inspektorin, Tel. -14

Ordnungs- und Bauverwaltung
Leiterin: Bettina Radschin, VwAngestellte, Tel. -11

Gemeinde Bühlertann
74424 **Bühlertann**, Hauptstr. 12; Tel. (0 79 73) 9 69 60; Fax (0 79 73) 96 96 33; E-Mail: gemeinde@buehlertann.de; http://www.buehlertann.de

Einwohner: 3 100
Bürgermeister: Michael Dambacher

Kämmerei
Leiter: Wolfgang Ziegler

Gemeinde Bühlerzell
74426 **Bühlerzell**, Heilberger Str. 4; Tel. (0 79 74) 93 90-0; Fax (0 79 74) 93 90-22; E-Mail: info@buehlerzell.de; http://www.buehlerzell.de

Einwohner: 2 043
Bürgermeister: Thomas Botschek

Hauptamt, Ordnungsamt
Leiterin: Sabine Kohnle-Pleßing, GemARätin, Tel. -13

Rechnungsamt
Leiter: Markus Holub, GemOAR, Tel. -20

Stadt Crailsheim (Große Kreisstadt)
74564 **Crailsheim**, Marktplatz 1; Tel. (0 79 51) 4 03-0; Fax (0 79 51) 4 03-14 00; E-Mail: info@crailsheim.de; http://www.crailsheim.de

Einwohner: 35 000
Oberbürgermeister: Dr. Christoph Grimmer
Sozial- und Baubürgermeister: Jörg Steuler

Ressort Finanzen
Leiterin: Anna-Larissa Baranowski, Tel. -12 10

Ressort Verwaltung
Leiter: Georg Töws, Tel. -11 11

Ressort Bildung und Wirtschaft
Leiterin: Margit Fuchs, Tel. -12 14

Ressort Digitales und Kommunikation
Leiter: Thomas Haas, Tel. -11 89

Ressort Recht und Revision
Leiter: Andreas Otterstätter, Tel. -12 50

Ressort Soziales und Kultur
Leiterin: Susanne Kröper-Vogt, Tel. -11 15

Ressort Sicherheit und Bürgerservice
Leiter: Raimund Horbas, Tel. -12 04

Ressort Stadtentwicklung
Leiter: Stefan Markus, Tel. -13 41

Ressort Bauen und Verkehr
Leiter: NN, Tel. -13 26

Gemeinde Fichtenau
74579 **Fichtenau**, Hauptstr. 2; Tel. (0 79 62) 89 20; Fax (0 79 62) 8 92-60; E-Mail: info@fichtenau.de; http://www.fichtenau.de

Einwohner: 4 564
Bürgermeisterin: Anja Schmidt-Wagemann

Hauptamt
Leiter: Jochen Trollmann, GemOAR, Tel. -10

Amt für Finanz- und Bauwesen
Leiterin: Carina Munzinger, GemAmtfrau, Tel. -20

Gemeinde Fichtenberg
74427 **Fichtenberg**, Rathausstr. 13; Tel. (0 79 71) 95 55-0; Fax (0 79 71) 95 55-50; E-Mail: fichtenberg@fichtenberg.de; http://www.fichtenberg.de

Einwohner: 2 950
Bürgermeister: Roland Miola

Ordnungs- und Sozialverwaltung, Hauptamt
Leiter: Pascal Schwinger, Tel. -17

Finanzverwaltung
Leiterin: Karin Essig, Tel. -12

Gemeinde Frankenhardt
74586 **Frankenhardt**, Crailsheimer Str. 3; Tel. (0 79 59) 91 05-0; Fax (0 79 59) 91 05-99; E-Mail: info@frankenhardt.de; http://www.frankenhardt.de

Einwohner: 4 821
Bürgermeister: Jörg Schmidt

Hauptamt
Leiterin: Simone Gahm, Tel. -20

Kämmerei
Leiter: Klaus Schüller, Tel. -30

Stadt Gaildorf
74405 **Gaildorf**, Schloss-Str. 20; Tel. (0 79 71) 2 53-0; Fax (0 79 71) 2 53-1 88; E-Mail: stadt@gaildorf.de; http://www.gaildorf.de

Einwohner: 12 147
Bürgermeister: Frank Zimmermann
Erste Beigeordnete: Tanja Ritter

Stabsstelle Bürgermeister, Amt für Kultur, Stadtmarketing und Tourismus
Leiter: Dr. Daniel Kuhn, Tel. -1 15

Hauptamt
Leiterin: Annika Schall, Tel. -1 50

Ordnungsamt
Leiterin: Nadine Fischer

Kämmerei
Leiter: Matthias Kunz, Tel. -1 36

Bau- und Liegenschaftsverwaltung
Leiter: Werner Weller, Tel. -1 29

Amt für Stadtentwicklung
Leiterin: Andrea Ingrisch

Stadt Gerabronn
74582 Gerabronn, Blaufeldener Str. 8; Tel. (0 79 52) 6 04-0; Fax (0 79 52) 6 04-60;
E-Mail: stadt-gerabronn@gerabronn.de;
http://www.gerabronn.de

Einwohner: 4 302
Bürgermeister: Christian Mauch

Hauptamt
Leiter: Bernd Kneucker, StaOAR, Tel. -25

Ordnungsamt
Leiter: Peter Ebenhöch, StaAI, Tel. -45

Rechnungsamt
Leiterin: Stephanie Feuchter, Tel. -35

Bauamt
Leiter: Kay Sautter, Tel. -33

Stadt Ilshofen
74532 Ilshofen, Haller Str. 1; Tel. (0 79 04) 70 20; Fax (0 79 04) 7 02 12; E-Mail: info@ilshofen.de; http://www.ilshofen.de

Einwohner: 6 911
Bürgermeister: Martin Blessing

Hauptamt und Ordnungsamt
Leiter: Klaus Blümlein, Tel. -20

Rechnungsamt/Kämmerei
Leiter: Martin Ott, Tel. -30

Bauamt
Leiter: Herbert Kraft, Tel. -40

Stadt Kirchberg an der Jagst
74592 Kirchberg an der Jagst, Schloßstr. 10; Tel. (0 79 54) 98 01-0; Fax (0 79 54) 98 01-19;
E-Mail: info@kirchberg-jagst.de;
http://www.kirchberg-jagst.de

Einwohner: 4 347
Bürgermeister: Stefan Ohr

Hauptamt
Leiterin: Almuth Bantzhaff, StaARätin, Tel. -15

Ordnungsamt
Leiter: Jürgen Köhnlein, VwAng, Tel. -16

Rechnungsamt
Leiterin: Sonja Groh, StaAmtfrau, Tel. -13

Bauamt
Leiter: Peter Marx, VwAng, Tel. -22

Gemeinde Kreßberg
74594 Kreßberg, Untere Hirtenstr. 34; Tel. (0 79 57) 98 80-0; Fax (0 79 57) 98 80-11;
E-Mail: gemeindeverwaltung@kressberg.de;
http://www.kressberg.de

Einwohner: 4 028
Bürgermeisterin: Annemarie Mürter-Mayer

Finanzverwaltung
Leiterin: Linda Knödler, Tel. -30

Hauptamt
Leiterin: Birgit Macho, Tel. -40

Stadt Langenburg
74595 Langenburg, Hauptstr. 15; Tel. (0 79 05) 91 02-0; Fax (0 79 05) 4 91;
E-Mail: post@langenburg.de;
http://www.langenburg.de

Einwohner: 1 921
Bürgermeister: Wolfgang Class

Hauptamt und Bauamt
Leiter: Wolfgang Class, Bgm, Tel. -11

Ordnungsamt und Rechnungsamt
Leiter: Markus Zenkert, StaOAR, Tel. -13

Gemeinde Mainhardt
74535 Mainhardt, Hauptstr. 1; Tel. (0 79 03) 91 50-0; Fax (0 79 03) 91 50-50;
E-Mail: rathaus@mainhardt.de;
http://www.mainhardt.de

Einwohner: 5 715
Bürgermeister: Damian Komor

Hauptverwaltung
Leiter: Jürgen Schaal, Tel. -25

Finanzverwaltung
Leiter: Friedmar Wagenländer, Tel. -15

Gemeinde Michelbach an der Bilz
74544 Michelbach an der Bilz, Hirschfelder Str. 13; Tel. (07 91) 9 32 10-0; Fax (07 91) 9 32 10-50;
E-Mail: info@michelbach-bilz.de;
http://www.michelbach-bilz.de

Einwohner: 3 500
Bürgermeister: Werner Dörr

Hauptamt, Ordnungsamt und Bauamt
Leiter: Berthold Krist, GemAR, Tel. -70

Kämmerei
Leiterin: Kristiane Neidhardt, GemARätin, Tel. -60

Gemeinde Michelfeld
74545 Michelfeld, Haller Str. 35; Tel. (07 91) 9 70 71-0; Fax (07 91) 9 70 71-30;

E-Mail: info@michelfeld.de; https://
www.michelfeld.de

Einwohner: 3 800
Bürgermeister: Wolfgang Binnig

Hauptamt, Ordnungsamt und Bauamt
Leiterin: Doris Grau, GemARätin, Tel. -24

Kämmerei
Leiterin: Melanie Frey-Schmidt, GemOARätin, Tel. -11

Gemeinde Oberrot
74420 Oberrot, Rottalstr. 44; Tel. (0 79 77) 74-0; Fax (0 79 77) 74 44; E-Mail: info@oberrot.de; http://www.oberrot.de

Einwohner: 3 600
Bürgermeister: NN

Hauptamt
Leiter: Martin Hofmann, Tel. -20

Kämmerei
Leiterin: Petra Walch, Tel. -30

Gemeinde Obersontheim
74423 Obersontheim, Rathausplatz 1; Tel. (0 79 73) 6 96-0; Fax (0 79 73) 6 96-13; E-Mail: info@obersontheim.de; http://www.obersontheim.de

Einwohner: 4 800
Bürgermeister: Siegfried Trittner

Hauptamt
Leiter: Dieter Herrmann, Tel. -11

Bürgerbüro (Einwohnermeldeamt/Passamt/Standesamt)
Leiter: NN, Tel. -17

Finanzverwaltung
Leiter: Jonathan Richter, Tel. -21

Gemeindekasse/Steueramt
Leiter: Uwe Sperrle, Tel. -22

Gemeinde Rosengarten
74538 Rosengarten, Hauptstr. 39; Tel. (07 91) 9 50 17-0; Fax (07 91) 9 50 17-27; E-Mail: gemeinde@rosengarten.de; http://www.rosengarten.de

Einwohner: 5 118
Bürgermeister: Julian Tausch

Fachbereich I Zentral- und Finanzverwaltung
Leiter: Andreas Anninger, OAR, Tel. -30

Fachbereich II Bürgeramt
Leiterin: Manuela Betz, Amtfrau, Tel. -10

Gemeinde Rot am See
74585 Rot am See, Raiffeisenstr. 1; Tel. (0 79 55) 3 81-0; Fax (0 79 55) 3 81-55; E-Mail: info@rotamsee.de; http://www.rotamsee.de

Einwohner: 5 200
Bürgermeister: Siegfried Gröner

Hauptamt mit Ordnungsamt
Leiterin: Tanja Philipp, GemOInspektorin, Tel. -20

Kämmerei
Leiter: Martin Zanzinger, GemOAR, Tel. -30

Bauamt
Leiter: Armin Vogt, GemAI, Tel. -40

Gemeinde Satteldorf
74589 Satteldorf, Satteldorfer Hauptstr. 50; Tel. (0 79 51) 47 00-0; Fax (0 79 51) 47 00-90; E-Mail: gemeinde@satteldorf.de; http://www.satteldorf.de

Einwohner: 5 645
Bürgermeister: Kurt Wackler

Hauptamt
Leiter: Jürgen Diem, Tel. -20

Rechnungsamt
Leiter: Reinhold Niebel, Tel. -30

Stadt Schrozberg
74575 Schrozberg, Krailshausener Str. 15; Tel. (0 79 35) 7 07-0; Fax (0 79 35) 7 07-50; E-Mail: info@schrozberg.de; http://www.schrozberg.de

Einwohner: 5 800
Bürgermeisterin: Jacqueline Förderer

Hauptamt und Ordnungsamt
Leiter: Helmut Hüttner, StaOAR, Tel. -20

Rechnungsamt
Leiterin: Carmen Kloß, StaOARätin, Tel. -40

Bauamt
Leiter: Thomas Pöschik, Tel. -30

Stadt Schwäbisch Hall
(Große Kreisstadt)
74523 Schwäbisch Hall, Am Markt 6; Tel. (07 91) 75 10; Fax (07 91) 75 12 99; E-Mail: info@schwaebischhall.de; http://www.schwaebischhall.de

Einwohner: 41 053
Oberbürgermeister: Daniel Bullinger
1. Bürgermeister: Peter Klink

Dezernat I
Leiter: Daniel Bullinger, OBgm, Tel. -2 00

Dezernat II
Leiter: Peter Klink, 1. Bgm, Tel. -4 12

Gemeinde Stimpfach
74597 Stimpfach, Kirchstr. 22; Tel. (0 79 67) 90 01-0; Fax (0 79 67) 90 01-50; E-Mail: Gemeinde@Stimpfach.de; http://www.stimpfach.de

Einwohner: 3 113
Bürgermeister: Matthias Strobel

Rechnungsamt
Leiter: Wilhelm Hanselmann, GemOAR, Tel. -28

Gemeinde Sulzbach-Laufen
74429 **Sulzbach-Laufen**, Eisbachstr. 24; Tel. (0 79 76) 9 10 75-0; Fax (0 79 76) 9 10 75-23; E-Mail: info@sulzbach-laufen.de; http://www.sulzach-laufen.de

Einwohner: 2 600
Bürgermeister: Markus Bock

Finanzverwaltung
Leiterin: Natascha Beißwenger, GemARätin, Tel. -17

Gemeinde Untermünkheim
74547 **Untermünkheim**, Hohenloher Str. 33; Tel. (07 91) 9 70 87-0; Fax (07 91) 9 70 87-30; E-Mail: rathaus@untermuenkheim.de; http://www.untermuenkheim.de

Einwohner: 3 029
Bürgermeister: Matthias Groh

Kämmerei
Leiter: Daniel Sommer, Tel. -13

Stadt Vellberg
74541 **Vellberg**, Im Städtle 28; Tel. (0 79 07) 8 77-0; Fax (0 79 07) 8 77 12; E-Mail: Stadt@vellberg.de; http://www.vellberg.de

Einwohner: 4 500
Bürgermeisterin: Ute Zoll

Haupt- und Ordnungsamt
Leiterin: Jana Köbler, Tel. -20

Finanzverwaltung
Leiter: Oliver Taubald, StaOAR, Tel. -30

Bauamt
Leiter: Andreas Brünnler, Tel. -34

Gemeinde Wallhausen
74599 **Wallhausen**, Seestr. 2; Tel. (0 79 55) 93 81-0; Fax (0 79 55) 93 81-26; E-Mail: rathaus@gemeinde-wallhausen.de; http://www.gemeinde-wallhausen.de

Einwohner: 3 750
Bürgermeisterin: Rita Behr-Martin

Finanzverwaltung
Leiter: Jürgen Rosenäcker, GemOAR, Tel. -14

Haupt-und Ordnungsamt
Leiter: Bernulf Ohr, VwAng, Tel. -16

Gemeinde Wolpertshausen
74549 **Wolpertshausen**, Haller Str. 15; Tel. (0 79 04) 97 99-0; Fax (0 79 04) 97 99-10; E-Mail: gemeinde@wolpertshausen.de; http://www.wolpertshausen.de

Einwohner: 2 363
Bürgermeister: Jürgen Silberzahn

Städte und Gemeinden im Landkreis Schwäbisch-Hall, die einer Verwaltungsgemeinschaft angehören:

Gemeindeverwaltungsverband Braunsbach-Untermünkheim
74542 Braunsbach
74547 Untermünkheim (Sitzgemeinde)

Gemeindeverwaltungsverband Fichtenau
74579 Fichtenau (Sitzgemeinde)
74594 Kreßberg

Gemeindeverwaltungsverband Ilshofen-Vellberg
74532 Ilshofen, Stadt (Sitzgemeinde)
74541 Vellberg, Stadt
74549 Wolpertshausen

Gemeindeverwaltungsverband Limpurger Land
74405 Gaildorf, Stadt (Sitzgemeinde)
74427 Fichtenberg
74420 Oberrot
74429 Sulzbach-Laufen

Gemeindeverwaltungsverband Oberes Bühlertal
74423 Obersontheim (Sitzgemeinde)
74424 Bühlertann
74426 Bühlerzell

Gemeindeverwaltungsverband Brettach/Jagst
74585 Rot am See (Sitzgemeinde)
74592 Kirchberg an der Jagst, Stadt
74599 Wallhausen

Verwaltungsgemeinschaft Crailsheim
74564 Crailsheim, Stadt (Sitzgemeinde)
74586 Frankenhardt
74589 Satteldorf
74597 Stimpfach

Vereinbarte Verwaltungsgemeinschaft Gerabronn
74582 Gerabronn, Stadt (Sitzgemeinde)
74595 Langenburg, Stadt

Vereinbarte Verwaltungsgemeinschaft Schwäbisch Hall
74523 Schwäbisch Hall, Stadt (Sitzgemeinde)
74544 Michelbach an der Bilz
74545 Michelfeld
74538 Rosengarten

1.9 Landkreis Main-Tauber-Kreis

97941 **Tauberbischofsheim**, Gartenstr. 1; Tel. (0 93 41) 82-0; Fax (0 93 41) 82-56 60; E-Mail: infos@main-tauber-kreis.de; http://www.main-tauber-kreis.de

Einwohner: 132 684
Fläche: 130 462 ha
Kreistag: 48 Mitglieder (17 CDU, 10 FWV, 9 SPD, 5 GRÜNE, 3 FDP, 3 AfD, 1 LINKE)
Landrat: Christoph Schauder

Dezernat 1 Personal/Finanzen,
Amt für Personal und Zentrale Dienste; Amt für Finanzen; Amt für IT und Digitalisierung; Amt für Immobilienmanagement; Holzverkaufsstelle
Leiter: Torsten Hauck, Tel. -56 30

Dezernat 2 Recht und Umwelt
Bauamt, Umweltschutzamt, Landwirtschaftamt, Veterinäramt, Rechts- und Ordnungsamt
Leiter: Florian Busch, Erster Landesbeamter, Tel. -56 05

Dezernat 3 Kreisentwicklung und Bildung
Amt für Schulen und ÖPNV; Amt für Wirtschaftsförderung, Energie und Tourismus; Energieagentur, Verkehrsamt, Verkehrsgesellschaft Main-Tauber mbH; Kulturamt
Leiterin: Ursula Mühleck, Tel. -52 60

Dezernat 4 Jugend, Soziales und Gesundheit
Jugendamt; Amt für Soziale Sicherung, Teilhabe und Integration; Amt für Pflege und Versorgung; Gesundheitsamt; Jobcenter Main-Tauber; Kommunaler Behindertenbeauftragter
Leiterin: Elisabeth Krug, Tel. -57 07

Dezernat 5 Technik
Forstamt; Vermessung und Flurneuordnungsamt; Straßenbauamt, Eigenbetrieb Abfallwirtschaft
Leiter: Werner Rüger, Tel. -53 51

Kommunal- und Rechnungsprüfungsamt
Leiter: Michael Haas, Tel. -59 02

Büro des Landrats
Leiter: Markus Moll, Tel. -56 12

Eigenbetrieb Abfallwirtschaft
Leiter: Dr. Walter Scheckenbach, Tel. -59 57

Energieagentur Main-Tauber-Kreis GmbH
Leiter: Jürgen Muhler, Tel. -58 13

Außenstellen des Landkreises Main-Tauber-Kreis:

Amt für Pflege und Versorgung
97941 **Tauberbischofsheim**, Am Wört 1; Tel. (0 93 41) 82-0; Fax (0 93 41) 8 28-55 42;
E-Mail: versorgungsamt@main-tauber-kreis.de;
http://www.main-tauber-kreis.de
Leiterin: Nicole Schwarz

Vermessungs- und Flurneuordnungsamt
97941 **Tauberbischofsheim**, Wellenbergstr. 3;
Tel. (0 93 41) 82-0; Fax (0 93 41) 82-54 00;
E-Mail: flurneuordnungsamt@main-tauber-kreis.de;
http://www.main-tauber-kreis.de
Leiter: Werner Rüger

Forstamt
97941 **Tauberbischofsheim**, Wellenbergstr. 10;
Tel. (0 93 41) 82-0; Fax (0 93 41) 82-52 00;
E-Mail: forstamt@main-tauber-kreis.de;
http://www.main-tauber-kreis.de
Leiter: Karlheinz Mechler

Gesundheitsamt
97941 **Tauberbischofsheim**, Albert-Schweitzer-Str. 31; Tel. (0 93 41) 82-55 80; Fax (0 93 41) 82-55 60;
E-Mail: gesundheitsamt@main-tauber-kreis.de;
http://www.main-tauber-kreis.de
Leiterin: Yasemin Eryanar

Jugendamt
97941 **Tauberbischofsheim**, Gartenstr. 2a; Tel. (0 93 41) 82-54 80; Fax (0 93 41) 82-54 70;
E-Mail: jugendamt@main-tauber-kreis.de;
http://www.main-tauber-kreis.de
Leiter: Martin Frankenstein

Kreisarchiv (Archivverbund Main-Tauber)
97877 **Wertheim**, Bronnbach Nr. 19; Tel. (0 93 42) 10 37; Fax (0 93 42) 2 23 38;
E-Mail: archiv-wertheim@w.lad-bwl.de
Leiterin: Dr. Monika Schaupp

Kreismedienzentrum
97941 **Tauberbischofsheim-Distelhausen**, Flurstr. 2; Tel. (0 93 41) 84 67-0; Fax (0 93 41) 84 67-19;
E-Mail: kmz.tbb@web.de;
http://www.tbb.kmz.bwue.de
Leiter: Ulf Neumann

Landwirtschaftsamt
97980 **Bad Mergentheim**, Wachbacher Str. 52;
Tel. (0 79 31) 48 27-63 07; Fax (0 79 31) 48 27-63 00;
E-Mail: landwirtschaftsamt@main-tauber-kreis.de;
http://www.main-tauber-kreis.de
Leiter: Meinhard Stärkel

Straßenbauamt
97941 **Tauberbischofsheim**, Wellenbergstr. 9;
Tel. (0 93 41) 82-52 39; Fax (0 93 41) 82-52 30;
E-Mail: kreisstrassenbauamt@main-tauber-kreis.de;
http://www.main-tauber-kreis.de
Leiter: Markus Metz

Straßenmeisterei Wertheim
97877 Wertheim, Sudetenstr. 2; Tel. (0 93 42) 9 35 43-70 22; Fax (0 93 42) 9 35 43-70 20

Straßenmeisterei Tauberbischofsheim
97941 Tauberbischofsheim, Laurentiusbergstr. 19;
Tel. (0 93 41) 82-53 83; Fax (0 93 41) 82-53 80

Straßenmeisterei Bad Mergentheim
97980 Bad Mergentheim, Otto-Hahn-Str. 7; Tel. (0 79 31) 48 27-63 82; Fax (0 79 31) 48 27-63 80

Veterinärwesen
97980 **Bad Mergentheim**, Wachbacher Str. 52;
Tel. (0 79 31) 48 27-62 53; Fax (0 79 31) 48 27-62 50; E-Mail: veterinaeramt@main-tauber-kreis.de;
http://www.main-tauber-kreis.de
Leiterin: Dr. Carmen Schöneck

Zulassungsbehörde Bad Mergentheim
97980 **Bad Mergentheim**, Wachbacher Str. 52; Tel. (0 93 41) 82-40 01; Fax (0 79 31) 48 27-62 49; E-Mail: zulassungsstelle.mgh@main-tauber-kreis.de; http://www.main-tauber-kreis.de

Zulassungsbehörde Tauberbischofsheim
97941 **Tauberbischofsheim**, Gartenstr. 2a; Tel. (0 93 41) 82-40 01; Fax (0 93 41) 8 28-58 70; E-Mail: zulassungsstelle.tbb@main-tauber-kreis.de; http://www.main-tauber-kreis.de

Zulassungsbehörde Wertheim
97877 **Wertheim**, Roter Sand 2; Tel. (0 93 42) 9 35 43-70 31; Fax (0 93 42) 9 35 43-70 30; E-Mail: zulassungsstelle.wertheim@main-tauber-kreis.de; http://www.main-tauber-kreis.de

Städte und Gemeinden im Landkreis Main-Tauber-Kreis:

Gemeinde Ahorn
74744 **Ahorn**, Schloßstr. 24; Tel. (0 62 96) 92 02-0; Fax (0 62 96) 92 02-20; E-Mail: info@gemeindeahorn.de; http://www.gemeindeahorn.de und www.ahorn.eu

Einwohner: 2 253
Bürgermeister: Benjamin Czernin

Hauptamt, Ordnungsamt und Bauamt
Leiterinnen: Jasmin Freitag; Johanna Scherer, Tel. -11

Rechnungsamt
Leiter: Klaus Merkert, Tel. -17

Gemeinde Assamstadt
97959 **Assamstadt**, Bobstadter Str. 1; Tel. (0 62 94) 42 02-0; Fax (0 62 94) 10 92; E-Mail: post@assamstadt.de; http://www.assamstadt.de

Einwohner: 2 300
Bürgermeister: Joachim Döffinger

Hauptamt, Ordnungsamt und Standesamt
Leiter: Matthias Weiland, Tel. -60

Rechnungsamt
Leiter: Josef Scherer, Tel. -45

Einwohnermeldeamt und Bauamt
Leiterin: Edeltraud Kraut, Tel. -31

Stadt Bad Mergentheim (Große Kreisstadt)
97980 **Bad Mergentheim**, Bahnhofplatz 1; Tel. (0 79 31) 57-0; Fax (0 79 31) 57-19 00; E-Mail: info@bad-mergentheim.de; http://www.bad-mergentheim.de

Einwohner: 24 300
Oberbürgermeister: Udo Glatthaar

Hauptverwaltung
Leiter: Jürgen Friedrich, Tel. -10 01

Finanzverwaltung
Leiter: Artur Wirtz, Tel. -20 01

Ordnungs- und Sozialverwaltung
Leiter: Christian Völkel, Tel. -30 01

Kultur- und Tourismusamt
Leiter: Kersten Hahn, Tel. -40 01

Bauverwaltung
Leiter: Bernd Straub, Tel. -60 01

Stadt Boxberg
97944 **Boxberg**, Kurpfalzstr. 29; Tel. (0 79 30) 6 05-0; Fax (0 79 30) 6 05 29; E-Mail: stadt@boxberg.de; http://www.boxberg.de

Einwohner: 7 000
Bürgermeister: Christian Kremer

Haupt- und Personalamt
Leiter: Marco Hellinger, Tel. -31

Kämmerei
Leiter: Jürgen Kilian, Tel. -16

Rechnungsamt
Leiter: Bernd Behringer, Tel. -24

Tiefbauamt
Leiter: Detlef Göller, Tel. -21

Stadt Creglingen
97993 **Creglingen**, Torstr. 2; Tel. (0 79 33) 7 01-0; Fax (0 79 33) 7 01-30; E-Mail: info@creglingen.de; https://www.creglingen.de

Einwohner: 4 593
Bürgermeister: Uwe Hehn

Hauptamt und Ordnungsamt
Leiterin: Anita Müller, StAmtfrau, Tel. -16

Kämmerei
Leiterin: Rica Neckermann, StaARätin, Tel. -26

Bauamt
Leiter: Jürgen Korb, Tel. -22

Stadt Freudenberg
97896 **Freudenberg**, Hauptstr. 152; Tel. (0 93 75) 92 00-0; Fax (0 93 75) 92 00-50; E-Mail: info@freudenberg-main.de; http://www.freudenberg-main.de

Einwohner: 3 865
Bürgermeister: Roger Henning

Fachbereich I Finanzen, Verwaltung
Leiter: Markus Tremmel, Tel. -30

Fachbereich II Bau- und Straßenwesen
Leiterin: Irina Friesen, Tel. -40

Gemeinde Großrinderfeld
97950 **Großrinderfeld**, Marktplatz 6; Tel. (0 93 49) 92 01-0; Fax (0 93 49) 92 01 11; E-Mail: rathaus@grossrinderfeld.de; http://www.grossrinderfeld.de

Einwohner: 4 072
Bürgermeister: Johannes Leibold

Hauptamt und Ordnungsamt
Leiter: Fabian Richter, Tel. -16

Rechnungsamt
Leiter: Werner Horn, Tel. -20

Bauamt
Leiterin: Birgit Spies, Tel. -30

Stadt Grünsfeld
97947 Grünsfeld, Hauptstr. 12; Tel. (0 93 46) 92 11-0; Fax (0 93 46) 92 11-92;
E-Mail: zentrale@gruensfeld.de;
http://www.gruensfeld.de

Einwohner: 3 655
Bürgermeister: Joachim Markert

Hauptamt, Ordnungsamt und Bauamt
Leiter: Jürgen Umminger, Tel. -24

Kämmereiamt
Leiter: Christoph Kraft, Tel. -23

Gemeinde Igersheim
97999 Igersheim, Möhlerplatz 9; Tel. (0 79 31) 4 97-0; Fax (0 79 31) 4 97-60;
E-Mail: info@igersheim.de;
http://www.igersheim.de

Einwohner: 5 584
Bürgermeister: Frank Menikheim

Finanzwesen
Leiter: Matthias Edinger, GemAR, Tel. -15

Bau-, Haupt- und Ordnungsamt
Leiterin: Verena Hofmann, GemARätin, Tel. -24

Gemeinde Königheim
97953 Königheim, Kirchplatz 2; Tel. (0 93 41) 92 09-0; Fax (0 93 41) 92 09 99;
E-Mail: gemeinde@koenigheim.de;
http://www.koenigheim.de

Einwohner: 3 100
Bürgermeister: Ludger Krug

Hauptverwaltung, Bauverwaltung, Ordnungs- und Sozialverwaltung
Leiter: Nico Keller, Tel. -21

Finanzverwaltung
Leiter: Joachim Köhler, Tel. -31

Stadt Külsheim
97900 Külsheim, Kirchbergweg 7; Tel. (0 93 45) 6 73-0; Fax (0 93 45) 6 73 40;
E-Mail: rathaus@kuelsheim.de;
http://www.kuelsheim.de

Einwohner: 5 200
Bürgermeister: Thomas Schreglmann

Hauptamt
Leiterin: Simone Hickl-Seitz, Tel. -15

Rechnungsamt
Leiterin: Elke Geiger-Schmitt, Tel. -21

Bauamt
Leiter: Heiko Wolpert, Tel. -26

Stadt Lauda-Königshofen
97922 Lauda-Königshofen, Marktplatz 1; Tel. (0 93 43) 5 01-0; Fax (0 93 43) 5 01-59 99;
E-Mail: post@lauda-koenigshofen.de;
http://www.lauda-koenigshofen.de

Einwohner: 14 594
Bürgermeister: Dr. Lukas Braun

Stabsstelle Personal, Organisation, Wahlen, hausinterne Dienste
Leiterin: Juliane Noe, Tel. -50 10

Fachbereich 1 Kommunalrecht, Bildung, Wirtschaftsförderung, Öffentlichkeitsarbeit
Leiterin: Sabine Baumeister, Tel. -51 00

Fachbereich 2 Kommunalwirtschaft, Finanzen, Liegenschaften
Leiter: Günter Haberkorn, Tel. -52 00

Fachbereich 3 Öffentliche Sicherheit, Standesamt, Tourismus, Kultur, Messe, Märkte
Leiter: Andreas Buchmann, Tel. -53 00

Fachbereich 4 Stadtentwicklung, Bau
Leiter: Tobias Blessing, Tel. -54 00

Stadt Niederstetten
97996 Niederstetten, Albert-Sammt-Str. 1; Tel. (0 79 32) 9 10 20; Fax (0 79 32) 91 02-40;
E-Mail: info@niederstetten.de;
http://www.niederstetten.de

Einwohner: 4 894
Stellv. Bürgermeister: Harald Dietz

Hauptamt
Leiterin: Silvia Weidmann, Tel. -11

Ordnungsamt
Leiterin: Caroline Haas, Tel. -15

Kämmerei
Leiterin: Stefanie Olkus-Herrmann, Kämmerin, Tel. -24

Stadtbauamt
Leiter: Karl-Heinz Schmidt, Tel. -34

Stadt Tauberbischofsheim
97941 Tauberbischofsheim, Marktplatz 8; Tel. (0 93 41) 8 03-0; Fax (0 93 41) 8 03 89;
E-Mail: info@tauberbischofsheim.de;
http://www.tauberbischofsheim.de

Einwohner: 14 400
Bürgermeisterin: Anette Schmidt

Haupt- und Personalamt
Leiter: Michael Karle, Tel. -16

Finanzwesen
Leiterin: Barbara Kuhn, Tel. -50

Rechts- und Ordnungswesen
Leiterin: Sabine Oberst, Tel. -24

Bauwesen
Leiter: Zoltan Szlaninka, Tel. -42

Stadt Weikersheim
97990 Weikersheim, Marktplatz 7; Tel. (0 79 34) 1 02-0; Fax (0 79 34) 1 02-58;
E-Mail: info@weikersheim.de;
http://www.weikersheim.de

Einwohner: 7 550
Bürgermeister: Klaus Kornberger

Haupt- und Ordnungsverwaltung
Leiter: Thomas Schimmel, Tel. -28

Finanzverwaltung
Leiterin: Melanie Dietz, Tel. -29

Bauverwaltung
Leiter: Sylvia Thomas, Tel. -30

Gemeinde Werbach
97956 Werbach, Hauptstr. 59; Tel. (0 93 41) 9 20 80; Fax (0 93 41) 92 08-29;
E-Mail: info@werbach.de; http://www.werbach.de

Einwohner: 3 284
Bürgermeister: Ottmar Dürr

Haupt- und Ordnungsamt
Leiter: Tobias Schwarzbach, Tel. -24

Kämmerei, Rechnungsamt
Leiter: Michael Ank, Tel. -16

**Stadt Wertheim
(Große Kreisstadt)**
97877 Wertheim, Mühlenstr. 26; Tel. (0 93 42) 3 01-0; Fax (0 93 42) 3 01-5 00;
E-Mail: stadtverwaltung@wertheim.de;
http://www.wertheim.de

Einwohner: 22 879
Oberbürgermeister: Markus Herrera Torrez
Bürgermeister: Wolfgang Stein

Dezernat I
Zentrale Steuerung, politische Planung, Recht; Kommunikation und Öffentlichkeit; Rechnungsprüfung und Beratung
Leiter: Markus Herrera Torrez, OBgm

Fachbereich 1
Personal, Organisation und Digitalisierung; Finanzen, Betriebswirtschaft; Bildung und Familie; Wirtschaftsförderung, Liegenschaften
Leiter: Helmut Wießner, Tel. -2 00

Fachbereich 2
Stadtplanung, Umweltschutz; Hochbau; Tiefbau; Bauordnungsrecht
Leiter: Armin Dattler, Tel. -4 00

Dezernat II
Kultur, Innenstadt- und Veranstaltungsmanagement; Öffentliche Ordnung; Bürgerservice, Soziales und Integration
Leiter: Wolfgang Stein, Bgm, Tel. -1 50

Gemeinde Wittighausen
97957 Wittighausen, Königstr. 17; Tel. (0 93 47) 92 09-0; Fax (0 93 47) 92 09 50;
E-Mail: info@wittighausen.de;
http://www.wittighausen.de

Einwohner: 1 671
Bürgermeister: Marcus Wessels

Hauptamt und Kämmerei
Leiter: Franz Salfenmoser

Kasse, EDV
Leiter: Frank Lurz, Tel. -12

Einwohnermeldeamt, Hauptamt
Leiterin: Christine Kordmann, Tel. -13

Bauamt, Standesamt, Grundbuchamt
Leiter: Christoph Kastl, Tel. -15

Städte und Gemeinden im Landkreis Main-Tauber-Kreis, die einer Verwaltungsgemeinschaft angehören:

Verwaltungsgemeinschaft Bad Mergentheim
97980 Bad Mergentheim, Stadt (Sitzgemeinde)
97959 Assamstadt
97999 Igersheim

Verwaltungsgemeinschaft Boxberg
97944 Boxberg, Stadt (Sitzgemeinde)
74744 Ahorn

Verwaltungsgemeinschaft Grünsfeld
97947 Grünsfeld, Stadt (Sitzgemeinde)
97957 Wittighausen

Verwaltungsgemeinschaft Tauberbischofsheim
97941 Tauberbischofsheim, Stadt (Sitzgemeinde)
97950 Großrinderfeld
97953 Königheim
97956 Werbach

Region Ostwürttemberg

1.10 Landkreis Heidenheim

89518 Heidenheim, Felsenstr. 36; Tel. (0 73 21) 3 21-0; Fax (0 73 21) 3 21-24 10;
E-Mail: post@landkreis-heidenheim.de;
http://www.landkreis-heidenheim.de

Einwohner: 132 939
Fläche: 62 713 ha
Kreistag: 46 Mitglieder (13 CDU/FDP, 11 SPD, 11 FW, 9 GRÜNE und Unabhängige, 2 Zählgemeinschaft AfD)
Landrat: Peter Polta

Dem Landrat unmittelbar unterstellt:

Stabsstelle Revision und Prüfung
Leiter: Stephen Mutschler, Tel. -22 50

Stabsbereiche Verwaltung und Digitalisierung
Leiterin: Marlene Bolz, Tel. -13 00

Dezernat 1
Finanzen und Infrastruktur
Leiter: Jürgen Eisele, Tel. -22 60

Dezernat 2
Soziales und Gesundheit
Leiter: Matthias Schauz, Tel. - 23 42

Dezernat 3
Umwelt und Ordnung
Leiter: Michael Felgenhauer, Tel. - 24 90

Kliniken Landkreis Heidenheim gGmbH
89522 Heidenheim, Schloßhaustr. 100; Tel. (0 73 21) 33-0; Fax (0 73 21) 33-20 48;
E-Mail: info@kliniken-heidenheim.de;
http://www.kliniken-heidenheim.de
Geschäftsführer: Dr. Rainer Pfrommer

Kreisabfallwirtschaftsbetrieb Heidenheim
Eigenbetrieb des Landkreises Heidenheim
89522 Heidenheim, Schmittenplatz 5; Tel. (0 73 21) 95 05-0; Fax (0 73 21) 95 05-47;
E-Mail: info@abfallwirtschaft-heidenheim.de;
http://www.abfallwirtschaft-heidenheim.de
Betriebsleiter: Dr. Sebastian Meier

Städte und Gemeinden im Landkreis Heidenheim:

Gemeinde Dischingen
89561 Dischingen, Marktplatz 9; Tel. (0 73 27) 81-0; Fax (0 73 27) 81 40;
E-Mail: info@dischingen.de;
http://www.dischingen.de

Einwohner: 4 329
Bürgermeister: Alfons Jakl

Hauptamt und Ordnungsamt
Leiterin: Evi Saur, Tel. -19

Rechnungsamt
Leiter: Dirk Schabel, Tel. -21

Bauamt
Leiter: Harald Wörner, Tel. -33

Gemeinde Gerstetten
89547 Gerstetten, Wilhelmstr. 31; Tel. (0 73 23) 84-0; Fax (0 73 23) 84 18;
E-Mail: rathaus@gerstetten.de;
http://www.gerstetten.de

Einwohner: 11 703
Bürgermeister: Roland Polaschek

Hauptamt
Stellv. Leiterin: Janine Werner, Tel. -1 50

Finanzverwaltung
Leiter: Gerhard Krämer, Tel. -2 00

Ordnungsamt
Leiter: Rudolf Stang, Tel. -3 00

Bauverwaltungsamt
Leiter: Hannes Bewersdorff, Tel. -5 00

Bauamt
Leiter: Bernd Müller, Tel. -6 00

Stadt Giengen an der Brenz
(Große Kreisstadt)
89537 Giengen an der Brenz, Marktstr. 11; Tel. (0 73 22) 9 52-0; Fax (0 73 22) 9 52-11 09;
E-Mail: stadtverwaltung@giengen.de;
http://www.giengen.de

Einwohner: 19 743
Oberbürgermeister: Dieter Henle

Hauptamt
Leiter: Bernd Kocian, Tel. -22 60

Stadtkämmerei
Leiter: Dr. Martin Brütsch, Tel. -27 50

Rechnungsprüfungsamt
Leiterin: Marion Pade, Tel. -27 45

Ordnungsamt
Leiter: Uwe Wannenwetsch, Tel. -23 40

Amt für Bildung und Soziales
Leiterin: Franziska Radinger, Tel. -20 40

Amt für Kultur, Sport und Tourismus
Leiter: Andreas Salemi, Tel. -22 40

Baurechtsamt
Leiterin: Claudia Schnürle, Tel. -23 50

Stadtplanungsamt
Leiter: Wolf-Michael Meyer, Tel. -23 80

Tiefbauamt
Leiter: Alexander Fuchs, Tel. -21 50

Eigenbetrieb Stadtentwässerung
Leiter: Alexander Fuchs, Tel. -21 50

Eigenbetrieb Gebäudemanagement
Komm. Leiter: Jürgen Roth, Tel. -29 80

Stadt Heidenheim an der Brenz
(Große Kreisstadt)
89522 Heidenheim an der Brenz, Grabenstr. 15; Tel. (0 73 21) 3 27-0; Fax (0 73 21) 3 27-10 11;
E-Mail: rathaus@heidenheim.de;
http://www.heidenheim.de

Einwohner: 49 000
Oberbürgermeister: Michael Salomo
Bürgermeisterin: Simone Maiwald

Dezernat I
Stabsstelle; Sonderbereich Rechnungsprüfung; Finanzen und Controlling; Zentrale Dienste; Stadtentwicklung, Umwelt, Vermessung; Bauen
Leiter: Michael Salomo, OBgm, Tel. -10 00

Dezernat II
Bürgerservice; Kultur; Familie, Bildung und Sport; Städtische Betriebe
Leiterin: Simone Maiwald, Bürgermeisterin, Tel. -20 00

Stadt Herbrechtingen
89542 Herbrechtingen, Lange Str. 58; Tel. (0 73 24) 9 55-0; Fax (0 73 24) 9 55-12 12; E-Mail: info@herbrechtingen.de; http://www.herbrechtingen.de

Einwohner: 13 213
Bürgermeister: Daniel Vogt

Dezernat 1
Fachbereiche Personal/EDV/Organisation, Ordnung und Soziales, Schule, Sport, Kultur, Bau (Bautechnik/Baurecht)
Leiter: Daniel Vogt, Bgm, Tel. -11 00

Dezernat 2
Fachbereich Finanzen und Grundstücke
Leiter: Thomas Diem, Beig, Tel. -22 00

Gemeinde Hermaringen
89568 Hermaringen, Karlstr. 12; Tel. (0 73 22) 95 47-0; Fax (0 73 22) 95 47-40; E-Mail: info@hermaringen.de; http://www.hermaringen.de

Einwohner: 2 300
Bürgermeister: Jürgen Mailänder

Hauptamt und Bauamt
Leiter: Harald Uherek, Tel. -18

Finanzverwaltung
Leiterin: Karin Wilhelmstätter, Tel. -30

Gemeindewerke GmbH
Geschäftsführer: Jürgen Mailänder, Tel. -12

Gemeinde Königsbronn
89551 Königsbronn, Herwartstr. 2; Tel. (0 73 28) 96 25-0; Fax (0 73 28) 96 25-37; E-Mail: rathaus@koenigsbronn.de; http://www.koenigsbronn.de

Einwohner: 7 163
Bürgermeister: Michael Stütz

Hauptamt und Ordnungsamt
Leiter: Joachim Ziller, OAR, Tel. -11

Rechnungsamt
Leiter: Dieter Cimander, OAR, Tel. -30

Bauamt
Leiter: Jörg Bielke, Ortsbaumeister, Tel. -20

Gemeinde Nattheim
89564 Nattheim, Fleinheimer Str. 2; Tel. (0 73 21) 97 84-0; Fax (0 73 21) 97 84-32; E-Mail: info@nattheim.de; http://www.nattheim.de

Einwohner: 6 398
Bürgermeister: Norbert Bereska

Hauptamt, Ordnungsamt und Bauamt
Leiter: Matthias Hauf, OAR, Tel. -35

Rechnungsamt
Leiter: Ralf Baamann, OR, Tel. -25

Stadt Niederstotzingen
89168 Niederstotzingen, Im Städtle 26; Tel. (0 73 25) 1 02-0; Fax (0 73 25) 1 02-36; E-Mail: info@niederstotzingen.de; http://www.niederstotzingen.de

Einwohner: 4 603
Bürgermeister: Marcus Bremer

Hauptverwaltung
Leiter: Andreas Häußler, Tel. -26

Finanzverwaltung
Leiter: Thorsten Renner, Tel. -35

Bauverwaltung/Städtische Betriebe
Leiterin: Daniela Armele, Tel. -24

Gemeinde Sontheim an der Brenz
89567 Sontheim an der Brenz , Brenzer Str. 25; Tel. (0 73 25) 17-0; Fax (0 73 25) 17-47; E-Mail: Info@sontheim-an-der-brenz.de; http://www.sontheim-an-der-brenz.de

Einwohner: 5 700
Bürgermeister: Matthias Kraut

Hauptamt
Leiter: Martin Hofman, Tel. -23

Bauamt
Leiter: Werner Schneider, Tel. -29

Rechnungsamt
Leiter: Markus Eck, Tel. -41

Gemeinde Steinheim am Albuch
89555 Steinheim am Albuch, Hauptstr. 24; Tel. (0 73 29) 96 06-0; Fax (0 73 29) 96 06-12; E-Mail: info@steinheim.com; http://www.steinheim.com

Einwohner: 8 758
Bürgermeister: Holger Weise

Hauptamt
Leiterin: Beate Jung, Tel. -20

Kämmerei
Leiter: Stefan Kübler, Tel. -30

Bauamt
Leiter: Sven Krauß, Tel. -40

Städte und Gemeinden im Landkreis Heidenheim, die einer Verwaltungsgemeinschaft angehören:

Gemeindeverwaltungsverband Sontheim-Niederstotzingen
89567 Sontheim an der Brenz
89168 Niederstotzingen, Stadt

Verwaltungsgemeinschaft Giengen-Hermaringen
89537 Giengen an der Brenz, Stadt (Sitzgemeinde)
89568 Hermaringen

Verwaltungsgemeinschaft zur Flächennutzungsplanung Heidenheim-Nattheim
89520 Heidenheim an der Brenz, Stadt (Sitzgemeinde)
89564 Nattheim

1.11 Landkreis Ostalbkreis

73430 **Aalen**, Stuttgarter Str. 41; Tel. (0 73 61) 5 03-0; Fax (0 73 61) 5 03-14 77;
E-Mail: info@ostalbkreis.de; https://www.ostalbkreis.de

Einwohner: 314 002
Fläche: 151 154 ha
Kreistag: 73 Mitglieder (26 CDU, 13 GRÜNE, 12 SPD, 12 FW, 5 AfD, 3 LINKE, 2 FDP)
Landrat: Dr. Joachim Bläse

Dem Landrat unmittelbar unterstellt:

Persönliche Referentinnen, Strategische Steuerung, Pressereferentin, Wirtschaftsförderung, Europabüro, Kontaktstelle Frau und Beruf, Rechnungsprüfung, Beauftragte für Chancengleichheit, Flüchtlingsbeauftragte, Beauftragte für die Belange von Menschen mit Behinderung, Tourismus

Dezernat I
Personal, Kommunalaufsicht, Hochbau und Gebäudewirtschaft, IuK, Kreistag, Digitalisierung und Organisation, zentrale Vergabestelle
Leiter: Klaus Wolf, LtdKVwDir, Tel. -12 22

Dezernat II
Finanzen, Schulen und Verkehrsinfrastruktur
Leiter: Karl Kurz, LtdKVwDir, Tel. -13 00

Dezernat III
Wald und Forstwirtschaft
Leiter: Johann Reck, LtdFoDir, Tel. -16 61

Dezernat IV
Umwelt
Leiterin: Gabriele Seefried, Erste Landesbeamtin, Tel. -12 03

Dezernat V
Arbeit, Jugend, Soziales und Gesundheit
Leiterin: Julia Urtel, Tel. -14 00

Dezernat VII
Ordnung, Verkehr und Veterinärwesen
Leiter: Thomas Wagenblast, RDir, Tel. -15 50

Krankenhauseigenbetriebe

Ostalb-Klinikum Aalen
Leiter: Prof. Dr. Ulrich Solzbach, KrankenhausDir, Tel. (0 73 61) 55-30 01

St. Anna-Virngrund-Klinik Ellwangen
Leiter: Thomas Schneider, KrankenhausDir, Tel. (0 79 61) 8 81-10 00 ; Berthold Vaas, Tel. (0 79 61) 8 81-10 00

Klinikum Schwäbisch Gmünd
Leiter: Christopher Franken, KrankenhausDir, Tel. (0 71 71) 7 01-11 02

Städte und Gemeinden im Landkreis Ostalbkreis:

Stadt Aalen
(Große Kreisstadt)
73430 Aalen, Marktplatz 30; Tel. (0 73 61) 52-0; Fax (0 73 61) 52-19 02; E-Mail: presseamt@aalen.de; http://www.aalen.de

Einwohner: 67 564
Oberbürgermeister: Frederick Brütting
Erster Bürgermeister: Wolfgang Steidle
Bürgermeister: Karl-Heinz Ehrmann

Finanzverwaltung
Leiterin: Daniela Faußner, Tel. -23 11

Rechtsamt
Leiterin: Stephanie Rischar, Tel. -12 04

Amt für Bürgerservice und öffentliche Ordnung
Leiterin: Ulrike Ebert, Tel. -11 10

Amt für Soziales, Jugend und Familie
Leiterin: Katja Stark, Tel. -12 47

Hauptamt
Leiter: Ralf Fuchs, Tel. -12 30

Presse- und Öffentlichkeitsarbeit
Leiterin: Karin Haisch, Tel. -11 22

Gemeinde Abtsgmünd
73453 **Abtsgmünd**, Rathausplatz 1; Tel. (0 73 66) 82-0; Fax (0 73 66) 82 55;
E-Mail: gemeinde@abtsgmuend.de; http://www.abtsgmuend.de

Einwohner: 7 400
Bürgermeister: Armin Kiemel

Hauptamt
Leiterin: Jana Hirth, GemAmtfrau, Tel. -12

Ordnungsamt
Leiterin: Daniela Ott, Tel. -14

Finanzverwaltung
Leiter: Tobias Maier, OAR, Tel. -20

Steueramt
Leiterin: Daniela Hasenfuß, GemARätin, Tel. -21

Ortsbauamt
Leiter: Ralf Löcher, Tel. -30

Bauverwaltungsamt
Leiterin: Annegret Glombik, OARätin, Tel. -32

Familie und Bildung
Leiterin: Sonja Rettenmaier, GemARätin, Tel. -27

Gemeinde Adelmannsfelden
73486 Adelmannsfelden, Hauptstr. 71; Tel. (0 79 63) 90 00-0; Fax (0 79 63) 90 00-30; E-Mail: gemeinde@adelmannsfelden.de; http://www.adelmannsfelden.de

Einwohner: 1 700
Bürgermeister: Edwin Hahn

Gemeinde Bartholomä
73566 Bartholomä, Beckengasse 14; Tel. (0 71 73) 9 78 20-0; Fax (0 71 73) 9 78 20 22; E-Mail: info@bartholomae.de; http://www.bartholomae.de

Einwohner: 2 152
Bürgermeister: Thomas Kuhn

Gemeinde Böbingen an der Rems
73560 Böbingen an der Rems, Römerstr. 2; Tel. (0 71 73) 1 85 60-0; Fax (0 71 73) 1 85 60-25; E-Mail: rathaus@boebingen.de; http://www.boebingen.de

Einwohner: 4 580
Bürgermeister: Jürgen Stempfle

Hauptamt
Leiter: Peter Müller, Tel. -19

Stadt Bopfingen
73441 Bopfingen, Marktplatz 1; Tel. (0 73 62) 8 01-0; Fax (0 73 62) 8 01 99; E-Mail: infobopfingen@bopfingen.de; http://www.bopfingen.de

Einwohner: 11 690
Bürgermeister: Dr. Gunter Bühler

Hauptamt
Leiter: Daniel Bäuerle, StaOAR, Tel. -30

Amt für Finanzen, Familie und Bildung
Leiterin: Marina Gerner, StaOVwRätin, Tel. -20

Amt für Stadtentwicklung, Bauwesen und Wirtschaftsförderung
Leiter: Andreas Rief, 1. Beig und StaVwDir, Tel. -40

Gemeinde Durlangen
73568 Durlangen, Hermann-Löns-Weg 5; Tel. (0 71 76) 45 27-0; Fax (0 71 76) 45 27-19; E-Mail: info@durlangen.de; http://www.durlangen.de

Einwohner: 2 827
Bürgermeister: Dieter Gerstlauer

Gemeinde Ellenberg
73488 Ellenberg, Hauptstr. 25; Tel. (0 79 62) 90 30-0; Fax (0 79 62) 90 30 50; E-Mail: gemeinde@ellenberg.de; http://www.ellenberg.de

Einwohner: 1 716
Bürgermeister: Rainer Knecht

Stadt Ellwangen (Jagst)
(Große Kreisstadt)
73479 Ellwangen (Jagst), Spitalstr. 4; Tel. (0 79 61) 84-0; Fax (0 79 61) 84-3 10; E-Mail: info@ellwangen.de; http://www.ellwangen.de

Einwohner: 24 632
Oberbürgermeister: Michael Dambacher
Bürgermeister: Volker Grab

Hauptverwaltung
Leiterin: Susanne Hafner, Tel. -2 16

Finanzverwaltung
Leiter: Sebastian Thomer, Tel. -2 17

Ordnungsverwaltung
Leiter: Thomas Steidle, Tel. -2 43

Bauverwaltung
Leiterin: Elisabeth Balk, Tel. -2 39

Presseamt
Leiter: Dr. Anselm Grupp, Tel. -2 46

Gemeinde Eschach
73569 Eschach, Rathausplatz 1; Tel. (0 71 75) 9 23-7 00; Fax (0 71 75) 9 23-70 20; E-Mail: Rathaus@Eschach.de

Einwohner: 1 804
Bürgermeister: Jochen König

Gemeinde Essingen
73457 Essingen, Rathausgasse 9; Tel. (0 73 65) 83-0; Fax (0 73 65) 83 27; E-Mail: gemeinde@essingen.de; http://www.essingen.de

Einwohner: 6 400
Bürgermeister: Wolfgang Hofer

Personal, Organisation, Hauptverwaltung, Ordnungsverwaltung
Leiter: Michael Gröner, Tel. -33

Finanzen
Leiter: Christian Waibel, Tel. -48

Bauwesen
Leiter: Uwe Fänger, Tel. -50

Gemeinde Göggingen
73571 Göggingen, Hauptstr. 46; Tel. (0 71 75) 57 62; Fax (0 71 75) 76 59; E-Mail: info@gemeinde-goeggingen.de; http://www.gemeinde-goeggingen.de

Einwohner: 2 593
Bürgermeister: Danny Kuhl

Gemeinde Gschwend
74417 **Gschwend**, Gmünder Str. 2; Tel. (0 79 72) 6 81-0; Fax (0 79 72) 6 81-85;
E-Mail: gemeinde@gschwend.de;
http://www.gschwend.de

Einwohner: 5 000
Bürgermeister: Christoph Hald

Hauptamt
Leiterin: Elisabeth Wilk, Tel. -32

Finanzverwaltung
Leiterin: Jasmin Jeske, Tel. -26

Bau- und Liegenschaftsamt
Leiter: Stefan Blessing, Tel. -60

Stadt Heubach
73540 **Heubach**, Hauptstr. 53; Tel. (0 71 73) 1 81-0; Fax (0 71 73) 1 81 49; E-Mail: info@heubach.de;
http://www.heubach.de

Einwohner: 9 906
Bürgermeister: Joy Alemazung

Hauptamt
Leiter: Eckhard Häffner, Tel. -50

Ordnungs-/Sozialamt
Leiterin: Renate Iwaniw, Tel. -40

Stadtbauamt
Leiterin: Ulrike Holl, Tel. -30

Kämmerei (Verwaltungsgemeinschaft Rosenstein)
Leiter: Thomas Kiwus, Tel. (0 71 73) 9 14 31-1 00

Bauamt (Verwaltungsgemeinschaft Rosenstein)
Leiterin: Martina Zang, Tel. (0 71 73) 9 14 31-2 00

Gemeinde Heuchlingen
73572 **Heuchlingen**, Küferstr. 3; Tel. (0 71 74) 82 09-0; Fax (0 71 74) 82 09 20;
E-Mail: info@heuchlingen.de;
http://www.heuchlingen.de

Einwohner: 1 880
Bürgermeister: Peter Lang

Gemeinde Hüttlingen
73460 **Hüttlingen**, Schulstr. 10; Tel. (0 73 61) 97 78-0; Fax (0 73 61) 7 12 20;
E-Mail: gemeinde@huettlingen.de;
http://www.huettlingen.de

Einwohner: 6 100
Bürgermeister: Günter Ensle

Hauptamt und Bauamt
Leiter: Franz Vaas, GemOAR, Tel. -11

Personal- und Ordnungsamt
Leiterin: Andrea Weker, GemAmtfrau, Tel. -15

Kämmerei
Leiter: Oswald Bolz, GemOAR, Tel. -21

Steueramt
Leiter: David Bölstler, GemAR, Tel. -24

Gemeinde Iggingen
73574 **Iggingen**, Marktplatz 6; Tel. (0 71 75) 92 08-0; Fax (0 71 75) 92 08 20;
E-Mail: info@iggingen.de; http://www.iggingen.de

Einwohner: 2 600
Bürgermeister: Klemens Stöckle

Hauptverwaltung
Leiter: Klemens Stöckle, Bgm

Finanzverwaltung
Leiter: Stefan Schürle, Tel. 9 98 20 32

Ordnungs- und Sozialverwaltung
Leiterin: Susanne Fritz, Tel. -11

Bauverwaltung
Leiterin: Linda Bisinger, Tel. -14

Gemeinde Jagstzell
73489 **Jagstzell**, Hauptstr. 4; Tel. (0 79 67) 90 60-0; Fax (0 79 67) 90 60 25;
E-Mail: sekretariat@jagstzell.de; https://www.jagstzell.de

Einwohner: 2 321
Bürgermeister: Patrick Peukert

Gemeinde Kirchheim am Ries
73467 **Kirchheim am Ries**, Auf dem Wört 1; Tel. (0 73 62) 9 56 90-0; Fax (0 73 62) 9 56 90-20;
E-Mail: info@kirchheim-am-ries.de;
http://www.kirchheim-am-ries.de

Einwohner: 1 888
Bürgermeister: Willi Feige

Stadt Lauchheim
73466 **Lauchheim**, Hauptstr. 28; Tel. (0 73 63) 85-0; Fax (0 73 63) 85 16;
E-Mail: info@lauchheim.de;
http://www.lauchheim.de

Einwohner: 4 723
Bürgermeisterin: Andrea Schnele

Hauptamt und Ordnungsamt
Leiterin: Monika Rettenmeier, Tel. -12

Kämmerei
Leiterin: Vanessa Wille, Tel. -30

Stadtbauamt
Leiter: Wolfgang Köpf, Tel. -60

Gemeinde Leinzell
73575 **Leinzell**, Mulfinger Str. 2; Tel. (0 71 75) 9 98 20-0; Fax (0 71 75) 9 98 20-10;
E-Mail: info@leinzell.de; www.leinzell.de

Einwohner: 2 102
Bürgermeister: Ralph Leischner

Stadt Lorch
73547 Lorch, Hauptstr. 19; Tel. (0 71 72) 18 01-0;
Fax (0 71 72) 18 01-59; E-Mail: info@stadt-lorch.de;
http://www.stadt-lorch.de

Einwohner: 11 100
Bürgermeisterin: Marita Funk

Hauptamt
Leiter: Oliver Tursic, StaOAR, Tel. -13

Stadtkämmerei
Leiter: Daniel Bogner, StaOAR, Tel. -20

Stadtbauamt
Leiter: Achim Waibel, StaBaumeister, Tel. -38

Gemeinde Mögglingen
73563 Mögglingen, Zehnthof 1; Tel. (0 71 74) 8 99 00-0; Fax (0 71 74) 8 99 00-20;
E-Mail: info@moegglingen.de;
http://www.moegglingen.de

Einwohner: 4 200
Bürgermeister: Adrian Schlenker

Hauptverwaltung
Leiter: Claus Knödler, Tel. -14

Finanzverwaltung
Leiter: Thomas Kiwus, Tel. (0 71 73) 9 14 31-1 00

Bauverwaltung
Leiter: Eberhard Gayer, Tel. (0 71 73) 9 14 31-2 00

Gemeinde Mutlangen
73557 Mutlangen, Hauptstr. 22; Tel. (0 71 71) 7 03-0; Fax (0 71 71) 7 03-80;
E-Mail: info@mutlangen.de

Einwohner: 6 750
Bürgermeisterin: Stephanie Eßwein

Hauptamt
Leiter: Fabian Beißwenger, Tel. -27

Technisches Bauamt
Leiter: Volker Grahn, Tel. -22

Ordnungsamt
Leiter: Wolfgang Siedle, Tel. -26

Kämmerei
Leiter: Friedrich Lange, Tel. -15

Stadt Neresheim
73450 Neresheim, Hauptstr. 20; Tel. (0 73 26) 81-0;
Fax (0 73 26) 81 46; E-Mail: info@neresheim.de;
http://www.neresheim.de

Einwohner: 8 000
Bürgermeister: Thomas Häfele

Hauptamt
Leiterin: Christine Weber, StaRätin, Tel. -14

Ordnungsamt
Leiterin: Vanessa Grimminger, StaInspektorin, Tel. -18

Kämmerei
Leiterin: Sandra Schiele, StaAmtfrau, Tel. -20

Bauamt
Leiterin: Eva-Maria Ramsperger, Tel. -27

Gemeinde Neuler
73491 Neuler, Hauptstr. 15; Tel. (0 79 61) 90 44-0;
Fax (0 79 61) 90 44 22;
E-Mail: gemeinde@neuler.de; http://www.neuler.de

Einwohner: 3 243
Bürgermeisterin: Sabine Heidrich

Hauptverwaltung, Ordnungs- und Sozialverwaltung, Bauverwaltung
Leiter: Julian Kohler, Tel. -27

Finanzverwaltung
Leiter: Andreas Bieg, Tel. -25

Gemeinde Obergröningen
73569 Obergröningen, Seestr. 12; Tel. (0 79 75) 2 81; Fax (0 79 75) 91 05 76;
E-Mail: reinhold.daiss@eschach.de

Einwohner: 470
Bürgermeister: Reinhold Daiss

Stadt Oberkochen
73447 Oberkochen, Eugen-Bolz-Platz 1; Tel. (0 73 64) 27-0; Fax (0 73 64) 27 27;
E-Mail: info@oberkochen.de;
http://www.oberkochen.de

Einwohner: 7 795
Bürgermeister: Peter Traub

Geschäftsbereich Zentrale Angelegenheiten
Leiter: Jürgen Rühle, Tel. -2 00

Geschäftsbereich Öffentliche Sicherheit und Ordnung
Leiter: Edgar Hausmann, Tel. -5 00

Geschäftsbereich Finanzen
Leiter: Ralf Lemmermeier, Tel. -3 00

Geschäftsbereich Stadtplanung und Bauwesen
Leiter: Johannes Thalheimer, Tel. -4 00

Gemeinde Rainau
73492 Rainau, Schloßberg 12; Tel. (0 79 61) 90 02-0; Fax (0 79 61) 90 02 22;
E-Mail: info@rainau.de; http://www.rainau.de

Einwohner: 3 488
Bürgermeister: Christoph Konle

Hauptverwaltung
Leiter: Arne Spahr, Tel. -21

Finanzverwaltung
Leiterin: Ingrid Nagl, Tel. -16

Ortsbauamt
Leiter: Anton Ernsperger, Tel. -17

Gemeinde Riesbürg
73469 Riesbürg, Hauptstr. 13; Tel. (0 90 81) 29 35-0; Fax (0 90 81) 29 35-20;
E-Mail: Gemeinde@riesbuerg.de;
http://www.riesbuerg.de

Einwohner: 2 309
Bürgermeister: Willibald Freihart

Hauptamt
Leiter: Thomas Häfele, Tel. -17

Rechnungsamt
Leiterin: Ilse Weber, OARätin, Tel. -12

Gemeinde Rosenberg
73494 Rosenberg, Haller Str. 15; Tel. (0 79 67) 90 00-0; Fax (0 79 67) 90 00-50;
E-Mail: info@gemeinde-rosenberg.de;
http://www.gemeinde-rosenberg.de

Einwohner: 2 650
Bürgermeister: Uwe Debler

Hauptverwaltung, Ordnungs- und Sozialverwaltung
Leiter: Uwe Debler, Bgm, Tel. -20

Finanzverwaltung
Leiter: Winfried Krieger, Tel. -13

Bauverwaltung
Leiterin: Michaela Müller, Tel. -30

Gemeinde Ruppertshofen
73577 Ruppertshofen, Erlenstr. 1; Tel. (0 71 76) 13 11; Fax (0 71 76) 65 40;
E-Mail: info@ruppertshofen.de;
http://www.ruppertshofen.de

Einwohner: 1 839
Bürgermeister: Peter Kühnl

Gemeinde Schechingen
73579 Schechingen, Marktplatz 1; Tel. (0 71 75) 9 21 97-0; Fax (0 71 75) 80 47;
E-Mail: info@schechingen.de;
http://www.schechingen.de

Einwohner: 2 218
Bürgermeister: Stefan Jenninger

Stadt Schwäbisch Gmünd (Große Kreisstadt)
73525 Schwäbisch Gmünd, Marktplatz 1; Tel. (0 71 71) 6 03-0; Fax (0 71 71) 6 03-10 19;
E-Mail: stadtverwaltung@schwaebisch-gmuend.de;
http://www.schwaebisch-gmuend.de

Einwohner: 61 216
Oberbürgermeister: Richard Arnold
1. Bürgermeister: Christian Baron
Bürgermeister: Julius Mihm

Dezernat I
Allgemeine Verwaltung (mit Bezirks- und Ortschaftsverwaltungen), Wirtschaftsförderung, Presse- und Öffentlichkeitsarbeit, Kultur, Beauftragte für Chancengleichheit, Rechnungsprüfungsamt
Leiter: Richard Arnold, OBgm

Dezernat II Baudezernat
Leiter: Julius Mihm, Bgm

Dezernat III
Bildung, Finanzen, Sport, Soziales, Rechts- und Ordnungsverwaltung
Leiter: Christian Baron, 1. Bgm

Gemeinde Spraitbach
73565 Spraitbach, Kirchplatz 1; Tel. (0 71 76) 65 63-0; Fax (0 71 76) 65 63-29;
E-Mail: info@spraitbach.de;
http://www.spraitbach.de

Einwohner: 3 335
Bürgermeister: Johannes Schurr

Bauamt, Hoch- und Tiefbauamt, allgemeine und technische Verwaltung, Vereinsbeauftragte
Nicole Amato, Tel. -14

Hauptamt, Ordnungsamt, Geschäftsstelle Gemeinderat, Wahlen
Fabian Beißwenger, Tel. -13

Bürgerbüro, Melde- und Passwesen
Bianca Demirci, Tel. -12

Bürgerbüro, Melde- und Passwesen, Rente, Ausländeramt und Sozialamt
Anna Kinkel, Tel. -15

Standesamt, Friedhofsamt, Gebühren und Steuern, Amtsblatt
Franziska Pflieger, Tel. -11

Kämmerei
Bernd Deininger, Tel. (0 71 71) 7 03 30

Gemeinde Stödtlen
73495 Stödtlen, Rathausstr. 11; Tel. (0 79 64) 90 09-0; Fax (0 79 64) 90 09-15;
E-Mail: info@stoedtlen.de; https://www.stoedtlen.de

Einwohner: 1 850
Bürgermeister: Ralf Leinberger

Kämmerei
Leiter: Hans Wagner, Tel. -13

Hauptamt
Leiterin: Helen Reeb, Tel. -20

Gemeinde Täferrot
73527 Täferrot, Durlanger Str. 2; Tel. (0 71 75) 2 21; Fax (0 71 75) 89 68; E-Mail: info@taeferrot.de;
http://www.taeferrot.de

Einwohner: 1 060
Bürgermeister: Markus Bareis

Gemeinde Tannhausen
73497 Tannhausen, Hauptstr. 54; Tel. (0 79 64) 90 00-0; Fax (0 79 64) 90 00 30;

E-Mail: gemeinde@tannhausen.de;
http://www.tannhausen.de

Einwohner: 1 900
Bürgermeister: Manfred Haase

Gemeinde Unterschneidheim
73485 Unterschneidheim, Mühlweg 5; Tel. (0 79 66) 1 81-0; Fax (0 79 66) 1 81 30;
E-Mail: poststelle@unterschneidheim.de;
http://www.unterschneidheim.de

Einwohner: 4 730
Bürgermeister: Dipl.-VwWirt (FH) Nikolaus Ebert

Hauptamt und Ordnungsamt
Leiterin: Tanja Janku, Tel. -13

Rechnungsamt
Leiter: Dipl.-VwWirt (FH) Jürgen Gunst, Tel. -22

Ortsbauamt/Bauhof
Leiter: Eugen Lechner, TAng, Tel. -14

Gemeinde Waldstetten
73550 Waldstetten, Hauptstr. 1; Tel. (0 71 71) 4 03-0; Fax (0 71 71) 4 44 18;
E-Mail: info@waldstetten.de;
http://www.waldstetten.de

Einwohner: 7 110
Bürgermeister: Michael Rembold

Hauptamt und Ordnungsamt
Leiterin: Tamara Luckas, GemAmtfrau, Tel. -40

Finanzverwaltung
Leiter: Gerhard Seiler, GemOAR, Tel. -30

Ortsbauamt
Leiterin: Maren Zengerle, BauARätin, Tel. -50

Gemeinde Westhausen
73463 Westhausen, Jahnstr. 2; Tel. (0 73 63) 84-0; Fax (0 73 63) 84 50;
E-Mail: gemeinde@westhausen.de;
http://www.westhausen.de

Einwohner: 6 004
Bürgermeister: Herbert Witzany

Hauptamt und Ordnungsamt
Leiter: Xaver Starz, GemOAR, Tel. -24

Rechnungsamt/Kämmerei
Leiter: Thomas Werner, GemAR, Tel. -15

Bauamt
Leiter: Dieter Bühler, Tel. -30

Gemeinde Wört
73499 Wört, Hauptstr. 104; Tel. (0 79 64) 9 00 80; Fax (0 79 64) 28 56;
E-Mail: info@gemeinde-woert.de;
http://www.gemeinde-woert.de

Einwohner: 1 443
Bürgermeister: Thomas Saur

Städte und Gemeinden im Landkreis Ostalbkreis, die einer Verwaltungsgemeinschaft angehören:

Gemeindeverwaltungsverband Kapfenburg
73463 Westhausen (Sitzgemeinde)
73466 Lauchheim, Stadt

Gemeindeverwaltungsverband Leintal-Frickenhofer Höhe
73575 Leinzell (Sitzgemeinde)
73569 Eschach
73571 Göggingen
73574 Iggingen
73569 Obergröningen
73579 Schechingen

Gemeindeverwaltungsverband Rosenstein
73540 Heubach, Stadt (Sitzgemeinde)
73566 Bartholomä
73560 Böbingen an der Rems
73572 Heuchlingen
73563 Mögglingen

Gemeindeverwaltungsverband Schwäbischer Wald
73557 Mutlangen (Sitzgemeinde)
73568 Durlangen
73577 Ruppertshofen
73565 Spraitbach
73527 Täferrot

Gemeindeverwaltungsverband Tannhausen
73497 Tannhausen, (Sitzgemeinde)
73495 Stödtlen
73485 Unterschneidheim

Verwaltungsgemeinschaft
73430 Aalen, Stadt, (Sitzgemeinde)
73457 Essingen
73460 Hüttlingen

Verwaltungsgemeinschaft
73441 Bopfingen, Stadt (Sitzgemeinde)
73467 Kirchheim
73469 Riesbürg

Verwaltungsgemeinschaft
73479 Ellwangen (Jagst), Stadt, (Sitzgemeinde)
73486 Adelmannsfelden
73488 Ellenberg
73489 Jagstzell
73491 Neuler
73492 Rainau
73494 Rosenberg
73499 Wört

Verwaltungsgemeinschaft
73525 Schwäbisch Gmünd, Stadt (Sitzgemeinde)
73550 Waldstetten

2 Regierungsbezirk Karlsruhe

Region Mittlerer Oberrhein

2.1 Landkreis Karlsruhe

76137 Karlsruhe, Beiertheimer Allee 2; Tel. (07 21) 9 36-50; Fax (07 21) 9 36-5 31 99;
E-Mail: posteingang@landratsamt-karlsruhe.de;
http://www.landkreis-karlsruhe.de

Einwohner: 442 700
Fläche: 108 500 ha
Kreistag: 88 Mitglieder (28 CDU/Junge Liste, 18 FW, 15 SPD, 14 GRÜNE, 5 FDP, 5 AfD, 2 LINKE, 1 ULi)
Landrat: Dr. Christoph Schnaudigel

Dezernat I Verwaltung und Organisation
Büro des Landrats, Personal und Organisation, Kommunal- und Prüfungsamt
Leiter: Dr. Christoph Schnaudigel, Ldrt, Tel. -5 10 00

Dezernat II Finanzen und Beteiligungen
Kämmereiamt, Gebäudemanagement, Amt für Straßen, Amt für Schulen und Kultur, Amt für Mobilität und Beteiligungen
Leiter: Ragnar Watteroth, Tel. -5 50 00

Dezernat III Mensch und Gesellschaft
Grundsatz und Soziales, Jugendamt, Amt für Versorgung und Rehabilitation, Amt für Integration
Leiterin: Margit Freund, Tel. -6 50 00

Dezernat IV Recht und Ordnung
Amt für Straßenverkehr, Ordnung und Recht; Gesundheitsamt; Amt für Veterinärwesen und Lebensmittelüberwachung; Eigenbetrieb Abfallwirtschaft; Bevölkerungsschutz
Leiter: Knut Bühler, Erster Landesbeamter, Tel. -7 80 00

Dezernat V Umwelt und Technik
Baurechtsamt, Amt für Umwelt und Arbeitsschutz, Landwirtschaftsamt, Forstamt, Amt für Vermessung, Geoinformation und Flurneuordnung
Leiter: Prof. Dr. Jörg Menzel, Tel. -8 60 00

Städte und Gemeinden im Landkreis Karlsruhe:

Gemeinde Bad Schönborn
76669 Bad Schönborn, Friedrichstr. 67; Tel. (0 72 53) 8 70-0; Fax (0 72 53) 8 70-1 10;
E-Mail: info@bad-schoenborn.de;
http://www.bad-schoenborn.de

Einwohner: 13 342
Bürgermeister: Klaus Detlev Huge

Fachbereich I Finanzen
Leiter: Peter Sturm, Tel. -3 00 ; Elena Peno, Tel. -3 01

Fachbereich II Bau-, Umwelt-, Grundbuchamt
Leiter: Bernhard Zimmermann, Tel. -4 00

Fachbereich III Bürgerdienste und Personal
Leiter: Dirk Vogel, Tel. -2 40

Fachbereich IV Hauptamt, Gremien und Gesellschaft
Leiterin: Elleen Gatzke, Tel. -2 00

Stadt Bretten
(Große Kreisstadt)
75015 Bretten, Untere Kirchgasse 9; Tel. (0 72 52) 9 21-0; Fax (0 72 52) 9 21-1 60;
E-Mail: stadt@bretten.de; http://www.bretten.de

Einwohner: 29 498
Oberbürgermeister: Martin Wolff
Bürgermeister: Michael Nöltner

Dezernat I
Hauptamt, Innere Revision, Büro des Oberbürgermeisters, Kämmereiamt, Wirtschaftsförderung und Liegenschaften, Stadtentwicklung und Baurecht, Europäische Melanchthonakademie Bretten, Stadtwerke Bretten GmbH, Kommunalbau GmbH
Leiter: Martin Wolff, OBgm, Tel. -1 00

Dezernat II
Ordnungsamt, Baubetriebshof; Bildung und Kultur; Bauen, Gebäudemanagement und Umwelt; Forstverwaltung; Eigenbetrieb Abwasserbeseitigung; Städtische Wohnungsbau GmbH,
Leiter: Michael Nöltner, Bgm, Tel. -2 00

Stadt Bruchsal
(Große Kreisstadt)
76646 Bruchsal, Kaiserstr. 66; Tel. (0 72 51) 79-0; Fax (0 72 51) 79-2 22; E-Mail: info@bruchsal.de;
http://www.bruchsal.de

Einwohner: 45 954
Oberbürgermeisterin: Cornelia Petzold-Schick
Bürgermeister: Andreas Glaser

Fachbereich Bürger, Steuerung und Innere Verwaltung
Leiter: Wolfgang Müller, Tel. -2 15

Fachbereich Finanzen, Steuerung und Controlling
Leiter: Steffen Golka, Tel. -6 45

Fachbereich Bildung, Soziales und Sport
Leiter: NN, Tel. -3 51

Fachbereich Stadtentwicklung
Leiter: Prof. Dr. Hartmut Ayrle, Tel. -3 84

Fachbereich Bauen und Liegenschaften
Leiter: Oliver Krempel, Tel. -3 71

Fachbereich Recht, Sicherheit und Ordnung
Leiter: Dr. Martin-Peter Oertel, Tel. -2 62

Gemeinde Dettenheim
76706 Dettenheim, Bächlestr. 33; Tel. (0 72 47) 9 31-0; Fax (0 72 47) 9 31-1 33;
E-Mail: rathaus@dettenheim.de;
http://www.dettenheim.de

Einwohner: 6 500
Bürgermeisterin: Ute Göbelebcker

Hauptverwaltung
Leiter: Swen Goldberg, Tel. -1 03

Finanzverwaltung
Leiter: Viktor Schmidt, Tel. -2 18

Bauverwaltung
Leiter: Philipp Köhler, Tel. -2 01

Gemeinde Eggenstein-Leopoldshafen
76344 Eggenstein-Leopoldshafen, Friedrichstr. 32; Tel. (07 21) 9 78 86-0; Fax (07 21) 9 78 86-23; E-Mail: info@egg-leo.de; http://www.egg-leo.de

Einwohner: 16 480
Bürgermeister: Bernd Stober

Hauptverwaltung
Leiter: Jürgen Ehrmann, Tel. -11

Personal und Organisation
Leiter: Thomas Bott, Tel. -72

Rechnungsamt
Leiterin: Tanja Eickel, Tel. -39

Ordnungsamt
Leiter: Philipp Jänicke, Tel. -71

Soziales
Leiterin: Lena Petri, Tel. -84

Bau- und Liegenschaftsamt
Leiter: Thomas Hoffmann, Tel. -48

Stadt Ettlingen
(Große Kreisstadt)
76275 Ettlingen, Marktplatz 2; Tel. (0 72 43) 1 01 01; Fax (0 72 43) 1 01-4 37; E-Mail: stadtverwaltung@ettlingen.de; http://www.ettlingen.de

Einwohner: 39 400
Oberbürgermeister: Johannes Arnold
Bürgermeister: Dr. Moritz Heidecker

Dezernat I
Hauptverwaltung (Personal, Organisation, Digitalisierung, IuK), Presse- und Öffentlichkeitsarbeit, Kultur und Sport, Bildung, Jugend, Familien, Senioren, Wirtschaftsförderung und Finanzwesen, Revision, Museum, Stadtplanung, Vereine, Städtepartnerschaften
Leiter: Johannes Arnold, OBgm, Tel. -2 04

Dezernat II
Öffentliche Ordnung und Soziales, Feuerwehr, Bürgerservice, Justitiariat mit Zentraler Vergabestelle, Geschäftsstelle des gemeinsamen Gutachterausschusses, Stadtbauamt, Hochbau und Gebäudewirtschaft, Bauordnungsamt, Friedhof, Abwasserbeseitigung, Forst
Leiter: Dr. Moritz Heidecker, Bgm, Tel. -2 09

Gemeinde Forst
76694 Forst, Weiherer Str. 1; Tel. (0 72 51) 7 80-0; Fax (0 72 51) 7 80-2 37; E-Mail: gemeinde@forst-baden.de; http://www.forst-baden.de

Einwohner: 8 151
Bürgermeister: Bernd Killinger

Hauptamt
Leiter: Heimo Czink, Tel. -1 09

Rechnungsamt
Leiter: Michael Veith, Tel. -2 16

Bauamt
Leiter: Andreas Schäfer, Tel. -2 05

Gemeinde Gondelsheim
75053 Gondelsheim, Bruchsaler Str. 32; Tel. (0 72 52) 94 44-0; Fax (0 72 52) 94 44-80; E-Mail: rathaus@gondelsheim.de; http://www.gondelsheim.de

Einwohner: 4 031
Bürgermeister: Markus Rupp

Hauptamt und Bauamt
Leiter: Sören Rexroth, Tel. -20

Rechnungsamt
Leiterin: Corinna Kehrer, Tel. -30

Gemeinde Graben-Neudorf
76676 Graben-Neudorf, Hauptstr. 39; Tel. (0 72 55) 9 01-0; Fax (0 72 55) 9 01-3 50; E-Mail: gemeindeverwaltung@graben-neudorf.de; http://www.graben-neudorf.de

Einwohner: 12 258
Bürgermeister: Christian Eheim

Hauptamt
Leiterin: Irma Drakul, Tel. -2 02

Rechnungsamt
Leiter: Thimo Schmidt, Tel. -2 07

Bauamt
Leiter: Achim Degen, Tel. -3 06

Gemeinde Hambrücken
76707 Hambrücken, Hauptstr. 108; Tel. (0 72 55) 71 00-0; Fax (0 72 55) 71 00 88; E-Mail: gemeinde@hambruecken.de; http://www.hambruecken.de

Einwohner: 5 610
Bürgermeister: Dr. Marc Wagner

Fachbereich Bau- und Bürgerservice
Leiter: Jochen Köhler, Tel. -42

Fachbereich Finanzen und Organisation
Leiter: Gottfried Ott, Tel. -31

Fachbereich Bürgerservice und Soziales
Leiter: Thomas Krempel, Tel. -25

Gemeinde Karlsbad
76307 **Karlsbad**, Hirtenstr. 14; Tel. (0 72 02) 93 04-4 00; Fax (0 72 02) 93 04-4 10;
E-Mail: rathaus@karlsbad.de;
http://www.karlsbad.de

Einwohner: 15 922
Bürgermeister: Jens Timm

Hauptamt und Ordnungsamt
Leiter: Benedikt Kleiner, Tel. -4 46

Rechnungsamt
Leiterin: Petra Goldschmidt, Tel. -6 13

Bauamt
Leiter: Ronald Knackfuß, Tel. -5 13

Gemeinde Karlsdorf-Neuthard
76689 **Karlsdorf-Neuthard**, Amalienstr. 1; Tel. (0 72 51) 4 43-0; Fax (0 72 51) 4 06 12 (Rathaus Karlsdorf) und (0 72 51) 4 29 89 (Rathaus Neuthard);
E-Mail: gemeinde@karlsdorf-neuthard.de;
http://www.karlsdorf-neuthard.de

Einwohner: 10 050
Bürgermeister: Sven Weigt

Fachbereich 1 – Hauptamt
Leiter: Frank Erthal, Tel. -2 08

Fachbereich 2 – Rechnungsamt/Kasse
Leiter: Roland Milani, Tel. -2 39

Fachbereich 3 – Technisches Bauamt
Leiterin: Barbara Früh, Tel. -2 16

Stadt Kraichtal
76703 **Kraichtal**, Rathausstr. 30; Tel. (0 72 50) 77-0; Fax (0 72 50) 77-75; E-Mail: info@kraichtal.de;
http://www.kraichtal.de

Einwohner: 14 686
Bürgermeister: Tobias Borho

Hauptamt
Leiterin: Katharina Kimmich, Tel. -46

Amt für Vermögen
Leiter: Thomas Feßler, Tel. -57

Amt für Technik
Leiter: Nils Deparade, Tel. -33

Gemeinde Kronau
76709 **Kronau**, Kirrlacher Str. 2; Tel. (0 72 53) 94 02-0; Fax (0 72 53) 94 02-50;
E-Mail: gemeinde@kronau.de;
http://www.kronau.de

Einwohner: 6 000
Bürgermeister: Frank Burkard

Hauptamt
Leiter: Armin Einsele, GemOAR, Tel. -18

Rechnungsamt
Leiter: Werner Lemmer, GemOAR, Tel. -24

Bauamt
Leiter: Roland Notheisen, GemOAR, Tel. -20

Gemeinde Kürnbach
75057 **Kürnbach**, Marktplatz 12; Tel. (0 72 58) 91 05-0; Fax (0 72 58) 64 24;
E-Mail: gemeinde@kuernbach.de;
http://www.kuernbach.de

Einwohner: 2 350
Bürgermeister: Armin Ebhart

Finanzverwaltung
Leiterin: Gabriele Zieger, Tel. -30

Gemeinde Linkenheim-Hochstetten
76351 **Linkenheim-Hochstetten**, Karlsruher Str. 41; Tel. (0 72 47) 8 02-0; Fax (0 72 47) 8 02-50;
E-Mail: gemeinde@linkenheim-hochstetten.de;
http://www.linkenheim-hochstetten.de

Einwohner: 12 414
Bürgermeister: Michael Möslang

Hauptamt
Leiter: Michael Thate, Tel. -12

Rechnungsamt
Leiter: Dominic Schlenker, Tel. -14

Bauamt
Leiter: Matthias Wagner, Tel. -16

Gemeinde Malsch
76316 **Malsch**, Hauptstr. 71; Tel. (0 72 46) 7 07-0; Fax (0 72 46) 7 07-4 20; E-Mail: info@malsch.de;
http://www.malsch.de

Einwohner: 14 571
Bürgermeister: Markus Bechler

Gremien, Sicherheit, Bürgerservice
Leiter: Heribert Reiter, GemOAR, Tel. -2 16

Personal, Bildung und Betreuung
Leiterin: Michaela Hummel, GemARätin, Tel. -2 05

Finanzen
Leiterin: Judith Engel, Tel. -3 15

Planen, Bauen, Umwelt
Leiter: Klaus Litzow, Tel. -3 05

Tiefbau und Technische Betriebe
Leiter: Jörg Janetzky, Tel. -3 14

Gemeinde Marxzell
76359 **Marxzell**, Karlsruher Str. 2; Tel. (0 72 48) 91 47-0; Fax (0 72 48) 91 47-39;
E-Mail: gemeinde@marxzell.de;
http://www.marxzell.de

Einwohner: 5 013
Bürgermeisterin: Sabrina Eisele

Fachbereich Bürgerservice und Zentrale Dienste
Leiterin: Nastassia Di Mauro, Tel. -20

Fachbereich Finanzen und Infrastruktur
Leiter: Jürgen Germann, Tel. -40

Gemeinde Oberderdingen
75038 Oberderdingen, Amthof 13; Tel. (0 70 45) 43-0; Fax (0 70 45) 43-2 50;
E-Mail: gemeindeverwaltung@oberderdingen.net; http://www.oberderdingen.de

Einwohner: 11 500
Bürgermeister: Thomas Nowitzki

Hauptverwaltung
Leiter: Heiko De Vita, Tel. -2 00

Finanzverwaltung
Leiter: Dieter Motzer, Tel. -3 00

Bauamt
Leiterin: Angelika Schucker, Tel. -4 00

Bürgeramt
Leiterin: Raphaela Trumpp, Tel. -1 04

Gemeinde Oberhausen-Rheinhausen
68794 Oberhausen-Rheinhausen, Adlerstr. 3; Tel. (0 72 54) 5 03-0; Fax (0 72 54) 5 03-4 00; E-Mail: info@oberhausen-rheinhausen.de; http://www.oberhausen-rheinhausen.de

Einwohner: 9 500
Bürgermeister: Martin Büchner

Team Bürgerbüro
Leiter: Thomas Wolf, Tel. -1 35

Team Finanzen
Leiter: Manuel Scholl, Tel. -2 10

Team Bauen
Leiter: NN

Team Büro des Bürgermeisters
Leiterin: Melanie Dürr, Tel. -1 01

Stadt Östringen
76684 Östringen, Am Kirchberg 19; Tel. (0 72 53) 2 07-0; Fax (0 72 53) 2 07-50;
E-Mail: buergermeisteramt@oestringen.de; http://www.oestringen.de

Einwohner: 13 365
Bürgermeister: Felix Geider

Hauptamt
Leiter: Wolfgang Braunecker, Tel. -18

Rechnungsamt
Leiter: Dominik Broll, Tel. -45

Bauamt
Leiter: Markus Schäfer, Tel. -23

Gemeinde Pfinztal
76327 Pfinztal, Hauptstr. 70; Tel. (0 72 40) 62-0; Fax (0 72 40) 6 21 99; E-Mail: rathaus@pfinztal.de; http://www.pfinztal.de

Einwohner: 18 685
Bürgermeisterin: Nicola Bodner

Fachbereich I Gremien und Verwaltung
Leiter: Wolfgang Kröner, Tel. -1 40

Fachbereich II Bürgerservice und Soziales
Leiter: Rüdiger Müller, Tel. -1 20

Fachbereich III Finanzen
Leiter: Thomas Sturm, Tel. -3 00

Fachbereich IV Umwelt und Stadtentwicklung
Leiterin: Schönhaar

Stadt Philippsburg
76661 Philippsburg, Rote-Tor-Str. 10; Tel. (0 72 56) 8 70; Fax (0 72 56) 8 71 19;
E-Mail: info@Philippsburg.de; http://www.philippsburg.de

Einwohner: 13 723
Bürgermeister: Stefan Martus

Fachdienst Zentrale Dienste
Leiter: Claus Gilliar, Tel. -1 35

Fachdienst Bürgerdienstleistungen und Soziales
Leiter: Mario Beny, Tel. -1 23

Fachdienst Finanzwesen
Leiter: Dieter Day, Beig, Tel. -1 40

Fachdienst Räumliche Planung, Stadtentwicklung, Bauen
Leiterin: Gudrun Pilz-Hailer, Tel. -1 57

Fachdienst Bildung, Generationen und Sport
Leiter: Erich Schweikert, Tel. -1 68

Fachdienst Tiefbau und Umweltschutz
Leiterin: Helga Steinel-Hofmann, Tel. -1 27

Stadt Rheinstetten
(Große Kreisstadt)
76287 Rheinstetten, Rappenwörthstr. 49, Rathaus Mitte; Tel. (0 72 42) 95 14-0; Fax (0 72 42) 95 14-1 05; E-Mail: rathaus@rheinstetten.de; http://www.rheinstetten.de

Einwohner: 20 800
Oberbürgermeister: Sebastian Schrempp

Büro Oberbürgermeister
Leiter: Sven Golter, Tel. -1 11

Hauptamt
Leiterin: Brigitte Wagner-Melchinger, Tel. -1 00

Kämmerei
Leiter: Thorsten Dauth, Tel. -2 00

Sozial- und Ordnungsamt
Leiter: Ronald Daum, Tel. -3 00

Bauamt
Leiter: Michael Heuser, Bgm, Tel. -6 00

Stadt Stutensee
(Große Kreisstadt)
76297 Stutensee, Rathausstr. 3; Tel. (0 72 44) 9 69-0; Fax (0 72 44) 9 69-1 09;
E-Mail: rathaus@stutensee.de; http://www.stutensee.de

Einwohner: 25 000

Oberbürgermeisterin: Petra Becker
Erster Bürgermeister: NN
Bürgermeister: Edgar Geißler

Dezernat I
Kämmereiamt, Ordnungsamt, Rechnungsprüfungsamt
Leiterin: Petra Becker, OBürgermeisterin, Tel. -1 01

Dezernat II
Bauamt
Leiter: NN, Tel. -2 01

Dezernat III
Hauptamt
Leiter: Edgar Geißler, Bgm, Tel. -1 00

Gemeinde Sulzfeld
75056 **Sulzfeld**, Rathausplatz 1; Tel. (0 72 69) 78-0; Fax (0 72 69) 78 40; E-Mail: info@sulzfeld.de; http://www.sulzfeld.de

Einwohner: 4 900
Bürgermeisterin: Sarina Pfründer

Hauptamt
Leiter: Heiko Röth, GemAR, Tel. -27

Bürgeramt
Leiter: Jonathan Pfettscher, GemAmtm, Tel. -15

Rechnungsamt
Leiter: Rainer Zimmermann, GemOAR, Tel. -14

Bauamt
Leiterin: Isabell Ditter, Tel. -32

Gemeinde Ubstadt-Weiher
76698 **Ubstadt-Weiher**, Bruchsaler Str. 1-3; Tel. (0 72 51) 6 17-0; Fax (0 72 51) 6 17 60; E-Mail: gemeinde@ubstadt-weiher.de; http://www.ubstadt-weiher.de

Einwohner: 13 046
Bürgermeister: Tony Löffler

Hauptamt
Leiterin: Michaela Schmidt, GemOVwRätin, Tel. -13

Ordnungsamt
Leiterin: Brunhilde Schlageter, GemOARätin, Tel. -45

Rechnungsamt
Leiter: Oliver Friedel, GemOVwR, Tel. -53

Bau- und Umweltamt
Leiter: Carsten Baumann, GemOAR, Tel. -26

Stadt Waghäusel
68753 **Waghäusel**, Gymnasiumstr. 1; Tel. (0 72 54) 2 07-0; Fax (0 72 54) 2 07-22 30; E-Mail: stadtverwaltung@waghaeusel.de; http://www.waghaeusel.de

Einwohner: 21 079
Oberbürgermeister: Walter Heiler

Gemeinde Waldbronn
76337 **Waldbronn**, Marktplatz 7; Tel. (0 72 43) 6 09-0; Fax (0 72 43) 6 09-89;
E-Mail: gemeinde@waldbronn.de; http://www.waldbronn.de

Einwohner: 13 605
Bürgermeister: Franz Masino

Hauptamt
Leiter: Reinhold Bayer, Tel. -1 50

Kämmerei
Leiter: Philippe Thomann, Tel. -2 00

Technisches Amt
Leiter: Jürgen Hemberger, Tel. -2 70

Gemeinde Walzbachtal
75045 **Walzbachtal**, Wössinger Str. 26-28; Tel. (0 72 03) 88-0; Fax (0 72 03) 88-44;
E-Mail: rathaus@walzbachtal.de; http://www.walzbachtal.de

Einwohner: 9 803
Bürgermeister: Timur Özcan

Bürger- und Sozialdienste
Leiterin: Esther Breuninger, Tel. -2 00

Zentralbüro
Leiter: NN, Tel. -1 00

Bauen und Technik
Leiter: Dipl.-Ing. Björn Heimann, Tel. -3 00

Gemeinde Weingarten (Baden)
76356 **Weingarten (Baden)**, Marktplatz 2; Tel. (0 72 44) 70 20-0; Fax (0 72 44) 70 20-50;
E-Mail: gemeinde@weingarten-baden.de; http://www.weingarten-baden.de

Einwohner: 10 520
Bürgermeister: Eric Bänziger

Bürgerdienste
Leiter: Oliver Russel, Tel. -15

Rechnungsamt
Leiter: Michael V. Schneider, Tel. -35

Bauamt
Leiter: Oliver Leucht, Tel. -45

Tiefbauamt
Leiter: Gerd Weinbrecht, Tel. -49

Personal, Information und Organisation
Leiterin: Claudia Geißler-Spohrer, Tel. -14

Gemeinde Zaisenhausen
75059 **Zaisenhausen**, Hauptstr. 97; Tel. (0 72 58) 91 09-0; Fax (0 72 58) 91 09-80;
E-Mail: info@zaisenhausen.de; http://www.zaisenhausen.de

Einwohner: 1 759
Bürgermeisterin: Cathrin Wöhrle

Hauptamt
Simon Ebert, Tel. -30

Ordnungsamt
Anastasia Grath, Tel. -60

Rechnungsamt
Gerd Weißert, Tel. -40

Städte und Gemeinden im Landkreis Karlsruhe, die einer Verwaltungsgemeinschaft angehören:

Gemeindeverwaltungsverband Philippsburg
76661 Philippsburg, Stadt (Sitzgemeinde)
68794 Oberhausen-Rheinhausen

Verwaltungsgemeinschaft Bad Schönborn
76669 Bad Schönborn
76709 Kronau

Verwaltungsgemeinschaft Bretten
75015 Bretten, Stadt (Sitzgemeinde)
75053 Gondelsheim

Verwaltungsgemeinschaft Bruchsal
76646 Bruchsal, Stadt (Sitzgemeinde)
76694 Forst
76707 Hambrücken
76689 Karlsdorf-Neuthard
76676 Graben-Neudorf
76706 Dettenheim

Verwaltungsgemeinschaft
75038 Oberderdingen
75057 Kürnbach

Verwaltungsgemeinschaft
75056 Sulzfeld
75059 Zaisenhausen

2.2 Landkreis Rastatt

76437 Rastatt, Am Schlossplatz 5; Tel. (0 72 22) 3 81-0; Fax (0 72 22) 3 81-11 98;
E-Mail: post@landkreis-rastatt.de;
http://www.landkreis-rastatt.de

Einwohner: 232 124
Fläche: 73 883 ha
Kreistag: 61 Mitglieder (18 CDU, 13 FWG, 10 SPD, 10 GRÜNE, 5 AfD, 3 FDP, 1 FuR, 1 LINKE)
Landrat: Dr. Christian Dusch

Dezernat 1
Amt für Personal, Organisation und Digitalisierung, Amt für Finanzen, Gebäudewirtschaft und Kreisschulen, Büro des Landrats, Kommunal- und Rechnungsprüfungsamt
Leiter: Dr. Christian Dusch, Ldrt, Tel. -10 00

Dezernat 2
Amt für Soziales, Teilhabe und Versorgung, Jugendamt, Gesundheitsamt, Amt für Veterinärwesen und Lebensmittelüberwachung, Amt für Weiterbildung und Kultur
Leiter: Dipl.-Soz.arb. Stefan Biehl, Tel. -20 01

Dezernat 3
Amt für Strukturförderung, Straßenverkehrsamt, Straßenbauamt, Amt für Flurneuordnung, Geoinformation und Vermessung, Landwirtschaftsamt
Leiter: Dipl.-Geol. Mario Mohr, Tel. -30 01

Dezernat 4
Amt für Baurecht, Klima- und Naturschutz und öffentliche Ordnung, Umweltamt, Amt für Migration, Integration und Recht, Forstamt, Abfallwirtschaftsbetrieb
Leiter: Dr. Jörg Peter, Erster Landesbeamter, Tel. -40 01

Städte und Gemeinden im Landkreis Rastatt:

Gemeinde Au am Rhein
76474 Au am Rhein, Hauptstr. 5; Tel. (0 72 45) 92 85-0; Fax (0 72 45) 92 85-99;
E-Mail: gemeinde@auamrhein.de;
http://www.auamrhein.de

Einwohner: 3 407
Bürgermeisterin: Veronika Laukart

Finanzverwaltung, Personalwesen
Leiterin: Caroline Kraut, Tel. -22

Bauverwaltung
Leiter: Heiko Breunig, Tel. -12

Stadt Bühl
(Große Kreisstadt)
77815 Bühl, Hauptstr. 47; Tel. (0 72 23) 9 35-0; Fax (0 72 23) 9 35-2 07; E-Mail: stadt@buehl.de;
http://www.buehl.de

Einwohner: 28 889
Oberbürgermeister: Hubert Schnurr
Bürgermeister: Wolfgang Jokerst

Dezernat I Oberbürgermeister
Finanzen, Beteiligungen, Liegenschaften; Klima und Umwelt; Persönliches Referat des Oberbürgermeisters, Presse- und Öffentlichkeitsarbeit; Revision; Stadtentwicklung, Bauen, Immobilien; Wirtschafts- und Strukturförderung/Baurecht
Leiter: Hubert Schnurr, OBgm, Tel. - 2 00

Dezernat II 1. Beigeordneter
Kultur, Generationen; Bürgerservice, Sicherheit, Recht; Europa und Partnerschaften; Personal, Organisation, Digitalisierung; Zentrale Dienste; Bildung
Leiter: Wolfgang Jokerst, Bgm, Tel. - 2 04

Gemeinde Bietigheim
76467 Bietigheim, Malscher Str. 22; Tel. (0 72 45) 8 08-0; Fax (0 72 45) 8 08-90;
E-Mail: gemeinde@bietigheim.de;
http://www.bietigheim.de

Einwohner: 6 400
Bürgermeister: Constantin Braun

Hauptamt
Leiterin: Marlena Ganz, Tel. -20

Rechnungsamt
Leiter: Maximilian Ehebauer, Tel. -30

Gemeinde Bischweier
76476 Bischweier, Bahnhofstr. 17; Tel. (0 72 22) 94 34-0; Fax (0 72 22) 94 34 39;
E-Mail: gemeinde@bischweier.de;
http://www.bischweier.de

Einwohner: 3 000
Bürgermeister: Robert Wein

Hauptamt/Kämmerei
Leiter: Ronald Pfefferle, Tel. -14

Gemeinde Bühlertal
77830 Bühlertal, Hauptstr. 137; Tel. (0 72 23) 71 01-0; Fax (0 72 23) 71 01 70;
E-Mail: gemeindeverwaltung@buehlertal.de;
http://www.buehlertal.de

Einwohner: 8 000
Bürgermeister: Hans-Peter Braun

Hauptamt und Baurechtsamt
Leiter: Frank Bühler, Tel. -35

Rechnungsamt
Leiterin: Bettina Kist, Tel. -12

Bauamt
Leiter: Norbert Graf, Tel. -30

Gemeinde Durmersheim
76448 Durmersheim, Rathausplatz 1; Tel. (0 72 45) 9 20-0; Fax (0 72 45) 9 20-2 58;
E-Mail: info@durmersheim.de;
http://www.durmersheim.de

Einwohner: 12 560
Bürgermeister: Andreas Augustin

Personal- und Hauptamt
Leiterin: Sandra Hertweck, Tel. -2 13

Rechnungsamt
Leiterin: Cosima Dettling-Schenkel, Tel. -2 40

Ortsbauamt
Leiter: Alexander Sokolov, Tel. -2 30

Gemeinde Elchesheim-Illingen
76477 Elchesheim-Illingen, Rathausplatz 8; Tel. (0 72 45) 93 01-0; Fax (0 72 45) 93 01-11;
E-Mail: buergermeisteramt@elchesheim-illingen.de;
http://www.elchesheim-illingen.de

Einwohner: 3 323
Bürgermeister: Rolf Spiegelhalder

Gemeinde Forbach
76596 Forbach, Landstr. 27; Tel. (0 72 28) 39-0;
Fax (0 72 28) 39 80;
E-Mail: buergerbuero@forbach.de;
http://www.forbach.de

Einwohner: 4 680
Bürgermeisterin: Katrin Buhrke

Hauptamt
Leiterin: Margit Karcher, Tel. -20

Rechnungsamt
Leiter: Martin Oberstebrink, Tel. -50

Bauamt
Leiter: Oliver Dietrich, Tel. -40

**Stadt Gaggenau
(Große Kreisstadt)**
76571 Gaggenau, Hauptstr. 71, Tel. (0 72 25) 9 62-0; Fax (0 72 25) 9 62-3 77;
E-Mail: gaggenau.stadt@gaggenau.de;
http://www.gaggenau.de

Einwohner: 29 932
Oberbürgermeister: Christof Florus
Bürgermeister: Michael Pfeiffer

Dezernat I
Presse- und Öffentlichkeitsarbeit, Wirtschaftsförderung und Stadtentwicklung, Hauptamt, Rechnungsprüfung, Finanzen, Gesellschaft und Bildung, Kultur
Leiter: Christof Florus, OBgm, Tel. -4 02

Dezernat II
Bürgerservice und Ordnung, Recht und Planen, Hochbau, Tiefbau und Betrieb, Abwasserbeseitigung, Wohnungsgesellschaft mbH, Stadtwohnung, Stadtwerke
Leiter: Michael Pfeiffer, Bgm, Tel. -4 11

Stadt Gernsbach
76593 Gernsbach, Igelbachstr. 11; Tel. (0 72 24) 6 44-0; Fax (0 72 24) 5 09 96;
E-Mail: stadt@gernsbach.de;
http://www.gernsbach.de

Einwohner: 14 147
Bürgermeister: Julian Christ

Hauptamt
Leiter: Thomas Lachnicht, Tel. -12

Kämmerei
Leiter: Dipl.-VwWiss Benedikt Lang, Tel. -20

Stadtbauamt
Leiter: Dipl.-Ing. (FH) Jürgen Zimmerlin, StaBaumeister, Tel. -30

Gemeinde Hügelsheim
76549 Hügelsheim, Hauptstr. 34; Tel. (0 72 29) 30 44-0; Fax (0 72 29) 30 44-10;
E-Mail: rathaus@huegelsheim.de;
http://www.huegelsheim.de

Einwohner: 5 200
Bürgermeisterin: Kerstin Cee

Hauptamt
Leiterin: Nicole Walter, Tel. -20

Rechnungsamt
Leiter: Roland Rieger, Tel. -30

Bauamt
Leiter: Elmar Sauter, Tel. -21

Gemeinde Iffezheim
76473 **Iffezheim**, Hauptstr. 54; Tel. (0 72 29) 6 05-0; Fax (0 72 29) 6 05-70;
E-Mail: gemeinde@iffezheim.de;
http://www.iffezheim.de

Einwohner: 5 208
Bürgermeister: Christian Schmid

Hauptamt und Ordnungsamt
Leiterin: Ramona Schuh, Tel. -21

Rechnungsamt
Leiter: Stephan Sax, Tel. -35

Bauamt
Leiterin: Franziska Kraft, Tel. -31

Stadt Kuppenheim
76456 **Kuppenheim**, Friedensplatz; Tel. (0 72 22) 94 62-0; Fax (0 72 22) 94 62-1 50;
E-Mail: stadt@kuppenheim.de;
http://www.kuppenheim.de

Einwohner: 8 200
Bürgermeister: Karsten Mußler

Fachbereich Bürgerdienste und Bildung
Leiter: Peter Müller, Tel. -1 09

Fachbereich Bauen
Leiter: Stefan Keßler, Tel. -3 51

Fachbereich Finanzen
Leiter: Simon Mauterer, Tel. -3 01

Stadt Lichtenau
77839 **Lichtenau**, Hauptstr. 15; Tel. (0 72 27) 95 77-0; Fax (0 72 27) 95 77-95;
E-Mail: stadt@lichtenau-baden.de;
http://www.lichtenau-baden.de

Einwohner: 5 042
Bürgermeister: Christian Greilach

Hauptamt
Leiterin: Ortrud Rauch, Tel. -16

Standesamt
Leiterin: Meryem Polat, Tel. -17

Rechnungsamt
Leiter: Michael Burkart, Tel. -20

Bauamt
Leiter: Ludwig Andreas, Tel. -30

Gemeinde Loffenau
76597 **Loffenau**, Untere Dorfstr. 1; Tel. (0 70 83) 92 33-0; Fax (0 70 83) 92 33-20;
E-Mail: gemeinde@loffenau.de;
http://www.loffenau.de

Einwohner: 2 533
Bürgermeister: Markus Burger

Hauptverwaltung, Finanzverwaltung
Leiterin: Daniela Tamba, Tel. -12

Gemeinde Muggensturm
76461 **Muggensturm**, Hauptstr. 33-35; Tel. (0 72 22) 90 93-0; Fax (0 72 22) 90 93-90;
E-Mail: Gemeinde@muggensturm.de;
http://www.muggensturm.de

Einwohner: 6 200
Bürgermeister: Dietmar Späth

Gemeinde Ötigheim
76470 **Ötigheim**, Schulstr. 3; Tel. (0 72 22) 91 97-0; Fax (0 72 22) 91 97-97;
E-Mail: Gemeindeverwaltung@oetigheim.de;
http://www.oetigheim.de

Einwohner: 5 000
Bürgermeister: Frank Kiefer

Hauptamt
Leiter: Patric Kohm, Tel. -15

Ordnungsamt
Leiterin: Silke Wolf, Tel. -17

Finanzverwaltung
Leiter: Sascha Maier, Tel. -31

Gemeinde Ottersweier
77833 **Ottersweier**, Laufer Str. 18; Tel. (0 72 23) 98 60-0; Fax (0 72 23) 98 60-80;
E-Mail: gemeinde@ottersweier.de;
http://www.ottersweier.de

Einwohner: 6 485
Bürgermeister: Jürgen Pfetzer

Hauptamt
Leiter: Daniel Stöß, Tel. -35

Rechnungsamt
Leiter: Alexander Kern, Tel. -50

**Stadt Rastatt
(Große Kreisstadt)**
76437 **Rastatt**, Marktplatz 1; Tel. (0 72 22) 9 72-0; Fax (0 72 22) 9 72-10 08; E-Mail: stadt@rastatt.de;
http://www.rastatt.de

Einwohner: 50 880
Oberbürgermeister: Hans Jürgen Pütsch
1. Bürgermeister: Arne Pfirrmann
2. Bürgermeister: Raphael Knoth

Stabsstelle Büro des Oberbürgermeisters
Leiterin: Alexandra Kiefer, Tel. -10 07

Stabsstelle Rechnungsprüfungsamt
Leiter: Tilo Schlotter, Tel. -10 20

Stabsstelle Gemeindeorgane und Kommunalverfassung
Leiterin: Ramona Senser, Tel. -11 00

Stabsstelle Wirtschaftsförderung, Stadtmarketing und Citymanagement
Leiter: Torsten von Appen, Tel. -12 00

Stabsstelle Presse, Kommunikation und Bürgerbeteiligung
Leiterin: Heike Dießelberg, Tel. -13 00

Fachbereich Personal, Organisation und EDV
Leiter: Klaus Kögel, Tel. -20 00

Fachbereich Finanzwirtschaft
Leiter: Wolfgang Nachbauer, Tel. -30 00

Fachbereich Stadt- und Grünplanung
Leiter: Markus Reck-Kehl, Tel. -40 50

Fachbereich Tiefbau und Wasserwirtschaft
Leiter: Markus Fraß, Tel. -50 00

Fachbereich Gebäudemanagement
Leiter: Markus Jülg, Tel. -55 00

Fachbereich Technische Betriebe
Leiterin: Brigitte Majer, Tel. -60 00

Fachbereich Sicherheit und Ordnung
Leiter: Achim Schick, Tel. -70 50

Fachbereich Schulen, Kultur und Sport
Leiter: Stefan Vogt, Tel. -80 00

Fachbereich Jugend, Familie und Senioren
Leiterin: Magdalena Müller, Tel. -90 00

Gemeinde Rheinmünster
77836 Rheinmünster, Lindenbrunnenstr. 1; Tel. (0 72 27) 95 55-0; Fax (0 72 27) 95 55-55; E-Mail: gemeinde@rheinmuenster.de; http://www.rheinmuenster.de

Einwohner: 6 900
Bürgermeister: Helmut Pautler

Hauptamt
Leiter: Mathias Bethge, Tel. -23

Ordnungsamt
Leiterin: Juliane Oser, Tel. -12

Rechnungsamt
Leiter: Kevin Christen, Tel. -37

Bauamt
Leiter: Konrad Reith, Tel. -30

Gemeinde Sinzheim
76547 Sinzheim, Marktplatz 1; Tel. (0 72 21) 8 06-0; Fax (0 72 21) 8 06-2 66; E-Mail: gemeinde@sinzheim.de; http://www.sinzheim.de

Einwohner: 11 414
Bürgermeister: Erik Ernst

Hauptamt (mit Bürgerbüro, Versicherungs- und Rentenwesen, Ordnungsamt, Standesamt, Vollzug, IT-Abteilung, Personalamt)
Leiter: Ronald Pfefferle, Tel. -2 21

Bauamt
Leiter: Eberhard Gschwender, Tel. -3 21

Rechnungsamt
Leiter: Christoph Hettler, Tel. -2 09

Gemeinde Steinmauern
76479 Steinmauern, Hauptstr. 82; Tel. (0 72 22) 92 75-0; Fax (0 72 22) 92 75-20; E-Mail: rathaus@steinmauern.de; http://www.steinmauern.de

Einwohner: 3 310
Bürgermeister: Siegfried Schaaf

Abteilung Zentrale Dienste
Leiterin: Julia Hangs, Tel. -14

Abteilung Finanzwirtschaft
Leiter: Robert Gärtner, Tel. -12

Gemeinde Weisenbach
76599 Weisenbach, Hauptstr. 3; Tel. (0 72 24) 91 83-0; Fax (0 72 24) 91 83-22; E-Mail: buergermeisteramt@weisenbach.de; http://www.weisenbach.de

Einwohner: 2 500
Bürgermeister: Daniel Retsch

Hauptamt, Ordnungsamt- und Bauamt
Leiter: Walter Wörner, GemAR, Tel. -11

Rechnungsamt
Leiter: Werner Krieg, GemAR, Tel. -12

Städte und Gemeinden im Landkreis Rastatt, die einer Verwaltungsgemeinschaft angehören:

Gemeindeverwaltungsverband Nachbarschaftsverband Bischweier-Kuppenheim
76456 Kuppenheim, Stadt (Sitzgemeinde)
76476 Bischweier

Gemeindeverwaltungsverband Durmersheim
76448 Durmersheim
76474 Au am Rhein
76467 Bietigheim
76477 Elchesheim-Illingen

Gemeindeverwaltungsverband Rheinmünster-Lichtenau
77836 Rheinmünster
77839 Lichtenau, Stadt

Verwaltungsgemeinschaft Bühl
77815 Bühl, Stadt (Sitzgemeinde)
77833 Ottersweier

Verwaltungsgemeinschaft Gernsbach
76593 Gernsbach, Stadt (Sitzgemeinde)
76597 Loffenau
76599 Weisenbach

Verwaltungsgemeinschaft Rastatt
76437 Rastatt, Stadt (Sitzgemeinde)
76473 Iffezheim
76461 Muggensturm
76470 Ötigheim
76479 Steinmauern

Verwaltungsgemeinschaft Sinzheim
76547 Sinzheim (Sitzgemeinde)

76549 Hügelsheim

Region Unterer Neckar

2.3 Landkreis Neckar-Odenwald-Kreis

74821 Mosbach, Neckarelzer Str. 7; Tel. (0 62 61) 84-0; E-Mail: post@neckar-odenwald-kreis.de; http://www.neckar-odenwald-kreis.de

Einwohner: 143 884
Fläche: 112 625 ha
Kreistag: 50 Mitglieder (17 CDU, 11 FWV, 10 SPD, 7 GRÜNE, 3 AfD, 1 FDP, 1 DCB)
Landrat: Dr. Achim Brötel

Dem Landrat unmittelbar unterstellt:

Zentralstelle (Presse und Öffentlichkeitsarbeit, Förderung, Kultur und Tourismus, Wirtschaftsförderung, Ehrenamtszentrum); Rechnungsprüfung; Beauftragte für Chancengleichheit; Datenschutzbeauftragte; Stabsstelle Kommunalrecht; Kreisentwicklung

Fachbereich 1 Finanzen und Service
Haushalt und Finanzen, Kreiskasse, Beteiligungen, EDV, Bauverwaltung, Rechtsangelegenheiten, Straßenbau und Straßenunterhaltung, Personalwesen, Lohnbuchhaltung, Zentrale Dienste, Schulträgerschaft, Nahverkehr und Schülerbeförderung
Leiter: Michael Schork, Tel. -19 00

Fachbereich 2 Umwelt, Landentwicklung und Ordnungswesen
Ordnungswesen, Führerscheine und Kfz-Zulassung, Veterinärwesen, Lebensmittelkontrolle, Vermessung, Flurneuordnung und Landentwicklung, Landwirtschaft, Landschafts- und Bodenkultur, Baurecht, Forst, Jagd und Forstbetrieb, Abfallrecht, Immissions- und Arbeitsschutz, Wasserrecht, Boden- und Gewässerschutz, Naturschutz, Feuerwehr und Bevölkerungsschutz, Fachtechnik Abfall, Boden, Wasser
Leiter: Dr. Björn-Christian Kleih, Erster Landesbeamter, Tel. -10 12

Fachbereich 3 Jugend und Soziales
Eingliederungshilfe für Menschen mit Behinderung, Sozialhilfe, Wohngeld, BAföG, Grundsicherung für Arbeitsuchende, Controlling Sozialplanung, Amtsvormund- und Beistandschaften, Unterhaltsvorschuss, Wirtschaftliche Jugendhilfe, Soziale Dienste, Pflegesatzwesen, Rechtsangelegenheiten Sozialbereich, Gesundheitswesen, Heimaufsicht, Schwerbehindertenrecht, Soziale Entschädigung, Betreuungsbehörde, Frauen- und Kinderschutzhaus
Leiterin: Renate Körber, Tel. -20 00

Einrichtungen und Gesellschaften des Landkreises Neckar-Odenwald-Kreis:

Neckar-Odenwald-Kliniken gGmbH
http://www.neckar-odenwald-kliniken.de
Geschäftsführer: Frank Hehn

Standort Mosbach
74821 Mosbach, Knopfweg 1; Tel. (0 62 61) 83-0; Fax (0 62 61) 83-1 70

Standort Buchen
74722 Buchen, Dr.-Konrad-Adenauer-Str. 37; Tel. (0 62 81) 29-0; Fax (0 62 81) 29-4 50

Jobcenter Neckar-Odenwald
74821 Mosbach, Renzstr. 14; Tel. (0 62 61) 67 56-0; Fax (0 62 61) 67 56-41
Geschäftsführer: Jochen Münch

Dienstleistungsgesellschaft des Neckar-Odenwald-Kreises gGmbH (DIGENO)
74821 Mosbach, Scheffelstr. 1; Tel. (0 62 61) 6 73 89-0; Fax (0 62 61) 6 73 89-10; http://www.digeno.de
Geschäftsführer: Ilka Zwieb; Dr. Mathias Ginter

Abfallwirtschaftsgesellschaft des Neckar-Odenwald-Kreises mbH (AWN)
74722 Buchen, Sansenhecken 1; Tel. (0 62 81) 9 06-0; Fax (0 62 81) 9 06-2 21; http://www.awn-online.de
Geschäftsführer: Dr. Mathias Ginter

Kreislaufwirtschaft Neckar-Odenwald AdR (kwin)
74722 Buchen, Sansenhecken 1; Tel. (0 62 81) 9 06-0; Fax (0 62 81) 9 06-2 21; http://www.awn-online.de
Geschäftsführer: Dr. Mathias Ginter

Energieagentur
74722 Buchen, Sansenhecken 1; Tel. (0 62 81) 9 06-8 80; Fax (0 62 81) 9 06-2 21; http://www.eanok.de
Uwe Ristl

Touristikgemeinschaft Odenwald e.V. (TGO)
74821 Mosbach, Neckarelzer Str. 7; Tel. (0 62 61) 84-13 90; Fax (0 62 61) 84-47 50; http://www.tg-odenwald.de
Geschäftsführerin: Tina Last

Betreuungsverein Neckar-Odenwald-Kreis e.V.
74821 Mosbach, Scheffelstr. 1; Tel. (0 62 61) 84 25 20; Fax (0 62 61) 84 47 70; http://www.betreuungsverein-nok.de
Geschäftsführerin: Bärbel Juchler-Heinrich

Landschaftserhaltungsverband des Neckar-Odenwald-Kreises e. V. (LEV)
Geschäftsführer: Matthias Jurgovsky, Tel. (0 62 81) 52 12-17 38

Fachdienst Forst
74740 Adelsheim, Untere Eckenbergstr. 25; Tel. (0 62 61) 84-10 72
Leiter: Jörg Puchta

Städte und Gemeinden im Landkreis Neckar-Odenwald-Kreis:

Stadt Adelsheim
74740 Adelsheim, Marktstr. 7; Tel. (0 62 91) 62 00-0; Fax (0 62 91) 62 00-35;
E-Mail: Info@adelsheim.de;
http://www.adelsheim.de

Einwohner: 4 999
Bürgermeister: Wolfram Bernhardt

Allgemeine Verwaltung (Hauptamt)
Leiterin: Dagmar Steinbach, Tel. -25

Wirtschaft und Finanzen
Leiter: Rainer Schöll, Tel. -19

Bauamt, Technisch Bauverwaltung
Leiter: Stefan Funk, Tel. -26

Gemeinde Aglasterhausen
74858 Aglasterhausen, Am Marktplatz 1; Tel. (0 62 62) 92 00-0; Fax (0 62 62) 92 00-28;
E-Mail: post@Aglasterhausen.de;
http://www.aglasterhausen.de

Einwohner: 4 900
Bürgermeister: Stefan Kron

Hauptverwaltung
Leiter: Friedbert Steck, Tel. -14

Rechnungsamt
Leiter: Frank Herion, Tel. -13

Gemeinde Billigheim
74842 Billigheim, Sulzbacher Str. 9; Tel. (0 62 65) 92 00-0; Fax (0 62 65) 92 00-50;
E-Mail: zentrale@billigheim.de;
http://www.billigheim.de

Einwohner: 5 886
Bürgermeister: Martin Diblik

Hauptamt
Leiter: Bernd Geistlinger, VwAng, Tel. -20

Ordnungsamt
Leiter: Holger Maag, VwAng, Tel. -24

Rechnungsamt
Leiter: Alexander Rist, AR, Tel. -30

Bauamt
Leiterin: Regina Reitz, VwAngestellte, Tel. -40

Gemeinde Binau
74862 Binau, Reichenbucher Str. 38 a; Tel. (0 62 63) 4 30-0; Fax (0 62 63) 4 30-20;
E-Mail: info@binau.de; http://www.binau.de

Einwohner: 1 380
Bürgermeister: Peter Keller

Stadt Buchen (Odenwald)
74722 Buchen (Odenwald), Wimpinaplatz 3; Tel. (0 62 81) 31-0; Fax (0 62 81) 31-1 51;
E-Mail: stadt@buchen.de; http://www.buchen.de

Einwohner: 18 153
Bürgermeister: Roland Burger
Beigeordneter: Benjamin Laber

Fachbereich Bürger- und Servicedienste
Leiterin: Simone Schölch, Tel. -1 31

Fachbereich Wirtschaft und Finanzen
Leiter: Benjamin Laber, Beig, Tel. -1 24

Fachbereich Technische Dienste
Leiter: Hubert Kieser, Tel. -2 28

Fachbereich Kultur und Stadtentwicklung
Leiter: Günter Müller, Tel. -2 25

Gemeinde Elztal
74834 Elztal, Hauptstr. 8; Tel. (0 62 61) 89 03-0; Fax (0 62 61) 89 03 55; E-Mail: info@elztal.de;
http://www.elztal.de

Einwohner: 5 950
Bürgermeister: Marco Eckl

Hauptamt
Leiter: Dominik Hornung, Tel. -20

Rechnungsamt
Leiter: Arnd Koppelhuber, Tel. -14

Bauamt
Leiter: Christoph Tanecker, Tel. -27

Gemeinde Fahrenbach
74864 Fahrenbach, Adolf- Weber-Str. 23; Tel. (0 62 67) 92 05-0; Fax (0 62 67) 4 27;
E-Mail: gemeinde@fahrenbach.de;
http://www.fahrenbach.de

Einwohner: 2 737
Bürgermeister: Jens Wittmann

Verwaltungsamt
Leiter: Thomas Breitinger, Tel. -13

Bürgeramt
Leiter: Uwe Köbler, Tel. -17

Bau- und Personalamt
Leiter: Joachim Wieder, Tel. -19

Gemeinde Hardheim
74736 Hardheim, Schloßplatz 6; Tel. (0 62 83) 58-0; Fax (0 62 83) 58 55;
E-Mail: rathaus@hardheim.de ;
http://www.hardheim.de

Einwohner: 6 739
Bürgermeister: Volker Rohm

Hauptamt und Ordnungsamt
Leiterin: Mareike Brawek, GemARätin, Tel. -10

Rechnungsamt
Leiter: Bernd Schretzmann, GemAR, Tel. -20

Bauamt
Leiter: Daniel Emmenecker, Tel. -60

Gemeinde Haßmersheim
74855 Haßmersheim, Theodor-Heuss-Str. 45; Tel. (0 62 66) 7 91-0; Fax (0 62 66) 7 91 40; E-Mail: post@hassmersheim.de; http://www.hassmersheim.de

Einwohner: 4 850
Bürgermeister: Michael Salomo

Hauptamt und Ordnungsamt
Leiterin: Karin Ernst, Tel. -30

Rechnungsamt
Leiter: Ali Köklü, Tel. -50

Bauamt
Leiter: Ali Köklü, Tel. -55

Gemeinde Höpfingen
74746 Höpfingen, Heidelberger Str. 23; Tel. (0 62 83) 22 06-0; Fax (0 62 83) 22 06 34; E-Mail: gemeinde@hoepfingen.de; http://www.hoepfingen.de

Einwohner: 3 016
Bürgermeister: Christian Hauk

Hauptamt
Leiterin: Christina Fiederlein, Tel. -10

Rechnungsamt
Leiterin: Nadine Henn, Tel. -20

Gemeinde Hüffenhardt
74928 Hüffenhardt, Reisengasse 1; Tel. (0 62 68) 92 05-0; Fax (0 62 68) 92 05-40; E-Mail: rathaus@hueffenhardt.de; http://www.hueffenhardt.de

Einwohner: 2 050
Bürgermeister: Walter Neff

Hauptamt
Leiterin: Karin Ernst, Tel. -12

Gemeinde Limbach
74838 Limbach, Muckentaler Str. 9; Tel. (0 62 87) 92 00-0; Fax (0 62 87) 92 00-28; E-Mail: gemeinde@limbach.de; http://www.limbach.de

Einwohner: 4 447
Bürgermeister: Thorsten Weber

Hauptamt
Leiter: Alexander Winter, Tel. -17

Rechnungsamt
Leiter: Klaus Rhein, Tel. -22

Bauamt
Leiter: Georg Farrenkopf, Tel. -12

Stadt Mosbach
(Große Kreisstadt)
74821 Mosbach, Hauptstr. 29; Tel. (0 62 61) 82-0; Fax (0 62 61) 82-2 49; E-Mail: info@mosbach.de; http://www.mosbach.de

Einwohner: 23 425
Oberbürgermeister: Michael Jann
Bürgermeister: Michael Keilbach

Dem Oberbürgermeister unmittelbar unterstellt:

Interne Revision und Beratung; Wirtschaftsförderung, Stadtmarketing und Digitalisierung; Europakoordination/Partnerschaftskomitees; Persönliche Referentin, Sport und Gesundheit; Datenschutzbeauftragte

Geschäftskreis I
Service, Bildung und Generationen; Finanzen und Immobilien; Bauverwaltung und Baurecht; Planen und Technik
Leiter: Michael Jann, OBgm, Tel. -2 00

Geschäftskreis II
Rechts- und Ordnungsamt; Feuerwehr und Bevölkerungsschutz; Kultur sowie Stadtgeschichte / Stadtmuseum, Integrationsbeauftragte
Leiter: Michael Keilbach, Bgm, Tel. -2 51

Gemeinde Mudau
69427 Mudau, Schloßauer Str. 2; Tel. (0 62 84) 78-0; Fax (0 62 84) 78 20; E-Mail: rathaus@mudau.de; https://www.mudau.de

Einwohner: 4 910
Bürgermeister: Dr. Norbert Rippberger

Hauptamt
Leiterin: Bianca Groß, Tel. -31

Rechnungsamt
Leiterin: Marianne Neubauer, Tel. -23

Gemeinde Neckargerach
69437 Neckargerach, Hauptstr. 25; Tel. (0 62 63) 42 01-0; Fax (0 62 63) 42 01-40; E-Mail: gemeinde@neckargerach.de; http://www.neckargerach.de

Einwohner: 2 315
Bürgermeister: Norman Link

Hauptamt und Ordnungsamt
Leiter: Markus Breitinger, Tel. -15

Rechnungsamt
Leiter: Tobias Leibfried, Tel. -13

Bauamt
Leiter: Markus Breitinger, Tel. -15

Gemeinde Neckarzimmern
74865 Neckarzimmern, Hauptstr. 4; Tel. (0 62 61) 92 31-0; Fax (0 62 61) 92 31-30; E-Mail: Info@Neckarzimmern.de; http://www.Neckarzimmern.de

Einwohner: 1 600
Bürgermeister: Christian Stuber

Gemeinde Neunkirchen
74867 Neunkirchen, Marktplatz 1; Tel. (0 62 62) 92 12-0; Fax (0 62 62) 92 12-33;
E-Mail: post@neunkirchen-baden.de;
http://www.neunkirchen-baden.de

Einwohner: 1 850
Bürgermeister: Bernhard Knörzer

Hauptamt
Leiter: Ralf Lenz, Tel. -14

Rechnungsamt
Leiterin: Judith Kuhn, Tel. -23

Gemeinde Obrigheim
74847 Obrigheim, Hauptstr. 7; Tel. (0 62 61) 6 46-0; Fax (0 62 61) 6 46 40;
E-Mail: info@obrigheim.de;
http://www.obrigheim.de

Einwohner: 5 300
Bürgermeister: Roland Lauer

Hauptverwaltung
Leiter: Rainer Schäfer, Tel. -16

Finanzverwaltung
Leiter: Arno Bernauer, Tel. -26

Bauverwaltung
Leiter: Reinhard Horn, Tel. -17

Stadt Osterburken
74706 Osterburken, Marktplatz 3; Tel. (0 62 91) 4 01-0; Fax (0 62 91) 4 01-30;
E-Mail: info@osterburken.de;
http://www.osterburken.de

Einwohner: 6 500
Bürgermeister: Jürgen Galm

Hauptamt
Leiter: Julian Schneider, Tel. -28

Rechnungsamt
Leiter: Horst Mechler, Tel. -37

Bauamt
Leiter: Matthias Steinmacher, Tel. -25

Stadt Ravenstein
74747 Ravenstein, Lindenstr. 4; Tel. (0 62 97) 92 00-0; Fax (0 62 97) 92 00-30;
E-Mail: stadt@ravenstein.de;
http://www.Ravenstein.de

Einwohner: 3 000
Bürgermeister: Ralf Killian

Hauptamt
Leiterin: Kerstin Nunn, Tel. -15

Rechnungsamt
Leiterin: Sandra Schöll, Tel. -13

Bauamt
Leiter: Timo Behm, Tel. -18

Gemeinde Rosenberg
74749 Rosenberg, Hauptstr. 26; Tel. (0 62 95) 92 01-0; Fax (0 62 95) 92 01-21;
E-Mail: gemeinde@rosenberg-baden.de;
http://www.Rosenberg-Baden.de

Einwohner: 2 075
Bürgermeister: Ralph Matousek

Hauptverwaltung
Leiterin: Ulrike Kautzmann-Link, Tel. -13

Finanzverwaltung
Leiterin: Simone Trumpp, Tel. -17

Gemeinde Schefflenz
74850 Schefflenz, Mittelstr. 47; Tel. (0 62 93) 92 00-0; Fax (0 62 93) 92 00-29;
E-Mail: info@schefflenz.de;
http://www.schefflenz.de

Einwohner: 3 968
Bürgermeister: Rainer Houck

Hauptamt
Leiter: Thomas Richter, Tel. -12

Rechnungsamt
Leiterin: Katrin Weimer, Tel. -20

Gemeinde Seckach
74743 Seckach, Bahnhofstr. 30; Tel. (0 62 92) 92 01-0; Fax (0 62 92) 92 01-22;
E-Mail: info@seckach.de; http://www.seckach.de

Einwohner: 4 425
Bürgermeister: Thomas Ludwig

Hauptamt
Leiterin: Doris Kohler, Tel. -13

Rechnungsamt
Leiter: André Kordmann, Tel. -18

Bauamt
Leiter: Roland Bangert, Tel. -15

Gemeinde Schwarzach
74869 Schwarzach, Hauptstr. 14; Tel. (0 62 62) 92 09-0; Fax (0 62 62) 92 09-33;
E-Mail: rathaus@schwarzach-online.de;
http://www.schwarzach-online.de

Einwohner: 2 950
Bürgermeister: Mathias Haas

Hauptamt und Ordnungsamt
Leiter: Andreas Zettl, Tel. -13

Rechnungsamt
Leiter: Alexander Lingsch, Tel. -15

Bauamt
Leiter: Nikolaus Fohs, Tel. -21

Gemeinde Waldbrunn
69429 Waldbrunn, Alte Marktstr. 4; Tel. (0 62 74) 9 30-0; Fax (0 62 74) 93 02 30;
E-Mail: rathaus@waldbrunn-odenwald.de;
http://www.waldbrunn-odenwald.de

Einwohner: 4 768
Bürgermeister: Markus Haas

Hauptamt und Ordnungsamt
Leiterin: Andrea Friedel-Wäsch, Tel. -2 23

Rechnungsamt
Leiter: Joachim Gornik, Tel. -2 31

Bauamt
Leiter: Martin Grimm, Tel. -2 36

Stadt Walldürn
74731 Walldürn, Burgstr. 3; Tel. (0 62 82) 6 70; Fax (0 62 82) 67-1 56; E-Mail: stadt@wallduern.de;
http://www.wallduern.de

Einwohner: 11 720
Bürgermeister: Markus Günther

Hauptamt und Ordnungsamt
Leiter: Helmut Hotzy, StaOVwR, Tel. -1 12

Rechnungsamt
Leiter: Joachim Dörr, StaOAR, Tel. -1 31

Bauamt
Leiter: Dipl.-Ing. (FH) Christian Berlin, Tel. -1 53

Gemeinde Zwingenberg
69439 Zwingenberg, Alte Dorfstr. 8; Tel. (0 62 63) 4 51 52; Fax (0 62 63) 4 51 53;
E-Mail: info@gemeinde-zwingenberg.de;
http://www.zwingenberg-neckar.de

Einwohner: 710
Bürgermeister: Norman Link

Städte und Gemeinden im Landkreis Neckar-Odenwald-Kreis, die einer Verwaltungsgemeinschaft angehören:

Gemeindeverwaltungsverband Hardheim-Walldürn
74731 Walldürn, Stadt (Sitzgemeinde)
74736 Hardheim
74746 Höpfingen

Gemeindeverwaltungsverband Kleiner Odenwald
74858 Aglasterhausen
74867 Neunkirchen
74869 Schwarzach

Gemeindeverwaltungsverband Neckargerach-Waldbrunn
69437 Neckargerach (Sitzgemeinde)
74862 Binau
69429 Waldbrunn
69439 Zwingenberg

Gemeindeverwaltungsverband Osterburken
74706 Osterburken, Stadt (Sitzgemeinde)
74747 Ravenstein, Stadt
74749 Rosenberg

Gemeindeverwaltungsverband Schefflenztal
74842 Billigheim
74850 Schefflenz (Sitzgemeinde)

Gemeindeverwaltungsverband Seckachtal
74740 Adelsheim, Stadt (Sitzgemeinde)
74743 Seckach

Verwaltungsgemeinschaft Haßmersheim-Hüffenhardt
74855 Haßmersheim (Sitzgemeinde)
74928 Hüffenhardt

Verwaltungsgemeinschaft Limbach
74838 Limbach (Sitzgemeinde)
74864 Fahrenbach

Verwaltungsgemeinschaft Mosbach
74821 Mosbach, Stadt (Sitzgemeinde)
74834 Elztal
74865 Neckarzimmern
74847 Obrigheim

2.4 Landkreis Rhein-Neckar-Kreis

69115 Heidelberg, Kurfürsten-Anlage 38-40; Tel. (0 62 21) 5 22-0; Fax (0 62 21) 5 22-9 14 77;
E-Mail: post@rhein-neckar-kreis.de; https://www.rhein-neckar-kreis.de

Einwohner: 548 233
Fläche: 106 171 ha
Kreistag: 101 Mitglieder (27 CDU, 20 GRÜNE, 18 FW, 17 SPD, 8 AfD, 7 FDP, 4 LINKE)
Landrat: Stefan Dallinger
Erster Landesbeamter: Stefan Hildebrandt

Dem Landrat unmittelbar unterstellt:

Büro des Landrats/Persönliche Referentin, Stabsstelle Wirtschaftsförderung, Rechnungsprüfungsamt, Stabsstelle Integration, Stabsstelle Governance Officer

Dezernat I
Haupt- und Personalamt, Amt für Schulen, Kultur und Sport, Kämmereiamt
Leiter: Ulrich Bäuerlein, LtdKVwDir, Tel. -14 97

Dezernat II
Amt für Sozialplanung, Vertragswesen und Förderung, Sozialamt, Jugendamt, Versorgungsamt
Leiterin: Silvia Kempf, KVwDirektorin, Tel. -12 60

Dezernat III
Rechtsamt, Ordnungsamt, Amt für Feuerwehr und Katastrophenschutz, Gesundheitsamt, Veterinäramt und Verbraucherschutz
Leiterin: Doreen Kuss, ORRätin, Tel. -13 87

Dezernat IV
Stabsstelle für Mobilität und Luftreinhaltung, Baurechtsamt, Straßenverkehrsamt, Amt für Gewerbeaufsicht und Umweltschutz, Wasserrechtsamt, Amt für Straßen- und Radwegebau, Amt für Nahverkehr
Leiter: Dr. Christopher Leo, LtdRDir, Tel. -12 86

Dezernat V
Kommunalrechtsamt, Vermessungsamt, Amt für Flurneuordnung, Amt für Landwirtschaft und Naturschutz, Kreisforstamt
Leiter: Stefan Hildebrandt, Erster Landesbeamter, Tel. -12 06

GRN Gesundheitszentren Rhein-Neckar gGmbH
68723 Schwetzingen, Bodelschwinghstr. 10; Tel. (0 62 02) 84-30; Fax (0 62 02) 84-35 03; E-Mail: geschaeftsfuehrung@grn.de; https://www.grn.de
Geschäftsführer: Rüdiger Burger

AVR Kommunal AöR
74889 Sinsheim, Dietmar-Hopp-Str. 8; Tel. (0 72 61) 9 31-0; Fax (0 72 61) 9 31-71 00; E-Mail: info@avr-kommunal.de; https://www.avr-kommunal.de
Geschäftsführerin: Katja Deschner

AVR Umweltservice GmbH
74889 Sinsheim, Dietmar-Hopp-Str. 8; Tel. (0 72 61) 9 31-0; Fax (0 72 61) 9 31-70 01; E-Mail: info@avr-umweltservice.de; https://www.avr-umweltservice.de
Geschäftsführer: Peter Mülbaier

Eigenbetrieb Bau, Vermögen und Informationstechnik
74889 Sinsheim, Dietmar-Hopp-Str. 8; Tel. (0 72 61) 94 66-75 00; Fax (0 72 61) 94 66-75 02; E-Mail: ebvit@rhein-neckar-kreis.de
Betriebsleiter: Jürgen Obländer

Jugendeinrichtung Stift Sunnisheim gGmbH
74889 Sinsheim, Stiftstr. 15; Tel. (0 72 61) 6 93-0; Fax (0 72 61) 6 93-77; E-Mail: info@jugend-stift.de; http://www.jugend-stift.de
Geschäftsführer: Uwe Gerbich-Demmer

Außenstellen des Landkreises Rhein-Neckar-Kreis:

Amt für Gewerbeaufsicht und Umweltschutz, Baurechtsamt, Jugendamt (Ambulante Erziehungshilfe und Jugendberufshilfe), Sozialamt (Wohngeld/BaföG), Wasserrechtsamt
69123 Heidelberg-Pfaffengrund, Kurpfalzring 106; Tel. (0 62 21) 5 22-0; Fax (0 62 21) 5 22-9 14 77

Versorgungsamt, Jugendamt (Besondere soziale Dienste), Amt für Straßen- und Radwegebau
69115 Heidelberg, Eppelheimer Str. 15; Tel. (0 62 21) 5 22-0; Fax (0 62 21) 5 22-9 14 77

Kreisarchiv, Integrierte Leitstelle für Feuerwehr und Rettungswesen, Amt für Feuerwehr und Katastrophenschutz
68526 Ladenburg, Trajanstr. 66; Tel. (0 62 21) 5 22-0; Fax (0 62 21) 5 22-9 14 77

Kreisforstamt, Sozial- und Jugendamt
69151 Neckargemünd, Langenbachweg 9; Tel. (0 62 21) 5 22-0; Fax (0 62 21) 5 22-9 14 77

Fahrerlaubnisbehörde, FORUM Ernährung, Jugendamt, Kfz-Zulassungsstelle, Sozialamt, Straßenverkehrsamt, Veterinäramt und Verbraucherschutz
69198 Wiesloch, Adelsförsterpfad 7; Tel. (0 62 21) 5 22-0; Fax (0 62 21) 5 22-9 14 77

Fahrerlaubnisstelle, Heimaufsichtsbehörde, Jobcenter Rhein-Neckar-Kreis, Jugendamt, Kfz-Zulassungsstelle, Sozialamt, Veterinäramt und Verbraucherschutz (Teilbereich)
69469 Weinheim, Röntgenstr. 2; Tel. (0 62 21) 5 22-0; Fax (0 62 21) 5 22-9 14 77

Amt für Flurneuordnung, Amt für Landwirtschaft und Naturschutz, Fahrerlaubnisstelle, Jugendamt, Kfz-Zulassungsstelle, Sozialamt, Vermessungsamt
74889 Sinsheim, Muthstr. 4; Tel. (0 62 21) 5 22-0; Fax (0 62 21) 5 22-9 14 77

Städte und Gemeinden im Landkreis Rhein-Neckar-Kreis:

Gemeinde Altlußheim
68804 Altlußheim, Rathausplatz 1; Tel. (0 62 05) 39 43-0; Fax (0 62 05) 39 43-50; E-Mail: info@altlussheim.de; https://www.altlussheim.de

Einwohner: 6 222
Bürgermeister: Uwe Grempels

Hauptamt
Leiter: Stefan Kuhn, Tel. -12

Rechnungsamt
Leiter: Dieter Büchel, Tel. -20

Bauamt
Leiter: Hubertus Zahn, Tel. -40

Gemeinde Angelbachtal
74918 Angelbachtal, Schlossstr. 1; Tel. (0 72 65) 91 20-0; Fax (0 72 65) 91 20-33; E-Mail: rathaus@angelbachtal.de; http://www.angelbachtal.de

Einwohner: 5 125
Bürgermeister: Frank Werner

Hauptamt
Leiter: Diethelm Brecht, Tel. -14

Rechnungsamt
Leiter: Peter Horsinka, Tel. -22

Bauverwaltung
Leiter: Daniel Oestrich, Tel. -15

Bautechnik
Leiter: Rainer Schmitt, Tel. -17

Ordnungsamt
Leiter: Holger Kröller, Tel. -30

Gemeinde Bammental
69245 Bammental, Hauptstr. 71; Tel. (0 62 23) 95 30-0; Fax (0 62 23) 95 30-88;
E-Mail: rathaus@bammental.de;
http://www.bammental.de

Einwohner: 6 599
Bürgermeister: Holger Karl

Gemeinde Brühl
68782 Brühl, Hauptstr. 1; Tel. (0 62 02) 20 03-0; Fax (0 62 02) 20 03-14;
E-Mail: buergermeisteramt@bruehl-baden.de;
http://www.bruehl-baden.de

Einwohner: 14 371
Bürgermeister: Dr. Ralf Göck

Hauptamt
Leiter: Karlheinz Geschwill, Tel. -24

Ordnungsamt
Leiter: Jochen Ungerer, Tel. -32

Kämmereiamt
Leiter: Klaus Zorn, Tel. -41

Bauamt
Leiter: Reiner Haas, Tel. -80

Gemeinde Dielheim
69234 Dielheim, Hauptstr. 37; Tel. (0 62 22) 7 81-0; Fax (0 62 22) 7 81 29; E-Mail: post@dielheim.de;
http://www.dielheim.de

Einwohner: 9 000
Bürgermeister: Thomas Glasbrenner

Hauptamt
Leiter: Manfred Heinisch, GemOAR, Tel. -52

Ordnungsamt
Leiter: Uwe Bender, GemAR, Tel. -38

Rechnungsamt
Leiter: Tino Becker, GemOAR, Tel. -31

Bauamt
Leiter: Alexander Wenning, GemAR, Tel. -25

Gemeinde Dossenheim
69221 Dossenheim, Rathausplatz 1; Tel. (0 62 21) 86 51-0; Fax (0 62 21) 86 51-15;
E-Mail: gemeinde@dossenheim.de;
http://www.dossenheim.de

Einwohner: 12 574
Bürgermeister: David Faulhaber

Fachbereich 1 Finanzen, Innere Verwaltung
Leiter: Martin Niederhöfer, Tel. -30

Fachbereich 2 Hochbau und Tiefbau; Planen, Bauen, Ordnung; Umwelt, Energie, Mobilität
Leiter: Jörg Ullrich, Tel. -40

Fachbereich 3 Sicherheit, Ordnung, Soziales; Bildung und Generation, Kultur und Sport
Leiter: Thomas Schiller, Tel. -20

Stadt Eberbach
69412 Eberbach, Leopoldsplatz 1; Tel. (0 62 71) 87-1; Fax (0 62 71) 8 72 00;
E-Mail: stadt@eberbach.de;
http://www.eberbach.de

Einwohner: 14 267
Bürgermeister: Peter Reichert

Hauptamt
Leiterin: Anke Steck, Tel. -2 14

Ordnungsamt
Leiter: Rainer Menges, StaAR, Tel. -2 31

Rechnungsamt
Leiter: Patrick Müller, StaOVwRTel. -2 25

Bauamt
Leiter: Detlef Kermbach, Tel. -2 61

Gemeinde Edingen-Neckarhausen
68535 Edingen-Neckarhausen, Hauptstr. 60; Tel. (0 62 03) 8 08-0; Fax (0 62 03) 8 08-2 13;
E-Mail: info@edingen-neckarhausen.de;
http://www.edingen-neckarhausen.de

Einwohner: 14 131
Bürgermeister: Simon Michler

Hauptamt
Leiterin: Elke Hugo, Tel. -2 20

Amt für Finanzen und Liegenschaften
Leiter: Claus Göhrig, Tel. -2 22

Bau- und Umweltamt
Leiter: Dominik Eberle, Tel. -1 36

Bürger- und Ordnungsamt
Leiterin: Nicole Brecht, Tel. -2 04

Gemeinde Epfenbach
74925 Epfenbach, Hauptstr. 28; Tel. (0 72 63) 40 89-0; Fax (0 72 63) 40 89-11;
E-Mail: info@epfenbach.de;
http://www.epfenbach.de

Einwohner: 2 392
Bürgermeister: Joachim Bösenecker

Hauptamt, Ordnungsamt und Bauamt
Leiter: Florian Rutsch, GemAR, Tel. -16

Rechnungsamt
Leiterin: Elke Schmitt, GemARätin, Tel. -14

Stadt Eppelheim
69214 Eppelheim, Schulstr. 2; Tel. (0 62 21) 7 94-1 05; Fax (0 62 21) 7 94-1 99;
E-Mail: info@eppelheim.de;
http://www.eppelheim.de

Einwohner: 15 223
Bürgermeisterin: Patricia Rebmann

Hauptamt
Leiterin: Susannne Balzer, Tel. -4 00

Amt für Ordnung, Bildung und Bürgerservice
Leiter: Reinhard Röckle, StaOVwR, Tel. -1 10

Controlling
Leiter: Stanislaus Krawczyk, StaOAR, Tel. -1 50

Kämmerei
Leiter: Hubert Büssecker, StaOAR, Tel. -2 00

Amt für Stadtentwicklung und Immobilienmanagement
Leiterin: Kirsten Hübner-Andelfinger, Tel. -6 07

Amt für Bauverwaltung, Klima- und Naturschutz
Leiter: Michael Benda, StaAR, Tel. -6 00

Gemeinde Eschelbronn
74927 Eschelbronn, Bahnhofstr. 1; Tel. (0 62 26) 95 09-0; Fax (0 62 26) 95 09 50;
E-Mail: gemeinde@eschelbronn.de;
http://www.eschelbronn.de

Einwohner: 2 645
Bürgermeister: Marco Siesing

Hauptamt, Ordnungsamt und Bauamt
Leiter: Christian Ernst, Tel. -13

Rechnungsamt
Leiter: Bernhard Kroiher, Tel. -22

Gemeinde Gaiberg
69251 Gaiberg, Hauptstr. 44; Tel. (0 62 23) 95 01-0; Fax (0 62 23) 95 01-40; E-Mail: service@gaiberg.de;
http://www.gaiberg.de

Einwohner: 2 670
Bürgermeisterin: Petra Müller-Vogel

Gemeinde Heddesbach
69434 Heddesbach, Hauptstr. 2; Tel. (0 62 72) 22 68; Fax (0 62 28) 92 01 26;
E-Mail: post@heddesbach.gvv-schoenau.de;
http://www.heddesbach.de

Einwohner: 500
Bürgermeister: Volker Reibold

Gemeinde Heddesheim
68542 Heddesheim, Fritz-Kessler-Platz; Tel. (0 62 03) 1 01-0; Fax (0 62 03) 10 12 11;
E-Mail: gemeinde@heddesheim.de;
http://www.heddesheim.de

Einwohner: 11 800
Bürgermeister: Michael Kessler

Hauptverwaltung
Leiter: Julien Christof, Tel. -2 20

Bürgerservice
Leiterin: Silke Schmidt, Tel. -2 15

Finanzverwaltung
Leiter: Martin Heinz, Tel. -2 71

Amt für Bauverwaltung und Tiefbau
Leiter: Jürgen Beck, Tel. -2 30

Amt für Städtebau und Hochbau
Leiter: Christian Pörsch, Tel. -2 31

Gemeinde Heiligkreuzsteinach
69253 Heiligkreuzsteinach, Silberne Bergstr. 3; Tel. (0 62 20) 92 20 0; Fax (0 62 20) 92 20-29 20;
E-Mail: post@heiligkreuzsteinach.de;
http://www.heiligkreuzsteinach.de

Einwohner: 2 600
Bürgermeisterin: Sieglinde Pfahl

Hauptamt/Ordnungsamt/Bauamt
Leiterin: Silke Knopf, Tel. -16

Gemeinde Helmstadt-Bargen
74921 Helmstadt-Bargen, Rabanstr. 14; Tel. (0 72 63) 91 20-0; Fax (0 72 63) 91 20-29;
E-Mail: gv-post@helmstadt-bargen.de; http://www.helmstadt-bargen.de

Einwohner: 3 700
Bürgermeister: Wolfgang Jürriens

Hauptverwaltung, Bauverwaltung
Leiterin: Melanie Lüpken, Tel. -20

Finanzverwaltung
Leiter: Jochen Leinberger, Tel. -16

Standesamt, Ordnungsamt, soziale Angelegenheiten
Petra Schäfer, Tel. -21 ; Simone Winkler, Tel. -19

Stadt Hemsbach
69502 Hemsbach, Schlossgasse 41; Tel. (0 62 01) 7 07-0; Fax (0 62 01) 7 07 45;
E-Mail: post@hemsbach.de;
http://www.hemsbach.de

Einwohner: 11 706
Bürgermeister: Jürgen Kirchner

Fachbereich 1 Verwaltung/Finanzen
Leiter: Klaus Koch, StaOVwR, Tel. -53

Fachbereich 2 Planung und Technik
Leiter: Dipl.-Ing. Bertram Rößling, Tel. -39

Fachbereich 3 Bürgerdienste, Ordnungsamt
Leiter: Thomas Pohl, StaAR, Tel. -91

Gemeinde Hirschberg an der Bergstraße
69493 Hirschberg an der Bergstraße, Großsachsener Str. 14; Tel. (0 62 01) 5 98 00; Fax (0 62 01) 5 98-50;
E-Mail: Gemeinde@Hirschberg-Bergstrasse.de;
http://www.hirschberg-bergstrasse.de

Einwohner: 9 574
Bürgermeister: Ralf Gänshirt

Hauptamt
Leiter: NN, Tel. -25

Kämmereiamt
Leiterin: Dorothea Richter, ARätin, Tel. -17

Bauamt
Leiter: Rolf Pflästerer, AR, Tel. -10

Stadt Hockenheim (Große Kreisstadt)
68766 Hockenheim, Rathausstr. 1; Tel. (0 62 05) 21-0; Fax (0 62 05) 21-9 90; E-Mail: info@hockenheim.de; http://www.hockenheim.de

Einwohner: 21 130
Oberbürgermeister: Marcus Zeitler
Bürgermeister: Thomas Jakob-Lichtenberg

Fachbereich Organisation, IuK und zentraler Service
Leiterin: Natascha Spahn, StaOARätin, Tel. -2 13

Fachbereich Bürgerservice
Leiterin: Doris Trautmann, StaOVwRätin, Tel. -2 32

Fachbereich Finanzen
Leiter: Rolf Fitterling, StaOAR, Tel. -1 20

Fachbereich Bauen und Wohnen
Leiter: Christian Engel, Tel. -3 16

Fachbereich Personal
Leiter: Stefan Kalbfuss, StaOAR, Tel. -2 02

Fachbereich Soziales, Bildung, Kultur und Sport
Leiter: Daniel Ernst, Tel. -2 41

Stadtwerke
Werkleiterin: Martina Wilk, Tel. 28 55-5 19

Gemeinde Ilvesheim
68549 Ilvesheim, Schlossstr. 9; Tel. (06 21) 4 96 60-0; Fax (06 21) 4 96 60-6 50; E-Mail: gemeinde@ilvesheim.de; http://www.ilvesheim.de

Einwohner: 9 277
Bürgermeister: Andreas Metz

Gemeinde Ketsch
68775 Ketsch, Hockenheimer Str. 5; Tel. (0 62 02) 6 06-0; Fax (0 62 02) 6 06-1 16; E-Mail: info-ketsch@ketsch.de; http://www.ketsch.de

Einwohner: 12 900
Bürgermeister: Jürgen Kappenstein

Haupt- und Ordnungsamt
Leiter: Ulrich Knörzer, Tel. -1 56

Rechnungsamt
Leiter: Gerd Pfister, Tel. -2 67

Bauamt
Leiter: Marc Schneider, Tel. -6 44

Stadt Ladenburg
68526 Ladenburg, Hauptstr. 7; Tel. (0 62 03) 70-0; Fax (0 62 03) 7 02 50; E-Mail: post@ladenburg.de; http://www.ladenburg.de

Einwohner: 11 880
Bürgermeister: Rainer Ziegler

Hauptverwaltung
Leiterin: Silvia Steffan, Tel. -1 02

Finanzverwaltung
Leiter: Claus Hessenthaler, Tel. -1 20

Technische Verwaltung
Leiter: André Rehmsmeier, Tel. -1 50

Gemeinde Laudenbach
69514 Laudenbach, Untere Str. 2; Tel. (0 62 01) 70 02-0; Fax (0 62 01) 70 02-21; E-Mail: rathaus@gemeinde-laudenbach.de; http://www.laudenbach-bergstraße.de

Einwohner: 6 300
Bürgermeister: Benjamin Köpfle

Hauptamt
Leiter: Jürgen Probst, GemOAR, Tel. -43

Kämmereiamt
Leiterin: Silvana Gramlich, GemOARätin, Tel. -55

Bauamt
Leiter: Martin Hörr, GemOAR, Tel. -46

Stadt Leimen (Große Kreisstadt)
69181 Leimen, Rathausstr. 1-3; Tel. (0 62 24) 7 04-0; Fax (0 62 24) 7 04-2 50; E-Mail: stadt@leimen.de; http://www.leimen.de und www.leimen.eu

Einwohner: 26 862
Oberbürgermeister: Hans D. Reinwald

Hauptamt
Leiter: Ralf Berggold, Tel. -2 22

Kämmerei
Leiter: Bernd Veith, Tel. -2 30

Ordnungsamt
Leiter: Frank Kucs, Tel. -3 00

Bauamt
Leiter: Holger Gora, Tel. -1 84

Gemeinde Lobbach
74931 Lobbach, Hauptstr. 52; Tel. (0 62 26) 9 27 91-0; Fax (0 62 26) 9 27 91-25; E-Mail: gemeinde@lobbach.de; http://www.lobbach.de

Einwohner: 2 350
Bürgermeister: Edgar Knecht

Hauptamt und Rechnungsamt
Leiter: Bernhard Münch, GemOAR, Tel. -20

Ordnungsamt
Leiter: Holger Braun, GemAmtm, Tel. -30

Bauamt
Leiter: Ralf Korn, GemAI, Tel. -90

Gemeinde Malsch
69254 Malsch, Kirchberg 10; Tel. (0 72 53) 92 52-0; Fax (0 72 53) 92 52-40;
E-Mail: rathaus@malsch-weinort.de;
http://www.malsch-weinort.de

Einwohner: 3 488
Bürgermeisterin: Sibylle Würfel

Hauptamt und Bauamt
Leiter: Frank Herrmann, GcmOAR, Tel. -17

Ordnungsamt
Leiterin: Ute Schwab, VwAngestellte, Tel. -18

Rechnungsamt
Leiterin: Petra Wacker, GemARätin, Tel. -26

Gemeinde Mauer
69256 Mauer, Heidelberger Str. 34; Tel. (0 62 26) 92 20-0; Fax (0 62 26) 92 20-99;
E-Mail: rathaus@gemeinde-mauer.de;
http://www.gemeinde-mauer.de

Einwohner: 3 950
Bürgermeister: John Ehret

Hauptverwaltung und Bauverwaltung
Leiter: Mathias Schmalzhaf, Tel. -20

Finanzverwaltung
Leiterin: Monika Eggensperger, Tel. -40

Gemeinde Meckesheim
74909 Meckesheim, Friedrichstr. 10; Tel. (0 62 26) 92 00-0; Fax (0 62 26) 92 00-15;
E-Mail: post@meckesheim.de;
http://www.meckesheim.de

Einwohner: 5 148
Bürgermeister: Maik Brandt

Haupt- und Ordnungsamt
Leiter: Uwe Schwarz, Tel. -21

Kämmerei
Leiter: Martin Stricker, Tel. -41

Bauamt
Leiter: Andreas Fritz, Tel. -31

Gemeinde Mühlhausen
69242 Mühlhausen, Schulstr. 6; Tel. (0 62 22) 61 58-0; Fax (0 62 22) 61 58-39;
E-Mail: gemeinde@muehlhausen-kraichgau.de;
http://www.muehlhausen-kraichgau.de

Einwohner: 8 752
Bürgermeister: Jens Spanberger

Hauptamt
Leiterin: Kirsten Höglinger, ARätin, Tel. -20

Rechnungsamt
Leiter: Sascha Lang, Tel. -30

Bauamt
Leiter: Uwe Schmitt, AR, Tel. -30

Stadt Neckarbischofsheim
74924 Neckarbischofsheim, Alexandergasse 2; Tel. (0 72 63) 6 07-0; Fax (0 72 63) 6 07-99;
E-Mail: info@neckarbischofsheim.de;
http://www.neckarbischofsheim.de

Einwohner: 4 100
Bürgermeister: Thomas Seidelmann

Kämmerei
Leiterin: Marion Adams, Tel. -30

Haupt- und Bauamt
Leiter: Jürgen Böhm, Tel. -40

Stadt Neckargemünd
69151 Neckargemünd, Bahnhofstr. 54; Tel. (0 62 23) 8 04-0; Fax (0 62 23) 8 04-92 99;
E-Mail: stadtverwaltung@neckargemuend.de;
http://www.neckargemuend.de

Einwohner: 13 349
Bürgermeister: Frank Volk

Fachbereich 1 Öffentlichkeitsarbeit, Gremien, Klimaschutz
Leiterin: Petra Polte, Tel. -1 01

Fachbereich 2 Bildung, Kultur, Personal
Leiterin: Kerstin Henkel, Tel. -2 01

Fachbereich 3 Finanzen
Leiter: Daniel Möhrle, Tel. -3 01

Fachbereich 4 Bürgerdienste, Ordnung und Sicherheit
Leiter: Mario Horvath, Tel. -4 01

Fachbereich 5 Immobilienmanagement
Leiter: Frank Georg Scheffczyk, Tel. -5 01

Fachbereich 6 Bauwesen, Tiefbau, Verkehr
Leiterin: Susanne Lutz, Tel. -6 01

Fachbereich 7 Projektmanager NHKR, Controlling
Leiter: Holger Arnold, Tel. -7 01

Gemeinde Neidenstein
74933 Neidenstein, Schlossstr. 9; Tel. (0 72 63) 9 13 50; Fax (0 72 63) 33 92;
E-Mail: post@neidenstein.de;
http://www.neidenstein.de

Einwohner: 1 846
Bürgermeister: Frank Gobernatz

Gemeinde Neulußheim
68809 Neulußheim, St. Leoner Str. 5; Tel. (0 62 05) 39 41-0; Fax (0 62 05) 39 41-35;
E-Mail: gemeinde@neulussheim.de;
http://www.neulussheim.de

Einwohner: 7 150
Bürgermeister: Gunther Hoffmann

Ordnungswesen und Organisation
Leiter: Kai Tobler, Tel. -22

Bauen und Finanzen
Leiter: Andreas Emmerich, Tel. -28

Gemeinde Nußloch
69226 **Nußloch**, Sinsheimer Str. 19; Tel. (0 62 24) 9 01-0; Fax (0 62 24) 9 01-1 19;
E-Mail: info@nussloch.de; http://www.nussloch.de

Einwohner: 11 244
Bürgermeister: Joachim Förster

Hauptamt
Leiter: Christian Laier, Tel. -1 01

Rechnungsamt
Leiterin: Susanne Einsele, Tel. -1 20

Bauamt
Leiter: Matthias Leyk, Tel. -1 30

Gemeinde Oftersheim
68723 **Oftersheim**, Mannheimer Str. 49; Tel. (0 62 02) 5 97-0; Fax (0 62 02) 5 50 51;
E-Mail: rathaus@oftersheim.de;
http://www.oftersheim.de

Einwohner: 12 257
Bürgermeister: Jens Geiß

Hauptamt, Ordnungsamt, Standesamt
Leiter: Jens Volpp, Tel. -1 23

Rechnungsamt
Leiterin: Sylvia Fassott-Schneider, Tel. -1 40

Bauamt
Leiter: Ernst Meißner, Tel. -2 05

Gemeinde Plankstadt
68723 **Plankstadt**, Schwetzinger Str. 28; Tel. (0 62 02) 2 00 60; Fax (0 62 02) 20 06 55;
E-Mail: info@plankstadt.de;
http://www.plankstadt.de

Einwohner: 10 320
Bürgermeister: Nils Drescher

Hauptamt und Ordnungsamt
Leiter: Stephan Frauenkron, Tel. -12

Rechnungsamt
Leiter: Hans-Peter Kroiher, Tel. -20

Bauamt
Leiter: Andreas Ernst, Tel. -60

Stadt Rauenberg
69231 **Rauenberg**, Wieslocher Str. 21; Tel. (0 62 22) 6 19-0; Fax (0 62 22) 6 19 24;
E-Mail: rathaus@rauenberg.de;
http://www.rauenberg.de

Einwohner: 8 496
Bürgermeister: Peter Seithel

Hauptverwaltung
Leiterin: Nina Gellert, Tel. -23

Finanzverwaltung
Leiter: Thomas Dewald, Tel. -44

Bauverwaltung
Leiter: Martin Hörner, Tel. -37

Gemeinde Reichartshausen
74934 **Reichartshausen**, Rathausstr. 3; Tel. (0 62 62) 92 40-0; Fax (0 62 62) 92 40 40;
E-Mail: info@reichartshausen.de;
http://www.reichartshausen.de

Einwohner: 2 095
Bürgermeister: Gunter Jungmann

Hauptamt, Rechnungsamt und Bauamt
Leiter: Ümit Kusanc, Tel. -33

Bürgerbüro
Leiterin: Carmen Sauter, Tel. -11

Gemeinde Reilingen
68799 **Reilingen**, Hockenheimer Str. 1-3; Tel. (0 62 05) 9 52-0; Fax (0 62 05) 9 52-2 10;
E-Mail: post@reilingen.de; http://www.reilingen.de

Einwohner: 7 824
Bürgermeister: Stefan Weisbrod

Hauptamt
Leiterin: Kerstin Tron, GemARätin, Tel. -2 06

Ordnungsamt
Leiter: Allen Baothavixay, GemOI, Tel. -2 07

Rechnungsamt
Leiter: Christian Bickle, OAR, Tel. -1 06

Bauamt
Leiterin: Ramona Drexler, GemARätin, Tel. -2 54

Gemeinde Sandhausen
69207 **Sandhausen**, Bahnhofstr. 10; Tel. (0 62 24) 5 92-0; Fax (0 62 24) 5 92-1 44;
http://www.sandhausen.de

Einwohner: 15 300
Bürgermeister: Herkan Günes

Hauptamt
Leiter: Günther Köhler, Tel. -1 03

Ordnungsamt
Leiter: Peter Schmitt, Tel. -1 25

Rechnungsamt
Leiter: Timo Wangler, Tel. -1 24

Bauamt
Leiter: Benjamin Wiegand, Tel. -1 10

Stadt Schönau
69250 **Schönau**, Rathausstr. 28; Tel. (0 62 28) 2 07-0; Fax (0 62 28) 85 05;
E-Mail: post@stadt-schoenau.de;
http://www.stadt-schoenau.de

Einwohner: 4 428
Bürgermeister: Matthias Frick

Hauptverwaltung
Leiter: Philipp Jakob, Tel. -14

Technisches Amt
Leiter: Markus Schaljo, StaAR, Tel. -25

Rechnungsamt
Leiter: Werner Fischer, OVwR, Tel. (0 62 28) 92 01-13

Gemeinde Schönbrunn
69436 Schönbrunn, Herdestr. 2; Tel. (0 62 72) 93 00-0; Fax (0 62 72) 93 00 70;
E-Mail: info@gemeinde-schoenbrunn.de;
http://www.gemeinde-schoenbrunn.de

Einwohner: 2 826
Bürgermeister: Jan Frey

Hauptverwaltung und Finanzverwaltung
Leiter: Benedikt Mönch, Tel. -40

Ordnungs- und Sozialverwaltung
Leiter: Roger Fink, Tel. -50

Bauverwaltung
Leiter: Karl Wilhelm, Tel. -21

Stadt Schriesheim
69198 Schriesheim, Friedrichstr. 28-30; Tel. (0 62 03) 6 02-0; Fax (0 62 03) 6 02-1 91;
E-Mail: zentrale@schriesheim.de;
http://www.schriesheim.de

Einwohner: 15 003
Bürgermeister: Hansjörg Höfer

Hauptamt
Leiter: Dominik Morast, Tel. -1 10

Ordnungsamt
Leiter: Achim Weitz, Tel. -1 33

Kämmerei
Leiter: Volker Arras, Tel. -1 50

Bauamt
Leiter: Markus Dorn, Tel. -2 00

Stadt Schwetzingen
(Große Kreisstadt)
68723 Schwetzingen, Hebelstr. 1; Tel. (0 62 02) 87-0; Fax (0 62 02) 87-1 11;
E-Mail: info@schwetzingen.de;
http://www.schwetzingen.de

Einwohner: 21 644
Oberbürgermeister: Dr. René Pöltl
1. Bürgermeister: Matthias Steffan

Hauptamt
Leiterin: Simone Kirchner, Tel. -1 00

Kämmereiamt
Leiterin: Susanne Nagel, Tel. -1 40

Ordnungsamt
Leiter: Pascal Seidel, StaOVwR, Tel. -2 34

Grundbucheinsichtstelle
Sabrina Kammradt, Tel. -2 80

Kultur- und Sportamt
Leiter: Roland Strieker, StaOVwR, Tel. -1 32

Stadtbauamt
Leiter: Joachim Aurisch, Tel. -2 86

Stadtwerke GmbH & Co. KG
68723 Schwetzingen, Scheffelstr. 16; Tel. (0 62 02) 60 50 70; Fax (0 62 02) 6 05 07 50;
E-Mail: info@sw-schwetzingen.de;
http://www.sw-schwetzingen.de
Technischer Geschäftsführer: Patrick Körner
Kaufmännische Geschäftsführerin: Martina Braun

Stadt Sinsheim
(Große Kreisstadt)
74889 Sinsheim, Wilhelmstr. 14-18; Tel. (0 72 61) 4 04-0; Fax (0 72 61) 4 04-1 65;
E-Mail: rathaus@sinsheim.de;
http://www.sinsheim.de

Einwohner: 35 392
Oberbürgermeister: Jörg Albrecht

Gemeinde Spechbach
74937 Spechbach, Hauptstr. 35; Tel. (0 62 26) 95 00-0; Fax (0 62 26) 95 00-60;
E-Mail: info@gemeinde.spechbach.de;
http://www.spechbach.de

Einwohner: 1 750
Bürgermeister: Werner Braun

Finanzwesen
Leiterin: Lisa-Jasmin Roller, Tel. -20

Haupt- und Bauamt
Leiter: Marc-André Waxmann, Tel. -30

Gemeinde St. Leon-Rot
68789 St. Leon-Rot, Rathausstr. 2; Tel. (0 62 27) 5 38-0; Fax (0 62 27) 53 82 68;
E-Mail: gemeinde@st-leon-rot.de;
http://www.st-leon-rot.de

Einwohner: 13 984
Bürgermeister: Dr. Alexander Eger

Haupt- und Ordnungsamt
Leiterin: Anette Reich, Tel. -1 18

Personalamt
Leiterin: Angelika Laux, Tel. -2 12

Rechnungsamt
Leiter: Ludwig Kudis, Tel. -2 24

Bauamt
Leiter: Werner Kleiber, Tel. -3 17

Stadt Waibstadt
74915 Waibstadt, Hauptstr. 31; Tel. (0 72 63) 91 47-0; Fax (0 72 63) 91 47-11;
E-Mail: info@waibstadt.de;
http://www.waibstadt.de

Einwohner: 5 752
Bürgermeister: Joachim Locher

Kämmerei
Leiter: Jürgen Buchner, Tel. -55

Haupt-und Ordnungsamt
Leiter: Klaus Neukamm, Tel. -29

Bauamt
Leiter: Adam Jäger, Tel. -43

Stadt Walldorf
69190 Walldorf, Nußlocher Str. 45; Tel. (0 62 27) 35-0; Fax (0 62 27) 35-10 09; E-Mail: stadt@walldorf.de; https://www.walldorf.de

Einwohner: 15 800
Bürgermeister: Matthias Renschler

Fachbereich Zentrale Verwaltung
Leiter: Otto Steinmann, 1. Beig, Tel. -11 00

Fachbereich Finanzen
Leiter: Boris Maier, Tel. -13 00

Fachbereich Ordnung und Umwelt
Leiter: Klaus Brecht, Tel. -12 00

Fachbereich Planen, Bauen, Immobilien
Leiter: Andreas Tisch, Tel. -14 00

Stadt Weinheim
(Große Kreisstadt)
69469 Weinheim, Obertorstr. 9; Tel. 1 15; Fax (0 62 01) 82-2 68; E-Mail: rathaus@weinheim.de; http://www.weinheim.de

Einwohner: 45 500
Oberbürgermeister: Manuel Just
1. Bürgermeister: Dr. Torsten Fetzner

Dezernat I
Referat des Oberbürgermeisters; Stabsstelle Recht, Wirtschaftsförderung; Personal- und Organisationsamt; Rechnungsprüfungsamt; Stadtkämmerei; Bürger- und Ordnungsamt; Standesamt; Amt für Bildung und Sport; Kulturamt; Amt für Soziales, Jugend, Familie und Senioren, Amt für Touristik, Kultur und Öffentlichkeitsarbeit
Leiter: Manuel Just, OBgm, Tel. -2 06

Dezernat II
Referat des Ersten Bürgermeisters; Bauverwaltungsamt; Amt für Stadtentwicklung; Amt für Vermessung, Bodenordnung und Geoinformation; Amt für Baurecht und Denkmalschutz; Amt für Immobilienwirtschaft; Tiefbauamt; Amt für Klimaschutz, Grünflächen und technische Verwaltung; Feuerwehr; Friedhof
Leiter: Dr. Torsten Fetzner, 1.Beig., Tel. -3 69

Stadt Wiesloch
(Große Kreisstadt)
69168 Wiesloch, Marktstr. 13; Tel. (0 62 22) 84-1; Fax (0 62 22) 84-3 07; E-Mail: info@wiesloch.de; http://www.wiesloch.de

Einwohner: 26 966
Oberbürgermeister: Dirk Elkemann
Bürgermeister: Ludwig Sauer

Fachbereich 1 – Zentraler Service
Leiterin: Andrea Gärtner, Tel. -3 27

Fachbereich 2 – Finanzen
Leiterin: Petra Hoss, Tel. -2 46

Fachbereich 3 – Bürgerdienste, öffentliche Ordnung
Leiterin: Diana Fessler, Tel. -3 62

Fachbereich 4 – Bildung, Gesellschaft, Kultur
Leiter: Andreas Hoffner, Tel. -2 14

Fachbereich 5 – Bauen, Technik, Umwelt
Leiter: Harald Schneider, Tel. -2 83

Gemeinde Wiesenbach
69257 Wiesenbach, Hauptstr. 26; Tel. (0 62 23) 95 02-0; Fax (0 62 23) 95 02-18; E-Mail: gemeinde@wiesenbach-online.de; http://www.wiesenbach.eu

Einwohner: 3 115
Bürgermeister: Eric Grabenbauer

Haupt- und Bauamt
Leiter: Markus Kustocz, Tel. -15

Rechnungsamt
Leiterin: Sabine Layer, Tel. -42

Ordnungsamt
Leiterin: Katja Hemberger, Tel. -19

Gemeinde Wilhelmsfeld
69259 Wilhelmsfeld, Johann-Wilhelm-Str. 61; Tel. (0 62 20) 5 09-0; Fax (0 62 20) 5 09-35; E-Mail: post@wilhelmsfeld.de; http://www.wilhelmsfeld.de

Einwohner: 3 200
Bürgermeister: Christoph Oeldorf

Hauptverwaltung
Leiterin: Annegret Fiedler, Tel. -24

Ordnungsamt
Leiterin: Irina König, Tel. -32

Sozialamt
Leiterin: Lea Hildenbeutel, Tel. -21

Bauamt
Leiterin: Annegret Fiedler, Tel. -24

Gemeinde Zuzenhausen
74939 Zuzenhausen, Hauptstr. 25; Tel. (0 62 26) 92 25-0; Fax (0 62 26) 92 25-25; E-Mail: gemeinde@zuzenhausen.de; http://www.zuzenhausen.de

Einwohner: 2 200
Bürgermeister: Hagen Zuber

Hauptamt und Bauamt
Leiterin: Carmen Seel, Tel. -16

Ordnungsamt
Leiter: Rainer Ohlheiser, Tel. -15

Rechnungsamt
Leiter: Dieter Neuberger, Tel. -14

Städte und Gemeinden im Rhein-Neckar-Kreis, die einer Verwaltungsgemeinschaft angehören:

Gemeindeverwaltungsverband Elsenztal
74909 Meckesheim
74927 Eschelbronn
74931 Lobbach
69256 Mauer
74937 Spechbach

Gemeindeverwaltungsverband Neckargemünd
69151 Neckargemünd, Stadt (Sitzgemeinde)
69245 Bammental
69251 Gaiberg
69257 Wiesenbach

Gemeindeverwaltungsverband Rauenberg
69231 Rauenberg, Stadt (Sitzgemeinde)
69254 Malsch
69242 Mühlhausen

Gemeindeverwaltungsverband Schönau
69250 Schönau, Stadt (Sitzgemeinde)
69424 Heddesbach
69253 Heiligkreuzsteinach
69259 Wilhelmsfeld

Gemeindeverwaltungsverband Waibstadt
74915 Waibstadt, Stadt (Sitzgemeinde)
74925 Epfenbach
74921 Helmstadt-Bargen
74924 Neckarbischofsheim, Stadt
74933 Neidenstein
74934 Reichartshausen

Verwaltungsgemeinschaft Eberbach/Schönbrunn
69412 Eberbach, Stadt (Sitzgemeinde)
69436 Schönbrunn

Verwaltungsgemeinschaft Hemsbach
69502 Hemsbach, Stadt (Sitzgemeinde)
69514 Laudenbach

Verwaltungsgemeinschaft Hockenheim
68766 Hockenheim, Stadt (Sitzgemeinde)
68804 Altlußheim
68809 Neulußheim
68799 Reilingen

Verwaltungsgemeinschaft Sinsheim
74889 Sinsheim, Stadt (Sitzgemeinde)
74918 Angelbachtal
74939 Zuzenhausen

Verwaltungsgemeinschaft Wiesloch
69168 Wiesloch, Stadt (Sitzgemeinde)
69234 Dielheim

Region Nordschwarzwald

2.5 Landkreis Calw

75365 Calw, Vogteistr. 42-46; Tel. (0 70 51) 1 60-0; Fax (0 70 51) 7 95-3 88;
E-Mail: lra.info@kreis-calw.de;
http://www.kreis-calw.de

Einwohner: 152 766
Fläche: 79 753 ha
Kreistag: 47 Mitglieder (16 CDU, 15 FWV, 8 SPD, 5 GRÜNE, 3 FDP)
Landrat: Helmut Riegger

Stabsstellen
Kommunalaufsicht und Revision; Zentrale Steuerung

Dezernat 1 Innere Organisation, Schule, Ordnung und Gesundheit
Projekt Kreisentwicklung und Medizinische Versorgung, Personal und Organisation, Schulen und Kultur, Gesundheit und Versorgung, Ordnung und Verkehr, LEADER
Leiter: Dr. Frank Wiehe, Tel. -3 24

Dezernat 2 Umwelt, Bauen, Naturschutz, Land- und Forstwirtschaft
Leiter: Dr. Peter Schäfer, Tel. -3 48

Dezernat 3 Infrastruktur
Eigenbetrieb Breitband, S-Bahn und ÖPNV, Vermessung, Straßenbau und -verkehr, Gebäudemanagement und Liegenschaften, Eigenbetrieb Immobilien und Kreiskrankenhäuser Calw/Nagold, Brand- und Katastrophenschutz, Flurneuordnung
Leiter: Andreas Knörle, Tel. -3 01

Dezernat 4 Jugend, Soziales und Integration
Jugendhilfe; Jobcenter; Gesundheit und Versorgung; Integration und Flüchtlinge; Soziale Hilfen
Leiter: Norbert Weiser, Tel. -2 21

Kreisklinikum Calw-Nagold (Klinikverbund Südwest)
Kaufmännischer Geschäftsführer: Martin Loydl, Tel. (0 70 31) 98-1 10 20

Eigenbetrieb Abfallwirtschaft
Geschäftsführer: Christian Gmeiner, Tel. (08 00) 3 03 08 39

Städte und Gemeinden im Landkreis Calw:

Stadt Altensteig
72213 Altensteig, Rathausplatz 1; Tel. (0 74 53) 94 61-0; Fax (0 74 53) 94 61-1 50;
E-Mail: info@altensteig.de;
http://www.altensteig.de

Einwohner: 10 569
Bürgermeister: Gerhard Feeß

Haupt- und Ordnungsamt
Leiter: Thomas Bräuning, Tel. -1 20

Stadtkämmerei
Leiter: Udo Hirrle, Tel. -1 21

Bauamt
Leiterin: Nadine Hentschel, Tel. -1 33

Gemeinde Althengstett
75382 Althengstett, Simmozheimer Str. 16; Tel. (0 70 51) 16 84-0; Fax (0 70 51) 16 84-49;
E-Mail: gemeinde@althengstett.de;
http://www.althengstett.de

Einwohner: 7 900
Bürgermeister: Dr. Clemens Götz

Hauptamt und Ordnungsamt
Leiterin: Gudrun Stahlhut, Tel. -22

Kämmerei
Leiterin: Ingrid Schmidt, Tel. -30

Bauamt
Leiter: Hans Wurster, Tel. -33

Stadt Bad Herrenalb
76332 Bad Herrenalb, Rathausplatz 11; Tel. (0 70 83) 50 05-0; Fax (0 70 83) 50 05-11;
E-Mail: stadt@badherrenalb.de;
http://www.badherrenalb.de

Einwohner: 8 000
Bürgermeister: Norbert Mai

Haupt- und Bürgeramt
Leiter: Tobias Kull, Tel. -35

Finanzverwaltung
Leiter: Albert Wilhelm, Tel. -16

Bauamt
Leiter: Reimund Schwarz, Tel. -61

Stadt Bad Liebenzell
75378 Bad Liebenzell, Kurhausdamm 2-4; Tel. (0 70 52) 4 08-0; Fax (0 70 52) 4 08-2 03;
E-Mail: stadt@bad-liebenzell.de;
http://www.bad-liebenzell.de

Einwohner: 9 667
Bürgermeister: Dietmar Fischer

Hauptamt
Leiter: Werner Komenda, Tel. -2 04

Kämmerei
Leiter: René Kaufmann, Tel. -3 20

Bauamt
Leiter (Baurecht): Rainer Becht, Tel. -3 15
Leiter (Technik): Lothar Windbiel, Tel. -3 03

Stadt Bad Teinach-Zavelstein
75385 Bad Teinach-Zavelstein, Rathausstr. 9; Tel. (0 70 53) 92 92-0; Fax (0 70 53) 92 92 40;
E-Mail: stadtverwaltung@bad-teinach-zavelstein.de;
http://www.bad-teinach-zavelstein.de

Einwohner: 3 170
Bürgermeister: Markus Wendel

Hauptamt
Leiter: Markus Wendel, Bgm

Rechnungsamt
Leiter: Volker Mönch, StaOAR, Tel. -24

Bauamt
Leiter: Frank Padubrin, Tel. -25

Stadt Bad Wildbad
75323 Bad Wildbad, Kernerstr. 11; Tel. (0 70 81) 9 30-0; Fax (0 70 81) 9 30-1 14;
E-Mail: mail@bad-wildbad.de;
http://www.bad-wildbad.de

Einwohner: 10 814
Bürgermeister: NN

Hauptamt
Leiter: Alexander Rabsteyn, Tel. -1 10

Bauamt
Leiter: Volkhard Leetz, Tel. -2 00

Finanzverwaltung
Leiter: Tido Lüdtke, Tel. -1 20

Stadt Calw
(Große Kreisstadt)
75365 Calw, Marktplatz 9; Tel. (0 70 51) 1 67-0;
E-Mail: info@calw.de; http://www.rathaus-calw.de

Einwohner: 24 400
Oberbürgermeister: Florian Kling

Fachbereich I Steuerung und Service
Leiterin: Marion Buck, Tel. -2 00

Fachbereich II Bildung, Kultur, Tourismus
Leiterin: Isabel Götz, Tel. -3 60

Fachbereich III Finanzen
Leiter: Klaus Reichert, Tel. -3 00

Fachbereich IV Planen und Bauen
Leiter: Andreas Quentin, Tel. -4 00

Baubetriebshof
Leiter: Reinhard Gunzenhäuser, Tel. (0 70 51) 1 29 17

Stadtentwässerung Calw
Leiter: Jürgen Greule, Tel. (0 70 51) 1 67-4 50

ENCW (Energie Calw)
Geschäftsführer: Horst Graef, Tel. (0 70 51) 13 00-60

Stadtwerke Calw GmbH
Geschäftsführer: Horst Graef, Tel. (0 70 51) 13 00-60

Gemeinde Dobel
75335 Dobel, Neusatzer Str. 2; Tel. (0 70 83) 7 45-0; Fax (0 70 83) 42 04; E-Mail: rathaus@dobel.de;
http://www.dobel.de

Einwohner: 2 400
Bürgermeister: Christoph Schaack

Hauptamt und Ordnungsamt
Leiterin: Katrin Strauch, Tel. -18

Rechnungsamt und Bauamt
Leiter: Jürgen Gall, Tel. -20

Gemeinde Ebhausen
72224 Ebhausen, Marktplatz 1; Tel. (0 74 58) 99 81-0; Fax (0 74 58) 99 81-70;
E-Mail: info@ebhausen.de;
http://www.ebhausen.de

Einwohner: 4 750
Bürgermeister: Volker Schuler

Hauptamt
Leiterin: Kathrin Holder, Tel. -15

Kämmerei
Leiter: Johannes Seedorf, Tel. -24

Bauamt
Leiter: Thomas Zimmermann, Tel. -61

Ortsbauamt
Leiter: Martin Lutz, Tel. -60

Gemeinde Egenhausen
72227 Egenhausen, Hauptstr. 19; Tel. (0 74 53) 95 70-0; Fax (0 74 53) 71 17;
E-Mail: info@egenhausen.de;
http://www.egenhausen.de

Einwohner: 2 059
Bürgermeister: Sven Holder

Gemeinde Enzklösterle
75337 Enzklösterle, Rathausweg 5; Tel. (0 70 85) 9 23 30; Fax (0 70 85) 92 33 99;
E-Mail: rathaus@enzkloesterle.de;
http://www.enzkloesterle.de

Einwohner: 1 314
Bürgermeister: Sascha Dengler

Ordnungsamt
Sandra Schmid, Tel. -21

Kämmerei/Hauptamt, Baurechtsamt/Liegenschaften
Leiterin: Sabine Zenker, Tel. -30

Gemeinde Gechingen
75391 Gechingen, Calwer Str. 14; Tel. (0 70 56) 2 01-0; Fax (0 70 56) 2 01-44;
E-Mail: info@gechingen.de;
http://www.gechingen.de

Einwohner: 3 732
Bürgermeister: Jens Häußler

Finanzen
Leiter: Andreas Bastl, Tel. -24

Ortsbauamt
Leiter: Heinz Braun, Tel. -26

Ordnungsamt
Leiter: NN, Tel. -43

Stadt Haiterbach
72221 Haiterbach, Marktplatz 1; Tel. (0 74 56) 93 88-0; Fax (0 74 56) 93 88-39;
E-Mail: info@haiterbach.de;
http://www.haiterbach.de

Einwohner: 5 991
Bürgermeister: Andreas Hölzlberger

Finanzverwaltung
Leiterin: Kerstin Brenner, Tel. -12

Bauverwaltung
Leiter: Werner Braun, Tel. -13

Gemeinde Höfen an der Enz
75339 Höfen an der Enz, Wildbader Str. 1; Tel. (0 70 81) 7 84-0; Fax (0 70 81) 7 84-50;
E-Mail: buergermeister@hoefen-enz.de;
http://www.hoefen-enz.de

Einwohner: 1 790
Bürgermeister: Heiko Stieringer

Stadt Nagold
(Große Kreisstadt)
72202 Nagold, Marktstr. 27; Tel. (0 74 52) 6 81-0; Fax (0 74 52) 6 81-2 30; E-Mail: info@nagold.de;
http://www.nagold.de

Einwohner: 23 200
Oberbürgermeister: Jürgen Großmann
Bürgermeister: Hagen Breitling

Dezernat 1
Haupt- und Personalamt, Rechnungsprüfungsamt, Amt für Bildung und Betreuung, Amt für Kultur, Sport und Tourismus
Leiter: Jürgen Großmann, OBgm, Tel. -2 22

Dezernat 2
Bauverwaltungsamt, Stadtplanungsamt, Hoch- und Tiefbauamt
Leiter: Jürgen Großmann, OBgm, Tel. -2 22

Dezernat 3
Stadtkämmerei, Ordnungsamt, Stadtwerke, Stadtentwässerung, Wohnen in Nagold
Leiter: Hagen Breitling, Bgm, Tel. -2 45

Stadt Neubulach
75387 Neubulach, Marktplatz 3; Tel. (0 70 53) 96 95-0; Fax (0 70 53) 64 16;
E-Mail: Info@Neubulach.de;
http://www.neubulach.de

Einwohner: 5 779
Bürgermeisterin: Petra Schupp

Amt für Bau und Technik
Leiter: Gerhard Schlecht, Tel. -30

Hauptamt
Leiterin: Susan Mäder, Tel. -50

Kämmerei
Leiter: Manfred Maurer, Tel. -60

Gemeinde Neuweiler
75389 Neuweiler, Marktstr. 7; Tel. (0 70 55) 92 98-0; Fax (0 70 55) 17 99;
E-Mail: gemeinde@neuweiler.de;
http://www.neuweiler.de

Einwohner: 3 211
Bürgermeister: Martin Buchwald

Finanz- und Personalverwaltung
Leiterin: Carola Reichert, Tel. -16

Hauptamt
Leiter: NN, Tel. -13

Gemeinde Oberreichenbach
75394 Oberreichenbach, Schulstr. 3; Tel. (0 70 51) 96 99-0; Fax (0 70 51) 96 99-49; E-Mail: info@oberreichenbach.de; http://www.oberreichenbach.de

Einwohner: 2 926
Bürgermeister: Karlheinz Kistner

Bau- und Ordnungsamt
Leiterin: Alexandra Zillinger, Tel. -20

Finanzwesen
Leiter: Benjamin Wick, Tel. -30

Gemeinde Ostelsheim
75395 Ostelsheim, Hauptstr. 8; Tel. (0 70 33) 4 00 80; Fax (0 70 33) 40 08 20; E-Mail: gemeinde@ostelsheim.de; http:www://ostelsheim.de

Einwohner: 2 450
Bürgermeister: Jürgen Fuchs

Gemeinde Rohrdorf
72229 Rohrdorf, Komtureihof 4; Tel. (0 74 52) 50 08; Fax (0 74 52) 22 14; http://www.rohrdorf.de

Einwohner: 1 958
Bürgermeister: Joachim Flik

Gemeinde Schömberg
75328 Schömberg, Lindenstr. 7; Tel. (0 70 84) 14-0; Fax (0 70 84) 14-1 00; E-Mail: gemeinde@schoemberg.de; http://www.schoemberg.de

Einwohner: 8 005
Bürgermeister: Matthias Leyn

Haupt- und Personalamt
Leiterin: Lea Miene, Tel. -1 20

Finanzverwaltung
Leiter: Ralf Busse, Tel. -1 54

Bauamt
Leiter: Martin Dittler, Tel. -1 60

Gemeinde Simmersfeld
72226 Simmersfeld, Gartenstr. 14; Tel. (0 74 84) 93 20-0; Fax (0 74 84) 93 20-30; E-Mail: info@simmersfeld.de; http://www.simmersfeld.de

Einwohner: 2 184
Bürgermeister: Jochen Stoll

Rechnungsamt
Leiterin: Regina Schwarz, Tel. -16

Gemeinde Simmozheim
75397 Simmozheim, Hauptstr. 8; Tel. (0 70 33) 5 28 50; Fax (0 70 33) 52 85-30; E-Mail: gemeinde@simmozheim.de; http://www.simmozheim.de

Einwohner: 2 873
Bürgermeister: Stefan Feigl

Gemeinde Unterreichenbach
75399 Unterreichenbach, Im Oberdorf 15; Tel. (0 72 35) 93 33-0; Fax (0 72 35) 93 33 33; E-Mail: info@unterreichenbach.de; http://www.unterreichenbach.de

Einwohner: 2 400
Bürgermeister: Carsten Lachenauer

Hauptamt, Bauamt und Ordnungsamt
Leiter: Ralph Sluka, Tel. -20

Kämmerei
Leiterin: Petra Faulhaber, Käm, Tel. -35

Stadt Wildberg
72218 Wildberg, Marktstr. 2; Tel. (0 70 54) 2 01-0; Fax (0 70 54) 2 01-1 15; E-Mail: info@wildberg.de; http://www.wildberg.de

Einwohner: 10 100
Bürgermeister: Ulrich Bünger

Fachbereich I Innere Dienste
Leiter: Andreas Bauer, StaOAR, Tel. -2 10

Fachbereich II Bürgerdienste
Leiterin: Christina Baumert, StaOARätin, Tel. -1 10

Fachbereich III Bauen und Planen
Leiter: Arthur Sadlers, Tel. -3 10

Städte und Gemeinden im Landkreis Calw, die einer Verwaltungsgemeinschaft angehören:

Gemeindeverwaltungsverband Althengstett
75382 Althengstett (Sitzgemeinde)
75391 Gechingen
75395 Ostelsheim
75397 Simmozheim

Gemeindeverwaltungsverband Teinachtal
75385 Bad Teinach-Zavelstein, Stadt (Sitzgemeinde)
75387 Neubulach, Stadt
75389 Neuweiler

Verwaltungsgemeinschaft Altensteig
72213 Altensteig, Stadt (Sitzgemeinde)
72227 Egenhausen
72226 Simmersfeld

Verwaltungsgemeinschaft Bad Herrenalb
76332 Bad Herrenalb, Stadt (Sitzgemeinde)
75335 Dobel

Verwaltungsgemeinschaft Bad Liebenzell
75378 Bad Liebenzell, Stadt (Sitzgemeinde)
75399 Unterreichenbach

Verwaltungsgemeinschaft Calw
75365 Calw, Große Kreisstadt (Sitzgemeinde)
75394 Oberreichenbach

Verwaltungsgemeinschaft Nagold
72202 Nagold, Große Kreisstadt (Sitzgemeinde)
72221 Haiterbach, Stadt
72224 Ebhausen
72229 Rohrdorf

Verwaltungsgemeinschaft Bad Wildbad
75323 Bad Wildbad, Stadt (Sitzgemeinde)
75337 Enzklösterle
75339 Höfen an der Enz

2.6 Landkreis Enzkreis

75177 Pforzheim, Zähringerallee 3; Tel. (0 72 31) 3 08-0; Fax (0 72 31) 3 08-94 17;
E-Mail: landratsamt@enzkreis.de;
http://www.enzkreis.de

75175 Pforzheim, Östliche 58

Landratsamt II (Forstamt, Amt für Baurecht und Naturschutz, Vermessungs- und Flurneuordnungsamt, Umweltamt)

Einwohner: 198 905
Fläche: 57 391 ha
Kreistag: 58 Mitglieder (16 FWV, 12 CDU, 10 GRÜNE, 9 SPD, 5 FDP, 5 AfD, 1 BfB)
Landrat: Bastian Rosenau

Dezernat 1 Finanzen und Service
Personal- und Organisationsamt, Kämmerei, Amt für technische Dienste, Abfallwirtschaftsamt, Schulamt
Leiter: Frank Stephan, Tel. -20 08

Dezernat 2 Infrastruktur, Umwelt und Gesundheit
Amt für Baurecht und Naturschutz, Umweltamt, Amt für nachhaltige Mobilität, Gesundheitsamt
Leiterin: Dr. Hilde Deidhardt, 1. Landesbeamtin, Tel. -20 02

Dezernat 3 Landwirtschaft, Forsten und öffentliche Ordnung
Landwirtschaftsamt, Verbraucherschutz- und Veterinäramt, Forstamt, Vermessungs- und Flurneuordnungsamt, Straßenverkehrs- und Ordnungsamt
Leiter: Dr. Daniel Sailer, Tel. -20 07

Dezernat 4 Soziales, Familie und Integration
Sozial- und Versorgungsamt, Jugendamt, Jobcenter, Amt für Migration und Flüchtlinge
Leiterin: Katja Kreeb, Tel. -20 04

Außenstellen des Landkreises Enzkreis:

Gesundheitsamt
75172 Pforzheim, Bahnhofstr. 28

KFZ-Zulassungsstellen
75177 Pforzheim, Güterstr. 30
75417 Mühlacker, Vetterstr. 21

Straßenmeisterei
75179 Pforzheim, Karlsruher Str. 52

Städte und Gemeinden im Landkreis Enzkreis:

Gemeinde Birkenfeld
75217 Birkenfeld, Marktplatz 6; Tel. (0 72 31) 48 86-0; Fax (0 72 31) 48 86 40;
E-Mail: gemeinde@birkenfeld-enzkreis.de;
http://www.birkenfeld-enzkreis.de

Einwohner: 10 436
Bürgermeister: Martin Steiner

Hauptamt
Leiter: Tobias Haß, Tel. -34

Rechnungsamt (Kämmerei)
Leiter: Andreas Seufer, Tel. -55

Bauamt
Leiter: Rüdiger Weinbrecht, Tel. -48

Gemeinde Eisingen
75239 Eisingen, Talstr. 1; Tel. (0 72 32) 38 11-0; Fax (0 72 32) 38 11-20;
E-Mail: gemeinde@eisingen-enzkreis.de;
http://www.eisingen-enzkreis.de

Einwohner: 4 685
Bürgermeister: Thomas Karst

Hauptamt
Leiterin: Sabine Gewiß, Tel. -23

Ordnungsamt und Bauamt
Leiterin: Sabine Halfen, Tel. -18

Grundbuchamt
Leiter: Christian Hannemann, Tel. -13

Rechnungsamt
Leiter: Manfred Schleicher, Tel. -30 09-53

Gemeinde Engelsbrand
75331 Engelsbrand, Eichbergstr. 1; Tel. (0 72 35) 93 24-0; Fax (0 72 35) 93 24-19;
E-Mail: gemeinde@engelsbrand.de;
http://www.engelsbrand.de

Einwohner: 4 455
Bürgermeister: Thomas Keller

Hauptamt und Bauamt
Leiter: Andreas Herb, GemOI, Tel. -10

Ordnungsamt
Leiter: Uwe Adler, GemI, Tel. -16

Rechnungsamt
Leiterin: Jessica Bertsch, GemOInspektorin, Tel. (0 70 82) 79 25-20

Gemeinde Friolzheim
71292 Friolzheim, Rathausstr. 7; Tel. (0 70 44) 90 36-0; Fax (0 70 44) 90 36-30;
E-Mail: info@friolzheim.de;
http://www.friolzheim.de

Einwohner: 4 185
Bürgermeister: Michael Seiß

Hauptamt, Ordnungsamt und Bauamt
Leiter: Eberhard Enz, GemOAR, Tel. -14

Rechnungsamt
Leiterin: Pia Hasenmaier, GemARätin, Tel. -13

Stadt Heimsheim
71296 Heimsheim, Schloßhof 5; Tel. (0 70 33) 53 57-0; Fax (0 70 33) 53 57-19;
E-Mail: stadt@heimsheim.de;
http://www.heimsheim.de

Einwohner: 5 037
Bürgermeister: Jürgen Troll

Bauamt
Leiter: Andor Varszegi, Tel. -50

Kämmerei
Leiterin: Nina Ruppender, Tel. -30

Amt für Bildung und Soziales
Leiter: Thomas Schilling, Tel. -40

Gemeinde Illingen
75428 Illingen, Ortszentrum 8; Tel. (0 70 42) 82 42-0; Fax (0 70 42) 82 42-1 15;
E-Mail: gemeinde@illingen-online.de;
http://www.illingen-online.de

Einwohner: 7 812
Bürgermeister: Armin Pioch

Hauptamt
Leiter: Sven Holz, Tel. -1 00

Kämmerei
Leiterin: Tanja Wenzdorfer, Tel. -2 00

Bauamt
Leiter: Thomas Mörmann, Tel. -3 00

Gemeinde Ispringen
75228 Ispringen, Gartenstr. 12; Tel. (0 72 31) 98 12-0; Fax (0 72 31) 98 12-30;
E-Mail: gemeinde@ispringen.de;
http://www.ispringen.de

Einwohner: 6 026
Bürgermeister: Thomas Zeilmeier

Hauptverwaltung
Leiter: Thomas Ruppender, Tel. -12

Finanzverwaltung
Leiterin: Michaela Sieber, Tel. -20

Bauverwaltung
Leiterin: Sandra Koller, Tel. -18

Gemeinde Kämpfelbach
75236 Kämpfelbach, Kelterstr. 1; Tel. (0 72 31) 88 66-0; Fax (0 72 31) 8 10 88;
E-Mail: gemeinde@kaempfelbach.de

Einwohner: 6 300
Bürgermeister: Udo Kleiner

Haupt- und Ordnungsamt
Leiter: Alexander Giek, Tel. -11

Bauamt
Leiterin: Michaela Österle, Tel. -19

Gemeinde Keltern
75210 Keltern, Weinbergstr. 9; Tel. (0 72 36) 7 03-0; Fax (0 72 36) 7 03-35; E-Mail: gemeinde@keltern.de; http://www.keltern.de

Einwohner: 9 170
Bürgermeister: Steffen Bochinger

Hauptamt
Leiter: Steffen Riegsinger, Tel. -27

Rechnungsamt
Leiter: Frank Kern, Tel. -30

Gemeinde Kieselbronn
75249 Kieselbronn, Hauptstr. 20; Tel. (0 72 31) 95 34-0; Fax (0 72 31) 95 34-25;
E-Mail: info@kieselbronn.de;
http://www.kieselbronn.de

Einwohner: 2 990
Bürgermeister: Heiko Faber

Hauptamt, Ordnungsamt, Bauamt
Leiter: Philipp Kreutel, GemAmtm , Tel. -14

Rechnungsamt
Leiter: Wolfgang Grun, GemOAR, Tel. -17

Stadt Knittlingen
75438 Knittlingen, Marktstr. 19; Tel. (0 70 43) 3 73-0; Fax (0 70 43) 3 73 90;
E-Mail: stadt.knittlingen@knittlingen.de;
http://www.knittlingen.de

Einwohner: 8 000
Bürgermeister: Heinz-Peter Hopp

Hauptamt
Leiter: Stephan Hirth, OAR, Tel. -17

Stadtkämmerei
Leiterin: Kristina Nolde, OARätin, Tel. -21

Bauamt
Leiter: Kai Uwe Lang, AR, Tel. -30

Gemeinde Königsbach-Stein
75203 Königsbach-Stein, Marktstr. 15; Tel. (0 72 32) 30 08-0; Fax (0 72 32) 30 08-1 99;
E-Mail: info@koenigsbach-stein.de;
http://www.koenigsbach-stein.de

Einwohner: 10 018
Bürgermeister: Heiko Genthner

Hauptamt
Leiterin: Cordula Allgaier-Burghardt, Tel. -1 20

Bürgerservice und Ordnung
Leiter: Dominik Laudamus, Tel. -1 50

Bauamt
Leiter: Thomas Brandl, Tel. -1 30

Rechnungsamt (Gemeindeverwaltungsverband)
Leiter: Kevin Jost, Tel. 30 09-61

Stadt Maulbronn
75433 Maulbronn, Klosterhof 31; Tel. (0 70 43) 1 03-0; Fax (0 70 43) 1 03-45;
E-Mail: info@maulbronn.de;
http://www.maulbronn.de

Einwohner: 6 600
Bürgermeister: Andreas Felchle

Hauptamt
Leiter: Alexander Meixner, StaOAR, Tel. -10

Ordnungs- und Sozialwesen
Leiter: Martin Gerst, Tel. -30

Amt für Finanzwesen
Leiterin: Anja Klohr, StaARätin, Tel. -20

Bauamt
Leiter: Timo Steinhilper, StaAR, Tel. -60

Gemeinde Mönsheim
71297 Mönsheim, Schulstr. 2; Tel. (0 70 44) 92 53-0; Fax (0 70 44) 92 53-10;
E-Mail: rathaus@moensheim.de;
http://www.moensheim.de

Einwohner: 2 693
Bürgermeister: Thomas Fritsch

Hauptamt
Leiter: Klaus Arnold, GemAmtm, Tel. -13

Kämmerei
Leiter: Andreas Scheytt, GemAR, Tel. -20

Stadt Mühlacker
(Große Kreisstadt)
75417 Mühlacker, Kelterplatz 7; Tel. (0 70 41) 8 76-10; Fax (0 70 41) 8 76-3 21;
E-Mail: stadt@muehlacker.de;
http://www.muehlacker.de

Einwohner: 26 093
Oberbürgermeister: Frank Schneider
1. Bürgermeister: Winfried Abicht

Rechnungsprüfungsamt
Leiterin: Ellen de Witte, Tel. -1 60

Zentrale Dienste, Stadtkämmerei
Leiterin: Martina Rapp, Tel. -1 70

Grundstücks- und Gebäudemanagement
Leiter: Konrad Teufel, Tel. -2 00

Bürger- und Ordnungsamt
Leiter: Ulrich Saur, Tel. -2 10

Amt für Bildung und Kultur
Leiterin: Johanna Bächle, Tel. -2 40

Planungs- und Baurechtsamt
Leiter: Armin Dauner, Tel. -2 50

Umwelt- und Tiefbauamt
Leiter: Holger Weyhersmüller, Tel. -2 90

Stadt Neuenbürg
75305 Neuenbürg, Rathausstr. 2; Tel. (0 70 82) 79 10-0; Fax (0 70 82) 79 10-65;
E-Mail: stadtverwaltung@neuenbuerg.de;
http://www.neuenbuerg.de

Einwohner: 8 055
Bürgermeister: Horst Martin

Gemeinde Neuhausen
75242 Neuhausen, Pforzheimer Str. 20; Tel. (0 72 34) 95 10-0; Fax (0 72 34) 95 10-50;
E-Mail: mail@neuhausen-enzkreis.de;
http://www.neuhausen-enzkreis.de

Einwohner: 5 200
Bürgermeister: Oliver Korz

Hauptamt, Bauamt und Ordnungsamt
Leiter: Joachim Lutz, Tel. -20

Kämmerei
Leiter: Ralf Hildinger, Tel. -34

Gemeinde Neulingen
75245 Neulingen, Schloßstr. 2; Tel. (0 72 37) 4 28-0; Fax (0 72 37) 4 28-20;
E-Mail: info@neulingen.de;
http://www.neulingen.de

Einwohner: 6 589
Bürgermeister: Michael Schmidt

Hauptamt
Leiterin: Silvia Günter-Roth, GemARätin, Tel. -13

Finanzverwaltung
Leiter: Rolf Elsäßer, GemAmtm, Tel. -26

Bauamt
Leiter: Ralf Kilgus, GemBauOAR, Tel. -16

Gemeinde Niefern-Öschelbronn
75223 Niefern-Öschelbronn, Friedenstr. 11; Tel. (0 72 33) 96 22-0; Fax (0 72 33) 96 22-99;
E-Mail: gemeinde@niefern-oeschelbronn.de;
http://www.niefern-oeschelbronn.de

Einwohner: 12 207
Bürgermeisterin: Dipl.-Vwwirt Birgit Förster

Hauptamt
Leiter: Ekkehard Vogel, GemOAR, Tel. -11

Amt für Personal und Bildung
Leiterin: Daniela Engelsberger, GemOARätin, Tel. -13

Rechnungsamt
Leiterin: Erika Fischer, GemOARätin, Tel. -21

Bauamt und Gemeindewerke
Leiter: Dipl.-Bauing. (FH) Franz-Josef Müller, Tel. -61

Gemeinde Ölbronn-Dürrn
75248 **Ölbronn-Dürrn**, Hauptstr. 53; Tel. (0 72 37) 4 22-0; Fax (0 72 37) 4 22-33;
E-Mail: gemeinde@oelbronn-duerrn.de;
http://www.oelbronn-duerrn.de

Einwohner: 3 400
Bürgermeister: Norbert Holme

Hauptamt
Leiter: Peter Christ, Tel. -30

Rechnungsamt
Leiter: Norman Tank, Tel. -40

Bauamt und Ordnungsamt
Leiterin: Anke Finsterle, Tel. -20

Gemeinde Ötisheim
75443 **Ötisheim**, Schönenberger Str. 2; Tel. (0 70 41) 95 01-0; Fax (0 70 41) 95 01-30;
E-Mail: gemeinde@oetisheim.de;
http://www.oetisheim.de

Einwohner: 4 900
Bürgermeister: Werner Henle

Haupt-, Personal- und Ordnungsamt
Leiterin: Corinna Huber, GemInspektorin, Tel. -15

Rechnungsamt
Leiter: Johannes Schulz, GemOAR, Tel. -20

Technisches Bauamt
Leiter: Michael Rexer, Tel. -14

Gemeinde Remchingen
75196 **Remchingen**, San-Biagio-Platani-Platz 8; Tel. (0 72 32) 79 79-9 00; Fax (0 72 32) 79 79-7 03;
E-Mail: info@remchingen.de;
http://www.remchingen.de

Einwohner: 12 000
Bürgermeister: Luca Wilhelm Prayon

Hauptamt
Leiterin: Diana Wirth, Tel. -2 00

Ordnungsamt
Leiter: Udo Stöckle, Tel. -2 02

Rechnungsamt
Leiter: Gerd Kunzmann, Tel. -4 00

Bauamt
Leiter: Markus Becker, Tel. -3 30

Amt für Bildung und Familie
Leiterin: Britta Hoffmann, Tel. -2 20

Gemeinde Sternenfels
75447 **Sternenfels**, Maulbronner Str. 7; Tel. (0 70 45) 9 70-40 00; Fax (0 70 45) 9 70-40 15;
E-Mail: info@sternenfels.org;
http://www.sternenfels.org

Einwohner: 2 900
Bürgermeisterin: Antonia Walch

Hauptamt, Ordnungsamt
Leiterin: Janosh Zieger, Tel. -40 10

Bauamt, Gemeindekämmerei
Leiter: Markus Klein, Tel. -4 22

Gemeinde Straubenhardt
75334 **Straubenhardt**, Ittersbacher Str. 1; Tel. (0 70 82) 9 48-50; Fax (0 70 82) 9 48-5 40;
E-Mail: info@straubenhardt.de

Einwohner: 11 200
Bürgermeister: Helge Viehweg

Fachbereich Zentrale Dienste und Bürgerservice
Leiter: Benedikt Lorsch, Tel. -6 24

Fachbereich Finanzen
Leiter: Jörg Bischoff, Tel. -7 32

Fachbereich Bauen und Wohnen
Leiter: Johannes Kohle, Tel. -5 20

Gemeinde Tiefenbronn
75233 **Tiefenbronn**, Gemmingenstr. 1; Tel. (0 72 34) 95 00-0; Fax (0 72 34) 95 00-50;
E-Mail: gemeindeverwaltung@tiefenbronn.de;
http://www.tiefenbronn.de

Einwohner: 5 200
Bürgermeister: Frank Spottek

Hauptamt
Leiter: Manuel Rausch, Tel. -20

Rechnungsamt
Leiterin: Cornelia Hoeß, Tel. -40

Bauamt
Leiterin: Manuela Krentzel, Tel. -30

Gemeinde Wiernsheim
75446 **Wiernsheim**, Marktplatz 1; Tel. (0 70 44) 23-0; Fax (0 70 44) 23-1 30;
E-Mail: bma@wiernsheim.de;
http://www.wiernsheim.de

Einwohner: 6 748
Bürgermeister: Karlheinz Oehler

Haupt- und Ordnungsamt
Leiter: Christoph Huber, Tel. -1 34

Rechnungsamt
Leiter: Florian Wessinger, GemKäm, Tel. -1 51

Bauamt
Leiter: Eberhard Lenckner, Tel. -1 41

Gemeinde Wimsheim
71299 **Wimsheim**, Rathausstr. 1; Tel. (0 70 44) 94 27-0; Fax (0 70 44) 94 27-25;
E-Mail: gemeinde@wimsheim.de;
http://www.wimsheim.de

Einwohner: 2 853
Bürgermeister: Mario Weisbrich

Hauptamt
Leiter: Reinhold Müller, GemAR, Tel. -14

Rechnungsamt
Leiterin: Sophie Husar, GemARätin, Tel. -17

Bauamt
Leiterin: Ulrike Reutschler

Gemeinde Wurmberg
75449 Wurmberg, Uhlandstr. 15; Tel. (0 70 44) 94 49-0; Fax (0 70 44) 94 49-40;
E-Mail: info@wurmberg.de;
http://www.wurmberg.de

Einwohner: 3 158
Bürgermeister: Jörg-Michael Teply

Städte und Gemeinden im Landkreis Enzkreis, die einer Verwaltungsgemeinschaft angehören:

Gemeindeverwaltungsverband Heckengäu
71297 Mönsheim (Sitzgemeinde)
71292 Friolzheim
71296 Heimsheim, Stadt
75446 Wiernsheim
71299 Wimsheim
75449 Wurmberg

Gemeindeverwaltungsverband Kämpfelbachtal
75203 Königsbach-Stein
75239 Eisingen
75236 Kämpfelbach

Gemeindeverwaltungsverband Neulingen
75245 Neulingen
75249 Kieselbronn
75248 Ölbronn-Dürrn

Gemeindeverwaltungsverband Tiefenbronn
75233 Tiefenbronn
75242 Neuhausen

Verwaltungsgemeinschaft Maulbronn
75433 Maulbronn, Stadt (Sitzgemeinde)
75447 Sternenfels

Verwaltungsgemeinschaft Mühlacker
75417 Mühlacker, Stadt (Sitzgemeinde)
75443 Ötisheim

Verwaltungsgemeinschaft Neuenbürg
75305 Neuenbürg, Stadt (Sitzgemeinde)
75331 Engelsbrand

2.7 Landkreis Freudenstadt

72250 Freudenstadt, Herrenfelder Str. 14; Tel. (0 74 41) 9 20-0; Fax (0 74 41) 9 20-99 99 00;
E-Mail: post@kreis-fds.de;
http://www.landkreis-freudenstadt.de

Einwohner: 118 971
Fläche: 87 040 ha

Kreistag: 41 Mitglieder (11 CDU, 10 FWV, 5 FDP, 5 GRÜNE, 4 SPD, 3 Frauen, 3 AfD)
Landrat: Dr. Klaus Michael Rückert

Dem Landrat unmittelbar unterstellt:

Stabsstelle für Kommunikation und Kreisentwicklung, Wirtschaftsförderung, Tourismus, Kommunal- und Rechnungsprüfungsamt, Breitbandausbau, Krankenhäuser Landkreis Freudenstadt gGmbH

Dezernat I Zentrale Verwaltung, Finanzen und Bildung
Haupt- und Personalverwaltung, Finanzverwaltung und Schulen, Immobilienmanagement, Kreisvolkshochschule
Leiter: Ulrich Bischoff, Tel. -11 00

Dezernat II Soziales, Jugend, Integration und Gesundheit
Jugendamt, Sozialamt, Gesundheitsamt, Amt für Migration und Flüchtlinge
Leiterin: Stefanie Kattner, Tel. -10 70

Dezernat III Ordnung, Umwelt, ländlicher Raum, Infrastruktur
Stabsstelle Recht, Amt für Bau, Umwelt und Wasserwirtschaft, Kreisforstamt, Landwirtschaftsamt, Amt für Ordnung und Verkehr, Veterinär- und Verbraucherschutzamt, Amt für Vermessung und Flurneuordnung, Straßenbauamt
Leiter: Reinhard Geiser, Erster Landesbeamter, Tel. -10 50

Städte und Gemeinden im Landkreis Freudenstadt:

Stadt Alpirsbach
72275 Alpirsbach, Marktplatz 2; Tel. (0 74 44) 95 16-0; Fax (0 74 44) 95 16-2 18;
E-Mail: stadt@alpirsbach.de;
http://www.alpirsbach.de

Einwohner: 6 321
Bürgermeister: Michael Pfaff

Hauptamt/Personalamt
Leiterin: Kathrin Schönberger, Tel. -2 10

Ordnungsamt
Leiter: Marc Bader, Tel. -2 30

Stadtpflege
Leiter: Rolf Wöhrle, Tel. -2 20

Stadtbauamt
Leiter: Bernd Hettich, Tel. -2 60

Gemeinde Bad Rippoldsau-Schapbach
77776 Bad Rippoldsau-Schapbach, Rathausplatz 1; Tel. (0 78 39) 91 99-0; Fax (0 78 39) 91 99-20;
E-Mail: rathaus@badrs.de; https://www.bad-rippoldsau-schapbach.de

Einwohner: 2 176
Bürgermeister: Bernhard Waidele

Gemeinde Baiersbronn
72270 Baiersbronn, Oberdorfstr. 46; Tel. (0 74 42) 84 21-0; Fax (0 74 42) 84 21-4 00;
E-Mail: info@gemeindebaiersbronn.de;
http://www.gemeinde-baiersbronn.de

Einwohner: 15 032
Bürgermeister: Michael Ruf

Hauptamt
Leiter: Marc Hinzer, GemOAR, Tel. -2 50

Ordnungsamt
Leiter: Marko Burkhardt, GemAmtm, Tel. -2 75

Kämmerei
Leiter: Jochen Veit, GemOVwR, Tel. -2 40

Bauamt
Leiter: Thomas Kuntosch, Tel. -3 07

Stadt Dornstetten
72280 Dornstetten, Marktplatz 1 + 2; Tel. (0 74 43) 96 20-0; Fax (0 74 43) 96 20-96;
E-Mail: stadtverwaltung@dornstetten.de;
http://www.dornstetten.de, www.barfusspark.de

Einwohner: 8 036
Bürgermeister: Bernhard Haas

Hauptverwaltung
Hauptamt, Ordnungsamt, Bauangelegenheiten, Vereine
Leiter: Oliver Zwecker, Tel. -40

Bauverwaltungsamt
Leiter: Alexander Mönch, Tel. -50

Finanzverwaltung
Kämmerei, Liegenschaften
Leiter: Jochen Köhler, Tel. -20

Gemeinde Empfingen
72186 Empfingen, Mühlheimer Str. 2; Tel. (0 74 85) 99 88-0; Fax (0 74 85) 99 88-30;
E-Mail: gemeinde@empfingen.de;
http://www.empfingen.de

Einwohner: 4 169
Bürgermeister: Ferdinand Truffner

Hauptamt und Bauamt
Leiter: Theo Walz, Tel. -15

Finanzverwaltung
Leiter: Reinhard Dettling, Tel. -18

Gemeinde Eutingen im Gäu
72184 Eutingen im Gäu, Marktstr. 17; Tel. (0 74 59) 8 81-0; Fax (0 74 59) 8 81 40;
E-Mail: buergermeisteramt@eutingen-im-gaeu.de;
http://www.eutingen-im-gaeu.de

Einwohner: 5 900
Bürgermeister: Armin Jöchle

Haupt- und Bauverwaltung
Leiterin: Daniel Jendroska, Tel. -13

Finanzverwaltung
Leiterin: Vanessa Vogt, Tel. -21

**Stadt Freudenstadt
(Große Kreisstadt)**
72250 Freudenstadt, Marktplatz 1; Tel. (0 74 41) 8 90-0; Fax (0 74 41) 8 90-2 05;
E-Mail: info@freudenstadt.de;
http://www.freudenstadt.de

Einwohner: 23 760
Oberbürgermeister: Julian Osswald
Bürgermeisterin: Dr. Stephanie Hentschel

Dezernat I
Amt für Stadtentwicklung, Finanzen und Beteiligungen, Freudenstadt Tourismus, Haupt- und Personalamt, Rechnungsprüfungsamt, Stadtwerke Freudenstadt-Bäderbetrieb
Leiter: Julian Osswald, OBgm, Tel. -2 00

Dezernat II
Amt für Bildung, Familie und Sport, Baubetriebsamt, Baurechts- und Ordnungsamt, Stadtentwässerung, Zweckverband Abwasserreinigung
Leiterin: Dr. Stephanie Hentschel, Bürgermeisterin, Tel. -8 00

Gemeinde Glatten
72293 Glatten, Lombacher Str. 27; Tel. (0 74 43) 96 07-0; Fax (0 74 43) 96 07-20;
E-Mail: hauptverwaltung@glatten.de;
http://www.glatten.de

Einwohner: 2 477
Bürgermeister: Tore-Derek Pfeifer

Hauptverwaltung
Leiter: Steven Nicolaus, Tel. -13

Finanzverwaltung
Leiter: Elisabeth Benner, Tel. -22

Gemeinde Grömbach
72294 Grömbach, Lindenweg 8; Tel. (0 74 53) 82 76; Fax (0 74 53) 34 33;
E-Mail: gemeinde@groembach.de

Einwohner: 650
Stellv. Bürgermeister: Günter Roller

**Stadt Horb am Neckar
(Große Kreisstadt)**
72160 Horb am Neckar, Marktplatz 8; Tel. (0 74 51) 9 01-0; Fax (0 74 51) 9 01-2 90;
E-Mail: post@horb.de; http://www.horb.de

Einwohner: 25 319
Oberbürgermeister: Peter Rosenberger
Bürgermeister: Ralph Zimmermann

Fachbereich Zentraler Steuerungsdienst
Leiter: Joachim Patig, Tel. -2 92

Fachbereich Familie, Bildung und Kultur
Leiter: Robert Hermann, Tel. -2 20

Fachbereich Stadtentwicklung
Leiter: Peter Klein, Tel. -2 53

Fachbereich Recht und Ordnung
Leiter: Thomas Staubitzer, Tel. -2 68

Fachbereich Technische Betriebe
Leiter: Thomas Hellener, Tel. -2 29

Fachbereich Energie, Klimaschutz und Versorgung
Leiter: Eckhardt Huber, Tel. (0 74 51) 5 52 97-15

Gemeinde Loßburg
72290 Loßburg, Hauptstr. 50; Tel. (0 74 46) 95 04-0; Fax (0 74 46) 95 04-10;
E-Mail: postgemeinde@lossburg.de;
http://www.lossburg.de

Einwohner: 7 500
Bürgermeister: Christoph Enderle

Haupt- und Personalamt
Leiterin: Anja Lewandowski, Tel. -3 00

Ordnungsamt
Leiter: Gerd Maser, Tel. -31

Finanzverwaltung
Leiter: Alexander Hoffarth, Tel. -2 00

Bauamt
Leiter: Jochen Geßler, Tel. -4 00

Gemeinde Pfalzgrafenweiler
72285 Pfalzgrafenweiler, Hauptstr. 1; Tel. (0 74 45) 85 18-0; Fax (0 74 45) 85 18-53;
E-Mail: rathaus@pfalzgrafenweiler.de;
http://www.pfalzgrafenweiler.de

Einwohner: 7 200
Bürgermeister: Dieter Bischoff

Hauptamt, Bauverwaltung
Leiter: Marco Kaupp, Tel. -20

Ordnungsamt, Personalamt
Leiter: Ralf Springmann, Tel. -22

Finanzverwaltung
Leiterin: Heike Rieder, Tel. -30

Gemeinde Schopfloch
72296 Schopfloch, Marktplatz 2; Tel. (0 74 43) 96 03-0; Fax (0 74 43) 96 03-39;
E-Mail: zentrale@Schopfloch.de;
http://www.schopfloch.de

Einwohner: 2 600
Bürgermeister: Klaas Klaassen

Finanzverwaltung
Leiterin: Carina Eberhardt, Tel. -14

Gemeinde Seewald
72297 Seewald, Wildbader Str. 1; Tel. (0 74 47) 94 60-0; Fax (0 74 47) 94 60-15;
E-Mail: gemeinde@seewald.eu;
http://www.seewald.eu

Einwohner: 2 147
Bürgermeister: Gerhard Müller

Hauptamt
Leiterin: Sabine Mogath, VwAngestellte, Tel. -21

Ordnungsamt und Bauamt
Leiter: Gerhard Müller, Bgm

Rechnungsamt
Leiter: Tobias Roller, Käm, Tel. -20

Gemeinde Waldachtal
72178 Waldachtal, Theodor-Heuss-Str. 10; Tel. (0 74 43) 96 34-0; Fax (0 74 43) 96 34-25;
E-Mail: postfach@waldachtal.de;
http://www.waldachtal.de

Einwohner: 5 800
Bürgermeisterin: Annick Grassi

Finanzverwaltung
Leiterin: Sina Joachim, Tel. -30

Haupt- und Bauverwaltungsamt
Leiterin: Heike Finkbeiner, Tel. -13

Gemeinde Wörnersberg
72299 Wörnersberg, Lindenweg 1; Tel. (0 74 53) 78 51; Fax (0 74 53) 78 51

Einwohner: 256
Bürgermeister: Reinhold Möhrle

Städte und Gemeinden im Landkreis Freudenstadt, die einer Verwaltungsgemeinschaft angehören:

Gemeindeverwaltungsverband Dornstetten
72280 Dornstetten, Stadt
72293 Glatten
72296 Schopfloch
72178 Waldachtal

Verwaltungsgemeinschaft
72250 Freudenstadt, Stadt (Sitzgemeinde)
77776 Bad Rippoldsau-Schapbach
72297 Seewald

Verwaltungsgemeinschaft
72160 Horb am Neckar, Stadt (Sitzgemeinde)
72186 Empfingen
72184 Eutingen im Gäu

Verwaltungsgemeinschaft
72285 Pfalzgrafenweiler (Sitzgemeinde)
72294 Grömbach
72299 Wörnersberg

3 Regierungsbezirk Freiburg
Region Südlicher Oberrhein

3.1 Landkreis Breisgau-Hochschwarzwald

79104 Freiburg, Stadtstr. 2; Tel. (07 61) 21 87-0; Fax (07 61) 21 87-99 99; E-Mail: poststelle@lkbh.de; http://www.breisgau-hochschwarzwald.de

Einwohner: 266 344
Fläche: 137 833 ha
Kreistag: 66 Mitglieder (20 CDU, 15 FWG, 14 GRÜNE, 10 SPD, 4 FDP, 3 AfD)
Landrätin: Dorothea Störr-Ritter

Der Landrätin unmittelbar unterstellt:

Koordination und Presse, Personal und Organisation, Rechnungsprüfung und Kommunalaufsicht, Geschäftsstelle Kreistag

Dezernat Finanzen und Schulen
Finanzen, Öffentlicher Personennahverkehr, Digitalisierung und Informationstechnik, Zentrale Dienste und Vergabemanagement, Schulen und Bildung, Hochbau
Leiter: Thomas Wisser, Tel. -10 00

Dezernat Jugend und Soziales
Allgemeiner Sozialer Dienst, Soziale Fachdienste, Beratungsstelle für Eltern, Kinder und Jugendliche, Leistung für Familien und Vormundschaften, Planung, Qualitätsentwicklung und Bildung, Sozialhilfe und Flüchtlinge, Aktive Teilhabe und Pflege, Jobcenter
Leiter: Thorsten Culmsee, Tel. -20 00

Dezernat Gesundheit und Versorgung
Sozialmedizin und Heimaufsicht, Gesundheitsschutz, Psychosoziale und psychiatrische Dienste, Kinder- und jugendärztlicher Dienst, Kriegsopferversorgung und Gewaltopferentschädigung, Schwerbehindertenrecht SGB IX, Versorgungsmedizinischer Dienst, Gesundheitlicher Verbraucherschutz, Veterinärwesen und Lebensmittelüberwachung
Leiter: Dr. Oliver Kappert, Tel. -30 00

Dezernat Bauen, Umwelt und Ländlicher Raum
Baurecht und Denkmalschutz, Naturschutz, Umweltrecht, Wasser und Boden, Gewerbeaufsicht, Vermessung und Geoinformation, Forst, Brand- und Katastrophenschutz, Wirtschaft und Klima, Gemeinsame Dienststelle Flurneuordnung, Landwirtschaft, ALB (Eigenbetrieb)
Leiter: Dr. Martin Barth, Tel. -50 00

Dezernat Verkehr und öffentliche Ordnung
Ausländerbehörde, Ordnungsrecht und Ordnungswidrigkeiten, Kfz-Zulassung, Fahrerlaubnisse, Verkehrslenkung und Straßenverwaltung, Straßenbau und -betrieb
Leiter: Albrecht Simon, Tel. -60 00

Außenstellen des Landkreises Breisgau-Hochschwarzwald:

Gemeinsame Dienststelle Flurneuordnung der Landratsämter Breisgau-Hochschwarzwald und Emmendingen
79114 Freiburg, Berliner Allee 3 a; Tel. (07 61) 21 87-95 40; Fax (07 61) 21 87-99 92; E-Mail: poststelle@lkbh.de

Vermessung und Geoinformation; Landwirtschaft
79206 Breisach, Europaplatz 1 und 3; Tel. (07 61) 21 87-95 80; Fax (07 61) 21 87-77 85 99; E-Mail: poststelle@lkbh.de

Beratungsstelle für Eltern, Kinder und Jugendliche; Jugendamt; Kfz-Zulassung; Fahrerlaubnisse; Vermessung und Geoinformation
79379 Müllheim, Bismarckstr. 3; Tel. (07 61) 21 87-0; Fax (07 61) 21 87-99 99; E-Mail: poststelle@lkbh.de

Jugendamt; Kfz-Zulassung; Fahrerlaubnisse; Forst; Landwirtschaft; Vermessung und Geoinformation; Wohngeld
79822 Titisee-Neustadt, Goethestr. 7; Tel. (07 61) 21 87-99 70; Fax (07 61) 21 87-99 90; E-Mail: poststelle@lkbh.de

Jobcenter Breisgau-Hochschwarzwald
79106 Freiburg, Lehener Str. 77; Tel. (07 61) 2 02 69-1 00; Fax (07 61) 2 02 69-1 90; E-Mail: jobcenter-breisgau-hochschwarzwald@jobcenter-ge.de
79379 Müllheim, Werderstr. 34; Tel. (0 76 31) 7 47 99-1 00; Fax (0 76 31) 7 47 99-1 23; E-Mail: jobcenter-breisgau-hochschwarzwald.muellheim@jobcenter-ge.de
79822 Titisee-Neustadt, Titisee Str. 17; Tel. (0 76 51) 9 36 96-0; Fax (0 76 51) 9 36 96-1 23; E-Mail: jobcenter-breisgau-hochschwarzwald.titisee-neustadt@jobcenter-ge.de
79206 Breisach, Europaplatz 1; Tel. (07 61) 2 02 69-3 11; Fax (07 61) 2 02 69-1 90; E-Mail: jobcenter-breisgau-hochschwarzwald.breisach@jobcenter-ge.de

Forstbezirke:
79104 Freiburg, Stadtstr. 2; Tel. (07 61) 21 87-95 10; E-Mail: forst@lkbh.de
79219 Staufen, Hauptstr. 11; Tel. (07 61) 21 87-95 11; E-Mail: forst.staufen@lkbh.de
79822 Titisee-Neustadt, Goethestr. 7; Tel. (07 61) 21 87-95 13; E-Mail: forst.titisee-neustadt@lkbh.de

Straßenmeistereien:
79206 Breisach, Murhau 6; Tel. (07 61) 21 87-65 50; Fax (07 61) 21 87-65 59; E-Mail: sm.breisach@lkbh.de

79199 Kirchzarten, Stegener Str. 17; Tel. (07 61) 21 87-65 60; Fax (07 61) 21 87-65 69;
E-Mail: sm.kirchzarten@lkbh.de
79379 Müllheim, Eisenbahnstr. 12; Tel. (07 61) 21 87-65 70; Fax (07 61) 21 87-65 79;
E-Mail: sm.muellheim@lkbh.de
79822 Titisee-Neustadt, Gewerbestr. 2; Tel. (07 61) 21 87-65 80; Fax (07 61) 21 87-65 89;
E-Mail: sm.titisee-neustadt@lkbh.de

Städte und Gemeinden im Landkreis Breisgau-Hochschwarzwald:

Gemeinde Au
79280 Au, Dorfstr. 25; Tel. (07 61) 40 13 99-0; Fax (07 61) 40 13 99-9; E-Mail: gemeinde@au-hexental.de; http://www.verwaltungsgemeinschaft-hexental.de

Einwohner: 1 450
Bürgermeister: Jörg Kindel

Hauptverwaltung
Leiterin: Juliane Lorenz, Tel. -14

Gemeinde Auggen
79424 Auggen, Hauptstr. 28; Tel. (0 76 31) 36 77-0; Fax (0 76 31) 36 77-44;
E-Mail: sekretariat@auggen.de; http://www.auggen.de

Einwohner: 3 050
Bürgermeister: Ulli Waldkirch

Hauptamt
Leiter: Dirk Ehret, Tel. -23

Ordnungsamt
Leiterin: Janine Müller, Tel. -16

Rechnungsamt
Leiter: Steffen Fante, Tel. -11

Bauamt
Leiter: Michael Simon, Tel. -28

Gemeinde Badenweiler
79410 Badenweiler, Luisenstr. 5; Tel. (0 76 32) 72-0; Fax (0 76 32) 72-1 69;
E-Mail: rathaus@gemeinde-badenweiler.de; http://www.gemeinde-badenweiler.de

Einwohner: 4 446
Bürgermeister: Vincenz Wissler

Hauptamt
Leiter: Florian Renkert, Tel. -1 20

Rechnungsamt
Leiterin: Sonja Dahlmann, Tel. -1 27

Bauamt
Leiter: Michael Lacher, Tel. -1 36

Stadt Bad Krozingen
79189 Bad Krozingen, Basler Str. 30; Tel. (0 76 33) 4 07-0; Fax (0 76 33) 4 07-1 66;
E-Mail: stadt@bad-krozingen.de; https://www.bad-krozingen.de

Einwohner: 20 783
Bürgermeister: Volker Kieber

Gemeinde Ballrechten-Dottingen
79282 Ballrechten-Dottingen, Alfred-Löffler-Str. 1; Tel. (0 76 34) 56 17-0; Fax (0 76 34) 56 17-99;
E-Mail: gemeinde@ballrechten-dottingen.de; http://www.ballrechten-dottingen.de

Einwohner: 2 380
Bürgermeister: Patrick Becker

Hauptamt und Bauamt
Leiterin: Ines Häring, Tel. -13

Rechnungsamt
Leiterin: Raphaela Gantert, Tel. -16

Gemeinde Bötzingen
79268 Bötzingen, Hauptstr. 11; Tel. (0 76 63) 93 10-0; Fax (0 76 63) 93 10 33;
E-Mail: gemeinde@boetzingen.de; http://www.boetzingen.de

Einwohner: 5 400
Bürgermeister: Dieter Schneckenburger

Hauptverwaltung
Leiter: Andreas Jenne, Tel. -14

Finanzverwaltung
Leiter: Gervas Dufner, Tel. -15

Bauverwaltung
Leiter: Christian Bodynek, Tel. -27

Gemeinde Bollschweil
79283 Bollschweil, Hexentalstr. 56; Tel. (0 76 33) 95 10-0; Fax (0 76 33) 95 10-30;
E-Mail: gemeinde@bollschweil.de; http://www.bollschweil.de

Einwohner: 2 307
Bürgermeister: Josef Schweizer

Stadt Breisach am Rhein
79206 Breisach am Rhein, Münsterplatz 1; Tel. (0 76 67) 8 32-0; Fax (0 76 67) 8 32-9 00;
E-Mail: info@breisach.de

Einwohner: 15 439
Bürgermeister: Oliver Rein

Hauptverwaltung
Leiter: Armin Schätzle, Tel. -1 18

Finanzverwaltung
Leiter: Martin Müller, Tel. -2 10

Bauverwaltung
Leiter: Carsten Müller, 1. Beig, Tel. -3 10

Gemeinde Breitnau
79874 Breitnau, Dorfstr. 11; Tel. (0 76 52) 91 09-0; Fax (0 76 52) 91 09-30;
E-Mail: gemeinde@breitnau.de; http://www.breitnau.de

Einwohner: 1 750
Bürgermeister: Josef Haberstroh

Hauptamt/Bauamt
Andreas Müller, Tel. -14

Finanzen/Kurtaxe
Torsten Schäuble, Tel. -13

Personalamt/Kasse
Bill Porsche, Tel. -16

Bürgerbüro
Franziska Huber; Sabine Kramer; Sonja Wursthorn, Tel. -11

Gemeinde Buchenbach
79256 Buchenbach, Hauptstr. 20; Tel. (0 76 61) 39 65-0; Fax (0 76 61) 39 65-9 27;
E-Mail: gemeinde@buchenbach.de;
http://www.buchenbach.de

Einwohner: 3 200
Bürgermeister: Ralf Kaiser

Hauptamt
Leiter: Volker Hirsch, Tel. -25

Rechnungsamt
Leiterin: Daniela Aichele, Tel. -20

Gemeinde Buggingen
79426 Buggingen, Hauptstr. 31; Tel. (0 76 31) 18 03-0; Fax (0 76 31) 18 03-39;
E-Mail: gemeinde@buggingen.de;
http://www.buggingen.de

Einwohner: 4 454
Bürgermeister: Johannes Ackermann

Hauptamt
Leiterin: Sonja Pfeiffer, Tel. -23

Rechnungsamt
Leiter: Matthias Wintermantel, Tel. -27

Bauamt
Leiter: Theo Speyer, Tel. -29

Ordnungsamt
Leiter: Aaron Waldmann, Tel. -26

Gemeinde Ebringen
79285 Ebringen, Schlossplatz 1; Tel. (0 76 64) 50 58-0; Fax (0 76 64) 50 58 20;
E-Mail: gemeinde@ebringen.de

Einwohner: 2 879
Bürgermeister: Rainer Mosbach

Hauptamt und Bauamt
Leiter: Daniel Moll, Tel. -13

Rechnungsamt/Kämmerei
Leiterin: Alexandra Kraus, Tel. -17

Gemeinde Ehrenkirchen
79238 Ehrenkirchen, Jengerstr. 6; Tel. (0 76 33) 8 04-0; Fax (0 76 33) 8 04-20;

E-Mail: gemeinde@ehrenkirchen.de; https://www.ehrenkirchen.de

Einwohner: 7 800
Bürgermeister: Thomas Breig

Hauptamt
Leiter: Christoph Blattmann, OAR, Tel. -34

Rechnungsamt
Leiter: Hubert Burkart, OAR, Tel. -43

Bauamt
Leiter: Ulrich Bleile, OAR, Tel. -31

Gemeinde Eichstetten am Kaiserstuhl
79356 Eichstetten am Kaiserstuhl, Hauptstr. 43; Tel. (0 76 63) 93 23-0; Fax (0 76 63) 93 23-31;
E-Mail: gemeinde@eichstetten.de;
http://www.eichstetten.de

Einwohner: 3 639
Bürgermeister: Michael Bruder

Hauptamt
Leiter: Ulrich Porsche

Rechnungsamt
Leiter: Dennis Dirner

Gemeinde Eisenbach (Hochschwarzwald)
79871 Eisenbach (Hochschwarzwald), Bei der Kirche 1; Tel. (0 76 57) 91 03-0; Fax (0 76 57) 91 03-50; E-Mail: info@eisenbach.de;
http://www.eisenbach.de

Einwohner: 2 116
Bürgermeister: Karlheinz Rontke

Hauptamt, Ordnungsamt und Bauamt
Leiter: Heiko Riesterer, GemAR, Tel. -25

Rechnungsamt
Leiter: Fabian Furtwängler, Tel. -27

Gemeinde Eschbach
79427 Eschbach, Hauptstr. 24; Tel. (0 76 34) 55 04-0; Fax (0 76 34) 55 04 55;
E-Mail: info@gemeinde-eschbach.de;
http://www.gemeinde-eschbach.de

Einwohner: 2 700
Bürgermeister: Mario Schlafke

Gemeinde Feldberg (Schwarzwald)
79868 Feldberg (Schwarzwald), Kirchgasse 1; Tel. (0 76 55) 8 01-0; Fax (0 76 55) 8 01-45;
E-Mail: gemeinde@feldberg-schwarzwald.de;
http://www.feldberg-schwarzwald.de

Einwohner: 1 919
Bürgermeister: Stefan Wirbser

Hauptamt, Ordnungsamt und Bauamt
Leiter: Sascha Gampp, Tel. -23

Rechnungsamt
Leiter: Martin Hirt, Amtm, Tel. -28

Gemeinde Friedenweiler
79877 Friedenweiler, Hauptstr. 24; Tel. (0 76 54) 91 19-0; Fax (0 76 54) 91 19-19;
E-Mail: gemeinde@friedenweiler.de;
http://www.friedenweiler.de

Einwohner: 2 030
Bürgermeister: Clemens Hensler

Hauptamt
Leiter: Patrick Booz, Tel. -14

Ordnungsamt
Leiterin: Anita Baader, Tel. -10

Rechnungsamt, Bauamt
Leiter: Michael Straetker, Tel. -13

Gemeinde Glottertal
79286 Glottertal, Talstr. 45; Tel. (0 76 84) 91 02-0; Fax (0 76 84) 91 02-33;
E-Mail: rathaus@glottertal.de;
http://www.gemeinde-glottertal.de

Einwohner: 3 214
Bürgermeister: Karl Josef Herbstritt

Gemeinde Gottenheim
79288 Gottenheim, Hauptstr. 25; Tel. (0 76 65) 98 11-0; Fax (0 76 65) 98 11-40;
E-Mail: gemeinde@gottenheim.de;
http://www.gottenheim.de

Einwohner: 2 950
Bürgermeister: Christian Riesterer

Hauptamt und Ordnungsamt
Leiter: Ralph Klank, Tel. -10

Rechnungsamt
Leiterin: Vanessa Stofer, Tel. -17

Bauamt
Leiter: Andreas Schupp, Tel. -9

Gemeinde Gundelfingen
79194 Gundelfingen, Alte Bundesstr. 31; Tel. (07 61) 59 11-0; Fax (07 61) 59 11-9 99;
E-Mail: gemeinde@gundelfingen.de;
http://www.gundelfingen.de

Einwohner: 12 140
Bürgermeister: Raphael Walz

Hauptverwaltung
Leiter: Marco Kern, Tel. -2 00

Finanzverwaltung
Leiter: Harald Binz, Tel. -4 00

Bauverwaltung
Leiter: Björn Seitz, Tel. -7 00

Gemeinde Hartheim am Rhein
79258 Hartheim am Rhein, Feldkircher Str. 17; Tel. (0 76 33) 91 05-0; Fax (0 76 33) 91 05-33;
E-Mail: gemeinde@hartheim.de;
http://www.hartheim.de

Einwohner: 4 797
Bürgermeister: Stefan Ostermaier

Hauptamt
Leiter: Bernd Wirbel, GemOAR, Tel. -13

Ordnungsamt
Leiter: Heinrich Waldmann, GemAmtm, Tel. -12

Rechnungsamt
Leiterin: Anja Hofert, GemARätin, Tel. -20

Bauamt
Leiter: Uwe Linsenmeier, Tel. -14

Stadt Heitersheim
79423 Heitersheim, Hauptstr. 9; Tel. (0 76 34) 4 02-0; Fax (0 76 34) 4 02-34;
E-Mail: stadt-heitersheim@heitersheim.de;
http://www.heitersheim.de

Einwohner: 6 469
Bürgermeister: Christoph Zachow

Haupt- und Ordnungsamt
Leiterin: Sibylle Maas, Tel. -22

Rechnungsamt
Leiter: Matthias Segeritz, Ang, Tel. -31

Bauamt
Leiter: Martin Gekeler, Ang, Tel. -19

Gemeinde Heuweiler
79194 Heuweiler, Dorfstr. 21; Tel. (0 76 66) 22 80; Fax (0 76 66) 9 13 45 19;
E-Mail: rathaus@heuweiler.de;
http://www.heuweiler.de

Einwohner: 1 023
Bürgermeister: Raphael Walz

Gemeinde Hinterzarten
79856 Hinterzarten, Rathausstr. 12; Tel. (0 76 52) 91 97-0; Fax (0 76 52) 91 97 29;
E-Mail: gemeinde@hinterzarten.de;
http://www.gemeinde-hinterzarten.de

Einwohner: 2 514
Bürgermeister: Klaus-Michael Tatsch

Haupt- und Bauamt
Leiter: Heiko Wehrle, Tel. -22

Finanzverwaltung
Leiterin: Melanie Müller, Tel. -32

Gemeinde Horben
79289 Horben, Dorfstr. 2; Tel. (07 61) 21 16 98-0; Fax (07 61) 21 16 98-32;
E-Mail: gemeinde@horben.de;
http://www.horben.de

Einwohner: 1 178
Bürgermeister: Dr. Benjamin Bröcker

Hauptverwaltung
Leiter: Egbert Bopp, Tel. -31

Gemeinde Ihringen
79241 Ihringen, Bachenstr. 42; Tel. (0 76 68) 71 08-0; Fax (0 76 68) 71 08-50;
E-Mail: gemeinde@ihringen.de;
http://www.ihringen.de

Einwohner: 6 105
Bürgermeister: Benedikt Eckerle

Hauptamt
Leiter: Florian Waßmer, Tel. -22

Rechnungsamt
Leiter: Oliver Lehmann, Tel. -10

Bauamt
Leiter: Rainer Kiss, Tel. -30

Gemeinde Kirchzarten
79199 Kirchzarten, Talvogteistr. 12; Tel. (0 76 61) 3 93-30; Fax (0 76 61) 3 93-88;
E-Mail: h.grund@kirchzarten.de

Einwohner: 9 641
Bürgermeister: Andreas Hall

Hauptamt
Leiter: Oliver Trenkle, Tel. -26

Ordnungsamt
Leiter: Walter Arndt, Amtm, Tel. -21

Rechnungsamt
Leiter: Albert Zähringer, Ang, Tel. -36

Bauamt
Leiterin: Petra Süppel, Tel. -48

Gemeinde Lenzkirch
79853 Lenzkirch, Kirchplatz 1; Tel. (0 76 53) 6 84-0; Fax (0 76 53) 6 84-22;
E-Mail: info@lenzkirch.de;
http://www.lenzkirch.de

Einwohner: 5 045
Bürgermeister: Andreas Graf

Fachbereich 1 Hauptverwaltung; Bürgerservice
Leiter: Walter Winterhalder, Tel. -36

Fachbereich 2 Finanzen
Leiterin: Gabriele Fischer-Vochatzer, Tel. -39

Fachbereich 3 Bauen/Infrastruktur
Leiterin: Natalja Remgen, Tel. -33

Stadt Löffingen
79843 Löffingen, Rathausplatz 1; Tel. (0 76 54) 8 02-0; Fax (0 76 54) 8 02-65;
E-Mail: stadt@loeffingen.de;
http://www.loeffingen.de

Einwohner: 7 669
Bürgermeister: Tobias Link

Hauptamt
Leiterin: Julia Selb, Tel. -30

Rechnungsamt
Leiterin: Susanne Bohnenstengel, Tel. -50

Bauamt
Leiter: Udo Brugger, Tel. -60

Ordnungsamt
Leiter: Martin Netz, Tel. -37

Gemeinde March
79232 March, Am Felsenkeller 2; Tel. (0 76 65) 4 22-90 00; Fax (0 76 65) 4 22-90 99;
E-Mail: gemeinde@march.de;
http://www.march.de

Einwohner: 9 300
Bürgermeister: Helmut Mursa

Hauptamt
Leiter: Joachim Heinrich, Tel. -91 00

Kämmerei
Leiter: André Behringer, Tel. -92 00

Bauamt
Leiter: Mario Utz, Tel. -96 00

Gemeinde Merdingen
79291 Merdingen, Kirchgasse 2; Tel. (0 76 68) 90 94-0; Fax (0 76 68) 90 94-29;
E-Mail: gemeinde@merdingen.de;
http://www.merdingen.de

Einwohner: 2 572
Bürgermeister: Martin Rupp

Hauptamt
Leiter: Dietmar Siebler, Tel. -10

Rechnungsamt
Leiter: Gordian Süßle, Tel. -12

Bauamt
Leiter: Otmar Wiedensohler, Tel. -15

Gemeinde Merzhausen
79249 Merzhausen, Friedhofweg 11; Tel. (07 61) 4 01 61-0; Fax (07 61) 4 01 61-47;
E-Mail: gemeinde@merzhausen.de;
http://www.merzhausen.de

Einwohner: 5 315
Bürgermeister: Dr. Christian Ante

Stadt Müllheim
79379 Müllheim, Bismarckstr. 3; Tel. (0 76 31) 8 01-0; Fax (0 76 31) 8 01-1 26;
E-Mail: stadt@muellheim.de;
http://www.muellheim.de

Einwohner: 19 139
Bürgermeister: Martin Löffler

Haupt- und Ordnungsdezernat
Leiter: Dominik Fröhlin, Tel. -1 01

Finanzdezernat
Leiter: Günter Danksin, Tel. -1 53

Baudezernat, Hochbau
Leiterin: Franka Häußler, Tel. -1 23

Kulturdezernat
Leiter: Jan Merk, Tel. -5 21

Bildungsdezernat
Leiter: Michael Kaszubski, Tel. -3 66

Tiefbaudezernat
Leiter: Ronny Biesinger, Tel. -3 21

Gemeinde Münstertal/Schwarzwald
79244 Münstertal/Schwarzwald, Wasen 47; Tel. (0 76 36) 70 70; Fax (0 76 36) 7 07 48; E-Mail: gemeinde@muenstertal.de; http://www.muenstertal.de

Einwohner: 5 142
Bürgermeister: Rüdiger Ahlers

Hauptamt und Ordnungsamt
Leiter: Heiko Riesterer, GemOAR, Tel. -22

Rechnungsamt
Leiter: Frank Wekker, GemAR, Tel. -32

Bauamt
Leiter: Tobias Winterhalter, GemAR, Tel. -46

Stadt Neuenburg am Rhein
79395 Neuenburg am Rhein, Rathausplatz 5; Tel. (0 76 31) 7 91-0; Fax (0 76 31) 7 91-2 22; E-Mail: stadtverwaltung@neuenburg.de; http://www.neuenburg.de

Einwohner: 12 339
Bürgermeister: Joachim Schuster

Fachbereich Lebenswerte Stadt
Leiter: Dieter Branghofer, Tel. -2 04

Fachbereich Innere Dienstleistungen
Leiter: Peter Müller, Tel. -1 54

Gemeinde Oberried
79254 Oberried, Klosterplatz 4; Tel. (0 76 61) 93 05-0; Fax (0 76 61) 93 05-88; E-Mail: gemeinde@oberried.de

Einwohner: 2 784
Bürgermeister: Franz-Josef Winterhalter

Gemeinde Pfaffenweiler
79292 Pfaffenweiler, Rathausgasse 4; Tel. (0 76 64) 97 00-0; Fax (0 76 64) 97 00-33; E-Mail: rathaus@pfaffenweiler.de; http://www.pfaffenweiler.de

Einwohner: 2 600
Bürgermeister: Dieter Hahn

Hauptamt, Ordnungsamt
Leiter: Harry Schumacher, Tel. -12

Rechnungsamt
Leiter: Lukas Mahler, Tel. -20

Gemeinde Schallstadt
79227 Schallstadt, Waldseemüller-Str. 1; Tel. (0 76 64) 61 09-0; Fax (0 76 64) 61 09-91; E-Mail: rathaus@schallstadt.de; http://www.schallstadt.de

Einwohner: 6 400
Bürgermeister: Sebastian Kiss

Hauptamt
Leiter: Thomas Regele, Tel. -36

Rechnungsamt
Leiter: Alexander Bartsch, Tel. -41

Bauamt
Leiter: Georg Scheffold, Tel. -32

Stadt Staufen im Breisgau
79219 Staufen im Breisgau, Hauptstr. 53; Tel. (0 76 33) 8 05-0; Fax (0 76 33) 5 05 93; E-Mail: info@staufen.de; http://www.staufen.de

Einwohner: 8 165
Bürgermeister: Michael Benitz

Hauptverwaltung
Leiterin: Isabella Schuhmann, Tel. -25

Bauamt
Leiter: Michael Kübler, Tel. -40

Finanzverwaltung
Leiterin: Gerlinde Riesterer, Tel. -57

Gemeinde St. Märgen
79274 St. Märgen, Rathausplatz 6; Tel. (0 76 69) 91 18-0; Fax (0 76 69) 91 18-40; E-Mail: rathaus@st-maergen.de; http://www.st-maergen.de

Einwohner: 1 899
Bürgermeister: Manfred Kreutz

Gemeinde St. Peter
79271 St. Peter, Klosterhof 12; Tel. (0 76 60) 91 02-0; Fax (0 76 60) 91 02-9 11; E-Mail: gemeinde@st-peter.eu; http://www.st-peter.eu

Einwohner: 2 650
Bürgermeister: Rudolf Schuler

Hauptamt und Bauamt
Leiter: Bernd Bechtold, Tel. -23

Rechnungsamt
Leiter: Alexander Hug, Tel. -15

Gemeinde Schluchsee
79859 Schluchsee, Fischbacher Str. 7; Tel. (0 76 56) 77-0; Fax (0 76 56) 77-60; E-Mail: buergermeisteramt@schluchsee.de; http://www.schluchsee.de

Einwohner: 2 549
Bürgermeister: Jürgen Kaiser

Hauptverwaltung, Bauverwaltung
Leiter: Stefan Roth, Tel. -23

Finanzverwaltung
Leiterin: Theresa Harder, Tel. -25

Gemeinde Sölden
79294 Sölden, Bürgermeisteramt; Tel. (07 61) 1 37 80-0; Fax (07 61) 1 37 80-10;
E-Mail: gemeinde@soelden.de;
http://www.soelden.de

Einwohner: 1 281
Bürgermeister: Markus Rees

Hauptamt
Leiterin: Kathrin Schill, Tel. -12

Gemeinde Stegen
79252 Stegen, Dorfplatz 1; Tel. (0 76 61) 39 69-0; Fax (0 76 61) 39 69-69;
E-Mail: gemeinde@stegen.de;
http://www.stegen.de

Einwohner: 4 441
Bürgermeisterin: Fränzi Kleeb

Hauptamt
Leiter: Georg Link, Tel. -23

Rechnungsamt
Leiter: Daniel Jenne, Tel. -43

Stadt Sulzburg
79295 Sulzburg, Hauptstr. 60; Tel. (0 76 34) 56 00-0; Fax (0 76 34) 56 00-50;
E-Mail: stadt@sulzburg.de; http://www.sulzburg.de

Einwohner: 2 780
Bürgermeister: Dirk Blens

Hauptamt / Personalamt
Leiter: Martin Klinger, Tel. -22

Rechnungsamt
Leiter: Fabian Häckelmoser, Tel. -30

Grundbuchamt / Bauverwaltung
Leiter: Uwe Birkhofer, Tel. -27

Tourist-Information
Leiter: Thomas Fuchs, Tel. -40

Stadt Titisee-Neustadt
79822 Titisee-Neustadt, Pfauenstr. 2; Tel. (0 76 51) 2 06-0; Fax (0 76 51) 2 06-2 90;
E-Mail: stadt@titisee-neustadt.de;
http://www.titisee-neustadt.de

Einwohner: 12 200
Bürgermeisterin: Meike Folkerts

Hauptamt
Leiter: Christian Birkle, Tel. -1 17

Finanzverwaltung
Leiter: Gerrit Reeker, Tel. -1 30

Stadtbauamt
Leiterin: Heidrun Haag-Bingemann, Tel. -1 72

Städtische Forst- und Landwirtschaftsverwaltung
Leiter: Jochen Gutjahr, Tel. -1 94

Gemeinde Umkirch
79224 Umkirch, Vinzenz-Kremp-Weg 1; Tel. (0 76 65) 5 05-0; Fax (0 76 65) 5 05 39;
E-Mail: gemeinde@umkirch.de;
http://www.umkirch.de

Einwohner: 5 786
Bürgermeister: Walter Laub

Hauptamt
Leiter: Marcus Wieland, Tel. -11

Rechnungsamt
Leiter: Markus Speck, Tel. -22

Stadt Vogtsburg im Kaiserstuhl
79235 Vogtsburg im Kaiserstuhl, Bahnhofstr. 20; Tel. (0 76 62) 8 12-0; Fax (0 76 62) 8 12-46;
E-Mail: rathaus@vogtsburg.de;
http://www.vogtsburg.de

Einwohner: 6 177
Bürgermeister: Benjamin Bohn

Gemeinde Wittnau
79299 Wittnau, Kirchweg 2; Tel. (07 61) 45 64 79-0; Fax (07 61) 45 64 79-15;
E-Mail: gemeinde@wittnau.de;
http://www.wittnau.de

Einwohner: 1 396
Bürgermeister: Enrico Penthin

Hauptamt und Ordnungsamt
Leiter: Thomas Egloff, Tel. -11

Rechnungsamt (Rathaus Merzhausen)
Leiterin: Doris Ebner, Tel. 4 01 61-40

Bauamt (Rathaus Merzhausen)
Leiter: Michael Wemhöner, Tel. 4 01 61-64

Städte und Gemeinden im Landkreis Breisgau-Hochschwarzwald, die einer Verwaltungsgemeinschaft angehören:

Gemeindeverwaltungsverband Dreisamtal
79199 Kirchzarten
79256 Buchenbach
79254 Oberried
79252 Stegen

Gemeindeverwaltungsverband Hexental
79249 Merzhausen
79280 Au
79289 Horben
79294 Sölden
79299 Wittnau

Gemeindeverwaltungsverband Kaiserstuhl-Tuniberg
79268 Bötzingen
79356 Eichstetten am Kaiserstuhl
79288 Gottenheim

Gemeindeverwaltungsverband March-Umkirch
79232 March (Sitzgemeinde)
79224 Umkirch

Gemeindeverwaltungsverband Müllheim-Badenweiler
79379 Müllheim, Stadt (Sitzgemeinde)
79424 Auggen
79410 Badenweiler
79426 Buggingen
79295 Sulzburg, Stadt

Gemeindeverwaltungsverband St. Peter
79271 St. Peter
79286 Glottertal
79274 St. Märgen

Gemeindeverwaltungsverband Staufen-Münstertal
79219 Staufen im Breisgau, Stadt (Sitzgemeinde)
79244 Münstertal/Schwarzwald

Verwaltungsgemeinschaft
79189 Bad Krozingen
79258 Hartheim

Verwaltungsgemeinschaft Breisach
79206 Breisach am Rhein, Stadt (Sitzgemeinde)
79241 Ihringen
79291 Merdingen

Verwaltungsgemeinschaft
79238 Ehrenkirchen
79283 Bollschweil

Verwaltungsgemeinschaft
79194 Gundelfingen
79194 Heuweiler

Verwaltungsgemeinschaft Heitersheim
79423 Heitersheim, Stadt (Sitzgemeinde)
79282 Ballrechten-Dottingen
79427 Eschbach

Verwaltungsgemeinschaft
79856 Hinterzarten
79874 Breitnau

Verwaltungsgemeinschaft Löffingen
79843 Löffingen, Stadt (Sitzgemeinde)
79877 Friedenweiler

Verwaltungsgemeinschaft
79227 Schallstadt
79285 Ebringen
79292 Pfaffenweiler

Verwaltungsgemeinschaft
79859 Schluchsee
79868 Feldberg (Schwarzwald)

Verwaltungsgemeinschaft Titisee-Neustadt
79822 Titisee-Neustadt, Stadt (Sitzgemeinde)
79871 Eisenbach (Hochschwarzwald)

3.2 Landkreis Emmendingen

79312 Emmendingen, Bahnhofstr. 2-4; Tel. (0 76 41) 4 51-0; Fax (0 76 41) 4 51-19 99;
E-Mail: mail@landkreis-emmendingen.de; http://www.landkreis-emmendingen.de

Einwohner: 167 222
Fläche: 67 993 ha
Kreistag: 53 Mitglieder (14 CDU, 11 FWV, 10 GRÜNE, 9 SPD, 4 FDP, 2 UB-ÖDP, 2 AfD, 1 LISA)
Landrat: Hanno Hurth

Geschäftsbereich Landrat
Presse- und Europastelle, Hauptamt, Kreiskrankenhaus, Kreisseniorenzentrum, Wirtschaftsförderungsgesellschaft, Amt für ÖPNV, Personalrat, Medizinisches Versorgungszentrum, Service GmbH
Leiter: Hanno Hurth, Landrat

Dezernat I
Amt für Finanzen; Amt für Schule und Bildung; Straßenbauamt; Amt für Hochbau und Liegenschaften
Leiter: Christian Bader, KOVwR

Dezernat II
Landwirtschaftsamt, Vermessungsamt, Landschaftserhaltungsverband, Gemeinsame Dienststelle Flurneuordnung, Forstamt
Leiter: Dr. Martin Schreiner, LtdFoDir

Dezernat III
Sozialamt, Jugendamt, Amt für Flüchtlingsaufnahme und Integration, Jobcenter, Stabsstelle Sozial-, Jugendhilfe- und Psychiatrieplanung, Fachcontrolling KSD, Amt für Familienbegleitende Hilfe
Leiterin: Dr. Ulrike Kleinknecht-Strähle, KVwDirektorin

Dezernat IV
Kommunal- und Prüfungsamt, Ordnungsamt, Straßenverkehrsamt, Gesundheitsamt, Veterinäramt, Amt für Brand- und Katastrophenschutz
Leiter: Andreas Uebler, RDir

Dezernat V
Amt für Bauen und Naturschutz, Amt für Wasserwirtschaft und Bodenschutz, Amt für Gewerbeaufsicht, Immissionsschutz und Abfallrecht, Rechtsamt, Eigenbetrieb Abfallwirtschaft, Projektgruppe Integriertes Rheinprogramm
Leiter: Hinrich Ohlenroth, Erster Landesbeamter

Städte und Gemeinden im Landkreis Emmendingen:

Gemeinde Bahlingen am Kaiserstuhl
79353 Bahlingen am Kaiserstuhl, Webergässle 2; Tel. (0 76 63) 93 31-0;
E-Mail: gemeinde@bahlingen.de; http://www.bahlingen.de

Einwohner: 4 264
Bürgermeister: Harald Lotis

Hauptamt
Michael Dägele, Tel. -10

Bauamt
Ute Sommer, Tel. -12

Rechnungsamt
Eckhard Reinacher, Tel. -20

Ordnungsamt
Silke Metzinger, Tel. -14

Standesamt
Kevin Kreuzer, Tel. -13

Gemeinde Biederbach
79215 Biederbach, Dorfstr. 18; Tel. (0 76 82) 91 16-0; Fax (0 76 82) 91 16-16;
E-Mail: gemeinde@biederbach.de;
http://www.biederbach.de

Einwohner: 1 750
Bürgermeister: Josef Ruf

Hauptamt
Leiter: Rafael Mathis, GemAmtm, Tel. -11

Gemeinde Denzlingen
79211 Denzlingen, Hauptstr. 110; Tel. (0 76 66) 6 11-0; Fax (0 76 66) 6 11-1 25;
E-Mail: gemeinde@denzlingen.de;
http://www.denzlingen.de

Einwohner: 13 586
Bürgermeister: Markus Hollemann

Hauptamt
Leiter: Jürgen Sillmann, VwOR, Tel. -1 03

Bauamt
Leiter: Steffen Koch, Tel. -2 00

Rechnungsamt
Leiter: Martin Ziegler, VwOR, Tel. -1 70

Stadt Elzach
79215 Elzach, Hauptstr. 69; Tel. (0 76 82) 8 04-0; Fax (0 76 82) 8 04-55; E-Mail: stadt@elzach.de; https://www.elzach.de

Einwohner: 7 242
Bürgermeister: Roland Tibi

Stadt Emmendingen
(Große Kreisstadt)
79312 Emmendingen, Landvogtei 10; Tel. (0 76 41) 4 52-0; Fax (0 76 41) 4 52-11 09;
E-Mail: stadt@emmendingen.de;
http://www.emmendingen.de

Einwohner: 28 674
Oberbürgermeister: Stefan Schlatterer

Fachbereich 1 Service und Sicherheit
Leiter: Uwe Ehrhardt, Tel. -11 00

Fachbereich 2 Finanzen, Personal und Organsation
Leiter: Alexander Kopp, Tel. -21 00

Fachbereich 3 Planung und Bau
Leiter: Rüdiger Kretschmer, Tel. -31 00

Fachbereich 4 Familie, Kultur, Stadtmarketing
Leiter: Hans-Jörg Jenne, Tel. -41 00

Stadt Endingen am Kaiserstuhl
79346 Endingen am Kaiserstuhl, Marktplatz 6; Tel. (0 76 42) 68 99-0; Fax (0 76 42) 68 99-39;
E-Mail: rathaus@endingen.de; https://www.endingen.de

Einwohner: 10 250
Bürgermeister: Tobias Metz

Hauptamt
Leiter: Christian Burkhard, Tel. -22

Ordnungsamt
Leiter: Miro Enderle, Tel. -67

Rechnungsamt
Leiter: Volker Jauch, Tel. -51

Bauamt
Leiter: Bruno Müller, Tel. -28

Gemeinde Forchheim
79362 Forchheim, Herrenstr. 33; Tel. (0 76 42) 9 20 69-0; Fax (0 76 42) 9 20 69-01;
E-Mail: rathaus@forchheim-am-kaiserstuhl.de;
http://www.forchheim-am-kaiserstuhl.de

Einwohner: 1 436
Bürgermeister: Christian Pickhardt

Gemeinde Freiamt
79348 Freiamt, Sägplatz 1; Tel. (0 76 45) 91 02-0; Fax (0 76 45) 91 02-40;
E-Mail: gemeinde@freiamt.de;
http://www.freiamt.de

Einwohner: 4 280
Bürgermeisterin: Hannelore Reinbold-Mench

Ordnungsamt
Leiter: Andreas Kern, GemAR, Tel. -31

Rechnungsamt
Leiterin: Jasmin Stoll, GemARätin, Tel. -21

Gemeinde Gutach im Breisgau
79261 Gutach im Breisgau, Dorfstr. 33; Tel. (0 76 85) 91 01-0; Fax (0 76 85) 91 01-25;
E-Mail: Gemeinde@gutach.de;
http://www.gutach.de

Einwohner: 4 603
Bürgermeister: Urban Singler

Haupt- und Ordnungsamt
Jörg Barth, Tel. -15

Rechnungsamt
Marina Stammberger, Tel. -22

Bauamt
Markus Adam, Tel. -16

Stadt Herbolzheim
79336 Herbolzheim, Hauptstr. 26; Tel. (0 76 43) 91 77-0; Fax (0 76 43) 91 77-1 80;

E-Mail: info@stadt-herbolzheim.de;
http://www.stadt-herbolzheim.de

Einwohner: 11 124
Bürgermeister: Thomas Gedemer

Stadt Kenzingen
79341 Kenzingen, Hauptstr. 15; Tel. (0 76 44) 9 00-0; Fax (0 76 44) 9 00-1 60;
E-Mail: post@kenzingen.de;
http://www.kenzingen.de

Einwohner: 10 000
Bürgermeister: Matthias Guderjan

Fachbereich 1 Finanzen und Organisation
Leiter: Markus Bührer, Tel. -1 20

Fachbereich 2 Produkte und Dienstleistungen
Leiter: Stefan Benker, Tel. -1 10

Fachbereich 3 Bauen und Planen
Leiterin: Kerstin Hornung, Tel. -1 54

Gemeinde Malterdingen
79364 Malterdingen, Hauptstr. 18; Tel. (0 76 44) 91 11-0; Fax (0 76 44) 91 11-30;
E-Mail: hauptamt@malterdingen.de;
http://www.malterdingen.de

Einwohner: 3 043
Bürgermeister: Hartwig Bußhardt

Hauptamt und Ordnungsamt
Leiter: Heinz Leonhardt, Tel. -18

Rechnungsamt
Leiter: Heiko Schuler, Tel. -11

Gemeinde Reute
79276 Reute, Hinter den Eichen 2; Tel. (0 76 41) 91 72-0; Fax (0 76 41) 91 72-90;
E-Mail: gemeinde@reute.de; http://www.reute.de

Einwohner: 3 075
Bürgermeister: Michael Schlegel

Rechnungsamt
Leiterin: Marion Metzger, Tel. -20

Hauptamt
Leiterin: Katja Rogowitz, Tel. -65

Gemeinde Riegel
79359 Riegel, Hauptstr. 31; Tel. (0 76 42) 90 44-0; Fax (0 76 42) 90 44-26;
E-Mail: rathaus@gemeinde-riegel.de;
http://www.gemeinde-riegel.de

Einwohner: 3 950
Bürgermeister: Daniel Kietz

Hauptamt und Ordnungsamt
Leiter: Jens-Uwe Mönch, Tel. -15

Rechnungsamt
Leiter: Volker Hog, Tel. -23

Gemeinde Rheinhausen
79365 Rheinhausen, Hauptstr. 95; Tel. (0 76 43) 91 07-0; Fax (0 76 43) 91 07-99;
E-Mail: gemeinde@rheinhausen.de;
http://www.rheinhausen.de

Einwohner: 3 900
Bürgermeister: Prof. Dr. Dr. Jürgen Louis

Büro des Bürgermeisters
Leiterin: Sabine Ams, Tel. -12

Bürgerbüro
Leiter: Dominik Budny, Tel. -20

Amt für Bürgerdienste
Leiterin: Ingrid Kern, Tel. -14

Amt für Rechnungswesen und Vermögensverwaltung
Leiterin: Stephanie Tarakci, Tel. -16

Gemeindekasse
Leiterin: Karin Barleon, Tel. -17

Gemeinde Sasbach am Kaiserstuhl
79361 Sasbach am Kaiserstuhl, Hauptstr. 15; Tel. (0 76 42) 91 01-0; Fax (0 76 42) 91 01-30;
E-Mail: rathaus@sasbach.eu;
http://www.sasbach.eu

Einwohner: 3 500
Bürgermeister: Jürgen Scheiding

Hauptverwaltung, Bauverwaltung
Leiter: Hans-Peter Supplieth, Tel. -13

Rechnungsamt
Leiter: Christian Hess, Tel. -25

Ordnungs- und Sozialverwaltung
Leiterin: Stefanie Felchner, Tel. -23

Gemeinde Sexau
79350 Sexau, Dorfstr. 61; Tel. (0 76 41) 92 68-0; Fax (0 76 41) 92 68-68; E-Mail: rathaus@sexau.de;
http://www.sexau.de

Einwohner: 3 500
Bürgermeister: Michael Goby

Rechnungsamt, Hauptamt I
Leiter: Jochen Klausmann, Tel. -15

Bauamt, Hauptamt II
Leiter: Werner Gerber, Tel. -12

Gemeinde Simonswald
79263 Simonswald, Talstr. 12; Tel. (0 76 83) 91 01-0; Fax (0 76 83) 91 01-13;
E-Mail: gemeinde@simonswald.de;
http://www.simonswald.de

Einwohner: 3 076
Bürgermeister: Stephan Schonefeld

Hauptverwaltung
Leiterin: Sabine Glockner, Tel. -22

Finanzverwaltung
Leiter: Tobias Scherzinger, Tel. -31

Gemeinde Teningen
79331 Teningen, Riegeler Str. 12; Tel. (0 76 41) 58 06-0; Fax (0 76 41) 58 06-80;
E-Mail: info@teningen.de; http://www.teningen.de

Einwohner: 12 100
Bürgermeister: Heinz-Rudolf Hagenacker

Fachbereich Finanzen, Personal und Organisation
Leiterin: Evelyne Glöckler, ORätin, Tel. -64

Fachbereich Planung, Bau und Umwelt
Leiter: Daniel Kaltenbach, Tel. -34

Fachbereich Soziales, Bildung, Familie und Bürgerservice
Leiter: Rolf Stein, OAR, Tel. -46

Gemeinde Vörstetten
79279 Vörstetten, Freiburger Str. 2; Tel. (0 76 66) 94 00-0; Fax (0 76 66) 94 00-20;
E-Mail: gemeinde@voerstetten.de;
http://www.voerstetten.de

Einwohner: 3 130
Bürgermeister: Lars Brügner

Hauptamt
Leiterin: Mareen Weis, Tel. -13

**Stadt Waldkirch
(Große Kreisstadt)**
79183 Waldkirch, Marktplatz 1-5; Tel. (0 76 81) 4 04-0; Fax (0 76 81) 4 04-1 79;
E-Mail: postkorb@stadt-waldkirch.de;
http://www.stadt-waldkirch.de

Einwohner: 21 801
Oberbürgermeister: Roman Götzmann

Dezernat des Oberbürgermeisters
Leiterin: Melanie Gehl-Moser, Tel. -2 55

Dezernat I Zentraler Service und Finanzen
Leiter: Stephan Fliegner, Tel. -1 43

Dezernat II Kultur, Bildung und Soziales
Leiterin: Ilka Kern, Tel. -2 33

Dezernat III Recht und Sicherheit
Leiter: Michael Dorner, Tel. -1 39

Dezernat IV Planen, Bauen und Umwelt
Leiter: Detlev Kulse, Tel. -1 61

Gemeinde Weisweil
79367 Weisweil, Hinterdorfstr. 14; Tel. (0 76 46) 91 02-0; Fax (0 76 46) 91 02-50;
E-Mail: rheingemeinde@weisweil.de;
http://www.weisweil.de

Einwohner: 2 150
Bürgermeister: Michael Baumann

Hauptverwaltung
Leiterin: Brigitte Beck, Tel. -15

Sozialamt / Standesamt
Leiterin: Daniela Zygadlo, Tel. -14

Gemeinde Winden im Elztal
79297 Winden im Elztal, Bahnhofstr. 1; Tel. (0 76 82) 92 36-0; Fax (0 76 82) 92 36-79;
E-Mail: gemeinde@winden-im-elztal.de;
http://www.winden-im-elztal.de

Einwohner: 2 808
Bürgermeister: Klaus Hämmerle

Hauptamt/Rechnungsamt/Bauamt
Leiter: Michael Öhler, Tel. -20

Gemeinde Wyhl am Kaiserstuhl
79369 Wyhl am Kaiserstuhl, Hauptstr. 9; Tel. (0 76 42) 68 94-0; Fax (0 76 42) 68 94-9 20;
E-Mail: gemeinde@wyhl.de; http://www.wyhl.de

Einwohner: 3 774
Bürgermeister: Ferdinand Burger

Haupt-, Ordnungs- und Bauamt
Leiter: Gerhard Seiter, GemAR, Tel. -22

Rechnungsamt
Leiter: Dietmar Zimmermann, Tel. -20

Städte und Gemeinden im Landkreis Emmendingen, die einer Verwaltungsgemeinschaft angehören:

Gemeindeverwaltungsverband Denzlingen-Vörstetten-Reute
79211 Denzlingen
79276 Reute
79279 Vörstetten

Gemeindeverwaltungsverband Elzach
79215 Elzach, Stadt (Sitzgemeinde)
79215 Biederbach
79297 Winden

Gemeindeverwaltungsverband Kenzingen-Herbolzheim
79341 Kenzingen, Stadt (Sitzgemeinde)
79336 Herbolzheim, Stadt
79365 Rheinhausen
79367 Weisweil

Gemeindeverwaltungsverband Nördlicher Kaiserstuhl
79346 Endingen am Kaiserstuhl, Stadt (Sitzgemeinde)
79353 Bahlingen am Kaiserstuhl
79362 Forchheim
79359 Riegel
79361 Sasbach am Kaiserstuhl
79369 Wyhl am Kaiserstuhl

Verwaltungsgemeinschaft Emmendingen
79312 Emmendingen, Große Kreisstadt (Sitzgemeinde)
79348 Freiamt
79364 Malterdingen
79350 Sexau

79331 Teningen
Verwaltungsgemeinschaft Waldkirch
79183 Waldkirch, Große Kreisstadt (Sitzgemeinde)
79261 Gutach im Breisgau
79263 Simonswald

3.3 Landkreis Ortenaukreis

77652 Offenburg, Badstr. 20; Tel. (07 81) 8 05-0;
Fax (07 81) 8 05-12 11;
E-Mail: landratsamt@ortenaukreis.de; https://www.ortenaukreis.de

Einwohner: 432 580
Fläche: 186 100 ha
Kreistag: 83 Mitglieder (29 CDU, 19 FW, 12 SPD, 12 GRÜNE, 5 AfD, 4 FDP, 2 LiLO)
Landrat: Frank Scherer
1. Landesbeamter: Dr. Nikolas Stoermer

Stabsstelle Landrat
Koordination, Presse- und Öffentlichkeitsarbeit, Tourismus, Grenzüberschreitende Zusammenarbeit, Standortmanagement, Gleichstellungsstelle
Leiterin: Bettina Ebert, Tel. -95 01

Rechnungsprüfungsamt
Leiterin: Ulrike Karl, Tel. -91 00

Eigenbetrieb Ortenau Klinikum
Leiter: Christian Keller, Tel. (07 81) 4 72 50 00

Eigenbetrieb Schwarzwälder Freilichtmuseum Vogtsbauernhof
Leiterin: Margit Langer, Tel. (0 78 31) 93 56-15

Dezernat 1
Zentrale Steuerung
Leiterin: Jutta Gnädig, Tel. -12 98

Dezernat 2
Infrastrukturen, Baurecht und Migration
Leiter: Michael Loritz, Tel. -13 23

Dezernat 3
Bildung, Jugend, Soziales und Arbeitsförderung
Leiter: Heiko Faller, Tel. -13 41

Dezernat 4
Ländlicher Raum
Leiterin: Dr. Diana Kohlmann, Tel. -12 55

Dezernat 5
Sicherheit, Ordnung und Gesundheit
Leiter: Reinhard Kirr, Tel. -14 36

Dezernat 6
Kommunales, Gewerbeaufsicht und Umwelt
Leiter: Dr. Nikolas Stoermer, Tel. -12 95

Städte und Gemeinden im Landkreis Ortenaukreis:

Stadt Achern
(Große Kreisstadt)
77855 Achern, Illenauer Allee 73; Tel. (0 78 41) 6 42-0; Fax (0 78 41) 6 42-30 00;
E-Mail: stadtverwaltung@achern.de;
http://www.achern.de

Einwohner: 26 096
Oberbürgermeister: Klaus Muttach
Bürgermeister: Dietmar Büchel

Fachbereich 1 Ortsverwaltungen
Leiter: Klaus Muttach, OBgm, Tel. -11 01

Fachbereich 2 Zentrale Steuerung und Bürgerservice
Leiter: Patrick Retzer, OBgm, Tel. -11 51

Fachbereich 3 Soziales, Kultur und Sport
Leiter: Hans-Peter Vollet, Tel. -12 60

Fachbereich 4 Finanzen
Leiter: Rolf Schmiederer, Tel. -11 70

Fachbereich 5 Baurecht und Hochbau/Bauverwaltung
Leiter: Dietmar Stiefel, Bgm, Tel. -13 11

Fachbereich 6 Stadtplanung und Tiefbau
Leiter: Dietmar Stiefel, Bgm, Tel. -13 11

Fachbereich 7 Technische Betriebe
Leiter: Ralf Volz, Tel. -12 80

Gemeinde Appenweier
77767 Appenweier, Ortenauer Str. 13; Tel. (0 78 05) 95 94-0; Fax (0 78 05) 95 94-44;
E-Mail: gemeinde@appenweier.de;
http://www.appenweier.de

Einwohner: 10 240
Bürgermeister: Manuel Tabor

Hauptamt
Leiter: Fritz Langenecker, OAR, Tel. -10

Bürgerbüro, Sicherheit und Ordnung
Leiter: Ralf Wiedemer, Tel. -33

Rechnungsamt
Leiter: Mario Stutz, OAR, Tel. -20

Bauamt
Leiter: Ulrich Brudy, VwAng, Tel. -60

Gemeinde Bad Peterstal-Griesbach
77740 Bad Peterstal-Griesbach, Schwarzwaldstr. 11; Tel. (0 78 06) 79-0; Fax (0 78 06) 79-48;
E-Mail: gemeinde@bad-peterstal-griesbach.de;
http://www.bad-peterstal-griesbach.de

Einwohner: 2 750
Bürgermeister: Meinrad Baumann

Hauptamt
Leiter: Matthias Börsig, Tel. -22

Ordnungsamt
Leiter: Michael Panter, Tel. -32

Rechnungsamt
Leiter: Martin Armbruster, Tel. -25

Bauamt
Leiter: Markus Waidele, Tel. -23

Gemeinde Berghaupten
77791 Berghaupten, Rathausplatz 2; Tel. (0 78 03) 96 77-0; Fax (0 78 03) 96 77-10;
E-Mail: gemeinde@berghaupten.de;
http://www.berghaupten.de

Einwohner: 2 442
Bürgermeister: Philipp Clever

Hauptamt, Ordnungsamt
Leiter: Ralf Hertle, Tel. -40

Rechnungsamt
Leiter: Robert Vogt, Tel. -50

Gemeinde Biberach
77781 Biberach, Hauptstr. 27; Tel. (0 78 35) 63 65-0; Fax (0 78 35) 63 65-20;
E-Mail: rathaus@biberach-baden.de;
http://www.biberach-baden.de

Einwohner: 3 719
Bürgermeisterin: Daniela Paletta

Fachbereich Bürgerservice/Bauen
Leiter: Matthias Becker, Tel. -31

Fachbereich Finanzen
Leiter: Nicolas Isenmann, Tel. -24

Gemeinde Durbach
77770 Durbach, Tal 5; Tel. (07 81) 4 83-0; Fax (07 81) 4 83 50; E-Mail: rathaus@durbach.de;
http://www.durbach.de

Einwohner: 3 983
Bürgermeister: Andreas König

Hauptamt, Ordnungsamt und Bauamt
Leiterin: Heike Müller, Tel. -23

Rechnungsamt
Leiterin: Brigitte Wick, Tel. -34

Technische Dienste
Leiter: Johannes Albers

Stadt Ettenheim
77955 Ettenheim, Rohanstr. 16; Tel. (0 78 22) 4 32-0; Fax (0 78 22) 4 32-9 99;
E-Mail: stadtverwaltung@ettenheim.de;
http://www.ettenheim.de

Einwohner: 13 527
Bürgermeister: Bruno Metz

Amt I – Hauptamt
Leiterin: Julia Zehnle, Tel. -1 10

Amt II – Amt für Wirtschaftsförderung und Digitalisierung
Leiter: Wolfgang Spengler, Tel. -2 00

Amt III – Bauamt
Leiter: Markus Schoor, Tel. -3 00

Amt IV – Tiefbauamt
Leiter: Thomas Krumm, Tel. -4 00

Amt V – Rechnungsamt
Leiter: Alexander Ruchti, Tel. -5 00

Gemeinde Fischerbach
77716 Fischerbach, Hauptstr. 38; Tel. (0 78 32) 91 90-0; Fax (0 78 32) 91 90-20;
E-Mail: gemeinde@fischerbach.de;
http://www.fischerbach.de

Einwohner: 1 780
Bürgermeister: Thomas Schneider

Gemeinde Friesenheim
77948 Friesenheim, Friesenheimer Hauptstr. 71/73; Tel. (0 78 21) 63 37-0; Fax (0 78 21) 63 37-90;
E-Mail: rathaus@friesenheim.de;
http://www.friesenheim.de

Einwohner: 13 473
Bürgermeister: Erik Weide

Hauptamt und Ordnungsamt
Leiterin: Anja Reichert, GemOVwRätin, Tel. -2 00

Rechnungsamt
Leiter: Joachim Wagner, GemOVwR, Tel. -4 00

Bauamt
Leiter: Markus Reinbold, Tel. -5 00

Stadt Gengenbach
77723 Gengenbach, Victor-Kretz-Str. 2; Tel. (0 78 03) 9 30-0; Fax (0 78 03) 9 30-2 50;
http://www.stadt-gengenbach.de

Einwohner: 10 737
Bürgermeister: Michael Roschach

Gemeinde Gutach (Schwarzwaldbahn)
77793 Gutach (Schwarzwaldbahn), Hauptstr. 38; Tel. (0 78 33) 93 88-0; Fax (0 78 33) 93 88-11;
E-Mail: gemeinde@gutach-schwarzwald.de;
http://www.gutach-schwarzwald.de

Einwohner: 2 260
Bürgermeister: Siegfried Eckert

Hauptamt/Bauamt/Ordnungsamt
Leiter: Fritz Ruf, Tel. -88

Rechnungsamt
Leiter: Thomas Blum, Tel. -60

Stadt Haslach im Kinzigtal
77716 Haslach im Kinzigtal, Am Marktplatz 1; Tel. (0 78 32) 7 06-0; Fax (0 78 32) 7 06-1 19;
E-Mail: info@haslach.de; http://www.haslach.de

Einwohner: 7 114
Bürgermeister: Philipp Saar

Fachbereich 1 Zentrale Verwaltung
Leiter: Adrian Ritter, Tel. -1 12

Fachbereich 2 Finanzen
Leiterin: Gisela Ringwald, StaKämmerin, Tel. -1 21

Fachbereich 3 Stadtentwicklung, Bau und Umwelt
Leiter: Clemens Hupfer, StaBaumeister, Tel. -1 31

Fachbereich 4 Kultur und Marketing
Leiter: Martin Schwendemann, Tel. -1 71

Stadt Hausach
77756 Hausach, Hauptstr. 40; Tel. (0 78 31) 79-0; Fax (0 78 31) 79-56; E-Mail: rathaus@hausach.de; http://www.hausach.de

Einwohner: 5 751
Bürgermeister: Wolfgang Hermann

Hauptverwaltung
Leiterin: Viktoria Malek, Tel. -20

Finanzverwaltung
Leiter: Werner Gisler, Tel. -21

Ordnungs- und Sozialverwaltung
Leiterin: Sara Räpple, Tel. -26

Bauverwaltung
Leiter: Hermann-Josef Keller, Tel. -61

Gemeinde Hofstetten
77716 Hofstetten, Hauptstr. 5; Tel. (0 78 32) 91 29-0; Fax (0 78 32) 91 29-20; E-Mail: gemeinde@hofstetten.com; http://www.hofstetten.com

Einwohner: 1 815
Bürgermeister: Martin Aßmuth

Hauptamt und Ordnungsamt, Bauamt
Leiter: Mike Lauble, Tel. -13

Rechnungsamt
Leiter: Markus Neumaier, Tel. -14

Gemeinde Hohberg
77749 Hohberg, Freiburger Str. 32; Tel. (0 78 08) 88-0; Fax (0 78 08) 88 49; E-Mail: rathaus@hohberg.de; http://www.hohberg.de

Einwohner: 8 165
Bürgermeister: Klaus Jehle

Hauptamt, Ordnungsamt und Bauamt
Leiter: Dirk Sauer, Tel. -20

Rechnungsamt
Leiter: Christof Kaiser, Tel. -30

Stadt Hornberg
78132 Hornberg, Bahnhofstr. 1-3; Tel. (0 78 33) 7 93-0; Fax (0 78 33) 7 93-24; E-Mail: stadtverwaltung@hornberg.de; http://www.hornberg.de

Einwohner: 4 275
Bürgermeister: Siegfried Scheffold

Hauptverwaltung
Leiter: Oswald Flaig, Tel. -41

Finanzverwaltung
Leiterin: Simone Mayer, Tel. -61

Bauverwaltung
Leiterin: Pia Moser, Tel. -81

Gemeinde Kappel-Grafenhausen
77966 Kappel-Grafenhausen, Rathausstr. 2; Tel. (0 78 22) 8 63-0; Fax (0 78 22) 8 63-18; E-Mail: gemeinde@kappel-grafenhausen.de; http://www.kappel-grafenhausen.de

Einwohner: 5 265
Bürgermeister: Jochen Paleit

Hauptamt
Leiter: Daniel Kunz, Tel. -14

Ordnungsamt
Leiterin: Gabriela Dürr, Tel. -13

Rechnungsamt
Leiter: Hans-Peter Zeller, Tel. -16

Bauamt
Leiterinnen: Klingner, Tel. -26 ; Trotter, Tel. -28

Gemeinde Kappelrodeck
77876 Kappelrodeck, Hauptstr. 65; Tel. (0 78 42) 8 02-0; Fax (0 78 42) 8 02 76; E-Mail: gemeinde@kappelrodeck.de

Einwohner: 6 150
Bürgermeister: Stefan Hattenbach

Hauptamt
Leiter: Martin Reichert, Tel. -22

Standesamt
Leiterin: Sabine Lamm, Tel. -24

Rechnungsamt
Leiterin: Dr. Margareta Timbur, Tel. -16

Bauamt
Leiter: Paul Huber, Tel. -32

Bauverwaltung
Leiterin: Dagmar Lukert, Tel. -35

Stadt Kehl
(Große Kreisstadt)
77694 Kehl, Rathausplatz 1; Tel. (0 78 51) 88-0; Fax (0 78 51) 88-11 02; E-Mail: info@stadt-kehl.de; http://www.kehl.de

Einwohner: 37 139
Oberbürgermeister: Toni Vetrano
Bürgermeister: Thomas Wuttke

Dezernat I
Zentrale Steuerung, Personal und Organisation, IuK, Finanzen, Bereich Recht, Brand- und Bevölkerungsschutz, Sicherheit und öffentliche Ordnung, Verkehrswesen, Familie und Bildung, Sozialwesen, Bildung und Betreuung von Kindern, Jugendarbeit, Jugendsozialarbeit, Schulen, Kultur, Bürgerservice mit Ausländerbüro
Leiter: Toni Vetrano, OBgm, Tel. -10 01

Dezernat II
Gebäudemanagement, Tiefbau, Betriebshof, Bauservice, Bauordnung, Stadtplanung/Umwelt, TDK
Leiter: Thomas Wuttke, Bgm, Tel. -40 01

Gemeinde Kippenheim
77971 Kippenheim, Untere Hauptstr. 4; Tel. (0 78 25) 9 03-0; Fax (0 78 25) 9 03-30;
E-Mail: gemeinde@kippenheim.de;
http://www.kippenheim.de

Einwohner: 5 567
Bürgermeister: Matthias Gutbrod

Hauptamt
Leiterin: Sina Schultheiß, Tel. -24

Rechnungsamt
Leiter: Thomas Schwarz, Tel. -33

Stadt Lahr/Schwarzwald
(Große Kreisstadt)
77933 Lahr/Schwarzwald, Rathausplatz 4; Tel. (0 78 21) 9 10-00; Fax (0 78 21) 9 10-02 22;
E-Mail: info@lahr.de; http://www.lahr.de

Einwohner: 47 200
Oberbürgermeister: Markus Ibert

Dezernat I
Büro des OBgm, Kommunalpolitische Koordinierung und Wirtschaftsförderung, Zentrale Steuerung/Presse/Kommunikation, Justiziariat, Projektkoordination, Stabsstelle Feuerwehr/Bevölkerungsschutz, Datenschutzbeauftragter, Haupt- und Personalamt, Ortsverwaltungen, Rechnungsprüfungsamt, Stadtkämmerei
Leiter: Markus Ibert, OBgm, Tel. -01 00

Dezernat II
Ordnungsamt, Kulturamt, Amt für außerschulische Bildung, Amt für Soziales, Schulen und Sport
Leiter: Guido Schöneboom, 1. Bgm, Tel. -01 05

Dezernat III
Stabsstelle Umwelt, Stadtbauamt, Stadtplanungsamt, Amt für Geoinformation und Liegenschaften, Gemeinsamer Gutachterausschuss, Eigenbetrieb Bau- und Gartenbetrieb Lahr (BGL), Eigenbetrieb Bäder, Versorgung und Verkehr Lahr (Bäder VVL), Eigenbetrieb Abwasserbeseitigung der Stadt Lahr
Leiter: Tilman Petters, Bgm, Tel. -06 00

Gemeinde Lauf
77886 Lauf, Hauptstr. 70; Tel. (0 78 41) 20 06-0; Fax (0 78 41) 20 06-60;
E-Mail: gemeinde@lauf-schwarzwald.de;
http://www.lauf-schwarzwald.de

Einwohner: 3 970
Bürgermeister: Oliver Rastetter

Hauptverwaltung
Leiter: Thomas Gerth, Tel. -12

Finanzverwaltung
Leiter: Ralph Essig-Christeleit, Tel. -15

Bauverwaltung
Leiter: Wolfgang Flink, Tel. -23

Gemeinde Lautenbach
77794 Lautenbach, Hauptstr. 48; Tel. (0 78 02) 92 59-0; Fax (0 78 02) 92 59-59;
E-Mail: rathaus@lautenbach-renchtal.de;
http://www.lautenbach-renchtal.de

Einwohner: 1 832
Bürgermeister: Thomas Krechtler

Hauptamt
Leiter: B. Knapp, Tel. -16

Ordnungsamt, Sozialamt
Leiterin: Gabriele Armbruster, Tel. -12

Sekretariat, Standesamt
Leiterin: R. Sester, Tel. -15

Stadt Mahlberg
77972 Mahlberg, Rathausplatz 7; Tel. (0 78 25) 84 38-0; Fax (0 78 25) 84 38-38;
E-Mail: stadt@mahlberg.de;
http://www.mahlberg.de

Einwohner: 5 302
Bürgermeister: Dietmar Benz

Hauptamt
Leiterin: Tanja Kopp, Tel. -15

Rechnungsamt
Leiter: Frank Zeller, Tel. -16

Gemeinde Meißenheim
77974 Meißenheim, Winkelstr. 28; Tel. (0 78 24) 64 68-0; Fax (0 78 24) 64 68-15;
E-Mail: gemeinde@meissenheim.de;
http://www.meissenheim.de

Einwohner: 4 069
Bürgermeister: Alexander Schröder

Hauptamt
Leiter: Hartmut Schröder, Tel. -18

Rechnungsamt
Leiterin: Julia Schwarz, Kämmerin, Tel. -19

Gemeinde Mühlenbach
77796 Mühlenbach, Hauptstr. 24; Tel. (0 78 32) 91 18-0; Fax (0 78 32) 91 18-20;
E-Mail: gemeinde@muehlenbach.de;
http://www.muehlenbach.de

Einwohner: 1 700
Bürgermeisterin: Helga Wössner

Hauptamt, Ordnungsamt, Bauamt
Leiter: Christian Hofstetter, Tel. -13

Rechnungsamt
Leiterin: Bettina Waldmann, Tel. -14

Gemeinde Neuried
77743 Neuried, Kirchstr. 21; Tel. (0 78 07) 97-0; Fax (0 78 07) 97-1 77; E-Mail: info@neuried.net;
http://www.neuried.net

Einwohner: 9 700
Bürgermeister: Tobias Ulrich

Hauptamt
Leiterin: Simone Labiche, GemOARätin, Tel. -1 26

Rechnungsamt
Leiter: Andreas Delfosse, GemOAR, Tel. -1 30

Bauamt
Leiter: Klaus Person, GemOAR, Tel. -1 62

Gemeinde Nordrach
77787 Nordrach, Im Dorf 26; Tel. (0 78 38) 92 99-0; Fax (0 78 38) 92 99-24;
E-Mail: gemeinde@nordrach.de;
http://www.nordrach.de

Einwohner: 1 890
Bürgermeister: Carsten Erhardt

Hauptamt
Leiter: Martin Göhringer, Tel. -23

Rechnungsamt
Leiter: Nicolas Isenmann, Tel. -15

Gemeinde Oberharmersbach
77784 Oberharmersbach, Dorf 30; Tel. (0 78 37) 92 97-0; Fax (0 78 37) 92 97-15;
E-Mail: gemeinde@oberharmersbach.de;
http://www.oberharmersbach.de

Einwohner: 2 481
Bürgermeister: Richard Weith

Hauptamt, Ordnungsamt und Bauamt
Leiterin: Dominika Hättig, Tel. -35

Rechnungsamt
Leiter: Jens-Mathias Bächle, Tel. -45

Stadt Oberkirch
(Große Kreisstadt)
77704 Oberkirch, Eisenbahnstr. 1; Tel. (0 78 02) 82-0; Fax (0 78 02) 82-2 00;
E-Mail: stadt@oberkirch.de;
http://www.oberkirch.de

Einwohner: 19 885
Oberbürgermeister: Matthias Braun
Bürgermeister: Christoph Lipps

Stabsstelle Zentrale Steuerung
Leiterin: Nicole Trayer, Tel. -1 10

Stabsstelle Revision
Leiterin: Geraldine Matz, Tel. -2 95

Fachbereicht 1 Finanzen und Organisation
Leiter: Frank Spengler, Tel. -2 30

Fachbereich 2 Planen und Bauen
Leiter: Peter Bercher, Tel. -1 20

Fachbereich 3 Bürgerservice und Ordnung
Leiterin: Clarissa Isele, Tel. -1 50

Fachbereich 4 Bildung und Kultur
Leiter: Mathias Benz, Tel. -2 40

Stadtwerke Oberkirch GmbH
Geschäftsführer: Erik Füssgen, Tel. (0 78 02) 9 17 80

Gemeinde Oberwolfach
77709 Oberwolfach, Rathausstr. 1; Tel. (0 78 34) 83 83-0; Fax (0 78 34) 83 83-25 und -26;
E-Mail: gemeinde@oberwolfach.de;
http://www.oberwolfach.de

Einwohner: 2 586
Bürgermeister: Matthias Bauernfeind

Hauptamt und Bauabteilung
Leiter: Anton Schöner, Tel. -18

Rechnungsamt
Leiter: Thomas Springmann, Tel. -16

Stadt Offenburg
(Große Kreisstadt)
77652 Offenburg, Hauptstr. 90; Tel. (07 81) 82-0; Fax (07 81) 82-75 15; E-Mail: rathaus@offenburg.de;
http://www.offenburg.de

Einwohner: 60 388
Oberbürgermeister: Marco Steffens

Dezernat I
Stabsstellen: Oberbürgermeister-Büro; Stadtentwicklung; Digitalisierung und IT; Fachbereich 1 Wirtschaft, Stadtmarketing und Kommunikation; Fachbereich 2 Personal und Organisation; Fachbereich Zentrale Steuerung und Recht; Fachbereich Ortsverwaltungen
Leiter: Marco Steffens, OBgm, Tel. -22 12

Dezernat II
Fachbereich 3 Stadtplanung und Baurecht; Fachbereich 4 Bauservice; Fachbereich 5 Hochbau/Grünflächen und Umweltschutz; Fachbereich 6 Tiefbau und Verkehr
Leiter: Oliver Martini, 1. Beig., Tel. -23 03

Dezernat III
Fachbereich 7 Finanzen; Fachbereich 8 Kultur; Fachbereich 9 Familien, Schulen und Soziales; Fachbereich 10 Bürgerservice
Leiter: Hans-Peter Kopp, 2. Beig., Tel. -23 01

Gemeinde Ohlsbach
77797 Ohlsbach, Hauptstr. 33; Tel. (0 78 03) 96 99-0; Fax (0 78 03) 96 99 25;
E-Mail: gemeinde@ohlsbach.de;
http://www.ohlsbach.de

Einwohner: 3 183
Bürgermeister: Bernd Bruder

Hauptamt
Leiterin: Monja Dietz, Tel. -31

Ordnungsamt und Bauamt
Leiter: Marcel Stöckel, Tel. -14

Rechnungsamt
Leiterin: Stefanie Baumann, Tel. -24

Stadt Oppenau
77728 Oppenau, Rathausplatz 1; Tel. (0 78 04) 48-0; Fax (0 78 04) 48-22; E-Mail: rathaus@oppenau.de; http://www.oppenau.de

Einwohner: 4 789
Bürgermeister: Uwe Gaiser

Hauptamt
Leiter: Andreas Huber, Tel. -20

Ordnungsamt
Leiterin: Annika Huber, Tel. -21

Rechnungsamt
Leiter: Gerhard Bär, Tel. -40

Bauamt
Leiterin: Andrea Zähringer, Tel. -45

Gemeinde Ortenberg
77799 Ortenberg, Dorfplatz 1; Tel. (07 81) 93 35-0; Fax (07 81) 93 35-40; E-Mail: gemeindeverwaltung@ortenberg.de; http://www.ortenberg.de

Einwohner: 3 420
Bürgermeister: Markus Vollmer

Gemeinde Ottenhöfen im Schwarzwald
77883 Ottenhöfen im Schwarzwald, Forstweg 1; Tel. (0 78 42) 8 04-0; Fax (0 78 42) 8 04-14; E-Mail: gemeinde@ottenhoefen.de; http://www.ottenhoefen.de

Einwohner: 3 180
Bürgermeister: Hans-Jürgen Decker

Hauptamt
Leiter: Klaus Kordick, Tel. -20

Rechnungsamt
Leiter: Michael Bohnert, Tel. -30

Stadt Renchen
77871 Renchen, Hauptstr. 57; Tel. (0 78 43) 7 07-0; Fax (0 78 43) 7 07-23; E-Mail: rathaus@stadt-renchen.de; http://www.renchen.de

Einwohner: 7 400
Bürgermeister: Bernd Siefermann

Hauptamt
Leiter: Stefan Gutenkunst, Tel. -21

Rechnungsamt
Leiter: Karl-Heinz Moll, Tel. -11

Bauamt
Leiter: Robert Brandstetter, Tel. -31

Bauverwaltung
Leiter: Thomas Krechtler, Tel. -32

Stadt Rheinau
77866 Rheinau, Rheinstr. 52; Tel. (0 78 44) 4 00-0; Fax (0 78 44) 4 00-13; E-Mail: mailpost@rheinau.de; http://www.rheinau.de

Einwohner: 11 199
Bürgermeister: Michael Welsche

Hauptverwaltung
Leiter: Thomas Bantel, Tel. -22

Finanzverwaltung
Leiter: Uwe Beck, Tel. -51

Ordnungs- und Sozialverwaltung
Leiter: Armin Schäfer, Tel. -31

Hoch-/Tiefbau
Leiterin: Julia Hangs, Tel. -33

Gemeinde Ringsheim
77975 Ringsheim, Rathausstr. 1; Tel. (0 78 22) 89 39-0; Fax (0 78 22) 89 39-12; E-Mail: gemeinde@ringsheim.de; http://www.ringsheim.de

Einwohner: 2 400
Bürgermeister: Pascal Weber

Haupt und Bauverwaltung
Leiterin: Helena Gutbrod, Tel. -13

Finanzverwaltung
Leiter: Andreas Marre, Tel. -14

Gemeinde Rust
77977 Rust, Fischerstr. 51; Tel. (0 78 22) 86 45-0; Fax (0 78 22) 86 45-30; http://www.rust.de

Einwohner: 4 404
Bürgermeister: Dr. Kai-Achim Klare

Haupt- und Personalamt
Leiterin: Petra Engelmann, Tel. -15

Bauamt
Leiterin: Melanie Graß, Tel. -26

Rechnungsamt
Leiter: Thomas Sauter, Tel. -21

Gemeinde Sasbach
77880 Sasbach, Kirchplatz 4; Tel. (0 78 41) 6 86-0; Fax (0 78 41) 6 86-40; E-Mail: rathaus@sasbach-ortenau.de; http://www.sasbach.de

Einwohner: 5 276
Bürgermeister: Gregor Bühler

Haupt- und Ordnungsverwaltung
Leiter: Marcel Stöckel, Tel. -24

Bau- und Liegenschaftsverwaltung
Leiterin: Kerstin Burkart, Tel. -12

Finanzverwaltung
Leiter: Joachim Falk, Tel. -25

Gemeinde Sasbachwalden
77887 Sasbachwalden, Kirchweg 6; Tel. (0 78 41) 6 40 79-0; Fax (0 78 41) 6 40 79 25; E-Mail: rathaus@sasbachwalden.de; http://www.sasbachwalden.de

Einwohner: 2 608
Bürgermeisterin: Sonja Schuchter

Hauptverwaltung, Ordnungs- und Sozialverwaltung, Bauverwaltung
Leiter: Jürgen Zeilfelder, Tel. -17

Finanzverwaltung
Leiter: Achim Gromann, Tel. -12

Gemeinde Schuttertal
77978 Schuttertal, Hauptstr. 5; Tel. (0 78 26) 96 66-0; Fax (0 78 26) 96 66-10;
E-Mail: info@schuttertal.de;
http://www.schuttertal.de

Einwohner: 3 168
Bürgermeister: Matthias Litterst

Hauptamt / Bauamt
Leiter: Wolfgang Wölfle, GemAR, Tel. -12

Rechnungsamt
Leiterin: Lisa Kopf, Tel. -25

Ordnungsamt
Leiterin: Linda Schuhmacher, Tel. -13

Gemeinde Schutterwald
77746 Schutterwald, Kirchstr. 2; Tel. (07 81) 9 60 60; Fax (07 81) 96 06-99;
E-Mail: gemeinde@schutterwald.de;
http://www.schutterwald.de

Einwohner: 7 267
Bürgermeister: Martin Holschuh

Hauptamt und Ordnungsamt
Leiter: Thomas Feger, Tel. -23

Rechnungsamt
Leiter: Achim Sexauer, Tel. -27

Bauamt
Leiter: Thomas Gärtner, Tel. -35

Gemeinde Schwanau
77963 Schwanau, Kirchstr. 16; Tel. (0 78 24) 6 49 90; Fax (0 78 24) 40 09;
E-Mail: rathaus@schwanau.de;
http://www.schwanau.de

Einwohner: 7 200
Bürgermeister: Wolfgang Brucker

Hauptamt und Ordnungsamt
Leiter: Michael Fertig, Tel. -15

Rechnungsamt
Leiterin: Simone Stolz, Tel. -10

Bauamt
Leiterin: Martina Stahl, Tel. -16
Technischer Leiter: Achim Rehm, Tel. -35

Gemeinde Seebach
77889 Seebach, Ruhesteinstr. 21; Tel. (0 78 42) 94 83-0; Fax (0 78 42) 94 83-99;
E-Mail: gemeinde@seebach.de;
http://www.seebach.de

Einwohner: 1 430
Bürgermeister: Reinhard Schmälzle

Hauptamt, Bauamt, Ordnungsamt
Leiterin: Luisa Brandstetter, Tel. -30

Rechnungsamt
Leiterin: Stefanie Panther, Tel. -12

Tourist-Info
Leiterin: Manuela Epting, Tel. -21

Gemeinde Seelbach
77960 Seelbach, Hauptstr. 7; Tel. (0 78 23) 94 94-0; Fax (0 78 23) 94 94-55;
E-Mail: gemeinde@seelbach-online.de; https://www.seelbach-online.de

Einwohner: 5 000
Bürgermeister: Thomas Schäfer

Hauptamt
Leiter: Siegfried Kohlmann, GemOAR, Tel. -30

Rechnungsamt
Leiter: Wolfgang Mech, GemOAR, Tel. -20

Bau- und Umweltamt
Leiter: Rainer Walter, GemOAR, Tel. -40

Gemeinde Steinach
77790 Steinach, Kirchstr. 4; Tel. (0 78 32) 91 98-0; Fax (0 78 32) 91 98-20; E-Mail: info@steinach.de;
http://www.steinach.de

Einwohner: 3 937
Bürgermeister: Nicolai Bischler

Hauptverwaltung
Leiterin: Sabine Obert-Kempf, Tel. -21

Finanzverwaltung
Leiterin: Petra Meister, Tel. -23

Gemeinde Willstätt
77731 Willstätt, Am Mühlplatz 1; Tel. (0 78 52) 43-0; Fax (0 78 52) 43-3 81;
E-Mail: gemeinde@willstaett.de;
http://www.willstaett.de

Einwohner: 9 800
Bürgermeister: Christian Huber

Hauptamt
Leiter: Andreas Leupolz, Tel. -3 10

Rechnungsamt
Leiterin: Katharina Schubert, Tel. -4 10

Bauamt
Leiter: Philipp Reusch, Tel. -5 10

Stadt Wolfach
77709 Wolfach, Hauptstr. 41; Tel. (0 78 34) 83 53-0; Fax (0 78 34) 83 53-39; E-Mail: stadt@wolfach.de;
http://www.wolfach.de

Einwohner: 5 794
Bürgermeister: Thomas Geppert

Hauptamt
Leiter: Dirk Bregger, Tel. -36

Rechnungsamt
Leiter: Peter Göpferich, Tel. -25

Stadt Zell am Harmersbach
77736 Zell am Harmersbach, Hauptstr. 19; Tel. (0 78 35) 63 69-0; Fax (0 78 35) 63 69-46; E-Mail: stadtverwaltung@zell.de; http://www.zell.de

Einwohner: 8 018
Bürgermeister: Günter Pfundstein

Hauptamt
Leiterin: Saskia Oschwald, Tel. -22

Rechnungsamt
Leiter: Klaus Kammerer, Tel. -24

Bauamt
Leiter: Tobias Hoffmann, Tel. -26

Bauverwaltung
Leiter: NN

Städte und Gemeinden im Landkreis Ortenaukreis, die einer Verwaltungsgemeinschaft angehören:

Gemeindeverwaltungsverband Kappelrodeck
77876 Kappelrodeck (Sitzgemeinde)
77883 Ottenhöfen im Schwarzwald
77889 Seebach

Gemeindeverwaltungsverband Oberes Renchtal
77728 Oppenau, Stadt (Sitzgemeinde)
77740 Bad Peterstal-Griesbach

Verwaltungsgemeinschaft Achern
77855 Achern, Große Kreisstadt (Sitzgemeinde)
77886 Lauf
77880 Sasbach
77887 Sasbachwalden

Verwaltungsgemeinschaft Ettenheim
77955 Ettenheim, Stadt (Sitzgemeinde)
77972 Mahlberg, Stadt
77966 Kappel-Grafenhausen
77975 Ringsheim
77977 Rust

Verwaltungsgemeinschaft Gengenbach
77723 Gengenbach, Stadt (Sitzgemeinde)
77791 Berghaupten
77797 Ohlsbach

Verwaltungsgemeinschaft Haslach
77716 Haslach im Kinzigtal, Stadt (Sitzgemeinde)
77716 Fischerbach
77716 Hofstetten
77796 Mühlenbach
77790 Steinach

Verwaltungsgemeinschaft Hausach
77756 Hausach, Stadt (Sitzgemeinde)
77793 Gutach (Schwarzwaldbahn)

Verwaltungsgemeinschaft Lahr
77933 Lahr/Schwarzwald, Große Kreisstadt (Sitzgemeinde)
77971 Kippenheim

Verwaltungsgemeinschaft Oberkirch
77704 Oberkirch, Große Kreisstadt (Sitzgemeinde)
77871 Renchen, Stadt
77794 Lautenbach

Verwaltungsgemeinschaft Offenburg
77652 Offenburg, Große Kreisstadt (Sitzgemeinde)
77770 Durbach
77749 Hohberg
77799 Ortenberg
77746 Schutterwald

Verwaltungsgemeinschaft Schwanau
77963 Schwanau, (Sitzgemeinde)
77974 Meißenheim

Verwaltungsgemeinschaft Seelbach
77960 Seelbach, (Sitzgemeinde)
77978 Schuttertal

Verwaltungsgemeinschaft Wolfach
77709 Wolfach, Stadt (Sitzgemeinde)
77709 Oberwolfach

Verwaltungsgemeinschaft Zell am Harmersbach
77736 Zell am Harmersbach, Stadt (Sitzgemeinde)
77781 Biberach
77787 Nordrach
77784 Oberharmersbach

Region Schwarzwald Baar-Heuberg

3.4 Landkreis Rottweil

78628 Rottweil, Königstr. 36; Tel. (07 41) 2 44-0; Fax (07 41) 2 44-2 08; E-Mail: info@landkreis-rottweil.de; http://www.landkreis-rottweil.de

Einwohner: 140 272
Fläche: 76 943 ha
Kreistag: 47 Mitglieder (13 CDU, 12 FWV, 6 SPD, 5 GRÜNE, 4 FDP, 3 AfD, 3 ÖDP, 1 Aktiver Bürger)
Landrat: Dr. Wolf-Rüdiger Michel

Dezernat 1 Steuerung, Verwaltung, Schulen, Straßen
Hauptamt und Kämmerei; Personalamt; Straßenbauamt
Leiter: Gerald Kramer, LtdKVwDir, Tel. -3 00

Dezernat 2 Staatliche Verwaltung, Kommunalaufsicht, Abfallwirtschaft
Kommunalamt; Umweltschutzamt; Bau-, Naturschutz- und Gewerbeaufsichtsamt; Forstamt; Eigenbetrieb Abfallwirtschaft
Leiter: Hermann Kopp, Erster Landesbeamter, Tel. -2 21

Dezernat 3 Öffentliche Sicherheit, Verkehr, Recht
Straßenverkehrsamt; Rechtsamt; Ordnungsamt; Nahverkehrsamt
Leiter: Oliver Brodmann, RR, Tel. -2 24

Dezernat 4 Soziales, Jugend, Versorgung
Kreissozialamt; Jugend- und Versorgungsamt; Soziales Entschädigungsrecht
Leiter: NN, Tel. -3 02

Dezernat 5 Gesundheit, Veterinär, Ländlicher Raum
Gesundheitsamt, Veterinär- und Verbraucherschutzamt, Landwirtschaftsamt, Flurneuordnungs- und Vermessungsamt
Leiter: Dr. Heinz-Joachim Adam, Tel. -7 80

Außenstellen des Landkreises Rottweil:

Landwirtschaftsamt
78614 Rottweil, Johanniterstr. 25; Tel. (07 41) 2 44-7 01

Flurneuordnungs- und Vermessungsamt
78628 Rottweil, Ruhe-Christi-Str. 29; Tel. (07 41) 2 44-9 20

Gesundheitsamt
78628 Rottweil, Bismarckstr. 19; Tel. (07 41) 2 44-7 68

Soziales, Jugend, Versorgung
78628 Rottweil, Olgastr. 6; Tel. (07 41) 2 44-2 56

Kreismedienzentrum
78628 Rottweil, Stadionstr. 5; Tel. (07 41) 2 44-81 53

Städte und Gemeinden im Landkreis Rottweil:

Gemeinde Aichhalden
78733 Aichhalden, Reißerweg 3; Tel. (0 74 22) 97 02-0; Fax (0 74 22) 97 02-1 11 und -1 12;
E-Mail: gemeindeverwaltung@aichhalden.de;
http://www.aichhalden.de

Einwohner: 4 188
Bürgermeister: Michael Lehrer

Finanzverwaltung
Leiter: Philipp Stahl, GemAmtm, Tel. -1 33

Hauptverwaltung
Leiterin: Fabienne Legler, GemARätin, Tel. -1 23

Technische Verwaltung
Leiter: Wolfgang Haberstroh, Tel. -1 26

Gemeinde Bösingen
78662 Bösingen, Bösinger Str. 5; Tel. (0 74 04) 92 16-0; Fax (0 74 04) 24 90;
E-Mail: info@boesingen.de;
http://www.boesingen.de

Einwohner: 3 320
Bürgermeister: Johannes Blepp

Hauptamt, Ordnungsamt, Rechnungsamt, Bauamt
Leiter: Matthias Jetter, Tel. -14

Gemeinde Deißlingen
78652 Deißlingen, Kehlhof 1; Tel. (0 74 20) 93 94-0; Fax (0 74 20) 93 94-95;
E-Mail: info@deisslingen.de;
http://www.deisslingen.de

Einwohner: 6 066
Bürgermeister: Ralf Ulbrich

Haupt- und Personalverwaltung
Leiter: Daniel Schunk, Tel. -20

Finanzverwaltung
Leiterin: Simone Matzka, Tel. -30

Bauverwaltung
Leiter: Rainer Braun, Tel. -90

Gemeinde Dietingen
78661 Dietingen, Kirchplatz 1; Tel. (07 41) 48 06-0; Fax (07 41) 48 06-33; E-Mail: info@dietingen.de; http://www.dietingen.de

Einwohner: 4 230
Bürgermeister: Frank Scholz

Hauptamt
Leiter: Matthias Barth, Tel. -12

Rechnungsamt
Leiter: Christian Kiesel, Tel. -16

Stadt Dornhan
72175 Dornhan, Obere Torstr. 2; Tel. (0 74 55) 93 81-0; Fax (0 74 55) 93 81-33;
E-Mail: info@dornhan.de; http://www.dornhan.de

Einwohner: 6 141
Bürgermeister: Markus Huber

Hauptamt, Ordnungsamt
Leiterinnen: Sabine Munz, Tel. -15 ; Daniela Dettling, Tel. -17

Kämmerei
Leiter: Benjamin Gramlich, Tel. -29

Technisches Bauamt
Leiter: Armin Schaupp, Tel. -24

Gemeinde Dunningen
78655 Dunningen, Hauptstr. 25; Tel. (0 74 03) 92 95-0; Fax (0 74 03) 92 95-34;
E-Mail: info@dunningen.de;
http://www.dunningen.de

Einwohner: 6 400
Bürgermeister: Peter Schumacher

Hauptamt, Bauamt
Leiter: Frank Fahrner, Tel. -13

Ordnungsamt
Leiterin: Concetta Frech, Tel. -22

Rechnungsamt
Leiterin: Dagmar Maier, Tel. -18

Ortsbauamt
Leiterin: Karola Heinz, Tel. -49

Gemeinde Epfendorf
78736 Epfendorf, Adenauerstr. 14; Tel. (0 74 04) 92 12-0; Fax (0 74 04) 92 12-33;
E-Mail: info@epfendorf.de;
http://www.epfendorf.de

Einwohner: 3 300
Bürgermeister: Mark Prielipp

Hauptamt
Leiterin: Nicole Ziegler, Tel. -25

Kämmerei
Leiterin: Verena Ordowski, Tel. -14

Gemeinde Eschbronn
78664 Eschbronn, Hauptstr. 8; Tel. (0 74 03) 92 98-0; Fax (0 74 03) 92 98-10;
E-Mail: gemeinde@eschbronn.de;
http://www.eschbronn.de

Einwohner: 2 100
Bürgermeister: Franz Moser

Gemeinde Fluorn-Winzeln
78737 Fluorn-Winzeln, Freudenstädter Str. 20; Tel. (0 74 02) 92 92-0; Fax (0 74 02) 92 92-14;
E-Mail: info@Fluorn-Winzeln.de;
http://www.fluorn-winzeln.de

Einwohner: 3 100
Bürgermeister: Bernhard Tjaden

Hauptverwaltung
Leiterin: Stefanie Grumbach, GemOInspektorin, Tel. -17

Kämmerei
Leiterin: Monika Schiem, GemARätin, Tel. -13

Gemeinde Hardt
78739 Hardt, Mariazeller Str. 1; Tel. (0 74 22) 95 88-0; Fax (0 74 22) 95 88-30;
E-Mail: info@hardt-online.de;
http://www.hardt-online.de

Einwohner: 2 534
Bürgermeister: Michael Moosmann

Gemeinde Lauterbach
78730 Lauterbach, Schramberger Str. 5; Tel. (0 74 22) 94 97-0; Fax (0 74 22) 94 97-40;
E-Mail: info@lauterbach-schwarzwald.de;
http://www.lauterbach-schwarzwald.de

Einwohner: 2 883
Bürgermeister: Norbert Swoboda

Hauptamt und Bauamt
Leiter: Andreas Kaupp, GemAR, Tel. -16

Bürgerbüro
Leiterin: Ramona Fichter, VwAngestellte, Tel. -24

Rechnungsamt
Leiter: Alexander Hofer, GemOI, Tel. -19

Stadt Oberndorf am Neckar
78727 Oberndorf am Neckar, Klosterstr. 3; Tel. (0 74 23) 77-0; Fax (0 74 23) 77 21 11;
E-Mail: Stadt@Oberndorf.de;
http://www.oberndorf.de

Einwohner: 14 334
Bürgermeister: Hermann Acker

Verwaltungsbereich Allgemeine Verwaltung
Leiterin: Manuela Schumann, Tel. -11 24

Verwaltungsbereich Finanzen
Leiter: Rainer Weber, Tel. -12 01

Verwaltungsbereich Bauen und Planen
Leiter: Michael Lübke, Tel. -13 01

Stadt Rottweil
(Große Kreisstadt)
78628 Rottweil, Hauptstr. 21 (Altes Rathaus), Bruderschaftsgasse 4 (Neues Rathaus); Tel. (07 41) 4 94-0; Fax (07 41) 4 94-3 55;
E-Mail: stadt@rottweil.de; http://www.rottweil.de

Einwohner: 25 622
Oberbürgermeister: Ralf Broß
Bürgermeister: Dr. Christian Ruf

Hauptverwaltung und Finanzverwaltung
Leiter: Herbert Walter, Tel. -2 02

Bürgeramt, Ordnungs- und Schulverwaltung
Leiter: Bernd Pfaff, StaDir, Tel. -2 18

Bauen und Stadtentwicklung
Leiter: Dipl.-Ing. (FH) Rudolf Mager, Tel. -4 41

Hochbau und Gebäudemanagement
Leiter: Dipl.-Ing. Erik Fiss, Tel. -4 30

Kultur, Jugend und Sport
Leiter: Marco Schaffert, Tel. -2 17

Gemeinde Schenkenzell
77773 Schenkenzell, Reinerzaustr. 12; Tel. (0 78 36) 93 97-0; Fax (0 78 36) 93 97-10;
E-Mail: info@schenkenzell.de;
http://www.schenkenzell.de

Einwohner: 1 762
Bürgermeister: Bernd Heinzelmann

Hauptamt/Kämmerei/Ordnungsamt
Leiterin: Daniela Duttlinger, ARätin, Tel. -13

Rechnungsamt und Kasse
Leiterin: Marita Mäntele, Tel. -20

Bauamt
Leiterin: Andrea Braun, Tel. -14

Stadt Schiltach
77761 Schiltach, Marktplatz 6; Tel. (0 78 36) 58-0; Fax (0 78 36) 58 59; E-Mail: info@schiltach.de;
http://www.schiltach.de

Einwohner: 3 868
Bürgermeister: Thomas Haas

Hauptamt
Leiter: Michael Grumbach, StaOAR, Tel. -13

Rechnungsamt
Leiter: Herbert Seckinger, StaOAR, Tel. -20

Bauamt
Leiter: Roland Grießhaber, Tel. -31

**Stadt Schramberg
(Große Kreisstadt)
78713 Schramberg**, Hauptstr. 25, Tel. (0 74 22) 29-0; Fax (0 74 22) 29-2 09;
E-Mail: Info@Schramberg.de;
http://www.Schramberg.de

Einwohner: 21 300
Oberbürgermeisterin: Dorothee Eisenlohr

Fachbereich Zentrale Verwaltung und Finanzen
Leiter: Uwe Weisser, OVwR, Tel. -2 07

Fachbereich Recht und Sicherheit
Leiter: Matthias Rehfuß, StaOAR, Tel. -2 91

Fachbereich Kultur und Soziales
Leiterin: Susanne Gwosch, StaOARätin, Tel. -2 71

Fachbereich Umwelt und Technik
Leiterin: Petra Schmidtmann-Deniz, Tel. -3 15

Eigenbetrieb Wirtschaftsförderung
Betriebsleiter: Ralf Heinzelmann, StaOAR, Tel. -3 63

Stadtwerke GmbH
Geschäftsführer: Peter Kälble, Tel. (0 74 22) 9 53 41 00

Eigenbetrieb Spittel Seniorenzentrum
Betriebsleiterin: Hedwig Pieper, Tel. (0 74 22) 2 75-1 00

**Stadt Sulz am Neckar
72172 Sulz am Neckar**, Obere Hauptstr. 2; Tel. (0 74 54) 96 50-0; Fax (0 74 54) 96 50-12;
E-Mail: Stadtverwaltung@sulz.de;
http://www.sulz.de

Einwohner: 12 600
Bürgermeister: Gerd Hieber

Hauptamt
Leiter: Hartmut Walter, Tel. -15

Kämmerei
Leiter: Hans-Peter Fauser, 1. Beig, Tel. -46

Bauamt
Leiter: Dipl.-Ing. Reiner Wössner, Tel. -31

**Gemeinde Villingendorf
78667 Villingendorf**, Hauptstr. 2; Tel. (07 41) 92 98-0; Fax (07 41) 92 98-29;
E-Mail: info@villingendorf.de;
http://www.villingendorf.de

Einwohner: 3 400
Bürgermeister: Marcus Türk

Hauptamt
Leiter: Armin Mei, Tel. -44

Finanzverwaltung
Leiter: Michael Hardtmann, Tel. -15

**Gemeinde Vöhringen
72189 Vöhringen**, Sulzer Str. 8; Tel. (0 74 54) 95 83-0; Fax (0 74 54) 95 83-37;
E-Mail: info@voehringen-bw.de;
http://www.voehringen-bw.de

Einwohner: 4 337
Bürgermeister: Stefan Hammer

Hauptamt / Bauamt
Leiterin: Jasmina Deckert, Tel. -31

Kämmerei
Leiterin: Melanie Hägele, Tel. -23

**Gemeinde Wellendingen
78669 Wellendingen**, Schloßplatz 1; Tel. (0 74 26) 94 02-0; Fax (0 74 26) 94 02-25;
E-Mail: Info@Wellendingen.de

Einwohner: 3 370
Bürgermeister: Thomas Albrecht

Finanzverwaltung
Leiter: Phillippe Liebermann, Tel. -16

Hauptverwaltung
Leiterin: Carolin Frech, Tel. -32

**Gemeinde Zimmern ob Rottweil
78658 Zimmern ob Rottweil**, Rathausstr. 2; Tel. (07 41) 92 91-0; Fax (07 41) 92 91 34;
E-Mail: info@zimmern-or.de;
http://www.zimmern-or.de

Einwohner: 6 372
Bürgermeisterin: Carmen Merz

Hauptamt / Ordnungsamt
Leiter: Johannes Klingler, Tel. -15

Finanzverwaltung
Leiter: Martin Weiss, Tel. -14

Bauamt
Leiter: Georg Kunz, Tel. -13

Städte und Gemeinden im Landkreis Rottweil, die einer Verwaltungsgemeinschaft angehören:

Gemeindeverwaltungsverband Villingendorf
78667 Villingendorf
78662 Bösingen

Verwaltungsgemeinschaft Dunningen
78655 Dunningen
78664 Eschbronn

Verwaltungsgemeinschaft Oberndorf
78727 Oberndorf am Neckar, Stadt (Sitzgemeinde)
78736 Epfendorf
78737 Fluorn-Winzeln

Verwaltungsgemeinschaft Rottweil
78628 Rottweil, Stadt (Sitzgemeinde)

78652 Deißlingen
78661 Dietingen
78669 Wellendingen
78658 Zimmern ob Rottweil

Verwaltungsgemeinschaft Schlitach
77761 Schiltach, Stadt (Sitzgemeinde)
77773 Schenkenzell

Verwaltungsgemeinschaft Schramberg
78713 Schramberg, Stadt (Sitzgemeinde)
78733 Aichhalden
78739 Hardt
78730 Lauterbach

Verwaltungsgemeinschaft Sulz a. N.
72172 Sulz am Neckar, Stadt (Sitzgemeinde)
72189 Vöhringen

Verwaltungsraum Dornhan
72175 Dornhan

3.5 Landkreis Schwarzwald-Baar-Kreis

78048 Villingen-Schwenningen, Am Hoptbühl 2; Tel. (0 77 21) 9 13-0; Fax (0 77 21) 9 13-89 00; E-Mail: info@lrasbk.de; http://www.schwarzwald-baar-kreis.de

Einwohner: 210 084
Fläche: 102 534 ha
Kreistag: 61 Mitglieder (22 CDU, 10 FWV, 10 GRÜNE, 8 SPD, 5 FDP, 3 AfD)
Landrat: Sven Hinterseh

Dem Landrat unmittelbar unterstellt:

Kommunal- und Rechnungsprüfungsamt, Geschäftsstelle Kreistag, Öffentlichkeitsarbeit, Persönliche Referentin

Dezernat I Allgemeine Verwaltung, Finanzen und Schulen
Hauptamt, Amt für Schule, Hochbau und Gebäudemanagement, Kämmerei
Leiter: Boris Schmid, Tel. -73 59

Dezernat II Rechts- und Ordnungsverwaltung
Rechtsamt, Ordnungsamt, Straßenverkehrsamt, Amt für Veterinärwesen und Lebensmittelüberwachung
Leiterin: Barbara Kollmeier, Tel. -73 46

Dezernat III Sozialdezernat
Jugendamt, Sozialamt, Beratungsstelle für Eltern, Kinder und Jugendliche
Leiter: Jürgen Stach, Tel. -72 52

Dezernat IV Umwelt und Gesundheit
Baurechts- und Naturschutzamt, Gewerbeaufsichtsamt, Amt für Abfallwirtschaft, Amt für Umwelt-, Wasser- und Bodenschutz, Gesundheitsamt
Leiter: Dr. Martin Seuffert, 1. Landesbeamter, Tel. -70 10

Dezernat V Ländlicher Raum
Landwirtschaftsamt, Kreisforstamt, Vermessungs- und Flurneuordnungsamt, Straßenbauamt
78166 Donaueschingen, Humboldtstr. 11
Leiter: Reinhold Mayer, Tel. -54 00

Städte und Gemeinden im Landkreis Schwarzwald-Baar-Kreis:

Stadt Bad Dürrheim
78073 Bad Dürrheim, Luisenstr. 4; Tel. (0 77 26) 6 66-0; Fax (0 77 26) 6 66-3 00; E-Mail: rathaus@bad-duerrheim.de; https://www.bad-duerrheim.info

Einwohner: 13 414
Bürgermeister: Jonathan Berggötz

Fachbereich 1 Bildung, Soziales, Politik
Leiter: Markus Stein, Tel. -2 05

Fachbereich 2 Bürgerdienste
Leiterin: Gina Wetzel, Tel. -2 02

Fachbereich 3 Strategische Entwicklung und Kommunikation
Leiter: Alexander Stengelin, Tel. -2 09

Fachbereich 4 Finanzwesen
Leiter: Thomas Berninger, Tel. -2 11

Fachbereich 5 Bauwesen
Leiter: Holger Kurz, Tel. -2 37

Stadt Blumberg
78176 Blumberg, Hauptstr. 97; Tel. (0 77 02) 51-0; Fax (0 77 02) 51-1 05; E-Mail: info@stadt-blumberg.de; http://www.stadt-blumberg.de

Einwohner: 10 275
Bürgermeister: Markus Keller

Hauptamt
Leiterin: Nicole Schautzgy, Tel. -1 20

Stadtkämmerei
Leiter: Marlon Jost, Tel. -1 30

Stadtbauamt
Leiter: Uwe Veit, Tel. -1 60

Stadt Bräunlingen
78199 Bräunlingen, Kirchstr. 10; Tel. (07 71) 6 03-0; Fax (07 71) 6 03-1 69; E-Mail: info@braeunlingen.de; http://www.braeunlingen.de

Einwohner: 6 000
Bürgermeister: Micha Bächle

Hauptamt und Ordnungsamt
Leiter: Jürgen Bertsche, StaOAR, Tel. -1 30

Rechnungsamt
Leiter: Sebastian Grytner, StaOAR, Tel. -1 40

Bauamt
Leiter: Volker Dengler, Tel. -1 60

Gemeinde Brigachtal
78086 Brigachtal, St. Gallus-Str. 4; Tel. (0 77 21) 29 09-0; Fax (0 77 21) 29 09-45;
E-Mail: info@brigachtal.de;
http://www.brigachtal.de

Einwohner: 5 200
Bürgermeister: Michael Schmitt

Hauptamt
Leiter: Martin Weißhaar, Tel. -35

Rechnungsamt
Leiter: Harald Maute, Tel. -39

Bauamt
Leiter: Patrick Lutz, Tel. -29

**Stadt Donaueschingen
(Große Kreisstadt)**
78166 Donaueschingen, Rathausplatz 1; Tel. (07 71) 8 57-0; Fax (07 71) 8 57-1 07;
E-Mail: stadt@donaueschingen.de;
http://www.donaueschingen.de

Einwohner: 22 396
Oberbürgermeister: Erik Pauly
Bürgermeister: Severin Graf

Zentrale Steuerung
Leiter: Mike Biehler, Tel. -1 10

Finanzen
Leiter: Georg Zoller, Tel. -1 30

Tourismus und Marketing
Leiter: Andreas Haller, Tel. -2 20

Kultur
Leiterin: Kerstin Rüllke, Tel. -2 65

Öffentliche Ordnung
Leiter: Andreas Dereck, Tel. -1 60

Hochbau
Leiter: Christian Unkel, Tel. -1 80

Tiefbau
Leiter: Dirk Monien, Tel. -1 82

Bauverwaltung
Leiter: Tobias Butsch, Tel. -2 00

Bildung und Soziales
Leiter: Hubert Romer, Tel. -2 80

Innenrevision
Leiterin: Ute Augenstein, Tel. -1 48

Gemeinde Dauchingen
78083 Dauchingen, Deißlinger Str. 1; Tel. (0 77 20) 97 77-0; Fax (0 77 20) 97 77-33;
E-Mail: gemeinde@dauchingen.de;
http://www.dauchingen.de

Einwohner: 3 700
Bürgermeister: Torben Dorn

Hauptamt und Ordnungsamt
Leiter: Matthias Hummel, Tel. -14

Kämmerei
Leiter: Stefan Reiser, Tel. -20

Bauverwaltung
Leiter: Gerhard Stier, Tel. -17

Stadt Furtwangen im Schwarzwald
78120 Furtwangen im Schwarzwald, Marktplatz 4;
Tel. (0 77 23) 9 39 0; Fax (0 77 23) 9 39 1 99;
E-Mail: stadt@furtwangen.de;
http://www.furtwangen.de

Einwohner: 9 090
Bürgermeister: Josef Herdner

Bürger- und Zentraler Service
Leiter: Marcel Schneider, StaI, Tel. -1 20

Finanzen
Leiter: Franz Kleiser, StaAR, Tel. -1 50

Planen, Bauen und Technik
Leiter: Christian Mahrzahn, Tel. -1 69

Gemeinde Gütenbach
78148 Gütenbach, Hauptstr. 10; Tel. (0 77 23) 93 06-0; Fax (0 77 23) 93 06-20;
E-Mail: gemeinde@guetenbach.de;
http://www.guetenbach.de

Einwohner: 1 200
Bürgermeister: Rolf Breisacher

Hauptamt
Leiter: Bernd Nitz, Tel. -14

Ordnungsamt
Leiter: Helmut Riesle, Tel. -16

Rechnungsamt
Leiterin: Jasmin Stoll, Tel. -18

Stadt Hüfingen
78183 Hüfingen, Hauptstr. 16/18; Tel. (07 71) 60 09-0; Fax (07 71) 60 09-22;
E-Mail: info@huefingen.de;
http://www.huefingen.de

Einwohner: 7 944
Bürgermeister: Michael Kollmeier

Hauptamt
Leiter: Horst Vetter, Tel. -30

Rechnungsamt
Leiter: Michael Binninger, Tel. -50

Bauamt
Leiter: Leopold Jerger, Tel. -60

Gemeinde Königsfeld im Schwarzwald
78126 Königsfeld im Schwarzwald, Rathausstr. 2;
Tel. (0 77 25) 80 09-0; Fax (0 77 25) 80 09-22;
E-Mail: info@koenigsfeld.de;
http://www.koenigsfeld.de

Einwohner: 6 000
Bürgermeister: Fritz Link

Hauptamt
Leiter: Florian Kienzler, Tel. -24

Kämmerei
Leiterin: Irmgard Kern-Kaiser, Tel. -32

Bauamt
Leiter: Gregor Schenk, Tel. -40

Tourist-Information
Leiterin: Andrea Hermann, Tel. -49

Gemeinde Mönchweiler
78087 Mönchweiler, Hindenburgstr. 42; Tel. (0 77 21) 94 80-0; Fax (0 77 21) 94 80-40; E-Mail: info@moenchweiler.de; http://www.moenchweiler.de

Einwohner: 2 990
Bürgermeister: Rudolf Fluck

Hauptamt
Leiter: Sebastian Duffner, Tel. -14

Rechnungsamt
Leiter: Gebhard Flaig, Tel. -30

Bauamt
Leiter: Berthold Fischer, Tel. -35

Gemeinde Niedereschach
78078 Niedereschach, Villinger Str. 10; Tel. (0 77 28) 6 48-0; Fax (0 77 28) 6 48 51; E-Mail: info@niedereschach.de; http://www.niedereschach.de

Einwohner: 6 000
Bürgermeister: Martin Ragg

Hauptamt, Ordnungsamt und Bauamt
Leiter: Jürgen Lauer, Tel. -29

Rechnungsamt
Leiter: Alfred Haberstroh, Tel. -20

Gemeinde Schönwald im Schwarzwald
78141 Schönwald im Schwarzwald, Franz-Schubert-Str. 3; Tel. (0 77 22) 86 08-0; Fax (0 77 22) 86 08-34; E-Mail: mail@schoenwald.de; http://www.schoenwald.net

Einwohner: 2 519
Bürgermeister: Christian Wörpel

Hauptamt und Ordnungsamt
Leiter: Andreas Herdner, Tel. -23

Rechnungsamt
Leiter: Harald Hafner, Tel. -70

Gemeinde Schonach im Schwarzwald
78136 Schonach im Schwarzwald, Hauptstr. 21; Tel. (0 77 22) 9 64 81-0; Fax (0 77 22) 9 64 81-30; E-Mail: gemeinde@schonach.de; http://www.schonach.de

Einwohner: 4 016
Bürgermeister: Jörg Frey

Hauptamt
Leiterin: Jennifer Hopf, Tel. -42

Rechnungsamt
Leiter: Steffen Dold, Tel. -50

Bauamt
Leiter: Ansgar Paul, Tel. -32

Stadt St. Georgen im Schwarzwald
78112 St. Georgen im Schwarzwald, Hauptstr. 9; Tel. (0 77 24) 87-0; Fax (0 77 24) 8 71 39; E-Mail: info@st-georgen.de; http://www.st-georgen.de

Einwohner: 13 151
Bürgermeister: Michael Rieger

Zentrale Steuerung und Dienste
Leiter: Giovanni Costantino, Tel. -1 36

Finanzen
Leiterin: Blanka Amann, Tel. -1 56

Ordnung, Bildung und Soziales
Leiter: Markus Esterle, Tel. -1 31

Planen und Bauen
Leiter: Alexander Tröndle, Tel. -1 80

Stadt Triberg im Schwarzwald
78098 Triberg im Schwarzwald, Hauptstr. 57; Tel. (0 77 22) 9 53-0; Fax (0 77 22) 9 53-2 23; E-Mail: Stadtverwaltung@Triberg.de; http://www.triberg.de

Einwohner: 4 937
Bürgermeister: Dr. Gallus Strobel

Hauptamt
Leiterin: Barbara Duffner, Tel. -2 13

Rechnungsamt
Leiterin: Christin Rinnus, Tel. -2 51

Gemeinde Tuningen
78609 Tuningen, Auf dem Platz 1; Tel. (0 74 64) 98 61-0; Fax (0 74 64) 98 61-20; E-Mail: info@tuningen.de; http://www.tuningen.de

Einwohner: 3 043
Bürgermeister: Ralf Pahlow

Hauptamt
Leiterin: Celine Rothweiler, GemARätin, Tel. -10

Finanzverwaltung (Rechnungsamt)
Leiterin: Anina Renner, GemARätin, Tel. -14

Gemeinde Unterkirnach
78089 Unterkirnach, Villinger Str. 5; Tel. (0 77 21) 80 08-0; Fax (0 77 21) 80 08 40; E-Mail: gemeinde@unterkirnach.de; http://www.unterkirnach.de

Einwohner: 2 470
Bürgermeister: Andreas Braun

Fachbereich Finanzen und Liegenschaften
Leiter: Lutz Kunz, Tel. -23

Amt für Bürgerservice und öffentliche Ordnung
Leiterin: Agnes Zinapold, Tel. -24

**Stadt Villingen-Schwenningen
(Große Kreisstadt)
78050 Villingen-Schwenningen**, Münsterplatz 7/8;
Tel. (0 77 21) 8 20; Fax (0 77 21) 82 20 07;
E-Mail: stadt@villingen-schwenningen.de;
http://www.villingen-schwenningen.de

Einwohner: 84 000
Oberbürgermeister: Jürgen Roth
1. Bürgermeister: Detlev Bührer

Dezernat I Verwaltung, Kultur und Finanzen
Rechtsamt, Amt für Archiv und Dokumentenmanagement, Amt für Innenrevision, Ortsverwaltungen, Amt für Finanzen und Controlling, Haupt- und Personalamt, Liegenschaftsamt, Bürgeramt, Amt für Schule, Bildung und Sport, Amt für Kultur, Amt für Familie, Jugend und Soziales, Referat des Oberbürgermeisters
Leiter: Jürgen Roth, OBgm

Dezernat II Stadtentwicklung, Umwelt und Technik
Amt für Stadtentwicklung, Vermessungsamt, Stadtbauamt, Amt für Gebäudewirtschaft und Hochbau, Forstamt, Eigenbetrieb Technische Dienste Villingen-Schwenningen, Eigenbetrieb Stadtentwässerung Villingen-Schwenningen
Leiter: Detlev Bührer, 1. Bgm

**Stadt Vöhrenbach
78147 Vöhrenbach**, Friedrichstr. 8; Tel. (0 77 27) 5 01-0; Fax (0 77 27) 5 01-1 19;
E-Mail: info@voehrenbach.de

Einwohner: 3 838
Bürgermeister: Robert Strumberger

Hauptamt und Bauverwaltung
Leiterin: Angela Klein, Tel. -1 04

Rechnungsamt
Leiter: Armin Pfriender, Tel. -1 20

Städte und Gemeinden im Landkreis Schwarzwald-Baar-Kreis, die einer Verwaltungsgemeinschaft angehören:

Gemeindeverwaltungsverband Donaueschingen
78166 Donaueschingen, Stadt (Sitzgemeinde)
78199 Bräunlingen, Stadt
78183 Hüfingen, Stadt

Gemeindeverwaltungsverband Raumschaft Triberg
78098 Triberg im Schwarzwald, Stadt (Sitzgemeinde)
78141 Schönwald im Schwarzwald
78136 Schonach im Schwarzwald

Verwaltungsgemeinschaft Furtwangen
78120 Furtwangen im Schwarzwald, Stadt (Sitzgemeinde)

78148 Gütenbach

Verwaltungsgemeinschaft Villingen-Schwenningen
78050 Villingen-Schwenningen, Stadt (Sitzgemeinde)
78086 Brigachtal
78083 Dauchingen
78087 Mönchweiler
78078 Niedereschach
78609 Tuningen
78089 Unterkirnach

3.6 Landkreis Tuttlingen

78532 Tuttlingen, Bahnhofstr. 100; Tel. (0 74 61) 9 26-0; Fax (0 74 61) 9 26-30 87;
E-Mail: info@landkreis-tuttlingen.de;
http://www.landkreis-tuttlingen.de

Einwohner: 136 606
Fläche: 73 441 ha
Kreistag: 48 Mitglieder (18 CDU, 9 FWV, 8 OGL, 5 SPD, 5 FDP, 2 AfD, 1 Tierschutzallianz)
Landrat: Stefan Bär

Dem Landrat unmittelbar unterstellt:

Rechnungsprüfungsamt, Stabsstelle Datenschutzbeauftragter

Dezernat 1 Ländlicher Raum
Stabsstelle GIS, Forstamt, Landwirtschaftsamt, Vermessungs- und Flurneuordnungsamt
Leiterin: Winfried Schwarz, Tel. -91 10

Dezernat 2 Finanzen und Zentraler Service
Hauptamt, Kämmerei und Gebäudemanagement, Organisationsamt
Leiter: Alexander Hersam, Tel. -91 20

Dezernat 3 Wirtschaft, Kreisentwicklung und Kultur
Kreisarchiv und Kulturamt, Freilichtmuseum, Amt für Energie, Abfallwirtschaft und Straßen, TuTicket/Nahverkehrsamt
Leiter: Michael Guse, Tel. -91 30

Dezernat 4 Arbeit und Soziales
Stabsstelle für Sozialplanung, Sozialamt, Amt für Familie, Kinder und Jugend, Gesundheitsamt, Versorgungsamt, Amt für Aufenthalt und Integration
Leiter: Bernd Mager, Tel. -91 40

Dezernat 5 Recht, Ordnung und Verkehr
Stabsstelle Recht, Straßenverkehrsamt, Ordnungsamt, Amt für Veterinärwesen und Verbraucherschutz, Kommunalamt, Amt für Brand und Katastrophenschutz, Baurechts- und Umweltamt, Wasserwirtschaftsamt
Leiter: Stefan Helbig, 1. Landesbeamter, Tel. -91 50

Außenstellen des Landkreises Tuttlingen:

Landwirtschaftsamt
78532 Tuttlingen, Alleestr. 10; Tel. (0 74 61) 9 26-13 01; Fax (0 74 61) 9 26-13 89;
E-Mail: landwirtschaftsamt@landkreis-tuttlingen.de
Leiter: Winfried Schwarz

Vermessungs- und Flurneuordnungsamt
78532 Tuttlingen, Alleenstr. 10; Tel. (0 74 61) 9 26-14 01; Fax (0 74 61) 9 26-14 88;
E-Mail: vermessungsamt@landkreis-tuttlingen.de
Leiter: Heiko Gerstenberger

Forstamt
78532 Tuttlingen, Alleestr. 10; Tel. (0 74 61) 9 26-12 01; Fax (0 74 61) 9 26-12 89;
E-Mail: forstamt@landkreis-tuttlingen.de
Leiter: Karlheinz Schäfer

Freilichtmuseum
78532 Tuttlingen, Bahnhofstr. 123; Tel. (0 74 61) 9 26-32 04; Fax (0 74 61) 9 26-99 32 04;
E-Mail: freilichtmuseum@landkreis-tuttlingen.de
Leiter: Andreas Weiß

Gesundheitsamt
78532 Tuttlingen, Luginsfeldweg 1; Tel. (0 74 61) 9 26-42 01; Fax (0 74 61) 9 26-42 86;
E-Mail: gesundheitsamt@landkreis-tuttlingen.de
Leiter: Dr. med. Siegfried Eichin

Amt für Veterinärwesen und Verbraucherschutz
78532 Tuttlingen, Bahnhofstr. 100; Tel. (0 74 61) 9 26-54 03; Fax (0 74 61) 9 26-54 89;
E-Mail: veterinaeramt@landkreis-tuttlingen.de
Leiterin: Dr. Julia Eckert

Städte und Gemeinden im Landkreis Tuttlingen:

Gemeinde Aldingen
78554 Aldingen, Marktplatz 2; Tel. (0 74 24) 8 82-0; Fax (0 74 24) 8 82-49;
E-Mail: buergermeisteramt@aldingen.de;
http://www.aldingen.de

Einwohner: 7 550
Bürgermeister: Ralf Fahrländer

Hauptamt
Leiterin: Iris Stieler, Tel. -14

Finanzwesen
Leiterin: Alexandra Scheibner, Tel. -24

Ordnungsamt
Leiter: Dietmar Burkert, Tel. -15

Bauamt
Leiter: Marc Krasser, Tel. -38

Gemeinde Bärenthal
78580 Bärenthal, Kirchstr. 8; Tel. (0 74 66) 2 30; Fax (0 74 66) 16 17; E-Mail: info@baerenthal.de;
http://www.baerenthal.de

Einwohner: 476
Bürgermeister: Tobias Keller

Gemeinde Balgheim
78582 Balgheim, Marienplatz 3; Tel. (0 74 24) 94 00 09-0; Fax (0 74 24) 94 00 09-40;
E-Mail: info@balgheim.de;
http://www.balgheim.de

Einwohner: 1 270
Bürgermeister: Nathanael Schwarz

Gemeinde Böttingen
78583 Böttingen, Allenspacher Weg 2; Tel. (0 74 29) 93 05-0; Fax (0 74 29) 93 05-25;
E-Mail: rathaus@boettingen.de;
http://www.boettingen.de

Einwohner: 1 415
Bürgermeister: Benedikt Buggle

Gemeinde Bubsheim
78585 Bubsheim, Gosheimer Str. 4; Tel. (0 74 29) 5 08; Fax (0 74 29) 20 89;
E-Mail: info@bubsheim.de, buergermeister@bubsheim.de;
http://www.bubsheim.de

Einwohner: 1 400
Bürgermeister: Thomas Leibinger

Gemeinde Buchheim
88637 Buchheim, Rathausstr. 4; Tel. (0 77 77) 3 11; Fax (0 77 77) 16 81;
E-Mail: info@gemeindebuchheim.de;
http://www.gemeindebuchheim.de

Einwohner: 715
Bürgermeisterin: Claudette Kölzow

Gemeinde Deilingen
78586 Deilingen, Hauptstr. 1; Tel. (0 74 26) 94 71-0; Fax (0 74 26) 94 71-20;
E-Mail: info@deilingen.de;
http://www.deilingen.de

Einwohner: 1 821
Bürgermeister: Albin Ragg

Gemeinde Denkingen
78588 Denkingen, Hauptstr. 46; Tel. (0 74 24) 97 06-0; Fax (0 74 24) 13 32;
E-Mail: info@denkingen.de;
http://www.denkingen.de

Einwohner: 2 800
Bürgermeister: Rudolf Wuhrer

Hauptamt und Kämmerei; Ordnungs- und Sozialamt, Bauamt
Leiter: Frank Nann, Tel. -16

Gemeinde Dürbheim
78589 Dürbheim, Probststr. 2; Tel. (0 74 24) 9 58 25-0; Fax (0 74 24) 9 58 25-22;
E-Mail: info@duerbheim.de;
http://www.duerbheim.de

Einwohner: 1 674
Bürgermeister: Andreas Häse

Gemeinde Durchhausen
78591 Durchhausen, Dorfstr. 51; Tel. (0 74 64) 9 86 20; Fax (0 74 64) 98 62 26; E-Mail: info@durchhausen.de; https://www.durchhausen.de

Einwohner: 1 000
Bürgermeister: Simon Axt

Gemeinde Egesheim
78592 Egesheim, Hauptstr. 10; Tel. (0 74 29) 9 31 08-0; Fax (0 74 29) 9 31 08-14; E-Mail: info@egesheim.de; http://www.egesheim.de

Einwohner: 650
Bürgermeister: Hans Marquart

Gemeinde Emmingen-Liptingen
78576 Emmingen-Liptingen, Schulstr. 8; Tel. (0 74 65) 92 68-0; Fax (0 74 65) 92 68-88; E-Mail: info@emmingen-liptingen.de; http://www.emmingen-liptingen.de

Einwohner: 4 750
Bürgermeister: Joachim Löffler

Hauptamt / Ordnungsamt / Bauamt
Leiter: Patrick Allweiler, OAR, Tel. -34

Rechnungsamt
Leiter: Tobias Thum, AR, Tel. -20

Stadt Fridingen an der Donau
78567 Fridingen an der Donau, Kirchplatz 2; Tel. (0 74 63) 8 37-0; Fax (0 74 63) 8 37-50; E-Mail: info@fridingen.de; http://www.fridingen.de

Einwohner: 3 174
Bürgermeister: Stefan Waizenegger

Hauptverwaltung
Leiter: Ingo Stegmaier, Tel. -12

Finanzverwaltung
Leiter: Alexander Hofer, Tel. -31

Bauverwaltung
Leiter: Aldo Menean, Tel. -41

Gemeinde Frittlingen
78665 Frittlingen, Hauptstr. 46; Tel. (0 74 26) 96 24-0; Fax (0 74 26) 96 24-20; E-Mail: gemeinde@frittlingen.de; http://www.frittlingen.de

Einwohner: 2 138
Bürgermeister: Dominic Butz

Hauptamt
Leiter: Hans-Georg Maier, Tel. -15

Stadt Geisingen
78187 Geisingen, Hauptstr. 36; Tel. (0 77 04) 8 07-0; Fax (0 77 04) 8 07-32; E-Mail: info@geisingen.de; http://www.geisingen.de

Einwohner: 6 250
Bürgermeister: Martin Numberger

Hauptamt
Leiter: Thomas Schmid, StaOAR, Tel. -35

Kämmerei
Leiter: Rainer Betschner, StaAR, Tel. -36

Bauamt
Leiter: Christian Butschle, Tel. -42

Gemeinde Gosheim
78559 Gosheim, Hauptstr. 47; Tel. (0 74 26) 96 12-0; Fax (0 74 26) 96 12-20; E-Mail: info@gosheim.de; http://www.gosheim.de

Einwohner: 3 880
Bürgermeister: André Kielack

Gemeinde Gunningen
78594 Gunningen, Rathausstr. 7; Tel. (0 74 24) 94 00 03-0; Fax (0 74 24) 94 00 03-9; E-Mail: info@gunningen.de; http://www.gunningen.de

Einwohner: 700
Bürgermeisterin: Heike Ollech

Gemeinde Hausen ob Verena
78595 Hausen ob Verena, Hauptstr. 34; Tel. (0 74 24) 9 40 00 80; Fax (0 74 24) 9 40 00 89; E-Mail: info@hausen-ob-verena.de; http://www.hausen-ob-verena.de

Einwohner: 770
Bürgermeister: Jochen Arno

Gemeinde Immendingen
78194 Immendingen, Schloßplatz 2; Tel. (0 74 62) 24-0; Fax (0 74 62) 24-2 24; E-Mail: gemeindeverwaltung@immendingen.de; http://www.immendingen.de

Einwohner: 6 500
Bürgermeister: Manuel Stärk

Hauptamt
Leiter: Mark Löffler, Tel. -2 20

Kämmerei
Leiter: Patrik Müller, Tel. -2 30

Bauamt
Leiter: Martin Kohler, Tel. -2 60

Gemeinde Irndorf
78597 Irndorf, Eichfelsenstr. 22; Tel. (0 74 66) 2 27; Fax (0 74 66) 16 31; E-Mail: info@irndorf.de; http://www.irndorf.de

Einwohner: 700
Bürgermeister: Jürgen Frank

Gemeinde Königsheim
78598 Königsheim, Hauptstr. 3; Tel. (0 74 29) 23 27; Fax (0 74 29) 9 90 19;

E-Mail: info@gemeinde-koenigsheim.de;
http://www.gemeinde-koenigsheim.de

Einwohner: 534
Bürgermeister: Hans Fortenbacher

Gemeinde Kolbingen
78600 Kolbingen, Hauptstr. 3; Tel. (0 74 63) 9 70 83; Fax (0 74 63) 9 70 85;
E-Mail: info@kolbingen.de;
http://www.kolbingen.de

Einwohner: 1 250
Bürgermeister: Christian Abert

Gemeinde Mahlstetten
78601 Mahlstetten, Marienplatz 1; Tel. (0 74 29) 94 02 08-0; Fax (0 74 29) 94 02 08-20;
E-Mail: info@mahlstetten.de;
http://www.mahlstetten.com

Einwohner: 805
Bürgermeister: Benedikt Buggle

Stadt Mühlheim an der Donau
78570 Mühlheim an der Donau, Hauptstr. 16; Tel. (0 74 63) 99 40-0; Fax (0 74 63) 99 40 20;
E-Mail: info@muehlheim-donau.de; https://www.muehlheim-donau.de

Einwohner: 3 600
Bürgermeister: Jörg Kaltenbach

Hauptamt
Leiter: Volker Lewedey, Tel. -18

Kämmerei
Leiter: Gebhard Läufer, Tel. -14

Verbandsbauamt in Fridingen
Leiter: Andreas Hässler, Tel. (0 74 63) 8 37-21

Gemeinde Neuhausen ob Eck
78579 Neuhausen ob Eck, Rathausplatz 1; Tel. (0 74 67) 94 60-0; Fax (0 74 67) 94 60-25;
E-Mail: info@neuhausen-ob-eck.de;
http://www.neuhausen-ob-eck.de

Einwohner: 3 900
Bürgermeister: Hans-Jürgen Osswald

Hauptamt
Leiter: Hans Hager, Tel. -14

Kämmerei
Leiter: Artur Muschalek, Tel. -16

Gemeinde Reichenbach am Heuberg
78564 Reichenbach am Heuberg, Kirchstr. 8; Tel. (0 74 29) 9 11 77; Fax ;
E-Mail: info@reichenbach-heuberg.de;
http://www.reichenbach-heuberg.de

Einwohner: 500
Bürgermeister: Hans Marquart

Gemeinde Renquishausen
78603 Renquishausen, Kolbinger Str. 1; Tel. (0 74 29) 23 76; Fax (0 74 29) 20 35;
E-Mail: info@renquishausen.de;
http://www.renquishausen.de

Einwohner: 760
Bürgermeister: Jürgen Zinsmayer

Gemeinde Rietheim-Weilheim
78604 Rietheim-Weilheim, Rathausplatz 3; Tel. (0 74 24) 9 58 48-0; Fax (0 74 24) 9 58 48 28;
E-Mail: info@rietheim-weilheim.de;
http://www.rietheim-weilheim.de

Einwohner: 2 677
Bürgermeister: Jochen Arno

Hauptverwaltung und Bauverwaltung
Leiterin: Sandra Neubauer, Tel. -13

Finanzverwaltung
Leiter: Jochen Karl, Tel. -17

Gemeinde Seitingen-Oberflacht
78606 Seitingen-Oberflacht, Obere Hauptstr. 8; Tel. (0 74 64) 98 68-0; Fax (0 74 64) 98 68-30;
E-Mail: Info@Seitingen-Oberflacht.de;
http://www.seitingen-oberflacht.de

Einwohner: 2 550
Bürgermeister: Jürgen Buhl

Finanzverwaltung
Leiterin: Nadine Keller, Tel. -13

Stadt Spaichingen
78549 Spaichingen, Marktplatz 19; Tel. (0 74 24) 95 71-0; Fax (0 74 24) 95 71-19;
E-Mail: zentrale@spaichingen.de;
http://www.spaichingen.de

Einwohner: 12 900
Bürgermeister: Hans Georg Schuhmacher

Fachbereich Allgmeine Verwaltung, Öffentlichkeitsarbeit und Organisationsentwicklung
Leiterin: Magdalena Haller, Tel. -1 00

Fachbereich Personal und Personenentwicklung
Leiterin: Heike Marquart, Tel. -1 04

Fachbereich Öffentliche Sicherheit und Ordnung/Bürgerservice
Leiter: Tobias Schuhmacher, Tel. -1 10

Fachbereich Finanzen und Steuerung
Leiter: Christian Leute, Tel. -2 50

Fachbereich Steuern, Beiträge, Liegenschaften
Leiter: Harald Haupt, Tel. -2 20

Fachbereich Planen/Bauen
Leiter: Benedikt Schmid, Tel. -6 30

Gemeinde Talheim
78607 Talheim, Kirchbrunnen 6; Tel. (0 74 64) 98 95-0; Fax (0 74 64) 98 95-25;
E-Mail: verwaltung@gemeinde-talheim.de;
http://www.gemeinde-talheim.de

Einwohner: 1 245
Bürgermeister: Martin Hall

Hauptamt, Standesamt, Kämmerei
Leiterin: Monika Mack, Tel. -12

Gemeindekasse
Leiterin: Ruth Mauthe, Tel. -11

Bauamt
Leiter: Martin Hall, Bgm, Tel. -21

Ordnungsamt, Einwohnermeldeamt
Leiterin: Simone Drescher, Tel. -10

Stadt Trossingen
78647 **Trossingen**, Schultheiß-Koch-Platz 1; Tel. (0 74 25) 25-0; Fax (0 74 25) 25-1 50; E-Mail: stadt@trossingen.de; http://www.trossingen.de

Einwohner: 17 229
Bürgermeisterin: Susanne Irion

Dezernat I
Leiter: Ralf Sulzmann, Tel. -1 10

Dezernat II
Leiter: Axel Henninger, Tel. -2 00

**Stadt Tuttlingen
(Große Kreisstadt)**
78532 **Tuttlingen**, Rathausstr. 1; Tel. (0 74 61) 99-0; Fax (0 74 61) 99-4 44; E-Mail: info@tuttlingen.de; http://www.tuttlingen.de

Einwohner: 37 026
Oberbürgermeister: Michael Beck
1. Bürgermeister: Emil Buschle
Baudezernent: Florian Steinbrenner

Stabsstellen: Referat des Oberbürgermeisters; Öffentlichkeitsarbeit und Europa; Rechnungsprüfung und Datenschutz; Bauftragte für Chancengleichheit, Baubetriebshof

Fachbereich 1 Personal, Organisation und IuK
Leiter: Johannes Hamma, Tel. 3 66

Fachbereich 2 Finanzen
Leiter: Uwe Keller, Tel. -2 38

Fachbereich 3 Bürgerdienste, Sicherheit und Ordnung
Leiter: Benjamin Hirsch, Tel. -2 82

Fachbereich 4 Familie, Integration und Soziales
Leiter: Klaus Jansen, Tel. 3 58

Fachbereich 5 Schulen, Sport und Kultur
Leiterin: NN, Tel. -4 28

Fachbereich 6 Wirtschaftsförderung, Liegenschaften und Forst
Leiterin: Karin Kohler, Tel. -2 91

Fachbereich 7 Planung und Bauservice
Leiter: Michael Herre, Tel. -2 59

Fachbereich 8 Hochbau und Gebäudemanagement
Leiter: Stefan Hermann, Tel. -2 70

Fachbereich 9 Tiefbau
Leiter: Florian Steinbrenner, Tel. -2 79

Gemeinde Wehingen
78564 **Wehingen**, Gosheimer Str. 14-16; Tel. (0 74 26) 94 70-0; Fax (0 74 26) 94 70 20; E-Mail: info@wehingen.de; http://www.wehingen.de

Einwohner: 3 605
Bürgermeister: Gerhard Reichegger

Hauptamt
Leiter: Konrad Häring, AR, Tel. -14

Rechnungsamt
Leiter: Armin Sauter, VerbAR, Tel. 96 13-24

Bauamt
Leiter: Richard Hauser, Tel. 96 13-18

Gemeinde Wurmlingen
78573 **Wurmlingen**, Obere Hauptstr. 4; Tel. (0 74 61) 92 76-0; Fax (0 74 61) 92 76-30; E-Mail: Buergermeisteramt@wurmlingen.de; http://www.wurmlingen.de

Einwohner: 3 840
Bürgermeister: Klaus Schellenberg

Hauptamt
Leiterin: Sandra Feria Olid, Tel. -16

Städte und Gemeinden im Landkreis Tuttlingen, die einer Verwaltungsgemeinschaft angehören:

Gemeindeverwaltungsverband Donau-Heuberg
78567 Fridingen an der Donau, Stadt (Sitzgemeinde)
78580 Bärenthal
88637 Buchheim
78597 Irndorf
78600 Kolbingen
78570 Mühlheim an der Donau, Stadt
78603 Renquishausen

Gemeindeverwaltungsverband Heuberg
78585 Bubsheim
78586 Deilingen
78592 Egesheim
78559 Gosheim
78598 Königsheim
78564 Reichenbach am Heuberg
78564 Wehingen

Gemeindeverwaltungsverband Immendingen-Geisingen
78187 Geisingen, Stadt (Sitzgemeinde)
78194 Immendingen

Verwaltungsgemeinschaft Spaichingen
78549 Spaichingen, Stadt (Sitzgemeinde)
78554 Aldingen
78582 Balgheim
78583 Böttingen
78588 Denkingen
78589 Dürbheim

78665 Frittlingen
78595 Hausen ob Verena
78601 Mahlstetten

Verwaltungsgemeinschaft Trossingen
78647 Trossingen, Stadt (Sitzgemeinde)
78591 Durchhausen
78594 Gunningen
78607 Talheim

Verwaltungsgemeinschaft Tuttlingen
78532 Tuttlingen, Stadt (Sitzgemeinde)
78576 Emmingen-Liptingen
78579 Neuhausen ob Eck
78604 Rietheim-Weilheim
78606 Seitingen-Oberflacht
78573 Wurmlingen

Region Hochrhein-Bodensee

3.7 Landkreis Konstanz

78467 Konstanz, Benediktinerplatz 1; Tel. (0 75 31) 8 00-0; Fax (0 75 31) 8 00-13 85; E-Mail: info@lrakn.de; http://www.lrakn.de

Einwohner: 285 325
Fläche: 81 797 ha
Kreistag: 73 Mitglieder (20 CDU, 18 GRÜNE, 14 FWV, 10 SPD, 6 FDP, 3 LINKE, 2 AfD)
Landrat: Zeno Danner

Dem Landrat unmittelbar unterstellt:

Kommunal- und Rechnungsprüfungsamt, Wirtschaftsförderung, Tourismus mit Europa und Kreisentwicklung, Personalrat, Büro des Landrats, Justiziariat

Dezernat für Verwaltung und Digitalisierung
Hauptamt, Kämmereiamt, Amt für Innovation und Digitalisierung, Amt für Hochbau und Gebäudemanagement, Amt für Straßenverkehr und Schifffahrt, Amt für Schulen und Bildung
Leiter: Harald Nops, Tel. -13 01

Dezernat für Soziales und Gesundheit
Sozialamt, Amt für Kinder, Jugend und Familie, Amt für Migration und Integration, Jobcenter Landkreis Konstanz, Amt für Gesundheit und Versorgung
Leiter: Stefan Basel, Tel. -16 01

Dezernat für Umwelt und Kreisentwicklung
Amt für Baurecht und Umwelt, Amt für Abfallrecht und Gewerbeaufsicht, Landwirtschaftsamt, Kreisforstamt, Veterinäramt, Amt für Geschichte und Kultur
Leiter: Philipp Gärtner, 1. Landesbeamter, Tel. -12 01

Dezernat für öffentliche Ordnung und Klimaschutz
Ordnungsamt, Amt für Nahverkehr und Schülerbeförderung, Straßenbauamt, Vermessungsamt, Abfallwirtschaftsbetrieb
Leiter: Boris Neugebauer, Tel. -17 00

Außenstellen des Landkreises Konstanz:

Amt für Gesundheit und Versorgung
78315 Radolfzell, Scheffelstr. 15; Tel. (0 75 31) 8 00-26 10; Fax (0 75 31) 8 00-26 68

Amt für Landwirtschaft
78333 Stockach, Winterspürer Str. 25; Tel. (0 75 31) 8 00-29 66; Fax (0 75 31) 8 00-29 03

Amt für Verbraucherschutz und Veterinärwesen
78315 Radolfzell, Otto-Blesch-Str. 51; Tel. (0 75 31) 8 00-20 10; Fax (0 75 31) 8 00-20 29

Vermessungsamt
78315 Radolfzell, Otto-Blesch-Str. 49; Tel. (0 75 31) 8 00-21 74; Fax (0 75 31) 8 00-21 87

Kreisforstamt
78315 Radolfzell, Otto-Blesch-Str. 49; Tel. (0 75 31) 8 00-21 06; Fax (0 75 31) 8 00-21 49

Amt für Kinder, Jugend und Familie, Außenstelle Radolfzell
78315 Radolfzell, Otto-Blesch-Str. 49; Tel. (0 75 31) 8 00-23 07; Fax (0 75 31) 8 00-20 79

Amt für Kinder, Jugend und Familie, Außenstelle Singen
78224 Singen, Wehrdstr. 7; Tel. (0 75 31) 8 00-28 00; Fax (0 75 31) 8 00-28 29

Psychologische Beratungsstelle, Radolfzell
78315 Radolfzell, Otto-Blesch-Str. 49; Tel. (0 77 32) 32 11; Fax (0 77 32) 78 83

Psychologische Beratungsstelle, Singen
78224 Singen, Wehrdstr. 7; Tel. (0 75 31) 33 11; Fax (0 75 31) 33 12

Schifffahrtsamt – Außenstelle
78467 Konstanz, Reichenaustr. 37; Tel. (0 75 31) 8 00-19 85; Fax (0 75 31) 8 00-19 99

Amt für Straßenverkehr und Schifffahrt
78467 Konstanz, Max-Stromeyer-Str. 47; Tel. (0 75 31) 8 00-19 55; Fax (0 75 31) 8 00-19 77

KFZ-Zulassungsstellen
78224 Singen/Htwl, Laubwaldstr. 4; Tel. (0 75 31) 8 00-27 20; Fax (0 75 31) 8 00-27 99
78333 Stockach, Adenauerstr. 4; Tel. (0 75 31) 8 00-28 33; Fax (0 75 31) 8 00-28 49

Amt für Nahverkehr und Schülerbeförderung; Amt für Abfallrecht und Gewerbeaufsicht; Straßenbauamt, Amt für Geschichte und Kultur, Ordnungsamt
78467 Konstanz, Max-Stromeyer-Str. 166/168

Städte und Gemeinden im Landkreis Konstanz:

Stadt Aach
78267 **Aach**, Hauptstr. 16; Tel. (0 77 74) 93 09-0; Fax (0 77 74) 93 09-30; E-Mail: gemeinde@aach.de; http://www.aach.de

Einwohner: 2 328
Bürgermeister: Manfred Ossola

Rechnungsamt
Leiter: Daniel Enderle, Tel. -14

Hauptamt/Ordnungsamt
Leiter: Florian Rapp, Tel. -16

Gemeinde Allensbach
78476 **Allensbach**, Rathausplatz 1; Tel. (0 75 33) 8 01-0; Fax (0 75 33) 8 01-12; E-Mail: gemeinde@allensbach.de; http://www.gemeinde-allensbach.de

Einwohner: 7 300
Bürgermeister: Stefan Friedrich

Gemeinde Bodman-Ludwigshafen
78351 **Bodman-Ludwigshafen**, Hafenstr. 5; Tel. (0 77 73) 93 00-0; Fax (0 77 73) 93 00-50; E-Mail: gemeinde@bodman-ludwigshafen.de; http://www.bodman-ludwigshafen.de

Einwohner: 4 667
Bürgermeister: Matthias Weckbach

Haupt- und Ordnungsamt
Leiter: Stefan Burger, Tel. -12

Rechnungsamt
Leiterin: Bettina Keller, Tel. -20

Bauamt
Leiter: Ralf Volber, Tel. -30

Touristik
Leiterin: Sandra Domogalla

Gemeinde Büsingen am Hochrhein
78266 **Büsingen am Hochrhein**, Junkerstr. 86; Tel. (0 77 34) 93 02-0; Fax (0 77 34) 93 02-50; E-Mail: gemeinde@buesingen.de; http://www.buesingen.de

Einwohner: 1 519
Bürgermeisterin: Vera Schraner

Gemeinde Eigeltingen
78253 **Eigeltingen**, Krumme Str. 1; Tel. (0 77 74) 93 22-0; Fax (0 77 74) 93 22 30; E-Mail: gemeinde@eigeltingen.de; http://www.eigeltingen.de

Einwohner: 3 624
Bürgermeister: Alois Fritschi

Rechnungsamt
Leiterin: Simone Osterwald, GemAmtfrau, Tel. -13

Hauptamt
Leiter: Timo Wolf, GemAR, Tel. -18

Stadt Engen
78234 **Engen**, Hauptstr. 11; Tel. (0 77 33) 50 20; Fax (0 77 33) 5 02-2 99; E-Mail: rathaus@engen.de; http://www.engen.de

Einwohner: 10 245
Bürgermeister: Johannes Moser

Hauptamt
Leiter: Jochen Hock, Tel. -2 04

Rechnungsamt
Leiter: Katja Muscheler, Tel. -2 26

Stadtbauamt
Leiter: Matthias Distler, Tel. -2 34

Gemeinde Gaienhofen
78343 **Gaienhofen**, Auf der Breite 1; Tel. (0 77 35) 99 99-1 00; Fax (0 77 35) 99 99-2 00; E-Mail: gemeinde@gaienhofen.de; http://www.gaienhofen.de

Einwohner: 3 398
Bürgermeister: Uwe Eisch

Hauptverwaltung
Leiterin: Sandra Rauer, Tel. -1 22

Finanzverwaltung
Leiter: Sven Leibing, Tel. -8 18

Ordnungsverwaltung
Leiter: Oliver Huber, Tel. -1 24

Bauverwaltung
Leiter: Johannes Wilhelm, Tel. -1 25

Gemeinde Gailingen am Hochrhein
78262 **Gailingen am Hochrhein**, Hauptstr. 7; Tel. (0 77 34) 93 03-0; Fax (0 77 34) 93 03-50; E-Mail: info@gailingen.de; http://www.gailingen.de

Einwohner: 2 900
Bürgermeister: Dr. Thomas Auer

Finanzen und Technik
Leiter: Dieter Rihm, Tel. -30

Bürgerservice und Zentrale Dienste
Leiter: Steffen van Wambeke, Tel. -13

Gemeinde Gottmadingen
78244 **Gottmadingen**, Johann-Georg-Fahr-Str. 10; Tel. (0 77 31) 9 08-0; Fax (0 77 31) 9 08-1 00; E-Mail: gemeinde@gottmadingen.de; http://www.gottmadingen.de

Einwohner: 10 684
Bürgermeister: Dr. Michael Klinger

Gemeinde Hilzingen
78247 **Hilzingen**, Hauptstr. 36; Tel. (0 77 31) 38 09-0; Fax (0 77 31) 38 09-30; E-Mail: gemeinde@hilzingen.de; http://www.hilzingen.de

Einwohner: 8 900
Bürgermeister: Holger Mayer

Hauptamt
Leiter: Markus Wannenmacher, Tel. -22

Bürgerbüro
Leiter: Thomas Ruck, Tel. -78

Rechnungsamt
Leiter: Stefan Mattes, Tel. -17

Bauamt
Leiter: Günther Feucht, Tel. -35

Gemeinde Hohenfels
78355 Hohenfels, Hauptstr. 30; Tel. (0 75 57) 92 06-0; Fax (0 75 57) 92 06-22; E-Mail: gemeinde@hohenfels.de; http://www.hohenfels.de

Einwohner: 2 000
Bürgermeister: Florian Zindeler

Hauptamt, Ordnungsamt und Bauamt
Leiter: Berthold Grotzki, GemAmtm, Tel. -13

Rechnungsamt
Leiter: Johannes Mutscheller, GemKäm, Tel. -17

Universitätsstadt Konstanz (Große Kreisstadt)
78462 Konstanz, Kanzleistr. 15; Tel. (0 75 31) 9 00-0; Fax (0 75 31) 9 00-22 01; E-Mail: posteingang@konstanz.de; http://www.konstanz.de

Einwohner: 86 190
Oberbürgermeister: Uli Burchardt
Bürgermeister: Dr. Andreas Osner; Karl Langensteiner-Schönborn

Dezernat I
Referat Oberbürgermeister, Personal- und Organisationsamt, Rechnungsprüfungsamt, Ortsverwaltungen: Litzelstetten, Dingelsdorf, Dettingen-Wallhausen, Kämmerei, Justitiariat, Bürgeramt, Feuerwehramt, Chancengleichheitsstelle, Wirtschaftsförderung, Eigenbetrieb Bodenseeforum
Leiter: Uli Burchardt, OBgm, Tel. -22 11

Dezernat II
Amt für Bildung und Sport, Stadtbibliothek, Städtische Museen, Stadttheater, Stadtarchiv, Sozial- und Jugendamt, Spitalstiftung, Kulturamt, Stabsstelle Konstanz International, Eigenbetrieb Südwestdeutsche Philharmonie
Leiter: Dr. Andreas Osner, Bgm, Tel. -22 16

Dezernat III
Bauverwaltungsamt, Amt für Stadtplanung und Umwelt, Baurechts- und Denkmalamt, Hochbauamt, Amt für Liegenschaften und Geoinformation, Tiefbauamt, Behindertenbeauftragter, Technische Betriebe, Entsorgungsbetriebe
Leiter: Karl Langensteiner-Schönborn, Bgm, Tel. -25 00

Gemeinde Moos
78345 Moos, Bohlinger Str. 18; Tel. (0 77 32) 99 96-0; Fax (0 77 32) 99 96-20; E-Mail: info@moos.de; https://www.moos.de

Einwohner: 3 346
Bürgermeister: Patrick Krauss

Haupt- und Bauamt
Leiterin: Corinne-Cathleen Jahn, Tel. -12

Gemeinde Mühlhausen-Ehingen
78259 Mühlhausen-Ehingen, Schloßstr. 46; Tel. (0 77 33) 50 05-0; Fax (0 77 33) 50 05-40; http://www.muehlhausen-ehingen.de

Einwohner: 3 950
Bürgermeister: Patrick Stärk

Hauptamt
Leiter: Rainer Maus, Tel. -20

Rechnungsamt
Leiter: Kurt Fürst, Tel. -12

Gemeinde Mühlingen
78357 Mühlingen, Im Göhren 2; Tel. (0 77 75) 93 03-0; Fax (0 77 75) 93 03-19; E-Mail: rathaus@muehlingen.de; http://www.muehlingen.de

Einwohner: 2 600
Bürgermeister: Thorsten Scigliano

Hauptamt, Bausachen, Gutachterausschuss, Grundbucheinsichtsstelle
Leiter: Edwin Sinn, Tel. -15

Rechnungsamt
Leiter: Klaus Beck, Tel. -14

Gemeindeplanungen, Ortsbauamt; Ortspolizeibehörde; Immobilien, Liegenschaften; Wirtschaftsförderung
Leiter: Thorsten Scigliano, Bgm, Tel. -12

Gemeinde Öhningen
78337 Öhningen, Klosterplatz 1; Tel. (0 77 35) 8 19-0; Fax (0 77 35) 8 19 30; E-Mail: gemeindeverwaltung@oehningen.de; http://www.oehningen.de

Einwohner: 3 634
Bürgermeister: Andreas Schmid

Allgemeine Verwaltung
Leiterin: Jutta Duttle, Tel. -11

Rechnungsamt
Leiter: Roland Mundhaas, Tel. 8 18-41

Bauamt
Leiter: Uwe Hirt, Tel. -14

Gemeinde Orsingen-Nenzingen
78359 Orsingen-Nenzingen, Stockacher Str. 2; Tel. (0 77 71) 93 41-0; Fax (0 77 71) 93 41-41; E-Mail: gemeinde@orsingen-nenzingen.de; http://www.orsingen-nenzingen.de

Einwohner: 3 544
Bürgermeister: Stefan Keil

Hauptverwaltung, Ordnungs- und Sozialverwaltung, Bauverwaltung
Leiterin: Angelina Wind, Tel. -20

Finanzverwaltung
Leiterin: Gabriele Zimmer, Tel. -14

**Stadt Radolfzell am Bodensee
(Große Kreisstadt)**
78315 Radolfzell am Bodensee, Marktplatz 2;
Tel. (0 77 32) 81-0; Fax (0 77 32) 81-4 00;
E-Mail: stadt@radolfzell.de; https://www.radolfzell.de

Einwohner: 31 646
Oberbürgermeister: Martin Staab
Bürgermeisterin: Monika Laule

Büro Oberbürgermeister
Leiterin: Caroline Messerschmidt, Tel. -1 18

Strategische Steuerungsunterstützung
Leiterin: Carmen Grieshaber, Tel. -1 04

Dezernat I Zentrale Dienste
Abteilungen: Rechnungsprüfung, Liegenschaften, Informations- und Kommunikationstechnik, Personal und Organisation
Leiterin: Petra Ohmer, Tel. -2 00

Dezernat II Kultur, Bildung, Soziales, Sicherheit
Fachbereiche: Kultur-Bildung-Jugend-Sport, Bürgerdienste, Feuerwehr- und Bevölkerungsschutz; Spitalstiftung mit Altenpflegeheim
Leiterin: Monika Laule, Bürgermeisterin, Tel. -1 21

Dezernat III Umwelt, Planen, Bauen
Fachbereiche: Stadtplanung und Baurecht, Hochbau und Gebäudemanagement, Tiefbau und Kläranlage, Technische Betriebe
Leiter: Martin Staab, OBgm, Tel. -1 01

Dezernat IV Eigenbetrieb Mettnau
Geschäftsführer: Eckhard Scholz, KurDir

Gemeinde Reichenau
78479 Reichenau, Münsterplatz 2; Tel. (0 75 34) 8 01-0; Fax (0 75 34) 8 01-41;
E-Mail: rathaus@reichenau.de;
http://www.reichenau.de

Einwohner: 5 262
Bürgermeister: Dr. Wolfgang Zoll

Hauptamt
Leiter: Mario Streib, Tel. -33

Rechnungsamt
Leiter: Tobias Schöll, Tel. -27

Bauamt
Leiterin: Petra Eisenbarth, Tel. -24

Gemeinde Rielasingen-Worblingen
78239 Rielasingen-Worblingen, Lessingstr. 2;
Tel. (0 77 31) 93 21-0; Fax (0 77 31) 93 21-55;
E-Mail: info@rielasingen-worblingen.de;
http://www.rielasingen-worblingen.de

Einwohner: 12 385
Bürgermeister: Ralf Baumert

Hauptamt
Leiter: Thomas Niederhammer, GemOVwR, Tel. -45

Rechnungsamt
Leiterin: Verena Manuth, GemOVwRätin, Tel. -22

Bauamt
Leiter: Martin Doerries, Ortsbaumeister, Tel. -38

**Stadt Singen (Hohentwiel)
(Große Kreisstadt)**
78224 Singen, Hohgarten 2; Tel. (0 77 31) 85-0;
Fax (0 77 31) 85-88 26 96; E-Mail: info@singen.de;
http://www.singen.de

Einwohner: 48 193
Oberbürgermeister: Bernd Häusler
1. Bürgermeisterin: Ute Seifried

Fachbereich 1 Zentrale Aufgaben / Finanzen / Betriebe
Leiter: Bernd Häusler, Tel. -1 00

Fachbereich 2 Bauen
Leiter: Thomas Mügge, Tel. -4 70

Fachbereich 3 Bildung / Sport
Leiter: Bernd Walz, Tel. -3 32

Fachbereich 4 Jugend / Soziales / Ordnung
Leiter: Torsten Kalb, Tel. -5 00

Fachbereich 5 Kultur
Leiterin: Catharina Scheufele, Tel. -2 44

Gemeinde Steißlingen
78256 Steißlingen, Schulstr. 19; Tel. (0 77 38) 92 93-0; Fax (0 77 38) 92 93-59;
E-Mail: gemeinde@steisslingen.de;
http://www.steisslingen.de

Einwohner: 4 980
Bürgermeister: Benjamin Mors

Fachbereich 1 Hauptverwaltung
Leiter: Roland Schmeh, Tel. -10

Fachbereich 2 Finanzen/Gemeindewerke
Leiterin: Nadja Scheffel, Tel. -22

Fachbereich 4 Bau/Technik/Umwelt
Leiter: Christian Weber, Tel. -19

Gemeindewerke
Leiter: Marc Stehling, Tel. -20

Stadt Stockach
78333 Stockach, Adenauerstr. 4; Tel. (0 77 71) 8 02-0; Fax (0 77 71) 8 02-80 00;
E-Mail: post@stockach.de; http://www.stockach.de

Einwohner: 17 116
Bürgermeister: Rainer Stolz

Hauptamt
Leiter: Hubert Walk, StaOVwR, Tel. -1 91

Baurechts- und Ordnungsamt
Leiter: Carsten Tilsner, Tel. -1 86

Finanzverwaltung
Leiter: Bernhard Kessler, StaOVwR, Tel. -1 17

Bauamt
Leiter: Willi Schirmeister, Tel. -1 45

Stadt Tengen
78250 Tengen, Marktstr. 1; Tel. (0 77 36) 92 33-0;
Fax (0 77 36) 92 33-40; E-Mail: stadt@tengen.de;
http://www.tengen.de

Einwohner: 4 700
Bürgermeister: Marian Schreier

Hauptamt
von Glan, Tel. -23

Rechnungsamt
Cristiani, Tel. -24

Bauverwaltung, Soziales, Standesamt
Völlinger, Tel. -31

Gemeinde Volkertshausen
78269 Volkertshausen, Hauptstr. 27; Tel. (0 77 74)
93 10-0; Fax (0 77 74) 93 10-20;
E-Mail: rathaus@volkertshausen.de;
http://www.volkershausen.de

Einwohner: 3 240
Bürgermeister: Marcus Röwer

Hauptamt, Ordnungsamt und Bauamt
Leiter: Martin Gschlecht, Tel. -19

Rechnungsamt
Leiterin: Christine Bach, Tel. -17

Städte und Gemeinden im Landkreis Konstanz, die einer Verwaltungsgemeinschaft angehören:

Gemeindeverwaltungsverband Höri
78343 Gaienhofen
78345 Moos
78337 Öhningen

Verwaltungsgemeinschaft Engen
78234 Engen, Stadt (Sitzgemeinde)
78267 Aach, Stadt
78259 Mühlhausen-Ehingen

Verwaltungsgemeinschaft Gottmadingen
78244 Gottmadingen (Sitzgemeinde)
78266 Büsingen am Hochrhein
78262 Gailingen am Hochrhein

Verwaltungsgemeinschaft Konstanz
78467 Konstanz, Stadt (Sitzgemeinde)
78476 Allensbach

78479 Reichenau

Verwaltungsgemeinschaft Singen
78224 Singen, Stadt (Sitzgemeinde)
78239 Rielasingen-Worblingen
78256 Steißlingen
78269 Volkertshausen

Verwaltungsgemeinschaft
78333 Stockach, Stadt (Sitzgemeinde)
78351 Bodman-Ludwigshafen
78253 Eigeltingen
78355 Hohenfels
78357 Mühlingen
78359 Orsingen-Nenzingen

3.8 Landkreis Lörrach

79539 Lörrach, Palmstr. 3; Tel. (0 76 21) 4 10-0;
Fax (0 76 21) 4 10-12 99;
E-Mail: mail@loerrach-landkreis.de;
http://www.loerrach-landkreis.de

Einwohner: 228 898
Fläche: 80 678 ha
Kreistag: 60 Mitglieder (16 CDU, 13 FW, 11 SPD, 11 GRÜNE, 4 FDP, 4 AfD, 1 LINKE)
Landrätin: Marion Dammann

Der Landrätin unmittelbar unterstellt:

Grenzüberschreitende Zusammenarbeit, Öffentlichkeitsarbeit und Kreistag und Digitale Daseinsfürsorge

Finanzen, Zentrales Management und Bildung
Stabsstelle Beteiligungsmanagement, Stabsstelle Strategische und Zentrales Management, Chancengleichheitsbeauftragte, Finanzen, Personal und Service, Planung und Bau, Bildung und Kultur, Digitalisierung, IT und Organisation
Leiter: Alexander Willi

Recht, Ordnung und Gesundheit
Stabsstelle Recht, Stabsstelle Qualitätsmanagement, Gesundheit, Stabsstelle Gesundheitskonferenz, Stabsstelle Steuerung und Koordination, Veterinärwesen und Lebensmittelüberwachung, Ordnung, Kommunalaufsicht und Prüfung, Baurecht
Leiterin: Cornelia Wülbeck

Mobilität, Umwelt und Strukturpolitik
Strukturpolitik und Tourismus, Straßen, Verkehr, Umwelt
Leiter: Ulrich Hoehler, Erster Landesbeamter

Ländlicher Raum
Vermessung und Geoinformation, Flurneuordnung, Waldwirtschaft, Landwirtschaft und Naturschutz
Leiter: Michael Kauffmann

Soziales und Jugend
Stabsstelle Planung Steuerung und Koordination, Projektmanagement, Kreisbeauftragte für die Belange von Menschen mit Behinderungen, Soziales, Jugend und Familie, Fachberatung Kindertageseinrichtungen, Aufnahme und Integration
Leiterin: Elke Zimmermann-Fiscella

Außenstellen des Landkreises Lörrach:

Kreismedienzentrum
79539 Lörrach, Wintersbuckstr. 5; Tel. (0 76 21) 16 79 88-0

Gemeinsame Dienststelle Flurneuordnung der Landratsämter Lörrach und Waldshut
79713 Bad Säckingen, Buchbrunnenweg 12-18; Tel. (0 77 51) 86 35-0

Fachbereich Vermessung und Geoinformation
79539 Lörrach, Untere Wallbrunnstr. 11; Tel. (0 76 21) 4 10-41 00; Fax (0 76 21) 4 10-9 32 00
Leiterin: Carolin Wenk

Fachbereich Straßen
Straßenmeisterei
79400 Kandern, Maugenharder Str. 9; Tel. (0 76 21) 4 10-31 31
79677 Schönau i. Schw., Brand 14; Tel. (0 76 21) 4 10-31 36

Fachbereich Verkehr
Kfz-Zulassungsstelle
79539 Lörrach, Brombacher Str. 93; Tel. (0 76 21) 4 10-34 60
79618 Rheinfelden (Baden), Karl-Fürstenberg-Str. 17; Tel. (0 76 21) 4 10-34 91
79650 Schopfheim, Hebelstr. 18; Tel. (0 76 21) 4 10-34 81

Fachbereich Waldwirtschaft
Forstzentrale
79540 Lörrach, Im Entenbad 11-13; Tel. (0 76 21) 4 10-43 12

Forstbezirk
79400 Kandern, Hauptstr. 39; Tel. (0 76 21) 4 10-43 40; Fax (0 76 21) 4 10-9 43 40
Leiter: Bernhard Schirmer

Forstbezirk
79674 Todtnau, Feldbergstr. 21; Tel. (0 76 21) 4 10-43 80; Fax (0 76 21) 4 10-9 43 80
Leiterin: Susanne Berger

Jobcenter Landkreis Lörrach
79539 Lörrach, Brombacher Str. 2; Tel. (0 76 21) 1 78-7 00

Pflegestützpunkt Landkreis Lörrach
79539 Lörrach, Chesterplatz 9; Tel. (0 76 21) 4 10-50 33

Fachbereich Aufnahme und Integration
Sachgebiet Unterbringung, Gemeinschaftsunterkunft
79618 Rheinfelden (Baden), Schildgasse 22; Tel. (0 76 21) 4 10-54 60

Psychologische Beratungsstelle
79539 Lörrach, Luisenstr. 35; Tel. (0 76 21) 4 10-53 53
79618 Rheinfelden (Baden), Karl-Fürstenberg-Str. 17; Tel. (0 76 21) 4 10-53 32
79650 Schopfheim, Wallstr. 1 a; Tel. (0 76 22) 58 00
Leiterin: Birgit Kepplinger

Fachbereich Jugend und Familie
Allgemeiner Sozialdienst III
79618 Rheinfelden (Baden), Karl-Fürstenberg-Str. 17; Tel. (0 76 21) 4 10-52 41

Allgemeiner Sozialdienst IV
79650 Schopfheim, Hebelstr. 11; Tel. (0 76 21) 4 10-52 51

Städte und Gemeinden im Landkreis Lörrach:

Gemeinde Aitern
79677 Aitern, Schulweg 6; Tel. (0 76 73) 3 50; Fax (0 76 73) 88 87 86;
E-Mail: gemeinde.aitern@t-online.de;
http://www.aitern.de

Einwohner: 511
Bürgermeister: Manfred Knobel

Gemeinde Bad Bellingen
79415 Bad Bellingen, Rheinstr. 25; Tel. (0 76 35) 81 19-0; Fax (0 76 35) 81 19 39;
E-Mail: rathaus@gemeinde.bad-bellingen.de;
http://www.gemeinde-bad-bellingen.de

Einwohner: 4 667
Bürgermeister: Dr. Carsten Vogelpohl

Hauptamt, Bau- und Ordnungsamt
Leiter: Hubert Maier, Tel. -30

Rechnungsamt
Leiter: Frank Spiegelhalter, Tel. -33

Gemeinde Binzen
79589 Binzen, Am Rathausplatz 6; Tel. (0 76 21) 66 08-51; Fax (0 76 21) 66 08-60;
E-Mail: gemeinde@binzen.de;
http://www.binzen.de

Einwohner: 3 032
Bürgermeister: Andreas Schneucker

Gemeinde Böllen
79677 Böllen, Oberböllen 19; Tel. (0 76 73) 2 82;
Fax (0 76 73) 93 38 71;
E-Mail: gemeinde@boellen.de

Einwohner: 95
Bürgermeister: Bruno Kiefer

Gemeinde Efringen-Kirchen
79588 **Efringen-Kirchen**, Hauptstr. 26; Tel. (0 76 28) 8 06-0; Fax (0 76 28) 8 06-1 99; E-Mail: info@efringen-kirchen.de; http://www.efringen-kirchen.de

Einwohner: 8 689
Bürgermeister: Philipp Schmid

Hauptamt
Leiter: Clemens Pfahler, GemOAR, Tel. -2 10

Rechnungsamt
Leiterin: Daniela Wenk, GemOARätin, Tel. -3 10

Bauamt
Leiter: Marc Braun, GemAR, Tel. -6 05

Gemeinde Eimeldingen
79591 **Eimeldingen**, Hauptstr. 25; Tel. (0 76 21) 55 00 99-0; Fax (0 76 21) 55 00 99-9; E-Mail: gemeinde@eimeldingen.de; http://www.eimeldingen.de

Einwohner: 2 500
Bürgermeister: Oliver Friebolin

Gemeinde Fischingen
79592 **Fischingen**, Kirchplatz 6; Tel. (0 76 28) 18 70; Fax (0 76 28) 82 23; E-Mail: gemeinde@fischingen.de; http://www.fischingen.de

Einwohner: 797
Bürgermeister: Axel Moick

Gemeinde Fröhnd
79677 **Fröhnd**, Unterkastel 23; Tel. (0 76 73) 3 32; Fax (0 76 73) 88 87 90; E-Mail: info@froehnd.de; http://www.froehnd.de

Einwohner: 480
Bürgermeister: Michael Engesser

Gemeinde Grenzach-Wyhlen
79639 **Grenzach-Wyhlen**, Hauptstr. 10; Tel. (0 76 24) 32-0; Fax (0 76 24) 3 22 11; E-Mail: rathaus@grenzach-wyhlen.de; https://www.grenzach-wyhlen.de

Einwohner: 15 228
Bürgermeister: Dr. Tobias Benz

Hauptamt
Leiter: Dr. Stephan Schmidt, Tel. -2 02

Ordnungsamt
Leiter: Jürgen Käuflin, Tel. -1 03

Rechnungsamt
Leiter: Marco Prinzbach, Tel. -1 30

Bauamt
Leiterin: Sabine Schneider, Tel. -1 21

Gemeinde Häg-Ehrsberg
79685 **Häg-Ehrsberg**, Rathausstr. 27; Tel. (0 76 25) 91 86 78-0; Fax (0 76 25) 91 86 78-9; E-Mail: buergermeisteramt@haeg-ehrsberg.de

Einwohner: 900
Bürgermeister: Bruno Schmidt

Hauptamt und Ordnungsamt
Leiter: Matthias Uihlein, Tel. -2

Rechnungsamt
Leiterin: Daniela Burger, Tel. 1 33-4 10

Gemeinde Hasel
79686 **Hasel**, Hofstr. 2; Tel. (0 77 62) 8 06 89-0; Fax (0 77 62) 8 06 89-20; E-Mail: info@gemeinde-hasel.de; http://www.Gemeinde-Hasel.de

Einwohner: 1 125
Bürgermeister: Helmut Kima

Hauptverwaltung und Finanzverwaltung, Ratschreiber
Leiter: Jürgen Kern

Ordnungs- und Sozialverwaltung
Leiter: Helmut Kima, Bgm

Gemeinde Hausen im Wiesental
79688 **Hausen im Wiesental**, Bahnhofstr. 9; Tel. (0 76 22) 68 73-0; Fax (0 76 22) 68 73 99; E-Mail: gemeinde@hausen-im-wiesental.de; http://www.hausen-im-wiesental.de

Einwohner: 2 358
Bürgermeister: Martin Bühler

Haupt- und Bauamt
Leiterin: Andrea Kiefer, Tel. -20

Finanzverwaltung
Leiter: Jörg Jost, Tel. -30

Ordnungsamt
Leiter: Michael Malcher, Tel. -21

Gemeinde Inzlingen
79594 **Inzlingen**, Wasserschloss, Riehenstr. 5; Tel. (0 76 21) 40 55-0; Fax (0 76 21) 40 55-33; E-Mail: rathaus@inzlingen.de; http://www.inzlingen.de

Einwohner: 2 518
Bürgermeister: Marco Muchenberger

Hauptamt, Standesamt
Leiter: Tobias Bachthaler, Tel. -12

Rechnungsamt mit Personalwesen
Leiterin: Dorothee Schottmüller, GemARätin, Tel. -15

Stadt Kandern
79400 **Kandern**, Waldeckstr. 39; Tel. (0 76 26) 8 99-0; Fax (0 76 26) 8 99-10; E-Mail: stadt@kandern.de; http://www.kandern.de

Einwohner: 8 549
Bürgermeisterin: Simone Penner

Hauptamt
Leiter: Fabio Jenisch, Tel. -44

Rechnungsamt
Leiter: Benedikt Merkel, Tel. -29

Bauverwaltung
Leiterin: Dagmar Brosig-Mies, Tel. -43

Bauamt (Hoch-/Tiefbau)
Leiter: Hanspeter Amann, Tel. -40

Gemeinde Kleines Wiesental
79692 Kleines Wiesental, Tegernauer Ortsstr. 9; Tel. (0 76 29) 91 10-0; Fax (0 76 29) 91 10-99; E-Mail: info@gdekw.de; http://www.kleines-wiesental.eu und www.kleines-wiesental.de

Einwohner: 2 847
Bürgermeister: Gerd Schönbett

**Stadt Lörrach
(Große Kreisstadt)**
79539 Lörrach, Luisenstr. 16; Tel. (0 76 21) 4 15-0; Fax (0 76 21) 4 15-3 08; E-Mail: info@loerrach.de; http://www.loerrach.de

Einwohner: 49 295
Oberbürgermeister: Jörg Lutz
Bürgermeisterin: Monika Neuhöfer-Avdic

Dezernat I
Büro des Vorstandes; Fachbereiche: Bürgerdienste, EDV; Finanzen; Kultur und Tourismus; Jugend/Schulen/Sport; Medien und Kommunikation; Rechnungsprüfung; Zentrale Dienste und Ratsarbeit
Leiter: Jörg Lutz, OBgm, Tel. -1 00

Dezernat II
Fachbereiche: Grundstücks- und Gebäudemanagement; Recht/Stiftungen/Baurecht; Straßen/Verkehr/Sicherheit; Umwelt und Klimaschutz; Stadtentwicklung und Stadtplanung; Vermessung; Eigenbetriebe: Abwasserbeseitigung; Werkhof, Stadtgrün und Friedhöfe; Stadtwerke
Leiterin: Monika Neuhöfer-Avdic, Bürgermeisterin, Tel. -1 03

Gemeinde Malsburg-Marzell
79429 Malsburg-Marzell, Rathausplatz 1; Tel. (0 76 26) 91 99-0; Fax (0 76 26) 91 99-20; E-Mail: rathaus@malsburg.marzell.de; http://www.malsburg-marzell.de

Einwohner: 1 500
Bürgermeister: Gerd Schweinlin

Gemeinde Maulburg
79689 Maulburg, Hermann-Burte-Str. 57; Tel. (0 76 22) 39 91-10; Fax (0 76 22) 39 91-27; E-Mail: buergerbuero@maulburg.de; http://www.maulburg.de

Einwohner: 4 245
Bürgermeister: Jürgen Multner

Hauptamt und Ordnungsamt
Leiterin: Jessica Lang, Tel. -23

Rechnungsamt
Leiter: Ingo Röslen, Tel. -30

Bauverwaltung
Leiterin: Sandra Fluri, Tel. -40

Technik
Leiterinnen: Angela Gimpel, Tel. -42 ; Birgit Bergmann-Rooks, Tel. -43

**Stadt Rheinfelden (Baden)
(Große Kreisstadt)**
79618 Rheinfelden, Kirchplatz 2; Tel. (0 76 23) 95-0; Fax (0 76 23) 95-2 20; E-Mail: info@rheinfelden-baden.de; http://www.rheinfelden.de

Einwohner: 32 919
Oberbürgermeister: Klaus Eberhardt
Bürgermeisterin: Diana Stöcker

Dezernat I
Stabsstelle Presse- und Öffentlichkeitsarbeit, Stadtbauamt, Amt für Gebäudemanagement, Technische Dienste, Hauptamt, Rechnungsprüfungsamt, Stadtkämmerei
Leiter: Klaus Eberhardt, OBgm, Tel. -2 51

Dezernat II
Stabsstelle Integration und Flüchtlinge, Amt für öffentliche Ordnung, Bürgerbüro, Kulturamt, Amt für Familie, Jugend und Senioren
Leiterin: Diana Stöcker, Bürgermeisterin, Tel. -2 22

Gemeinde Rümmingen
79595 Rümmingen, Lörracher Str. 9; Tel. (0 76 21) 32 19; Fax (0 76 21) 4 39 87; E-Mail: gemeinde@ruemmingen.de; http://www.ruemmingen.de

Einwohner: 1 667
Bürgermeisterin: Daniela Meier

Gemeinde Schallbach
79597 Schallbach, Dorfstr. 6; Tel. (0 76 21) 8 46 05; Fax (0 76 21) 1 80 49; E-Mail: info@schallbach.de; http://www.schallbach.de

Einwohner: 750
Bürgermeister: Martin Gräßlin

Gemeinde Schliengen
79418 Schliengen, Wasserschloss Entenstein; Tel. (0 76 35) 31 09-0; Fax (0 76 35) 31 09-27; E-Mail: gemeinde@schliengen.de; http://www.schliengen.de

Einwohner: 5 783
Bürgermeister: Dr. Christian Renkert

Hauptamt
Leiterin: Lioba Baumgartner, Tel. -20

Bauamt
Leiter: Thomas Wehner, Tel. -40

Rechnungsamt
Leiter: Thomas Widmann, Tel. -37

Stadt Schönau im Schwarzwald
79677 Schönau im Schwarzwald, Talstr. 22; Tel. (0 76 73) 82 04-0; Fax (0 76 73) 82 04-14; E-Mail: info@schoenau-im-schwarzwald.de; http://www.schoenau-im-schwarzwald.de

Einwohner: 2 428
Bürgermeister: Peter Schelshorn

Hauptamt
Leiter: Dietmar Krumm, VwAng, Tel. -20

Rechnungsamt
Leiterin: Yvonne Wagner, VwAng, Tel. -40

Bauamt
Leiter: Dipl.-Ing. Helmut Wunderle, Tel. -50

Gemeinde Schönenberg
79677 Schönenberg, Belchenstr. 1; Tel. (0 76 73) 2 05; Fax (0 76 73) 88 77 70; E-Mail: gemeinde@79677-schoenenberg.de

Einwohner: 342
Bürgermeister: Ewald Ruch

Stadt Schopfheim
79650 Schopfheim, Hauptstr. 29-31; Tel. (0 76 22) 3 96-0; E-Mail: info@schopfheim.de; http://www.schopfheim.de

Einwohner: 20 300
Bürgermeister: Dirk Harscher

Fachbereich I Bau und Technik
Leiter: Eddi Mutter, TBeig, Tel. -1 66

Fachbereich II Zentrale Dienste
Leiter: Thomas Spohn, Tel. -1 21

Fachbereich III Bürgerservice und Ordnung
Leiter: Jürgen Sänger, Tel. -1 30

Gemeinde Schwörstadt
79739 Schwörstadt, Hauptstr. 107; Tel. (0 77 62) 52 20-0; Verwaltungsstelle Dossenbach (0 77 62) 92 13; Fax (0 77 62) 52 20-30; E-Mail: info@schwoerstadt.de; http://www.schwoerstadt.de

Einwohner: 2 575
Bürgermeisterin: Christine Trautwein-Domschat

Fachbereich 1 Finanzen und Personal
Leiterin: Jacqueline Dumont, Tel. -22

Fachbereich 2 Bürgerservice
Leiterin: Beate Schneider, Tel. -12

Gemeinde Steinen
79585 Steinen, Eisenbahnstr. 31; Tel. (0 76 27) 91 00-0; Fax (0 76 27) 91 00-22; E-Mail: gemeinde@steinen.de; http://www.steinen.de

Einwohner: 10 100
Bürgermeister: Gunther Braun

Hauptamt
Leiter: Carsten Edinger, Tel. -30

Rechnungsamt
Leiterin: Dr. Karin Benz, Tel. -40

Bauamt
Leiter: Dietmar Thurn, Tel. -60

Grundbuch-/Standesamt
Leiterin: Sabine See-Kränzlein, Tel. -54

Stadt Todtnau
79674 Todtnau, Rathausplatz 1; Tel. (0 76 71) 9 96-0; Fax (0 76 71) 9 96-37; E-Mail: info@todtnau.de; http://www.todtnau.de

Einwohner: 4 920
Bürgermeister: Andreas Wießner

Hauptamt und Grundbucheinsichtstelle
Leiter: Hugo Keller, StaAR, Tel. -22

Ordnungsamt
Leiter: Gerhard Asal, VwAng, Tel. -50

Rechnungsamt
Leiter: Andreas Klauser, StaAR, Tel. -30

Bauamt
Leiter: Klaus Merz, Tel. -40

Gemeinde Tunau
79677 Tunau, Dorfstr. 2; Tel. (0 76 73) 3 44; Fax (0 76 73) 82 04-35; E-Mail: info@gemeinde-tunau.de; http://www.gemeinde-tunau.de

Einwohner: 188
Bürgermeister: Dirk Pfeffer

Gemeinde Utzenfeld
79694 Utzenfeld, Wiesentalstr. 29; Tel. (0 76 73) 2 75; Fax (0 76 73) 9 14 57; E-Mail: info@utzenfeld.de; http://www.utzenfeld.de

Einwohner: 600
Bürgermeister: Martin Wietzel

Gemeinde Wembach
79677 Wembach, Bifigstr. 2; Tel. (0 76 73) 3 27; Fax (0 76 73) 88 84 58; E-Mail: info@wembach.de; http://www.wembach.de

Einwohner: 320
Bürgermeister: Christian Rüscher

Gemeinde Wieden
79695 Wieden, Kirchstr. 2; Tel. (0 76 73) 13 65; E-Mail: info@wieden.de; http://www.gemeinde-wieden.de

Einwohner: 514
Bürgermeisterin: Annette Franz

Stadt Weil am Rhein (Große Kreisstadt)
79576 Weil am Rhein, Rathausplatz 1; Tel. (0 76 21) 7 04-0; Fax (0 76 21) 7 04-1 23; E-Mail: stadt@weil-am-rhein.de; http://www.weil-am-rhein.de

Einwohner: 30 009

Oberbürgermeister: Wolfgang Dietz
Erster Bürgermeister: Rudolf Koger
Bürgermeister: Martin Gruner

Hauptamt
Leiterin: Annette Huber, Tel. -1 05

Stadtkämmerei
Leiter: Rudolf Koger, Tel. -2 00

Kulturamt
Leiter: Peter Spörrer, Tel. -4 10

Stadtbauamt
Leiter: Christian Renner, Tel. -6 00

Rechts- und Ordnungsamt
Leiterin: Ellen Nonnenmacher, Tel. 3 00

Amt für Gebäudemanagement und Umweltschutz
Leiter: Claudio Bergermann, Tel. -6 50

Rechnungsprüfungsamt
Leiter: NN, Tel. -1 40

Betriebshof
Leiterin: Andrea Müller, Tel. 16 71 69

Gemeinde Wittlingen
79599 Wittlingen, Rathausplatz 1; Tel. (0 76 21) 38 04; Fax (0 76 21) 1 29 48; E-Mail: gemeinde-wittlingen@t-online.de

Einwohner: 940
Bürgermeister: Michael Herr

Stadt Zell im Wiesental
79669 Zell im Wiesental, Constanze-Weber-Gasse 4; Tel. (0 76 25) 1 33-0; http://www.zell-im-wiesental.de

Einwohner: 6 344
Bürgermeister: Peter Palme

Städte und Gemeinden im Landkreis Lörrach, die einer Verwaltungsgemeinschaft angehören:

Gemeindeverwaltungsverband Schönau im Schwarzwald
79677 Schönau im Schwarzwald, Stadt (Sitzgemeinde)
79677 Aitern
79677 Böllen
79677 Fröhnd
79677 Schönenberg
79677 Tunau
79694 Utzenfeld
79677 Wembach
79695 Wieden

Gemeindeverwaltungsverband Vorderes Kandertal
79589 Binzen (Sitzgemeinde)
79591 Eimeldingen
79592 Fischingen
79595 Rümmingen
79597 Schallbach

79599 Wittlingen

Verwaltungsgemeinschaft Kandern
79400 Kandern, Stadt (Sitzgemeinde)
79429 Malsburg-Marzell

Verwaltungsgemeinschaft Lörrach
79539 Lörrach, Stadt (Sitzgemeinde)
79594 Inzlingen

Verwaltungsgemeinschaft Rheinfelden
79618 Rheinfelden, Stadt (Sitzgemeinde)
79739 Schworstadt

Verwaltungsgemeinschaft
79418 Schliengen
79415 Bad Bellingen

Verwaltungsgemeinschaft Schopfheim
79650 Schopfheim, Stadt (Sitzgemeinde)
79686 Hasel
79688 Hausen im Wiesental
79689 Maulburg

Verwaltungsgemeinschaft Zell
79669 Zell im Wiesental, Stadt (Sitzgemeinde)
79685 Häg-Ehrsberg

3.9 Landkreis Waldshut

79761 Waldshut-Tiengen, Kaiserstr. 110; Tel. (0 77 51) 86-0; Fax (0 77 51) 86-19 99; E-Mail: post@landkreis-waldshut.de; http://www.landkreis-waldshut.de

Einwohner: 171 411
Fläche: 113 109 ha
Kreistag: 50 Mitglieder (18 CDU, 11 FWV, 8 GRÜNE, 7 SPD, 4 FDP, 2 AfD)
Landrat: Dr. Martin Kistler

Dem Landrat unmittelbar unterstellt:

Büro Landrat; Geschäftsstelle Kreistag; Justiziariat; Amt für Kultur, Archivwesen und Öffentlichkeitsarbeit

Dezernat 1:
Haupt- und Personalamt; Amt für Finanz- und Vermögensverwaltung; Amt für Kreisschulen und Liegenschaften
Leiter: Michael Hajden, Tel. -10 00

Dezernat 2:
Amt für öffentliche Ordnung und Ausländerwesen; Straßenverkehrsamt; Straßenbauamt; Kommunal- und Rechnungsprüfungsamt; Amt für Wirtschaftsförderung und Nahverkehr
Leiterin: Caren Denise Sigg, Tel. -20 00

Dezernat 3:
Baurechtsamt, Amt für Umweltschutz, Kreisforstamt; Vermessungsamt; Gemeinsame Dienststelle Flurneuordnung der Landratsämter Lörrach und Waldshut
Leiter: Jörg Gantzer, 1. Landesbeamter, Tel. -30 00

Dezernat 4:
Zentrale Finanzsteuerung; Gleichstellungsbeauftragte; Jobcenter; Amt für Soziale Hilfen, Behinderten- und Altenhilfe; Jugendamt
Leiterin: Sabine Schimkat, Tel. -40 00

Dezernat 5:
Gesundheitsamt; Amt für Veterinärwesen und Lebensmittelüberwachung; Landwirtschaftsamt
Leiterin: Dr. Corinna Schweizer, Tel. -50 00

Außenstellen des Landkreises Waldshut:

Gemeinsame Dienststelle Flurneuordnung der Landratsämter Lörrach und Waldshut
79713 Bad Säckingen, Buchbrunnenweg 18; Tel. (0 77 51) 86-35 01; Fax (0 77 51) 86-35 99;
E-Mail: gds@landkreis-waldshut.de

Straßenbauamt
79761 Waldshut-Tiengen, Eisenbahnstr. 7 A; Tel. (0 77 51) 86-24 01; Fax (0 77 51) 86-24 99;
E-Mail: strassenbauamt@landkreis-waldshut.de

Vermessungsamt
79761 Waldshut-Tiengen, Eisenbahnstr. 5-7a; Tel. (0 77 51) 86-34 01; Fax (0 77 51) 86-34 99;
E-Mail: vermessungsamt@landkreis-waldshut.de

Amt für Wirtschaftsförderung und Nahverkehr
79761 Waldshut-Tiengen, Gartenstr. 7; Tel. (0 77 51) 86-26 01; Fax (0 77 51) 86-26 99;
E-Mail: wirtschaft@landkreis-waldshut.de

Baurechtsamt
79761 Waldshut-Tiengen, Eisenbahnstr. 7a; Tel. (0 77 51) 86-31 01; Fax (0 77 51) 86-31 99;
E-Mail: baurechtsamt@landkreis-waldshut.de

Kreisforstamt
79761 Waldshut-Tiengen, Gartenstr. 7; Tel. (0 77 51) 86-33 01; Fax (0 77 51) 86-33 99;
E-Mail: kreisforstamt@landkreis-waldshut.de

Landwirtschaftsamt
79761 Waldshut-Tiengen, Gartenstr. 7; Tel. (0 77 51) 86-53 01; Fax (0 77 51) 86-53 99;
E-Mail: landwirtschaftsamt@landkreis-waldshut.de

Amt für Veterinärwesen und Lebensmittelüberwachung
79761 Waldshut-Tiengen, Im Wallgraben 34; Tel. (0 77 51) 86-52 01; Fax (0 77 51) 86-52 99;
E-Mail: veterinaeramt@landkreis-waldshut.de

Gesundheitsamt
79761 Waldshut-Tiengen, Im Wallgraben 34; Tel. (0 77 51) 86-51 01; Fax (0 77 51) 86-51 99;
E-Mail: gesundheitsamt@landkreis-waldshut.de

Amt für Kreisschulen und Liegenschaften
79761 Waldshut-Tiengen, Waldtorstr. 1; Tel. (0 77 51) 86-13 01; Fax (0 77 51) 86-13 99;
E-Mail: schulverwaltungsamt@landkreis-waldshut.de

Eigenbetrieb Abfallwirtschaft
79761 Waldshut-Tiengen, Waldtorstr. 1; Tel. (0 77 51) 86-54 01; Fax (0 77 51) 86-54 99;
E-Mail: abfallwirtschaft@landkreis-waldshut.de

Jobcenter
79761 Waldshut-Tiengen, Waldtorstr. 14; Tel. (0 77 51) 86-41 01; Fax (0 77 51) 86-41 99;
E-Mail: jobcenter@landkreis-waldshut.de

Jobcenter
79713 Bad Säckingen, Hauensteinstr. 14; Tel. (0 77 51) 86-48 11; Fax (0 77 51) 86-48 99;
E-Mail: jobcenter@landkreis-waldshut.de

Psychologische Beratung für Eltern, Kinder und Jugendliche
79761 Waldshut-Tiengen, Viehmarktplatz 1; Tel. (0 77 51) 86-43 81; Fax (0 77 51) 86-43 89;
E-Mail: erziehungsberatung@landkreis-waldshut.de

Kreisarchiv
79774 Albbruck, Dr. R.Eberle-Str. 34; Tel. (0 77 51) 86-74 11; Fax (0 77 51) 86-74 98;
E-Mail: kreisarchiv@landkreis-waldshut.de

Kfz-Zulassungsstelle Waldshut
79761 Waldshut-Tiengen, Alfred-Nobel-Str. 1; Tel. (0 77 51) 86-23 33; Fax (0 77 51) 86-23 98;
E-Mail: strassenverkehrsamt@landkreis-waldshut.de

Kfz-Zulassungsstelle Bad Säckingen
79713 Bad Säckingen, Am Buchrain 5; Tel. (0 77 51) 86-23 57; Fax (0 77 51) 86-23 96;
E-Mail: strassenverkehrsamt@landkreis-waldshut.de

Städte und Gemeinden im Landkreis Waldshut:

Gemeinde Albbruck
79774 Albbruck, Schulstr. 6; Tel. (0 77 53) 93 00; Fax (0 77 53) 9 30-2 03;
E-Mail: gemeinde@albbruck.de;
http://www.Albbruck.de

Einwohner: 7 481
Bürgermeister: Stefan Kaiser

Hauptamt
Leiter: Ralf Kuhlmey, Tel. -2 05

Rechnungsamt
Leiter: Philipp Bastian, Tel. -1 50

Bauamt
Leiter: NN, Tel. -2 20

Gemeinde Bernau im Schwarzwald
79872 Bernau im Schwarzwald, Innerlehen, Rathausstr. 18; Tel. (0 76 75) 16 00-0; Fax (0 76 75) 16 00-90;
E-Mail: tourist-information@bernau-schwarzwald.de; http://www.sbo.de/bernau

Einwohner: 1 983
Bürgermeister: Rolf Schmidt

Stadt Bad Säckingen
79713 Bad Säckingen, Rathausplatz 1; Tel. (0 77 61) 51-0; Fax (0 77 61) 51-3 21;
E-Mail: info@bad-saeckingen.de;
http://www.bad-saeckingen.de

Einwohner: 17 500
Bürgermeister: Alexander Guhl

Fachbereich Zentrale Steuerung
Leiterin: Bettina Huber, StaOVwRätin, Tel. -2 17

Fachbereich Recht und Ordnung
Leiterin: Muriel Schwerdtner, StaORechtsRätin, Tel. -2 11

Fachbereich Bauen
Leiterin: Margit Ulrich, VwAngestellte, Tel. -2 60

Fachbereich Soziales, Bildung, Tourismus, Kultur
Leiter: NN

Fachbereich Facility Management, Bauverwaltung, Vergabe
Leiter: Peter Weiß, StaOAR, Tel. -2 59

Eigenbetrieb Abwasser
Technischer Betriebsleiter: Bernd Frenzel, Tel. -9 22 10

Stadt Bonndorf im Schwarzwald
79848 Bonndorf im Schwarzwald, Martinstr. 8; Tel. (0 77 03) 93 80-0; Fax (0 77 03) 93 80-50;
E-Mail: stadt@bonndorf.de;
http://www.bonndorf.de

Einwohner: 6 882
Bürgermeister: Michael Scharf

Hauptamt und Ordnungsamt
Leiter: Harald Heini, Tel. -20

Rechnungsamt
Leiter: Nikolaus Riesterer, Tel. -61

Bauamt
Leiter: Nicole Messerschmid, Tel. -40 ; Werner Steiert, Tel. -43

Gemeinde Dachsberg (Südschwarzwald)
79875 Dachsberg (Südschwarzwald), Rathausstr. 1; Tel. (0 76 72) 99 05-0; Fax (0 76 72) 99 05-33;
E-Mail: gemeinde@dachsberg.de;
http://www.dachsberg.de

Einwohner: 1 401
Bürgermeister: Dr. Stephan Bücheler

Gemeinde Dettighofen
79802 Dettighofen, Berwanger Str. 5; Tel. (0 77 42) 92 07-0; Fax (0 77 42) 92 07-22;
E-Mail: Gemeindeverwaltung@dettighofen.de;
http://www.dettighofen.de

Einwohner: 1 180
Bürgermeisterin: Marion Frei

Hauptamt
Leiter: Johannes Gruber, Tel. -16

Rechnungsamt
Leiter: Markus Helm, Tel. -14

Gemeinde Dogern
79804 Dogern, Rathausweg 1; Tel. (0 77 51) 83 18-0; Fax (0 77 51) 77 24;
E-Mail: gemeinde@dogern.de;
http://www.dogern.de

Einwohner: 2 305
Bürgermeister: Fabian Prause

Gemeinde Eggingen
79805 Eggingen, Bürgerstr. 7; Tel. (0 77 46) 92 02-0; Fax (0 77 46) 92 02-50;
E-Mail: gemeinde@eggingen.de

Einwohner: 1 700
Bürgermeister: Karlheinz Gantert

Hauptamt
Leiterin: Susanne Kaemmer, Tel. -12

Rechnungsamt
Leiterin: Renate Baumgartner, GemOInspektorin, Tel. -14

Gemeinde Görwihl
79733 Görwihl, Hauptstr. 54; Tel. (0 77 54) 7 08-0; Fax (0 77 54) 7 08-50;
E-Mail: gemeinde@goerwihl.de;
http://www.goerwihl.de

Einwohner: 4 300
Bürgermeister: Carsten Quednow

Hauptamt
Leiterin: Silvia Hintz, Tel. -24

Bauverwaltung und Bauhof
Leiter: Heinrich König, Tel. -33

Rechnungsamt
Leiter: Martin Schwald, Tel. -30

Gemeinde Grafenhausen
79865 Grafenhausen, Rathausplatz 1; Tel. (0 77 48) 52 00; Fax (0 77 48) 5 20 20;
E-Mail: rathaus@grafenhausen.de;
http://www.grafenhausen.de

Einwohner: 2 443
Bürgermeister: Christian Behringer

Gemeinde Häusern
79837 Häusern, St.-Fridolin-Str. 5; Tel. (0 76 72) 93 14-0; Fax (0 76 72) 93 14-90;
http://www.haeusern.de

Einwohner: 1 300
Bürgermeister: Thomas Kaiser

Gemeinde Herrischried
79737 Herrischried, Hauptstr. 28; Tel. (0 77 64) 92 00-0; Fax (0 77 64) 92 00-49;
E-Mail: gemeinde@herrischried.de;
http://www.herrischried.de

Einwohner: 2 661
Bürgermeister: Christian Dröse

Haupt- und Ordnungsamt (Grundbucheinsichtsstelle)
Leiter: Volker Schneider, Tel. -13

Rechnungsamt
Leiter: Roland Frank, Tel. -20

Bauamt
Leiterin: Christine Kaiser, Tel. -30

Gemeinde Höchenschwand
79862 Höchenschwand, Waldshuter Str. 2; Tel. (0 76 72) 48 19-0; Fax (0 76 72) 48 19-19;
E-Mail: rathaus@hoechenschwand.de;
http://www.hoechenschwand.de

Einwohner: 2 563
Bürgermeister: Sebastian Stiegeler

Rechnungsamt
Leiter: Michael Herr, GemAR, Tel. -23

Hauptamt, Bauamt
Leiter: Manuel Schäuble, GemAmtm, Tel. -10

Gemeinde Hohentengen am Hochrhein
79801 Hohentengen am Hochrhein, Kirchstr. 4;
Tel. (0 77 42) 8 53-0; Fax (0 77 42) 8 53-15;
E-Mail: info@hohentengen-ah.de;
http://www.hohentengen.de

Einwohner: 3 793
Bürgermeister: Martin Benz

Hauptamt / Bauamt / Ordnungsamt
Leiterin: Tanja Würz, OARätin, Tel. -20

Rechnungsamt
Leiterin: Kristina Schwab, ARätin, Tel. -41

Gemeinde Ibach
79837 Ibach, Hofrain 1; Tel. (0 76 72) 8 42; Fax (0 76 72) 24 97; E-Mail: gemeinde@ibach-schwarzwald.de;
http://www.ibach-schwarzwald.de

Einwohner: 360
Bürgermeister: Helmut Kaiser

Gemeinde Jestetten
79798 Jestetten, Hombergstr. 2; Tel. (0 77 45) 92 09-0; Fax (0 77 45) 92 09-40;
E-Mail: info@jestetten.de; http://www.jestetten.de

Einwohner: 5 166
Bürgermeisterin: Ira Sattler

Hauptamt und Ordnungsamt
Leiterin: Ina Fischer, Tel. -22

Rechnungsamt
Leiter: Heiko Weißenberger, Tel. -36

Bauamt
Leiter: Oliver Roller, Tel. -31

Gemeinde Klettgau
79771 Klettgau, Degernauer Str. 22; Tel. (0 77 42) 9 35-0; Fax (0 77 42) 9 35-1 50;
E-Mail: gemeinde@klettgau.de;
http://www.klettgau.de

Einwohner: 7 729
Bürgermeister: Ozan Topcuogullari

Hauptamt und Ordnungsamt
Leiter: Thomas Metzger, GemAR, Tel. -1 02

Rechnungsamt
Leiter: Andreas Merk, Tel. -2 01

Bauamt
Leiter: Holger Schulz, Tel. -1 30

Gemeinde Küssaberg
79790 Küssaberg, Gemeindezentrum; Tel. (0 77 41) 60 01-0; Fax (0 77 41) 60 01-50;
E-Mail: gemeinde@kuessaberg.de;
http://www.kuessaberg.info

Einwohner: 5 594
Bürgermeister: Manfred Weber

Haupt- und Personalamt
Leiterin: Kersten Dißelhoff, Tel. -23

Rechnungsamt
Leiter: Joachim Isele, Tel. -30

Bauamt
Leiterin: Jessica Bartosch, Tel. -36

Gemeinde Lauchringen
79787 Lauchringen, Hohrainstr. 59; Tel. (0 77 41) 60 95-0; Fax (0 77 41) 60 95-43;
E-Mail: lauchringen@lauchringen.de;
http://www.lauchringen.de/

Einwohner: 7 998
Bürgermeister: Thomas Schäuble

Hauptamt
Leiter: Robert Bank, Tel. -22

Standesamt und Ordnungsamt
Leiterin: Michaela Gmelin, Tel. -30

Rechnungsamt
Leiter: Heiko Weißenberger, Tel. -40

Technisches Bauamt
Leiter: Roland Morawczik, Tel. -26

Stadt Laufenburg (Baden)
79725 Laufenburg (Baden), Hauptstr. 30; Tel. (0 77 63) 8 06-0; Fax (0 77 63) 8 06-1 99;
http://www.laufenburg.de

Einwohner: 9 000
Bürgermeister: Ulrich Krieger

Hauptamt
Leiterin: Carina Walenciak, Tel. -1 00

Ordnungsamt
Leiterin: Martina Bögle, Tel. -2 00

Rechnungsamt
Leiterin: Andrea Tröndle, Tel. -3 00

Bauamt
Leiter: Roland Indlekofer, Tel. -4 00

Gemeinde Lottstetten
79807 Lottstetten, Rathausplatz 1; Tel. (0 77 45) 92 01-0; Fax (0 77 45) 92 01-90;
E-Mail: gemeinde@lottstetten.de;
http://www.lottstetten.de

Einwohner: 2 330
Bürgermeister: Jürgen Link

Hauptamt
Leiter: Dominic Böhler, GemOI, Tel. -10

Rechnungsamt
Leiter: Andreas Morasch, Tel. -20

Gemeinde Murg
79730 Murg, Hauptstr. 52; Tel. (0 77 63) 9 30-0; Fax (0 77 63) 9 30-19;
E-Mail: post@gemeinde-murg.de; https://www.murg.de

Einwohner: 7 000
Bürgermeister: Adrian Schmidle

Hauptamt
Leiter: Werner Vökt, Tel. -10

Rechnungsamt
Leiterin: Nicole Kammerer, Tel. -20

Bauamt
Leiter: Karl-Heinz Peter, Tel. -30

Gemeinde Rickenbach
79736 Rickenbach, Hauptstr. 7; Tel. (0 77 65) 92 00-0; Fax (0 77 65) 92 00-30;
E-Mail: gemeinde@rickenbach.de;
http://www.rickenbach.de

Einwohner: 4 100
Bürgermeister: Dietmar Zäpernick

Stadt St. Blasien
79837 St. Blasien, Am Kurgarten 11; Tel. (0 76 72) 4 14-0; Fax (0 76 72) 46 16;
E-Mail: stadtverwaltung@stblasien.de;
http://www.stblasien.de

Einwohner: 3 937
Bürgermeister: Adrian Probst

Hauptverwaltung
Leiter: Eduard Rombach, Tel. -53

Finanzverwaltung
Leiter: Michael Spitz, Tel. -20

Stadt Stühlingen
79780 Stühlingen, Schloßstr. 9; Tel. (0 77 44) 5 32-0; Fax (0 77 44) 5 32-22;
E-Mail: stadtverwaltung@stuehlingen.de;
http://www.stuehlingen.de

Einwohner: 5 329
Bürgermeister: Joachim Burger

Hauptamt, Personal-, Sozial- und Ordnungsamt
Leiter: Andreas Mosmann, Tel. -30

Rechnungsamt
Leiter: Rudolf Weidele, Tel. -41

Bauamt
Leiter: Frank Gatti, Tel. -50

Gemeinde Todtmoos
79682 Todtmoos, St. Blasier-Str. 2; Tel. (0 76 74) 84 80; Fax (0 76 74) 8 48 33;
E-Mail: sekretariat@todtmoos.net;
http://www.todtmoos.net

Einwohner: 2 000
Bürgermeisterin: Janette Fuchs

Hauptamt / Ordnungsamt / Bauamt
Leiterin: Veronika Hummel, Tel. -23

Rechnungsamt
Leiter: Uwe Bonow, Tel. -36

Gemeinde Ühlingen-Birkendorf
79777 Ühlingen-Birkendorf, Kirchplatz 1; Tel. (0 77 43) 92 00-0; Fax (0 77 43) 92 00-40;
E-Mail: gemeinde@uehlingen-birkendorf.de;
http://www.uehlingen-birkendorf.de

Einwohner: 5 200
Bürgermeister: Tobias Gantert

Hauptamt
Leiterin: Heike Hartmann, Tel. -24

Bauamt
Leiter: Jürgen Gamp, Tel. -15

Rechnungsamt
Leiter: Martin Blum, Tel. -20

Stadt Waldshut-Tiengen
(Große Kreisstadt)
79761 Waldshut-Tiengen, Kaiserstr. 28-32; Tel. (0 77 51) 8 33-0; Fax (0 77 51) 8 33-1 28;
E-Mail: stadt@waldshut-tiengen.de;
http://www.waldshut-tiengen.de

Einwohner: 24 067
Oberbürgermeister: Dr. Philipp Frank

Hauptamt
Leiterin: Ingrid Eble, Tel. -1 30

Kämmerei
Leiter: Martin Lauber, Tel. -1 10

Ordnungsamt
Leiter: Ralph Albrecht, Tel. -1 80

Bauverwaltungs- und Baurechtsamt
Leiterin: Andrea Albert, Tel. -4 05

Stadtplanungsamt
Leiter: NN

Hochbauamt
Leiter: NN

Tiefbauamt
Leiter: Theo Merz, Tel. -4 12

Kulturamt
Leiterin: Kerstin Simon, Tel. -1 90

Rechnungsprüfungsamt
Leiter: Gerd Schönle, Tel. -1 94

Kinder- und Jugendreferat
Leiterin: Silke Padova, Tel. -1 41

Stadtgärtnerei
Leiter: Bernd Kramm, Tel. -2 46

Baubetriebshof
Leiter: Reiner Jehle, Tel. -6 97

Feuerwehr
Leiter: Peter Wolf, Tel. -7 77

Stadt Wehr
79664 Wehr, Hauptstr. 16; Tel. (0 77 62) 8 08-0; Fax (0 77 62) 8 08-1 50; E-Mail: stadt@wehr.de; http://www.wehr.de

Einwohner: 13 300
Bürgermeister: Michael Thater

Hauptamt
Leiterin: Tina Wehrle, Tel. -2 00

Rechnungsamt
Leiter: Erich Götz, Tel. -3 00

Ordnungsamt
Leiter: Stefan Schmitz, Tel. -4 00

Stadtbauamt
Leiterin: Ramona Meyer, Tel. -5 00

Kulturamt
Leiter: Frank Wölfl, Tel. -6 00

Gemeinde Weilheim
79809 Weilheim, Badener Platz 1; Tel. (0 77 41) 83 13-0; Fax (0 77 41) 83 13-51; http://www.weilheim-baden.de

Einwohner: 3 180
Bürgermeister: Jan Albicker

Hauptamt, Ordnungsamt, Bauamt
Leiterin: Jessica Höfler, GemInspektorin, Tel. -12

Rechnungsamt
Leiter: Peter Schmidt, GemAR, Tel. -22

Gemeinde Wutach
79879 Wutach, Amtshausstr. 2; Tel. (0 77 09) 9 29 69-0; Fax (0 77 09) 9 29 69-90; E-Mail: rathaus@wutach.de; http://www.wutach.de

Einwohner: 1 220
Bürgermeister: Christian Mauch

Hauptamt und Rechnungsamt
Leiter: Arnold Hettich, Ang, Tel. -12

Bauamt
Leiter: Christian Mauch, Bgm, Tel. -13

Gemeinde Wutöschingen
79793 Wutöschingen, Kirchstr. 5; Tel. (0 77 46) 8 52-0; Fax (0 77 46) 8 52-50; E-Mail: gemeinde@wutoeschingen.de; http://www.wutoeschingen.de

Einwohner: 6 900
Bürgermeister: Georg Eble

Hauptamt, Ordnungsamt und Bauamt
Leiter: Rainer Stoll, Tel. -28

Rechnungsamt
Leiter: Christian Boll, Tel. -23

Städte und Gemeinden im Landkreis Waldshut, die einer Verwaltungsgemeinschaft angehören:

Gemeindeverwaltungsverband Jestetten
79798 Jestetten
79802 Dettighofen
79807 Lottstetten

Gemeindeverwaltungsverband Küssaberg
79790 Küssaberg
79801 Hohentengen am Hochrhein

Gemeindeverwaltungsverband Oberes-Schlüchttal
79777 Ühlingen-Birkendorf
79865 Grafenhausen

Gemeindeverwaltungsverband St. Blasien
79837 St. Blasien, Stadt (Sitzgemeinde)
79872 Bernau im Schwarzwald
79875 Dachsberg (Südschwarzwald)
79837 Häusern
79862 Höchenschwand
79837 Ibach
79682 Todtmoos

Verwaltungsgemeinschaft Bonndorf
79848 Bonndorf im Schwarzwald, Stadt (Sitzgemeinde)
79879 Wutach

Verwaltungsgemeinschaft Bad Säckingen
79713 Säckingen, Stadt Bad (Sitzgemeinde)
79737 Herrischried
79730 Murg
79736 Rickenbach

Verwaltungsgemeinschaft Waldshut-Tiengen
79761 Waldshut-Tiengen, Stadt (Sitzgemeinde)
79804 Dogern
79787 Lauchringen
79809 Weilheim

Verwaltungsgemeinschaft Wutöschingen
79793 Wutöschingen
79805 Eggingen

4 Regierungsbezirk Tübingen

Region Neckar-Alb

4.1 Landkreis Reutlingen

72764 Reutlingen, Bismarckstr. 47; Tel. (0 71 21) 4 80-0; Fax (0 71 21) 4 80-18 00;
E-Mail: post@kreis-reutlingen.de;
http://www.kreis-reutlingen.de

Außenstelle:

72525 Münsingen, Schloßhof 1; Tel. (0 73 81) 93 97-0; Fax (0 73 81) 93 97-50

Einwohner: 287 519
Fläche: 109 400 ha
Kreistag: 67 Mitglieder (19 FWV, 15 CDU, 12 GRÜNE, 10 SPD, 4 FDP, 4 AfD, 2 LINKE, 1 WiR)
Landrat: Dr. Ulrich Fiedler

Dem Landrat unmittelbar unterstellt:

Amt für Kommunalaufsicht und Rechnungsprüfung
Leiterin: Elke Weiss, KOVwRätin, Tel. -10 20

Dezernat 1
Zentrale Verwaltung, Kreiskämmerei, Hauptamt, Kreisschul- und Kulturamt, Kreis – Straßenbauamt
Leiter: Gerd Pflumm, LtdKVwDir, Tel. -10 00

Dezernat 2
Kreisbauamt, Verkehrs- und Ordnungsamt, Umweltschutzamt, Kreisveterinär- und Lebensmittelüberwachungsamt, Amt für Migration und Integration
Leiter: Dr. Claudius Müller, LtdRDir, Tel. -20 00

Dezernat 3
Kreisamt für Landentwicklung und Vermessung, Kreisforstamt, Kreisamt für nachhaltige Entwicklung, Kreislandwirtschaftsamt
Leiter: Hans-Jürgen Stede, 1. Landesbeamter, Tel. -30 00

Dezernat 4
Planung und Steuerung, Kreissozialamt, Kreisjugendamt, Kreisgesundheitsamt
Leiter: Andreas Bauer, LtdKVwDir, Tel. -40 00

Kreiskliniken Reutlingen GmbH
Geschäftsführer: Dominik Nusser
Vorsitzender der Geschäftsführung: Dr. Jörg Martin

Städte und Gemeinden im Landkreis Reutlingen:

Stadt Bad Urach
72574 Bad Urach, Marktplatz 8-9; Tel. (0 71 25) 1 56-0; Fax (0 71 25) 1 56-1 02;
E-Mail: info@bad-urach.de;
http://www.bad-urach.de

Einwohner: 12 500
Bürgermeister: Elmar Rebmann

Fachbereich Zentrale Dienste
Leiter: Vesna Trost, Tel. -1 10

Fachbereich Bau und Technik
Leiter: Tim Wilhelm, Tel. -2 20

Fachbereich Bürgerservice
Leiter: Jochen Wagner, Tel. -3 30

Gemeinde Dettingen an der Erms
72581 Dettingen an der Erms, Rathausplatz 1; Tel. (0 71 23) 72 07-0; Fax (0 71 23) 72 07-1 11;
E-Mail: info@dettingen-erms.de;
http://www.dettingen-erms.de

Einwohner: 9 728
Bürgermeister: Michael Hillert

Hauptamt
Leiter: Manuel Höllwarth, Tel. -1 05

Personal- und Organisationsamt
Leiterin: Jasmin Götz, Tel. -1 40

Rechnungsamt
Leiter: Daniel Gönninger, Tel. -2 00

Bauamt
Leiter: Felix Schiffner, Tel. -3 00

Gemeinde Engstingen
72829 Engstingen, Kirchstr. 6; Tel. (0 71 29) 93 99-0; Fax (0 71 29) 93 99-99;
E-Mail: info@engstingen.de;
http://www.engstingen.de

Einwohner: 5 389
Bürgermeister: Klaus-Peter Kleiner

Hauptamt und Ordnungsamt
Leiterin: Marianne Hoffmann, Tel. -22

Rechnungsamt
Leiter: Alexander Ott, Tel. -33

Gemeinde Eningen unter Achalm
72800 Eningen unter Achalm, Rathausplatz 1; Tel. (0 71 21) 8 92-0; Fax (0 71 21) 8 92-39 20;
E-Mail: verwaltung@eningen.de;
http://www.eningen.de

Einwohner: 10 900
Bürgermeister: Alexander Schweizer

Hauptamt und Ordnungsamt
Leiter: Albrecht Fausel, Tel. -12 00

Finanzverwaltung
Leiter: Roland Schwarz, Tel. -13 00

Ortsbauamt
Leiter: Rainer Klett, Tel. -15 00

Gemeinde Gomadingen
72532 Gomadingen, Marktplatz 2; Tel. (0 73 85) 96 96-0; Fax (0 73 85) 96 96-22;

E-Mail: info@gomadingen.de;
http://www.gomadingen.de

Einwohner: 2 208
Bürgermeister: Klemens Betz

Finanzverwaltung
Leiterin: Silke Hirsch, Tel. -30

Gemeinde Grabenstetten
72582 **Grabenstetten**, Böhringer Str. 10; Tel. (0 73 82) 94 15 04-0; Fax (0 73 82) 94 15 04-44; E-Mail: info@grabenstetten.de; http://www.grabenstetten.de

Einwohner: 1 680
Bürgermeister: Roland Deh

Gemeinde Grafenberg
72661 **Grafenberg**, Bergstr. 30; Tel. (0 71 23) 93 39-0; Fax (0 71 23) 93 39-33; E-Mail: info@grafenberg.de

Einwohner: 2 759
Bürgermeister: Volker Brodbeck

Hauptverwaltung/Sozialverwaltung
Leiterin: Panagiota Athanasiou-Seliger, Tel. -18

Finanzverwaltung/Bauverwaltung
Leiterin: Sabine Schweizer, Tel. -17

Stadt Hayingen
72534 **Hayingen**, Marktstr. 1; Tel. (0 73 86) 97 77-0; Fax (0 73 86) 97 77-33; E-Mail: info@hayingen.de; http://www.hayingen.de

Einwohner: 2 221
Bürgermeister: Kevin Dorner

Ordnungs- und Sozialamt, Bauamt
Leiterin: Sigrid Bortfeldt, Tel. -29

Gemeinde Hohenstein
72531 **Hohenstein**, Im Dorf 14; Tel. (0 73 87) 98 70-0; Fax (0 73 87) 98 70-29; E-Mail: rathaus@gemeinde-hohenstein.de; http://www.gemeinde-hohenstein.de

Einwohner: 3 738
Bürgermeister: Jochen Zeller

Hauptamt (mit Bauverwaltung)
Leiterin: Stefanie Jeske, Tel. -15

Kämmerei
Leiterin: Beate Beck, Tel. -20

Ordnungsamt
Leiterin: Tirza Vollmer, Tel. -17

Gemeinde Hülben
72584 **Hülben**, Hauptstr. 1; Tel. (0 71 25) 96 86-0; Fax (0 71 25) 96 86-20; E-Mail: info@huelben.de; http://www.huelben.de

Einwohner: 3 031
Bürgermeister: Siegmund Ganser

Ordnungsamt, Hauptamt
Leiterin: Bettina Scheu, Tel. -15

Bauamt
Leiterin: Marion Lamparter, Tel. -18

Rechnungsamt
Leiterin: Judith Loser, Tel. -16

Gemeinde Lichtenstein
72805 **Lichtenstein**, Rathausplatz 17; Tel. (0 71 29) 6 96-0; Fax (0 71 29) 63 89; E-Mail: info@gemeinde-lichtenstein.de; http://www.gemeinde-lichtenstein.de

Einwohner: 9 251
Bürgermeister: Peter Nußbaum

Hauptamt
Leiterin: Beatrice Herrmann, OARätin, Tel. -10

Rechnungsamt
Leiterin: Sandra Stotz, GemARätin, Tel. -20

Bauamt
Leiter: Friedrich Buck, Tel. -60

Gemeinde Mehrstetten
72537 **Mehrstetten**, Marktplatz 1; Tel. (0 73 81) 93 83-0; Fax (0 73 81) 93 83-33; E-Mail: info@mehrstetten.de; http://www.mehrstetten.de

Einwohner: 1 400
Bürgermeisterin: Franziska Kenntner

Stadt Metzingen
72555 **Metzingen**, Stuttgarter Str. 2-4; Tel. (0 71 23) 9 25-0; Fax (0 71 23) 9 25-2 10; E-Mail: stadt@metzingen.de; http://www.metzingen.de

Einwohner: 22 000
Oberbürgermeisterin: Carmen Haberstroh
Erste Bürgermeisterin: Jacqueline Lohde

Geschäftsbereich Personal, Organisation, Digitalisierung
Leiter: Patrick Hubertz, Tel. -2 17

Interne Prüfung
Leiterin: Ute Peter, Tel. -2 37

Geschäftsbereich Recht und Ordnung
Leiter: Albrecht Gaiser, Tel. -2 19

Geschäftsbereich Bildung, Kultur, Soziales
Leiterin: Heidrun Müller, Tel. -2 03

Geschäftsbereich Finanzen
Leiter: Patrick Lehmann, Tel. -2 68

Geschäftsbereich Planen und Bauen
Leiter: Konrad Berger, Tel. -2 85

Geschäftsbereich Betriebe
Leiter: Thomas Burnikel, Tel. -1 33

Stadt Münsingen
72525 Münsingen, Bachwiesenstr. 7; Tel. (0 73 81) 1 82-0; Fax (0 73 81) 1 82-1 01;
E-Mail: stadt@muensingen.de;
http://www.muensingen.de

Einwohner: 14 675
Bürgermeister: Mike Münzing

Hauptamt
Leiter: Thomas Noack, Tel. -1 51

Kämmereiamt
Leiterin: Katharina Schmid, Tel. -1 24

Schul-, Kultur- und Sportamt; Ordnungsamt und Soziales
Leiter: Anja Noppel, Tel. -1 38

Stadtbauamt, Bauverwaltung, Liegenschaften
Leiter: Alfred Schnürch, Tel. -1 10

Gemeinde Pfronstetten
72539 Pfronstetten, Hauptstr. 25; Tel. (0 73 88) 99 99-0; Fax (0 73 88) 99 99-22;
E-Mail: info@pfronstetten.de;
http://www.pfronstetten.de

Einwohner: 1 506
Bürgermeister: Reinhold Teufel

Sekretariat/Standesamt
Leiterin: Claudia Herter, Tel. -11

Steueramt
Leiter: Josef Herter, Tel. -13

Kämmerei
Leiterin: Heike Binder, Tel. -12

Einwohnermeldeamt/Gemeindekasse
Leiter: Denis Rudolf, Tel. -18

Stadt Pfullingen
72793 Pfullingen, Marktplatz 5; Tel. (0 71 21) 70 30-0; Fax (0 71 21) 70 30-11 10;
E-Mail: info@pfullingen.de;
http://www.pfullingen.de

Einwohner: 18 778
Bürgermeister: Stefan Wörner

Fachbereich 1 Finanzen/Zentrale Services
Leiter: Manuel Baier, StaOAR, Tel. -20 00

Fachbereich 2 Bürgerservice/Ordnung/Soziales
Leiterin: Barbara Grulke, StaRätin, Tel. -30 00

Fachbereich 3 Bildung/Kultur/Tourismus/Sport
Leiterin: Sabine Hohloch, StaRätin, Tel. -41 00

Fachbereich 4 Baurecht/Stadtplanung
Leiter: Dipl.-Ing. Meinrad Riedlinger, Tel. -61 00

Fachbereich 5 Tiefbau/Stadtwerke/Gebäudemanagement/Bauhof
Leiterin: Dipl.-Ing. Sonja Seeger, Tel. -81 00

Gemeinde Pliezhausen
72124 Pliezhausen, Marktplatz 1; Tel. (0 71 27) 9 77-0; Fax (0 71 27) 9 77-1 60;
E-Mail: info@pliezhausen.de;
http://www.pliezhausen.de

Einwohner: 9 800
Bürgermeister: Christof Dold

Hauptamt
Leiterin: Christa Armbruster, GemARätin, Tel. -1 10

Ordnungs- und Sozialverwaltung
Leiter: Steffen Sautter, GemOAR, Tel. -1 20

Finanz- und Personalverwaltung
Leiter: Markus Hilfenbrand, GemOAR, Tel. -1 30

Bau- und Liegenschaftsverwaltung
Leiter: Stefan Adam, GemOAR, Tel. -1 50

Stadt Reutlingen
72764 Reutlingen, Marktplatz 22; Tel. (0 71 21) 3 03-0; Fax (0 71 21) 3 03-4 44;
E-Mail: stadt@reutlingen.de;
http://www.reutlingen.de

Einwohner: 115 000
Oberbürgermeister: Thomas Keck
Erster Bürgermeister: Robert Hahn
Bürgermeister: Angela Weiskopf; Alexander Kreher

Dezernat I Grundsatzfragen und Strategien
Zentrale Steuerungsunterstützung, Stabsstelle Bürgerengagement, Arbeits- und Gesundheitsschutz, Amt für Presse- und Öffentlichkeitsarbeit, Rechnungsprüfungsamt, Bezirksbürgermeister, Geschäftsstelle des Gemeinderats, Rechtsamt
Leiter: Thomas Keck, OBgm

Dezernat II Finanz- und Wirtschaftsdezernat
Stadtkämmerei, Amt für Wirtschaft und Immobilien, Amt für öffentliche Ordnung, Feuerwehr, Technische Betriebsdienste Reutlingen (Eigenbetrieb)
Leiter: Alexander Kreher, Bgm

Dezernat III Verwaltungsdezernat
Hauptamt, Bürgeramt, Kulturamt, Sozialamt, Amt für Schulen, Jugend und Sport, Referat für Migrationsfragen
Leiter: Robert Hahn, 1. Bgm

Dezernat IV Baudezernat
Amt für Stadtentwicklung und Vermessung, Bürgerbüro Bauen, Gebäudemanagement Reutlingen, Amt für Tiefbau, Grünflächen und Umwelt, Stadtentwässerung Reutlingen (Eigenbetrieb)
Leiterin: Angela Weiskopf, Bürgermeisterin

Gemeinde Riederich
72585 Riederich, Mittelstädter Str. 17; Tel. (0 71 23) 93 59-0; Fax (0 71 23) 93 59-1 09;
E-Mail: info@riederich.de; http://www.riederich.de

Einwohner: 4 400
Bürgermeister: Tobias Pokrop

Hauptamt
Leiter: Marcel Straub, Tel. -1 10

Finanzverwaltung
Leiter: Manuel Beck, Tel. -1 20

Bauverwaltung
Leiter: NN, Tel. -1 30

Gemeinde Römerstein
72587 Römerstein, Albstr. 2; Tel. (0 73 82) 93 98-0;
Fax (0 73 82) 93 98-98;
E-Mail: info@roemerstein.de;
http://www.roemerstein.de

Einwohner: 3 900
Bürgermeister: Matthias Winter

Hauptamt, Ordnungsamt und Bauamt
Leiterin: Franziska Netz, Tel. -15

Kämmerei
Leiterin: Claudia Newedel, Tel. -31

Gemeinde Sonnenbühl
72820 Sonnenbühl, Hauptstr. 2; Tel. (0 71 28) 9 25-0; Fax (0 71 28) 9 25-50;
E-Mail: info@sonnenbuehl.de;
http://www.sonnenbuehl.de

Einwohner: 7 073
Bürgermeister: Uwe Morgenstern

Hauptamt
Leiterinnen: Sabine Holz; Tanja Frank, Tel. -23

Ordnungsamt
Leiterin: Anne Leibfritz, Tel. -11

Rechnungsamt
Leiter: Sebastian Herrmann, Tel. -36

Bauamt
Leiter: Bernd Hummel, Tel. -37

Gemeinde St. Johann
72813 St. Johann, Schulstr. 1; Tel. (0 71 22) 82 99-0;
Fax (0 71 22) 82 99-3 33; E-Mail: info@st-johann.de;
http://www.st-johann.de

Einwohner: 5 100
Bürgermeister: Florian Bauer

Hauptamt/Ordnungsamt
Leiterin: Angelika Hahr, GemARätin, Tel. -3 10

Finanzwesen
Leiterin: Lucia Seynstahl, GemInspektorin, Tel. -2 20

Stadt Trochtelfingen
72818 Trochtelfingen, Rathausplatz 9; Tel. (0 71 24) 48-0; Fax (0 71 24) 48-48;
E-Mail: info@trochtelfingen.de;
http://www.trochtelfingen.de

Einwohner: 6 400
Bürgermeister: Friedrich Bisinger

Hauptverwaltung
Leiter: Michael Weber, StaAR, Tel. -20

Finanzverwaltung
Leiterin: Regina Schmitz, StaOARätin, Tel. -30

Gemeinde Walddorfhäslach
72141 Walddorfhäslach, Hauptstr. 9; Tel. (0 71 27) 92 66-0; Fax (0 71 27) 92 66-44;
E-Mail: info@walddorfhaeslach.de;
http://www.walddorfhaeslach.de

Einwohner: 5 350
Bürgermeisterin: Silke Höflinger

Haupt- und Bauamt
Leiterin: Sabine Strobel, Tel. -30

Kämmerei
Leiterin: Pia Stooß, Tel. -20

Gemeinde Wannweil
72827 Wannweil, Hauptstr. 11; Tel. (0 71 21) 95 85-0; Fax (0 71 21) 95 85-10;
E-Mail: info@gemeinde-wannweil.de;
http://www.wannweil.de

Einwohner: 5 347
Bürgermeister: Dr. Christian Majer

Hauptamt
Leiter: Volker Steinmaier, Tel. -21

Finanzverwaltung
Leiter: Christian Betz, Tel. -31

Ortsbauamt
Leiterin: Dorothea Mergenthaler, Tel. -41

Gemeinde Zwiefalten
88529 Zwiefalten, Marktplatz 3; Tel. (0 73 73) 2 05-0; Fax (0 73 73) 2 05-55;
E-Mail: info@zwiefalten.de;
http://www.zwiefalten.de

Einwohner: 2 295
Bürgermeisterin: Alexandra Hepp

Hauptamt, Ordnungsamt und Bauamt
Leiterin: Susanne Baumgartner, GemARätin, Tel. -12

Kämmerei
Leiter: Thomas Rechtsteiner, OAR, Tel. -15

Städte und Gemeinden im Landkreis Reutlingen, die einer Verwaltungsgemeinschaft angehören:

Gemeindeverwaltungsverband Zwiefalten-Hayingen
88529 Zwiefalten
72534 Hayingen, Stadt
72539 Pfronstetten

Verwaltungsgemeinschaft Engstingen
72829 Engstingen (Sitzgemeinde)
72531 Hohenstein

Verwaltungsgemeinschaft Metzingen
72555 Metzingen, Stadt (Sitzgemeinde)
72661 Grafenberg
72585 Riederich

Verwaltungsgemeinschaft Münsingen
72525 Münsingen, Stadt (Sitzgemeinde)
72532 Gomadingen
72537 Mehrstetten

Verwaltungsgemeinschaft Pliezhausen
72124 Pliezhausen (Sitzgemeinde)
72141 Walddorfhäslach

Verwaltungsgemeinschaft Bad Urach
72574 Bad Urach, Stadt (Sitzgemeinde)
72582 Grabenstetten
72584 Hülben
72587 Römerstein

4.2 Landkreis Tübingen

72072 Tübingen, Wilhelm-Keil-Str. 50; Tel. (0 70 71) 2 07-0; Fax (0 70 71) 2 07-59 99;
E-Mail: post@kreis-tuebingen.de;
http://www.kreis-tuebingen.de

Einwohner: 228 498
Fläche: 51 919 ha
Kreistag: 67 Mitglieder (18 GRÜNE, 16 FWV, 12 CDU, 8 SPD, 5 LINKE, 4 FDP, 2 PARTEI, 2 AfD)
Landrat: Joachim Walter

Dem Landrat unmittelbar unterstellt:

Abteilung Eigenprüfung und Kommunalaufsicht, Abteilung Wirtschaftsförderung

Geschäftsbereich 1 Zentrale Verwaltung, Finanzen, Betriebe
Personal und Organisation, Finanzen, Kreisschulen und Liegenschaften, Abfallwirtschaftsbetriebe, Öffentlichkeitsarbeit, Archiv und Kultur, IT und Zentrale Dienste
Leiter: Werner Walz, Tel. -10 00

Geschäftsbereich 2 Jugend und Soziales
Soziales, Jugend
Leiter: Horst Lipinski, Tel. -20 00

Geschäftsbereich 3 Gesundheit, Veterinärwesen, Umwelt und Forst
Recht und Naturschutz, Sozialrecht, Umwelt und Gewerbe, Veterinärwesen und Lebensmittelüberwachung, Gesundheit, Forst
Leiter: Lukas Scheiger, Tel. -30 00

Geschäftsbereich 4 Verkehr, Landwirtschaft, Ordnung und Vermessung
Landwirtschaft, Ordnung und Baurecht, Vermessung und Flurneuordnung, Verkehr und Straßen
Leiterin: Dr. Daniela Hüttig, Erste Landesbeamtin, Tel. -40 00

Städte und Gemeinden im Landkreis Tübingen:

Gemeinde Ammerbuch
72119 Ammerbuch, Kirchstr. 6; Tel. (0 70 73) 91 71-0; Fax (0 70 73) 91 71-70 00;
E-Mail: info@ammerbuch.de;
http://www.ammerbuch.de

Einwohner: 11 274
Bürgermeisterin: Christel Halm

Hauptamt
Leiterin: Gretel Rauscher, Tel. -71 01

Kämmerei
Leiterin: Melanie Günthner, Tel. -72 01

Bauamt
Leiter: Roland Mertes, Tel. -73 01

Gemeinde Bodelshausen
72411 Bodelshausen, Am Burghof 8; Tel. (0 74 71) 7 08-0; Fax (0 74 71) 1 16;
E-Mail: info@bodelshausen.de;
http://www.bodelshausen.de

Einwohner: 5 770
Bürgermeister: Uwe Ganzenmüller

Hauptamt und Ordnungsamt
Leiter: Florian King, Tel. -1 20

Finanzwesen
Leiter: Horst Köhnlein, Tel. -1 30

Ortsbauamt
Leiter: Walter Soulier, Tel. -1 40

Amt für Kinder, Jugend und Familie
Leiter: Gerd Maier, Tel. 9 86 69-20

Gemeinde Dettenhausen
72135 Dettenhausen, Bismarckstr. 7; Tel. (0 71 57) 1 26-0; Fax (0 71 57) 1 26-15;
E-Mail: Gemeinde@dettenhausen.de;
http://www.dettenhausen.de

Einwohner: 5 413
Bürgermeister: Thomas Engesser

Hauptamt, Bauverwaltung, Ordnungsamt
Leiter: Simon Römmich, Tel. -30

Kindertageseinrichtungen
Leiterin: Barbara Braun, Tel. -80

Finanz- und Personalverwaltung
Leiter: Hans-Peter Fauser, Tel. -40

Steueramt, Liegenschaften
Leiterin: Anita Brüssel, Tel. -41

Ortsbauamt, Technische Verwaltung
Leiter: Tobias Kreß, Tel. -50

Gemeinde Dußlingen
72144 Dußlingen, Rathausplatz 1; Tel. (0 70 72) 92 99-0; Fax (0 70 72) 92 99-50;
E-Mail: rathaus@dusslingen.de;
http://www.dusslingen.de

Einwohner: 5 897
Bürgermeister: Thomas Hölsch

Hauptamt
Leiterin: Iris Manz, Tel. -20

Kämmerei
Leiter: Fritz Rall, Tel. -30

Gemeinde Gomaringen
72810 Gomaringen, Lindenstr. 63; Tel. (0 70 72) 91 55-0; Fax (0 70 72) 91 55 11 11;
E-Mail: info@gomaringen.de;
http://www.gomaringen.de

Einwohner: 9 100
Bürgermeister: Steffen Heß

Hauptamt/Ordnungsamt
Leiter: Martin Schindler, Tel. -20 00

Finanzwesen
Leiter: Andreas Pautsch, Tel. -30 00

Bauamt
Leiterin: Stefanie Betz, Tel. -40 00

Gemeinde Hirrlingen
72145 Hirrlingen, Schlosshof 1; Tel. (0 74 78) 93 11-0; Fax (0 74 78) 93 11-20;
E-Mail: bma@hirrlingen.de;
http://www.hirrlingen.de

Einwohner: 3 150
Bürgermeister: Christoph Wild

Gemeinde Kirchentellinsfurt
72138 Kirchentellinsfurt, Rathausplatz 1; Tel. (0 71 21) 90 05-0; Fax (0 71 21) 90 05-50;
E-Mail: info@kirchentellinsfurt.de;
http://www.kirchentellinsfurt.de

Einwohner: 5 600
Bürgermeister: Bernd Haug

Fachbereich Zentrale Dienste
Leiter: Michael Schäfer, Tel. -26

Fachbereich Finanzen
Leiterinnen: Alessandra Göller, Tel. -48 ; Sarah Herrmann, Tel. -40

Fachbereich Bauen und Liegenschaften
Leiter: Martin Lack, Tel. -30

Gemeinde Kusterdingen
72127 Kusterdingen, Kirchentellinsfurter Str. 9; Tel. (0 70 71) 13 08-0; Fax (0 70 71) 13 08-10;
E-Mail: rathaus@kusterdingen.de;
http://www.kusterdingen.de

Einwohner: 8 731
Bürgermeister: Dr. Jürgen Soltau

Hauptamt
Leiterin: Claudia Marinic, Tel. -44

Ordnungsamt
Leiter: Dieter Leicht, GemAI, Tel. -80

Rechnungsamt
Leiterin: Ulrike Durst-Nerz, Tel. -20

Bauamt
Leiter: Oliver Polzin, Tel. -30

Stadt Mössingen
(Große Kreisstadt)
72116 Mössingen, Freiherr-vom-Stein-Str. 20; Tel. (0 74 73) 3 70-0; Fax (0 74 73) 37 01 63;
E-Mail: info@moessingen.de;
http://www.moessingen.de

Einwohner: 20 494
Oberbürgermeister: Michael Bulander

Zentrale Steuerung
Leiterin: Heidrun Bernhard, VwDirektorin, Tel. -1 10

Bürgerservice, Ordnung und Verkehr
Leiter: Michael Bulander, OBgm, Tel. -1 00

Bauen und Liegenschaften
Leiter: Martin Gönner, Bgm, Tel. -3 00

Stadtwerke
Leiter: Justus Hoffmann, Tel. -4 00

Gemeinde Nehren
72147 Nehren, Hauptstr. 32; Tel. (0 74 73) 37 85-0; Fax (0 74 73) 37 85-23; E-Mail: info@nehren.de;
http://www.nehren.de

Einwohner: 4 420
Bürgermeister: Egon Betz

Hauptamt und Bauamt
Leiter: Nobert Müller, GemAR, Tel. -24

Kämmerei
Leiter: Frank Schmeckenbecher, GemOAR, Tel. -41

Ordnungsamt
Leiter: Bernd Pulla, GemAmtm, Tel. -25

Gemeinde Neustetten
72149 Neustetten, Hohenzollernstr. 4; Tel. (0 74 72) 93 65-0; Fax (0 74 72) 93 65-20;
E-Mail: gemeinde@neustetten.de;
http://www.neustetten.de

Einwohner: 3 500
Bürgermeister: Gunter Schmid

Gemeinde Ofterdingen
72131 Ofterdingen, Rathausgasse 2; Tel. (0 74 73) 37 80-0; Fax (0 74 73) 37 80-19;
E-Mail: rathaus@ofterdingen.de;
http://www.ofterdingen.de

Einwohner: 5 100
Bürgermeister: Joseph Reichert

Haupt- und Sozialamt, Bauamt
Leiter: Alexander Schwarz, GemOAR, Tel. -20

Ordnungs- und Standesamt
Leiterin: Sandrine Sester, GemInspektorin, Tel. -25

Kämmerei
Leiter: Michael Henne, GemOAR, Tel. -30

Stadt Rottenburg am Neckar
(Große Kreisstadt)
72108 Rottenburg am Neckar, Marktplatz 18;
Tel. (0 74 72) 1 65-0; Fax (0 74 72) 1 65-3 69;
E-Mail: stadt@rottenburg.de;
http://www.rottenburg.de

Einwohner: 43 756
Oberbürgermeister: Stephan Neher
Erster Bürgermeister: Thomas Weigel
Bürgermeister: Dr. Hendrik Bednarz

Dezernat 1
Hauptamt, Rechnungsprüfungsamt, Amt für Bildung, Kultur und Sport, Amt für Öffentlichkeitsarbeit und Bürgerengagement, Wirtschaft, Tourismus
Leiter: Stephan Neher, OBgm, Tel. -2 00

Dezernat 2
Hochbauamt, Stabsstelle Umwelt und Klimaschutz, Stadtplanungsamt, Tiefbauamt, Technische Betriebe, Stadtentwässerung
Leiter: Thomas Weigel, EBgm, Tel. -2 28

Dezernat 3
Stadtkämmerei, Ordnungsamt, Hospitalstiftung, Stadtwerke, Wohnbau, Wirtschaftsförderung
Leiter: Dr. Hendrik Bednarz, Bgm, Tel. -2 02

Gemeinde Starzach
72181 Starzach, Hauptstr. 15; Tel. (0 74 83) 1 88-0; Fax (0 74 83) 1 88 33;
E-Mail: gemeinde@starzach.de;
http://www.starzach.de

Einwohner: 4 341
Bürgermeister: Thomas Noé

Hauptamt, Ordnungsamt und Bauamt
Leiterin: Christiane Krieger, GemOInspektorin, Tel. -20

Finanzverwaltung
Leiter: Tobias Wannenmacher, GemOAR, Tel. -30

Universitätsstadt Tübingen
(Große Kreisstadt)
72070 Tübingen, Am Markt 1; Tel. (0 70 71) 2 04-0; Fax (0 70 71) 2 04-4 17 77;
E-Mail: stadt@tuebingen.de;
http://www.tuebingen.de

Einwohner: 88 200
Oberbürgermeister: Boris Palmer
Bau- und Erster Bürgermeister: Cord Soehlke

Dezernat 00
Presse- und Öffentlichkeitsarbeit, Gleichstellung und Integration, Umwelt- und Klimaschutz, Wirtschaftsförderung, Rechtsabteilung

Fachbereich Kommunales, Fachbereich Personal, Organisationsentwicklung, Digitalisierung, Fachbereich Revision, Fachbereich Finanzen; Beteiligungen: Stadtwerke Tübingen GmbH, Gesellschaft für Wohnungsbau und Gewerbebau, Wirtschaftsförderungsgesellschaft, Kreisbaugesellschaft Tübingen mbH, BioRegio STERN Management GmbH, Technologieförderung Reutlingen-Tübingen
Leiter: Boris Palmer, OBgm

Dezernat 01
Fachbereich Bürgerdienste, Sicherheit und Ordnung, Fachbereich Kunst und Kultur, Fachbereich Bildung, Betreuung, Jugend und Sport, Fachbereich Soziales, Eigenbetrieb Tübinger Musikschule; Beteiligungen: Zimmertheater GmbH, ekz.bibliotheksservice GmbH, Tübinger Sporthallenbetriebs-GmbH, Altenhilfe Tübingen gGmbH
Leiterin: Dr. Daniela Harsch, Bürgermeisterin

Dezernat 02
Beauftragte/r für Wohnraum und barrierefreies Bauen, Fachbereich Vermessung und Geoinformation, Fachbereich Baurecht, Fachbereich Planen, Entwickeln, Liegenschaften, Fachbereich Hochbau und Gebäudemanagement, Fachbereich Tiefbau, Eigenbetrieb kommunale Servicebetriebe Tübingen
Leiter: Cord Soehlke, Bau- und Erster Bürgermeister

Städte und Gemeinden im Landkreis Tübingen, die einer Verwaltungsgemeinschaft angehören:

Gemeindeverwaltungsverband Steinlach-Wiesaz
72810 Gomaringen (Sitzgemeinde)
72144 Dußlingen
72147 Nehren

Verwaltungsgemeinschaft Mössingen
72116 Mössingen, Stadt (Sitzgemeinde)
72411 Bodelshausen
72131 Ofterdingen

Verwaltungsgemeinschaft Rottenburg
72108 Rottenburg am Neckar, Stadt (Sitzgemeinde)
72145 Hirrlingen
72149 Neustetten
72181 Starzach

4.3 Landkreis Zollernalbkreis

72336 Balingen, Hirschbergstr. 29; Tel. (0 74 33) 92-01; Fax (0 74 33) 92-16 66;
E-Mail: post@zollernalbkreis.de;
http://www.zollernalbkreis.de

Einwohner: 184 615
Fläche: 91 772 ha

Kreistag: 55 Mitglieder (19 CDU, 13 FWV, 7 GRÜNE, 6 SPD, 5 FDP, 3 KBV, 1 AfD, 1 Basis)
Landrat: Günther-Martin Pauli

Dezernat 1 – Finanzen und Wirtschaft, Verkehr und Kreisimmobilien
Leiterin: Catharina Pawlowskij, Tel. -18 18

Dezernat 2 – Gesundheit und Lebensraum
Leiterin: Dr. Gabriele Wagner, Tel. -19 00

Dezernat 3 – Bau und Umwelt
Leiter: Matthias Frankenberg, 1. Landesbeamter, Tel. -13 00

Dezernat 4 – Sozial- und Rechtsdezernat
Leiter: Georg Link, Tel. -14 00

Dezernat 5 – Hauptverwaltung
Leiter: Karl Wolf, Tel. -11 03

Zollernalb Klinikum gGmbH
Geschäftsführer: Dr. Hinger, Tel. (0 74 33) 90 92-20 00

Außenstellen des Landkreises Zollernalbkreis:

Amt für Vermessung und Flurneuordnung
72379 Hechingen, Weilheimer Str. 31; Tel. (0 74 71) 93 09 18 01; Fax (0 74 71) 93 09 18 66;
E-Mail: vermessung@zollernalbkreis.de

Beratungsstelle für Eltern, Kinder und Jugendliche
72458 Albstadt, Friedrichstr. 41; Tel. (0 74 31) 80 00 12 54; Fax (0 74 31) 80 00 12 59
72379 Hechingen, Schloßackerstr. 82; Tel. (0 74 71) 93 09 17 11; Fax (0 74 71) 93 09 17 09

Forstamt
72336 Balingen, Hirschbergstr. 29; Tel. (0 74 33) 92-15 73; Fax (0 74 33) 92-15 79
72379 Hechingen, Weilheimer Str. 31; Tel. (0 74 71) 93 09 15 36; Fax (0 74 71) 93 09 15 39;
E-Mail: forstamt@zollernalbkreis.de

Gesundheitsamt
72379 Hechingen, Weilheimer Str. 31; Tel. (0 74 71) 93 09 15 41; Fax (0 74 71) 93 09 16 69;
E-Mail: gesundheitsamt@zollernalbkreis.de

Jugendpflege
72336 Balingen, Steinachstr. 19/3; Tel. (0 74 33) 92-14 18; Fax (0 74 33) 92-16 66;
E-Mail: kreisjugendpflege@zollernalbkreis.de

Kreismedienzentrum
72458 Albstadt, Grüngrabenstr. 20; Tel. (0 74 31) 93 53 08-0; Fax (0 74 31) 93 53 08-8;
E-Mail: verleih@kmz-albstadt.de

Landwirtschaftsamt
72336 Balingen, Robert-Wahl-Str. 7; Tel. (0 74 33) 92-19 41; Fax (0 74 33) 92-19 66;
E-Mail: landwirtschaftsamt@zollernalbkreis.de

Zuwanderung und Integration
72336 Balingen, Stingstr. 17; Tel. (0 74 33) 92 13 11; Fax (0 74 33) 92 16 66;
E-Mail: zuwanderung@zollernalbkreis.de

Ordnungsamt
72336 Balingen, Hirschbergstr. 29; Tel. (0 74 33) 92 13 11; Fax (0 74 33) 92 16 66;
E-Mail: ordnungsamt@zollernalbkreis.de

Sozialamt
72336 Balingen, Stingstr. 17; Tel. (0 74 33) 92-14 11; Fax (0 74 33) 92-14 70;
E-Mail: sozialamt@zollernalbkreis.de

Sozialer Dienst
72458 Albstadt, Kantstr. 67; Tel. (0 74 31) 80 00 12 60; Fax (0 74 31) 80 00 12 69
72336 Balingen, Charlottenstr. 7; Tel. (0 74 33) 92-14 19; Fax (0 74 33) 92-16 66
72379 Hechingen, Weilheimer Str. 17; Tel. (0 74 71) 93 09 16 40; Fax (0 74 71) 93 09 16 47;
E-Mail: sozialerdienst@zollernalbkreis.de

Straßenbauamt
72406 Bisingen, Hinter Stöck 2; Tel. (0 74 71) 93 09 17 51; Fax (0 74 71) 93 09 17 66;
E-Mail: strassenbauamt@zollernalbkreis.de

Verkehrsamt
72336 Balingen, Richard-Strauß-Str. 5; Tel. (0 74 33) 92-14 31; Fax (0 74 33) 92-15 07;
E-Mail: verkehrsamt@zollernalbkreis.de

Veterinäramt
72336 Balingen, Robert-Wahl-Str. 7; Tel. (0 74 33) 92-19 01; Fax (0 74 33) 92-19 33;
E-Mail: veterinaeramt@zollernalbkreis.de

Zulassungsstelle
72336 Balingen, Richard-Strauß-Str. 5; Tel. (0 74 33) 92-15 25; Fax (0 74 33) 92-16 50;
E-Mail: zula.balingen@zollernalbkreis.de
72458 Albstadt, Unter dem Malesfelsen 23; Tel. (0 74 31) 80 00 15 24 (Zulassungsstelle) und (0 74 31) 80 00 12 75 (Führerscheinstelle); Fax (0 74 31) 80 00 12 83; E-Mail: zula.albstadt@zollernalbkreis.de
72379 Hechingen, Heiligkreuzstr. 10; Tel. (0 74 71) 93 09-15 26 (Zulassungsstelle) und (0 74 71) 93 09-12 85 (Führerscheinstelle); Fax (0 74 71) 93 09-12 91; E-Mail: zula.hechingen@zollernalbkreis.de

Führerscheinstelle
72336 Balingen, Richard-Strauß-Str. 5; Tel. (0 74 33) 92-14 46; Fax (0 74 33) 92-15 20;
E-Mail: fahrerlaubnis@zollernalbkreis.de

Städte und Gemeinden im Landkreis Zollernalbkreis:

Stadt Albstadt
(Große Kreisstadt)
72458 Albstadt, Marktstr. 35; Tel. (0 74 31) 1 60-0; Fax (0 74 31) 1 60-14 80;

E-Mail: stadtverwaltung@albstadt.de;
http://www.albstadt.de

Einwohner: 44 298
Oberbürgermeister: Klaus Konzelmann
Bürgermeister: Steve Mall; Udo Hollauer

Dezernat I Allgemeine Verwaltung
Hauptamt, Rechnungsprüfungsamt, Amt für Kultur, Tourismus und bürgerschaftliches Engagement, Kunstmuseum, Albstadtwerke GmbH
Leiter: Klaus Konzelmann, OBgm, Tel. -10 00

Dezernat II Finanzen
Stadtkämmerei, Amt für öffentliche Ordnung, Feuerwehr, Amt für Familie, Bildung, Sport und Soziales
Leiter: Steve Mall, Bgm, Tel. -20 00

Dezernat III Bauwesen
Amt für Bauen und Service, Stadtplanungsamt, Betriebsamt, aswohnbau GmbH
Leiter: Udo Hollauer, Bgm, Tel. -30 00

Stadt Balingen
(Große Kreisstadt)
72336 Balingen, Färberstr. 2; Tel. (0 74 33) 1 70-0; Fax (0 74 33) 1 70-3 30; E-Mail: stadt@balingen.de; http://www.balingen.de

Einwohner: 34 958
Oberbürgermeister: Helmut Reitemann
Bürgermeister: Reinhold Schäfer

Dezernat 1
Allgemeine Verwaltung und Kultur
Leiter: Helmut Reitemann, OBgm, Tel. -2 01

Dezernat 2
Finanz- und Ordnungsverwaltung, Bildung und Familie
Leiter: Reinhold Schäfer, Bgm, Tel. -2 04

Dezernat 3
Bau und Technik
Leiter: Michael Wagner, Tel. -2 81

Gemeinde Bisingen
72406 Bisingen, Heidelbergstr. 9; Tel. (0 74 76) 8 96-0; Fax (0 74 76) 8 96-1 49; E-Mail: info@bisingen.de; http://www.gemeinde-bisingen.de

Einwohner: 9 535
Bürgermeister: Roman Waizenegger

Kämmerei
Leiterin: Julia Teufel, Tel. -2 11

Hauptamt
Leiter: Michael Breimesser, Tel. -4 11

Bauamt
Leiter: Holger Maier, Tel. -3 11

Gemeinde Bitz
72475 Bitz, Hindenburgplatz 7; Tel. (0 74 31) 80 01-0; Fax (0 74 31) 80 01-50; E-Mail: info@bitz.de; http://www.bitz.de

Einwohner: 3 634
Bürgermeister: Hubert Schiele

Hauptamt/Ordnungsamt
Leiterin: Tania Maier, Tel. -20

Finanzverwaltung
Leiterin: Raphaela Gonser, GemKämmerin, Tel. -30

Bauamt
Leiterin: Monika Merly, Tel. -40

Stadt Burladingen
72393 Burladingen, Hauptstr. 49; Tel. (0 74 75) 8 92-0; Fax (0 74 75) 8 92-1 05; E-Mail: info@burladingen.de; http://www.burladingen.de

Einwohner: 12 175
Bürgermeister: Davide Licht

Zentrale Dienste
Leiterin: Katja Reck, Tel. -1 50

Kämmerei und Bauamt
Leiter: Berthold Wiesner, 1. Beig., Tel. -1 20

Ordnungsamt
Leiter: Martin Paulus, Tel. -1 54

Gemeinde Dautmergen
72356 Dautmergen, Grabenstr. 1; Tel. (0 74 27) 25 07; Fax (0 74 27) 82 07; E-Mail: info@gemeinde-dautmergen.de; http://www.gemeinde-dautmergen.de

Einwohner: 453
Bürgermeister: Hans Joachim Lippus

Gemeinde Dormettingen
72358 Dormettingen, Wasenstr. 38; Tel. (0 74 27) 25 04; Fax (0 74 27) 81 22; E-Mail: info@gemeinde-dormettingen.de; http://www.dormettingen.de

Einwohner: 1 119
Bürgermeister: Anton Müller

Gemeinde Dotternhausen
72359 Dotternhausen, Hauptstr. 21; Tel. (0 74 27) 94 05-0; Fax (0 74 27) 94 05-30; E-Mail: info@dotternhausen.de; http://www.dotternhausen.de

Einwohner: 1 900
Bürgermeisterin: Marion Maier

Hauptamt
Leiterin: Heike Hint, Tel. -14

Stadt Geislingen
72351 Geislingen, Vorstadtstr. 9; Tel. (0 74 33) 96 84-0; Fax (0 74 33) 96 84-90; E-Mail: info@stadt-geislingen.de; http://www.stadt-geislingen.de

Einwohner: 5 951
Bürgermeister: Oliver Schmid

Hauptamt und Ordnungsamt
Leiter: Steve Mall, Tel. -17

Stadtkämmerei
Leiter: Oliver Junatti, Tel. -16

Stadtbauamt
Leiter: Markus Buck, Tel. -35

Gemeinde Grosselfingen
72415 Grosselfingen, Bruderschaftsstr. 66; Tel. (0 74 76) 94 40 0; Fax (0 74 76) 94 40 44;
E-Mail: info@grosselfingen.de;
http://www.grosselfingen.de

Einwohner: 2 222
Bürgermeister: Franz Josef Möller

Finanzverwaltung
Leiter: Dieter Noll, Tel. -14

Bürgerbüro
Leiterin: Marlene Beck, Tel. -10

Hauptamt
Leiterin: Maren Warnke, Tel. -12

Stadt Haigerloch
72401 Haigerloch, Oberstadtstr. 11; Tel. (0 74 74) 6 97-0; Fax (0 74 74) 6 97-1 00;
E-Mail: info@haigerloch.de;
http://www.haigerloch.de

Einwohner: 10 734
Bürgermeister: Dr. Heinrich Götz

Hauptamt und Bauamt
Leiter: Hans-Martin Schluck, StaOAR, Tel. -16

Rechnungsamt (Stadtkämmerei)
Leiter: Timo Müller, StaOAR, Tel. -32

Stadt Hechingen
72379 Hechingen, Marktplatz 1; Tel. (0 74 71) 9 40-0; Fax (0 74 71) 9 40-1 08;
E-Mail: info@hechingen.de;
http://www.hechingen.de

Einwohner: 19 126
Bürgermeister: Philipp Hahn
1. Beigeordnete: Dorothee Müllges

Fachbereich 1 Zentrale Dienste
Fachbereichsleiter: Michael Dehner, Tel. -1 09

Fachbereich 2 Bürgerdienste
Fachbereichsleiter: Timo Luppold, Tel. -1 79

Fachbereich 3 Bau und Technik
Fachbereichsleiter: Tobias Elliger, Tel. -2 26

Gemeinde Hausen am Tann
72361 Hausen am Tann, Mühlstr. 6; Tel. (0 74 36) 4 24; Fax (0 74 36) 88 49;
E-Mail: kontakt@hausen-am-tann.de;
http://www.hausen-am-tann.de

Einwohner: 497
Bürgermeister: Stefan Weiskopf

Gemeinde Jungingen
72417 Jungingen, Lehrstr. 3; Tel. (0 74 77) 8 73-0; Fax (0 74 77) 82 59; E-Mail: info@jungingen.de;
http://www.jungingen.de

Einwohner: 1 400
Bürgermeister: Oliver Simmendinger

Stadt Meßstetten
72469 Meßstetten, Hauptstr. 9; Tel. (0 74 31) 63 49-0; Fax (0 74 31) 63 49-9 94;
E-Mail: stadt@messstetten.de;
http://www.stadt-messstetten.de

Einwohner: 10 500
Bürgermeister: Frank Schroft

Hauptamt
Leiter: Thomas Berg, StaOVwR, Tel. -32

Finanzverwaltung
Leiter: Daniel Bayer, StaOVwR, Tel. -20

Bauamt
Leiter: Claus Fecker, Stadtbaumeister, Tel. -55

Gemeinde Nusplingen
72362 Nusplingen, Marktplatz 8; Tel. (0 74 29) 9 31 09 20; Fax (0 74 29) 9 31 09 30;
E-Mail: info@nusplingen.de;
http://www.nusplingen.de

Einwohner: 1 888
Bürgermeister: Jörg Alisch

Gemeinde Obernheim
72364 Obernheim, Hauptstr. 8; Tel. (0 74 36) 92 84-0; Fax (0 74 36) 92 84-22;
E-Mail: info@obernheim.de;
http://www.obernheim.de

Einwohner: 1 500
Bürgermeister: Josef Ungermann

Gemeinde Rangendingen
72414 Rangendingen, Schulstr. 8; Tel. (0 74 71) 99 79-0; Fax (0 74 71) 8 28 72;
E-Mail: info@rangendingen.de;
http://www.rangendingen.eu

Einwohner: 5 300
Bürgermeister: Manfred Haug

Hauptamt, Ordnungsamt und Bauamt
Leiter: Oliver Freiberg, Tel. -20

Finanzwesen
Leiter: Alexander Wannenmacher, Tel. -30

Gemeinde Ratshausen
72365 Ratshausen, Schloßhof 4; Tel. (0 74 27) 9 11 88; Fax (0 74 27) 9 11 87;
E-Mail: kontakt@ratshausen.de;
http://www.ratshausen.de

Einwohner: 775
Bürgermeister: Heiko Lebherz

Stadt Rosenfeld
72348 Rosenfeld, Frauenberggasse 1; Tel. (0 74 28) 93 92-0; Fax (0 74 28) 93 92-33;
E-Mail: info@rosenfeld.de;
http://www.rosenfeld.de

Einwohner: 6 600
Bürgermeister: Thomas Miller

Hauptamt
Leiterin: Ruth Alf, Tel. -28

Ordnungsamt
Leiterin: Heike Rist, Tel. -16

Kämmerei
Leiterin: Isabell Hinger, Tel. -19

Bauamt
Leiter: Bernhard Müller, Tel. -26

Stadt Schömberg
72355 Schömberg, Alte Hauptstr. 7; Tel. (0 74 27) 94 02-0; Fax (0 74 27) 94 02-24;
E-Mail: info@stadt-schoemberg.de;
http://www.stadt-schoemberg.de

Einwohner: 4 700
Bürgermeister: Karl-Josef Sprenger

Hauptamt
Leiter: Joachim Heppler, Tel. -22

Stadtkämmerei
Leiter: Jan-Phillip Saur, Tel. -16

Bauverwaltungs- und Ordnungsamt
Leiterin: Sabine Neumann, Tel. -17

Stadtbauamt
Leiter: Markus Dreher, Tel. -20

Gemeinde Straßberg
72479 Straßberg, Lindenstr. 5; Tel. (0 74 34) 93 84-0; Fax (0 74 34) 93 84-44;
E-Mail: info@strassberg.de;
http://www.strassberg.de

Einwohner: 2 500
Bürgermeister: Markus Zeiser

Hauptamt und Ordnungsamt
Leiter: Markus Zeiser, Bgm

Rechnungsamt
Leiterin: Jutta Seßler, Tel. -15

Gemeinde Weilen unter den Rinnen
72367 Weilen unter den Rinnen, Angelstr. 1; Tel. (0 74 27) 25 16; Fax (0 74 27) 83 53;
E-Mail: gemeinde@weilen-udr.de;
http://www.weilen-udr.de

Einwohner: 620
Bürgermeister: Gerhard Reiner

Gemeinde Winterlingen
72474 Winterlingen, Marktstr. 7; Tel. (0 74 34) 2 79-0; Fax (0 74 34) 39 70;
E-Mail: rathaus@winterlingen.de;
http://www.winterlingen.de

Einwohner: 6 364
Bürgermeister: Michael Maier

Hauptamt
Leiter: Ludwig Maag, GemOAR, Tel. -11

Kämmerei
Leiter: Bodo Erath, Tel. -21

Bauamt
Leiter: Frank Maier, VwAng, Tel. -41

Gemeinde Zimmern unter der Burg
72369 Zimmern unter der Burg, Kirchstr. 5; Tel. (0 74 27) 25 18; Fax (0 74 27) 83 27;
E-Mail: kontakt@zimmern-udb.de; https://zimmern-udb.de

Einwohner: 464
Bürgermeister: Jürgen Leichtle

Städte und Gemeinden im Landkreis Zollernalbkreis, die einer Verwaltungsgemeinschaft angehören:

Gemeindeverwaltungsverband Oberes Schlichemtal
72355 Schömberg, Stadt (Sitzgemeinde)
72356 Dautmergen
72358 Dormettingen
72359 Dotternhausen
72361 Hausen am Tann
72365 Ratshausen
72367 Weilen unter den Rinnen
72369 Zimmern unter der Burg

Verwaltungsgemeinschaft Albstadt
72458 Albstadt, Stadt (Sitzgemeinde)
72475 Bitz

Verwaltungsgemeinschaft Balingen
72336 Balingen, Stadt (Sitzgemeinde)
72351 Geislingen, Stadt

Verwaltungsgemeinschaft
72406 Bisingen
72415 Grosselfingen

Verwaltungsgemeinschaft Hechingen
72379 Hechingen, Stadt (Sitzgemeinde)
72417 Jungingen
72414 Rangendingen

Verwaltungsgemeinschaft Meßstetten
72469 Meßstetten, Stadt (Sitzgemeinde)
72362 Nusplingen
72364 Obernheim

Verwaltungsgemeinschaft
72474 Winterlingen
72479 Straßberg

Region Donau-Iller

4.4 Landkreis Alb-Donau-Kreis

89077 Ulm, Schillerstr. 30; Tel. (07 31) 1 85-0; Fax (07 31) 1 85-12 36; E-Mail: info@alb-donau-kreis.de; http://www.alb-donau-kreis.de

Einwohner: 196 047
Fläche: 135 868 ha
Kreistag: 62 Mitglieder (24 CDU, 17 FWV, 11 GRÜNE, 7 SPD, 2 FDP, 1 AfD)
Landrat: Heiner Scheffold

Dem Landrat unmittelbar unterstellt:

Persönlicher Referent, Controlling; Öffentlichkeitsarbeit; Kommunal- und Prüfungsdienst; Gleichstellungsbeauftragte

Dezernat 1 – Personal und Finanzen
Fachdienste: Personal; Finanzen, Liegenschaften, Vergabe; Digitalisierung, Informationstechnik, Organisation; Bildung und Nachhaltigkeit; Straßen; Abfallwirtschaft
Dezernent: Johannes Müller, Tel. -12 22

Dezernat 2 – Kreisentwicklung, Bauen, Landwirtschaft und Forstwirtschaft, Boden
Fachdienste: Bauen, Brand- und Katastrophenschutz; Ländlicher Raum, Kreisentwicklung; Landwirtschaft; Forst, Naturschutz; Vermessung; Flurneuordnung
Dezernent: Stefan Tluczykont, Tel. -16 44

Dezernat 3 – Sicherheit, Verkehr, Umwelt, Gesundheit und Verbraucherschutz
Fachdienste: Sicherheit, Ordnung und Rechtsdienst; Verkehr und Mobilität; Umwelt- und Arbeitsschutz; Gesundheit; Verbraucherschutz, Veterinärangelegenheiten;
Dezernent: Markus Möller, Tel. -12 00

Dezernat 4 – Jugend und Soziales
Fachdienste: Jugendhilfe; Soziale Sicherung, Jobcenter Alb-Donau; Soziale Dienste, Familienhilfe; Versorgung; Flüchtlinge, Integration, staatliche Leistungen; Zentrale Dienste, Sozialplanung
89077 Ulm, Hanftstr. 10; Tel. (07 31) 1 85-0; Fax (07 31) 61 93 69
Dezernent: Josef Barabeisch, Tel. -44 00

Städte und Gemeinden im Landkreis Alb-Donau-Kreis:

Gemeinde Allmendingen
89604 Allmendingen, Hauptstr. 16; Tel. (0 73 91) 70 15-0; Fax (0 73 91) 70 15-35;
E-Mail: info@allmendingen.de;
http://www.allmendingen.de

Einwohner: 4 571
Bürgermeister: Florian Teichmann

Hauptamt
Leiterin: Ulrike Baur, GemARätin, Tel. -15

Rechnungsamt
Leiterin: Salina Zoller, GemARätin, Tel. -23

Bauamt
Leiter: Johannes Braun, TAng, Tel. -24

Gemeinde Altheim (bei Ehingen)
89605 Altheim, Hauptstr. 16; Tel. (0 73 91) 70 15-0; Fax (0 73 91) 70 15-35;
E-Mail: info@allmendingen.de

Einwohner: 618
Bürgermeister: Robert Rewitz

Gemeinde Altheim (Alb)
89174 Altheim (Alb), Schmiedgasse 15; Tel. (0 73 40) 96 01-0; Fax (0 73 40) 96 01-20;
E-Mail: info@Altheim-alb.de;
http://www.altheim-alb.de

Einwohner: 1 700
Bürgermeister: Andreas Koptisch

Gemeinde Amstetten
73340 Amstetten, Lonetalstr. 19; Tel. (0 73 31) 30 06-0; Fax (0 73 31) 30 06-99;
E-Mail: info@amstetten.de;
http://www.amstetten.de

Einwohner: 4 098
Bürgermeister: Johannes Raab

Hauptamt
Leiter: Adrian Holl, Tel. -16

Kämmerei
Leiter: Karlheinz Beutel, Tel. -90

Bauamt
Leiter: Manfred Werner, Tel. -60

Gemeinde Asselfingen
89176 Asselfingen, Lindenstr. 6; Tel. (0 73 45) 53 06; Fax (0 73 45) 2 25 17;
E-Mail: info@asselfingen.de;
http://www.asselfingen.de

Einwohner: 1 040
Bürgermeister: Armin Bollinger

Gemeinde Ballendorf
89177 Ballendorf, Mehrstetterstr. 13; Tel. (0 73 40) 91 91 10; Fax (0 73 40) 91 91 09;
E-Mail: info@ballendorf.de

Einwohner: 665
Bürgermeisterin: Renate Bobsin

Gemeinde Balzheim
88481 Balzheim, Am Dorfplatz 8; Tel. (0 73 47) 95 78-0; Fax (0 73 47) 95 78-16;
E-Mail: info@gemeinde.balzheim.de;
http://www.balzheim.de

Einwohner: 2 090
Bürgermeister: Maximilian Hartleitner

Gemeinde Beimerstetten
89179 Beimerstetten, Kirchgasse 1; Tel. (0 73 48) 96 71 75 00; Fax (0 73 48) 96 71 75 10;
E-Mail: info@beimerstetten.de;
http://www.beimerstetten.de

Einwohner: 2 500
Bürgermeister: Andreas Haas

Gemeinde Berghülen
89180 Berghülen, Hauptstr. 2; Tel. (0 73 44) 9 68 60, Fax (0 73 44) 96 06 16;
E-Mail: info@berghuelen.de;
http://www.berghuelen.de

Einwohner: 1 935
Bürgermeister: Bernd Mangold

Gemeinde Bernstadt
89182 Bernstadt, Schmiedgasse 5; Tel. (0 73 48) 60 24; Fax (0 73 48) 56 70;
E-Mail: info@bernstadt-wuertt.de;
http://www.bernstadt-wuertt.de

Einwohner: 2 049
Bürgermeister: Oliver Sühring

Stadt Blaubeuren
89143 Blaubeuren, Karlstr. 2; Tel. (0 73 44) 96 69-0; Fax (0 73 44) 96 69-80;
E-Mail: info@blaubeuren.de;
http://www.blaubeuren.de

Einwohner: 12 500
Bürgermeister: Jörg Seibold

Hauptverwaltung
Leiter: Reiner Striebel, Tel. -30

Finanzverwaltung
Leiter: Jürgen Stoll, StaKäm, Tel. -20

Stadtbauamt
Leiterin: Sarah Kölle, Tel. -40

Bürgerservice und Ordnungsverwaltung
Leiterin: Karin Schmid, Tel. -60

Stadt Blaustein
89134 Blaustein, Marktplatz 2; Tel. (0 73 04) 8 02-0; Fax (0 73 04) 8 02-1 11; E-Mail: stadt@blaustein.de;
http://www.blaustein.de

Einwohner: 16 303
Bürgermeister: Thomas Kayser

Amt für Soziales und Zentrale Dienste
Leiterin: Anke Jaeger, StaOARätin, Tel. -12 00

Amt für Ordnung und Bürgerdienste
Leiterin: Sandra Fink, Tel. -14 30

Gemeinde Börslingen
89177 Börslingen, Hauptstr. 25; Tel. (0 73 40) 91 90 40; Fax (0 73 40) 91 90 41;
E-Mail: info@boerslingen.de

Einwohner: 180
Bürgermeister: Heinrich Wolf

Gemeinde Breitingen
89183 Breitingen, Neenstetter Str. 17; Tel. (0 73 40) 91 91 06; Fax (0 73 40) 91 91 07;
E-Mail: info@breitingen.de;
http://www.breitingen.de

Einwohner: 340
Bürgermeister: Dieter Mühlberger

Stadt Dietenheim
89165 Dietenheim, Königstr. 63; Tel. (0 73 47) 96 96-0; Fax (0 73 47) 96 96 96;
E-Mail: stadtverwaltung@dietenheim.de;
http://www.dietenheim.de

Einwohner: 6 900
Bürgermeister: Christopher Eh

Hauptamt und Ordnungsamt
Leiter: Dietmar Kögel, StaOAR, Tel. -30

Rechnungsamt
Leiter: Alfred Stoerk, StaOAR, Tel. -40

Bauamt
Leiter: Christoph Koßbiehl, StaOAR, Tel. -50

Gemeinde Dornstadt
89160 Dornstadt, Kirchplatz 2; Tel. (0 73 48) 98 67-0; Fax (0 73 48) 98 67-92;
E-Mail: info@dornstadt.de;
http://www.dornstadt.de

Einwohner: 8 600
Bürgermeister: Rainer Braig

Hauptamt
Leiter: Jörg Hunke, Tel. -51

Ordnungsamt
Leiterin: Katharina Lehner, Tel. -85

Rechnungsamt
Leiter: Leander Missel, Tel. -61

Bauamt
Leiter: Karl-Friedrich Braig, Tel. -81

Stadt Ehingen (Donau) (Große Kreisstadt)
89584 Ehingen (Donau), Marktplatz 1; Tel. (0 73 91) 5 03-0; Fax (0 73 91) 5 03-2 22;
E-Mail: info@ehingen.de; http://www.ehingen.de

Einwohner: 26 398
Oberbürgermeister: Alexander Baumann
Bürgermeister: Sebastian Wolf

Haupt- und Personalamt
Leiter: Frank Hohl, Tel. -1 10

Rechts- und Ordnungsamt
Leiter: Ludwig Griener, Tel. -3 00

Kulturamt
Leiterin: Marion Greiner-Nitschke, Tel. -5 00

Dezernat Jugend, Bildung, Soziales
Leiter: Sebastian Wolf, Tel. -1 02

Finanzverwaltung
Leiter: Alexander Fischer, Tel. -2 00

Versorgungs- und Verkehrsbetrieb
Leiter: Alexander Baumann, Tel. -1 00

Stadtbauamt mit Bauhof
Leiter: Andreas Erwerle, Tel. -1 60

Gemeinde Emeringen
88499 **Emeringen**, Lederstr. 2; Tel. (0 73 73) 28 73; Fax (0 73 73) 91 56 33; E-Mail: info@emeringen.eu; http://www.emeringen.eu

Einwohner: 150
Bürgermeister: Josef Renner

Gemeinde Emerkingen
89607 **Emerkingen**, Schloßstr. 23; Tel. (0 73 93) 22 39; Fax (0 73 93) 65 78; E-Mail: info@emerkingen.de; http://www.emerkingen.de

Einwohner: 860
Bürgermeister: Paul Burger

Stadt Erbach
89155 **Erbach**, Erlenbachstr. 50; Tel. (0 73 05) 96 76-0; Fax (0 73 05) 96 76 76; E-Mail: info@erbach-donau.de; http://www.erbach-donau.de

Einwohner: 13 728
Bürgermeister: Achim Gaus

Gemeinde Griesingen
89608 **Griesingen**, Alte Landstr. 51; Tel. (0 73 91) 87 48; Fax (0 73 91) 75 29 52; E-Mail: sekretariat@griesingen.de; http://www.griesingen.de

Einwohner: 1 032
Bürgermeister: Oliver Klumpp

Gemeinde Grundsheim
89613 **Grundsheim**, Kirchweg 1; Tel. (0 73 57) 9 10 30; Fax (0 73 57) 9 10 31; E-Mail: info@grundsheim.de; http://www.gemeindegrundsheim.de

Einwohner: 225
Bürgermeister: Uwe Handgrätinger

Gemeinde Hausen am Bussen
89597 **Hausen am Bussen**, Unterdorfstr. 7; Tel. (0 73 93) 95 35 16; Fax (0 73 93) 95 35 17; E-Mail: info@hausen-am-bussen.de

Einwohner: 310
Bürgermeister: Hans Rieger

Gemeinde Heroldstatt
72535 **Heroldstatt**, Am Berg 1; Tel. (0 73 89) 9 09 00; Fax (0 73 89) 90 90 90; E-Mail: info@heroldstatt.de; http://www.heroldstatt.de

Einwohner: 2 850
Bürgermeister: Michael Weber

Gemeinde Holzkirch
89183 **Holzkirch**, Breitinger Str. 4; Tel. (0 73 40) 91 90 10; Fax (0 73 40) 91 90 12; E-Mail: info@holzkirch.de; http://www.holzkirch.de

Einwohner: 276
Bürgermeister: Paul Seybold

Gemeinde Hüttisheim
89185 **Hüttisheim**, Hauptstr. 33; Tel. (0 73 05) 95 61 72-0; Fax (0 73 05) 95 61 72-19; E-Mail: info@huettisheim.de; http://www.huettisheim.de

Einwohner: 1 472
Bürgermeister: Stefan Gerthofer

Gemeinde Illerkirchberg
89171 **Illerkirchberg**, Hauptstr. 49; Tel. (0 73 05) 95 61 72-0; Fax (0 73 05) 95 61 72-19; E-Mail: info@illerkirchberg.de; http://www.illerkirchberg.de

Einwohner: 4 725
Bürgermeister: Anton Bertele

Hauptamt und Kämmerei
Leiter: Manfred Kornmayer, Tel. -50

Ordnungs- und Bauamt
Leiter: Benjamin Eger, Tel. -20

Gemeinde Illerrieden
89186 **Illerrieden**, Wochenauer Str. 1; Tel. (0 73 06) 96 96-0; Fax (0 73 06) 96 96 50; E-Mail: info@illerrieden.de; https://www.illerrieden.de

Einwohner: 3 350
Bürgermeister: Jens Kaiser

Hauptamt
Leiter: Bernhard Abendschein, GemAR, Tel. -13

Kämmerei
Leiter: Roland Scheich, GemAR, Tel. -21

Stadt Laichingen
89150 **Laichingen**, Bahnhofstr. 26; Tel. (0 73 33) 85-0; Fax (0 73 33) 85 25; E-Mail: info@laichingen.de; http://www.laichingen.de

Einwohner: 11 951
Bürgermeister: Klaus Kaufmann

Hauptamt
Leiter: Stefan Binder, StaOVwR, Tel. -15

Finanzverwaltung
Leiterin: Annika Michel, Tel. -50

Amt für Bauwesen, Umweltschutz und Stadtentwicklung
Leiter: Günter Hascher, StaOVwR, Tel. -30

Stadt Langenau
89129 Langenau, Marktplatz 1; Tel. (0 73 45) 96 22-0; Fax (0 73 45) 96 22-1 15;
E-Mail: info@langenau.de; http://www.langenau.de

Einwohner: 15 470
Bürgermeister: Daniel Salemi
Beigeordneter: Christoph Schreijäg

Personal und Organisation
Leiter: Thomas Stöhr, Tel. -1 20

Ordnung und Sicherheit
Leiterin: Sandra Frommeyer-Fülle, Tel. -1 50

Familie und Bildung
Leiterin: Sigrid Greß-Bosch, Tel. -3 40

Stadtmarketing und Tourismus
Leiterin: Nadine Maier, Tel. -1 44

Kulturbüro
Leiter: Edwin Köperl, Tel. -1 40

Finanzverwaltung
Leiterin: Heike Lessner, Tel. -2 60

Umwelt- und Steueramt
Leiter: Martin Hofstätter, Tel. -2 70

Bauamt
Leiter: Gerd Bühler, Tel. -2 30

Gemeinde Lauterach
89584 Lauterach, Lautertalstr. 16; Tel. (0 73 75) 2 27; Fax (0 73 75) 15 49;
E-Mail: info@gemeinde-lauterach.de; http://www.gemeinde-lauterach.de

Einwohner: 610
Bürgermeister: Bernhard Ritzler

Gemeinde Lonsee
89173 Lonsee, Hindenburgstr. 16; Tel. (0 73 36) 81-0; Fax (0 73 36) 81-89;
E-Mail: rathaus@lonsee.de; http://www.lonsee.de

Einwohner: 4 800
Bürgermeister: Jochen Ogger

Gemeinde Merklingen
89188 Merklingen, Hauptstr. 31; Tel. (0 73 37) 96 20-0; Fax (0 73 37) 96 20-90;
E-Mail: info@merklingen.de; http://www.merklingen.de

Einwohner: 2 079
Bürgermeister: Sven Kneipp

Hauptverwaltung
Leiter: Sven Kneipp, Tel. -10

Finanzverwaltung
Leiterin: Manuela Uebele, Tel. -20

Stadt Munderkingen
89597 Munderkingen, Marktstr. 1; Tel. (0 73 93) 5 98-0; Fax (0 73 93) 5 98-1 30;
E-Mail: rathaus@munderkingen.de; http://www.munderkingen.de

Einwohner: 5 400
Bürgermeister: Dr. Michael Lohner

Hauptverwaltung
Leiter: Axel Leute, Tel. -1 10

Bauverwaltung
Leiter: Roland Kuch, Tel. -2 40

Gemeinde Neenstetten
89189 Neenstetten, Dorfplatz 1; Tel. (0 73 40) 4 84; Fax (0 73 40) 62 80; E-Mail: info@neenstetten.de, http://www.neenstetten.info

Einwohner: 811
Bürgermeister: Martin Wiedenmann

Gemeinde Nellingen
89191 Nellingen, Schulplatz 17; Tel. (0 73 37) 96 30-0; Fax (0 73 37) 96 30-90;
E-Mail: info@nellingen.de; http://www.nellingen.de

Einwohner: 2 049
Bürgermeister: Christoph Winfried Jung

Gemeinde Nerenstetten
89129 Nerenstetten, Schulstr. 8; Tel. (0 73 45) 91 92 40; Fax (0 73 45) 91 92 41;
E-Mail: info@nerenstetten.de; http://www.nerenstetten.de

Einwohner: 352
Bürgermeisterin: Renate Bobsin

Gemeinde Oberdischingen
89610 Oberdischingen, Schloßplatz 9; Tel. (0 73 05) 9 31 13-0; Fax (0 73 05) 9 31 13-22;
E-Mail: info@oberdischingen.de; http://www.oberdischingen.de

Einwohner: 2 100
Bürgermeister: Friedrich Nägele

Allgemeine Hauptverwaltung
Leiterin: Kerstin Scheible

Finanzverwaltung
Leiterin: Verena Amann

Gemeinde Obermarchtal
89611 Obermarchtal, Hauptstr. 21; Tel. (0 73 75) 2 05; Fax (0 73 75) 14 63;
E-Mail: gemeinde@obermarchtal.de; http://www.obermarchtal.de

Einwohner: 1 300
Bürgermeister: Martin Krämer

Gemeinde Oberstadion
89613 Oberstadion, Kirchplatz 29; Tel. (0 73 57) 9 21 40; Fax (0 73 57) 92 14 19;
E-Mail: info@oberstadion.de; http://www.oberstadion.de

Einwohner: 1 560
Bürgermeister: Kevin Wiest

Gemeinde Öllingen
89129 **Öllingen**, Hauptstr. 42; Tel. (0 73 45) 75 02; Fax (0 73 45) 2 28 25; E-Mail: info@oellingen.de; http://www.oellingen.de

Einwohner: 540
Bürgermeister: Georg Göggelmann

Gemeinde Öpfingen
89614 **Öpfingen**, Schloßhofstr. 10; Tel. (0 73 91) 70 84-0; Fax (0 73 91) 70 84-20; E-Mail: info@oepfingen.de; http://www.oepfingen.de

Einwohner: 2 330
Bürgermeister: Andreas Braun

Hauptamt
Leiter: Axel Prosser, Tel. -12

Gemeinde Rammingen
89192 **Rammingen**, Rathausgasse 7; Tel. (0 73 45) 9 12 50; Fax (0 73 45) 91 25 12; E-Mail: info@rammingen-bw.de; http://www.rammingen-bw.de

Einwohner: 1 318
Bürgermeister: Karl Häcker

Gemeinde Rechtenstein
89611 **Rechtenstein**, Braunselweg 2; Tel. (0 73 75) 2 44; Fax (0 73 75) 9 20 15; E-Mail: gemeinde@rechtenstein.de; http://www.rechtenstein.de

Einwohner: 358
Bürgermeisterin: Romy Wurm

Gemeinde Rottenacker
89616 **Rottenacker**, Bühlstr. 7; Tel. (0 73 93) 95 04-0; Fax (0 73 93) 95 04-20; E-Mail: info@rottenacker.de; http://www.rottenacker.de

Einwohner: 2 200
Bürgermeister: Karl Hauler

Stadt Schelklingen
89601 **Schelklingen**, Marktstr. 15; Tel. (0 73 94) 2 48-0; Fax (0 73 94) 2 48 50; E-Mail: info@schelklingen.de; http://www.schelklingen.de

Einwohner: 6 800
Bürgermeister: Ulrich Ruckh

Hauptamt und Ordnungsamt
Leiter: Edgar Sobkowiak, Tel. -18

Kämmerei/Finanzverwaltung
Leiterin: Birgit Meier, Tel. -14

Bauamt
Leiter: Markus Schmid, Tel. -30

Gemeinde Schnürpflingen
89194 **Schnürpflingen**, Hauptstr. 17; Tel. (0 73 46) 36 64; Fax (0 73 46) 37 93; E-Mail: info@schnuerpflingen.de; http://www.schnuerpflingen.de

Einwohner: 1 450
Bürgermeister: Michael Knoll

Gemeinde Setzingen
89129 **Setzingen**, Kirchstr. 4; Tel. (0 73 45) 91 90 76; Fax (0 73 45) 91 90 78; E-Mail: info@setzingen.de

Einwohner: 617
Bürgermeister: Hans Frölich

Gemeinde Staig
89195 **Staig**, Raiffeisenstr. 7; Tel. (0 73 46) 96 03-0; Fax (0 73 46) 96 03-25; E-Mail: info@staig.de; http://www.staig.de

Einwohner: 3 250
Bürgermeister: Martin Jung

Gemeinde Untermarchtal
89617 **Untermarchtal**, Bahnhofstr. 4; Tel. (0 73 93) 91 73 83; Fax (0 73 93) 91 73 84; E-Mail: info@gemeinde-untermarchtal.de

Einwohner: 880
Bürgermeister: Bernhard Ritzler

Gemeinde Unterstadion
89619 **Unterstadion**, Kirchstr. 3; Tel. (0 73 93) 16 48; Fax (0 73 93) 69 27; E-Mail: buergermeister@unterstadion.de; http://www.unterstadion.de

Einwohner: 717
Bürgermeister: Uwe Handgrätinger

Gemeinde Unterwachingen
89597 **Unterwachingen**, Kirchstr. 2; Tel. (0 73 93) 16 49 oder 35 16; Fax (0 73 93) 95 35 17; E-Mail: info@unterwachingen.de

Einwohner: 210
Bürgermeister: Hans Rieger

Gemeinde Weidenstetten
89197 **Weidenstetten**, Dorfplatz 1; Tel. (0 73 40) 9 64 00; Fax (0 73 40) 96 40 20; E-Mail: info@Weidenstetten.de; http://www.weidenstetten.de

Einwohner: 1 400
Bürgermeister: Georg Engler

Gemeinde Westerheim
72589 **Westerheim**, Kirchenplatz 16; Tel. (0 73 33) 96 66-0; Fax (0 73 33) 96 66-20; E-Mail: info@westerheim.de; http://www.westerheim.de

Einwohner: 3 036
Bürgermeister: Hartmut Walz

Haupt- und Bauverwaltung
Leiter: Eric Sindek, Tel. -24

Finanz- und Rechnungswesen
Leiterin: Christina Bausch, Tel. -15

Gemeinde Westerstetten
89198 Westerstetten, Kirchstr. 3; Tel. (0 73 48) 95 60-0; Fax (0 73 48) 95 60 13; E-Mail: info@westerstetten.de; http://www.westerstetten.de

Einwohner: 2 200
Bürgermeister: Alexander Bourke

Städte und Gemeinden im Landkreis Alb-Donau-Kreis, die einer Verwaltungsgemeinschaft angehören:

Gemeindeverwaltungsverband Dietenheim
89165 Dietenheim, Stadt (Sitzgemeinde)
88481 Balzheim
89186 Illerrieden

Gemeindeverwaltungsverband Kirchberg-Weihungstal
89171 Illerkirchberg
89185 Hüttisheim
89194 Schnürpflingen
89195 Staig

Gemeindeverwaltungsverband Laichinger Alb
89150 Laichingen, Stadt (Sitzgemeinde)
72535 Heroldstatt
89188 Merklingen
89191 Nellingen
72589 Westerheim

Gemeindeverwaltungsverband Langenau
89129 Langenau, Stadt (Sitzgemeinde)
89174 Altheim (Alb)
89176 Asselfingen
89177 Ballendorf
89182 Bernstadt
89177 Börslingen
89183 Breitingen
89183 Holzkirch
89189 Neenstetten
89129 Nerenstetten
89129 Öllingen
89192 Rammingen
89129 Setzingen
89197 Weidenstetten

Gemeindeverwaltungsverband Lonsee-Amstetten
89173 Lonsee
73340 Amstetten

Gemeindeverwaltungsverband Verwaltungsgemeinschaft Munderkingen
89597 Munderkingen, Stadt (Sitzgemeinde)
88499 Emeringen
89607 Emerkingen
89613 Grundsheim
89597 Hausen am Bussen
89584 Lauterach
89611 Obermarchtal
89613 Oberstadion
89611 Rechtenstein
89616 Rottenacker
89617 Untermarchtal
89619 Unterstadion
89597 Unterwachingen

Verwaltungsgemeinschaft
89604 Allmendingen
89605 Altheim (bei Ehingen)

Verwaltungsgemeinschaft Blaubeuren
89143 Blaubeuren, Stadt (Sitzgemeinde)
89180 Berghülen

Verwaltungsgemeinschaft
89160 Dornstadt
89179 Beimerstetten
89198 Westerstetten

Verwaltungsgemeinschaft Ehingen (Donau)
89584 Ehingen (Donau), Stadt (Sitzgemeinde)
89608 Griesingen
89610 Oberdischingen
89614 Öpfingen

4.5 Landkreis Biberach

88400 Biberach, Rollinstr. 9; Tel. (0 73 51) 52-0; Fax (0 73 51) 52-53 50; E-Mail: lra@biberach.de; https://www.biberach.de

Einwohner: 202 831
Fläche: 140 952 ha
Kreistag: 57 Mitglieder (19 CDU, 14 FWV, 9 GRÜNE, 4 SPD, 4 Frauen, 4 ÖDP, 2 FDP, 1 aktiv, jung, politisch)
Landrat: Dr. Heiko Schmid

Dem Landrat unmittelbar unterstellt:

Zentralstelle für Gremien, Öffentlichkeitsarbeit und Wirtschaftsförderung, Rechnungsprüfungsamt und Datenschutz

Dezernat 1 Verwaltung, Kommunales und Kultur
Haupt- und Personalamt, Kommunalamt, Kreiskultur- und Archivamt, Amt für Organisation und Digitalisierung; Ordnungsamt, Amt für Brand- und Katastrophenschutz
Leiter: Bernd Schwarzendorfer, KVwDir, Tel. -66 55

Dezernat 2 Finanzen, Bildung und Infrastruktur
Kreiskämmerei, Straßenamt, Eigenbetrieb „Immobilien der Kliniken", Amt für Bildung und Schulentwicklung, Verkehrsamt, Amt für Liegenschaften und Gebäude, Abfallwirtschaftsbetrieb
Leiter: Holger Adler, LtdKVwDir, Tel. -63 00

Dezernat 3 Bauen, Umwelt und ländlicher Raum
Amt für Bauen und Naturschutz, Kreisforstamt, Landwirtschaftsamt, Amt für Umwelt- und Arbeitsschutz, Wasserwirtschaftsamt, Vermes-

sungsamt, Flurneuordnungsamt (Gemeinsame Dienststelle Ehingen), Kreisveterinäramt
Leiter: Walter Holderried, Erster Landesbeamter, Tel. -62 02

Dezernat 4 Soziales, Jugend und Gesundheit
Kreissozialamt, Kreisjugendamt, Jobcenter, Amt für Flüchtlinge und Integration, Kreisgesundheitsamt
Leiterin: Petra Alger, LtdKVwDirektorin, Tel. -62 55

Außenstellen des Landkreises Biberach:

Straßenamt Riedlingen
88499 Riedlingen, Krankenhausweg 3; Tel. (0 73 51) 52-68 24; Fax (0 73 51) 5 25-05 53;
E-Mail: strassenamt@biberach.de
Leiter: Gunnar Volz, BauOAR

Landwirtschaftsamt
88400 Biberach, Bergerhauser Str. 36; Tel. (0 73 51) 52-67 02; Fax (0 73 51) 5 25-04 13;
E-Mail: landwirtschaftsamt@biberach.de
Leiter: Albert Basler, LtdLandwDir

Fachschule für Landwirtschaft des Landkreises Biberach
88400 Biberach, Bergerhauser Str. 36; Tel. (0 73 51) 52-67 02; Fax (0 73 51) 5 25-04 13;
E-Mail: landwirtschaftsamt@biberach.de
Leiter: Albert Basler, LtdLandwDir

Vermessungsamt
88400 Biberach, Ulmer-Tor-Str. 28; Tel. (0 73 51) 52-75 00; Fax (0 73 51) 52-75 35;
E-Mail: vermessungsamt@biberach.de
Leiter: Günter Mayr, LtdVmDir

Städte und Gemeinden im Landkreis Biberach:

Gemeinde Achstetten
88480 Achstetten, Laupheimer Str. 6; Tel. (0 73 92) 97 06-0; Fax (0 73 92) 1 78 16;
E-Mail: info@achstetten.de;
http://www.achstetten.de

Einwohner: 4 900
Bürgermeister: Kai Feneberg

Hauptamt
Leiter: Sascha Hohenhausen, Tel. -13

Finanzverwaltung
Leiterin: Rebecca Schuler, Tel. -14

Gemeinde Alleshausen
88422 Alleshausen, Hauptstr. 10; Tel. (0 75 82) 81 78; Fax (0 75 82) 20 14;
E-Mail: gemeinde@alleshausen.de;
http://www.alleshausen.de

Einwohner: 535
Bürgermeister: Patrick Hepp

Gemeinde Allmannsweiler
88348 Allmannsweiler, Buchauer Str. 2; Tel. (0 75 82) 9 13 33; Fax (0 75 82) 93 41 51;
E-Mail: info@allmannsweiler-bc.de;
http://www.allmannsweiler-bc.de

Einwohner: 340
Bürgermeister: Stefan Koch

Gemeinde Altheim (bei Riedlingen)
88499 Altheim, Donaustr. 1; Tel. (0 73 71) 93 30-0; Fax (0 73 71) 93 30-20;
E-Mail: info@gemeinde-altheim.de;
http://www.gemeinde-altheim.de

Einwohner: 2 120
Bürgermeister: Martin Rude

Hauptamt/Ordnungsamt/Bauamt
Leiter: Sascha Schlegel, GemOI, Tel. -12

Rechnungsamt
Leiter: Elmar Lohner, GemOAR, Tel. -13

Gemeinde Attenweiler
88448 Attenweiler, Bachstr. 7; Tel. (0 73 57) 92 09-0; Fax (0 73 57) 92 09-30;
E-Mail: rathaus@attenweiler.de;
http://www.attenweiler.de

Einwohner: 1 952
Bürgermeister: Roland Grootherder

Stadt Bad Buchau
88422 Bad Buchau, Marktplatz 2; Tel. (0 75 82) 80 80; Fax (0 75 82) 8 08 40;
E-Mail: stadt@bad-buchau.de;
http://www.badbuchau.de

Einwohner: 4 294
Bürgermeister: Peter Diesch

Stadt Bad Schussenried
88427 Bad Schussenried, Wilhelm-Schussen-Str. 36; Tel. (0 75 83) 94 01-0; Fax (0 75 83) 94 01-1 12;
E-Mail: rathaus@bad-schussenried.de;
http://www.bad-schussenried.de

Einwohner: 8 900
Bürgermeister: Achim Deinet

Hauptamt und Ordnungsamt
Leiter: Günter Bechinka, StaAR, Tel. -1 20

Stadtkämmerei
Leiter: Carsten Kubot, Tel. -1 30

Gemeinde Berkheim
88450 Berkheim, Coubronplatz 1; Tel. (0 83 95) 94 06-0; Fax (0 83 95) 94 06 22;
E-Mail: info@gemeinde-berkheim.de;
http://www.gemeinde-berkheim.de

Einwohner: 3 000
Bürgermeister: Walther Puza

Gemeinde Betzenweiler
88422 Betzenweiler, Riedlinger Str. 2; Tel. (0 73 74) 4 18; Fax (0 73 74) 22 62;
E-Mail: gemeinde@betzenweiler.de;
http://www.betzenweiler.de

Einwohner: 770
Bürgermeister: Tobias Wäscher

Stadt Biberach an der Riß (Große Kreisstadt)
88400 Biberach an der Riß, Marktplatz 7/1; Tel. (0 73 51) 51-0; Fax (0 73 51) 51-4 92;
E-Mail: Info@Biberach-Riss.de;
http://www.biberach-riss.de

Einwohner: 33 600
Oberbürgermeister: Nobert Zeidler

Dezernat I Steuerung und Bürgerdienste
Ortsverwaltungen, Hauptamt, Gremien, Kommunikation, Bürgerengagement, Prüfungsamt, Kämmereiamt, Ordnungsamt
Leiter: Nobert Zeidler, OBgm, Tel. -2 25

Dezernat II Wirtschaft und Bildung
Amt für Bildung, Betreuung und Sport, Eigenbetrieb Wohnungswirtschaft, Amt für Liegenschaften und Wirtschaftsförderung, Forstamt, Hospitalstiftung
Leiter: Ralf Miller, 1. Bgm, Tel. -2 17

Dezernat III Bauen und Planen
Bauverwaltungsamt, Stadtplanungsamt, Hochbau und Gebäudemanagement, Tiefbauamt, Baubetriebsamt, Eigenbetrieb Stadtentwässerung
Leiter: Christian Kuhlmann, Baubürgermeister, Tel. -2 60

Dezernat IV Kultur
Kulturamt, Wieland-Museum, Stadtbücherei, Volkshochschule, Bruno-Frey-Musikschule, Museum Biberach
Leiter: Dr. Jörg Riedlbauer, Kulturdezernent, Tel. -2 77

Gemeinde Burgrieden
88483 Burgrieden, Rathausplatz 2; Tel. (0 73 92) 97 19-0; Fax (0 73 92) 97 19-30;
E-Mail: rathaus@burgrieden.de;
http://www.burgrieden.de

Einwohner: 4 114
Bürgermeister: Josef Pfaff

Hauptverwaltung, Ordnungs- und Sozialverwaltung, Bauverwaltung
Leiter: Andreas Munkes, Tel. -13

Finanzverwaltung
Leiter: Jürgen Bailer, Tel. -12

Gemeinde Dettingen an der Iller
88451 Dettingen an der Iller, Oberdettinger Str. 16; Tel. (0 73 54) 9 36 67-0; Fax (0 73 54) 9 36 67-20;
E-Mail: info@dettingen-iller.de;
http://www.dettingen-iller.de

Einwohner: 2 650
Bürgermeister: Alois Ruf

Gemeinde Dürmentingen
88525 Dürmentingen, Hauptstr. 20; Tel. (0 73 71) 95 07-0; Fax (0 73 71) 95 07-99;
E-Mail: gemeinde@duermentingen.de;
http://www.duermentingen.de

Einwohner: 2 603
Bürgermeister: Dietmar Holstein

Haupt- und Ordnungsamt, Bauamt
Leiter: Wolfgang Lang, Tel. -15

Kämmerei
Leiter: Simon Schubert, Tel. -11

Gemeinde Dürnau
88422 Dürnau, Im Winkel 2; Tel. (0 75 82) 23 17; Fax (0 75 82) 35 35; E-Mail: info@duernau-bc.de;
http://www.duernau-bc.de

Einwohner: 426
Bürgermeister: Bernhard Merk

Gemeinde Eberhardzell
88436 Eberhardzell, Burgstr. 2; Tel. (0 73 55) 93 00-0; Fax (0 73 55) 93 00-40;
E-Mail: gemeinde@eberhardzell.de;
http://www.eberhardzell.de

Einwohner: 4 621
Bürgermeister: Guntram Grabherr

Hauptamt und Ordnungsamt
Leiterin: Christine Haug, Tel. -13

Kämmerei
Leiterin: Patricia Schick, Tel. -11

Bauamt
Leiter: Axel Andres, Tel. -28

Gemeinde Erlenmoos
88416 Erlenmoos, Biberacher Str. 11; Tel. (0 73 52) 92 05-0; Fax (0 73 52) 92 05-15;
E-Mail: info@erlenmoos.de;
http://www.erlenmoos.de

Einwohner: 1 794
Bürgermeister: Stefan Echteler

Gemeinde Erolzheim
88453 Erolzheim, Marktplatz 7; Tel. (0 73 54) 93 18-0; Fax (0 73 54) 93 18-99;
E-Mail: poststelle@erolzheim.de;
http://www.erolzheim.de

Einwohner: 3 367
Bürgermeister: Jochen Ackermann

Gemeinde Ertingen
88521 Ertingen, Dürmentinger Str. 14; Tel. (0 73 71) 5 08-0; Fax (0 73 71) 5 08-50;
E-Mail: info@ertingen.de; http://www.ertingen.de

Einwohner: 5 500
Bürgermeister: Jürgen Köhler

Hauptamt
Leiter: Wendelin Spitzfaden, GemAR, Tel. -59

Finanzverwaltung
Leiterin: Elisabeth Haupter, GemOARätin, Tel. -46

Gemeinde Gutenzell-Hürbel
88484 Gutenzell-Hürbel, Kirchberger Str. 8; Tel. (0 73 52) 9 23 50; Fax (0 73 52) 92 35 22;
E-Mail: info@gutenzell-huerbel.de;
http://www.gutenzell-huerbel.de

Einwohner: 1 875
Bürgermeisterin: Monika Wieland

Gemeinde Hochdorf
88454 Hochdorf, Hauptstr. 29; Tel. (0 73 55) 93 02-0; Fax (0 73 55) 93 02-23;
E-Mail: info@gemeinde-hochdorf.de;
http://www.gemeinde-hochdorf.de

Einwohner: 2 360
Bürgermeister: Stefan Jäckle

Gemeinde Ingoldingen
88456 Ingoldingen, St. Georgenstr. 1; Tel. (0 73 55) 93 04-0; Fax (0 73 55) 93 04-22;
E-Mail: info@ingoldingen.de;
http://www.ingoldingen.de

Einwohner: 3 060
Bürgermeister: Jürgen Schell

Hauptverwaltung, Ordnungsamt
Leiterin: Stephanie Küfner, Tel. -13

Finanzverwaltung
Leiter: Berthold Hengge, Tel. -14

Gemeinde Kanzach
88422 Kanzach, Rathausweg 6; Tel. (0 75 82) 82 86; Fax (0 75 82) 93 38 06;
E-Mail: info@gemeinde-kanzach.de;
http://www.gemeinde-kanzach.de

Einwohner: 506
Bürgermeister: Klaus Schultheiß

Gemeinde Kirchberg an der Iller
88486 Kirchberg an der Iller, Hauptstr. 20; Tel. (0 73 54) 93 16-0; Fax (0 73 54) 93 16-30;
E-Mail: info@kirchberg-iller.de;
http://www.kirchberg-iller.de

Einwohner: 1 970
Bürgermeister: Jochen Stuber

Hauptverwaltung und Finanzverwaltung
Leiter: Patrik Matzner, Tel. -70

Ordnungs- und Sozialverwaltung
Leiterin: Ulrike Baur, Tel. -10

Bauverwaltung
Leiterinnen: Karin Mehrhof; Alexandra Huchler, Tel. -11

Gemeinde Kirchdorf an der Iller
88457 Kirchdorf an der Iller, Rathausstr. 11; Tel. (0 73 54) 93 32-0; Fax (0 73 54) 93 32-1 90;
E-Mail: info@kirchdorf-iller.de;
http://www.kirchdorf-iller.de

Einwohner: 3 592
Bürgermeister: Rainer Langenbacher

Hauptamt und Ordnungsamt
Leiterin: Kerstin Wegner, Tel. -1 10

Kämmerei
Leiter: Dietmar Zettel, Tel. -1 30

Gemeinde Langenenslingen
88515 Langenenslingen, Hauptstr. 71; Tel. (0 73 76) 9 69-0; Fax (0 73 76) 9 69-30;
E-Mail: info@langenenslingen.de;
http://www.langenenslingen.de

Einwohner: 3 610
Bürgermeister: Andreas Schneider

Hauptverwaltung
Leiter: Philipp Huchler, Tel. -11

Finanzverwaltung
Leiter: Bernhard Mayer, Tel. -15

Bauverwaltung
Leiter: Stefan Meinhold, Tel. -17

Stadt Laupheim
88471 Laupheim, Marktplatz 1; Tel. (0 73 92) 7 04-0; Fax (0 73 92) 7 04-2 32;
E-Mail: stadt.laupheim@laupheim.de;
http://www.laupheim.de

Einwohner: 22 511
Oberbürgermeister: Gerold Rechle

Amt für Bürgerengagement, Gremien und Kultur
Leiterin: Andrea Möbius, Tel. -2 22

Haupt- und Personalamt
Leiter: Christopher Dürste, Tel. -1 63

Amt für öffentliche Ordnung
Leiterin: Dorothee Jerg, Tel. -2 46

Baudezernat
Amt für Stadtplanung, Amt für Bautechnik, Amt für Tiefbau und Umwelt
Leiterin: Eva-Britta Wind, 1. Bürgermeisterin, Tel. -1 43

Finanzdezernat
Kämmerei, Stadtwerke
Leiter: NN, Tel. -2 42

Dezernat für Bildung, Betreuung und Soziales
Amt für Bildung und Betreuung, Amt für Soziales
Leiter: Josef Schoch, Tel. -2 19

Gemeinde Maselheim
88437 Maselheim, Wennedacher Str. 5; Tel. (0 73 51) 18 40-0; Fax (0 73 51) 18 40-33;

E-Mail: info@maselheim.de;
http://www.maselheim.de

Einwohner: 4 437
Bürgermeister: Elmar Braun

Hauptamt, Ordnungsamt und Bauamt
Leiter: Lukas Ritzler, GemAR, Tel. -17

Finanzwesen
Leiterin: Marion Bailer, GemOARätin, Tel. -14

Gemeinde Mietingen
88487 Mietingen, Hauptstr. 8; Tel. (0 73 92) 97 20-0; Fax (0 73 92) 97 20-30;
E-Mail: info@mietingen.de;
http://www.mietingen.de

Einwohner: 4 653
Bürgermeister: Robert Hochdorfer

Hauptverwaltung
Leiterin: Melanie Mäschle, Tel. -23

Finanzverwaltung
Leiter: Martin Stooß, Tel. -31

Gemeinde Mittelbiberach
88441 Mittelbiberach, Biberacher Str. 59; Tel. (0 73 51) 18 18-0; Fax (0 73 51) 18 18-79;
E-Mail: info@mittelbiberach.de;
http://www.mittelbiberach.de

Einwohner: 4 426
Bürgermeister: Florian Hänle

Gemeinde Moosburg
88422 Moosburg, Buchauer Str. 57; Tel. (0 75 82) 23 29; Fax (0 75 82) 93 46 04;
E-Mail: gemeinde@moosburg-am-federsee.de;
http://www.moosburg-am-federsee.de

Einwohner: 217
Bürgermeister: Klaus Gaiser

Stadt Ochsenhausen
88416 Ochsenhausen, Marktplatz 1; Tel. (0 73 52) 92 20-0; Fax (0 73 52) 92 20-19;
E-Mail: stadt@ochsenhausen.de;
http://www.ochsenhausen.de

Einwohner: 8 921
Bürgermeister: Andreas Denzel

Hauptamt
Leiterin: Tanja Oelmaier, StaOARätin, Tel. -21

Ordnungsamt
Leiterin: Ulrike Bosch, StaAmtfrau, Tel. -20

Stadtpflege
Leiter: Peter Maucher, StaOAR, Tel. -40

Bauamt
Leiter: Rolf Wiedmann, Tel. -60

Gemeinde Oggelshausen
88422 Oggelshausen, Schulstr. 5; Tel. (0 75 82) 9 12 27; Fax (0 75 82) 9 12 28;
E-Mail: info@oggelshausen.de;
http://www.oggelshausen.de

Einwohner: 960
Bürgermeister: Ralf Kriz

Stadt Riedlingen
88499 Riedlingen, Marktplatz 1; Tel. (0 73 71) 1 83-0; Fax (0 73 71) 1 83 55;
E-Mail: info@riedlingen.de;
http://www.riedlingen.de

Einwohner: 10 659
Bürgermeister: Marcus Schafft

Hauptamt
Leiterin: Eva-Maria Moser, StaOARätin, Tel. -31

Kämmerei
Leiter: Elmar Seifert, StaOAR, Tel. -13

Stadtbauamt
Leiter: Wolfgang Weiß, StaBaumeister, Tel. -20

Gemeinde Rot an der Rot
88430 Rot an der Rot, Klosterhof 14; Tel. (0 83 95) 94 05-0; Fax (0 83 95) 94 05-99;
E-Mail: rathaus@rot.de; https://www.rot.de

Einwohner: 4 575
Bürgermeisterin: Irene Brauchle

Gemeinde Schemmerhofen
88433 Schemmerhofen, Hauptstr. 25; Tel. (0 73 56) 93 56-0; Fax (0 73 56) 93 56-99;
E-Mail: poststelle@schemmerhofen.de;
http://www.schemmerhofen.de

Einwohner: 8 500
Bürgermeister: Mario Glaser

Hauptamt
Leiter: Alfons Link, Tel. -25

Finanzen
Leiterin: Gertrud Müller-Missel, Tel. -31

Bauen und Umwelt
Leiter: Markus Lerch, Tel. -28

Steuern und Liegenschaften
Leiter: Stefan Behmüller, Tel. -36

Gemeinde Schwendi
88477 Schwendi, Biberacher Str. 1; Tel. (0 73 53) 98 00-0; Fax (0 73 53) 98 00-28;
E-Mail: Rathaus.Info@Schwendi.de;
http://www.schwendi.de

Einwohner: 6 300
Bürgermeister: Günther Karremann

Hauptamt
Leiter: Jürgen Lang, Tel. -20

Rechnungsamt
Leiter: Joachim Wieland, Tel. -30

Gemeinde Seekirch
88422 Seekirch, Hauptstr. 23; Tel. (0 75 82) 9 12 96; Fax (0 75 82) 9 12 97; E-Mail: info@seekirch.de; http://www.seekirch.de

Einwohner: 300
Bürgermeister: Stefan Koch

Gemeinde Steinhausen an der Rottum
88416 Steinhausen an der Rottum, Ehrensberger-Str. 13; Tel. (0 73 52) 92 27-0; Fax (0 73 52) 92 27 16; E-Mail: info@steinhausen-rottum.de; http://www.steinhausen-rottum.de

Einwohner: 2 180
Bürgermeister: Dr. Hans-Peter Reck

Kämmerei
Leiter: Frank Hartmann, GemOAR, Tel. -13

Hauptamt
Leiterin: Andrea Stöhr, GemARätin, Tel. -19

Ordnungsamt
Leiter: Dennis Meier, Tel. -12

Gemeinde Tannheim
88459 Tannheim, Rathausplatz 1; Tel. (0 83 95) 9 22-0; Fax (0 83 95) 9 22-99; E-Mail: info@gemeinde-tannheim.de; http://www.gemeinde-tannheim.de

Einwohner: 2 500
Bürgermeister: Thomas Wonhas

Gemeinde Tiefenbach
88422 Tiefenbach, Buchauer Str. 21; Tel. (0 75 82) 23 30; Fax (0 75 82) 29 11; E-Mail: info@tiefenbach-federsee.de

Einwohner: 522
Bürgermeister: Helmut Müller

Gemeinde Ummendorf
88444 Ummendorf, Biberacher Str. 9; Tel. (0 73 51) 34 77-0; Fax (0 73 51) 34 77-15; E-Mail: info@ummendorf.de; http://www.umendorf.de

Einwohner: 4 350
Bürgermeister: Klaus Bernd Reichert

Hauptamt
Leiter: Thomas Kammerlander, AR, Tel. -1 06

Kämmerei
Leiter: Reinhold Besenfelder, OAR, Tel. -2 03

Ordnungsamt
Leiterin: Simone Herr, ARätin, Tel. -1 08

Gemeinde Unlingen
88527 Unlingen, Kirchgasse 11; Tel. (0 73 71) 93 05-0; Fax (0 73 71) 93 05-50; E-Mail: info@unlingen.de; http://www.unlingen.de

Einwohner: 2 414
Bürgermeister: Gerhard Hinz

Hauptamt und Bauamt
Leiterin: Melanie Glocker, Tel. -14

Kämmerei
Leiter: Wolfgang Kopp, Tel. -24

Gemeinde Uttenweiler
88524 Uttenweiler, Hauptstr. 14; Tel. (0 73 74) 92 06-0; Fax (0 73 74) 92 06-33; E-Mail: info@uttenweiler.de; http://www.gemeinde-uttenweiler.de

Einwohner: 3 500
Bürgermeister: Werner Binder

Allgemeine Verwaltung/Hauptamt
Leiterin: Désirée Feicht, Tel. -20

Rechnungsamt/Kämmerei
Leiter: Alexander Preuß, Tel. -16

Bauhof/Ortsbauamt
Leiter: Markus Rieger, Tel. -23

Gemeinde Wain
88489 Wain, Kirchstr. 17; Tel. (0 73 53) 98 03 30; Fax (0 73 53) 98 03 40; E-Mail: info@wain.de; http://www.wain.de

Einwohner: 1 603
Bürgermeister: Stephan Mantz

Hauptamt und Rechnungsamt
Leiter: Horst Dürr, Tel. 98 03 32

Ordnungsamt und Bauamt
Leiter: Stephan Mantz, Tel. 98 03 31

Gemeinde Warthausen
88447 Warthausen, Alte Biberacher Str. 13; Tel. (0 73 51) 50 93-0; Fax (0 73 51) 50 93-23; E-Mail: gemeinde@warthausen.de; http://www.warthausen.de

Einwohner: 5 401
Bürgermeister: Wolfgang Jautz

Hauptverwaltung
Leiterin: Anja Kästle, Tel. -13

Finanzverwaltung
Leiterin: Sabrina Kühnbach, Tel. -15

Städte und Gemeinden im Landkreis Biberach, die einer Verwaltungsgemeinschaft angehören:

Gemeindeverwaltungsverband Bad Buchau
88422 Bad Buchau, Stadt (Sitzgemeinde)
88422 Alleshausen
88348 Allmannsweiler
88422 Betzenweiler
88422 Dürnau
88422 Kanzach
88422 Moosburg
88422 Oggelshausen
88422 Seekirch
88422 Tiefenbach

Gemeindeverwaltungsverband Illertal
88453 Erolzheim (Sitzgemeinde)
88450 Berkheim
88451 Dettingen an der Iller
88486 Kirchberg an der Iller
88457 Kirchdorf an der Iller

Gemeindeverwaltungsverband Rot-Tannheim
88430 Rot an der Rot (Sitzgemeinde)
88459 Tannheim

Verwaltungsgemeinschaft Bad Schussenried
88427 Bad Schussenried, Stadt (Sitzgemeinde)
88456 Ingoldingen

Verwaltungsgemeinschaft Biberach
88400 Biberach an der Riß, Stadt (Sitzgemeinde)
88448 Attenweiler
88436 Eberhardzell
88454 Hochdorf
88437 Maselheim
88441 Mittelbiberach
88444 Ummendorf
88447 Warthausen

Verwaltungsgemeinschaft Laupheim
88471 Laupheim, Stadt (Sitzgemeinde)
88480 Achstetten
88483 Burgrieden
88487 Mietingen

Verwaltungsgemeinschaft Ochsenhausen
88416 Ochsenhausen, Stadt (Sitzgemeinde)
88416 Erlenmoos
88484 Gutenzell-Hürbel
88416 Steinhausen an der Rottum

Verwaltungsgemeinschaft Riedlingen
88499 Riedlingen, Stadt (Sitzgemeinde)
88499 Altheim (bei Riedlingen)
88525 Dürmentingen
88521 Ertingen
88515 Langenenslingen
88527 Unlingen
88524 Uttenweiler

Verwaltungsgemeinschaft Schwendi
88477 Schwendi (Sitzgemeinde)
88489 Wain

Region Bodensee-Oberschwaben

4.6 Landkreis Bodenseekreis

88045 Friedrichshafen, Glärnischstr. 1-3; Tel. (0 75 41) 2 04-0; Fax (0 75 41) 2 04-56 99;
E-Mail: info@bodenseekreis.de;
http://www.bodenseekreis.de

Einwohner: 217 901
Fläche: 66 479 ha
Kreistag: 56 Mitglieder (15 CDU, 13 GRÜNE, 12 Freie Wähler Bodensee, 6 SPD, 3 FDP, 3 AfD, 2 LINKE, 1 Eriskircher Liste, 1 Oberteuringer Liste)
Landrat: Lothar Wölfle

Dem Landrat unmittelbar unterstellt:

Stabsstellen: Persönliche Referentin, Pressesprecher, Beauftragte für Frauen- und Familienfragen; Kommunal- und Prüfungsamt; Kreiskulturamt

Dezernat 1
Hauptamt, Rechts- und Ordnungsamt, Amt für Bürgerservice, Schifffahrt und Verkehr, Kreisvolkshochschule, Veterinäramt
Leiter: Christoph Keckeisen, Erster Landesbeamter, Tel. -52 01

Dezernat 2
Amt für Kreisentwicklung und Baurecht, Vermessungsamt, Landwirtschaftsamt, Umweltschutzamt, Amt für Wasser- und Bodenschutz, Forstamt
Leiterin: Irmtraud Schuster, Tel. -53 88

Dezernat 3
Kämmerei, Bau- und Liegenschaftsamt, Straßenbauamt, Abfallwirtschaftsamt, Amt für Schule und Bildung
Leiter: Uwe Hermanns, Tel. -55 50

Dezernat 4
Sozialamt, Jugendamt, Gesundheitsamt, Jobcenter, Amt für Migration und Integration
Leiter: Ignaz Wetzel, Tel. -53 12

Außenstellen des Landkreises Bodenseekreis:

KFZ-Zulassungsstellen
88069 Tettnang, Schützenstr. 5; Tel. (0 75 41) 2 04-63 00; Fax (0 75 41) 2 04-63 90
88662 Überlingen, Rengoldshauser Str.; Tel. (0 75 41) 2 04-65 00; Fax (0 75 41) 2 04-65 90

Fischereiaufsicht
88069 Tettnang-Oberlangnau, Haldenweg 1/1; Tel. (01 72) 8 65 52 09
Leiter: Christian Wenzel

Städte und Gemeinden im Landkreis Bodenseekreis:

Gemeinde Bermatingen
88697 Bermatingen, Salemer Str. 1; Tel. (0 75 44) 95 02-0; Fax (0 75 44) 95 02-26;
E-Mail: poststelle@bermatingen.de;
http://www.bermatingen.de

Einwohner: 3 900
Bürgermeister: Martin Rupp

Hauptamt
Leiterin: Maria Wagner, Tel. -10

Rechnungsamt
Leiter: Ivo Willamowski, Tel. -20

Bauamt
Leiter: Patrick Hummel, Tel. -60

Gemeinde Daisendorf
88718 Daisendorf, Ortsstr. 22; Tel. (0 75 32) 54 64; Fax (0 75 32) 4 71 57; E-Mail: info@daisendorf.de; http://www.daisendorf.de

Einwohner: 1 600
Bürgermeisterin: Jacqueline Alberti

Gemeinde Deggenhausertal
88693 Deggenhausertal, Rathausplatz 1; Tel. (0 75 55) 92 00-0; Fax (0 75 55) 92 00-99; E-Mail: info@deggenhausertal.de; http://www.deggenhausertal.de

Einwohner: 4 400
Bürgermeister: Fabian Meschenmoser

Hauptamt und Ordnungsamt
Leiter: Peter Nothelfer, Tel. -10

Finanzverwaltung
Leiter: Rainer Kollmus, Tel. -20

Bauamt
Leiter: Tobias Kretzdorn, Tel. -30

Gemeinde Eriskirch
88097 Eriskirch, Schussenstr. 18; Tel. (0 75 41) 97 08-0; Fax (0 75 41) 97 08-77; E-Mail: info@eriskirch.de; http://www.eriskirch.de

Einwohner: 4 944
Bürgermeister: Arman Aigner

Hauptamt und Ordnungsamt
Leiterin: Elke Müller, Tel. -20

Kämmerei
Leiter: Anton Ganser, Tel. -30

Bauamt
Leiter: Frank Jehle, Tel. -40

Stadt Friedrichshafen (Große Kreisstadt)
88045 Friedrichshafen, Adenauerplatz 1; Tel. (0 75 41) 2 03-0 und -1 15; Fax (0 75 41) 2 03-11 99; E-Mail: stadtverwaltung@friedrichshafen.de; http://www.friedrichshafen.de

Einwohner: 60 697
Oberbürgermeister: Andreas Brand
1. Bürgermeister: Fabian Müller

Dezernat I
Büro des Oberbürgermeisters, Rechnungsprüfungsamt, Rechtsamt, Stadt- und Stiftungspflege, Stabsstelle Wirtschaftsförderung
Leiter: Andreas Brand, OBgm, Tel. -10 00

Dezernat II
Personalamt, Amt für Bürgerservice, Sicherheit und Ordnung, Rechtsamt, Ortsverwaltungen Ailingen, Ettenkirch, Kluftern, Raderach, Amt für Digitalisierung, Stabsstelle Gleichstellungsbeauftragte
Leiter: Dieter Stauber, Bgm, Tel. -30 00

Dezernat III
Amt für Erwachsenenbildung und Stadtgeschichte; Amt für Bildung, Betreuung und Sport; Amt für Soziales, Familie und Jugend; Karl-Olga-Haus, Kulturbüro mit Stadtorchester, Medienhaus am See, Musikschule Friedrichshafen, Stabsstelle Graf-Zeppelin-Haus, Stabsstelle Tourist-Information, Stabsstelle Controlling Dezernat III, Stabsstelle Schulmuseum
Leiter: Andreas Köster, Bgm, Tel. -20 00

Dezernat IV
Amt für Vermessung und Liegenschaften; Stabsstelle Projektkoordination; Bauordnungsamt; Stadtbauamt; Amt für Stadtplanung und Umwelt; Städtische Bauverwaltung
Leiter: Fabian Müller, 1. Bgm, Tel. -40 00

Gemeinde Frickingen
88699 Frickingen, Kirchstr. 7; Tel. (0 75 54) 98 30-0; Fax (0 75 54) 98 30-12; E-Mail: info@frickingen.de; http://www.frickingen.de

Einwohner: 3 000
Bürgermeister: Jürgen Stukle

Kämmerei
Leiter: Florian Keller, Tel. -70

Haupt- und Bauamt, Ordnungsamt
Leiter: Markus Vollstädt, Tel. -40

Einwohnermeldeamt, Standesamt, Gewerbeamt, Friedhofsverwaltung, Sozialamt
Leiterin: Jana Finsterwald, Tel. -20

Gemeindekasse
Leiterin: Ulrike Widenhorn, Tel. -61

Steueramt
Leiterin: Ingrid Hörth, Tel. -60

Tourismus/Kultur
Leiterin: Birgit Bergmüller, Tel. -30

Gemeinde Hagnau am Bodensee
88709 Hagnau am Bodensee, Im Hof 5; Tel. (0 75 32) 43 00-0; Fax (0 75 32) 43 00 20; E-Mail: rathaus@hagnau.de; http://www.hagnau.de

Einwohner: 1 447
Bürgermeister: Volker Frede

Hauptverwaltung
Leiter: Timo Waizmann, Tel. -10

Ordnungsamt, Bauamt
Leiterin: Sabine Wiggenhauser, Tel. -13

Gemeinde Heiligenberg
88633 Heiligenberg, Schulstr. 5; Tel. (0 75 54) 99 83-0; Fax (0 75 54) 99 83-29; E-Mail: rathaus@Heiligenberg.de; http://www.Heiligenberg.de

Einwohner: 3 050
Bürgermeister: Frank Amann

Hauptamt, Ordnungsamt und Bauamt
Leiter: Denis Lehmann, GemAmtm, Tel. -18

Rechnungsamt
Leiter: Andreas Irmler, GemAR, Tel. -16

Gemeinde Immenstaad am Bodensee
88090 Immenstaad am Bodensee, Dr.-Zimmermann-Str. 1; Tel. (0 75 45) 2 01-0; Fax (0 75 45) 2 01-41 08; E-Mail: rathaus@immenstaad.de; https://www.immenstaad.de

Einwohner: 6 601
Bürgermeister: Johannes Henne

Hauptamt und Ordnungsamt
Leiter: Michael Haase, Tel. -32 00

Kämmerei
Leiter: Matthias Herrmann, Tel. -33 00

Ortsbauamt
Leiter: Ulrich Kohler, Tel. -34 00

Bauverwaltung
Leiterin: Anja Stromberg, Tel. -35 00

Touristikinformation
Leiterin: Ruth Höft, Tel. -37 00

Gemeinde Kressbronn am Bodensee
88079 Kressbronn am Bodensee, Hauptstr. 19; Tel. (0 75 43) 96 62-0; Fax (0 75 43) 96 62-24; E-Mail: rathaus@kressbronn.de; http://www.kressbronn.de

Einwohner: 8 305
Bürgermeister: Daniel Enzensperger

Hauptamt/Personalamt/Amt für öffentliche Ordnung
Leiter: Andreas Wagner, Tel. -31

Finanzverwaltung
Leiter: Matthias Käppeler, Tel. -18

Amt für Gemeindeentwicklung und Bauwesen
Leiter: Thomas Feick, Tel. -35

Gemeinde Langenargen
88085 Langenargen, Obere Seestr. 1; Tel. (0 75 43) 93 30-0; Fax (0 75 43) 93 30-46; E-Mail: Rathaus@langenargen.de; http://www.langenargen.de

Einwohner: 7 729
Bürgermeister: Achim Krafft

Hauptamt
Leiter: Klaus-Peter Bitzer, Tel. -22

Finanzverwaltung
Leiter: Josef Benz, Tel. -24

Ortsbauamt
Leiter: Markus Stark, Ortsbaumeister, Tel. -31

Amt für Tourismus, Kultur und Marketing
Leiter: Alexander Trauthwein, Tel. -34

Stadt Markdorf
88677 Markdorf, Rathausplatz 1; Tel. (0 75 44) 5 00-0; Fax (0 75 44) 5 00-2 00; E-Mail: info@rathaus-markdorf.de; http://www.markdorf.de

Einwohner: 14 156
Bürgermeister: Georg Riedmann

Hauptamt
Leiter: Klaus Schicle, Tel. -2 30

Finanzverwaltung
Leiter: Michael Lissner, Tel. -2 50

Stadtbauamt
Leiter: Michael Schlegel, Tel. -2 70

Baurechtsamt
Leiter: Dominic Warken, Tel. -2 60

Gemeinde Meckenbeuren
88074 Meckenbeuren, Theodor-Heuss-Platz 1; Tel. (0 75 42) 4 03-0; Fax (0 75 42) 4 03-1 00; E-Mail: rathaus@meckenbeuren.de; http://www.meckenbeuren.de

Einwohner: 13 621
Bürgermeisterin: Elisabeth Kugel

Hauptamt
Leiter: Jens Hulbert, GemOAR, Tel. -2 08

Finanzverwaltung
Leiter: Simon Vallaster, GemOVwR, Tel. -2 17

Amt für Bauwesen und Gemeindeentwicklung
Leiter: Elmar Skurka, GemOAR, Tel. -1 06

Stadt Meersburg
88709 Meersburg, Marktplatz 1; Tel. (0 75 32) 4 40-0; Fax (0 75 32) 4 40-2 22; E-Mail: info@meersburg.de; http://www.meersburg.de

Einwohner: 6 055
Bürgermeister: Robert Scherer

Fachbereich I Finanzen
Leiterin: Heike Sonntag, Tel. -1 40

Fachbereich II Zentrale Verwaltung
Leiter: Maximilian Fetzer, Tel. -1 03

Fachbereich III Bauen, Planen, Umwelt
Leiter: Martin Bleicher, Tel. -1 80

Abt Tourismus und Veranstaltungen
Leiter: Tobias Stoiber, Tel. -40 12

Abt Kultur und Museum
Leiterin: Christine Johner, Tel. -2 60

Gemeinde Neukirch
88099 Neukirch, Schulstr. 3; Tel. (0 75 28) 92 09 20; Fax (0 75 28) 9 20 92-44; E-Mail: info@neukirch-gemeinde.de; http://www.neukirch-gemeinde.de

Einwohner: 2 637
Bürgermeister: Reinhold Schnell

Hauptamt und Ordnungsamt
Leiter: Rüdiger Frank, Tel. -16

Kämmerei
Leiter: Robert Riedesser, Tel. -19

Bauamt
Leiter: Reinhold Schnell, Tel. -17

Gemeinde Oberteuringen
88094 Oberteuringen, St.-Martin-Platz 9; Tel. (0 75 46) 2 99-0; Fax (0 75 46) 2 99 88;
E-Mail: rathaus@Oberteuringen.de;
http://www.oberteuringen.de

Einwohner: 4 704
Bürgermeister: Karl-Heinz Beck

Hauptverwaltung
Leiter: Rainer Groß, Tel. -20

Finanzverwaltung
Leiter: Hansjörg Langegger, Tel. -30

Bauverwaltung
Leiter: Werner Wetzel, Tel. -40

Gemeinde Owingen
88696 Owingen, Hauptstr. 35; Tel. (0 75 51) 80 94-0; Fax (0 75 51) 80 94-29

Einwohner: 4 546
Bürgermeister: Henrik Wengert

Hauptamt und Ordnungsamt
Leiterin: Regina Holzhofer, Tel. -27

Rechnungsamt
Leiter: Udo Widenhorn, Tel. -22

Bauamt
Leiter: Bernhard Widenhorn, Tel. -25

Gemeinde Salem
88682 Salem, Am Schlosssee 1; Tel. (0 75 53) 8 23-0; Fax (0 75 53) 8 23-33;
E-Mail: gemeinde@salem-baden.de;
http://www.salem-baden.de

Einwohner: 11 579
Bürgermeister: Manfred Härle

Zentrale Dienste
Leiterin: Julia Kneisel, Tel. -10

Bürgerdienste
Leiterin: Virginia Bürgel, Tel. -30

Bauverwaltung
Leiter: Marc Dürrhammer, Tel. -51

Hochbau
Leiter: Wolfgang Koch, Tel. -52

Gemeinde Sipplingen
78354 Sipplingen, Rathausstr. 10; Tel. (0 75 51) 80 96-0; Fax (0 75 51) 80 96-40;
E-Mail: Gemeinde@Sipplingen.de;
http://www.sipplingen.de

Einwohner: 2 143
Bürgermeister: Oliver Gortat

Hauptamt
Leiter: Florian Pfitscher, GemAR, Tel. -28

Rechnungsamt
Leiterin: Sabrina Girrbach, GemARätin, Tel. -25

Gemeinde Stetten
88719 Stetten, Schulstr. 18; Tel. (0 75 32) 60 95; Fax (0 75 32) 61 99; E-Mail: rathaus@gemeinde-stetten.de;
http://www.gemeinde-stetten.de

Einwohner: 1 021
Bürgermeister: Daniel Heß

Stadt Tettnang
88069 Tettnang, Monfortplatz 7; Tel. (0 75 42) 5 10-0; Fax (0 75 42) 5 10-1 75;
E-Mail: rathaus@tettnang.de;
http://www.tettnang.de

Einwohner: 19 589
Bürgermeister: Bruno Walter

Verwaltungsmanagement, Kultur, Bürgerservice, Familie, Bildung
Leiter: Gerd Schwarz, Tel. -1 60

Bürgerservice
Leiter: Marco Pudimat, Tel. -1 20

Baurecht
Leiter: Stefan Amann, Tel. -2 68

Finanzen, Wirtschaft und Kasse
Leiterin: Claudia Schubert, Tel. -3 00

Stadtplanung
Leiter: Achim Straub, Tel. -2 00

Technische Dienste
Leiter: Horst Hölz, Tel. -2 50

Familie, Bildung und Betreuung
Leiterin: Iris Baader, Tel. -1 05

Hochbau
Leiter: Thomas Steinhauser, Tel. -2 20

Steuern und Controlling
Leiterin: Annette Dalmann, Tel. -3 50

Stadt Überlingen
(Große Kreisstadt)
88662 Überlingen, Münsterstr. 15-17; Tel. (0 75 51) 99-0; Fax (0 75 51) 99-14 11;
E-Mail: rathaus@ueberlingen.de;
http://www.ueberlingen.de

Einwohner: 24 700
Oberbürgermeister: Jan Zeitler

Fachbereich 1 Finanzen, Beteiligungen und Grundstücksmanagement
Leiter: Stefan Krause, Tel. -12 00

Fachbereich 2 Personal, Ordnung und Bürgerservice
Leiter: Manfred Schlenker, Tel. -10 30

Fachbereich 3 Bildung und Kultur
Leiter: Raphael Wiedemer-Steidinger, Tel. -10 05

Fachbereich 4 Stadtentwicklung, Bauen, Umwelt und Verkehr
Leiter: Matthias Längin, Tel. -13 00

Gemeinde Uhldingen-Mühlhofen
88690 Uhldingen-Mühlhofen, Aachstr. 4; Tel. (0 75 56) 7 17-0; Fax (0 75 56) 7 17 15; E-Mail: rathaus@uhldingen-muehlhofen.de; http://www.uhldingen-muehlhofen.de

Einwohner: 8 400
Bürgermeister: Dominik Männle

Hauptverwaltung
Leiterin: Gudrun Müller-Schmidts, Tel. -20

Finanzverwaltung
Leiterin: Gabriele Bentele, Tel. -30

Bauverwaltung
Leiter: Fabian Stephan, Tel. -40

Städte und Gemeinden im Landkreis Bodenseekreis, die einer Verwaltungsgemeinschaft angehören:

Gemeindeverwaltungsverband Eriskirch-Kressbronn am Bodensee-Langenargen
88079 Kressbronn am Bodensee (Sitzgemeinde)
88097 Eriskirch
88085 Langenargen

Gemeindeverwaltungsverband Markdorf
88677 Markdorf, Stadt (Sitzgemeinde)
88697 Bermatingen
88693 Deggenhausertal
88094 Oberteuringen

Gemeindeverwaltungsverband Meersburg
88709 Meersburg, Stadt (Sitzgemeinde)
88718 Daisendorf
88709 Hagnau am Bodensee
88719 Stetten
88690 Uhldingen-Mühlhofen

Gemeindeverwaltungsverband Salem
88682 Salem (Sitzgemeinde)
88699 Frickingen
88633 Heiligenberg

Verwaltungsgemeinschaft Friedrichshafen
88045 Friedrichshafen, Stadt (Sitzgemeinde)
88090 Immenstaad am Bodensee

Verwaltungsgemeinschaft Tettnang
88069 Tettnang, Stadt (Sitzgemeinde)
88099 Neukirch

Verwaltungsgemeinschaft Überlingen
88662 Überlingen, Stadt (Sitzgemeinde)
88696 Owingen
78354 Sipplingen

4.7 Landkreis Ravensburg

88212 Ravensburg, Friedenstr. 6; Tel. (07 51) 85-0; Fax (07 51) 85-19 05; E-Mail: lra@rv.de; https://www.rv.de

Einwohner: 284 285
Fläche: 163 186 ha
Landrat: Harald Sievers

Dem Landrat unmittelbar unterstellt:

Stabsstelle des Landrates, Kommunal- und Prüfungsamt, Gleichstellungsbeauftragte, Verwaltungsrat Kreissparkasse, Verwaltungsrat OEW, Aufsichtsrat EnBW AG, Aufsichtsrat OSK gGmbH, Aufsichtsrat WIR GmbH

Dezernat Mobilität und Gesundheit
Stabsstelle Nachhaltige Mobilität, Straßenamt, Gesundheitsamt, Kreisimpfzentrum, Leitung Steuerungsgruppe Bildungsbüro, Leitung Kommunale Gesundheitskonferenz, Leitung Energie- und Klimaschutzteam LRA
Leiter: Dr. Honikel-Günther

Dezernat Organisationsentwicklung, Personal und Kultur
Hauptamt; Personalservice; Bürgerbüro, Kulturbetrieb
Leiterin: Kahle

Dezernat Finanzen, Schulen und Immobilien
AB Beteiligungen und Kreislaufwirtschaft, Straßenbauamt, Amt für Kreisschulen, Eigenbetrieb Immobilien, Flächen- und Standortkonzept, Digitalisierung von Schule und Unterricht
Leiter: Franz Baur, Tel. -20 10

Dezernat Arbeit und Soziales
Sozial- und Inklusionsamt, Stabsstelle Sozialplanung, Jobcenter, Jugendamt, Aufsichtsrat Dipers GmbH
Leiter: Friedel

Dezernat Kreisentwicklung, Wirtschaft und ländlicher Raum
Wirtschaftsbeauftragte, Bau- und Umweltamt; Vermessungs- und Flurneuordnungsamt; Forstamt, Landwirtschaftsamt, Aufsichtsrat OTG GmbH
Leiterin: Dipl.-Ing. Steger (m.d.W.d.G.b.), Tel. -40 10

Dezernat Recht, Migration und Verbraucherschutz
Rechts- und Ordnungsamt; Veterinäramt; Stabsstelle Regionales Bildungsbüro, Stabsstelle Bevölkerungsschutz und Krisenmanagement, Amt für Migration und Integration
Leiterin: Raedler, Tel. -50 10

Außenstellen des Landkreises Ravensburg:

Sozial- und Inklusionsamt, Jugendamt, Fahrerlaubnisbehörde, Kfz-Zulassung
88239 Wangen, Liebigstr. 1; Tel. (0 75 22) 996-0

Gesundheitsamt und Veterinäramt
88299 Leutkirch, Ottmannshofer Str. 44, Gebäude B; Tel. (0 75 61) 98 20-56 10 und -57 10; Fax (0 75 61) 98 20-56 05

Kfz-Zulassung
88299 Leutkirch, Wangener Str. 70; Tel. (0 75 61) 98 20-14 80; Fax (0 75 61) 98 20-14 07

Kfz-Zulassung
88339 Bad Waldsee, Rob.-Koch-Str. 52; Tel. (0 75 24) 97 48-14 80; Fax (0 75 24) 97 48-14 08

Jugendamt
88339 Bad Waldsee, Robert-Koch-Str. 52; Tel. (0 75 24) 97 48-34 10; Fax (0 75 24) 97 48-34 05

Fachschule für Landwirtschaft, Landwirtschaftsamt
88299 Leutkirch, Wangener Str. 70; Tel. (0 75 61) 98 20-0; Fax (0 75 61) 98 20-66 05
88212 Ravensburg, Frauenstr. 4; Tel. (07 51) 85-60 10 ; Fax (07 51) 85-61 05

Jobcenter
88250 Weingarten, Sauterleute-Str. 34; Tel. (07 51) 85-80 00; Fax (07 51) 85-77 80 00
88239 Wangen, Bahnhofstr. 50; Tel. (0 75 22) 9 96-80 00; Fax (0 75 22) 9 96-77 80 00

Amt für Migration und Integration
88299 Leutkirch, Ottmannshofer Str. 44, Gebäude A; Tel. (0 75 61) 98 20-98 20; Fax (0 75 61) 98 20-77 98 20

Städte und Gemeinden im Landkreis Ravensburg:

Gemeinde Achberg
88147 Achberg, Kirchstr. 9; Tel. (0 83 80) 2 26; Fax (0 83 80) 4 22; E-Mail: info@achberg.de; http://www.achberg.de

Einwohner: 1 750
Bürgermeister: Tobias Walch

Gemeinde Aichstetten
88317 Aichstetten, Bachstr. 2; Tel. (0 75 65) 94 18-0; Fax (0 75 65) 94 18-25; E-Mail: Rathaus@Aichstetten.de; http://www.aichstetten.de

Einwohner: 2 820
Bürgermeister: Dietmar Lohmiller

Hauptverwaltung und Bauverwaltung
Leiter: Hubert Erath, Tel. -22

Finanzverwaltung
Leiter: Jürgen Auberer, Tel. -13

Gemeinde Aitrach
88319 Aitrach, Schwalweg 10; Tel. (0 75 65) 98 00-0; Fax (0 75 65) 52 13; E-Mail: gemeinde@aitrach.de; http://www.aitrach.de

Einwohner: 2 550
Bürgermeister: Thomas Kellenberger

Hauptamt, Bauamt, Ordnungsamt
Leiter: Roland Neumaier, Tel. -13

Kämmerei
Leiter: Johannes Simmler, Tel. -14

Gemeinde Altshausen
88361 Altshausen, Hindenburgstr. 2; Tel. (0 75 84) 92 06-0; Fax (0 75 84) 10 12; E-Mail: info@altshausen.de; http://www.altshausen.de

Einwohner: 4 100
Bürgermeister: Patrick Bauser

Hauptamt und Ordnungsamt
Leiter: Dieter Heske, GemOAR, Tel. -15

Rechnungsamt
Leiter: Rolf Bär, VerbOAR, Tel. (0 75 84) 92 05-20

Bauamt
Leiter: Oliver Schmid-Selig, Verbandsbaumeister, Tel. (0 75 84) 92 05-40

Gemeinde Amtzell
88279 Amtzell, Waldburger Str. 4; Tel. (0 75 20) 9 50-0; Fax (0 75 20) 9 50-9 10; E-Mail: info@amtzell.de; http://www.amtzell.de

Einwohner: 4 263
Bürgermeister: Clemens Moll

Gemeinde Argenbühl
88260 Argenbühl, Kirchstr. 9; Tel. (0 75 66) 94 02-0; Fax (0 75 66) 94 02-99; E-Mail: info@argenbuehl.de; http://www.argenbuehl.de

Einwohner: 6 600
Bürgermeister: Roland Sauter

Stadt Aulendorf
88326 Aulendorf, Hauptstr. 35; Tel. (0 75 25) 9 34-0; Fax (0 75 25) 9 34-1 03; E-Mail: info@aulendorf.de; http://www.aulendorf.de

Einwohner: 10 256
Bürgermeister: Matthias Burth

Hauptamt
Leiterin: Brigitte Thoma, Tel. -1 04

Ordnungsamt
Leiterin: Tanja Nolte, Tel. -1 08

Kämmerei
Leiterin: Silke Johler, Tel. -1 26

Bauamt
Leiterin: Kathleen Kreutzer, Tel. -1 44

Stadt Bad Waldsee
88339 Bad Waldsee, Hauptstr. 29; Tel. (0 75 24) 94-01; Fax (0 75 24) 94-13 02;
E-Mail: info@bad-waldsee.de;
http://www.bad-waldsee.de

Einwohner: 20 103
Bürgermeister: Matthias Henne

Dezernat 1
Zentrales, Gremien, Öffentlichkeitsarbeit; Bauen, Stadtentwicklung; Schulen, Bildung, Betreuung; Wirtschaft, Tourismus, Kultur
Leiter: Matthias Henne, Bgm, Tel. -13 00

Dezernat 2
Finanzen; Recht, Beteiligungen, Controlling, Liegenschaften; Sicherheit und Ordnung; Personal, Organisation und IT
Leiterin: Monika Ludy, 1. Beigeordnete, Tel. -13 20

Stadt Bad Wurzach
88410 Bad Wurzach, Marktstr. 16; Tel. (0 75 64) 3 02-0; Fax (0 75 64) 3 02-1 70;
E-Mail: stadt@bad-wurzach.de;
http://www.bad-wurzach.de

Einwohner: 14 708
Bürgermeisterin: Alexandra Scherer

Dezernat I Verwaltung
Leiter: Frank Högerle, Tel. -2 20

Dezernat II Finanzen
Leiter: Stefan Kunz, Tel. -1 40

Gemeinde Baienfurt
88255 Baienfurt, Marktplatz 1; Tel. (07 51) 40 00-0; Fax (07 51) 40 00-77; E-Mail: info@baienfurt.de;
http://www.baienfurt.de

Einwohner: 7 200
Bürgermeister: Günter A. Binder

Hauptamt
Leiter: Andreas Lipp, GemOAR, Tel. -20

Rechnungsamt
Leiter: Robert Hoffmann, GemAR, Tel. -30

Bauamt
Leiterin: Anja Lenkeit, GemOARätin, Tel. -46

Gemeinde Baindt
88255 Baindt, Marsweilerstr. 4; Tel. (0 75 02) 94 06-0; Fax (0 75 02) 94 06-18;
E-Mail: info@baindt.de; http://www.baindt.de

Einwohner: 5 348
Bürgermeisterin: Simone Rürup

Hauptverwaltung
Leiter: Walter Plangg, Tel. -11

Finanzverwaltung
Leiter: Wolfgang Abele, Tel. -20

Bauverwaltung
Leiterin: Petra Jeske, Tel. -51

Gemeinde Berg
88276 Berg, Bergstr. 35; Tel. (07 51) 5 60 84-0; Fax (07 51) 5 60 84-22;
E-Mail: rathaus@berg-schussental.de;
http://www.berg-schussental.de

Einwohner: 4 500
Bürgermeisterin: Manuela Hugger

Hauptamt
Leiter: Matthias Kienle, Tel. -20

Kämmerei
Leiterin: Monika Schäfer, Tel. -14

Ortsbauamt
Leiter: Joachim Schneider, Tel. -18

Gemeinde Bergatreute
88368 Bergatreute, Ravensburger Str. 20; Tel. (0 75 27) 92 16-0; Fax (0 75 27) 92 16 13;
E-Mail: info@bergatreute.de;
http://www.bergatreute.de

Einwohner: 3 200
Bürgermeister: Helmfried Schäfer

Hauptamt
Leiterinnen: Dionita Ibraj, Tel. -15 ; Claudia Riederer, Tel. -18

Kämmerei
Leiter: Gerhard Staiger, Tel. -14

Gemeinde Bodnegg
88285 Bodnegg, Dorfstr. 18; Tel. (0 75 20) 92 08-0; Fax (0 75 20) 92 08-40; E-Mail: info@bodnegg.de;
http://www.bodnegg.de

Einwohner: 3 150
Bürgermeister: Christof Frick

Hauptamt, Ordnungsamt und Bauamt
Leiterin: Meike Wiedmann, Tel. -14

Rechnungsamt
Leiter: Markus Mohr, Tel. -17

Gemeinde Boms
88361 Boms, Kirchstr. 1; Tel. (0 75 81) 48 94-0; Fax (0 75 81) 48 94-20; E-Mail: verwaltung@boms.de;
http://www.boms.de

Einwohner: 600
Bürgermeister: Peter Wetzel

Gemeinde Ebenweiler
88370 Ebenweiler, Unterwaldhauser Str. 2; Tel. (0 75 84) 9 16 10; Fax (0 75 84) 9 16 12;
E-Mail: gemeinde@ebenweiler.de;
http://www.ebenweiler.de

Einwohner: 1 210
Bürgermeister: Tobias Brändle

Gemeinde Ebersbach-Musbach
88371 Ebersbach-Musbach, Kirchplatz 4; Tel. (0 75 84) 9 21 20; Fax (0 75 84) 92 12 22;
E-Mail: info@ebersbach-musbach.de;
http://www.ebersbach-musbach.de

Einwohner: 1 790
Bürgermeister: Roland Haug

Hauptverwaltung
Leiter: Timo Egger, Tel. 92 05-10

Finanzverwaltung
Leiter: Rolf Bär, Tel. 92 05-20

Bauverwaltung
Leiter: Oliver Schmid-Selig, Tel. 92 05-40

Gemeinde Eichstegen
88361 Eichstegen, Hauptstr. 11; Tel. (0 75 84) 7 83; Fax (0 75 84) 92 31 51;
E-Mail: eichstegen@t-online.de;
http://www.eichstegen.de

Einwohner: 510
Bürgermeister: Artur Rauch

Gemeinde Fleischwangen
88373 Fleischwangen, Rathausstr. 19; Tel. (0 75 05) 2 73; Fax (0 75 05) 4 11;
E-Mail: rathaus@fleischwangen.de;
http://www.fleischwangen.de

Einwohner: 694
Bürgermeister: Timo Egger

Gemeinde Fronreute
88273 Fronreute, Schwommengasse 2; Tel. (0 75 02) 9 54-0; Fax (0 75 02) 9 54-33;
E-Mail: info@fronreute.de;
http://www.fronreute.de

Einwohner: 4 800
Bürgermeister: Oliver Spieß

Hauptamt und Ordnungsamt
Leiterin: Margot Kolbeck, GemOARätin, Tel. -13

Finanzwesen
Leiterin: Daniela Kesenheimer, GemInspektorin, Tel. -24

Bauamt
Leiter: Jürgen Jehle, Tel. -18

Gemeinde Grünkraut
88287 Grünkraut, Scherzachstr. 2; Tel. (07 51) 7 60 20; Fax (07 51) 76 02-20;
E-Mail: info@gruenkraut.de;
http://www.gruenkraut.de

Einwohner: 3 200
Bürgermeister: Holger Lehr

Hauptamt, Bauamt
Leiter: Andreas Hermann, Tel. -15

Kämmerei
Leiter: Jürgen Fiesel, Tel. -17

Gemeinde Guggenhausen
88379 Guggenhausen, Hauptstr. 5; Tel. (0 75 03) 5 34; Fax (0 75 03) 91 64 45;
E-Mail: gemeinde@guggenhausen.de

Einwohner: 201
Bürgermeister: Dr. Jochen Currle

Gemeinde Horgenzell
88263 Horgenzell, Kornstr. 44; Tel. (0 75 04) 97 01-0; Fax (0 75 04) 97 01 19;
E-Mail: info@horgenzell.de;
http://www.horgenzell.de

Einwohner: 5 400
Bürgermeister: Volker Restle

Hauptamt und Ordnungsamt
Leiter: Andreas Flach, Tel. -20

Finanzverwaltung
Leiter: Kim Thienst, Tel. -30

Bauamt
Leiter: Ralf Erath, Tel. -60

Gemeinde Hoßkirch
88374 Hoßkirch, Kirchstr. 2; Tel. (0 75 87) 6 31; Fax (0 75 87) 10 57;
E-Mail: info@gemeinde-hosskirch.de;
http://www.gemeinde-hosskirch.de

Einwohner: 754
Bürgermeister: Roland Haug

Stadt Isny im Allgäu
88316 Isny im Allgäu, Wassertorstr. 1-3; Tel. (0 75 62) 9 84-0; Fax (0 75 62) 9 84-4 00;
E-Mail: info@isny.de; http://www.isny.de

Einwohner: 14 321
Bürgermeister: Rainer Magenreuter

Fachbereich I Interne Dienste und Finanzen
Leiter: Werner Sing, StaOAR, Tel. -1 28

Fachbereich II Zentrale Dienste, Bildung und Soziales
Leiter: Frank Reubold, Tel. -1 16

Fachbereich III Bauen, Immobilien und Wirtschaft
Leiterin: Katharina Haug, Tel. -1 21

Gemeinde Kißlegg
88353 Kißlegg, Schloßstr. 5; Tel. (0 75 63) 9 36-0; Fax (0 75 63) 9 36-2 99; E-Mail: info@kisslegg.de; http://www.kisslegg.de

Einwohner: 8 916
Bürgermeister: Dieter Krattenmacher

Hauptamt/Tourismus
Leiter: Markus Wetzel, GemOAR, Tel. -1 12

Finanzverwaltung
Leiter: Roland Kant, GemOAR, Tel. -1 30

Bau- und Umweltamt
Leiter: Manfred Rommel, GemAR, Tel. -1 33

Gemeinde Königseggwald
88376 Königseggwald, Hauptstr. 17; Tel. (0 75 87) 9 50 20; Fax (0 75 87) 95 02-12;
E-Mail: gemeinde@koenigseggwald.de;
http://www.koenigseggwald.de

Einwohner: 670
Bürgermeister: Roland Fuchs

Stadt Leutkirch im Allgäu
(Große Kreisstadt)
88299 Leutkirch im Allgäu, Marktstr. 26; Tel. (0 75 61) 87-0; Fax (0 75 61) 8 71 94;
E-Mail: info@leutkirch.de; http://www.leutkirch.de

Einwohner: 23 000
Oberbürgermeister: Hans-Jörg Henle
Bürgermeisterin: Christina Schnitzler

Geschäftsbereich 1: Verwaltungsmanagement, Schulen und Kultur
Leiter: Bernd Rebholz, Tel. -3 22

Geschäftsbereich 2: Finanzen, Controlling, Immobilienmanagement
Leiterin: Christina Schnitzler, Bürgermeisterin, Tel. -1 19

Geschäftsbereich 3: Ordnung und Soziales
Leiter: Elmar Haag, Tel. -1 59

Geschäftsbereich 4: Bauen und Stadtentwicklung
Leiter: Roland Wagner, Tel. -1 51

Stadt Ravensburg
(Große Kreisstadt)
88212 Ravensburg, Marienplatz 26; Tel. (07 51) 82-0; Fax (07 51) 82-2 00;
E-Mail: rathaus@ravensburg.de;
http://www.ravensburg.de

Einwohner: 50 776
Oberbürgermeister: Dr. Daniel Rapp
1. Bürgermeister: Simon Blümcke

Dezernat I
Finanzen, Organisation und Personal, Wirtschaft, Ortschaften
Leiter: Dr. Daniel Rapp, OBgm, Tel. -2 22

Dezernat II
Recht, Ordnung, Soziales, Schulen und Jugend, Kultur, Tourismus und Stadtmarketing, Stadtbücherei, Stiftungen
Leiter: Simon Blümcke, 1. Bgm, Tel. -4 60

Dezernat III
Stabsstellen: Digitalisierung, Gemeindeverband Mittleres Schussental, Klimaschutz und Nachhaltigkeit; Stadtplanungsamt, Bauordnungsamt, Amt für Architektur und Gebäudemanagement, Tiefbauamt, Rechtsamt
Leiter: Dirk Bastin, Bgm, Tel. -2 72

Gemeinde Riedhausen
88377 Riedhausen, Kirchstr. 1; Tel. (0 75 87) 6 10; Fax (0 75 87) 12 31; E-Mail: riedhausen@aol.com

Einwohner: 650
Bürgermeister: Ekkehard Stettner

Gemeinde Schlier
88281 Schlier, Rathausstr. 10; Tel. (0 75 29) 9 77-0; Fax (0 75 29) 8 61;
E-Mail: gemeindeverwaltung@schlier.de;
http://www.schlier.de

Einwohner: 3 900
Bürgermeisterin: Katja Liebmann

Hauptverwaltung
Leiter: Sven Holzhofer, Tel. -40

Finanzverwaltung
Leiter: Bernd Rothenberger, Tel. -31

Gemeinde Unterwaldhausen
88379 Unterwaldhausen, Hauptstr. 5; Tel. (0 75 87) 6 60; Fax (0 75 87) 92 27 25;
E-Mail: info@rathaus-unterwaldhausen.de

Einwohner: 290
Bürgermeister: Josef Schill

Gemeinde Vogt
88267 Vogt, Kirchstr. 11; Tel. (0 75 29) 2 09-0; Fax (0 75 29) 2 09 24; E-Mail: info@gemeinde-vogt.de;
http://www.vogt.de

Einwohner: 4 670
Bürgermeister: Peter Smigoc

Hauptverwaltung
Leiterin: Ingrid Aßfalg, Tel. -31

Finanzverwaltung
Leiter: Mario Köhler, Tel. -28

Bauverwaltung
Leiter: Manuel Duller, Tel. -25

Gemeinde Waldburg
88289 Waldburg, Hauptstr. 20; Tel. (0 75 29) 97 17-0; Fax (0 75 29) 97 17-55;
E-Mail: poststelle@gemeinde-waldburg.de;
http://www.gemeinde-waldburg.de

Einwohner: 3 100
Bürgermeister: Michael Röger

Hauptamt
Leiter: Udo Heizenreder, OAR, Tel. -22

Kämmerei
Leiter: Norbert Junker, OAR, Tel. -14

Bauamt
Leiter: Tobias Aberle, OAR, Tel. (07 51) 7 69 35 11

Stadt Wangen im Allgäu
(Große Kreisstadt)
88239 Wangen im Allgäu, Marktplatz 1; Tel. (0 75 22) 74-0; Fax (0 75 22) 74-1 11;
E-Mail: info@wangen.de; http://www.wangen.de

Einwohner: 27 078
Oberbürgermeister: Michael Lang

Verwaltungsdezernat
Leiterin: Astrid Exo

Technisches Dezernat
Leiter: Peter Ritter

**Stadt Weingarten
(Große Kreisstadt)**
88250 Weingarten, Kirchstr. 1; Tel. (07 51) 4 05-0; Fax (07 51) 4 05-1 10;
E-Mail: info@weingarten-online.de;
http://www.weingarten-online.de

Einwohner: 25 522
Oberbürgermeister: Markus Ewald
Bürgermeister: Alexander Geiger

Fachbereich 1 Zentrale Steuerung
Prozessmanagement, IT und Datenschutz, Bürgerservice und Ordnungswesen, Grundstücksverkehr, Rechtswesen und Geschäftsstelle Gremien, Personal und Zentrale Dienste
Leiterin: Sylvia Burg, Tel. -1 11

Fachbereich 2 Gesellschaft, Bildung und Soziales
Kommunikation, Bürgerschaftliches Engagement und Integration, Bildung, Sport und Vereine, Familie und Soziales, Kultur und Tourismus
Leiter: Rainer Beck, Tel. -1 13

Fachbereich 3 Stadtkämmerei, Beteiligungen und Eigenbetriebe
Haushalts- und Finanzwesen, Eigenbetriebe, Rechnungswesen, Abgabewesen
Leiter: Daniel Gallasch, Tel. -1 04

Fachbereich 4 Planen und Bauen
Stadtplanung und Bauordnung, Bau und Unterhaltung, Liegenschaften, Baubetriebshof
Leiter: Jens Herbst, Tel. -1 90

Gemeinde Wilhelmsdorf
88271 Wilhelmsdorf, Saalplatz 7; Tel. (0 75 03) 9 21-0; Fax (0 75 03) 9 21-1 59;
E-Mail: info@gemeinde-wilhelmsdorf.de;
http://www.gemeinde-wilhelmsdorf.de

Einwohner: 5 080
Bürgermeisterin: Sandra Flucht

Hauptamt
Leiterin: Ilona Gering, Tel. -1 30

Rechnungsamt
Leiter: Stephan Gerster, Tel. -1 40

Bauamt
Leiter: Wilhelm Birkhofer, Tel. -1 20

Gemeinde Wolfegg
88364 Wolfegg, Rötenbacher Str. 11; Tel. (0 75 27) 96 01-0; Fax (0 75 27) 96 01-7 00;
E-Mail: m.guler@wolfegg.de;
http://www.wolfegg.de

Einwohner: 3 743
Bürgermeister: Peter Müller

Haupt- und Ordnungsamt
Leiter: Adrian Heß, Tel. -18

Finanzverwaltung
Leiter: Matthias Braun, Tel. -15

Gemeinde Wolpertswende
88284 Wolpertswende, Kirchplatz 4; Tel. (0 75 02) 94 03-0; Fax (0 75 02) 94 03-26;
E-Mail: Gemeinde@wolpertswende.de;
http://www.wolpertswende.de

Einwohner: 4 100
Bürgermeister: Daniel Steiner

Hauptamt und Ordnungsamt
Leiterin: Ines Hauchler, GemOARätin, Tel. -16

Rechnungsamt
Leiterin: Janina von Bank, Tel. -17

Bauamt
Leiter: Andreas Neher, Tel. -15

Städte und Gemeinden im Landkreis Ravensburg, die einer Verwaltungsgemeinschaft angehören:

Gemeindeverwaltungsverband Altshausen
88361 Altshausen (Sitzgemeinde)
88361 Boms
88370 Ebenweiler
88371 Ebersbach-Musbach
88361 Eichstegen
88373 Fleischwangen
88379 Guggenhausen
88374 Hoßkirch
88376 Königseggwald
88377 Riedhausen
88379 Unterwaldhausen

Gemeindeverwaltungsverband Fronreute-Wolpertswende
88284 Wolpertswende (Sitzgemeinde)
88273 Fronreute

Gemeindeverwaltungsverband Gullen
88287 Grünkraut (Sitzgemeinde)
88285 Bodnegg
88281 Schlier
88289 Waldburg

Gemeindeverwaltungsverband Mittleres Schussental
88212 Ravensburg, Stadt (Sitzgemeinde)
88255 Baienfurt
88255 Baindt
88276 Berg
88250 Weingarten, Stadt

Verwaltungsgemeinschaft Bad Waldsee
88339 Bad Waldsee, Stadt (Sitzgemeinde)
88368 Bergatreute

Verwaltungsgemeinschaft Leutkirch i.A.
88299 Leutkirch im Allgäu, Stadt (Sitzgemeinde)
88317 Aichstetten

88319 Aitrach

Verwaltungsgemeinschaft Vogt
88267 Vogt (Sitzgemeinde)
88364 Wolfegg

Verwaltungsgemeinschaft Wangen im Allgäu
88239 Wangen im Allgäu, Stadt (Sitzgemeinde)
88147 Achberg
88279 Amtzell

Verwaltungsgemeinschaft Wilhelmsdorf
88271 Wilhelmsdorf (Sitzgemeinde)
88263 Horgenzell

4.8 Landkreis Sigmaringen

72488 **Sigmaringen**, Leopoldstr. 4; Tel. (0 75 71) 1 02-0; Fax (0 75 71) 1 02-12 34; E-Mail: info@lrasig.de; https://www.landkreis-sigmaringen.de

Einwohner: 130 946
Fläche: 120 434 ha
Kreistag: 43 Mitglieder (19 CDU, 10 FWV, 8 GRÜNE, 4 SPD, 2 AfD)
Landrätin: Stefanie Bürkle

Dezernat I Personal, Digitalisierung, Recht und Verkehr
Personal und Organisation, Bürgerservice, Recht und Ordnung, Kommunales und Nahverkehr, Veterinärdienst und Verbraucherschutz
Leiterin: Claudia Wiese, Tel. -10 20

Dezernat II Finanzen, Bildung, Straßen
Finanzen, Liegenschaften und Technik, Straßenbau, Bildung und Schule, Vermessung und Flurneuordnung
Leiter: Peter Hotz, Tel. -30 00

Dezernat III Soziales, Jugend, Gesundheit und Arbeit
Stabsstelle Sozialplanung, Soziales, Jugend, Gesundheit, Jobcenter
Leiter: Torsten Schillinger, Tel. -50 00

Dezernat IV Bau und Umwelt
Baurecht, Umwelt und Arbeitsschutz, Landwirtschaft, Forst, Eigenbetrieb Kreisabfallwirtschaft
Leiter: Dr. Bernhard Obert, Tel. -20 00

Städte und Gemeinden im Landkreis Sigmaringen:

Stadt Bad Saulgau
88348 **Bad Saulgau**, Oberamteistr. 11; Tel. (0 75 81) 2 07-0; Fax (0 75 81) 2 07-8 60; E-Mail: Info@Bad-Saulgau.de; http://www.Bad-Saulgau.de

Einwohner: 17 514
Bürgermeisterin: Doris Schröter
1. Beigeordneter: Richard Striegel

Fachbereich 1 Bürger, Wirtschaft, Öffentlichkeitsarbeit
Leiterin: Ilona Boos, Tel. -1 03

Fachbereich 2 Zentrale Dienste, Familie und Bildung, Ordnung
Leiter: Birgit Luib, Tel. -1 70

Fachbereich 3 Bauen und Planen
Leiter: Roland Schmidt, Tel. -3 00

Fachbereich 4 Finanzen und Buchhaltung, Abgaben
Leiterin: Elke Krieger, Tel. -2 30

Fachbereich 5 Immobilien und Baurecht
Leiterin: Wilma Wagner, Tel. -2 40

Gemeinde Beuron
88631 **Beuron**, Kirchstr. 18; Tel. (0 75 79) 92 10-0; Fax (0 75 79) 92 10-25; E-Mail: info@beuron.de; http://www.beuron.de

Einwohner: 650
Bürgermeister: Raphael Osmakowski-Miller

Bürgerbüro (Ordnungs- und Sozialverwaltung, Standesamt)
Leiterin: Aloia, Tel. -10

Gemeinde Bingen
72511 **Bingen**, Hauptstr. 21; Tel. (0 75 71) 74 07-0; Fax (0 75 71) 74 07-40; E-Mail: gemeinde@bingen-hohenzollern.de; http://www.bingen-hohenzollern.de

Einwohner: 2 750
Bürgermeister: Jochen Fetzer

Finanzwesen
Leiter: Robert Kromer, Tel. -28

Einwohnermeldeamt
Leiterin: Petra Hem, Tel. -21

Sozialamt
Leiter: André Igel, Tel. -26

Kasse
Leiter: Martin Schweizer, Tel. -30

Stadt Gammertingen
72501 **Gammertingen**, Hohenzollernstr. 5-7; Tel. (0 75 74) 4 06-0; Fax (0 75 74) 4 06-1 19; E-Mail: info@gammertingen.de; http://www.gammertingen.de

Einwohner: 6 400
Bürgermeister: Holger Jerg

Haupt- und Ordnungsamt, Personalamt
Leiter: Martin Fiedler, StaOAR, Tel. -1 30

Kämmerei
Leiter: Siegfried Hagg, StaOR, Tel. -1 20

Bauamt
Dieter Grisslich (Hochbau), Tel. -1 54 ; Christian Lingl-Kösel (Tiefbau), Tel. -1 52 ; Stefanie Rupp (Kfm. Gebäudemanagement), Tel. -1 53

Bürger- und Tourismusbüro
Heike Rominger, Tel. -1 36

Gemeinde Herbertingen
88518 Herbertingen, Holzgasse 6; Tel. (0 75 86) 92 08-0; Fax (0 75 86) 92 08-60;
E-Mail: info@herbertingen.de;
http://www.herbertingen.de

Einwohner: 4 855
Bürgermeister: Magnus Hoppe

Finanzen, Kommunale Betriebe
Leiter: Jürgen Krause, Tel. -30

Organisation, Bürgerdienste
Leiterin: Juliane Stolz, Tel. -20

Gemeinde Herdwangen-Schönach
88634 Herdwangen-Schönach, Dorfstr. 49; Tel. (0 75 57) 92 00-0; Fax (0 75 57) 92 00-22;
E-Mail: info@herdwangen-schoenach.de;
http://www.herdwangen-schoenach.de

Einwohner: 3 400
Bürgermeister: Ralph Gerster

Stadt Hettingen
72513 Hettingen, Im Schloss; Tel. (0 75 74) 93 10-0; Fax (0 75 74) 93 10-50;
E-Mail: info@hettingen.de;
http://www.hettingen.de

Einwohner: 1 800
Bürgermeisterin: Dagmar Kuster

Hauptamt
Leiterin: Manuela Ott, Tel. -21

Finanzverwaltung
Leiter: Werner Leipert, StaOAR, Tel. -20

Gemeinde Hohentengen
88367 Hohentengen, Steige 10; Tel. (0 75 72) 76 02-0; Fax (0 75 72) 76 02-2 50;
E-Mail: info@hohentengen-online.de;
http://www.hohentengen-online.de

Einwohner: 4 200
Bürgermeister: Peter Rainer

Gemeinde Illmensee
88636 Illmensee, Kirchplatz 5; Tel. (0 75 58) 9 20 70; Fax (0 75 58) 92 07 99;
E-Mail: rathaus@illmensee.de;
http://www.illmensee.de

Einwohner: 2 100
Bürgermeister: Michael Reichle

Hauptamt und Ordnungsamt
Leiter: Markus Felgendreher, Tel. -20

Rechnungsamt
Leiterin: Corinna Straubinger, Tel. -31

Kämmerei
Leiter: Michael Sonntag, Tel. -30

Bauamt
Leiter: Michael Reichle, Bgm, Tel. -15

Gemeinde Inzigkofen
72514 Inzigkofen, Ziegelweg 2; Tel. (0 75 71) 73 07-0; Fax (0 75 71) 73 07-25;
E-Mail: post@inzigkofen.de;
http://www.inzigkofen.de

Einwohner: 2 900
Bürgermeister: Bernd Gombold

Bürgerbüro
Leiterin: Sonja Köser, Tel. -11

Finanzwesen
Leiter: Gerald Balle, Tel. -13

Gemeinde Krauchenwies
72505 Krauchenwies, Hausener Str. 1; Tel. (0 75 76) 9 72-0; E-Mail: info@krauchenwies.de;
http://www.krauchenwies.de

Einwohner: 5 080
Bürgermeister: Jochen Spieß

Kämmerei
Leiterin: Stefanie Mewes, GemARätin, Tel. -27

Hauptamt
Leiterin: Sandra Mahlenbrei, GemAmtfrau, Tel. -13

Ortsbauamt
Leiter: Klaus Hipp, Tel. -15

Gemeindewerke
Kfm. Leiterin: Stefanie Mewes, GemARätin, Tel. -27
Techn. Leiter: Klaus Hipp, Tel. -15

Gemeinde Leibertingen
88637 Leibertingen, Rathausstr. 4; Tel. (0 74 66) 92 82-0; Fax (0 74 66) 92 82-99;
E-Mail: info@leibertingen.de;
http://www.leibertingen.de

Einwohner: 2 176
Bürgermeister: Stephan Frickinger

Stadt Mengen
88512 Mengen, Hauptstr. 90; Tel. (0 75 72) 60 70; Fax (0 75 72) 6 07-7 00; E-Mail: info@mengen.de;
http://www.mengen.de

Einwohner: 9 898
Bürgermeister: Stefan Bubek

Hauptamt und Ordnungsamt
Leiterin: Sabine Reger, Tel. -1 00

Kämmerei und Bauamt
Leiter: Holger Kuhn, StaKäm, Tel. -2 00

Stadt Meßkirch
88605 Meßkirch, Conradin-Kreutzer-Str. 1; Tel. (0 75 75) 2 06-0; Fax (0 75 75) 2 06-11 90;
E-Mail: Arne.Zwick@messkirch.de;
http://www.Messkirch.de

Einwohner: 8 400
Bürgermeister: Arne Zwick

Hauptamt
Leiter: Matthias Henle, Tel. -12 10

Ordnungsamt
Leiterin: Sabrina Schleinitz, Tel. -12 30

Rechnungsamt
Leiter: Joachim Buuk, Tel. -13 10

Bauamt
Leiter: Stephan Frickinger, Tel. -17 10

Personalamt
Leiterin: Julia Holzhauer, Tel. -15 10

Gemeinde Neufra
72419 Neufra, Im Oberdorf 41; Tel. (0 75 74) 93 00-0; Fax (0 75 74) 93 00-39; E-Mail: info@neufra.de; http://www.neufra.de

Einwohner: 1 830
Bürgermeister: Reinhard Traub

Standesamt
Michael Fröhlich, Tel. -12 ; Sonja Krauser, Tel. -15

Kämmerei
Leiter: Werner Rominger, Tel. -20

Bauamt
Leiterin: Tanja Wittner, Tel. -11

Bürgerbüro
Michael Fröhlich, Tel. -12 ; Madeleine Jungwirth, Tel. -22

Ordnungsamt
Leiter: Michael Fröhlich, Tel. -12

Gemeinde Ostrach
88356 Ostrach, Hauptstr. 19; Tel. (0 75 85) 3 00-0; Fax (0 75 85) 3 00-55; E-Mail: info@ostrach.de; http://www.ostrach.de

Einwohner: 6 900
Bürgermeister: Christoph Schulz

Haupt- und Ordnungsamt
Leiterin: Eugenia Baron, Tel. -17

Rechnungsamt-Finanzwesen, Liegenschaftsamt
Leiter: Siegfried Gindele, Tel. -15

Bauamt
Leiter: Wilfried Brotzer, Tel. -13

Stadt Pfullendorf
88630 Pfullendorf, Kirchplatz 1; Tel. (0 75 52) 25-10 00; Fax (0 75 52) 25 10 09; E-Mail: info@pfullendorf.de; http://www.pfullendorf.de

Einwohner: 13 500
Bürgermeister: Thomas Kugler

Hauptamt
Leiter: Simon Klaiber, Tel. -11 01

Rechnungsamt
Leiter: Michael Traub, Tel. -14 01

Bauverwaltungsamt
Leiterin: Nadine Rade, Tel. -15 01

Stadtbauamt
Leiter: Jörg-Steffen Peter, Tel. -16 01

Wirtschaftsförderung
Leiter: Bernd Mathieu, Tel. -11 11

Gemeinde Sauldorf
88605 Sauldorf, Hauptstr. 32; Tel. (0 75 78) 9 25-0; Fax (0 75 78) 9 25 16; E-Mail: info@sauldorf.de; http://www.sauldorf.de

Einwohner: 2 500
Bürgermeister: Wolfgang Sigrist

Finanzverwaltung
Leiter: Günther Hermann, Tel. -15

Bürgerbüro
Leiterin: Iris Traber, Tel. -13

Stadt Scheer
72516 Scheer, Hauptstr. 1; Tel. (0 75 72) 76 16-0; Fax (0 75 72) 76 16-52; E-Mail: info@scheer-online.de; http://www.stadt-scheer.de

Einwohner: 2 520
Bürgermeister: Lothar Fischer

Hauptamt
Leiter: Severin Schwarz, Tel. -20

Stadtkämmerei
Leiter: Tobias Braig, Tel. -30

Gemeinde Schwenningen
72477 Schwenningen, Alte Pfarrstr. 9; Tel. (0 75 79) 92 12-0; Fax (0 75 79) 92 12-50; E-Mail: info@schwenningen.de; http://www.schwenningen.de

Einwohner: 1 600
Bürgermeisterin: Roswitha Beck

Stadt Sigmaringen
72488 Sigmaringen, Fürst-Wilhelm-Str. 15; Tel. (0 75 71) 1 06-0; Fax (0 75 71) 10 61 66; E-Mail: post@sigmaringen.de; http://www.sigmaringen.de

Einwohner: 17 168
Bürgermeister: Dr. Marcus Ehm

Hauptverwaltung
Leiterin: Helga Lehn, Tel. -1 08

Fachbereich Öffentliche Ordnung
Leiter: Norbert Stärk, Tel. -1 13

Finanzverwaltung
Leiter: Manfred Storrer, Beig. -3 11

Bauverwaltung
Leiter: Thomas Exler, Tel. -1 47

Gemeinde Sigmaringendorf
72517 Sigmaringendorf, Hauptstr. 9; Tel. (0 75 71) 73 05-0; Fax (0 75 71) 1 49 07;
E-Mail: bmvorzimmer@sigmaringendorf.de;
http://www.sigmaringendorf.de

Einwohner: 3 628
Bürgermeister: Philip Schwaiger

Hauptamt, Ordnungsamt
Leiterin: Eva-Maria Will, Tel. -21

Rechnungsamt
Leiter: Hartmut Diesch, Tel. -14

Gemeinde Stetten am kalten Markt
72510 Stetten am kalten Markt, Schlosshof 1; Tel. (0 75 73) 95 15-0; Fax (0 75 73) 95 15-55;
E-Mail: post@stetten-akm.de

Einwohner: 4 747
Bürgermeister: Maik Lehn

Hauptverwaltung
Leiter: Peter Greveler, GemAR, Tel. -10

Finanzen, Bauen und Service
Leiter: Ermilio Verrangia, GemOAR, Tel. -20

Stadt Veringenstadt
72519 Veringenstadt, Im Städtle 116; Tel. (0 75 77) 9 30-0; Fax (0 75 77) 9 30-50;
E-Mail: info@veringenstadt.de;
http://www.veringenstadt.de

Einwohner: 2 150
Bürgermeister: Armin Christ

Finanzverwaltung
Leiterin: Geraldine Emser, Tel. -20

Bauverwaltung
Leiterin: Lisa Arnold, Tel. -40

Gemeinde Wald
88639 Wald, Von-Weckenstein-Str. 19; Tel. (0 75 78) 92 16-0; Fax (0 75 78) 92 16-20;
E-Mail: rathaus@wald-hohenzollern.de;
http://www.wald-hohenzollern.de

Einwohner: 2 700
Bürgermeister: Joachim Grüner

Hauptamt
Leiter: Michael Wenzler, GemAR, Tel. -14

Kämmerei
Leiter: Tobias Keller, GemAR, Tel. -15

Städte und Gemeinden im Landkreis Sigmaringen, die einer Verwaltungsgemeinschaft angehören:

Gemeindeverwaltungsverband Laucherttal
72501 Gammertingen, Stadt (Sitzgemeinde)
72513 Hettingen, Stadt
72419 Neufra
72519 Veringenstadt, Stadt

Gemeindeverwaltungsverband Mengen
88512 Mengen, Stadt (Sitzgemeinde)
88367 Hohentengen
72516 Scheer, Stadt

Gemeindeverwaltungsverband Sigmaringen
72488 Sigmaringen, Stadt (Sitzgemeinde)
88631 Beuron
72511 Bingen
72514 Inzigkofen
72505 Krauchenwies
72517 Sigmaringendorf

Verwaltungsgemeinschaft Meßkirch
88605 Meßkirch, Stadt (Sitzgemeinde)
88637 Leibertingen
88605 Sauldorf

Verwaltungsgemeinschaft Pfullendorf
88630 Pfullendorf, Stadt (Sitzgemeinde)
88634 Herdwangen-Schönach
88636 Illmensee
88639 Wald

Verwaltungsgemeinschaft Bad Saulgau
88348 Bad Saulgau, Stadt (Sitzgemeinde)
88518 Herbertingen

Verwaltungsgemeinschaft Stetten am kalten Markt
72510 Stetten am kalten Markt (Sitzgemeinde)
72477 Schwenningen

III Kommunalverband für Jugend und Soziales

– Körperschaft des öffentlichen Rechts –

70176 Stuttgart, Lindenspürstr. 39; Tel. (07 11) 63 75-0; Fax (07 11) 63 75-1 33; E-Mail: info@kvjs.de; http://www.kvjs.de

Zweigstelle Karlsruhe
76133 Karlsruhe, Erzbergerstr. 119; Tel. (07 21) 81 07-0; Fax (07 21) 81 07-9 75

Rechtliche Grundlage:
Gesetz über den Kommunalverband für Jugend und Soziales Baden-Württemberg (Jugend- und Sozialverbandsgesetz – JSVG).
In der Verbandsversammlung als Hauptorgan wird ein Stadtkreis durch den Oberbürgermeister, ein Landkreis durch den Landrat vertreten; jedes Mitglied entsendet einen weiteren Vertreter in die Verbandsversammlung. Der Oberbürgermeister bzw. der Landrat kann einen Bediensteten seiner Verwaltung mit seiner Vertretung beauftragen.

Die Verbandsversammlung
Mitglieder: 88 Delegierte der Stadt- und Landkreise
Ehrenamtlicher Verbandsvorsitzender: Gerhard Bauer, Landrat
Leiterin der Verbandsverwaltung: Kristin Schwarz, VerbDirektorin, Tel. -2 00
Ständiger allgemeiner Stellvertreter: Dieter Steck, LtdVwDir

Stabsstelle des Verbandsvorsitzenden und der Verbandsdirektorin
Leiterin: Kristina Reisinger, Tel. -2 04

Medizinisch-pädagogischer Dienst
Leiter: NN, Tel. -6 00

Geschäftsstelle der Pflegesatzkommissionen und Schiedsstellen in Karlsruhe
Leiterin: Ulrike Ströbl, ARätin, Tel. (07 21) 81 07-8 00

Dezernat Finanzen, Personal, Organisation
Leiter: Dieter Steck, LtdVwDir, Tel. -4 50

Dezernat Soziales
Leiter: Frank Stahl, LtdVwDir, Tel. -3 00

Dezernat Integrationsamt in Karlsruhe
Leiter: Karl-Friedrich Ernst, LtdVwDir, Tel. (07 21) 81 07-9 00

Dezernat Jugend – Landesjugendamt
Leiter: Gerald Häcker, LtdVwDir, Tel. -4 00

Einrichtungen des Kommunalverbandes:
KVJS-Bildungszentrum Schloss Flehingen
75038 Oberderdingen, Gochsheimer Str. 19; Tel. (0 72 58) 75-60; Fax (0 72 58) 75-90; E-Mail: schloss.flehingen@kvjs.de
Verwaltungs- und Schulleiterin: Nathalie Lichy, OVwRätin

KVJS-Tagungszentrum Gültstein
71083 Herrenberg, Schloßstr. 31; Tel. (0 70 32) 9 72-0; Fax (0 70 32) 9 72-1 34; E-Mail: tz-gueltstein@t-online.de
Geschäftsführer: Robert Berres

IV Nachbarschaftsverbände

– Körperschaften des öffentlichen Rechts –

Staatsrechtliche Grundlage:
Nachbarschaftsverbandsgesetz vom 9. Juli 1974 (GBl. S. 261), das am 1. Januar 1976 in Kraft getreten ist.
Der Nachbarschaftsverband als Körperschaft des öffentlichen Rechts hat unter Beachtung der Ziele der Raumordnung und Landesplanung die geordnete Entwicklung des Nachbarschaftsbereichs zu fördern und auf einen Ausgleich der Interessen seiner Mitglieder hinzuwirken. Er und der Regionalverband, zu dessen Verbandsbereich der Nachbarschaftsverband gehört, unterrichten sich gegenseitig laufend über den Stand ihrer Planungen und Maßnahmen, soweit gemeinsame Interessen berührt werden.
Organe des Nachbarschaftsverbands sind die Verbandsversammlung und der Verbandsvorsitzende. Die Verbandssatzung kann als weiteres Organ einen Verwaltungsrat vorsehen.
Auf den Nachbarschaftsverband finden die für den Zweckverband geltenden Vorschriften Anwendung, soweit gesetzlich nichts anderes bestimmt ist (vgl. Gesetz über kommunale Zusammenarbeit [GKZ] vom 16. September 1974– GBl. S. 408).

Nachbarschaftsverband Heidelberg-Mannheim
– Körperschaft des öffentlichen Rechts –
68163 Mannheim, Glücksteinallee 11; Tel. (06 21) 10 68 46; Fax (06 21) 2 93 47 72 98;
E-Mail: nachbarschaftsverband@mannheim.de;
http://www.nachbarschaftsverband.de
Mitglieder:
Städte Heidelberg und Mannheim sowie die Städte und die Gemeinden Brühl, Dossenheim, Edingen-Neckarhausen, Eppelheim, Heddesheim, Hirschberg an der Bergstraße, Ilvesheim, Ketsch, Ladenburg, Leimen, Nußloch, Oftersheim, Plankstadt, Sandhausen, Schriesheim und Schwetzingen und Landkreis Rhein-Neckar-Kreis
Verbandsvorsitzende (im zweijährigen Wechsel): Jürgen Kappenstein, Bgm; Dr. Peter Kurz, OBgm; Prof. Dr. Eckart Würzner, OBgm
Geschäftsführer: Martin Müller

Nachbarschaftsverband Karlsruhe
– Körperschaft des öffentlichen Rechts –
76133 Karlsruhe, Lammstr. 7; Tel. (07 21) 1 33-61 10;
E-Mail: info@nachbarschaftsverband-karlsruhe.de;
http://www.nachbarschaftsverband-karlsruhe.de
Mitglieder:
Städte Karlsruhe, Ettlingen, Stutensee und Rheinstetten sowie Gemeinden Eggenstein-Leopoldshafen, Karlsbad, Linkenheim-Hochstetten, Marxzell, Pfinztal, Waldbronn, Weingarten und der Landkreis Karlsruhe

Nachbarschaftsverband Pforzheim
– Körperschaft des öffentlichen Rechts –
75158 Pforzheim, Östliche Karl-Friedrich-Str. 4-6; Tel. (0 72 31) 39 24 77; Fax (0 72 31) 39 13 37;
E-Mail: geschaeftsstelle-nbv.pla@pforzheim.de;
http://www.nachbarschaftsverband-pforzheim.de
Mitglieder:
Stadt Pforzheim, die Gemeinden Birkenfeld, Ispringen, Niefern-Öschelbronn, der Enzkreis
Verbandsvorsitzender: Peter Boch, OBgm
Geschäftsführerin: Daniela Arnolds

Nachbarschaftsverband Reutlingen-Tübingen
– Körperschaft des öffentlichen Rechts –
72764 Reutlingen, Marktplatz 22; Tel. (0 71 21) 3 03 24 22;
E-Mail: nachbarschaftsverband@reutlingen.de;
http://www.nachbarschaftsverband-reutlingen-tuebingen.de
Mitglieder:
Stadt Reutlingen sowie Stadt Pfullingen und Gemeinden Eningen unter Achalm und Wannweil und Landkreis Reutlingen, Stadt Tübingen sowie Gemeinden Dettenhausen, Kirchentellinsfurt und Kusterdingen und Landkreis Tübingen
Verbandsvorsitzender: Boris Palmer, OBgm
Geschäftsführer: Stefan Dvorak

Nachbarschaftsverband Ulm
– Körperschaft des öffentlichen Rechts –
89073 Ulm, Münchner Str. 2; Tel. (07 31) 1 61-60 00; Fax (07 31) 1 61-16 32; E-Mail: info@ulm.de
Mitglieder:
Städte Ulm und Erbach, Gemeinden Blaustein, Hüttisheim, Illerkirchberg, Schnürpflingen, Staig, Landkreis Alb Donau
Verbandsvorsitzender: Anton Bertele, Bgm
Geschäftsführer: Dipl.-Ing. Tim von Winning, Bgm

V Regionalverbände

– Körperschaften des öffentlichen Rechts –

Aufgaben und rechtliche Grundlage:
Landesplanungsgesetz (LplG) in der Fassung vom 10. Juli 2003 (GBl. S. 385), zuletzt geändert durch Artikel 2 des Gesetzes vom 28. November 2018 (GBl. S. 439, 446).
Die zwölf Regionalverbände in Baden-Württemberg sind Körperschaften des öffentlichen Rechts. Sie haben eine demokratisch legitimierte Verbandsversammlung, einen Verbandsvorsitzenden und eine Verwaltung mit dem Regionaldirektor.
Aufgabe der Raumordnung und Landesplanung ist
- die übergeordnete, überörtliche und zusammenfassende Planung für die räumliche Ordnung und Entwicklung des Landes,
- die Abstimmung raumbedeutsamer Planungen und Maßnahmen der Behörden des Bundes und des Landes, der bundesunmittelbaren und der der Aufsicht des Landes unterstehenden Körperschaften, Anstalten und Stiftungen des öffentlichen Rechts (öffentliche Stellen), der Personen des Privatrechts nach § 4 Abs. 3 sowie der sonstigen Personen des Privatrechts mit den Erfordernissen der Raumordnung,
- die Mitwirkung an der räumlichen Ordnung und Entwicklung des Landes nach Maßgabe des Gesetzes.

Um über die Ortsgrenzen hinaus planen zu können, ist eine verstärkte Zusammenarbeit innerhalb der Regionen notwendig. Wichtige Aufgabengebiete der Regionalplanung sind: Siedlungs- und Verkehrsentwicklung, Wirtschaftsförderung, Versorgung und Entsorgung, Umweltschutz und Kultur. Regionale Probleme können innerhalb der Verbände unbefangener und über den Tag hinaus angegangen werden, weil die Verbände etwas außerhalb der Verwaltungshierarchie stehen.

Verband Region Stuttgart
70174 Stuttgart, Kronenstr. 25; Tel. (07 11) 2 27 59-0; Fax (07 11) 2 27 59-70;
E-Mail: info@region-stuttgart.org;
http://www.region-stuttgart.org
Verbandsvorsitzender: Thomas S. Bopp
Regionaldirektorin: Dr. Nicola Schelling
Rechtsaufsicht: Ministerium des Innern, für Digitalisierung und Kommunen
Fachaufsicht: Ministerium für Landesentwicklung und Wohnen
Verbandsgebiet: Stadtkreis Stuttgart und die Landkreise Böblingen, Esslingen, Göppingen, Ludwigsburg und Rems-Murr-Kreis

Regionalverband Heilbronn-Franken
74072 Heilbronn, Am Wollhaus 17; Tel. (0 71 31) 6 21 00; Fax (0 71 31) 62 10 29;
E-Mail: info@rvhnf.de; http://www.rvhnf.de
Verbandsvorsitzender: Joachim Scholz, OBgm a. D.
Verbandsdirektor: Klaus Mandel
Gebiet: Stadtkreis Heilbronn, Landkreise Heilbronn, Hohenlohekreis, Schwäbisch Hall, Main-Tauber-Kreis

Regionalverband Ostwürttemberg
73525 Schwäbisch Gmünd, Bahnhofplatz 5; Tel. (0 71 71) 9 27 64-0; Fax (0 71 71) 9 27 64-15;
E-Mail: info@ostwuerttemberg.org;
http://www.ostwuerttemberg.org
Verbandsvorsitzender: Gerhard Kieninger, Bgm a. D.
Verbandsdirektor: Thomas Eble
Gebiet: Landkreise Heidenheim, Ostalbkreis

Regionalverband Mittlerer Oberrhein
76137 Karlsruhe, Baumeisterstr. 2; Tel. (07 21) 3 55 02-0; Fax (07 21) 3 55 02-22;
E-Mail: rvmo@region-karlsruhe.de;
http://www.region-karlsruhe.de
Verbandsvorsitzender: Dr. Christoph Schnaudigel, Ldrt
Verbandsdirektor: Prof. Dr. Gerd Hager
Gebiet: Stadtkreise Baden-Baden, Karlsruhe, Landkreise Karlsruhe, Rastatt

Verband Region Rhein-Neckar
68161 Mannheim, M 1, 4-5; Tel. (06 21) 1 07 08-0; Fax (06 21) 1 07 08-2 55; E-Mail: info@vrrn.de;
http://www.vrrn.de
Verbandsvorsitzender: Stefan Dallinger, Landrat
Verbandsdirektor: Ralph Schlusche
Region: Städte Heidelberg, Mannheim, Ludwigshafen am Rhein, Frankenthal (Pfalz), Landau in der Pfalz, Neustadt an der Weinstraße, Speyer und Worms, Landkreise Rhein-Neckar-Kreis, Neckar-Odenwald-Kreis, Kreis Bergstraße, Bad Dürkheim, Germersheim, Südliche Weinstraße, Rhein-Pfalz-Kreis

Regionalverband Nordschwarzwald
75172 Pforzheim, Westliche Karl-Friedrich-Str. 29-31; Tel. (0 72 31) 1 47 84-0;
E-Mail: sekretariat@rvnsw.de;
http://www.nordschwarzwald-region.de,
www.rvnsw.de
Verbandsvorsitzender: Klaus Mack, Bgm
Verbandsdirektor: Dr. Matthias Proske
Gebiet: Stadtkreis Pforzheim, Landkreise Calw, Enzkreis, Freudenstadt

Regionalverband Südlicher Oberrhein
79102 Freiburg, Reichsgrafenstr. 19; Tel. (07 61) 7 03 27-0; Fax (07 61) 7 03 27-50;
E-Mail: rvso@region-suedlicher-oberrhein.de;
http://www.region-suedlicher-oberrhein.de
Verbandsvorsitzender: Otto Neideck
Verbandsdirektor: Dr. Christian Dusch
Gebiet: Stadtkreis Freiburg i. Br., Landkreise Breisgau-Hochschwarzwald, Emmendingen, Ortenaukreis

Regionalverband Schwarzwald-Baar-Heuberg
78056 Villingen-Schwenningen, Winkelstr. 9; Tel. (0 77 20) 97 16-0; Fax (0 77 20) 97 16-20;
E-Mail: info@rvsbh.de;
http://www.regionalverband-sbh.de

Verbandsvorsitzender: Dr. Wolf-Rüdiger Michel, Ldrt
Verbandsdirektor: Dipl.-Ing. Marcel Herzberg
Gebiet: Landkreis Rottweil, Schwarzwald-Baar-Kreis, Landkreis Tuttlingen

Regionalverband Hochrhein-Bodensee
79761 Waldshut-Tiengen, Im Wallgraben 50; Tel. (0 77 51) 91 15-0; Fax (0 77 51) 91 15-30; E-Mail: info@hochrhein-bodensee.de; http://www.hochrhein-bodensee.de
Verbandsvorsitzender: Dr. Martin Kistler, Ldrt
Verbandsdirektor: Dr. Sebastian Wilske
Gebiet: Landkreise Konstanz, Lörrach, Waldshut

Regionalverband Neckar-Alb, Oberzentrum Reutlingen/Tübingen
72116 Mössingen, Löwensteinplatz 1; Tel. (0 74 73) 95 09-0; Fax (0 74 73) 95 09-25; E-Mail: info@rvna.de; http://www.rvna.de
Verbandsvorsitzender: Eugen Höschele
Verbandsdirektor: Dr. Dirk Seidemann
Gebiet: Landkreise Reutlingen, Tübingen, Zollernalbkreis

Regionalverband Donau-Iller
89073 Ulm, Schwambergerstr. 35; Tel. (07 31) 1 76 08-0; Fax (07 31) 1 76 08-33; E-Mail: sekretariat@rvdi.de; http://www.rvdi.de
Verbandsvorsitzender: Dr. Hans Reichhart, Ldrt
Verbandsdirektor: Dipl.-Geograph Markus Riethe
Gebiet: in Baden-Württemberg Stadtkreis Ulm, Landkreise Alb-Donau, Biberach; in Bayern kreisfreie Stadt Memmingen, Landkreise Günzburg, Neu-Ulm, Unterallgäu

Regionalverband Bodensee-Oberschwaben
88214 Ravensburg, Hirschgraben 2; Tel. (07 51) 3 63 54-0; Fax (07 51) 3 63 54-54; E-Mail: info@rvbo.de; http://www.rvbo.de
Verbandsvorsitzender: Thomas Kugler, Bgm
Verbandsdirektor: Dr. Wolfgang Heine
Gebiet: Landkreise Bodenseekreis, Ravensburg, Sigmaringen

VI Verwaltungs- und Wirtschaftsakademien

Württembergische Verwaltungs- und Wirtschafts-Akademie e.V. (VWA)
70191 Stuttgart, Wolframstr. 32; Tel. (07 11) 2 10 41-0; Fax (07 11) 2 10 41-10; E-Mail: info@w-vwa.de; http://www.w-vwa.de
Präsidium: Gudrun Heute-Bluhm; Johannes Schmalzl; Andreas Schütze
Studienleiter: Prof. Dr. Bernhard Duijm
Hauptgeschäftsführer: Rolf Salzer

Zweigakademien:

Zweigakademie Heidenheim
89522 Heidenheim, Rathaus, Grabenstr.15; Tel. (0 73 21) 3 27-15 60; Fax (0 73 21) 3 23-15 00; E-Mail: vwa@heidenheim.de
Leiter: Michael Salomo, OBgm
Geschäftsführer: Swen Profendiener

Zweigakademie Heilbronn
74072 Heilbronn, Marktplatz 7; Tel. (0 71 31) 56 33 64; Fax (0 71 31) 56 37 59; E-Mail: vwa@heilbronn.de
Leiterin: Agnes Christner, Bgm
Geschäftsführer: Jan Fries

Zweigakademie Ravensburg
88212 Ravensburg, Kirchstr. 16; Tel. (07 51) 82-3 80; Fax (07 51) 82-6 03 80; E-Mail: vwa@ravensburg.de
Leiter: Dr. Daniel Rapp, OBgm
Geschäftsführerin: Birgit Brenner

Zweigakademie Tübingen
72072 Tübingen, Konrad-Adenauer-Str. 20; Tel. (0 70 71) 7 57-31 08; Fax (0 70 71) 7 57-9 31 90; E-Mail: vwa@rpt.bwl.de
Leiter: Klaus Tappeser, RPräs
Geschäftsführerin: Heike Maurer

Zweigakademie Ulm
89073 Ulm, Zeitblomstr. 7; Tel. (07 31) 1 61-34 11; Fax (07 31) 1 61-80 34 11; E-Mail: vwa@ulm.de
Leiter: Gunter Czisch, OBgm
Geschäftsführer: Gerhard Semler

Verwaltungs- und Wirtschafts-Akademie für den Regierungsbezirk Freiburg e.V.
79098 Freiburg, Eisenbahnstr. 56; Tel. (07 61) 3 86 73-0; Fax (07 61) 3 86 73-33; E-Mail: info@vwa-freiburg.de
Präsident: Dr. Norbert Euba

Zweigakademien:

Zweigakademie Konstanz
78462 Konstanz, Untere Laube 24; E-Mail: graf@vwa-freiburg.de

Zweigakademie Lörrach
79539 Lörrach, Luisenstr. 16 (Stadtverwaltung Lörrach); Tel. (0 76 21) 4 15-2 25;
E-Mail: buehler@vwa-freiburg.de

Zweigakademie Offenburg
Landratsamt Ortenaukreis
77652 Offenburg, Tel. (07 81) 8 05-12 74;
E-Mail: saelinger@vwa-freiburg.de

Zweigakademie Villingen
78050 Villingen, Tel. (0 77 21) 9 16 63 79;
E-Mail: reichert@vwa-freiburg.de

Verwaltungs- und Wirtschafts-Akademie Baden in Karlsruhe e.V.
76133 Karlsruhe, Studienhaus, Kaiserallee 12e;
Tel. (07 21) 9 85 50-0; Fax (07 21) 9 85 50-19;
E-Mail: info@vwa-baden.de;
http://www.vwa-baden.de
Präsident: Dr. Rudolf Kühner, RPräs a. D.
Studienleiter: Prof. Dr. Christof Weinhardt
Geschäftsführerin: Lena Tilebein, M. A.

VWA Rhein-Neckar e.V.
68165 Mannheim, Heinrich-Lanz-Str. 19-21; Tel. (06 21) 4 32 18-0; Fax (06 21) 4 32 18-18;
E-Mail: info@vwa-rhein-neckar.de
Präsidium: Franz-Josef Becker
Geschäftsführer: Stefan Willenbücher

VII Kommunale Spitzenverbände

Städtetag Baden-Württemberg
70173 Stuttgart, Königstr. 2; Tel. (07 11) 2 29 21-0;
Fax (07 11) 2 29 21-27 und 2 29 21 42;
E-Mail: post@staedtetag-bw.de;
http://www.staedtetag-bw.de
Präsident: Dr. Peter Kurz, OBgm
Geschäftsführendes Vorstandsmitglied: Gudrun Heute-Bluhm, OBürgermeisterin a.D.
Stellvertretende Hauptgeschäftsführerin: Dr. Susanne Nusser

Dezernat I
Finanzen, Umweltschutz, Ver- und Entsorgung, Wirtschaft und Verkehr
Stellvertretende Hauptgeschäftsführerin: Dr. Susanne Nusser, Tel. -10

Dezernat II
Allgemeine Verwaltung, Bildung, Kultur, Sport
Dezernent: Norbert Brugger, Tel. -13

Dezernat III
Jugend, Familie, Soziales, Pflege, Arbeit und Beschäftigung
Dezernent: Benjamin Lachat, Tel. -30

Dezernat IV
Bau-, Ordnungsrecht, Integration, EU, allgemeine Rechtsfragen
Dezernent: Sebastian Ritter, Tel. -22

Stabsstelle Zentrale Dienste
Verwaltung Geschäftsstelle, Dienstrecht, Arbeit und Ausbildung, Gleichstellung
Leiter: Timo Jung, Tel. -28

Stabsstelle Digitalisierung
Leiterin: Stella Grießmayer, Tel. -36

Landkreistag Baden-Württemberg
70174 Stuttgart, Panoramastr. 37; Tel. (07 11) 2 24 62-0; Fax (07 11) 2 24 62-23;
E-Mail: posteingang@landkreistag-bw.de;
http://www.landkreistag-bw.de
Präsident: Joachim Walter, Landrat
Hauptgeschäftsführer: Prof. Dr. Alexis von Komorowski

Gemeindetag Baden-Württemberg
Kommunaler Landesverband kreisangehöriger Städte und Gemeinden
70174 Stuttgart, Panoramastr. 31; Tel. (07 11) 2 25 72-0; Fax (07 11) 2 25 72-47;
E-Mail: zentrale@gemeindetag-bw.de;
http://www.gemeindetag-bw.de
Präsident: Steffen Jäger

e Kirchen und Religionsgemeinschaften in Baden-Württemberg

– Körperschaften des öffentlichen Rechts –

I Evangelische Landeskirche

Evangelische Landeskirche in Baden
76133 Karlsruhe, Blumenstr. 1-7; Tel. (07 21) 91 75-0; Fax (07 21) 91 75-5 53; E-Mail: info@ekiba.de; http://www.ekiba.de
Landesbischof: Prof. Dr. Jochen Cornelius-Bundschuh
Geschäftsleitende Oberkirchenrätin: Uta Henke

Evangelische Landeskirche in Württemberg
70184 Stuttgart, Gänsheidestr. 4; Tel. (07 11) 21 49-0; Fax (07 11) 21 49-92 36;
E-Mail: okr@elk-wue.de; http://www.elk-wue.de
Landesbischof: Dr. h. c. Frank Otfried July

II Römisch-Katholische Kirche

Erzbischöfliches Ordinariat für die Erzdiözese Freiburg im Breisgau
79098 Freiburg, Schoferstr. 2; Tel. (07 61) 21 88-0; Fax (07 61) 21 88-5 05;
E-Mail: info@ordinariat-freiburg.de;
http://www.erzbistum-freiburg.de und www.ordinariat-freiburg.de
Erzbischof: Stephan Burger
Generalvikar: Dr. Axel Mehlmann, Msgr

Römisch-Katholische Kirche Diözese Rottenburg-Stuttgart
72108 Rottenburg, Eugen-Bolz-Platz 1; Tel. (0 74 72) 1 69-0; Fax (0 74 72) 1 69-6 21;
E-Mail: ordinariat@bo.drs.de; http://www.drs.de
Bischof: Dr. Gebhard Fürst
Generalvikar: Prälat Dr. Clemens Stroppel

Katholisches Büro Stuttgart
Kommissariat der Bischöfe in Baden-Württemberg
70184 Stuttgart, Stafflenbergstr. 14; Tel. (07 11) 2 36 44 98; Fax (07 11) 2 59 96 80;
E-Mail: dialog@kath-buero-sgt.de;
http://www.kath-buero-sgt.de
Leiter: Dr. Gerhard Neudecker

Römisch-Katholische Kirche Diözese Mainz (für Bad Wimpfen)
55116 Mainz, Bischofsplatz 2; Tel. (0 61 31) 2 53-0; Fax (0 61 31) 2 53-4 01;
E-Mail: kontakt@bistum-mainz.de
Bischof: Dr. Peter Kohlgraf
Weihbischof und Generalvikar: Dr. Udo Markus Bentz

III Weitere Kirchen und Religionsgemeinschaften

Die Christengemeinschaft in Baden-Württemberg K.d.ö.R.
70190 Stuttgart, Werfmershalde 19; Tel. (07 11) 2 84 17-48;
E-Mail: wuerttemberg@christengemeinschaft.org
Vorstand: Martin Merckens; Gerhard Schütt; Hellmut Voigt; Jutta Rother; Edgar Siller

Die Heilsarmee in Deutschland
Körperschaft des öffentlichen Rechts
50677 Köln, Salierring 23-27; Tel. (02 21) 2 08 19-0; Fax (02 21) 2 08 19-8 29;
E-Mail: info@heilsarmee.de;
http://www.heilsarmee.de
Leiter: Hervé Cachelin, Oberst

Evangelische Brüder-Unität-Herrnhuter Brüdergemeine
73087 Bad Boll, Badwasen 6; Tel. (0 71 64) 9 42 10; Fax (0 71 64) 94 21 99;
E-Mail: brueder-unitaet.bb@ebu.de;
http://www.ebu.de
Leiter: Raimund Hertzsch, Pfarrer

Evangelische Brüdergemeinde Korntal
70825 Korntal-Münchingen, Saalplatz 2; Tel. (07 11) 8 39 87 80; Fax (07 11) 83 98 77 90;
E-Mail: verwaltung@bruedergemeinde-korntal.de;
http://www.bruedergemeinde-korntal.de
Amtsleiter: Klaus Andersen
Pfarrer: Jochen Hägele

Evangelische Brüdergemeinde Wilhelmsdorf
88271 Wilhelmsdorf, Saalplatz 13; Tel. (0 75 03) 93 01-0; Fax (0 75 03) 93 01 29;
E-Mail: pfarramt@bg-wdf.de;
http://www.bg-wdf.de
Amtsleiterin: Sabine Löhl

Evangelisch-Lutherische Kirche in Baden
76133 Karlsruhe, Bismarckstr. 1; Tel. (07 21) 2 09 66; Fax (07 21) 9 20 39 83; E-Mail: elkib@elkib.de;
http://www.elkib.de
Superintendent: Christian Bereuther, Pfarrer

Evangelisch-methodistische Kirche in Baden
69115 Heidelberg, Landhausstr. 17; Tel. (0 62 21) 9 14 96 44; E-Mail: distrikt.heidelberg@emk.de;
http://www.emk.de
Vorsitzender: Stefan Kettner, Superintendent

Evangelisch-methodistische Kirche in Württemberg
70499 Stuttgart, Giebelstr. 16; Tel. (07 11) 8 60 06 30; Fax (07 11) 8 60 06 39;
E-Mail: distrikt.stuttgart@emk.de
Superintendentin: Dorothea Lorenz

Evangelisch-Reformierte Gemeinde in Stuttgart
70184 Stuttgart, Heidehofstr. 17; Tel. (07 11) 46 68 69
Leiter: Heinz-Ulrich Schüür, Pfarrer
Vorsitzender: Adam J. Hoffmann

Gemeinde Gottes in Deutschland – KdöR
73567 Urbach, Schurwaldstr. 10; Tel. (0 71 81) 98 75-0; Fax (0 71 81) 98 75-20;
E-Mail: info@gemeindegottes.de;
http://www.gemeindegottes.de
Präses: Marc Brenner

Freikirche der Siebenten-Tags-Adventisten, Süddeutscher Verband KdöR
73760 Ostfildern, Senefelderstr. 15; Tel. (07 11) 4 48 19-0; Fax (07 11) 4 48 19-60;
E-Mail: info@sdv.adventisten.de;
http://www.sdv.adventisten.de
Vorsteher: Werner Dullinger

Freikirche der Siebenten-Tags-Adventisten in Baden-Württemberg – KdöR
70174 Stuttgart, Firnhaberstr. 7; Tel. (07 11) 1 62 90-0; E-Mail: bw@adventisten.de;
http://www.bw.adventisten.de
Präsident: Eugen Hartwich

Neuapostolische Kirche Süddeutschland
70597 Stuttgart, Heinestr. 29; Tel. (07 11) 9 33 00-0; Fax (07 11) 9 33 00-51 30;
E-Mail: kommunikation@nak-sued.de;
http://www.nak-sued.de
Präsident: Michael Ehrich

Griechisch-Orthodoxe Metropolie von Deutschland
53227 Bonn, Dietrich-Bonhoeffer-Str. 2; Tel. (02 28) 97 37 84-0; Fax (02 28) 97 37 84-24;
E-Mail: sekretariat@orthodoxie.net;
http://www.orthodoxie.net
Leiter: Metropolit Dr. h. c. Augoustinos von Deutschland, Exarch von Zentraleuropa
Generalvikar: Bartholomaios von Arianz, Bischof
Direktor des Metropolitanbüros: Erzpriester Sokratis Ntallis

Russisch-Orthodoxe Diözese des orthodoxen Bischofs von Berlin und Deutschland
81247 München, Hofbauernstr. 26; Tel. (0 89) 20 31 90 85; Fax (0 89) 88 67 77;
E-Mail: eparhia.de@googlemail.com;
http://www.rocor.de und www.sobor.de
Leiter: Mark, Erzbischof von Berlin und Deutschland

Verband der Mennonitengemeinden in Baden-Württemberg
74219 Möckmühl, Einsteinstr. 14; Tel. (0 62 98) 2 08 67 49; E-Mail: pastor@freikirche-moeckmuehl.de;
http://www.mennonitisch.de
Leiter: Erwin Janzen, Pastor

Freireligiöse Landesgemeinde Baden
68161 Mannheim, T 6, 26; Tel. (06 21) 2 28 05;
Fax (06 21) 2 82 89;
E-Mail: kontakt@freireligioese-baden.de;
http://www.freireligiose-baden.de
Vorsitzende: Maria Jung

Die Humanisten Baden-Württemberg – KdöR
70178 Stuttgart, Mörikestr. 14; Tel. (07 11) 6 49 37 80; Fax (07 11) 6 49 38 86;
E-Mail: a.henschel@dhubw.de;
http://www.dhubw.de
Vorstandssprecher: Dr. Nobert Röhrl
Geschäftsführer: Andreas Henschel, M.A.

Israelitische Religionsgemeinschaft Baden – KdöR
76133 Karlsruhe, Knielinger Allee 11; Tel. (07 21) 9 72 50-0; Fax (07 21) 9 72 50-20;
E-Mail: info@irg-baden.de;
http://www.irg-baden.de
Vorsitzender: Rami Suliman
Hauptgeschäftsführer: Thorsten Orgonas

Israelitische Religionsgemeinschaft Württemberg
70174 Stuttgart, Hospitalstr. 36; Tel. (07 11) 22 83 60; Fax (07 11) 2 28 36 31;
E-Mail: verwaltung@irgw.de; http://www.irgw.de
Vorstand: Barbara Traub, M. A.; Susanne Jakubowski; Michael Kashi

Bund Freikirchlicher Pfingstgemeinden
64390 Erzhausen, Industriestr. 6-8; Tel. (0 61 50) 97 37-0; Fax (0 61 50) 97 37-97; E-Mail: bfp@bfp.de;
http://www.bfp.de
Präses: Johannes Justus

f Bundeseinrichtungen

I Bundestag, Bundesrat, Bundespräsidialamt, Bundeskanzleramt

1 Der Deutsche Bundestag

– 18. Wahlperiode 2017-2021 –

11011 Berlin, Platz der Republik; Tel. (0 30) 2 27-0, Fax (0 30) 2 27-3 68 78; E-Mail: mail@bundestag.de;
http://www.bundestag.de

Die Mitglieder aus Baden-Württemberg:
Valentin Abel LL Baden-Württemberg (FDP)
Stephanie Aeffner LL Baden-Württemberg (GRÜNE)
Gökay Akbulut LL Baden-Württemberg (LINKE)
Renata Alt LL Baden-Württemberg (FDP)
Tobias Bacherle LL Baden-Württemberg (GRÜNE)
Heike Baehrens LL Baden-Württemberg (SPD)
Thomas Bareiß Wkr 295 Zollernalb-Sigmaringen (CDU/CSU)
Dr. Christina Baum LL Baden-Württemberg (AfD)
Marc Bernhard LL Baden-Württemberg (AfD)
Marc Biadacz Wkr 260 Böblingen (CDU/CSU)
Steffen Bilger Wkr 265 Ludwigsburg (CDU/CSU)
Dr. Jens Brandenburg LL Baden-Württemberg (FDP)
Dr. Franziska Brantner LL Baden-Württemberg (GRÜNE)
Jürgen Braun LL Baden-Württemberg (AfD)
Leni Breymaier LL Baden-Württemberg (SPD)
Agnieszka Brugger LL Baden-Württemberg (GRÜNE)
Yannick Bury Wkr 283 Emmendingen-Lahr (CDU/CSU)
Isabel Cademartori Dujisin Wkr 275 Mannheim (SPD)
Prof. Dr. Lars Castellucci LL Baden-Württemberg (SPD)
Dr. Anna Christmann LL Baden-Württemberg (GRÜNE)
Dr. Sandra Detzer LL Baden-Württemberg (GRÜNE)
Michael Donth Wkr 289 Reutlingen (CDU/CSU)
Harald Ebner LL Baden-Württemberg (GRÜNE)
Marcel Emmerich LL Baden-Württemberg (GRÜNE)
Harald Ebner LL Baden-Württemberg (GRÜNE)
Heike Engelhardt LL Baden-Württemberg (SPD)
Saskia Esken LL Baden-Württemberg (SPD)
Hermann Färber Wkr 263 Göppingen (CDU/CSU)
Dr. Johannes Fechner LL Baden-Württemberg (SPD)
Thorsten Frei Wkr 286 Schwarzwald-Baar (CDU/CSU)
Markus Frohnmaier LL Baden-Württemberg (AfD)
Martin Gaßner-Herz LL Baden-Württemberg (FDP)
Matthias Gastel LL Baden-Württemberg (GRÜNE)
Martin Gerster LL Baden-Württemberg (SPD)

Dr. Ingeborg Gräßle Wkr 269 Backnang-Schwäbisch Gmünd (CDU/CSU)
Fabian Gramling Wkr 266 Neckar-Zaber (CDU/CSU)
Markus Grübel Wkr 261 Esslingen (CDU/CSU)
Olav Gutting Wkr 278 Bruchsal - Schwetzingen (CDU/CSU)
Michael Hennrich Wkr 262 Nürtingen (CDU/CSU)
Martin Hess LL Baden-Württemberg (AfD)
Dr. Christoph Hoffmann LL Baden-Württemberg (FDP)
Jasmina Hostert LL Baden-Württemberg (SPD)
Dr. Marc Jongen LL Baden-Württemberg (AfD)
Andreas Jung Wkr 287 Konstanz (CDU/CSU)
Josip Juratovic LL Baden-Württemberg (SPD)
Dr. Ann-Veruschka Jurisch LL Baden-Württemberg (FDP)
Macit Karaahmetoğlu LL Baden-Württemberg (SPD)
Gabriele Katzmarek LL Baden-Württemberg (SPD)
Dr. Malte Kaufmann LL Baden-Württemberg (AfD)
Ronja Kemmer Wkr 291 Ulm (CDU/CSU)
Roderich Kiesewetter Wkr 270 Aalen-Heidenheim (CDU/CSU)
Pascal Kober LL Baden-Württemberg (FDP)
Chantal Kopf Wkr 281 Freiburg (GRÜNE)
Gunther Krichbaum Wkr 279 Pforzheim (CDU/CSU)
Christian Kühn LL Baden-Württemberg (GRÜNE)
Ricarda Lang LL Baden-Württemberg (GRÜNE)
Kevin Leiser LL Baden-Württemberg (SPD)
Michael Georg Link LL Baden-Württemberg (FDP)
Klaus Mack Wkr 280 Calw (CDU/CSU)
Parsa Marvi LL Baden-Württemberg (SPD)
Katja Mast LL Baden-Württemberg (SPD)
Zoe Mayer Wkr 271 Karlsruhe-Stadt (GRÜNE)
Volker Mayer-Lay Wkr 293 Bodensee (CDU/CSU)
Takis Mehmet Ali LL Baden-Württemberg (SPD)
Robin Mesarosch LL Baden-Württemberg (SPD)
Maximilian Mörseburg Wkr 259 Stuttgart III (CDU/CSU)
Axel Müller Wkr 294 Ravensburg (CDU/CSU)
Beate Müller-Gemmeke LL Baden-Württemberg (GRÜNE)
Moritz Oppelt Wkr 277 Rhein-Neckar (CDU/CSU)
Cem Özdemir LL Baden-Württemberg (GRÜNE)
Claudia Raffelhüschen LL Baden-Württemberg (FDP)
Prof. Dr. Anja Reinalter LL Baden-Württemberg (GRÜNE)
Josef Rief Wkr 292 Biberach (CDU/CSU)
Bernd Riexinger LL Baden-Württemberg (LINKE)
Dr. Martin Rosemann LL Baden-Württemberg (SPD)
Dr. Sebastian Schäfer LL Baden-Württemberg (GRÜNE)
Dr. Wolfgang Schäuble Wkr 284 Offenburg (CDU/CSU)
Dr. Nils Schmid LL Baden-Württemberg (SPD)
Felix Schreiner Wkr 288 Waldshut (CDU/CSU)
Rita Schwarzelühr-Sutter LL Baden-Württemberg (SPD)

Prof. Dr. Stephan Seiter LL Baden-Württemberg (FDP)
Thomas Seitz LL Baden-Württemberg (AfD)
Dr. Lina Seitzl LL Baden-Württemberg (SPD)
Melis Sekmen LL Baden-Württemberg (GRÜNE)
Rainer Semet LL Baden-Württemberg (FDP)
Judith Skudelny LL Baden-Württemberg (FDP)
Dr. Dirk Spaniel LL Baden-Württemberg (AfD)
Christian Freiherr von Stetten Wkr 268 Schwäbisch Hall - Hohenlohe (CDU/CSU)
Konrad Stockmeier LL Baden-Württemberg (FDP)
Diana Stöcker Wkr 282 Lörrach-Müllheim (CDU/CSU)
Benjamin Strasser LL Baden-Württemberg (FDP)
Margit Stumpp LL Baden-Württemberg (GRÜNE)
Jessica Tatti LL Baden-Württemberg (LINKE)
Michael Theurer LL Baden-Württemberg (FDP)
Alexander Throm Wkr 267 Heilbronn (CDU/CSU)
Dr. Florian Toncar LL Baden-Württemberg (FDP)
Derya Türk-Nachbaur LL Baden-Württemberg (SPD)
Nina Warken LL Baden-Württemberg (CDU/CSU)
Dr. Alice Weidel LL Baden-Württemberg (AfD)
Maria-Lena Weiss Wkr 285 Rottweil-Tuttlingen (CDU/CSU)
Kai Whittaker Wkr 273 Rastatt (CDU/CSU)
Annette Widmann-Mauz Wkr 290 Tübingen (CDU/CSU)
Nicolas Zippelius Wkr 272 Karlsruhe-Land (CDU/CSU)

2 Der Bundesrat (BR)

10117 Berlin, Leipziger Str. 3-4; Tel. (0 18 88) 91 00-0; Fax (0 18 88) 91 00-4 00;
E-Mail: pressestelle@bundesrat.de; http://www.bundesrat.de

Außenstelle Bonn
53113 Bonn, Görresstr. 15; Tel. (0 18 88) 91 00-0; Fax (0 18 88) 91 00-8 00

Die Mitglieder und stellvertretenden Mitglieder des Bundesrates aus Baden-Württemberg:
Winfried Kretschmann 70184 Stuttgart, Richard-Wagner-Str. 15, Ministerpräsident des Landes Baden-Württemberg, Tel. (07 11) 21 53-0 Fax (07 11) 21 53-3 40

Thomas Strobl 70173 Stuttgart, Willy-Brandt-Str. 41, Stellvertreter des Ministerpräsidenten und Minister des Innern, für Digitalisierung und Kommunen des Landes Baden-Württemberg, Tel. (07 11) 2 31-4 Fax (07 11) 2 31-50 00

Dr. Danyal Bayaz 70173 Stuttgart, Schlossplatz 4, Minister für Finanzen des Landes Baden-Württemberg, Tel. (07 11) 1 23-0 Fax (07 11) 1 23-47 91

Dr. Nicole Hoffmeister-Kraut 70173 Stuttgart, Schlossplatz 4, Ministerin für Wirtschaft, Arbeit und Wohnungsbau des Landes Baden-Württemberg, Tel. (07 11) 1 23-0 Fax (07 11) 1 23-47 91

Rudolf Hoogvliet 10785 Berlin, Tiergartenstr. 15, Staatssekretär für Medienpolitik und Bevollmächtigter des Landes Baden-Württemberg beim Bund, Tel. (0 30) 2 54 56-0 Fax (0 30) 2 54 56-4 99
Winfried Hermann 70173 Stuttgart, Dorotheenstr. 8, Minister für Verkehr des Landes Baden-Württemberg, Tel. (07 11) 2 31-58 30 Fax (07 11) 2 31-58 19

Stellv. Mitglieder:
Theresa Schopper 70173 Stuttgart, Thouretstr. 6, Ministerin für Kultus, Jugend und Sport des Landes Baden-Württemberg, Tel. (07 11) 2 79-0 Fax (07 11) 2 79-28 10
Theresia Bauer 70173, Stuttgart, Königstr. 46, Ministerin für Wissenschaft, Forschung und Kunst des Landes Baden-Württemberg, Tel. (07 11) 2 79-0 Fax (07 11) 2 79-30 80
Thekla Walker 70182 Stuttgart, Kernerplatz 9, Ministerin für Umwelt, Klima und Energiewirtschaft des Landes Baden-Württemberg, Tel. (07 11) 1 26-0 Fax (07 11) 1 26-28 81
Manfred Lucha 70174 Stuttgart, Schellingstr. 15, Minister für Soziales und Integration des Landes Baden-Württemberg, Tel. (07 11) 1 23-0 Fax (07 11) 1 23-39 99
Peter Hauk 70182 Stuttgart, Kernerplatz 10, Minister für Ländlichen Raum und Verbraucherschutz des Landes Baden-Württemberg, Tel. (07 11) 1 26-0 Fax (07 11) 1 26-22 55
Marion Gentges 70173 Stuttgart, Schillerplatz 4, Ministerin der Justiz und für Migration des Landes Baden-Württemberg, Tel. (07 11) 2 79-0 Fax (07 11) 2 79-22 64
Nicole Razavi 70174 Stuttgart, Theodor-Heuss-Str. 4, Ministerin für Landesentwicklung und Wohnen des Landes Baden-Württemberg, Tel. (07 11) 1 23-0

3 Bundespräsidialamt (BPrA)

10557 Berlin, Spreeweg 1; Tel. (0 30) 20 00-0; Fax (0 30) 20 00-19 99; E-Mail: poststelle@bpra.bund.de; http://www.bundespraesident.de

Bundespräsident: Frank-Walter Steinmeier
Chef des Bundespräsidialamtes: Stephan Steinlein, Staatssekretär
Presse/Öffentlichkeitsarbeit: Anna Engelke, Tel. (0 30) 20 00-20 20

4 Bundeskanzleramt (BK)

10557 Berlin, Willy-Brandt-Str. 1; Tel. (0 18 88) 4 00-0; Fax (0 30) 40 00-23 57; E-Mail: internetpost@bundeskanzlerin.de; http://www.bundeskanzlerin.de

Bundeskanzlerin: Dr. Angela Merkel
Chef des Bundeskanzleramtes: Dr. Helge Braun, MdB
Chef des Presse- und Informationsamtes der Bundesregierung und Sprecher der Bundesregierung: Steffen Seibert

Stellv. Chef des Presse- und Informationsamtes der Bundesregierung: Dr. Tilman Seeger, MinDir

4.1 Stiftung Reichspräsident-Friedrich-Ebert-Gedenkstätte (StRFEG)

– Stiftung des öffentlichen Rechts –

69117 Heidelberg, Pfaffengasse 18; Tel. (0 62 21) 91 07-0; Fax (0 62 21) 91 07 10;
E-Mail: friedrich@ebert-gedenkstaette.de; http://www.ebert-gedenkstaette.de
Vorsitzender des Kuratoriums: Dr. Henning Scherf
Vorsitzender des Vorstands: Günter Schmitteckert
Geschäftsführer und Mitglied des Vorstands: Prof. Dr. Walter Mühlhausen

4.2 Stiftung Bundespräsident-Theodor-Heuss-Haus (StBTHH)

– Stiftung des öffentlichen Rechts –

70176 Stuttgart, Breitscheidstr. 48; Tel. (07 11) 95 59 85-0; Fax (07 11) 95 59 85-30;
E-Mail: info@stiftung-heuss-haus.de;
http://www.stiftung-heuss-haus.de
Vorsitzende des Kuratoriums: Sabine Leutheusser-Schnarrenberger, Bundesjustizministerin a.D.
Vorsitzende des Vorstands: Isabel Fezer, Bürgermeisterin
Geschäftsführung: Dr. Thomas Hertfelder

II Bundesministerien und Bundeseinrichtungen in Baden-Württemberg

1 Auswärtiges Amt (AA)

10117 Berlin, Werderscher Markt 1; Tel. IVBB: (0 30) 18 17-0; Fax (0 30) 18 17-34 02;
E-Mail: poststelle@auswaertiges-amt.de;
http://www.auswaertiges-amt.de

Dienststelle Bonn
53113 Bonn, Adenauerallee 99-103; Tel. (02 28) 17-0; Fax (0 30 18) 17-34 02

Bundesminister des Auswärtigen: Heiko Maas
Staatsminister für Europa: Michael Roth, Beauftragter für die deutsch-französische Zusammenarbeit
Staatsministerin für Internationale Kulturpolitik: Michelle Müntefering
Staatsminister: Niels Annen
Staatssekretärin: Antje Leendertse
Staatssekretär: Miguel Berger

2 Bundesministerium des Innern, für Bau und Heimat

10557 Berlin, Alt Moabit 140; Tel. (0 30) 1 86 81-0; Fax (0 30) 1 86 81-29 26;
E-Mail: poststelle@bmi.bund.de;
http://www.bmi.bund.de

Dienstsitz Bonn
53117 Bonn, Graurheindorfer Str. 198; Tel. (02 28) 9 96 81-0; Fax (02 28) 9 96 81-29 26
Bundesminister des Innern: Horst Seehofer
Parlamentarischer Staatssekretär: Stephan Mayer
Parlamentarischer Staatssekretär: Prof. Dr. Günter Krings
Parlamentarischer Staatssekretär: Volkmar Vogel
Staatssekretär: Hans-Georg Engelke
Staatssekretär: Dr. Helmut Teichmann
Staatssekretär: Dr. Markus Richter, zugleich Beauftragter der Bundesregierung für Informationstechnik
Staatssekretär: Dr. Markus Kerber
Staatssekretärin: Anne Katrin Bohle
Pressesprecher: Alter, Tel. -1 10 20

Bundespolizeidirektion Stuttgart
71034 Böblingen, Wolfgang-Brumme-Allee 52; Tel. (0 70 31) 21 28-0; Fax (0 70 31) 21 28-11 70;
E-Mail: bpold.stuttgart@polizei.bund.de;
http://www.bundespolizei.de
Präsident: Dr. Markus Ritter
Amtsbezirk: Land Baden-Württemberg mit den Bundespolizeiinspektionen Stuttgart, Konstanz, Weil am Rhein, Offenburg, Karlsruhe, Flughafen Stuttgart sowie Kriminalitätsbekämpfung Stuttgart

2.1 Bundesamt für Migration und Flüchtlinge (BAMF)

90343 Nürnberg, Frankenstr. 210; Tel. (09 11) 9 43-0; Fax (09 11) 9 43-10 00;
E-Mail: service@bamf.bund.de;
http://www.bamf.de

2.2 Bundesanstalt Technisches Hilfswerk (THW)

53127 Bonn, Provinzialstr. 93; Tel. (02 28) 9 40-0, IVBB (02 28 99) 4 50-0; Fax (02 28) 9 40-15 20;
E-Mail: poststelle@thw.de; http://www.thw.de

Der Bundesanstalt Technisches Hilfswerk nachgeordneter Landesverband:

Landesverband Baden-Württemberg
70376 Stuttgart, Burgholzstr. 31; Tel. (07 11) 9 55 55-0; Fax (07 11) 9 55 55-8 50;
E-Mail: poststelle.lvbw@thw.de
Landesbeauftragter: Dietmar Löffler

3 Bundesministerium der Justiz und Verbraucherschutz (BMJV)

10117 Berlin, Mohrenstr. 37; Tel. (0 30) 1 85 80-0; Fax (0 30) 1 85 80-95 25;
E-Mail: poststelle@bmjv.bund.de;
http:///www.bmjv.bund.de

Bundesministerin der Justiz und für Verbraucherschutz: Christine Lambrecht
Parlamentarischer Staatssekretär: Christian Lange
Persönlicher Referent: Croonenbroeck
Parlamentarische Staatssekretärin: Rita Hagl-Kehl
Persönlicher Referent: Kutz
Staatssekretärin: Dr. Margaretha Sudhof
Persönliche Referentin: Dr. Müller
Staatssekretär: Prof. Dr. Christian Kastrop
Persönliche Referentin: Dr. Ponattu
Leitungseinheit Kommunikation (LK): Petz

3.1 Rechtsanwaltskammer beim Bundesgerichtshof

– Körperschaft des öffentlichen Rechts –

76133 Karlsruhe, Herrenstr. 45 a; Tel. (07 21) 2 26 56; Fax (07 21) 2 03 14 03;
E-Mail: kontakt@rak-bgh.de
Präsidentin: Dr. Brunhilde Ackermann

4 Bundesministerium der Finanzen (BMF)

10117 Berlin, Wilhelmstr. 97; Tel. (0 30 18) 6 82-0; Fax (0 30 18) 6 82-32 60;
E-Mail: poststelle@bmf.bund.de;
http://www.bundesfinanzministerium.de

f Bundeseinrichtungen

Dienstsitz Bonn
53121 Bonn, Am Probsthof 78 a; Tel. (02 28) 9 96 82-0; Fax (02 28) 9 96 82-44 20

Bundesminister der Finanzen: Olaf Scholz
Ministerbüro: Dr. Ebert, RDirektorin
Presse: Kohlberg, RDir, Tel. -40 99
Öffentlichkeitsarbeit: Rennmann, MinRätin
Parlamentarische Staatssekretärin: Bettina Hagedorn
Persönlicher Referent: Jensen
Parlamentarische Staatssekretärin: Sarah Ryglewski
Persönliche Referentin: Dr. Lehnardt, RDirektorin
Staatssekretär: Werner Gatzer
Persönliche Referentin: Nübling, RDirektorin, Tel. -44 37
Staatssekretär: Dr. Rolf Bösinger
Persönlicher Referent: Dr. Hufen, RDir
Staatssekretär: Wolfgang Schmidt
Persönliche Referentin: Sigl-Glöckner
Staatssekretär: Dr. Jörg Kukies
Persönlicher Referent: Dr. Hörmann, RDir

4.1 Generalzolldirektion

53121 Bonn, Am Probsthof 78 a; Tel. (02 28) 3 03-0; Fax (02 28) 3 03-9 90 00;
E-Mail: poststelle.gzd@zoll.bund.de;
http://www.zoll.de

Präsidentin: Colette Hercher
Vizepräsident: Hans Josef Haas

Der Dienst- und Fachaufsicht der Generalzolldirektion unterstehen:

4.1.1 Hauptzollämter

Hauptzollamt Heilbronn
74080 Heilbronn, Kastellstr. 53; Tel. (0 71 31) 89 70-0; Fax (0 71 31) 89 70-19 99;
E-Mail: poststelle.hza-heilbronn@zoll.bund.de
Leiterin: Christina Taylor-Lucas, RDirektorin
Amtsbezirk: Stadtkreis Heilbronn, Landkreise Heilbronn, Hohenlohekreis, Main-Tauber-Kreis und Schwäbisch Hall und vom Landkreis Ludwigsburg die Städte Asperg, Besigheim, Bietigheim-Bissingen, Bönnigheim, Freiberg am Neckar, Großbottwar, Kornwestheim, Ludwigsburg, Marbach am Neckar, Markgröningen, Oberriexingen, Remseck am Neckar, Sachsenheim, Steinheim an der Murr und Vaihingen an der Enz sowie die Gemeinden Affalterbach, Benningen am Neckar, Eberdingen, Erdmannhausen, Erligheim, Freudental, Gemmrigheim, Hessigheim, Ingersheim, Kirchheim am Neckar, Löchgau, Möglingen, Mundelsheim, Murr, Oberstenfeld, Pleidelsheim, Schwieberdingen, Sersheim, Tamm und Walheim

Hauptzollamt Karlsruhe
76137 Karlsruhe, Rüppurrer Str. 3 a; Tel. (07 21) 18 33-0; Fax (07 21) 37 10-2 38;
E-Mail: poststelle.hza-karlsruhe@zoll.bund.de
Leiterin: Dr. Ulrike Berg-Haas, RDirektorin
Amtsbezirk: Regierungsbezirk Karlsruhe; vom Land Rheinland-Pfalz die kreisfreien Städte Frankenthal, Ludwigshafen am Rhein und Worms; Landkreis Rhein-Pfalz-Kreis

Hauptzollamt Lörrach
79539 Lörrach, Mozartstr. 32; Tel. (0 76 21) 1 70-0; Fax (0 76 21) 1 70-10 90;
E-Mail: poststelle.hza-loerrach@zoll.bund.de
Leiter: Matthias Heuser, LtdRDir
Amtsbezirk: Stadtkreis Freiburg im Breisgau; Landkreise Breisgau-Hochschwarzwald (ohne die Stadt Löffingen), Emmendingen, Lörrach und Ortenaukreis; vom Landkreis Rottweil die Stadt Schiltach sowie die Gemeinde Schenkenzell; vom Schwarzwald-Baar-Kreis die Stadt Triberg sowie die Gemeinden Schönwald im Schwarzwald und Schonach im Schwarzwald; vom schweizerischen Hoheitsgebiet die Abfertigungsplätze der Zollämter Grenzacherhorn, Rheinfelden-Autobahn, Stetten, Weil am Rhein-Autobahn, Weil am Rhein-Friedlingen, Weil am Rhein-Ost, Weil am Rhein-Otterbach, Weil am Rhein und des Deutschen Zollamts Basel sowie die Eisenbahnlinien Grenze-Basel Bahnhof SBB und Grenze-Basel Badischer Bahnhof (Wiesentalbahn), soweit Reisende abgefertigt werden

Hauptzollamt Singen
78224 Singen (Hohentwiel), Maggistr. 3; Tel. (0 77 31) 82 05-0; Fax (0 77 31) 82 05-19 01;
E-Mail: poststelle.hza-singen@zoll.bund.de
Leiter: Kai Dade, LtdRDir
Amtsbezirk: Landkreise Konstanz, Tuttlingen und Waldshut; vom Landkreis Breisgau-Hochschwarzwald die Stadt Löffingen; vom Landkreis Rottweil die Städte Dornhan, Oberndorf am Neckar, Rottweil, Schramberg und Sulz am Neckar sowie die Gemeinden Aichhalden, Bösingen, Deißlingen, Dietingen, Dunningen, Epfendorf, Eschbronn, Fluorn-Winzeln, Hardt, Lauterbach, Villingendorf, Vöhringen, Wellendingen und Zimmern ob Rottweil; vom Schwarzwald-Baar-Kreis die Städte Bad Dürrheim, Blumberg, Bräunlingen, Donaueschingen, Furtwangen, Hüfingen, St. Georgen, Villingen-Schwenningen und Vöhrenbach sowie die Gemeinden Brigachtal, Dauchingen, Gütenbach, Königsfeld, Mönchweiler, Niedereschach, Tuningen und Unterkirnach; vom schweizerischen Hoheitsgebiet die Abfertigungsplätze der Zollämter Altenburg-Nohl, Bad Säckingen, Bahnhof (Singen), Bietingen, Bühl, Büßlingen, Erzingen, Günzgen, Jestetten, Konstanz-Autobahn, Konstanz-Emmishofer Tor, Konstanz-Kreuzlinger Tor, Konstanz-Paradieser Tor, Laufenburg-Stadt, Lottstetten, Neuhaus, Schlatt a. R., Rielasingen, Rötteln, Stühlingen, Waldshut und Wiechs-Dorf sowie die Eisenbahnlinien von der Grenze in Konstanz bis Kreuz-

lingen, von der Grenze bei Bietingen über Schaffhausen bis zur Grenze bei Erzingen und von Schaffhausen bis Rafz, soweit Reisende abgefertigt werden und die Schiffslinie Kreuzlingen-Schaffhausen auf dem Streckenabschnitt Kreuzlingen bis Öhningen, soweit Reisende abgefertigt werden

Hauptzollamt Stuttgart
70190 Stuttgart, Hackstr. 85; Tel. (07 11) 9 22-0; Fax (07 11) 9 22-22 09;
E-Mail: poststelle.hza-stuttgart@zoll.bund.de
Leiterin: Anca Coman, RDirektorin
Amtsbezirk: Stadtkreis Stuttgart, Landkreise Böblingen und Rems-Murr-Kreis, vom Landkreis Esslingen die Städte Esslingen am Neckar, Filderstadt, Leinfelden-Echterdingen, Ostfildern, Plochingen und Wernau sowie die Gemeinden Aichwald, Altbach, Baltmannsweiler, Deizisau, Denkendorf, Hochdorf, Köngen, Lichtenwald, Neuhausen auf den Fildern und Reichenbach an der Fils; vom Landkreis Ludwigsburg die Städte Ditzingen, Gerlingen und Korntal-Münchingen sowie die Gemeinde Hemmingen

Hauptzollamt Ulm
89077 Ulm, Magirusstr. 39/2; Tel. (07 31) 96 48-0; Fax (07 31) 96 48-2 99;
E-Mail: poststelle.hza-ulm@zoll.bund.de
Leiter: Rainer Bühler, RDir
Amtsbezirk: Stadtkreis Ulm; Landkreise Alb-Donau-Kreis, Biberach, Bodenseekreis, Göppingen, Heidenheim, Ostalbkreis, Ravensburg, Reutlingen, Sigmaringen, Tübingen und Zollernalbkreis; vom Landkreis Esslingen die Städte Aichtal, Kirchheim unter Teck, Neuffen, Nürtingen, Owen, Weilheim an der Teck und Wendlingen am Neckar sowie die Gemeinden, Altdorf, Altenriet, Bempflingen, Beuren, Bissingen an der Teck, Dettingen unter Teck, Erkenbrechtsweiler, Frickenhausen, Großbettlingen, Holzmaden, Kohlberg, Lenningen, Neckartailfingen, Neckartenzlingen, Neidlingen, Notzingen, Oberboihingen, Ohmden, Schlaitdorf, Unterensingen und Wolfschlugen

4.2 Bundesanstalt für Immobilienaufgaben (BImA)

– Anstalt des öffentlichen Rechts –

53119 Bonn, Ellerstr. 56; Tel. (02 28) 3 77 87-0; Fax (02 28) 3 77 87-2 00;
E-Mail: info@bundesimmobilien.de; https://www.bundesimmobilien.de
Vorstand: Dr. Christoph Krupp (Sprecher); Paul Johannes Fietz; Holger Hentschel
Pressesprecher: Thorsten Grützner

Zollfahndungsamt Stuttgart
70374 Stuttgart, Martha-Schmidtmann-Str. 15; Tel. (07 11) 5 20 41-0; Fax (07 11) 5 20 41-10 60;
E-Mail: poststelle@zfas.bund.de
Leiter: Roland Lenz, RDir
Amtsbezirk: Land Baden-Württemberg

4.3 Versorgungsanstalt des Bundes und der Länder (VBL)

– AdöR –

76133 Karlsruhe, Hans-Thoma-Str. 19; Tel. (07 21) 1 55-0; Fax (07 21) 1 55-6 66; E-Mail: info@vbl.de; http://www.vbl.de

Rechtsgrundlage und Aufgabenkreis:
Die Versorgungsanstalt des Bundes und der Länder (VBL) ist die größte Zusatzversorgungskasse Deutschlands. Sie ist eine von Bund und Ländern (außer Hamburg und Saarland) getragene Anstalt des öffentlichen Rechts. Aufgabe der VBL ist es, Arbeitnehmern ihrer beteiligten Arbeitgeber über eine privatrechtliche Versicherung eine zusätzliche Alters-, Erwerbsminderungs- und Hinterbliebenenversorgung zu leisten. Die arbeitsrechtlichen Grundlagen sind in den Versorgungstarifverträgen des öffentlichen Dienstes geregelt. Neben der Basisversorgung VBLklassik mit über vier Millionen Versicherten und über eine Millionen Rentner ermöglicht die VBL ihren Versicherten mit einer steuerlich förderfähigen freiwilligen Versicherung ihren Lebensstandard im Alter noch besser abzusichern und eine zusätzliche kapitalgedeckte betriebliche Altervorsorge aufzubauen. Aktuell führt die VBL für rund 5.400 beteiligte Arbeitgeber die betriebliche Altersversorgung durch. Neben Bund, Ländern, zahlreichen Kommunen und kommunale Einrichtungen sind beispielsweise Universitäten, Kliniken und Altenheime sowie weitere Organisationen, die im weitesten Sinne Aufgaben für die Allgemeinheit wahrnehmen, bei der VBL beteiligt. Die Aufsicht über die VBL als Einrichtung und die VBLklassik führt das Bundesministerium der Finanzen. Die freiwillige Versicherung wird durch die Bundesanstalt für Finanzdienstleistungsaufsicht beaufsichtigt.
Hauptamtliche Vorstandsmitglieder: Richard Peters, (Präs.); Angelika Stein-Homberg; Georg Geenen

5 Bundesministerium für Wirtschaft und Energie (BMWi)

10115 Berlin, Scharnhorststr. 34-37; Tel. (0 30) 1 86 15-0; Fax (0 30) 1 86 15-70 10;
E-Mail: kontakt@bmwi.bund.de; http://www.bmwi.bund.de

Dienstsitz Bonn
53123 Bonn, Villemombler Str. 76; Tel. (02 28) 9 96 15-0; Fax (02 28) 9 96 15-44 36

Bundesminister für Wirtschaft und Energie: Peter Altmaier

Ministerbüro: Dr. Lindemann, RDirektorin, Tel. -76 10
Parlamentarischer Staatssekretär: Thomas Bareiß
Persönliche Referentin: Chrischilles, RRätin, Tel. -63 20
Parlamentarischer Staatssekretär: Marco Wanderwitz
Persönlicher Referent: Raible, Tel. -64 30

Parlamentarische Staatssekretärin: Elisabeth Winkelmeier-Becker
Persönlicher Referent: Gremm, Tel. -61 17
Staatssekretärin: Claudia Dörr-Voß
Persönliche Referentin: Hermsdorf, ORRätin, Tel. -62 62
Staatssekretär: Dr. Ulrich Nussbaum
Persönlicher Referent: Dr. Vater, ORR, Tel. -74 50
Staatssekretär: Andreas Feicht
Persönliche Referentin: Dr. Wallbrecht, ORRätin, Tel. -69 80
Pressereferat: Dr. Baron, MinRätin, Tel. -76 67

5.1 Bundesnetzagentur für Elektrizität, Gas, Telekommunikation, Post und Eisenbahnen

53113 Bonn, Tulpenfeld 4; Tel. (02 28) 14-0; Fax (02 28) 14-88 72; E-Mail: info@bnetza.de; http://www.bundesnetzagentur.de

Präsident: Jochen Homann
Vizepräsidenten: Dr. Wilhelm Eschweiler; Peter Franke

Außenstelle Karlsruhe, Standort Konstanz
78464 Konstanz, Zur Allmannshöhe 27; Tel. (0 75 31) 9 35-0; Fax (0 75 31) 9 35-1 80
Zuständigkeitsbereich: EMF/EMVU (Standortbescheinigung)

Außenstelle Karlsruhe, Standort Reutlingen
72764 Reutlingen, Bismarckstr. 3; Tel. (0 71 21) 9 26-0; Fax (0 71 21) 9 26-1 80
Zuständigkeitsbereich: Frequenzzuteilung

Außenstelle Nürnberg, Standort Schwäbisch Hall
74523 Schwäbisch Hall, Einkornstr. 109; Tel. (07 91) 94 24-0; Fax (07 91) 94 24-1 80
Zuständigkeitsbereich: Marktüberwachung (EMVG & FuAG), Rundfunk

6 Bundesministerium für Ernährung und Landwirtschaft (BMEL)

53123 Bonn, Rochusstr. 1; Tel. (02 28) 9 95 29-0; Fax (02 28) 9 95 29-31 79; E-Mail: poststelle@bmel.bund.de; http://www.bmel.de

Dienstsitz Berlin
10117 Berlin, Wilhelmstr. 54; Tel. (0 30) 1 85 29-0; Fax (0 30) 1 85 29-31 79

Bundesministerin für Ernährung und Landwirtschaft: Julia Klöckner
Persönliche Referentin: Franz, RRätin
Parlamentarischer Staatssekretär: Uwe Feiler
Persönlicher Referent: Koch, Tel. -46 23
Parlamentarischer Staatssekretär: Dr. Hans-Joachim Fuchtel
Persönliche Referentin: Dr. Meyer, RDirektorin, Tel. -31 33
Staatssekretärin: Beate Kasch

Persönliche Referentin: Reiners, RDirektorin, Tel. -46 13
Leitungsstab: Schulz, MinDirig, Tel. -31 08
Presse: Paul, Tel. -31 70

6.1 Max Rubner-Institut – Bundesforschungsinstitut für Ernährung und Lebensmittel (MRI)

76131 Karlsruhe, Haid-und-Neu-Str. 9; Tel. (07 21) 66 25-0; Fax (07 21) 66 25-1 11; E-Mail: kontakt@mri.bund.de; http://www.mri.bund.de

Präsident: Prof. Dr. Pablo Steinberg

7 Bundesministerium für Arbeit und Soziales (BMAS)

10117 Berlin, Wilhelmstr. 49; Tel. (0 30 18) 5 27-0; Fax (0 30 18) 5 27-18 30; E-Mail: poststelle@bmas.bund.de; http://www.bmas.bund.de

Dienstsitz Bonn
53123 Bonn, Rochusstr. 1; Tel. (02 28 99) 5 27-0; Fax (02 28 99) 5 27-29 65

Bundesminister für Arbeit und Soziales: Hubertus Heil
Parlamentarische Staatssekretärin: Anette Kramme
Parlamentarische Staatssekretärin: Kerstin Griese
Staatssekretärin: Leonie Gebers
Staatssekretär: Björn Böhning
Staatssekretär: Dr. Rolf Schmachtenberg

7.1 Regionaldirektion Baden-Württemberg der Bundesagentur für Arbeit

70174 Stuttgart, Hölderlinstr. 36; Tel. (07 11) 9 41-0; Fax (07 11) 9 41-16 40; E-Mail: baden-wuerttemberg@arbeitsagentur.de; http://www.arbeitsagentur.de

Vors. der Geschäftsführung: Christian Rauch
Geschäftsführerin Operativ: Martina Musati
Geschäftsführer Interner Service: Joav Auerbach
Regionaldirektionsbezirk: Land Baden-Württemberg

7.1.1 Agenturen für Arbeit

im Regionaldirektionsbezirk Baden-Württemberg

Agentur für Arbeit Aalen
73430 Aalen, Julius-Bausch-Str. 12; Tel. (08 00) 4 55 55 00 (Arbeitnehmer) und (08 00) 4 55 55 20 (Arbeitgeber); Fax (0 73 61) 5 75-5 45; E-Mail: aalen@arbeitsagentur.de
Vors. der Geschäftsführung: Claudia Prusik
Agenturbezirk: Landkreis Heidenheim und Ostalbkreis

Agentur für Arbeit Balingen
72336 Balingen, Stingstr. 17; Tel. (08 00) 4 55 55 00 (Arbeitnehmer) und (08 00) 4 55 55 20 (Arbeitge-

ber); Fax (0 74 33) 9 51-2 52;
E-Mail: balingen@arbeitsagentur.de
Vors. der Geschäftsführung: Anke Traber
Agenturbezirk: Zollernalbkreis und Landkreis Sigmaringen

Agentur für Arbeit Freiburg
79106 Freiburg, Lehener Str. 77; Tel. (08 00) 4 55 55 00 (Arbeitnehmer) und (08 00) 4 55 55 20 (Arbeitgeber); Fax (07 61) 2 71 04 99;
E-Mail: freiburg@arbeitsagentur.de
Vors. der Geschäftsführung: Andreas Finke
Agenturbezirk: Stadtkreis Freiburg; Landkreise Emmendingen und Breisgau-Hochschwarzwald

Agentur für Arbeit Göppingen
73033 Göppingen, Mörikestr. 15; Tel. (08 00) 4 55 55 00 (Arbeitnehmer) und (08 00) 4 55 55 20 (Arbeitgeber); Fax (0 71 61) 97 70-6 06;
E-Mail: Goeppingen@arbeitsagentur.de
Vors. der Geschäftsführung: Karin Käppel
Agenturbezirk: Landkreise Göppingen und Esslingen

Agentur für Arbeit Heidelberg
69115 Heidelberg, Kaiserstr. 69/71; Tel. (08 00) 4 55 55 00 (Arbeitnehmer) und (08 00) 4 55 55 20 (Arbeitgeber); Fax (0 62 21) 5 24-7 39;
E-Mail: Heidelberg@arbeitsagentur.de
Vors. der Geschäftsführung: Klaus Pawlowski
Agenturbezirk: Stadtkreis Heidelberg und Rhein-Neckar-Kreis

Agentur für Arbeit Heilbronn
74074 Heilbronn, Rosenbergstr. 50; Tel. (08 00) 4 55 55 00 (Arbeitnehmer) und (08 00) 4 55 55 20 (Arbeitgeber); Fax (0 71 31) 9 69-9 00-4 48;
E-Mail: Heilbronn@arbeitsagentur.de
Vors. der Geschäftsführung: Manfred Grab
Agenturbezirk: Stadt- und Landkreis Heilbronn

Agentur für Arbeit Karlsruhe – Rastatt
76135 Karlsruhe, Brauerstr. 10; Tel. (08 00) 4 55 55 00 (Arbeitnehmer) und (08 00) 4 55 55 20 (Arbeitgeber); Fax (07 21) 8 23-20 00;
E-Mail: karlsruhe-rastatt@arbeitsagentur.de
Vors. der Geschäftsführung: Ingo Zenkner
Agenturbezirk: Stadt- und Landkreis Karlsruhe, Stadtkreise Baden-Baden und Landkreis Rastatt

Agentur für Arbeit Konstanz – Ravensburg
78467 Konstanz, Stromeyersdorfstr. 1; Tel. (08 00) 4 55 55 00 (Arbeitnehmer) und (08 00) 4 55 55 20 (Arbeitgeber); Fax (0 75 31) 5 85-5 29;
E-Mail: konstanz-ravensburg@arbeitsagentur.de
Vors. der Geschäftsführung: Jutta Driesch
Agenturbezirk: Landkreise Ravensburg und Konstanz sowie der Bodenseekreis

Agentur für Arbeit Lörrach
79539 Lörrach, Brombacher Str. 2; Tel. (08 00) 4 55 55 00 (Arbeitnehmer) und (08 00) 4 55 55 20 (Arbeitgeber); Fax (0 76 21) 1 78-3 24;
E-Mail: Lörrach@arbeitsagentur.de
Vors. der Geschäftsführung: Horst Eckert
Agenturbezirk: Landkreise Lörrach und Waldshut

Agentur für Arbeit Ludwigsburg
71638 Ludwigsburg, Stuttgarter Str. 53/55; Tel. (08 00) 4 55 55 00 (Arbeitnehmer) und (08 00) 4 55 55 20 (Arbeitgeber); Fax (0 71 41) 1 37-5 50;
E-Mail: ludwigsburg@arbeitsagentur.de
Vors. der Geschäftsführung: Martin Scheel
Agenturbezirk: Landkreis Ludwigsburg

Agentur für Arbeit Mannheim
68161 Mannheim, M 3 A; Tel. (08 00) 4 55 55 00 (Arbeitnehmer) und (08 00) 4 55 55 20 (Arbeitgeber); Fax (06 21) 1 65-5 30;
E-Mail: mannheim@arbeitsagentur.de
Vors. der Geschäftsführung: Thomas Schulz
Agenturbezirk: Stadtkreis Mannheim

Agentur für Arbeit Nagold – Pforzheim
72202 Nagold, Bahnhofstr. 37; Tel. (08 00) 4 55 55 00 (Arbeitnehmer) und (08 00) 4 55 55 20 (Arbeitgeber); Fax (0 74 52) 8 29-6 99;
E-Mail: Nagold@arbeitsagentur.de
Vors. der Geschäftsführung: Martina Lehmann
Agenturbezirk: Landkreise Calw und Freudenstadt, Stadtkreis Pforzheim und Enzkreis

Agentur für Arbeit Offenburg
77654 Offenburg, Weingartenstr. 3; Tel. (08 00) 4 55 55 00 (Arbeitnehmer) und (08 00) 4 55 55 20 (Arbeitgeber); Fax (07 81) 93 93-5 04;
E-Mail: Offenburg@arbeitsagentur.de
Vors. der Geschäftsführung: Theresia Denzer-Urschel
Agenturbezirk: Ortenaukreis

Agentur für Arbeit Reutlingen
72764 Reutlingen, Albstr. 83; Tel. (08 00) 4 55 55 00 (Arbeitnehmer) und (08 00) 4 55 55 20 (Arbeitgeber); Fax (0 71 21) 3 09-306;
E-Mail: reutlingen@arbeitsagentur.de
Vors. der Geschäftsführung: Wilhelm Schreyeck
Agenturbezirk: Landkreise Reutlingen und Tübingen

Agentur für Arbeit Rottweil – Villingen-Schwenningen
78628 Rottweil, Neckarstr. 100; Tel. (08 00) 4 55 55 00 (Arbeitnehmer) und (08 00) 4 55 55 20 (Arbeitgeber); Fax (07 41) 4 92-91 01 79;
E-Mail: rottweil-villingen-schwenningen@arbeitsagentur.de
Vors. der Geschäftsführung: Sylvia Scholz
Agenturbezirk: Landkreise Rottweil und Tuttlingen sowie Schwarzwald-Baar-Kreis

Agentur für Arbeit Schwäbisch Hall – Tauberbischofsheim
74523 Schwäbisch Hall, Bahnhofstr. 18; Tel. (08 00) 4 55 55 00 (Arbeitnehmer) und (08 00) 4 55 55 20 (Arbeitgeber); Fax (07 91) 97 58-2 09;
E-Mail: schwaebischhall-tauberbischofsheim@arbeitsagentur.de
Vors. der Geschäftsführung: Elisabeth Giesen
Agenturbezirk: Landkreis Schwäbisch Hall, Hohenlohekreis, Neckar-Odenwald- und Main-Tauber-Kreis

Agentur für Arbeit Stuttgart
70191 Stuttgart, Nordbahnhofstr. 30-34; Tel. (08 00) 4 55 55 00 (Arbeitnehmer) und (08 00) 4 55 55 20 (Arbeitgeber); Fax (07 11) 9 20-38 83;
E-Mail: stuttgart@arbeitsagentur.de
Vors. der Geschäftsführung: Dr. Susanne Koch
Agenturbezirk: Stadtkreis Stuttgart und Landkreis Böblingen

Agentur für Arbeit Ulm
89073 Ulm, Wichernstr. 5; Tel. (08 00) 4 55 55 00 (Arbeitnehmer) und (08 00) 4 55 55 20 (Arbeitgeber); Fax (07 31) 16 04 99;
E-Mail: Ulm@arbeitsagentur.de
Vors. der Geschäftsführung: Mathias Auch
Agenturbezirk: Stadtkreis Ulm und Alb-Donau-Kreis; Landkreis Biberach

Agentur für Arbeit Waiblingen
71332 Waiblingen, Mayenner Str. 60; Tel. (08 00) 4 55 55 00 (Arbeitnehmer) und (08 00) 4 55 55 20 (Arbeitgeber); Fax (0 71 51) 95 19-2 66;
E-Mail: Waiblingen@arbeitsagentur.de
Vors. der Geschäftsführung: Christine Käferle
Agenturbezirk: Rems-Murr-Kreis

7.2 ZAV Künstlervermittlung Stuttgart

70190 Stuttgart, Neckarstr. 84; Eingang Hallberger Str. 5 Tel. (07 11) 9 41-24 24; Fax (07 11) 9 41-24 01; E-Mail: zav-kv-stuttgart@arbeitsagentur.de

7.3 Hochschule der Bundesagentur für Arbeit (HdBA)

– Staatlich anerkannte Hochschule für angewandte Wissenschaften in Mannheim und Schwerin –

68163 Mannheim, Seckenheimer Landstr. 16; Tel. (06 21) 42 09-0; Fax (06 21) 42 09-2 15; E-Mail: hochschule@arbeitsagentur.de; http://www.hdba.de

Rektor: Prof. Dr. Andreas Frey
Prorektorin: Prof. Dr. Anne Müller-Osten

Kanzler: Andreas Jankowitsch

7.4 Berufsgenossenschaften – Körperschaften des öffentlichen Rechts –

Berufsgenossenschaft Rohstoffe und chemische Industrie (BG RCI)
69115 Heidelberg, Kurfürsten-Anlage 62; Tel. (0 62 21) 51 08-0; Fax (0 62 21) 51 08-4 85 49;
E-Mail: info@bgrci.de; http://www.bgrci.de
Vorsitzende des Vorstands: Dr. Uwe Müller; Christian Pfaff (im jährlichen Wechsel)
Hauptgeschäftsführer: Markus Oberscheven
Stellv. Hauptgeschäftsführer: Stefan Weis

Berufsgenossenschaft Nahrungsmittel und Gastgewerbe – KdöR –
68165 Mannheim, Dynamostr. 7-11; Tel. (06 21) 44 56-0; Fax (08 00) 1 97 75 53-1 02 00;
E-Mail: info@bgn.de; http://www.bgn.de
Vorsitzende des Vorstandes: Hans-Ulrich Fäth (Vors.); Dirk Ellinger (Stellv. Vors.) (im jährlichen Wechsel)
Hauptgeschäftsführer: Jürgen Schulin

Berufsgenossenschaft Handel und Warenlogistik (BG HW) – KdöR –
68161 Mannheim, M 5,7; Tel. (06 21) 1 83-0; Fax (06 21) 1 83-51 91;
E-Mail: direktion-mannheim@bghw.de; http://www.bghw.de
Vorstandsvorsitzende: Dr. Rainhardt Freiherr von Leoprechting; Manfred Wirsch (in eineinhalbjährlichem Wechsel)
Vorsitzender der Geschäftsführung: Dr. Udo Schöpf

8 Bundesministerium für Verkehr und digitale Infrastruktur (BMVI)

10115 Berlin, Invalidenstr. 44; Tel. (0 30) 1 83 00-0; Fax (0 30) 1 83 00-19 20;
E-Mail: poststelle@bmvi.bund.de; http://www.bmvi.de

Dienststelle Bonn
53175 Bonn, Robert-Schuman-Platz 1; Tel. (02 28 99) 3 00-0; Fax (02 28 99) 3 00-34 28/34 29

Bundesminister für Verkehr und digitale Infrastruktur: Dr. Andreas Scheuer
Persönliche Referentin: Katharina Teufert

Parlamentarischer Staatssekretär: Enak Ferlemann
Persönlicher Referent: Dr. Wolf-Rüdiger Biernert, MinR
Parlamentarischer Staatssekretär: Steffen Bilger
Persönlicher Referent: Dr. Joachim Eichhorn, ORR

Staatssekretär: Michael Günther
Persönliche Referentin: Stefanie Sickinger, ORRätin
Staatssekretärin: Dr. Tamara Zischang
Persönliche Referentin: Anne Weigt, RDirektorin

8.1 Generaldirektion Wasserstraßen und Schifffahrt (GDWS)

53121 Bonn, Am Propsthof 51; Tel. (02 28) 70 90-0; Fax (02 28) 70 90-90 10;
E-Mail: gdws@wsv.bund.de; http://www.wsv.bund.de

Leiter: Prof. Dr.-Ing. Hans-Heinrich Witte

mit dem Standort:

55127 Mainz, Bruckner Str. 2; Tel. (02 28) 70 90-90 05; Fax (02 28) 70 90-90 15;
E-Mail: mainz.gdws@wsv.bund.de; http://www.mainz.gdws.wsv.de

Der Generaldirektion (GDWS) nachgeordnet:

8.1.1 Wasser- und Schifffahrtsämter

Wasserstraßen- und Schifffahrtsamt Oberrhein
79104 Freiburg, Stefan-Meier-Str. 4-6; Tel. (07 61) 27 18-0; Fax (07 61) 27 18-31 55;
E-Mail: wsa-oberrhein@wsv.bund.de;
http://www.wsa-oberrhein.wsv.de

68159 Mannheim, C 8, 3; Tel. (06 21) 15 05-0; Fax (06 21) 1 50 51 55

Leiter: Dipl.-Ing. Jörg Vogel
Außenbezirke in: Iffezheim, Bauhof in Iffezheim, Breisach, Kehl sowie Karlsruhe, Speyer, Worms, Oppenheim
Amtsbezirk: Das WSA Oberrhein ist auf rund 320 Flusskilometern zuständig für die Bundeswasserstraße Rhein von Rhein-km 170,000 am Dreiländereck zwischen Deutschland (Weil am Rhein), der Schweiz (Basel) und Frankreich (Huningue) bis Rhein-km 493,500, d. h. bis kurz vor die Mündung des Mains bei Mainz.

Wasserstraßen- und Schifffahrtsamt Neckar
70191 Stuttgart, Heilbronner Str. 190; Tel. (07 11) 2 55 52-0; Fax (07 11) 2 55 52-1 55;
E-Mail: wsa-neckar@wsv.bund.de;
http://www.wsa-neckar.wsv.de

69115 Heidelberg, Vangerowstr. 12; Tel. (0 62 21) 5 07-0; Fax (0 62 21) 50 71 55;
E-Mail: wsa-neckar@wsv.bund.de;
http://www.wsa-neckar.wsv.de

Leiter: Dipl.-Ing. Walter Braun
Außenbezirke in: Stuttgart, Marbach am Neckar und Lauffen am Neckar sowie Heidelberg-Schlierbach, Eberbach und Bad Friedrichshall
Amtsbezirk: Neckar bis km 203,11 (Plochingen), von der Mündung im Rhein bei Mannheim (Neckar km 0,00)

8.2 Bundesanstalt für Wasserbau (BAW)

76187 Karlsruhe, Kußmaulstr. 17; Tel. (07 21) 97 26-0; Fax (07 21) 97 26-45 40; E-Mail: info@baw.de; http://www.baw.de

Leiter: Prof. Dr.-Ing. Christoph Heinzelmann, Dir und Prof.

8.3 Luftfahrt-Bundesamt (LBA)

38108 Braunschweig, Hermann-Blenk-Str. 26; Tel. (05 31) 23 55-0; Fax (05 31) 23 55-90 99; E-Mail: poststelle@lba.de; http://www.lba.de

Außenstelle Stuttgart
70794 Filderstadt, Airport Business Center 1, Gottlieb-Manz-Str. 12; Tel. (05 31) 23 55-85 50; Fax (05 31) 23 55-85 99
Leiter: Bernd Eckart

8.4 Bundesamt für Güterverkehr (BAG)

50672 Köln, Werderstr. 34; Tel. (02 21) 57 76-0; Fax (02 21) 57 76-17 77;
E-Mail: poststelle@bag.bund.de;
http://www.bag.bund.de

Präsident: Andreas Marquardt

Außenstelle:

Stuttgart
70174 Stuttgart, Schloßstr. 49; Tel. (07 11) 61 55 57-0; Fax (07 11) 61 55 57-88/89
Leiterin: Juliane Steudel

8.5 Eisenbahn-Bundesamt (EBA)

53175 Bonn, Heinemannstr. 6; Tel. (02 28) 98 26-0; Fax (02 28) 98 26-1 19;
http://www.eisenbahn-bundesamt.de; http://www.eisenbahn-cert.de

Außenstellen des Eisenbahn-Bundesamtes:

Außenstelle Karlsruhe/Stuttgart/Standort Karlsruhe
76135 Karlsruhe, Südendstr. 44; Tel. (07 21) 18 09-0; Fax (07 21) 18 09-3 99
Leiter: Günter Rogel

Außenstelle Karlsruhe/Stuttgart/Standort Stuttgart
70182 Stuttgart, Olgastr. 13; Tel. (07 11) 2 28 16-0; Fax (07 11) 2 28 16-2 99
Leiter: Günter Rogel

9 Bundesministerium der Verteidigung (BMVg)

53123 Bonn, Fontainengraben 150; Tel. (02 28) 12-00; Fax (02 28) 12-53 57;
E-Mail: poststelle@bmvg.bund.de;
http://www.bmvg.de

Dienstsitz Berlin
10785 Berlin, Stauffenbergstr. 18; Tel. (0 30) 18 24-00; Fax (0 30) 18 24-53 57
Bundesministerin der Verteidigung: Annegret Kramp-Karrenbauer

Parlamentarischer Staatssekretär: Dr. Peter Tauber

Parlamentarischer Staatssekretär: Thomas Silberhorn

Staatssekretär: Benedikt Zimmer

Staatssekretär: Gerd Hoofe

Generalinspekteur der Bundeswehr: Eberhard Zorn

Presse- und Informationsstab (Pr-/InfoStab)
Sprecher des Ministeriums: Jens Flosdorff, Tel. (0 30 18) 24-2 22 00

Dem Bundesministerium der Verteidigung nachgeordnet:

9.1 Militärische Organisation

9.1.1 Deutsch-Französische Brigade (Müllheim)

79379 Müllheim, Kinzigstr. 2; Tel. (0 76 31) 90-21 00; Fax (0 76 31) 90-21 06;
E-Mail: df-brigpresseposteingang@bundeswehr.org

Aufgabenkreis:
Die Deutsch-Französische Brigade als bi-nationaler Großverband
- deckt das gesamte Aufgabenspektrum von EU und NATO Einsätzen ab,
- stellt den Kern der Initial Entry Force vornehmlich im Rahmen des Eurokorps im Rahmen der gebilligten Konzepte,
- dient als Kern einer schnellen Eingreiftruppe der NATO im Rahmen von NRF und innerhalb des High Readiness Force Land Headquarters Eurokorps,
- leistet einen Beitrag zur europäischen schnellen Reaktionsfähigkeit im Rahmen der Vorhaben EU Battle Group,
- kann unter der Führung eines nationalen Hauptquartiers eingesetzt werden,
- soll als vernetzter Großverband mit einem Höchstmaß an Interoperabilität richtungsweisend in Europa werden.

Die Deutsch-Französische Brigade führt aus Müllheim unmittelbar:
- das Jägerbataillon 291, Illkirch-Graffenstaden (Frankreich)
- das Jägerbataillon 292, Donaueschingen
- das 1. Infanterieregiment, Saarebourg (Frankreich),
- das Artilleriebataillon 295, Immendingen
- das 3. Husarenregiment, Metz (Frankreich)
- das Deutsch-Französische Versorgungsbataillon, Müllheim
- die Panzerpionierkompanie 550, Immendingen.

9.1.2 Kommando Streitkräftebasis

53123 Bonn, Fontainengraben 150; Tel. (02 28) 55 04-0; Fax (02 28) 12-53 08;
E-Mail: kdoskbpizskb@bundeswehr.org

Leiter: Martin Schelleis, GenLt und Inspekteur der Streitkräftebasis

Dem Kommando Streitkräftebasis unterstellt:

Multinationales Kommando Operative Führung
89081 Ulm, Wilhelmsburg-Kaserne, Stuttgarter Str. 199; Tel. (07 31) 16 90-31 23; Fax (07 31) 16 90-31 05; E-Mail: mnjhqcj1@bundeswehr.org

9.1.3 Kommando Sanitätsdienst der Bundeswehr

56070 Koblenz, Andernacher Str. 100; Tel. (02 61) 8 96-0; Fax (02 61) 11 39;
E-Mail: kdosandbw@bundeswehr.org

Dem Kommando Sanitätsdienst untersteht unmittelbar:

Bundeswehrkrankenhaus Ulm
89081 Ulm, Oberer Eselsweg 40; Tel. (07 31) 17 10-0; E-Mail: bwkhsulm@bundeswehr.org

9.2 Zivile Organisation

9.2.1 Bundesamt für Infrastruktur, Umweltschutz und Dienstleistungen der Bundeswehr

53123 Bonn, Fontainengraben 200; Tel. (02 28) 55 04-0; Fax (02 28) 55 04-40 08;
E-Mail: baiudbwpoststelle@bundeswehr.org;
http://www.iud.bundeswehr.de

Präsident: Matthias Leckel
Vizepräsidentin: Hedwig Hoffmann

Dem Bundesamt für Infrastruktur, Umweltschutz und Dienstleistungen der Bundeswehr unterstellt:

Bundeswehr-Dienstleistungszentrum Bruchsal
76646 Bruchsal, Karlsruher Str. 25; Tel. (0 72 51) 9 82 54-0; Fax (0 72 51) 9 82 54-51 09

Bundeswehr-Dienstleistungszentrum Stetten a.k.M.
72510 Stetten, Lager Heuberg Hardtstr. 58; Tel. (0 75 73) 5 04-0; Fax (0 75 73) 5 04-25 58

Bundeswehr-Dienstleistungszentrum Ulm/Donau
89077 Ulm/Donau, Speidelweg 40; Tel. (07 31) 1 89 96-0; Fax (07 31) 1 89 96-24 50

9.2.2 Bildungszentrum der Bundeswehr

68163 Mannheim, Seckenheimer Landstr. 12; Tel. (06 21) 42 95-0; Fax (06 21) 42 95-13 16; E-Mail: bizbwpressestelle@bundeswehr.org;
http://www.bildungszentrum.bundeswehr.de

Präsident: Christoph Reifferscheid

mit

Bundeswehrfachschule Karlsruhe
76131 Karlsruhe, Rintheimer Querallee 4; Tel. (07 21) 6 92-4 36 03/-4 36 01; Fax (07 21) 6 92-4 36 99; E-Mail: bwfachskarlsruhe@bundeswehr.org

Fachbereich Bundeswehrverwaltung der Hochschule des Bundes
68163 Mannheim, Seckenheimer Landstr. 8-10; Tel. (06 21) 42 95-42 12; Fax (06 21) 42 95-42 22;

E-Mail: hsbund-fbbwv@bundeswehr.org;
http://www.hsbund-fb-bwv.de

10 Bundesministerium für Familie, Senioren, Frauen und Jugend (BMFSFJ)

10117 Berlin, Glinkastr. 24; Tel. (0 30) 1 85 55-0;
Fax (0 30) 1 85 55-4 40;
E-Mail: poststelle@bmfsfj.bund.de;
http://www.bmfsfj.de

Dienstsitz Bonn
53123 Bonn, Rochusstr. 8-10; Tel. (0 30) 1 85 55-0;
Fax (0 30) 1 85 55-22 21

Bundesministerin für Familie, Senioren, Frauen und Jugend: Christine Lambrecht
Persönlicher Referent: Marc-Niklas Förster, Tel. -10 10
Parlamentarischer Staatssekretär: Stefan Zierke
Persönliche Referentin: Julia Möser-Schmidt, Tel. -15 10
Parlamentarische Staatssekretärin: Caren Marks
Persönliche Referentin: Annika Nulle, Tel. -11 10
Staatssekretärin: Juliane Seifert
Persönlicher Referent: Alexander Radzinski, Tel. -15 10
Presse: Ulla Fiebig, Tel. -17 10

11 Bundesministerium für Gesundheit (BMG)

53123 Bonn, Rochusstr. 1; Tel. (02 28) 9 94 41-0;
Fax (02 28) 9 94 41-19 21;
E-Mail: poststelle@bmg.bund.de;
http://www.bundesgesundheitsministerium.de

Diensitz Berlin
10117 Berlin, Friedrichstr. 108; Tel. (0 30) 1 84 41-0;
Fax (0 30) 1 84 41-19 21

Bundesminister für Gesundheit: Jens Spahn

Büro des Ministers: Dr. Grams, Tel. -10 05
Pressesprecher: Kautz, Tel. -23 47
Parlamentarische Staatssekretärin: Sabine Weiss
Persönlicher Referent: Elmar Beyer, Tel. -10 73
Parlamentarischer Staatssekretär: Dr. Thomas Gebhart
Persönliche Referentin: Dr. Brockmeyer, Tel. -10 23
Staatssekretär: Dr. Thomas Steffen
Persönliche Referentin: Ziegenhagen, Tel. -10 33
Beauftragte der Bundesregierung für die Belange der Patientinnen und Patienten: Prof. Dr. Claudia Schmidtke, MdB
Büroleiter: Godschalk, Tel. -18 10
Bevollmächtigter der Bundesregierung für Pflege: Andreas Westerfellhaus

Stabsstelle Pflege: Kronauer, Tel. -45 93
Beauftragte der Bundesregierung für Drogenfragen: Daniela Ludwig
Büroleiter: Dr. Jörg Pietsch, Tel. -14 53

12 Bundesministerium für Umwelt, Naturschutz und nukleare Sicherheit (BMUB)

53175 Bonn, Robert-Schuman-Platz 3; Tel. (02 28) 9 93 05-0; Fax (02 28) 9 93 05-32 25;
E-Mail: maileingang@bmu.bund.de;
http://www.bmu.bund.de

10117 Berlin, Stresemannstr. 128; Tel. (0 30) 1 83 05-0; Fax (0 30) 1 83 05-43 75

Bundesministerin für Umwelt, Naturschutz und nukleare Sicherheit: Svenja Schulze
Ministerbüro: Yeliz Bercht, Tel. -20 60
Presse und Kommunikation: Regine Zylka, Tel. -20 17
Parlamentarische Staatssekretärin: Rita Schwarzelühr-Sutter
Persönlicher Referent: Michael Zirpel, RDir, Tel. -20 32
Parlamentarischer Staatssekretär: Florian Pronold
Persönlicher Referent: Joachim Hummel, RR, Tel. -20 42
Staatssekretär: Jochen Flasbarth, Tel. -20 20
Persönliche Referentin: Dr. Laura Schneider, RRätin, Tel. -20 34

13 Bundesministerium für wirtschaftliche Zusammenarbeit und Entwicklung (BMZ)

53113 Bonn, Dahlmannstr. 4; Tel. (02 28) 9 95 35-0;
Fax (02 28) 9 95 35-35 00;
E-Mail: info@bmz.bund.de; http://www.bmz.de

Dienstsitz Berlin
10963 Berlin, Stresemannstr. 94, Europahaus; Tel. (0 30) 1 85 35-0; Fax (0 30) 1 85 35-25 95

Bundesminister für wirtschaftliche Zusammenarbeit und Entwicklung: Dr. Gerd Müller

Parlamentarischer Staatssekretär: Norbert Barthle
Parlamentarische Staatssekretärin: Dr. Maria Flachsbarth
Staatssekretär: Martin Jäger

14 Bundesministerium für Bildung und Forschung (BMBF)

53175 Bonn, Heinemannstr. 2; Tel. (02 28) 99 57-0;
Fax (02 28) 99 57-8 36 01;
E-Mail: information@bmbf.bund.de;
http://www.bmbf.de

Dienstsitz Berlin
10117 Berlin, Kapelle-Ufer 1; Tel. (0 30) 18 57-0;
Fax (0 30) 18 57-8 36 01

Bundesministerin für Bildung und Forschung: Anja Karliczek
Ministerbüro: Melanie Rüther, MinDirigentin, Tel. -50 02
Presse: Ulrich Scharlack, Tel. -50 50
Öffentlichkeitsarbeit: Barbara Götze, RDirektorin, Tel. -50 70

Parlamentarischer Staatssekretär: Dr. Michael Meister
Persönliche Referentin: Marion Steinberger, ORRätin, Tel. -57 02
Parlamentarischer Staatssekretär: Thomas Rachel
Persönliche Referentin: Franziska Liss, RDirektorin, Tel. -50 21
Staatssekretär: Christian Luft
Persönliche Referentin: Stefanie Eckstein, ORRätin, Tel. -50 31
Staatssekretär: Prof. Dr. Wolf-Dieter Lukas
Persönliche Referentin: Stefanie Eckstein, Tel. -50 31

14.1 Deutsches Krebsforschungszentrum (DKFZ)

– Stiftung des öffentlichen Rechts –

69120 Heidelberg, Im Neuenheimer Feld 280; Tel. (0 62 21) 42-0; Fax (0 62 21) 42-29 95; E-Mail: webmaster@dkfz.de; http://www.dkfz.de
Nähere Angaben siehe auch Seite 141.

15 Bundesrechnungshof (BRH)

53113 Bonn, Adenauerallee 81; Tel. (02 28) 9 97 21-0; Fax (02 28) 9 97 21-29 90;
E-Mail: poststelle@brh.bund.de;
http://www.bundesrechnungshof.de

Präsident: Kay Scheller
Vizepräsident: Christian Albrecht
Pressesprecher: Jens Hamer, Tel. -10 37

g Diplomatische Missionen und Konsularische Vertretungen

in Baden-Württemberg

Honorarkonsulat der Republik Armenien
76189 Karlsruhe, Südbeckenstr. 22; Tel. (07 21) 47 17 87 11 80; Fax (07 21) 47 17 87 11 88
Günter Pilarsky, HonKonsul
KBez: Bad-W

Honorarkonsulat der Republik Aserbaidschan
70191 Stuttgart, Heilbronner Str. 154; Tel. (07 11) 2 63 77 12 10; Fax (07 11) 26 37 71 29;
E-Mail: info@honorarkonsulat-aserbaidschan.de
Otto Hauser, HonKonsul

Honorarkonsulat des Königreichs Belgien
70565 Stuttgart, Heßbrühlstr. 7, Deutsche Leasing/5.OG; Tel. (07 11) 1 38 13 72 22; Fax (07 11) 1 38 13 71 88; E-Mail: konsulat.belgien@yahoo.com
Andreas Friedrich, HonKonsul
KBez: Bad-W

Honorargeneralkonsulat von Belize
70176 Stuttgart, Falkertstr. 10; Tel. (07 11) 90 71 09 20; Fax (07 11) 90 71 09 99;
E-Mail: wolfkahles@gmail.com
Wolf-Ulrich Kahles, HonGeneralkonsul
KBez: BGeb ohne Hess

Honorargeneralkonsulat des Königreichs Bhutan
74321 Bietigheim-Bissingen, Bahnhofsplatz 4; Tel. (01 72) 8 82 06 08; Fax (0 71 42) 5 46 55; E-Mail: dr.w.pfeiffer@t-online.de
Dr. Wolfgang Pfeiffer, HonGeneralkonsul
KBez: Bad-W, Bay, BB, Bln, Rhld-Pf, Saar, SN, ST, TH

Generalkonsulat von Bosnien und Herzegowina
70180 Stuttgart, Olgastr. 97 b; Tel. (07 11) 25 38 39 23; Fax (07 11) 25 38 39 22;
E-Mail: gkstu@botschaftbh.de
Zvonko Mišković, Generalkonsul
KBez: Bad-W, Rhld-Pf, Saar

Honorarkonsulat der Föderativen Republik Brasilien
68789 St. Leon-Rot/Heidelberg, Reilinger Str. 19; Tel. (0 62 27) 88 05 33; Fax (0 62 27) 88 05 43;
E-Mail: moniz-bandeira@t-online.de
Prof. Dr. Luiz Alberto Dias Lima de Vianna Moniz Bandeira, HonKonsul
KBez: RBez Karlsruhe in Bad-W

Honorarkonsulat der Föderativen Republik Brasilien
70173 Stuttgart, Am Hauptbahnhof 2 (Landesbank Baden-Württemberg); Tel. (07 11) 12 44 33 23;

Fax (07 11) 12 44 75 68;
E-Mail: bras.konsulat@lbbw.de
Michael Horn, HonKonsul
KBez: Bad-W

Honorkonsulat der Republik Bulgarien
70178 Stuttgart, Mörikestr. 11; Tel. (07 11) 69 30 26 76; Fax (07 11) 27 35 08 79;
E-Mail: stuttgart@honorarkonsul-bulgarien.de
Dr. Till W. Truckenmüller, HonKonsul
KBez: Bad-W

Honorarkonsulat der Republik Burundi
70182 Stuttgart, Danneckerstr. 4; Tel. (07 11) 24 83 77 50; Fax (07 11) 24 83 77 21;
E-Mail: dietrichvonberg@t-online.de
NN
KBez: Bad-W, Bay

Honorarkonsulat der Republik Cabo Verde
70173 Stuttgart, Hirschstr. 22; Tel. (07 11) 6 07 15 58; Fax (07 11) 60 66 10 50; E-Mail: sip@vjz.de
Helmut Schweimler, HonKonsul
KBez: Bad-W, Bay

Honorarkonsulat des Königreichs Dänemark
70184 Stuttgart, Gänsheidestr. 67-74; Tel. (07 11) 16 46 89 90; Fax (07 11) 1 64 68 60;
E-Mail: daen-honorarkonsul.stuttgart@bansbach-gmbh.de
Gerhard Ziegler, HonKonsul
KBez: Bad-W

Honorarkonsulat der Dominikanischen Republik
70372 Stuttgart, Waiblinger Str. 11; Tel. (07 11) 55 20 04; Fax (07 11) 50 94 25-9;
E-Mail: glaeser@glaeser-sbc.de
Alexander Gläser, HonKonsul
KBez: Bad-W

Honorarkonsulat der Republik Ecuador
71634 Ludwigsburg, Marktplatz 13; Tel. (0 71 41) 2 39 50 01; Fax (0 71 41) 6 96 49 23;
E-Mail: ecuador@honorarkonsul-bw.de;
http://www.cancilleria.gob.ec/alemania
Siegfried Rapp, HonKonsul
KBez: BW

Honorarkonsulat der Republik Finnland
70174 Stuttgart, Friedrichstr. 14; Tel. (07 11) 2 50 34 52 04; Fax (07 11) 2 50 34 53 06;
E-Mail: smith.finnischeskonsulat@de.pwc.com
Mark Smith, HonKonsul
KBez: Bad-W

Honorarkonsulat der Republik Frankreich
79098 Freiburg im Breisgau, Münsterplatz 11; Tel. (07 61) 2 07 39-13;
E-Mail: secretariat@consulhon-france.eu; https://www.consulhon-france.eu
Michael Mack, HonKonsul
KBez: RBez Freiburg und Tübingen im Land Bad-W

Generalkonsulat der Französischen Republik
70174 Stuttgart, Schlossstr. 51; Tel. (07 11) 2 39 25 50; Fax (07 11) 2 39 25 54;
E-Mail: info@consulfrance-stuttgart.org
Catherine Veber, Generalkonsulin
KBez: Bad-W

Honorarkonsulat der Französischen Republik
68161 Mannheim, Rosengartenplatz 2; Tel. (06 21) 49 09 35 92; Fax (06 21) 49 09 35 99;
E-Mail: f.zoeller@consulat-honoraire-france.de
Folker Zöller, HonKonsul
KBez: Verwaltungsbezirk der Stadt Mannheim im Land Bad-W

Griechisches Generalkonsulat Stuttgart
70178 Stuttgart, Hauptstätterstr. 54; Tel. (07 11) 22 29 87-0; Fax (07 11) 22 29 87-40;
E-Mail: grgencon.stu@mfa.gr;
http://www.griechisches-konsulat-stuttgart.de
Panayotis Partsos, Generalkonsul
KBez: Bad-W

Honorarkonsulat der Republik Indien
70565 Stuttgart, Schulze-Delitsch-Str. 25; Tel. (07 11) 78 38 12 13;
E-Mail: info@honorarkonsulat-indien.de
Andreas Lapp, HonKonsul
KBez: Bad-W, Rhld-Pf

Honorargeneralkonsulat der Republik Indonesien
70629 Stuttgart, Airport Stuttgart, Sky Office 2; Tel. (07 11) 7 97 07 88; Fax (07 11) 7 97 07 69 oder 8 82 52 71
Karlheinz Kögel, HonGeneralkonsul
KBez: Bad-W, Saar

Honorarkonsulat von Irland
70567 Stuttgart, Meßstetter Str. 8; Tel. (07 11) 35 16 97 10; Fax (07 11) 4 56 06 47;
E-Mail: irish.consulate.stuttgart@t-online.de
Dr. Wolfgang Häfele, HonKonsul
KBez: Bad-W

Honorarkonsulat der Republik Island
70182 Stuttgart, Urbanstr. 7; Tel. (07 11) 16 67-1 56; Fax (07 11) 16 67-2 32;
E-Mail: honorarkonsulat@tsp-law.com
Prof. Dr. Roderich C. Thümmel, HonKonsul
KBez: Bad-W, Rhld-Pf, Saar

Konsulat der Italienischen Republik
79098 Freiburg, Augustinerplatz 2; Tel. (07 61) 38 66 10; Fax (07 61) 3 86 61 61;
E-Mail: consolato.friburgo@esteri.it;
http://www.consfriburgo.esteri.it
NN, Konsul
KBez: RBez Freiburg im Land Bad-W

Generalkonsulat der Italienischen Republik
70192 Stuttgart, Lenzhalde 46; Tel. (07 11) 2 56 30; Fax (07 11) 2 56 31 36;

E-Mail: consolato.stoccarda@esteri.it; http://
www.consstoccarda.esteri.it
Massimiliano Lagi, Generalkonsul
KBez: Bad-W mit Ausnahme des RBez Freiburg

Honorarkonsulat von Japan
70173 Stuttgart, Am Hauptbahnhof 2; Tel. (07 11) 1 27 77 99; Fax (07 11) 1 27 78 00;
E-Mail: jap.honorarkonsulat@de.trumpf.com
Dr.-Ing. Mathias Kammüler, HonKonsul
KBez: Bad-W

Honorarkonsulat von Kanada
70469 Stuttgart, Leitzstr. 45; Tel. (07 11) 2 23 96 78; Fax (07 11) 2 23 96 79;
E-Mail: stuttgart@international.gc.ca
Prof. Dr. Thomas Reith, HonKonsul
KBez: Bad-W

Honorarkonsulat der Republik Kasachstan
70197 Stuttgart, Rotenwaldstr. 100; Tel. (07 11) 6 56 52 35; Fax (07 11) 6 56 52 88;
E-Mail: honorarkonsulat.kasachstan@haller-logistics.com
Dorothea Haller-Laible, HonKonsulin
KBez: Bad-W

Honorarkonsulat der Republik Kolumbien
70178 Stuttgart, Marienstr. 17; Tel. (07 11) 6 64 81 90; Fax (07 11) 6 64 81 99;
E-Mail: columbia@consulhonoriostuttgart.de
Gerald Gaßmann, HonKonsul
KBez: Bad-W, Bay

Konsulat der Republik Kosovo
70176 Stuttgart, Johannesstr. 47 b; Tel. (07 11) 62 76 77-0; Fax (07 11) 62 76 77-29;
E-Mail: consulate.stuttgart@ks-gov.net
NN, Konsul
KBez: Bad-W

Generalkonsulat der Republik Kroatien
70372 Stuttgart, Liebenzeller Str. 5; Tel. (07 11) 95 57 10; Fax (07 11) 55 60 49
Slavko Novokmet, Generalkonsul
KBez: Bad-W

Honorarkonsulat der Republik Litauen
74653 Künzelsau, Burgallee 6; Tel. (0 79 40) 12 61 34; Fax (0 79 40) 5 53 89;
E-Mail: mail@wolfgang-stetten.de
Prof. Dr. Wolfgang Freiherr von Stetten, HonKonsul
KBez: Bad-W

Honorarkonsulat des Großherzogtums Luxemburg
70563 Stuttgart, Hauptstr. 41; Tel. (07 11) 16 40-1 21; E-Mail: stuttgart@consul-hon.lu
Prof. Dr. Wolfgang Kuhn, HonKonsul
KBez: Bad-W

Honorargeneralkonsulat von Malaysia
71034 Böblingen, Wolf-Hirth-Str. 37; Tel. (0 70 31) 62 07 22; Fax (0 70 31) 62 07 44;
E-Mail: hon.generalkonsulat-malaysia@web.de
Dr. Helmut Baur, HonGeneralkonsul
KBez: Bad-W, Rhld-Pf, Saar

Honorarkonsulat von Malta
70191 Stuttgart, Heilbronner Str. 150; Tel. (07 11) 49 00 44 01; Fax (07 11) 49 00 44 02;
E-Mail: maltaconsul.stuttgart@gov.mt
Dr. Rainer Dulger, HonKonsul
KBez: Bad-W

Honorarkonsulat der Republik Mauritius
70173 Stuttgart, Hirschstr. 22; Tel. (07 11) 6 07 15 58; Fax (07 11) 60 66 10 50;
E-Mail: mu.konstgt@t-online.de
Wolfgang Eberspächer, HonKonsul
KBez: Bad-W, Rhld-Pf, Saar

Honorarkonsulat des Fürstentums Monaco
70184 Stuttgart, Bopserwaldstr. 58; Tel. (07 11) 24 83 92 90; Fax (07 11) 2 48 39 29 20;
E-Mail: guenther.fleig@web.de
Günther Fleig, HonKonsul
KBez: Bad-W

Honorargeneralkonsulat der Republik Mosambik
70173 Stuttgart, Kronprinzstr. 14; Tel. (07 11) 87 03 09-22; Fax (07 11) 87 03 09-29;
E-Mail: konsulat@mosambik-stuttgart.de
Dr. Marcus Lingel, HonKonsul
KBez: Bad-W

Honorargeneralkonsulat von Nepal
70174 Stuttgart, Börsenstr. 3; Tel. (07 11) 1 81 26 83; Fax (07 11) 1 81 26 85;
E-Mail: hgknepal@t-online.de;
http://www.hgk-nepal-stuttgart.de
Ann-Katrin Bauknecht, Honorargeneralkonsulin
KBez: Bad-W, Rhld-Pf, Saar

Honorarkonsulat des Königreichs Norwegen
70435 Stuttgart, Porscheplatz 1; Tel. (07 11) 91 12 88 88; Fax (07 11) 91 12 88 89;
E-Mail: office@norwegischer-honorarkonsul-stuttgart.de
Thomas Edig, HonKonsul
KBez: Bad-W

Honorarkonsulat der Republik Österreich
70184 Stuttgart, Stafflenbergstr. 81; Tel. (07 11) 62 62 60; Fax (07 11) 62 82 64;
E-Mail: info@oesterreichisches-konsulat-stuttgart.de;
http://www.oesterreichisches-konsulat-stuttgart.de
Dr. iur. Cornelius Grupp, HonGeneralkonsul (MBA)
KBez: Bad-W und RBez Schwaben im Land Bay

Honorarkonsulat der Republik Paraguay
70173 Stuttgart, Am Hauptbahnhof 9; Tel. (07 11) 72 23 31 50; Fax (07 11) 72 23 31 51
Dr. Andreas Dulger, HonKonsul
KBez: Bad-W

Honorarkonsulat der Republik der Philippinen
70173 Stuttgart, Königstr. 28; Tel. (07 11) 16 44 52 68; Fax (07 11) 16 44 51 00;
E-Mail: bw-hc@philippine-embassy.de;
http://www.philippinen-bw.de
Dr. Alex Neumahr, HonKonsul
KBez: Bad-W

Generalkonsulat der portugiesischen Republik
70173 Stuttgart, Königstr. 20; Tel. (07 11) 22 73 96; Fax (07 11) 2 27 39 89; E-Mail: estugarda@mne.pt
Dr. Hernán Leandro Amado, Generalkonsul
KBez: Bad-W, Bay, Hess, Rhld-Pf, Saar

Generalkonsulat von Rumänien
70178 Stuttgart, Hauptstätter Str. 68-70; Tel. (07 11) 6 64 86 11 bis 15; Fax (07 11) 6 64 86 22;
E-Mail: stuttgart@mae.ro
Radu-Dumitru Florea, Generalkonsul
KBez: Bad-W

Honorarkonsulat der Russischen Föderation
70469 Stuttgart, Leitzstr. 45; Tel. (07 11) 93 30 73 00; Fax (07 11) 93 30 73 33;
E-Mail: honorarkonsul.mangold@honorarkonsulatrussland.de; http://www.honorarkonsulatrussland.de
Prof. Dr. Klaus Mangold, HonKonsul
KBez: Bad-W

Schwedisches Honorarkonsulat
70173 Stuttgart, Königstr. 52; Tel. (07 11) 22 29 01-60; E-Mail: konsulat@schweden-stuttgart.de;
http://www.schweden-stuttgart.de
Dr. Claudius Werwigk, HonKonsul
KBez: Bad-W

Honorarkonsulat der Schweizerischen Eidgenossenschaft
79312 Emmendingen, Theodor Ludwig-Str. 26; Tel. (0 76 41) 92 41 12; Fax (0 76 41) 92 41 20;
E-Mail: freiburgbr@honrep.ch
Gerhard Lochmann, HonKonsul
KBez: RBez Freiburg i.Br. im Land Bad-W

Schweizerisches Generalkonsulat in Stuttgart
70173 Stuttgart, Hirschstr. 22; Tel. (07 11) 2 22 94 30; E-Mail: stuttgart@eda.admin.ch;
http://www.eda.admin.ch/stuttgart
Urs Schnider, Generalkonsul
KBez: Bad-W

Honorarkonsulat der Republik Senegal
71032 Böblingen, Stadtgrabenstr. 22; Tel. (0 70 31) 49 87 67; Fax (0 70 31) 49 87 88
Kai-Friedrich Kreusler, HonKonsul
KBez: Bad-W, Rhld-Pf

Generalkonsulat der Republik Serbien
70199 Stuttgart, Taubenstr. 4; Tel. (07 11) 60 17 06-22; Fax (07 11) 6 49 40 48;
E-Mail: gk-stuttgart@t-online.de;
http://www.stuttgart.mfa.gov.rs
Božidar Bučurović, Generalkonsul
*KBez:*Bad-W

Honorarkonsulat der Republik Sierra Leone
73770 Denkendorf, Am Löcherwäldle 18; Tel. (07 11) 3 00 97 63; Fax (07 11) 30 09 05 16;
E-Mail: wmdrechsler@aol.com
Willi Drechsler, HonKonsul
KBez: Bad-W

Honorargeneralkonsulat der Republik Singapur
71336 Waiblingen, Badstr. 98; Tel. (0 71 51) 26 30 33; Fax (0 71 51) 26 11 20;
E-Mail: hon.konsulat-singapur.stgt@stihl.de
Hans Peter Stihl, HonGeneralkonsul
KBez: Bad-W, Hess, Rhld-Pf, Saar

Honorarkonsulat der Slowakischen Republik
70178 Stuttgart, Tübinger Str. 43; Tel. (07 11) 2 27 39-18; Fax (07 11) 2 27 39-19;
E-Mail: sk-hk-stuttgart@rem.de;
http://www.hk-slowakei-stuttgart.de
Christoph Goeser, HonKonsul
KBez: Bad-W, Rhld-Pf, Saar

Generalkonsulat des Königreichs Spanien
70192 Stuttgart, Lenzhalde 61; Tel. (07 11) 99 79 80-0; Fax (07 11) 2 26 59 27;
E-Mail: cog.stuttgart@mae.es
Carlos Medina Drescher, Generalkonsul
KBez: Bad-W

Honorarkonsulat der Demokratischen Sozialistischen Republik Sri Lanka
78315 Radolfzell, Rommelstr. 2;
E-Mail: vivedar@gmail.com
Darma Vivekachandran, HonKonsul
KBez: Reg.-Bez. Freiburg und Tübingen im Land Bad-W

Honorarkonsulat des Königreichs Thailand
70499 Stuttgart, Pforzheimerstr. 381; Tel. (07 11) 2 26 48 44; Fax (07 11) 2 26 48 56;
http://www.thaikonsulat.de
Marianne Zorn, HonKonsulin
KBez: Bad-W

Honorarkonsulat der Tschechischen Republik
70565 Stuttgart, Am Wallgraben 115; Tel. (07 11) 7 82 23 01; Fax (07 11) 7 82 23 02;
E-Mail: stuttgart@honorary.mzv.cz
Michael Ilg, HonKonsul
KBez: Bad-W, Rhld-Pf, Saar

Generalkonsulat der Republik Türkei
76131 Karlsruhe, Rintheimerstr. 82; Tel. (07 21) 98 44 00; Fax (07 21) 85 60 13;

E-Mail: karlsruhegenkon@t-online.de;
http://www.karlsruhe.bk.mfa.gov.tr
Rifat Cem Örnekol, Generalkonsul
KBez: RBez Karlsruhe und Freiburg im Land Bad-W

Generalkonsulat der Republik Türkei
70182 Stuttgart, Kernerplatz 7; Tel. (07 11) 16 66 70; Fax (07 11) 2 62 21 02;
E-Mail: konsulat.stuttgart@mfa.gov.tr;
http://www.stuttgart.bk.mfa.gov.tr
M. Erkan Öner, Generalkonsul
KBez: RBez Stuttgart und Tübingen im Land Bad-W

Generalkonsulat von Ungarn
70178 Stuttgart, Christophstr. 7./2. (Tübinger Carré); Tel. (07 11) 66 47-34 45; Fax (07 11) 5 08-99 77;
E-Mail: mission.stu@mfa.gov.hu; https://www.stuttgart.mfa.gov.hu/deu
Dr. András Izsák, Generalkonsul
KBez: Bad-W

Honorarkonsulat der Republik Östlich des Uruguay
70597 Stuttgart, Rosshaustr. 4; Tel. (07 11) 76 96 46 15; Fax (07 11) 76 96 46 77;
E-Mail: stuttgart@conuruale.de
Prof. Dr. Mark Binz, HonKonsul
KBez: Bad-W

Honorarkonsulat des Vereinigten Königreichs Großbritannien und Nordirland
70173 Stuttgart, Königstr. 1 A; Tel. (07 11) 51 89 23 41; Fax (07 11) 51 89 23 43;
E-Mail: info@buero-oesterle.de
Dr. Fritz Oesterle, HonKonsul
KBez: Bad-W

h Einrichtungen der EU in Baden-Württemberg

Enterprise Europe Network
Industrie- und Handelskammer Südlicher Oberrhein
77933 Lahr/Schwarzwald, Lotzbeckstr. 31; Tel. (0 78 21) 27 03-6 90; Fax (0 78 21) 27 03-46 90;
E-Mail: petra.steck@freiburg.ihk.de;
http://www.suedlicher-oberrhein.ihk.de
Petra Steck-Brill

Enterprise Europe Network
Industrie- und Handelskammer Rhein-Neckar
68161 Mannheim, L 1, 2; Tel. (06 21) 1 70 92 27; Fax (06 21) 1 70 92 19/29;
E-Mail: bernhard.schuster@rhein-neckar.ihk24.de;
http://www.rhein-neckar.ihk24.de

Handwerk International Baden-Württemberg
Enterprise Europe Network Baden-Württemberg
70191 Stuttgart, Heilbronner Str. 43; Tel. (07 11) 16 57-5 25; Fax (07 11) 16 57-8 27;
E-Mail: info@handwerk-international.de;
http://www.handwerk-international.de oder
www.enterprise-europe-bw.de
Stellv. Leiter: Michael Rössler

Max Planck Institut für ausländisches öffentliches Recht und Völkerrecht
Europäisches Dokumentationszentrum
69120 Heidelberg, Im Neuenheimer Feld 535; Tel. (0 62 21) 4 82-2 24; Fax (0 62 21) 4 82-4 82;
E-Mail: edz-fb@mpil.de;
http://www.mpil.de/ww/de/pub/bibliothek/abteilungen/europ_dokumentationszentr.cfm

Euro-Institut
Institut für grenzüberschreitende Zusammenarbeit (Fortbildung und Beratung)
77679 Kehl, Rehfusvilla, Rehfusplatz 11; Tel. (0 78 51) 74 07-0; Fax (0 78 51) 74 07-33;
E-Mail: euroinstitut@euroinstitut.org;
http://www.euroinstitut.org

Europäisches Dokumentationszentrum, Universität Konstanz, KIM Konstanz
78457 Konstanz, Universitätsstr. 10; Tel. (0 75 31) 88 47 87;
E-Mail: peter.brettschneider@uni-konstanz.de;
http://www.kim.uni-konstanz.de/literatur/sondersammlungen-und-archive/edz/

Europäisches Dokumentationszentrum, Universität Mannheim, UB
68131 Mannheim, A 5, 6; Tel. (06 21) 1 81 32 15;
E-Mail: edzma@bib.uni-mannheim.de; https://www.bib.uni-mannheim.de/edz
Leiterin: Angelika Grund

STICHWORTVERZEICHNIS

A

Abfallbeseitigung 31
Abfalltechnik 99
Abgabenrecht 58
Abschiebungshaft 24
Agenturen für Arbeit 378
Agrarfinanzierung 87
Agrarförderung 21, 24, 26, 28
Agrarmärkte 90
Akademie
– der Bildenden Künste 138
– für Darstellende Kunst Baden-Württemberg 139
– Heidelberger - der Wissenschaften 142
– im Künstlerischen Bereich 136
– Ländlicher Raum 90
– Schloss Solitude 142
Albert-Ludwigs-Universität Freiburg 121
Amt für Stadtplanung und Stadterneuerung 191ff.
Amtsgerichte 159
Antisemitismus 14
Anwaltsgerichtshof 157
AOK Baden-Württemberg 108
Apothekerversorgung 109
Arbeit
– Bundesministerium für - und Soziales 378
– Ministerium für Wirtschaft, - und Tourismus 77
Arbeitsgerichte 181
Arbeitsgerichtsbarkeit, Gerichte der - 54, 181
Arbeitsmedizin 22
Arbeitsrecht 78
Arbeitszeitschutz 32
Archäologisches Landesmuseum 117
Architektenkammer Baden-Württemberg 85
Archiv- und Bibliotheksgut, Institut für Erhaltung von - 113
Arzneimittel, Zentralstelle der Länder für Gesundheitsschutz bei - und Medizinprodukten 105
Asylrecht 24, 53
Aufenthaltsrecht 53
Aufklärung nationalsozialistischer Verbrechen, Zentrale Stelle der Landesjustizverwaltungen zur - 56
Ausbildungsförderung, Landesamt für - 21
Ausbildungszentrum, Forstliches - 97
Ausländerrecht 20, 24, 28
Ausschüsse des Landtags 7
Außenstellen des ZLS 47
Außensteuerrecht 58
Außenwirtschaft 78
Auswärtiges Amt 375

Automobilindustrie 78
Automobilwirtschaft 14

B

Baden-Württembergische Wertpapierbörse 74
Bäder- und Kurverwaltung 75
Badische Landesbibliothek Karlsruhe 114
Badischer
– Gemeinde-Versicherungs-Verband 40
– Landesverband für soziale Rechtspflege 57
Badisches
– Landesmuseum 117
– Staatstheater Karlsruhe 118
Bauberufsrecht 146
Baumanagement 59
Bauökologie 100, 146
Bauordnungsrecht 146
Bauplanungsrecht 146
Baurecht 21, 23, 26, 28, 31
Baurechtsamt 191ff., 192ff.
Bauverwaltung 191ff., 192ff.
Bauwirtschaft, Berufsgenossenschaft der 111
Beamtenrecht 31
Bergbau 100
Berufliche Schulen 42
Berufsfachschulen 44
Berufsgenossenschaft der Bauwirtschaft - 111
Berufsgenossenschaften 380
Berufskollegs 44
Berufsoberschulen 44
Berufsschulen 44
Berufsständische Versorgungswerke 108
Beschusswesen 29
– Landesbetrieb Eich- und - 79
Beschwerdekammern 151
Besoldung, Landesamt für - und Versorgung 72
Besoldungsrecht 58
Betäubungsmittelkriminalität 53
Betreuungsgerichte 149
Betriebsamt 192ff.
Betriebsprüfungsstellen, Finanzämter mit - 68
Betriebswirtschaft 24, 26, 28
Bevölkerungsschutz 19
Bezirksgliederung 188
Bezirksverwaltung, Landwirtschaftliche - 88
Bibliotheks- und Büchereiwesen 114
Bibliotheksservice-Zentrum 114
Bibliothekswesen, Fachstelle für das öffentliche - 21, 23, 26, 28
Bildung 21, 24, 26, 29
– Bundesministerium für - und Forschung 383
Bildungs- und
– Beratungszentren, Sonderpädagogische - 45

389

– Wissenszentrum Boxberg – Schweinehaltung, Schweinezucht 94
Bildungsanalysen, Institut für - 46
Bildungsaufgaben 42
Bildungsforschung 46
Bildungszentrum
– der Bundeswehr 382
– Justizvollzug 56
BITBW (IT Baden-Württemberg) 38
BKK Landesverband Süd 108
BKV, Bäder- und Kurverwaltung 75
Bodenschutzrecht 31
Börse, Kammern und - 78
Botschaften in Baden-Württemberg 384
Brand- und Katastrophenschutz 191ff.
Brandschutz 31
Bundesagentur für Arbeit
– Hochschule der - 380
– Regionaldirektion Baden-Württemberg der - 378
Bundesamt
– für Güterverkehr 381
– für Infrastruktur, Umweltschutz und Dienstleistungen der Bundeswehr 382
– für Migration und Flüchtlinge 375
Bundesanstalt
– für Immobilienaufgaben 377
– für Wasserbau 381
– Technisches Hilfswerk 375
Bundesbau 62
– Landesbetrieb - 60
– Landesbetrieb - Baden-Württemberg 69
Bundesforschungsinstitut für Ernährung und Lebensmittel 378
Bundeskanzleramt 374
Bundesministerium
– der Finanzen 375
– der Justiz und Verbraucherschutz 375
– der Verteidigung 381
– des Innern, für Bau und Heimat 375
– für Arbeit und Soziales 378
– für Bildung und Forschung 383
– für Ernährung und Landwirtschaft 378
– für Familie, Senioren, Frauen und Jugend 383
– für Gesundheit 383
– für Umwelt, Naturschutz und nukleare Sicherheit 383
– für Verkehr und digitale Infrastruktur 380
– für Wirtschaft und Energie 377
– für wirtschaftliche Zusammenarbeit und Entwicklung 383
Bundesnetzagentur für Elektrizität, Gas, Telekommunikation, Post und Eisenbahnen 378
Bundespolizeidirektion Stuttgart 375

Bundespräsidialamt 374
Bundesrat 373
Bundesrechnungshof 384
Bundesregierung, Sprecher der - 374
Bundestag, Deutscher - 372
Bürgeramt 191ff.

C

Chemisches und Veterinäruntersuchungsamt 95, 96
– Karlsruhe 95
– Stuttgart 95
Cybercrime 36
Cybersicherheit 19

D

Datenschutz 19
Datenschutz und Informationsfreiheit, Landesbeauftragte für den - 9
Denkmalpflege 146
– Landesamt für - 21
Denkmalschutz 21, 23, 26, 28
Denkmalschutzbehörde 32
Deutsch-Französische Brigade 382
Deutsche Rentenversicherung 106
Deutscher Bundestag 372
Deutsches Krebsforschungszentrum 141, 384
Deutschlandradio 16
Dienstgerichtshof für Richter 157
Dienstleistungswirtschaft 78
Dienstrecht, Kommunales Verfassungsrecht und - 19
Digitale
– Bildungsplattform 42
– Infrastruktur, Bundesministerium für Verkehr und - 380
Digitalisierung 19
– Ministerium des Innern, für - und Kommunen 18
Digitalisierungsstrategie 19
Diplomatische Missionen in Baden-Württemberg 384
Dominikanermuseum 116
Duale Hochschulen Baden-Württemberg 134

E

Eberhard-Karls-Universität Tübingen 124
Eichwesen 29
– Landesbetrieb - und Beschusswesen 79
Einkommensteuer 58, 61
Einrichtungen der EU 388
Eisenbahn-Bundesamt 381
Eisenbahninfrastruktur 145

Elektrizität, Bundesnetzagentur für -, Gas, Telekommunikation, Post und Eisenbahnen 378
Elektromobilität 14, 145
Elementarbildung 42
Energie, Bundesministerium für Wirtschaft und - 377
Energiekartellbehörde 100
Energiewirtschaft 100
– Ministerium für Umwelt, Klima und - 99
Enterprise Europe 388
Entsorgungsbetriebe 192ff.
Erbrecht 53
Erbschaft- und Schenkungsteuer 61
Erbschaftsteuer 59
Ernährung 88
– Bundesforschungsinstitut für - und Lebensmittel 378
– Bundesministerium für - und Landwirtschaft 378
– Landesanstalt für Landwirtschaft, - und Ländlichen Raum 89
– Landeszentrum für - 90
– Ministerium für -, Ländlichen Raum und Verbraucherschutz 87
Ernährungsnotfallvorsorge 88
Ernährungswirtschaft 87
Euro Info Centre 388
Europäisches Gemeinschaftsrecht 53
Europarecht 53
Evangelische Landeskirche 370
Existenzgründung 78

F

Fachgerichtsbarkeit 53
Fachhochschulen
– Furtwangen 126
– Reutlingen 131
Fachkräftesicherung 78
Fachschulen 45
– für Landwirtschaft 88
– Staatliche - für Landwirtschaft 88
Fachstelle für das öffentliche Bibliothekswesen 21, 23, 26, 28
Fakultät 121
– Agrarwissenschaften 122
– Architektur 121
– Architektur und Stadtplanung 123
– Bau- und Umweltingenieurwissenschaften 123
– Bauingenieur-, Geo- und Umweltwissenschaften 121
– Betriebswirtschaftslehre 123
– Biologie 121
– Biowissenschaften 122
– Chemie 123

– Chemie und Biowissenschaften 120
– Chemie und Geowissenschaften 122
– Chemie und Pharmazie 121
– Chemieingenieurwesen und Verfahrenstechnik 121
– Elektrotechnik und Informationstechnik 121
– Energie-, Verfahrens- und Biotechnik 124
– Geistes- und Sozialwissenschaften 120
– Informatik 121
– Informatik, Elektrotechnik und Informationstechnik 124
– Jura 122, 124
– Klinische Medizin 122
– Konstruktions-, Produktions- und Fahrzeugtechnik 124
– Luft- und Raumfahrttechnik und Geodäsie 124
– Maschinenbau 121
– Mathematik 120
– Mathematik und Informatik 122
– Mathematik und Physik 121, 124
– Mathematik und Wirtschaftswissenschaften 125
– Mathematisch-Naturwissenschaftliche 124
– Medizin 121, 122, 124, 125
– Naturwissenschaften 122, 124
– Neuphilologie 122
– Philologie 121
– Philosophie 122, 123
– Philosophisch-Historische 124
– Philosophische 121, 124
– Physik 120
– Physik und Astronomie 122
– Rechtswissenschaft 121
– Rechtswissenschaft und Volkswirtschaftslehre 123
– Sozialwissenschaften 123
– Technische 122
– Theologie 121, 122, 124
– Umwelt und Natürliche Ressourcen 121
– Verhaltens- und Empirische Kulturwissenschaften 122
– Wirtschafts- und Sozialwissenschaft 124
– Wirtschafts- und Sozialwissenschaften 122, 124
– Wirtschafts- und Verhaltenswissenschaften 121
– Wirtschaftsmathematik und Wirtschaftsinformatik 123
– Wirtschaftswissenschaften 121
Familie, Bundesministerium für -, Senioren, Frauen und Jugend 383
Familiengerichte 149
Familienrecht 53
Federseemuseum 117
Fernsehen, Zweites Deutsches - 17
Feuerwehr 21, 31
Feuerwehren 191ff.

Filmakademie Baden-Württemberg 138
Finanzämter 60, 62
– mit Betriebsprüfungsstellen 68
– mit Steuerfahndungsstellen 69
Finanzen, Bundesministerium der - 375
Finanzgericht 181
Finanzgerichtsbarkeit 54
– Gerichte der - 181
Finanzmarktregulierung 59
Finanzverfassungsrecht 53
Fischerei 87
Flüchtlinge, Migration und - 375
Flüchtlingsaufnahme 20
Flurbereinigungsbehörden 91
Flurneuordnung 91
Forschung 112
– Bundesministerium für Bildung und - 383
Forstdirektion 27
Forsten, Sozialversicherung für Landwirtschaft, - und Gartenbau 110
Forstliche Versuchs- und Forschungsanstalt 97
Forstliches
– Ausbildungszentrum 97
– Bildungszentrum 97
Forstökonomie 97
Forstverwaltung 96
Forum Gesundheitsstandort 14
Fraktionen des Landtags 7
Frauen, Bundesministerium für Familie, Senioren, - und Jugend 383
Friedrich-Ebert-Gedenkstätte, Stiftung Reichspräsident - 374
Führungsakademie Baden-Württemberg 15
Futtermittelüberwachung 21, 24, 28, 88

G

Gartenbau 87
– Lehr- und Versuchsanstalt für - 93
– Sozialversicherung für Landwirtschaft, Forsten und - 110
– Staatsschule für - 93
Gaststättenwesen 31
Gebührenrecht 58
Geld- und Kreditmanagement 58
Gemeinde-Versicherungs-Verband, Badischer - 40
Gemeinden 183, 184
– Kreisangehörige - 196
– Landkreise und - 22, 25, 27, 29
Gemeindeprüfungsanstalt 39
Gemeindetag Baden-Württemberg 369
Gemeindeverfassung, Innere - 185
Gemeinnützigkeitsrecht 58
Gemeinschaftsschulen 43

Generaldirektion Wasserstraßen und Schifffahrt 380
Generallandesarchiv Karlsruhe 113
Generalstaatsanwaltschaft
– Karlsruhe 177
– Stuttgart 177
Generalzolldirektion 376
Gentechnikaufsicht 29
Geodatenzentrum 91
Geoinformation 88
– Landesamt für - und Landesentwicklung 90
Geoinformationsdienste 88
Gerichte
– der Arbeitsgerichtsbarkeit 54, 181
– der Finanzgerichtsbarkeit 54, 181
– der ordentlichen Gerichtsbarkeit 54, 157
– der Sozialgerichtsbarkeit 54, 180
– der Verwaltungsgerichtsbarkeit 54, 179
Geschichte und Landeskunde, Institut für donauschwäbische - 38
Gesundheit 103
– Bundesministerium für - 383
– Ministerium für Soziales, - und Integration 102
Gesundheitsamt 191ff.
Gesundheitsämter 104, 201ff.
Gesundheitsdienst 103
– Öffentlicher - 104
Gesundheitsindustrie 78
Gesundheitsschutz, Zentralstelle der Länder für - bei Arzneimitteln und Medizinprodukten 105
Gesundheitswesen 31
Gewässerökologie 100
Gewässerreinhaltung 100
Gewässerschutz 31
Gewerbeaufsicht 100
Gewerberecht 21, 23, 26, 28, 31, 78
Gewerbesteuer 58, 61
Gewerbliche Wirtschaft 60
Glücksspielrecht 19, 24
Gnadenrecht 53
Grundbuchzentralarchiv 113
Grundschulen 42
Grundsteuer 61
Grundwasserschutz 100
Grünflächenamt 192ff.
Güterverkehr 145
Güterverkehr, Bundesamt für - 381
Gymnasien 43

H

Hafenverwaltung Kehl 77
Handelskammern, Industrie- und - 83
Handelsrecht 53
Handwerkskammern 80

Haupt- und Landgestüt Marbach 94
Hauptschulen 42
Hauptstaatsarchiv Stuttgart 114
Hauptzollämter 376
Haus der
– Geschichte 115
– Heimat 38
– Wirtschaft 78
Heidelberger Akademie der Wissenschaften 142
Heilberufskammern 106
Hochbauämter, Staatliche - 69
Hochschule
– der Bundesagentur für Arbeit 380
– Duale - Baden-Württemberg 134
Hochschule für
– angewandte Wissenschaften 126
– Architektur, Bauwesen, Wirtschaft und Biotechnologie 125
– Gestaltung 137
– Jüdische Studien 143
– Musik 136, 137
– Musik und Darstellende Kunst 137
– öffentliche Verwaltung Kehl 127
– öffentliche Verwaltung und Finanzen Ludwigsburg 128
– Polizei 37
– Rechtspflege 56
– Technik Stuttgart 131
– Technik und Wirtschaft 125, 127
– Technik, Informatik und Medien 132
– Technik, Wirtschaft und Medien 129
– Technik, Wirtschaft, Informatik 126
– Technik, Wirtschaft, Informatik, Life Sciences 125
– Technik, Wirtschaft, Sozialwesen 130
Hochschulen 112, 119, 120
– Aalen 125
– Albstadt-Sigmaringen 125
– Biberach 125
– der Medien Stuttgart 132
– Esslingen 126
– Forstwirtschaft 131
– für Gestaltung 131
– Heilbronn 126
– Karlsruhe 127
– Konstanz Technik, Wirtschaft und Gestaltung 128
– Mannheim 128
– Offenburg 129
– Pädagogische - 133
– Pforzheim 130
– Ravensburg-Weingarten 130
– Staatliche - 125
– Ulm 132
– Wirtschaft und Umwelt 129

Hochschulgebühren 112
Hochschulmedizin 112
Hochschulrecht 112
Hochschulservicezentrum Baden-Württemberg 131
Hochwasserschutz 21, 24, 26, 28, 100
Hohenlohe-Zentralarchiv 114

I

Immissionsschutz 31, 87, 100
Immobilienaufgaben, Bundesanstalt für - 377
Immobilienmanagement 59
Industrie 78
Industrie- und Handelskammern 83
Informationsfreiheitsgesetz 19
Informationstechnik 58, 78
Ingenieurbau 24, 26, 28
Ingenieurkammer Baden-Württemberg 85
Ingenieurwissenschaften 125
Innere Gemeindeverfassung 185
Innern, Ministerium des -, für Digitalisierung und Kommunen 18
Insolvenzrecht 53
Inspekteur der Polizei 19
Institut für
– Bildungsanalysen 46
– donauschwäbische Geschichte und Landeskunde 38
– Erhaltung von Archiv- und Bibliotheksgut 113
– Seenforschung 101
– Technologie 120
– Volkskunde der Deutschen des östlichen Europa 38
Integration 103
– Ministerium für Soziales, Gesundheit und - 102
Integrationsförderung 20
Interkommunale Zusammenarbeit 189
Internationales Steuerrecht 58

J

Jugend
– Bundesministerium für Familie, Senioren, Frauen und - 383
– Kommunalverband für - und Soziales 365
Jugendamt 191ff.
Jugendarrestanstalt 55
Jugendhilfe 104
Jugendstrafrecht 53
Jugendstrafvollzug 53
Justiz
– Bundesministerium der - und Verbraucherschutz 375
– Ministerium für - und für Migration 52

Justizvollzug 53
– Bildungszentrum - 56
Justizvollzugsanstalten 54
Justizvollzugskrankenhaus 56

K

Kammern und Börse 78
Karlsruher Institut für Technologie 120
Kartellrecht 78
Kassenärztliche Vereinigung 107
Kassenzahnärztliche Vereinigung 107
Katastrophenschutz 21, 31
Keramikmuseum 116
Kernenergieüberwachung 99
Kiepenheuer-Institut für Sonnenphysik 143
Kirchen und Religionsgemeinschaften 371
Klima, Ministerium für Umwelt, - und Energiewirtschaft 99
Klimaschutz 88, 99
Klinika 112
Komm.ONE 39
Kommando
– Operative Führung, Multinationales - 382
– Sanitätsdienst der Bundeswehr 382
– Streitkräftebasis 382
Kommission für geschichtliche Landeskunde 115
Kommunalaufsicht 196ff.
Kommunale
– Selbstverwaltung 183
– Spitzenverbände 369
– Verwaltungsschulen für den mittleren Verwaltungsdienst 23, 25, 30
Kommunaler Versorgungsverband 39
Kommunales
– Stiftungen, Sparkassenwesen und Tariftreue 86
– Verfassungsrecht und Dienstrecht 19
Kommunalfinanzen 19, 58
Kommunalrecht 53
Kommunalverband für Jugend und Soziales 40, 365
Kommunalwesen 31
Kommunalwirtschaft 19
Kommunen, Ministerium des Innern, für Digitalisierung und - 18
Kommunikation, Landesanstalt für - 15
Konsularische Vertretungen in Baden-Württemberg 384
Konzernprüfungsamt, Zentrales 68
Körperschaftsteuer 58, 61
Kostenrecht 53
Krankenhausfinanzierung 21, 23, 26, 28
Krankenversicherung 103
– Medizinischer Dienst der - 108
Kreativwirtschaft 78

Krebsforschungszentrum, Deutsches - 141, 384
Kreditmanagement, Geld- und - 58
Kreisangehörige Gemeinden 196
Kreisjagdamt 32
Kreislaufwirtschaft 99
Kriegsgräberfürsorge 30
Kriminalitätsbekämpfung 19
Kriminaltechnisches Institut 36
Kulturgutschutzgesetz 112
Kulturrecht 53
Kunst 112
– Zentrum für - und Medien Karlsruhe 142
Kunsthochschulen 112, 136
Künstlervermittlung 380
Kurverwaltung, Bäder- und - 75

L

Landentwicklung 88
Landesamt für
– Ausbildungsförderung 21
– Besoldung und Versorgung 72
– Denkmalpflege 21
– Geoinformation und Landesentwicklung 90
– Geologie, Rohstoffe und Bergbau 27
– Verfassungsschutz 38
Landesanstalt für
– Kommunikation 15
– Landwirtschaft, Ernährung und Ländlichen Raum 89
– Schweinezucht 94
– Umwelt 101
Landesapothekerkammer 107
Landesarbeitsgericht 181
Landesarchiv Baden-Württemberg 112
Landesärztekammer 106
Landesbank Baden-Württemberg 41, 76
Landesbeauftragte für den Datenschutz und Informationsfreiheit 9
Landesbergdirektion 27
Landesbetrieb
– Bundesbau 60
– Bundesbau Baden-Württemberg 69
– Eich- und Beschusswesen 79
– Vermögen und Bau 61, 70
Landesbibliotheken 112
Landesbodenkunde 27
Landesentwicklung
– Landesamt für Geoinformation und - 90
– Ministerium für - und Wohnen 146
Landeserdbebendienst 27
Landesfeuerwehrschule 30
Landesgeologie 27
Landesgesundheitsamt 22, 104

Landesjustizprüfungsamt 53
Landeskreditbank 76
Landeskriminalamt 36
Landeskunde, Kommission für geschichtliche - 115
Landeslehrerprüfungsamt 21, 42
Landesmarketing 13
Landesmedienzentrum 51
Landesmuseum
– Badisches - 117
– für Technik und Arbeit in Mannheim 141
– Württemberg 116
Landesoberkasse 60, 61
Landespolizeipräsidium 19
Landespsychotherapeutenkammer 107
Landesregulierungsbehörde 100
Landesrohstoffgeologie 27
Landessammlungen, Staatliche Museen und - 115
Landessozialgericht 180
Landesstelle für Bautechnik 28
Landestierärztekammer 98, 107
Landestierschutzbeauftragte/r 87
Landesverband für soziale Rechtspflege, Badischer - 57
Landesversorgungsamt 22
Landeswasserversorgung, Zweckverband - 40
Landeswohlfahrtsverband 190
Landeszahnärztekammer 107
Landeszentrale für politische Bildung 10
Landeszentrum für Ernährung 90
Landgericht
– Baden-Baden 157
– Ellwangen 158
– Freiburg 158
– Hechingen 158
– Heidelberg 158
– Heilbronn 158
– Karlsruhe 158
– Konstanz 158
– Mannheim 158
– Mosbach 158
– Offenburg 158
– Ravensburg 158
– Rottweil 159
– Stuttgart 159
– Tübingen 159
– Ulm 159
– Waldshut-Tiengen 159
Landgestüt Marbach, Haupt- und - 94
Landkreise 183, 188, 196
– und Gemeinden 22, 25, 27, 29
Landkreistag Baden-Württemberg 369
Ländlichen Raum, Ministerium für Ernährung, - und Verbraucherschutz 87

Landratsämter 30
Landschaftspflege, Naturschutz und - 100
Landtag 1
– Ausschüsse des - 7
– Fraktionen des - 7
– Mitglieder des - 2
– Präsidium des - 6
Landtechnik 87
Landwirtschaft 21, 24, 26, 28, 87
– Bundesministerium für Ernährung und - 378
– Landesanstalt für -, Ernährung und Ländlichen Raum 89
– Sozialversicherung für -, Forsten und Gartenbau 110
Landwirtschaftliche Bezirksverwaltung 88
Landwirtschaftliches
– Technologiezentrum 91
– Zentrum für Rinderhaltung, Grünlandwirtschaft, Milchwirtschaft, Wild und Fischerei 94
Landwirtschaftsbehörden 88
Lärmschutz 145
Lebensmittel, Bundesforschungsinstitut für Ernährung und - 378
Lebensmittelüberwachung 21, 24, 26, 28, 88
Lebensmittelwesen 21
Lehr- und Versuchsanstalt
– für Gartenbau 93
– für Wein- und Obstbau 93
Lehrerausbildung und Lehrerfortbildung 46
Lehrerbildung, Zentrum für Schulqualität und - Baden-Württemberg 47
Lehrereinstellung 21, 24, 26, 29
Lehrerfortbildung, Lehrerausbildung und - 46
Liegenschaftskataster 91
Limesmuseum 117
Linden-Museum Stuttgart 117
Logistikzentrum Baden-Württemberg 37
Lohnsteuer 61
Luftfahrt-Bundesamt 381
Luftreinhaltung 21, 26, 28, 145
Luftverkehr 145

M

Marktüberwachung 29, 100
Medien, Zentrum für Kunst und - Karlsruhe 142
Medienrecht 14
Medizinaluntersuchungsämter 105
Medizinischer Dienst der Krankenversicherung 108
Medizinprodukte 106
– Zentralstelle der Länder für Gesundheitsschutz bei Arzneimitteln und - 105
Melderecht 19
Mietrecht 53

395

Migration 53
– Bundesamt für - und Flüchtlinge 375
– Ministerium für Justiz und für - 52
Mikrobiologie 93
Militärische Organisation 382
Ministerium
– des Innern, für Digitalisierung und Kommunen 18
– für Ernährung, Ländlichen Raum und Verbraucherschutz 87
– für Finanzen 58
– für Justiz und für Migration 52
– für Kultus, Jugend und Sport 41
– für Landesentwicklung und Wohnen 146
– für Soziales, Gesundheit und Integration 102
– für Umwelt, Klima und Energiewirtschaft 99
– für Verkehr 145
– für Wirtschaft, Arbeit und Tourismus 77
– für Wissenschaft, Forschung und Kunst 111
Ministerpräsidentenkonferenz 14
Missionen, Diplomatische - in Baden-Württemberg 384
Mitglieder des Landtags 2
Mittelstand 78
Mobilitätskonzepte 14
Mobilitätsmanagement 21, 145
Mobilitätszentrale Baden-Württemberg 29
Modemuseum 116
Multinationales Kommando Operative Führung 382
Museen 112
– Staatliche - und Landessammlungen 115
Museum
– der Alltagskultur 116
– für Kutschen, Chaisen, Karren 116
Musikhochschulen 112

N

Nachbarschaftsverbände 190, 366
Namensrecht 30
Nationalpark Schwarzwald 101
Naturschutz 100
– Bundesministerium für Umwelt, - und nukleare Sicherheit 383
– und Landschaftspflege 100
Naturschutzbeauftragte 101
Naturschutzbehörde 32
Nebenstrafrecht 53
Notarakademie 53, 56
Notarkammer Stuttgart 57
nukleare Sicherheit, Bundesministerium für Umwelt, Naturschutz und - 383

O

Oberfinanzdirektion Karlsruhe 60, 61
Oberlandesgericht
– Karlsruhe 157
– Stuttgart 157
Oberschwäbische Elektrizitätswerke, Zweckverband - 40
Obstbau 87
Öffentlicher Gesundheitsdienst 104
Ordnungsamt 191ff.
Ordnungswidrigkeitenrecht 53
Organe der Rechtspflege 148
Organisierte Kriminalität 53

P

Pädagogische Hochschulen 133
– Freiburg 133
– Heidelberg 133
– Hochschulen, Pädagogische 112
– Karlsruhe 133
– Ludwigsburg 134
– Schwäbisch Gmünd 134
– Weingarten 134
Palliativmedizin 103
Parlamentarische Körperschaften 1
Parlamentswahlen 18
Personalrecht 18
Personenstandsrecht 19
Personenstandswesen 30
Pflanzenbau 92
Pflanzengesundheit 92
Pflanzenproduktion 87
Pflanzenschutz 32
Pflegeberufe 103
Planungsamt 192ff.
Politische Bildung, Landeszentrale für - 10
Polizei 32
– Inspekteur der - 19
Polizeibehörden 32
Polizeidienststellen 33
Polizeipräsidien, Regionale - 34
Polizeipräsidium Einsatz 34
Polizeirecht 21
Polizeivollzugsdienst 33
Polizeiwesen 31
Popakademie Baden-Württemberg 138
Präsidium
– des Landtags 6
– Technik, Logistik, Service der Polizei 36
Preisrecht 21, 23, 26, 28, 32
Preisüberwachung 32

Pressestelle der Landesregierung 13
Psychiatrie, Zentren für - 109

R

Rad- und Fußverkehr 145
Raumordnung 21, 23, 28
Reaktorsicherheit 383
Realschulen 43
Rechnungs- und Gemeindeprüfungsamt 191ff.
Rechnungshof 147
Rechtsanwaltskammer beim Bundesgerichtshof 375
Rechtsanwaltskammern 56
Rechtspflege, Organe der - 148
Regierungspräsidien 19
– Freiburg 25
– Karlsruhe 23
– Stuttgart 20
– Tübingen 27
Regierungspressekonferenz 13
Regionaldirektion Baden-Württemberg der Bundesagentur für Arbeit 378
Regionale Polizeipräsidien 34
Regionalstellen des ZLS 48
Regionalverbände 367
Religionsgemeinschaften 370
– Kirchen und - 371
Rennwett- und Lotteriesteuer 61
Rentenversicherung 103
– Deutsche 106
Rettungsdienst 21
Rohstoffwirtschaft 78
Römermuseum 117
Römisch-Katholische Kirche 370

S

Saatgut 92
Sachenrecht 53
Schädlingsbekämpfung 32
Schienengroßprojekte 145
Schienenpersonenverkehr 145
Schlösser und Gärten 70
Schornsteinfeger 31
Schulämter, Staatliche 22, 25, 27, 29, 45
Schulbauernhof Niederstetten-Pfitzingen 52
Schulbauförderung 42
Schuldrecht 53
Schule 21, 24, 26, 29, 42
Schulorganisation 42
Schulqualität, Zentrum für - und Lehrerbildung Baden-Württemberg 47
Schulstiftung Baden-Württemberg 52
Schulverwaltungsamt 191ff.

Selbstverwaltung, Kommunale - 183
Seminar für Ausbildung und Fortbildung der Lehrkräfte 48
Senioren, Bundesministerium für Familie, -, Frauen und Jugend 383
Sonderabfall-Deponiegesellschaft 102
Sonderabfallagentur 102
Sonderpädagogische Bildungs- und Beratungszentren 45
Sonnenphysik, Kiepenheuer-Institut für - 143
Sozialamt 191ff.
Soziales
– Bundesministerium für Arbeit und - 378
– Ministerium für -, Gesundheit und Integration 102
Sozialgerichte 180
Sozialgerichtsbarkeit, Gerichte der - 54, 180
Sozialtherapeutische Anstalt Baden-Württemberg 56
Sozialversicherung 103
– für Landwirtschaft, Forsten und Gartenbau 110
Sparkassenverband Baden-Württemberg 40
Sparkassenwesen 19
Spielbankabgabe 61
Spielkartenmuseum 116
Spitzenverbände, Kommunale - 369
Sportamt 191ff.
Sprecher der
– Bundesregierung 374
– Landesregierung 13
Staatliche 45
– Bibliotheken 114
– Hochbauämter 69
– Hochschulen 125
– Kunsthalle Baden-Baden 118
– Kunsthalle Karlsruhe 118
– Münzen 74
– Museen und Landessammlungen 115
– Rechnungsprüfungsämter 148
– Schlösser und Gärten 70
– Schulämter 22, 25, 27, 29
Staatlicher Verpachtungsbetrieb 74
Staatliches
– Museum für Naturkunde 116, 118
– Weinbauinstitut 92
Staatsangehörigkeitsrecht 19
Staatsangehörigkeitswesen 30
Staatsanwaltschaft
– Baden-Baden 177
– Ellwangen 178
– Freiburg 177
– Hechingen 178
– Heidelberg 177
– Heilbronn 178
– Karlsruhe 177

397

– Konstanz 177
– Mannheim 177
– Mosbach 178
– Offenburg 178
– Ravensburg 178
– Rottweil 178
– Stuttgart 178
– Tübingen 178
– Ulm 178
– Waldshut-Tiengen 178
Staatsanwaltschaften 53
Staatsarchiv
– Freiburg 113
– Ludwigsburg 113
– Sigmaringen 114
– Wertheim 114
Staatsgalerie Stuttgart 118
Staatskirchenrecht 42
Staatsministerium 13
Staatsschule für Gartenbau 93
Staatsschutz 36
Staatsschutzrecht 53
Staatstheater 118
Staatsweingut Meersburg 74
Stadtbauamt 191 ff.
Städtetag Baden-Württemberg 369
Stadtkreise 22, 25, 27, 29, 183, 191
Stadtplanungsamt 191 ff.
Stadtsanierung 23
Standesamt 191 ff.
Statistisches Landesamt 59
Steuerberater, Versorgungswerk der - 75
Steuerberaterkammern 74
Steuerberatungsgesetz 61
Steuerfahndung 58, 61
Steuerfahndungsstellen, Finanzämter mit - 69
Steuerrecht, Internationales - 58
Steuerstrafrecht 58
Steuerverwaltung 60
Stiftung
– Bundespräsident Theodor-Heuss-Haus 374
– Evaluationsagentur Baden-Württemberg 143
– Naturschutzfonds 102
– Reichspräsident-Friedrich-Ebert-Gedenkstätte 374
Strafrecht 53
Strafverfahrensrecht 53
Strafvollstreckungsrecht 53
Strahlenschutz 99, 100
Straßenplanung 21, 24, 26, 28
Straßenverkehr 145
Straßenverkehrsamt 191 ff.
Streitkräftebasis, Kommando - 382

Strukturentwicklung 24, 26, 28
Studienfonds 141
Studierendenwerke 139
Südwestrundfunk 15

T

Tarifrecht 53
Technisches Hilfswerk, Bundesanstalt - 375
Technologietransfer 112
Technoseum 141
Teilnehmergemeinschaften, Verband der - 98
Theodor-Heuss-Haus, Stiftung Bundespräsident - 374
Tierarzneimittel 88
Tiergesundheit 88
Tierhaltung 87
Tierschutz 88
Tierseuchenkasse 98
Tierzucht 87
Tourismus 78
Tourismus, Ministerium für Wirtschaft, Arbeit und - 77
Trinkwasserüberwachung 88

U

Umsatzsteuer 58, 61
Umwandlungssteuerrecht 58, 61
Umwelt 21, 24, 26, 28
– Bundesministerium für - Naturschutz und nukleare Sicherheit 383
– Ministerium für -, Klima und Energiewirtschaft 99
Umweltakademie 99
Umweltmeldestelle 99
Umweltrecht 99
Umweltschutz 31
Unfallkasse 110
Universitäten 112, 121
– Albert-Ludwigs-, Freiburg 121
– Eberhard-Karls-, Tübingen 124
– Heidelberg 122
– Hohenheim 122
– Konstanz 122
– Mannheim 123
– Stuttgart 123
– Ulm 124
Universitätsbauamt 71
Universitätsbauämter 61
Universitätskliniken 143
Unternehmensbeteiligungen 59
Unternehmensbetreuung 78
Unternehmensnachfolge 78

Untersuchungsamt, Staatliches tierärztliches - 96
Urheberrecht 112

V

Verband der Teilnehmergemeinschaften 98
Verbraucherschutz 88
– Bundesministerium der Justiz und - 375
– Ministerium für Ernährung, Ländlichen Raum und - 87
Verbrauchsteuern 58
Vereinsrecht 19
Verfassung 18
Verfassungsgerichtshof 14, 157
Verfassungsrecht 53
– Kommunales - und Dienstrecht 19
Verfassungsschutz 19
– Landesamt für - 38
Vergaberecht 78
Verkehr
– Bundesministerium für - und digitale Infrastruktur 380
– Ministerium für - 145
Verkehrsmanagement 145
Verkehrsrecht 145
Vermessungsbehörden 91
Vermessungsverwaltung 90
Vermessungswesen 146
Vermögen und Bau
– Baden-Württemberg 71
– Landesbetrieb 61, 70
Vermögens- und Hochbauverwaltung 60
Verpachtungsbetrieb, Staatlicher - 74
Versorgungsanstalt
– des Bundes und der Länder 377
– für Ärzte, Zahnärzte und Tierärzte 108
Versorgungsverband, Kommunaler - 39
Versorgungswerk der Steuerberater 75
Versuchs- und Forschungsanstalt, Forstliche - 97
Verteidigung, Bundesministerium der - 381
Vertretung des Landes Baden-Württemberg beim Bund 14
Vertretungen, Konsularische - in Baden-Württemberg 384
Verwaltung beim Landtag 9
Verwaltungs- und Wirtschaftsakademien 368
Verwaltungsdienst, Kommunale Verwaltungsschule für den mittleren - 23, 25, 30
Verwaltungsgemeinschaften 196
Verwaltungsgerichte 179
Verwaltungsgerichtsbarkeit, Gerichte der allgemeinen - 54, 179
Verwaltungsgerichtshof 179
Verwaltungsmodernisierung 19

Verwaltungsrecht 53
Veterinäruntersuchungsamt
– Chemisches und - 95, 96
– Chemisches und - Karlsruhe 95
– Chemisches und - Stuttgart 95
Veterinärwesen 21, 24, 26, 28, 31
Volkshochschule 191 ff.
Volkskunde, Institut für - der Deutschen des östlichen Europa 38
Vollzugsrecht 53

W

Wahlen 31
Waldbewirtschaftung 88
Waldnaturschutz 97
Waldnutzung 97
Waldschutz 97
Waldwachstum 97
Wasser- und Schifffahrtsämter 381
Wasserbau 100
– Bundesanstalt für - 381
Wasserrahmenrichtlinie 100
Wasserrecht 31
Wasserstoff 99
Wasserstraßen und Schifffahrt, Generaldirektion - 380
Wasserversorgung 100
– Zweckverband Bodensee- - 40
Wein- und Obstbau, Lehr- und Versuchsanstalt für - 93
Weinbau 87, 93
Weinbauinstitut, Staatliches - 92
Weinbaukartei 93
Weinchemie 93
Weinkontrolleure 95, 96
Weinüberwachung 88
Weiterbildung 42
Werkrealschulen 42
Wertpapierbörse, Baden-Württembergische 74
Wildtierinstitut 97
Wilhelma 73
Windenergie 100
Wirtschaft
– Bundesministerium für - und Energie 377
– Gewerbliche - 60
– Ministerium für -, Arbeit und Tourismus 77
Wirtschaftliche Zusammenarbeit und Entwicklung, Bundesministerium für - 383
Wirtschaftsakademien, Verwaltungs- und - 368
Wirtschaftsförderung 23, 26, 28, 191 ff.
Wirtschaftsrecht 53, 78
Wissenschaftsrecht 53
Wohlfahrtspflege 103

Stichwortverzeichnis

Wohnen, Ministerium für Landesentwicklung und - 146
Wohnraumförderung 146
Wohnungsbauförderung 31
Wohnungswesen 31
Württembergische
– Landesbibliothek Stuttgart 114
– Staatstheater Stuttgart 119

Z

ZDF 17
Zentrale Stelle der Landesjustizverwaltungen zur Aufklärung nationalsozialistischer Verbrechen 56
Zentrales Konzernprüfungsamt 68
Zentralinstitut für Seelische Gesundheit 142
Zentralstelle der Länder für Gesundheitsschutz bei Arzneimitteln und Medizinprodukten 105
Zentren für Psychiatrie 109
Zentrum für
– Islamische Theologie 124
– Kunst und Medien Karlsruhe 142
– Schulqualität und Lehrerbildung Baden-Württemberg 47
Zivile Verteidigung 31
Zivilprozessrecht 53
Zivilrecht 53
Zollfahndungsamt 377
Zuwanderung 31
Zweckverband
– Bodensee-Wasserversorgung 40
– Landeswasserversorgung 40
– Oberschwäbische Elektrizitätswerke 40

NAMEN-
VERZEICHNIS

A

Abe, Marco 140
Abel, Dirk 28
Abel, Peter Carl 99
Abel, Valentin 372
Abele, Wolfgang 357
Abels, Gabriele Prof. Dr. 157
Abendschein, Bernhard 342
Aberle, Tobias 359
Abert, Christian 312
Abicht, Winfried 279
Absmeier, Christine Dr. 39
Acker, Hermann 304
Ackermann, Brunhilde Dr. 375
Ackermann, Jochen 347
Ackermann, Johannes 286
Adam, Heinz-Joachim Dr. 303
Adam, Markus 292
Adam, Stefan 331
Adams, Marion 269
Ade, Thomas Dr. 91
Aderhold, Agnes 158
Aderhold, Heito 14
Adler, Holger 345
Adler, Uwe 277
Aeffner, Stephanie 103, 372
Ahlers, Rüdiger 289
Ahmed, Susanne 112
Ahner, Philipp Prof. Dr. 137
Ahrens, Annika 146
Ahrens, Raimon 223
Aichele, Daniela 286
Aierstock, Ulrich 14
Aigner, Arman 352
Akbulut, Gökay 372
Albeck, Ellen 54, 55
Albers, Johannes 296
Albers, Sonja-Verena Prof. Dr. 121
Albers, Wolfgang 179
Albert, Andrea 327
Alberti, Jacqueline 352
Albicker, Jan 328
Albiez, Gerhard 110
Albiez, Thomas Dipl.-Kfm. 84
Albrecht, Christian 384
Albrecht, Jörg 271
Albrecht, Ralph 327
Albrecht, Rüdiger Dr. 179

Albrecht, Thomas 305
Albrich, Holger 218
Alemazung, Joy 247
Alf, Ruth 339
Alger, Petra 346
Alisch, Jörg 338
Alle, Uwe 29, 79
Allgaier, Dietmar 213
Allgaier, Marion 212
Allgaier-Burghardt, Cordula 279
Allmendinger, Jörg Dr. 53
Allmendinger, M. Dr. 53
Allweiler, Patrick 311
Almi, El, Nadia 18
Aloia 361
Alt, Renata 372
Altemüller 103
Altenberger, Stefan 215
Altenburg, Karsten 78
Alter 375
Altmaier, Peter 377
Altmann-Dieses, Angelika Prof. Dr. rer. nat. 127
Amado, Hernán Leandro Dr. 387
Amann, Blanka 308
Amann, Frank 352
Amann, Hanspeter 321
Amann, Rainer Dr. 93
Amann, Stefan 354
Amann, Verena 343
Amato, Nicole 249
Amolsch, Nicole 223
Amos, Karin Prof. Dr. 124
Ams, Sabine 293
Anders, Xaver 48
Andersen, Klaus 371
Andlauer, Leo 26
Andreas, Ludwig 258
Andres, Axel 347
Angermaier, Alexander 180
Ank, Michael 242
Ankerhold, Joachim Prof. Dr. 124
Annen, Niels 375
Anninger, Andreas 237
Ansorge, Frank 208
Ante, Christian Dr. 288
Antenrieth, Ingo Prof. Dr. 144
Apelt, Klaus-Dieter 209
Apitz, Jens 122
Appelius, Helge 106
Appen, von, Torsten 258

Aras, Muhterem 6, 9
Aras, Mutherem 2
Arianz, von, Bartholomaios 371
Armbruster, Bettina 27
Armbruster, Christa 331
Armbruster, Gabriele 298
Armbruster, Gerd 19
Armbruster, Martin 296
Armele, Daniela 244
Arndt, Andreas 163
Arndt, Christina 9
Arndt, Walter 288
Arno, Jochen 311, 312
Arnold, Holger 269
Arnold, Johannes 252
Arnold, Klaus 279
Arnold, Lisa 364
Arnold, Richard 249
Arnold, Tatjana 56
Arnold, Werner Prof. Dr. 143
Arnolds, Daniela 366
Arnscheid, Rüdiger Dr. 47
Arras, Volker 271
Artinger, Frank Prof. Dr.-Ing. 127
Arz, Alexandra 211
Asal, Gerhard 322
Aschhoff, Susanne Dr. 2
Asse, Michael 94
Aßfalg, Ingrid 359
Aßfalg, Matthias 28
Assmann, Katrin 198
Aßmuth, Martin 297
Athanasiou-Seliger, Panagiota 330
Au, von, Lutz-Rüdiger 159
Auberer, Jürgen 356
Auch, Mathias 380
Auer, Thomas Dr. 315
Auerbach, Joav 378
Aufrecht, Norbert 210
Augenstein, Ute 307
Augustin, Andreas 257
Aumüller, Michael 113
Aurisch, Joachim 271
Axt, Simon 311
Ayrle, Hartmut Prof. Dr. 251

B

Baader, Anita 287
Baader, Iris 354
Baamann, Ralf 244
Baar, Norbert 210

Babczyk, Yvonne 226
Bach, Christine 318
Bacher, Adrian 29, 80
Bacherle, Tobias 372
Bächle, Jens-Mathias 299
Bächle, Johanna 279
Bächle, Micha 306
Bachthaler, Tobias 320
Bäcker, Matthias 205
Backes, Bettina 157
Bader 14, 72
Bader, Barbara Prof. Dr. 138
Bader, Christian 291
Bader, Marc 281
Bader, Pascal Dr. 204
Bader, Yvonne 221
Baehrens, Heike 372
Baer, Klaus Prof. Dr. 132
Bagnewski, Alexander 216
Bahmer, Ulrich 214
Baier, Eduard 204
Baier, Manuel 331
Baier, Simon 197
Bailer, Jürgen 347
Bailer, Marion 349
Bakaus, Rafael 26
Balk, Elisabeth 246
Balle, Gerald 362
Balthasar, Gerald 220
Balzer, Rainer Dr. 2, 7, 8
Balzer, Susannne 267
Bamberg, Michael Prof. Dr. 144
Banaschewski, Tobias Prof. Dr. med. Dr. phil. 143
Bangert, Roland 263
Bank, Robert 326
Bank, von, Janina 360
Bantel, Thomas 300
Bantzhaff, Almuth 236
Bänziger, Eric 255
Baothavixay, Allen 270
Bär, Andrea 28
Bär, Gerhard 300
Bär, Hans-Dieter 200
Bär, Rolf 356, 358
Bär, Stefan 309
Barabeisch, Josef 340
Baranowski, Anna-Larissa 235
Bareis, Markus 249
Bareiß, Thomas 372, 377
Barleon, Karin 293
Baron, Anton 2, 7
Baron, Christian 249

Baron, Dr. 378
Baron, Eugenia 363
Barschbach, Jürgen 110
Barteit, Lars 47
Bartenbach, Annegret 218
Barth, Angelika 10
Barth, Gundula 59
Barth, Jörg 292
Barth, Martin Dr. 284
Barth, Matthias 303
Barth, Ralf 203
Barth, Steffen 222
Barth, Susanne 117
Barthle, Norbert 383
Bärtle, Jochen 209
Bartosch, Jessica 326
Bartsch, Alexander 289
Bartzsch, Torsten 218
Basel, Stefan 314
Basler, Albert 346
Baßmann, Thomas 172
Bastian, Philipp 324
Bastin, Dirk 359
Bastl, Andreas 275
Bauder, Gabriele 209
Bauer, Andreas 276, 329
Bauer, Anja 24
Bauer, Azra 226
Bauer, Dr. 9
Bauer, Florian 332
Bauer, Frank 73
Bauer, Gerhard 40, 234, 365
Bauer, Helen 216
Bauer, Jonas 225
Bauer, Markus 94
Bauer, Michael 207, 232
Bauer, Theresia 2, 12, 112, 374
Bauer, Wilhelm Prof. Dr. 78
Bäuerle, Daniel 246
Bäuerlein, Kai 112
Bäuerlein, Ulrich 264
Bauernfeind, Johannes 108
Bauernfeind, Matthias 299
Bauknecht, Ann-Katrin 386
Bauknecht, Holger Dr. 21
Baum, Christina Dr. 372
Baumann, Alexander 341, 342
Baumann, Andre Dr. 2, 12, 99
Baumann, Carsten 255
Baumann, Heinrich 83
Baumann, Meinrad 295
Baumann, Michael 294

Baumann, Michael Prof. Dr. med. 141
Baumann, Roland 21
Baumann, Stefanie 299
Baumbusch, Irina 226
Baumeister, Sabine 241
Baumert, Christina 276
Baumert, Ralf 317
Baumgartl, Helmut 140
Baumgartner, Lioba 321
Baumgartner, Michael 228
Baumgartner, Renate 325
Baumgartner, Susanne 332
Baumhauer, Barbara 211
Baun 63
Baur 14
Baur, Franz 355
Baur, Gerlinde 28
Baur, Helmut Dr. 386
Baur, Ulrike 340, 348
Bausch, Christina 345
Bauser, Patrick 356
Bay, Susanne 2, 7
Bayaz, Danyal Dr. 12, 58, 373
Bayer, Daniel 338
Bayer, Dr. 103
Bayer, Gerhard 161
Bayer, Reinhold 255
Bayraktar, Yalcin 203
Bebion, Klaus 46
Bechinka, Günter 346
Bechler, Markus 253
Becht, Rainer 274
Bechthold, Andreas Prof. Dr. 121
Bechtold, Bernd 289
Beck, Achim 233
Beck, Anke 23
Beck, Axel Dr. 173
Beck, Beate 94, 330
Beck, Bettina 213
Beck, Brigitte 294
Beck, Falk-Udo 203
Beck, Joachim Prof. Dr. 128
Beck, Johannes 27
Beck, Jürgen 267
Beck, Karl-Heinz 354
Beck, Klaus 316
Beck, Manuel 332
Beck, Marlene 338
Beck, Michael 216, 313
Beck, Rainer 360
Beck, Roswitha 363

Beck, Uwe 300
Becker, Alexander Dr. 2
Becker, Franz-Josef 369
Becker, Henrik Dr. 128
Becker, Markus 280
Becker, Matthias 296
Becker, Patrick 285
Becker, Petra 255
Becker, Tino 266
Beckert, Bernhard Prof. Dr. rer. nat. 121
Beckmann, Katharina 48
Beddies 53
Bednarz, Hendrik Dr. 335
Beer, Mathias Dr. habil. 38
Behm, Britta-Antje 100
Behm, Timo 263
Behmüller, Stefan 349
Behr-Martin, Rita 238
Behrens, Hans-Peter 2
Behringer, André 288
Behringer, Bernd 240
Behringer, Christian 325
Behringer, Torsten 227
Beier, Markus 84
Beifuß, Uwe Prof. Dr. 122
Beismann 147
Beisse, Yvonne 205
Beißwenger, Fabian 248, 249
Beißwenger, Natascha 238
Beller, Martin 91
Bellut, Thomas Dr. 17
Belz, Stefan Dr. 197
Benda, Michael 267
Bendel, Martin 195, 196
Bender, Birgitt 157
Bender, Uwe 266
Bengel 26
Benitz, Michael 289
Benker, Stefan 293
Benner, Anne Dr. 29
Benner, Elisabeth 282
Bentele, Gabriele 355
Benten, Timo 21
Bentz, Udo Markus Dr. 370
Beny, Mario 254
Benz 147
Benz, Clemens 112
Benz, Dietmar 298
Benz, Josef 353
Benz, Karin Dr. 322
Benz, Martin 326
Benz, Mathias 299

Benz, Tobias Dr. 320
Benz, Ulrich 148
Benzing, Stefan 99
Benzinger, Sonja 197
Bercher, Peter 299
Bercht, Yeliz 383
Berdyugina, Svetlana Prof. Dr. 143
Bereska, Norbert 244
Bereuther, Christian 371
Berg, Ernst 90
Berg, Thomas 338
Berg-Haas, Ulrike Dr. 376
Berger, Konrad 330
Berger, Miguel 375
Berger, Susanne 319
Berger-Schmidt, Angela 20
Berger-Senn, Maria Prof. 48
Bergermann, Claudio 323
Berges, Jürgen Prof. Dr. rer. nat. 122
Berggold, Ralf 268
Berggötz, Jonathan 306
Bergmann, Christian 223
Bergmann, Knut 78
Bergmann-Rooks, Birgit 321
Bergmüller, Birgit 352
Berkenhoff, Frank 71
Berlin, Christian Dipl.-Ing. (FH) 264
Bernauer, Arno 263
Berndt-Eberle, Monika 39
Berner, Johannes 221
Berner, Tilo 14
Bernhard, Axel 28
Bernhard, Heidrun 334
Bernhard, Marc 372
Bernhard, Roland 196
Bernhardt, Thorsten Prof. Dr. 124
Bernhardt, Wolfram 261
Berninger, Thomas 306
Bernlöhr, Thomas 224
Berres, Robert 365
Berroth, Tillmann 62
Bertele, Anton 342, 366
Bertram-Berg, Anne Dr. 100
Bertsch, Jessica 277
Bertsche, Jürgen 306
Besenfelder, Reinhold 350
Besters, Christoph Dipl.-Volksw. 107
Bethge, Mathias 259

Betschner, Rainer 311
Betz, Christian 332
Betz, Egon 334
Betz, Klemens 330
Betz, Manuela 237
Betz, Stefanie 334
Beutel, Karlheinz 340
Bewersdorff, Hannes 243
Beyer, Elmar 383
Bezner, Andreas 216
Bezner, Evelin 215
Bezner, Frank Prof. Dr. 121
Biadacz, Marc 372
Biber, Thomas 47
Bickle, Christian 270
Bidlingmaier, Jochen 208
Biedermann-Keck, Erika 205
Bieg, Andreas 248
Biehl, Stefan Dipl.-Soz.arb. 256
Biehler, Mike 307
Bielke, Jörg 244
Bier, Marlon 202
Bierfert, Oliver 217
Biermann 103
Biernert, Wolf-Rüdiger Dr. 380
Biesinger, Ronny 289
Bilger, Michael 28
Bilger, Steffen 372, 380
Binder, Günter A. 357
Binder, Heike 331
Binder, Sascha 2, 7
Binder, Stefan 342
Binder, Tobias 230
Binder, Werner 350
Binnig, Wolfgang 237
Binninger, Michael 307
Binninger, Siegfried 26
Binz, Harald 287
Binz, Mark Prof. Dr. 388
Binz, Roland 148
Birk, Michael Dr. 63
Birkhofer, Uwe 290
Birkhofer, Wilhelm 360
Birkhölzer, Thomas Prof. Dr. 128
Birkicht, Margit 229
Birkle, Christian 290
Birn, Klaus 180
Birnbäuer, Holger 49
Birnstock, Dennis 2
Bischler, Nicolai 301
Bischoff, Dieter 283
Bischoff, Jörg 280

Bischoff, Manfred Prof. Dr. 123
Bischoff, Ulrich 281
Bisinger, Friedrich 332
Bisinger, Linda 247
Bissinger, Bruno 231
Bißmaier, Volker 161
Bitzer, Klaus-Peter 353
Blank, David 209
Blank, Stephan Dr. 46
Blankenhorn, Dieter Dr. 93
Bläse, Joachim Dr. 245
Blaser, Frank Dr. jur. 75
Bläsi, Burkhard Dr. 50
Blattmann, Christoph 286
Bleibdrey, Heiko 226
Bleicher, André Prof. Dr. 126
Bleicher, Martin 353
Bleile, Ulrich 286
Blenke, Thomas 2, 7, 9
Blens, Dirk 290
Blepp, Johannes 303
Blessing, Frank 217
Blessing, Martin 236
Blessing, Rainer 225
Blessing, Simon 203
Blessing, Stefan 247
Blessing, Tobias 241
Bleyer, Gottfried 93
Bludovsky, Stephan 91
Blum, Martin 327
Blum, Sarina 218
Blum, Thomas 296
Blümcke, Simon 359
Blume, Michael Dr. 13
Blümlein, Klaus 236
Bobsin, Renate 340, 343
Boch, Peter 194, 195, 366
Bochinger, Steffen 278
Bock, Markus 238
Böcker, Dr. 147
Boden, Bernadette 125
Bodenhöfer-Alte, Katja Dr. 74
Bodner, Nicola 254
Bodynek, Christian 285
Boelen, Jan 137
Bofinger, Jörg Dr. 22
Boger, Alexander 178
Boger, Jochen 219
Boggasch, Mirjam Prof. Dr. 137
Bögle, Martina 326
Bogner, Daniel 248
Bogner-Unden, Andrea 2, 6, 9
Bohle, Anne Katrin 375

Böhler, Dominic 327
Böhm, Jürgen 269
Böhm, Stefanie 220
Böhme, Michael Prof. Dr. 22
Bohn, Benjamin 290
Bohn, Edgar Prof. 40
Bohn, Silke 199
Bohn, Wolfgang 200
Bohnel, Robert 233
Bohnenstengel, Susanne 288
Bohnert, Michael 300
Böhning, Björn 378
Böhrer, Renate 229
Bolay, Christof 206
Bölke, Lutz 112
Boll, Christian 328
Boll, Dr. 103
Boll, Eva 101
Bollinger, Armin 340
Bollinger, Dieter 26
Bölstler, David 247
Bolz, Marlene 243
Bolz, Oswald 247
Bonath, Frank 2
Bonow, Uwe 327
Boos, Ilona 361
Booz, Patrick 287
Bopp, Egbert 287
Bopp, Friedrich 98
Bopp, Thomas S. 367
Bopp, Ulrich 81
Bordon, Bernd 230
Borho, Tobias 253
Born, Barbara 206
Born, Daniel 2, 6, 9
Bornscheuer 53
Borrmann, Gisela 176
Börsig, Matthias 295
Bortfeldt, Sigrid 330
Bosch, Barbara 12, 13
Bosch, Corinna 71
Bosch, Ulrike 349
Bösenecker, Joachim 266
Böser, Bernhard 25
Boser, Sandra 2, 41
Bösinger, Rolf Dr. 376
Bosler, Helmut 66
Bossert, Regina 11
Bossert, Uwe 224
Bothe, Judith 26
Botschek, Thomas 235
Bott, Thomas 252
Böttiger 103

Bourke, Alexander 345
Brachat-Schwarz, Werner 60
Braig, Karl-Friedrich 341
Braig, Rainer 341
Braig, Tobias 363
Brand, Andreas 352
Brandenburg, Jens Dr. 372
Brandl, Thomas 279
Brändle, Tobias 357
Brandstetter, Luisa 301
Brandstetter, Robert 300
Brandt, Jens 82
Brandt, Jürgen 205
Brandt, Maik 269
Branghofer, Dieter 289
Brantner, Franziska Dr. 372
Brasse, Axel 27
Bratzler, Clemens 16
Brauchle, Irene 349
Brauer, Stephen 2
Braulik, Rainer 222
Braun 64
Braun, Andrea 304
Braun, Andreas 308, 344
Braun, Arne 13
Braun, Barbara 333
Braun, Bernd 24
Braun, Bettina Prof. Dr. 123
Braun, Bianca 10
Braun, Constantin 256
Braun, Elmar 349
Braun, Gunther 322
Braun, Hans-Peter 257
Braun, Heinz 275
Braun, Helge Dr. 374
Braun, Holger 268
Braun, Johannes 340
Braun, Jürgen 372
Braun, Lukas Dr. 241
Braun, Marc 320
Braun, Martina 2, 271
Braun, Matthias 299, 360
Braun, Rainer 303
Braun, Walter Dipl.-Ing. 381
Braun, Werner 271, 275
Braune, Dirk 220
Braunecker, Wolfgang 254
Brauneisen, Achim 177
Bräuning, Thomas 273
Bräunle, Dennis 204, 205
Brawek, Mareike 261
Brecht 63
Brecht, Diethelm 265

Brecht, Klaus 272
Brecht, Nicole 266
Brecht, Peter 26
Brecht, Roland 78
Brecht, Ulrich Prof. Dr. 127
Brechtel, Rolf 233
Brechter, Claus 226
Brechter, Petra 75
Brede, Frank Konrad Dr. 157
Bregger, Dirk 302
Brehm, Matthias 78
Breig, Thomas 286
Breimesser, Michael 337
Breisacher, Rolf 307
Breitenbücher, Annegret 13
Breitenöder, Tim 226
Breiter, Stefan 195
Breitinger, Markus 262
Breitinger, Thomas 261
Breitling, Hagen 275
Breitling, Verena 200
Breitmayer, Andreas 110
Brem, Simone 222
Bremer, Marcus 244
Brendler, Stefan Dr. 28
Brenner, Andreas 58
Brenner, Birgit 368
Brenner, Günter 227
Brenner, Joachim 197
Brenner, Kerstin 275
Brenner, Klaus 198
Brenner, Marc 371
Brenner, Sandra 47
Brenner, Sönke 227
Breuer, Michael Dr. 93
Breunig, Heiko 256
Breuning, Marjoke 83
Breuninger, Esther 255
Breymaier, Leni 372
Brilla 173
Brink, Stefan Dr. 10
Brinker, Alexander Dr. 94
Bröcker, Benjamin Dr. 287
Brockmann 67
Brockmann, Stefan 22
Brockmeier, Franz Josef 65
Brockmeyer, Dr. 383
Brodbeck, Volker 330
Brodmann, Oliver 303
Broll, Dominik 254
Brosig-Mies, Dagmar 321
Broß, Ralf 304
Brötel, Achim Dr. 260

Brotzer, Wilfried 363
Brucker, Wolfgang 301
Brückner, Sven 167
Brucksch, Marion 78, 146
Bruder, Bernd 299
Bruder, Michael 286
Brudy, Ulrich 295
Brüggemann, Vera 134
Brugger, Agnieszka 372
Brugger, Norbert 369
Brugger, Udo 288
Brügner, Lars 294
Brumme, Hendrik Prof. Dr. 131
Brunmayr-Tutz, Linde Prof. Dr. 137
Brunner, Georg Prof. Dr. 133
Brünnler, Andreas 238
Brüssel, Anita 333
Brütsch, Martin Dr. 243
Brütting, Frederick 245
Bube, Beate 38
Bubeck, Claudia 222
Bubek, Stefan 362
Büchel, Dieter 265
Bücheler, Stephan Dr. 325
Bucher, Dr. 147
Bucher, Thomas 145
Buchheit, Christine 195
Buchmaier, Friedrich 209
Buchmann, Andreas 241
Buchner, Jürgen 271
Büchner, Martin 254
Buchter, Johannes 198
Büchter, Norbert Prof. Dr.-Ing. 126
Buchwald, Martin 276
Buck, Friedrich 330
Buck, Jochen Dr. 94
Buck, Marion 274
Buck, Markus 198, 338
Buck, Martin 84
Buck, Waltraud Dr. 146
Buckner, Jürgen 223
Bückner, Tim 2, 6
Buczinski, Heiko 10
Budny, Dominik 293
Büggeln, Hendrik 133
Buggisch, Ulrich 64
Buggle, Benedikt 310, 312
Buhl, Edgar 134
Buhl, Jürgen 312
Bühler, Bernhard 222
Bühler, Dieter 250

Bühler, Edda Dipl-.Ing. 219
Bühler, Frank 257
Bühler, Gerd 343
Bühler, Gertrud 21
Bühler, Gregor 300
Bühler, Gunter Dr. 246
Bühler, Knut 251
Bühler, Martin 320
Bühler, Rainer 377
Bühler, Steffen 214
Bührer, Detlev 309
Bührer, Marc 219
Bührer, Markus 293
Buhrke, Katrin 257
Bührle, Hans-Rudi 208
Buhrow, Tom 16
Bulander, Michael 334
Bullinger, Daniel 237
Bünger, Ulrich 276
Burchardt, Uli 316
Burchert,, Bernd 58
Burckhardt, Anna-Catharina Dr. 24
Burckhardt, Hans-Peter 199
Burg, Sylvia 360
Bürgel, Virginia 354
Burger, Daniela 320
Burger, Ferdinand 294
Burger, Joachim 327
Burger, Klaus 2
Burger, Markus 258
Burger, Patriz 210
Burger, Paul 342
Burger, Roland 261
Burger, Rüdiger 265
Burger, Stefan 315
Burger, Stephan 370
Bürk, Uwe 206
Burkard, Frank 253
Burkard, Matthias 23
Burkart, Hubert 286
Burkart, Kerstin 300
Burkart, Michael 258
Burkert, Dietmar 310
Burkhard 103
Burkhard, Christian 292
Burkhard, Guido Prof. Dr. 123
Burkhardt, Hans Michael 198
Burkhardt, Helmut 207
Burkhardt, Marko 282
Bürkle, Heinz-Peter Prof. Dr. 125
Bürkle, Stefanie 361

Bürkner, Annette 206
Burnikel, Thomas 330
Burr, Beate 179
Burth, Matthias 356
Bury, Yannick 372
Burzynski, Philipp 228
Busch, Florian 239
Büscher, Dirk 194, 195
Buschle, Emil 313
Buschmann, Birgit Dr. 78
Buss, Christian 64
Buß, Frank 206
Busse, Ralf 276
Büssecker, Hubert 267
Bußhardt, Hartwig 293
Butsch, Tobias 307
Butschle, Christian 311
Büttner, Florian 221
Büttner, Jan 16
Butz 27
Butz, Dominic 311
Butzko-Willke, Ellen 29
Buuk, Joachim 363
Bučurović, Božidar 387

C

Cachelin, Hervé 371
Cademartori Dujisin, Isabel 372
Carle, Matthias 230
Castellaz, Peter 112
Castellucci, Lars Prof. Dr. 372
Castro, de, Inés Prof. Dr. 117
Castro, Michael 205
Cataltepe, Ayla 2, 6
Catenazzo, Sabine 209
Cee, Kerstin 257
Chrischilles 377
Christ, Armin 364
Christ, Julian 257
Christ, Jürgen Prof. 137
Christ, Peter 280
Christe, Peter 112
Christen, Kevin 259
Christmann, Anna Dr. 372
Christner, Agnes 192, 368
Christof, Julien 267
Cichy, Thomas 219
Cimander, Dieter 244
Clapier-Krespach, Andrea 162
Class, Wolfgang 236
Clauss 103
Clemens, Corinna Dr. 199, 200
Clever, Philipp 296

Cobet, Almut 210
Cohn, Martin Georg 198
Coman, Anca 377
Conrad, Klaus 233
Conrad, Sabine 23
Conrady, Thomas 84
Consoli, Alessia 230
Constantin, Peter 91
Conzelmann, Ulrich 78
Cornelius-Bundschuh, Jochen Prof. Dr. 370
Costantino, Giovanni 308
Costantino, Renzo 49
Cremer 19
Cristiani 318
Croce, Di 103
Croissant, Aurel Prof. Dr. 122
Croix, de la, Madeleine 60
Croonenbroeck 375
Csaszar, Thomas 226
Cube, von, Ina 78
Culmsee, Thorsten 284
Cuny, Sebastian 2, 6
Currle, Jochen Dr. 358
Czarnecki, Stephan 29
Czernin, Benjamin 240
Czerny, Bernd 110
Czink, Heimo 252
Cziriak, Irene 210
Czisch, Gunter 195, 368

D

Dabbert, Stephan Prof. Dr. 122
Dade, Kai 376
Dägele, Michael 291
Dahlheimer, Manfred Dr. 145
Dahlmann, Sonja 285
Dahmen, Udo Prof. 139
Daiss, Reinhold 248
Dalalishvili, Tengiz 10
Dalhoff, Martin 97
Dallinger, Stefan 264, 367
Dallmann, Harald Prof. 131
Dalmann, Annette 354
Dambacher, Michael 235, 246
Dammann, Marion 318
Dangel, Lydia 202
Dangelmayr, Rudolf 208
Danksin, Günter 288
Danner, Andel Dr. 21
Danner, Klaus 53
Danner, Zeno 314
Däschler, Klaus 205

Däschler, Rainer 205
Dätsch, Michael 21
Dattler, Armin 242
Daum, Ronald 254
Daun, Johannes 172
Dauner, Armin 279
Dauser, Thomas 16
Dautel, Albrecht 214, 219
Dauth, Thorsten 254
Day, Dieter 254
Debler, Uwe 249
Debus, Dorothea Prof. Dr. 122
Deck, Michael 91
Decker, Albin 95
Decker, Hans-Jürgen 300
Decker, Michael Prof. Dr. 120
Deckert, Jasmina 305
Degen, Achim 252
Degen, Barbara 93
Deginus, Fabian 207
Deh, Roland 330
Dehmel, Alexandra Dr. 47
Dehmer, Frank 210
Dehner, Michael 338
Deichmann, Heiko 219
Deidhardt, Hilde Dr. 277
Deines, Thomas 20
Deinet, Achim 346
Deinhard, Max-Martin W. 85
Deininger, Bernd 249
Deiß 103
Deiß, Michael 210
Deiß, Nina 10
Deißler, Thomas 224
Delakos, Ioannis 198
Delb, Horst Dr. 97
Delfosse, Andreas 299
Demal, Klaus 110
Demand, Torsten 220
Demirci, Bianca 249
Demont, Christoph 91
Dengler, Sascha 275
Dengler, Volker 307
Denk, Edgar 50
Denzel, Andreas 349
Denzer-Urschel, Theresia 379
Deparade, Nils 253
Dereck, Andreas 307
Deschner, Katja 265
Detjen, Stephan 17
Dette, Dr. 147
Dettling, Daniela 303
Dettling, Reinhard 282

Dettling-Schenkel, Cosima 257
Detzer, Sandra Dr. 372
Deuschle, Andreas 2, 7
Deutschland, von, Augoustinos Dr. h. c. 371
Dewald, Thomas 270
Di Mauro, Nastassia 253
Diblik, Martin 261
Dicht, Jochen 229
Dick, Peer-Michael 108
Dickel, Sandra 18
Diebold, Susanne 24
Dieckmann-Wittel, Hildegard 179
Diefenbach, Fabian Prof. Dr. rer. oec. 126
Diehl, Michael Prof. Dr. 123
Diehm, Bernhard 230
Diem, Gerald 234
Diem, Jürgen 237
Diem, Thomas 244
Diemer, Dr. 103
Diepgen, Martin 192
Diers, Karsten Dr. 107
Diesch, Hartmut 364
Diesch, Peter 346
Dießelberg, Heike 259
Dieter, Horst 200
Dieterle, Hans Dipl. Verw. wiss. 86
Dieterle-Bard, Bernhard 199
Dietrich, Christian Dipl.-Betr.wirt (BA), Dipl.-Diakoniewissenschaftler 107
Dietrich, Cornelia 223
Dietrich, Dr. 99
Dietrich, Jürgen Dr. 74
Dietrich, Oliver 257
Dietz, Harald 241
Dietz, Melanie 242
Dietz, Monja 299
Dietz, Wolfgang 323
Dihm, Benjamin 204
Dill, Barbara 210
Dillig, Patrick 228
Dingfelder, Simona 112
Diop 103
Dirner, Dennis 286
Disch, Joachim 179
Dißelhoff, Kersten 326
Distler, Dr. 103
Distler, Matthias 315
Ditter, Isabell 255

Dittler, Martin 276
Dittmann, Einar 145
Dittmar, Frieder Dr. 112
Dittrich, Joachim Dr. 178
Diwisch, Hans-Michael 106
Dobler, Ralf 233
Dobler, Raphaela 221
Doerries, Martin 317
Döffinger, Joachim 240
Dold, Christof 331
Dold, Steffen 308
Dolde, Dieter 202
Doll, Susanne 49
Domogalla, Sandra 315
Donabauer, Marco 209
Donn, Thorsten 223
Donnermeyer-Weisser, Silke 48
Donth, Michael 372
Dörflinger, Elke 49
Dörflinger, Thomas 2, 7
Döring, Elke 85
Dörle 26
Dorn, Markus 271
Dorn, Torben 307
Dorner 172
Dörner, Claudia 211
Dorner, Kevin 330
Dorner, Michael 294
Dörner, Simone 228
Dörr, Beate 10
Dörr, Joachim 264
Dörr, Thomas 159
Dörr, Werner 236
Dörr-Voß, Claudia 378
Dory, Gabriele 211
Dose, Carsten Dr. 112
Dostal, Monika 201
Döttinger, Steffen 214
Drakul, Irma 252
Drechsel, Ulrich 210
Drechsler, Willi 387
Dreher, Christoph 59
Dreher, Herbert Prof. Dr.-Ing. 136
Dreher, Markus 339
Dreier, Johannes Dr. 26
Dreisigacker, Andrea Dr. 22
Drescher, Carlos Medina 387
Drescher, Malte Prof. Dr. 122
Drescher, Nils 270
Drescher, Simone 313
Drescher, Thorsten 83
Drexler, Ramona 270

Dreyer, Malu 17
Dreyer, Mechthild Prof. Dr. 143
Dreyer, Stefan 64
Driesch, Jutta 379
Dringenberg, Ralf Prof. 131
Dröse, Christian 326
Drössel, Tanja Dr. 47
Drung, Andreas 20
Druwe, Ulrich Prof. Dr. 133
Duffner, Barbara 308
Duffner, Sebastian 308
Dufner, Gervas 285
Dufner, Thomas 25
Duijm, Bernhard Prof. Dr. 368
Dulger, Andreas Dr. 387
Dulger, Rainer Dr. 386
Duller, Manuel 359
Dullinger, Werner 371
Dumont, Jacqueline 322
Dürr, Bernd 197
Dürr, Christiane 224
Dürr, Gabriela 297
Dürr, Horst 350
Dürr, Melanie 254
Dürr, Ottmar 242
Dürr, Ulrich 197
Dürrhammer, Marc 354
Durst, Benjamin 214
Durst-Nerz, Ulrike 334
Dürste, Christopher 348
Dusch, Christian Dr. 256, 367
Duttle, Jutta 316
Duttlinger, Daniela 304
Dvorak, Stefan 366
Dworak, Christiane 90

E

Ebenhöch, Peter 236
Eberhard, Michael 16, 212
Eberhard, Thomas 201
Eberhardt, Carina 283
Eberhardt, Klaus 321
Eberhardt, Rolf 94
Eberhart, Roland 62
Eberle, Dominik 266
Eberspächer, Wolfgang 386
Ebert, Bettina 295
Ebert, Dr. 376
Ebert, Meike 180
Ebert, Nikolaus Dipl.-VwWirt (FH) 250
Ebert, Simon 255
Ebert, Ulrike 245

Ebhart, Armin 253
Eble, Georg 328
Eble, Ingrid 327
Eble, Juliana 229
Eble, Thomas 367
Ebner, Doris 290
Ebner, Harald 372
Echle, Julia 227
Echteler, Stefan 347
Eck, Markus 244
Eckart, Bernd 381
Eckerle, Benedikt 288
Eckert 99
Eckert, Horst 379
Eckert, Julia Dr. 310
Eckert, Siegfried 296
Eckert, Simone 57
Eckert-Maier, Heike 214
Eckhardt, Jörg-Detleff Prof. Dr. 27
Eckl, Marco 261
Eckstein, Stefanie 384
Edele, Bernd 206
Edelhäuser, Rainer Dr. 106
Edig, Thomas 386
Edinger, Carsten 322
Edinger, Matthias 241
Edinger-Schons, Laura Maria Prof. Dr. 123
Eeden, van, Marcel Prof. 138
Egelhaaf 19
Eger, Alexander Dr. 271
Eger, Benjamin 342
Eger, Philipp 10
Egerer, Harald 53
Egerer, Wolfgang Dipl.-Ing. FH 93
Eggensperger, Monika 269
Egger, Timo 358
Eggert, Gerd 162
Eggstein, Bernd 205
Eggstein, Martin 100
Egloff, Thomas 290
Eh, Christopher 341
Ehebauer, Maximilian 257
Eheim, Christian 252
Ehlers, Bastian 209
Ehm, Marcus Dr. 363
Ehmann, Bianca 228
Ehmann, Claus 230
Ehmann, Tobias 200
Ehninger, Margit 9
Ehret, Dirk 285

Ehret, John 269
Ehrhardt, Christine 60
Ehrhardt, Uwe 292
Ehrich, Michael 371
Ehrmann, Jürgen 252
Ehrmann, Karl-Heinz 245
Eiberger, Carolin Dr. 94
Eiberger, Christian 214
Eichelmann, Kathrin 210
Eichhorn, Joachim Dr. 380
Eichhorn, K. 147
Eichhorst, Michael 110
Eichin, Siegfried Dr. med. 310
Eichmann, Anne 116
Eick 99
Eickel, Tanja 252
Einfalt, Thomas 227
Einig, Emil 69
Eininger, Heinz 201
Einsele, Armin 253
Einsele, Susanne 270
Eisch, Uwe 315
Eisele, Jürgen 26, 243
Eisele, Sabrina 253
Eisele, Tobias 99
Eisenbarth, Markus Dr. 24
Eisenbarth, Petra 317
Eisenhauer, Ralf 194
Eisenhut, Bernhard 2
Eisenlohr, Dorothee 305
Eisenmann, Norbert 78
Eisenmann, Stefan 90
Eisenreich, Dirk Dr. 60
Eisert, Joachim Dr. 82
Eißler 160
Eitel, Bernhard Prof. Dr. rer. nat. habil. Dr. h. c. 122
Ekmann, Regina 221
Elbl, Armin 207
Elkemann, Dirk 272
Ellenberger, Volker 179
Elliger, Tobias 338
Ellinger, Dirk 380
Ellinghaus, Alexander 24
Elsäßer, Anja 203
Elsäßer, Rolf 279
Elze, Solveig 66
Emmenecker, Daniel 262
Emmerich, Andreas 269
Emmerich, Marcel 372
Empl, Martin 110
Emser, Geraldine 364
Enderle, Christoph 283

Enderle, Daniel 315
Enderle, Miro 292
Endriss, Barbara 40
Endriß, Michael 180
Engel, Christian 268
Engel, Judith 253
Engel, Ralf 10
Engelbach, Wolf Dr. 145
Engelhard, Heiko 21
Engelhardt 103
Engelhardt, Franziska 205
Engelhardt, Heike 372
Engelke, Anna 374
Engelke, Hans-Georg 375
Engelmann, Petra 300
Engelsberger, Daniela 279
Engelsman, Stephan Prof. Dr.-Ing. 85
Engesser, Michael 320
Engesser, Thomas 333
Engler, Bernd Prof. Dr. 124
Engler, Georg 344
Englert, Thorsten 223
Engling, Heiko 59
Enkel, Dietmar 28
Ensle, Günter 247
Enz, Eberhard 278
Enzensperger, Daniel 353
Epp, Wolfgang Dr. 85
Eppinger, Daniel 53
Epple, Konrad 2
Epting, Manuela 301
Erath, Bodo 339
Erath, Hubert 356
Erath, Ralf 358
Erb 103
Erbe, Christian O. 85
Erdmenger, Christoph 145
Erhardt, Carsten 299
Erhardt, Michael 75
Erichson, Wolfgang 193, 194
Erikli, Nese 2, 8
Erk, Katrin 144
Ernsperger, Anton 248
Ernst, Andreas 270
Ernst, Christian 267
Ernst, Daniel 268
Ernst, Erik 259
Ernst, Kai-Uwe 221
Ernst, Karin 262
Ernst, Karl-Friedrich 365
Ernst, Michael Dr. 94
Ernst, Wolfgang Prof. Dr. 128

Erthal, Frank 253
Ertner, Stephan 13
Erwerle, Andreas 342
Eryanar, Yasemin 239
Eschbach, Andreas 213
Eschelbach, Ralf 228
Eschler 148
Eschweiler, Wilhelm Dr. 378
Eser 26
Esken, Saskia 372
Essig, Karin 220, 235
Essig-Christeleit, Ralph 298
Essinger, Gunther Dr. 110
Eßwein, Stephanie 248
Esterle, Markus 308
Ettwein 160
Euba, Norbert Dr. 368
Evers, Daniela 2, 6
Ewald, Markus 360
Exler, Thomas 363
Exo, Astrid 360
Eyb, Freiherr von, Arnulf 3

F

Faber, Heiko 278
Fahrländer, Ralf 310
Fahrner, Frank 303
Fahrner, Rainer 199
Faißt, Wolfgang 199
Falk 103
Falk, Joachim 300
Faller, Heiko 295
Fänger, Uwe 246
Fante, Steffen 285
Färber, Hermann 372
Farquhar, Rena 146
Farrenkopf, Georg 262
Fassott-Schneider, Sylvia 270
Fäth, Hans-Ulrich 380
Faulhaber, David 266
Faulhaber, Petra 276
Fausel, Albrecht 329
Fauser, Hans-Peter 305, 333
Faußner, Daniela 245
Fauth, Benjamin Prof. Dr. 46
Fauth, Ekkehard 197
Fauth, Wolfgang 220
Fechner, Johannes Dr. 372
Fecker, Claus 338
Fedderke, Simone 145
Feeß, Gerhard 273
Feger, Thomas 301
Fehlandt, Stefan Prof. 137

Fehr, Annette 23
Fehrenbacher, Oliver Prof. Dr. 123
Fehrlen, Martina 224
Feicht, Andreas 378
Feicht, Désirée 350
Feick, Thomas 353
Feiert, Thomas 218
Feige, Willi 247
Feigl 19
Feigl, Stefan 276
Feil, Rainer 165
Feil, Robert 216
Feiler, Uwe 378
Feilhauer, Irene 23
Feindura, Wilfried 70
Feitscher, Martin 200
Felchle, Andreas 279
Felchle, Stefan 202
Felchner, Stefanie 293
Felder, Klaus 170
Felder, Sylvia M. 23
Feldmeyer, Tobias 220
Feldmeyer, Ulrich 226
Feldwieser 68
Felgendreher, Markus 362
Felgenhauer, Michael 243
Feneberg, Kai 346
Feria Olid, Sandra 313
Ferlemann, Enak 380
Fernandez, Sonja 200
Fertig, Michael 301
Fessler, Diana 272
Feßler, Thomas 253
Fetzer, Barbara 211
Fetzer, Jochen 361
Fetzer, Maximilian 353
Fetzer, Thomas Prof. Dr. 123
Fetzner, Torsten Dr. 272
Feucht, Günther 316
Feuchter, Stephanie 236
Fezer, Isabel 374
Fezer, Isabell 192
Ficht, Klemens 25, 26
Fichter, Ramona 304
Fiebig, Jörg 51
Fiebig, Ulla 383
Fiederlein, Christina 262
Fiedler, Annegret 272
Fiedler, Martin 361
Fiedler, Ulrich Dr. 329
Fiesel, Jürgen 358
Fietz, Paul Johannes 377

Filipp, Elena 218
Fillbrunn, Frank 195
Filz, Patrizia 233
Finckh, Martin 53
Finis, Benjamin 197
Fink, Nicolas 3
Fink, Nicole 7
Fink, Roger 271
Fink, Sandra 341
Fink, Stefan 231
Fink, Steffen Dr. 28
Finkbeiner, Heike 283
Finke, Andreas 379
Finkelnburg, Moritz Dr. 40
Finkenbeiner, Andreas 9
Finster, Christian Ass. jur. 107
Finsterle, Anke 280
Finsterwald, Jana 352
Fischer, Alexander 342
Fischer, Berthold 308
Fischer, Christian Prof. 137
Fischer, Detlef 219
Fischer, Dietmar 274
Fischer, Erika 279
Fischer, Ina 326
Fischer, Ivo 99
Fischer, Kai Prof. 59
Fischer, Lothar 363
Fischer, Madelaine 224
Fischer, Michael 215
Fischer, Michael Dr. 28
Fischer, Nadine 236
Fischer, Natalie 200
Fischer, Rudi 3
Fischer, Silke Prof. Dr. 22
Fischer, Stefanie 216
Fischer, Werner 271
Fischer-Dankworth 176
Fischer-Vochatzer, Gabriele 288
Fiss, Erik Dipl.-Ing. 304
Fitschen, Christiane 210
Fitterling, Rolf 268
Fitzgerald, Angelika 233
Fix, Martin Prof. Dr. 134
Flach, Andreas 358
Flachsbarth, Maria Dr. 383
Flaig, Gebhard 308
Flaig, Oswald 297
Flamm, Stefan 62
Flasbarth, Jochen 383
Fleck, Wolfgang Dr. 27
Fleig, Alexander 215
Fleisch, Andreas 227

Fleisch, Frank 227
Fleischer, Elisabeth 124
Fleischmann, Frank 78
Fleuchaus, Ruth Prof. Dr. 127
Flick, Michael 23
Fliegner, Stephan 294
Flik, Christopher 212
Flik, Joachim 276
Flink, Wolfgang 298
Flogaus, Gudrun 211
Florea, Radu-Dumitru 387
Florus, Christof 257
Flosdorff, Jens 381
Flucht, Sandra 360
Fluck, Rudolf 308
Fluhrer, Daniel 193
Fluri, Sandra 321
Fogl, Sandra Dr. 46
Fohs, Nikolaus 263
Folk, Michael 230
Folkerts, Meike 290
Förderer, Jacqueline 237
Foric, Sandra 141
Forster 103
Förster, Birgit Dipl.-Vwwirt 279
Förster, Joachim 270
Förster, Marc-Niklas 383
Forster, Wolfgang Prof. Dr. 124
Fortenbacher, Hans 312
Fortwingel, Linda 228
Foss, Michael 232
Foth, Dietmar Dr. 159
Franczak, Stephan 226
Frank 19
Frank, Jürgen 311
Frank, Martin 29
Frank, Philipp Dr. 327
Frank, Roland 326
Frank, Rüdiger 354
Frank, Stefani 23
Frank, Sven 228
Frank, Tanja 332
Franke, Gerhard 203
Franke, Peter 378
Franke, Stefanie Dr. 22
Franke, Thomas 11
Franken, Christopher 245
Frankenberg, Matthias 336
Frankenstein, Martin 239
Franz 378
Franz, Annette 322
Franz, Christiane 10
Franz, Matthias Dr. 27

Franz, Oliver 211
Fraß, Markus 259
Frauenkron, Stephan 270
Frauhammer, Jörg Dr. 215
Frech, Carolin 305
Frech, Concetta 303
Frede, Volker 352
Freese, Wiebke 46
Frei, Marion 325
Frei, Sebastian 226
Frei, Thorsten 372
Freiberg, Oliver 338
Freihart, Willibald 249
Freist-Dorr, Mechthild Dr. 97
Freitag, Jasmin 240
Freitag, Martin Prof. Dr.-Ing. 136
Freitag, Peter 201
Frenzel, Bernd 325
Frenzl, Reinhold 21
Freund, Margit 251
Frey 159
Frey, Alfred 21
Frey, Andreas Prof. Dr. 129, 380
Frey, Daniel 212
Frey, Jan 271
Frey, Jörg 308
Frey, Josef 3
Frey, Thomas 64
Frey, Timo 226
Frey-Schmidt, Melanie 237
Freyberger, Andreas 178
Frick, Christof 357
Frick, Lothar 10
Frick, Matthias 270
Fricke, Axel 210
Frickinger, Andreas 232, 233, 234
Frickinger, Stephan 362, 363
Fridrich, Alexandra 157
Fridrich, Johannes Dr. 206
Friebolin, Oliver 320
Friedel 355
Friedel, Annette 210
Friedel, Oliver 255
Friedel-Wäsch, Andrea 264
Friedemann, Hans-Joachim Dr. 27
Friedrich, Andreas 384
Friedrich, Jürgen 240
Friedrich, Maximilian 221
Friedrich, Stefan 315
Fries, Jan 368

Friesen, Irina 240
Frieß, Berthold 145
Frietsch, Martin 96
Frisch, Margit 230
Fritsch, Sabrina 200
Fritsch, Thomas 279
Fritsche, Katja 54
Fritschi, Alois 315
Fritz, Alexandra 229
Fritz, Andrea 216
Fritz, Andreas 269
Fritz, Anika 220
Fritz, Kay 215
Fritz, Susanne 247
Fritz, Werner 62
Fritz-Wölpert, Ingrid 26
Fritzsch, Dr. 53
Friz, Sieghart 206
Fröhlich, Heike 228
Fröhlich, Michael 363
Fröhlich, Sabrina 9
Fröhlin, Dominik 288
Frohnmaier, Markus 372
Frölich, Hans 344
Frommeyer-Fülle, Sandra 343
Früh, Barbara 253
Frühwirth, Heike Prof. Dr. 126
Fuchs, Alexander 243
Fuchs, Janette 327
Fuchs, Jürgen 276
Fuchs, Margit 235
Fuchs, Ralf 245
Fuchs, René Dr. 93
Fuchs, Roland 359
Fuchs, Thomas 290
Fuchtel, Hans-Joachim Dr. 378
Fuhrmann, Thomas 191
Füllsack, Brigitte 78
Fulst-Blei, Stefan Dr. 3, 7
Funck, Andrea Prof. Dr. 138
Fundel, Stefan Dr. 171
Funk, Corinna 211
Funk, Marita 248
Funk, Martin 202
Funk, Stefan 261
Funken, Stefan Prof. Dr. 125
Furmans, Kai Prof. Dr.-Ing. 121
Fürst, Gebhard Dr. 370
Fürst, Kurt 316
Furtwängler, Fabian 286
Füssgen, Erik 299

G

Gaebele, Gert 197
Gahm, Simone 235
Gairing, Tamara 209
Gaiser, Albrecht 330
Gaiser, Klaus 349
Gaiser, Uwe 300
Gaissert, Iris 209
Galesky, Tanja 202
Gall, Jürgen 274
Gallasch, Daniel 360
Gallejo Carrera, Diana 223
Galm, Jürgen 263
Gamp, Jürgen 327
Gampp, Sascha 286
Gangl, Christian 199, 200
Ganninger, Dr. 169
Ganser, Anton 352
Ganser, Siegmund 330
Gänshirt, Ralf 267
Ganß, Michael 120
Gantert, Karlheinz 325
Gantert, Raphaela 285
Gantert, Tobias 327
Gantzer, Jörg 323
Ganz, Marlena 256
Ganzenmüller, Uwe 333
Garhöfer, Manfred 24
Gärtner, Andrea 272
Gärtner, Annika 230
Gärtner, Bert Matthias 157
Gärtner, Jana 228
Gärtner, Philipp 314
Gärtner, Robert 259
Gärtner, Thomas 301
Gaspers, Lutz Prof. Dr. 131
Gassenmayer, Jürgen 212
Gassert, Philipp Prof. Dr. 123
Gaßmann, Gerald 386
Gassner 18
Gaßner-Herz, Martin 372
Gastel, Matthias 372
Gatti, Frank 327
Gatzer, Werner 376
Gatzke, Elleen 251
Gauch 147
Gaudin, Sabine 23
Gaus, Achim 342
Gawronski, Hans-Georg 169
Gayer, Eberhard 248
Gebauer, Martin 206
Gebers, Leonie 378
Gebhard, Florian Prof. Dr. 144

Gebhart, Thomas Dr. 383
Gedemer, Thomas 293
Geenen, Georg 377
Gehl-Moser, Melanie 294
Gehlhaar, Volker 47
Gehring, Christian 3, 6
Geider, Felix 254
Geiger, Albin 62
Geiger, Alexander 360
Geiger, Hartmut 28
Geiger, Martina Prof. 49
Geiger-Schmitt, Elke 241
Geisel, Bertram Dr. 22
Geiser, Reinhard 281
Geiß, Jens 270
Geissel, Norbert 219
Geißler, Edgar 255
Geißler-Spohrer, Claudia 255
Geistlinger, Bernd 261
Gekeler, Martin 287
Gellert, Matthias Dr. 26
Gellert, Nina 270
Gencgel, Marcel 227
Gentges, Marion 3, 12, 52, 374
Genthner, Heiko 278
Genthner, Jürgen 24
Geppert, Thomas 301
Gerber, Werner 293
Gerbich-Demmer, Uwe 265
Gericke, Markus 145
Gericke, Silke 3
Gering, Anje 84
Gering, Ilona 360
Gerken, Jan Dipl.-Ök. 123
Gerlach, Melissa 199
Gerlach, Nadine 199
Germann, Jürgen 253
Gerner, Marina 246
Gerst, Martin 279
Gerstenberger, Heiko 310
Gerster, Martin 372
Gerster, Ralph 362
Gerster, Stephan 360
Gerstlauer, Dieter 246
Gert, Vitalij 203
Gerth, Thomas 298
Gerthofer, Stefan 342
Gertitschke, Gerhard 205
Gertler, Nils Fabian Dr. 133
Geschwill, Karlheinz 266
Geßler, Jochen 283
Gethmann, Nicolas 166
Gewiß, Sabine 277

Geyer, Dr. 27
Geyer, Robby 10
Giek, Alexander 278
Giesen, Elisabeth 379
Gießelmann, Frank Prof. Dr. 123
Gille-Eberhardt, Claudia Dr. 94
Gilliar, Claus 254
Gimpel, Angela 321
Gindele, Siegfried 363
Ginter, Mathias Dr. 260
Girerd 65
Girod, Axel 207
Girrbach, Sabrina 354
Gisler, Werner 297
Glan, von 318
Glania, Guido Dr. 84
Glasbrenner, Thomas 266
Gläser, Alexander 385
Glaser, Andreas 251
Gläser, Claudia 84
Glaser, Dagmar 60
Gläser, Jana 214
Glaser, Mario 349
Gläser, Stefan 19
Glassl, Matthias 222
Glatthaar, Udo 240
Glemser, Monika 145
Gleser, Christian Prof. Dr. 133
Glock, Florian 199
Glocker, Melanie 350
Glöckle, Walter Dr. 99
Glöckler, Evelyne 294
Glockner, Sabine 293
Glombik, Annegret 246
Glück, Hans-Ulrich 28
Glückler, Johannes Prof. Dr. 122
Gluiber, Daniel 202
Glutsch, Jörg 46
Gmeiner, Christian 273
Gmelin, Michaela 326
Gnädig, Jutta 295
Gneiting, Jürgen 157, 182
Gniffke, Kai Prof. Dr. 16
Göbelebcker, Ute 252
Gobernatz, Frank 269
Goby, Michael 293
Göck, Ralf Dr. 266
Godschalk 383
Goebel, Ralf Dr. 115
Goerdt, Sergij Prof. Dr. med. 122
Goeser, Christoph 387

Gögel, Bernd 3, 7
Gogel, Sabrina 10
Göggelmann, Georg 344
Gohm, Edwin 227
Göhrig, Claus 266
Göhringer, Martin 299
Goj, Maria 176
Goldberg, Swen 252
Goldlücke, Bastian Prof. Dr. 123
Goldman, Matthias 91
Goldschmidt, Petra 253
Golka, Steffen 251
Goll, Julia 3, 7
Göller, Alessandra 334
Göller, Detlef 240
Göller, Dieter 233
Golter, Sven 254
Gölz, Irene 108
Gombold, Bernd 362
Gönner, Martin 334
Gönninger, Daniel 329
Gonser, Raphaela 337
Goossens, Peter 29
Göpferich, Peter 302
Gora, Holger 268
Gornik, Joachim 264
Gortat, Oliver 354
Goßner, Hans-Jürgen 3, 6
Goth, Thomas 230
Gött, Daniel 197
Gotter, Ulrich Prof. Dr. 123
Gottwald, Carolin 24
Gottwald, Manfred 208
Götz, Clemens Dr. 274
Götz, Erich 328
Götz, Heidi 26
Götz, Heinrich Dr. 338
Götz, Isabel 274
Götz, Jasmin 329
Götz, Stefan 171
Götz, Ulrike 171
Götze, Barbara 383
Götzmann, Roman 294
Grab, Andrea 197
Grab, Manfred 379
Grab, Volker 246
Grabe 161
Grabenbauer, Eric 272
Gräber, Axel Dr. 78
Grabherr, Guntram 347
Graef, Horst 274
Graf 53
Graf, Andreas 288

Graf, Nicole Prof. Dr. 135
Graf, Norbert 257
Graf, Severin 307
Graf, Thomas 229
Graf-Frank, Rainer 164
Graf-Hauber, Johannes 119
Grahn, Volker 248
Gramlich, Benjamin 303
Gramlich, Silvana 268
Gramlich, Volker 214
Gramling, Fabian 373
Grams, Dr. 383
Grams, Gerhard 146
Graner, Manfred 215
Graß, Melanie 300
Graßhof, Malte Prof. Dr. 157, 179
Grassi, Annick 283
Grääle, Ingeborg Dr. 373
Grääle, Rainer 230
Grääslin, Martin 321
Grath, Anastasia 255
Grath, Martin 3
Grathwohl, Peter Prof. Dr. 124
Grau, Doris 237
Grau, Sven 219
Grauer, Stefan Dr. 28
Grausam, Ina 218
Greber, Christian 201
Greiff, Christian Dr. 7
Greilach, Christian 258
Greiner, Doris 171
Greiner, Monika 10
Greiner-Nitschke, Marion 341
Greiselis-Bailer, Stefanie 29
Gremm 378
Gremmelmaier, Jürgen 177
Gremmelspacher, Martin 181
Grempels, Uwe 265
Grenke, Wolfgang 84
Greß-Bosch, Sigrid 343
Greule, Jürgen 274
Greveler, Peter 364
Grewe, Matthias 170
Griener, Ludwig 341
Gries, Christian Dr. 116
Griese, Kerstin 378
Grieshaber, Carmen 317
Griesinger, Ina 203
Griesinger, Wolfgang 46
Grießhaber, Roland 305
Grießmayer, Stella 369
Grimm 64

Grimm, Hannes 64
Grimm, Martin 264
Grimm, Michael 230
Grimmer, Bernd Dr. 3
Grimmer, Christoph Dr. 235
Grimmer, Monika 226
Grimminger, Vanessa 248
Grisslich, Dieter 361
Groh, Matthias 238
Groh, Sonja 236
Gromann, Achim 301
Gröner, Michael 246
Gröner, Siegfried 237
Grootherder, Roland 346
Groß, Bianca 262
Groß, Elisabeth 78
Gross, Klaus 234
Groß, Rainer 354
Großmann, Jürgen 275
Grötsch, Michael 194
Grötzinger, Verena 206
Grotzki, Berthold 316
Grözinger, Mirjam 211
Grübel, Markus 373
Gruber, Gernot 3
Gruber, Johannes 325
Gruber, Markus Prof. Dr. 123
Gruber, Matthias 219
Gruhl, Jens 178
Grulke, Barbara 331
Grumann, Holger 180
Grumbach, Michael 305
Grumbach, Stefanie 304
Grun, Wolfgang 278
Grund, Angelika 388
Grund, Karin 197
Grundke, Matthias Prof. Dr. 178
Grüner, Joachim 364
Gruner, Martin 323
Grünert, Dieter 9
Grunert, Dirk 194
Gruninger, Gabriele 69
Grupp, Anselm Dr. 246
Grupp, Cornelius Dr. iur. 386
Grupp, Dieter Dr. 109, 110
Grupp, Isabelle 210
Grus, Petra 212
Grützner, Thorsten 377
Grytner, Sebastian 306
Gschlecht, Martin 318
Gschwender, Eberhard 259
Guddas, Susanne 98
Guderjan, Matthias 293

Guhl, Alexander 325
Güler, Melin 20
Gundelfinger, Thomas 48
Günes, Herkan 270
Gunst, Jürgen Dipl.-VwWirt (FH) 250
Günter, Jürgen 48
Günter-Roth, Silvia 279
Güntert, Frank Dr. 100
Günther, Kai 172
Günther, Markus 264
Günther, Michael 380
Günther, Tanja 226
Günthner, Melanie 333
Guntow, Marc Prof. 131
Gunzenhauser, Christian 208
Gunzenhäuser, Reinhard 274
Guse, Michael 309
Gutbrod, Helena 300
Gutbrod, Matthias 298
Gutenkunst, Stefan 300
Güthler, Daniel 216
Gutjahr, Jochen 290
Gutmann, Ann-Marie 75
Gutting, Olav 373
Gwosch, Susanne 305

H

Haag, Elmar 359
Haag, Friedrich 3, 6
Haag, Prof. Dr. 195
Haag-Bingemann, Heidrun 290
Haager, Henriette 22
Haakh, Frieder Prof. Dr. Ing. 40
Haarer, Frank 56
Haas, Andreas 341
Haas, Bernhard 282
Haas, Caroline 241
Haas, de, Eva 21
Haas, Hans Josef 376
Haas, Jürgen 225
Haas, Markus 264
Haas, Mathias 263
Haas, Michael 239
Haas, Reiner 266
Haas, Thomas 235, 304
Haase, Manfred 250
Haase, Michael 353
Habakuk, Ronny 200
Habakuk, Zeynep 199
Haber, Norbert Dr. 92
Haberkorn, Günter 241
Häberle, Magdalena 78

Häberle, Peter 57, 177
Häberlein, Tobias Prof. Dr. 125
Haberstroh, Alfred 308
Haberstroh, Carmen 330
Haberstroh, Friedrich 170
Haberstroh, Josef 286
Haberstroh, Wolfgang 303
Hachtel, Otto 233
Häckelmoser, Fabian 290
Hackenberg, Martin 28
Häcker, Gerald 365
Hacker, Ingo 205
Häcker, Jürgen 227
Häcker, Karl 344
Häcker, Rolf Dr. 9
Hadler, Andreas 83
Hadwich, Karsten Prof. Dr. 122
Häfele, Thomas 248, 249
Häfele, Wolfgang Dr. 385
Häffner, Eckhard 247
Häffner, Petra 3, 8
Hafner, Harald 308
Hafner, Mathias Prof. Dr. rer. nat. 128
Hafner, Susanne 246
Hagedorn, Bettina 376
Hagel, Manuel 3, 7
Hägele, Jochen 371
Hägele, Melanie 305
Hagen, Julia Dr. 10
Hagen, Peter 78
Hagenacker, Heinz-Rudolf 294
Hagenlocher, Marcel 199
Hagenlocher, Steven 212
Hagenmüller-Gehring, Sabine 22
Hager, Gerd Prof. Dr. 367
Hager, Hans 312
Hager-Mann, Daniel 41
Hagg, Siegfried 361
Hagl-Kehl, Rita 375
Hagmann, Michael 20, 86
Hahn, Brigitte 24
Hahn, Cornelia 19
Hahn, Daniel Dr. 28
Hahn, Dieter 289
Hahn, Edwin 246
Hahn, Kersten 240
Hahn, Martin 3, 9
Hahn, Martin Dr. 22
Hahn, Philipp 338
Hahn, Robert 331
Hahn, Simon Dr. 21
Hahr, Angelika 332

Hailfinger, Manuel 3
Hainbuch, Joachim 201
Haisch, Karin 245
Hajden, Michael 323
Hajek, Wilfried 192
Hakenjos-Boyd, Birgit 84
Hald, Christoph 247
Halfen, Sabine 277
Hall, Andreas 288
Hall, Andreas-Michael 22
Hall, Martin 312, 313
Haller, Andreas 49, 307
Haller, Bernd 24
Haller, Magdalena 312
Haller-Laible, Dorothea 386
Halm 103
Halm, Christel 333
Halter, Roland 228
Halw, Andreas 204
Hamberger, Christoph 229
Hamer, Jens 384
Hamm, Robert 21
Hamma, Johannes 313
Hammer, Stefan 305
Hammer, Ursula 177
Hämmerle, Klaus 294
Hammerstein, Katrin Dr. 10
Handgrätinger, Uwe 342, 344
Hangs, Julia 259, 300
Hanke, Günther Dr. 107
Hänle, Florian 349
Hannemann, Birgit 215
Hannemann, Christian 277
Hans, Oliver 74
Hanselka, Holger Prof. Dr.-Ing. 120
Hanselmann, Wilhelm 238
Hansmann, Fridolin 18
Hanus, Michael 206
Harder, Katrin 205
Harder, Theresa 289
Hardtmann, Michael 305
Häring, Dan 197
Häring, Ines 285
Häring, Konrad 313
Häring, Markus 15
Härle, Manfred 354
Harrschar 160
Harsch, Daniela Dr. 335
Harsch, Frank 235
Harscher, Dirk 322
Hartebrodt, Christoph Dr. 97
Hartleitner, Maximilian 340

Hartmann, Dietmar 53
Hartmann, Frank 350
Hartmann, Heike 327
Hartmann, Stefan 205
Hartmann, Thomas 233
Hartmann-Müller, Sabine 3
Hartwich, Eugen 371
Hascher, Günter 342
Häse, Andreas 311
Haselbeck, Roswitha 204
Hasenburger, Jochen 198
Hasenfuß, Daniela 246
Hasenmaier, Pia 278
Haser, Raimund 3
Haß, Tobias 277
Haßel, Lutz 182
Hassel, Rupert 180
Hässler, Andreas 312
Hassler, Florian 13
Hattenbach, Stefan 297
Hättig, Dominika 299
Hauber, Roland 214
Haucap, Tobias 230
Hauchler, Ines 360
Hauck, Torsten 239
Hauer, Judith Prof. Dr. 37
Hauer, Thomas 21
Hauf, Matthias 244
Haug, André 57
Haug, Bernd 334
Haug, Christine 347
Haug, Katharina 358
Haug, Manfred 338
Haug, Roland 358
Haug, Thilo Prof. Dr. 128
Hauk, Christian 262
Hauk, Peter 3, 12, 87, 374
Hauler 53
Hauler, Karl 344
Haumacher, Sven 205
Haupt, Harald 312
Haupter, Elisabeth 348
Hausen, Maike Dr. 10
Hauser, Dr. 53
Häuser, Dr. 65
Häuser, Iris Dr. 10
Hauser, Karin Prof. Dr. 123
Hauser, Otto 198, 384
Hauser, Patrick 232
Hauser, Richard 313
Hauser, Werner 210
Häusler, Bernd 317
Häusler, Martina 3, 7

Häusling, Angela 110
Hausmann, Edgar 248
Haußer 147
Häußer, Kevin 229
Häußermann, Siegfried 206
Häußler, Andreas 244
Häußler, Franka 288
Häußler, Jens 275
Häußler, Roland 196
Haußmann, Jochen 3, 7
Haußmann, Karin 202
Haußmann, Rainer 203
Hebeiß, Manfred 229
Hebel, Dirk Prof. Dipl.-Ing. 121
Heber, Steffen 228
Hechler, Benjamin 74
Hecht, Kai-Uwe 10
Hecht, Thomas 26
Heckel, Christian Prof. Dr. 179
Heckersbruch 26
Heckmann, Dr. 103
Heckmann, Ulrich 227
Hedtke-Becker, Astrid Prof. Dr. phil. 128
Heemeier, Benjamin 21
Heeswijk, van, Jenny 145
Hehn, Frank 260
Hehn, Maria Dr. 97
Hehn, Uwe 240
Heidecker, Moritz Dr. 252
Heidl, Walter 110
Heidrich, Michael 203
Heidrich, Sabine 248
Heil, Hubertus 378
Heiland, Joachim 99
Heiler, Walter 255
Heilig, Benjamin 211
Heilmann, Karl-Albert 60
Heim, Matthias 208
Heimann, Björn Dipl.-Ing. 255
Hein, Lutz Prof. Dr. 121, 144
Hein, Stefan 220
Heine, Wolfgang Dr. 368
Heineken, Ralf 99
Heini, Harald 325
Heininger, Klaus 209
Heinisch, Manfred 266
Heinloth, Johannes 76
Heinrich, Joachim 288
Heinrich, Michael 224
Heinrich, Steffen 226
Heinrichsdorff, Steffen Dipl.-Ing. 215

Heinz, Hans-Walter Dipl.-Kfm. 75
Heinz, Jochen 208
Heinz, Karola 304
Heinz, Martin 267
Heinzelmann, Bernd 304
Heinzelmann, Christoph Prof. Dr.-Ing. 381
Heinzelmann, Ralf 305
Heiß, Hans-Jürgen 194
Heiß, Jürgen 193
Heissel, Lothar 28
Heitlinger, Georg 3, 7
Heizenreder, Udo 359
Heizmann, Tobias 197
Helbig, Stefan 309
Held, Wolfgang 25
Hellener, Thomas 283
Heller, Dirk 110
Heller, Erwin 197
Hellinger, Marco 240
Hellstern, Uwe Dr. 3
Helm, Markus 325
Hem, Petra 361
Hemberger, Eva Dr. med. dent. 109
Hemberger, Jürgen 255
Hemberger, Katja 272
Hempelmann, Uwe 23
Hendriks, Marc-Oliver 119
Heneka, Regine Dr. 177
Hengge, Berthold 348
Henke, Uta 370
Henkel, Kerstin 269
Henle, Dieter 243
Henle, Hans-Jörg 359
Henle, Matthias 363
Henle, Werner 280
Henn, Nadine 262
Henne, Johannes 353
Henne, Matthias 357
Henne, Michael 335
Hennen, Wolfgang 75
Henning, Roger 240
Henninger, Axel 313
Hennrich, Michael 373
Henrich, Daniel 10
Henschel, Andreas 372
Hensler, Clemens 287
Hentschel, Holger 377
Hentschel, Nadine 274
Hentschel, Stephanie Dr. 282
Hentschel, Thomas 3

Hepp, Alexandra 332
Hepp, Patrick 346
Heppler, Joachim 339
Hepting-Hug, Sibylle 99
Herb, Andreas 277
Herberger, Dr. 167
Herbst, Jens 360
Herbst, Oliver 128
Herbstritt, Karl Josef 287
Hercher, Colette 376
Herdner, Andreas 308
Herdner, Josef 307
Herion, Frank 261
Herkens, Felix 3
Herkert, Udo 113
Hermann, Albert Dr. 19
Hermann, Andrea 308
Hermann, Andreas 358
Hermann, Christoph 91
Hermann, Günther 363
Hermann, Matthias Prof. Dr. 137
Hermann, Robert 283
Hermann, Stefan 313
Hermann, Winfried 3, 12, 145, 374
Hermann, Wolfgang 297
Hermanns, Uwe 351
Hermsdorf 378
Herpertz, Sabine Prof. Dr. med. 122
Herr, Michael 323, 326
Herr, Simone 350
Herre, Anita Dr. 94
Herre, Michael 313
Herrera Torrez, Markus 242
Herrgen, Andreas 177
Herrlich, Frank Prof. Dr. 120
Herrmann, Beatrice 330
Herrmann, Dieter 237
Herrmann, Frank 269
Herrmann, Gaby Dr. 138
Herrmann, Harald 82
Herrmann, Joachim Dr. 41
Herrmann, Matthias 353
Herrmann, Raimund 40
Herrmann, Sabine 226
Herrmann, Sarah 334
Herrmann, Sebastian 332
Hersam, Alexander 309
Hertel, Silke Prof. Dr. 122
Herter, Claudia 331
Herter, Ilona 109

Herter, Josef 331
Herterich, Wolfgang 10
Hertfelder, Thomas Dr. 374
Herth, Jörg 180
Hertle, Ralf 296
Hertlein, Beate 22
Hertweck, Sandra 257
Hertwig, Steffen 229
Hertzsch, Raimund 371
Herwig, Uwe Prof. Dr. Dr. 110
Herzberg, Marcel Dipl.-Ing. 368
Herzog, Bernd 234
Herzog, Roman Dr. 21
Heske, Dieter 356
Hesky, Andreas 224
Heß, Adrian 360
Hess, Christian 293
Heß, Daniel 354
Heß, Dieter 146
Hess, Martin 373
Heß, Stefan 21
Heß, Steffen 334
Hesse-Dahlheimer 103
Hessenthaler, Claus 268
Hettich, Arnold 328
Hettich, Bernd 281
Hettler, Christoph 259
Heuer, Wolfgang 169
Heuser, Matthias 376
Heuser, Michael 254
Heuser, Norbert 225
Heuser, Susanne 227
Heute-Bluhm, Gudrun 368, 369
Hey, Bettina 23
Heyl, Vera Prof. Dr. 133
Hick, Marius 210
Hickl-Seitz, Simone 241
Hickmann, Gerd 145
Hieber, Gerd 305
Hild, Heike 205
Hildebrandt, Stefan 264, 265
Hildebrandt, Uwe 106
Hildenbeutel, Lea 272
Hildenbrand, Oliver 3, 7
Hildinger, Ralf 279
Hilfenbrand, Markus 331
Hiller von Gaertringen, Freifrau, Julia Dr. 114
Hillert, Michael 329
Hillmann, Henning Prof. 123
Hillmann, Rainer 221
Hiltner, Georg 82
Himaj, Jeton 110

Hin, Monika 60
Hinck, Björn 196
Hindenlang, Walther 57
Hinger, Dr. 336
Hinger, Isabell 339
Hinkelmann, Mathias Prof. Dr. 132
Hint, Heike 337
Hinterseh, Sven 306
Hintersehr, Ralph 200
Hintz, Silvia 325
Hintze, Christoph 93
Hinz, Dr. 19
Hinz, Gerhard 350
Hinzer, Marc 282
Hipp, Klaus 362
Hipp, Ludwig 145
Hirn, Matthias 202
Hirrle, Udo 273
Hirsch, Benjamin 313
Hirsch, Carmen 218
Hirsch, Pascal 214
Hirsch, Silke 330
Hirsch, Volker 286
Hirt, Martin 286
Hirt, Uwe 316
Hirth, Jana 245
Hirth, Stephan 278
Hirth, Thomas Prof. Dr. 120
Hochdorfer, Robert 349
Hochholdinger, Sabine Prof. Dr. 123
Höchst, Christoph 99
Hochstetter, Dr. 60
Hock, Jochen 315
Hock, Rainer 56
Höckele-Häfner 103
Hockenberger, Ulli 3, 8
Hocker, Roland 30
Hoefling, Thomas 82
Hoehler, Ulrich 318
Hoeß, Cornelia 280
Hofer, Alexander 304, 311
Höfer, Hansjörg 271
Hofer, Wolfgang 246
Hofert, Anja 287
Hoff, Juliane 227
Hoffarth, Alexander 283
Hoffer, Jochen 229
Hoffmann, Adam J. 371
Hoffmann, Britta 280
Hoffmann, Christoph Dr. 373
Hoffmann, Fabio 220

Hoffmann, Gunther 269
Hoffmann, Hans-Peter 67
Hoffmann, Hedwig 382
Hoffmann, Helen 91
Hoffmann, Jonas 3, 7
Hoffmann, Julia 223
Hoffmann, Justus 334
Hoffmann, Klaus Prof. Dr. 110
Hoffmann, Marianne 329
Hoffmann, Ranjana 219
Hoffmann, Robert 357
Hoffmann, Roland 198
Hoffmann, Thomas 252
Hoffmann, Thomas Dr. 78
Hoffmann, Tobias 302
Hoffmeister-Kraut, Nicole Dr. 3, 12, 78, 373
Hoffner, Andreas 272
Hoffrichter, Ernst 94
Höfle, Oliver 47
Höfler, Jessica 328
Höfling, Christian 233
Höflinger, Silke 332
Hofman, Martin 244
Hofmann, Jens 207
Hofmann, Klaus 82
Hofmann, Martin 237
Hofmann, Michael 20
Hofmann, Verena 241
Hofmann-Möser, Kirsten 59
Hofmeister 73
Hofrichter, Jörg 23
Hofstätter, Martin 343
Hofstetter, Christian 298
Höft, Ruth 353
Hog, Volker 293
Högerle, Frank 357
Höglinger, Kirsten 269
Högsdal, Nils Prof. Dr. 132
Hohenhausen, Sascha 346
Hohenstein, Andrea 93
Hoher, Klaus 3, 9
Hohl, Frank 341
Hohloch, Sabine 331
Höhne, Andreas 91
Holaschke, Klaus 227
Holder, Kathrin 275
Holder, Sven 275
Holderried, Walter 346
Hole, Daniel Prof. Dr. 124
Holl, Adrian 340
Höll, Hartmut Prof. 137
Holl, Ulrike 247

Hollatz, Andreas 145
Hollatz, Angelika 206
Hollatz, Frank 212
Hollauer, Udo 337
Hollederer, Dietmar 169
Hollemann, Markus 292
Hollnaicher, Rudolf 210
Höllwarth, Manuel 329
Holm, Christian Prof. Dr. 124
Holmberg, Cindy 4, 7
Holme, Norbert 280
Holocher 19
Hölsch, Thomas 334
Holschuh, Martin 301
Holstein, Dietmar 347
Hölterhoff, Kerstin 141
Hölting, Andreas 72
Holtmeier, Ludwig Prof. Dr. 136
Holtz, Sabine Prof. Dr. 115
Holub, Markus 235
Holz, Alexander 224
Hölz, Horst 354
Holz, Petra 26
Hölz, Rainer 28
Holz, Sabine 332
Holz, Sven 278
Hölz, Thomas Dr. 21
Hölzer, Michael Dr. 109
Holzhauer, Julia 363
Holzhofer, Regina 354
Holzhofer, Sven 359
Holzinger, Katharina Prof. Dr. 122
Hölzlberger, Andreas 275
Hölzle, Franz 167
Holzwarth, Andreas Dr. 158
Holzwarth, Gerd 220
Holzwarth, Hartmut 225
Homann, Jochen 378
Homoth, Nina 21
Homoth-Kuhs, Clemens Dr. 22
Hönicke, Melanie 18
Honikel-Günther, Dr. 355
Höninger, Katrin 24
Hönle 9
Hoofe, Gerd 381
Hooge, Torsten 206
Hoogvliet, Rudi 13, 14
Hoogvliet, Rudolf 374
Hopf, Jennifer 308
Hopf, Nadine Dr. 22
Höpfner-Toussaint, Elke 26
Hopp, Heinz-Peter 278

Hoppe, Bernd 222
Hoppe, Magnus 362
Hoppe, Meike 78
Hoppe, Michael Dr. 179
Horbas, Raimund 235
Horlacher, Tilman 48
Horlacher-Schulze, Jana 211
Horlohe, Thomas 145
Hörmann, Dr. 376
Horn, Armin 179
Horn, Martin W. W. 195
Horn, Michael 385
Horn, Reinhard 263
Horn, Sarah 199
Horn, Werner 241
Hornek, Frank 222
Hörner, Hans-Peter 4, 7
Hörner, Martin 270
Hornig, Michael Dr. 180
Hornung, Dominik 261
Hornung, Kerstin 293
Hörr, Martin 268
Horrer, Stefan Dr. 72
Hörrmann, Michael 71
Horsinka, Peter 265
Hörth, Ingrid 352
Horvath, Mario 269
Horvath, Sandra 215
Horwath-Duschek, Sandra 215
Horz, Cornelia 157
Höschele, Eugen 368
Hoss, Petra 272
Hostert, Jasmina 373
Hotz, Peter 361
Hotzy, Helmut 264
Houck, Rainer 263
Hövel, Sven 167
Hub, Torsten Dr. 167
Huber, Andreas 300
Huber, Angela 23
Huber, Annette 323
Huber, Annika 300
Huber, Bernhard Dipl.-Ing. FH 93
Huber, Bettina 325
Huber, Carmen 30
Huber, Christian 301
Huber, Christoph 280
Huber, Corinna 280
Huber, Eckhardt 283
Huber, Franziska 286
Huber, Isabell Sibylle 4
Huber, Jochen 146

Huber, Johannes 164
Huber, Markus 303
Huber, Oliver 315
Huber, Paul 297
Huber, Sybille 145
Hubertz, Patrick 330
Hübl, Martin 224
Hübner, Carolin 228
Hübner-Andelfinger, Kirsten 267
Hübsch, Ines 22
Huchler, Alexandra 348
Huchler, Philipp 348
Huep, Wolfgang Prof. Dr. 131
Hufen, Dr. 376
Hüfner, Evangelia 19
Hug, Alexander 289
Hug, Ingrid 112
Huge, Klaus Detlev 251
Hugger, Manuela 357
Hugo, Elke 266
Hühr, Thomas 233
Hulbert, Jens 353
Hummel, Bernd 332
Hummel, Joachim 383
Hummel, Matthias 307
Hummel, Michaela 253
Hummel, Patrick 351
Hummel, Veronika 327
Hund, Tanja 110
Huneke, Hans-Werner Prof. Dr. 133
Hunger, Dorothea 67
Hunke, Jörg 341
Hupfer, Clemens 297
Hurst, Johannes Dipl.-Betriebsw. FH 75
Hurth, Hanno 291
Husar, Sophie 281
Hüttig, Daniela Dr. 333
Hüttner, Helmut 237
Huy, Karl-Heinz 67

I

Ibert, Markus 298
Ibraj, Dionita 357
Icli, Harun 222
Iffland, Dr. 53
Igel, André 361
Ihrig, Kyra 21
Ihring, Eleonore 222
Ihring, Elke 209
Ilg, Michael 387

Ilk, Çagla 118
Imgart, Gernot 83
Immel, Eberhard 215
Indlekofer, Roland 327
Ingrisch, Andrea 236
Inhofer, Dieter 177
Ipach-Öhmann, Annette 70
Irion, Mira 223
Irion, Susanne 313
Irmler, Andreas 353
Isak, Axel Dr. 177
Isele, Clarissa 299
Isele, Joachim 326
Isenmann, Nicolas 296, 299
Iwaniw, Renate 247
Izsák, András Dr. 388

J

Jabs, Franziska 226
Jackisch, Ulf 91
Jäckle, Stefan 348
Jacob, Katharina 200
Jacobi, Matthias 68
Jaeger, Anke 341
Jäger, Adam 272
Jäger, Christoph 222
Jäger, Martin 383
Jäger, Steffen 369
Jäger, Wolfgang Prof. Dr. Dr. h.c. mult 157
Jahn, Corinne-Cathleen 316
Jahnke, Helmut 20, 21
Jakl, Alfons 243
Jakob, Philipp 270
Jakob, Robert 90
Jakob, Till 165
Jakob-Lichtenberg, Thomas 268
Jakubowski, Susanne 372
Janetzky, Jörg 253
Jänicke, Philipp 252
Janke, Iris 178
Jankowitsch, Andreas 380
Janku, Tanja 250
Jann, Michael 51, 262
Janocha, Siegfried 221
Janositz, Walter 211
Jansen, Frank Dr. 54
Jansen, Klaus 313
Jansen, Stefanie 193, 194
Janssen, Andreas 214
Janta, Matthias Dr. med. 143
Janzen, Erwin 371
Jarolim, Andreas 202

Jauch, Volker 292
Jauß, Andreas 202
Jautz, Ulrich Prof. Dr. 130
Jautz, Wolfgang 350
Jeck-Schlottmann, Gabi Prof. Dr. 136
Jehle, Frank 352
Jehle, Jürgen 358
Jehle, Klaus 297
Jehle, Reiner 328
Jehne 99
Jendroska, Daniel 282
Jenisch, Fabio 320
Jenne, Andreas 285
Jenne, Daniel 290
Jenne, Hans-Jörg 292
Jenninger, Stefan 249
Jensen 376
Jerg, Dorothee 348
Jerg, Holger 361
Jerger, Leopold 307
Jeromin, Christoph Dipl.-Geol. 40
Jeske, Daniela 226
Jeske, Gunther Prof. Dr. 49
Jeske, Jasmin 247
Jeske, Petra 357
Jeske, Stefanie 330
Jetter, Andreas Dr. 46
Jetter, Matthias 303
Joachim, Sina 283
Jochimsen, Volker 18
Jöchle, Armin 282
Johler, Reinhard Prof. Dr. 38
Johler, Silke 356
John, Birgit 60
Johner, Christine 353
Jokerst, Wolfgang 256
Jongen, Marc Dr. 373
Joppke, Brigitte 197
Jordan, Klaus Dipl.-Kfm. 75
Jörger, Markus 229
Jost, Jörg 320
Jost, Kevin 279
Jost, Marlon 306
Joukov-Schwelling, Michael 4, 9
Jox 103
Juchler-Heinrich, Bärbel 260
Jud, Nadine 203
Juhn, Herbert 208
Jülg, Markus 259
Julino, Elisabeth 99
July, Frank Otfried Dr. h. c. 370

417

Junatti, Oliver 338
Jung, Andreas 373
Jung, Beate 244
Jung, Christian Dr. 4, 9
Jung, Christoph Winfried 343
Jung, Maria 372
Jung, Martin 344
Jung, Timo 369
Junginger, Gunther 28
Jungmann, Gunter 270
Jungwirth, Madeleine 363
Junk, Michael Prof. Dr. 122
Junker, Norbert 359
Juratovic, Josip 373
Jurgovsky, Matthias 260
Jurisch, Ann-Veruschka Dr. 373
Jürriens, Wolfgang 267
Just, Andrea 211
Just, Manuel 272
Justus, Johannes 372

K

Kaemmer, Susanne 325
Käferle, Christine 380
Kah, Michael 210
Kahl, Stefan 166
Kahl, Wolfgang Prof. Dr. Dr. h. c. 122
Kahle 355
Kahles, Wolf-Ulrich 384
Kaimer, Martin Dr. 29
Kaiser, Bastian Prof. Dr. Dr. h. c. 131
Kaiser, Christine 326
Kaiser, Christof 297
Kaiser, Claus Dipl.-Betriebsw. (FH) 140
Kaiser, Dr. 60
Kaiser, Friederike Dr. 112
Kaiser, Helmut 326
Kaiser, Jens 342
Kaiser, Jürgen 289
Kaiser, Klaus 110
Kaiser, Matthias 21
Kaiser, Ralf 286
Kaiser, Roland 192, 193
Kaiser, Stefan 324
Kaiser, Thomas 325
Kaisers, Udo X. Prof. Dr. 144
Kalb, Torsten 317
Kälberer, Joachim 202
Kalbfell, Carl-Gustav Dr. 204
Kalbfuss, Stefan 268

Kälble, Peter 305
Kaltenbach, Daniel 294
Kaltenbach, Jörg 312
Kaltenmeier, Dieter Dr. 26
Kammerer, Klaus 302
Kammerer, Nicole 327
Kammerer-Ciernioch, Jutta Dr. 110
Kammerlander, Thomas 350
Kammradt, Sabrina 271
Kammüler, Mathias Dr.-Ing. 386
Kampmann, Rainer 16
Kändler, Gerald Dr. 97
Kanstinger, Amanda 48
Kant, Roland 358
Kaplan, Karin 202
Kaplan, Renate Dr. 63
Käppel, Karin 379
Käppeler, Matthias 353
Kappenstein, Jürgen 268, 366
Kappert, Oliver Dr. 284
Karaahmetoğlu, Macit 373
Kärcher 100
Karcher, Margit 257
Karfus, Vincent 110
Karg, Bernhard 67
Karl, Birgit 110
Karl, Holger 266
Karl, Jochen 312
Karl, Ulrike 295
Karle, Michael 241
Karliczek, Anja 383
Karrais, Daniel 4, 8
Karremann, Günther 349
Karst, Thomas 277
Kasch, Beate 378
Kashi, Michael 372
Kastl, Christoph 242
Kästle, Anja 350
Kastrop, Christian Prof. Dr. 375
Kaszubski, Michael 289
Katona, Antje Prof. 134
Kattner, Stefanie 281
Katz, Jürgen 200
Katzenstein, Hermann 4
Katzik, Walter 24
Katzmarek, Gabriele 373
Kauffmann, Michael 318
Käuflein, Albert Dr. 193
Käuflin, Jürgen 320
Kaufmann, Dieter 124
Kaufmann, Klaus 342
Kaufmann, Malte Dr. 373

Kaufmann, René 274
Kaupp, Andreas 304
Kaupp, Marco 283
Kautz 383
Kautzmann-Link, Ulrike 263
Kauzmann, Silke 228
Kayser, Thomas 341
Kebache, Sven 206
Keck, Thomas 331
Keck, Ursula 216
Keckeisen, Christoph 351
Kees, Dr. 53
Kegreiß, Stefan 215
Kehl, Klaus 9
Kehnel, Annette 123
Kehrer, Corinna 252
Keil, Stefan 317
Keilbach, Michael 262
Keitel 148
Keitel, Sabine 10
Kellenberger, Thomas 356
Keller, Bettina 315
Keller, Christian 295
Keller, Eberhard 209
Keller, Florian 352
Keller, Hermann-Josef 297
Keller, Hugo 322
Keller, Markus 306
Keller, Nadine 312
Keller, Nico 241
Keller, Peter 261
Keller, Ron 215
Keller, Sabine 214
Keller, Thomas 277
Keller, Tobias 310, 364
Keller, Uwe 313
Kellner, Anna-Lisa 198
Kemkes, Martin Dr. 117
Kemkes, Walter 25
Kemmer, Ronja 373
Kempen, van, Günther 386
Kempf, Alexander 226
Kempf, Silvia 264
Kenner, Andreas 4, 9
Kenntner, Franziska 330
Keppler, Albrecht 218
Keppler, Martin 84
Kepplinger, Birgit 319
Kerber, Markus Dr. 375
Kermbach, Detlef 266
Kern, Alexander 219, 258
Kern, Andreas 292
Kern, Catherine 4

Kern, Frank 278
Kern, Günther 205
Kern, Ilka 294
Kern, Ingrid 293
Kern, Jürgen 320
Kern, Ludwig 223
Kern, Marco 287
Kern, Timm Dr. 4, 7
Kern-Kaiser, Irmgard 308
Kersting, Marc 211
Kesenheimer, Daniela 358
Kessing, Jürgen 214
Kessler, Bernhard 318
Keßler, Bettina 228
Keßler, Jörg-U. Prof. Dr. 134
Keßler, Julia 15
Kessler, Michael 40, 267
Keßler, Stefan 258
Kessler, Ulrike 146
Kettner, Stefan 371
Kewes, Michael 66
Kicherer, Ulrich 9
Kieber, Volker 285
Kiedaisch, Werner 200
Kiefer, Alexandra 258
Kiefer, Andrea 320
Kiefer, Bruno 319
Kiefer, Erich 63
Kiefer, Falk Prof. Dr. med. 143
Kiefer, Frank 258
Kiefer, Sascha Prof. Dr. 128
Kielack, André 311
Kiemel, Armin 245
Kieninger, Carmen 230
Kieninger, Gerhard 367
Kieninger, Wolfgang Dr. 29
Kienle, Dr. 178
Kienle, Matthias 357
Kientz, Jürgen Prof. Dr. 128
Kienzle, Joachim 106
Kienzle-Hiemer, Sabine Dr. 169
Kienzler, Florian 308
Kiesel, Christian 303
Kieser, Hubert 261
Kiesewetter, Roderich 373
Kiesl, Jürgen 222
Kietz, Daniel 293
Kiewel, Katharina 201
Kilgus, Ralf 279
Kilguß 177
Kilian, Jürgen 240
Killian, Ralf 263
Killinger, Bernd 252

Killinger, Martin 199
Kilper, Michael 47
Kima, Helmut 320
Kimmich, Katharina 253
Kimmig, Birgit 27
Kimmler-Schad, Sabine 46
Kindel, Jörg 285
Kindler, Alexandra 214
King, Florian 333
King, Thomas 67
Kinkel, Anna 249
Kirbach, Michael 176
Kirchbach, von, Ulrich 195
Kircher, Matthias 222
Kircher, Steffen 29
Kirchhoff 103
Kirchner, Jürgen 267
Kirchner, Peter Prof. Dr. 134
Kirchner, Simone 271
Kirmse, Doreen Dr. 131
Kirr, Reinhard 295
Kirschner, Dr. 100
Kirschner, Ralf 216
Kirschner, Thomas Dr. 146
Kiss, Caroline 143
Kiss, Rainer 288
Kiss, Sebastian 289
Kissling, Wolfgang 206
Kist, Bettina 257
Kistler, Martin Dr. 323, 368
Kistner, Karlheinz 276
Kittelberger, Michael 28
Kitzelmann, Erwin Dr. 94
Kiwus, Thomas 247, 248
Klaassen, Klaas 283
Klabunde, Manuela 221
Klaeren, Michael 75
Klaiber, Franz 166
Klaiber, Reinhold Dr. 201
Klaiber, Simon 363
Klank, Ralph 287
Klappenecker, Lea 231
Klare, Kai-Achim Dr. 300
Klass, Nadine Prof. Dr. 123
Klauser, Andreas 322
Klausmann, Jochen 293
Klauß, Miguel 4
Klee, Reinhard Dr. 18
Kleeb, Fränzi 290
Kleemann 26
Kleemann, Markus 218
Kleiber, Werner 271
Kleih, Björn-Christian Dr. 260

Klein, Andreas 21
Klein, Angela 309
Klein, Günter Dr. 46
Klein, Marianne Dr. 110
Klein, Markus 280
Klein, Patrick 207
Klein, Peter 283
Klein, Thomas 209
Kleiner, Anne 235
Kleiner, Benedikt 253
Kleiner, Christof 53
Kleiner, Klaus-Peter 329
Kleiner, Michael 78
Kleiner, Udo 278
Kleinknecht-Strähle, Ulrike Dr. 291
Kleinschmidt 53
Kleinschmit, Daniela Prof. Dr. 121
Kleinschmit, Jörg Dr. 97
Kleiser, Franz 307
Klemm, Christine 198
Klenk, Jürgen 80
Klenk, Karl-Heinz 24
Klenk, Roland 204
Klenk, Wilfried 12, 18
Klett, Rainer 329
Klett-Eininger, Andrea 191
Kleunen, van, Mark Prof. 123
Kliche-Behnke, Dorothea Dr. 4, 7
Klimsch, Markus Dr. 57
Kling, Florian 274
Klinger, Martin 290
Klinger, Michael Dr. 315
Klingler, Johannes 305
Klingner 297
Klink, Carmen 215
Klink, Peter 237
Klöckner, Julia 378
Klodt-Bußmann, Katrin Prof. Dr. 128
Klohr, Anja 279
Klöpfer 18
Klopfer, Matthias 203
Klos, Rüdiger 4, 8
Kloß, Carmen 237
Klostermann, Manuel 208
Klotz, Ralf 23
Kluger, Petra Prof. Dr. 131
Klumpp 26
Klumpp, Harald 26
Klumpp, Oliver 342

Klus 65
Klyeisen, Hermann 21
Knackfuß, Ronald 253
Knapp 147
Knapp, B. 298
Knaus 67
Knebel, Joachim Prof. h. c. Dr.-Ing. 120
Knecht, Edgar 268
Knecht, Matthias Dr. 217
Knecht, Rainer 246
Kneip, Petra Prof. Dr. 131
Kneipp, Sven 343
Kneisel, Julia 354
Kneisel, Martin 99
Kneucker, Bernd 236
Knirsch, Carolin 216
Knittel, Reinhold 110
Knobel, Manfred 319
Knödler, Claus 248
Knödler, Linda 236
Knödler, Thomas 228
Knoll, Michael 344
Knoll, Peter 214
Knöller, Hans 215
Knopf, Norbert 4, 7
Knopf, Silke 267
Knörle, Andreas 273
Knörr, Martin 66
Knörr, Oliver Dr. 28
Knörzer, Bernhard 263
Knörzer, Ulrich 268
Knoth, Raphael 258
Kober, Pascal 373
Köbler, Jana 238
Köbler, Uwe 261
Koch 378
Koch, Ekkhart 164
Koch, Erich Dr. 110
Koch, Gabriele 223
Koch, Justus 14
Koch, Klaus 267
Koch, Rolf 224
Koch, Sandra 227
Koch, Stefan 346, 350
Koch, Steffen 292
Koch, Susanne Dr. 380
Koch, Wolfgang 354
Koch-Haßdenteufel, Martina 216
Kocher, Johannes 222
Kocian, Bernd 243
Koerdt, Arne 145
Kögel, Dietmar 341

Kögel, Karlheinz 385
Kögel, Klaus 259
Köger, Annette Dr. 116
Koger, Rudolf 323
Kohfink, Ulrike 207
Kohlberg 376
Kohle, Johannes 280
Kohlenberger, Kai 228
Köhler, Andreas 233
Köhler, Doris 263
Köhler, Erwin 4
Köhler, Günther 270
Köhler, Joachim 241
Köhler, Jochen 252, 282
Kohler, Julian 248
Köhler, Jürgen 347
Köhler, Karin 313
Köhler, Mario 359
Kohler, Martin 311
Köhler, Philipp 252
Kohler, Ulrich 353
Kohlgraf, Peter Dr. 370
Kohlmann, Diana Dr. 295
Kohlmann, Siegfried 301
Kohm, Patric 258
Köhne, Eckart Prof. Dr. 118
Kohnle, Ulrich Prof. Dr. 97
Kohnle-Pleßing, Sabine 235
Köhnlein, Horst 333
Köhnlein, Jürgen 236
Köklü, Ali 262
Kolb, Matthias 225
Kolbeck, Margot 358
Kölle, Sarah 341
Koller, Sandra 278
Kollmeier, Barbara 306
Kollmeier, Michael 307
Kollmus, Rainer 352
Kölmel 147
Kölpin, Thomas Dr. 74
Kölz, Joachim 214
Kölzow, Claudette 310
Komenda, Werner 274
Komor, Damian 236
Komorowski, von, Alexis Prof. Dr. 369
König, Andreas 296
König, Heinrich 325
König, Irina 272
König, Jochen 246
König, Ralph 146
König, Sven 24
König, Thorsten 201

Konle, Christoph 248
Konnerth, Katja 64
Konrad, Andreas 229
Konrad, Claudia 232
Kontusch, Simone Dr. 18
Konz, Klaus 223
Konzelmann, Klaus 337
Köperl, Edwin 343
Kopf 14
Kopf, Chantal 373
Kopf, Kevin 231
Kopf, Lisa 301
Köpf, Wolfgang 247
Köpf-Schuler, Rose 78
Köpfle, Benjamin 268
Kopp, Alexander 292
Kopp, Florian 25
Kopp, Hans-Peter 87, 299
Kopp, Hermann 302
Kopp, Manfred 201
Kopp, Sebastian 57
Kopp, Tanja 298
Kopp, Wolfgang 350
Koppelhuber, Arnd 261
Koppenfels-Spies, von, Katharina Prof. Dr. 121
Koptisch, Andreas 340
Korb, Jürgen 240
Körber, Renate 260
Kordick, Klaus 300
Kordmann, André 263
Kordmann, Christine 242
Korff, Jens 202
Korn, Ralf 268
Kornberger, Klaus 242
Körner, Bruno 98
Körner, Frank 47
Körner, Guido 181
Körner, Patrick 271
Kornmayer, Manfred 342
Kornschober, Petra 59
Korta, Tobias 24
Korz, Oliver 279
Köser, Sonja 362
Koßbiehl, Christoph 341
Köster, Andreas 352
Köth, Alexandra Dr. 16
Kotthaus, Ulrich Prof. Dr. 136
Kottmann, Marcus 208
Kowohl, Dieter 26
Kraayvanger, Christine 197
Krafft, Achim 353
Kraft 159

Kraft, Bernd Dr. 72
Kraft, Christoph 241
Kraft, Franziska 258
Kraft, Herbert 236
Kraft, Michael 202
Kraft, Oliver Prof. Dr. 120
Kraft, Ulrich Dr. 24
Krahn, Steffen 220
Krämer, Daniela 46
Kramer, Gerald 302
Krämer, Gerhard 243
Krämer, Martin 343
Kramer, Peter Dr. 26
Kramer, Sabine 286
Kramm, Bernd 328
Kramme, Anette 378
Kramp-Karrenbauer, Annegret 381
Kränkel-Schwarz, Nicole 48
Krapf, Thomas 223
Kraschinski, Florian 29
Krasser, Marc 310
Krattenmacher, Dieter 358
Kraus, Alexandra 286
Krause, Jürgen 362
Krause, Stefan 354
Krauser, Sonja 363
Kraushaar, Jennifer 203
Krauß 100
Krauss, Jörg 58
Krauss, Patrick 316
Krauß, Sven 244
Krausse, Dirk L. Prof. Dr. 22
Kräusslich, Hans-Georg Prof. Dr. med. 144
Kraut, Caroline 256
Kraut, Edeltraud 240
Kraut, Matthias 244
Krauter, Karola 21
Krawczyk, Frank 71
Krawczyk, Stanislaus 267
Krebs 163
Krebs, Petra 4, 7
Krebs, Stefan 18
Krechtler, Thomas 298, 300
Kreeb, Katja 277
Kreher, Alexander 331
Krein, Natalie 230
Kreißig, Wolfgang Dr. 15
Kreiter, Gerd 228
Kremer 65
Kremer, Christian 240
Kremer-Weig, Jutta 219

Kremmler, Patricia 28
Krempel, Oliver 251
Krempel, Thomas 252
Krentzel, Manuela 280
Kreß, Tobias 333
Krets, Jerôme Dr. 53
Kretschmann, Winfried 4, 12, 13, 373
Kretschmer, Rüdiger 292
Kretz, Jutta 158
Kretzdorn, Tobias 352
Kretzschmar, Dr. 26
Kretzschmar, Michael 100
Kreusler, Kai-Friedrich 387
Kreutel, Philipp 278
Kreutz, Manfred 289
Kreutzer, Kathleen 357
Kreuzer, Kevin 292
Kreuzinger, Hannah 20
Krichbaum, Gunther 373
Krieg, Werner 259
Kriegel, Götz 67
Krieger, Christiane 335
Krieger, Elke 361
Krieger, Ulrich 326
Krieger, Winfried 249
Krieglstein, Kerstin Prof. Dr. 121
Krimmer, Joachim 82
Krings, Günter Prof. Dr. 375
Krist, Berthold 236
Kriz, Ralf 349
Krogmann, Lars Prof. Dr. 116
Kroiher, Bernhard 267
Kroiher, Hans-Peter 270
Kroll, Joachim 145
Kröller, Holger 266
Kromer von Baerle, Ulrich 78
Kromer, Fennja 229
Kromer, Robert 361
Kron, Stefan 261
Kronauer 383
Krone, Ina 224
Kröner, Wolfgang 254
Kröper-Vogt, Susanne 235
Krötz, Ronald 220
Krötz, Sascha 211
Krug, Christin 227
Krug, Elisabeth 239
Krug, Ludger 241
Krüger, Alexander 227
Krüger, Herbert 205
Krüger, Sabine Dr. 15

Krumbiegel, Carina Dr. 94
Krumm, Dietmar 322
Krumm, Michael 26
Krumm, Thomas 296
Krummhauer, Benjamin 228
Krupp, Christoph Dr. 377
Krupp, Sebastian 201
Kruse, Albrecht 84
Kruß, Lorenz 201
Krystofiak-Fust, Simone 170
Kschonsek, Carmen 113
Kubala, Birge Dr. 24
Kübel, Anil 234
Kübler, Isabelle 223
Kübler, Michael 289
Kübler, Stefan 244
Kubot, Carsten 346
Kuch, Roland 343
Kuchta 65
Kucs, Frank 268
Kudis, Ludwig 271
Küfner, Stephanie 348
Kugel, Elisabeth 353
Kugler, Dominik 29
Kügler, Julia 218
Kugler, Susanne 47
Kugler, Thomas 363, 368
Kuhl, Danny 247
Kühl, Michael Prof. Dr. 124
Kuhlmann, Christian 347
Kuhlmey, Ralf 324
Kuhn, Barbara 241
Kühn, Christian 373
Kuhn, Daniel Dr. 236
Kuhn, Gerhard Dr. 98
Kuhn, Hans-Peter 174
Kuhn, Holger 362
Kuhn, Judith 263
Kuhn, Stefan 265
Kuhn, Thomas 246
Kuhn, Wolfgang Prof. Dr. 386
Kühnbach, Sabrina 350
Kühne, Jacqueline 108
Kühnel, Matthias 28
Kühner, Rudolf Dr. 369
Kühner, Silke 229
Kühnl, Peter 249
Kuhnle, Isabel 227
Kukies, Jörg Dr. 376
Kull, Tobias 274
Kullen, Christine 223
Kulse, Detlev 294
Kummer, Melanie 230

Kümmerle, Andy 232
Kümmerlen, Dietmar 222
Kunath, Bernhard 57
Kunkel, Torsten 233
Kuntosch, Thomas 282
Kunz 26
Kunz, Daniel 297
Kunz, Diana 231
Kunz, Georg 305
Kunz, Lutz 309
Kunz, Matthias 236
Kunz, Stefan 357
Kunz-Meier 147
Kunze, Florian Prof. Dr. 123
Kunzmann, Gerd 280
Kunzmann, Martin 106
Kunzmann, Sarah 230
Kürner, Rudolf 217
Kurrle, Matthias 47
Kurtz, Sabine 4, 12, 87
Kurtz, Tilo 100
Kurz, Claudia 221
Kurz, Holger 306
Kurz, Karl 245
Kurz, Peter Dr. 194, 366, 369
Kusanc, Ümit 270
Kusche 103
Kuss, Doreen 264
Kuster, Dagmar 362
Küster-Heise, Katharina Dr. 116
Kustocz, Markus 272
Kuttler, Gerhard 204
Kutz 375

L

Laber, Benjamin 261
Labiche, Simone 299
Lachat, Benjamin 369
Lachenauer, Carsten 276
Lacher, Michael 285
Lachnicht, Thomas 257
Lack, Martin 334
Lagi, Massimiliano 386
Laging, Marion Prof. Dr. phil. 126
Lahl, Uwe Prof. Dr. 103
Lahl, Wolfgang 200
Laidig, Achim 200, 223
Laier, Christian 270
Lallo, Marcello 199
Lambrecht, Christine 375, 383
Lamm, Sabine 297
Lämmle, Steffi 221

Lämmlin-Daun, Susanne 173
Lampa, Wolfgang 162
Lamparter, Lena 229
Lamparter, Marion 330
Lang, Benedikt Dipl.-VwWiss 257
Lang, Jessica 321
Lang, Jürgen 349
Lang, Jutta Dr. 15
Lang, Kai Uwe 278
Lang, Lukas 200
Lang, Michael 359
Lang, Peter 247
Lang, Ricarda 373
Lang, Sascha 269
Lang, Walter 198
Lang, Wolfgang 347
Lange, Christian 375
Lange, Christiane Prof. Dr. 118
Lange, Friedrich 248
Lange, Matthias 23
Langegger, Hansjörg 354
Langenbacher, Rainer 348
Langenecker, Fritz 295
Langensteiner-Schönborn, Karl 316
Langer, Bernd 14
Langer, Margit 295
Langer, Stefan 50
Längin, Matthias 355
Langner, Alexander 214
Lapp, Andreas 385
Lappöhn, Simone 211
Last, Tina 260
Latscha, Knut Prof. Dr. 37
Laub, Walter 290
Lauber, Martin 327
Lauble, Mike 297
Laudamus, Dominik 279
Lauer, Jürgen 308
Lauer, Roland 263
Läufer, Gebhard 312
Laufhütte, Brigitte 57
Laug, Christel Dr. 25
Laukart, Veronika 256
Laule, Monika 317
Launer, Marcel 207
Lautensack 19
Laux, Angelika 271
Lauxmann, Nico 218
Layer, Sabine 272
Lazecky, Christoph 219
Leber, Philipp 21

Lebherz, Heiko 338
Lebisch, Michael 10
Lechner, Eugen 250
Leckel, Matthias 382
Lede Abal, Daniel Andreas 4, 7
Lederer, Michael Prof. Dr. 126
Leendertse, Antje 375
Leetz, Volkhard 274
Legler, Fabienne 303
Lehmann, Denis 353
Lehmann, Martina 379
Lehmann, Oliver 288
Lehmann, Patrick 330
Lehn, Helga 363
Lehn, Maik 364
Lehnardt, Dr. 376
Lehner, Katharina 341
Lehnert, Simone 216
Lehr, Christof 178
Lehr, Dr. 53
Lehr, Holger 358
Lehrer, Michael 303
Lehrmann, Beatrice 78
Leibfried, Tobias 262
Leibfritz, Anne 332
Leibing, Sven 315
Leibinger, Thomas 310
Leibold, Johannes 241
Leicht, Dieter 334
Leichtle, Jürgen 339
Leidig, Ute Angelika Dr. 4, 12, 103
Leinberger, Jochen 267
Leinberger, Ralf 249
Leipert, Werner 362
Leischner, Ralph 247
Leiser, Kevin 373
Leisner, Alexander 131
Leister, Holger 230
Leitold, Matthias 24
Lemmer, Ulrich Prof. Dr. rer. nat. 121
Lemmer, Werner 253
Lemmermeier, Ralf 248
Lenckner, Eberhard 280
Lenkeit, Anja 357
Lentsch, Justus Dr. 112
Lenz, Markus 25
Lenz, Martin Dr. 193
Lenz, Michael 211
Lenz, Norbert Prof. Dr. 118
Lenz, Ralf 263
Lenz, Roland 377

Lenze-Mohr, Marion Dr. 201
Lenzen, Oliver Prof. Dr.-Ing. 126
Leo, Christopher Dr. 265
Leonetti, Pietro 218
Leonhardt, Heinz 293
Leonhardt, Jörg 226
Leonhardt, Jürgen Prof. Dr. 124
Leoprechting, Freiherr von, Rainhardt Dr. 380
Lerch, Markus 349
Lerche, Melanie 225
Lersmacher, Monika 108
Lessner, Heike 343
Leßner, Sintje 53, 157
Leßnerkraus, Günther 78
Leucht, Oliver 255
Leuders, Timo Prof. Dr. 133
Leupolz, Andreas 301
Leute, Axel 343
Leute, Christian 312
Leutheusser-Schnarrenberger, Sabine 374
Leuthold-Zürcher, Anke Dr. 47
Lewandowski, Anja 283
Lewedey, Volker 312
Lex, Claudia 110
Leyk, Matthias 270
Leyn, Matthias 276
Licht, Davide 337
Lichy, Nathalie 365
Lieb, Frieder Dipl.-Ing. 30
Lieb, Ludger Prof. Dr. 122
Lieber 100
Liebermann, Phillippe 305
Liebherr, Eberhard 84
Liebmann, Katja 359
Liehr, Manuel 71
Liepert, Caroline Dr. 112
Lindemann, Dr. 377
Lindenschmid, Daniel 4, 9
Lindenschmid, Heike 126
Lindenthal, Wilmuth 72
Lindinger, Christian 72
Lindlohr, Andrea 4, 12, 146
Lindner, Bernd Dr. 168
Linge, Andreas 218
Lingel, Marcus Dr. 386
Lingl-Kösel, Christian 361
Lingsch, Alexander 263
Link, Alfons 349
Link, Fritz 308
Link, Georg 290, 336

Link, Jürgen 327
Link, Michael Georg 373
Link, Norman 262, 264
Link, Tobias 288
Linke, Andrea 126
Linkenheil, Dr. 53
Linnemann, Astrid 145
Linsenmeier, Uwe 287
Lipinski, Horst 333
Lipp, Andreas 357
Lippold, Ralf 96
Lipps, Christoph 299
Lippus, Hans Joachim 337
Lisbach, Bettina 193
Liss, Franziska 384
Lissner, Michael 353
Litschauer, Werner 24
Litterst, Matthias 301
Littmann, Marisa 223
Litzow, Klaus 253
Livschits, Oleg 78, 146
Locher, Joachim 271
Löcher, Ralf 246
Locher-Finke, Prof. Dr. 103
Lochmann, Gerhard 387
Löffelholz-Würz, Annette 24
Löffler, Dietmar 375
Löffler, Joachim 311
Löffler, Marc 217
Löffler, Mark 311
Löffler, Martin 288
Löffler, Reinhard Dr. 4
Löffler, Roland 226
Löffler, Tony 255
Lohde, Jacqueline 330
Löhl, Sabine 371
Lohmiller, Dietmar 356
Lohmiller, Thomas 47
Lohmüller 103
Lohner, Elmar 346
Lohner, Michael Dr. 343
Löhr 52
Loidl, Jutta 60
Loistl, Manfred Dr. 100
Longueville, de, Birgit 78
Loose, Enno 226
Lörcher, Carmen 199
Lorek, Siegfried 4, 53
Lorenz 166
Lorenz, Dorothea 371
Lorenz, Juliane 285
Lorenz, Wolfram 159
Lorho, Frank 100

Loritz, Michael 295
Lorsch, Benedikt 280
Lösche, Eva 177
Loser, Judith 330
Lotis, Harald 291
Lottermann 103
Louis, Jürgen Prof. Dr. Dr. 293
Loydl, Martin 273
Lübcke, Bernd Dr. 123
Lübke, Michael 304
Lucha, Manfred 4, 12, 103, 374
Luckas, Tamara 250
Luczak-Schwarz, Gabriele 193
Lüdtke, Hartwig Prof. Dr. 141
Lüdtke, Tido 274
Ludwig, Daniela 383
Ludwig, Markus 209
Ludwig, Roland 67
Ludwig, Thomas 263
Ludy, Monika 357
Luft, Christian 384
Lühe, von der, Oskar Prof. Dr. 143
Luib, Birgit 361
Lukas, Wolf-Dieter Prof. Dr. 384
Lukert, Dagmar 297
Lumpp, Michael 24
Lung, Rebecca 23
Lünser, Heiko Dr. 100
Lüpken, Melanie 267
Luppold, Timo 338
Lurz, Frank 242
Lusche, Ulrich 157
Lustig, Andrea 231
Luther, Albrecht 57
Lutum-Lenger, Paula Prof. Dr. 115
Lutz, Brigitte 162
Lutz, Gerd 81
Lutz, Joachim 279
Lutz, Joachim Prof. Dr. 123
Lutz, Jörg 321
Lutz, Martin 275
Lutz, Michael 200
Lutz, Patrick 307
Lutz, Susanne 269
Lutz, Thomas 202

M

Maag, Axel 107
Maag, Holger 261
Maag, Ludwig 339

Maas, Heiko 375
Maas, Sibylle 287
Machata, Walter 21
Macho, Birgit 236
Mack, Klaus 367, 373
Mack, Michael 385
Mack, Monika 313
Mack, Ulrich 157
Mack, Winfried 4
Mäckelburg, Bert 56
Mäder, Susan 275
Magagnin, Carmen 207
Magenreuter, Rainer 358
Mager, Bernd 309
Mager, Rudolf Dipl.-Ing. (FH) 304
Mager, Thomas 145
Mahlenbrei, Sandra 362
Mahler, Lukas 289
Mahrzahn, Christian 307
Mai, Anke 16
Mai, Julia 215
Mai, Lutz 225
Mai, Norbert 274
Maier, Alex 210
Maier, Boris 272
Maier, Christina 208
Maier, Clemens Dr. 192
Maier, Dagmar 303
Maier, Frank 28, 339
Maier, Gerald Prof. Dr. 113
Maier, Gerd 333
Maier, Hans-Georg 311
Maier, Hartmut 182
Maier, Holger 337
Maier, Hubert 319
Maier, Marion 337
Maier, Markus 83
Maier, Michael 339
Maier, Nadine 343
Maier, Rolf 182
Maier, Roman 233
Maier, Sascha 258
Maier, Tania 337
Maier, Thomas 225
Maier, Tobias 245
Maier, Ute 28
Maier, Ute Dr. 107
Maierhöfer, Dieter 21
Maierhöfer, Ursula 221
Mailänder, Jürgen 244
Mainka, Peter 96
Mair am Tinkhof, Andreas 18

Maisch, Gerd 219
Maiwald, Simone 243, 244
Majer, Brigitte 259
Majer, Christian Dr. 332
Makurath, Michael 214
Malcher, Markus 212
Malcher, Michael 320
Malek, Viktoria 297
Mall, Steve 337, 338
Mall, Torsten 80
Mallok, Michaele 215
Manck, Bärbel 75
Mandel, Klaus 367
Mändle, Markus Prof. Dr. 129
Mangold 68
Mangold, Bernd 341
Mangold, Klaus Prof. Dr. 387
Mann, Iris 196
Mannl, Sebastian 217
Männle, Dominik 355
Mäntele, Marita 304
Mantz, Stephan 350
Manuth, Verena 317
Manz, Iris 334
Manz, Martina 210
Marinic, Claudia 334
Mark 371
Markert, Joachim 241
Marks, Caren 383
Markus, Stefan 235
Marquardt, Andreas 381
Marquardt, Carmen 208
Marquardt, Peter 132
Marquart, Hans 311, 312
Marquart, Heike 312
Marre, Andreas 300
Martens, Wolfram Dr. 91
Martin, Horst 279
Martin, Jörg Dr. 329
Martin, Wolf Ulrich 83
Martini, Anke 203
Martini, Oliver 299
Martus, Stefan 254
Marvi, Parsa 373
Marwein, Thomas 4, 9
Marx, Claudius Prof. Dr. 84
Marx, Hartmut 199
Marx, Peter 236
März, Friedrich 57
Marzian, Oliver 209
Maschke, Gabriele 78
Mäschle, Melanie 349
Maser, Gerd 283

Masino, Franz 255
Mast, Katja 373
Mastel, Klaus 26
Mathäs, Andreas 18
Mathieu, Bernd 363
Mathis, Rafael 292
Matousek, Ralph 263
Matrohs, Thomas 202
Mattes 63
Mattes, Franz-Christian Dr. 157
Mattes, Stefan 316
Mattheis, Carmen 20, 47
Matthöfer, Nicole 7
Matti, Uwe 222
Matuschowitz, Dirk 28
Matz, Geraldine 299
Matzka, Simone 303
Matzner, Patrik 348
Mauch, Christian 236, 328
Mauch, Peter 222
Maucher, Peter 349
Maunz, Margit 47
Maurer, Heike 368
Maurer, Manfred 275
Maurer, Martin 158
Maurer, Matthias Dr. 53
Maurer, Ulrich Dr. 100
Maus, Rainer 316
Mauser, Sebastian Prof. Dr. 130
Maute, Harald 307
Mauterer, Simon 258
Mauthe, Ruth 313
Mautner-Obst, Hendrikje Prof. Dr. 137
Maxion, Achim 21
Mayer, Anja Dr. 46
Mayer, Bernhard 348
Mayer, Claus 78
Mayer, Fabian Dr. 191
Mayer, Herbert 48
Mayer, Holger 315
Mayer, Martin 59
Mayer, Reinhold 306
Mayer, Rudolf 205
Mayer, Simone 297
Mayer, Steffen 205
Mayer, Stephan 375
Mayer, Zoe 373
Mayer-Lay, Volker 373
Mayländer, Sabine 178
Mayr, Ansgar 4
Mayr, Günter 346
Mebert, Sonja 209

Mech, Wolfgang 301
Mechler, Horst 263
Mechler, Karlheinz 239
Mecke, Sabine 28
Mehlich, Tobias Dr. 82
Mehlmann, Axel Dr. 370
Mehmet Ali, Takis 373
Mehrhof, Karin 348
Mei, Armin 305
Meier, Birgit 344
Meier, Daniela 321
Meier, Dennis 350
Meier, Sebastian Dr. 243
Meier-Kleisle, Renate 26
Meinel, Helmfried 99
Meinhold, Stefan 348
Meis, Christiane Dr. 19
Meißner, Ernst 270
Meister, Carolin Prof. Dr. 138
Meister, Michael Dr. 384
Meister, Petra 301
Meister, Rudolf Prof. 137
Meister-Scheufelen, Gisela Dr. 13
Meitner, Anja 11
Meixner, Alexander 279
Meixner, Heiko 197
Melzer, Torsten 199
Mendler, Peter Dr. 78
Menean, Aldo 311
Menges, Rainer 266
Menikheim, Frank 241
Menikheim-Metzger, Sabine 233
Menner, Bertram 28
Mentrup, Frank Dr. 193
Menzel, Jörg Prof. Dr. 251
Merckens, Martin 371
Mergel, Harry 192
Mergen, Margret 192, 193
Mergenthaler, Dorothea 332
Merk, Andreas 326
Merk, Bernhard 347
Merk, Jan 289
Merkel, Angela Dr. 374
Merkel, Benedikt 321
Merkert, Klaus 240
Merkle, Andrea 37
Merkle, Andreas 207
Merkle, Isabel 218
Merly, Monika 337
Mertes, Roland 333
Merz, Carmen 305
Merz, Klaus 322

Merz, Theo 328
Mesarosch, Robin 373
Mescheder, Ulrich Prof. Dr. 126
Meschenmoser, Fabian 352
Messer, Helmut Dr. 112
Messer, Udo 226
Messerschmid, Nicole 325
Messerschmidt, Caroline 317
Messerschmidt, Ulrike 125
Messmer, Klaus 91
Messner, Dr. 94
Metke, Norbert Dr. med. 107
Mettenleiter, Bernd 4, 7
Metz, Andreas 268
Metz, Bruno 296
Metz, Clemens Dipl.-Betriebswirt (DH) 139
Metz, Markus 239
Metz, Tobias 292
Metzger, Marion 293
Metzger, Thomas 326
Metzing, Stefan 198
Metzinger, Silke 292
Metzler, Rupert 157
Mewes, Stefanie 362
Meyberg, Eckart Dr. 146
Meyder 103
Meyer, Birgit 26
Meyer, Dr. 378
Meyer, Ramona 328
Meyer, Wolf-Michael 243
Meyer-Lindenberg, Andreas Prof. Dr. med. 143
Meyr, Martina 116
Mezger, Bodo Dr. 172
Mezger, Jürgen 179
Mezger, Kurt Dr. 21
Mezger, Werner Prof. Dr. 38
Michel, Annika 342
Michel, Brigitte Dr. 234
Michel, Matthias Dr. 110
Michel, Nicole 60
Michel, Wolf-Rüdiger Dr. 302, 368
Michler, Simon 266
Michler, Thilo 233
Middendorf, Peter Prof. Dr.-Ing. 123
Miene, Lea 276
Migenda, Wolfgang 26
Mihm, Julius 249
Milani, Roland 253
Milde, Andreas 208

Milkowski, Nadja 100
Miller, Matthias 4
Miller, Ralf 347
Miller, Thomas 339
Miller, Thomas Dr. 96
Miller, Wolfgang Dr. med. 106
Millow, Jens 217
Milsch, Andreas 26
Milsch, Heidi 57
Milz, Josef 179
Minic, Dusan 196
Miola, Roland 235
Missel, Leander 341
Mitsch-Werthwein, Claudia 100
Mittermayr, Erich 28
Mišković, Zvonko 384
Möbius, Andrea 348
Möck, Ulrike 21
Modrow, Tanja 139
Mogath, Sabine 283
Mogler, Sven 217
Möhler, Dieter 66
Mohn, Claudia Dr. 22
Mohr, Mario Dipl.-Geol. 256
Mohr, Markus 357
Möhring, Hans-Christian Prof. Dr.-Ing. 124
Möhring-Hesse, Matthias Prof. Dr. 124
Möhrle, Daniel 269
Möhrle, Reinhold 283
Moick, Axel 320
Moll, Clemens 356
Moll, Daniel 286
Moll, Karl-Heinz 300
Moll, Markus 239
Möller 147
Möller, Claudia 10
Möller, Clemens Prof. Dr. 125
Möller, Franz Josef 338
Möller, Markus 340
Molt, Reinhard 223
Moltzen 9
Molz, Volker 77
Mönch, Alexander 282
Mönch, Benedikt 271
Mönch, Jens-Uwe 293
Mönch, Volker 274
Monien, Dirk 307
Mönig, Thomas 55
Moore, aus dem, Elke 142
Moosmann, Michael 304
Morasch, Andreas 327

Morast, Dominik 271
Morast, Nico 229
Morawczik, Roland 326
Morawietz, Frank 110
Morgenstern, Uwe 332
Morhard, Peter Dr. 145
Morlock, Oliver 26
Mörmann, Thomas 278
Mors, Benjamin 317
Mörseburg, Maximilian 373
Mosbach, Rainer 286
Mosbacher, Margit 137
Mösel, Susanne Dr. 229
Moser von Filseck, Dietrich 19
Möser, Arndt Dr. 18
Moser, Eva-Maria 349
Moser, Franz 304
Moser, Johannes 315
Moser, Markus 21
Moser, Michael 26
Moser, Pia 297
Moser, Reiner 59
Möser-Schmidt, Julia 383
Möslang, Michael 253
Mosmann, Andreas 327
Mößner, Armin 222
Mosthaf, Uwe 227
Motzer, Dieter 254
Muchenberger, Marco 320
Mücke, Panja Prof. Dr. 137
Muckenfuß, Carolin 202
Mügge, Thomas 317
Mühlberger, Dieter 341
Mühldorfer, Ingeborg Dr. 125
Mühleck, Ursula 239
Muhler, Jürgen 239
Muhler, Manfred Prof. Dr. 181
Muhler, Sabrina 232
Mühlhausen, Walter Prof. Dr. 374
Mühlhuber, Irmgard 47
Mühlstädt-Grimm, Gabriela 23
Mülbaier, Peter 265
Müller, Andrea 323
Müller, Andrea Prof. rer. oec. 129
Müller, Andreas 38, 218, 286
Müller, Anita 240
Müller, Anton 337
Müller, Axel 373
Müller, Benjamin 232
Müller, Bernd 71, 202, 243
Müller, Bernhard 339

Müller, Bruno 292
Müller, Carsten 285
Müller, Claudius Dr. 329
Müller, Dr. 375
Müller, Elke 352
Müller, Fabian 352
Müller, Frank 167
Müller, Franz-Josef Dipl.-Bauing. FH 280
Müller, Friederike 202
Müller, Gerd Dr. 383
Müller, Gerhard 283
Müller, Günter 261
Müller, Heidrun 330
Müller, Heike 296
Müller, Helmut 350
Müller, Janine 285
Müller, Joachim Dr. 53
Müller, Jochen 222
Müller, Johannes 340
Müller, Jörg 158
Müller, Katja 222
Müller, Lukas 11
Müller, Magdalena 259
Müller, Manfred 218
Müller, Markus Dipl.-Ing. 86
Müller, Markus Prof. Dr. 146
Müller, Martin 26, 285, 366
Müller, Melanie 225, 287
Müller, Michaela 249
Müller, Nobert 334
Müller, Oliver 80
Müller, Patrick 266
Müller, Patrik 311
Müller, Peter 199, 215, 246, 258, 289, 360
Müller, Peter Dr. 113
Müller, Reiner 96
Müller, Reinhold 281
Müller, Rüdiger 254
Müller, Sibylle Dr. 19
Müller, Sven 225
Müller, Thomas 54
Müller, Thomas Prof. Dr. 123
Müller, Timo 338
Müller, Tobias 215
Müller, Uwe Dr. 380
Müller, Wolfgang 251
Müller, Wolfgang Prof. Dr. 134
Müller-Gemmeke, Beate 373
Müller-Marquardt, Claudia 205
Müller-Missel, Gertrud 349

Müller-Osten, Anne Prof. Dr. 380
Müller-Schmidts, Gudrun 355
Müller-Tamm, Pia Prof. Dr. 118
Müller-Vogel, Petra 267
Müllges, Dorothee 338
Multner, Jürgen 321
Münch, Bernhard 268
Münch, Jochen 260
Münchenberg, Jan Prof. Dr.-Ing. 129
Mundhaas, Roland 316
Munkes, Andreas 347
Müntefering, Michelle 375
Münter, Michael 191
Munz, Dietrich Dipl.-Psych. Dr. 107
Munz, Karl 59
Munz, Sabine 303
Münzing, Mike 331
Munzinger, Carina 235
Mürdter, Winfried 209
Mursa, Helmut 288
Mürter, Tamara 10
Mürter-Mayer, Annemarie 236
Musati, Martina 378
Müsch, Irmgard Dr. 116
Muschalek, Artur 312
Muscheler, Katja 315
Musolf, Marcel 202
Mußler, Karsten 258
Mutscheller, Johannes 316
Mutschler, Bernd 180
Mutschler, Stephen 243
Muttach, Klaus 295
Mutter, Eddi 322

N

Nachbauer, Wolfgang 259
Nagel, Achim 29
Nagel, Jens 51
Nagel, Matthias 55
Nagel, Susanne 271
Nagel, Werner Dr. 27
Nägele, Axel 29
Nägele, Friedrich 343
Nägele, Matthias 209
Nagl, Ingrid 248
Nagler, Georg Prof. Dr. 135
Nahrwold, Ole 71
Nann, Frank 310
Natter, Eberhard Dr. 181
Natter, Timo 228

Naun, Meike 204
Neckermann, Rica 240
Neef, Andreas 78
Neff, Andreas 158
Neff, Walter 262
Neher, Andreas 360
Neher, Stephan 335
Neideck, Otto 367
Neidhardt, Kristiane 236
Neises, Linda 221
Nentwich, Ralf 4, 7
Nesch, Cornelia 18
Neske, Rainer 77
Neth, Matthias Dr. 232
Netz, Franziska 332
Netz, Martin 288
Neubauer, Margit 234
Neubauer, Marianne 262
Neubauer, Sandra 312
Neuberger, Dieter 272
Neudecker, Gerhard Dr. 370
Neugebauer, Boris 314
Neuhöfer-Avdic, Monika 321
Neukamm, Katrin Dr. 16
Neukamm, Klaus 271
Neumahr, Alex Dr. 387
Neumaier, Markus 297
Neumaier, Roland 356
Neumann, Edgar 145
Neumann, Hans-Jürgen 91
Neumann, Hansjörg 218
Neumann, Sabine 339
Neumann, Stefan 233
Neumann, Ulf 239
Neumann-Martin, Christine 4, 7
Neureuther, Andreas 206
Neutatz, Dietmar Prof. Dr. 121
Newedel, Claudia 332
Nickel, Marc Dr. 220
Nickerl 147
Nickerl, Jutta 61
Nicklas, Karl Michael 233
Nicklis, Ina 91
Nicolaus, Steven 282
Niebel, Reinhold 237
Niebling, Gerhard 19
Niederberger, Holger 221
Niederhammer, Thomas 317
Niederhöfer, Martin 266
Niehaus, Gerrit 99
Niemann, Jutta 4
Niesing, Brigitte 233
Niesler, Lars Dr. 168

Nill, Hartmut 29
Nitschke, Axel Dr. 83
Nitschmann, Mario 146
Nitz, Bernd 307
Noack, Thomas 331
Noe, Juliane 241
Nogrady, Alexander Dr. 53
Nold, Christoph 83
Nolde, Kristina 216, 278
Noll, Dieter 338
Noller, Marco 200
Nolte, Tanja 356
Nolter, Eva 210
Nöltner, Michael 251
Nonnenmacher, Ellen 323
Noppel, Anja 331
Nopper, Frank Dr. 191
Nops, Harald 314
Nothacker, Heiko 222
Notheisen, Roland 253
Nothelfer, Peter 352
Notter, Harald 99
Notter, Jürgen 199
Novokmet, Slavko 386
Nowak, Jürgen 98
Nowitzki, Thomas 39, 254
Noé, Thomas 335
Ntallis, Sokratis 371
Nuber-Schöllhammer 99
Nübling 376
Nückles, Matthias Prof. Dr. 121
Nulle, Annika 383
Numberger, Martin 311
Nunn, Kerstin 263
Nunnenmacher, Martina 109
Nuseibeh-Böckmann, Yasmin 20
Nußbaum, Hansjörg Dr. 94
Nußbaum, Peter 330
Nussbaum, Ulrich Dr. 378
Nusser, Dominik 329
Nusser, Susanne Dr. 369
Nüßle, Niklas 4

O

Obenland, Stefan 222
Obergfell-Fuchs, Joachim Dr. 56
Obermüller, Frank 21
Oberndörfer, Carolin 227
Oberscheven, Markus 380
Oberst, Sabine 242
Oberstebrink, Martin 257
Obert, Bernhard Dr. 361
Obert-Kempf, Sabine 301

Obländer, Jürgen 265
Ochs, Dr. 100
Ockert, Andreas 227
Odszuck, Jürgen 193, 194
Oehler, Karlheinz 280
Oeldorf, Christoph 272
Oellers, Daniela Dr. 19
Oelmaier, Tanja 349
Oertel, Martin-Peter Dr. 251
Oertelt, Bettina 205
Oesterle, Fritz Dr. 388
Oesterle, Hanna 223
Oesterle, Martina 112
Oesterle, Michael-Jörg Prof. Dr. oec. 124
Oestrich, Daniel 266
Oestringer, Dirk 215
Oettinger, Silvia 208
Offenberger, Benjamin 232
Ogger, Jochen 343
Ohlenroth, Hinrich 291
Öhler, Michael 294
Ohlheiser, Rainer 272
Ohlinger, Thomas 166
Ohm, Matthias Dr. 116
Öhmann, Michael 145
Ohmer, Petra 317
Ohr, Bernulf 238
Ohr, Stefan 236
Oker, Marion 83
Oldenkotte, Christoph 131
Olkus-Herrmann, Stefanie 241
Ollech, Heike 311
Olschowski, Petra 5, 12, 112
Öner, M. Erkan 388
Opiolka, Andreas Prof. 138
Oppelt, Moritz 373
Ordowski, Verena 304
Orgonas, Thorsten 372
Örnekol, Rifat Cem 388
Orphal, Johannes Prof. Dr. 120
Orth, Ursula 71
Ortlieb, Michael 26
Ortmanns, Maurits Prof. Dr. 125
Oschmann, Arndt Dr. 78
Oschmann, Martina 78
Oschwald, Saskia 302
Osdoba, Anna 203
Oser, Juliane 259
Osmakowski-Miller, Raphael 361
Osner, Andreas Dr. 316
Ossola, Manfred 315
Oßwald, Fabian 211

Osswald, Hans-Jürgen 312
Osswald, Julian 282
Österle, Michaela 278
Ostermaier, Stefan 197, 287
Ostermann, Dieter 9
Osterwald, Simone 315
Oswald, Jürgen 78
Ott 26
Ott, Alexander 329
Ott, Christopher 204
Ott, Daniela 245
Ott, Franz 229
Ott, Gottfried 252
Ott, Manuela 362
Ott, Martin 236
Otte, Birgit 47
Otte, Roland 15
Otterstätter, Andreas 235
Otto, Isabell Prof. Dr. 123
Özcan, Timur 255
Özdemir, Cem 373

P

Paal, Claus Jürgen 84
Pacher, Susanne Dr. 29
Pade, Marion 243
Padova, Silke 328
Padubrin, Frank 274
Paetzolt-Schmidt, Heidrun 21
Pahle, Peter 140
Pahlow, Ralf 308
Pailer 147
Paleit, Jochen 297
Paletschek, Sylvia Prof. Dr. 121
Paletta, Daniela 296
Palme, Peter 323
Palmer, Boris 335, 366
Panter, Michael 295
Panther, Stefanie 301
Papadopoulou 103
Paprotka, Stefanie 20
Partsos, Panayotis 385
Patig, Joachim 282
Patsch, Markus 209
Patzel-Mattern, Katja Prof. Dr. 122
Pätzold, Peter 192
Paul 378
Paul, Ansgar 308
Paul, Ulrike 57
Pauli, Günther-Martin 336
Paulowitsch, Benedikt 222
Paulus, Martin 337

Paulus, Peter 80
Paulus, Sachar Prof. Dr. rer. nat. 128
Pauly, Erik 307
Pautler, Helmut 259
Pautsch, Andreas 202, 334
Pavel, Klaus 53
Pawlowski, Klaus 379
Pawlowski, Robert Prof. Dr. 127
Pawlowskij, Catharina 336
Pecháček, Petra Dr. 71
Peck, Anja Dr. 27
Peichl, Christoph 112
Pekrun, Carola Prof. Dr. 129
Pelgen, Friedrich 24
Pellengahr, Astrid Dr. 116
Pelzer-Müller, Ulrich 23
Pelzner, Andreas 39
Penner, Simone 320
Peno, Elena 251
Penthin, Enrico 290
Peringer, Gundula 145
Pernus, Michael 29, 80
Perron 158
Person, Klaus 299
Peschke, Astrid 204
Pesla, Ira 202
Peter, Christine Prof. Dr. 122
Peter, Jörg Dr. 256
Peter, Jörg-Steffen 363
Peter, Karl-Heinz 327
Peter, Markus Prof. Dr. 125
Peter, Ute 330
Peters, Richard 377
Petersen, Ralf 47
Petri, Lena 252
Petsos, Androniki 225
Petters, Bärbel 215
Petters, Tilman 298
Petz 375
Petzold-Schick, Cornelia 251
Peukert, Patrick 247
Pfaff, Bernd 304
Pfaff, Christian 380
Pfaff, Josef 347
Pfaff, Michael 281
Pfahl, Sieglinde 267
Pfahler, Clemens 320
Pfau-Weller, Natalie Dr. 5, 7
Pfeffer, Dirk 322
Pfeffer, Michael Prof. Dr. sc. techn. 130
Pfefferle, Ronald 257, 259

Pfeifer, Nicole 50
Pfeifer, Tore-Derek 282
Pfeifer-Eisenhut, Eva 112
Pfeiffer, Michael 257
Pfeiffer, Sonja 286
Pfeiffer, Wolfgang Dr. 384
Pfeifle, Bernd Dr. 29
Pfettscher, Jonathan 255
Pfetzer, Jürgen 258
Pfirrmann, Arne 258
Pfister, Gerd 268
Pfisterer, Bianca 216
Pfitscher, Florian 354
Pflästerer, Rolf 268
Pflieger, Franziska 249
Pflugmann-Hohlstein, Barbara Dr. 60
Pflumm, Gerd 329
Pfriender, Armin 309
Pfrommer, Heiner 213
Pfrommer, Rainer Dr. 243
Pfründer, Sarina 255
Pfüller, Hans-Georg 97
Pfundstein, Günter 302
Philipp, Beate 173
Philipp, Tanja 237
Phillipp, Jessica Dr. 48
Pichler, Bernd Prof. Dr. rer. nat. 124, 144
Pickhardt, Christian 292
Piechotowski, Dr. 103
Piehlmaier, Peter 209
Pieper, Hedwig 305
Pietsch, Jörg Dr. 383
Pilarsky, Günter 384
Pilz, Günther 216
Pilz-Hailer, Gudrun 254
Pinzger, Anna 50
Pioch, Armin 278
Piott, Martin 232
Pitz, Gerhard 112
Pix, Reinhold 5
Planche, Jean-Rémy 198
Plangg, Walter 357
Plate, Ulrike Dr. 22
Plesch, Bruno 29
Podeswa, Rainer Dr. 5, 7
Pohl, Christian 179
Pohl, Thomas 267
Pokrop, Tobias 331
Polaschek, Roland 243
Polat, Meryem 258
Polian, Ilia Prof. Dr. rer. nat. 124

Pollatos, Olga Prof. Dr. Dr. 124
Pollich, Jutta 26
Polta, Peter 242
Polte, Petra 269
Pöltl, René Dr. 271
Polzin, Oliver 334
Ponattu, Dr. 375
Poos, Ulrich Dr. 106
Pope, Michael Dr. 19
Poreski, Thomas 5
Pörsch, Christian 267
Porsche, Bill 286
Porsche, Ulrich 286
Pöschik, Thomas 237
Postel, Dr. 103
Postert, Michael Dipl.-Volksw. 140
Potschkay, Heiko 211
Poymann, Peter 19
Prasse 99
Prause, Fabian 325
Prayon, Luca Wilhelm 280
Premer, Matthias Prof. Dr. 125
Prengel 176
Presser, Rainer 78
Pretzell, Diana Prof. Dr. 194
Preusch, Michael Dr. 5
Preuss, Alexander 226, 228
Preuß, Alexander 350
Priebe, Birgit 218
Prielipp, Mark 304
Prinzbach, Marco 320
Pristl, Karl Dr. 60
Probst, Adrian 327
Probst, Jürgen 268
Proch, Sascha 18
Profendiener, Swen 368
Pröfrock, Matthias 19
Pronold, Florian 383
Proske, Matthias Dr. 367
Pross, Jörg Prof. Dr. 122
Prosser, Axel 344
Prostmeier, Ferdinand R. Prof. Dr. 121
Protz, Harald 24
Pruessner, Jens Prof. Dr. 123
Prusik, Claudia 378
Prußeit, Rainer 28
Przywara, Rainer Prof. Dr.-Ing. Dr. 135
Puchan, Grit 87
Püchner, Petra Dr.-Ing. 78
Puchta, Jörg 261

Pudimat, Marco 354
Puhl, Thomas Prof. Dr. 123
Puhlmann, Heike Dr. 97
Pulla, Bernd 334
Pulver, Saskia 222
Pütsch, Hans Jürgen 258
Puza, Walther 346

Q

Quednow, Carsten 325
Quentin, Andreas 274
Quilitz 66
Quint, Franz Prof. Dr.-Ing. 127

R

Raab, Johannes 340
Rabsteyn, Alexander 274
Rachel, Thomas 384
Raddatz, Daniel 24
Rade, Katja Prof. Dr. 131
Rade, Nadine 363
Radinger, Franziska 243
Radke, Holger 157
Rädle, Roland 49
Radschin, Bettina 235
Radtke, Detlef 75
Radzinski, Alexander 383
Raedler 355
Raffelhüschen, Claudia 373
Ragg, Albin 310
Ragg, Markus 26
Ragg, Martin 308
Raible 377
Rainer, Peter 362
Raisch, Bettina 203
Rak, Michael 192, 196
Rall, Fritz 334
Rall, Patrizia 220
Ramsperger, Eva-Maria 248
Randoll, Klaus 161
Rangel, Ulrike Dr. 46
Ranger, Klaus 5, 7
Rank 148
Rapp, Andreas Dr. 47
Rapp, Daniel Dr. 359, 368
Rapp, Florian 315
Rapp, Marianne 222
Rapp, Martina 279
Rapp, Patrick Dr. 5, 12, 78
Rapp, Regula Dr. 137
Rapp, Siegfried 385
Rapp, Ulrich 14

Rapp, Wolfgang 211, 226
Räpple, Sara 297
Rastetter, Oliver 298
Ratering, Martin 59
Rath 103
Ratzel, Steffen 76
Rau-Marthaler, Ramona 228
Rauch, Artur 358
Rauch, Christian 378
Rauch, Ortrud 258
Raue, Stefan 16
Rauer, Sandra 315
Raufenberg, Nicolas 231
Rausch, Manuel 280
Rauscher, Gretel 333
Rautenbach, Dieter Bernhard Prof. Dr. 124
Rautland, Michael 209
Rayer, Gerd 209
Razavi, Nicole 5, 12, 146, 374
Reber, Frank Prof. 50
Rebholz, Bernd 359
Rebmann 53, 103
Rebmann, Elmar 329
Rebmann, Patricia 267
Rebmann-Schmelzer, Annette 81
Rebsch, Stephanie 100, 102
Rechle, Gerold 348
Rechtsteiner, Thomas 332
Reck, Hans-Peter Dr. 350
Reck, Johann 245
Reck, Katja 337
Reck-Kehl, Markus 259
Recknagel-Saller, Ute 50
Redemann-Paul, Elke 14
Reeb, Helen 249
Reeker, Gerrit 290
Reerink, Birgit 162
Rees, Markus 290
Regele, Thomas 289
Reger, Sabine 157, 362
Rehder, Claus 230
Rehfuß, Matthias 305
Rehm, Achim 301
Rehm, Clemens Dr. 113
Rehm, Simone Dr. rer. nat. 123
Rehmsmeier, André 268
Reibold, Volker 267
Reich, Anette 271
Reich, Jürgen 100
Reich, Miriam 28
Reichegger, Gerhard 313
Reichert, Anja 296

Reichert, Brigitta 197
Reichert, Carola 276
Reichert, Christoph Dr. 158
Reichert, Joseph 334
Reichert, Klaus 274
Reichert, Klaus Bernd 350
Reichert, Martin 297
Reichert, Norbert 127
Reichert, Peter 266
Reichhart, Hans Dr. 368
Reichhold, Rainer 82
Reichle 67
Reichle, Heidi Prof. Dr. rer. pol. 131
Reichle, Michael 362
Reifferscheid, Christoph 382
Reimer, Wolfgang 20
Reimold, Frank 40
Rein, Oliver 285
Rein, Sabine Prof. Dr. 128
Reinacher, Eckhard 292
Reinalter, Anja Prof. Dr. 373
Reinbold, Markus 296
Reinbold-Mench, Hannelore 292
Reinelt, Iris Dr. 76
Reiner, Gerhard 339
Reiners 9, 378
Reinhard, Marcel 227
Reinhardt, Jürgen 231
Reinhardt, Maria 21
Reinhardt, Thorsten Dr. 24
Reinhart, Wolfgang Prof. Dr. 5, 6
Reinhoffer, Bernd Prof. Dr. 134
Reinmuth, Jörg Prof. 49
Reinwald, Hans D. 268
Reisch, Barbara 21
Reisch, Edgar 144
Reiser, Sabine 21
Reiser, Stefan 307
Reisinger, Kristina 365
Reiß, Walter 110
Reissenberger-Safadi, Olivia 180
Reitemann, Helmut 337
Reiter, Hans J. Dr. 112
Reiter, Heribert 253
Reiterer, Harald Prof. Dr. 122
Reith, Konrad 259
Reith, Niko 5, 7
Reith, Peter Dr. 24
Reith, Thomas Prof. Dr. 386
Reitz, Regina 261
Reitze, Klaus 219

Rellstab, Daniel Hugo Prof. Dr. 134
Rembold, Michael 250
Remgen, Natalja 288
Remlinger, Utz Dr. 28
Renkert, Christian Dr. 321
Renkert, Florian 285
Renner, A. 19
Renner, Anina 308
Renner, Christian 323
Renner, Josef 342
Renner, Thorsten 244
Rennmann 376
Renschler, Matthias 272
Rensing, Stefan Prof. Dr. 121
Rentschler, Ferdinand 205
Renz, Christian Dr. 78
Renz, Volker Dr. 95
Resch, Markus 102
Ressel, Wolfram Prof. Dr.-Ing. 123
Restle, Volker 358
Retsch, Daniel 259
Rettenmaier, Sonja 246
Rettenmeier, Monika 247
Retzer, Patrick 295
Reubold, Frank 358
Reuff, Martin 159
Reuff, Philipp 78
Reule, Reiner 210
Reusch 19
Reusch, Philipp 301
Reuter 99
Reuter, Volker Prof. Dr. 132
Reutschler, Ulrike 281
Reutter, Jochen 110, 210
Rewitz, Robert 340
Rex, Christine Dr. 20
Rexer, Michael 280
Rexroth, Sören 252
Reyher, von, Dietrich 108
Rhein, Klaus 262
Richter, Bernhard 206
Richter, Dorothea 268
Richter, Fabian 241
Richter, Gerda 50
Richter, Jonathan 237
Richter, Karin 200
Richter, Karola Dipl.-Ing. 116
Richter, Markus Dr. 375
Richter, Sascha 206
Richter, Thomas 263
Riebort, Günter 211

Riecke-Baulecke, Thomas Dr. 47
Riedel, Alexander 157
Riedel, Christiane Prof. 142
Riedel, Monika Dr. 93
Riedel, Thomas 64
Rieder, Heike 283
Riederer, Claudia 357
Riedesser, Robert 354
Riedlbauer, Jörg Dr. 347
Riedlinger, Meinrad Dipl.-Ing. 331
Riedmann, Georg 353
Rief, Andreas 246
Rief, Josef 373
Rieg, Frank M. 71
Rieg, Jörn 223
Riegel, Harald Prof. Dr. 125
Rieger, Hans 342, 344
Rieger, Larissa 234
Rieger, Markus 350
Rieger, Michael 308
Rieger, Roland 257
Rieger, Tobias 10
Riegger, Helmut 273
Riegler, Andrea 49
Riegler, Wolfgang 219
Riegsinger, Steffen 278
Rieker, Betina Dr. 182
Rieker, Dirk 118
Riemer, Günter 204
Riesch, Thomas 197
Riesle, Helmut 307
Riesterer, Christian 287
Riesterer, Gerlinde 289
Riesterer, Heiko 286, 289
Riesterer, Nikolaus 325
Riethe, Markus Dipl.-Geograph 368
Riexinger, Bernd 373
Rigbeis, Anke Dr. 59
Rihm, Dieter 315
Rijn, von, Maaike Dr. 117
Ringhof, Hermann 25
Ringleb, Dirk 209
Ringwald, Gisela 297
Rinker, Dagmar Prof. Dr. 131
Rinnus, Christin 308
Rippberger, Norbert Dr. 262
Rippe, Klaus Peter Prof. Dr. 133
Rippel, Klaus Max 62
Rischar, Stephanie 245
Rist, Alexander 261
Rist, Heike 339

Rist, Martin 146
Ristl, Uwe 260
Ritter, Adrian 296
Ritter, Markus Dr. 375
Ritter, Peter 360
Ritter, Sebastian 369
Ritter, Tanja 235
Rittmann, Wolfgang Dr. 174
Ritz, Anja 20
Ritz, Bernhard 21
Ritzler, Bernhard 343, 344
Ritzler, Lukas 349
Rivoir, Martin 5, 8
Robitzki, Andrea Prof. Dr. 120
Röck, Sascha Prof. Dr.-Ing. 126
Röckle, Reinhard 267
Röderer, Jan-Peter 5, 7
Roell, Jan Stefan Dr. 85
Rogel, Günter 381
Rögelein, Jürgen 62
Röger, Michael 359
Rogler, Daniel 174
Rogowitz, Katja 293
Röhm, Albert Dr. 94
Röhm, Daniela 209
Röhm, Dr. 53
Rohm, Volker 261
Rohrberg, Tobias 14
Röhrl, Nobert Dr. 372
Röhrle, Oliver Prof. 123
Roll, Christoph 235
Rolland, Gabi 5, 7
Rolle, Oliver 18
Roller, Gottfried Dr. 22
Roller, Günter 282
Roller, Lisa-Jasmin 271
Roller, Oliver 326
Roller, Steffen Dr. 180
Roller, Tobias 283
Rolofs 159
Rombach, Eduard 327
Romer, Hubert 307
Rominger, Heike 362
Rominger, Werner 363
Rommel 19
Rommel, Manfred 358
Römmich, Simon 333
Römpp, Hartmut 112
Rontke, Karlheinz 286
Roos, Alexander Prof. Dr. 132
Rösch, Regina 223
Roschach, Michael 296
Roschgrün, Lukas 197

Rose, Claudia Dr. 112
Rose-Losert, Anett 110
Rosemann, Martin Dr. 373
Rosenäcker, Jürgen 238
Rosenau, Bastian 277
Rosenberger, Anja 208
Rosenberger, Peter 282
Röser, Karin 226
Röslen, Ingo 321
Rösler, Markus Dr. 5
Rösner, Sabine 27
Rosport, Elke 100
Rössle, Mathias 55
Rössler, Michael 388
Rössler, Tina 73
Rößling, Bertram Dipl.-Ing. 267
Rößner, Bernd 211
Rotermund, Sabine 230
Roth 103
Roth, Daniel Prof. 138
Röth, Heiko 255
Roth, Johannes-Georg Dr. 177
Roth, Julia 200
Roth, Jürgen 243, 309
Roth, Michael 375
Roth, Stefan 289
Rothenberger, Bernd 359
Rother, Jutta 371
Rother, Martin 180
Rothfuß, Andreas Dr. 124
Rothfuß, Markus 25
Rothweiler, Celine 308
Rottke, Bettina 144
Rottler, Werner 82
Röver, Jörg 78
Röwer, Marcus 318
Ruch, Clemens Dr. 27
Ruch, Ewald 322
Ruchti, Alexander 296
Ruck, Thomas 316
Rückenauer, Alfons 232
Rückert, Klaus Michael Dr. 281
Rückert, Peter Prof. Dr. 114
Ruckh, Matthias 207
Ruckh, Ulrich 344
Rucktäschel, Eva 48
Rude, Martin 346
Rüdenauer, Alfons 233
Ruder-Aichelin, Dagmar 24
Rudewig, Henning 131
Rudolf, Denis 331
Ruf, Alois 347
Ruf, Christian Dr. 304

Ruf, Fritz 296
Ruf, Josef 292
Ruf, Michael 282
Rugart, Claudia 21
Rüger, Werner 239
Ruhdel, Tilman 70
Rühle 18
Ruhle, Jürgen 248
Rülke, Hans-Ulrich Dr. 5, 7
Rüllke, Kerstin 307
Rumler, Astrid 19
Rumler, Hans-Peter 173
Rung 53
Ruof, Susanne Dipl.-Päd. 49
Ruolff, Martin 9
Rupp, Bettina 24
Rupp, Jennifer 199
Rupp, Markus 252
Rupp, Martin 288, 351
Rupp, Ruben 5, 7, 8
Rupp, Stefanie 361
Ruppaner, Otto 204
Ruppender, Nina 278
Ruppender, Thomas 278
Ruppert, Cornelia Dr. 58
Rürup, Simone 357
Rüscher, Christian 322
Russ, Joachim 200
Russel, Oliver 255
Rust, Ingo 203
Ruth-Herbein, Evelin Dr. 46
Rüther, Melanie 383
Rutsch, Florian 266
Ryglewski, Sarah 376

S

Saar, Angela 66
Saar, Philipp 296
Sabelhaus, Martin 21
Sack, Jürgen 217
Sadlers, Arthur 276
Saebel, Barbara 5
Sahm, Carolin 233
Sailer 161
Sailer, Daniel Dr. 277
Sailer, Norbert 225
Saint-Cast, Nadyne 5, 7
Salaske 64
Saleh, Sien-Lie 47
Salemi, Andreas 243
Salemi, Daniel 343
Salen, Stefan 228
Saleth, Stephanie Dr. 60

Salfenmoser, Franz 242
Salm, Karoline 90
Salm, Roland 233
Salomo, Michael 243, 244, 262, 368
Salomon, Alexander 5
Salomon, Dieter Dr. 84
Salzer, Rolf 368
Salzgeber, Dieter 51
Samuleit, Cordula 201
Sänger, Jürgen 322
Sangestan, Shahab 116
Sänze, Emil 5
Sapper, Andreas 211
Sattler, Ira 326
Sauer, Dirk 297
Sauer, Ludwig 272
Sauer, Marion 24
Sauer, Simone 222
Saupe, Klaudia 10
Saur, Evi 243
Saur, Jan-Phillip 339
Saur, Steffen 227
Saur, Thomas 250
Saur, Ulrich 279
Sauter, Armin 313
Sauter, Carmen 270
Sauter, Daniela 18
Sauter, Elmar 258
Sauter, Roland 356
Sauter, Thomas 300
Sauter, Udo Hans Dr. 97
Sautter, Kay 236
Sautter, Steffen 331
Sax, Stephan 258
Schaab, Rupert Dr. 114
Schaack, Christoph 274
Schaaf, Siegfried 259
Schaal, Jürgen 236
Schaal, René 223
Schabel, Dirk 243
Schabsky, Thomas 223
Schacherl, Larissa 214
Schadt, Thomas Prof. 138
Schaefer, Bernd 211
Schäfer, Adalina 222
Schäfer, Andreas 252
Schäfer, Annette 145
Schäfer, Armin 300
Schäfer, Bärbel 25
Schafer, Diana 78
Schäfer, Helmfried 357
Schäfer, Herwig Dr. 178

Schäfer, Karlheinz 310
Schäfer, Markus 254
Schäfer, Michael 334
Schäfer, Monika 357
Schäfer, Oliver Prof. iur. 129
Schäfer, Peter 220
Schäfer, Peter Dietmar 214
Schäfer, Peter Dr. 273
Schäfer, Peter Prof. 78
Schäfer, Petra 267
Schäfer, Rainer 263
Schäfer, Reinhold 337
Schäfer, Sebastian Dr. 373
Schäfer, Thomas 216, 301
Schaffert, Marco 304
Schäffler, Dr. 53
Schafft, Marcus 349
Schäflein-Armbruster, Robert Prof. 126
Schaible, Dirk 215
Schaich, Karin 202
Schaljo, Markus 270
Schall, Annika 236
Schall, Matthias 131
Schanz, Heiner Prof. Dr. 121
Scharf, Michael 325
Scharlack, Ulrich 383
Scharmann, Michael 224
Schatz, Martin 37
Schätzle, Armin 285
Schäuble, Manuel 326
Schäuble, Thomas 326
Schäuble, Torsten 286
Schäuble, Wolfgang Dr. 373
Schauder, Christoph 238
Schäuffele, Rainer 215
Schaupp, Alexander 208
Schaupp, Armin 303
Schaupp, Monika Dr. 114, 239
Schautzgy, Nicole 306
Schauz, Matthias 243
Schebesta, Volker 5, 12, 41
Scheckenbach, Walter Dr. 239
Scheel, Martin 379
Scheel, Stefan 169
Scheer, Monique Prof. Dr. 124
Scheerer, Hans Dieter 5
Schefczyk, Michael Prof. Dr. 120
Scheffczyk, Frank Georg 269
Scheffel, Nadja 317
Scheffer, Katrin Dr. 122
Scheffknecht, Günter Prof. Dr. techn. 124

Scheffold, Georg 289
Scheffold, Heiner 340
Scheffold, Siegfried 297
Scheibe, Moritz 78
Scheible, Kerstin 343
Scheibner, Alexandra 310
Scheich, Roland 342
Scheidel, Gaby 223
Scheiding, Jürgen 293
Scheiffele, Karin 14
Scheiger, Lukas 333
Scheiring, Aida 210
Schelberg, Simone Dr. 16
Schelkle, Hubert 63
Schell, Jürgen 348
Schelleis, Martin 382
Schellenberg, Klaus 313
Scheller, Kay 384
Schelling, Nicola Dr. 367
Schellmann, Michael 232
Schelshorn, Peter 322
Schendzielorz, Ulrich Prof. 131
Schenek, Matthias Dr. 121
Schenk, Gregor 308
Schenk, Thomas 23
Schenk, Werner 29
Schenkel, Stephan Prof. Dr. 135
Schepp, Florian 204
Scherb, Erik 108
Scherer 174
Scherer, Alexandra 357
Scherer, Frank 295
Scherer, Hartmut 26
Scherer, Johanna 240
Scherer, Josef 240
Scherer, Oliver 20
Scherer, Robert 353
Scherf, Henning Dr. 374
Scherm, Jürgen 24
Scherzinger, Tobias 294
Scheu, Bettina 330
Scheuber, Matthias Prof. Dr. 131
Scheuer, Andreas Dr. 380
Scheuermann, Dominique Dr. 201
Scheufele, Catharina 317
Scheurer 160
Scheytt, Andreas 279
Schick, Achim 259
Schick, Patricia 347
Schickle-Reim, Gundi Dr. 28
Schied, Frank 21
Schiefelbein, Ulrich 55

Schiek, Volker 229
Schiele, Anton 162
Schiele, Hubert 337
Schiele, Klaus 353
Schiele, Sandra 248
Schiem, Monika 304
Schienmann, Dieter 224
Schießl, Olga 64
Schiffer, Helmut 144
Schifferer, Klaus 228
Schiffner, Felix 329
Schildt, Frank 16
Schill, Josef 359
Schill, Kathrin 290
Schill, Oliver 140
Schiller, Eva 17
Schiller, Karin Dr. 112
Schiller, Thomas 266
Schilling, Frank Prof. Dr. 121
Schilling, Thomas 278
Schilling, Wolfgang 24
Schillinger, Torsten 361
Schimitzek, Corina Dr. 23
Schimkat, Sabine 324
Schimmel, Thomas 242
Schindele, Katrin 5, 7, 8
Schindler, Dr. 103
Schindler, Martin 334
Schinkel, Thomas 10
Schirmeister, Willi 318
Schirmer, Bernhard 319
Schlafke, Mario 286
Schlageter, Brunhilde 255
Schlatterer, Stefan 292
Schlecht 103
Schlecht, Gerhard 275
Schlecht, Michael 205
Schleeh, Uwe 197
Schlegel, Michael 293, 353
Schlegel, Sascha 346
Schleicher, Manfred 277
Schleifer, Hans-Jörg 94
Schleinitz, Sabrina 363
Schlemper, Patricia 117
Schlenker, Adrian 248
Schlenker, Dominic 253
Schlenker, Manfred 355
Schlick, Tina 26
Schlotter, Tilo 258
Schluck, Hans-Martin 338
Schludi, Ulrich Dr. 114
Schlusche, Ralph 367
Schlüter, Martina 48

Schmachtenberg, Rolf Dr. 378
Schmahl, Christian Prof. Dr. med. 143
Schmalian, Jörg Prof. Dr. 120
Schmalzhaf, Dr. 147
Schmalzhaf, Mathias 269
Schmalzl, Johannes 83, 368
Schmälzle, Reinhard 301
Schmeckenbecher, Frank 334
Schmeh, Roland 317
Schmelzeisen, Rainer Prof. Dr. Dr. 144
Schmelzer, Klaus-Dieter 217
Schmermund, Anette 67
Schmetz, Renate 217
Schmid, Andreas 316
Schmid, Benedikt 312
Schmid, Boris 306
Schmid, Christian 258
Schmid, Gunter 334
Schmid, Günther 79, 180
Schmid, Heiko Dr. 345
Schmid, Josef Prof. Dr. 124
Schmid, Josefa 198
Schmid, Karin 341
Schmid, Katharina 331
Schmid, Kristina 50
Schmid, Markus 344
Schmid, Nils Dr. 373
Schmid, Oliver 337
Schmid, Philipp 320
Schmid, Sandra 275
Schmid, Simon 202
Schmid, Thomas 311
Schmid-Selig, Oliver 356, 358
Schmidle, Adrian 327
Schmidt 103
Schmidt, Anette 241
Schmidt, Bernhard 69
Schmidt, Bruno 320
Schmidt, Holger 198
Schmidt, Ingrid 274
Schmidt, Jörg 235
Schmidt, Karl-Heinz 241
Schmidt, Martina 199
Schmidt, Michael 279
Schmidt, Michael Dr. 28
Schmidt, Michaela 255
Schmidt, Peter 328
Schmidt, Roland 361
Schmidt, Rolf 324
Schmidt, Silke 267
Schmidt, Stephan Dr. 320

Schmidt, Thimo 252
Schmidt, Viktor 252
Schmidt, Werner 234
Schmidt, Wolfgang 376
Schmidt-Hornig, Gerhard 145
Schmidt-Lamontain, Raoul 193, 194
Schmidt-Liedl 73
Schmidt-Wagemann, Anja 235
Schmidtke, Claudia Prof. Dr. 383
Schmidtmann-Deniz, Petra 305
Schmidts 103
Schmiederer, Rolf 295
Schmitt 55
Schmitt, Anita 28
Schmitt, Elke 266
Schmitt, Matthias 230
Schmitt, Michael 307
Schmitt, Peter 227, 270
Schmitt, Rainer 266
Schmitt, Uwe 269
Schmitt, William 39
Schmitt-Hartmann, Reinhard Prof. 48
Schmitteckert, Günter 374
Schmitz, Regina 332
Schmitz, Stefan 328
Schmolke, Anja Dr. 100
Schmolz 103
Schmolz, Linda 210
Schnabel, Harald 216
Schnabel, Manfred 83
Schnaberich-Lang, Sonja 223
Schnaithmann, Elke 47
Schnaudigel, Christoph Dr. 251, 367
Schneberger, Gerhard 199
Schneckenburger, Dieter 285
Schnee, Sabine 226
Schneider 60, 147
Schneider, Andreas 348
Schneider, Beate 322
Schneider, Christian Dr. 146
Schneider, Daniela 137
Schneider, Dr. 100, 103
Schneider, Frank 279
Schneider, Gerhard Prof. Dr. 125
Schneider, Hans Dr. 146
Schneider, Harald 272
Schneider, Joachim 357
Schneider, Julian 263
Schneider, Laura Dr. 383

Schneider, Marc 268
Schneider, Marcel 307
Schneider, Michael V. 255
Schneider, Peter 24, 41
Schneider, Ralph 216
Schneider, Sabine 320
Schneider, Sascha 207
Schneider, Stefanie 16
Schneider, Thomas 245, 296
Schneider, Volker 326
Schneider, von, Sibylle 55
Schneider, Werner 244
Schneider, Yannik 197
Schneider-Heer, Anja 47
Schneidmüller, Bernd 142
Schnele, Andrea 247
Schnell 103
Schnell, Gerd 28
Schnell, Reinhold 354
Schnepf, Stefan 228
Schneucker, Andreas 319
Schnider, Urs 387
Schnitzler, Christina 359
Schnöckel, Stefan Dr. 19
Schnörr, Ch. Prof. Dr. 122
Schnörr, Ralf 81
Schnürch, Alfred 331
Schnürle, Claudia 243
Schnurr, Hubert 256
Schober, Bernd 205
Schoch, Alexander 5, 8
Schoch, Josef 348
Schoch, Sabine 50
Schöck, Matthias 198
Schoenfeld, Barbara 226
Schofer, Rolf Prof. Dr. 126
Schöffler, Dr. 26
Schokatz, Heike 227
Schölch, Simone 261
Schöll, Elke 232
Scholl, Manuel 254
Scholl, Peter 196
Schöll, Rainer 261
Schöll, Sandra 263
Schöll, Tobias 317
Scholz, Cardin 221
Scholz, Dr. 162
Scholz, Eckhard 317
Scholz, Frank 303
Scholz, Heike Dr. 116
Scholz, Holger 19
Scholz, Joachim 367
Scholz, Jürgen 219

Scholz, Laura 25
Scholz, Olaf 376
Scholz, Sylvia 379
Schölzel, Ian 224
Schölzel, Oliver 227
Schömbucher, Silke 211
Schönberger, Dirk 218
Schönberger, Kathrin 281
Schönbett, Gerd 321
Schöneboom, Guido 298
Schöneck, Carmen Dr. 239
Schonefeld, Stephan 293
Schöner, Anton 299
Schönhaar 254
Schönle, Gerd 328
Schönleber, Peter 29, 79
Schoor, Markus 296
Schöpf, Eva 28
Schöpf, Udo Dr. 380
Schopp, Michael 91
Schopper, Theresa 12, 41, 374
Schork, Michael 260
Schorn, Stefanie 78
Schorsch-Brandt, Dagmar 110
Schottmüller, Dorothee 320
Schrade, Hansjörg 95
Schrader, Klaus 159
Schraft-Huber, Gudrun 179
Schraml, Ulrich Prof. Dr. 97
Schramm, Uwe Prof. Dr. 75
Schraner, Vera 315
Schreglmann, Thomas 241
Schreiber, Daniel 221
Schreiber, Susanne 198
Schreieck, Patrick 24
Schreier, Marian 318
Schreijäg, Christoph 343
Schreiner, Felix 373
Schreiner, Martin Dr. 291
Schrempp, Sebastian 254
Schretzmann, Bernd 262
Schreyeck, Wilhelm 379
Schröder, Alexander 298
Schröder, Hartmut 298
Schröder, Hermann Prof. 19
Schröder, Jakob 222
Schröder, Jochen 37
Schroeter, Holger Dr. 122
Schroft, Frank 338
Schröter, Doris 361
Schroth, Thilo 95
Schubert, Claudia 354
Schubert, Gunnar Prof. Dr. 128

Schubert, Katharina 301
Schubert, Simon 347
Schubert, Thomas 210
Schuchter, Sonja 301
Schuck, Herbert 223
Schucker, Angelika 254
Schuh, Frieder 228
Schuh, Horst 148
Schuh, Ramona 258
Schuhmacher, Hans Georg 312
Schuhmacher, Linda 301
Schuhmacher, Thomas 225
Schuhmacher, Tobias 312
Schuhmann, Isabella 289
Schüle, Andreas 112
Schüle, Klaus Dr. 25
Schulenburg, Susanne 118
Schuler, August 5, 8
Schuler, Heiko 293
Schuler, Rebecca 346
Schuler, Rudolf 289
Schuler, Volker 275
Schulin, Jürgen 380
Schüller, Klaus 235
Schüller, Markus 24
Schultheiß, Gernot 30
Schultheiß, Klaus 348
Schultheiß, Sina 298
Schultz-Häberle, Dorothea 51
Schulz 181, 378
Schulz, Christoph 363
Schulz, Holger 326
Schulz, Johannes 280
Schulz, Jutta 24
Schulz, Michael 78
Schulz, Thomas 379
Schulze, Andreas 14
Schulze, Reiner 217
Schulze, Svenja 383
Schumacher 103
Schumacher, Dirk 63
Schumacher, Harry 289
Schumacher, Karin Prof. Dr. 122
Schumacher, Peter 303
Schumann, Manuela 304
Schumann, Stephan Prof. Dr. 123
Schumm, Sonja 230
Schunk, Daniel 303
Schunter, Jürgen 224
Schupp, Andreas 287
Schupp, Petra 275
Schupp, Sabine 205

Schürle, Stefan 247
Schürmann, Peter Prof. Dipl.-Ing. 123
Schurr, Johannes 249
Schürrle, Albrecht 203
Schüssler 177
Schüssler, Sibylle 195
Schüssler, Thomas Prof. Dr. rer. oec. 128
Schuster, Irmtraud 351
Schuster, Joachim 289
Schuster, Klaus 160
Schütt, Gerhard 371
Schütte, Albrecht Dr. 5
Schuttenbach, von, Claudia Dipl.-Angl. 128
Schütze 19
Schütze, Andreas 368
Schütze, Klaus 217
Schüür, Heinz-Ulrich 371
Schwaak, Willi 210
Schwab, Kathrin 137
Schwab, Konstantin 146
Schwab, Kristina 326
Schwab, Stefan 29
Schwab, Ute 269
Schwäble, Thomas 126
Schwaderer, Rebecca 217
Schwaiger, Philip 364
Schwald, Martin 325
Schwanitz, Simone Dr. 112
Schwara, Thomas 79
Schwartz, Uwe 205
Schwarz, Achim 30
Schwarz, Alexander 334
Schwarz, Andrea 5, 8, 217
Schwarz, Andreas 5, 7, 106
Schwarz, Bernd 138
Schwarz, Christian 21
Schwarz, Florian 230
Schwarz, Gerd 354
Schwarz, Hans 198
Schwarz, Julia 298
Schwarz, Kristin 365
Schwarz, Markus 224
Schwarz, Nathanael 310
Schwarz, Nicole 239
Schwarz, Regina 276
Schwarz, Reimund 274
Schwarz, Roland 329
Schwarz, Severin 363
Schwarz, Thomas 298
Schwarz, Tillmann 23
Schwarz, Uwe 269
Schwarz, Winfried 309, 310
Schwarzbach, Tobias 242
Schwarze, Michael Prof. Dr. 121
Schwarzelühr-Sutter, Rita 373, 383
Schwarzendorfer, Bernd 345
Schwarzer, Bettina Prof. Dr. 132
Schweeger, Elisabeth Prof. Dr. 139
Schwegler, Michael 67
Schweickert, Erik Prof. Dr. 5, 8
Schweikert, Erich 254
Schweikert, Roland 210
Schweimler, Helmut 385
Schweinlin, Gerd 321
Schweinlin, Hans-Jörg 22
Schweizer, Alexander 329
Schweizer, Corinna Dr. 324
Schweizer, Josef 285
Schweizer, Karin Prof. Dr. 134
Schweizer, Martin 361
Schweizer, Monika 216
Schweizer, Sabine 330
Schweizer, Sarah 5, 7, 8
Schwendemann, Martin 297
Schwerdtfeger, Christoph 127
Schwerdtner, Muriel 325
Schwerin, von, Marianne Prof. 132
Schwieger, Volker Prof. Dr.-Ing. 124
Schwinger, Pascal 221, 235
Schwink, Albrecht 110
Schwörer, Dr. 178
Scigliano, Thorsten 316
Sckerl, Hans-Ulrich 5, 7, 9
Sczuka, Reinhold 220
Seckinger, Herbert 305
See-Kränzlein, Sabine 322
Seedorf, Johannes 275
Seefried, Gabriele 245
Seeger, Sonja Dipl.-Ing. 331
Seeger, Tilman Dr. 374
Seehofer, Horst 375
Seel, Carmen 272
Seemann, Stefanie 5
Segeritz, Matthias 287
Sehnert, Gerhard 110
Seiberling, Andreas 217
Seibert, Steffen 374
Seibold, Jörg 341
Seibold, Uwe 216
Seidel, Bettina 180
Seidel, Christiane 60
Seidel, Pascal 271
Seidelmann, Thomas 269
Seidemann, Dirk Dr. 368
Seifert, Elmar 349
Seifert, Juliane 383
Seifert, Thomas Prof. Dr.-Ing. 129
Seifried, Ute 317
Seiler, Christian Prof. Dr. 157
Seiler, Gerhard 250
Seimer, Peter 5
Seiß, Michael 278
Seiter, Gerhard 294
Seiter, Hubert 108
Seiter, Stephan Prof. Dr. 373
Seithel, Peter 270
Seitz 60
Seitz, Anna 220
Seitz, Björn 287
Seitz, Boris 217
Seitz, Thomas 373
Seitzl, Lina Dr. 373
Sekmen, Melis 373
Selb, Julia 288
Selig, Hanna 222
Selmeci, Monika 10
Semet, Rainer 373
Semler, Gerhard 368
Sennekamp, Christoph 179
Senser, Ramona 258
Senz, Anja Prof. Dr. 122
Seßler, Jutta 339
Sester, R. 298
Sester, Sandrine 334
Setzer, Stefan 221
Seufer, Andreas 277
Seuffert, Martin Dr. 306
Sexauer, Achim 301
Seybold, Paul 342
Seynstahl, Lucia 332
Sibeth, Uwe Dr. 115
Sick, Beate 91
Sickinger, Stefanie 380
Sieber, Lisa 216
Sieber, Michaela 278
Siebert, Kristian 28
Siebler, Dietmar 288
Sieder, Ilka 208
Siedle, Wolfgang 248
Siedler, Lea 231
Siefermann, Bernd 300

Siefert, Manfred 46
Siegel, Marcus 220
Siegel-Ginzinger, Martina 10
Siegfried, Gudrun 53
Siegmund, Horst 99
Siesing, Marco 267
Sievers, Harald 355
Sigel, Hans-Georg 203
Sigel, Richard Dr. 220
Sigg, Caren Denise 323
Sigl-Glöckner 376
Sigler, Jürgen Dr. 93
Sigloch, Corinna 221
Sigrist, Wolfgang 363
Silberhorn, Thomas 381
Silberzahn, Jürgen 238
Siller, Edgar 371
Sillmann, Jürgen 292
Simmendinger, Oliver 338
Simmler, Johannes 356
Simon, Albrecht 284
Simon, Anja 144
Simon, Claudia 207
Simon, Hartmut 117
Simon, Kerstin 328
Simon, Michael 285
Simonek, Oliver 40
Sindek, Eric 344
Sing, Werner 358
Singer, Andreas Dr. 159
Singler, Urban 292
Sinn, Edwin 316
Sischka, Christoph Prof. 136
Skala, Dominik Dr. 136
Skarke, Jürgen 24
Skudelny, Judith 373
Skurka, Elmar 353
Slawinski, Alexander 223
Sluka, Ralph 276
Smigoc, Peter 359
Smith, Mark 385
Sobkowiak, Edgar 344
Soehlke, Cord 335
Söhner, Frank Dr. 182
Sokol, Günter 27
Sokolov, Alexander 257
Soltau, Jürgen Dr. 334
Soltys, Beatrice 221, 222
Solzbach, Ulrich Prof. Dr. 245
Somlai, Werner 218
Sommer, Daniel 238
Sommer, Günter 215
Sommer, Ute 292

Sonnentag, Nicole 212
Sonntag, Gabriele Dipl.-Volksw. 144
Sonntag, Heike 353
Sonntag, Michael 362
Sonntag, Wolfram 199
Sorg, Kathrin 53
Sorg, Markus 78
Soric, Nikola 21
Soulier, Walter 333
Spägele, Thomas Prof. Dr.-Ing. 130
Spahn, Arnd 110
Spahn, Claudia Prof. Dr. 136
Spahn, Jens 383
Spahn, Natascha 268
Spahr, Arne 248
Spanberger, Jens 269
Spaniel, Dirk Dr. 373
Spannagel, Christian Prof. Dr. 133
Spannagel, Heike 25
Späth, Dietmar 258
Specht, Christian 194
Speck, Markus 290
Speckmann, Carolin 25
Speer, Axel 24
Speidel, Markus Dr. 116
Speier, Frank Dr. 78
Spengler, Frank 299
Spengler, Wolfgang 296
Sperling, Swantje 6
Sperrle, Uwe 237
Speyer, Theo 286
Spiegelhalder, Rolf 257
Spiegelhalter, Frank 319
Spieles, Christoph 233
Spies, Birgit 241
Spieß, Jochen 362
Spieß, Oliver 358
Spieth, Claudia 231
Spieth, Helge 228
Spilok, Gerhard Dr. 100
Spindler, Dr. 53
Spirk, Silke 232
Spitta, Markus 109
Spitz, Michael 327
Spitzfaden, Wendelin 348
Splett, Gisela 58
Splett, Gisela Dr. 12
Spohn, Thomas 322
Spohrer, Michael 91
Spoljar, Angela 205

Spörer, Harald 217
Spörrer, Peter 323
Spottek, Frank 280
Sprenger, Karl-Josef 339
Springmann, Ralf 283
Springmann, Rolf 21
Springmann, Thomas 299
Sprißler, Thomas 198
Sproll, Theodor Prof. Dr. 135
Spuhler, Peter 119
Staab, Christiane 6, 9
Staab, Martin 317
Stäbler, Jan 198
Stäbler, Michael Dipl.-Kfm. 40
Stach, Jürgen 306
Stächele, Willi 6, 9
Stade, Monika Dr. 168
Stadelmann, Markus 224
Stahl, Frank 365
Stahl, Joachim 169
Stahl, Martina 301
Stahl, Philipp 303
Stahlhut, Gudrun 274
Staiger, Gerhard 357
Stammberger, Marina 292
Stammer, Ulrich 229
Stang, Rudolf 243
Stange, Stefan Dr. 27
Stark, Dominik 199
Stark, Karlin Dr. 213
Stark, Katja 245
Stärk, Manuel 311
Stark, Markus 353
Stärk, Norbert 363
Stärk, Patrick 316
Stark, Petra 28
Stärkel, Meinhard 239
Starz, Xaver 250
Stauber, Dieter 352
Staubitzer, Thomas 283
Stauß, Michael Dr. 167
Stechl, Hans-Albert 16
Steck, Anke 266
Steck, Dieter 365
Steck, Friedbert 261
Steck-Brill, Petra 388
Stede, Hans-Jürgen 329
Steenhof, Holger 26
Steffan, Matthias 271
Steffan, Silvia 268
Steffen, Thomas Dr. 383
Steffens, Marco 299
Steffens, Martin Dr. 24

Stegemeyer, Karoline 179
Steger, Dipl.-Ing. 355
Stegmaier, Andreas 28
Stegmaier, Ingo 311
Stegmann, Florian Dr. 12, 13
Stehle, Matthias Dr. 131
Stehle, Thilo Prof. Dr. 124
Stehling, Marc 317
Steidl, Thomas Dr. 98
Steidle, Anna Prof. Dr. habil. 128
Steidle, Thomas 246
Steidle, Wolfgang 245
Steier, Thomas 71
Steiert, Werner 325
Steiger, Wolfgang 206
Stein 26
Stein, Markus 306
Stein, Rolf 294
Stein, Rüdiger Dr. 25
Stein, Udo 6, 7
Stein, Wolfgang 242
Stein-Homberg, Angelika 377
Steinacker, Martina 203
Steinbach, Björn 229
Steinbach, Dagmar 261
Steinbacher, Elmar 53
Steinberg, Pablo Prof. Dr. 378
Steinberger, Marion 384
Steinbrenner, Florian 313
Steinbrenner, Jürgen 90
Steinbrenner, Ralf 228
Steinel-Hofmann, Helga 254
Steiner, Daniel 360
Steiner, Magdalena Dr. 47
Steiner, Martin 277
Steiner, Rolf Dr. 93
Steiner, Silke 202
Steiner, Ulrike 170, 198
Steinhauser, Thomas 354
Steinhilber, Annika 234
Steinhilber, Jörg 145
Steinhilper, Timo 279
Steinhülb-Joos, Katrin 6, 8
Steinle, Hermann Dr. 55, 164
Steinle, Philipp 47
Steinlein, Stephan 374
Steinmacher, Matthias 263
Steinmaier, Volker 332
Steinmann, Otto 272
Steinmeier, Frank-Walter 374
Stelzer, Armin 24
Stempfle, Jürgen 246

Stendel, Dirk Prof. Dr.-Ing. 129
Stengele, Dietmar 78
Stengelin, Alexander 306
Stepan, Christian 199
Stephan, Bernd 229
Stephan, Fabian 355
Stephan, Frank 277
Stephan, Hans-Joachim 61
Stephan, Winfried 180
Stephani, Gregor 100
Stetten, Freiherr von, Christian 373
Stetten, Freiherr von, Wolfgang Prof. Dr. 386
Stettner, Ekkehard 359
Steudel, Juliane 381
Steuler, Jörg 235
Steyer, Joachim 6, 7
Stiefel, Dietmar 295
Stiegeler, Sebastian 326
Stieler, Iris 310
Stier, Gerhard 307
Stieringer, Heiko 275
Stihl, Hans Peter 387
Stipp, Julian 211
Stober, Bernd 252
Stoch, Andreas 6, 7
Stock, Alexander 17
Stöckel, Marcel 299, 300
Stöcker, Diana 321, 373
Stöckle, Claudia Dr. 22
Stöckle, Klemens 247
Stöckle, Udo 280
Stockmeier, Konrad 373
Stoellger, Philipp Prof. Dr. 122
Stoerk, Alfred 341
Stoermer, Nikolas Dr. 295
Stofer, Vanessa 287
Stöhr, Andrea 350
Stöhr, Thomas 343
Stoiber, Tobias 353
Stoll, Gerald 204
Stoll, Jasmin 292, 307
Stoll, Jochen 276
Stoll, Jürgen 341
Stoll, Rainer 328
Stoll, Yasmin 206
Stollsteimer, Karolin 202
Stoltenburg, Ulrich 50
Stolz, Günter 208
Stolz, Ingbert 62
Stolz, Juliane 362
Stolz, Rainer 318

Stolz, Simone 301
Stölzle, Martin 209
Stooß, Martin 349
Stooß, Pia 332
Stöppler, Thomas 47
Störr-Ritter, Dorothea 284
Storrer, Manfred 363
Storz, Hans Peter 6
Stöß, Daniel 258
Stotz, Sandra 330
Straetker, Michael 287
Strähle, Matthias 202
Straile 18
Strasser, Benjamin 373
Straub, Achim 354
Straub, Bernd 240
Straub, Christoph 50
Straub, Marcel 332
Straub, Thomas 175
Straubinger, Corinna 362
Strauch, Katrin 274
Strauch, von, Sigrun 20
Strauß, Christof Dr. 113
Strecker, Norbert 163
Streib, Mario 317
Streicher, Rolf 62
Stricker, Martin 229, 269
Striebel, Reiner 341
Striegel, Richard 361
Strieker, Roland 271
Stritzelberger, Jörg 223
Strobel, Andreas 108
Strobel, Gallus Dr. 308
Strobel, Matthias 237
Strobel, Sabine 332
Strobl, Thomas 12, 18, 373
Ströbl, Ulrike 365
Strohm, Petra 212
Stromberg, Anja 353
Stromski, Patrick 100
Stroppel, Clemens Dr. 370
Strotzer, Raphael 234
Strumberger, Robert 309
Strupeit, Steve Prof. Dr. 134
Stubenrauch, Cosima Prof. Dr. rer. nat. 123
Stuber, Christian 263
Stuber, Jochen 348
Stückle, Daniel 201
Stückrath, Dr. 169
Stuhlmüller, Jörg 205
Stuiber, Lothar 210
Stukle, Jürgen 352

Stumpp, Margit 373
Sturm, Andreas 6, 7
Sturm, Peter 251
Sturm, Thomas 254
Stürmer, Michael Prof. Dr. 122
Stütz, Alexander 108
Stutz, Mario 295
Stütz, Michael 244
Stutz, Thomas 228
Sudhof, Margaretha Dr. 375
Sühring, Oliver 341
Suliman, Rami 372
Sulzmann, Ralf 313
Sulzmann, Wolfgang 203
Sünder, Norbert 197
Süppel, Petra 288
Supplieth, Hans-Peter 293
Süßle, Gordian 288
Sußmann, Alexandra Dr. 192
Sußner, Christian Dr. 213
Sutor, Gerhard 49
Sutor, Katharina 26
Swarowsky, Herbert Dr. 26
Sweeney, Philip 221
Swoboda, Norbert 304
Szelest, Astrid 209
Szlaninka, Zoltan 242

T

Tabor, Manuel 295
Taigel, Rainer 204
Tamba, Daniela 258
Tanecker, Christoph 261
Tank, Norman 280
Tappeser, Klaus 28, 368
Tarakci, Stephanie 293
Tarkan, Bülent Dr. 129
Tatsch, Klaus-Michael 287
Tatti, Jessica 373
Taubald, Oliver 238
Tauber, Peter Dr. 381
Tausch, Julian 237
Taxis 147
Taylor-Lucas, Christina 376
Teicher, Iris 132
Teichmann, Florian 340
Teichmann, Helmut Dr. 375
Teichmann, Klaus Dr. 47
Templ, Karl-Ulrich 10
Teply, Jörg-Michael 281
Teufel, Julia 337
Teufel, Konrad 279
Teufel, Reinhold 331

Teufel, Stefan 6, 7
Teufert, Katharina 380
Thalheimer, Frank Dr. 60
Thalheimer, Johannes 248
Thalmann, Peter 227
Thate, Michael 253
Thater, Michael 328
Theileis, Ulrich Dr. 76
Theiner, Philipp S. 210
Theisel, Anja Dr. 49
Thelen, Sibylle 10
Theobaldt, Jens 203
Theune-Großkopf, Barbara Dr. 117
Theurer, Michael 373
Thiede, Benjamin Dr. 46
Thielecke, Dr. 99
Thieme, Marlehn 17
Thieme, Oliver 204
Thienst, Kim 358
Thimet, Susanne Prof. 49
Thoma, Brigitte 356
Thoma, Stefan 230
Thomann, Philippe 255
Thomas, Markus 24
Thomas, Sylvia 242
Thomer, Sebastian 246
Thormann, Thomas 28
Thörner 63
Thoss, Michael Prof. Dr. 121
Throm, Alexander 373
Thum, Tobias 311
Thümmel, Roderich C. Prof. Dr. 385
Thüringer, Martin 198
Thurn, Dietmar 322
Thürnau, Dirk 192
Thüry, German 214
Tibi, Roland 292
Tietze, Ingela Prof. Dr. 130
Tilebein, Lena 369
Tilsner, Carsten 318
Timbur, Margareta Dr. 297
Timm, Jens 253
Tisch, Andreas 272
Tischler, Klaus Dipl.-Kfm. (FH) 144
Tjaden, Bernhard 304
Tluczykont, Stefan 340
Tobler, Kai 269
Tok, Tayfun 6
Tomppert, Torsten 107
Toncar, Florian Dr. 373

Tonnier, Manfred 29, 80
Topcuogullari, Ozan 326
Töpfer, Daniel 200
Töws, Georg 235
Traber, Anke 379
Traber, Iris 363
Trahasch, Stephan Prof. Dr. rer. nat. 129
Traub, Barbara 372
Traub, Christoph 203
Traub, Michael 363
Traub, Peter 248
Traub, Reinhard 363
Traub, Tilo Dr. 9
Traub, Volker 25
Trauschel, Alena 6, 7
Trauthwein, Alexander 353
Trautmann, Doris 268
Trautwein, Heinz 218
Trautwein-Domschat, Christine 322
Trayer, Nicole 299
Trees, Michael 29
Treiber, Benjamin 223
Tremmel, Markus 240
Trenkle, Oliver 288
Trettner, Ralf 218
Trille, Jo 218
Tritschler, Gebhard 212
Tritschler, Markus Prof. Dr.-Ing. 126
Trittner, Siegfried 237
Troll, Jürgen 278
Trollmann, Jochen 235
Tron, Kerstin 270
Tröndle, Alexander 308
Tröndle, Andrea 327
Trost, Jan 217
Trost, Rita 100
Trost, Vesna 329
Trott, Florian 118
Trotter 297
Truckenmüller, Till W. Dr. 385
Truffner, Ferdinand 282
Trumpp, Raphaela 254
Trumpp, Simone 263
Trurnit, Christoph Prof. Dr. 37
Türk, Marcus 305
Türk-Nachbaur, Derya 373
Tursic, Oliver 248

Ü

Übelacker, Davina 85

Ü

Übele, Kristine 212

U

Uebele, Manuela 343
Uebler, Andreas 291
Uherek, Harald 244
Uhl, Klaus 233
Uhlig, Alexander 192, 193
Uhlmann, Ina 145
Uhrmann, Claudia 129
Uihlein, Matthias 320
Ulbrich, Johannes 10
Ulbrich, Ralf 303
Ullrich, Johannes 81
Ullrich, Jörg 266
Ulmer-Straub, Jutta 112
Ulrich, Margit 325
Ulrich, Tobias 299
Umbach, Uwe Dr.-Ing. 134
Umminger, Jürgen 241
Ungerer, Felix Dr. 57
Ungerer, Jochen 266
Ungermann, Andrea Dr. 29
Ungermann, Josef 338
Unkel, Christian 307
Unkel, Friedrich 157
Unkelbach, Harald Prof. Dr. Dr. h. c. 85
Unmüßig, Bernd 215
Untersteller, Franz 102
Ünver, Suzan 145
Uricher, Rudolf 21
Urtel, Julia 245
Uskow, Jenny 91
Utz, Mario 288

V

Vaas, Berthold 245
Vaas, Claus 233
Vaas, Franz 247
Vallaster, Simon 353
Vangerow, von, Christine 120
Varszegi, Andor 278
Vater, Dr. 378
Vater, Kathrin 212
Veber, Catherine 385
Veenker, Evelyn 180
Veit, Jochen 282
Veit, Uwe 306
Veith, Andrea Dr. 128
Veith, Bernd 268

Veith, Michael 252
Velsen-Zerweck, von, Astrid Dr. 94
Verrangia, Ermilio 364
Vesenmaier, Andreas 54
Vesenmaier, Karl 212
Veser, Dr. 67
Vescr, Josef 37
Vetrano, Toni 297
Vetter 103
Vetter, Horst 307
Vianna Moniz Bandeira, de, Luiz Alberto Dias Lima Prof. Dr. 384
Viehweg, Helge 280
Vierling, Andreas 230
Vita, De, Heiko 254
Vivekachandran, Darma 387
Vogel, Dirk 251
Vogel, Ekkehard 279
Vogel, Ilona 230
Vogel, Jörg Dipl.-Ing. 381
Vogel, Marius 222
Vogel, Steffen 10
Vogel, Volkmar 375
Vögele, Catherina Dr. 216
Vögele, Ralf Prof. Dr. 122
Vogelpohl, Carsten Dr. 319
Vogelwald, Rainer 29
Vogl, Thomas 226
Vogt 26
Vogt, Armin 237
Vogt, Daniel 244
Vogt, Jürgen 213
Vogt, Markus 78
Vogt, Robert 296
Vogt, Stefan 259
Vogt, Tobias 6
Vogt, Ute Prof. Dr. 22
Vogt, Vanessa 282
Vöhringer, Bernd Dr. 199, 200
Vöhringer, Joachim 207
Voigt, Hellmut 371
Voit, Thomas 29
Vökt, Werner 327
Volber, Ralf 315
Volk, Frank 269
Völk, G. 175
Völkel, Benjamin 146
Völkel, Christian 240
Völkel, Michael 54
Völker, Sven Prof. Dr. 132
Vollet, Hans-Peter 295

Völlinger 318
Vollmer, Markus 300
Vollmer, Tirza 330
Vollstädt, Markus 352
Volpp, Jens 270
Volz 147
Volz, Christina 18
Volz, Florian 219, 228
Volz, Gunnar 346
Volz, Ralf 295
Vorberg, Uwe 29
Vorst, Claudia Prof. Dr. habil. 134
Vossen, Petra 180

W

Wacker, Petra 269
Wackler, Kurt 237
Wagenblast, Thomas 245
Wagenländer, Friedmar 236
Wagner 65
Wagner, Andreas 353
Wagner, D. 148
Wagner, Gabriele Dr. 336
Wagner, Gerald 80
Wagner, Gerald-Josef 29
Wagner, Hans 249
Wagner, Joachim 296
Wagner, Jochen 329
Wagner, Marc Dr. 252
Wagner, Maria 351
Wagner, Matthias 110, 253
Wagner, Michael 337
Wagner, Petra 171
Wagner, Roland 359
Wagner, Sonja 46
Wagner, Thomas 196
Wagner, Wilma 361
Wagner, Yvonne 322
Wagner-Melchinger, Brigitte 254
Wahl, Florian 6, 8
Wahle, Dorothee 163
Waibel, Achim 248
Waibel, Christian 246
Waidele, Bernhard 282
Waidele, Markus 296
Waidmann, Tamara 225
Waitzinger, Wilfred 171
Waizenegger, Roman 337
Waizenegger, Stefan 311
Waizmann, Timo 352
Walch, Antonia 280
Walch, Dr. 147

Walch, Katharina 234
Walch, Petra 237
Walch, Stephan Dr. 95
Walch, Tobias 356
Wald, Tobias 6
Waldbüßer, Armin 6, 7
Waldenberger, Klaus-Peter 228
Waldenberger, Werner 226
Waldenpuhl, Thomas Dr. 101
Waldherr, Micha 7
Waldkirch, Ulli 285
Waldmann, Aaron 286
Waldmann, Bettina 298
Waldmann, Heinrich 287
Waldner, Hans-Martin 28
Waldvogel, Thomas 10
Walenciak, Carina 326
Walk, Hubert 318
Walker, Dr. 103
Walker, Thekla 6, 12, 99, 374
Wallbrecht, Dr. 378
Wallisser, Tobias Prof. Dr.-Ing. 138
Walser, Corinna 206
Walter 214
Walter, Bruno 354
Walter, Christian 200
Walter, Deborah 212
Walter, Hartmut 305
Walter, Herbert 304
Walter, Joachim 333, 369
Walter, Markus 202
Walter, Nicole 257
Walter, Rainer 301
Walter, Steffen 112
Walther, Anna 199
Walz, Bernd 317
Walz, Hartmut 344
Walz, Raphael 287
Walz, Stefan 29
Walz, Theo 282
Walz, Thomas 21
Walz, Werner 333
Wambeke, van, Steffen 315
Wandel, Peter 57
Wanderwitz, Marco 377
Wandjo, Hubert Prof. 139
Wangler, Timo 270
Wankmüller 65
Wannenmacher, Alexander 338
Wannenmacher, Markus 316
Wannenmacher, Tobias 335
Wannenwetsch, Uwe 243

Wanner, Alexander Prof. Dr. 120
Wanner, Dieter 217
Wappler, Sylvia 21
Warken, Dominic 353
Warken, Nina 373
Warnecke, Jan-Christian 116
Warnemünde, Christine 179
Warnke, Maren 338
Warthon, Klaus 214
Wäscher, Tobias 347
Waßmer, Florian 288
Watteroth, Ragnar 251
Watz, Rolf Dr. 179
Waxmann, Marc-André 271
Weber, Andreas-Peter 16
Weber, Armin 70
Weber, Christian 317
Weber, Christine 248
Weber, Hanno Prof. Dr. 130
Weber, Ilse 249
Weber, Joachim Prof. Dr. rer. pol. 134
Weber, Jonas 6
Weber, Karl 209
Weber, Manfred 326
Weber, Marc Prof. Dr. 120
Weber, Michael 332, 342
Weber, Michael Prof. Dr.-Ing. 124
Weber, Pascal 300
Weber, Petra 234
Weber, Rainer 304
Weber, Reinhold Prof. Dr. 10
Weber, Thomas 54
Weber, Thorsten 262
Weckbach, Matthias 315
Weckerle, Matthias 55
Wedekind, Volker Dr. 112
Wedemeyer, Marko 28
Weese, Udo Dr. 145
Wegmann, Wolfram 163
Wegner, Kerstin 348
Wehaus, Rainer 146
Wehinger, Dorothea 6, 8
Wehle, Volker 99
Wehner, Michael Prof. Dr. 10
Wehner, Robert 28
Wehner, Thomas 321
Wehrle, Heiko 287
Wehrle, Tina 328
Weibel, Peter Prof. Dr. h. c. mult. 142

Weide, Erik 296
Weidel, Alice Dr. 373
Weidele, Rudolf 327
Weidemann, Andreas Michael 137
Weidemann, Tobias 227
Weidemüller, Matthias Prof. Dr. 122
Weidmann, Silvia 241
Weigel, Steffen 207
Weigel, Thomas 335
Weigt, Anne 380
Weigt, Sven 253
Weik, Gerhard 131
Weik, Hartwig 25
Weik, Oliver 170
Weil, Marietta 223
Weiland, Adolf Dr. 16
Weiland, Matthias 240
Weimer, Katrin 263
Weimer, Thomas 23
Weimer, Thomas Dr. 29
Wein, Robert 257
Weinbeer, Mirko 231
Weinbrecht 100
Weinbrecht, Gerd 255
Weinbrecht, Rüdiger 277
Weinhardt, Christof Prof. Dr. 369
Weinland, Mechthild 174
Weinmann, Ernst 93
Weinmann, Leonhard 199
Weinmann, Nico 6, 7
Weinrich, Gabriele 27
Weirauch, Boris Dr. 6
Weis, Mareen 294
Weis, Stefan 380
Weisbrich, Mario 280
Weisbrod, Stefan 270
Weise, Holger 244
Weise, Mike 232
Weiser, Norbert 273
Weiskopf, Angela 331
Weiskopf, Stefan 338
Weiss 147
Weiß, Andreas 310
Weiss, Elke 329
Weiss, Eve 121
Weiss, Manfred 26
Weiss, Maria-Lena 373
Weiß, Markus 223
Weiss, Martin 305
Weiß, Peter 325

440

Weiß, Roman 203
Weiss, Sabine 383
Weiß, Wolfgang 349
Weißenberger, Heiko 326
Weisser, Uwe 305
Weißert, Gerd 256
Weißhaar, Martin 307
Weißhardt, Dieter 66
Weith, Richard 299
Weitz, Achim 271
Weizelburger, Jörn 223
Weker, Andrea 247
Wekker, Frank 289
Weller, Marc-Philippe Prof. Dr. 122
Weller, Rebecca 231
Weller, Werner 236
Wellhäußer, Jochen 19
Wells, Jessica 227
Welsch 18
Welsche, Michael 300
Welser, Bernd 202
Welte, Ingolf 199
Welte-Hauff, Sabine 221
Welter, Bernd 130
Wemhöner, Michael 290
Wendel, Dr. 100
Wendel, Markus 274
Weng, Günter 47
Weng, Martin 28
Wenger-Ammann, Cathrin 18
Wengert, Henrik 354
Wenk, Carolin 319
Wenk, Daniela 320
Wenk, Roland 72
Wenning, Alexander 266
Wentzell, Dr. 53
Wenz, Frederik Prof. Dr. 144
Wenz, Markus 23
Wenzdorfer, Tanja 278
Wenzel, Christian 351
Wenzler, Michael 364
Werner, Birte 116
Werner, Christine 175
Werner, Frank 265
Werner, Jacob 146
Werner, Janine 243
Werner, Manfred 340
Werner, Schallum Dr. 142
Werner, Thomas 250
Wernicke, Wenke 73
Werwigk, Claudius Dr. 387
Wessels, Marcus 242

Wessinger, Florian 280
Westerfellhaus, Andreas 383
Wetterauer, Oliver 138
Wetz, Ehrhard Prof. 137
Wetzel, Gina 306
Wetzel, Ignaz 351
Wetzel, Jörg 27
Wetzel, Markus 358
Wetzel, Peter 357
Wetzel, Thomas Prof. Dr.-Ing. 121
Wetzel, Werner 354
Weyel, Birgit Prof. Dr. 124
Weyhersmüller, Holger 279
Weymayr, Edith 76
Weyrich, Ursula 141
Whittaker, Kai 373
Wicht-Lückge 27
Wick, Benjamin 276
Wick, Brigitte 296
Widenhorn, Bernhard 354
Widenhorn, Udo 354
Widenhorn, Ulrike 352
Widenmaier, Jochen 197
Widmaier, Beate 71
Widmaier, Debora 199
Widmaier, Frank 66
Widmaier, Susanne 199
Widmann, Ralf 14
Widmann, Sonja 216
Widmann, Thomas 321
Widmann-Mauz, Annette 373
Wied, Uwe 233
Wiedemann, Markus 112
Wiedemer, Ralf 295
Wiedemer-Steidinger, Raphael 355
Wiedenmann, Martin 343
Wiedensohler, Otmar 288
Wieder, Joachim 261
Wiedersatz, Irmtraud 221
Wiedmann, Andreas 29
Wiedmann, Meike 357
Wiedmann, Rolf 349
Wiedmann, Uwe 53
Wiedmann, Viola 219
Wiegand, Benjamin 270
Wiegand, Simone 157
Wiegandt, Matthias Prof. Dr. 137
Wiehe, Frank Dr. 273
Wieland, Hildegard 197
Wieland, Joachim 349

Wieland, Marcus 290
Wieland, Monika 348
Wiemer, Heiko 110
Wieprecht, Silke Prof. Dr. 123
Wiese, Claudia 361
Wiese, Klaus 91
Wiese-Heß, Stephanie 133
Wiesner, Berthold 337
Wiesner, Klaus 100
Wießner, Andreas 322
Wießner, Helmut 242
Wiest, Kevin 343
Wietzel, Martin 322
Wiggenhauser, Luitgard 157
Wiggenhauser, Sabine 352
Wild, Christoph 334
Wildenhayn, Nico 230
Wildermann, Thomas 99
Wilhelm, Albert 274
Wilhelm, Johannes 315
Wilhelm, Karl 271
Wilhelm, Manfred Prof. Dr. 120
Wilhelm, Sabina 10
Wilhelm, Tim 329
Wilhelmstätter, Karin 244
Wilk, Elisabeth 247
Wilk, Martina 268
Will, Eva-Maria 364
Will, Thomas 56
Willamowski, Ivo 351
Willburger, Nina Dr. 116
Wille, Vanessa 247
Willenbücher, Stefan 369
Willi, Alexander 318
Willms, Michael 19
Willy, Sibylle 52
Wilske, Sebastian Dr. 368
Wimmer, Lena 228
Wind, Angelina 317
Wind, Eva-Britta 348
Windbiel, Lothar 274
Windischbauer, Teresa 116
Windscheid, Barbara 123
Wingerter, Klaus 90
Winkelmeier-Becker, Elisabeth 378
Winkler, Axel 116
Winkler, Bärbel 46
Winkler, Hartmut 227
Winkler, Jochen 229
Winkler, Karin 50
Winkler, Simone 267
Winkler, Tilman 57

Winning, von, Tim Dipl.-Ing. 196, 366
Winter, Alexander 232, 262
Winter, Jens Prof. Dr. 126
Winter, Matthias 332
Winter, Thomas Dr. 232
Winter, Ulf 99
Winterer 173
Winterhalder, Walter 288
Winterhalter, Franz-Josef 289
Winterhalter, Thomas 219
Winterhalter, Tobias 289
Winterhalter-Stocker, Manuel 26
Wintermantel, Matthias 286
Wirbel, Bernd 287
Wirbser, Stefan 286
Wirsch, Manfred 380
Wirth, Diana 280
Wirth, Gotthard 232
Wirth, Thomas Prof. Dr. med. 125, 144
Wirtz, Artur 240
Wirz 53
Wischmann, Jan 51
Wisser, Thomas 284
Wissler, Vincenz 285
Witke, Thomas 91
Witt, Carsten Dr. 182
Witt, Nicole 50
Wittbrodt, Jochen Prof. Dr. 122
Witte, de, Ellen 279
Witte, Hans-Heinrich Prof. Dr.-Ing. 380
Wittenberg, Sven Dr. 28
Wittendorfer, Frank 218
Wittlinger, Matthias 40, 212
Wittmann, Jens 261
Wittner, Tanja 363
Witzany, Herbert 250
Wochner 103
Wochner, Karin 109
Wohlfarth, Sven 224
Wohlfeil, Joachim 81
Wöhrle, Cathrin 255
Wöhrle, Cornelia 212
Wöhrle, Rolf 281
Wolf, Claus Prof. Dr. 21, 117
Wolf, Guido 6, 8
Wolf, Hans-Georg Dr. 112
Wolf, Heinrich 341
Wolf, Joachim Dr. 216
Wolf, Karl 30, 336
Wolf, Klaus 245

Wolf, Michael 214
Wolf, Peter 328
Wolf, Rainer Dr. 60
Wolf, Sebastian 341
Wolf, Silke 258
Wolf, Stefan 216
Wolf, Thomas 254
Wolf, Timo 227, 231, 315
Wolf, Ulrike 24
Wolff, Edgar 208
Wolff, Martin 251
Wölfl, Frank 328
Wölfle, Lothar 40, 351
Wölfle, Wolfgang 301
Wolfmaier, Christof Prof. 126
Wolle, Carola 6, 7
Wolny, Alexander 28
Wolpert, Heiko 241
Wolz, Katharina 214
Wonhas, Thomas 350
Wörle-Himmel, Christof 137
Wörner, Axel 21
Wörner, Harald 243
Wörner, Stefan 331
Wörner, Walter 259
Wörpel, Christian 308
Worth, Annette Prof. Dr. 133
Wössner, Helga 298
Wössner, Reiner Dipl.-Ing. 305
Wöstmann, Heinz 157
Wucherer, Isabelle 90
Wuhrer, Rudolf 310
Wülbeck, Cornelia 318
Wunderle, Helmut Dipl.-Ing. 322
Wünsch, Christian 91
Wunschik, Franziska 217, 219
Wurdak, Hans-Peter 55
Würfel, Sibylle 269
Wurm, Romy 344
Wurster, Eberhard 19
Wurster, Hans 274
Wurster, Matthias 27
Wursthorn, Sonja 286
Würtenberger, Julian 12, 18
Würth, Torben 47
Würz, Tanja 326
Würzner, Eckart Prof. Dr. 193, 194, 366
Wußler, Sebastian Dr. 162
Wuttke, Martin 196
Wuttke, Thomas 297, 298

X

Xander, Andrea 145

Y

Yildiz, Misal Adnan 118

Z

Zaar, Peter Dr. 220
Zachmann, Melanie Dr. 78
Zachow, Christoph 287
Zahn, Andreas 145
Zahn, Dieter 224
Zahn, Hubertus 265
Zähringer, Albert 288
Zähringer, Andrea 300
Zalder, Sabine 201
Zang, Martina 247
Zanzinger, Martin 237
Zaoralek, Anna 20
Zäpernick, Dietmar 327
Zastrow 148
Zaunseder, Hans-Peter 210
Zehnle, Julia 296
Zehnle, Ralf Dr. med. 110
Zehrer, Hans 208
Zeidler, Nobert 347
Zeiher, Mirjam 96
Zeilfelder, Jürgen 301
Zeilmeier, Thomas 278
Zeisberger, Peter 23
Zeiser, Markus 339
Zeitler, Albrecht 64
Zeitler, Jan 354
Zeitler, Marcus 268
Zeller, Frank 298
Zeller, Hans-Peter 297
Zeller, Jochen 330
Zeller, Johanna 215
Zeller, Roland 219
Zembrot, Marcel 29
Zengerle, Maren 250
Zengerle, Roland Prof. Dr. 122
Zenker, Sabine 275
Zenkert, Markus 236
Zenkner, Ingo 379
Zenth, Klaus 225
Zeppernick, Dr. 158
Zettel, Dietmar 348
Zettl, Andreas 263
Zettler, Hermann 72
Zich, Dieter 66
Ziegenhagen 383

Zieger, Gabriele 253
Zieger, Janosh 280
Zieger, Jürgen Dr. 40
Ziegler, Brigitte 207
Ziegler, Gerhard 385
Ziegler, Markus 24
Ziegler, Martin 292
Ziegler, Nicole 304
Ziegler, Rainer 268
Ziegler, Wolfgang 235
Ziegler-Göller, Ursula 168
Zieher, Michael 51
Zierke, Stefan 383
Ziesel, Dieter 90, 91
Ziller, Joachim 244
Zillinger, Alexandra 276
Zimmer, Benedikt 381
Zimmer, Elke 6, 145
Zimmer, Gabriele 317
Zimmer, Klaus 19
Zimmer, Melanie 207
Zimmer-Kraft, Hannelore 24
Zimmerlin, Jürgen Dipl.-Ing. FH 257
Zimmerling, Sigrid 84
Zimmermann 166
Zimmermann, Bernhard 251
Zimmermann, Dietmar 294
Zimmermann, Frank 235
Zimmermann, Jürgen 63
Zimmermann, Rainer 255
Zimmermann, Ralf 215
Zimmermann, Ralph 282
Zimmermann, Thomas 275
Zimmermann, Wolfgang Prof. Dr. 113
Zimmermann-Fiscella, Elke 319
Zinapold, Agnes 309
Zindeler, Florian 316
Zink, Markus 26
Zink, Stefan 145
Zinkgräf, Philipp Karl 18
Zinn-Thomas, Sabine Prof. Dr. 116
Zinnecker-Busch, Carmen 72
Zinsmayer, Jürgen 312
Zippelius, Nicolas 373
Zirenner, Karin 47
Zirpel, Michael 383
Zischang, Tamara Dr. 380
Ziwes, Franz-Josef Dr. 114
Zoll, Ute 238
Zoll, Wolfgang Dr. 317
Zoller, Alexandra Dr. 14
Zöller, Folker 385
Zoller, Georg 307
Zoller, Salina 340
Zöllner, Raoul Daniel Prof. Dr.-Ing. 127
Zorn, Eberhard 381
Zorn, Klaus 266
Zorn, Marianne 387
Zuber, Hagen 272
Züfle, Johannes 207
Züfle, Rainer 234
Züfle, Thomas 63
Zügel, Michael Dr. 19
Zühlcke, Jochen Dr. 24
Zull, Gabriele 221
Zumkeller, Kai 24
Zwecker, Oliver 282
Zwick, Arne 362
Zwieb, Ilka 260
Zworowsky, von, Margit 28
Zygadlo, Daniela 294
Zylka, Regine 383

GEMEINDE-
VERZEICHNIS

A

Aach 315, 318
Aalen 245, 250
Abstatt 225, 231
Abtsgmünd 245
Achberg 356, 361
Achern 295, 302
Achstetten 346, 351
Adelberg 208, 212
Adelmannsfelden 246, 250
Adelsheim 261, 264
Affalterbach 213, 219
Aglasterhausen 261, 264
Ahorn 240, 242
Aichelberg 208, 212
Aichhalden 303, 306
Aichstetten 356, 360
Aichtal 201
Aichwald 202
Aidlingen 197, 200
Aitern 319, 323
Aitrach 356, 361
Albbruck 324
Albershausen 208, 213
Albstadt 336, 339
Aldingen 310, 313
Alfdorf 220
Allensbach 315, 318
Alleshausen 346, 350
Allmannsweiler 346, 350
Allmendingen 340, 345
Allmersbach im Tal 220, 225
Alpirsbach 281
Altbach 202, 207
Altdorf 197, 201, 202, 207
Altenriet 202, 207
Altensteig 273, 276
Altheim (Alb) 340, 345
Altheim (bei Ehingen) 340, 345
Altheim (bei Riedlingen) 346, 351
Althengstett 274, 276
Althütte 220, 225
Altlußheim 265, 273
Althausen 356, 360
Ammerbuch 333
Amstetten 340, 345
Amtzell 356, 361
Angelbachtal 265, 273

Appenweier 295
Argenbühl 356
Aspach 221, 225
Asperg 214
Assamstadt 240, 242
Asselfingen 340, 345
Attenweiler 346, 351
Au 285, 290
Au am Rhein 256, 259
Auenwald 221, 225
Auggen 285, 291
Aulendorf 356

B

Backnang 221, 225
Bad Bellingen 319, 323
Bad Boll 208, 212
Bad Buchau 346, 350
Bad Ditzenbach 208, 212
Bad Dürrheim 306
Bad Friedrichshall 226, 231
Bad Herrenalb 274, 276
Bad Krozingen 285, 291
Bad Liebenzell 274, 276
Bad Mergentheim 240, 242
Bad Peterstal-Griesbach 295, 302
Bad Rappenau 226, 231
Bad Rippoldsau-Schapbach 281, 283
Bad Säckingen 325
Bad Saulgau 361, 364
Bad Schönborn 251, 256
Bad Schussenried 346, 351
Bad Teinach-Zavelstein 274, 276
Bad Urach 329, 333
Bad Waldsee 357, 360
Bad Wildbad 274, 277
Bad Wimpfen 226
Bad Wurzach 357
Baden-Baden 192
Badenweiler 285, 291
Bahlingen am Kaiserstuhl 291, 294
Baienfurt 357, 360
Baiersbronn 282
Baindt 357, 360
Balgheim 310, 313
Balingen 337, 339
Ballendorf 340, 345
Ballrechten-Dottingen 285, 291
Baltmannsweiler 202, 207
Balzheim 340, 345

Bammental 266, 273
Bärenthal 310, 313
Bartholomä 246, 250
Beilstein 226, 231
Beimerstetten 341, 345
Bempflingen 202, 207
Benningen am Neckar 214, 219
Berg 357, 360
Bergatreute 357, 360
Berghaupten 296, 302
Berghülen 341, 345
Berglen 221
Berkheim 346, 351
Bermatingen 351, 355
Bernau im Schwarzwald 324, 328
Bernstadt 341, 345
Besigheim 214, 219
Betzenweiler 347, 350
Beuren 202, 207
Beuron 361, 364
Biberach 296, 302
Biberach an der Riß 347, 351
Biederbach 292, 294
Bietigheim 256, 259
Bietigheim-Bissingen 214, 219
Billigheim 261, 264
Binau 261, 264
Bingen 361, 364
Binzen 319, 323
Birenbach 208, 212
Birkenfeld 277
Bischweier 257, 259
Bisingen 337, 339
Bissingen an der Teck 202, 207
Bitz 337, 339
Blaubeuren 341, 345
Blaufelden 234
Blaustein 341
Blumberg 306
Böbingen an der Rems 246, 250
Böblingen 197
Bodelshausen 333, 335
Bodman-Ludwigshafen 315, 318
Bodnegg 357, 360
Böhmenkirch 209
Böllen 319, 323
Bollschweil 285, 291
Boms 357, 360
Bondorf 197, 201
Bonndorf im Schwarzwald 325, 328
Bönnigheim 214, 219
Bopfingen 246, 250

444

Börslingen 341, 345
Börtlingen 209, 212
Bösingen 303, 305
Böttingen 310, 313
Bötzingen 285, 290
Boxberg 240, 242
Brackenheim 226, 231
Bräunlingen 306, 309
Braunsbach 235, 238
Breisach am Rhein 285, 291
Breitingen 341, 345
Breitnau 285, 291
Bretten 251, 256
Bretzfeld 232
Brigachtal 307, 309
Bruchsal 251, 256
Brühl 266
Bubsheim 310, 313
Buchen (Odenwald) 261
Buchenbach 286, 290
Buchheim 310, 313
Buggingen 286, 291
Bühl 256, 259
Bühlertal 257
Bühlertann 235, 238
Bühlerzell 235, 238
Burgrieden 347, 351
Burgstetten 221, 225
Burladingen 337
Büsingen am Hochrhein 315, 318

C

Calw 274, 277
Cleebronn 226, 231
Crailsheim 235, 238
Creglingen 240

D

Dachsberg (Südschwarzwald) 325, 328
Daisendorf 352, 355
Dauchingen 307, 309
Dautmergen 337, 339
Deckenpfronn 197, 201
Deggenhausertal 352, 355
Deggingen 209, 212
Deilingen 310, 313
Deißlingen 303, 306
Deizisau 202, 207
Denkendorf 203
Denkingen 310, 313

Denzlingen 292, 294
Dettenhausen 333
Dettenheim 251, 256
Dettighofen 325, 328
Dettingen 207
Dettingen an der Erms 329
Dettingen an der Iller 347, 351
Dettingen unter Teck 203
Dielheim 266, 273
Dietenheim 341, 345
Dietingen 303, 306
Dischingen 243
Ditzingen 214
Dobel 274, 276
Dogern 325, 328
Donaueschingen 307, 309
Donzdorf 209, 212
Dormettingen 337, 339
Dornhan 303, 306
Dornstadt 341, 345
Dornstetten 282, 283
Dörzbach 232, 234
Dossenheim 266
Dotternhausen 337, 339
Drackenstein 209, 212
Dunningen 303, 305
Durbach 296, 302
Dürbheim 310, 313
Durchhausen 311, 314
Durlangen 246, 250
Dürmentingen 347, 351
Durmersheim 257, 259
Dürnau 209, 212, 347, 350
Dußlingen 333, 335

E

Ebenweiler 357, 360
Eberbach 266, 273
Eberdingen 214, 220
Eberhardzell 347, 351
Ebersbach an der Fils 209, 212
Ebersbach-Musbach 358, 360
Eberstadt 226, 231
Ebhausen 275, 277
Ebringen 286, 291
Edingen-Neckarhausen 266
Efringen-Kirchen 320
Egenhausen 275, 276
Egesheim 311, 313
Eggenstein-Leopoldshafen 252
Eggingen 325, 328
Ehingen (Donau) 341, 345
Ehningen 197, 200

Ehrenkirchen 286, 291
Eichstegen 358, 360
Eichstetten am Kaiserstuhl 286, 290
Eigeltingen 315, 318
Eimeldingen 320, 323
Eisenbach (Hochschwarzwald) 286, 291
Eisingen 277, 281
Eislingen/Fils 209, 212
Elchesheim-Illingen 257, 259
Ellenberg 246, 250
Ellhofen 226, 231
Ellwangen 250
Ellwangen (Jagst) 246
Elzach 292, 294
Elztal 261, 264
Emeringen 342, 345
Emerkingen 342, 345
Emmendingen 292, 294
Emmingen-Liptingen 311, 314
Empfingen 282, 283
Endingen am Kaiserstuhl 292, 294
Engelsbrand 277, 281
Engen 315, 318
Engstingen 329, 332
Eningen unter Achalm 329
Enzklösterle 275, 277
Epfenbach 266, 273
Epfendorf 304, 305
Eppelheim 266
Eppingen 227, 231
Erbach 342
Erdmannhausen 215, 219
Eriskirch 352, 355
Erkenbrechtsweiler 203, 207
Erlenbach 227, 231
Erlenmoos 347, 351
Erligheim 215, 219
Erolzheim 347, 351
Ertingen 347, 351
Eschach 246, 250
Eschbach 286, 291
Eschbronn 304, 305
Eschelbronn 267, 273
Eschenbach 209, 212
Essingen 246, 250
Esslingen am Neckar 203
Ettenheim 296, 302
Ettlingen 252
Eutingen im Gäu 282, 283

F

Fahrenbach 261, 264
Feldberg (Schwarzwald) 286, 291
Fellbach 221
Fichtenau 235, 238
Fichtenberg 235, 238
Filderstadt 203
Fischerbach 296, 302
Fischingen 320, 323
Flein 227, 231
Fleischwangen 358, 360
Fluorn-Winzeln 304, 305
Forbach 257
Forchheim 292, 294
Forchtenberg 232, 234
Forst 252, 256
Frankenhardt 235, 238
Freiamt 292, 294
Freiberg am Neckar 215, 220
Freiburg im Breisgau 195
Freudenberg 240
Freudenstadt 282, 283
Freudental 215, 219
Frickenhausen 203, 207
Frickingen 352, 355
Fridingen an der Donau 311, 313
Friedenweiler 287, 291
Friedrichshafen 352, 355
Friesenheim 296
Friolzheim 278, 281
Frittlingen 311, 314
Fröhnd 320, 323
Fronreute 358, 360
Furtwangen im Schwarzwald 307, 309

G

Gaggenau 257
Gaiberg 267, 273
Gaienhofen 315, 318
Gaildorf 235, 238
Gailingen am Hochrhein 315, 318
Gammelshausen 210, 212
Gammertingen 361, 364
Gärtringen 197, 200
Gäufelden 198, 201
Gechingen 275, 276
Geisingen 311, 313
Geislingen 337, 339
Geislingen an der Steige 210, 212
Gemmingen 227, 231

Gemmrigheim 215, 219
Gengenbach 296, 302
Gerabronn 236, 238
Gerlingen 215
Gernsbach 257, 259
Gerstetten 243
Giengen an der Brenz 243, 245
Gingen an der Fils 210, 212
Glatten 282, 283
Glottertal 287, 291
Göggingen 246, 250
Gomadingen 329, 333
Gomaringen 334, 335
Gondelsheim 252, 256
Göppingen 210, 212
Görwihl 325
Gosheim 311, 313
Gottenheim 287, 290
Gottmadingen 315, 318
Graben-Neudorf 252, 256
Grabenstetten 330, 333
Grafenau 198, 200
Grafenberg 330, 332
Grafenhausen 325, 328
Grenzach-Wyhlen 320
Griesingen 342, 345
Grömbach 282, 283
Großbettlingen 204, 207
Großbottwar 215
Grosselfingen 338, 339
Großerlach 222, 225
Großrinderfeld 240, 242
Gruibingen 210, 212
Grundsheim 342, 345
Grünkraut 358, 360
Grünsfeld 241, 242
Gschwend 247
Guggenhausen 358, 360
Güglingen 227, 231
Gundelfingen 287, 291
Gundelsheim 227
Gunningen 311, 314
Gutach (Schwarzwaldbahn) 296, 302
Gutach im Breisgau 292, 295
Gütenbach 307, 309
Gutenzell-Hürbel 348, 351

H

Häg-Ehrsberg 320, 323
Hagnau am Bodensee 352, 355
Haigerloch 338
Haiterbach 275, 277

Hambrücken 252, 256
Hardheim 261, 264
Hardt 304, 306
Hardthausen am Kocher 227, 231
Hartheim 291
Hartheim am Rhein 287
Hasel 320, 323
Haslach im Kinzigtal 296, 302
Haßmersheim 262, 264
Hattenhofen 210, 212
Hausach 297, 302
Hausen am Bussen 342, 345
Hausen am Tann 338, 339
Hausen im Wiesental 320, 323
Hausen ob Verena 311, 314
Häusern 325, 328
Hayingen 330, 332
Hechingen 338, 339
Heddesbach 267, 273
Heddesheim 267
Heidelberg 193
Heidenheim an der Brenz 243, 245
Heilbronn 192
Heiligenberg 352, 355
Heiligkreuzsteinach 267, 273
Heimsheim 278, 281
Heiningen 210, 212
Heitersheim 287, 291
Helmstadt-Bargen 267, 273
Hemmingen 215, 219
Hemsbach 267, 273
Herbertingen 362, 364
Herbolzheim 292, 294
Herbrechtingen 244
Herdwangen-Schönach 362, 364
Hermaringen 244, 245
Heroldstatt 342, 345
Herrenberg 198, 201
Herrischried 325, 328
Hessigheim 216, 219
Hettingen 362, 364
Heubach 247, 250
Heuchlingen 247, 250
Heuweiler 287, 291
Hildrizhausen 198, 201
Hilzingen 315
Hinterzarten 287, 291
Hirrlingen 334, 335
Hirschberg an der Bergstraße 267
Hochdorf 204, 207, 348, 351

Höchenschwand 326, 328
Hockenheim 268, 273
Höfen an der Enz 275, 277
Hofstetten 297, 302
Hohberg 297, 302
Hohenfels 316, 318
Hohenstadt 211, 212
Hohenstein 330, 332
Hohentengen 362, 364
Hohentengen am Hochrhein 326, 328
Holzgerlingen 198, 201
Holzkirch 342, 345
Holzmaden 204, 207
Höpfingen 262, 264
Horb am Neckar 282, 283
Horben 287, 290
Horgenzell 358, 361
Hornberg 297
Hoßkirch 358, 360
Hüffenhardt 262, 264
Hüfingen 307, 309
Hügelsheim 257, 260
Hülben 330, 333
Hüttisheim 342, 345
Hüttlingen 247, 250

I

Ibach 326, 328
Iffezheim 258, 259
Igersheim 241, 242
Iggingen 247, 250
Ihringen 288, 291
Illerkirchberg 342, 345
Illerrieden 342, 345
Illingen 278
Illmensee 362, 364
Ilsfeld 227, 231
Ilshofen 236, 238
Ilvesheim 268
Immendingen 311, 313
Immenstaad am Bodensee 353, 355
Ingelfingen 232, 234
Ingersheim 216, 219
Ingoldingen 348, 351
Inzigkofen 362, 364
Inzlingen 320, 323
Irndorf 311, 313
Isny im Allgäu 358
Ispringen 278
Ittlingen 228, 231

J

Jagsthausen 228, 231
Jagstzell 247, 250
Jestetten 326, 328
Jettingen 198, 201
Jungingen 338, 339

K

Kaisersbach 222, 225
Kämpfelbach 278, 281
Kandern 320, 323
Kanzach 348, 350
Kappel-Grafenhausen 297, 302
Kappelrodeck 297, 302
Karlsbad 253
Karlsdorf-Neuthard 253, 256
Karlsruhe 193
Kehl 297
Keltern 278
Kenzingen 293, 294
Kernen im Remstal 222
Ketsch 268
Kieselbronn 278, 281
Kippenheim 298, 302
Kirchardt 228, 231
Kirchberg an der Iller 348, 351
Kirchberg an der Jagst 236, 238
Kirchberg an der Murr 222, 225
Kirchdorf an der Iller 348, 351
Kirchentellinsfurt 334
Kirchheim 250
Kirchheim am Neckar 216, 219
Kirchheim am Ries 247
Kirchheim unter Teck 204, 207
Kirchzarten 288, 290
Kißlegg 358
Kleines Wiesental 321
Klettgau 326
Knittlingen 278
Kohlberg 204, 207
Kolbingen 312, 313
Köngen 204, 207
Königheim 241, 242
Königsbach-Stein 278, 281
Königsbronn 244
Königseggwald 359, 360
Königsfeld im Schwarzwald 307
Königsheim 311, 313
Konstanz 316, 318
Korb 222
Korntal-Münchingen 216
Kornwestheim 216

Kraichtal 253
Krauchenwies 362, 364
Krautheim 233, 234
Kreßberg 236, 238
Kressbronn am Bodensee 353, 355
Kronau 253, 256
Kuchen 211, 212
Külsheim 241
Künzelsau 233, 234
Kupferzell 233, 234
Kuppenheim 258, 259
Kürnbach 253, 256
Küssaberg 326, 328
Kusterdingen 334

L

Ladenburg 268
Lahr/Schwarzwald 298, 302
Laichingen 342, 345
Langenargen 353, 355
Langenau 343, 345
Langenbrettach 228, 231
Langenburg 236, 238
Langenenslingen 348, 351
Lauchheim 247, 250
Lauchringen 326, 328
Lauda-Königshofen 241
Laudenbach 268, 273
Lauf 298, 302
Laufenburg (Baden) 326
Lauffen am Neckar 228, 231
Laupheim 348, 351
Lautenbach 298, 302
Lauterach 343, 345
Lauterbach 304, 306
Lauterstein 211, 212
Lehrensteinsfeld 228, 231
Leibertingen 362, 364
Leimen 268
Leinfelden-Echterdingen 204
Leingarten 228
Leinzell 247, 250
Lenningen 205, 207
Lenzkirch 288
Leonberg 198
Leutenbach 222, 225
Leutkirch im Allgäu 359, 360
Lichtenau 258, 259
Lichtenstein 330
Lichtenwald 205, 207
Limbach 262, 264
Linkenheim-Hochstetten 253

447

Lobbach 268, 273
Löchgau 216, 219
Loffenau 258, 259
Löffingen 288, 291
Lonsee 343, 345
Lorch 248
Lörrach 321, 323
Loßburg 283
Lottstetten 327, 328
Löwenstein 228, 231
Ludwigsburg 217

M

Magstadt 198
Mahlberg 298, 302
Mahlstetten 312, 314
Mainhardt 236
Malsburg-Marzell 321, 323
Malsch 253, 269, 273
Malterdingen 293, 294
Mannheim 194
Marbach am Neckar 217, 219
March 288, 290
Markdorf 353, 355
Markgröningen 217
Marxzell 253
Maselheim 348, 351
Massenbachhausen 229, 231
Mauer 269, 273
Maulbronn 279, 281
Maulburg 321, 323
Meckenbeuren 353
Meckesheim 269, 273
Meersburg 353, 355
Mehrstetten 330, 333
Meißenheim 298, 302
Mengen 362, 364
Merdingen 288, 291
Merklingen 343, 345
Merzhausen 288, 290
Meßkirch 362, 364
Meßstetten 338, 339
Metzingen 330, 332
Michelbach an der Bilz 236, 238
Michelfeld 236, 238
Mietingen 349, 351
Mittelbiberach 349, 351
Möckmühl 229, 231
Mögglingen 248, 250
Möglingen 217
Mönchweiler 308, 309
Mönsheim 279, 281
Moos 316, 318

Moosburg 349, 350
Mosbach 262, 264
Mössingen 334, 335
Mötzingen 199, 201
Mudau 262
Muggensturm 258, 259
Mühlacker 279, 281
Mühlenbach 298, 302
Mühlhausen 269, 273
Mühlhausen im Täle 211, 212
Mühlhausen-Ehingen 316, 318
Mühlheim an der Donau 312, 313
Mühlingen 316, 318
Mulfingen 233, 234
Müllheim 288, 291
Mundelsheim 217, 219
Munderkingen 343, 345
Münsingen 331, 333
Münstertal/Schwarzwald 289, 291
Murg 327, 328
Murr 218, 219
Murrhardt 222
Mutlangen 248, 250

N

Nagold 275, 277
Nattheim 244, 245
Neckarbischofsheim 269, 273
Neckargemünd 269, 273
Neckargerach 262, 264
Neckarsulm 229, 231
Neckartailfingen 205, 207
Neckartenzlingen 205, 207
Neckarwestheim 229, 231
Neckarzimmern 262, 264
Neenstetten 343, 345
Nehren 334, 335
Neidenstein 269, 273
Neidlingen 205, 207
Nellingen 343, 345
Nerenstetten 343, 345
Neresheim 248
Neubulach 275, 276
Neudenau 229
Neuenbürg 279, 281
Neuenburg am Rhein 289
Neuenstadt am Kocher 229, 231
Neuenstein 233, 234
Neuffen 205, 207
Neufra 363, 364
Neuhausen 279, 281

Neuhausen auf den Fildern 205
Neuhausen ob Eck 312, 314
Neukirch 353, 355
Neuler 248, 250
Neulingen 279, 281
Neulußheim 269, 273
Neunkirchen 263, 264
Neuried 298
Neustetten 334, 335
Neuweiler 275, 276
Niedereschach 308, 309
Niedernhall 233, 234
Niederstetten 241
Niederstotzingen 244, 245
Niefern-Öschelbronn 279
Nordheim 229, 231
Nordrach 299, 302
Notzingen 205, 207
Nufringen 199, 201
Nürtingen 206, 207
Nusplingen 338, 339
Nußloch 270

O

Oberboihingen 206, 207
Oberderdingen 254, 256
Oberdischingen 343, 345
Obergröningen 248, 250
Oberharmersbach 299, 302
Oberhausen-Rheinhausen 254, 256
Oberkirch 299, 302
Oberkochen 248
Obermarchtal 343, 345
Oberndorf am Neckar 304, 305
Obernheim 338, 339
Oberreichenbach 276, 277
Oberried 289, 290
Oberriexingen 218, 220
Oberrot 237, 238
Obersontheim 237, 238
Oberstadion 343, 345
Oberstenfeld 218
Obersulm 229, 231
Oberteuringen 354, 355
Oberwolfach 299, 302
Obrigheim 263, 264
Ochsenhausen 349, 351
Oedheim 230, 231
Offenau 230, 231
Offenburg 299, 302
Ofterdingen 334, 335
Oftersheim 270

Oggelshausen 349, 350
Ohlsbach 299, 302
Ohmden 206, 207
Öhningen 316, 318
Öhringen 233, 234
Ölbronn-Dürrn 280, 281
Öllingen 344, 345
Öpfingen 344, 345
Oppenau 300, 302
Oppenweiler 222, 225
Orsingen-Nenzingen 316, 318
Ortenberg 300, 302
Ostelsheim 276, 276
Osterburken 263, 264
Ostfildern 206
Ostrach 363
Östringen 254
Ötigheim 258, 259
Ötisheim 280, 281
Ottenbach 211, 212
Ottenhöfen im Schwarzwald 300, 302
Ottersweier 258, 259
Owen 206, 207
Owingen 354, 355

P

Pfaffenhofen 230, 231
Pfaffenweiler 289, 291
Pfalzgrafenweiler 283, 283
Pfedelbach 233, 234
Pfinztal 254
Pforzheim 194
Pfronstetten 331, 332
Pfullendorf 363, 364
Pfullingen 331
Philippsburg 254, 256
Plankstadt 270
Pleidelsheim 218, 220
Pliezhausen 331, 333
Plochingen 206, 207
Plüderhausen 223, 225

R

Radolfzell am Bodensee 317
Rainau 248, 250
Rammingen 344, 345
Rangendingen 338, 339
Rastatt 258, 259
Ratshausen 338, 339
Rauenberg 270, 273
Ravensburg 359, 360

Ravenstein 263, 264
Rechberghausen 211, 212
Rechtenstein 344, 345
Reichartshausen 270, 273
Reichenau 317, 318
Reichenbach am Heuberg 312, 313
Reichenbach an der Fils 206, 207
Reilingen 270, 273
Remchingen 280
Remseck am Neckar 218
Remshalden 223
Renchen 300, 302
Renningen 199
Renquishausen 312, 313
Reute 293, 294
Reutlingen 331
Rheinau 300
Rheinfelden 321, 323
Rheinhausen 293, 294
Rheinmünster 259, 259
Rheinstetten 254
Rickenbach 327, 328
Riederich 331, 332
Riedhausen 359, 360
Riedlingen 349, 351
Riegel 293, 294
Rielasingen-Worblingen 317, 318
Riesbürg 249, 250
Rietheim-Weilheim 312, 314
Ringsheim 300, 302
Rohrdorf 276, 277
Roigheim 230, 231
Römerstein 332, 333
Rosenberg 249, 250, 263, 264
Rosenfeld 339
Rosengarten 237, 238
Rot am See 237, 238
Rot an der Rot 349, 351
Rottenacker 344, 345
Rottenburg am Neckar 335, 335
Rottweil 304, 305
Rudersberg 223
Rümmingen 321, 323
Ruppertshofen 249, 250
Rust 300, 302
Rutesheim 199

S

Sachsenheim 218
Säckingen 328
Salach 211, 212
Salem 354, 355

Sandhausen 270
Sasbach 300, 302
Sasbach am Kaiserstuhl 293, 294
Sasbachwalden 300, 302
Satteldorf 237, 238
Sauldorf 363, 364
Schallbach 321, 323
Schallstadt 289, 291
Schechingen 249, 250
Scheer 363, 364
Schefflenz 263, 264
Schelklingen 344
Schemmerhofen 349
Schenkenzell 304, 306
Schiltach 304, 306
Schlaitdorf 206, 207
Schlat 211, 212
Schliengen 321, 323
Schlier 359, 360
Schlierbach 211, 212
Schluchsee 289, 291
Schnürpflingen 344, 345
Schömberg 276, 339, 339
Schonach im Schwarzwald 308, 309
Schönaich 199
Schönau 270, 273
Schönau im Schwarzwald 322, 323
Schönbrunn 271, 273
Schönenberg 322, 323
Schöntal 233
Schönwald im Schwarzwald 308, 309
Schopfheim 322, 323
Schopfloch 283, 283
Schorndorf 223, 225
Schramberg 305, 306
Schriesheim 271
Schrozberg 237
Schuttertal 301, 302
Schutterwald 301, 302
Schwäbisch Gmünd 249, 250
Schwäbisch Hall 237, 238
Schwaigern 230, 231
Schwaikheim 223, 225
Schwanau 301, 302
Schwarzach 263, 264
Schwendi 349, 351
Schwenningen 363, 364
Schwetzingen 271
Schwieberdingen 218, 219
Schwörstadt 322, 323

Seckach 263, 264
Seebach 301, 302
Seekirch 350, 350
Seelbach 301, 302
Seewald 283, 283
Seitingen-Oberflacht 312, 314
Sersheim 219, 220
Setzingen 344, 345
Sexau 293, 294
Siegelsbach 230, 231
Sigmaringen 363, 364
Sigmaringendorf 364, 364
Simmersfeld 276, 276
Simmozheim 276, 276
Simonswald 293, 295
Sindelfingen 199
Singen 317, 318
Sinsheim 271, 273
Sinzheim 259, 259
Sipplingen 354, 355
Sölden 290, 290
Sonnenbühl 332
Sontheim an der Brenz 244, 245
Spaichingen 312, 313
Spechbach 271, 273
Spiegelberg 223, 225
Spraitbach 249, 250
St. Blasien 327, 328
St. Georgen im Schwarzwald 308
St. Johann 332
St. Leon-Rot 271
St. Märgen 289, 291
St. Peter 289, 291
Staig 344, 345
Starzach 335, 335
Staufen im Breisgau 289, 291
Stegen 290, 290
Steinach 301, 302
Steinen 322
Steinenbronn 200, 201
Steinhausen an der Rottum 350, 351
Steinheim am Albuch 244
Steinheim an der Murr 219, 219
Steinmauern 259, 259
Steißlingen 317, 318
Sternenfels 280, 281
Stetten 354, 355
Stetten am kalten Markt 364, 364
Stimpfach 237, 238
Stockach 317, 318
Stödtlen 249, 250
Straßberg 339, 339

Straubenhardt 280
Stühlingen 327
Stutensee 254
Stuttgart 191
Sulz am Neckar 305, 306
Sulzbach an der Murr 224, 225
Sulzbach-Laufen 238, 238
Sulzburg 290, 291
Sulzfeld 255, 256
Süßen 211, 212

T

Täferrot 249, 250
Talheim 230, 231, 312, 314
Tamm 219, 220
Tannhausen 249, 250
Tannheim 350, 351
Tauberbischofsheim 241, 242
Tengen 318
Teningen 294, 295
Tettnang 354, 355
Tiefenbach 350, 350
Tiefenbronn 280, 281
Titisee-Neustadt 290, 291
Todtmoos 327, 328
Todtnau 322
Triberg im Schwarzwald 308, 309
Trochtelfingen 332
Trossingen 313, 314
Tübingen 335
Tunau 322, 323
Tuningen 308, 309
Tuttlingen 313, 314

U

Überlingen 354, 355
Ubstadt-Weiher 255
Uhingen 211, 213
Uhldingen-Mühlhofen 355, 355
Ühlingen-Birkendorf 327, 328
Ulm 195
Umkirch 290, 290
Ummendorf 350, 351
Unlingen 350, 351
Untereisesheim 230, 231
Unterensingen 206, 207
Untergruppenbach 230, 231
Unterkirnach 308, 309
Untermarchtal 344, 345
Untermünkheim 238, 238
Unterreichenbach 276, 276

Unterschneidheim 250, 250
Unterstadion 344, 345
Unterwachingen 344, 345
Unterwaldhausen 359, 360
Urbach 224, 225
Uttenweiler 350, 351
Utzenfeld 322, 323

V

Vaihingen an der Enz 219, 220
Vellberg 238, 238
Veringenstadt 364, 364
Villingen-Schwenningen 309, 309
Villingendorf 305, 305
Vogt 359, 361
Vogtsburg im Kaiserstuhl 290
Vöhrenbach 309
Vöhringen 305, 306
Volkertshausen 318, 318
Vörstetten 294, 294

W

Waghäusel 255
Waiblingen 224
Waibstadt 271, 273
Wain 350, 351
Wald 364, 364
Waldachtal 283, 283
Waldbronn 255
Waldbrunn 264, 264
Waldburg 359, 360
Walddorfhäslach 332, 333
Waldenbuch 200, 201
Waldenburg 233, 234
Waldkirch 294, 295
Waldshut-Tiengen 327, 328
Waldstetten 250, 250
Walheim 219, 219
Walldorf 272
Walldürn 264, 264
Wallhausen 238, 238
Walzbachtal 255
Wangen 212, 213
Wangen im Allgäu 359, 361
Wannweil 332
Warthausen 350, 351
Wäschenbeuren 212, 213
Wehingen 313, 313
Wehr 328
Weidenstetten 344, 345
Weikersheim 242

450

Weil am Rhein 322
Weil der Stadt 200
Weil im Schönbuch 200
Weilen unter den Rinnen 339, 339
Weilheim 328, 328
Weilheim an der Teck 206, 207
Weingarten 360, 360
Weingarten (Baden) 255
Weinheim 272
Weinsberg 230, 231
Weinstadt 224
Weisenbach 259, 259
Weissach 200
Weissach im Tal 224, 225
Weißbach 234, 234
Weisweil 294, 294
Wellendingen 305, 306
Welzheim 224, 225
Wembach 322, 323
Wendlingen am Neckar 207, 207
Werbach 242, 242
Wernau (Neckar) 207
Wertheim 242
Westerheim 344, 345
Westerstetten 345, 345
Westhausen 250, 250
Widdern 231, 231
Wieden 322, 323
Wiernsheim 280, 281
Wiesenbach 272, 273
Wiesensteig 212, 212
Wiesloch 272, 273
Wildberg 276
Wilhelmsdorf 360, 361
Wilhelmsfeld 272, 273
Willstätt 301
Wimsheim 280, 281
Winden 294
Winden im Elztal 294
Winnenden 224, 225
Winterbach 225, 225
Winterlingen 339, 339
Wittighausen 242, 242
Wittlingen 323, 323
Wittnau 290, 290
Wolfach 301, 302
Wolfegg 360, 361
Wolfschlugen 207, 207
Wolpertshausen 238, 238
Wolpertswende 360, 360
Wörnersberg 283, 283
Wört 250, 250

Wurmberg 281, 281
Wurmlingen 313, 314
Wüstenrot 231
Wutach 328, 328
Wutöschingen 328, 328
Wyhl am Kaiserstuhl 294, 294

Z

Zaberfeld 231, 231
Zaisenhausen 255, 256
Zell am Harmersbach 302, 302
Zell im Wiesental 323, 323
Zell u.A. 212
Zell unter Aichelberg 212
Zimmern ob Rottweil 305, 306
Zimmern unter der Burg 339, 339
Zuzenhausen 272, 273
Zweiflingen 234, 234
Zwiefalten 332, 332
Zwingenberg 264, 264

ABKÜRZUNGSVERZEICHNIS

+ *Amtliche Abkürzungen*

A

AAnw	Amtsanwalt
ABez	Amtsbezirk
Abg +	Abgeordneter
ABgm	Amtsbürgermeister
ABeig	Amtsbeigeordneter
Abs.	Absatz
Abt.	Abteilung
AbtDir	Abteilungsdirektor
AbtPräs	Abteilungspräsident
a.D.	außer Dienst
ADir	Amtsdirektor
Adm	Admiral
AdöR	Anstalt des öffentlichen Rechts
AG	Amtsgericht
AGF	Arbeitsgemeinschaft Frauen
AkadOR	Akademieoberrat
AkadR	Akademierat
AKäm	Amtskämmerer
Amtm	Amtmann
Ang	Angestellter
Anw	Anwalt(schaft)
AR	Amtsrat
ARätin	Amtsrätin
ArbG	Arbeitsgericht
ArchDir	Archivdirektor
ArchOR	Archivoberrat
ArchR	Archivrat
Art.	Artikel
Ass	Assessor
AWG	Allgemeine Wählergemeinschaft

B

Bad-W	Baden-Württemberg
BAG +	Bundesarbeitsgericht
BB +	Brandenburg
BB	Bürgerbewegung
BauDir	Baudirektor
BauMstr	Baumeister
BauOAR	Bauoberamtsrat
BauOR	Bauoberrat
BauR	Baurat
Bay	Bayern
BDH	Bundesdisziplinarhof
Beig	Beigeordneter
BergAss	Bergassessor
BergHptm	Berghauptmann
BergOR	Bergoberrat
BergR	Bergrat
BergwDir	Bergwerksdirektor
Bevollm	Bevollmächtigte(r)
BFH +	Bundesfinanzhof
BG	Bürgergemeinschaft
BGBl	Bundesgesetzblatt
BGH +	Bundesgerichtshof
Bgm	Bürgermeister
BGS	Bundesgrenzschutz
BI	Bürgerinitiative
Bibl	Bibliothekar
BiblDir	Bibliotheksdirektor
BiblOR	Bibliotheksoberrat
BiblR	Bibliotheksrat
BiolR	Biologierat
BK +	Bundeskanzler(amt)
BkDir	Bankdirektor
BkOR	Bankoberrat
BkR	Bankrat
BL	Bunte Liste
Bln	Berlin
BÖL	Bunte Ökologische Liste
Botsch	Botschafter
BotschR	Botschaftsrat
BP	Bayernpartei
BPA +	Presse- und Informationsamt der Bundesregierung
BPr	Bundespräsident
BPrA +	Bundespräsidialamt
BR +	Bundesrat
BrandDir	Branddirektor
BrandOR	Brandoberrat
BrandR	Brandrat
Bre +	Bremen
BReg +	Bundesregierung
BRH	Bundesrechnungshof
BrigGen	Brigadegeneral
BSG +	Bundessozialgericht
BT +	Bundestag
BüchDir	Büchereidirektor
BVerfG +	Bundesverfassungsgericht
BVerwG +	Bundesverwaltungsgericht
BVS	Bundesverband für den Selbstschutz
BWG	Bürgerliche Wählergemeinschaft
BWV +	Bundesbeauftragter für Wirtschaftlichkeit in der Verwaltung

C

CDU	Christlich Demokratische Union
ChBK +	Chef des Bundeskanzleramtes
ChemDir	Chemiedirektor
ChemOR	Chemieoberrat
ChemR	Chemierat
CSU	Christlich Soziale Union
CWG	Christliche Wählergemeinschaft
CWU	Christliche Wählerunion

D

Deput	Deputierter
Dez +	Dezernent, Dezernat
DGB	Deutscher Gewerkschaftsbund
Dipl.	Diplom
Dipl-Bibl	Diplom-Bibliothekar
Dipl-Betriebsw	Diplom-Betriebswirt
Dipl-Biol	Diplom-Biologe
Dipl-Chem	Diplom-Chemiker
Dipl-Forstw	Diplom-Forstwirt
Dipl-Geogr	Diplom-Geograph
Dipl-Geol	Diplom-Geologe
Dipl-Ing	Diplom-Ingenieur
Dipl-Kfm	Diplom-Kaufmann
Dipl-Komm	Inhaber des Kommunal-Diploms
Dipl-Math	Diplom-Mathematiker
Dipl-Met	Diplom-Meteorologe
Dipl-Päd	Diplom-Pädagoge
Dipl-Phys	Diplom-Physiker
Dipl-Psych	Diplom-Psychologe
Dipl-Volksw	Diplom-Volkswirt
Dipl-Wirtsch-Ing	Diplom-Wirtschaftsingenieur
Dir	Direktor
DirBR +	Direktor des Bundesrates
DirBT	Direktor beim Deutschen Bundestag
DKP	Deutsche Kommunistische Partei
d.ö.R.	des öffentlichen Rechts
Doz	Dozent
Dr.	Doktor
DSU	Deutsche Soziale Union

E

EDV	elektronische Datenverarbeitung

EichDir	Eichdirektor
EichOAR	Eichoberamtsrat
EichOR	Eichoberrat
EichR	Eichrat
EPI	Einsatzplan, Einsatzpläne
EStAnw	Erster Staatsanwalt
EU	Europäische Union
ev	evangelisch
e.V.	eingetragener Verein
evtl.	eventuell

F

Fax	Telefax
FBG	Freie Bürgergemeinschaft
FDP	Freie Demokratische Partei
FinPräs	Finanzpräsident
FischDir	Fischereidirektor
FischR	Fischereirat
FKpt	Fregattenkapitän
FMW	Freie mündige Wähler
FoDir	Forstdirektor
FoOR	Forstoberrat
FoPräs	Forstpräsident
FoR	Forstrat
FW	Freie Wähler
FWG	Freie Wählergemeinschaft
FWO	Freie Wählerorganisation
FWV	Freie Wählervereinigung

G

GABl	Gemeinsames Amtsblatt
GAL	Grüne alternative Liste
GBl	Gesetzblatt
GebrMG	Gebrauchsmustergesetz
GemKäm	Gemeindekämmerer
GemOAR	Gememdeoberamtsrat
Gen	General
GenAp	Generalapotheker
GenArzt	Generalarzt
GenDir	Generaldirektor
Genint	Generalintendant
GenKons	Generalkonsul(at)
GenLt	Generalleutnant
GenMaj	Generalmajor
GenMusikDir	Generalmusikdirektor
GenOStabsarzt	Generaloberstabsarzt
GenStabsarzt	Generalstabsarzt
GenStAnw	Generalstaatsanwalt
GenVik	Generalvikar

GeolDir	Geologiedirektor	**K**	
GeolR	Geologierat		
Gesdtr	Gesandter	KA	Kommunalpolitischer Arbeitskreis
GesdtR	Gesandschaftsrat		
GG	Grundgesetz für die Bundesrepublik Deutschland	Käm	Kämmerer
		KamDir	Kammerdirektor
ggf.	gegebenenfalls	KassDir	Kassendirektor
GmbH	Gesellschaft mit beschränkter Haftung	KassR	Kassenrat
		kath	katholisch
GMBl	Gemeinsames Ministerialblatt	KBauMstr	Kreisbaumeister
GO	Geschäftsordnung	KBauR	Kreisbaurat
GRÜNE	Bündnis 90 / Die Grünen	KBüDir	Kreisbürodirektor
GVBl	Gesetz- und Verordnungsblatt	KDep	Kreisdeputierter
GwBauDir	Gewerbebaudirektor	KDir	Kreisdirektor
GwDir	Gewerbedirektor	K.d.ö.R.	Körperschaft des öffentlichen Rechts
GWL	Gemeinsame Wählerliste		
GwMedR	Gewerbemedizinalrat	Kfm	Kaufmann
GwOMedR	Gewerbeobermedizinalrat	KiR	Kirchenrat
GwOR	Gewerbeoberrat	Kkäm	Kreiskämmerer
GwR	Gewerberat	KMedDir	Kreismedizinaldirektor
GwSchulR	Gewerbeschulrat	KMedR	Kreismedizinalrat
		KOAR	Kreisoberamtsrat
		KOMedR	Kreisobermedizinalrat
H		komm.	kommissarisch
		KonsAbt	Konsularabteilung
ha	Hektar	KOVetR	Kreisoberveterinärrat
HafKpt	Hafenkapitän	KOVwR	Kreisoberverwaltungsrat
Hbg	Hamburg	Kpräs	Kreispräsident
h.c.	honoris causa (ehrenhalber)	Kpt	Kapitän
Hess	Hessen	Kpt z.S.	Kapitän zur See
		KR	Kreisrat
		KrimDir	Kriminaldirektor
I		KrimOR	Kriminaloberrat
		KrimR	Kriminalrat
i.G.	im Generalstab	KSchulR	Kreisschulrat
Ing.	Ingenieur	KSynd	Kreissyndikus
Int	Intendant	KVwR	Kreisverwaltungsrat
i.K.	im Kirchendienst	KWV	Kommunale Wählervereinigung
i.R.	im Ruhestand	Kzl	Kanzler
IT	Informations-Technologie		
i.V.m.	in Verbindung mit		
		L	
J		LandwDir	Landwirtschaftsdirektor
		LandwR	Landwirtschaftsrat
		LAnw	Landesanwalt
JGG	Jugendgerichtsgesetz	LArbAPräs	Landesarbeitsamtspräsident
JL	Junge Liste	LArbG	Landesarbeitsgericht
JustAR	Justizamtsrat	LArchR	Landesarchivrat
JustOAR	Justizoberamtsrat	LAss	Landesassessor
JustOR	Justizoberrat	LBauDir	Landesbaudirektor
JustR	Justizrat	LBauR	Landesbaurat
JVA	Justizvollzugsanstalt	LDir	Landesdirektor
JWU	Junge Wählerunion	LegR	Legationsrat

LG	Landgericht
LL	Landesliste
LPolDir	Landespolizeidirektor
LPolPräs	Landpolizeipräsident oder Landespolizeipräsident
LSozG	Landessozialgericht
LtdArzt	Leitender Arzt
LtdDir	Leitender Direktor
LtdBauDir	Leitender Landesbaudirektor
LtdGeolDir	Leitender Geologiedirektor
LtdMedDir	Leitender Medizinaldirektor
LtdMinR	Leitender Ministerialrat
Ltd OStAnw	Leitender Oberstaatsanwalt
LtdPolDir	Leitender Polizeidirektor
LtdRBauDir	Leitender Regierungsbaudirektor
LtdRDir	Leitender Regierungsdirektor
LtdRKrimDir	Leitender Regierungskriminaldirektor
LtdVwDir	Leitender Verwaltungsdirektor
LVwDir	Landesverwaltungsdirektor
LVwR	Landesverwaltungsrat
LZB	Landeszentralbank

M

M.A.	Magister Artium
MagR	Magistratsrat
Maj	Major
MBl	Ministerialblatt
MdA	Mitglied der Abgeordnetenkammer
MdB +	Mitglied des Bundestages
MdBB	Mitglied der Bremer Bürgerschaft
MdEP	Mitglied des Europäischen Parlaments
MdHB	Mitglied der Hamburger Bürgerschaft
MdL +	Mitglied des Landtages
MdS	Mitglied des Senats
mdWb	mit der Wahrnehmung beauftragt
mdWdGb	mit der Wahrnehmung der Geschäfte beauftragt
MedDir	Medizinaldirektor
MedOR	Medizinaloberrat
MedR	Medizinalrat
Mfr	Mittelfranken
Min	Minister, Ministerial-
MinBüDir	Ministerialbürodirektor
MinDir	Ministerialdirektor
MinDirig	Ministerialdirigent
MinPräs	Ministerpräsident
MinR	Ministerialrat
MusDir	Museumsdirektor
MusikDir	Musikdirektor
MV +	Mecklenburg-Vorpommern

N

NDR	Norddeutscher Rundfunk
Nds	Niedersachsen, niedersächsisch
NN	non nominatus (nicht benannt)
Not	Notar
NPD	Nationaldemokratische Partei Deutschlands
NRW oder NW	Nordrhein-Westfalen

O

O	Ober-, Oberes
OAAnw	Oberamtsanwalt
OAR	Oberamtsrat
OArchR	Oberarchivrat
OArzt	Oberarzt
OB	Oberbayern
OBAnw	Oberbundesanwalt
OBauR	Oberbaurat
OBergADir	Oberbergamtsdirektor
OBergR	Oberbergrat
OberstLt	Oberstleutnant
OBgm	Oberbürgermeister
OBiblR	Oberbibliotheksrat
OBrandR	Oberbrandrat
OChemR	Oberchemierat
ODir	Oberdirektor
OECD +	Organisation für wirtschaftliche Zusammenarbeit und Entwicklungshilfe
ÖDP	Ökologisch Demokratische Partei
ÖWG	Ökologische Wählergemeinschaft
OEichR	Obereichrat
OFinPräs	Oberfinanzpräsident
OFischR	Oberfischereirat
OFoMstr	Oberforstmeister
OFoR	Oberforstrat
OFr	Oberfranken
OGeolR	Obergeologierat
OGwR	Obergewerberat
OIng	Oberingenieur
OJustR	Oberjustizrat
OJustVwR	Oberjustizverwaltungsrat

OKBauR	Oberkreisbaurat	Präs	Präsident
OKDir	Oberkreisdirektor	Prof.	Professor
OKiR	Oberkirchenrat		
OLandwR	Oberlandwirtschaftsrat		
OLAnw	Oberlandesanwalt	**Q**	
OLFoMstr	Oberlandesforstmeister		
OLG +	Oberlandesgericht	qkm	Quadratkilomenter
OMedDir	Obermedizinaldirektor		
OMedR	Obermedizinalrat		
OPf	Oberpfalz		
OPolR	Oberpolizeirat	**R**	
ORArchR	Oberregierungsarchivrat		
ORBauDir	Oberregierungsbaudirektor	R	Rat
ORBauR	Oberregierungsbaurat	RA	Rechtsanwalt
ORBrandR	Oberregierungsbrandrat	RAnwältin	Rechtsanwältin
ORChemR	Oberregierungschemierat	RBauDir	Regierungsbaudirektor
ORDir	Oberregierungsdirektor	RBauR	Regierungsbaurat
ORechnR	Oberrechnungsrat	RBez	Regierungsbezirk
OREichR	Oberregierungseichrat	RBrandDir	Regierungsbranddirektor
ORGeologe	Oberregierungsgeologe	RBrandR	Regierungsbrandrat
ORGwR	Oberregierungsgewerberat	RChemDir	Regierungschemiedirektor
ORLandwR	Oberregierungslandwirtschaftsrat	RChemR	Regierungschemierat
		RdErl	Runderlass
OR MedR	Oberregierungsmedizinalrat	RDir	Regierungsdirektor
ORPharmR	Oberregierungspharmazierat	RechnR	Rechnungsrat
ORR	Oberregierungsrat	Ref	Referent, Referat
ORSchulR	Oberregierungsschulrat	REichR	Regierungseichrat
ORVetR	Oberregierungsveterinärrat	REP	Die Republikaner
ORVmR	Oberregierungsvermessungsrat	RFischR	Regierungsfischereirat
ORWiR	Oberregierungswirtschaftsrat	RFoDir	Regierungsforstdirektor
OSchulR	Oberschulrat	RGwDir	Regierungsgewerbedirektor
OStaDir	Oberstadtdirektor	RGwR	Regierungsgewerberat
OStAnw	Oberstaatsanwalt	Rhld-Pf	Rheinland-Pfalz
OStArchR	Oberstaatsarchivrat	RKrimDir	Regierungskriminaldirektor
OStaVetR	Oberstadtveterinärrat	RLandwDir	Regierungslandwirtschaftsdirektor
OSteuR	Obersteuerrat		
OStudDir	Oberstudiendirektor	RLandwR	Regierungslandwirtschaftsrat
OStudR	Oberstudienrat	RMedDir	Regierungsmedizinaldirektor
OT	Ortsteil	RMedR	Regierungsmedizinalrat
OVetR	Oberveterinärrat	ROAR	Regierungsoberamtsrat
OVolkswR	Obervolkswirtschaftsrat	ROMedR	Regierungsobermedizinalrat
OVG +	Oberverwaltungsgericht	RPharmDir	Regierungspharmaziedirektor
OVmR	Obervermessungsrat	RPräs	Regierungspräsident
OVwDir	Oberverwaltungsdirektor	RR	Regierungsrat
OVwR	Oberverwaltungsrat	RSchuDir	Regierungsschuldirektor
		RSchulR	Regierungschulrat
		RVmR	Regierungsvermessungsrat
		RVPräs	Regierungsvizepräsident
P		RWiR	Regierungswirtschaftsrat
PDS	Partei des demokratischen Sozialismus		
PolDir	Polizeidirektor		
PolPräs	Polizeipräsident		

S

S.	Seite
Saar	Saarland
Schl-H	Schleswig-Holstein
SchulADir	Schulamtsdirektor
SchulR	Schulrat
SchutzPolDir	Schutzpolizeidirektor
Schw	Schwaben
Sen	Senator
SenDirig	Senatsdirigent
SenPräs	Senatspräsident
SenR	Senatsrat
SN +	Sachsen
sog.	sogenannt
SozG	Sozialgericht
SPD +	Sozialdemokratische Partei Deutschlands
SpkDir	Sparkassendirektor
SpkOR	Sparkassenoberrat
SSW	Südschleswigscher Wählerverband
ST +	Sachsen-Anhalt
StaArchDir	Stadtarchivdirektor
StaArchR	Stadtarchivrat
StaBauDir	Stadtbaudirektor
StaBauR	Stadtbaurat
StaBüchDir	Stadtbüchereidirektor
StaDir	Stadtdirektor
StaFoR	Stadtforstrat
StaKäm	Stadtkämmerer
StAnw	Staatsanwalt
StaOBauR	Stadtoberbaurat
StaOFoMstr	Stadtoberforstmeister
StaOMedR	Stadtobermedizinalrat
StaORechtsR	Stadtoberrechtsrat
StaOSchulR	Stadtoberschulrat
StaOVwR	Stadtoberverwaltungsrat
StaR	Stadtrat
StaRechtsR	Stadtrechtsrat
StaSchulR	Stadtschulrat
StaSynd	Stadtsyndikus
StaVmDir	Stadtvermessungsdirektor
StaVmR	Stadtvermessungsrat
StaVetDir	Stadtveterinärdirektor
StaVetOR	Stadtveterinäroberrat
StaVetR	Stadtveterinärrat
StaVwR	Stadtverwaltungsrat
stellv.	stellvertretender
SteuR	Steuerrat
StMin	Staatsminister
StR	Staatsrat
StSekr	Staatssekretär
StudDir	Studiendirekor
StudR	Studienrat
Synd	Syndikus

T

TAng	Technischer Angestellter
Tel.	Telefon
Techn	technische(r,s)
TH +	Thüringen
THW +	Technisches Hilfswerk

U

U-Abt	Unterabteilung
UBB	Unabhängige Bürgerbewegung
UBL	Unabhängige Bürgerliste
ÜWG	Überparteiliche Wählergemeinschaft
UFr	Unterfranken
UL	Unabhängige Liste
UniProf	Universitäts-Professor
usw.	und so weiter
UWG	Unabhängige Wählergemeinschaft
UWL	Unabhängige Wählerliste

V

VAdm	Vizeadmiral
VerbPräs	Verbandspräsident
VerkDir	Verkehrsdirektor
VersiDir	Versicherungsdirektor
VetDir	Veterinärdirektor
VetR	Veterinärrat
Vik	Vikar
VKons	Vizekonsul
VmDir	Vermessungsdirektor
VmR	Vermessungsrat
VolkswR	Volkswirtschaftsrat
Vors.	Vorsitzender
VortrLegR	Vortragender Legationsrat
VPräs	Vizepräsident
VwDir	Verwaltungsdirektor
VG	Verwaltungsgericht
VwOR	Verwaltungsoberrat
VwR	Verwaltungsrat
VwRechtsR	Verwaltungsrechtsrat

W

WG	Wählergemeinschaft
WI	Wählerinitiative
WiR	Wirtschaftsrat
WiOR	Wirtschaftsoberrat
WiDir	Wirtschaftsdirektor
WissAng	Wissenschaftlicher Angestellter
WissMitarb	Wissenschaftlicher Mitarbeiter
WissR	Wissenschaftlicher Rat
WkDir	Werkdirektor
WKons	Wahlkonsul
Wkr	Wahlkreis

Z

z.A.	zur Anstellung
z.B.	zum Beispiel
ZDF	Zweites Deutsches Fernsehen
ZDir	Zoodirektor
ZOR	Zolloberrat
ZPO	Zivilprozessordnung
ZR	Zollrat
zzt.	zurzeit